펄 벅(1892~1973)

펄 벅 생가 펄의 부모는 중국에서 10여 년간 선교 활동을 하며 아이 셋을 두었으나 풍토병으로 모두 잃고 의사의 권유로 어머니 캐럴라인의 친정이 있는 미국 웨스트버지니아주의 힐즈버러로 요양 와서 펄을 낳는다. 이곳은 남북전쟁 무렵 남과 북 사이에 끼어 가장 피해를 보았던 지역이다.

펄 벅 흉상 제2차 세계대전 때 중국을 방문한 펄은 유한양행 창업주이며 독립운동가 유일한 박사와의 만남을 계기로 한국을 방문, 이름을 박진주로 바꿔 부르며 10년간 다문화아동을 위한 복지 활동을 했다. 1965년 '펄벅재단 한국지부'를 설치, 1967년 다문화아동을 위한 부천 소사희망원을 건립, 700만 달러를 기부했다.

펄 벅과 딸 캐럴   펄 벅은 지적 장애를 가지고 태어난 딸 캐럴에 대한 죄책감과 고통을 잊기 위해 글을 쓰기 시작했다. 《대지》를 쓰게 된 동기는 딸의 치료비를 마련하기 위한 것으로 캐럴을 소설 속 왕룽의 큰딸로 형상화했다.

《대지》(1931) 초판 표지

《아들들》(1932) 초판 표지

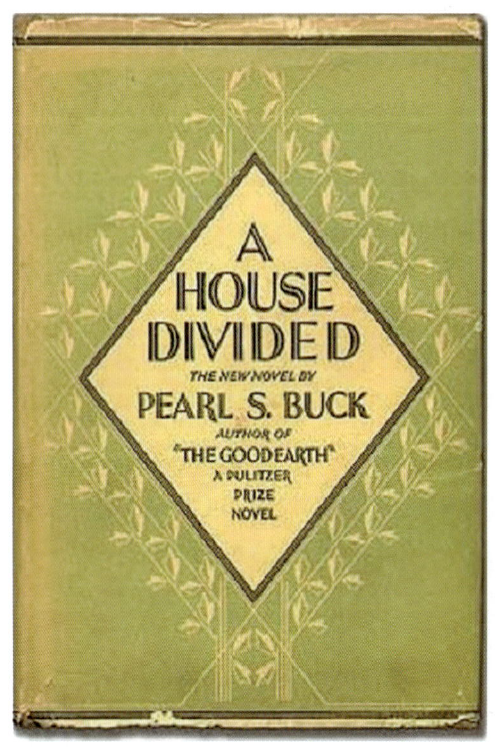

《분열된 집안》(1935) 초판 표지

《대지》 삽화 '그 종이에는 금색 물감으로 복(福) 또는 부(富) 같은 글자가 금박으로 씌어 있었다. 그는 이 종이를 농구에 붙이고 새해에 운수 좋기를 빌었다.'

Pearl Sydenstricker Buck
THE GOOD EARTH
대지
펄 벅/홍사중 옮김

동서문화사

대지
차례

제1부
대지

제1부

대지

1

왕룽(王龍)이 결혼하는 날이다. 휘장을 둘러친 어두운 침상에서 눈을 떴을 때 그는 이날 새벽이 왜 여느 날과 다르게 생각되는지 처음에는 몰랐다. 집 안은 고요하고, 가운뎃방을 사이에 둔 건넌방에서 늙은 아버지의 힘없는, 쿨룩거리는 기침 소리가 들려올 뿐이다. 아침마다 맨 처음 들려오는 것이 노인의 기침 소리였다. 여느 때의 왕룽은 그것을 흘려들으며 그냥 드러누운 채, 그 기침 소리가 다가오거나 아버지 방문의 돌쩌귀가 삐걱거릴 때까지는 일어나지 않았다.

그러나 오늘 아침에는 그러기까지 기다릴 수 없었다. 벌떡 일어나 침상 휘장을 열어젖혔다. 아직 어두우나 발그레한 기운이 감도는 새벽이다. 네모진 작은 창구멍에 붙인 종이가 찢어져 펄럭거리는 틈으로 구릿빛 하늘이 언뜻 보였다. 그는 구멍으로 다가가서 그 종이를 잡아 찢었다.

"이젠 봄인데, 이런 게 왜 필요해." 그는 중얼거린다.

오늘은 집 안이 깨끗해 보였으면 좋겠다고 생각했으나 왠지 입 밖에 내기는 좀 부끄러웠다. 구멍은 겨우 손을 내밀 수 있을 만큼의 크기였으므로 그는 바깥 공기를 느껴보려 손을 쑥 내밀었다. 산들바람이 동녘에서 살랑살랑 불어온다. 따스하게 소곤대는 듯한, 촉촉한 바람이다. 좋은 징조였다. 밭곡식이 익으려면 비가 필요하다. 오늘은 오지 않더라도, 이 바람이 계속되면 이삼 일 중에는 물을 구경할 수 있으리라. 잘됐다. 어제 그는 햇볕이 이렇게 계속 내리쬐어서야 어디 밀 이삭이 패겠느냐고 아버지에게 말했었다. 그런데 오늘은 하늘이 그를 축복하기 위해서 이날을 고른 것 같다. 대지(大地)는 열매를 맺을 것이다.

그는 파란 바지를 입고 푸른 무명 허리띠를 매면서 서둘러 가운뎃방으로 나갔다. 몸 씻을 물이 데워질 때까지 윗도리는 벗은 채다. 그는 본채에 붙여 지은 헛간으로 들어갔다. 거기가 부엌으로 쓰였다. 어둠침침한 부엌 입구에서 황소가 머리를 내밀고 낮은 소리로 음매애 아는 체했다. 부엌은 본채와 마찬가지로 밭의 흙을 뭉쳐 만든 진흙 벽돌로 쌓아 올리고 지붕은 자기들이 농사지은 보릿짚으로 이었다. 오랜 세월의 불질로 이제는 꺼멓게 그은 아궁이도 할아버지가 젊었을 때 밭의 흙으로 만든 것이다. 흙아궁이에는 우묵하고 둥그런 무쇠솥이 걸려 있다.

그는 옆에 있는 질항아리에서 바가지로 물을 퍼 솥을 반쯤 채웠다. 물은 귀하니만큼 조심스레 퍼 넣었다. 그러다가 잠시 망설이더니 갑자기 항아리를 번쩍 들어 물을 모두 솥에 부어 버렸다. 오늘이야말로 온몸을 씻을 참이다. 어머니 품에 안겼던 어린 시절 이후로 아무도 그의 몸뚱이를 본 사람은 없다. 오늘은 볼 사람이 있으니 깨끗이 씻어야 했다.

그는 아궁이 뒤로 돌아가 부엌 구석에 쌓아 놓은 마른풀을 한 다발 집어다가, 이파리 하나도 버려지지 않도록 차곡차곡 아궁이에 넣었다. 그러고는 부싯돌로 짚에 불을 붙였다. 불은 단번에 확 타올랐다.

이렇게 자기 손으로 불을 지펴야 하는 것도 오늘 아침이 마지막이다. 6년 전에 어머니가 돌아가신 뒤로는 아침마다 그가 불을 지펴 왔다. 불을 지피고 물이 끓으면 찻잔에 뜨거운 물을 담아 아버지 방으로 들고 갔다. 아버지는 침상에 앉아 기침을 하면서 마룻바닥에 놓인 신을 찾는다. 지난 6년 동안 아침마다 늙은 아버지는 기침을 가라앉히는 더운물을 아들이 가져오길 기다렸다. 이제야 겨우 아버지도 아들도 편하게 되었다. 이 집에 여자가 들어오는 것이다. 이제 왕룽은 여름이나 겨울이나 두 번 다시 아침 일찍 일어나 불을 지피지 않아도 된다. 그는 침상에 드러누워서 기다리면 되는 것이다. 자기에게도 찻주전자에 더운물을 가져다주리라. 그리고 풍년만 들어준다면 끓인 물에 찻잎을 띄울 수도 있을 것이다. 몇 해에 한 번씩은 그랬던 것처럼.

그리고 여자가 늙으면 아이들이 불을 지피겠지. 여자는 왕룽을 위해 많은 아이를 낳아 줄 것이다. 이 집 세 방 안팎을 휩쓸며 다닐 아이들을 생각하자 그의 손이 멈췄다. 어머니가 죽고 나서는 집이 거의 비다시피 해 언제나 방 세 개는 너무 많은 것 같았다. 식구 많은 친척들이 밀고 들어오는 것을 그들은 언제나 막아 왔다. 아이만 수도 없이 잔뜩 낳은 숙부는 구변 좋게 이런 말을 늘어놓았다.

"홀몸인 남자 둘이서 이리 많은 방이 왜 필요해? 아버지하고 아들이 같이 자면 안 되나. 젊은 몸뚱이의 온기는 늙은이 기침에 여간 좋은 게 아닐 텐데."

그러면 아비지는 언제나 이렇게 대답했다. "내 손자 잠자리를 비워 두는 거야. 손자가 내 늙은 뼛속을 덥혀 주겠지."

이제 그 손자가 태어날 때가 왔다. 그것도 줄줄이! 벽 앞에도, 방 가운데에도 손자들의 침상이 나란히 놓이겠지. 집 안은 침상으로 가득 찰 것이다. 왕룽이 이 반쯤 빈집이나 다름없는 집이 침상으로 가득 들어찰 것을 공상하는 사이에 아궁이 불은 꺼지고 솥의 물은 식어 갔다. 단추도 채우지 않은 옷을 손으로 여민 노인의 모습이 그림자처럼 문간에 나타났다. 노인은 기침을 하고 가래침을 뱉으며 골골거렸다.

"어찌 된 거냐. 내 속을 덥힐 더운물은 아직이냐?"

왕룽은 아버지를 쳐다보고 겨우 제정신으로 돌아왔으나 사뭇 겸연쩍었다.

"땔감이 누져서요." 그는 아궁이 뒤에서 중얼거렸다. "바람이 축축해서……."

노인은 줄기차게 기침을 계속했다. 물이 끓기까지 그칠 것 같지 않았다. 왕룽은 찻잔에 끓인 물을 떠 넣고는 잠시 생각하다가, 아궁이 위 선반에 얹힌 반들거리는 항아리를 열고 말라서 돌돌 말린 찻잎을 열두어 잎 집어내어 끓인 물에 떨어뜨렸다. 노인은 눈이 둥그레지더니 아까운 듯 금방 잔소리를 늘어놓았다.

"그 웬 헤픈 짓이냐? 차를 마신다는 건 돈을 먹는 거나 같다."

"오늘은 특별한 날이니까요." 왕룽은 씨익 웃고 대답했다. "마셔요, 걱정 마시고."

노인은 투덜거리면서 시들고 마디진 손가락으로 찻잔을 움켜잡았으나 그 귀한 것을 차마 마실 수 없는지, 끓인 물 위에서 말린 찻잎이 펴지는 것을 멀거니 지켜보고 있었다.

"다 식어요." 왕룽이 말했다.

"그래…… 그러겠구나……." 깜짝 놀란 노인은 이렇게 말하고 뜨거운 차를 꿀꺽꿀꺽 들이켰다. 맛있는 음식을 얻은 어린아이처럼 아주 흡족한 얼굴이었다. 그러면서도 왕룽이 솥의 끓인 물을 아끼는 기색 없이 우묵한 나무 목욕통에 퍼 담는 것을 예사롭게 보지 않았다. 그는 얼굴을 쳐들어 아들을 쏘아보았다.

"그 물을 밭에 주면 곡식이 영글고도 남겠다." 노인이 대뜸 말했다.

왕룽은 대꾸도 없이 남은 마지막 한 방울까지 통에 옮겼다.

"이놈아!" 아버지가 큰 소리로 외쳤다.

"설 지나고 한 번도 몸을 씻지 않아서요." 왕룽은 작은 목소리로 대답했다.

새색시에게 보여야 하니 몸을 깨끗이 하고 싶다고 아버지에게 말하기가 부끄러웠다. 그는 얼른 목욕통을 들고 자기 방으로 들어갔다. 문짝이 휜 문틀에 맞지 않아 꼭 닫히지 않았다. 노인은 비틀거리는 걸음으로 가운뎃방으로 들어가 문틈에 입을 대고 떠들어 댔다.

"처음부터 여편네한테 이런 꼴로 시작해서는 안 된다. 아침에 마시는 물에 찻잎을 안 넣나, 몸뚱이를 씻어 대질 않나."

"오늘뿐이에요." 왕룽은 큰 소리로 되받고 다시 덧붙였다. "씻고 난 물은 밭에 줄 거예요. 그럼 영 버리는 것도 아니잖아요."

노인은 이 말에 입을 다물었다. 왕룽은 띠를 끄르고 옷을 벗었다. 작은 구멍을 통해 네모꼴로 들어오는 여명 아래서, 조그만 수건을 뜨거운 물에 담갔다가 비틀어 짜서 검고 마른 몸뚱이를 쓱쓱 문질러 댔다. 오늘 아침은 따뜻하다고 생각했는데 몸이 젖으니 서늘해졌다. 수건을 거듭 더운물에 담갔다 꺼냈다 하면서 열심히 문지르자 몸에서 김이 모락모락 피어올랐다. 그렇게 몸을 다 씻고는, 어머니가 예전에 쓰던 옷상자에서 푸른 무명 새 옷을 꺼냈다. 솜을 넣은 겨울옷이 아니면 오늘은 좀 추울 것 같았지만, 몸뚱이가 깨끗해지고 보니 갑자기 낡은 솜옷을 입기가 싫어졌던 것이다. 이제껏 입고 있던 솜옷은 겉이 해어지고 때가 꼈으며 해진 데로 잿빛 헌솜이 비어져 나왔다. 아내가 될 여자와 처음 얼굴을 마주하는데, 해진 옷 같은 것을 입고 싶지 않았다. 앞으론 그녀가 빨기도 하고 기워 주기도 하겠지만 첫날은 아무래도 싫었다. 그는 푸른 무명 윗옷과 바지 위에 같은 감의 두루마기를 걸쳤다—한 해에 모두 해야 한 열흘 가량, 명절날밖에 입지 않는 한 벌뿐인 긴 옷이다. 그리고 등까지 늘어진 변발(辮髮)을 재빨리 풀고는 기우뚱거리는 작은 탁자 서랍에서 나무 빗을 꺼내어 머리를 빗었다.

아버지가 다시 다가와서 문틈에 입을 댔다.

"밥은 언제 줄 거냐?" 노인은 불평스레 말했다. "이 나이가 되면 아침에 음식이 들어가기 전엔 뼈다귀가 마치 물 같다."

"금방 나가요." 왕룽은 손을 잽싸게 놀려 술 달린 검은 비단 끈으로 머리를 땋아내리며 말했다.

그리고 얼른 두루마기를 벗고 변발을 머리에 감아 붙인 다음 목욕통을 들고 밖으로 나갔다. 아침밥 하는 것을 완전히 잊었던 것이다. 옥수수 가루 죽을 쑤어 아버지에게 드려야겠다고 생각했다. 자신은 아무것도 먹고 싶지 않았다. 문간까지 비틀비틀 목욕통을 들고 가 대문 앞 땅바닥에 물을 쏟았으나, 그 순간 몸을 씻느라 솥의 물을 다 써버린 것을 깨달았다. 다시 불을 지펴야 했다. 아버지에게 화가 치밀었다.

"저 노인네 머릿속에는 자기 입에 들어갈 먹을 것과 마실 것 생각밖에 없지." 아궁이에 대고 중얼거렸으나 들릴 만한 목소리로는 하지 않았다. 노인의 밥시중도 오늘 아침이 마지막이다. 문간 바로 옆에 있는 우물에서 물동이로 물을 아주 조금 길어다가 솥에 붓자 곧 끓었다. 옥수수 가루를 넣고 휘저어 늙은 아버지에게 가지고 갔다.

"저녁에는 쌀밥으로 하겠어요, 아버지." 그는 말했다. "지금은 옥수수 죽으로 참아 주세요."

"쌀은 뒤주에 몇 톨 남지 않았다." 노인은 가운뎃방 식탁 앞에 앉아 젓가락으로 걸쭉한 노오란 죽을 휘저으며 말했다.

"그럼 춘절[1] 때 먹는 걸 조금 줄이기로 하지요." 왕룽이 말했다. 한데 노인은 듣고 있지 않았다. 그저 후루룩 소리 내며 죽을 들이켤 뿐이었다.

왕룽은 자기 방으로 들어가 다시 푸른 두루마기를 입고 변발을 늘어뜨렸다. 면도한 앞이마와 뺨 언저리를 어루만져 보았다. 새로 면도하는 게 좋잖을까? 아직 해도 솟아오르지 않았다. 아내가 될 여자가 기다리는 집으로 가기 전에 이발소에 들를 시간은 충분히 있다. 돈만 있으면 이발하려고 마음먹었다.

---

1) 중국에서 가장 중요한 명절로, 음력 1월 1일부터 시작하여 약 보름간 이어지는 새해맞이 축제.

배띠에서 회색 헝겊 조각으로 만든 기름때 묻은 조그만 지갑을 꺼내어 돈을 세어 보았다. 은전 여섯 닢과 동전이 양손 가득 찰 만큼 있다. 아버지에게는 아직 이야기하지 않았지만 오늘 저녁 식사에는 가까이 지내는 사람들을 초대해 놓았다. 숙부의 아들인 사촌 동생과 또 이웃에 사는 농부 셋이 오기로 돼 있었고, 아버지를 생각해서 숙부도 불렀다. 장에서 돼지고기와 연못에서 잡히는 작은 생선과 밤을 조금 사 올 작정이었다. 되도록이면 남쪽에서 온 죽순과 소고기도 조금 사서 자기 밭에서 난 양배추와 한데 볶았으면 좋겠다고도 생각했다. 그러나 이것은 콩기름과 간장을 산 뒤에 돈이 남았을 때의 이야기다. 이발까지 하면 쇠고기는 못 사겠지. 그래도 이발은 해야지, 하고 그는 갑자기 마음을 굳혔다.

노인에게는 아무 말 않고 그는 이른 아침의 길거리로 나갔다. 날이 샐 무렵엔 흐렸으나 태양이 지평선 구름을 헤치고 올라와 밀과 보리에 내린 이슬 위에서 반짝였다. 농군의 습성으로 왕룽은 금방 다른 일은 잊어버리고 멈춰서서 이삭을 살펴보았다. 곡식은 아직 알이 들지 않았다. 비를 고대하고 있었다. 그는 바람 냄새를 맡으며 걱정스레 하늘을 쳐다보았다. 비는 어두운 구름 속에 들어앉아, 묵직한 바람 속을 떠돌고 있었다. 그는 향을 사서 지신(地神)의 조그만 사당에 바치려고 마음먹었다. 이런 날에는 신에게 의지하고 싶어진다.

밭 가운데 꾸불꾸불 이어지는 오솔길로 그는 서둘러 걸어갔다. 가까운 거리에 마을의 잿빛 성벽이 우뚝 솟아 있었다. 그 성벽 누문(樓門)을 들어서면 황(黃)씨 성을 가진 부자의 큰 저택이 있는데, 거기서 그의 아내가 될 여자가 어려서부터 종으로 일하고 있었다. 세상 사람들은 흔히 "대갓집 계집종과 혼인하느니 독신으로 있는 게 낫다"고들 했다. 그러나 그가 아버지에게 "저는 평생 마누라를 얻지 못합니까?" 물었을 때 아버지는 대답했다. "요즘은 세상사가 모두 야박해지니까 혼인에도 여간 돈이 들어야 말이지. 계집들은 금가락지나 비단옷을 받지 않고는 시집을 오지 않으려 드니 가난뱅이는 종을 얻는 길밖에 없다."

그리고 아버지는 자진해서 황가(黃家)에 가서 남아도는 계집종은 없느냐고 청을 했었던 것이다.

"너무 어리지 않고 무엇보다도 얼굴이 반반하지 않은 계집종 말입니다요."

왕룽은 미인이어서는 안 된다는 것이 불만이었다. 남이 부러워할 만한 아름다운 여자를 아내로 맞는다면 얼마나 좋을까 생각했던 것이다. 아버지는 불평스러운 듯한 아들의 안색을 보고 소리를 질렀다.

"얼굴 반반한 여편네를 얻어서 뭣 한다는 거냐? 밭에 나가 일하고 집안일을 돌보며 아이를 낳을 그런 여편네라야지. 반반한 여편네가 그런 일 한다더냐? 그 따위 여자는 밤낮 세 낮짝에 어울리는 옷밖에 생각 잃는다! 이 집에 미인은 소용없어. 우린 농군이야. 게다가 말이다, 부잣집의 반반한 계집종년들 중에 숫처녀가 있는 줄 아니? 도련님네들이 벌써 다 건드렸지. 미인의 백 번째 사내가 되느니 추녀라도 첫 사내가 되는 게 낫다. 생각해 봐라, 반반한 여자가 굳어진 네 농군의 손을 부잣집 도련님의 부드러운 손만큼 좋아하겠는가 말이다. 여자를 노리개로 삼는 축들의 반들반들한 살갗만큼 네놈의 볕에 그은 얼굴을 곱다고 할 줄 아냐?"

왕룽도 아버지의 말은 알아듣고도 남았다. 그래도 대답에 앞서 가슴이 들끓어 오르는 것을 누르지 않으면 안 되었다. 이윽고 그는 내지르듯 말했다.

"암만 그래도 곰보나 언청인 싫어요."

"어떤 게 오려는지 어디 와 봐야 알지." 아버지는 대답했다.

어찌 되었든 그 여자는 곰보도 언청이도 아니었다. 그것만은 확실하지만 그 이상은 아는 것이 없었다. 그와 아버지는 도금한 은가락지 두 개와 은귀걸이를 사서 혼약의 증표로 여자의 주인댁으로 가져갔다. 그러나 오늘 가면 여자를 데려올 수 있다는 것 말고는, 아내가 될 여자가 어떤 사람인지는 아무것도 듣지 못했다.

그는 썰렁하고 어두운 성문을 들어섰다. 물 긷는 인부들이 손수레에 큰 물통을 싣고 종일 여기를 들락거리며 돌을 깐 길 위에 물을 흘리므로, 흙과 벽돌로 된 두꺼운 성문 터널 안은 언제나 젖어 있고 서늘했다. 여름 한낮에도 땀이 쑥 들어갔다. 그래서 수박 장수는 이 돌 위에 곧바로 먹을 수 있도록 둘로 가른 수박을 늘어놓고 팔았다. 아직 계절이 일러 수박 장수는 나오지 않았으나, 조그맣고 단단한 설익은 복숭아 바구니를 성벽을 따라 늘어놓고 장사꾼이 소리를 지르고 있었다.

"올봄의 첫 복숭아요, 햇복숭아요오, 자, 맛들 보시오! 요놈을 먹고 뱃속의 거울 독기를 몰아내요, 자아!"

왕룽은 속으로 생각했다.

'만약 여자가 복숭아를 좋아한다면 돌아가는 길에 좀 사 줘야겠다.'

그는 돌아오는 길에 이 문을 지날 때 자기 뒤에 여자가 따라온다는 사실이 아무래도 실감나지 않았다.

성문을 들어가서 오른쪽으로 꺾어 조금 가면 이발소 거리다. 아직 일러서 사람은 별로 없었다. 전날 밤에 농작물들을 옮겨다가 새벽 시장에서 푸성귀들을 팔고 이제부터 들일하러 갈 참인 농부들이 몇몇 있을 뿐이다. 그들은 바구니 위로 몸을 구부린 채 떨면서 잠을 잤다. 지금 바구니는 빈 채 그들의 발 아래 놓여 있었다. 왕룽은 오늘만큼은 혹여 누가 그를 알아보고 건네는 농담도 받고 싶지 않아 그들 눈에 띄지 않도록 피해서 지나갔다. 이 거리에는 반대쪽 끝까지 걸상을 앞에 놓은 이발소가 쭉 늘어서 있었다. 왕룽은 가장 앞쪽에 있는 걸상에 걸터앉아 옆의 사나이와 떠드는 이발사에게 눈짓했다. 이발사는 얼른 와서 숯불 화로에 얹어 놓은 주전자의 뜨거운 물을 놋대야에 재빨리 붓기 시작했다.

"몽땅 밉니까요?" 그는 직업적인 말투로 물었다.

"머리와 얼굴을 부탁해요."

"귀와 콧구멍 소제는?" 이발사가 다시 물었다.

"그건 얼마 더 내야 하는데요?" 왕룽은 조심스럽게 되물었다.

"4전(錢)이지요, 뭐." 검은 헝겊 조각을 뜨거운 물에 담갔다 꺼냈다 하면서 이발사가 대답했다.

"2전에 해 줘요." 왕룽이 말했다.

"그럼 귀와 콧구멍도 한쪽만 하면 되겠군." 이발사는 대뜸 되받았다. "어느 쪽 귀와 콧구멍을 해 드릴까요, 손님?" 이렇게 말하면서 그는 옆의 이발사에게 얼굴을 찡긋해 보였다. 옆 사나이는 키득키득 웃어 댔다. 왕룽은 이거 짓궂은 자에게 걸렸구나 싶었다. 그는 진작부터 성안 사람들에게 괜히 열등감을 가지고 있었다. 그래서 상대가 미천한 이발사라 해도 짐짓 주눅이 들어 얼른 한마디 뱉어 버렸다.

"좋을 대로 해요. 당신 좋을 대로……."

그리고 그는 이발사가 비누를 칠하고 문지르고 밀고 하는 대로 내버려두었다. 이 이발사는 농담이야 할망정 인심이 후한 사나이여서, 웃돈도 받지 않고 솜씨 있게 어깨를 두드리고 등까지 주물러 주었다. 그는 앞이마를 밀면서 왕룽에게 말을 걸었다.

"머리를 잘라 버리면 썩 잘생긴 농군으로 보일 텐데요. 변빌을 자르는 게 요즘 유행입지요."

머리 위에 동그랗게 남은 변발 언저리에서 이발사가 면도날을 휘둘러 대므로 왕룽은 자기도 모르게 소리를 질렀다.

"우리 아버지에게 물어보지 않고서 자르면 야단나요!"

이발사는 웃고는 거기만 동그랗게 남겨 놓고 밀어 주었다.

이발을 마치고 이발사의 젖어 쪼글쪼글한 손에 이발료를 세어 건넬 때 왕룽은 한순간 기가 막혔다. 이렇게나 큰돈을 썼다니! 그러나 다시 한길을 걸어가면서 갓 깎은 살갗에 상쾌한 바람을 느끼자 그는 혼잣말로 뇌까렸다.

"이번 한 번뿐인걸, 뭐."

그리고 그는 시장에 가서 돼지고기를 두 근 사고 푸주한이 마른 연잎으로 그것을 싸는 것을 지켜보다가 이윽고 조금 망설이면서 쇠고기도 반 근 샀다. 잎사귀 위에서 우무처럼 몰랑거리는 두부까지 두 모 산 그는 양초 가게에 가서 선향을 두 자루 샀다. 그리고 몹시 머뭇거리면서 황가 쪽으로 걸음을 옮겼다.

황가 문전에 이르자 그는 공포에 사로잡혔다. 왜 혼자 왔을까? 아버지나, 숙부나, 하다못해 이웃 칭(淸)이라도, 누구든 함께 오자고 할 걸 그랬다. 그는 이제까지 대갓집 대문 안에 발을 들여놓아 본 일이 없었다. 팔에 잔치거리를 껴안고 들어가서 "여자를 데리러 왔습니다."라고 어떻게 말할 수 있을까?

그는 문을 바라보고 한참 동안 서 있었다. 검은 칠을 한 나무 대문 두 짝은 견고한 무쇠 징으로 장식되었고 무겁게 꽉 닫혀 있었다. 두 마리 사자 석상이 문 양쪽에 이 집을 지키듯이 버티고 있었다. 그 밖에는 아무도 없었다. 그는 발길을 돌렸다. 도저히 할 수 없었다.

갑자기 왕룽은 현기증을 느꼈다. 먼저 어디서 뭘 좀 먹자. 아침부터 아무것도 먹지 않았다 —먹는 것을 잊어버렸던 것이다. 그는 조그마한 싸구려 식당에 들어가 식탁 위에 2전을 놓고 걸터앉았다. 기름때가 자르르한 앞치마를 두른 꾀죄죄한 아이가 다가왔다. 그는 말했다.

"국수 두 그릇 다오." 그리고 국수가 오자 대젓가락으로 마구 입안에 밀어넣듯하며 게걸스레 먹었다. 그동안 아이는 새까만 엄지손가락과 집게손가락 끝으로 동전을 돌리며 서 있었다.

"더 드실 건가요?" 아이가 건성으로 물었다.

왕룽은 고개를 저었다. 고쳐 앉아 주위를 둘러 보았다. 조그맣고 어두운, 그리고 탁자가 가득 놓인 식당 안에는 아는 사람은 아무도 없었다. 몇몇 사람이 무언가를 먹고 마시고 할 뿐이었다. 여기는 가난뱅이만 오는 곳이어서 그들 중에서는 그가 그래도 단정하고 깔끔했으며 돈푼이나 있어 보이기까지 했다. 그래서 지나가던 거지가 그를 보고 다 죽어 가는 시늉을 했다.

"인정 많으신 나리님, 몇 푼 적선합쇼. 배가 고파 죽을 지경입니다요."

이제껏 왕룽에게 적선을 구한 거지도 없었고 나리님이라고 불린 일도 없었다. 그는 기분이 좋아서 1전의 5분의 1에 해당하는 동전 두 닢을 거지의 바리 속에 던져 주었다. 거지는 손톱이 새까맣게 자란 손을 뻗쳐 재빨리 동전을 움켜쥐고 누더기 밑에 감췄다.

왕룽은 오랫동안 그 자리에 앉아 있었다. 태양이 높이 솟았다. 아이는 짜증스럽게 왔다 갔다 하더니 아주 무례하게 말했다.

"이제 아무것도 주문하지 않을 거면 자릿값을 내야 해요."

왕룽은 그 무례함에 화가 났다. 그러나 일어서고 싶어도 저 어마어마한 황가로 찾아가 여자를 달라고 해야 할 일을 생각하니, 들에서 일하던 때처럼 온몸에 땀이 후줄근히 배어 그럴 수가 없었다.

"차 줘." 그는 아이에게 시름없이 말했다. 그가 돌아앉을 겨를도 없이 아이는 금방 차를 갖다 놓고 덤비듯이 말했다.

"돈은요?"

왕룽은 기겁을 하며 배띠에서 다시 1전을 꺼낼 수밖에 없었다.

"순 도둑놈이군." 분한 듯이 그는 중얼댔다. 그때 오늘 저녁 잔치에 초대한 이웃 친구가 가게로 들어오는 것이 보였다. 그는 허둥지둥 식탁에 동전을 놓고 차를 한 모금에 꿀꺽 마신 다음 옆문으로 재빨리 빠져나가 다시 한길로 나섰다.

"안 가면 어쩔 거야." 그는 절망적으로 이렇게 자신을 타이르며 아주 천천히 큰 문을 향해 걷기 시작했다.

벌써 한낮이라 이번에는 문이 반쯤 열리고 점심을 먹은 문지기가 이쑤시개로 이를 쑤시며 문간에서 어슬렁댔다. 왼뺨에 커다란 사마귀기 난 키 큰 시니이로서 그 사마귀에는 한 번도 자른 일이 없는 기다란 검은 털이 세 가닥 늘어져 있었다. 바구니를 들고 있는 왕룽을 보자 행상인으로 생각한 문지기는 거칠게 소리를 질렀다.

"이봐, 뭐야?"

왕룽은 겨우 대답했다.

"저는 농군 왕룽입지요."

"그래, 농군 왕룽이 어쨌다는 거야?" 문지기는 다시 물었다. 이 사나이는 주인과 마님의 돈 있는 친구를 빼놓고는 누구에게도 예절 바른 태도를 취하지 않았다.

"제가 온 것은…… 제가 온 것은……." 왕룽은 더듬거렸다.

"자네가 온 건 알아." 문지기는 사마귀에서 늘어진 긴 터럭을 비비 꼬며 아주 여유롭게 말했다.

"여기 여자가 있어서……." 저도 모르게 기어들기 시작한 왕룽의 목소리는 힘없는 모기 소리 같았다. 햇빛 아래서 그의 얼굴이 땀에 흠뻑 젖었다.

문지기는 큰 소리로 웃어 젖혔다.

"아, 자넨가!" 그가 크게 말했다. "오늘 새신랑이 온다고 했는데, 바구니짝을 끼고 있으니 어디 알 수 있어야지."

"고기가 좀 들어 있을 뿐입니다." 왕룽은 문지기가 안내해 주기를 기다리면서 변명하듯이 말했다. 그러나 문지기는 움직이지 않았다. 기다리다 못해 왕룽은 걱정스레 물었다.

"혼자 들어가도 됩니까?"

문지기는 몹시 놀란 척을 했다.

"그랬다간 노대인(老大人)에게 죽을 걸세!"

그러고는 왕룽이 아무 눈치조차 못 채는 것을 보고 말했다. "얼마간의 은전이 필요하다, 그 말이야."

왕룽은 겨우 사나이가 돈을 바란다는 것을 알아차렸다.

"저는 가난한 농군이어서……." 그는 호소하듯 말했다.

"배띠에 뭐가 들어 있는지 어디 좀 봐." 문지기가 말했다.

단순한 왕룽이 정말로 바구니를 돌 위에 올려놓고 두루마기를 쳐들어 배띠에서 조그만 돈지갑을 꺼낸 다음, 물건을 사고 남은 돈 전부를 왼손바닥에 털어 올려놓으니 문지기는 히죽 웃었다. 은전 한 닢과 동전 열네 개다.

"은전을 갖지." 문지기는 태연하게 말했다. 그리고 왕룽이 항의할 틈도 없이 은전을 소매 속에 넣어 버리고 큰 소리로 떠들며 대문 안으로 성큼성큼 걸어 들어갔다.

"새신랑이다! 새신랑이 왔다아!"

왕룽은 그 은전 일에 부아가 나고 자기가 온 것을 큰 소리로 떠드는 데에는 몸뚱이가 오그라드는 느낌이었으나 문지기를 따라가는 수밖에 도리가 없었다. 그래서 바구니를 집어들고 이쪽저쪽 살필 것도 없이 그의 뒤를 따라갔다.

부호의 저택에 발을 들여놓은 것은 이번이 처음이었으나 뒷날 돌이켜 보니 아무 기억도 나지 않는다. 새빨개진 얼굴을 수그린 채, 앞장서서 왁자하게 소리치며 가는 문지기의 목소리와 여기저기에서 들리는 웃음소리를 들으면서 몇 개인가 안뜰을 차례차례로 지나갔다. 안뜰을 백 개나 지나간 것 같이 생각됐을 무렵, 갑자기 문지기는 입을 다물고 그를 조그만 대기실에 밀어 넣었다. 우두커니 서 있으려니까 어딘가 안쪽으로 들어갔던 문지기가 곧 돌아와서 말했다.

"노부인께서 자네를 데려 오라시네."

왕룽은 방을 나서려 했다. 그러자 문지기는 그를 가로막고 어처구니없다는 듯이 냅다 소리를 질렀다.

"자넨 팔에 바구니를 낀 채 높으신 마나님 앞에 나갈 생각인가? 그것도 돼지고기랑 두부가 담긴 바구니를 말이지. 자네, 어떻게 인사를 드릴 셈인가?"

"정말 그렇네요." 왕룽이 상기되어 말했다. 그러나 도둑맞을까 봐 걱정이 되어 바구니를 내려놓을 엄두가 나지 않았다. 돼지고기 두 근과 쇠고기 반 근과 조그만 생선 따위 아무도 건드리지 않으리라고는 꿈에도 생각지 못한 것이다. 문지기는 그의 걱정을 알아차리고 업신여기는 투로 말했다.

"이 댁 같은 데서는 그런 고기는 개에게나 먹인다고." 그리고 바구니를 빼앗아 방 안에 툭 던져 넣고 왕룽을 앞으로 밀쳐 냈다.

두 사람은 끝없이 이어지는 쪽마루식의 좁은 복도를 걸어갔다. 지택은 이름답게 조각된 기둥으로 떠받쳐져 있었다. 곧이어 왕룽이 평생에 본 일조차 없는, 눈이 다 미치지 못할 정도의 넓은 방으로 들어갔다. 왕룽의 집 정도라면 스무 개쯤은 넉넉히 들어앉을 만큼 넓고 천장도 드높다. 그는 고개를 쳐들어 훌륭하게 조각되고 곱게 채색된 대들보를 감탄하며 쳐다보고 걷다가 문간의 높은 문턱에 걸렸다. 문지기가 팔을 잡아 주지 않았더라면 쓰러질 뻔했다. 문지기는 소리쳤다.

"마님 앞에 나가거든 지금 한 것처럼 땅바닥에 코가 닿을 만큼 공손하게 인사 드려야 해."

몹시 창피스러웠으나 가까스로 마음을 추슬러 앞을 바라보니 방 한가운데 높다란 자리에 아주 나이 많은 부인이 앉아 있었다. 자그마하고 가는 몸집을 진주처럼 빛나는 공단옷으로 감싸고 있었다. 옆의 낮은 대(臺)에는 아편 담뱃대가 놓여 있고 아래서부터 아편을 덥히는 조그만 램프가 켜져 있었다. 노부인은 깡마르고 쭈글쭈글 주름진 얼굴에 원숭이처럼 작고 날카로운, 움푹 팬 눈으로 그를 보았다. 연관(煙管) 한끝을 쥔 손의 살갗은 가는 뼈를 감싼 모양새가 흡사 금박을 입힌 불상처럼 매끄럽고 노랗다. 왕룽은 무릎을 꿇고 타일이 깔린 방바닥에 머리를 조아렸다.

"일으켜 세워라." 노부인이 사뭇 엄숙하게 문지기에게 말했다. "그렇게 머리를 숙일 필요는 없어. 계집아이를 데리러 온 게지?" 노부인이 물었다.

"그렇습니다요, 마님."

"왜 직접 대답을 하지 않지?" 노부인이 물었다.

"멍청이라 그렇습죠, 마님." 큰 점에 박힌 터럭을 비비 틀며 문지기가 대답했다.

거기서 왕룽은 일어났다. 그리고 화가 나서 문지기를 흘겨보았다.

"저는 미천한 농군입니다, 마님." 그는 말했다. "고귀하신 어른 앞에서는 어떻게 말씀을 드려야 할지 모르겠습니다."

　노부인은 매우 위엄 있는 태도로 주의 깊게 그를 바라보고 무엇인가 말하려는 듯했으나, 여종이 내민 아편 연관을 손에 든 순간 그런 일 따위는 잊어버린 것같이 보였다. 그리고 몸을 굽혀 잠시 동안 굶주린 듯 연관을 빨고 나더니 어느새 날카로웠던 눈은 몽롱해지고 만사를 잊어버린 표정이었다. 왕룽은 여전히 노부인 앞에 서 있었다.

　"이 사나이는 예서 뭘 하는고?"

　갑자기 노기를 띠고 묻는 노부인은 이도저도 다 잊어버렸음이 틀림없었다. 문지기는 표정 하나 바꾸지 않고 잠자코 있었다.

　"마님, 저는 색시를 데리러 왔습니다."

　왕룽은 깜짝 놀라서 말했다.

　"색시라니 무슨 색시?" 노부인은 물었으나, 시중드는 여종이 허리를 굽혀 무어라 소곤거리자 그제야 정신을 차렸다. "참, 그랬었군. 워낙 하찮은 일이 돼 놔서. 그래, 자네는 오란(阿藍)을 데리러 왔구먼. 그 애를 어떤 농가에 시집보내기로 했는데, 자네가 바로 그 농부란 말인가?"

　"그렇습니다."

　"오란을 얼른 불러오너라." 노부인은 여종에게 말했다. 이런 일은 어서 처리해 버리고 이 큰방에 홀로 조용히 앉아 느긋이 아편을 피우고 싶어진 모양이었다.

　이윽고 여종은 깔끔한 푸른색 무명 윗도리에 바지를 입은, 키가 조금 크고 몸매가 다부진 여자를 데리고 왔다. 왕룽은 얼핏 보고 곧 눈을 돌렸다. 가슴이 울렁거렸다. 저 사람이 바로 내 색시가 될 여자로구나.

　"이리 온." 노부인은 무심히 말했다. "이 사람이 너를 데리러 왔다."

　색시는 노부인 앞으로 나가 고개를 숙이고 손을 포개쥐고 섰다.

　"준비는 되어 있느냐?" 노부인이 물었다.

　색시는 메아리 같은 소리로 천천히 대답했다.

　"네, 됐습니다."

　처음으로 여자의 목소리를 들은 왕룽은 앞에 서 있는 여자를 다시 한 번 보았다. 그 목소리는 너무 크지도 맥이 없지도 않고, 애교도 없었으나 깐깐하지도 않은, 듣기에 나쁘지 않은 목소리였다. 또 그녀의 머리는 매끈하게 잘 빗겨졌고 입은 옷도 깨끗했다. 그러나 그녀의 발이 전족(纏足)이 아닌 것을 보고 한순간 낙심했다. 그러나 그런 것을 되씹어 생각할 시간의 여유도 없었다. 노부인이 문지기에게 분부를 내렸기 때문이다.

"오란의 짐을 대문까지 내다 주고 이 둘을 보내도록 해라." 그리고 왕룽에게 말했디. "오란 곁에 시시 내 말을 좀 듣게나."

왕룽이 오란과 나란히 서자 노부인은 말했다. "오란이 이 집에 온 것은 열 살 때였네. 그리고 이 집에서 잔뼈가 굵어 이제는 나이가 스물일세. 흉년이 든 해에 그 애의 부모는 산둥(山東)에서 이곳 남쪽으로 내려왔다가 먹을 것이 없어서 그 애를 내게 판 거야. 그 애 부모는 고향으로 도로 돌아갔는데 그 뒤론 소식을 통 못 들었지. 자네도 보다시피 그 애는 몸이 튼튼하고 얼굴은 각이 졌네. 북쪽 사람이라서 그래. 시집을 가면 밭일도 잘 하고 물도 잘 긷고 그 밖에 자네가 하라는 것은 무엇이나 다 잘할 걸세. 그 애는 예쁘지는 못해. 하지만 예쁜 계집이 자네한테 무슨 소용이 되겠나? 돈 많고 한가한 사내들이나 예쁜 계집을 찾는 거야. 노리갯감으로 삼기 위해서 말일세. 또 그 애는 영리하지 못해. 그러나 하라는 대로 잘하고 또 성미가 무척 순하다네. 내가 알기엔 그 애는 아직 처녀야. 부엌일만 해 온 데다가 예쁘지 않으니까 내 아들이나 손자들이 그 애에게 손을 대지 않았어. 만약 무슨 일이 있었다고 한다면 사내종들 중에 하나겠지. 허나 이 집엔 그 애보다 예쁜 계집종들이 널렸으니 절대 그랬을 리가 없을 게야. 그러니 그 애를 데리고 가서 아껴 주게. 좀 아둔하고 무디기는 하지만 그래도 쓸모는 있어. 나도 죽어서 좋은 세상에 가려고 절에 가서 공덕을 쌓을 생각이 아니었다면, 오란같이 요리 솜씨가 있는 애는 그대로 부엌에 두고 썼을 거란 말일세. 나는 이 집안 남자들이 원하는 계집종이 아니면, 어떤 종이든지 달라는 사람이 나서면 시집보내지."

이어서 노부인은 오란에게 말했다.

"이 남자 말을 잘 듣고 아들을 많이 낳도록 해라. 첫아이를 낳거든 한번 데리고 오렴."

"네, 마님."

오란은 공손히 대답했다.

그들은 머뭇거리며 서 있었다. 왕룽은 또 무어라고 말해야 할지 몰라서 난처했다.

"그럼 어서들 가."

노부인이 성가신 듯이 호령하자 왕룽은 허둥지둥 절을 하고 나왔다. 여자가 그 뒤를 따르고 그 뒤에 여자의 상자를 어깨에 멘 문지기가 따랐다. 왕룽이 바구니를 놓아 둔 방에 이르자 문지기는 상자를 거기 집어 던지고 아무 말 없이 어디론지 가 버렸다.

그제야 왕룽은 여자 쪽을 돌아보고 처음으로 그 얼굴을 자세히 살펴보았다. 그녀는 정직해 보이는 네모난 얼굴을 하고, 나지막한 코에 콧구멍이 크게 뻥 뚫려 있었다. 입은 옆으로 찢어 놓은 것처럼 큼지막했다. 눈은 작고 검었으며 무엇인지 모를 슬픔이 어려 있었다. 말을 하고 싶어도 하지 못하는 환경 때문에 말을 않는 것이 버릇이 되어 버린 얼굴이었다. 왕룽이 자기를 바라보아도 겁내지 않았고 표정도 바꾸지 않았으며 다만 솔직하게 그 시선을 견뎌 낼 뿐이었다. 그 얼굴 —볕에 그은, 평범한, 참을성 있는 그 얼굴—엔 예쁜 곳이라고는 도무지 없다는 것을 그는 알았다. 그러나 그녀의 거무스레한 얼굴은 곰보도 아니었고 언청이도 아니었다. 그녀의 귀에 그가 사준 도금한 귀걸이가 달려 있었고 손에도 그가 선사한 가락지가 끼워져 있었다. 그는 내심 기쁨을 느끼며 얼굴을 돌렸다. 내게도 색시가 있다.

"여기 상자와 바구니가 있어." 왕룽은 거칠게 말했다.

오란은 아무 말 없이 허리를 굽혀 상자 한끝을 잡고 어깨에 올려놓은 다음 무거워서 비틀거리면서도 일어서려고 애썼다. 왕룽은 그것을 보고 불쑥 말했다.

"상자는 내가 질 테니 바구니나 들어."

그는 한 벌밖에 없는 두루마기를 입었는데도 상자를 등에 짊어졌다. 여자는 여전히 입을 다문 채 바구니 손잡이를 잡았다. 왕룽은 아까 지나왔던 숱한 안뜰을 이런 볼썽사나운 꼴로 다시 한 번 지나야 한다고 생각하니 끔찍스러웠다.

"옆문이라도 있으면……." 그는 중얼거렸다. 여자는 그의 말뜻을 바로 알아차리지 못한 듯 잠시 생각을 하고 나서야 고개를 끄덕였다. 그리고 쓰지 않아서 잡초가 자라고 연못도 메워지다시피 한 작은 안뜰로 그를 이끌었다. 굽은 소나무 아래 낡고 둥근 문이 있었는데 오란은 빗장을 벗기고 그 문을 열었다. 두 사람은 그 문으로 빠져나와 거리로 나섰다.

한두 번 왕룽은 여자를 돌아다보았다. 그녀는 마치 날 때부터 그 길을 다녔던 것처럼 넓적한 얼굴에 아무런 표정도 없이 큼지막한 발로 뚜벅뚜벅 걸어가고 있었다. 성문에 다다르자 왕룽은 조금 멍실이다가 멈춰서서 한 손으로 어깨에 짊어진 상자를 받치고 다른 손으로 허리춤에서 남은 동전을 꺼냈다. 그는 두 푼을 주고 작고 푸른 복숭아 여섯 개를 샀다.

"이거 먹어." 그는 무뚝뚝하게 말했다.

오란은 마치 어린애들이 무엇을 받을 때 그러듯이 말없이 허겁지겁 복숭아를 움켜잡았다. 밀밭가를 걸어가면서 왕룽은 다시 한 번 그녀를 돌아다보았다. 오란은 조심스럽게 그 한 개를 깨물어 먹고 있었다. 그러나 왕룽이 자기를 보는 것을 알자 그녀는 복숭아를 손으로 가리고 입도 놀리지 않았다.

사당이 서 있는 서쪽 밭에 이를 때까지 그렇게 쭉 걸었다. 남자 어깨 높이밖에 안 되는 이 사당은 회색 벽돌로 쌓고 지붕엔 기와를 이었다. 왕룽이 지금껏 갈고 있는 이 밭들은 그의 할아버지도 갈았으며 그 할아버지가 성내에서 벽돌을 손수레로 실어다가 이것을 세운 것이었다. 바깥 벽은 회칠을 했고, 풍년이 든 어느 해엔 동네에 사는 화가를 불러 그 회벽에 산과 대나무가 있는 경치를 그리게 했다. 그러나 몇십 년에 걸친 비바람으로 대나무가 희미하게 깃털처럼 남아 있을 뿐 산은 거의 흔적도 없었다.

사당 안에는 두 개의 조그마한 토상(土像)이 놓여 있었다. 그것들은 가까운 밭의 흙으로 만들어진 지신과 그 아내의 상이었다. 금박을 입힌 붉은 종이로 만든 옷이 입혀져 있었고 남신(男神)에게는 콧수염이 듬성듬성 기다랗게 늘어져 있었는데 그것은 사람의 털을 갖다 붙인 것이었다. 정초마다 왕룽의 아버지는 붉은 종이를 몇 장 가지고 와서는 그것을 조심스레 오려 풀로 붙여서 그 부부에게 새 옷을 입혔다. 그리고 해마다 비와 눈이 들이치고 여름날 볕이 쬐어들어 옷을 망가뜨리는 것이었다.

그러나 해가 바뀐 지 얼마 되지 않아 아직 옷은 말짱했다. 왕룽은 그 상들이 그렇게 깔끔한 것을 자랑스럽게 여겼다. 그는 여자의 바구니를 받아, 아까 사서 돼지고기 밑에 넣어 둔 선향을 조심스레 찾았다. 만약에 향이 부러졌으면 큰일이라고 걱정하면서 더듬어 찾았는데 마침 온전했다. 좋은 징조다. 그는 그것들을 집어서 지신 앞에 쌓인 향의 재 옆에 꽂았다. 이웃 사람들도 모두 이 한 쌍의 작은 지신 앞에 향을 피웠기 때문에 재가 수북하게 쌓였던 것이다. 그러고는 부싯돌을 꺼내 마른 이파리에 불을 붙이고 이어 향에 불을 옮겨 붙였다.

두 사람은 지신 앞에 나란히 섰다. 여자는 향 끝이 빨갛다가 회색으로 변해 가는 것을 지켜보았다. 재가 길어졌을 때 여자는 몸을 구부려 손가락으로 재를 털었다. 그러고는 잘못을 저질렀나 싶어 둔한 눈으로 얼른 왕룽의 얼굴을 살피는 것이었다. 그러나 왕룽은 여자의 동작을 흐뭇하게 생각했다. 여자가 그 향을 그들 두 사람의 것으로 여기는 것처럼 보였기 때문이었다. 그것은 그들의 결혼이 성립되는 순간이었다. 그들은 입을 꾹 다물고 나란히 서 있었다. 향은 자꾸만 타서 재가 되어 버렸다. 해가 지고 있었으므로 왕룽은 상자를 다시 어깨에 메고, 그들은 집으로 향했다.

집 앞에 서서 저물어 가는 해의 마지막 빛을 쬐고 있던 노인은 아들이 색시를 데리고 오는 것을 보고도 몸을 움직이지 않았다. 여자를 눈여겨본다는 것은 체면이 깎이는 일이므로, 마치 구름에 정신이 팔린 체하며 노인은 크게 소리를 질렀다.

"초승달 왼쪽 모서리에 걸린 구름은 비구름이다. 내일 밤 안으로 비가 오겠어." 아들이 색시한테서 바구니를 받아 드는 것을 본 그는 또 소리를 질렀다. "너 또 돈 썼구나?"

왕룽은 바구니를 상에 올려놓았다. "오늘 밤에 손님들이 오니까요." 그는 무뚝뚝하게 대답하고 여자의 상자를 자기가 자는 방으로 들고 가 자기 옷을 넣어 둔 상자 옆에 놓았다. 그는 야릇한 느낌으로 그것을 바라보았다. 그때 노인이 문에 와서 야단을 쳤다.

"돈을 물 쓰듯 하면 집안 꼴이 뭐가 되겠니?"

노인은 아들이 손님들을 부른 것을 속으로는 기쁘게 생각했다. 그러나 며느리에게 처음부터 낭비하는 버릇이 들지 않게 하기 위해서는 야단을 쳐야 한다고 생각했던 것이다. 왕룽은 아무 말 않고 나가서 바구니를 들고 부엌으로 갔다.

여자도 그의 뒤를 따랐다. 왕룽은 바구니에서 반찬거리를 하나씩 꺼내어 차가운 부뚜막에 늘어놓고 그녀에게 말했다.

"돼지고기하고 쇠고기하고 생선이야. 일곱 사람이 먹을 거야. 요리할 줄 알아?"

이렇게 말하는 동안에도 그는 여자의 얼굴을 보지 않았다. 얼굴을 보면서 이야기하는 깃은 짐짆지 못한 일이기 때문이다. 여자는 변함없이 붙임성 없는 목소리로 대답했다.

"저는 황부자 댁에 들어가서 줄곧 부엌에서 일했어요. 끼니 때마다 고기 반찬을 차렸어요."

왕룽은 고개를 끄덕이더니 그녀를 남겨 두고 나와 손님들이 올 때까지 다시 가 보지 않았다. 이윽고 쾌활하고 능청맞은, 늘 허기져 있는 숙부와 열다섯 살 먹은, 한참 건방 떨 나이의 사촌 동생과 수줍은 듯이 히죽이 웃고 있는 이웃 농군들이 우우 몰려들었다. 그들 가운데 둘은 봄에는 왕룽과 종자를 서로 바꾸고 가을에는 서로 도와주는 한동네 사람이었고, 또 한 사람은 옆집에 사는 키가 작은 칭이었는데 그는 어쩌다가 한 마디씩 하는 입이 매우 무거운 사람이었다. 그들이 가운뎃방에서 예절 바르게 서로 자리를 사양하다 겨우 자리를 잡자 왕룽은 음식을 들여오라고 이르기 위해 부엌으로 갔다.

"요리 접시를 당신에게 드릴 테니 당신이 상에 놓아 주시면 좋겠어요. 저는 남자들 앞에 나서기가 싫어요."

여자가 이렇게 말했을 때 왕룽은 여간 기쁘지 않았다. 이 여자가 자기 것이고 자기 앞에 나서기는 두려울 게 없으나, 다른 남자들 앞에 나가기는 꺼린다고 생각하니 왕룽은 퍽 자랑스러웠다. 그는 부엌 문간에서 그녀가 건네주는 음식 그릇을 받아 가지고 가운뎃방 상에 올려놓고 큰 소리로 말했다.

"자아, 작은아버지, 드시지요. 여러분도 어서 들어요."

농담을 즐기는 숙부가 한마디 했다. "우리는 반달 같은 눈썹을 한 신부를 보아서는 안 되나?"

왕룽은 잘라 말했다.

"금방 데려왔는걸요. 첫날밤도 지내기 전에 남들 앞에 나오는 건 안 좋아요."

그리고 그는 손님들에게 먹으라 권했고, 그들은 좋은 음식을 정신없이 먹었다.

말도 없이 맛있게 먹다가 한 사람이 생선 위의 갈색 양념장을 칭찬하자 다른 사람은 잘 구워진 돼지고기 맛이 그만이라고 칭찬했다. 번번이 왕룽은 같은 말을 되풀이했다.

"변변치 않은 음식이에요. 잘 만들지도 못했고."

그러나 그는 내심 그 요리를 자랑스럽게 생각했다. 그녀는 변변치 못한 재료에 설탕과 초와 약간의 술과 간장을 섞어 양념해서 고기맛을 훌륭히 살렸던 것이다. 왕룽 자신도 그렇게 맛있는 요리는 어느 친구의 집에 놀러가서도 먹어 본 일이 없었다.

그날 밤 손님들은 차를 마시고 농담도 하며 좀처럼 돌아가려 하지 않았으나 오란은 여전히 부뚜막 뒤에 숨어 모습을 보이지 않았다. 왕룽이 마지막 손님을 보내고 돌아와 보니 여자는 황소 옆에 쌓아 둔 짚단 위에 웅크리고 잠들었다. 그가 깨워 일으키니 머리에 지푸라기가 잔뜩 묻어 있었다. 왕룽이 말을 걸자 그녀는 잠결에도 마치 누가 자기를 때리려고나 하는 듯이 갑자기 팔을 쳐들어 막는 시늉을 하는 것이었다. 이윽고 눈을 뜨고 아무 말 없는 기묘한 눈으로 그를 쳐다보았다. 그는 마치 천진한 어린애를 대하는 기분이었다. 그녀의 손을 잡고 그날 아침 여자를 맞기 위해 목욕을 한 방으로 데리고 가서 탁자 위의 빨간 초에 불을 켰다. 이렇게 방 안에 불이 켜지자 그는 색시와 단둘이 있는 것이 부끄러워졌다. 그래서 몇 번이나 자신에게 일깨웠다.

'이 여자는 바로 내 색시다. 이젠 일을 치러야지.'

그는 열심히 옷을 벗었다. 여자는 휘장 뒤에 몸을 숨기고 소리 없이 잠자리를 준비했다. 왕룽은 무뚝뚝한 말투로 말했다.

"누우러 오기 전에 촛불을 끄고 와."

왕룽은 먼저 누워서 두꺼운 이불을 어깨까지 끌어 덮고 자는 척했다. 그러나 자기는커녕 그의 몸뚱이의 온 신경은 긴장으로 떨렸다. 얼마쯤 지나 방 안이 캄캄해지고 가만히 여자가 곁으로 기어 들어오자 그는 격렬한 환희에 사로잡혔다. 어둠 속에서 그는 목쉰 듯한 웃음소리를 내고 여자를 붙잡았다.

2

인생에는 이런 쾌락이 있었던 것이다. 다음 날 아침 왕룽은 침대에 누운 채 이제는 완전히 자기 것이 된 여자를 바라보았다. 여자는 일어나서 바닥에 흐트러진 옷을 집어 몸을 느릿느릿 비틀어 가며 걸쳐 입고 옷깃을 여미었다. 다음에는 헝겊신을 신고 발꿈치에 달린 끈을 매었다. 작은 창구멍으로 햇빛이 한 줄기 들어와 그녀의 얼굴을 희미하게 비추었다. 그 얼굴에는 아무런 변화도 보이지 않았다. 그것은 왕룽에겐 놀라움이 아닐 수 없었다. 하룻밤 새 자신은 변한 것 같은데 오늘 침대에서 일어난 그녀의 모습은 매우 예사로워 보이지 않는가. 마치 여러 해 동안 한결같이 그 자리에서 자고 일어나기라도 한 것처럼. 어슴푸레한 새벽빛 속에서 늙은 아버지의 기침 소리가 불평스러운 듯 한결 드높다.

"아버지는 폐가 좋지 않으니까 물부터 데워서 얼른 한 잔 갖다 드려. 속이 따뜻해지라고."

그녀는 어제와 똑같은 목소리로 물었다.

"찻잎은 넣을까요?"

이 간단한 물음에 왕룽은 망설였다. 그는 대뜸 이렇게 대답하고 싶었다. "물론 차를 끓여야지. 우리가 거지인 줄 알아?" 그는 색시에게 이 집에서는 차쯤은 예사로 치는 것처럼 보이고 싶었다. 황씨 댁에서는 물론 모든 찻잔에 푸른 차 이파리가 들어 있었겠지. 아마 종이라 할지라도 맹물은 마시지 않았으리라. 그러나 첫날 아침부터 며느리가 물 대신 차를 가지고 가면 아버지는 화낼 것이 틀림없다. 게다가 그들은 사실 넉넉한 살림은 아니었다. 그래서 일부러 아무렇지도 않은 듯이 대답했다.

"차? 아니 그만둬. 그럼 기침이 되레 심해져."

그리고 여자가 불을 지피고 물을 끓이는 동안 그는 느긋하게 자리에 드러누워서 아주 흐뭇한 기분이 되었다. 그는 이젠 그럴 수 있었으므로 한잠 더 자고 싶었다. 그러나 여러 해 동안 새벽에 깨어나는 버릇이 붙어 있어서 그의 몸이 좀처럼 잠들어 주지 않았다. 그래서 그는 드러누워 게으름이라는 사치를 몸과 마음으로 흠뻑 맛보았다.

자기 것이 된 여자를 생각하면 아직도 조금 부끄러웠다. 대신 농사일, 자기 밭의 밀, 비만 잘 오면 가을 수확이 어떻겠다는 것, 흥정이 되는 대로 이웃 칭에게서 사려고 벼르던 순무 씨 같은 것을 한동안 생각했다. 한데 그런 생각들 사이에 아무래도 그의 새 생활에 대한 생각이 자꾸만 끼어들고 뒤얽혔다. 문득 지난밤 생각이 나자 여자가 자기를 좋아하는지 알고 싶어졌다. 그것은 정말 새로운 의문이었다. 왜냐하면 그는 여태까지 여자를 좋아할 수 있을지, 다시 말하면 잠자리에서, 그리고 집안일에서 그녀가 그에게 만족을 줄지만 생각해 왔기 때문이었다. 얼굴은 예쁘지 못했고 손가죽은 거칠었지만 그녀의 큼직한 몸뚱이는 부드러웠고 처녀였다. 그는 그 생각을 하며 간밤에 어둠 속에서 웃었던 것처럼 키득거렸다. 그 황씨 댁의 도련님들은 부엌에서 일하는 오란의 못생긴 얼굴만 보았던 것이 틀림없었다. 그녀의 몸은 아름다웠다. 그녀는 비록 뼈대는 굵직굵직했으나 살집이 좋고 부드러웠다. 그는 그녀가 자기를 남편으로서 좋아해 주기를 바랐고 그런 생각이 들자 다시 부끄러운 마음이 고개를 쳐들었다.

그때 문이 열리고 그녀가 김이 모락모락 나는 찻잔을 두 손으로 받쳐들고 조심조심 들어왔다. 왕룽은 침대에 일어나 앉아 그것을 받았다. 찻잔의 더운물에는 차 이파리가 떠 있었다. 그는 얼른 그녀를 보았다. 오란은 멈칫거리며 말했다.

"아버님껜 당신이 말씀하신 대로 찻잎을 넣지 않았어요. 그래도 당신에겐……."

왕룽은 여자가 자신을 두려워하는 것을 보고 만족하며 말을 자르듯이 얼른 대꾸했다. "난 좋아해. 차 좋아한다고."

그는 만족스럽게 소리 내며 차를 마셨다.

'색시는 나를 좋아하는구나.'

그는 스스로에게도 대놓고 말하기 부끄러운 새로운 환희를 느꼈다.

몇 달 동안 왕룽은 아내의 거동을 지켜보는 것 말고는 아무것도 하고 있지 않는 기분이었다. 그러나 실제로는 이전과 다름없이 일하고 있었다. 그는 괭이를 어깨에 메고 밀밭에 나가서 이랑을 만들었고, 황소에 쟁기를 지워 마늘과 파를 심을 서쪽 밭을 갈기도 했다. 일도 즐거웠다. 한낮이 되어 집에 돌아오면 그를 위한 점심이 준비되어 있었다. 식탁의 먼지는 말끔히 닦여 있었고 밥그릇과 젓가락도 보기 좋게 놓였다. 오란이 오기 전에는 밭에서 돌아오면 아무리 지쳤어도 그의 손으로 식사를 준비해야만 했다. 아니면 그의 아버지가 갑자기 시장기가 나서, 그가 돌아오기 전에 손수 죽을 만들거나 효모도 넣지 않은 납작한 빵을 구워 마늘종에 말아 놓는 정도였다.

그런데 이제는 그의 손이 안 가도 그를 위하여 식사 준비가 모두 되어 있었고, 식탁 앞의 나무 의자에 앉기만 히면 바로 먹을 수 있었다. 마룻바닥온 깨끗이 치워져 있었고 부엌에 땔나무가 떨어지는 일이 없었다. 그의 아내는 그가 밭으로 나가면 갈퀴와 새끼를 들고 여기저기 돌아다니며 마른풀과 나뭇가지와 가랑잎들을 긁어모아 점심이면 돌아와서 그것으로 밥을 지었다. 그래서 이제는 땔나무를 사지 않아도 되었다. 왕룽은 그것 또한 기뻤다.

오후에는 괭이와 바구니를 어깨에 메고 그녀는 시내로 가는 큰길로 나갔다. 노새와 당나귀와 말들이 짐을 싣고 지나다니는 그 길에서 짐승들 똥을 주워 가지고 집에 돌아와 퇴비로 쓰려고 뒷마당에 쌓아 놓았다. 누가 하라고 해서 하는 일이 아니었다. 그리고 하루해가 다 진 뒤에도 부엌에서 황소에게 먹이를 주고, 언제든지 물을 먹을 수 있도록 길어다 놓기 전에는 일손을 멈추지 않았다.

그리고 그들의 떨어진 겨울옷을 꺼내어 물레로 자은 실로 깁고 수선했다. 또 침구를 문지방에 걸쳐 햇볕에 말리고 이부자리의 거죽을 뜯어 빨아 대막대에 널었다. 그리고 이불 속에서 여러 해 묵어 굳고 잿빛이 돼 버린 솜을 꺼내어 다시 타고, 거기 틀어박혀 번식하는 빈대와 이를 잡아 죽이고 모두 햇볕에 내어 말렸다. 그녀가 날마다 차례로 일을 해 나가는 동안, 이윽고 세 방 모두 깨끗해지고 제법 잘 사는 집의 방처럼 보이게까지 되었다. 노인은 기침이 차츰 나아져서 따스한 양지 쪽 담벽에 기대어 흐뭇한 기분으로 해를 즐기며 앉아 있기가 일쑤였다.

그러나 여자는 말이 없었다. 일상생활에 직접 관계있는 말 이외에는 입 밖에 내지 않았다. 왕룽은 그녀가 그 큰 발로 느릿느릿 온 집 안을 돌아다니며 부지런히 일하는 것을 보아도, 또 둔탁해 보이는 넓적한 얼굴과 조금은 두려워하는 듯한 표정이 깃든 두 눈을 보아도 도무지 그녀를 이해할 수가 없었다. 밤에는 그녀가 얼마나 탄력 있고 부드러운가를 그는 알고 있었다. 그러나 낮에는 수수한 푸른 무명 바지저고리가 그녀의 몸을 모두 가려 버리고, 그녀는 말 없고 충실한 종

이상도 이하도 아닌 양 묵묵히 일만 했다. 그러나 왕룽은 굳이 그녀에게 "왜 말을 않지?" 하고 물을 수는 없었다. 그녀는 자기 할 일만 잘하면 되었기 때문이다.

밭에서 일할 때 가끔 왕룽은 그녀에 대한 생각에 빠지곤 했다. 그 대궐같이 큰 집에서 그녀는 무엇을 보았을까? 그와 함께 보내지 않은 그녀의 생활은 어떠했을까? 그로서는 도무지 알 수 없다. 그러다가 그런 것을 알고 싶어하는 그 자신을 부끄러워했다. 결국 한낱 여자에 지나지 않는 것을!

대갓집 종으로 새벽부터 밤늦게까지 일하던 여자가 작은 농가의 방 셋을 치우고 하루에 두 끼 밥을 짓는 것만으로는 지루할 따름이었다. 왕룽이 날마다 영글어 가는 밀과 괭이질에 등골이 빠지게 힘이 들던 어느 날, 그가 몸을 굽히고 일하는 이랑에 여자 그림자가 어른거렸다. 괭이를 어깨에 메고 오란이 서 있었다.

"해 질 때까지 집엔 할 일이 없어서요." 오란은 그 이상 말하지 않고 남편의 왼쪽 이랑으로 와서 부지런히 괭이질을 시작했다.

초여름이라 태양이 그들 위에 뜨겁게 내리쬐었고 얼마 안 가서 여자의 얼굴에서는 땀방울이 떨어졌다. 왕룽은 저고리를 벗어 팽개치고 등을 드러내놓고 일했으나 오란은 적삼을 걸치고 일했으므로 그 엷은 옷은 땀에 젖어 그녀의 살에 찰싹 달라붙었다. 그들은 한 마디도 없이 몇 시간이나 일했다. 왕룽은 호흡도 흐트러뜨리는 일 없이 아내와 힘을 합쳐 일하는 가운데 일이 힘든 것도 잊어버렸다. 왕룽에겐 아무런 생각도 없었다. 오직 여기 있는 것은 그들의 집을 이루고 그들의 몸을 기르며 그들의 신(神)을 받드는 이 대지를 일궈서 볕에 쏘이게 하는 것뿐이었다. 비옥한 땅은 그들의 괭이가 가 닿자 가볍게 갈라져 나갔다. 때로는 벽돌 조각이나 나뭇조각이 나왔다. 그것은 아무것도 아니었다. 어떤 때엔 사람들의 시체가 이곳에 파묻혔고 집이 세워지고 허물어져 다시 흙으로 돌아갔다. 왕룽의 집 또한 앞으로 흙으로 돌아갈 것이며, 그들의 몸도 그러할 것이었다. 이 땅의 모든 것은 저마다 제 차례가 있는 것이다. 왕룽과 그의 아내는 나란히 말없이 움직이며 이 땅의 열매를 얻기 위해 같이 일을 계속했다.

해가 졌을 때에 왕룽은 지그시 허리를 펴고 아내를 보았다. 오란의 얼굴은 땀으로 젖었고, 흙먼지로 줄이 졌다. 그녀는 마치 흙처럼 검었다. 땀에 젖은 거무스름한 옷은 그녀의 다부진 몸에 달라붙어 있었다. 그녀는 괭이질하던 이랑을 천천히 끝내었다. 그러고는 여느 때처럼 붙임성 없는 솔직한 말투로 말했다. 그 목소리는 고요한 저녁 공기 속에서 여느 때보다도 더 무뚝뚝하게 울렸다.

"아기를 가졌어요."

왕룽은 입도 벌리지 못하고 서 있었다. 무어라고 말해야 하는가. 그녀는 허리를 굽혀 벽돌 조각을 하나 주워 밭이랑 밖으로 던졌다. 그녀는 마치 '차를 가져왔어요', 또는 '식사하세요'라고나 하듯이 아무렇지 않게 말했다. 그러나 왕룽에게는 더없이 큰 사건이었다. 그의 가슴은 크게 부풀었다. 그렇다, 흙에 사는 그들에게 이제 그와 같은 차례가 돌아온 것이다.

왕룽은 그녀의 손에서 괭이를 뺏다시피 하고 벅찬 목소리로 말했다.

"오늘은 그만해, 날도 저물었으니. 아버지에게 알려야지."

그리하여 그들은 집으로 향했다. 그녀는 여자답게 대여섯 걸음 뒤떨어져 걸었다. 노인은 주린 배를 안고 집 앞에 서서 기다리고 있었다. 며느리가 들어온 뒤로 그는 손수 저녁을 짓는 일이 없었다. 그는 아들을 보자 더 기다릴 수가 없다는 듯이 큰 소리로 말했다.

"늙은 아비에게 저녁을 이렇게 기다리게 한단 말이냐!"

그러나 왕룽은 아버지 옆을 지나 방으로 들어가면서 말했다.

"아이를 가졌대요."

그는 '오늘 서쪽 밭에 씨를 뿌렸어요' 하고 말하듯이 아무렇지도 않은 것처럼 이야기하려고 했으나 그렇게는 되지 않았다. 그는 소리를 낮추어 말했지만 그 자신의 귀에는 뜻밖에 소리 높이 외친 것처럼 들렸다.

노인은 처음엔 눈을 껌벅일 뿐이었으나 곧 알아차리고 갑자기 소리 내어 웃었다.

"호오, 그래?" 그는 들어오는 며느리에게 한마디 했다.

"그럼 수확할 날도 머지않았구나!"

어두워서 그는 며느리의 얼굴을 볼 수 없었으나 며느리는 아무렇게나 대답했다.

"곧 저녁을 지을게요."

"그래라, 어서 저녁을 지어." 노인은 재촉하고 며느리를 따라 어린애처럼 부엌으로 들어갔다. 손자 생각에 저녁을 잊었던 그는 이젠 저녁 생각에 손자 생각을 잊은 것이다.

한편 왕룽은 어둠 속에서 식탁 옆의 나무 의자에 팔짱을 끼고 고개를 숙이고 앉아 있었다. 바로 이 내 몸뚱이에서, 나를 부모로 하여 새 생명이 태어나는 것이다.

3

해산달이 가까워지자 그는 아내에게 말했다.

"해산할 때 도와줄 여자가 한 사람 있어야 할 텐데……."

그러나 오란은 고개를 저었다. 저녁을 마치고 그녀는 상을 치우고 있었다. 노인은 이미 잠자리에 들었으므로 그들은 단둘이서 이야기를 나누었다. 솜을 꼬아 심지 삼아 콩기름에 피운 작은 등잔불의 불꽃이 팔락거리며 두 사람을 비추었다.

"그럼 도와줄 사람을 안 부르겠단 말이오?" 왕룽은 놀라며 물었다. 그는 고개나 손을 조금 흔들거나 고작해야 겨우 한두 마디 입 밖에 내는 오란과의 대화에 이제는 익숙해졌다. 그는 그러한 대화에 아무런 부족도 느끼지 않았다. 그는 말을 이었다.

"하지만 남자들만 있어서야 곤란하지 않소? 어머니 땐 동네 여편네를 한 사람 불러왔었지. 난 이런 일은 영 아무것도 모르니까. 당신이 있던 큰 집에 누구 없어? 당신하고 가깝던 사람들 중에 누가 와 줄 만한 여자 종 말이야."

왕룽이 그 집 말을 꺼낸 것은 이것이 처음이었다. 그 순간 오란은 전에 못 보던 얼굴로 그를 보았다. 그녀는 가느다란 눈을 크게 뜨고 얼굴에는 둔한 노기가 감돌았다.

"그 집엔 없어요!" 그녀는 소리쳤다.

왕룽은 담배를 담고 있던 담뱃대를 떨어뜨리며 놀라서 아내를 쳐다보았다. 그러나 그녀의 얼굴은 곧 여느 때와 같아졌고, 마치 아무 이야기도 하지 않았던 것처럼 설거지 그릇에서 젓가락을 주워 모았다.

"왜 그러는 거요?" 그는 어안이 벙벙해져서 물었다. 그러나 그녀는 묵묵부답이었다. 그래서 그는 설득을 시작했다.

"아버지나 나나 애 낳는 데는 아무런 도움도 안 될 거란 말이오. 아버지는 당신 방에 들어갈 수 없을 게고, 나는 암소가 새끼 낳는 것도 본 일이 없는 사람이니 내 손재주 가지고는 자칫하면 갓난애가 다칠 거야. 그러니 종들이 많아서 줄곧 어린애를 낳는 황씨 댁에서 누기 외 주었으면 하는 거란 말이야."

오란은 젓가락들을 가지런히 상 위에 내려놓고 그를 쳐다보았다. 그리고 잠시 뒤에 입을 열었다.

"제가 다시 그 집에 가는 날은 제 품에 아들을 안고 가는 날이어야만 해요. 아이에게는 빨간 저고리와 빨간 꽃무늬가 있는 바지를 입힐 거예요. 그리고 머리에는 금빛의 작은 부처님을 앞에 붙인 모자를 씌우고 발에는 호랑이 얼굴이 그려진 신을 신기겠어요. 그리고 저도 새 신을 신고 올이 가는 검은 무명 저고리를 입고, 제가 일하던 부엌과 큰마나님이 아편을 빨고 계신 큰방에 가서 온 집안사람들에게 저와 아들을 보여 줄 거라고요."

왕룽은 여태까지 오란이 이렇게 말을 많이 하는 것을 들은 적이 없었다. 그 말은 느리기는 했지만 거침없이 술술 나왔다. 틀림없이 그녀는 오랫동안 그 모든 것을 계획했을 터였다. 밭에 나가 그의 옆에서 일하는 동안 그녀는 혼자 그 모든 것을 계획했던 것이다. 이 얼마나 놀라운 여자인가. 나날이 묵묵히 일만 하기에 어린애 생각은 통 하지 않는 줄 알았다. 그러나 실제로 그녀는 이미 낳아서 옷을 갖춰 입힌 어린애와 어머니가 되어 새 저고리를 입은 그녀 자신을 상상했던 것이다. 이번에는 왕룽 쪽에서 말이 막혔다. 그는 두 손으로 담배를 동그랗게 뭉쳐 담뱃대의 대통에 다져 넣었다.

"그럼 돈이 있어야겠군." 마침내 그는 일부러 퉁명스럽게 말했다.

"은전 세 닢만 주시면……." 그녀는 겁먹은 듯이 말했다. "큰돈이에요. 하지만 곰곰이 따져 보았어요. 동전 한 닢도 헛되이 쓰지 않을게요. 포목상에서도 한 치도 속지 않도록 하겠어요."

왕룽은 허리춤을 더듬었다. 바로 그저께 그는 서쪽 밭에 있는 못에서 벤 갈대를 한 바리 반 팔았기 때문에 오란이 지금 청하는 액수보다 조금 더 많은 돈을 가지고 있었다. 그는 은전 세 닢을 상 위에 놓았다. 그리고 조금 망설이다가, 언젠가 찻집에서 도박이라도 할 기회가 생기면 쓰려고 간직해 두었던 은전 한 닢을 더 내놓았다. 그는 노름판에 가도 주사위가 소리 내며 탁자 위를 구르는 것을 구경만 할 뿐, 돈을 잃을까 두려워서 그 자신은 한몫 끼여 놀지 않았다. 결국 시내에 들어갔다가 시간이 남으면 그 시간을 이야기꾼 집에 가서 보내는 것이 보통이었다. 거기서 그는 옛날이야기를 듣고 주발이 돌아오면 동전 한 닢만 집어넣어 주면 되었다.

"은전 한 닢을 더 받아 둬." 그는 담배에 불을 붙이려고 종잇조각에 등잔불을 옮겨 붙이면서 말했다. "어린애 입힐 비단옷을 하나 지어. 뭐니 뭐니 해도 그 앤 첫애니까."

오란은 돈을 곧 집지 않고 무표정한 얼굴로 바라보고 서 있기만 했다. 그러다가 거의 속삭이듯이 말했다.

"은전을 제 손에 쥐어 보긴 처음이에요."

그녀는 갑자기 그것을 움켜쥐고 얼른 침실로 사라졌다.

왕룽은 상 위에 놓여 있던 은전을 생각하며 담배를 피웠다. 그 은전은 그가 손수 일구는 토지에서 나왔다. 그는 이 땅에서 생명을 얻었던 것이다. 땀 흘려 일해서 곡식을 거두어들였고 곡식을 팔아 은전을 얻었다. 이제까지는 누구에게 은전을 내줄 때는 그때마다 마치 자기 생명의 한 부분을 아무렇게나 남에게 떼어주는 것같이 느꼈었다. 그러나 은전을 내놓으면서도 괴롭지 않기는 이번이 처음이었다. 그것은 거리의 상인에게 주는 은전이 아닌 그보다 더 가치 있는 것─그의 아들의 몸을 깜싸 줄 옷─이 되는 것이다. 그리고 저 기묘한 여자, 언제나 말이 없고 아무것도 안 보고 그저 일만 하는 듯한 여자는 그 옷을 입힌 어린애를 그보다도 먼저 보고 있었던 것이다.

해산할 때가 닥쳤어도 그녀는 남의 손을 빌리려고 들지 않았다. 드디어 그 시각이 왔다. 해가 서산에 지고 어두워지기 시작할 때였다. 그녀는 남편과 나란히 벼를 거두어들이고 있었다. 밀을 거두고 난 뒤 그들은 그 밭을 논으로 만들어 볏모를 심었으며 벼는 장마에 많이 자라 익고, 초가을의 햇볕을 받아 이삭이 무거워졌다. 그리고 오늘 하루 그들은 허리를 굽혀 자루가 짧은 낫으로 벼를 베었다. 그녀는 배가 무거웠기 때문에 허리를 많이 굽힐 수가 없었다. 그래서 그녀는 남편보다도 더디게 베었고 따라서 남편의 줄은 앞서고 그녀는 뒤떨어졌다. 해가 중천에서 기울어짐에 따라 그녀의 낫질은 더욱 더디어졌다. 저녁때엔 더했다. 왕 룽은 초조한 듯이 돌아보았다. 그때 그녀는 허리를 폈다. 낫이 손에서 떨어졌다. 그녀의 얼굴에서 이제까지와는 다른 땀이 흘러내렸다. 그것은 그녀에겐 처음 맛 보는 고통의 땀이었다.

"애가 나오려나 봐요." 그녀는 말했다. "전 집에 갈게요. 탯줄을 끊게 갈대를 하 나 껍질을 벗겨 얇게 갈라 가지고 오세요. 그리고 제가 부를 때까지 방에는 들 어오지 마세요."

오란은 아무렇지도 않은 듯이 논을 끼고 집으로 향했다. 왕룽은 그녀를 지켜 보다가 조금 떨어진 못가에 가서 푸른 갈대를 하나 집어 껍질을 잘 벗기고 낫으 로 갈랐다. 해가 빨리 기우는 가을날은 어느새 땅거미가 졌다. 그는 낫을 어깨 에 걸고 집으로 돌아갔다.

집에 돌아오자 따뜻한 저녁이 식탁에 차려졌고 노인은 먹고 있었다. 그녀는 진통을 견디면서 부엌에 가서 그들의 식사를 준비했던 것이다. 왕룽은 내 아내 는 보통 여자가 아니라고 생각했다. 그는 방문 앞에 가서 말을 걸었다.

"갈대 가져왔어!"

그는 오란이 가지고 들어오라고 대답하기를 기다리면서 서 있었다. 그러나 그 녀는 그를 부르지 않았다. 문틈 새로 손을 내밀어 그 갈대를 받았을 뿐 한 마디 도 없었다. 다만 먼 길을 달린 가축처럼 격렬하게 몰아쉬는 숨소리만이 들렸다.

노인은 먹던 밥그릇에서 고개를 들고 아들에게 말했다.

"어서 먹어라, 찬밥 될라." 그는 다시 말을 이었다. "아직 걱정할 것 없다, 곧 낳 지는 않을 테니까. 네 어미가 첫애를 낳을 때도 이때쯤 시작해서 이튿날 새벽에 야 해산을 했어. 허 참, 나와 네 어미는 애를 아마 스물은 낳았을 거야. 몇이었는 지 기억도 다 안 난다. 그런데 살아남은 건 너뿐이다. 그러니까 여편네라는 건 애 를 자꾸만 낳아야 하는 거다."

노인은 잠시 말을 끊었다가 새삼스럽게 생각난 듯이 말했다.

"내일 이맘때면 난 할아버지가 된다 이거지." 그는 갑자기 껄껄대며 웃기 시작했다. 그는 밥숟갈을 놓고 어두운 방 안에서 웃음을 그치지 않았다.

그러나 왕룽은 짐승처럼 숨가쁘게 허덕이는 오란의 신음을 들으며 그대로 서 있었다. 문틈으로 뜨거운 피 냄새가 확 풍겨 왔다. 그 역한 냄새가 그를 떨게 했다. 방 안에 있는 오란의 숨소리는 더 빠르고 높아졌으며 짓눌린 비명과도 같았다. 그러나 그녀는 결코 소리를 내지 않았다. 왕룽이 더는 참을 수 없어 그 방으로 뛰어 들어가려는 찰나, 가늘고 찢어지는 듯한 울음소리가 들려왔다. 그는 모든 것을 잊어버렸다.

"아들이야?" 그는 아내 생각도 잊어버리고 다그치듯 물었다. 그러자 또 다시 가늘고도 옹골찬 울음소리만이 연거푸 들려왔다. "아들이야? 그것만 가르쳐 줘! 아들이야?"

여자의 목소리는 메아리처럼 희미하게 들려왔다.

"아들이에요."

왕룽은 그제야 밥상으로 갔다. 참 빠르기도 하군. 그의 밥은 찬밥이 된 지 오래고 노인은 걸상에 기댄 채 잠들었다. 어쩌면 그렇게 모든 일이 순식간에 이루어질까! 그는 노인의 어깨를 잡고 흔들었다.

"아들이래요!" 그는 의기양양하게 외쳤다.

"아버지는 할아버지가 되고 나는 아버지가 됐어요!"

노인은 곧 잠을 깨어 아까 잠들기 전에 웃던 모습 그대로 한바탕 웃기 시작했다.

"암, 그렇고말고. 내가 할아버지야, 할아버지……." 그는 일어나서 여전히 웃으면서 그의 침상으로 갔다.

왕룽은 찬밥 그릇을 들고 먹기 시작했다. 갑자기 어찌나 시장한지 입으로 옮기는 것조차 답답하게 느껴졌다. 방 안에서는 여자가 일어나 부스럭대는 소리와 어린애의 세찬 울음소리가 들려왔다.

"이제부터는 이 집도 꽤 시끄러워지겠구나." 그는 자랑스러운 듯이 중얼거렸다.

저녁밥을 실컷 먹고 나서 그는 다시 방문 앞에 섰다. 이번엔 그녀가 불렀으므로 곧 방 안으로 들어갔다. 피비린내가 아직도 짙게 풍기고 있었으나 나무통 말고는 피의 흔적이 없었다. 그러나 그 통도 물을 붓고 침대 밑에 밀어 넣어서 그의 눈에는 거의 보이지 않았다. 빨간 초가 켜져 있었고 그녀는 이불을 덮고 침대에 반듯하게 누워 있었다. 그리고 그녀의 곁에는 그 지방 풍습에 따라 방금 아버지가 된 왕룽의 낡은 바지에 싸인 아들이 누워 있었다.

왕룽은 침대로 다가갔다. 잠시 동안 그의 입에는 말이 떠오르지 않았다. 그는 가슴이 벅차오르는 것을 느끼며 몸을 굽혀 어린애를 들여다보았다. 둥글고 쪼글쪼글한 얼굴은 매우 검었고 머리에는 길고 까만 머리카락이 젖어서 달라붙어 있었다. 어린애는 이미 울음을 그치고 눈을 꼭 감은 채 잠들어 있었다.

왕룽이 아내를 보자 아내도 그를 보았다. 진통을 겪은 그녀의 머리카락은 아직도 땀으로 젖어 있었고 가느다란 그녀 눈은 움푹 꺼져 있었다. 그 밖에는 여느 때와 다른 데가 없었다. 그러나 이렇게 누운 아내의 모습에는 그의 가슴을 때리는 것이 있었다. 애정이 아내와 아들에게 쏠렸다. 달리 할 말이 떠오르지 않아 그는 이렇게 말했다.

"내일 내가 성안에 들어가서 누런 설탕 한 근을 사오지. 더운물에 타 줄 테니 마시도록 해."

그리고 그는 다시 어린애를 보았다. 그러고는 방금 생각나기나 한 것처럼 느닷없이 외쳤다.

"달걀을 한 바구니 사다가 빨갛게 물들여 동네에 돌려야지. 아들을 낳았다는 것을 모두에게 알려야 할 테니까."

4

해산한 다음 날도 아내는 여느 날과 다름없이 일어나 아침밥을 지었다. 그러나 남편을 따라 논에 나가지는 않았다. 그래서 왕룽은 한낮이 지나기까지 혼자서 일하고 나서 푸른 옷으로 갈아입고 성안으로 들어갔다. 그는 시장으로 가서 달걀 쉰 개를 샀다. 갓 낳은 달걀은 아니었으나 아직 싱싱해서 한 알에 한 푼씩 주었다. 그는 또 함께 끓여서 빨갛게 물들일 빨간 종이도 샀다. 그는 달걀과 바구니를 들고 설탕 가게에 가서 누런 설탕을 한 근 남짓 샀다. 그것을 갈색 종이에 잘 싸고 지푸라기로 묶은 상인은 빙그레 웃으면서 그 지푸라기 밑에 빨간 종잇조각을 끼워 넣었다.

"산모에게 주려고 사는 모양이구려."

"첫아들이라서요." 왕룽은 자랑스럽게 대답했다.

"경사스러운 일이오!" 상인은 건성으로 대꾸했다. 그의 눈은 방금 들어온, 옷을 잘 입은 다른 손님을 좇고 있었다.

상인은 그런 축하의 말을 하루에도 몇 번씩 손님들에게 한다. 그러나 왕룽에게는 그것이 자기만을 위한 특별한 말처럼 들렸고, 상인의 친절이 고마워 가게에서 나오면서 그에게 한 번 더 절을 했다. 햇볕이 뜨겁게 내리쬐는, 먼지 나는 거리로 나서면서 그는 이 세상에 자기보다 행복한 사람은 없는 듯이 여겨졌다.

그런 생각은 그를 즐겁게 했으나 곧 두려운 생각으로 가슴이 뜨끔했다. 이 세상을 사는 데는 운이 지나치게 좋아도 좋지 않기 때문이었다. 하늘에도 땅에도 연약한 인간, 특히 가난한 사람의 행복을 싫어하는 나쁜 귀신이 득실거리기 때문이었다. 허둥지둥 그는 향을 파는 양초 가게로 뛰어 들어가 네 식구에 하나씩 돌아가도록 선향 네 개를 샀다. 그것을 가지고 그는 사당으로 곧장 가 지난날 아내와 함께 피웠던 향의 재 위에 다시 향을 피웠다. 그는 네 자루 모두 잘 타는 것을 지켜보고 나서 마음을 놓고 집으로 돌아왔다. 그 작은 사당 안에 모셔져 있는 한 쌍의 수호신은 엄청나게 큰 힘을 가지고 있는 것이다.

아무도 알지 못하는 사이에 벌써 오란은 밭에서 일하는 남편 곁으로 돌아와 있었다. 논밭에서 추수한 것을 그들은 집 마당에서 도리깨질을 하고 또 키질을 했다. 그것이 끝나자 이번에는 가을밀을 심어야 했다. 그래서 왕룽이 황소에 쟁기를 지워 밭을 갈면 오란은 괭이를 들고 그를 뒤따라 새 이랑에 있는 흙덩이를 부스러뜨렸다.

이제 오란은 종일토록 일을 했고, 어린애는 다 떨어진 헌 이불에 싸여 땅바닥에서 잤다. 어린애가 울면 그녀는 일손을 멈추고 땅에 털썩 앉아 저고리를 헤치고 젖을 먹였다. 끈질긴 늦가을 볕이 어머니와 아기에게 내리쬐었다. 그들은 흙처럼 까매서, 그러고 앉아 있으니 흙으로 만든 우상 같았다. 엄마의 머리에도 아기의 부드러운 검은 머리에도 밭의 흙먼지가 앉아 있었다.

어머니의 풍만한 젖가슴에서는 눈같이 하얀 젖이 솟아 흘렀고 아기가 한쪽 젖을 빨면 다른 한쪽 젖도 샘처럼 흘러나왔다. 그녀는 흐르는 젖을 그냥 내버려 두었다. 아무리 빨아 먹어도 몇 아기라도 기를 만큼 풍부하다는 것을 알고 있었으므로 흐르건 말건 전혀 아랑곳하지 않았다. 언제나 연이어 계속 샘솟아 오른다. 이따금 옷을 버릴까 봐 땅바닥에 짜 버렸다. 그러면 젖은 땅에 스며들어 보드랍고 거무스름한 기름진 흙을 만들었다. 순하고 토실토실 살찐 아기는 엄마가 주는 이 마르지 않는 생명의 샘을 꼴깍꼴깍 삼켰다.

겨울이 와도 그들에게는 곤란하지 않을 만큼의 식량이 있었다. 전에 없던 풍작이어서 자그마한 집 안은 꽉 찼다. 그들의 초가집 서까래엔 양파라든가 마늘들이 엮여 주렁주렁 매달리고 갈대로 엮은 섬에 벼, 밀 등을 가득가득 넣은 것이 가운뎃방, 아버지 방, 그리고 그들 방 한곁에 쌓여 있었다. 물론 이 곡식의 대부분은 팔 것이었으나, 왕룽은 검소해서 다른 사람들처럼 도박이나 사치스러운 음식 따위에 돈을 낭비하지 않았기 때문에 값이 헐한 가을에 팔지 않아도 되었다. 그대로 두었다가 땅에 눈이 하얗게 덮였을 때나 아니면 성안 사람들이 아무리 비싼 값에라도 기꺼이 사는 설이 다가올 무렵에 파는 것이었다.

그의 숙부는 언제나 곡식이 채 익기도 전에 팔아 버려야 했다. 조금의 돈을 얻기 위해 추수와 타작하는 수고를 덜 겸 밭에 서 있는 곡식을 그대로 팔아넘기는 것도 예사였다. 그런 데다가 그 숙모는 뚱뚱하고 게으르고 어리석은 여자로 밤낮 맛있는 음식만 찾고, 성에서 새 신을 사고 싶다느니 무얼 하고 싶다느니 안달을 해 댔다. 왕룽의 아내는 그의 신, 시아버지의 신, 자기 신, 아기 신 할 것 없이 모두 손수 집에서 만들었다. 만약에 그녀가 신을 사겠다고 말한다면 그는 당황했으리라.

숙부의 그 쓰러져 가는 낡은 집 서까래에는 무엇이 매달려 있을 때가 없었다. 그러나 왕룽의 집 서까래에는 돼지 다리까지 달아매어져 있었다. 이웃 칭이 집에서 먹이던 돼지가 병든 것 같아서 잡았을 때 사둔 것이었다. 살이 빠지기 전에 잡은 것이라 살점도 많았다. 오란은 그것을 소금에 절여 매달아 말렸다. 그 밖에도 창자를 빼내고 소금을 넣은 닭 두 마리도 털을 덜 뽑은 채 말려져 있었다.

그러므로 동북쪽 사막 지대에서 살을 에는 듯한 세찬 바람이 불어올 때에도 왕룽의 가족은 풍성한 가운데서 단란하게 지냈다. 아기도 무럭무럭 잘 자랐다.

백일에는 장수를 축원하는 국수 잔치를 베풀었다. 왕룽은 그의 혼인 잔치에 왔던 사람들을 다시 불러, 그들에게 붉게 물들인 달걀을 10개씩 나누어 주었다. 그리고 그 밖에 축하하러 온 마을 사람들에겐 2개씩 주었다. 엄마를 닮아 광대뼈가 두드러지고 넓적한 얼굴에 토실토실 살찐 아들을 가진 왕룽을 모두 부러워했다. 겨울이 왔으므로 아기는 밭머리에 앉는 대신 토방에 이불을 깔고 앉았다. 그들은 밝은 남쪽 창문을 열어 햇볕을 들였고 북풍은 두꺼운 흙벽을 헛되이 두드렸다.

대문 옆 대추나무나 밭가에 있는 버드나무와 복숭아나무에는 잎이 모조리 떨어지고 없었다. 다만 집 동편 성긴 대숲의 잎만이 달라붙어 거센 바람에 줄기가 아무리 휘어져도 떨어지지 않았다.

이렇게 건조한 바람이 계속해서 불면 뿌린 밀의 싹이 트지 않을 것이기 때문에 왕룽은 근심스레 비를 기다렸다. 어느 조용하고 흐린 날 바람이 자고 공기가 후덥지근해지더니 갑자기 비가 내리기 시작했다. 그들은 마음이 흡족해져서 방 안에 앉아 쏟아지는 빗줄기를 바라보았다. 빗물은 집 가까이 있는 밭들에 스며들었고 처마 끝에서 마구 쏟아졌다. 아기는 떨어지는 은색 빗줄기가 신기했던지 그것을 잡으려고 작은 손을 밖으로 뻗치고는 좋아라 웃었고 가족들도 덩달아 웃었다. 아기 곁에 앉아 있던 할아버지는 손자를 칭찬했다.

"이렇게 영리한 아이는 아무 데도 없을 게야. 작은집 아이들은 걷기 전엔 아무 것도 몰랐어."

축축해진 밭에서는 푸릇푸릇 밀싹이 움터 올랐다.

이런 시기에는 손님들의 왕래가 잦았다. 하늘이 그들을 대신해서 말라 가는 곡식에 비를 내려 주었기 때문에 그들은 등뼈가 휘어지게 물통을 짊어지고 밭으로 물을 나르지 않아도 되었다. 그래서 농부들은 아침부터 기름을 먹인 종이우산을 쓰고 맨발로 밭 사이의 좁은 길을 따라 서로 이집 저집 찾아다니며 차를 마셨다. 다소곳한 아낙네들은 신을 만들거나 옷을 짓거나 설날 음식 마련할 것을 생각하기도 했다.

그러나 왕룽과 그의 아내는 그리 나다니지를 않았다. 이 작은 마을엔 집이 여섯 채 흩어져 있었으나 왕룽의 집같이 따뜻하고 풍족한 집은 없었다. 게다가 왕룽은 동네 사람들과 지나치게 가까이하면 돈을 빌려 달라거나 할까 봐 은근히 두려웠다. 설이 가까워지니 새 옷도 짓고 음식도 차리느라 어느 집이고 돈이 부족했다. 그래서 왕룽은 집에 들어앉아 아내가 옷을 꿰매는 동안 댓살로 만든 갈퀴를 꺼내다가 갈퀴 발이 부러진 곳이 있으면 새 댓살로 갈아 넣고 끈이 끊어진 곳이 있으면 직접 새배한 삼을 써서 만든 노끈으로 잡아매기도 했다.

그가 이렇게 농구 손질을 하면 아내는 그릇 손질을 했다. 혹 옹기 그릇에 금이 가도 다른 아낙네들처럼 내버리고 새것을 사려 하지 않고, 진흙을 개어서 그틈을 메꾸고 공들여 구워서 새것과 다름없이 만들었다.

그래서 그들은 집안에 눌러앉아 서로의 믿음을 나누는 것으로 낙을 삼았다. 그들이 주고받는 대화는 간단했다.

"그 큰 호박에서 씨를 받아 두었던가?"

"밀짚은 내다 팔고 부엌의 땔감은 콩대로 하지."

"이 국수 정말 맛있는데." 어쩌다 왕룽이 칭찬을 하기라도 하면 오란은 겸손하게 대답했다. "올해엔 밀이 잘 익어서 그렇죠, 뭐."

풍년이 와서 왕룽은 그 추수한 것을 팔아 그들이 쓰고도 남을 만한 액수의 은전을 벌었다. 그는 그 돈을 허리춤에 넣고 다니면서 오란 이외의 딴 사람에게 말하기를 꺼렸다. 둘이서 그 은전을 어디다 감추어 둘 것인가를 의논한 끝에, 오란이 지혜롭게도 그들 방 침대 뒷벽에 자그마한 구멍을 파고 은전을 집어넣은 다음 진흙으로 그 위를 감쪽같이 발라 버렸다. 그리하여 그들은 은근히 부자가 된 것 같은 풍족한 마음이 들었다. 왕룽은 쓰고도 남을 만큼의 돈을 가졌다는 생각에, 마을 사람들과 나란히 걸어갈 때에도 어쩐지 어깨가 으쓱거리고 여유로운 마음이었다.

5

설날이 가까워지자 마을은 어느 집이나 설 채비에 바빴다. 왕룽은 시내 양초 가게에 가서 네모난 붉은 종이를 몇 장 사왔다. 그 종이에는 금색 물감으로 복(福) 또는 부(富) 같은 글자가 씌어 있었다. 그는 이 종이를 농구에 붙이고 새해에 운수 좋기를 빌었다. 쟁기에도 황소의 멍에에도 붙이고 거름과 물을 나르는 통에도 붙였다. 그리고 대문에는 복이 찾아든다는 글귀가 적힌 기다란 붉은 종이를 붙이고 대문 위쪽에는 꽃 모양으로 오린 붉은 종이를 붙였다. 그는 또 사당의 지신에게 갈아입힐 새 종이 옷을 만들기 위해 붉은 종이를 사왔는데, 그러면 노인은 떨리는 손으로도 그것을 곧잘 만들었다. 왕룽은 그것을 사당으로 가지고 가 한 쌍의 지신에게 입히고 향을 피워 새해의 복을 빌었다. 그리고 가운뎃방 벽에 붙인 신령님 화상에 정성을 드리기 위해 섣달 그믐날 밤에 그 아래 놓인 상에다 켜 놓을 붉은 초 두 자루도 샀다.

그리고 왕룽은 다시 성내로 들어가 돼지기름과 백설탕을 사 왔다. 오란은 돼지기름을 하얗고 부드러워질 때까지 저어서 쌀가루에 섞었다. 그 쌀가루는 그들의 황소가 끄는 연자 방아로 찧어 만든 것이었다. 오란은 기름과 설탕을 한데 개어 설떡을 만들었다. 그것은 황부자 집 같은 데서나 먹는 월병(月餠)이었다.

그 월병을 굽기 위해 상에 빚어 놓은 것을 보고 왕룽은 자랑스러운 마음에 가슴이 뿌듯했다. 명절 때 부잣집에서나 먹는 그런 떡을 만들 수 있는 여자는 이 마을에 그의 아내밖에 없다. 오란은 몇몇 떡에는 붉은 산사나무 열매와 푸른 살구로 꽃모양을 새겼다.

"이거 아까워서 먹을 수가 있나?" 왕룽은 말했다.

노인은 마치 아이들이 색색의 예쁜 것을 보고 그러듯 좋아서 어쩔 줄 몰라 하며 상 주변에서 서성거렸다.

"네 숙부하고 그 집 아이들을 불러다가 이것 좀 구경시키려무나."

그러나 왕룽은 여유가 생긴 뒤에는 조심스러워졌다. 떡을 그저 구경만 시켜주겠다고 배고픈 사람들을 집으로 부를 수는 없었다.

"설날이 되기 전에 설떡을 보이면 재수 없어요" 왕룽은 얼른 대답했다. 손에 쌀가루와 기름이 온통 묻은 아내가 그때 입을 열었다.

"이건 우리 먹을 것이 아니에요. 꽃을 놓지 않은 걸로 한두 개 손님들에게 맛이나 보게 하지요. 우린 아직 백설탕이나 돼지기름을 먹을 형편이 못 됩니다. 이건 황부자댁 큰마나님께 갖다 드리려고 만든 거예요. 초이튿날 아이를 안고 찾아뵐 때 가져가려고요."

이 말을 듣고 보니 그 떡은 한결 더 귀해 보였다. 왕룽은 지난날에 그가 가난하고 초라한 모습으로 서 있던 그 대청으로, 그의 아내가 빨간 옷으로 단장한 아이를 안고 가장 좋은 쌀가루와 설탕과 돼지기름으로 만든 이런 떡을 가지고 손님으로서 찾아가게 될 것을 생각하니 마음이 흐뭇해졌다.

이렇게 황부자 집에 갈 생각을 하니 설날에 할 다른 일들은 모두 대수롭지 않게 여겨졌다. 오란이 새로 만든 검은 무명옷을 입어 보며 왕룽은 혼자 중얼거렸다.

"황부자 집 대문까지 데려다줄 때에 이것을 입어야지."

초하룻날에 그의 삼촌이며 이웃 사람들이 그의 아버지와 그에게 새해 인사를 하려고 몰려와 먹고 마시며 떠들썩할 때에도 왕룽은 거의 참견하지 않았다. 그는 행여 사람들에게 보였다가는 맛보라고 권하지 않으면 안 될 것이 두려워서 빛깔 있는 떡은 바구니에 감추어 두고 내놓지 않았다. 그래도 꽃도 안 놓은 하얀 떡에 대해 사람들이 돼지기름과 설탕의 맛을 칭찬하는 말을 들었을 때 왕룽은 이렇게 소리지르고 싶은 것을 참느라 힘들었다.

"더 훌륭한 떡도 있단 말이야!"

그러나 그는 끝내 입을 열지 않았다. 그는 황부자 집으로 자랑스럽게 들어가는 것 이상으로 바라는 것이 없었던 까닭이다.

초하룻날에는 남자들이 먹고 마시며 놀지만 초이튿날은 여자들이 세배 다니는 날이다. 이날 왕룽의 가족은 새벽부터 일어났다. 오란은 아이에게 빨간 옷을 입히고 그녀가 손수 만든 호랑이 얼굴을 수놓은 신을 신겼다. 그리고 그녀는 섣달 그믐날 왕룽이 깎아 준 아이의 머리에 작은 금부처가 달린 빨간 모자를 씌워서 침대에 눕혔다. 그리고 그녀가 긴 검은 머리를 새로 빗어 왕룽이 사다 준 은도금한 놋쇠 비녀로 틀어 올리는 사이, 왕룽은 그의 새 옷으로 빨리 갈아입었다. 오란도 남편과 같은 옷감으로 만든 새 두루마기를 입었다. 그것은 왕룽이 자기 옷감과 함께 마련한 것으로서 스물넉 자를 포목전에서 끊었었다. 포목전에서는 그만큼을 한꺼번에 사면 두 자를 더 붙여 주는 것이 관례이다. 왕룽은 아들을 안고 아내는 떡을 넣은 바구니를 들고 성내로 향했다. 그들은 황량한 겨울의 밭길을 걸어갔다.

그들이 황가의 큰 대문에 이르렀을 때 왕룽이 보람을 느끼고도 남을 만한 일이 일어났다. 여자의 목소리에 눈을 뜬 문지기는 그들을 보자 눈이 휘둥그레져서는 사마귀에 난 긴 털 세 가닥을 잡아 비틀면서 큰 소리를 질렀던 것이다.

"아니 이거, 농사짓는 왕 서방 아니오? 이번엔 셋이서 왔구려." 그는 그들이 모두 새 옷을 입었으며 게다가 아들을 데리고 온 것을 보고 다시 말을 이었다. "지난해엔 운수가 대통이었는가 보우. 이거 어디 새해 복 많이 받으라는 말 따윈 필요 없겠는걸."

왕룽은 손아랫사람을 대하듯이 대수롭지 않게 대답했다. "농사가 잘돼서 그래, 농사가 잘돼서."

그렇게 말하고는 당당하게 대문 안으로 발을 들여놓았다.

문지기는 그만 그 기에 눌린 듯 왕룽에게 말했다.

"제가 아주머니를 안으로 모셔갈 테니 그동안 누추하지만 제 방에 앉아 계시겠소?"

왕룽은 그의 아내가 아들을 안고 부잣집 주인 마나님께 줄 선물을 들고 문지기를 따라 안으로 들어가는 뒷모습을 바라보며 서 있었다. 즐거운 일이 아닐 수 없었다. 그들이 안으로 깊이 들어감에 따라 차츰 작아져 마침내 안 보이게 되자 왕룽은 문지기 집으로 들어가, 문지기의 곰보 마누라가 권하는 대로 가운뎃방 윗자리에 당당한 태도로 앉았다. 그리고 그 곰보 마누라가 그를 위해 상에 갖다 놓은 찻잔을 보고 고개를 끄덕이기는 했으나 이따위 차는 마시지 않는다는 듯이 입도 대지 않았다.

문지기가 아내와 아이를 데리고 돌아올 때까지의 시간이 왕룽에겐 무던히도 길었다. 그는 아내의 얼굴을 대하는 순간 그녀의 얼굴을 자세히 살펴보았다. 안에 들어가서의 형편이 어땠는지를 알아내기 위해서였다. 그는 넓적하고 무표정한 아내의 얼굴에서 아까와는 다른 아주 작은 변화를 알아낼 수 있었다. 아내는 완전히 만족해하는 얼굴이다. 그는 일 없이 함부로 들어갈 수 없었던 그 안뜰에서 어떤 일이 있었는지 궁금해 견딜 수가 없었다.

그래서 그는 문지기와 그의 곰보 마누라에게 인사하고 아내를 재촉하여 밖으로 나왔다. 그는 새 옷에 싸여서 포근히 잠든 아이를 받아 안았다.

"그래, 어떻던가?" 그는 뒤따르는 아내에게 어깨 너머로 물었다. 이때만은 그녀가 느린 것이 갑갑했다. 오란은 그에게로 가까이 와서 속삭이듯 대답했다.

"그 댁이 금년엔 좀 군색한 모양이에요."

그녀는 마치 신(神)이 굶주리고 있더라는 말이라도 하는 양 놀라움을 감추지 못하는 듯했다.

"그게 무슨 소리야?" 왕룽은 그녀의 설명을 재촉했다.

그러나 그녀는 서두르지 않았다. 그녀는 띄엄띄엄 힘들여 말하는 버릇이 있었다.

"큰마나님은 작년에 입던 옷을 그대로 입고 있었어요. 전엔 그런 일이 한 번도 없었거든요. 그리고 종들도 새 옷을 못 얻어 입었어요." 오란은 잠깐 쉬었다가 다시 말했다. "저같이 새 옷을 입은 종이라고는 하나도 못 봤어요." 그녀는 다시 사이를 두었다가 말을 이었다. "우리 애처럼 예쁘고 좋은 옷을 입은 애는 큰나리님의 소실 자식 중에도 없었어요."

그녀의 얼굴에 미소의 잔물결이 조용히 퍼졌다. 왕룽은 유쾌한 듯이 소리 내어 웃고는 아들을 한 번 꼭 껴안았다. 만사가 어쩌면 이리도 잘 되어 갈까! 그러나 다음 순간 그는 한 가닥 불안한 느낌에 사로잡혔다. 어리석어도 분수가 있지, 이렇게 탐스러운 아들을 안고 넓은 하늘 아래를 뽐내며 걸어가다가 공연스레 공중을 지나던 마귀가 보기라도 하면 어찌하려고 그러는 것일까! 이런 생각이 들자 왕룽은 얼른 앞섶을 벌려 아들의 머리를 품속에 안고 큰 소리로 외쳤다.

"이런 못난 계집애를 누가 데려나 가겠니! 게다가 곰보딱지까지 되었으니, 그냥 콱 죽는 게 낫지."

"그래요, 그래요." 아내도 어렴풋이 그 까닭을 알고 맞장구쳤다.

이렇게 예방을 해 놓고 안심이 된 왕룽은 다시 아내에게 물었다.

"그 댁이 왜 군색해졌는지 들었어?"

"이전에 함께 음식 일을 맡아 보던 내 윗사람과 잠깐 이야기를 했는데요." 오란은 대답했다. "그 사람 말이, 그 댁의 젊은 서방님들이 하도 돈을 헤프게 쓰는 바람에 그 댁도 오래 못 갈 거라더군요. 젊은 서방님들이 다섯이나 있는데 모두 먼 곳에 나가서 돈을 물 쓰듯 하고, 계집을 자꾸 사 가지곤 싫어지면 본댁으로 보낸대요. 그리고 주인 영감님도 해마다 첩을 한둘은 꼭 산대요. 게다가 큰마나님이 날마다 피우시는 아편 값도 금으로 치면 두 신짝에 가득 찰 거라고 하고요.”

“그래?” 왕룽은 입을 딱 벌렸다.

“게다가 봄에 셋째 아가씨의 혼사를 치른대요.”

오란은 말을 이었다.

“그 지참금이 왕자님 몸값만치나 되고 큰 도시에서 벼슬을 하나 살 수 있을 만하대요. 아가씨는 쑤저우(蘇州)나 항저우(杭州)에서 짠 특별난 무늬의, 가장 좋은 비단으로 만든 옷이 아니면 안 입겠다고 한대요. 그리고 그 옷을 짓는 데도 상하이(上海)에서 재봉사가 직공을 여럿 거느리고 올 거고요. 아가씨는 먼 곳 사는 여자들의 유행에 떨어지지 않으려고 그런다나 봐요.”

“대관절 누구한테 시집가길래 그렇게 많은 비용을 들일까?” 왕룽은 그 막대한 돈의 지출에 한편 감탄하고 한편 겁을 내며 물었다.

“상해의 어느 대관(大官)집 둘째 아들이래요.” 오란은 한참 쉬었다가 말을 이었다. “그 댁이 군색해져 가는 것이 틀림없어요. 큰마나님도 남쪽 성 바로 밖에 있는 땅을 팔고 싶다고 말씀하시더군요. 그 땅은 기름지고 언제나 성 둘레의 해자에서 바로 물을 끌어들일 수 있기 때문에 벼농사에는 그만이에요.”

“땅을 팔아?” 놀란 왕룽은 그제야 이해가 가는지 고개를 끄덕이며 말했다. “그렇다면 정말 어려운 모양이로군. 피와 살 같은 땅을 팔다니.”

그는 잠깐 동안 생각에 잠겨 있다가 갑자기 무슨 생각이 떠올랐는지 손바닥으로 이마를 탁 쳤다.

“그래!” 그는 소리 지르며 오란을 돌아보았다. “그 땅을 사겠어!”

그들은 서로 마주 보았다. 사나이는 기쁨에 넘치고 여자는 멍했다.

“그렇지만 그 땅…… 그 땅은…….” 그녀는 말을 더듬었다.

“난 꼭 사고 말 테야. 황부자네서 그 땅을 사고 말 테야.” 왕룽의 음성은 단호했다.

“너무 멀어요.” 그녀는 놀라서 말했다.

“거기라면 걸어가는 데만도 반나절은 걸릴 거예요.”

"아무튼 나는 사!"

엄마가 원하는 것을 주지 않을 때 떼를 쓰는 어린아이처럼 그는 되풀이했다.

"땅을 사는 것은 좋아요." 그녀는 달래듯이 말했다. "돈을 벽 속에 묻어 두는 것보다는 나을 테니까요. 하지만 왜 삼촌댁 땅을 사지 않으세요? 우리 서편 밭에 잇달아 있는 밭을 판다고 여러 빈 밀씀하시는데."

"허, 숙부네 밭을 누가 사." 왕룽은 딱 잘라 말했다. "숙부는 20년 동안이나 거름 한 줌, 콩깻묵 한 덩이 안 주고 지어 먹었어. 그 땅의 흙은 마치 석회 같아. 그건 못 써. 난 황부자 집 땅을 살 테야."

왕룽은 '황부자 집 땅'이란 말을 이웃집 칭이네 땅이란 말과 다름없이 쉽사리 지껄였다. 그는 어리석고 낭비만 하는 대갓집 사람들보다 더 낫게 되리라는 자신이 있었기 때문이다. 그는 은전을 가지고 황부자 집을 찾아가서 내놓고 흥정을 해볼 생각이었다.

"나는 돈이 있소. 그 밭을 얼마에 파시려는 거요?" 그는 황부자 집 주인 영감 앞에서 그 집 토지 관리인에게 이렇게 말하는 자기의 목소리가 들리는 것 같았다. "나도 다른 사람과 마찬가지로 대해 주시오. 시세대로 말씀하시오. 돈은 있으니까."

그리고 그 거만한 부잣집 부엌에서 종 노릇을 하던 그의 아내는, 몇 대를 내려오면서 그 큰 집 재산의 밑천이 되어 온 땅의 일부를 산 사람의 아내가 되는 것이다. 그녀도 그의 생각을 알아챈 듯 반대를 멈췄다.

"그럼 사도록 해요. 아무튼 논은 좋아요. 그리고 해자가 가까워서 해마다 물 걱정은 안 해도 될 테니까요. 그건 확실해요."

다시 만족스러운 미소가 그녀의 얼굴에 번졌다. 그러나 그 미소는 가늘고 검은 눈의 우울한 빛을 아주 가시게 해 주지는 못했다. 그녀는 한참 있다가 입을 열었다.

"작년 이맘때 나는 저 댁의 종이었어요."

그들은 그저 이 생각만으로 가슴이 부풀어 아무 말 없이 걸었다.

6

왕룽의 것이 된 땅은 그의 생활을 몹시 변화시켰다. 벽에서 은화를 파내어 황부자 집을 찾아가 주인 영감, 그 댁 집사와 대등한 처지에서 흥정을 하고 나자 처음에 그는 풀이 좀 죽었다. 그것은 후회에 가까운 감정이었다. 당장에 필요한 것은 아니지만 그래도 그가 벽에 돈을 묻어 두었던 구멍이 이제는 텅 비어 있다는 것을 생각하면 그 은화를 도로 찾아오고 싶었다. 땅을 더 가지면 결국은 더 많이 일해야 하며 또 오란이 말한 대로 10리(약 4킬로미터)나 떨어져 있다. 더구나 그 땅을 사는 흥정도 그가 기대했던 것처럼 자랑스럽지는 않았다. 그는 황부자 집에 너무 일찍 갔기 때문에 주인 영감은 아직 자고 있었다. 물론 정오가 다 되기는 했다. 그러나 그는 문지기에게 "나리께 중요한 볼일이 있어서 내가 왔다고 전해 줘. 돈에 관계된 문제라고 여쭈어!" 하고 큰 소리를 쳤다.

그러자 문지기는 단호한 어조로 말했다.

"세상 돈을 다 가져왔대도 지금 호랑이 영감님을 깨울 수 없소. 나리는 사흘 전에 새로 사 온 첩 타오화(桃花)하고 주무시는 중이오. 깨우러 갔다가 맞아 죽을 일 있소?" 그는 사마귀에 난 털을 잡아 비틀면서 밉살스럽게 다시 말을 이었다. "그깟 은전 몇 푼쯤으로 주인 나리를 깨울 수 있다고 생각해선 안 되지. 그분은 은전 더미에서 태어나셨는데."

그래서 왕룽은 결국 영감의 집사와 그 흥정을 하게 되었다. 그 대리인은 입만 살아 있는 간사한 사람인지라, 자기 손을 거쳐가는 돈에서 한몫 톡톡히 챙겼다. 그래서 그 뒤 이따금 왕룽은 땅을 사느라고 주어 버린 은전이 아까운 생각이 들었다. 땅과 달리 은전은 반짝거리니 말이다.

그러나 어쨌든 땅은 그의 소유가 되었다. 2월 어느 흐린 날 그는 자기 땅을 보러 갔다. 아직 아무도 그 땅이 왕룽의 것인 줄 몰랐다. 그는 홀로 성벽을 둘러싸고 있는 해자를 따라 길게 뻗어 있는 비옥한 검은 땅을 둘러보았다. 길이가 300보, 너비가 120보였다. 경계선의 네 귀퉁이에는 황씨 집 소유임을 나타내는 큼직한 표석(漂石)이 아직도 서 있었다. 머지않아 이 표석 대신에 그의 이름을 새긴 새 표석을 세워야 한다. 그러나 아직 자기가 황부자 집에서 땅을 살 만큼 넉넉하다는 것을 사람들에게 알리긴 싫었다. 나중에 그가 더 부자가 되어 무엇을 하든 상관없게 되었을 때 그렇게 해도 늦지 않겠지. 그 기다란 한 뙈기 땅을 바라보며 왕룽은 혼자 생각했다.

'이 손바닥만 한 논은 황부자 집으로서는 아무것도 아니지만 내게는 이만저만 소중한 것이 아니다.'

그러다가 문득 기분이 바뀌어, 작은 논 한 뙈기를 그토록 소중하게 여기는 자기 자신이 경멸스러워졌다. 실상 그가 자랑스러운 듯이 집사 앞에 은화를 내놓았을 때도 집사는 아무렇게나 그 돈을 집어넣으며 말했었다.

"이거면 큰마나님께서 며칠 피우실 아편 값은 되겠군."

그러자 갑자기 그와 황부자 사이의 거리는 여전히 눈앞의 해자처럼 넓은 동시에 그 위로 솟은 성벽처럼 높아서 넘기 어려운 것처럼 생각되었다. 그리고 그는 분노에 차서 결심했다. 이 정도의 토지, 까짓것 아무것도 아니라고 생각될 만큼 황부자 집 땅을 많이 살 때까지 몇 번이라도 저 벽 구멍을 은전으로 가득 채우리라.

이리하여 이 한 뙈기의 땅은 왕룽을 분발시키는 이정표이자 상징이 되었다.

비를 실은 구름과 세차게 몰아치는 바람과 더불어 봄은 다시 찾아왔다. 겨울 동안 그다지 하는 일 없이 집 안에만 틀어박혀 있던 왕룽은 밭에 나와 긴 하루하루를 죽을힘을 다해 일했다. 노인이 손자를 돌보았고 아내는 첫새벽부터 해 질 때까지 남편과 함께 밭에서 일했다. 어느 날 아내가 또 임신한 것을 알았을 때 왕룽은 가을 추수 때에 그녀가 일을 못 하게 될 것을 걱정하는 마음이 앞섰다. 그는 일에 지치고 신경이 날카로워져서 그녀에게 소리를 질렀다.

"또 하필 바쁠 때를 골라서 애를 낳다니."

그녀는 아무렇지 않게 대답했다.

"첫 번이 어렵지, 이번엔 아무것도 아니에요."

왕룽이 그녀의 배가 불러 오기 시작하는 것을 눈치챈 때부터 그녀가 손에 들었던 낫을 내려놓고 무거운 배를 안고 힘겹게 집으로 돌아간 가을의 어느 날 아침까지, 그들은 둘째 이야기를 그 이후로 한 마디도 하지 않았다. 그날 왕룽은 점심때도 집에 돌아가지 않았다. 하늘에서 천둥이 으르렁거리고 비를 머금은 구름이 몰려오는데, 벼이삭은 터질 듯 영글어 베기만을 기다렸기 때문이다. 해가 지기도 전에 그녀는 밭으로 돌아왔다. 배가 홀쭉 들어갔고 기진맥진해 있었으나, 얼굴은 언제나처럼 차분하고 꿋꿋했다.

"오늘은 힘들 테니 들어가 누워 있어." 이 말이 목구멍까지 나왔으나, 왕룽은 그 자신이 너무나 지쳐 힘이 들었기 때문에 그만 마음이 옹졸해졌다. 그녀가 해산하느라고 고통을 겪은 만큼 자기도 밭에서 애를 썼다는 생각에 다만 낫을 움직이며 한마디 던졌을 뿐이었다.

"사내애야, 계집애야?"

그녀는 조용히 대답했다.

"또 사내아이예요."

그들은 그 이상 주고받을 말이 없었다. 그러나 왕룽은 기뻤다. 쉴 새 없이 몸을 굽히고 쭈그려 앉으며 나락을 베는 것도 아까만큼 힘들지 않았다. 그들은 쉼 없이 일하다가 자줏빛 구름 위로 달이 솟았을 때 비로소 밭일을 끝내고 집으로 돌아왔다.

늦은 저녁을 먹고 볕에 탄 몸을 찬물로 씻고 나서 차로 입을 가신 다음 왕룽은 그의 둘째 아들을 보러 갔다. 오란은 식사 준비를 마치고 나서는 침상에 누워 있었다. 그 옆에 아기가 잠들어 있었다. 첫아이만큼 크지는 않지만 토실토실하고 복스럽게 생겼다. 왕룽은 만족스러운 마음으로 가운뎃방으로 돌아갔다. 해마다 아들을 낳고, 그럴 때마다 빨간 달걀을 돌린대서야 어디 될 노릇인가. 그런 건 첫아이 때만 하면 되는 거다. 그의 아내는 그에게 복을 가져다 주었다. 그는 노인에게 큰 소리로 말했다.

"아버지, 손자가 또 생겼으니 큰놈은 아버지가 데리고 주무셔야겠어요."

노인은 기뻐했다. 그는 오래전부터 손자를 데리고 자고 싶었다. 어린것의 따뜻한 몸뚱이로 늙어서 식은 몸을 따습게 하고 싶어서였다. 그러나 큰손자는 그동안 제 어미한테서 떨어지려 하지 않았다. 그런데 이번에는 아직 뒤뚱거리는 다리로 버티고 서서 엄마 곁에 누운 새 아기를 진지한 눈길로 물끄러미 들여다보다가, 자기 자리를 빼앗겨 버린 것을 알았음인지 아무 소리 없이 할아버지 침상에 가서 자기로 했다.

그해도 풍년이었다. 왕룽은 곡식을 팔아 손에 넣은 은전을 다시 벽구멍에 간수했다. 황부자 집에서 산 땅에서 거둔 벼는 그의 다른 논에서 거둔 벼를 모두 합친 것의 갑절이나 되었다. 토질도 걸거니와 물길이 좋아서 벼는 마치 잡초가 우거지듯이 쑥쑥 자랐다. 이제는 그 땅이 왕룽의 것이라는 사실쯤 누구나 다 알게 되었다. 마을에서는 그를 이징(里長)으로 받들자는 이야기까지 나돌았다.

7

이 무렵, 왕룽의 숙부는 왕룽이 처음부터 걱정하던 것과 같이 골칫거리가 되어 가고 있었다. 이 숙부는 왕룽 아버지의 동생이었기 때문에 만약 그의 가족이 굶주리게 되면 핏줄을 내세워 왕룽에게 의지할 수도 있었다. 왕룽과 아버지도 가난해서 그날그날의 끼니에 군색했을 때는 그의 숙부도 자기 전답에서 농사지은 것으로 겨우겨우 처자를 부양했었다. 자식은 일곱이나 되었다. 그러나 그의 식구는 먹기만 하고 좀처럼 일하려 들지 않았다. 숙모는 그들의 오막살이 마루조차 닦기 싫어했고, 아이들은 얼굴에 붙은 밥알 씻기도 마다했다. 딸들은 커서 시집갈 나이가 다 되었는데도 햇볕에 바래 갈색이 된 거친 머리를 빗으려 하지 않을뿐더러, 길에 나다니며 때로는 사내들에게 말을 건네기까지 하니 집안의 수치가 아닐 수 없었다. 어느 날 왕룽은 사촌 맏누이의 그런 꼴을 보고 화가 나서 다짜고짜 숙모에게로 가서 항의를 했다.

"뭇 사나이가 함부로 보는 누이 같은 여자를 누가 데려가겠소? 시집갈 나이인데 오늘도 거리에서 어떤 놈팡이가 어깨에 손을 대도 예사로 웃기만 합디다."

게을러터져서도 입만 살아 있는 숙모는 왕룽에게 악다구니를 퍼부었다.

"아니, 그 애가 시집을 갈래도 가지고 갈 냄비 하나 있는 줄 아나? 또 시집보낼 돈은 어디 있고? 중매쟁이 신발 값은 누가 치르지? 물론 누구처럼 처치 못할 만큼 돈이 남아서 부잣집 땅을 사들이면야, 와서 입바른 소리나 하겠지. 흥, 하지만 네 작은아버지는 운이 없어. 그것도 다 팔자 소관이지. 그게 다 하늘의 뜻이야. 글쎄, 다른 사람들이 짓는 농사는 잘되는데 그 양반이 뿌리는 씨는 땅에서 죽고 잡초밖에 나질 않으니 어쩌겠어, 원."

숙모는 값싼 눈물을 흘리며 혼자 분을 이기지 못해 핏대를 올렸다. 머리를 풀어 헤치고 쥐어뜯으며 고래고래 소리를 질렀다.

"팔자 사납다는 게 어떤 건지 넌 모를 거다. 다른 집 논밭엔 벼고 밀이고 잘만 되는데 하필 우리 밭엔 염병할 풀만 돋는단 말이야. 또 다른 사람들 집은 백년 가도 멀쩡한데 하필 우리 집은 땅이 흔들려서 벽에 틈이 벌어지고 또 남들은 아들만 낳는데 난 아들을 배었다가도 낳고 보면 계집애란 말이다. 아이고, 내 팔자야!"

숙모가 하도 큰 소리로 떠들어 대니 아웃 아낙네들이 집으로 몰려들어 구경했다. 그러나 왕룽은 꿋꿋이 서서 그가 하려던 말을 끝내기로 했다.

"그야 그렇겠지요. 제가 작은아버지더러 이래라저래라 말씀드린다는 건 건방진 일입니다만 이 말만은 해야겠어요. 딸자식이란 성할 때 시집보내는 게 좋은 거예요. 암캐는 아무렇게나 내놓았다가는 새끼를 내지르기가 일쑤니까요."

서슴없이 말해 버린 왕룽은 악을 쓰며 우는 숙모를 뒤에 남기고 집으로 돌아왔다. 그는 이해에도 황부자 집의 땅을 살 작정이고 돈이 모이는 대로 해마다 살 생각이었다. 그리고 집도 늘릴 생각이었다. 그만큼 그와 그 자식들이 큰 지주가 될 것을 꿈꾸고 있는 지금, 같은 성(姓)을 가진 변변찮은 그의 사촌들이 근방에 돌아다니며 꼴사납게 노는 꼬락서니를 생각하니 화가 치밀어 올랐다.

다음 날 숙부가 왕룽이 일하는 밭으로 찾아왔다. 오란은 두 번째 아이를 낳은 지 열 달이 지나 세 번째 해산이 임박하여 밭에 오지 않았다. 이번에는 어쩐지 몸이 무거워 며칠 동안 밭에 나오지 못했으므로 왕룽은 혼자서 일하고 있었다. 그의 숙부는 이랑을 따라 터덜거리며 걸어왔다. 그의 옷은 단추를 제대로 채우지 않은 채로 허리끈을 아무렇게나 둘러매었기 때문에 갑자기 바람이 불기라도 하면 옷이 벗겨질 것만 같았다. 그는 콩밭의 좁은 고랑에 괭이질을 하는 왕룽 곁으로 와서 우두커니 섰다. 마침내 왕룽은 고개를 들지도 않고 퉁명스럽게 말했다.

"오셨는데 안됐지만 손을 뗄 수가 있어야죠. 콩이 잘되게 하자면 아시다시피 두 번 세 번 이렇게 갈아붙여야 하잖아요? 작은아버지네 밭은 다 갈았겠지요. 전 손이 꽤 느려서 아무리 해도 쉴 새가 없군요."

숙부는 왕룽의 빈정대는 눈치를 잘 알고 있었으나 그래도 부드러운 말투로 대답했다.

"나는 팔자가 사나운 사람이야. 금년에 심은 콩은 스무 알에 한 알밖엔 싹이 나오지 않았어. 게다가 잘 자라지도 않으니 괭이질을 해서 무슨 소용이 있겠니? 이러다 금년엔 콩을 사다 먹을 판국이니……."

그렇게 밀하고 그는 휴우 한숨을 내쉬었다.

왕룽은 마음을 단단히 먹었다. 보나마나 숙부는 그에게 뭘 얻으러 온 것이다. 그는 느리고 한결같은 동작으로 매우 조심스럽게 괭이질을 하며, 이미 잘 갈린 밭의 부드러운 흙을 작은 덩어리까지 가루로 만들었다. 무럭무럭 자란 콩은 줄도 가지런히 맞춰 서서 햇볕을 받아 땅 위에 뚜렷한 그림자를 던지고 있었다. 이윽고 숙부는 입을 열었다.

"집사람 말을 들으니 네가 아무 데도 써먹을 데 없는 내 맏딸 걱정을 해줬다고. 네 말이 모두 옳다. 너는 네 나이치고는 여간 의젓하지 않다. 그렇고말고. 그 애는 벌써 시집을 갔어야 해. 열다섯 살이나 먹었으니 삼사 년 전에 시집을 갔어도 애어멈이 되었을 거야. 나도 그 애를 그대로 나다니게 두었다가 개 모양으로 어느 놈의 새끼를 배어 가지고 나와 우리 집안 망신을 시키면 어떡하나, 늘 이만저만 걱정이 아니다. 생각해 봐라. 내 집에 그런 일이 생긴다면 네 집은 어떻게 될지…… 나는 네 아버지의 동생이 아니냐 말이다."

왕룽은 괭이를 힘껏 내리찍었다. 그는 이렇게 쏘아 주고 싶었다.

'그럼, 작은아버진 왜 딸을 엄격하게 감독하지 않나요? 왜 집 안에서 쓸고 닦고 밥 짓고 옷을 만들게 하지 않아요?'

그러나 그런 말을 어른에게 대놓고 할 수는 없었다. 그래서 그는 작은 콩 포기 주위에 있는 흙덩이를 괭이로 곱게 부수면서 잠자코 기다리기만 했다. 그러자 숙부는 한탄하는 어조로 말을 이었다.

"네 아버지처럼, 또 너처럼 나도 운수가 좋아서 일도 잘하고 아들도 잘 낳는 아낙네를 가졌더라면 지금쯤은 너같이 부자가 될 수 있었을 게다. 그런데 네 숙모야 어디 그러냐? 젠장, 살만 쪄서 쓸데없는 딸만 낳고, 하나 있는 아들이라는 건 게을러빠져서 없는 것만도 못하니 말이다. 내가 부자만 됐더라면 재산일랑 너와도 나누어 썼겠지. 또 네 딸은 좋은 남자에게 시집을 보내 주고. 네 아들은 내가 보증금을 대서라도 큰 가게 점원으로 보내 주었을 것 아니냐. 또 그뿐인가. 나는 돈을 아끼지 않고 너희 집을 고쳐 주고, 너 먹고 싶은 대로 먹게 해 주고 네 아버지와 아이들까지 다 잘 먹여 주었겠지. 우리는 한 핏줄이니까 말이지."

왕룽은 쌀쌀맞게 대꾸했다.

"전 부자가 아니에요. 이젠 식구가 다섯이나 되는 데다가 아버지는 늙어서 일은 못하시고 잡수시기만 하고, 게다가 오늘 아마 집에서는 또 애를 낳고 있을 겁니다."

숙부의 목소리는 날카로워졌다.

"너는 부자다, 부자. 황부자 집에서 얼만진 모르지만 큰돈을 내고 땅을 사지 않았냐 말이다. 우리 동네에 그런 사람이 또 있니?"

이렇게 나오자 왕룽도 그만 벌컥 화가 났다. 그는 괭이를 내던지고 숙부를 흘겨보면서 소리쳤다.

"제가 은전을 조금 가지고 있다면 그건 저하고 제 아내가 부지런히 일했기 때문이죠. 우린 누구처럼 김을 안 매서 밭엔 풀이 우거지게 하고, 아들을 굶겨 놓고 노름판에서 소일하거나, 지저분하게 쓸지도 않은 문간에서 쓸데없는 말만 늘어놓고 있지는 않아요!"

숙부의 누런 얼굴이 붉으락푸르락하더니 조카에게 덤벼들어 그의 두 뺨을 후려갈기고 소리를 질렀다.

"이 발칙한 놈아! 그게 네 아버지 아우에게 하는 말버릇이냐? 너는 하늘 무서운 줄도 모르고 삼강오륜(三綱五倫)도 모른단 말이냐? 어른의 흠을 잡지 말라는 성현의 말씀도 못 들어 봤냐, 이놈아."

왕룽은 어른에게 지나친 말을 한 자기의 잘못을 깨달았으나 삼촌인 그에 대한 분한 마음이 가시지 않아 그대로 서 있었다.

"이놈, 네가 지껄인 소리, 동네 사람들에게 다 말할 줄 알아!" 숙부는 쉰 목소리로 떠들어 댔다.

"이놈, 어제는 내 집에 와서 내 맏딸이 처녀가 아니라고 동네 사람들이 다 듣게시리 떠들어 대고, 오늘은 너희 아버지가 돌아가시면 네 아비 노릇을 할 나더러 입바른 소리를 지껄이질 않나! 이놈아, 내 딸년들이 잘난 구석 하나 없다고 해도 그 애들은 너 같은 말버릇은 하지 않는다."

그리고 숙부는 몇 번이나 되풀이해서 말했다. "동네 사람들에게 말해야지. 동네 사람들에게 말해야겠어."

마침내 왕룽은 마지못해 마음에도 없는 말을 해야 했다.

"저더러 어떡히란 말입니까?"

이런 소문을 정말로 온통 퍼뜨려선 체면이 손상될 것이 분명하기 때문이었다. 그리고 어쨌든 일가가 아닌가, 하고 고쳐 생각하기도 했다. 숙부의 태도는 돌변했다. 노했던 얼굴이 금방 풀리고 웃음까지 띠며 왕룽의 팔에 그의 손을 얹었다. 그리고 부드럽게 말했다.

"그러면 그렇지. 넌 본디 마음씨는 좋은 애야. 암, 좋고말고. 네 늙은 삼촌은 너를 잘 알지. 내 조카, 아니 내 아들이나 다름없어. 그러니 이 가난한 늙은이 손에 은전 열 닢만 쥐어 다오. 아니, 아홉 닢도 좋다. 그러면 난 딸년의 중매를 부탁하도록 하겠다. 하긴 네 말이 옳다. 시집보내야 할 때가 되고도 남았지." 그는 한숨을 짓고 머리를 내저었다. 그리고 공경하는 얼굴로 하늘을 올려다보았다.

왕룽은 괭이를 집어 들었다가 도로 땅에 떨어뜨리고 무뚝뚝하게 말했다.

"집으로 오세요. 전 높은 사람 모양으로 언제나 은전을 가지고 다니지는 않으니까요." 왕룽은 자기가 땅을 사려던 은전의 일부를 숙부의 손아귀에 쥐어 준다 해도, 그 돈이 해가 지기도 전에 노름판 탁자로 굴러떨어질 것을 생각하고 말도 못할 분함을 느끼며 앞장서서 걸어갔다.

왕룽은 그의 집 대문간에서 따스한 햇볕을 쬐며 발가숭이로 놀고 있는 두 어린 아들 사이를 헤치고 집 안으로 들어갔다. 그의 숙부는 게으르긴 해도 다정한 사람이라 아이들을 불러 누추한 허리춤에서 동전을 꺼내어 한 아이에 한 닢씩 주었다. 그리고 그 토실토실하고 윤이 나는 작은 몸뚱이들을 양팔에 끌어안고, 그들의 부드러운 목덜미에 코를 비벼 대며 귀여워 못 견디겠다는 듯이 햇볕에 그은 살냄새를 맡았다.

"아 이놈들, 많이 컸구나."

그러나 왕룽은 거들떠보지도 않고, 아내와 가장 작은 아이가 함께 자는 침실로 들어갔다. 햇볕이 쨍쨍한 바깥에서 갑자기 들어왔기 때문에 방안은 어두컴

컴했으며 창구멍으로 비쳐 들어오는 한 줄기 햇빛밖에는 아무것도 보이지 않았다. 그러나 그가 잘 기억하는 훈훈한 피냄새가 그의 코를 찔렀으므로 그는 날카롭게 아내에게 물었다.

"아니, 벌써 애를 낳았어?"

그의 아내는 침상에서 그가 일찍이 들어 보지 못한 가느다란 목소리로 대답했다.

"네, 낳았어요. 이번엔 계집애예요…… 아무짝에도 쓸모없는 것."

왕룽은 주춤하고 섰다. 불길한 생각이 머리를 때렸다. 계집애라니! 숙부 집에서 말썽을 일으키는 것도 모두 계집애가 아닌가? 그런데 지금 자기 집에도 계집애가 생긴 것이다.

그는 대답도 없이 벽으로 가서 은전을 감추어 둔 벽의 일부러 거칠게 해 놓은 자리를 더듬었다. 그리고 덮개 역할을 하는 흙덩이를 떼고 은전 뭉치에서 아홉 닢을 꺼냈다.

"은전은 왜 꺼내요?" 오란은 어둠 속에서 불쑥 물었다.

"숙부에게 빌려 드려야 해." 왕룽이 무뚝뚝하게 대답했다.

오란은 처음엔 아무런 대꾸도 없었으나 잠시 뒤 그 투박하고 묵직한 말투로 대답했다.

"빌려준다는 말씀은 말아요. 그 집에서 어디 빌려 쓰는 일이 있어요? 거저 주는 거지."

"그건 나도 잘 알아." 왕룽은 부아가 치미는 듯 말했다. "일가라는 이유만으로 돈을 준다는 것은 내 살을 베어 주는 것과 마찬가지야."

그리고 대문간으로 가서 그 돈을 숙부에게 던지다시피 주고 곧장 밭으로 되돌아갔다. 그리고 지축을 뚫을 듯이 괭이질을 시작했다. 얼마 동안 그의 머리엔 은전 생각밖에 없었다. 그 돈이 노름판 탁자에 마구 쏟아지고 어떤 놈팽이가 그 돈을 쓱 하고 쓸어 담아가는 모양이 눈에 선했다. 그가 피땀을 흘려 가며 땅을 파서 모은 그 돈, 더 큰 땅을 사려던 그 돈이 그토록 쉽사리 사라져 버리고 말다니!

노여움이 가라앉을 무렵에는 해가 저물어 있었다. 그는 허리를 폈다. 집에 가서 밥 먹을 생각이 났다. 이어서 집안에 입이 하나 늘었다는 사실과 그의 집에도 계집애가 태어났다는 사실이 답답하게 가슴을 죄었다. 계집애란 부모의 것이라고 할 수 없었다. 낳아서 다른 가족을 위해 길러 주는 셈밖에는 되지 않기 때문이다. 그는 그때 숙부에 대한 노여움 때문에 그 갓난아이의 얼굴 한번 들여다보는 것조차 잊었었다.

지친 몸을 괭이로 받치고 서 있노라니 차츰 서글픈 심정을 이길 수 없었다. 땅을 사려면 추수를 한 해 더 해야 할 텐데, 식구는 늘어 가고 있다. 황혼 무렵의 희끄무레한 진주색 하늘을 새까만 까마귀가 떼를 지어 날아갔다. 까옥까옥 요란스러운 소리를 내며 바로 그의 머리 위에서 울었다. 까마귀들은 그의 집 가까이 있는 나무숲 사이로 구름처럼 몰려 내려앉았다. 그것을 보던 왕룽은 소리 지르고 괭이를 내저으면서 그들을 쫓아냈다. 까마귀들은 그를 비웃기나 하듯 머리 위를 맴돌면서 까옥거리다가 마침내 어두워져 가는 하늘 저쪽으로 멀리 사라졌다.

왕룽은 큰 소리로 신음했다. 참으로 불길한 징조였다.

8

신(神)들은 한 번 사람과 등지게 되면 다시는 그 사람을 돌아봐 주지 않는 모양이었다. 이른 여름에 내렸어야 할 비는 내리지 않고 날이면 날마다 무심하게도 햇볕만 내리쬐었다. 쩍쩍 갈라져서 물을 달라는 땅 따위에, 하늘은 아랑곳없었다. 매번 새날이 밝아도 하늘엔 구름 한 점 없고 밤하늘엔 무정한 별들이 아름답게 빛났다.

왕룽은 죽을힘을 다해 갈았으나 전답은 바싹 말라 갈라져 나갔다. 봄과 더불어 힘차게 돋아났던 밀은 이삭이 팰 무렵 땅에서도 하늘에서도 양분이라고는 받지 못하고 자라지 못한 채, 처음에는 뜨거운 햇볕 아래 잠자코 서 있다가 마침내 누렇게 말라 버리고 말았다. 왕룽이 만든 논의 못자리는 그저 갈색 들판에 네모진 노란 경계가 되어 버렸다. 밀을 단념해 버린 뒤로 그는 매일같이 무거운 나무 물통 두 개를 장대에 끼워 어깨에 메고 못자리로 물을 날랐다. 그러나 그의 어깨에 고랑이 생기고 못이 단단히 박여 가는 동안에도 하늘에서 빗방울은 떨어지지 않았다.

마침내 못물이 말라서 바닥 흙이 드러나고 우물물마저 줄어들었을 때 오란은 왕룽에게 말했다.

"아이들이 물을 마시고 노인이 더운물을 찾으면 곡식은 다 죽어요."

화가 치민 왕룽이 울컥하면서 한 대답은 흐느낌이 되었다.

"모판이 마르면 우린 모두 굶어 죽을 수밖에 없어."

그것은 사실이었다. 그들의 삶은 모두 땅에 의존하고 있었다.

약간의 추수나마 할 수 있었던 곳은 해자 곁의 한 뙈기 땅에서뿐이었다. 그것도 여름내 비가 안 오는 것을 보고, 왕룽이 그의 다른 모든 전답을 단념하고 매일같이 이 논에만 붙어서 바싹 마른 땅에 해자의 물을 퍼넣었기 때문이었다. 이 해 처음으로 그는 추수한 벼를 바로 팔았다. 손에 은전을 받았을 때 그는 운명에 도전하듯이 움켜쥐었다. 신령님들이 어떻든 가뭄 귀신이 어떻든 간에 그는 맨 처음 마음먹었던 계획을 실천에 옮길 결심이었다. 이 한 줌의 은전을 얻기 위해서 그는 뼈가 으스러지도록 피땀을 흘렸던 것이다. 그러므로 그것으로 반드시 소원을 이루고야 말 생각이었다. 그는 곧장 황부자 집을 찾아갔다. 그리고 토지를 관리하는 집사를 만나 인사치레로 지체할 것도 없이 말을 꺼냈다.

"그 해자 곁의 내 논에 붙은 이 댁의 논을 사려고 돈을 가지고 왔소."

왕룽은 황부자 집이 이 한 해 동안에 말도 못 하게 궁해졌다는 소리를 여기저기서 간간이 들었다. 큰마나님은 며칠씩이나 아편을 제대로 피우지 못해, 굶주린 호랑이처럼 기승을 떨며 날마다 집사를 불러다가 욕설을 퍼붓고 부채로 그의 얼굴을 후려갈기는 등, 정신을 못 차릴 만큼 윽박질렀다.

"그래, 팔 땅이 남아 있지 않단 말이냐?"

그 성화에 시달리다 혼이 빠질 지경이던 집사는 이전 같으면 몰래 떼어먹던 구전마저 아편 값으로 내놓을 수밖에 없었다. 그러나 그것으로도 부족한지 큰나리는 큰나리대로 새로 첩을 얻어 들였다. 새로 들인 첩이란 젊은 시절에 그가 노리개로 삼았던 계집종의 딸이었다. 그 종을 첩으로 들어앉히기도 전에 정욕이 식어 남종과 혼인을 시켰었는데, 겨우 열여섯 살밖에 안 된 그들의 딸을 보고 그는 또다시 정욕이 일어났던 것이다. 노대인은 늙어서 몸도 부자연스럽고 비둔해진 탓에, 갈수록 더 섬약하고 나이 어린 계집아이가 갖고 싶어지는 모양이었다. 그 정욕은 줄어들 줄을 몰랐다. 큰마나님이 아편에 팔린 것처럼 영감님은 정욕에 사로잡혀 있었다. 그가 아끼는 계집들을 위한 옥귀걸이나 그녀들의 예쁜 손을 위한 금팔찌를 살 만한 돈이 없다는 사실을 노대인은 알 턱이 없었다. 부잣집에서 대어나, 손만 내밀면 돈을 쥘 수 있는 생활을 여태까지 해왔으므로 '돈이 없다'는 말을 그로서는 이해할 수가 없었다.

그런 부모의 모습을 보며 어깨가 움츠러든 자식들은 그래도 자기네들이 일생 동안 호화롭게 지낼 만큼의 재산은 아직도 있으리라고 생각했다. 그들은 집사가 재산 관리를 잘못한다고 나무라는 데만은 보조를 같이했다. 그 결과 이제까지 흥청거리고 편하게 지내서 비대하고 개기름이 흐르던 집사는 요즈음에 와서는 뼈가 앙상하도록 수척해졌다.

황부자 댁 논밭이라고 해서 하늘이 비를 내려 주지는 않았다. 그래서 이 집도 추수할 것은 없었다. 그러므로 왕룽이 집사를 만나 "돈을 가지고 왔소" 말했을 때, 그것은 마치 굶주린 사람에게 "먹을 것을 가져왔소." 하는 말과 같았다. 집사는 두말없이 달려들었다. 이전 같으면 차를 마셔가며 흥정했을 터이나, 이번에는 곧바로 열심히 수군대고는 여러 말 할 것 없이 간단하게 끝났다. 그리하여 돈은 집사의 손으로 넘어가고 증서에 서명 날인이 끝나자 땅은 왕룽의 것이 되었다.

왕룽은 그의 살과 피처럼 귀중한 은전을 꺼내놓는 것에 이번에는 고통을 느끼지 않았다. 그 은전으로 자신의 소원을 샀기 때문이다. 이제 그는 기름진 땅을 많이 갖게 되었다. 새 땅은 먼저 산 것의 배나 되었다. 토질 좋은 기름진 땅이라는 것보다도 그 땅이 대갓집의 소유였다는 사실이 왕룽을 한결 만족시켰다. 그리고 이번에는 새 땅을 샀다는 이야기를 누구에게도 하지 않았다. 오란에게도 말하지 않았다.

달이 가고 또 가도 비는 내리지 않았다. 가을이 가까워짐에 따라 하늘에는 마지못한 듯이 가벼운 조각구름이 몰려들었다. 마을 거리에서는 할 일 없는 사람들이 불안한 얼굴로 서서 하늘을 쳐다보며 저 구름이 비를 싣고 있느니 없느니 이야기하는 광경을 볼 수 있었다. 그러나 비를 가져올 만한 구름이 보이기도 전에 먼 사막에서 불어오는 세찬 북서풍이 빗자루로 마루의 먼지를 쓸어 버리듯이 하늘의 구름을 모조리 쓸어갔다. 아무런 소용도 없이 맑게 갠 하늘엔 아침마다 당당한 태양이 솟아올라 하늘을 가로질러 저녁에는 쓸쓸히 져 버렸다. 그리고 달이 작은 태양처럼 밝게 밤하늘에 빛났다.

왕룽은 밭에서 가까스로 살아남은 콩을 얼마간 거두었고, 또 모를 논에 옮겨 심기도 전에 누렇게 말라 버린 못자리에 절망하여 그 대신 옥수수밭에 심어 두었던 옥수수도 얼마쯤 추수했다. 알이 어설프게 박힌 짤막한 옥수수 자루들이며 한 알의 콩도 허술히 할 수 없었다. 오란과 둘이서 콩단을 헤쳐 놓고 도리깨질을 한 뒤, 어린 두 아들들에게 마당 구석구석을 손으로 훑어 가며 흙 속에 덮였을 흩어진 콩알까지 낱낱이 줍게 했다. 왕룽은 가운뎃방에서 옥수수를 깔 때에도 한 알이라도 흘리지 않도록 조심했다. 그가 털고 난 옥수수 자루를 땔감으로 간수해 두려고 하자 오란이 말했다.

"아니에요, 그건 때어서 없애버려서는 안 돼요. 제가 어려서 산둥에서 살 때 올해 같은 흉년이 들었을 때 옥수수 속도 갈아서 먹던 생각이 나요. 그게 그래도 풀을 먹는 것보다는 나아요."

오란이 이 말을 했을 때 그들은 모두, 아이들까지도 멍하니 말이 없었다. 대지가 배신을 했는데도 매일같이 화창한 날이 계속된다는 것은 불길한 징조였다. 젖먹이 계집애만이 아무런 두려움을 몰랐다. 그 애에게는 어미의 불룩한 두 젖이 있어 배불리 먹을 수 있기 때문이었다. 오란은 젖을 먹이면서 중얼거렸다.

"실컷 빨아라, 이 어리석고 불쌍한 것아. 젖이 날 때에 실컷 빨아 둬라."

이윽고 재난은 아직도 충분하지 않다는 듯 오란은 또다시 임신하여 젖이 멎어 버렸다. 불안에 떠는 집안에는 배고파서 보채는 아기의 울음소리만이 울려 퍼졌다.

만약에 누가 왕룽에게 "이 어려운 가을에 어떻게 지내시오?" 묻는다면 왕룽은 "나도 모르겠소. 그저 이럭저럭 긁어 먹고 삽니다." 대답했으리라.

그러나 그에게 그런 질문을 하는 사람은 없었다. '어떻게 지내시우?' 하고 남의 사정을 물어볼 만한 여유가 있는 사람은 이 지방엔 한 사람도 없었던 것이다. 누구든 '오늘은 어떻게 입에 풀칠을 할까?' 자기 걱정을 하기에도 바빴고, 어버이 된 사람들은 '우리는 무얼 먹고 아이들은 무얼 먹이나?' 걱정할 뿐이었다.

왕룽은 그의 황소를 힘닿는 데까지 돌보아 왔다. 처음엔 짚도 먹이고 콩깍지나 콩대도 조금씩 먹였고 그것마저 다 떨어지자 그는 나가서 나뭇잎을 뜯어다 주었다. 겨울이 되고는 그것조차 구할 수 없었다. 이젠 갈 밭도 없었고 씨앗을 뿌려도 그대로 말라 버릴 형편이라 그마저 모두 먹어 버렸으므로 왕룽은 소를 그냥 들판에 풀어놓고 제멋대로 먹을 것을 찾게 했다. 행여 도둑맞을까 봐 맏아들에게 고삐를 잡고 종일토록 그 등에 타게 했다. 그러나 마침내 그렇게 할 수도 없게 되었다. 동네 사람들이라 할지라도 그의 아들에게서 소를 빼앗아다가 잡아먹을지도 모를 일이기 때문이었다. 그래서 왕룽은 소를 문간에 매어 두었다. 소는 뼈와 가죽만 남게 되었다. 하지만 마침내 쌀도 떨어지고 밀도 바닥이 나 얼마간의 콩과 한 됫박의 옥수수밖에 남지 않았다. 소가 배가 고파서 힘없이 울자 노인이 말했다.

"이젠 소를 잡아먹는 수밖에 없다."

그 말에 왕룽은 언성을 높였다. 그에겐 그 말이 '이젠 사람을 잡아먹을 수밖에 없다'는 말과 다름없었다. 그 소는 송아지 때 사들인 이후 그와 함께 자라다시피 했고, 논밭에서 나란히 일하고 그 뒤를 따라다니며 기분에 따라 칭찬도 하고 욕도 하며 정이 들 대로 든 친구였다. 그는 아버지에게 말했다.

"소를 잡아먹으면 어떻게 해요? 밭은 무엇으로 갈고요?"

그러나 노인은 예사로 대답했다.

"네 목숨과 짐승 목숨 중 어느 쪽이 더 중하고, 네 아들 목숨과 짐승 목숨 중 어느 쪽이 더 중하단 말이냐? 그까짓 소야 또 살 수 있지만 사람 목숨이야 그리 쉽게 살 수 없지."

그러나 왕룽은 그날 소를 잡지 않았다. 다음 날이 지나고 또 그다음 날이 지났다. 아이들은 배고파서 울고 아무리 달래도 그치지 않았다. 오란은 아이들을 위해 애원하는 눈으로 그를 보았다. 더는 피할 수 없을 것 같았다. 그는 마침내 거칠게 한마디 했다.

"잡으려면 잡아. 하지만 내 손으론 못 해."

그는 자기 방으로 들어가서 침대에 누워 이불을 뒤집어썼다. 소의 단말마의 비명을 듣지 않기 위해서였다.

오란은 조용히 나가서 큰 부엌칼로 소의 경동맥을 끊었다. 그리고 거기서 흘러내리는 선지피를 그릇에 받았다. 나중에 끓여 먹기 위해서였다. 그러고는 가죽을 벗기고 살 한 점도 버리지 않도록 발라냈다. 그 일이 다 끝난 뒤에야 왕룽은 방에서 나왔다. 고기가 요리되어 올랐을 때 그는 그것을 먹어 보려 했으나 좀처럼 목으로 넘어가지 않았다. 국물만 조금 마실 수 있었을 뿐이었다. 오란은 그에게 말했다.

"소는 소일 뿐이에요. 게다가 그 소는 다 늙은 소였어요. 드세요. 다음에 이것보다 갑절 더 좋은 소를 사면 되잖아요?"

왕룽은 겨우 힘을 얻어서 한 입 두 입 먹기 시작했고 온 식구가 먹었다. 그들은 그 고기를 다 먹었고 마침내는 뼈다귀를 부숴 뼛골까지 뽑아 먹자 어느새 소 한 마리는 간 곳이 없었다. 남은 것은 가죽뿐이었다. 그 가죽은 오란이 대나무 테에 펴서 말려 두었기 때문에 벌써 굳어져 있었다.

처음에 마을 사람들의 왕룽에 대한 감정은 좋지 않았다. 그가 틀림없이 은전을 감추어 두고 식량도 숨겨 두었으리라고 생각해서였다. 가장 먼저 양식이 떨어진 그의 삼촌이 찾아와서 먹을 것을 좀 달라고 졸랐다. 사실 일곱 자식을 거느린 숙부의 집에는 먹을 것이 전혀 없었다. 왕룽은 하는 수 없이 숙부의 두루마기 소매에 콩 얼마큼과 귀한 옥수수 한 줌을 넣어 주며 딱 잘라 말했다.

"이 이상 더 드릴 수는 없습니다. 아이들도 아이들이려니와 아버지 생각을 하지 않을 수 없으니까요."

그러나 숙부가 얼마 뒤 다시 찾아오자 왕룽은 소리를 질렀다.

"일가 생각을 하다가 우리 식구는 굶어 죽겠소!"

그렇게 숙부를 빈손으로 보낸 날부터 숙부는 마치 발길에 차인 개 모양 왕룽에게 한을 품었다. 그는 마을의 이집 저집을 찾아다니며 욕을 했다.

"내 조카놈 말이오. 그놈은 돈도 있고 먹을 것도 쌓아 두고 있으면서 자기와 핏줄기가 같은 삼촌도 못 알아보고 사촌도 아랑곳하지 않는구려. 그러니 우리는 굶어 죽는 수밖에 없지 않소?"

그 작은 마을의 한 집 또 한 집, 양식이 떨어지고, 남은 몇 푼의 동전까지도 물건도 없는 장에 가서 써 버렸다. 겨울 바람은 비수처럼 날카롭게 사막에서 휘몰아쳐 왔다. 마을 사람들은 그 자신의 굶주림과 앙상하게 뼈만 남은 아내와 배가 고파 울부짖는 아이들 때문에 미칠 지경이었다. 그런 때 왕룽의 숙부가 굶주린 개처럼 부들부들 떨면서 온 마을을 돌아다니며 그 주린 입술로 소곤거렸다. "아직까지 양식을 쌓아 두고 있는 집이 한 집 있어. 그놈의 아이들은 여전히 살이 피둥피둥 쪄 있단 말이야."

어느 밤 동네 사람들은 손에 몽둥이를 들고 왕룽의 집으로 가서 그 집 대문을 두드렸다. 왕룽이 이웃 사람들의 목소리를 듣고 문을 열어 주자, 사람들은 그에게로 달려들어 문밖으로 밀쳐내고 무서워 덜덜 떠는 아이들을 집 안에서 몰아낸 다음, 방 안의 구석구석을 샅샅이 뒤지기 시작했다. 양식을 숨겨 둔 곳을 찾아내기 위해서였다. 그러나 그들이 찾아낸 것은 한 줌의 콩과 한 됫박의 옥수수뿐이었다. 그들은 낙심하고 자포자기하여 식탁과 나무 의자, 그리고 노인이 놀라 울면서 누워 있는 침대 등, 몇 개 안 되는 가구를 모조리 뺏어가려고 했다.

그때 오란이 그들 앞을 가로막고 나서서 잔잔하고 느릿한 말투로 말했다.

"그건 안 돼요. 아직은 안 돼요. 아직은 우리 집에서 밥상이나 침대를 가져갈 때가 아니에요. 당신네들은 우리 먹을 것을 죄다 가졌어요. 하지만 당신네들 집에 있는 밥상이나 의자는 아직 팔지 않았으니 우리 것도 가져가서는 안 돼요. 우리들은 다 같은 처지예요. 우리는 당신들보다 콩 한 알, 옥수수 한 알 더 가진 것도 없어요. 아니, 이제 우리 것을 모두 빼앗았으니 당신들이 우리보다 더 많이 가졌어요. 우리 집에서 무엇을 더 빼앗아 가려고 하다간 하늘에서 벼락이 내릴 거예요. 이러지 말고 우리 다 같이 나가서 풀뿌리도 캐고 나무껍질도 벗겨서 아이들을 먹여 살려야 할 것 아닌가요? 당신네도 자식이 있지 않나요? 나도 세 자식과 이런 시기에 태어날 넷째 아이가 있단 말이에요."

오란은 그렇게 말하면서 자신의 배를 눌렀다. 마을 사람들은 굶주리지만 않으면 본성이 악한 사람들이 아니었기 때문에 오란의 말을 듣고 부끄러워서 한 사람씩 슬금슬금 나가 버렸다.

그런데 칭만은 가지 않았다. 키가 작고 말이 없고 경기가 좋을 때도 원숭이처럼 얼굴이 누런 그는 이제는 검게 그을고 수심이 가득 차 보였다. 그는 사과할 생각이었다. 그는 본디 착한 사나이였는데 처자식이 울부짖는 바람에 뜻하지 않게 이런 행동에 한몫 끼었던 것이다. 그러나 이제 사과를 하려면 그가 아까 빼앗아 저고리 안에 넣어 둔 한 줌의 콩을 도로 내놓아야 할 터였으므로, 그는 다만 움푹 팬 눈으로 왕룽을 바라보기만 하고 말없이 나가 버렸다.

왕룽은 마당에 우두커니 서 있었다. 해마다 추수 때면 풍성한 곡식을 타작하던 그 마당이었다. 그러나 벌써 여러 달 동안 이 마당은 그냥 버려졌다. 이제 그의 집엔 그의 늙은 아버지와 아이들을 먹일 것이 남아 있지 않았다. 자기 한 몸뿐만 아니라 뱃속에서 자라는 생명도 길러야 하는 아내에게 먹일 것도 없었다. 그 새 생명은 사정없이 어미의 피와 살을 빨아 마시고 있는 것이다. 그 순간 그는 극도의 공포를 느꼈다. 그러나 곧 혈관에 술기운이 돌듯이 어떤 생각이 떠올라 마음의 위로를 얻었다. 그는 속으로 말했다.

'저희들이 아무리 그래도 내 땅은 빼앗아 갈 수 없어. 나는 힘들여 일해서 농사지은 곡식을 팔아 남들이 빼앗아 갈 수 없는 땅으로 바꿔 두었다. 내가 돈을 가지고 있었더라면 그들은 그것을 뺏어 갔을 것이다. 또 그 돈으로 물건을 사 두었더라도 남김없이 뺏어 갔을 것이다. 나에겐 아직 땅이 있다. 땅은 나의 것이다.'

9

멍하니 문간에 앉아 있던 왕룽은, 이제는 반드시 어떻게든 해야겠다고 중얼댔다. 이 아무것도 없는 집에 앉아 죽음을 기다릴 수는 없다. 날마다 헐거워지는 허리끈을 졸라매야 하는 그의 말라 가는 몸에는 그래도 살아야겠다는 의지가 숨어 있었다. 한창 피어나려고 하는 삶의 개화기에 엉뚱한 악운의 손에 희생되기는 싫었다. 그는 말할 수 없는 분노에 사로잡히는 때가 많았다. 가끔 그는 미칠 듯한 노여움을 누를 길이 없어 탈곡장으로 뛰쳐나가 구름 한 점 없이 끝없이 푸르게 빛나는 무정한 하늘을 향해 팔을 휘둘렀다.

"이 빌어먹을 하늘아!" 그는 함부로 욕설을 퍼부었다. 순간, 천벌이 두려워지기도 하지만 이윽고 다시 화가 치밀어 소리를 질렀다. "그래, 하늘이 내게 이보다 더 큰 천벌을 내릴 수야 있을라고!"

언젠가 그는 굶주려서 후들거리는 다리를 끌고 사당으로 갔다. 그리고 태연하게 여신령과 나란히 앉아 있는 지신의 얼굴에 일부러 침을 뱉어 댔다. 이 두 토상 앞에 향이 피워진 지도 이제 여러 달이 지났다. 왕룽은 이를 갈며 신을 저주하고 집으로 돌아와 그대로 드러누워 버렸다.

모두 누워만 있었다. 일어나려고 하지도 않았고 일어날 필요도 없었다. 누워 있으면 간혹 잠이 오기도 해서 그동안만이라도 배고픔을 잊을 수 있었다. 그들은 말린 옥수수 속을 먹기도 하고 나무껍질을 벗겨 먹기도 했다. 마을 사람들은 찬바람 부는 겨울 들판을 헤매면서 풀뿌리를 닥치는 대로 캐어 먹었다. 짐승이라고는 어딜 가도 그림자 하나 없었다. 며칠을 걸어도 소나 당나귀는커녕 새 한 마리조차 구경할 수 없었다.

아이들의 배는 가스만 들어서 불룩했다. 마을의 길거리에 나와 노는 아이들도 볼 수 없었다. 왕룽의 두 아들도 겨우 문턱까지 기어 나와서 햇볕을 쬐는 것이 고작이었다. 가혹한 태양만이 한없이 내리쬐었다. 한때 토실토실하던 그들의 몸뚱이는 여윌 대로 여위어, 유난스럽게 불룩한 배 말고는 새같이 작고 가느다란 뼈마디만 앙상하게 드러났다. 계집아이는 혼자 앉을 때가 되었는데도 아직 앉지 못했고 낡은 포대기에 싸여 몇 시간이고 가만히 자기만 했다. 전에는 집이 떠나갈 듯이 울어 대던 것이 이젠 힘없이 드러누워, 입안에 무엇을 넣어 주면 빨 뿐, 우는 소리를 내는 일도 없었다. 그 앙상해진 조그만 얼굴로 사람들을 바라보았지만 퍼레진 조그마한 입술은 이빨 빠진 노파처럼 오므라들고, 움푹 팬 검은 눈도 가만히 움직이지 않았다.

이렇게 되어도 악착같이 살아가는 이 작은 생명은 아버지 왕룽의 가슴에 묘하게 애정을 불러일으켰다. 만약 이 아기가 먼저 태어난 애들처럼 그 나이에 걸맞게 토실토실하고 방글방글 웃으며 자랐더라면 까짓 계집애 하나쯤 눈길도 주지 않았을 것이다. 왕룽은 때때로 딸을 보며 이렇게 중얼거렸다.

"불쌍한 것 같으니, 불쌍한 것 같으니……."

한번은 이 딸이 이도 안 난 잇몸을 보이면서 가냘프게 웃으려 하자, 왕룽은 눈물을 지으며 뼈가 두드러진 손으로 딸의 작은 발을 어루만져 주었다. 그리고 그의 집게손가락 하나를 잡아 쥐는 딸의 작은 손을 꼬옥 잡았다. 그 뒤로 왕룽은 벌거벗은 딸을 안아 저고리 품속에 품고 녹여 주면서, 문턱에 걸터앉아 메마른 밭들을 우두커니 내다보았다.

노인은 가족 누구보다도 잘 지냈다. 조금이라도 먹을 것이 있으면 아이들은 못 먹여도 그에게는 주었기 때문이다. 왕룽은 죽을 고비에 이르러서도 아버지를 잊지 않는 그 자신을 자랑스럽게 생각했다. 그는 자기 살을 베어서 드리더라도 아버지는 굶기지 않을 작정이었다. 노인은 밤낮을 가리지 않고 잤고, 주는 것은 무엇이나 다 받아 먹었다. 그래서 햇볕이 따스한 한낮에는 마당에까지 기어 나갈 기력이 아직 남아 있었고 식구들 가운데 누구보다도 쾌활했다. 어느 날 노인은 금이 간 대통을 빠져나오는 약한 바람 같은 떨리는 목소리로 말했다.

"이보다 더 심한 해가 있었느니라. 더 심한 해가 있었어. 나는 아이를 잡아먹는 부부를 보았다."

"우리 집에선 그런 일은 없어요." 왕룽은 더없는 공포를 느끼며 대답했다.

하루는 유령보다도 앙상해진 이웃집 칭 서방이 왕룽의 집 문간에 와서 흙같이 검게 마른 입술로 이렇게 말했다.

"성내에선 개도 다 잡아먹는대. 어디서든 말이거나 새거나 마구 잡아먹어. 우리는 밭살이하던 짐승도 봉땅 잡아먹고, 풀뿌리, 나무껍질도 죄다 먹었으니 이제 뭘 먹고 산담?"

왕룽은 절망적으로 고개를 저었다. 그의 품에는 뼈만 남은 딸아이가 안겨 있었다. 그는 앙상한 작은 얼굴로 말끄러미 그를 쳐다보는 슬픈 두 눈을 내려다보았다. 눈이 마주치면 그 작은 얼굴에는 웃음이 어렸다. 그것이 그의 가슴을 갈가리 찢었다.

칭 서방은 가까이 다가서며 속삭였다.

"이것 봐. 요즘 마을에서는 사람 고기를 먹고 있어. 자네 숙부도 숙모도 먹고 있다네. 그렇지 않고서야 어떻게 오랫동안 아무것도 먹지 않은 사람이 살아서 걸어 다닐 힘이 있겠어?"

왕룽은 턱을 내밀고 말하는 칭의 주검과도 흡사한 얼굴에서 흠칫 물러섰다. 이렇게 바로 앞에서 눈을 보면 이 남자는 무서웠다. 갑자기 정체 모를 공포에 휩싸인 왕룽은 다가오는 위험을 피하려는 듯이 벌떡 일어났다. 그리고 소리를 높여 말했다.

“우리 이 고장을 떠나세. 남쪽으로 가세. 이 넓은 땅이 다 흉년은 아니겠지. 하늘이 아무리 무정하기로서니 우리 한민족(漢民族)을 다 죽이진 않을 테니까.”

칭은 서글픈 어조로 천천히 말했다. “아, 자네는 아직 젊으니까. 나는 자네보다 나이가 많고 또 내 아내도 늙었어. 그리고 우리에겐 딸애 하나밖엔 없어. 그러니까 우리는 여기서 죽어도 한이 없어.”

“그런 말 말게, 자네는 나보다 팔자가 좋아. 나에겐 늙은 아버지와 아이가 셋이나 있지 않나. 그뿐인가, 또 하나 나오려 하고 있어. 하여튼 우리는 떠나야 해. 여기 있다가는 얼이 빠져 미친 개들 모양으로 서로 잡아먹게 될 테니 말일세.”

이렇게 말한 왕룽은 갑자기 자기가 한 말이 과연 옳다는 생각이 들었다. 그래서 그는 오란을 큰 소리로 불렀다. 오란은 음식거리도 없고 땔나무도 없어서 날마다 말없이 침대에 누워 있었다.

“이봐, 우리 남쪽으로 가세.”

이 몇 달 동안 아무도 그의 이와 같이 기운 있는 목소리를 들은 일이 없었다. 아이들은 그를 쳐다보았고 노인은 그의 방에서 비실거리면서 나오고, 오란도 가까스로 일어나 문설주를 잡고 말했다.

“그러는 게 좋겠어요. 죽더라도 걷기라도 하다가 죽게.”

말라 빠진 가는 허리에 아이가 들어 있는 배는 나무 옹이처럼 불룩했다. 그녀의 얼굴엔 살점이라고는 없었고 광대뼈는 바위처럼 불쑥 튀어나왔다. “내일까지만 기다려요. 내일까진 애를 낳을 것 같아요. 뱃속에서 움직이는 것을 보면 알 수 있어요.”

“그럼 내일 떠나세.” 그렇게 말하며 아내의 얼굴을 본 그는 이제까지 느꼈던 적이 없는 쓰라린 연민을 느꼈다. 이 가엾은 여편네가 또 아기를 낳는다고 생각하니 한결 더 그랬다.

‘가엾은 여편네야, 그래 가지고 어떻게 걸을 셈이냐?’

그는 속으로 중얼거렸다. 그리고 아직도 대문에 서 있는 칭에게 미안스러운 듯이 말했다.

“자네 집에 무엇이고 남아 있거든 한 줌이라도 좋으니 불쌍한 우리 애어멈의 목숨을 살리는 셈치고 나누어 주면 저번 날 일도 잊어버리겠네.”

칭은 무안한 얼굴로 기어들어 가는 소리로 말했다.

"그때부터 나는 자네에게 늘 미안하게 생각하고, 마음이 편하지가 않았었네. 나는 자네가 곡식을 잔뜩 쌓아 두고 있다고 한 자네 삼촌 말에 넘어갔던 걸세. 그 개 같은 놈. 내 정녕 하늘에 맹세하고 말하지만, 우리 집 문 앞 돌 밑에 팥을 조금 묻어 둔 것밖엔 없어. 그건 내가 집사람과 함께, 우리가 마지막 눈을 감게 될 때 세 식구 뱃속에 먹을 것을 좀 넣고 죽겠다는 생각에서 간직해 둔 것이지만 한 줌 나눠 주지. 그리고 내일 떠나려면 떠나게. 난 안 가겠네. 난 내 집에 머물러 있겠네. 아까도 말했지만, 난 자네보다 나이도 많고 아들도 없는 몸이니 죽든 살든 상관없네."

칭 서방은 집으로 갔다가 조금 뒤, 흙에 묻혀 있었기 때문에 곰팡이가 핀 팥을 두어 줌 무명 수건에 싸가지고 왔다. 왕룽의 아이들은 양식을 보자 다가왔고 노인의 두 눈은 번득였다. 그러나 왕룽은 이번만은 그들을 뿌리치고 누워 있는 아내에게 갖다 주었다. 오란은 아무것도 먹지 않으면 진통 중에 죽고 말 것이므로, 미안해하면서도 팥을 한 알씩 조금만 먹었다.

왕룽은 팥알을 두세 알 손아귀에 감췄다가 입에 넣어 부드럽게 씹어서 어린 딸의 입에 옮겨 넣어 주었다. 작은 입술이 오물거리는 것을 가만히 보던 왕룽은 자기가 먹은 것같이 느껴졌다.

그날 밤 왕룽은 가운뎃방에 있었다. 두 아들은 노인 방에서 잤고 다른 한 방에서 오란은 홀로 산기를 기다리고 있었다. 왕룽은 첫아들을 낳을 때처럼 귀를 기울이고 앉아 있었다. 오란은 지금도 아이를 낳을 때는 남편을 가까이 오지 못하게 했다. 낡은 대야 위에 웅크리고 앉아, 동물이 새끼를 낳은 뒤 더러움을 감추듯이 반드시 혼자 뒤치다꺼리를 하는 것이었다.

왕룽은 귀에 익숙한 아기 우는 소리가 나기를 기다리며 절망에 빠져 있었다. 이제는 사내애라든가 계집애라든가 하는 것이 문제가 아니었다. 먹일 입이 또 하나 늘어나는 일이 문제였다.

"차라리 죽어서 나왔으면 그게 자비일 텐데." 그가 중얼거렸을 때, 정적 속에서 가느다란 울음소리가—어쩌면 그렇게 연약한 울음소리일까—들려왔다. '이런 때에 그런 자비나마 내릴 리가 있나.' 그는 쓴 입맛을 다시며 다시 귀를 기울였다.

그러나 울음소리는 다시 나지 않았다. 온 집 안은 다시 무거운 정적 속에 잠겼다. 정적은 어느 집에나 서려 있었다. 사람들은 집 안에 드러누워 죽음을 기다렸던 것이다. 이 집 또한 그러한 고요 속에 잠겨 있었다. 왕룽은 더 이상 참을 수가 없어졌다. 갑자기 무서운 생각이 났다. 그는 일어나 오란이 있는 방문 앞으로 가서 문틈에 대고 소리를 질렀다. 그는 자기 목소리에 약간 기운을 얻었다.

"오란, 괜찮아?" 아내에게 말을 건 그는 귀를 기울였다. 내가 앉아 있는 동안 오란이 죽은 것이 아닐까! 그러나 안에서 부스럭거리는 소리가 들렸다. 그녀는 뒤치다꺼리를 하는 모양이었다. 이윽고 그녀의 한숨 같은 목소리가 들려왔다.

"들어와요."

그는 들어갔다. 아내는 어찌나 여위었는지 그녀가 덮은 이불이 불룩하지도 않고 거의 평평했다. 그녀는 혼자 누워 있었다.

"어린애는 어떡했어?" 그가 물었다.

오란은 간신히 손을 움직여 가리켰다. 그는 마룻바닥에 있는 갓난애의 시체를 보았다.

"죽은 거야?" 그는 소리쳤다.

"죽었어요." 그녀는 속삭였다.

왕룽은 몸을 굽혀 한 줌밖에 안 되는 갓난애의 시체를 살펴보았다. 한 가닥의 뼈와 가죽뿐인 계집애였다.

"우는 소리를 분명히 들었는데…… 살아서 우는……." 말을 하던 왕룽은 아내의 얼굴을 보았다. 오란은 눈을 감고 있었다. 살갗은 재처럼 윤기 잃은 빛을 하고 그 살갗 밑에 뼈가 두드러져 있었다. 극도의 고통을 참아낸 그녀의 애처로운 얼굴을 보니 그는 아무 말도 나오지 않았다. 아무튼 이 몇 달 동안 그는 자기 몸만 끌고 다니면 되었었다. 그런데 아내는 자신의 굶주림의 고통에 덧붙여 그 또한 살려고 어미의 몸을 괴롭히는 굶주린 생명의 고통까지 견뎌 왔던 것이다.

왕룽은 말없이 갓난애 시체를 봉당으로 옮긴 다음 거적 한 조각을 찾아 시체를 쌌다. 머리가 좌우로 흔들거렸을 때 목에 두 군데 멍이 있는 것이 보였다. 그러나 그는 서둘러 할 일만 했다. 그리고 집에서 나와 힘이 닿는 한 멀리 가서 오래된 무덤의 한쪽, 움푹 파인 곳에 아이를 내려놓았다. 이 무덤은 왕릉의 서쪽 밭가에 닿아 있는 언덕 중턱에 있었고, 주위에는 돌보는 이 없는 무너진 무덤들이 잔뜩 있었다. 그가 아이를 내려놓자 굶주린 늑대 같은 개가 한 마리 그의 등 뒤에 나타났다. 왕릉은 돌을 집어던져 옆구리를 맞혔으나 그 개는 어찌나 굶주렸던지 한두 발자국밖엔 더 물러서려 하지 않았다. 왕릉은 마침내 다리가 후들거려 그대로 쓰러질 것같이 느껴져서 두 손으로 얼굴을 가리고 그곳을 떠나 버렸다.

"이대로 두는 수밖에 없지." 그는 중얼거렸다. 이때 그는 비로소 완전한 절망을 느꼈다.

이튿날 아침 한결같이 푸른 하늘에 해가 떠올랐을 때, 왕릉은 어린 자식들과 쇠약한 아내와 늙은 아버지를 이끌고 이 집을 떠나려고 결심한 일이 어젯밤의 꿈으로밖에 생각되지 않았다. 아무리 풍요한 땅이 남쪽에 있다 할지라도 어떻게 이런 몸을 이끌고 몇백 리 길을 걸을 수 있을 것인가? 또 남쪽에는 먹을 것이 있다는 보장이 어디에 있단 말인가? 이 불타는 듯한 하늘이 끝없이 이어졌는지도 모른다. 그들이 죽을힘을 다해 남쪽에 갔다가 거기서 자신들보다 더 굶주린 사람들을 보게 된다면 어찌할 것인가? 더구나 그들은 낯선 사람들이다. 그렇다면 차라리 고향에 머물러 자기 집 침대에서 죽는 편이 훨씬 더 나을 터였다. 그는 힘없이 문지방에 앉아, 전에는 곡식이거나 땔감이거나 뭐든 긁어모을 수 있었으나 이제는 말라붙어 딱딱해진 밭을 슬프게 바라보았다.

그에겐 돈이 없었다. 벌써 오래전에 마지막 동전마저 써 버렸다. 만일 돈이 있더라도 이제 와서는 소용이 없다. 양식을 살 수 없기 때문이다. 전에 그는 성안에 곡식을 쌓아 둔 사람이 있어 큰 부자에게만 그것을 팔고 있다는 소문을 들었으나 그런 말을 들어도 심드렁했다. 그는 오늘 당장 성내에서 돈 안 받고 그저 먹여 준다고 해도 그곳까지 걸어갈 수가 없었다. 사실 그는 너무 굶어서 이젠 배고픈 것조차 몰랐다.

배고파서 위가 쓰리던 것도 처음뿐이었고 이젠 그런 때가 지난 지 오래다. 그는 밭 한 모퉁이에서 흙을 파다가 아이들에게 먹였으나 그 자신은 먹지 않았다.

며칠 전부터 '자비로운 여신의 흙'이라고 불리는 이 흙을 물에 풀어서 먹어 왔는데, 그 흙은 먹는 사람의 생명을 이어 가게 할 수는 없었지만 약간의 영양분을 가지고 있었다. 죽같이 만들어 먹으면 아이들은 얼마 동안 배고픔을 면할 수 있고 헛배 부른 것을 메꿀 수 있었다. 그는 오란이 그때껏 손에 쥐고 있는 팥에 손대지 않았다. 그리고 그녀가 한참 만에 한 알씩 오독오독 깨무는 소리를 들을 때면 마음의 위로를 느꼈다.

남쪽으로 가려던 희망을 버리고 침대에 누워 잠을 자듯이 죽어갈 것을 꿈꾸고 있을 때 누가 밭 사이로 오고 있었다. 몇 사람이 그를 향해 오고 있었다. 발소리가 다가와도 움직이려고도 하지 않고 슬쩍 쳐다보았을 때, 그들 가운데 한 사람은 그의 숙부이고 다른 세 사람은 낯선 사람임을 알았다.

"오래간만이다." 숙부는 애써 유쾌한 어조로 크게 말했다. 그리고 가까이 다가오면서 큰 소리로 말했다. "그래, 잘 지내는구나. 네 아버지는, 우리 형님은 잘 계시냐?"

왕룽은 숙부를 보았다. 숙부는 여위기는 했으나 굶주리는 것 같지는 않았다. 왕룽의 다 쪼그러든 몸에 남아 있는 마지막 생명력은 눈앞에 선 숙부에 대한 격심한 분노로 타올랐다.

"작은아버진 잘 자시고 지내셨군요…… 아주 잘!" 그는 무거운 혀를 놀려 중얼거렸다. 그는 곁에 있는 낯모르는 사람들에 대한 체면도 생각지 않았다. 다만 아직 뼈에 살이 붙어 있는 숙부만을 노려보았다. 숙부는 두 눈이 휘둥그레져서 두 손을 내저으며 소리 질렀다.

"잘 먹고 지낸다고? 내 집에 와 봐라. 제비가 들어와도 부스러기 하나 쪼아 먹을 것 없다. 네 숙모가 얼마나 살이 쪘었는지 너 알지? 살갗이 얼마나 곱고 포동포동하고 윤기가 흘렀느냐 말이야. 그런데 이젠 뼈다귀만 앙상해. 장대에 옷을 걸어 놓은 것과 마찬가지야. 그리고 아이들은 넷밖에 남지 않았다. 작은 놈 셋은 죽었다…… 죽었어. 그리고 네 삼촌은 네가 보는 대로 이 모양 이 꼴이 아니냐!"

숙부는 소매 끝으로 가만히 두 눈을 닦았다.

"그래도 작은아버지는 뭘 자셨어." 왕룽은 낮은 소리로 되풀이해서 중얼거렸다.

"나는 너와 내 형님인 너의 아버지 생각만 해 왔다." 숙부는 재빨리 대꾸했다.

"그래 지금 그 증거를 보이러 왔다. 내가 모시고 온 이 양반들은 성안에 사시는데, 얼마간의 양식을 나한테 빌려주시기에 그것으로 내가 힘을 좀 얻어 가지고, 이 동네 근방에 있는 땅을 사시는 일을 도와드리기로 했어. 그래 가지고 먼저 생각나는 것이 내 조카의 기름진 땅이더라 이거야. 돈이 있으면 양식을 구할 수 있고, 먹을 것이 있으면 목숨을 붙일 수 있지 않느냐 말이다." 이렇게 말하고 숙부는 한 걸음 물러서서 누더기 같은 두루마기를 펄렁거리며 팔짱을 꼈다.

왕룽은 꿈쩍도 안 했다. 그는 일어서지도 않았고 손님들에게 인사도 하지 않았다. 고개를 쳐들고 그들을 한 번 훑어보았을 뿐이었다. 긴 비단 두루마기를 입고 있는 폼이, 과연 성내에서 온 이들임에 틀림없었다. 그들의 손은 부드럽고 손톱은 길었다. 그들은 제대로 먹어서 피가 잘 도는 듯이 보였다. 왕룽은 갑자기 그들에게 증오의 불길이 타오름을 느꼈다. 내 자식들은 굶어서 밭의 흙을 파먹는데, 이 성내 사람들은 내가 궁지에 빠진 것을 이용해서 내게서 땅을 뺏으러 온 것이 아닌가! 그는 해골바가지 같은 얼굴에 움푹 피인, 분노에 친 두 눈으로 그들을 노려보았다.

"땅은 안 팔아요."

숙부가 앞으로 나섰다. 바로 그때 왕룽의 둘째 아들이 문간까지 기어 나왔다. 이 아이는 요새 와서는 하도 힘이 없어서 가끔씩 아기 모양으로 기었다. 숙부가 외쳤다.

"쟤가 네 아들이냐? 지난여름에 내가 동전 한 푼을 준 그 토실토실하던 놈인 게냐?"

그들의 눈은 모두 그 아이에게로 쏠렸다. 그 오랜 동안의 곤경에 빠져 있으면서도 눈물을 비친 일이 없었던 왕룽은 갑자기 흐느끼기 시작했다. 목구멍의 크나큰 고통의 덩어리는 하염없이 뺨을 타고 흘러내리는 눈물로 변했다.

"얼마나 쳐서 주겠소?" 마침내 그는 물었다. 먹여 살려야 할 세 자식이 있고 늙은 아버지가 있다. 그와 아내는 언제라도 제 손으로 무덤을 파고 거기 드러누워 죽을 수 있다. 그렇지만 자식들과 아버지가 있다.

성내에서 온 사람들 중의 하나가 말을 꺼냈다. 그 사나이는 한쪽 눈이 멀어

쑥 우므러들어 가 있었다. 그는 아첨하듯 말을 꺼냈다.

"주리는 당신 아들을 생각해서 기왕이면 값을 잘 쳐 드리죠. 이런 때에 어디서도 바랄 수 없는 그런 좋은 가격을 드리겠단 말이오. 얼마를 드리느냐 하면……." 그는 잠시 사이를 두더니 곧 잘라 말했다. "1정보에 동전 백 닢 드리지요."

왕룽은 어처구니없다는 듯이 웃었다. "아니, 그건 내 땅을 거저 달라는 거나 마찬가지요. 나는 그 스무 곱절이나 주고 샀소."

"흥, 하지만 당신은 굶어 죽어 가는 사람에게서 산 건 아니겠지." 옆에 있던 다른 사나이가 입을 떼었다. 그는 키와 몸집이 작고 마른 콧날이 선 사내였는데 목소리는 뜻밖에 크고 거칠고 야비했다.

왕룽은 그들 셋을 둘러보았다. 그들은 자신만만한 태도였다. 굶주린 아이들과 늙은 아버지가 있는 처지니 그들의 말대로 하고야 말리라고 생각하는 모양이었다. 그것을 보자 그들에게 굴복하려던 약한 마음이 난생처음 느끼는 격렬한 분노로 돌변했다. 그는 벌떡 일어나 먹이를 덮치는 사냥개처럼 그들에게 달려들었다.

"죽어도 내 땅은 못 팔겠소!" 그는 소리 질렀다. "밭의 흙을 파서 아이들을 먹이고 그러다가 죽으면 그 땅에 묻겠소. 나나 내 아내나 늙은 아버지나 모두 사는 날까지 살다가 우리가 태어난 이 땅에서 죽으면 그만이오."

그는 목 놓아 울었다. 분노는 금세 바람처럼 사라지고 그는 몸을 떨며 서서 울었다. 성내 사람들은 웃음을 머금고 서 있었고 그들 사이에 섞여 숙부도 꿈쩍도 않고 서 있었다. 그들은 왕룽이 한 말을 헛소리라고 여기고, 왕룽의 노여움이 가시기를 기다리는 것이었다.

이때 갑자기 오란이 문간에 나타나, 마치 이런 일이 날마다 있었던 것처럼 여느 때와 다름없는 목소리로 그들에게 말했다.

"땅은 정말 안 팝니다. 그걸 팔았다가는 우리가 남쪽에서 돌아왔을 때 농사지을 것이 없어지니까요. 밥상하고 침대 두 개, 이불, 그리고 의자 네 개와 가마솥까지는 팔죠. 하지만 갈퀴, 괭이, 쟁기는 안 팔아요. 땅도 안 팔 거고요."

그녀의 침착한 목소리는 왕룽의 분노에 찬 고함보다 더 힘이 있었다. 왕룽의 숙부는 의심스러운 듯이 오란에게 물었다.

"정말 남쪽에 가려고?"

결국 애꾸눈이 같이 온 사람과 의논하기 시작했고 그들은 자기네끼리 무엇인가 수군거렸다. 그리고 애꾸눈은 다시 오란에게 말했다.

"그따위 물건이야 땔나무밖에 더 되겠소? 은전 두 닢에 다 주려면 주고, 싫으면 관두시오."

그는 멸시하는 태도로 그렇게 말하고 몸을 돌렸다. 그러나 오란은 차분히 말했다.

"그래서는 침대 하나 값도 안 되지만, 은전을 가지셨거든 얼른 내놓고 물건들을 가져가시구려."

애꾸눈은 허리춤을 만지더니 오란이 내민 손바닥에 은전 두 닢을 놓았다. 셋은 집 안으로 들어가 먼저 왕룽의 방에서 밥상, 의자, 침대, 이불 등을 꺼내었고, 부엌으로 들어가 솥을 떼어냈다. 하지만 그들이 노인의 방에 들어갈 때 숙부는 밖에 서 있었다. 그는 형과 대면하기를 꺼렸던 것이며 또 늙은이를 마룻바닥에 눕히고 침대를 들어내는 현장에 있기를 원치 않았던 것이다. 모조리 들어내고 갈퀴 두 개와 괭이 두 개와 쟁기만이 가운뎃방 한구석에 남았을 때 오란은 남편에게 말했다.

"이 은전 두 닢이 있는 동안 얼른 남쪽으로 떠납시다. 이대로 있다가 서까래까지 팔 지경이 되면 나중에 돌아와도 들어갈 움막조차 없어지겠어요."

"그래, 떠나자." 왕룽은 가라앉은 목소리로 대답했다.

그러나 그는 밭 너머로 멀어져 가는 성내 사람들의 뒷모습을 바라보면서 몇 번이고 중얼거렸다.

"아직 땅만은 있다. 땅만은 갖고 있다."

10

대문을 꼭 닫고 자물쇠로 잠그는 것밖엔 할 일이 없었다. 옷은 있는 대로 모조리 껴입었다. 오란은 두 아들 손에 그들의 밥공기와 젓가락을 쥐어 주었다. 그들은 밥을 금방 먹거나 하는 줄 알고 그것들을 꼭 쥐고 놓지 않았다. 이렇게 하여 그들은 출발했다. 이 초라한 일행은 하도 느리게 걸음을 옮겼기 때문에 성내에 닿는 것조차 아득하게만 느껴졌다.

왕룽은 딸을 안고 걷다가 노인이 걷지 못해 넘어질 듯이 보이자 딸을 오란에게 넘겨주고 아버지를 업었다. 비쩍 마른 노인의 몸은 바람처럼 가벼웠는데도 왕룽은 비틀거렸다. 그들은 묵묵히 사당 앞을 지났다. 두 지신은 무엇이 지나도 아랑곳없이 태연히 앉아 있었다. 살을 에는 듯한 바람이 부는데도 쇠약할 대로 쇠약해진 왕룽은 흥건히 땀을 흘렸다. 그들은 그칠 줄 모르는 찬바람을 안고 걸었다. 두 아들이 추위에 울부짖자 왕룽은 그들을 달래며 말했다.

"너희들은 다 컸지 않니? 그리고 남쪽으로 가는 길손이란다. 남쪽에 가면 날씨도 따뜻하고 날마다 먹을 것이 있어. 우리 모두가 하얀 쌀밥, 그것도 원 없이 먹게 될 게다."

조금 걷고는 쉬고, 또 걷다가 쉬고 하면서 그럭저럭 성문까지 다다랐다. 한때는 이곳의 시원함을 즐긴 때도 있었건만, 오늘은 마치 양쪽 벼랑에서 얼음물이 쏟아지는 듯이 한겨울의 찬바람이 무서운 기세로 이 통로에 휘몰아쳐 왕룽은 이를 악물어야 했다. 발밑 진구렁은 깊었고 칼날 같은 얼음 끝이 발을 찔러대 아이들은 걸을 수가 없었다. 딸을 안은 오란은 자기 발을 옮기는 것이 고작이었다. 왕룽은 비척거리는 다리로 아버지를 먼저 업어다 놓고 되돌아와서 두 아이를 하나씩 들어 옮겼다. 가까스로 그것이 끝났을 때는 땀이 비 오듯 하고 힘이 다해 그는 오래도록 축축한 성벽에 기대어 눈을 감고 숨을 골랐다. 그의 가족은 추위에 떨면서 그의 주위에 서서 그를 기다렸다.

이윽고 황부자 집 대문 앞에 다다랐다. 문은 굳게 닫혀 있었고 양쪽에 있는 잿빛 돌사자는 바람에 시달리고 있었다. 문 앞에는 초라한 꼴을 한 남녀들이 웅크리고 앉아 잠긴 대문을 굶주린 눈으로 바라보고 있었다. 왕룽의 비참한 일행이 지나갈 때 그 가운데 한 사람이 갈라진 목소리로 소리쳤다.

"부자놈들의 마음은 신(神)들의 마음같이 무정해. 그놈들은 아직도 먹고 남아 쌀로 술까지 빚고 있어. 젠장, 우리는 이렇게 굶어 죽을 판국인데……."

그러나 또 한 사람이 한탄하며 말했다.

"내가 조금만 힘이 있다면 이 대문짝에다 불을 지르고 이 집 안채까지 모조리 불질러 버리고 말 텐데. 내가 타 죽는 한이 있더라도 말이야. 이놈의 황가네 조상들은 지옥에 떨어졌을 거야."

그러나 왕룽은 그들에게 아무런 대꾸도 하지 않고 그저 묵묵히 남쪽으로 발걸음을 옮겼다.

그들이 성내를 지나서 남문에 이르렀을 때 이미 해는 저물어 어둑해졌다. 그들의 걸음은 그렇게도 느렸다. 그들은 남쪽으로 가는 사람들의 떼거리를 보았다. 왕룽이 어느 구석으로 가족을 이끌고 가서 하룻밤을 보낼까 생각하면서 성벽 아래를 둘러보고 있을 때, 갑자기 그와 가족은 군중 속에 휩쓸렸다. 그는 자기 쪽으로 밀려온 사나이에게 물었다.

"이 사람들은 모두 어딜 가는 거요?"

그러자 그 사람이 대답했다.

"여기선 우리가 먹고살 수가 없어서 남쪽으로 가려고 기차를 타러 가는 길이라오. 저쪽 큰 건물에서 기차가 우리 같은 사람들을 태우고 떠나요. 몇 푼만 내면 탈 수 있어요."

기차! 그런 것이 있다는 말은 들었다. 왕룽은 언젠가 사람들이 찻집에 모여서, 여러 개의 찻간을 쇠사슬로 이어서 사람도 짐승도 아닌 것이 끌면서, 용처럼 물과 불을 토하는 기계가 달린다는 이야기를 들은 적이 있었다. 그때 왕룽은 언제 쉬는 날에 한번 가서 보리라 단단히 마음먹었었다. 그러나 그는 성내에서 꽤 떨어진 북쪽에서 살고 있는 데다가 농사일이 바빠서 구경 갈 시간을 얻지 못했다. 더구나 그는 자신이 알지 못하고 이해할 수 없는 것은 믿지 않았다. 사람이란 나날의 생활에 필요한 것 이상을 알 필요는 없었다.

그러나 지금 그는 망설이는 눈으로 아내를 보며 말했다.

"그럼 우리도 기차를 타고 갈까?"

그들은 노인과 아이들을 밀려가는 군중 속에서 끌어내다 놓고 근심스러운 표정으로 마주 보았다. 잠깐이라도 숨을 돌리면 노인은 금방 땅바닥에 주저앉아 버리고, 아이들은 군중의 발길에 짓밟힌다는 위험도 아랑곳없이 먼지 가운데 벌렁 누워 버렸다. 오란은 아직껏 딸을 안고 있었으나 아이는 축 늘어지고 눈이 감긴 모양이 죽은 아이 같아 보였다. 왕룽은 모든 것을 잊고 소리를 질렀다.

"그 애는 벌써 죽은 거야?"

오란은 고개를 흔들었다.

"아직은 살았어요. 숨이 있어요. 하지만 오늘 밤 안으로 죽을 거예요. 우리도 어쩌면 모두……."

더 말할 용기가 없다는 듯이 그녀는 지치고 초췌한 얼굴로 남편을 쳐다보았다. 왕룽은 아무 말이 없었으나 이렇게 하루만 더 걷다가는 모두 죽어 버릴 것이라고 혼자 생각했다. 그래서 그는 가능한 한 밝게 말했다.

"자, 얘들아, 일어나거라. 할아버지를 일으켜 드려라. 우린 이제 걷는 대신 기차를 타고 남쪽으로 간다."

그때, 어둠 속에서 용의 부르짖음과도 같은 굉음을 내고 커다란 두 눈에서 불을 뿜어내며 기차가 달려오지 않았던들 그들이 몸을 움직일 수 있었을지 의문이다. 왕룽 일행은 비명을 지르며 달아났다. 그리고 혼잡 속에서 서로 떨어지지 않도록 기를 쓰고 손을 잡은 채 이리저리 밀리면서도, 북적거리는 어둠 속을 뚫고 작은 문을 거쳐 큰 상자 같은 찻간으로 올라탔다. 그러자 그들을 뱃속에 담은 그 괴물은 끊임없이 요란한 소리를 지르며 어둠을 향해 쿵쿵거리며 달리기 시작했다.

11

은전 두 닢으로 왕룽은 4백 리 길의 차비를 치렀다. 차장은 그에게서 은전을 받고 한줌의 동전을 거슬러 주었다. 다음 정거장에서 기차가 서기 무섭게 목판을 들이미는 행상에게 왕룽은 동전 몇 닢을 주고 작은 빵 네 개와 딸에게 먹일 죽 한 그릇을 샀다. 그들은 오랫동안 한 번에 이렇게 많은 양의 음식을 가져 본 적이 없었던 탓인지 그토록 음식에 주려 왔음에도 그것을 입에 넣었을 때엔 식욕이 좀처럼 일지 않아, 아이들도 달래어서야 겨우 삼키게 할 수 있었다. 노인만은 이도 없는 잇몸으로 빵을 끈기 있게 우물거렸다.

"사람이란 그저 먹어야 하느니." 그는 기차가 흔들려 주위 사람들에게 몸이 부딪힐 때마다 시끄럽게 떠들었다. "너무 오래 먹지 못해서 내 밥통이 게을러진 모양이야. 그래도 상관없지. 어쨌든 먹어야 해. 밥통이 움직이려 들지 않는다고 내가 굶어 죽을 순 없지." 턱에 하얀 수염이 듬성듬성 난 이 자그마한 말라 빠진 노인이 빙글거리는 것을 보고 사람들은 갑자기 웃음을 터뜨렸다.

그러나 왕룽은 먹을 것을 사는 데 동전을 모두 써 버리지는 않았다. 될 수 있는 대로 아껴서 남쪽에 도착했을 때 움막이라도 지을 거적을 사려고 했다. 찻간에는 전에 남쪽에 가 본 일이 있는 사람들도 있었다. 어떤 사람들은 해마다 남쪽의 큰 도시에 가서 일하거나 구걸하여 먹을 것을 벌었다고도 했다. 그제야 왕룽은 그가 올라탄 기차에 익숙해져서, 창밖으로 보이는 눈이 돌아갈 것처럼 빨리 변하는 경치에 놀라지 않게 되어 사람들의 말에 귀를 기울였다. 그들은 다른 사람들이 모르는 고장의 사정을 자랑삼아 큰 소리로 떠들어 댔다.

"먼저 거적을 여섯 장 사야 합죠." 낙타 주둥이처럼 늘어진 입을 가진 험상궂게 생긴 사나이가 말했다. "한 장에 동전 두 닢만 내면 살 수 있는데, 촌뜨기처럼 멍하니 있다간 세 닢 내라고 할 겝니다. 세 닢 내면 그만치 손해를 보는 게 아니겠소? 하지만 나는 그 사람들을 잘 알기 때문에 그네들 속임수에 넘어가진 않습죠. 상대가 부자라도 나를 얕보지 못해요."

이렇게 말하고 그는 사람들이 감탄하는 것을 보려고 고개를 쑥 빼고 둘러보았다.

"그러면 어떻게 해야 하오?" 왕룽은 다음을 재촉해 물었다. 그는 마룻바닥에 엉덩이를 대고 주저앉아 있었다. 기차라 해도 요컨대 아무것도 없는 나무 상자여서 의자 같은 건 전혀 없었다. 마룻바닥 틈으로는 바람이 먼지를 휘몰고 들어왔다.

"그러구설랑은." 그 사나이는 언성을 한층 높여 말을 이었다. 굴러가는 쇠바퀴 소리가 시끄러웠기 때문이다. "그러구설랑은 그 거적들을 얽어매어 움막을 만드는 거요. 그리고 구걸하러 나가는 거죠. 구걸 나갈 땔랑 얼굴에 더러운 칠을 해서 될 수 있는 대로 불쌍하게 보여야 하오."

왕룽은 생전 누구에게 구걸해 본 일이 없었으므로 남쪽의 낯선 사람들에게 구걸할 마음은 도무지 들지 않았다.

"꼭 구걸을 해야 하는 거요?"

"그렇고말고요." 천박스럽게 생긴 사나이가 대답했다. "하지만 구걸도 먹고 나서 하는 거요. 남쪽 사람들은 쌀을 얼마든지 갖고 있기 때문에 아침마다 공설 식당에 가서 동전 한 푼만 내면 흰죽을 배가 터지도록 먹을 수 있소. 그렇게 배 불리 먹고 나서 마음 편히 구걸을 해서 두부, 배추, 마늘을 사는 거죠.”

왕룽은 사람들로부터 조금 물러나 벽 쪽으로 돌아서서 허리춤에 손을 넣고 남아 있는 돈을 세었다. 거적을 6장 사고, 온 식구가 쌀죽 한 그릇씩을 사 먹어 도 동전 세 닢이 남는 셈이었다. 이만하면 새살림을 시작할 수 있다는 생각이 들어 마음이 놓였다. 그러나 그릇을 들고 지나가는 사람에게 구걸을 한다는 것 은 아무래도 싫었다. 늙은 아버지나 아이들이나 또 그의 아내 같으면 혹 그럴 수 도 있겠지만 그는 그래도 팔다리가 멀쩡한 사내자식이 아닌가?

“남자가 할 만한 일거리는 없겠소?” 그는 돌아앉으며 아까 그 사람에게 물 었다.

“일이라고!” 그는 멸시하듯 말하고 나서 찻간 바닥에 가래침을 탁 뱉었다. “당 신만 좋다면야 인력거를 끌 수는 있지. 부자 나리들을 태우고 달리면서 피땀을 흘리는 거야. 손님을 기다리노라면 그 땀이 얼어서 얼음 옷을 입은 것처럼 돼 버 리지. 나 같으면 차라리 비럭질을 해.” 그러고는 못마땅한 듯이 욕지거리를 하는 바람에 왕룽은 더는 물어보지 않았다.

그래도 그 사람의 말을 들어 둔 것이 그에게는 도움이 되었다. 기차가 종점까 지 가서 그들이 내렸을 때 왕룽은 이미 계획이 서 있었다. 아버지와 아이들을 가 까이 있는 어떤 집의 기다란 회색 담벼락 밑에 앉혀 두고 아내더러 지켜보라고 이른 뒤에, 그는 이 사람 저 사람에게 시장이 있는 곳을 물어 거적을 사러 갔다. 그런데 남쪽 사람들의 말씨가 어찌나 딱딱한지 처음에는 거의 알아들을 수가 없어서 몇 번씩 다시 물어보면, 이번엔 상대편에서 알아듣지를 못하고 짜증을 내었다. 그래서 그는 물어보려고 생각한 사람의 얼굴을 살펴봐서 되도록 친절한 듯한 사람을 고르기로 작정했다. 남쪽 사람들은 성미가 급하고 화를 잘 냈다.

마침내 변두리의 거적 파는 가게를 찾아내었다. 그는 물건 값을 잘 알고 있는 사람처럼 동전들을 척 내놓고 거적 두루마리를 집어 들고 돌아왔다. 식구들을 남겨 둔 곳으로 돌아오니 그들은 선 채로 기다리고 있었다. 아이들은 아버지의 얼굴을 보자 마음을 놓고 울음을 터뜨렸다. 식구들은 모두 이 낯선 고장이 두려운 모양이었다. 그러나 늙은이만은 호기심에 찬 눈으로 모든 것을 둘러보았다. 그리고 왕룽에게 이렇게 말을 건넸다.

"저 봐라. 참 모두 살이 저렇게 찌지 않았냐? 남쪽 사람들은 살결도 곱고 윤기가 흘러. 보나마나 그들은 날마다 돼지고기를 먹을 게다."

그러나 행인들은 왕룽이나 그 가족들을 아랑곳하지 않았다. 그들은 모두 자갈이 깔린 거리를 바삐 오가며 거지들은 거들떠보지도 않았다. 이따금 건축용 벽돌을 담은 바구니와 커다란 곡식 부대를 등에 얹은 당나귀 떼들이 그 작은 발로 따가닥따가닥 보도를 밟으며 지나갔다. 당나귀 떼마다 맨 뒤의 한 필에는 마부가 타고 채찍을 휘두르며 소리를 질렀다. 왕룽 곁을 지나가는 마부들은 모두 그를 멸시하는 듯한 거만한 눈으로 보았다. 길가에 서 있는 이 조그마한 집단 곁을 지나갈 때 초라한 노동복을 걸친 마부들은 어떤 귀공자에 못지않게 거드름을 부리는 것이었다. 마부들은 왕룽이나 그 식구들의 모양새로 보아 그들이 지독한 촌뜨기라는 사실을 알아차리고, 그 앞을 지날 때마다 일부러 그들의 머리 위로 채찍을 휘두르며 공기를 찢는 날카로운 채찍 소리에 그들이 깜짝깜짝 놀라는 것을 보고 재미나다는 듯이 낄낄 웃었다. 왕룽은 이런 일을 두어 번 당하자 화가 나서 몸을 돌려 움막을 칠 만한 장소를 찾아다녔다.

이미 여러 움막들이 담벼락에 붙어 지어져 있었다. 그러나 그 담 너머에 무엇이 있는지 아는 이는 아무도 없고 알 도리도 없었다. 그 회색 담은 으리으리하게 높고 길게 들어서 있고 그 밑에는 개 등에 붙은 벼룩처럼 움막들이 달라붙어 있었다. 왕룽은 그 움막들을 보고 그것을 본떠서 거적으로 이리저리 만들어 보았으나 거적은 갈대로 만든 뻣뻣한 것들이라 다루기 거북하여 잘 되지 않았다. 그가 맥없이 서 있노라니 오란이 불쑥 나서서 말했다.

"내가 하죠. 어릴 때 만들어 본 적이 있어요."

오란은 계집애를 땅에 내려놓고 거적을 이리저리 둘러쳐 지붕이 둥그런 움막을 만들었다. 들어가 앉아도 머리가 위에 닿지 않도록 형태를 잡은 뒤 땅바닥에 드리워진 거적들은 길바닥에서 주워온 헌 벽돌로 눌러 놓았다. 오란은 아이들을 시켜 벽돌을 더 주워오게 했다. 그것이 다 되자 그들은 모두 안으로 들어가 오란이 아껴서 남겨 둔 거적 한 장을 바닥에 깔고 앉았다. 이걸로 비바람은 넉넉히 피할 수 있게 되었다.

그렇게 앉아 서로 얼굴을 마주 보니, 어제 고향을 떠났는데 오늘은 수백 리 떨어진 타향에 와 있다는 사실이 거짓말 같았다. 이렇게 먼 길을 걸어왔더라면 몇 주일은 걸렸을 터이고, 또 그랬더라면 여기에 도착하기 전에 틀림없이 그의 가족 중 몇 사람은 길에서 죽있을 것이다.

굶는 사람이라곤 없어 보이는 이 풍성한 고장에 왔다는 사실이 그들을 안심시켰다. "자아, 가서 공설 식당을 찾자." 왕룽이 말하자 그들은 모두 기운차게 일어나 밖으로 나갔다. 아이들은 젓가락으로 그릇을 두드리며 걸어갔다. 이제 곧 무엇인가가 이 그릇을 채워 줄 것이다. 곧 그들은 어째서 그 담 밑에 움막들이 잇달아 지어졌는지 알아내었다. 담 북쪽 끝에서 조금 더 가면 큰 거리가 있는데 그 거리에는 많은 사람들이 빈 그릇이며 양철통들을 들고 지나가고 있었다. 이들은 모두 빈민을 위한 공설 식당으로 가는 사람들이었다. 그 식당은 거리의 저쪽 끝 그리 멀지 않은 곳에 있었다. 그래서 왕룽과 그의 식구들도 그 군중 속에 섞여 마침내 마대를 둘러친 두 개의 커다란 건물 앞에 이르렀다. 사람들이 와글거리며 그 집 문안으로 들어가고 있었다.

그 건물 안엔 왕룽으로서는 처음 보는 굉장히 큰 화덕이 있었는데 작은 연못만큼이나 큰 가마솥이 걸려 있었다. 커다란 나무 뚜껑을 열어젖히자 구름 같은 김을 뿜으며 맛있어 보이는 흰 쌀죽이 부글부글 끓고 있었다. 그 흰죽 냄새는 세상에 둘도 없이 구수하게 느껴져, 사람들은 크나큰 덩어리가 되어 몰려들었다. 사나이들은 부르짖고, 아기 엄마들은 아기가 밟힐까 두려워 노여움의 소리를 질렀고, 아기들은 빽빽 울부짖었다. 뚜껑을 연 사내는 고함을 질렀다. "먹을 것은 얼마든지 있으니 차례대로 와!"

그러나 그 무엇도 배고픈 사람들을 진정시킬 수는 없었다. 그들은 한술 얻어 먹을 때까지는 짐승들처럼 싸웠다. 그 한복판에 휩쓸린 왕룽은 늙은 아버지와 두 아들을 놓치지 않게 꼭 붙드는 것이 고작이었다. 그러다가 가마솥 앞으로 밀려오자 그릇을 내밀어 담아 주는 죽을 받고 동전 한 닢을 던져 주었다. 죽을 받을 때까지 밀려 나가지 않고 버티고 섰기란 여간 어려운 일이 아니었다.

그들은 거리로 빠져나와 선 채로 먹었다. 왕룽은 배불리 먹고 그릇에 조금 남은 것을 보고 말했다.

"이건 집에 갖다 두었다가 저녁에 먹어야지."

그러나 푸르고 붉은 제복을 입은 경비원인 듯한 사람이 그 말을 듣고 그에게 다가와서 말했다.

"안 돼. 뱃속에 넣은 것밖엔 못 가지고 가!"

왕룽은 깜짝 놀라 물었다.

"내 돈 주고 산 건데 먹고 가건 가져가건 당신이 무슨 상관이란 말이오?"

그 사람은 설명했다.

"규칙을 모르고 하는 소리야. 이 죽은 가난한 사람들을 위해서 파는 것이기 때문에 동전 한 푼에 이만큼 주는 건데, 더러 괘씸한 자들은 이 죽을 사가지고 가서 돼지 먹이로 쓴단 말이야. 이 쌀죽은 사람 먹을 거지 돼지 먹일 것이 아니란 말이야!"

왕룽은 이 말을 듣자 또 한 번 놀랐다.

"아니, 세상에 그런 괘씸한 놈들이 다 있소! 그런데 왜 가난한 사람들에게 이런 걸 주나요? 누가 이걸 주는 거요?"

사나이는 대답했다.

"이 거리의 부자 양반들이 하는 건데, 그분들은 이렇게 중생의 생명을 건져 주고 죽어 극락에 가려는 거야. 또 어떤 양반들은 이렇게 좋은 일을 해서 세상 사람들의 칭찬을 받으려 하기도 하고 정의를 위해 한다는 분도 있지."

"아무튼 훌륭한 일이오. 그중에는 본디 마음이 어질어서 그러는 분도 있겠구려?" 그 사나이가 대답을 하지 않는 것을 본 왕룽은 다짐하듯 또 물었다. "적어도 몇 사람은 있겠죠?"

그러나 그 사나이는 더 지껄이기가 싫다는 듯이 돌아서며 적당히 콧노래를 흥얼거렸다. 아이들이 왕룽의 옷깃을 끌어당겨서 그는 가족들을 데리고 움막으로 돌아왔다. 여름 이후로 이렇게 배불리 먹어 본 것은 처음이었으므로 그들은 온몸이 노곤해져서, 들어가 눕기가 무섭게 곧 잠이 들어 이튿날 아침까지 깨지 않았다.

다음 날 일어나 아침 끼니를 사 먹느라 남은 동전마저 몽땅 써 버렸으므로 이제는 어떻게 해서라도 돈을 마련해야 했다. 왕룽은 어쩌면 좋을지 몰라 오란을 쳐다보았다. 그러나 그의 눈은 황폐한 밭 앞에서 그녀의 얼굴을 바라보던 때처럼 절망적인 것은 아니었다. 거리에는 배부른 사람들이 오가고, 시장에는 고기나 야채가 그득하고, 어시장 물통 속엔 물고기가 뛰노는 이 고장에 온 이상 어엿한 장정이 사식들을 데리고 굶어 죽는다는 것은 있을 수 없다. 고향에 있을 때와는 사정이 달랐다. 거기서는 숫제 먹을 것이라고는 없었기 때문에 은전이 있어도 살 수가 없었다. 오란은 이런 생활엔 익숙한 것처럼 침착하게 대답했다.

"나하고 아이들은 동냥을 할 수 있어요. 아버님도 할 수가 있어요. 내게는 주지 않아도 노인의 흰 머리에는 마음이 움직일 거예요."

그리고 그녀는 두 아들을 불러들였다. 아이들은 역시 아이들이라 다시 배불리 먹게 되었다는 것과 낯선 고장에 와 있다는 사실 말고는 다 잊어버리고, 거리로 뛰어나가 오가는 사람들을 신기한 듯이 쳐다보고 있었다. 오란은 아이들에게 말했다.

"이제 그릇을 하나씩 들어라. 이렇게 내밀고 이렇게 외쳐."

오란은 빈 그릇을 들고 처량한 목소리로 외쳤다.

"적선합쇼, 나리님. 적선합쇼, 마나님! 내생(來生)을 위해서 적선하십쇼. 배고픈 아이를 도와주십쇼. 한 푼 주십쇼."

두 아이들은 눈이 휘둥그레져서 어머니를 보았다. 왕룽도 놀랐다. 어디서 이런 것을 배웠을까? 그녀에게는 왕룽이 아직 모르는 면이 얼마나 많은 것일까? 오란은 그의 의심스러워하는 눈에 대답하듯 말했다.

"어릴 때 그렇게 해서 입에 풀칠을 한 적이 있어요. 그러다 복을 받아 이런 지독한 흉년에 종으로 팔려 갔었지요."

그러자 그때까지 자고 있던 노인이 일어났다. 그에게도 구걸할 그릇 하나를 건네주고 넷이서 동냥하러 거리로 나섰다. 오란은 애처로운 소리를 내며 닥치는 대로 길 가는 사람 앞에 그릇을 내밀었다. 그녀는 딸아이를 맨가슴에 껴안고 있었다. 잠든 아이의 머리는 엄마가 그릇을 내밀고 다니며 몸을 움직일 때마다 이리저리 흔들거렸다. 오란은 구걸할 때 그 아이를 가리키며 말했다.

"한 푼 줍쇼. 이 애가 죽어 갑니다. 우리는 굶어 죽습니다. 굶어 죽어요."

실상 머리가 축 늘어진 그 아이는 죽어 가는 듯이 보여서 마지못해 동전을 던지고 가는 사람도 더러 있었다.

그러나 아이들은 얼마 안 가서 장난삼아 구걸하는 기분이 들었다. 큰아이는 부끄러워서 구걸을 하며 싱글거리기까지 했다. 그것을 본 오란은 그들을 움막으로 불러들여 뺨을 호되게 갈기며 윽박질렀다.

"굶어 죽는다면서 웃을 수가 있단 말이냐? 그럴 거면 굶어 죽어! 이 바보 같은 자식들아!" 오란은 손이 아프도록 아이들을 때렸다. 아이들은 눈물을 마구 흘리며 엉엉 울었다. 오란은 그들을 내쫓으며 말했다.

"그런 꼴로 구걸을 해야 해. 다시 웃었단 봐라. 그땐 이 정도로 끝내지 않을 테니!"

왕룽은 거리로 나가 여기저기 물어서 인력거 세 놓는 집을 찾았다. 하루에 은전 반 냥을 주기로 하고 그는 인력거 한 대를 끌고 다시 거리로 나왔다.

이 바퀴 둘 달린 나무 수레를 끌고 나서니 모든 사람이 자기를 멍청이로 보는 것 같았다. 인력거 채를 잡은 그는 처음으로 쟁기를 메운 소처럼 제대로 만족스럽게 걸을 수가 없었다. 그러나 밥벌이를 하려면 이놈을 끌고 달려야만 한다. 다른 인력거꾼들은 사람을 태우고 잘들 달렸다. 그는 먼저 상점은 없고 대문을 닫은 주택들만 있는 골목길로 들어가 길들이기 위해 몇 번 오르락내리락 달려 보았다. 차라리 구걸하는 편이 낫겠다고 뼈저리게 느꼈을 때, 한 집 대문이 열리면서 안경을 쓰고 선비처럼 차린 노인이 걸어 나와 그를 손짓해 불렀다.

처음에 왕룽은 자기는 난생처음 끌어 보는 거라 달릴 수가 없다고 말했으나, 노인은 귀가 어두워 왕룽이 하는 말을 듣지 못하고 손짓으로 앞채를 내리게 하고 올라앉았다. 왕룽은 그 귀가 안 좋은 노인의 훌륭한 옷차림과 학자다운 용모에 위압을 느껴 그에게 복종하는 도리밖에 없었다. 노인은 태연하게 앉아 일렀다.

"공자묘(孔子廟)로 가세."

가슴을 젖히고 앉아 있는 노인의 점잖은 태도는 그에게 더는 입을 열지 못하게 했다. 공자묘가 어디에 붙어 있는지 알지도 못하면서 무작정 다른 인력거꾼들처럼 앞으로 달렸다.

그는 길을 물으며 달렸다. 거리는 어찌나 번잡한지 바구니를 들고 오가는 행상들, 장 보러 가는 부인네들, 역마차들, 그가 끄는 것과 같은 인력거들, 이런 것들과 부딪힐까 조심스러워 인력거를 끌고 달릴 수가 없었다. 그러나 그는 되도록 빠른 걸음으로 발을 옮겼다. 등에 지는 데는 익숙해 있었지만 인력거를 끌어 보기는 처음이었다. 공자묘 담이 보이는 데까지 오자 팔이 쑤시고 손에는 물집이 생겼다. 괭이를 잡던 손자리는 인력거 잡는 손자리와는 달랐던 것이다.

공자묘 문 앞에 와서 왕룽이 손잡이를 내려놓자 노인은 인력거에서 내렸다. 그리고 품속에서 작은 은전 한 닢을 꺼내어 왕룽에게 주며 말했다.

"자, 난 이보다 더 준 적이 없으니 여러 말 해야 소용없어." 그리고 몸을 돌려 사당 안으로 들어가 버렸다.

왕룽은 그런 은전은 본 적이 없었으므로 불평할 생각도 없었다. 또 그는 이 은전은 동전 몇 닢과 바꿀 수 있는지조차 알지 못했다.

그는 근처에 있는 싸전에 가서 돈을 바꾸었다. 싸전에서는 동전 스물여섯 닢과 바꾸어 주었다. 왕룽은 남쪽에서는 이렇게 쉽게 돈을 벌 수 있는가 놀라지 않을 수 없었다. 하지만 가까이 서 있던 다른 인력거꾼이 그가 돈을 세는 것을 들여다보고는 물었다.

"겨우 스물여섯 푼이야? 그 영감쟁이를 어디서 태워 주었길래?" 왕룽이 대답하자 그 인력거꾼은 큰 소리로 말했다. "저런 인색한 늙은이 보게! 반값도 안 줬잖아. 떠나기 전에 얼마로 정했는데?"

"정하지 않고 그저 부르길래 가서 태웠지."

그 사나이는 딱하다는 듯이 왕룽을 쳐다보고 옆의 사람들에게 들리도록 소리쳤다.

"이런 촌놈을 봤나! 돼지 꼬리처럼 변발을 늘어뜨리고선! 부르길래 그냥 태웠다고? 이만하면 바보 중에서도 일등 바보지 뭐야? 여보게, 촌뜨기, 이건 알아 두게. 앞으로 미리 이렇게 묻게나. '얼마 낼 테요?' 하고 말일세. 미리 따지지 않고 태워도 되는 건 서양 놈들뿐이야. 그놈들은 성미는 되게 급하지만 믿고 태울 수 있어. 놈들은 값이라곤 하나도 모르니까. 그러면서 돈을 물 쓰듯 하거든." 듣고 있던 사람들은 모두 소리 내어 웃었다.

왕룽은 아무 말도 하지 않았다. 이 남쪽 도시 사람들에게 둘러싸여 있으려니 자신이 정말 비참하고 바보 같았다. 그는 아무 말 않고 인력거를 끌고 자리를 떴다.

'그래도 이만하면 내일 아이들 밥거리는 되겠어.' 그는 마음속으로 오기를 부렸으나 문득 저녁에 내야 할 인력거 세가 생각났다. 그러려면 아직 반도 되지 않는 셈이었다.

그는 아침나절에 또 한 사람 손님을 태웠다. 이 손님과는 미리 값을 따지고 갔다. 오후에는 손님 두 사람이 있었다. 그러나 밤이 되어 돈을 모두 세어 보니 인력거 세를 빼면 고작 동전 한 닢을 번 셈이었다. 고향에서 추수 때 밭에서 종일토록 일한 것보다 더 고된 일을 하고서도 겨우 동전 한 닢밖에 벌지 못했다고 생각하니 한심하기 짝이 없었다. 움막으로 들어가는 그의 마음에는 고향에 있는 그의 땅 생각이 복받쳐 올랐다. 익숙지 않은 일을 한 이 하루 동안 한 번도 떠올리지 않았으나, 지금 생각하니 몹시도 먼 곳이기는 하지만 거기에는 그를 기다리는 그의 땅이 있는 것이다. 그렇게 생각하니 마음이 편안해져 움막으로 돌아갔다.

오란은 그날 동냥해서 엽전 마흔 닢을 벌었다. 그것은 동전 다섯 닢이 채 못 되는 것이었다. 큰아들은 여덟 닢, 작은아들은 열세 닢 벌었다. 모두 합치면 내일 아침 먹을 죽값은 충분했다. 다만, 그것을 합치려 할 때 작은 아들은 자기가 번 돈이라고 안 내놓겠다고 떼를 썼다. 그리고 밤에 잘 때에도 그것을 쥐고 잤고, 이튿날 아침 죽값을 치를 때 비로소 자기 몫으로 내놓았다. 왕룽의 아버지는 한 푼도 벌지 못했다. 온종일 하라는 대로 길가에 앉아 있기는 했으나 그는 구걸하지는 않았다. 그저 잠이 들었다 깨어났다 하며 지나가는 이들을 바라보다가 거기에 질리면 또 잠이나 자고 했던 것이다. 노인이어서 나무랄 수도 없었다. 빈손으로 돌아왔을 때 그는 이렇게 말했다.

"나는 밭을 갈아 씨를 뿌리고 추수해서 밥을 지어 먹었다. 더구나 내게는 아들도 있고 손자도 있다."

그는 아들이 있고 손자도 있으니까 마땅히 그들이 자신을 받들어야 한다고 어린애처럼 믿는 것이었다.

12

이제 왕룽은 굶주림에 시달리지 않게 되었다. 아이들에게도 날마다 무언가를
먹일 수 있게 되어, 아침마다 죽을 사 먹을 수 있었다. 그 자신의 노동과 오란의
동냥으로 충분히 그 값을 치를 수 있게 된 것이다. 생활에 조금씩 익숙해졌을
무렵 그는 자기들이 지금 붙어 살아가는 이 도시에 대해 알기 시작했다. 매일같
이 아침부터 저녁까지 인력거를 달렸기 때문에 그만큼 그는 차츰 이 도시의 사
정을 알게 되었다. 그리고 여기저기 수상쩍은 동네도 눈에 띄었다. 아침에 그가
태운 사람이 여자면 장 보러 가는 아낙네이고, 남자면 학교나 회사에 가는 사람
이라는 것도 알았다. 그러나 태서대학(泰西大學)이니 중국대학(中國大學)이니 하
는 이름이나 알았을 뿐 그것이 무슨 학교인지는 알 길이 없었다. 그는 학교 교문
안에 들어가 본 일이 없었고, 만약 들어가더라도 누군가 왜 왔느냐고 따져 물을
것이 틀림없다. 또 그가 사람들을 태우고 가는 상업 지구를 말하더라도, 그것이
어떤 데인지는 알 턱이 없었다. 그저 돈이나 받으면 그만이었다.

밤에 태운 남자들은 큰 찻집이나 오락장으로 간다. 거기서는 음악 소리가 거
리로 흘러나오고 상아와 대나무로 만든 패(牌)를 탁자 위에 던지며 노는 소리도
들렸다. 찻집 깊숙한 방에서는 은밀한 환락도 있을 것이다. 그러나 그 쾌락의 종
류가 어떤 것인지 왕룽은 전혀 몰랐다. 그는 움막 문지방밖에는 넘어 보지 못했
고 또 어떤 집이고 대문 안으로 들어서 본 일이 없었던 것이다. 그는 이 부유한
도시에서 마치 부잣집 쥐처럼 사람들이 내버린 부스러기나 주워 먹으면서 졸랑
졸랑 돌아다닐 뿐, 그 집의 진정한 일원은 아니었던 것이다.

천리 길도 못 되는 거리였건만, 더구나 수로도 아닌 육로인데도 왕룽과 그의
식구들은 이 남쪽 도시에서 외국인처럼 지냈다. 거리를 오가는 사람들이 왕룽
자신과 그의 가족, 그의 고향 사람들과 마찬가지로 모두 검은 머리에 검은 눈
동자를 지닌 것은 사실이었고, 말도 조금은 알아들을 만하다는 것 또한 사실이
었다.

그러나 안후이성(安徽省)은 장쑤성(江蘇省)이 아니다. 왕룽이 태어난 안후이에

서는 말소리가 느리고 깊으며 목구멍에서 울려 나온다. 그런데 그들이 오늘 살고 있는 이 장쑤의 도시에서는 입술로, 혀끝으로 말을 끊어서 뱉어 내듯이 말했다. 또 그의 밭에서는 1년에 두 번 벼와 밀을 추수하고 그 밖에 약간의 옥수수와 콩이나 마늘을 지어서 꽤 한가했는데, 이곳 도시 주변의 밭에서는 벼농사 이외에 온갖 채소를 빨리 키워 내느라고 1년 내내 인분(人糞)을 내기에 바빴다.

왕룽의 고향에서는 좋은 밀가루빵에 마늘이나 좀 들어 있으면 한 끼 식사로는 충분한데 이곳 사람들은 돼지고기, 죽순, 밤, 닭고기, 거위 고기에, 또 채소도 여러 가지를 먹었다. 의젓한 신사가 전날 먹은 마늘 냄새를 풍기기라도 하면 사람들은 코를 씰룩거리며 소리를 지르는 것이었다.

"어허, 변발을 한 북쪽 놈이 와서 고약한 냄새를 풍기는군!" 마늘 냄새를 피우는 사람에게는 푸른 무명 옷감을 파는 포목 장수도 외국 사람에게처럼 값을 올려 불렀다.

그러나 이 큰 담벼락에 달라붙은 움막집들은 언제까지고 이 도시의 일부도, 시외로 펼쳐진 전원의 일부도 될 수 없었다. 언젠가 왕룽은 공자묘 모퉁이에서 한 젊은이가 군중에게 연설하는 것을 들은 적이 있었다. 거기서는 누구든지 용기만 있으면 나서서 연설할 수 있었다. 청년은 중국이 혁명을 해야 하며 모든 외국 놈들을 쫓아내야 한다고 열변을 쏟았다. 왕룽은 그 청년이 그렇게 격렬하게 배격하는 외국 놈이란 바로 자기같이 북쪽에서 온 사람들을 가리키는 것이라 생각하고 가슴이 철렁해 몰래 도망쳤다. 또 다른 날 다른 청년이 연설하는 것을 들었는데―이 도시에는 연설하는 청년이 많았다―그 청년은 거리 모퉁이에 모인 사람들에게 중국 인민은 단결해야 하며 현실에 눈을 떠야 한다고 외쳤다. 왕룽은 중국인이라고 해도 그 말이 자기 일처럼 생각되지는 않았다.

어느 날 포목 시장에서 손님을 찾고 있을 때 비로소 왕룽은 이 도시에는 자기보다도 더 외국인 같은 사람이 있음을 알았다. 그날 그는 어떤 가게 앞을 지나가고 있었다. 그것은 비단을 끊어 가는 아낙네들이 흔히 찻삯을 후하게 주기 때문이었다. 그때 한 손님이 불쑥 그의 앞에 나타났는데 그것은 그가 일찍이 한 번도 본 적이 없는 종류의 사람이었다. 남자인지 여자인지도 알 수 없었다. 키가 훌쭉하니 크고 무엇인지 올이 굵직한 천으로 지은 검은 빛깔의 긴 옷을 입고, 목에는 죽은 짐승 껍질을 둘렀다. 왕룽이 지나가려니까 그 남자인지 여자인지 모를 사람이 그더러 인력거 채를 내리라고 손짓을 했다. 그는 얌전히 시키는 대로 했다. 그리고 어리벙벙해서 일어서자 그 사람은 서투른 중국말로 다리〔橋〕 거리까지 가자고 했다. 자기도 모르게 그는 인력거를 달리기 시작했다. 그리고 도중에서 낯익은 인력거꾼을 만났으므로 큰 소리로 물어 보았다.

"이보시오! 내 차에 탄 게 뭐요?"

"서양 사람이야. 미국 여자야. 자네 땡잡았네!" 그 인력거꾼은 소리쳐 대답했다.

그러나 왕룽은 뒤에 탄 묘한 사람이 두려워서 그저 정신없이 달리기만 했다. 다리 거리에 닿았을 때는 완전히 지쳐 땀이 비 오듯 했다.

그 여자는 내리면서 짐짓 서투른 말씨로 말했다. "그렇게 죽도록 달릴 필요는 없었어요." 그녀는 은전 두 닢을 그의 손에 쥐어 주었는데 그것은 보통 때 받던 요금의 갑절이나 되는 것이었다.

왕룽은 그제서야 이 여자야말로 진짜 외국 사람이고 이 도시에서는 그 자신보다도 더 색다른 사람이며, 검은 머리에 검은 눈동자를 가진 사람들은 같은 족속이고, 노랑머리에 파랑 눈을 지닌 사람들은 다른 족속이라는 사실을 깨달았다. 그 뒤로는 이 도시에서 자기가 그렇게 이상스러운 외국인은 아니라는 것을 알게 되었다.

그날 저녁 그 은전을 고스란히 가지고 움막으로 돌아가 오란에게 그 말을 했더니 그녀는 대답했다.

"나도 봤어요. 내 그릇에 동전 아닌 은전을 넣어 주는 건 그런 사람들뿐이에요. 그래서 난 그런 사람들을 보기만 하면 한푼 달라고 하지요."

그러나 왕룽도 오란도 그 외국 사람들이 마음이 좋아서 은전을 주는 것이 아니라, 아무것도 몰라서일 것이다, 거지에게는 은전보다 동전을 주는 게 어울린다는 사실을 모르기 때문일 것이라고 생각했다.

어쨌든 이 경험으로 왕룽은 젊은 연사들에게서는 듣지 못했던 사실, 즉 그는 이 나라 사람이며, 검은 머리 검은 눈을 가진 족속에 속한다는 것을 배웠다.

이렇게 크고 번화하고 부유한 도시 주변에 붙어만 있으면 적어도 굶을 걱정은 없다고 생각했다. 그의 고향에서는 흉년만 들면 곡식이 익지 않아 먹을 것 자체가 없으므로 굶어 죽을 수밖에 없었다. 은전이 있어도 아무것도 살 수 없었으므로 소용이 없었다.

그런데 이 도시에는 어딜 가나 먹을 것이 있었다. 생선 시장의 자갈을 깐 도로 양쪽에는 큰 개울에서 밤에 잡은 은어 광주리와, 못에 그물을 던져 잡은 작은 물고기를 넣은 물통이 즐비하게 놓여 있었다. 깜짝 놀라 불평스레 다리를 움직이는 누런 게들이 산더미처럼 쌓여 있는가 하면, 미식가들이 좋아하는 뱀장어가 득실거렸다. 곡물 시장에 가면 사람을 그 속에 숨겨도 모를 만큼 큰 광주리에 곡식들을 그득그득 쌓아 놓았다. 눈같이 흰 쌀, 간혹 검어진 누런 밀, 엷은 황금색 밀이며 콩, 팥, 푸른 완두콩, 기장이며 회색 참깨 등 얼마든지 있었다. 정육점에는 통돼지의 배를 길게 갈라 붉은 살덩이와 먹음직한 비계와 연하고 두툼한 흰 껍질이 보이게 목덜미를 째어 매달아 놓았고, 오리 고기 가게에는 꼬치에 꿰어 약한 불로 천천히 구워 낸 오리와 하얗게 소금에 절인 오리, 내장 등이 천장에서 문 앞까지 여러 줄로 매달려 있었다. 거위나 꿩이나 온갖 날짐승 고기를 파는 가게는 어디나 그렇게 풍성했다.

또 채소 시장에는 사람 손으로 땅에서 키워 낼 수 있는 것은 무엇이든 다 있었다. 붉게 반들거리는 당근, 구멍이 뚫린 연근, 토란, 콩나물, 밤, 향기로운 겨자, 후추 등 무엇이든지 있었다. 이 도시의 시장에서는 사람들의 구미에 당기는 것이면 무엇이고 없는 것이 없었다. 또 오가는 행상들이 기름에 튀긴 감자, 밀가루를 씌우고 향료를 넣어 찐 돼지고기, 찹쌀떡 같은 것을 가지고 팔러 다녔다. 그러면 엽전을 가진 아이들이 뛰어와서 그런 것을 잔뜩 사 가지고는 얼굴에 설탕과 기름이 묻어 번지르르해질 때까지 실컷 먹었다.

그렇다. 이 도시에서 굶어 죽는 사람이 나올 리는 없었다.

그런데도 매일 아침 동이 틀 때 왕룽이 식구들과 함께 젓가락과 그릇을 들고 움막에서 나오면, 거기에는 마찬가지로 움막에서 나와 긴 줄을 만드는 사람의 무리가 있었다. 그들은 아침 안개를 몰아오는 쌀쌀한 강바람을 막기에는 너무나 엷은 옷을 입고 덜덜 떨면서, 한 푼 내고 흰죽 한 그릇을 사먹기 위해 공설 식당으로 가는 것이었다. 왕룽이 기를 쓰고 인력거를 끌고 오란이 아무리 구걸을 해도 그들은 움막에서 날마다 밥을 지을 만큼은 도저히 벌 수가 없었다. 공설 식당에서 죽을 사고 한 푼이라도 남으면 양배추를 조금 샀다. 그러나 그것을 먹으려면 대가가 컸다. 그것을 오란이 벽돌을 모아 만든 아궁이에 끓이려면 두 아들이 장으로 땔나무를 팔러 가는 농부들의 뒤를 따르면서 볏짚이나 마른풀을 조금씩 훔쳐 내야 했다. 아이들은 농부들에게 들켜 혼이 나기도 했다. 어느 날 밤에는 동생보다 소심하고 부끄럼을 많이 타는 큰아이가 농부에게 얻어맞아 눈두덩이 검게 부어가지고 돌아왔다. 작은아이는 갈수록 솜씨가 좋아져서 구걸보다도 좀도둑질을 훨씬 더 잘하게 되었다.

오란에게는 이런 일은 아무렇지도 않았다. 아이들이 비실비실 웃지 않고는 구걸을 못할 지경이라 그냥 놀 거라면, 도둑질이라도 해서 자기네 배를 채워야 한다는 것이 그녀의 생각이었다. 왕룽은 아내가 그런 말을 할 때에 대꾸하지는 않았으나 아이들이 도둑질을 한다는 것은 견딜 수 없이 싫었다. 그래서 큰놈이 도둑질이 서투른 것을 나무라지 않았다. 이 거대한 담 그늘에서 지내는 생활을 왕룽은 좋아하지 않았다. 그에게는 기다리는 땅이 있었다.

어느 날 그가 늦게 돌아오니 냄비에 양배추로 국을 끓이고 있었는데 그 속에는 큼직한 돼지고기 덩어리가 하나 들어 있었다. 소를 잡아 먹은 이래로 처음 보는 고기여서 왕룽은 눈이 휘둥그레졌다.

"서양 사람한테서라도 얻은 모양이지?" 그는 오란에게 물었다. 오란은 늘 하는 버릇대로 아무 대답도 안 했다. 그러자 철없는 작은아들이 솜씨 자랑을 하고 싶어 입을 떼었다.

"내가 훔친 거야. 내 고기란 말이야. 고기 사러 온 어떤 할머니 다리 밑에 숨어 있다가, 고기 장수가 그걸 잘라 놓고 한눈 파는 사이에 내가 얼른 집어 가지고 골목으로 도망쳐서 뒷문 앞 빈 물동이에 숨어 형 오기까지 기다렸지."

그 말을 듣자 왕룽은 화를 내며 소리 질렀다. "그런 고기 난 안 먹는다. 샀거나 얻은 고기가 아니면 난 안 먹어! 훔친 것은 안 먹어! 우린 비럭질을 할망정 도둑놈은 아니야!" 그는 냄비에서 고기를 건져내어 작은아들이 발악을 하는 것도 본체만체하고 길바닥에 내던졌다.

그러자 오란이 그 느긋한 동작으로 고기를 주워 물에 씻어서 끓는 냄비 속에

도로 집어넣었다.

"고기는 고기예요." 그녀는 조용히 말했다.

왕룽은 아무 말 하지 않았으나 노여움은 가라앉지 않았다. 이런 데서 자라다
간 아이들이 도둑놈이나 되는 것이 아닌가 두려운 마음이 치솟았다. 오란은 부
드럽게 익은 고기를 젓가락으로 잘라 큰 점은 노인과 두 아들에게 나눠주고 딸
의 입에도 넣어 주고 또 그녀 자신도 먹었다. 그때까지도 왕룽은 아무 말도 하지
않았으나 그 자신은 고기에는 손도 대지 않고 사 온 양배추로 만족해했다. 그
러나 식사가 끝난 뒤 그는 작은아들을 밖으로 데리고 나가, 아내 귀에는 들리지
않는 한구석에서 아이의 머리를 팔로 휘감아 안고 주먹으로 두들겼다.

"이놈! 이놈! 이 도둑놈!"

아이가 죽는다고 고함을 쳤으나 그는 두들기는 손을 멈추지 않았다.

흐느끼는 아들을 놓아준 뒤에 그는 마음속으로 생각했다.

"어서 고향으로 가서 땅을 파먹고 살아야지."

13

다음 날도 또 그다음 날도 왕룽은 이 풍족한 도시의 밑바닥에서 그것을 지탱
하는 숱한 빈민의 한 사람으로서 살아갔다. 시장에는 음식물이 넘쳐흐르고 포
목전 거리에는 광고하기 위해 검은 빛깔, 붉은 빛깔, 오렌지 빛깔 등 가지각색 찬
란한 비단천 깃발이 바람에 나부꼈다. 부유한 사람들은 공단과 벨벳을 그 부드
러운 몸에 감았다. 일을 하지 않는 그들의 손은 꽃처럼 향내가 풍기고 고왔다.
이런 자들이 넘쳐나는 도시는 제왕의 궁전처럼 아름다웠다. 그러나 왕룽이 움막
살이 하는 이곳에서는 굶주림을 면하는 게 고작이었고 몸을 가릴 옷이 없었다.

가난한 사람들은 부자들이 향연에 쓸 과자와 빵을 굽기 위해 종일토록 일을
하고, 어린것들도 새벽부터 밤중까지 일하고 기름때 묻은 옷을 입은 채 마룻바
닥에 짚을 깔고 쓰러져 자고 나면 또다시 새벽부터 비틀거리며 일터로 나가야만
했다. 그러고도 그들이 받는 돈으로는 그들이 돈 많은 사람들을 위해 만드는 호
사스러운 빵 한 개도 사지 못했다. 또 여러 남녀 직공들은 진수성찬을 먹고 사
는 사람들을 위해서 겨울엔 두꺼운 모피로, 봄철엔 가벼운 모피와 두꺼운 비단

으로 사치스러운 옷을 짓기에 바빴다. 그러나 그들 자신은 뻣뻣한 푸른 무명 조
각을 조금 구해 되는 대로 옷을 만들어 몸을 가리는 것이 고작이었다.

　이렇게 다른 사람들을 잘 먹이고 잘 입히기 위해서 노동하는 사람들 틈에서
사는 왕룽은 이상스러운 이야기를 듣기도 하지만 그다지 마음에 두지 않았다.
늙은 사람들은 또한 별로 말이 없었다. 인력거를 끌고, 빵집이나 큰 저택으로 석
탄과 장작을 손수레에 싣고 나르는 백발이 성성한 사람들은 자갈을 깐 길을 무
거운 짐을 끌거나 밀고 다니기를 반복하여 등줄기가 휘고 힘줄이 뚜렷하게 드러
나 보였다. 그들은 보잘것없는 음식에 잠잘 시간도 짧았으나 그래도 아무런 내
색도 않고 어떤 말도 하지 않았다. 마치 오란의 무표정한 얼굴처럼 입을 다문 채
아무 말도 하지 않으려 해서, 그들 마음속에 무엇이 들어 있는지 아무도 모른다.
이따금 하는 말이 있다면 그것은 먹는 이야기 아니면 동전 이야기였다. 은전이
라고는 손에 쥐는 일이 거의 없었으므로 은전 이야기를 입 밖에 내는 일은 드물
었다.

　쉬고 있을 때조차 그들의 얼굴은 마치 성난 것처럼 비뚤어져 있었지만 그것은
성나서 그런 것이 아니었다. 몇 해를 두고 너무나 벅찬 짐을 다뤄 왔기 때문에
윗입술이 말려 올라가 이가 드러나서 깨물려고 덤비는 것처럼 보이게 된 것이다.
눈과 입언저리에는 깊은 주름이 잡혔다. 그러나 그들 스스로는 자신이 어떤 모
양을 하고 있는지 알지 못했다. 그들 가운데 한 사람이 한번은 마차에 실려 가
는 가구에 붙은 거울에 비친 자기의 얼굴을 보고 "볼썽사납게 생긴 놈도 다 있
군!" 소리친 일이 있었다. 그것을 본 사람들이 소리 내어 웃자 그는 그들이 왜 자
신을 보고 웃는지 몰라 멋쩍게 웃으며, 혹시 누구의 비위를 건드리지나 않았나
이곳저곳을 두리번거렸다.

　왕룽이 사는 움막 근처에는 그런 사람들이 사는 움막이 다닥다닥 붙어 있었
다. 여자들은 끝없이 태어나는 아이들에게 입힐 것을 만들어 주느라고 누더기를
모아 꿰매기도 하고, 채소밭에서 양배추를 훔치고 곡물 시장에서 쌀을 한두 줌
씩 훔치기도 했다. 또 1년 내내 산에 가서 풀뿌리를 캐어 오기도 했다. 추수 때가
되면 마치 모이 쪼는 닭처럼 농사꾼들의 뒤를 졸졸 쫓아다니며 눈에 불을 켜고
그들이 흘리는 한 톨의 낟알, 한 오리의 볏짚도 놓치지 않았다. 그런 가운데서도

이 움막들 안에서는 아이들이 계속 자랐다. 연이어 낳고 죽고 해서 부모들은 자기네가 아이들을 몇이나 낳았으며 몇이 죽었는지조차 모를 지경이었다. 지금 살아남은 아이가 몇이나 되는지도 똑똑히 몰랐다. 다만 먹여야 할 입으로밖에 아이들을 생각하지 않기 때문이었다.

이런 남자들, 여자들, 아이들이 시장으로 포목전으로 이리저리 쫓아다니고 가까운 교외를 헤매기도 했다. 남자들은 몇 푼밖에 못 받는 품팔이를 했고, 부녀자들은 구걸도 하고 남의 물건을 훔치기도 했다. 왕룽과 그의 아내와 자식들은 이런 사람들 틈바구니에 끼여 있었다.

늙은 사람들은 이런 생활을 그대로 받아들였다. 그러나 남자아이들은 청년기에 이르면 불만으로 가득 찬다. 이 젊은이들에게서는 입만 열면 분노와 저주의 말이 튀어나온다. 그러다가 그들이 나이를 먹고 장성하여 결혼하면, 식구가 불어나는 데 정신을 빼앗겨 젊었을 때의 막을 수 없는 분노는 절망과 깊은 반항으로 바뀐다. 한평생을 소나 말에 못지않게 혹사되면서 겨우 남들이 떨어뜨리는 약간의 찌꺼기로 연명해 나가기 때문이다. 어느 날 밤 이런저런 이야기를 들은 끝에 왕룽은 그들이 의지하고 있는 높은 담 안에 무엇이 있는가를 처음 들었다.

기나긴 겨울도 이제 거의 다 가고 바야흐로 봄이 다시 오리라는 기대를 비로소 갖게 된 날이었다. 움막 주위는 녹은 눈으로 진창이 되고 흙탕물이 움막 안까지 흘러들었다. 그래서 어느 집에서건 여기저기 다니며 벽돌을 주워다 깔고 그 위에서 잤다. 그러나 땅바닥이 눅눅하고 불편한 속에서도 이날 밤 대기 속에는 아늑한 봄기운이 감돌았다. 왕룽은 여느 때처럼 식사 뒤에 바로 드러누울 마음이 나지 않아서 거리 한모퉁이로 나가 멍하니 서 있었다.

거기는 늙은 아버지가 늘 몸을 기대고 앉아 있는 담벼락 근처였다. 이 시간이면 움막에서는 아이들이 시끄럽게 떠들어 대었으므로 그는 지금도 그곳에 나와 앉아 있었다. 방금 저녁 죽그릇을 비워 내놓고 손녀를 보고 있었다. 그는 오란이 허리띠를 찢어서 만든 끈으로 손녀의 허리를 매고 그 한끝을 쥐고 있었다. 계집애는 끈 안에서 비틀거리면서도 쓰러지지 않고 용케 아장거렸다. 이젠 계집애가 커서, 구걸할 때에 어머니 품속에 있기를 싫어했다. 그래서 노인이 종일 이렇게 애를 보게 된 것이다. 게다가 오란은 또 임신을 했기 때문에 커다란 아이가 매달리면 짜증이 나서 견딜 수 없었다.

왕룽은 노인과 아이를 바라보았다. 아이는 넘어졌다가는 일어나고 일어났다간 또 넘어졌다. 봄기운을 담은 밤바람을 얼굴에 받으며 서 있던 왕룽은 문득 누고 온 그의 땅에 대한 그리움이 벅차게 솟아오름을 느꼈다.

"이런 날에는 밭을 갈아엎고, 밀을 뿌려야 하는데." 그는 아버지에게 그렇게 말을 건네었다.

노인은 조용하게 대답했다.

"암, 네 맘을 짐작하겠다. 난 내 평생에 이런 고비를 네 번이나 넘겼다. 땅을 버리고 이렇게 나오길 말이다. 돌아가도 뿌릴 씨앗도 없었지."

"그래도 아버지는 늘 되돌아가셨지요?"

"땅이 있었으니까!" 노인은 그렇게만 말했다.

아무렴, 우리도 돌아가야지. 올해에 못 가면 내년에라도 꼭 돌아가야 해. 왕룽은 마음속으로 다짐했다. 토지가 있는 한 반드시 돌아가리라. 봄비를 흠뻑 머금고 씨앗 넣기만 기다리고 있을 땅 생각을 하니 벅찬 갈망에 사로잡혔다. 그는 움막으로 들어가 아내에게 무뚝뚝하게 말했다.

"젠장, 팔 것만 있다면 무엇이건 팔아서 고향으로 돌아가련만. 노인만 없다면 가는 길에 굶어 죽는 한이 있더라도 걸어서 고향으로 돌아갈 텐데. 노인과 아이들이 어떻게 수백 리 길을 걸어 내나? 더구나 당신은 홑몸도 아니고……."

오란은 밥그릇을 씻어 움막 한구석에 포개 놓고 웅크린 채 그를 쳐다보며 느릿느릿 말했다.

"팔 거라곤 계집애밖엔 없지요."

왕룽은 기가 막혔다.

"난 자식은 안 팔아!" 그의 음성은 높았다.

"나도 팔렸던걸요. 나를 황부자 댁에 팔았기 때문에 우리 부모는 고향에 돌아갈 수가 있었던 거예요." 오란은 아주 느릿느릿 대답했다.

"그래서 당신은 저 애를 팔자는 말이야?"

"나 같으면 파느니 차라리 죽여 버리겠어요. 황부자 댁에서 나는 종도 그런 종이 없었지요. 하지만 죽은 아이는 아무 쓸데도 없으니, 당신을 위해서라면, 당신을 그 땅으로 돌아가게 하기 위해서라면 저 아이를 팔겠어요.”

“난 안 팔아. 이 황무지에서 죽는 한이 있더라도 말이야.”

그러나 다시 밖으로 나오자 이제까지 생각조차 한 일이 없던 그 생각이 자꾸만 그를 유혹했다. 노인이 잡은 끈 끝에서 열심히 아장거리는 어린 계집애를 그는 바라보았다. 매일 먹여 주는 밥에 아이는 무럭무럭 자랐다. 아직 말은 한 마디도 못하지만 공들이지 않아도 토실토실하게 잘 자랐다. 늙은이의 입술처럼 쭈글쭈글하던 아이의 입술은 이제는 생기를 되찾아 윤이 반들거렸다. 그와 눈이 마주치면 옛날처럼 몹시 좋아하며 웃었다.

‘내가 저 애를 안아 본 일이 없다면, 저렇게 웃지만 않는다면 팔 생각도 날 일이지만.’ 그는 생각했다.

그러자 다시 고향 생각이 나서 자기도 모르게 외쳤다.

“다시는 내 땅으로 돌아갈 수 없는 걸까! 이만큼 일을 하고 거지 노릇을 해도 그날그날 입에 풀칠밖엔 못하니!”

이때 어둠 속에서 그에게 대답하는 목소리가 있었다. 굵직한 목소리였다.

“당신뿐인 줄 아시오! 당신 같은 사람이 이 도시엔 몇백 명이고 있소.” 이렇게 말하면서 곰방대를 물고 나타난 사람은 왕룽의 움막에서 두 집 건너 움막에 사는 사나이였다. 그는 낮에는 거의 나타나지 않고 그의 움막 안에서 잤다. 그가 하는 일은 다른 차량들 때문에 교통이 번잡한 낮에 끌고 다니기에는 너무나 큰 짐마차를 부리는 것이었다. 왕룽은 그가 새벽에 숨을 헐떡이며 몹시 지쳐서 어깨를 축 늘어뜨리고 기어오다시피 자기 집으로 돌아오는 것을 가끔 보았었다. 그렇게 새벽녘에 왕룽이 인력거를 끌고 나갈 때 스치는가 하면, 때로는 저녁나절 일하러 나가기 전에 밖으로 나와, 지금부터 자러 들어갈 이웃 사람들과 이야기할 때 마주치는 일도 있었다.

“그럼 언제까지나 이 모양 이 꼴로 살아야 한단 말이오?” 왕룽은 언짢다는 듯이 말했다.

사나이는 곰방대를 세 모금 쭉 빤 다음 방바닥에 침을 탁 뱉었다.

“천만에, 언제까지나라고는 하지 않았소. 부자가 너무 지나치게 부자가 되면 길이 열리고, 가난뱅이가 너무 가난해지면 또한 길이 열리는 법이오. 지난겨울에 우린 두 딸아이를 팔고 견디었소. 이번 겨울에도 만약 마누라가 계집애를 낳으면 그 애를 팔 작정이오. 데리고 있는 딸년은 하나밖에 없소. 맏딸년이지. 나서 숨 쉬기 전에 죽여 버리는 사람들도 있긴 하지만 죽이는 것보다야 팔아 버리는 게 더 닛지 않겠소. 이게 가난뱅이가 너무 가난해졌을 때 열리는 길이 하나라오. 그리고 부자가 너무 큰 부자가 돼도 마찬가지로 길이 열린다고 했는데, 내 생각엔 그 길이 아마 곧 열릴 것이오."

이렇게 말하고 그는 고개를 끄덕이더니 곰방대로 그들 뒤에 있는 큰 벽을 가리키며 물었다.

"이 안에 들어가 본 적이 있소?"

왕룽은 눈을 크게 뜨고 고개를 저었다. 사나이는 말을 이었다.

"난 딸년을 팔려고 들어가 본 적이 있소. 이 담 너머 집 안에서는 돈을 어찌나 물 쓰듯 하는지 내가 말한댔자 아마 믿지 않을 거요. 이 집에서는 말이오, 머슴들도 은테 두른 상아 젓가락으로 밥을 먹고 종년들도 옥이나 진주 귀걸이를 달고, 신발에도 진주를 박고 다닌다오. 그리고 그 신발에 흙이 조금 묻든지, 우리 같으면 터졌다고 생각지도 않을 만큼 조금 터지기라도 하면, 그냥 진주고 뭐고 다 단 채로 그 신을 내버린단 말이오."

그 사람은 곰방대를 깊이 들이빨았다. 왕룽은 입을 멍청하게 벌리고 듣고 있었다. 이 담 너머에는 참말로 그런 일들이 있단 말인가!

"사람이 너무 지나치게 부자가 되면 길이 열리는 법이라오." 사나이는 그렇게 말하고 한동안 잠자코 있더니 이윽고 그런 말 따위는 잊어버렸다는 듯이 무뚝뚝하게 말했다.

"그만 일하러 가 봐야지." 그는 밤의 어둠 속으로 사라졌다.

그날 밤 왕룽은 좀처럼 잠을 이룰 수가 없었다. 벽돌을 깔고 이불이 없어서 거적을 덮고 자는데, 담 저편에는 흔하다는 금, 은, 진주를 생각하니 잠이 통 오지를 않았던 것이다. 그러자 계집애를 팔아 버리고 싶은 생각이 마음속에서 자꾸 일어나 그는 속으로 이렇게 중얼거렸다. '딸년이 예쁘게 자라서 도련님 눈에 들어 잘 먹고 보석을 달고 하게 된다면야 부잣집에 팔아도 좋지.' 그러나 그와 같은 소망을 지우고 다시 생각했다. '딸년을 판다고 금은보화가 내 손에 쏟아져 들어올 것도 아닐 테고, 받은 돈으로 노자를 삼아 고향에 돌아간댔자 소를 사고 살림 도구를 새로 장만할 돈은 어디서 생긴담? 여기서 굶는 대신에 그리로 가서 굶으려고 아이를 팔 수야 있나? 땅에 뿌릴 씨앗도 당장 없는데.'

아까 그 사나이는 '부자가 너무 지나치게 부자가 되면 길이 열리는 법이라오.'라고 했는데 그 길이란 무엇을 뜻하는지 그로서는 상상할 수도 없었다.

14

봄은 여기 움막촌에도 찾아들었다. 이제까지 비럭질해 먹던 사람들도 이제는 파릇파릇 새싹이 돋아나는 잡풀이나 민들레, 냉이를 뜯으러 언덕으로 묘지로 흩어졌다. 그전처럼 이리저리로 돌아다니며 채소를 훔칠 필요가 없었다. 매일매일 누더기옷을 입은 아낙네들과 아이들이 양철 조각이나 끝이 뾰족한 돌멩이나 부러진 칼 그리고 대나무나 갈대를 엮어 만든 광주리를 들고, 비럭질을 하지 않고 돈이 없어도 얻을 수 있는 먹거리를 찾아 들판으로 길가로 헤매었다. 오란도, 두 아들도, 날마다 이 무리와 어울렸다.

하지만 남자들은 전과 같은 일을 계속해야 했다. 왕룽 또한 그랬다. 날이 차츰 따뜻해지고 해는 나날이 길어졌으며, 봄볕은 찬란하게 빛나고 가끔 소나기가 내렸다. 그러자 사람들의 가슴에는 달랠 길 없는 갈망과 불만이 가득 차 왔다. 겨울 동안 그들은 묵묵히 일했다. 맨발로, 혹은 짚신을 신고 눈과 얼음 위를 디뎌도 괴로움을 끈기 있게 참고, 어두워지면 움막으로 돌아와 하루의 노동과 식구들의 비럭질로 만들어진 저녁을 묵묵히 먹고는 남편, 아내, 그리고 아이들이 모두 함께 자곤 했다. 그 부족한 음식에서 얻을 수 없는 것을 보충하기 위해 그들은 무거운 잠에 빠졌다. 이것이 왕룽 일가의 생활이었고 다른 움막들도 그러리라는 것을 왕룽은 잘 알았다.

그러나 봄의 입김과 더불어 마음속에 가라앉았던 것이 솟아나와 입 밖으로 흘러나왔다. 황혼이 길어졌다. 저녁때가 되면 움막촌 사람들은 밖에 나와 서로 이야기했다. 그들 중에는 왕룽과 안면 있는 사람도 있었고 겨우내 모르고 지낸 사람들도 있었다. 오란이 남들과 같이 이야기를 잘하는 아내였다면 왕룽도 여러 가지를 들어 알고 있었을 터였다. 이를테면 저 사나이는 자기 아내를 때렸다든가, 저 사람은 문둥병에 걸려 뺨의 살이 문드러져 나갔다든가 또 저 사람은 도적단의 두목이라든가 하는 따위의 이야기를 들었을 것이다. 그러나 오란은 이따금 묻거나 대답하는 것 말고는 말이 없었다. 그래서 이웃 사람들에 대해 아는 것이 그다지 없는 왕룽은 한쪽 구석에 잠자코 앉아 그들이 주고받는 이야기를 듣기만 했다.

헐벗고 가난한 그 사람들은 거의가 하루살이 노동자가 아니면 거지들이었다. 왕룽은 늘 자기는 그들과 같은 종류의 인간이 아니라고 생각했다. 그에게는 땅이 있었다. 땅이 그를 기다리고 있었다. 그런데 여기 이 사람들은 다만 어떻게 하면 내일 생선 한 토막을 먹을 수 있을까, 어떻게 하면 조금 편히 쉴 수가 있을까, 어떻게 하면 노름에서 돈 몇 푼 딸 수 있을까 하는 일만 생각했다. 어차피 날이면 날마다 한결같이 힘겹고 언제나 가난하니, 남자라면 자포자기한 김에 때로는 약간의 장난질이라도 쳐 보고 싶을 것이다.

그러나 왕룽은 오로지 자기 농토만을 생각하고, 어떻게 하면 하루라도 빨리 고향으로 돌아갈 수 있을까 이리저리 궁리했다. 그는 부잣집 담 밑에 사는 쓰레기 같은 인간들에 속하지도 않았고 부잣집에서 사는 인간도 아니었다. 그는 그의 대지에 속해 있었다. 발밑에 대지(大地)를 느끼고, 봄철에는 쟁기를 잡고 가을에는 낫을 들지 않으면 삶의 보람을 느낄 수가 없는 것이다. 자기에게는 조상에게 물려받은 좋은 밀밭과 황부자 집에서 산 비옥한 논이 있다는 생각이 가슴 깊이 박혀 있었던 까닭에, 그는 사람들에게서 멀찍이 떨어져 앉아 그들이 주고받는 말을 듣고만 있었다.

모여 앉은 사람들은 언제나 돈 이야기만 했다. 옷감 한 마에 얼마 주었느니, 손가락만 한 생선 한 마리를 얼마 주고 샀느니, 하루에 얼마를 벌었느니 하는 따위 이야기를 하다가 결국에 가서는 반드시 담 안에 사는 부자처럼 돈을 금고 속에 쌓아 놓을 수 있게 되면 자기들은 무엇을 할 것인가, 라는 데로 이야기는 떨어졌다.

"그놈이 가진 만큼의 금과 은이 내게 있다면, 그리고 그 첩들이 달고 다니는 진주와 옥이 내 것이라면……"

이야기는 매번 이런 식으로 끝나는 것이었다.

금은보석을 가지게 되면 그들이 어떻게 할 것인가를 들어 보니 실컷 먹고 자겠다는 것, 여태껏 먹어 보지 못한 진미(珍味)를 맛보겠다는 것, 또 호화로운 찻집에서 실컷 노름이나 해 보겠다든가, 예쁜 여자를 사고 싶다든가 하는 따위가 전부였다. 그리고 이 담장 안에 사는 부자와 마찬가지로 자기들도 절대로 일은 하지 않겠다는 것이었다.

그때 왕룽이 큰 소리로 불쑥 한마디 했다.

"나에게 금은보석이 있다면 난 땅을 사겠소. 좋은 땅을 말이오."

사람들은 입을 모아 왕룽을 비웃고 꾸짖었다.

"이런 변발을 한 촌뜨기 좀 보게. 도시 생활의 맛을 모르고 돈 쓸 줄도 모르니 천상 소나 당나귀 뒤꽁무니나 따라다니며 죽도록 일이나 하라지."

그들은 모두 자기네가 왕룽보다 돈 쓸 줄을 잘 알기 때문에 부자 될 자격도 더 있다고 생각하는 모양이었다.

그러나 혼자 놀림을 받고서도 왕룽의 마음은 변하지 않았다. 사람들이 듣도록 소리 내어 말하지는 못하고 속으로 이렇게 다짐할 따름이었다.

'아냐, 난 좋은 보석이 있으면 꼭 땅을 사겠어.'

이런 생각을 하니 그가 이미 사 놓은 땅에 대한 그리움은 나날이 더해 갔다.

자신의 땅 생각에만 사로잡혀 있다 보니 그날그날 그의 주변에서 일어나는 일들은 모두 꿈처럼 여겨졌다. 잇달아 이상한 일이 생겨도 의심하지 않고 그저 오늘도 이런 일이 있었구나 할 정도로 지나쳐 버리곤 했다. 예를 들면 이곳저곳에서 사람들이 종이쪽을 뿌리고 다니는 일이 있었는데 때로는 그에게도 그런 종이쪽을 주었다.

왕룽은 어렸을 때부터 글자를 배운 일이 없었다. 그래서 먹으로 쓴 벽보를 누군가 성문이나 벽 같은 데 여기저기 붙이기도 하고, 행인에게 한 무더기씩 팔기도 하고 그냥 나눠 주기도 했는데 그것이 도대체 무슨 종이쪽지인지 왕룽은 알 수가 없었다. 왕룽은 그런 종이를 두 번 받은 일이 있었다.

처음에 받은 것은, 어느 날 뭐가 뭔지도 모른 채 인력거에 태우고 달린 외국 사람에게서였다. 그 외국인은 모진 바람에 시달린 나무처럼 키가 후리후리하고 빼빼 마른 사나이였다. 그는 얼음장같이 파란 눈에 얼굴에는 털이 부숭부숭 나 있었다. 왕룽에게 전단을 내밀 때 보니 그의 손에도 털이 잔뜩 나 있었고 살빛은 빨갰다. 게다가 뱃머리처럼 휘어진 거대한 코가 얼굴 한가운데서 쑥 튀어나와 있었다. 왕룽은 그런 사람에게서 무엇을 받기가 꺼려졌으나, 이상한 눈과 그 거대한 코가 무서워 거절하기는 디욱 두려웠디. 할 수 없이 그는 내민 것을 받아 그 외국인이 지나간 뒤에 용기를 내어 그 종이를 펴 보았다. 하얀 살결의 사람이 나무 십자가에 매달린 그림이었다. 허리께만 조금 가리고 발가벗겨져 있었다. 어깨 위에 머리를 축 늘어뜨리고 입가엔 수염이 더부룩했으며 두 눈은 감고 있어서 어떻게 보아도 죽은 것 같았다. 왕룽은 그 그림을 보고 처음에는 질겁을 했으나 차츰 흥미를 느끼기 시작했다. 그 밑에 무슨 글씨가 씌어 있었으나 무슨 뜻인지 알 도리가 없었다.

그날 저녁 그는 그 그림을 움막으로 가지고 돌아와 아버지에게 보였다. 그러나 늙은이 또한 읽지 못하기는 마찬가지여서 둘은 저마다 자기 생각을 말할 뿐이었다. 두 아들까지 끼여 대강의 뜻을 알아내려고 애썼다. 두 아들은 흥미와 공포 때문에 큰 소리로 외쳤다.

"야, 옆구리에서 피가 난다!"

노인은 이렇게 말했다. "이런 형벌을 받는 걸 보니 큰 죄를 지은 사람일 게다."

왕룽은 그 그림이 무서웠다. 왜 그 외국 사람이 그것을 자기에게 주었을까? 그 외국인의 형제가 그런 악형을 당했기 때문에 복수를 하려는 것일까 생각했다. 그래서 왕룽은 외국인을 만났던 거리를 피해 다니기로 했으나 며칠 지나는 동안에 그 종이쪽지 따위의 일은 까맣게 잊어버렸다. 오란은 여기저기서 주워온 다른 종이와 함께 그 종이도 신발 밑창 감으로 써 버렸다.

그런데 다음에 또 그에게 종이쪽을 주는 사람이 있었다. 이번에는 옷을 잘 입은 도시 청년이었다. 몰려드는 군중에게 종이쪽지를 나눠주면서 이 청년은 큰 소리로 외쳤다. 이 종이에도 마찬가지로 피 흘리고 죽은 사람의 그림이 있었는데 이번에 죽은 사람은 털이 부숭부숭 나고 살결이 흰 사람이 아니라 왕룽처럼 눈도 머리카락도 검고, 떨어진 푸른 무명옷을 입은 살결이 누런 가난한 사람이었다. 그 죽은 사람 위에는 뒤룩뒤룩 살이 찐 사람이 서서 손에 든 긴 칼로 죽은 사람을 마구 찌르고 있었다. 처참한 광경에 놀란 왕룽은 어떻게든 그 밑에 써놓은 글귀가 알고 싶었다. 그는 옆에 선 사람에게 물어보았다.

"이 무서운 그림이 뭐요? 글 알거든 좀 가르쳐 주시오."

사나이는 대답했다.

"조용히, 저 젊은 양반 이야기나 들어 보슈. 다 이야기해 주고 있으니까."

그래서 왕룽은 젊은 사람의 연설에 귀를 기울였다. 태어나 처음 듣는 이야기였다. 젊은 사람은 이렇게 선언했다.

"이 죽은 사람은 바로 당신들입니다. 죽어서 아무것도 모르는 당신들 몸에 칼질을 하는 살인자는 누구냐! 그것은 부자입니다. 자본가들입니다. 그들은 여러분이 죽었는데도 칼질을 하는 것입니다. 여러분은 모두 가난하고 짓밟히고 있습니다. 왜냐! 부자들이 모든 것을 독차지했기 때문입니다."

왕룽도 자신이 가난하다는 사실은 너무나 잘 알았다. 그러나 이제까지 그는 제때에 비를 주지 않거나 비가 내리기 시작하면 도무지 멈출 줄을 모르는 하늘 탓이라고 원망했다. 비가 적당히 내리고 햇볕이 알맞게 쬐어 곡식이 잘 자라 익을 때는 왕룽은 자신이 가난하다고 생각하지 않았다. 그래서 그는 하늘이 때맞추어 비를 내리지 않는 것이 부자와 무슨 상관이 있는 걸까 흥미진진해서 청년의 이야기를 좀 더 듣기 위해 귀를 기울였다. 청년은 이야기를 계속했으나 정작 왕룽이 흥미를 가지고 있는 대목은 끝내 한마디도 비치지 않았다. 그래서 왕룽은 용기를 내어 물었다.

"선생님, 그럼 우리를 압박한다는 부자들은 농토에서 일할 수 있도록 비를 내리게 할 수도 있을까요?"

청년은 이 말을 듣자 경멸하는 눈으로 그를 보며 대답했다.

"저런 무식한 양반 봤나! 아직도 머리에 돼지 꼬리를 늘이고 있구려. 누구도 마음대로 비를 내리게 할 수는 없는 거요. 한데 그런 것이 우리와 무슨 상관이 있소? 부자들이 가진 것을 우리와 나누어 갖기만 한다면 우리는 누구나 다 돈과 양식을 갖게 될 테니까 비가 오건 말건 상관없단 말이오."

듣던 사람들 사이에서는 환성이 올랐다. 그러나 왕룽은 이해하지 못한 채 돌아서고 말았다. 그럴는지도 모르지만 땅은 역시 땅이다. 돈이나 양식은 쓰면 없어진다. 비가 제때에 내리지 않고 해가 잘 쬐지 않으면 또다시 굶주려야 하지 않는가. 그래도 왕룽은 청년이 준 종이는 가지고 돌아왔다. 오란이 신발 밑창을 만드는 데 종이가 쓸모 있다고 한 것이 생각났기 때문이다. 그는 움막에 돌아와 그것을 오란에게 주며 말했다.

"여기 이것, 신발 밑창에 쓰지." 그리고는 전과 같이 일했다.

그런데 왕룽과 저녁에 함께 모여 이야기하는 움막촌 사람들 중에는 그 청년의 연설을 감명 깊게 들은 사람이 많았다. 그들은 담장 안에는 부자가 살고 자기들과 그 돈더미 사이에는 담장 하나뿐이며, 그 담장도 그들이 날마다 무거운 짐을 메고 다니는 멜대로 두어 번 툭툭 치면 금방 허물어질 것이라는 사실을 알고 있었기 때문에 더 열심히 들었던 것이다.

봄과 더불어 품었던 불만에 보태어 새로운 불만이 움막촌 사람들 마음속에 퍼져 나갔다. 그것은 그 연사와 그 패거리들이 자기네들이 갖지 못한 것을 부자들이 소유하고 있는 것은 부당하다는 사상을 그들에게 퍼뜨렸기 때문이었다. 그리하여 그들은 날마다 그러한 문제를 생각하고 저녁에 모이면 이야기를 주고받았다. 날마다 고된 노동을 해도 벌이는 조금도 더 나아지지 않았기에 젊은이와 기운깨나 쓰는 사나이들의 가슴속에는 눈 녹은 물이 넘쳐흐르는 강물처럼, 거칠고 사나운 욕망을 안은 물살이 막을 수 없는 기세로 솟아 넘쳤다.

이런 광경을 보고 들으면 왕룽은 그들의 분노에 묘한 불안을 느끼기는 했으나, 그는 다만 이 발로 자기 농토를 다시 밟게 되었으면 하는 소원뿐이었다.

끊임없이 새로운 일이 일어나는 이 도시에서 왕룽은 또다시 이해할 수 없는 일을 만나게 되었다. 어느 날 빈 인력거를 끌고 거리에서 손님을 기다리고 있을 때, 그 근방에 서 있던 한 사람이 무장한 군인들에게 갑자기 붙잡히는 모습을 본 것이다. 붙잡힌 사람이 항의를 하자 군인들은 칼을 코앞에서 휘둘러 위협했다. 왕룽이 깜짝 놀라 보는 동안 또 한 사람이 붙잡히고 이어서 또 한 사람, 이렇게 차례차례로 붙잡혀 갔다. 왕룽이 보기에는 그 사람들은 모두 맨손으로 일해 먹고 사는 가난한 노동자들이었다. 그러는 동안에 또 한 사람이 잡혔는데 담 밑의 움막촌에 사는 이웃 사나이였다.

왕룽은 그들이 왜 잡히는지 몰랐지만, 그렇게 억지로 붙잡혀 가는 사람들도 자신들이 끌려가는 이유를 모르고 있다는 것을 홀연히 깨달았다. 다음엔 자신이 붙잡힐지도 모른다는 불안에 허둥지둥 인력거를 옆으로 끌어 넣고, 곁에 있는 더운물 파는 가게로 뛰어들어 가 커다란 가마솥 뒤에 엎드려 숨었다. 군인들이 지나가고 나서 그는 가게 주인에게 그가 지금 본 것이 무슨 일이냐고 물었다. 연방 놋쇠 가마솥에서 올라오는 김으로 쭈그러진 주인은 귀찮은듯이 대답했다.

"또 어디서 전쟁이 난 게지. 무엇 때문에 여기저기서 전쟁을 하는지 누가 아나? 내가 어렸을 때부터 여태 그런걸. 내가 죽은 뒤에도 여전할걸 뭐."

"그렇지만 새 전쟁이 났다고 나처럼 아무 죄도 없는 우리 옆집 사람을 왜 잡아가는 거지요?"

왕룽은 놀라서 되물었다. 노인은 가마솥 뚜껑을 달가락거리며 말했다.

"그 군인들은 어디론가 싸움터로 나가는 거지. 그래서 침구랑 총이랑 탄약을 옮길 인부가 필요해 자네 같은 노동자들을 붙잡아가는 거야. 그런 일은 이 도시에선 하나도 희한할 것이 없는데 자네는 어디서 왔길래 모르나?"

"그럼 품삯은 얼마나 주나요?"

왕룽은 숨을 몰아쉬며 물었다. 노인은 이제 늙어서 어떤 일에나 그다지 희망이나 흥미가 없는 모양이었다. 가마솥 물 끓이는 데만 정신이 팔린 듯 무심하게 내뱉었다.

"품삯이 어디 있어? 매일 굳은 빵 두어 조각 주지. 물은 못물을 퍼먹고. 전쟁이 끝나고 다리가 성한 사람은 집에 돌아올 수 있겠지."

"그럼 그 사람의 식구들은……."

왕룽은 얼굴이 파래져서 말했다.

"군인들이 그걸 생각해 줄 게 뭐야?" 노인은 곁에 있는 솥의 물이 끓고 있나 보려고 나무 뚜껑을 열고 들여다보며 귀찮은 듯이 대꾸했다. 김이 뭉게뭉게 피어올라 그를 감싸자 솥을 들여다보는 노인의 주름진 얼굴이 잘 보이지 않았다. 그래도 노인은 친절한 사람이었다. 김 속에서 다시 모습을 드러냈을 때 그는, 왕룽이 웅크리고 있는 곳에서는 보이지 않았으나, 이미 힘이 센 노동자는 다 도망쳐 버린 큰 거리로 또다시 군인들이 인부를 찾으러 온 것을 발견했다.

"좀 더 웅크리고 있게. 또 왔네."

왕룽이 가마솥 뒤에 웅크려 있자 군인들의 구두 소리가 자갈을 깐 보도 서쪽으로 멀어져 갔다. 그 가죽 구두 소리가 지나가자 왕룽은 얼른 나와서 빈 인력거 채를 움켜잡고 움막으로 냅다 달렸다.

오란은 방금 길가에서 캐어 온 푸성귀를 요리하려던 참이었다. 그는 방금 일어났던 일, 붙잡혀 갈 뻔했다는 일을 숨이 차서 이야기하면서 다시 새로운 공포에 사로잡혔다. 자기가 전쟁터로 끌려갔더라면 늙은 아버지와 처자식이 굶어 죽을 것은 물론, 그 자신도 전쟁터에서 피를 흘리고 쓰러져 고향 땅을 다시 보지 못할 뻔했다는 생각에 온몸이 오싹했다. 그는 힘없이 오란을 바라보면서 이렇게 말했다.

"이젠 정말 계집애를 팔아서라도 고향 땅으로 가고 싶은 생각이 나." 그러나 가만히 귀를 기울이던 오란은 잠시 생각하고 나서 그 무뚝뚝하고 무거운 말투로 말했다.

"며칠만 더 기다려 봐요. 이상한 소문이 떠돌아요."

왕룽은 낮에는 절대로 밖에 나가지 않았다. 인력거는 큰아이를 시켜 빌려온 집에 돌려주게 했다. 그리고 밤이 되기를 기다려 그는 상점이 있는 거리로 가서, 낮에 벌던 돈의 반밖에 안 되는 삯을 받고 밤새도록 상자를 실은 수레를 끌었다. 한 수레에 열두어 명이 붙어서 낑낑거리고 끄는 것이었다. 상자에는 명주라든가, 광목이라든가, 향기로운 담배가 가득 들어 있어 그 향기가 상자 밖까지 풍겨 나왔다. 커다란 술통이라든가 기름통도 있었다.

밤새도록 어두운 거리에서 그는 힘껏 밧줄을 끌었다. 알몸뚱이에 진땀을 빼며 무거운 짐수레를 끌었다. 밤이슬에 흠뻑 젖은 자갈길에 그의 맨발이 몇 번이고 미끄러졌다. 그들의 선두에는 길을 비추어 주기 위해 소년이 횃불을 들고 앞장서 갔다. 횃불에 비친 사람들의 얼굴이나 몸뚱이는 길바닥 자갈과 똑같이 반들거렸다. 먼동이 틀 무렵에야 왕룽은 집으로 돌아왔다. 몸이 지칠 대로 지쳐 한숨 자지 않고서는 밥 먹을 생각조차 나지 않았다. 그러나 군인들이 일꾼을 징발하기 위해 돌아다니는 낮에는 오두막 가장 안쪽에 오란이 쌓아 올린 짚더미 뒤에 숨어 아무 걱정 없이 잤다.

어떤 전쟁인지, 적은 누구인지 왕룽은 알지 못했다. 그러나 봄이 무르익어 감에 따라 도시에는 갈수록 불안이 감돌기 시작했다. 진종일 마차가 부자들과 그들의 옷가지며 공단으로 싼 침구며 아리따운 애첩들과 보석 등을 나루터까지 실어가 거기서 다시 배로 건너편까지 운반하는 것이었다. 어떤 사람들은 기차역으로 가기도 했다. 왕룽은 낮에는 결코 밖에 나가는 일이 없었지만 아들들이 그런 것들을 보고 눈이 휘둥그레져서 돌아와 지껄이는 것이었다.

"아버지, 우린 온갖 사람들을 봤어요. 사당의 신령님처럼 뚱뚱하고 무섭게 생긴 사람도 있었고, 누런 비단옷을 입고 손가락에 푸른 보석이 박힌 두꺼운 금가락지를 낀 사람도 있었어요. 잘 먹어서 그런지 살이 쪄서 번질번질하던데요."

큰아이도 이런 소리를 했다.

"상자를 그냥 잔뜩 실어 가는데 그 속에 무엇이 있느냐니까, 누가 그러는데 금과 은이 들었대요. 부자들은 다 가져가지 못하니까 그건 이제 곧 자기들 것이 될 거래요. 그게 무슨 소리예요, 아버지?" 그리고 아들은 이상하다는 눈으로 아버지를 쳐다보았다.

"놈팡이들이 지껄이는 소리 따윌 내가 알 게 뭐냐." 왕룽이 무뚝뚝하게 대꾸하자 아이는 아쉬운 듯이 외쳤다.

"그게 우리 거라면 지금 당장에 가져오겠는데. 맛있는 과자가 먹고 싶어. 참깨 박힌 과자를 한 번도 못 먹어 봤어, 난."

이 말에 노인은 꿈속에서 깨어나 콧노래라도 흥얼거리듯 중얼거렸다.

"풍년이 든 해엔 추석 명절에 그런 과자를 해 먹었느니라. 참깨를 털어서 팔기 전에 좀 남겨 두었다가 그런 과자를 만들어 먹었지."

왕룽도 오란이 설날에 쌀가루와 돼지기름과 설탕으로 만들었던 과자가 생각났다. 입에 침이 괴고 지난날에 대한 그리움으로 가슴이 미어지는 듯했다.

"아아, 고향 땅에 돌아가기만 한다면!" 그는 중얼거렸다. 그러자 갑자기 그는 답답한 움막에 하루도 더 머물기가 싫어졌다. 짚을 쌓은 구석에서는 팔다리도 마음껏 뻗지 못했다. 더 이상, 밤새도록 살에 박혀 들어가는 짐수레의 밧줄을 끌며 자갈길을 걷고 싶지 않았다. 이제 자갈 하나하나가 원수 같았다. 그곳을 지나서 발을 디딜 때에는 그만큼 목숨이 덜 축난 것같이 느껴졌다. 특히 어두운 밤에 비라도 내려서 거리가 온통 미끄러울 때는 밭밑의 자갈에 대해 온몸의 증오가 쏠렸다. 그 돌들이 무거운 짐을 실은 수레바퀴에 붙어 떨어지지 않으려는 것 같았기 때문이다.

"아, 그 좋은 땅을 두고!" 그가 갑자기 소리치고 엉엉 울자 아이들은 모두 겁을 먹었다. 흰 수염이 듬성듬성 난 노인도 놀라 아들을 바라보며, 엄마가 우는 것을 보고 울상이 되는 어린아이처럼 얼굴을 일그러뜨렸다.

그 억양 없는 목소리로 다시 입을 연 것은 오란이었다.

"조금만 더 있으면 무슨 일이 일어날 것 같아요. 그런 소문이 떠돌고 있어요."

움막에 숨어 있던 왕룽은 몇 시간이나 계속해서 밖을 지나가는 발소리를 들었다. 싸움터로 가는 군인들의 발소리였다. 가끔 거적을 조금 들치고 그 틈으로 내다보면 가죽 구두에 각반을 친 군인들이 들썩들썩, 수백 수천 명이 줄지어 지나가는 것이었다. 밤에 짐수레를 끌다가도 왕룽은 지나가는 군인의 얼굴을, 앞장서 가는 횃불 빛에 언뜻 볼 수 있었다. 그는 군인들에 대해서는 아무에게도 물어볼 용기가 없어서 그저 소처럼 짐을 끌고, 허겁지겁 죽을 떠먹고 낮 동안은 움막 짚더미 뒤에서 새우잠을 잘 뿐이었다. 요즈음에는 서로 이야기하는 사람들도 없었다. 온 시가를 공포가 뒤덮었다. 누구든지 꼭 해야 할 일만 바삐 마치고는 집으로 뛰어가 문을 닫아 버렸다.

저녁에 움막촌 사람들이 모여서 하던 잡담도 없어졌다. 식료품이 쌓여 있던 시장 상점들도 이제는 텅 비어 있었다. 비단 가게도 화려하게 나부끼던 깃발을 거둬들이고 두꺼운 판자를 가로질러 앞문을 굳게 닫아 버렸다. 대낮에도 거리는 모두가 잠든 한밤중 같았다.

적군이 차츰 가까워지고 있다고 여기저기에서 수군댔다. 조금이라도 재산이 있는 사람들은 두려워 떨었다. 그러나 왕룽은 두려워하지 않았다. 그뿐만 아니라 움막촌에 사는 사람들은 누구나 두려워할 건더기가 없었다. 그들은 도대체 적이 누구인지도 몰랐고, 적이 온다고 해도 잃어버릴 것이라고는 아무것도 없었다. 생명을 잃는다 해도 그리 원통할 것이 없었다. 적군이 올 테면 오라지, 하는 배짱이었다. 지금 상태보다 더 나빠질 수는 없을 것이기 때문이었다. 하지만 그들은 저마다 자신만의 생활에 틀어박혀, 서슴없이 남들과 이야기를 하지는 않았다.

그러던 중 여러 상점 주인들은 밤에 강변에서 짐을 운반하던 노동자들에게 이제는 나올 필요가 없다고 말했다. 상거래가 모두 중단된 것이었다. 왕룽도 일거리가 떨어져 밤이나 낮이나 움막 속에 드러누워 있었다. 그는 죽은 사람처럼 잠만 잤다. 처음에는 그렇게 쉴 수 있다는 게 기뻤다. 그러나 일하지 않으니 벌이도 없었다. 그리하여 며칠 못 가서 몇 푼 남았던 돈이 모두 날아가 버리고 앞일이 캄캄해졌다. 거기다가 그들에게 내려진 액운이 그래도 부족했던지 공설 식당조차 문을 닫아 버리고, 사재를 털어 빈민 구제 사업을 하던 자선가들도 제각기 집 안에 들어앉아 버렸다. 양식도 없고 일거리도 없었다. 거리에서 비럭질을 하자니 나다니는 사람 그림자조차도 없었다.

왕룽은 움막 속에서 어린 딸아이를 안고 앉아 그 얼굴을 물끄러미 내려다보며 부드럽게 말했다.

"이것아, 너 부잣집에 가서 배불리 먹고 좋은 옷 입으며 잘살고 싶지 않으냐?"

어린 계집애는 영문을 알 리가 없어 방실거리며 아버지의 눈을 붙잡으려고 손을 허우적거렸다. 왕룽은 그것을 참을 수 없어 오란에게 큰 소리로 물었다.

"이봐! 당신 황부자 집에 있을 때 매도 맞았나?"

오란은 무뚝뚝하고 어두운 목소리로 대꾸했다.

"날마다 맞았는걸요."

"뭘로 때리던가? 허리띠로 때리던가, 그렇잖으면 대나무나 동아줄로 때리던가?" 왕룽은 다시 소리쳤다.

오란은 여전히 어두운 목소리로 대답했다.

"노새 고삐로 쓰던 가죽끈으로 맞았어요. 부엌 벽에다 걸어 놓고 늘 그걸로 때렸어요."

왕룽은 자기가 무엇을 생각하는지를 오란이 짐작하리라는 것을 잘 알고 있었다. 그래도 그는 마지막 한 가닥의 희망을 안고 다시 물었다.

"이 애는 지금 보아도 썩 예쁘거든. 이봐, 예쁜 종도 마찬가지로 매를 맞아?"

오란은 아무렇지도 않다는 듯이 냉담하게 대답했다.

"그럼요, 맞거나 사내 침대로 끌려가는 거예요. 그것도 한 사내에게만이 아니고 누구든 원하는 대로 이 사람 저 사람에게로 끌려다녀요. 도련님들이 이 종 저 종을 가지고 서로 다투기도 하고 바꿔치기도 하고요. '그럼 오늘 밤은 네가 데려가라. 내일은 나야.' 이런 형편이지요. 도련님들이 싫증을 낸 종은 이번에는 청지기들이 물려받이 기지고 또 저희들끼리 찧고 까불어요. 인물이 반반하면 어려서부터 그 지경을 당해야 하는걸요."

왕룽은 신음을 내며 어린 딸을 가슴에 껴안고서 연거푸 다정히 되뇌었다.

"이것아, 이 불쌍한 것아."

그러나 마음속으로는 홍수에 떠내려가는 사람이 절망으로 울부짖듯 '그래도 도리 없어. 딴 도리가 없어' 울부짖었다.

그가 이렇게 앉아 있는데 별안간 하늘이 무너지는 듯한 소리가 났다. 그들은 모두 얼떨결에 땅에 엎드렸다. 무서운 폭음이 그들을 모두 죽일 것 같았기 때문이었다. 왕룽은 이 무서운 굉음으로 어떤 끔찍한 일이 닥쳐올는지도 모른다고 생각하고 손으로 어린 딸의 얼굴을 감쌌다. 노인은 왕룽의 귀에 대고 말했다.

"생전 처음 듣는 소리다."

두 아들은 무서워서 울어 댔다.

그러나 또 갑자기 조용해졌다. 오란이 고개를 들고 입을 열었다.

"들은 소문대로 일이 벌어지나 봐요. 적군이 성문을 부수고 쳐들어온 모양이에요."

이 말에 누가 대답할 겨를도 없이 거리에서 함성이 들려왔다. 처음에는 아련히 들려오더니 차츰 크게 번져 삽시간에 거리가 뒤흔들릴 듯한 무서운 함성으로 변했다.

왕룽은 일어나 앉았다. 야릇한 공포감이 온몸을 달리고 머리끝이 쭈뼛쭈뼛섰다. 모두 일어나 앉았다. 막연한 그 무엇을 기다리며 그들은 말없이 서로 쳐다보기만 했다. 그러나 들리는 것은 몰려드는 사람 소리와 무서운 아우성뿐이었다.

이윽고 왕룽의 움막에서 그리 멀지 않은 담장 저쪽에서 대문이 삐걱거리는 소리가 들려왔다. 억지로 여는 모양인지 요란스럽게 삐걱거렸다. 그때, 어느 저녁나절에 왕룽과 이야기한 적이 있는 곰방대 피우는 사람이 왕룽의 움막 안으로 머리를 쑥 들이밀고 소리쳤다.

"아니, 아직도 그렇게 앉아 있는 거요? 때는 오고야 말았소. 우리를 위해서 부잣집 대문이 열렸소." 순간 무엇에 홀리기나 한 것처럼, 오란이 그 말을 하고 서 있는 사람의 팔 밑을 빠져나가 모습을 감추었다.

왕룽은 얼떨떨한 채 어슬렁어슬렁 일어났다. 어린 딸을 땅바닥에 내려놓고 밖으로 나왔다. 그러자 부잣집 철문에는 수많은 빈민들이 고함치며 몰려들고 있었다. 좀 전부터 들려왔던 호랑이의 포효 같은 우렁찬, 거리가 온통 떠나갈 듯한 함성이었다. 이제껏 굶주리고 갇혀서 학대받던 숱한 남녀가 무엇이든 할 수 있는 때가 왔다는 듯이 부잣집 대문 앞마다 몰려들었다. 벌써 거대한 대문들은 활짝 열렸고, 사람들은 서로 몸을 비비대고 밟히고 하면서 온통 한덩어리가 되어 들어갔다. 왕룽도 밀려드는 군중 속에 끼여 그가 원하건 말건 앞으로 앞으로 나아갔다. 그는 이 갑작스러운 사태에 너무도 놀라 자신의 속셈조차 가늠하지 못했다.

이렇게 하여 그는 부잣집 대문 안으로 밀려들어 갔다. 사람들 틈에 끼여 그의 발은 땅에 잘 닿지도 않았다. 성난 야수의 울부짖음 같은 군중의 아우성은 그칠 줄을 몰랐다.

안에 있는 문들을 하나씩 지나 안채에까지 떠밀려 갔다. 정원 바위 사이사이엔 철 이른 백합꽃이 피어나고, 이른 봄부터 싹을 틔운 나뭇가지에 이름 모를 황금빛 꽃이 피어 있을 뿐, 그곳에 살던 남녀의 그림자는 어디서도 볼 수 없었다. 마치 오래전부터 버려진 궁궐 같았다. 그러나 방 안에는 음식이 식탁에 그대로 놓여 있었고 부엌에서는 불이 타오르고 있었다. 군중들은 부잣집의 구조를 잘 알았다. 하인이나 여종들이 사는 부엌이나 바깥채는 거들떠보지도 않고 안으로만 들어갔다. 거기에는 귀인(貴人), 공자(公子)와 부인들의 호화로운 침대들이 여러 개 있고, 비단옷이 꽉 들어찬 궤들과 조각된 탁자와 의자들이 있고, 벽에는 극채색 그림 족자가 걸려 있었다. 군중은 이곳에 달려들어 열어젖힌 상자나 벽장에서 아무것이나 손에 잡히는 대로 끌어냈다. 옷이며 침구며 휘장이며 접시며 할 것 없이 이 손에서 저 손으로 옮겨지고, 다른 사람 손에 들려 있는 것을 또 다른 손이 빼앗았다. 자기가 가진 물건을 살펴볼 여유도 없었다.

이런 혼란 속에서 왕룽만이 아무것도 손에 넣지 않았다. 그는 평생 남의 것에 손을 댄 일이 한 번도 없었으므로 손을 뻗을 수가 없었던 것이다. 처음에 그는 군중 속에서 이리 몰리고 저리 몰리고 하다가 겨우 정신을 차려 빠져나올 수 있었다. 급류가 소용돌이치면 그 가장자리에서도 작은 소용돌이가 일듯이, 그가 빠져나와 서 있는 곳에도 약간의 혼잡이 있었다. 그래도 어쨌든 어디 서 있는지는 분별할 만했다.

그는 안채에서도 깊숙이 들어가 있는, 아낙네들만이 거처하는 규방 뒤에 와 있었다. 뒷문은 반쯤 열려 있었다. 그 문은 이런 때 쓰기 위해 부자들이 옛날부터 마련해 놓은 평안문(平安門)이라는 비상문이었다. 저택 사람들은 모두 이 뒷문으로 빠져 달아나 시내 여기저기에 숨어 자기들의 집에서 들려오는 고함 소리를 듣고 있었다. 그런데 몸이 너무 비대해서 그랬는지 또는 술에 잔뜩 취해서 잠이 들어 그랬는지는 알 수 없으나, 미처 도망치지 못한 사나이가 있었다. 왕룽은 폭도들이 지나간 내실에서 그 사나이와 마주쳤다. 그 사나이는 비밀 장소에 숨어 있다가 아무도 없는 줄 알고 도망치려고 기어 나온 참이었다. 짐짓 혼자 있고 싶은 마음에 다른 사람들로부터 떨어지려 했기 때문에 그때 왕룽은 혼자였다.

그 사나이는 늙지도 않고 젊지도 않았으며 뒤룩뒤룩 살이 쪘다. 아마 알몸으로 계집을 끼고 누워 있다가 폭도의 함성에 질겁하여 뛰쳐나온 모양이었다. 황급히 걸쳐 입은 그의 자줏빛 공단 두루마기 밑으로 가슴과 배의 군살이 드러나 보였다. 양쪽 뺨은 툭 불거졌고 눈은 돼지 눈처럼 작았다. 그는 왕룽을 보자 칼에 맞기나 한 것처럼 비명을 지르고 와들와들 떨었다. 아무런 무기도 갖지 않은 왕룽은 그 꼴이 우스꽝스러워 웃음이 터져 나올 것만 같았다. 뚱뚱한 사나이는 무릎을 꿇고 머리를 마룻바닥에 조아리며 애걸했다.

"목숨만 살려 주게. 제발 목숨만 살려 줘. 돈이라면 얼마든지 줄 테니 죽이지만 말아 줘."

돈이란 말에 왕룽은 귀가 번쩍했다. 돈! 그렇다. 돈이 필요하다. '돈만 있으면 딸을 구할 수도 있고 고향에도 갈 수 있다' 이런 소리가 그의 머릿속에서 뚜렷이 들려왔다.

돌연 그는 자기 자신 어디에 그런 목소리가 들어 있었나 싶을 만큼 거친 목소리로 소리를 질렀다.

"그럼 어서 돈을 내놔!"

살찐 사나이는 울음 섞인 목소리로 징징거리며 일어나, 두루마기 주머니에 손을 넣어 두 손 가득 은전을 꺼냈다. 왕룽은 저고리 앞섶을 내밀어 그것을 받았다. 그리고 다시 자기 목소리 같지 않은 이상한 목소리로 외쳤다.

"더 내놔!"

사나이는 또 한 번 두 손 가득 은전을 꺼내 놓으면서 울상을 지었다.

"이젠 더 없네. 남은 건 하찮은 목숨뿐이라네."

그는 울음을 터뜨렸다. 축 늘어진 두 뺨을 타고 눈물이 기름방울처럼 흘러내렸다. 벌벌 떨면서 울고 있는 그 모양을 보자 왕룽은 갑자기 이 세상 어떤 것에서도 느껴보지 못한 심한 혐오감에 사로잡혀 냅다 소리를 질렀다.

"썩 꺼져, 이 살찐 버러지 같은 놈아! 죽여 버리기 전에!"

소 한 마리도 제 손으로 잡지 못한 마음 약한 왕룽도 이때만은 그렇게 호통을 쳤다. 사나이는 들개처럼 달려서 그의 곁을 지나쳐 어디론가 사라졌다.

왕룽은 은전을 가지고 홀로 남았다. 그는 세어 보려고도 하지 않고 은전을 허리춤에 넣고, 열린 평안문을 빠져나와 좁은 뒷골목을 지나 움막으로 돌아왔다. 아직 그 남자의 체온이 남아 있는 은전을 가슴에 끌어안으면서 그는 몇 번이고 혼자 중얼거렸다. '이젠 고향의 내 땅으로 돌아간다! 내일은 고향으로 돌아간다!'

15

꽤 많은 나날 동안 이곳을 비웠었으나 왕룽은 이 토지를 떠났던 일이 거짓말처럼 여겨졌다. 사실 마음으로는 떠나 있지 않았던 것이다. 은전 여섯 닢을 주고 남쪽에서 밀과 벼와 옥수수의 좋은 씨앗을 사 왔다. 게다가 돈 있는 김에, 전에는 심어 본 적이 없지만 못에다 심어볼 요량으로 미나리니 연근 씨앗도 사고, 또 잔치 음식을 만들 때 돼지고기와 함께 끓이는 빨간 무라든가 잘고 향기로운 팥 같은 것까지 사 왔다.

은전 열 닢을 주고 밭갈이하는 황소를 샀다. 그것은 고향에 돌아오는 길에서였다. 농부가 그 소를 몰아 밭을 갈고 있는 것을 보자 왕룽은 발을 멈췄다. 노인과 아내와 아이들은 한시바삐 그들의 집으로 돌아가고 싶어 견딜 수 없었지만 모두 왕룽을 따라 발을 멈추고 그 소를 바라보았다. 왕룽은 그 황소의 억센 목 줄기에 마음이 솔깃해지고 멍에를 짊어진 어깨가 딱 벌어진 것이 눈에 띄어 소리쳤다.

"쓸모없는 소로군. 난 그나마 소가 없어 불편하니 팔지 않겠소?"

"여편네를 팔았으면 팔았지, 이 소는 못 팔겠소. 이제 세 살 나서 한창 부려먹기 좋은 땐데." 소리쳐 대꾸하고, 농부는 왕룽을 무시한 채 밭을 갈아 나갔다.

왕룽은 세상에 소야 많겠지만 자기는 꼭 이 소를 사야만 할 것 같았다. 그는 오란과 노인에게 물어 보았다.

"저 소 어떨까요?"

노인은 빤히 바라보더니 말했다.

"거세(去勢)는 잘된 소 같다."

오란도 한 마디 했다.

"저 사람이 말하는 것보다 한 살은 더 먹었나 봐요."

그러나 왕룽은 아무 대꾸도 하지 않았다. 흙을 힘차게 갈아 젖히는 힘하며, 미끈한 누런 털빛하며, 검고 큼직한 눈에 완전히 반해 이미 마음을 정했다. 이 소만 있으면 밭을 갈고 두엄을 뿌릴 수도 있다. 연자방아에 매어 곡식을 찧을 수도 있다. 그는 농부에게 다가가 다시 말을 붙였다.

"다른 소를 사고 남을 만큼 돈을 낼 테니 이 소 내게 파시오."

한참이나 싸움하듯 흥정한 끝에 마침내 농부는 이 지방 시세에 반절을 더한 비싼 값에 팔기로 했다. 그러나 왕룽은 은전 따위는 문제도 아닌 것같이 생각되어 서슴지 않고 값을 치렀다. 농부가 멍에를 풀기가 바쁘게 왕룽은 고삐를 끌었다. 이것이 자기 소유거니 하고 생각하니 기쁨으로 가슴이 뛰었다.

집에 돌아와 보니 문짝은 떨어져 나가고 지붕 이엉은 간 곳이 없었다. 그뿐만 아니라 집 안에 남겨 두고 간 괭이도 쇠스랑도 없어졌고 남아 있는 것이라곤 대들보와 토벽뿐이었다. 그 토벽도 철 늦게 온 눈에다, 겨울과 이른 봄 사이에 내린 봄비에 다 허물어져 가고 있었다. 그는 처음에는 크게 놀랐지만 곧 그런 것쯤은 아무것도 아닌 것처럼 생각되었다. 그는 곧 성안에 들어가서 단단한 나무로 만든 좋은 새 쟁기와 괭이를 두 자루씩 사왔다. 지붕은 가을에 추수한 다음에 손을 보기로 하고 먼저 거적을 사다가 덮었다.

해 질 무렵에 그는 문간에 서서 밭을 내다보았다. 겨울 동안 얼었던 흙이 녹아 푹신해져서 파종을 기다리고 있었다. 봄은 무르익어 얕은 못에서는 개구리가 졸린 듯이 울었다. 뒤꼍 대숲은 저녁의 실바람에 한들거렸고 황혼빛 속에 가까운 밭둑길에 한 줄로 늘어선 나무들이 희미하게 보였다. 연분홍 봉오리가 맺힌 복숭아나무다. 버드나무는 연초록 부드러운 새싹이 돋아나고 있었다. 그리고 조용히 경작해 줄 사람의 손을 기다리는 밭에서는 달빛 같은 은색의 안개가 피어올라 나무줄기를 감쌌다.

처음 한동안 왕룽은 아무도 만나려 하지 않고 혼자 밭에 나가 있었다. 마을의 어떤 집도 찾아가지 않았다. 어쩌다가 기근에 죽지 않고 살아남은 사람들이 찾아와도 그는 반갑게 맞아 주지 않았다. 오히려 퉁명스럽게 내쏘았다.

"어느 놈이 내 문짝을 떼어 가고, 어느 놈이 내 괭이랑 쇠스랑을 훔쳐 가고, 누가 내 지붕을 벗겨다가 땠나?"

그들은 누구나 선량한 체하며 머리만 가로저었다. "자네 숙부가 그랬다네" 하는 사람도 있고 "흉년에 전쟁까지 겹치고 화적 떼와 강도가 제 세상이라고 날뛰는데 누가 이걸 훔치고 누가 저걸 도둑질했다고 할 수 있겠나? 사흘 굶어 도둑질 안 하는 사람이 없다네" 하는 사람도 있었다.

얼마 안 있어 이웃에 사는 칭이 남몰래 왕룽을 만나러 왔다. 그는 이렇게 말했다.

"겨우내 화적 떼가 자네 집에 틀어박혀서 이 근처 마을을 닥치는 대로 노략질했지. 자네 숙부가 화적 떼와 친했다고들 하지만 이런 시절에 뭐가 사실인지 알 수 있나? 누구를 잡고 나무랄 수도 없지."

칭은 마치 그림자 같았다. 뼈만 남은 그는 마흔다섯 살도 되지 않았는데 머리가 허옇게 세어 있었다. 왕룽은 한참 그 얼굴을 바라보다가 이윽고 측은한 마음이 들어 입을 열었다.

"자네는 우리보다도 더 어려웠던 모양인데 무얼 먹고 살았나?"

칭 서방은 한숨을 내쉬고 속삭이듯 말했다.

"무엇인들 안 먹었겠나? 성내에 가서 비럭질하러 다닐 땐 개처럼 길바닥에 내 버린 썩은 창자도 먹었지. 여편네가 죽기 전에 고깃국을 끓여 줬는데 나는 그게 무슨 고기냐고 감히 물어볼 수도 없었어. 여편네는 짐승을 제 손으로 죽일 만한 위인도 못 되니까 어디서 주웠겠거니 생각하고 먹었지. 여편네는 나보다 기운이 약해서 먼서 죽어 버렸어. 딸년도 잇달아 굶어 죽을 것 같아 차마 못 보겠어서 병정 놈에게 주어 버렸지." 칭은 말을 끊고 잠잠하더니 이윽고 다시 입을 열었다. "종자가 있으면 뿌려라도 보련만 그것도 없고 하니……."

"이리 오게!" 왕룽은 거칠게 내뱉듯 그의 손을 끌고 안으로 들어갔다. 그리고 누더기 저고리의 앞자락에다 그가 남쪽에서 사온 종자를 나눠 주었다. 밀씨, 볍씨, 배추씨까지 주면서 왕룽은 칭에게 말했다.

"내일 자네 밭에 가서 내 소로 갈아 줌세."

갑자기 칭은 울음을 터뜨렸다.

왕룽도 뜨거워지는 눈을 비비며 화난 사람처럼 말했다.

"자네가 내게 팥 한 줌 준 걸 내가 잊어버렸을 줄 아나?"

칭은 대답도 못하고 엉엉 울면서 돌아갔다.

숙부가 마을을 떠났다는 사실이 왕룽으로서는 기뻤다. 어디로 갔는지 똑똑히 아는 사람은 하나도 없었다. 도시에 갔다고 말하는 이도 있고, 아내와 아들을 데리고 아주 먼 지방으로 가 버렸다고 하는 사람도 있었다. 어쨌든 그들이 살던 집에는 아무도 남아 있지 않았다. 딸들을 모조리 팔아먹었다는 말을 듣고 왕룽 은 격한 분노를 느꼈다. 가장 예쁜 딸은 그래도 제값을 받고 팔았지만 곰보인 막 내딸은 싸움터로 가는 길에 지나가던 군인에게 잔돈 몇 푼 받고 팔았다는 것이 었다.

왕룽은 흙에 뒤범벅이 되어 일을 하며 밥 먹고 잠자는 시간마저 아깝게 생각 했다. 빵과 마늘을 싸 가지고 나가 밭에서 선 채 먹었다. 그렇게 서서 먹는 동안 에도 여기엔 울콩을 심고, 저기다간 못자리를 만들어야지, 하는 생각을 했다. 일 하다가 너무 고단하면 그대로 밭이랑에 드러누워 자기 땅의 온기를 살갗에 느 끼며 잠을 잤다.

집에 있는 오란도 게으르지 않았다. 왕룽이 사온 거적을 서까래에 덮어 지붕을 이고, 흙을 물에 개어 벽을 매만졌다. 부뚜막도 고치고, 비로 뚫린 방바닥 구멍도 메웠다.

그것이 끝나자 어느 날 남편과 함께 성내로 가서 침대와 무쇠 가마솥과, 검은 꽃무늬가 그려진 빨간 찻주전자와 그에 어울릴 만한 찻잔을 6개 샀다. 맨 나중에 그들은 향을 파는 가게에 들어가, 가운뎃방 탁자 위에 걸어 둘 복신상(福神像)과 백랍 촛대 한 쌍과 향로를 사고 복신 앞에 켜 놓을 붉은 초도 두 자루 샀다. 갈댓잎을 쪼개어 만든 가느다란 심지가 박힌, 암소 기름으로 만든 굵은 초였다.

이런 것들을 산 왕룽은 사당 지신 생각이 나서 돌아오는 길에 들러보았다. 보기에 민망스러울 지경이었다. 얼굴은 온통 비에 씻겨 떨어졌으며 너덜너덜 찢어진 옷 사이로 흙으로 빚은 살갗이 드러났다. 그렇듯 무시무시한 흉년에 누가 돌보았을 것인가. 지신의 그런 꼴을 보고 왕룽은 고소한 마음이 들어 마치 아이를 꾸짖듯 큰소리를 쳤다.

"사람을 못살게 하면 이렇게 되는 거야!"

집 모양은 도로 제 꼴을 갖추어 갔다. 번쩍이는 백랍 촛대에는 붉은 초가 타고, 탁자 위에는 찻주전자와 찻잔이 놓이고 침대는 다시 침구와 더불어 제자리에 놓였다. 들창에는 깨끗한 종이를 바르고, 새 문도 짜 달았다. 그러고 나니 왕룽은 문득 이 행복이 불안스러워졌다. 오란은 임신하여 또 배가 불룩했다. 어린 아이들은 누런 강아지처럼 문간을 뛰어다니고, 노인은 여전히 양지 쪽 벽에 기대앉아 졸면서 가끔 빙긋이 웃곤 했다. 못자리에는 첫 모가 파랗게 비취옥보다도 아름답게 돋아났다. 싹이 튼 콩은 껍질을 쓴 채 땅에서 고개를 뾰족뾰족 내밀었다. 가진 돈을 아껴만 쓴다면 가을까지는 먹고살 수 있을 터였다. 그는 머리 위의 푸른 하늘을 쳐다보았다. 흰 구름이 유유히 흐른다. 밭에도, 그의 몸뚱이에도 알맞게 내리쪼이는 태양빛과 비를 느낄 수 있었다. 마지못한 듯 왕룽은 중얼거렸다.

"사당 지신들에게도 향을 피워야겠다. 그래도 땅을 맡아 보는 건 지신이니까."

16

어느 날 밤 왕룽은 곁에 누운 아내의 젖가슴 사이에 사내 주먹만 한 크기의 딱딱한 덩어리가 있는 것을 발견했다.

"이게 뭔데 몸에 달고 있어?"

그것은 헝겊으로 단단히 싸여 있었는데 딱딱하지만 손으로 밀면 움직였다. 오란은 처음엔 안 보여 주려고 했으나 남편이 굳이 뺏으려 하자 하는 수 없이 말했다.

"그렇게 보고 싶거든 보세요." 오란은 목에 동여맨 끈을 풀어 남편에게 주었다.

낡은 헝겊 조각에 싼 것을 왕룽이 아무렇게나 풀자 숱한 보석이 손바닥에 쏟아졌다. 왕룽은 자기 눈을 의심했다. 이만한 보석을 한꺼번에 보다니 꿈에도 상상 못 한 일이다. 수박 속같이 붉은 것, 황밀처럼 누런 것, 봄의 새싹같이 연한 녹색의 것과 땅에서 솟아오르는 샘물처럼 투명한 것도 있었다. 왕룽은 그 보석의 이름조차 알 수 없었다. 이제껏 보석 이름을 들어 본 일도 없지만 그렇게 많은 보석을 본 일조차 없었기 때문이다. 어둠 속에서도 반짝이는 강렬한 광채를 보자 그는 엄청난 보물을 손에 넣었다는 것을 알았다. 그는 그 빛깔과 모양에 취해서 한동안 넋을 잃고 멍하니 손에 쥐고 있었다. 오란도 묵묵히 바라보고만 있었다. 이윽고 왕룽은 간신히 숨을 몰아쉬며 속삭였다.

"어디서, 대체 어디서?"

오란도 낮은 음성으로 대답했다.

"그 부잣집에서요. 그건 아마 첩이 가졌던 보물인가 봐요. 그때 어떤 방에 밀려 들어갔는데 벽의 벽돌 한 개가 헐거워진 것 같아 보이길래, 남들이 지나간 뒤에 몰래 빼 봤더니 번쩍이는 게 있었어요. 그래서 얼른 소매 속에 넣어 가지고 왔어요."

"그런 걸 어떻게 알았어?"

그는 감탄하여 다시 속삭였다. 그녀는 이제껏 보인 적 없는 미소를 눈에 띠고 대답했다.

"내가 부잣집에서 자란 것을 아시잖아요. 부자 양반들이란 언제나 마음을 놓을 수가 없는 거예요. 어느 핸가 흉년 때 황부자 집에 화적이 들어왔어요. 종이랑 첩이랑 큰마나님까지 정신없이 도망치면서, 저마다가 전부터 생각해 둔 비밀 장소에 보석들을 숨겼었어요. 그래서 헐거워진 벽돌을 봤을 때 그게 뭔지 알아 챘죠."

그들은 다시 묵묵히 그 기적 같은 보석을 내려다보았다. 이윽고 왕룽은 숨을 깊이 들이마시고 결심한 듯이 입을 열었다.

"이런 보물을 그대로 가지고 있을 수는 없어. 팔아서 안전한 땅을 사 둬야 마음이 놓이지. 누가 알기라도 하면 당장에 화적이 달려들어 우리를 죽이고 뺏어 갈 거야. 오늘이라도 팔아서 토지를 사 둬야만 마음 놓고 잘 수 있지."

그는 보석을 다시 헝겊에 싸서 끈으로 단단히 묶어 품속 깊숙이 넣으려다가 무심코 아내의 얼굴을 바라보았다. 침상가에 다리를 포개고 앉아 있던, 언제 보아도 무표정하던 그녀의 얼굴이 희미한 갈망의 빛을 띠며 입을 헤벌리고 목을 보석 쪽으로 늘이고 있었다.

"왜 그래?" 왕룽은 의아스러운 듯이 물었다.

"그걸 다 팔 거예요?" 그녀는 목쉰 소리로 속삭였다.

"안 팔고 어쩌게? 이런 보석을 농군이 가지고 있어서 뭘 하나?" 그는 자못 놀라서 대꾸했다.

"두 개만 내가 갖고 싶어요." 모든 것을 단념했으나 그래도 갖고 싶어서 견딜 수 없다는 듯이 그녀는 말했다. 왕룽은 장난감이나 과자를 조르는 어린아이 같은 오란의 얼굴에 마음이 움직였다.

"그래? 뭔데?"

그는 놀라서 소리쳤다.

"둘만 주세요." 오란은 어렵게 말했다. "조그만 것 둘만, 조그만 하얀 진주 두 개만이라도……."

"진주?" 왕룽은 어이가 없어 아내의 말을 되풀이했다.

"그저 갖고 싶어서 그래요. 차고 다니려는 것은 아니에요. 그냥 갖고 있을게요." 오란은 다소곳이 터진 이불잇만 만지작거리면서 거의 대답을 기대하지도 않는 듯이 잠자코 있었다.

왕룽은 이 둔하고 충실한 여인의 마음을 온전히 이해하지는 못했으나 살짝 엿본 것같이 느껴졌다. 평생 아무런 보수도 없이 묵묵히 일만 해 온 그녀, 부잣집에서 종 노릇을 하면서 다른 여자들이 보석을 끼고 있는 것을 보기만 하고 제 손엔 한 번 만져 보지도 못한 그녀의 심정을.

오란은 혼잣말처럼 덧붙였다. "이따금 만져 보기라도 하고 싶어서 그래요."

왕룽은 자신도 모르는 무엇에 마음이 움직여, 품속에 넣었던 보석 꾸러미를 꺼내 끌러서 묵묵히 아내 앞에 내놓았다. 오란은 볕에 그은 딱딱한 손으로 간단하게 빛나는 보석들을 이리저리 뒤적여 흰 진주알 두 개를 가려냈다. 그 두 개를 내놓고 나머지는 도로 싸서 남편에게 돌려주었다. 그리고 옷섶을 조금 찢어 그 것을 싸서 젖가슴 사이에 넣었다. 그녀는 꽤 만족한 모양이었다.

왕룽은 놀라운 눈으로 아내의 행동을 바라보았다. 아무리 생각해도 이해가 가지 않았다. 그래서 그 뒤로도 가끔 그녀의 얼굴을 말끄러미 바라보며 속으로 중얼거렸다.

'여편네는 지금도 그 진주를 품속에 지니고 있겠지.'

그러나 왕룽은 아내가 그 진주를 꺼내거나 들여다보는 것을 한 번도 본 적이 없었다. 또 그들은 그것에 대해 서로 이야기하지도 않았다.

왕룽은 보석을 어떻게 할 것인가 여러 가지로 궁리한 끝에, 황부자 집에 가서 아직도 팔 땅이 있는지를 알아보기로 했다.

황부자 집을 찾아가니 사마귀의 털을 만지작거리며 방문객을 거만한 태도로 얕잡아보던 그 문지기는 이제 없었다. 그 큰 대문은 굳게 닫혔다. 왕룽은 두 주먹으로 문을 쾅쾅 두드렸으나 아무도 나오지 않았다. 그 앞을 지나가던 사람들이 이것을 보고 아는 체를 했다.

"문짝이 깨어질 때까지 두들겨 봐요. 노대인이 일어나 있으면 나오리다. 그렇지 않으면 그 미친 개 같은 종년이 마음이 내키면 열어 줄 게요."

그는 끈기 있게 두들겼다. 마침내 문안에서 천천히 비척거리며 걸어나오는 발자국 소리가 들렸다. 그러나 그 발자국 소리는 들렸다 끊어졌다 하면서 고르지 못했다. 이윽고 쇠빗장을 빼는 소리가 들리고 이어서 대문짝이 삐걱거리며 목쉰 소리가 들렸다.

"거 누구요?"

왕룽은 깜짝 놀라 소리를 높여서 대답했다.

"나요. 왕룽이오."

"왕룽이 누구야?" 문안의 음성은 노기를 띠고 있었다.

왕룽은 그 거드름스러운 목소리로 미루어 그것이 이 집 주인인 노대인이라 짐작했다. 그 말투가 청지기나 종년을 부리던 입버릇 그대로였기 때문이었다. 그래서 왕룽은 아까보다 더 겸손하게 말했다.

"노대인, 잠깐 볼일이 있어서 왔는데 뭐 대인께가 아니라도 집사를 만나서 말씀드릴까 합니다만." 노대인은 대문을 한 치도 더 열지 않고 틈 사이로 입을 삐죽 내밀고 대답했다.

"그놈 말인가? 그 개새끼는 벌써 몇 달 전에 어딘가로 내뺐는걸. 이젠 여기에 없어."

이 말을 들은 왕룽은 어찌하면 좋을지 몰랐다. 중간에 사람 없이, 영감과 직접 흥정하지는 못할 것이기 때문이었다. 품속에 든 보석들이 불처럼 뜨거워서 한시바삐 그것을 처분하고 그보다 더 가치 있는 땅을 사고 싶었다. 그가 가진 씨앗은 지금 그가 가지고 있는 토지의 배 되는 땅에도 넉넉한 것이었다. 그리고 그는 기름진 황부자의 땅에 강한 매력을 느끼고 있는 터였다.

"약간의 돈 문제 때문에 왔습니다만……." 왕룽은 머뭇머뭇 입을 떼었다.

그 말이 떨어지기가 무섭게 대문은 닫혀 버렸다.

"내 집에 돈은 없어." 노대인은 언성을 높였다. "그 도적 같은 집사 놈이 몽땅 가져갔어. 그놈을 낳은 어미와 그 어미의 어미까지 천벌을 받아야 해! 빚 갚을 돈이라곤 없어."

"아니, 아니, 그런 게 아니올시다. 저는 빚을 받으러 온 게 아니라 돈을 드리러 온 겁니다." 왕룽은 황급히 소리쳤다.

그러자 왕룽이 아직 들어 본 적이 없는 날카로운 부르짖음과 함께 한 여자가 대문 사이로 얼굴을 쑥 내밀었다.

"그거 참 오래간만에 듣는 소리구려."

왕룽이 본 그녀는 예쁘장하고 말괄량이 같아 보였고 혈색이 좋았다. 왕룽을 보자 그녀는 "어서 들어오세요" 기운차게 말하고 겨우 한 사람이 들어갈 만큼 대문을 열어 준 다음, 그가 어쩔 줄 몰라하는 사이에 얼른 뒤로 돌아가 다시 빗장을 걸었다.

노대인은 저만큼 서서 쿨룩거리며 왕룽을 빤히 바라보았다. 때 묻은 회색 공단 두루마기를 입었는데 가장자리에 모피 안감이 나와 있었다. 여기저기 얼룩이 지고, 잠옷 대용으로도 입었던지 구김살이 가 있기는 했으나, 아직도 그 공단 천이 윤기 있고 도톰한 것으로 미루어 누가 보나 그것은 이전엔 훌륭한 옷이었다는 것을 알 수 있었다. 왕룽도 그를 마주 보았다. 호기심도 나지만 두려운 마음이 앞섰다. 옛날부터 왕룽은 부자를 대하면 까닭 없이 두려웠다. 그런데 그렇게나 소문을 들었던 이 집 주인 노대인이 바로 이 늙은이라고는 믿어지지 않았다. 그의 아버지를 대할 때와 마찬가지로 하나도 두려운 마음이 들지 않았다. 실상 그의 아버지보다도 위엄이 없었다. 그의 아버지는 그래도 깔끔하고 웃음 띤 얼굴이었다. 전날에 그렇게 비대하던 이 노인은 지금은 여위고 살가죽이 축 늘어져 있었으며 세수도, 면도도 한 것 같지 않았다. 턱을 쓰다듬거나 늘어진 입술을 만지작거릴 때면 그의 누런 손이 떨렸다.

여자 쪽은 그런대로 깔끔했다. 오똑한 콧날, 날카롭게 빛나는 검은 눈매, 탱탱하고 해맑은 살갗, 빨갛고 냉혹해 보이는 뺨과 입술을 가진 그녀의 얼굴은 아름다운 매를 떠오르게 하는 매몰찬 얼굴이었다. 그녀의 검은 머리는 매끄럽게 빛나고 있어서 마치 검은 유리 같았다. 그러나 그녀의 말투로 미루어 보아 그녀가 이 집 가족이 아니라 종에 지나지 않음을 알 수 있었다. 말투가 거칠고 천박했기 때문이다. 그런데 이전에는 수많은 부인네들과 아이들이 이리저리 왔다갔다 법석대며 일하던 이 집 앞뜰에 오늘은 이 노대인과 여인, 두 사람밖에 보이지 않았다.

"돈 얘기라고요?"

여인이 뾰족한 목소리로 물었다. 그러나 왕룽은 머뭇거렸다. 황 노인 앞에서는 말을 잘 할 수가 없었다. 한데 왕룽이 아무 말도 하지 않았는데도 재빨리 그녀는 눈치를 챘다.

"저리 좀 비켜 줘요." 그녀는 날카롭게 노인에게 쏘아붙였다.

노대인은 말 한 마디 않고 비실비실 물러갔다. 그는 끊임없이 기침을 하고 우단 신을 덜걱거리며 걸어갔다. 왕룽은 여자와 단둘이 남기는 했으나 무슨 말을 해야 할지 몰랐다. 사방은 고요하고 어색하기 짝이 없었다. 안뜰을 힐끗 들여다보았으나 역시 사람의 그림자라곤 없었다. 주위에는 오랫동안 아무도 비를 들지 않았는지, 쓰레기 더미와 흩어진 지푸라기며 대나무 가지며 솔잎이며 마른 꽃줄기들이 깔려 있었다.

"이런 답답한 사람 같으니!" 여인의 한결 날카로운 목소리에 왕룽은 깜짝 놀랐다. 너무나 날카로운 음성이었기 때문이었다. "도대체 볼일이 뭐예요? 돈을 가지고 있으면 어디 좀 보여 달라고."

"아니오, 내가 돈을 가지고 있다고 하진 않았소. 볼일이 있다고 했지."

"볼일이란 게 돈 얘기 아녜요? 나갈 돈이건 들어올 돈이건 말이에요. 그런데 이 집엔 나갈 돈이라곤 한 푼도 없어요." 여인이 받아넘겼다.

"난 여인네하고는 말할 수 없소." 왕룽은 차분하게 말했다. 어찌 된 영문인지 몰라 그는 여전히 여기저기를 두리번거리며 살폈다.

"아니, 왜 말 못 해요?" 여인은 뽀로통해서 되물었다. 그러더니 갑자기 큰 소리로 야단쳤다. "이 멍청한 사람이 여태 못 들었나 보네. 이 집엔 아무도 없어요."

왕룽이 그 말을 믿을 수 없다는 듯 얼빠진 사람 모양으로 그녀를 바라보자 그녀는 또다시 소리를 질렀다. "나하고 노인네 빼곤 아무도 없다니까!"

"다들 어딜 가고요?" 왕룽은 어리벙벙해서 겨우 이렇게 물었다.

"큰마나님은 죽고요." 여자가 설명을 했다. "못 들었어요? 화적 떼가 이 집으로 몰려들어 종이고 살림이고 할 것 없이 모조리 뺏어 갔다는 이야기를. 그 화적놈들이 노대인의 두 손을 묶어 달아매고 때리고, 또 큰마나님을 의자에 묶어 놓고 입에 재갈을 물리고 모두 달아나 버렸어요. 난 물이 반쯤 찬 독에 들어가 나무 뚜껑을 덮고 숨어 있다가 나왔죠. 나와 보니까 모두 간 곳 없고 큰마나님은 의자에 묶인 채 죽어 있었어요. 화적 떼가 죽인 게 아니라 놀라서 죽은 거예요. 아편을 오랫동안 피워 놔서 몸이 썩은 갈대처럼 돼 버려, 그런 변을 당하자 질겁해서 죽었죠."

"하인이랑 종들이랑, 그리고 그 문지기는 어떻게 됐나요?" 왕룽은 턱 막혔던 숨을 뱉어 내듯이 물었다.

여인은 하찮은 일이라는 듯이 내뱉었다.

"그놈들은 벌써 달아나 버렸죠, 뭐. 다리가 성한 사람들은 모두 달아났어요. 한겨울 동안에 식량이고 돈이고 몽땅 떨어졌으니까." 그녀는 목소리를 낮췄다. "더구나 화적 놈들 중에는 이 집에 살던 하인 녀석들이 많이 끼여 있었어요. 그 개 같은 문지기 녀석도 내 눈으로 본걸요. 그놈이 길을 인도하더라니까요. 난 확실히 세 오라기의 털이 난 그놈의 사마귀를 봤어요. 어찌 그놈 하나뿐이겠어요? 이 집의 내용을 잘 아는 놈이 아니고야 어떻게 화적 떼가 보석이랑 온갖 귀중한 물건을 숨겨 둔 곳을 알겠어요? 집사 놈도 한패였을 거예요. 이 집하고 먼 친척이 되니까 직접 나서지는 못했겠지만."

여인이 입을 다물자 저택 안은 생명이 사라진 듯한 무거운 정적에 잠겼다. 이윽고 여자는 말했다.

"그렇더라도 별안간에 망한 것은 아니죠. 황 대인 아버지 대(代)부터 이 집은 망하기 시작한 거예요. 그때부터 자식들은 땅을 돌보지 않고, 모든 일을 집사에게 맡기고, 들어오는 돈은 물 쓰듯 했으니 땅에서 나는 것으로 그걸 당해 낼 수 있나요. 그래서 노대인 대부터 땅을 팔기 시작한 거죠."

"도련님들은 어디로 갔지요?" 왕룽은 믿을 수가 없다는 듯이 아직도 곳곳을 둘러보며 물었다.

여자는 냉담하게 말했다. "여기저기 흩어졌지요. 이 일이 나기 전에 시집간 두 딸들만 그나마 다행이라고 할까. 큰아들은 자기 부모가 봉변당한 이야기를 듣고 아버지를 데리러 사람을 보내왔더랬지요. 그런 걸 내가 못 가게 했어요. 누가 이 집을 지키느냐고 했죠. 체면상 여자인 내가 혼자 지킬 수도 없잖느냐고요." 이런 이야기를 하면서 그녀는 마치 착한 여인인 듯 빨간 입술을 오므리고 고집이 센 듯한 눈을 내리깔았다. 그리고 잠시 시간을 끈 뒤에 다시 입을 열었다.

"게다가 나는 벌써 몇 년이나 노대인을 충실히 모셔온 종이라, 달리 갈 곳도 없어요."

그 말에 왕룽은 그녀를 물끄러미 바라보다가 곧 얼굴을 돌렸다. 그는 비로소 사태를 짐작했다. 마지막까지 재산을 짜내려고 다 죽어 가는 늙은 노인에게 붙어사는 여자임을 알아차린 것이다. 그는 경멸스럽다는 투로 말했다.

"당신이 종이고 보면 내가 어찌 내 볼일을 말할 수 있겠소?"

그러자 여자는 다시 언성을 높였다.

"노인은 내 말이면 뭐든지 들어요."

왕룽은 이 말을 곰곰이 생각해 보았다. 이 집의 땅은 그가 사지 않으면 결국 다른 사람이 저 여자를 통해 사 버릴 것이다.

"남은 땅은 얼마나 되오?" 왕룽은 하는 수 없이 그녀에게 물었다. 여자는 왕룽이 온 목적을 곧 알아차렸다.

"땅을 사러 왔으면 살 땅이 있고말고요. 서쪽에 백 날갈이가 있고 남쪽에 또 2백 날갈이 팔 게 있어요. 모두 한 덩어리는 아니지만 큰 배미들이지요. 다 팔 거라니까요."

여자가 이렇게 쉽사리 말하는 것을 보니 황 영감이 가진 건 무엇이든지, 한 뙈기의 땅까지도 다 알고 있는 모양이었다. 그래도 왕룽은 이 여자를 믿고 그녀와 흥정을 하고 싶지는 않았다.

"그래도 아들들의 승낙도 없이 가문의 땅을 죄다 팔아 버릴 수 있을 성싶지 않은데요?"

그녀는 억척스럽게 대꾸했다.

"걱정 마세요. 아들들이 아버지더러 팔 수만 있다면 언제든지 팔라고 했어요. 그 아들들은 한 사람도 이 땅에 뿌리박고 살 사람은 없죠. 흉년에는 화적 떼가 들끓는 이 지방에서 누가 살고 싶겠어요. 모두 땅을 어서 다 팔아서 나누어 갖자는 거예요."

"그렇지만, 난 누구 손에 돈을 건네주어야 한단 말이오?" 왕룽은 아직도 못 미더운 듯이 말했다.

"황 대인에게 드리지, 누구한테 줘요?" 여자는 거침없이 대답했다. 그렇지만 황 대인이 받은 돈이 곧 그녀의 손으로 넘어갈 것을 왕룽은 쉽사리 짐작할 수 있었다.

왕룽은 그녀와 더 길게 말할 마음이 나지 않아 "다음에 다시 오지요. 다음에……." 하면서 대문 쪽으로 몸을 돌렸다. 여인은 거리로 나서는 그의 등에 대고 소리질렀다.

"내일 이맘때, 아니, 오늘 낮에라도 와요. 언제라도 좋으니까."

그는 대답도 하지 않고 걸었다. 방금 들은 이야기에 마음이 뒤숭숭해 생각에 잠겨 버렸다. 작은 찻집에 들어가 값싼 차를 주문했다. 심부름하는 아이가 재빨리 차를 앞에 갖다 놓고 왕룽이 건네는 동전을 받아 가지고 까불거리며 돈을 던져 올렸나 받았나 했다. 왕룽은 깊은 생각에 잠겼다. 생각하면 할수록, 여러 대를 두고 세력과 영화를 누려 오던 황부자 집이 이제는 몰락하여 일족이 산산이 흩어졌다는 사실이 생경하게 여겨졌다.

'땅을 떠났기 때문에 그렇게 된 거야.' 그는 안타까운 일이라고 생각했다. 그리고 봄의 죽순처럼 무럭무럭 자라는 그의 두 아들을 생각하고 당장 오늘부터라도 밭에서 일을 시켜야겠다고 마음먹었다. 일찌감치부터 그들의 살과 뼈에 흙을 밟고 괭이 잡는 느낌을 익숙하게 만들리라 결심했다.

한데 그동안 줄곧 그는 품속의 보석들이 뜨겁고 무겁게 몸을 짓누르는 공포를 느꼈다. 그 보석들이 누더기옷을 뚫고 빛을 내는 것을 누가 보고 이렇게 소리칠 것만 같았다.

'이것 봐라, 이 가난뱅이가 황제 폐하의 보물을 갖고 다닌다!'

그것을 땅으로 바꾸어 놓을 때까지는 결코 마음을 놓을 수 없었다. 그는 찻집 주인을 불러 말을 붙였다.

"내가 차를 살 테니 이리 와서 마시면서 성내 소식이나 좀 이야기해 주구려. 겨우내 나는 다른 데 가 있다가 와서 소식이 좀 어두워서 그러오."

찻집 주인은 그런 이야깃거리에는 부족함이 없는 법이다. 특히 남이 사 주는 차를 마실 때는 더 그랬으므로 그는 곧 왕룽의 자리로 와 앉았다. 그 사나이는 족제비 같은 얼굴에 한쪽 눈이 찌그러진 작은 사내였다. 그의 저고리 앞자락과 바지엔 기름이 까맣게 절어 있었다. 이 가게는 차를 팔기도 하지만 손수 음식을 만들어 팔기도 했다. 그는 "훌륭한 요리사는 깨끗한 옷을 입지 않는다는 옛말이 있습지요."라고 말하기를 좋아했다. 그래서 그는 자신의 누추한 옷차림이 마땅하다고 생각했다. 그는 탁자에 앉아 곧 말을 꺼냈다.

"글쎄요. 흉년에 사람들이 배가 고팠다는 건 다 아는 이야기고, 황부자 집에 든 화적 떼 사건이 있었지요."

그것이 바로 왕룽이 듣고자 하는 이야기였다. 찻집 주인은 신이 나서 말을 계속했다. 몇 남아 있던 비첩(婢妾)이 비명을 지르며 끌려갔다는 이야기, 또 남아 있던 첩들은 모두 강간을 당하거나 쫓겨나고 그중에는 납치당한 여자도 있다는 이야기, 그래서 이제는 아무도 그 집에서 살기를 원하지 않는다는 이야기를 늘어놓았다. 그리고 이렇게 말을 맺었다.

"아무도 없고 황 영감하고 두쥐안(杜鵑)이라는 종년뿐이지요. 그 계집은 벌써 여러 해 동안 노인 방에서 살았지요. 아주 영리해서 다른 종년들은 노상 잘렸지만 그 계집만은 여태 그대로 남아 있지요. 황 대인은 그 계집의 손에서 노는 등신이 되고 말았소."

"그럼 이젠 아무거나 그 계집 마음대로 하겠군요?" 왕룽은 열심히 상대의 대답을 기다렸다.

"요즘이야 제 마음대로 할 수 있죠. 그러니까 당장 긁어모을 수 있는 건 모조리 긁어모으고 집어삼킬 수 있는 건 죄다 집어삼키자 그거죠. 지금 다른 곳에 사는 노인의 아들들이 자기네 일을 해결하면 돌아올 테니까, 그렇게 되면 그 종년이 제아무리 노인을 돌봐 온 것을 내세우고 자기한테 유리하게 혀를 놀려 댔댔자 뻔한 일이니까요. 그렇지만 두쥐안은 벌써 한평생 먹고살 만큼은 챙겼을걸요. 혹 백 년을 산대도 말이오."

"그럼, 땅은요?" 초조한 나머지 떨면서 왕룽은 물었다.

"땅이라니?" 주인은 모를 일이라는 듯이 되물었다. 그에게는 농토란 아무런 의미도 없는 것이었기 때문이다.

"땅을 팔려고 내놓았는가 말이오." 왕룽은 더욱 몸이 달아서 물었다.

"아, 그 집 땅 말씀이로군!" 그는 심드렁하게 대답했다. 때마침 손님이 들어와서 그는 자리에서 일어나 그쪽으로 가면서 말을 이었다. "판다고 합디다. 6대(代)나 조상이 묻힌 묘지만 빼놓고는 다 판답니다."

왕룽도 따라 일어섰다. 들으러 왔던 이야기를 다 들은 것이었다. 그는 찻집을 나와 다시 황부자 집으로 갔다. 여인이 나와서 문을 열어 주었다. 그는 들어가지는 않고 그녀에게 말을 건네었다.

"이것부터 먼저 묻겠는데, 노대인이 매도증에 자기 도장을 찍을까요?"

여인은 왕룽을 뚫어지게 바라보며 열심히 대답했다.

"찍고말고, 찍고말고요. 내 모가지를 걸고 맹세하죠."

왕룽은 무뚝뚝하게 말을 이었다.

"땅값은 은전으로 받겠소? 보석으로 받겠소?"

그녀는 눈을 반짝이며 말했다.

"보석으로 받겠어요!"

17

이제 왕룽은 남자 혼자 소 한 필로는 일구지 못할 만큼 넓은 땅을 가지게 되었다. 추수를 하는 데도 혼자서는 도저히 할 수 없어서, 집도 한 칸 더 늘려 짓고 당나귀를 한 필 사 들인 다음 이웃에 사는 칭에게 말했다.

"자네 손바닥만 한 밭을 내게 팔고, 혼자 외롭게 사느니 내 일도 도울 겸 우리 집에 와 함께 사세나." 칭은 기꺼이 이 제안을 받아들였다.

이번에는 하늘도 제철에 맞게 비를 내렸다. 모판의 벼가 자라서 잘 여문 밀을 베어 거둬들인 뒤에 두 사람은 논에 물을 대어 모를 심었다. 왕룽은 이해만큼 많은 벼농사를 지은 일이 없었다. 비가 풍족히 내려서, 이제까지 바싹 말랐던 것이 벼농사에 알맞은 논이 되었다. 추수 때가 되었을 때 거둬들일 것이 하도 많아 왕룽과 칭 두 사람만으로는 손이 모자랐다. 그래서 왕룽은 마을 일꾼 두 사람을 사서 추수를 끝냈다.

황부자 집에서 산 논밭에서 일할 때 왕룽은 그 몰락한 집의 게으른 아들들을 떠올렸다. 그는 두 아이를 아침마다 꼭 밭으로 데리고 나가서, 소나 당나귀를 끄는 것 같은, 작은 손으로도 할 수 있는 일을 시켰다. 하다못해 몸에 뙤약볕을 쬐며 밭이랑 사이를 왔다 갔다 하는 일의 피로만이라도 알게 하고 싶었던 것이다.

하지만 그는 오란을 들에 내보내지 않았다. 이제 그는 가난한 농부가 아니요, 금년엔 일찍이 보지 못한 대풍작이었으므로 일꾼을 사서 일할 수 있는 처지였기 때문이다. 덕분에 곳간을 한 칸 더 늘리지 않으면 집 안에 발을 디딜 틈조차 없었다. 그 밖에도 돼지 세 마리, 닭 몇 마리를 사서 흩어진 곡식을 먹게 했다.

오란은 집 안에서 식구들의 새 옷도 짓고, 신도 깁고, 침대 위에 덮는 이불잇에 꽃무늬 수도 놓았다. 이렇게 모든 것을 갖추자 옷이며 침구며 이제껏 볼 수 없을 정도로 풍성해졌다. 그리고 오란은 이번에도 누구의 도움을 받지 않고 혼자 아기를 낳았다. 넉넉히 산파를 부를 수 있는 처지임에도 그녀는 홀로 낳기를 원했다.

이번 해산은 전보다 오랜 시간이 걸렸다. 저녁때 일을 마치고 왕룽이 집에 돌아오니 노인이 벙실벙실 웃으며 문 앞에 서 있었다.

"이번엔 노른자위가 두 개다!"

왕룽은 오란이 누워 있는 안방으로 들어갔다. 사내애와 계집애가 마치 두 알의 낟알처럼 똑같이 생긴 쌍둥이였다. 왕룽은 소리 내어 한바탕 유쾌하게 웃고는 뭐든 농담이 한마디 하고 싶었다.

"옳지, 그래서 보석 두 개를 갖고 싶어했구먼."

그리고 자기가 한 재치 있는 말에 또 한 번 껄껄 웃었다. 오란은 남편이 좋아하는 모습을 보고 조용히 웃음 지었다.

왕룽에겐 이제 아무런 근심이 없었다. 다만 맏딸이 말을 할 나이인데도 한 마디도 소리를 내지 않고 아비의 눈길을 느낄 때마다 갓난아기처럼 웃음만 짓는 게 염려스러웠다. 그 애를 낳던 해 몹쓸 흉년으로 굶어서 그런지, 혹은 다른 무슨 까닭이 있어서 그런지 알 수 없었다. 다달이 지날수록 왕룽은 초조하게 딸의 말소리를 기다렸지만, '아빠' '엄마'란 소리조차 듣지 못했다. 그 대신 무의미한 웃음만 지을 뿐이었다. 왕룽은 그 애를 볼 때마다 탄식했다.

'이 가엾은 아기, 가엾은 우리 아기.'

그리고 혼자 이렇게 생각했다.

'이 불쌍한 것을 그때 팔았더라면, 그리고 이 애를 사 간 사람들이 애가 이런 줄 알았더라면 곧바로 죽여 버렸을 거야.'

그 어린 것을 팔려고 생각했던 마음의 빚을 갚을 요량으로 왕룽은 그 아이를 더욱 귀여워하여 가끔 들에 데리고 나가기도 했다. 아이는 가만히 따라오면서 아버지가 말을 걸면 방글방글 웃기만 했다.

왕룽과 그의 아버지가 집안 대대로 살아온 이 고장에는 흉년이 5년마다 찾아들었다. 하늘이 자비를 베풀 때면 7년이나 8년간, 어쩌다가는 10년간이나 흉년이 없을 때도 있었다. 흉년이 드는 것은 하늘이 비를 너무 많이 내리거나 아주 적게 내리기 때문이기도 하고, 더러 북쪽에 있는 강의 상류인 산악 지대에 호우가 오거나 눈이 한꺼번에 녹거나 하면서 큰 홍수가 져서, 몇백 년 동안이나 사람들이 쌓아 놓은 제방을 무너뜨리고 전답을 휩쓸어 가기 때문이기도 했다.

그럴 때마다 사람들은 이 땅을 떠나 흩어져 갔다가 이듬해에 다시 돌아오곤 했다. 그러나 왕룽은 이제 그런 흉년이 든다 해도 고향을 떠나지 않고 지난해에 쌓아둔 곡식으로 이듬해까지 먹고 살 수 있도록 안전한 생활 터전을 굳게 잡으려 했다. 그의 이러한 노력을 하늘이 도와주어 7년 동안 잇따라 풍년이 들었다. 그리하여 해마다 먹고도 남을 만큼의 곡식을 거둬들였다. 차츰 손이 부족하여 고용한 머슴이 여섯이나 되어, 그가 살던 집 뒤에, 양쪽에 작은 방이 하나씩 달린 뜰을 내다볼 수 있는 집을 새로 지었다. 새 집 지붕에는 기와를 이고, 벽은 밭에서 떠온 흙을 이겨서 단단하게 쌓아 올리고 겉에 회를 발라 희고 깨끗하게 보였다. 그의 가족은 이 새 집으로 옮겨오고, 살던 집엔 칭 서방과 다른 일꾼들이 들어앉게 되었다.

이즈음에 와서 왕룽은 칭 서방을 여러 가지로 다뤄 본 결과 정직하고 충실하다는 것을 알고, 그로 하여금 일꾼들을 감독하고 농사에 대한 관리를 하게 했다. 대우도 후하게 해서 먹는 것 외에 다달이 은전 두 닢씩 주었다. 그러나 늘 많이 먹기를 권함에도 좀처럼 살이 오르지 않았다. 작은 몸은 언제나와 다름없이 비쩍 말라 있고 생기가 없어 보였다. 하지만 일에는 성실하기 그지없어 새벽부터 어두워질 때까지 부지런히 그리고 기꺼이 일했다. 꼭 말을 해야 될 경우엔 나직한 목소리로 두어 마디 지껄였으나 잠자코 있을 때가 가장 행복했다. 그는 종일토록 쉬지 않고 괭이질을 했고, 새벽과 저물녘엔 물이나 거름을 져다가 채소밭에 뿌려 주었다.

그렇게 묵묵히 일하면서도 일꾼들 감독도 잘한다는 사실을 왕룽은 알고 있었다. 일꾼 가운데 누군가 날마다 대추나무 그늘에서 낮잠을 너무 오래 잔다든가, 여럿이 같이 먹는 밥상에서 음식을 제 몫 이상으로 많이 먹는다든가, 타작하는 날 자기 여편네와 아이를 오게 해서 도리깨질하는 밑에 떨어지는 곡식을 몰래 집어 가게 한다든가 하는 것을 보면, 잘 기억해 두었다가 그해 추수가 끝나고 주인과 일꾼이 한자리에 모여 잔치가 베풀어질 때면 왕룽에게 귀띔해 주었다.

"저 사람과 저 사람은 이런 일이 있으니 내년에는 쓰지 말죠."

일찍이 왕룽이 한 줌의 팥을 칭 서방한테서 받고 또 칭 서방이 얼마 되지 않는 씨앗을 왕룽한테서 받은 게 인연이 되어 두 사람은 이젠 친형제나 다름없었다. 다만 나이가 적음에도 왕룽이 형 행세를 했고, 칭 서방은 언제든 자신이 왕룽에게 고용되어 그의 집에서 산다는 것을 잊지 않을 뿐이었다.

5년이 지난 무렵부터 왕룽은 자신이 직접 들에 나가 일할 틈이 없어졌다. 토지가 너무 넓어져서 농산물의 판매, 일꾼들을 지휘하는 것 등 온갖 일로 하루 종일 바빴기 때문이다. 그는 배우지를 못해, 종이에 먹과 낙타 털 붓으로 쓰인 글자를 모르는 것이 약점이었다. 특히 그가 곡물을 매매하는 가게에서 밀이나 쌀을 파는 계약을 할 때, 그렇지 않아도 거만한 성안의 장사치에게 허리를 굽혀 가며 "미안하지만 이것 좀 읽어 봐주시오. 난 워낙 무식해 놔서 모르겠소이다" 할 때에는 더욱 그랬다.

그리고 계약서에 서명을 할 때 이름을 대신 써달라고 부탁을 하면 하찮은 점원까지 눈썹을 찡그리며 붓을 먹물에 적셔서 그의 이름을 내갈겨 쓸 때도 창피했다. 가장 견디기 힘든 것은 상대가 큰 소리로 이렇게 놀릴 때였다.

"왕룽(王龍), 룽 자가 용 룽(龍)잔가, 귀머거리 룽(聾)잔가?"

그럴 때면 왕룽은 또 허리를 굽히며 비굴하게 대답할 수밖에 없었다.

"아무렇게나 쓰시죠. 워낙 무식해서 제 이름자도 모릅니다."

어느 해 가을에 곡물 가게에서 점원들에게 그러한 조롱을 또다시 받았다. 마침 한낮이라 한가한 때였으므로 점원들은 대수롭지 않은 일에도 모두들 소리를 내어 웃어 댔다. 모두 왕룽의 아들 또래의 젊은 아이들이었다. 그는 매우 불쾌하여 자기 밭을 지나 오면서 중얼거렸다.

'성안의 그 녀석들은 모두 한 치의 땅도 갖지 못한 주제에 내가 그깟 종이 위에 적힌 글자 좀 모른다고 킬킬대고 나를 비웃어.'

그러나 분한 마음이 얼마쯤 가라앉자 그는 다시 마음속으로 뇌었다. '내가 글을 읽지도 쓰지도 못하는 건 분명 수치스러운 일이다. 이제 큰아들 놈은 밭에 보내는 대신 성안 서당에 보내 글을 배우게 해야겠다. 그래 가지고 곡물상에 데리고 가서 나 대신 읽고 쓰게 해야지. 그러면 지주인 나를 더는 깔보고 웃음거리로 삼지 못할 게다.'

아주 좋은 생각인 것 같았다. 그는 집으로 들어서자마자 큰아들을 불렀다. 큰아들은 이제 열두 살 소년인데도 키가 훌쩍 컸으며, 어머니를 닮아 광대뼈가 크고 손발도 컸으나 눈은 아버지를 닮아 날카로웠다. 큰아들이 앞에 와 서자 왕룽은 말했다.

"오늘부터 밭일을 그만둬라. 우리 집안에도 누구 하나 글을 배워서 나 대신 계약서도 읽고 내 이름도 쓰고 해야겠다. 그래야 성안에서 창피를 안 당해."

소년은 햇볕에 그은 낯을 붉히면서 눈을 반짝였다.

"아버지, 저도 2년 전부터 서당을 가고 싶었지만 말을 못 했어요."

그러자 이 말을 엿들은 작은아들이 뛰어 들어와 울면서 저도 서당에 보내 달라고 떼를 썼다. 그는 어릴 때부터 고집이 센 아이로, 무엇이든 제 몫이 형의 것보다 조금만 적어도 울음을 터뜨렸다. 그는 지금도 아버지 앞에서 찡얼거렸다.

"그럼 나도 밭에 일하러 안 나갈 테야. 형은 서당에 편히 앉아서 글을 배우는데 난 머슴처럼 일만 하란 말이야? 나는 아들이 아닌가 뭐."

왕룽은 언제든지 이 아이의 고집을 당해낼 수 없었으므로 이번에도 얼른 승낙해 주었다.

"그래, 그래. 너도 함께 가거라. 만약에 너희들 중에 하나가 어떻게 되더라도 다른 하나가 글 배운 구실을 해 줄 테니 그게 좋겠구나."

그리고 나서 왕룽은 오란을 성안으로 보내어 두 아들의 두루마기를 만들 감을 떠 오게 했다. 그리고 그는 문방구점에 가서 종이와 붓과 벼루 두 개씩을 샀다. 처음엔 종이와 붓들에 대해 전혀 몰랐으나, 그렇다고 말하기도 부끄러워 머뭇거리고 있노라니 점원이 의심스럽게 쳐다보기도 했으나 겨우겨우 필요한 모든 것을 샀다. 그리고 성문 근처의 서당으로 두 아이를 보내도록 모든 절차를 마쳤다. 그 서당의 선생은 옛날에 과거에서 떨어진 노인이었다. 그는 자기 집 가운뎃방에 책상과 긴 나무 걸상을 여럿 갖다 놓고 명절 때마다 조금의 돈을 받고 아이들에게 경서(經書)를 가르쳤다. 공부에 게으름을 피우거나 전날 새벽부터 해질 녘까지 배운 글을 외지 못하면 언제나 큰 부채를 접어 때렸다.

따뜻한 봄날이나 여름날에는 아이들이 좀 쉴 수 있었다. 늙은 훈장이 점심을 먹고 나서 깜빡깜빡 졸다가 잠이 들어 버리기 때문이었다. 그럴 때면 그 어둑한 작은 방은 드르렁드르렁 코 고는 소리로 가득 찼다. 그러면 아이들은 소곤거리며 장난치고 우스꽝스러운 그림을 그려 서로 보여 주곤 했다. 입을 벌리고 자는 훈장의 늘어진 턱으로 기어다니는 파리를 보고 킬킬거리기도 하고, 저 파리가 입속으로 들어갈 건가 안 들어갈 건가 서로 내기를 걸기도 한다. 그러다가 훈장이 느닷없이 잠을 깰라치면—훈장은 마치 이제까지 자고 있지 않았던 것처럼 언제나 갑자기 눈을 뜨곤 했다—아이들이 눈치채기도 전에 옆에 놓았던 큰 부채로 이놈 저놈의 머리를 마구 갈긴다. 부채로 딱딱 때리는 소리와 맞고 우는 아이들 소리를 들으면 이웃 사람들은 이렇게 말했다.

"거참, 열심히도 가르치는 훈장이야."

왕룽이 두 아들을 가르치는 데 이 서당을 택한 것도 그런 좋은 평판을 들었기 때문이었다.

아이들을 서당으로 처음 데리고 가는 날, 왕룽은 앞서서 걸어갔다. 아버지와 아들이 나란히 걷는 것은 도리가 아니었기 때문이다. 푸른 보자기에 갓 낳은 달걀을 싸 가지고 가서 훈장 앞에 내놓았다. 왕룽은 큰 놋테 안경을 쓰고 겨울에도 손에서 놓지 않는 커다란 부채를 들고 있는 훈장의 위엄에 기가 눌렸다. 그는 훈장에게 넙죽이 엎드려 절했다.

"훈장님, 여기 제 못난 자식들을 데리고 왔습니다. 저 애들의 둔한 머리를 깨우치시자면 그저 자주 때려야 하실 겁니다. 아무쪼록 많이 때려서 가르쳐 주십시오."

두 아이는 한쪽 구석에 선 채 긴 걸상에 앉아서 공부하는 아이들을 바라보았고 아이들도 이 두 아이를 바라보았다.

두 아들을 서당에 맡기고 집으로 돌아가면서 왕룽의 가슴은 자랑스러운 마음으로 터질 것만 같았다. 서당에 있는 아이들을 다 보아도 자기 두 아들처럼 키가 크고 튼튼한 몸집에 갈색으로 그은 얼굴을 가진 아이는 하나도 없었다. 성문을 나오다가 성안으로 들어가는 자기 마을 사람을 만났다. 어디 갔다 오느냐고 묻는 말에 그는 이렇게 말했다.

"우리 자식놈들 서당에 좀 넣고 오는 길이오." 이 말을 듣고 마을 사람이 놀라는 눈치를 본 왕룽은 아무렇지 않은 듯 덧붙여 말했다.

"이젠 농사일을 안 시켜도 되니까 글이나 실컷 배우게 할 작정이오."

하지만 그 마을 사람과 지나친 뒤에 그는 혼자 생각했다.

'큰놈이 공부를 다 해가지고 높은 벼슬을 할지도 모르지.'

이때까지 아이들은 다만 '큰애', '작은애'라고만 불려 왔었는데 훈장이 그들에게 서당에서 부를 이름을 지어 주었다. 훈장은 아버지의 직업을 물은 뒤에 큰아이를 눙언(農恩), 작은 아이를 눙원(農文)이라고 이름 지어 주었다. 이 두 이름의 돌림자인 눙(農)자는 땅을 갈아 재산을 얻는다는 뜻이었다.

18

왕룽이 이렇게 재산을 모은 지 7년이 되는 해에 북쪽의 큰 강물이 넘쳤다. 그것은 서북쪽에 있는 강 상류 지대에 눈비가 너무 많이 와 물이 불었기 때문이었다. 강물은 둑을 넘어 그 지방 일대의 전답을 휩쓸었다. 그러나 왕룽은 두려워하지 않았다. 자기 농토의 5분의 2가 한 길이나 되는 물속에 잠겨도 마음에 두지 않았다.

늦은 봄에서 초여름에 이르기까지 물은 불기만 했다. 그리하여 마침내 바다처럼 되어 버렸다. 구름과 달과 반쯤 물에 잠긴 수양버들과 대나무의 그림자가 거울 같은 물 위에 비친 모양은 한 폭의 그림처럼 보기에 아름답고도 한가로웠다. 여기저기 버려진 토벽 집들이 보였다. 그런 집들은 며칠 가지 않아 흙벽이 무너져서 물에 섞여 버리고 마는 것이다. 왕룽의 집처럼 높은 언덕 위에 서 있지 않은 집들은 모두 그랬다. 이런 바다 같은 물속에 그런 언덕만이 섬처럼 솟아 있었다. 사람들은 작은 배나 뗏목을 타고 성안을 오가게 되었고 다시 예전처럼 굶주림에 허덕였다.

그러나 왕룽은 두려워하지 않았다. 곡물 시장에 빌려준 돈도 있거니와 그의 곳간에는 아직도 지난 2년 동안 추수한 곡식이 가득 차 있었고, 그의 집은 높은 지대에 있었으므로 물에 휩쓸릴 염려가 없었다.

그러나 대부분의 농토가 경작할 수 없게 되었기 때문에 왕룽은 평생 처음으로 한가한 날을 갖게 되었다. 할 일은 없는 데다 좋은 음식을 마음대로 먹고, 마음껏 자고, 하고 싶은 일을 다 하고 나면 남는 시간을 주체할 수가 없었다. 1년 계약으로 고용한 일꾼들을 물이 빠질 때까지 놀리며 주인인 그가 일하는 것도 어리석은 일이었으므로, 그는 일꾼들에게 헌 지붕을 새로 잇게 하고 새 집의 비가 새는 곳을 찾아 기와를 고쳐 이게 했다. 그리고 괭이, 쇠스랑, 쟁기 같은 농구도 손질하게 했다. 소에게 여물을 주게 하고 오리를 사다가 물에 놓아서 기르고, 또 삼으로 노끈을 꼬게 했다. 원래 이런 일들은 그가 자기 땅을 혼자 경작할 때 같으면 직접 했던 것이나, 이제 일꾼이 있으므로 그 자신은 손이 비고 할 일이 없었다.

어엿한 사내가 온종일 물에 잠긴 자기 논밭을 바라보고 있을 수만은 없는 노릇이다. 또 배가 부르도록 실컷 먹고 나면 그 이상 더 먹을 수도 없는 노릇이며 또 잠을 잔대도 한없이 잘 수는 없다. 집 안을 빙빙 돌아다녔지만 혈기 왕성한 그에겐 집 안의 고요함은 참기 힘들었다. 그의 아버지는 이제 너무 쇠약해서 눈이 잘 보이지 않았고 귀도 거의 들리지 않았다. 그래서 노인에게는 춥지나 않은가, 배고프지 않은가, 차를 드릴까를 묻는 이외 아무 말도 하지 않았다. 왕룽은 노인이 자기 아들이 부자가 된 걸 알지 못하고 찻잔에 찻잎이 들어 있으면 "더운 물을 조금 주면 그만이지 금쪽같이 귀한 차를 이렇게 헤프게 쓰느냐?" 잔소리를 할 때는 안타까웠다. 그러나 노인에겐 어떤 말을 해도 소용없었다. 곧 잊어버리고 말기 때문이었다. 그는 언제나 자신만의 세계에서 살고 있었고 거의 늘 아직 자기가 혈기왕성한 젊은 시절에 살고 있다고 꿈꾸었으므로 지금 생활에 대해서는 잘 몰랐다.

말을 전혀 못하고 노상 할아버지 곁에 앉아서 헝겊 조각을 폈다 접었다 하며 이따금 혼자 웃음 짓는 계집애와 노인은 부자에다 기운이 넘쳐흐르는 왕룽을 대하여도 그다지 할 말이 없었다. 왕룽은 노인에게 차를 따라 주거나 딸의 볼을 만져 주었다. 그러면 딸아이는 애달플 정도로 귀엽고도 공허한 미소를 지었다. 그러나 그 미소는 곧 사라지고 본래의 텅 비고 흐리멍덩한 눈빛으로 돌아갔다. 그는 잠시 동안 그 애를 물끄러미 바라보다가 얼굴을 돌렸다. 슬픈 생각으로 가

슴이 뭉클해지기 때문이었다. 그러고는 오란이 낳은 어린 쌍둥이 아들과 딸에게
로 눈을 돌렸다. 그 애들은 벌써 떠들며 온 집안을 뛰어다녔다.

그러나 어른은 어린애들을 상대로 언제까지나 만족할 수는 없다. 아이들은
그와 더불어 잠시 웃고 지껄이다가도 곧 자기네끼리의 장난으로 돌아가 버린다.
그런 때면 왕룽은 외로워지고 마음이 초조해졌다. 그러면 그는 아내인 오란에게
눈을 돌리지만, 그녀와도 너무도 오랫동안 함께 살아 그녀에 대해 질릴 정도로
샅샅이 알고도 남았으므로 무엇 하나 새로운 것을 기대할 수는 없었다.

왕룽은 오란을 이렇게 유심히 바라보기는 생전 처음인 듯싶었다. 그녀는 누가
보나 품위 없고 뚱한 평범한 여자였다. 자기가 다른 사람에게 어떻게 보이건 상
관없이 그저 할 일만 아무 말 없이 해나가는 여자임을 새삼스레 느꼈다. 기름을
바르지 않은 헝클어진 그녀의 머리칼은 거칠고 빛바랜 갈색이었고, 넓적한 얼굴
과 거친 살결, 거기다 눈, 코, 입조차 조금도 예쁘다거나 명랑한 구석이 없다. 눈
썹은 뭐가 뜯어 먹은 양 듬성듬성했고 입술은 너무 커 메기 입 같고, 손과 발은
주책없이 크기만 했다. 이제까지와는 다른 눈길로 아내를 바라보던 그가 갑자기
소리를 질렀다.

"누가 보건 임자는 가난뱅이 농사꾼의 여편네라고 하지, 어디 일꾼을 몇이나
부리는 지주의 아내라고 보겠느냐 말이야."

그가 오란의 용모에 대해 말하기는 이것이 처음이었다. 오란은 슬픈 듯한 눈
길로 조용히 남편을 쳐다보았다. 그녀는 의자에 걸터앉아 긴 돗바늘로 신바닥을
꿰매던 손을 멈추고 그 큰 입을 열어 검은 이를 드러냈다. 그녀는 남편이 자기를
한 여자로서 바라보는 것을 마침내 깨달았는지 광대뼈가 불거진 뺨을 붉히면서
중얼거렸다.

"저, 쌍둥이를 낳고부터는 몸이 편하지 않아요. 아랫배가 불타는 것같이 아파
요."

이 둔한 아내가 자기가 7년 동안이나 아이를 낳지 못하는 것을 탓한다고 여긴
다는 것을 왕룽은 깨달았다. 그래서 왕룽은 자기도 모르게 거친 소리로 말했다.

"내 말은 왜 남들처럼 머리에다 기름도 바르고 새로 검정 옷도 해 입지 못하느
냐 말이야. 그 신고 있는 신만 해도 어디 지주의 여편네가 신을 신인가!"

오란은 아무 대꾸도 않고 영문도 모른 채 조심조심 남편을 쳐다보며 두 발을 포개어 기대앉은 의자 밑으로 넣었다. 왕룽은 이때까지 자기를 개처럼 충실하게 따른 이 여인을 나무란다는 것을 부끄럽게 생각했고, 또 그가 가난하던 무렵 밭에서 일할 때 어린애를 낳고도 금방 밖으로 나와 추수를 거들어 주던 일을 생각했지만, 그래도 그는 가슴속에 치밀어 오르는 짜증을 참을 수가 없었다. 그래서 마음은 그렇지 않으면서도 계속해서 무정하게 내뱉었다.

"난 고생해서 재산도 모았으니 내 여편네를 농군의 여편네 꼴로 만들고 싶지 않아. 그런데 임자의 발은……."

그는 말을 끊었다. 그녀의 모든 것이 다 보기 흉했지만, 그중에서도 진저리 날 만큼 보기 싫은 건 그 헐거운 무명 신을 신은 커다란 발이었다. 그는 노여운 눈초리로 그녀의 그 큼지막한 발을 쏘아보았다. 오란은 의자 밑으로 더 깊이 발을 숨겼다.

이윽고 그녀는 들릴락 말락 한 소리로 말했다.

"전 너무 어려서 팔려 갔기 때문에 우리 어머니가 발을 묶어 주지 않았어요. 그렇지만 제 딸의 발은 꼭 묶어 주겠어요. 둘째 딸의 발은 그렇게 할게요."

왕룽은 아내에게 성낸 자신이 한편 부끄러웠으나, 아내가 마주 성을 내지 않고 오히려 겁만 내는 것이 못마땅해서 자리를 박차고 일어났다. 그는 새로 만든 검정 두루마기를 걸쳐 입으며 투덜거렸다.

"에이, 속상해. 찻집에 가서 무슨 새로운 이야기나 있는지 들어야겠다. 집 안엔 저런 바보와 늙은이에 애들뿐이니 살 수 있어야지."

왕룽은 성안으로 걸어가면서도 화가 더욱 치밀었다. 오란이 그 부잣집에서 보석을 한 줌 집어 오지 못했다면, 또 그녀가 자기 요구대로 그것을 내놓지 않았더라면, 그는 생전 가도 그렇게 많은 땅을 살 수 없었으리라는 생각이 문득 떠올랐기 때문이었다. 그런 것을 기억하니 더욱 화가 치밀어서 자기 마음에 반항하듯이 중얼거렸다.

'뭐, 그 사람이야 자기가 뭘 했는지도 모르고 한 일이니. 마치 어린애가 울긋불긋한 과자를 집듯이 그 보석도 그저 신기하니까 집은 게지, 뭐. 내가 그걸 발견하지 못했더라면 평생 젖통 사이에 감춰 두고 내놓지 않았을 거야.'

그는 오란이 아직도 그 진주 두 개를 품속에 지니고 있을까 생각해 보았다. 전 같으면 신기해하고 가끔은 떠올려 보며 마음속에 그려 보기도 하는 대상이었으나 이제는 경멸스러울 뿐이었다. 오란의 젖통은 애들을 많이 낳아 축 늘어져 전혀 예쁘지 않았으므로, 그 가슴 사이에 진주를 간직한다는 것은 어리석고 어울리지도 않는 일이었나.

그러나 왕룽이 아직도 가난한 농사꾼이라면, 또는 이번 홍수가 그의 전답을 휩쓸지 않았더라면 이런 생각은 통 나지 않았을지도 모른다. 그러나 지금의 그에겐 돈이 얼마든지 있었다. 새로 지은 그의 집 벽에도 은전을 감추어 두었고 마룻바닥 밑에도 은전 꾸러미를 묻어 두었다. 또 오란과 함께 자는 방 농 속에도 넣어 두었고, 침상 요 속에도 넣어 꿰매 두었고, 허리춤 전대에도 은전이 가득 들어 있었다. 이렇게 돈은 부족함이 없었다. 그래서 예전에는 돈을 쓰는 것이 생살을 베어 내는 것 같았으나, 지금은 허리춤에 손이 닿을 때마다 곧 이것저것에 써버리고 싶은 충동을 느꼈다. 그리하여 그는 차츰 돈에 무관심해지고, 한창때 남자의 즐거움을 누리기 위해 어떤 일을 할 수 있을까 생각하기 시작했다.

요즘 그에게는 아무것도 전처럼 매력적이지 않았다. 전에는 자신이 보잘것없는 시골뜨기라는 자격지심에서 기를 못 펴고 드나들던 찻집도 이제는 누추하게만 보였다. 전 같으면 그런 곳엔 누구 하나 그를 알아보는 사람이 없었고 심부름하는 아이까지 그에게 건방지게 대했지만, 이제는 그가 들어오는 것을 보기만 해도 거기 있는 사람들은 저희끼리 팔꿈치로 쿡쿡 찌르며 수군대는 것이었다.

"저 사람이 왕촌(王村)에 사는 왕룽이라는 사람이야. 이전에 기근이 들고 황부자 영감이 죽은 해 겨울에 그 집 땅을 몽땅 산 사람이야. 지금은 굉장한 부자지."

왕룽은 이런 말을 듣고서도 못들은 체 자리에 앉았지만 속으로는 자신의 위치를 여간 자랑스럽게 생각하지 않았다. 그러나 아내를 나무라고 집을 나온 오늘은 그런 소리를 듣고도 그다지 유쾌하지 않았다. 그래서 못마땅하게 앉아 차만 마시면서, 이제껏 생각했던 것처럼 자신의 인생이 좋은 건 아니라고 생각했다. 그때 문득 그에게 이런 생각이 떠올랐다.

'아니, 내가 왜 이따위 집에서 차를 마셔야 한단 말야? 주인이란 작자는 사팔뜨기 족제비 같고 수입이래야 내 집 일꾼만도 못한걸. 나는 땅을 가지고 있겠다,

자식들은 서당에까지 보내고 있는데.'

왕룽은 갑자기 일어서서 찻값을 탁자 위에다 던지고 누가 그에게 말을 붙일 겨를도 없이 나와 버렸다. 그는 자신이 원하는 것이 무엇인지도 모르고 정처없이 거리를 걸어갔다. 그는 지나는 길에 이야기꾼 집에 잠시 들러 사람들이 많이 모여 앉은 긴 의자 끝에 걸터앉아, 용맹과 지략이 뛰어난 영웅들이 활약하는 《삼국지(三國志)》 이야기를 들었다. 그러나 그는 여전히 마음의 안정을 얻지 못하여 남들처럼 이야기꾼의 말솜씨에 매혹될 수 없었다. 더구나 이야기꾼이 치는 징 소리가 귀에 거슬려 그는 일어나 밖으로 걸어 나왔다.

그런데 성안에는 최근에 문을 연 큰 찻집이 있었다. 주인은 멀리 남방에서 온 사람으로서 그런 사업에 밝은 사람이었다. 전에도 그 앞을 지난 적이 있었으나 그때엔 이곳에서 도박과 유흥과 돈만 밝히는 계집 따위에 돈을 낭비하는 것을 끔찍하게 생각했다. 그러나 오늘은 심심하고 또 아내에게 너무했다는 양심의 가책에서 도피하고자 그 집으로 발을 옮겼다. 어떤 것이든 신기한 것을 보거나 듣거나 해야 속이 시원할 것만 같았다. 거리 쪽으로 번쩍번쩍하게 꾸며진 차실에는 탁자가 즐비하게 놓여 있었다. 그는 대담한 태도를 취했다. 원래가 사람이 거만치 못한 데다가 몇 해 전만 하더라도 은전 한두 닢밖엔 여유가 없는 가난뱅이였고 남쪽 도시에서 인력거를 끌어 겨우 입에 풀칠을 하던 것이 생각이 나서, 그것에 대한 반발심으로 더욱 배를 내밀고 그 찻집에 발을 들여놓았다.

그런 큰 찻집에 처음 들어선 그는 아무 말도 하지 않고 조용히 차를 주문하여 마시며 신기한 듯이 주위를 둘러보았다. 커다란 방의 천장은 금으로 칠해져 있었으며 여기저기 벽에는 미인을 그린 비단 족자들이 걸려 있었다. 그는 그림의 여자들을 몰래 찬찬히 바라보았다. 이 세상에서 이제껏 그런 여자들을 본 적이 없는 그의 눈에는 그것은 마치 꿈속의 여인 같았다. 첫날에는 이렇게 여자의 그림만 보고 서둘러 차를 마시고 나와 버렸다.

그의 농토가 홍수에 잠겨 있는 동안 날마다 그는 이 찻집으로 와서 혼자 앉아 차를 마시며 아름다운 여자의 그림을 바라보았다. 날이 갈수록 앉아 있는 시간이 길어졌다. 집에나 농토에나 할 일이 없었기 때문이었다. 그는 이처럼 언제까지라도 계속할 것 같았다. 아무리 그의 집 여러 곳에 은전을 숨겨 두었다 할지라도 그는 여전히 시골뜨기로밖에 안 보였다. 이 찻집에 오는 사람들은 모두 비단 옷을 입었는데 그만 무명옷을 입고 있었고, 또 성에 있는 사람들 가운데는 그런 사람이 없는데 그만 변발을 등에 늘이고 있었다. 그러던 어느 저녁, 찻집의 뒷편 탁자에 앉아서 차를 마시고 있을 때 그는 저쪽 끝에서 2층으로 통하는 좁은 층계를 걸어 내려오는 사람을 보았다.

이 성안에 2층 건물이라고는 이 집 하나뿐이었고 그만큼 높은 것이라고는 서문 밖에 서탑(酉塔)이라는 5층탑이 있을 따름이었다. 탑은 위로 갈수록 좁아지지만 찻집 2층은 아래층과 똑같다. 방에서는 여자들의 높은 노랫소리와 밝은 웃음소리가 창문으로 흘러나왔다. 여자의 손으로 타는 간드러진 비파 소리도 흘러나왔다. 밤이 깊어질수록 거리로 흘러나오는 그 소리는 더욱더 커졌으나 왕룽이 앉은 아래층에서는 차를 마시는 사람들의 떠드는 소리, 주사위 던지는 소리, 마작패를 던지는 소리 등 떠들썩한 소리에 어울려서 어렴풋이 들려왔다.

그랬기 때문에 이날도 왕룽은 그의 뒤에서 층계를 삐걱거리며 내려오는 여인의 발소리를 듣지 못했다. 그래서 누군가가 그의 어깨에 손을 대었을 때, 그는 이 집에 그를 아는 사람이 있을 리가 없었으므로 깜짝 놀라 쳐다보았다. 쳐다보니 그것은 조그맣고도 예쁜 여자의 얼굴, 두쥐안이었다. 그가 땅을 살 때 그의 보석을 받던 손의 여주인공, 그리고 떨리는 황 노인의 손을 바로 잡아다가 매도증서에 도장을 찍도록 도와주던 바로 그 여인이었다. 두쥐안은 그를 보자 웃었다. 귓가에서 날카롭게 속삭이는 듯한 웃음소리였다.

"아니, 농사꾼 왕 서방이 아녜요? 여기서 만나긴 천만뜻밖이군요." 두쥐안은 심술궂게 농사꾼이란 말을 일부러 길게 뽑으며 말했다. 왕룽은 이 여인에게 자기는 한낱 시골뜨기가 아니라는 것을 반드시 증명할 필요가 있을 것 같았다. 그래서 그는 껄껄 웃으며 조금 큰 소리로 말했다. "왜, 나는 남들처럼 돈을 쓰면 안 되오? 나도 이젠 돈에 딸리지는 않소. 한 재산 모았단 말이오."

이 말에 두쥐안은 웃음을 뚝 그쳤다. 그녀의 눈이 뱀처럼 가느다랗게 반짝이고 목소리는 병에서 흘러나오는 기름처럼 부드러워졌다.

"누가 그걸 모른대요? 먹고 입고 남는 돈을 쓰는 데 여기보다 더 좋은 데가 있겠어요? 여기엔 부자와 점잖은 양반들만 와서 놀아요. 이 집 술 같은 것은 다른 데서는 구경도 못 해요. 그 맛을 보셨어요, 왕룽 씨?”

“나는 여태껏 차만 마셨어. 술과 주사위에는 손도 대지 않은걸.” 대답하면서 그는 좀 창피해졌다.

“차만!” 그녀는 그의 말에 깔깔대고 웃었다. 그리고 말을 이었다. “여긴 호골주(虎骨酒)랑 쑤저우(燒酒)랑 향기로운 쌀술이랑 다 있는데 왜 차만 마셔요?”

왕룽이 고개를 떨어뜨리자 두쥐안은 조용히 부추기듯이 말했다.

“그럼 다른 건 아무것도 못 봤군요? 그렇죠? 예쁜 아가씨들의 조그마한 손도 달콤한 뺨도. 그렇죠?”

왕룽의 고개는 더욱더 수그러지고 얼굴에 뜨거운 피가 확 돌았다. 주위 사람들이 모두 조롱의 눈초리로 자기를 바라보며 두쥐안의 말을 엿듣는 것만 같았다. 그는 단단히 마음먹고 주위를 살펴보았다. 그러나 아무도 이쪽을 보지 않았고, 또다시 주사위 던지는 소리가 요란하게 났다. 그는 더듬거리며 입을 열었다.

“아, 아니, 못 봤어. 난 차만……”

그러자 두쥐안은 깔깔 웃더니 여자의 그림이 그려진 명주 족자를 가리켰다.

“저게 그 여자들의 그림이에요. 아무나 마음에 드는 여잘 고르세요. 그리고 내 손에 돈을 놔 주시기만 하면 당장 당신 앞에 데려다줄 테니까요.”

“저게?” 왕룽은 깜짝 놀라 되물었다.

“난 저게 이야기꾼들이 말하는 곤륜산(崑崙山)에 사는 꿈속의 선녀들인 줄만 알았지.”

“그래요, 꿈속의 선녀들이고말고요. 그렇지만 돈만 조금 내면 당신 것이 될 수 있는 선녀들이에요.”

두쥐안은 너무나도 상냥하게 말했다. 그녀는 자리를 떠나면서 주위에 있는 급사들에게 고개를 끄덕이고 눈짓을 했다. 그 한 사람에게 그녀는 왕룽을 가리키며 속삭였다.

“저 시골뜨기 멍청이 좀 봐.”

왕룽은 새로운 흥미를 가지고 여자의 그림을 바라보며 앉아 있었다. 저 좁은 층층대를 오르면 바로 그의 머리 위 여러 방에 살과 피를 가진 저런 여자들이 있는 것이며, 물론 자기는 아니지만 남자들이 그리로 간다. 만약 자기가 처자가 있는 선량한 농부 왕룽이 아니라면, 어린애들이 무엇을 고를 때 그러는 것처럼 이 여자들 중에서 한 여자를 택한다고 가정한다면, 어느 여자를 택할 것인가? 그는 이 그림 저 그림의 얼굴을 실물처럼 가까이, 그리고 자세하게 뜯어보았다. 이렇게 보기 전엔 그녀들은 모두 똑같이 예쁜 것 같았다. 그러나 그 가운데에는 분명이 더 에쁜 여자가 있었디. 스무어 개의 그림 중에서 셋을 먼저 골라 놓고 이 셋 중에서 가장 예쁘고 자그마한 가냘픈 하나를 골랐다. 대처럼 허리가 날씬 하고 조그마한 얼굴은 마치 새끼 고양이 같으며, 한 손에는 봉오리진 연꽃 줄기를 잡고 있는데, 그 손은 또 쪽 뻗어난 고사리처럼 나긋나긋했다.

왕룽은 그 그림을 바라보고 있노라니 온몸에 술기운이 퍼지는 것처럼 화끈 달아올랐다.

"꼭 돌배나무 꽃 같군!" 그는 자기도 모르게 이 말이 입 밖으로 나와 버렸다. 그러고는 자기 목소리에 놀라 부끄러워졌다. 그는 돈을 꺼내 놓고 서둘러 나와 버렸다. 밖은 이미 어둠에 싸여 있었다.

그러나 들판과 질펀한 물 위에는 휘영청 밝은 달빛이 은빛 안개처럼 드리워졌고, 그의 몸속에는 뜨거운 피가 남모르게 솟구치고 있었다.

19

만약 이때에 왕룽의 농토에서 물이 빠져, 젖은 땅이 여름의 태양 아래 김을 무럭무럭 내어 며칠 뒤엔 갈아엎고 씨를 뿌리게 되었더라면, 왕룽은 그 큰 찻집에 다시는 발을 들여놓지 않았을지도 모른다. 또는 아이들 중 누가 병에 걸렸든가 노인이 갑자기 죽을 지경에 이르렀더라면, 그는 그런 새로운 사태에 정신이 팔려서 그가 족자에서 본, 갸름한 얼굴에 대처럼 허리가 날씬한 그 여인의 자태를 잊었을는지 모른다.

그러나 가득 찬 물은 도무지 줄지 않았다. 다만 해 질 녘에 일어나는 여름의 미풍이 잔물결을 일으킬 뿐이었다. 노인은 언제나 졸고 있었고, 두 아들은 아침 일찍이 서당으로 가면 해가 저물어야 돌아왔다. 이런 집에 있으면 왕룽은 아무래도 진정이 되지 않았다. 그는 안절부절못하고 여기저기 왔다 갔다 하다 의자에 털썩 주저앉는가 하면, 오란이 끓인 차도 마시지 않고, 제 손으로 붙인 담배도 빠지 않고 다시 일어나, 그런 그를 딱하다는 듯 쳐다보는 오란의 눈길을 피하려고만 했다. 어느 때보다도 낮이 길었던 7월의 어느 날, 그 긴 해가 겨우 넘어가고도 좀처럼 짙어지지 않는 황혼에 부드러운 바람이 물 위를 스쳐 지나갈 때, 왕룽은 자기 집 문간에 서 있었다. 그러다가 갑자기 무슨 생각이 떠오른듯 말없이 그의 방으로 들어갔다. 그리고 명절을 위해 오란이 준비해 둔 비단같이 빛나는 검정 무명 두루마기를 꺼내 입었다. 그러고는 아무 말 없이 집을 나서서, 물 사이의 둔덕길을 따라 밭을 지나 캄캄해진 성문에 이르렀다. 이번에는 재빨리 거리를 지나 그 새로 생긴 찻집에 다다랐다.

찻집은 등불이 휘황찬란했다. 그 등들은 모두 해안의 이국 도시에서 사 온 밝은 석유등이었다. 그 등불 아래서 여러 사람들이 술을 마시며 떠들어 대고 있었다. 그들은 선선한 저녁 바람에 옷깃을 헤치고 있었고, 여기저기에서 부채가 부쳐지고, 웃음소리가 음악처럼 거리로 흘러나왔다. 농사만 짓던 왕룽으로서는 일찍이 경험하지 못한 인생의 환락이, 일하지 않고 놀기만 하는 사람들이 모인 이곳에 있다.

왕룽은 입구에서 잠시 머뭇거렸다. 밝은 불빛이 열린 문틈으로 쏟아져 나왔다. 그의 피는 온몸에서 혈관이 터질 만큼 약동하고 있었으나, 본디 소심하고 수줍은 탓으로 그는 그냥 그렇게 서 있다가 가 버렸을는지 모른다. 그러나 때마침 문간 한모퉁이 어두운 곳에서 할 일 없이 기대어 섰던 여자가 밝은 데로 나왔다. 두쥐안이었다. 이 집 2층의 여자들에게 손님을 붙여 주는 것이 그녀의 일이었으므로 남자의 그림자가 나타나자 앞으로 나왔던 것이다. 그러나 그것이 왕룽인 줄 알자 그녀는 어깨를 흠칫하고 말했다.

“난 또 누구라고. 농사꾼이구먼!”

왕룽은 자기를 얕보는 듯한 그녀의 앙칼진 말투에 화가 벌컥 나서 전에 없이 대담하게 지껄였다.

“난 그래 이 집에 못 올 사람인가? 남들이 다 하는 일을 난 하면 안 되나?”

두쥐안은 다시 한 번 어깨를 흠칫하고 웃으며 말했다.

“남들처럼 돈만 있다면야 왕 서방이라고 못할 게 있겠수?”

왕룽은 자기가 하고 싶은 일을 할 수 있을 만큼 돈이 많다는 것을 보여 주고 싶었다. 그래서 허리춤에 손을 넣어 은전을 수북이 꺼냈다.

"이만하면 되오?" 두쥐안은 손바닥에 가득한 은전을 보자 곧 태도가 변했다.

"그럼 이리 오세요. 자, 어느 색시를 원하세요?"

그러자 왕룽은 혼자 중얼거렸다.

"내가 뭘 원한다는 건 아니지만." 그러니 다음 순간 그의 욕망이 불같이 일어났다.

"저 몸이 자그마한 여자―턱이 뾰족하고 얼굴이 자그마한 배꽃같이 희고 발그레한 얼굴에, 한 손엔 봉오리 진 연꽃을 든 여자 말이오."

두쥐안은 어렵지 않다는 듯이 고개를 끄덕였다. 두쥐안은 그에게 따라오라고 손짓하고는 혼잡한 탁자 사이를 지나 들어갔다. 왕룽은 조금 간격을 두고 그녀를 따라갔다. 처음에는 모두가 자기를 주목하는 듯한 느낌이었다. 그러나 용기를 내어 곳곳을 둘러보니 아무도 그를 주시하지 않았다. 다만 한두 사람이 이렇게 말하는 소리가 들려왔다.

"아니, 벌써 색시한테 갈 시간이 됐나?"

"초저녁부터 오입하러 가는 놈도 다 있군."

그러나 이때 왕룽은 이미 두쥐안을 따라 좁고 가파른 층계를 올라가고 있었다. 왕룽은 난생처음 집 안에 있는 층계를 올라가는지라 여간 어렵지 않았다. 그러나 막상 2층에 올라가 보니 아래층과 다를 것이 없었다. 다만 유리창을 지날 때 창 밖을 내다보니 굉장히 높이 올라온 것 같은 느낌이 들 뿐이었다. 두쥐안은 그를 좁고 침침한 복도로 데리고 가면서 소리쳤다.

"오늘 밤 첫 손님이 오신다."

갑자기 복도로 면한 방의 문들이 한꺼번에 열리며 여기저기서 쏟아져 나오는 불빛 속에 젊은 여자들이 얼굴을 내밀었다. 마치 햇볕에 꽃들이 활짝 핀 모양 같았다. 그러나 두쥐안은 심술궂게 쏘아붙였다.

"넌 아니야, 너도 아니고. 너도 아니고…… 누가 너 따위를 찾을 줄 아니. 이 손님은 쑤저우에서 온 꼬맹이 롄화(蓮華)를 찾으신단다."

수군대는 소리가 여기저기서 났다. 잘 들리지는 않으나 조롱하는 소리 같았다. 석류 빛처럼 붉은 얼굴의 색시 하나가 큰 소리로 지껄였다.

"롄화는 좋겠다. 흙냄새, 마늘 냄새 실컷 맡게 됐으니!"

이 말은 왕룽의 귀에도 들렸다. 그는 거드름을 피우며 아무 말대꾸도 하지 않았다. 그러나 내심 그가 정말 농부로밖에는 보이지 않을 것이라고 생각하니 그 말이 마치 칼로 살을 에는 것처럼 뜨끔하게 들렸다. 그래도 그는 자기 허리춤에 은전이 두둑히 들어 있다는 생각을 하고 어깨를 으쓱대며 두쥐안의 뒤를 따라갔다. 드디어 두쥐안은 어느 방문 앞에 서더니 손바닥으로 거칠게 문을 두드리고는 그대로 들어갔다. 방안에는 꽃무늬를 놓은 붉은 누비이불이 덮인 침대 위에 날씬한 여자가 앉아 있었다.

만약에 누군가가 그에게 이 세상에서 이렇게 작고 나긋나긋한 손이 있다고 말했어도 그는 곧이듣지 않았을 것이다. 게다가 그 가느다란 손끝에는 긴 손톱이 연꽃 봉오리처럼 붉은 빛으로 짙게 물들여져 있었다. 또 만약 누가 그에게 세상에 이렇게 생긴 발이 있다고 말했어도 곧이듣지 않았을 것이다. 남자의 가운뎃손가락만큼밖에 안 되는 분홍 공단신을 신고, 침대 한끝에 걸터앉아 어린애처럼 달랑거리는 발—누가 이런 발이 있다고 그에게 말했더라도 그는 이렇게 보기 전까지는 믿지 않았을 것이다.

그는 그녀를 바라보며 뻣뻣하게 앉아 있었다. 틀림없이 아래층에 걸린 그림 속의 여자였다. 어디서 만나더라도 그림만 보고서도 알아볼 수 있을 것 같았다. 그중에서도 그 곱고 젖빛같이 흰 손맵시가 그림에 있는 손과 신통히도 같았다. 그러한 그녀의 두 손이 연분홍색 비단옷 무릎 위에 포개어져 놓여 있었다. 저런 손을 감히 건드릴 수 있으리라고는 꿈에도 생각지 못했다.

그는 그림을 바라보듯 여자를 바라보았다. 몸에 딱 맞는 짧은 저고리를 입은 그녀의 허리는 대나무처럼 가냘팠다. 하얀 털을 단 높은 깃 위로 쏙 삐져나온 조그만 얼굴은 아름답게 화장을 했다. 그녀의 살구씨처럼 동그란 눈을 보고 왕룽은 처음으로 이야깃꾼들이 옛날 미인의 눈은 살구씨 같은 눈이라고 표현한 까닭을 알 수 있었다. 아무리 보아도 그녀는 이 세상 사람이 아니고 그림에나 나오는 선녀 같았다.

롄화는 나긋나긋한 손을 왕룽의 어깨에 얹었다가 가만히 그의 팔을 쓰다듬어 내렸다. 왕룽은 일찍이 그렇게 가볍고 부드러운 손길을 느낀 적이 없었다. 눈으로 보고 있지 않다면 그녀의 손이 자기 팔을 쓸어 내리는 것도 모를 것 같았다. 그는 그의 팔을 타고 내리는 그녀의 손에서 시선을 떼지 않았다. 마치 그녀의 손길을 따라 불이 일어나 옷 아래 살갗까지 전해져 오는 것 같았다. 그 손은 소매 끝까지 와서 잠깐 밈칫하는 듯하더니 그의 손 목으로 떨어졌다. 다음에는 그의 거칠고 거무스름한 손바닥 속으로 흘러 들어갔다. 그는 어떻게 해야 할지 몰라서 온몸이 떨리기 시작했다.

그러자 여자의 웃음소리가 들렸다. 탑에 달린 은방울이 바람에 달랑거리는 것 같은 경쾌한 웃음소리였다. 그리고 그 웃음소리와 같은 목소리가 들렸다.

"저런, 이렇게 큰 양반이 아무것도 모르시네. 밤새 이렇게 앉아서 쳐다보기만 하시겠어요?"

왕룽은 그제야 그녀의 손을 두 손으로 모아 쥐었다. 그러나 아주 조심스럽게 모아 쥐었다. 바스러지기 쉬운 마른 잎 같았기 때문이다. 그는 무의식중에 애원조로 입을 열었다.

"난 아무것도 모르니 가르쳐 주오."

그리하여 렌화는 모든 것을 가르쳐 주었다.

왕룽은 어떤 병보다도 무서운 병에 걸렸다. 내리쬐는 여름 햇빛 아래서 일할 때의 고통보다도, 사막으로부터 불어오는 살을 에는 듯한 찬바람보다도, 남방 도시의 거리에서 절망을 느끼며 인력거를 끌 때의 고통보다도, 이 날씬한 계집의 손아귀에 붙들렸을 때의 고통이 더했다.

그는 날마다 찻집에 가서 렌화가 부를 때까지 끈기있게 기다렸다. 그리하여 왕룽은 밤마다 렌화의 방에 들어가서 언제나 촌뜨기같이 어리숙하게 굴었다. 문에 들어갈 때부터 사뭇 몸을 떨며 렌화의 옆에 어색한 자세로 앉아서는 그녀가 웃을 때까지 꼼짝도 하지 않았다. 렌화가 몸을 내맡길 순간까지 그는 굶주린 종과 같이 모든 움직임을 그녀가 시키는 대로만 할 뿐이었다. 그러면 렌화는 마치 꺾이기 위해 피어난 꽃처럼 모든 것을 그에게 허락하는 것이 순서였다.

그러나 그는 그녀의 모든 것을 가질 수는 없었다. 그것이 그를 들뜨게 했다.

오란을 처음 얻어 왔을 때 그녀는 그의 육체에 활기를 주었다. 짐승의 수컷이 암컷에게 대하는 것처럼 오란에게 대뜸 만족을 얻고는 곧 그녀를 잊어버리고 일에 몰두할 수 있었다. 그러나 렌화에 대한 사랑에서는 그런 만족을 얻을 수 없었고, 또 그녀는 그에게 그러한 활기를 주지 못했다. 밤에 왕룽을 더 이상 상대하지 않으려고 할 때의 그녀는, 가느다란 손에 갑자기 힘을 주어 그의 어깨를 떠밀고, 뾰로통해 가지고 그를 문밖으로 몰아낸다. 그러면 그는 그녀의 품속에 돈을 넣어 주고 나오는데, 나올 때의 그는 들어갈 때와 마찬가지로 사랑에 굶주려 있었다. 죽을 지경으로 갈증이 난 사람이 짠 바닷물을 마시는 것과 비슷했다. 물은 물이지만 그것을 마시면 갈증이 더욱 심해져서 피가 마르고, 끝내 그렇게 마신 물 때문에 미쳐 죽어 버리는 것과 같았다. 왕룽은 거듭 그녀에게로 가서 그녀를 마음껏 자기 것으로 만들지만, 결국은 만족하지 못한 채 나오고 마는 것이었다.

더운 여름내 왕룽은 이 여자를 사랑했다. 그는 그녀의 어떤 것도 몰랐다. 어디서 왔는지, 어떤 신분의 여자인지도 몰랐다. 그녀와 함께 있을 때 그는 그다지 이야기를 하지 않았다. 렌화는 어린아이처럼 쾌활하게 웃으며 줄곧 지껄였지만 그는 귀담아듣지 않았다. 그저 그녀의 얼굴을, 손을, 몸뚱이를, 그 서글서글하고 귀여운 눈에 떠오르는 표정을 바라보며 그녀를 기다릴 뿐이었다. 그리고 만족도 하지 못한 채 날이 밝아오면, 몽롱하고 채워지지 않은 마음으로 집으로 돌아오곤 했다.

집에서 보내는 여름날의 하루해는 몹시 길고 지루했다. 그는 방이 후덥지근하다는 핑계로 침대에서 자지 않고 대나무 숲속에 돗자리를 깔고 꾸벅꾸벅 졸았고, 그러다가 금방 잠이 깨어 멍하니 뾰족뾰족한 댓잎만 바라보았다. 그러노라면 자신도 알 수 없는 달콤한 고통이 가슴속을 가득 채우는 것이었다.

아내와 아이들이 와서 말을 붙이거나 혹은 칭 서방이 와서 그에게 "물이 곧 빠질 성싶은데 무슨 종자를 준비해야지요?" 묻기라도 하면 그는 버럭 역정을 냈다.

"왜 귀찮게 구는 거야!"

그는 렌화에 대한 채워지지 않는 마음 때문에 가슴이 터질 것만 같았다.

하루하루가 이렇게 흘러갔다. 매일 그는 해가 저물기만을 기다렸다. 그는 오란과 아이들의 우울한 표정은 거들떠보지도 않았다. 노인은 그를 한참 바라보다가 물었다.

"너 무슨 병이라도 있니? 심사도 뒤틀리고 얼굴은 왜 그리 누렇게 뜬 게냐?"

밤만 되면 롄화는 그를 자기 마음대로 할 수 있었다. 그녀는 날마다 그가 공들여 빗고 땋는 변발을 비웃었다.

"남쪽 사람들은 그런 원숭이 꼬리를 달고 다니지 않아요" 그녀가 이렇게 말하자 그는 아무말도 않고 그 길로 나가 변발을 잘라 버렸다. 그때까지는 사람들이 아무리 놀리고 비웃어도 귓등으로 흘려들었었다.

변발을 잘라 버린 것을 보자 오란은 질겁했다.

"당신은 목숨을 잘라 버렸군요."

그러나 왕룽은 도리어 역정을 냈다.

"그럼 평생 시대에 뒤처진 바보 꼴로 다니란 말이야? 성안의 젊은이들은 모두 깎아 버렸어."

그러나 그는 은근히 불안한 마음이 없지 않았다. 그러나 롄화가 그에게 지시하거나 원했다면 역시 그렇게 했을 것이다. 그녀는 그가 여자에게 바랄 수 있는 모든 것을 지니고 있었기 때문이다.

평소 그는 햇볕에 타서 갈색이 된 몸을 씻는 일이 없었다. 일하여 땀에 씻긴 몸이 깨끗한 몸이라고 생각했었다. 그러나 이제는 자기 몸을 마치 다른 사람의 몸처럼 살펴보기 시작했다. 오란이 걱정이 되어 말했다.

"그렇게 씻어 대다간 죽겠어요."

그는 향이 좋은 외국제 빨간 화장 비누를 가게에서 사다가 살을 문질렀다. 그리고 롄화의 앞에서 냄새가 날까 봐, 좋아하던 마늘도 전혀 입에 대지 않았다.

집안 식구들은 이 일이 모두 어떻게 된 일인지 알지 못했다.

왕룽은 또 새로 여러 옷감을 사들였다. 여태까지는 오란이 바느질을 도맡아 했었다. 그녀는 옷감을 요령 있게 잘라서 실용적이고 튼튼한 옷을 만들었다. 그러나 이번에 그는 그녀의 바느질 솜씨를 탓하고 새로 사 온 옷감을 성내의 옷 만드는 집에 갖다주고, 성내 사람들처럼 가벼운 공단으로 된 회색 두루마기를 몸에 꼭 맞게 맞추었다. 그리고 그 위에 입을 소매 없는 까만 공단 웃옷도 맡겨서 해 입었다. 거기에 생전 처음으로 부인네들이 집에서 만들지 않은 신을 사신었다. 이전에 황 대인이 발에 걸치고 다닥거리며 다니던 그런 검정 비단 신이었다.

그러나 이런 훌륭한 옷을 오란과 아이들 앞에서 갑자기 입기는 부끄러웠다. 그래서 그는 이 옷을 갈색 기름종이에 싸서, 잘 아는 사이가 된 찻집 급사에게 맡겨 두고 다녔다. 급사에게 돈 몇 푼 쥐어 주면, 왕룽이 2층으로 올라가기 전에 몰래 내실로 들어가서 옷을 갈아입게 해 주었다. 그뿐만 아니라 그는 금을 입힌 은가락지도 사서 끼었다. 그리고 면도질을 했던 앞머리가 자람에 따라 그는 은전 한 닢을 다 주고 조그만 병에 든 외국제의 향기 좋은 기름을 사 발라서 머리를 곱게 빗어 넘겼다.

오란은 놀라서 그를 바라보았지만 남편이 이러는 이유를 도무지 알 수 없었다. 그러던 어느 날 점심을 같이 먹을 때 그녀는 한참 동안 그를 바라보고 나서 어두운 목소리로 말했다.

"부잣집 서방님같이 보이는군요."

왕룽은 이 말에 호탕하게 웃고 말했다.

"쓰고도 남을 만큼 돈이 있는데 언제까지나 농사꾼처럼 보일 필요가 없잖아?"

그러나 왕룽은 아내의 그러한 말을 듣고 속으로 여간 기분이 좋지 않았다. 그래서 이날은 오란에게 여느 때와 달리 친절하게 대해 주었다.

이렇게 돈, 소중한 은전이 그의 손에서 물처럼 흘러나갔다. 롄화와 함께 지낸 시간의 대가를 치러야 할 뿐만 아니라, 롄화가 갖고 싶다고 조르는 것들을 사 주는 데 드는 돈 또한 적지 않았다. 그녀는 갖고 싶어서 가슴이 찢어지는 듯 한숨을 지으며 중얼거렸다.

"아아!"

롄화 앞에서 제법 말할 수 있게 된 왕룽이 속삭이는 소리로 정답게 물었다.

"왜 그래, 응?"

그러면 롄화는 이렇게 대답했다. "오늘은 당신을 대해도 서글픈 생각만 들어요. 건넌방에 있는 헤이위(黑玉)는 말이죠, 그 애를 사랑하는 이가 금 비녀를 사

다 주더래요. 그런데 난 밤낮 이놈의 낡아 빠진 은 비녀만 꽂아야 하니 너무 속
상해요!"

그러면 왕룽은 그가 좋아하는 귓불이 긴 그녀의 귀를 볼 수 있도록 손으로
그녀의 검은 머리를 헤치면서 목숨을 걸고서라도 이렇게 속삭이지 않을 수 없
었다.

"그렇다면 나도 사 주지. 내 이쁜이의 머리를 치장하기 위해서라면 금 비녀를
사 주고말고."

마치 어린애에게 새 말을 가르치듯이 렌화는 이러한 사랑의 낱말을 왕룽에게
가르쳐 주었다. 그녀는 왕룽이 그러한 낱말을 그녀 자신에게 쓰도록 가르쳐 주
었으나, 왕룽은 우물거리면서 생각처럼 말하지 못했다. 왕룽은 여태까지 파종이
라든가 추수라든가 햇볕이라든가 비라든가 하는 농사에 대한 말밖에는 몰랐기
때문이다.

이리하여 돈은 그의 집의 벽과 자루로부터 흘러 나갔다. 예전 같으면 "왜 벽에
넣어 둔 돈까지 꺼내 가우?" 말했을 오란도, 이제는 아무 말도 하지 않고 그저
근심스러운 눈으로 남편을 쳐다볼 뿐이었다. 그녀는 그가 그녀로부터, 그리고 농
토로부터도 동떨어진 생활을 하고 있다는 것을 잘 알고 있었지만, 실제로 어떤
생활을 하고 있는지는 알지 못했다. 그러나 오란은, 남편이 그녀가 못생겼다는
것과 그녀의 발이 크다는 것을 새삼스럽게 깨닫던 날부터 남편을 두려워했다.
그리고 걸핏하면 화를 내는 남편에게 무엇 한 가지 물어 보기도 겁이 났다.

어느 날 왕룽이 밭을 지나 집으로 돌아오니 오란이 못가에서 빨래를 하고 있
었다. 그는 그녀에게로 다가갔다. 그는 잠깐 있다가 거친 목소리로 아내에게 말
했다. 그는 부끄러웠으므로, 마음속의 부끄러움을 스스로 인정하고 싶지 않았
기에 오히려 이렇게 거칠게 나오는 것이었다.

"진주 가진 것 어디 있어?"

오란은 못가의 평평한 돌에서 빨래 방망이질하던 손을 멈추고 그를 쳐다보며
주저주저하면서 대답했다.

"진주요? 갖고 있어요."

왕룽은 차마 아내의 얼굴을 마주 보지는 못하고 그녀의 쭈글쭈글한 젖은 손

을 내려다보며 말했다.

"쓸데없이 가지고만 있으면 뭘 해?"

"두었다가 귀걸이 만들려고요." 천천히 대답하다가 그녀는 남편이 비웃을까 봐 얼른 말을 이었다.

"나중에 작은 계집애 시집보낼 때 쓰려고요."

왕룽은 마음을 단단히 먹고 언성을 높여 대꾸했다.

"흙같이 검은 귀에 진주는 무슨 진주야! 진주란 살결이 하얀 여자들이나 치장으로 갖는 거지."

그리고 잠시 뒤 다시 버럭 소리질렀다.

"이리 내놔! 내가 쓸 데가 있어!"

그러자 오란은 쭈글쭈글한 젖은 손을 천천히 가슴속에 넣더니 조그만 주머니를 꺼내 그에게 주었다. 그리고 그가 주머니를 끄르는 것을 물끄러미 쳐다보았다. 왕룽의 손바닥에 놓인 두 개의 진주는 부드럽게 온통 햇빛에 빛났다. 그는 흐뭇한 듯 소리 죽여 웃었다.

그러나 다시 방망이질을 시작한 오란의 두 눈에서는 구슬 같은 눈물이 후두둑 떨어졌다. 그녀는 흘러내리는 눈물을 닦으려고도 하지 않았다. 다만 나무 방망이로 빨랫돌 위의 빨래만 더욱 힘주어 두드릴 뿐이었다.

20

이대로 가다간 왕룽의 은전이 바닥날 듯하던 때에 느닷없이 그의 숙부가 돌아왔다. 그는 여태까지 어디서 어떻게 지냈는지 아무런 이야기도 하지 않았다. 누더기가 된 옷에 단추도 채우지 않고, 여전히 느슨하게 띠를 두른 차림으로 그는 문간에 우뚝 서 있었다. 풍상에 허덕인 듯 주름살은 늘었으나 얼굴은 예전 그대로였다. 이른 아침상에 둘러앉은 식구들 앞에 나타난 그는 누런 이를 드러내며 싱긋 웃었다. 숙부가 살아 있는지조차 잊었던 왕룽은 마치 유령이 돌아온 것 같았다. 늙은 아버지는 눈을 껌벅거리며 유심히 노려볼 뿐 그가 누구인지 알아보지 못했으나, 이윽고 숙부가 먼저 입을 열었다.

"형님, 안녕하셨수? 조카랑, 손자들이랑 질부랑 모두 별고 없고?"

왕룽은 속으로는 언짢은 기분이 들면서도 얼굴에는 반가운 빛을 띠고 공손한 말씨로 인사했다.

"아이구 작은아버지, 오랜만이오. 아침은 어떻게 하셨소?"

"안 먹었다. 너희들이랑 같이 들지, 뭐."

숙부는 마치 제집인 양 섭사리 대답했다. 그러고는 상머리에 앉더니 두말 않고 밥그릇과 젓가락을 집어 들어 밥이랑 소금에 절인 마늘, 생선이나 짠지나 콩조림 등 닥치는 대로 상 위에 있는 것을 집어 먹었다. 여간 게걸스럽게 먹는 게 아니었다. 그가 생선뼈랑 콩 등을 닥치는 대로 씹고 밥을 세 그릇이나 먹어치울 때까지 아무도 입을 열지 않았다. 다 먹고 나서 그는 당연한 것처럼 덤덤히 이렇게 말했다.

"이제 좀 자야지. 꼬박 사흘 밤이나 못 자서."

왕룽은 숙부의 어이없는 행동에 어리둥절해하면서도 어쩔 수 없이 그를 아버지 침대로 인도했다. 숙부는 이불을 들치고 좋은 천과 말끔한 새 광목을 쓰다듬어 보았다. 그리고 왕룽이 아버지 방에 마련해 놓은 훌륭한 침대와 나무 탁자와 큰 나무 의자를 두리번거리고 살피며 말했다.

"네가 부자가 됐다는 소문은 들었지만 이렇게까지 부자가 됐을 줄은 생각도 못 했지."

그렇게 말하자마자 숙부는 침대에 드러눕더니 더운 여름임에도 이불을 어깨까지 끌어 덮었다. 모든 것을 마치 자기 것처럼 다루었다. 그리고 더 말하지 않고 곧 잠들었다. 왕룽은 어찌할 바를 모른 채 가운뎃방으로 돌아왔다. 그가 부자인 이상 숙부를 쫓아낼 수는 없기 때문이었다. 왕룽은 숙부만이 아니라 숙모까지 따라올 것을 생각하니 한결 더 불안했다. 아무도 그들이 오는 것을 막을 수는 없었다. 아니나 다를까 그가 걱정하던 일이 벌어졌다. 한낮이 지나서야 기지개를 켜고 큰 하품을 세 번 하고 난 숙부는 부스스 일어났다. 그러고는 누더기를 걸치고 방에서 나와 왕룽에게 말했다.

"이젠 가서 네 숙모와 사촌 동생을 데려와야겠다. 이렇게 큰 집에서 우리 세 식구가 먹고 입는 것쯤이야 아무것도 아니잖니."

왕룽은 침울한 얼굴로 응낙할 도리밖에 없었다. 넉넉한 사람이 어버이 형제

되는 가족을 자기 집에서 내쫓는다는 것은 부끄러운 일이기 때문이었다. 더구나 왕룽은, 이제 마을에서 부자로 존경받는 처지에 자기가 그런다면 꽤나 수치가 될까 봐 말 한마디 못 했다. 머슴들은 문간방을 비우고 헌 집으로 옮겨 가게 했다. 그리하여 그날 저녁에 숙부가 가족을 데리고 그 방으로 들어왔다. 왕룽은 머리끝까지 울화가 치밀었다. 그러면서도 오히려 웃어 가며 그들을 맞이해야 했기에 더욱 화가 났다. 숙모의 뒤룩뒤룩 살찐 얼굴을 볼 땐 금방이라도 화가 폭발할 것 같았고, 사촌의 건달패같이 건방진 얼굴을 봤을 땐 한 대 올려붙이고 싶은 것을 가까스로 참아야만 했다. 이처럼 화가 나서 그는 사흘 동안 성내에 들어가지 않았다.

그렇게 벌어진 일에 익숙해지는 동안 오란이 "화를 내면 어찌하우. 참는 수밖에 없지." 말했고, 또 숙부의 가족들도 신세를 지는 판인지라 얌전히 지낼 것 같자 왕룽의 마음은 차츰 가라앉아 갔다. 그리고 렌화에 대한 생각이 전보다 더 거세게 불타기 시작했다. 그는 혼자 중얼거렸다.

'집에 들개들이 우글거리니 다른 곳에서 마음의 평안을 얻을 수밖에 없지.'

전날의 정열과 고통이 다시금 불타올랐다. 아직도 그의 사랑은 식을 줄을 몰랐다.

그런데 오란은 너무도 단순해서 몰랐고, 노인은 늙어 몽롱한 정신이라 몰랐고, 칭 서방 또한 왕룽에 대한 호의 때문에 도무지 눈치채지 못한 것을 숙모가 대번에 알아차리고 교활한 웃음을 지으며 지껄여 댔다.

"조카는 어디서 꽃을 따려는 중이군."

그러나 오란이 무슨 소리인지 알아듣지 못하고 물끄러미 숙모의 얼굴만 바라보자, 숙모는 또다시 웃으며 말했다.

"질부는 수박을 잘라야만 수박씨가 보이나? 쉽게 말해서 네 남편이 지금 딴 계집에 미쳐 돌아간단 말이야."

왕룽은 간밤에 치른 정열로 지친 몸을 끌고 새벽녘에 그의 침실에 돌아와 누웠다가, 바로 그 방문 밖 앞뜰에서 숙모가 하는 이야기를 듣고 눈이 번쩍 뜨였다. 그는 숙모의 날카로운 눈에 소름이 끼쳐, 더 자세히 들으려고 귀를 기울였다. 숙모는 마치 그 살찐 목에서 기름이라도 솟는 것처럼, 걸걸한 목소리로 계속 말을 이어 갔다.

"난 그런 사내를 많이 봤네. 사내가 머리에 기름을 바르고 새 옷을 사 입고 유난스럽게 비단 신을 사 신고 하는 것은 틀림없이 새 계집이 생겼다는 증거야. 그건 확실하지."

그 말에 대꾸하는 오란의 짤막짤막한 말소리가 들렸다. 그러나 무어라고 하는지는 잘 들리지 않았다. 숙모가 다시 말을 이었다.

"저런 멍청한 사람이 있나! 어떤 사내고 한 계집으로 마음이 찬다고 생각하면 잘못이야. 자기를 위해 뼈를 갈며 일한 여편네를 사내는 대수롭게 생각지 않아. 생각은 딴 계집으로 달린다, 이거야. 자네 같은 사람은 남자가 좋아하는 계집은 못 돼. 말없이 일이나 해 주면, 소보다는 조금 낫다고 생각해 줄까? 조카도 이젠 돈이 있으니까 딴 여자를 사서 집으로 들여도 자넨 싫다고 못 해. 사내란 모두 그러니까. 우리 영감도 그렇게 하고 싶은 마음이야 뻔하지, 뭐. 제 입에 풀칠도 못 하는 처지니까 아무것도 못하고 있다 뿐이지."

숙모는 이 밖에도 몇 마디 더 계속했다. 그러나 누워 있는 왕룽은 그 이상 들리지 않았다. 그에게는 지금 숙모가 한 말이면 충분했다. 어떻게 하면 사랑하는 롄화에 대한 갈증을 채울 수 있는지 갑자기 떠올랐던 것이다. 그녀를 숫제 집으로 사 오리라. 그리하여 아무도 그녀를 찾지 못하게 하고 혼자 독차지하여 자신의 갈증을 만족시키리라. 이 생각이 들자 그는 침대에서 벌떡 일어나 방에서 나왔다. 그는 몰래 숙모에게 손짓하여 대문 밖 아무도 엿듣지 못할 대추나무 아래로 데리고 가서 말했다.

"아까 안뜰에서 아주머니가 한 이야기는 나도 다 들었소. 아주머니 말씀대로 사실 지금 여편네 말고 다른 계집 생각이 없는 게 아니오. 모두 다 먹여 살릴 땅이 있는데 안 될 리는 없겠지요."

숙모는 그의 말에 열심히 동의했다.

"그렇고말고. 부자가 되면 사내란 다 그런 건데, 뭐. 가난한 사내들이나 한 우물만 파는 거지."

그녀는 왕룽이 다음에 말하고자 하는 것을 미리 짐작하고 그렇게 말했다. 과연 왕룽은 그녀의 짐작대로 말을 이었다.

"그런데 누가 중간에서 이 일을 해 줄 것인가가 문제요. 차마 내가 직접 가서 그 여자더러 내 집으로 가잔 말은 못하겠고."

그녀는 즉시 말을 받았다.

"그 일은 내게 맡겨. 어느 여자인가만 말해 봐, 내가 일을 다 성사시킬 테니."

왕룽은 망설이면서 그 이름을 말했다. 여태까지는 누구에게도 그 이름을 말해 본 적이 없었기 때문이었다.

"롄화라는 여자요."

그는 그해 여름 두 달 전만 하더라도 롄화란 여자가 이 세상에 있는지조차 몰랐던 것도 잊고, 그녀의 이름을 세상 사람이 모두 알고 있으리라고 생각했다. 그러므로 숙모가

"어디 사는 여자인데?"

물었을 때 그는 애가 탈 지경이었다.

"성내 큰 거리에 있는 가장 큰 찻집이지 어디겠소?"

"만화각(萬花閣) 말인가?"

"그 밖에 또 어디 있소?"

그녀는 내민 아랫입술에 손가락을 대고 한참 생각하더니 말했다.

"거기엔 아는 사람이 통 없는데, 어떻게 하지? 그 여잘 돌보는 사람은 누구지?"

이전에 황부자 집에 종살이하던 두쥐안이라고 왕룽이 말하자 숙모는 소리 내어 웃고 나서 말했다.

"아 그래? 어느 날 밤 황 영감이 그년의 이불 속에서 죽어 나갔다더니 그 뒤로 그런 일을 하고 있구먼? 하긴 그년이 할 만한 일이지." 그렇게 말하고는 다시 "헤헤, 헤헤……." 웃으며 시원스레 말했다.

"그 여자라면 쉽지! 그럼 이야기는 간단해. 두쥐안이란 여자는 말이야, 손에 은전만 왕창 쥐어 주면 무슨 일이든 못 하는 게 없지. 산이라도 만들어 낼걸."

이 말을 듣자 왕룽은 갑자기 입속이 타들어가는 것 같아, 잠긴 목소리로 가까스로 말했다.

"그럼 돈을 내죠! 은이건 금이건! 내 땅을 다 팔아서라도 살 수만 있다면!"

사랑의 열병은 이상야릇해서 그날부터 왕룽은 그 일이 마무리될 때까지 찻집에 가지 않기로 했다.

'만약 롄화가 내 집으로 와서 나만의 사람이 되기를 거절한다면, 내 목을 그으면 그었지 다시는 그 여자 집에 가지 않으리라.' 그는 자신에게 다짐했다.

그러니 '만약에 롄화가 오지 않겠다면' 하는 생각이 들 때마다 그의 가슴은 불안으로 떨려 왔다. 그래서 그는 수없이 숙모에게로 달려가서 말했다.

"돈이 부족하다고 하던가요?"

하기도 하고

"은이건 금이건 아끼지 않는다는 말도 두쥐안에게 전했소?"

묻기도 하고

"롄화에게는 이렇게 말씀하시죠. 내 집에 오면 아무 일도 안 시킬 뿐만 아니라 비단옷만 입히고, 또 먹고 싶다면 상어 지느러미라도 날마다 먹게 해 줄 수 있다고요."

그런 말을 하도 연거푸 늘어놓으므로, 뒤룩뒤룩 살찐 숙모는 견디다 못해 눈을 부릅뜨고 그에게 핀잔을 주었다.

"그만, 그만해, 글쎄. 내가 등신인 줄 아는가 봐. 중매 일을 내가 처음 하나? 내가 다 알아서 할 테니까 내게 맡겨 둬. 벌써 몇 번 이야기했어."

그래서 왕룽은 잠자코 손가락이나 깨물면서 롄화의 입장이 되어서 이 집을 살펴보고 할 뿐이었다. 그러다가 그는 오란을 시켜 갑작스레 마당을 쓴다, 걸레질을 한다, 탁자와 의자를 옮긴다, 이것저것 부산을 떨었다. 가엾게도 오란은 남편이 말을 안 해도 자기에게 닥칠 일을 이제는 깨닫고 두려워할 뿐이었다.

왕룽은 오란과는 이제 더는 동침할 생각이 없었다. 두 여자가 한 집에 있게 되면 더 많은 방과 안뜰이 있어야겠고 자기가 애인과 더불어 산책할 동산 같은 곳도 있어야겠다고 생각했다. 그래서 숙모가 결말을 낼 때를 기다리면서 일꾼들을 불러 가운뎃방 뒤에다 정원을 만들라고 이르고, 그 정원 주위에 큰 방 하나와 그 양쪽에 작은 방을 하나씩 만들게 했다. 일꾼들은 의아한 듯 그를 바라보았지만 그는 아무 말도 하지 않았다. 그는 손수 그들을 부렸기 때문에 이 일은 칭 서방에게 말할 필요도 없었다. 일꾼들은 밭에서 흙을 파다가 벽을 만들었다. 왕룽은 성내에 사람을 보내어 지붕을 일 기와를 사들였다.

방이 되고 바닥이 반반해지자 그는 벽돌을 사오게 했다. 일꾼들이 그것을 빈틈없이 깔고 석회로 틈을 메우자 렌화가 쓸 세 개의 방에는 훌륭한 벽돌 바닥이 완성됐다. 왕룽은 붉은 천을 사서 문 휘장을 하고, 새 탁자와 그 양쪽에 놓을 조각이 있는 의자를 두 개, 탁자 뒤의 벽에 걸 산수화 족자를 두 폭 샀다.

그리고 뚜껑이 달린 둥글고 붉은 옻칠을 한 과자통을 사서 그 속에 깨 과자와 튀긴 과자를 넣어 탁자 위에 놓았다. 그런 다음 조그만 방에는, 방에 꽉 들어찰 만큼 폭이 넓고 커다란 조각이 새겨진 침대를 사고, 그 주위에 드리울 꽃무늬의 휘장도 샀다. 이런 일을 오란에게 시키는 것은 차마 부끄러웠으므로 저녁에 숙모를 불러다 침대 휘장을 치게 하고, 서투른 사내 손으로는 감당할 수 없는 잔일을 부탁했다.

모두 끝나서 아무것도 할 일이 없어지고 한 달가량이 지났는데도 이야기는 매듭지어지지 않았다. 왕룽은 렌화를 위해 새로 만든 조그만 정원을 홀로 어슬렁거리고 있다가 문득 정원 한복판에 조그만 연못을 만들 생각을 하고 인부를 불렀다. 인부는 사방 석 자의 연못을 파고 벽돌을 붙였다. 왕룽은 성내로 나가 연못에서 키울 금붕어를 다섯 마리 사 왔다. 이제는 할 일도 더 생각나지 않아서 또다시 열병에 걸린 상태로 안절부절 기다렸다.

이러는 사이 그는 아이들이 코를 흘리고 있으면 야단을 친다거나, 오란이 사흘 이상 머리 손질을 하지 않으면 고함을 친다거나 하는 외에는 가족 중 누구하고도 말을 하지 않았다. 마침내 어느 날 아침 오란은 그녀가 이제까지 어떤 때에도, 굶주렸을 때조차 보인 일이 없는 눈물을 흘리며 엉엉 울었다. 그는 인정머리 없이 싸늘하게 말했다.

"뭐야, 말꼬리 같은 모양을 하고 있길래 빗으라고 했는데 왜 이 야단이야."

그녀는 몇 번이나 신음하듯이 말할 뿐이었다.

"당신을 위해 사내아이를 낳았어요. 아들을 낳아 드렸어요……."

그는 입을 다물고 초조해했다. 그녀 앞에서는 아무래도 부끄러웠기 때문에 혼잣말로 중얼중얼했을 뿐, 그녀를 가만히 내버려두었다. 법적으로는 아내를 트집 잡을 아무런 이유가 없었다. 그녀는 그를 위해서 훌륭한 세 아들을 낳아 주었고 모두 잘 자라고 있었다. 자신의 정욕 말고는 구실이 없었다.

이런 일이 계속되던 차에 어느 날 숙모가 와서 말했다.

"이야기가 매듭 났네. 두줴안에겐 일시불로 은전 백 닢, 롄화에겐 비취 귀걸이와 비취 반지와 금가락지, 또 공단 옷 두 벌과 비단 옷 두 벌, 신발 열두 켤레와 비단 이불 두 채만 주면 온다는 거야."

이런 말 중에서 왕룽에게는 그저 "이야기가 매듭 났네"라는 말밖에는 들리지 않았다. 그는 큰 소리로 말했다.

"그렇게 해 주세요, 그렇게 해 주세요!" 그는 안방으로 달려가 은전을 꺼내 왔다. 그리고 몇 해 동안의 풍년의 결과가 이렇게 사라져 버리는 것을 누구에게도 보이고 싶지 않아 가만히 그녀에게 내밀면서 말했다.

"숙모님도 은전 열 닢 받아 두시오."

숙모는 사양하는 시늉을 하면서 살찐 몸을 뒤로 빼고 머리를 절레절레 저으며, 잘 들리게 말했다.

"아아니, 나는 괜찮네. 나는 한집안 식구고 자넨 내 아들, 나는 자네 어머니나 마찬가지 아닌가. 돈 때문이 아닐세, 자넬 위해서 하는 일이야."

그러나 왕룽은 숙모가 겉으로는 그렇게 말하면서도 손을 내민 것을 보고 그 손에 은전을 쥐어 주었다. 그는 그만한 가치가 있다고 여겼다.

그는 돼지고기와 쇠고기, 연어, 버섯, 밤을 사고, 국물을 만들기 위해 남쪽에서 온 제비집과 말린 상어 지느러미 등 그가 아는 온갖 진미를 사 놓고 기다렸다. 이 타는 듯한 초조함을 '기다림'이라 부를 수 있다면 말이다.

여름도 끝나 가는 8월의 햇볕이 내리쬐는 더운 어느 날 롄화는 왔다. 그녀가 오는 것을 왕룽은 멀리서 보고 있었다. 여자는 사내들이 어깨에 멘, 대나무로 만든 가마에 타고 있었다. 그는 밭 옆의 좁은 길을 가마가 이리저리 흔들리며 오는 것을 보고 있었다. 그 뒤에 따라오는 그림자는 두줴안이었다. 갑자기 그는 불안을 느끼고 마음속으로 중얼거렸다.

'나는 무엇을 집에 끌어들이고 있는가?'

그리고 거의 저도 모르는 사이에 그는 오랜 세월 아내와 함께 자던 방으로 뛰어들어 문을 닫고 방안의 어둠 속에서 어쩔 줄을 몰라 했다. 마침내 가마가 닿았으니 나오라고 외치는 숙모의 목소리가 들려왔다.

부끄러운 나머지 그는 처음으로 이 여자와 만나는 것처럼 나와서는, 호사스러운 옷을 입었음에도 고개를 떨구고는 눈은 좌우로만 굴릴 뿐 절대 정면을 보지 않았다. 그러나 두쥐안은 들뜬 양으로 그에게 말을 걸었다.

"이렇게 될 줄은 미처 몰랐어요."

그녀는 사내들이 내려놓은 가마로 가서 발을 올리고 혀를 차며 말했다.

"렌화, 나와요. 자, 당신 집이야. 당신 주인어른도 여기 계시고."

왕룽은 싱글거리는 가마꾼들의 얼굴을 보자 부끄러워졌다. 그는 마음속으로 생각했다.

'어차피 문안 길거리 건달패들 아닌가. 보잘것없는 것들이지.' 그래도 자기 얼굴이 화끈거리며 붉어지는 것을 느끼고는 화가 치밀어 한마디도 입을 열지 않았다.

발이 올려졌다. 저도 모르게 바라보니 가마 안에 백합처럼 화장을 하고 조용히 렌화가 앉아 있었다. 그는 이것도 저것도, 싱글거리는 가마꾼들조차 잊어버리고, 자기만의 것을 만들려고 이 여자를 샀다는 것과, 이 여자가 죽을 때까지 이 집에서 살기 위해 왔다는 사실만을 생각했다. 그는 몸이 긴장되어 떨면서, 그녀가 바람에 나부끼는 한 떨기 꽃처럼 우아하게 일어서는 것을 보고 있었다. 눈을 떼지 못하는 사이에, 여자는 두쥐안에게 손을 잡혀 가마를 나오자 머리를 숙이고 눈을 내리깐 채 작은 발로 위태롭게 두쥐안에게 기대어 걸어왔다. 그의 옆을 지날 때 그에게는 아무 말도 하지 않고 다만 두쥐안에게만 속삭였다.

"내 방은 어디지요?"

그때 숙모가 그녀의 다른 팔 쪽으로 가까이 왔다. 그러고는 양쪽에서 그녀를 부축하여 정원을 지나 왕룽이 지어 둔 새 방으로 안내했다. 왕룽의 식구들 중에는 그녀가 지나는 것을 본 사람이 없었다. 머슴들과 칭 서방은 종일 먼 밭으로 일을 보냈고, 오란은 밑의 아이 둘을 데리고 그도 모르는 어딘가로 나가 없었다. 아들 둘은 서당에 가 있었고, 노인은 벽에 기대어 자고 있어서 아무것도 보지도 듣지 못했고, 그리고 백치 딸은 집 안에서 누가 오가건 아랑곳없는 데다 양친의 얼굴 외엔 누구의 얼굴도 알아보지 못했다. 그래도 롄화가 안으로 들어가자 두 쥐안은 휘장을 내렸다.

얼마 뒤 숙모가 어딘가 심술궂은 미소를 띠며 나왔다. 그녀는 더러운 것이라도 떨쳐 버리는 양 손을 털었다.

"향수와 분냄새가 코를 찌르는군. 아주 갈보 냄새가 배어 버렸네." 그녀는 더욱 악의에 찬 말투로 말했다. "여보게, 그 여자는 보기보다 나이를 먹었어. 까놓고 말해서 사내들이 거들떠보지 않는 나이가 되지 않았다면, 비취 반지나 금가락지, 비단과 공단 정도로 농사꾼 집에 올 생각은 안 했을 걸세. 아무리 돈 많은 농사꾼이라 해도 말이네."

그러고는 너무나 노골적인 이 말에 왕룽이 화가 난 듯 보이자 다급하게 덧붙였다.

"그러나 미인일세. 저런 미인은 본 일이 없네. 오랜 동안 꼭 사내같이 생긴 황씨 댁 종만 상대해 온 뒤니까 잔칫날의 팔보채 같은 맛이겠네."

왕룽은 아무 대답 없이 집 안을 이리저리 돌아다니며 귀를 기울였다. 가만히 앉아 있을 수가 없었다. 마침내 용기를 내어 그는 붉은 휘장을 올리고 롄화를 위해 마련한 가운데 뜰을 지나 그녀가 있는 어둑한 방으로 들어갔다. 그러고는 밤까지 그녀 곁에 있었다.

온종일 오란은 집에 얼씬대지도 않았다. 새벽에 호미를 들고서 아이들을 깨워 배춧잎에 담은 얼마 되지 않는 찬밥을 갖고 나가고는 그만이었다. 그래도 밤이 되자, 흙투성이가 되어 지친 얼굴로 묵묵히 돌아왔다. 아이들도 묵묵히 그녀 뒤를 따랐다. 그녀는 아무하고도 말을 않고 부엌에 가서 식사 준비를 하여 언제나처럼 탁자에 갖다 놓고, 노인을 불러서 손에 젓가락을 쥐어 주고 백치 딸에게도 먹여 준 다음에 아이들과 함께 아주 적은 양의 저녁을 먹었다. 그들이 모두 잠들고 왕룽이 아직 롄화의 방 탁자 앞에 꿈꾸듯 앉아 있을 때 그녀는 자기 위해서 몸을 씻고는 오래 살아 온 자기 방으로 가서 혼자 잠들었다.

왕룽은 밤낮으로 애욕에 빠져 있었다. 매일같이 롄화가 단정치 못하게 침대에 누워 있는 방으로 가서 그 곁에 앉아 그녀가 하는 짓을 하나에서 열까지 보고 있었다. 초가을의 강한 햇살이 싫어서 그녀는 밖에 나가지 않았다. 두 쥐안이 미지근한 물로 렌화의 날씬한 몸을 씻어 주고 기름을 바르고 머리에 향수를 뿌려 주었다. 렌화는 두쥐안을 반드시 몸종으로 곁에 두겠다고 했고, 이제까지 스무 명 이상을 위해 일하다가 이제는 자신만을 위해 일하게 되었으니 자기가 급료를 충분히 줘야 한다고 고집을 부렸다. 그래서 그녀와 여주인이 된 렌화는 다른 사람들과 떨어져서 왕룽이 새로 지어 준 안뜰의 방에서 살게 되었다.

하루 내내 렌화는 시원하고도 어둑한 방에서 과자나 과일을 먹고, 허리께까지 몸에 착 붙는 윗도리와 품이 넓은 바지로 된 녹색의 여름 비단 속옷 하나만 걸치고 있었다. 왕룽은 이런 모습의 그녀를 보고는 더욱 애욕에 빠져들었다.

저녁이 되면 그녀는 귀엽게 어리광을 부려서 그를 밖으로 쫓아냈다. 그러면 두쥐안이 목욕을 시키고 또다시 향수를 뿌리고, 부드러운 흰 비단 속옷에 왕룽이 사준 분홍색 비단 겉옷을 입혀 주었다. 발에는 수놓은 작은 신발을 신겼다. 그리고 여자는 뜰을 거닐며 다섯 마리의 금붕어가 헤엄치고 있는 작은 연못을 들여다본다. 왕룽은 자기 것이 된 이 경이를 황홀하게 바라보았다. 그녀는 작은 발을 위태롭게 디뎠다. 왕룽은 그녀의 끝이 뾰족한 작은 발과 나긋한 손의 아름다움을 일품이라고 생각했다.

그는 사랑에 빠져 홀로 즐기며 만족했다.

21

한지붕 아래 여자 둘이 있으면 평화가 없다고 하듯이, 왕룽의 집에 온 이 렌화란 여자와 그 하녀인 두쥐안이 아무런 불평 불화 없이 집안사람들과 잘 지내리라고는 생각할 수 없었다. 그러나 왕룽은 그것을 짐작하지 못했다. 오란의 무뚝뚝한 얼굴과 두쥐안의 독기 서린 모습으로 어쩐지 잘못되어 간다는 것을 짐작은 했지만 대수롭게 여기지는 않았다. 그는 자기 욕망에 불타 있을 때는 아무에게도 관심을 갖지 않았다.

그래도 낮이 밤이 되고 밤이 새벽으로 바뀔 때면, 왕룽은 아침이 되면 해가 뜨듯이 렌화는 여기 있으며, 때가 되면 달이 나오듯이 렌화는 언제든 원할 때 손을 뻗으면 안을 수 있는 곳에 있다는 사실을 깨닫게 되자, 사랑의 갈증이 조금은 채워져 전엔 알지 못했던 여러 일들이 차츰 눈에 띄게 되었다.

이를테면 오란과 두쥐안 사이에 곧 불화가 생긴 것이다. 이런 일이 생기리라고는 왕룽은 생각지 못했었다. 남편이 둘째 여자를 들이면 대들보에 목을 매달거나, 그런 짓을 한 남편을 따지고 들어 맥도 못추게 하는 여자의 이야기는 여러 번 들었지만, 오란은 말이 없는 여자라서 자기에게 아무 말을 않을 것이라 생각하고 인심했던 것이디. 오란이 롄화를 미워할 것이라고 예측은 했지만, 사실 롄화에겐 별말이 없으면서 두쥐안에게 노여움을 터뜨리리라고는 미처 생각도 못했다.

왕룽의 머릿속에 온통 그녀밖에 없을 무렵 롄화는 그에게 이렇게 부탁했다.

"두쥐안을 제 몸종으로 둬도 괜찮죠? 저는 이 세상에서 외톨박이예요. 제가 말도 하기 전에 부모님이 돌아가시고, 숙부님은 제가 예쁘게 자라자 바로 팔아 넘겼어요. 저에겐 정말 아무도 없어요."

그녀는 이렇게 말하며 아름다운 눈꼬리에서 언제나 흘러넘칠 준비를 하고 있는 반짝이는 눈물을 또르르 흘렸다. 이렇게 그녀가 졸라 대면 그는 그녀의 청을 거절할 수가 없었다. 게다가 이 여자에게 몸종이 한 사람도 없었다는 것이 사실이었고, 그녀가 이 집에서 외톨이라는 것 또한 사실이었다. 오란이 첩의 시중을 들리라고는 전혀 생각할 수 없었다. 오란은 롄화에게 말도 걸지 않을뿐더러 이 집에 그녀가 있다는 사실을 완전히 묵살하리라는 것쯤은 미루어 짐작할 수 있었다. 그러면 숙모가 있을 뿐인데, 숙모가 기웃거린다거나 눈치를 살핀다거나 자기 이야기를 하려고 롄화에게 다가간다는 것은 생각만 해도 참을 수가 없었다. 그렇다면 두쥐안이 가장 좋다고 여겼고, 그 밖에 하녀로 올 만한 여자를 그는 몰랐다.

그러나 두쥐안을 대할 때의 오란은—왕룽이 여태껏 본 일도 없거니와 또 그녀에게 그런 면이 있을 줄은 꿈에도 몰랐을 만큼—심하게 화를 냈다. 두쥐안은 왕룽에게서 돈을 받고 있기 때문에, 자기가 황씨 댁에서 주인 영감의 몸종이었을 때 오란이 많은 부엌종 중의 한 사람이었다는 사실을 잊고 있지는 않았다 해도, 오란과 사이좋게 지낼 생각은 충분히 있었다. 그래도 오란과 처음 얼굴을 마주한 그녀는 큰 소리로 이렇게 말했다.

"어머, 반가워라. 또 한집에서 살게 됐네. 하지만 넌 마나님에 첫째 부인이니 내

주인인 셈이구나…… 처지가 꽤나 바뀌었는걸!"

그러나 오란은 그녀를 한동안 쳐다보기만 하다가 이 여자가 누구라는 것을 알게 되자 아무 말도 없이 날라온 물독을 내려놓고, 왕룽이 애욕에 지쳐 휴식을 취하는 가운뎃방으로 가서 무뚝뚝하게 말했다.

"저 계집종이 이 집에서 뭘 하는 거예요?"

왕룽은 이리저리로 눈을 돌렸다. 그는 주인으로서 떳떳하게 이렇게 말하고 싶었다. "이건 내 집이야. 내가 좋다고 하면 누구라도 이 집에서 살 수 있지. 당신이 이러쿵저러쿵 할 필요는 없어." 그러나 오란 앞에서는 어쩐지 부끄러워서 말이 나오지 않았다. 그는 부끄러운 것이 또한 화가 났다. 부끄러움을 느껴야 할 아무런 이유가 없었다. 쓰고 싶을 만큼 충분한 돈을 가지고 있는 사내라면 누구나 하는 짓을 하고 있을 뿐인 것이다.

그런데도 그는 아무 말도 못하고 이쪽저쪽을 돌아볼 뿐이었다. 담배를 찾는 체하고 허리춤을 뒤졌다. 그러나 오란은 그 큰 발로 꿈쩍도 않고 그곳에 서서, 그가 아무 말이 없자 또다시 무뚝뚝하게 되풀이하여 물었다.

"저 계집종은 이 집에서 뭘 하는 거예요?"

그녀가 언제까지고 대답을 기다릴 요량인 것을 보고 왕룽은 힘없이 말했다.

"그게 당신과 무슨 상관인데?"

오란은 말했다.

"내가 황부자 집에 있었을 때 저 계집은 건방진 얼굴로 나를 괴롭혔어요. 하루에도 몇십 번씩 부엌에 달려와서는 주인어른께 빨리 차를 갖고 오라거나, 주인어른께 진지를 냉큼 올리라고 큰소리쳤어요. 그리고 늘 이건 너무 뜨겁다느니, 음식이 맛없다느니, 날더러 못생겼다느니, 굼벵이라느니, 이렇다 저렇다 트집을 잡았어요……."

그러나 왕룽은 어떻게 말해야 좋을지 몰라서 대꾸하지 않았다.

오란은 기다리고 있었다. 그러나 그가 아무 말도 하지 않자 뜨거운 눈물이 조금씩 천천히 그녀의 눈에서 흘러내렸다. 눈을 깜박여서 그 눈물을 삼키려고 애썼지만 끝내는 푸른 앞치마 끝으로 눈물을 닦고 더는 참지 못하고 말했다.

"내 집에서 이런 짓을 당해야 하다니 너무해요. 이 집을 나갈래도 친정도 없고……."

그래도 왕룽이 입을 열지 않고 가만히 걸상에 앉아 담뱃대에 불을 붙인 채 잠자코 있자, 그녀는 말 못 하는 짐승처럼 기묘한 눈으로 슬픈 듯이 그를 바라보다가, 이윽고 눈물로 눈이 흐려지자 손으로 더듬더듬하며 조용히 방을 나갔다.

왕룽은 그녀가 나가는 것을 보면서 혼자가 된 것을 기뻐했으나, 한편으로는 부끄럽고 또한 부끄러움을 느끼는 것이 못마땅해 누구하고 말다툼이라도 하는 것처럼 중얼거렸다.

"뭐, 딴 사내들도 하는 것인데, 나는 아내에게 충분히 잘해 줬어. 나보다 더 지독한 놈도 얼마든지 있지." 그러니까 오란은 그쯤은 참아야 한다고 생각했다.

그러나 오란은 그것으로 끝을 내지 않았다. 그녀는 묵묵히 복수를 시작했다. 아침에 그녀는 물을 끓여서 노인에게 주고, 왕룽이 렌화에게 가 있지 않으면 그에게도 차를 주었다. 그러나 두쥐안이 그녀의 여주인을 위해서 더운물을 뜨러 가면 가마솥은 비어 있고, 아무리 큰 소리로 불평을 해도 오란은 전혀 상대를 하지 않았다. 그래서 두쥐안은 여주인을 위한 더운물을 손수 끓여야 했다. 그러나 이때는 아침 식사 때문에 물을 끓일 솥이 없었고, 두쥐안이 큰 소리로 떠들어도 오란은 대꾸 없이 제 할 일만 하고 있었다.

"작은마나님이 차가 마시고 싶어서 목이 말라 죽을 지경인데 상관없나요?"

그러나 오란은 들은 체도 않고 옛날에 한 잎의 가랑잎도 아껴 가면서 때던 시절과 조금도 다름없이, 조심스레 절약해서 아궁이에 마른 잎이며 짚을 넣을 뿐이었다. 그래서 두쥐안이 왕룽에게 큰 소리로 불평을 하면 그는 이런 일로 렌화와 애정에 금이라도 갈까 봐 노여워서 오란을 크게 꾸짖으며 소리쳤다.

"아침에 물을 좀 더 끓일 수 없소?"

그러나 그녀는 전보다도 더 상을 찌푸리며 대답했다.

"적어도 나는 이 집의 종년은 아니에요."

그러자 왕룽은 참을 수가 없어서 오란의 어깨를 잡아 몹시 흔들며 말했다.

"못난 소리 마. 하녀를 위해서가 아니라 그 주인을 위해서야."

오란은 그의 폭력을 견디며, 그를 바라보고 간단하게 말했다.

"그 계집에게 당신은 내 진주 두 개를 주었죠?"

그의 손은 오란의 어깨에서 떨어지고, 그는 아무 말도 못했다. 왕룽은 노여움도 잊은 채 부끄러워하면서 그곳을 떠나 두쥐안에게 가서 말했다.

"아궁이를 따로 내어 부엌을 하나 더 만들지. 저 사람은 꽃 같은 렌화의 몸에 필요한 사치스러운 음식을 몰라. 새 부엌에서 네 마음대로 솜씨를 부려 보지 그래."

그는 일꾼들에게 부엌과 아궁이를 만들게 하고 좋은 새 솥을 사 오게 했다. 거기서 마음대로 솜씨를 부려 보라고 한 말이 두쥐안을 기쁘게 했다.

왕룽은 겨우 일이 잠잠해지고 여자들이 말이 없어졌으니 이젠 자기의 사랑을 맘껏 즐길 수 있으리라고 생각했다. 이것이 그에게 신선한 기분을 돋우었는지, 렌화가 커다란 눈의 눈꺼풀을 백합꽃처럼 내리깔고 어리광을 부리거나 그를 곁눈질로 슬쩍 보면서 미소를 담거나 하는 것에도 싫증을 느낄 줄 몰랐다.

그러나 결국 이 새 부엌 문제는, 두쥐안이 날마다 성내에 가서 남쪽 도시에서 들어온 비싼 식재료만 사 오면서 왕룽에게는 자기 몸을 찌르는 가시가 됐다. 여지나무 열매, 꿀에 담근 대추, 진기한 찹쌀 과자, 호두, 흑설탕, 각종 해산물, 그 밖의 이것저것 모두가 그에게는 너무 비싼 것들이었다. 이것이 두쥐안의 농간인 줄 알면서도, 너는 내 살을 깎아먹고 있다고 하면 그녀가 화낼 것이고 렌화도 상을 찡그릴 것이기에 그것이 두려워 어쩔 수 없이 허리춤에 손을 집어넣지 않을 수 없었다. 매일 이것이 가시가 되어 그를 찔렀다. 불평을 털어놓을 상대도 없어서 고통은 더욱 심했다. 이것이 렌화에 대한 애욕의 불꽃을 다소 가라앉혔다.

그리고 이 문제로 또 다른 조그만 가시가 자라 나왔다. 그것은 사치스러운 음식을 좋아하는 숙모가 식사 때면 안채로 가는 일이었다. 그녀는 거기서 멋대로 굴었다. 왕룽은 렌화가 자기 집 사람 중에 이 여자를 친구로 삼는 것이 못마땅했다. 세 여자들은 안뜰에서 배불리 먹고 언제나 소곤거리며 웃곤 했다. 렌화는 숙모의 어딘가가 마음에 든 모양으로 세 사람은 참으로 사이가 좋았지만 왕룽은 그것이 못마땅했다.

그러나 어쩔 수 없었다. 그는 부드럽게 타일렀다.

"렌화, 그런 극성스러운 뚱뚱보 할멈에게 친절하게 해 봤자 소용없어. 나에게나 더 다정하게 해 줘. 그 노친네는 거짓말쟁이라 믿을 만한 사람이 못 돼. 종일 그런 노친네가 네 곁에 붙어 있다는 건 반갑지 않은데?"

렌화는 토라져서 입술을 빼물고 그를 외면하면서 투정을 했다.

"나에겐 당신 말고는 아무도 없어요. 친구가 없어요. 나는 여태까지 복작거리는 집에서 살아 왔는데 이 집에서는 첫째 부인은 나를 미워하고, 아이들은 귀찮게 굴이서 싫고, 아무도 친구가 없잖아요."

그녀는 최후의 수단을 써서 그날 밤은 그를 방에 들이지 않고 불평을 말했다.

"나의 행복을 생각해 주지 않는다면 당신은 나를 사랑하지 않는 거예요."

왕룽은 초조해져서, 맥없이 지고는 후회하며 말했다.

"네 맘대로 하렴, 언제까지든."

그녀는 여왕처럼 그를 용서했다. 왕룽은 그녀가 무엇을 하건 나무랄 수 없게 되어, 그 뒤부터 렌화는 그가 와도 숙모와 차를 마시거나 과자를 먹고 있을 때면 그에게 기다리라고 하고 그를 안중에도 두지 않게 됐다. 그리고 숙모가 있다고 자기를 들여보내지 않는 그녀에게 화가 치밀어 그는 성큼 그 자리를 떴다. 그러는 동안 자기도 모르는 사이에 그의 정열은 식어 갔다.

더구나 못 견디게 화가 나는 것은 렌화를 위해 사들인 값비싼 음식을 숙모가 먹고, 전보다 더 살찌고 기름기가 도는 일이었다. 그러나 숙모는 영리해서 그에게 다정한 태도를 취했고, 비위도 잘 맞추어 그가 방에 들어오면 일어서곤 했기 때문에 그는 트집을 잡을 수도 없었다.

이렇게 그의 렌화에 대한 애정은 전처럼 몸과 마음을 불태우는 완전한 것은 아니었다. 수없이 조그만 분노들을 참아야 했고, 이제는 오란과도 생활이 갈라져서 가벼운 기분으로 이야기하러 갈 수도 없기 때문에 그 조그만 분노들이 갈수록 쌓여서 차츰 뼈에 사무치게 되었다.

들판의 가시덩굴이 한 뿌리에서 이리저리 퍼지는 것처럼 왕룽에게도 괴로움이 점점 많아졌다. 어느 날 이제는 너무 늙어서 망령기가 있는 아버지가 양지 쪽에서 낮잠을 자고 있다가 갑자기 눈을 뜨더니, 아들이 칠순 생일 선물로 사준 용머리가 새겨진 지팡이를 짚고, 안채와 렌화가 거니는 안뜰 사이에 쳐 있는 휘장 입구까지 비틀비틀 걸어갔다. 노인은 지금까지 그 문에 주의를 기울인 일도 없었고 언제 안뜰이 생겼는지도 몰랐다. 이 집에 사람이 늘어난 것도 모르는 모양이었다. 왕룽은 '첩을 두었다'고 노인에게 말한 일이 없었다. 새로운 이야기며 노인이 생각지도 않는 일을 말해도 노인은 아무것도 모를 만큼 귀가 멀었던 것이다.

그런데 이날은 웬일인지 노인은 이 문을 발견하고 그곳에 다가가 휘장을 올렸다. 저녁때라 왕룽은 렌화와 안뜰을 산책하며 연못가에 서서 금붕어를 보고 있었다. 그리고 왕룽은 렌화만을 보고 있었다. 노인은 아들이 가는 몸매의 화장을 한 여자 곁에 서 있는 것을 보자 날카롭게 갈라진 목소리로 소리쳤다.

"이 집에 갈보가 있구나!"

렌화는 화가 나면 쉿소리로 비명을 지르며 손뼉을 치는 버릇이 있었다. 왕룽은 그녀가 화내지 않을까 겁이 나 서둘러 노인을 바깥 마당으로 데리고 가서 달래듯이 말했다.

"조용히 계세요, 아버지. 저건 갈보가 아니고 제 작은댁이에요."

그러나 노인은 입을 다물지 않고, 들리는지 안 들리는지 큰 소리로 몇 번이나 되풀이했다.

"이 집에 갈보가 있구나!" 그리고 왕룽이 곁에 있는 것을 보자 난데없이 말했다. "내 마누라는 하나밖에 없었다. 내 아버지의 마누라도 하나밖에 없었어. 우리는 농부란 말이다." 그리고 잠깐 있다가 또 소리를 질렀다. "저런 갈보!"

이렇듯 노인은 꾸벅꾸벅 졸던 잠에서 깨어나 렌화에게 노여운 마음을 품게 되었다. 안뜰 입구에 가기만 하면 느닷없이 소리를 질렀다.

"갈보!"

그렇지 않으면 입구의 휘장을 들치고 미친 듯이 마루에 침을 뱉었다. 그리고 작은 돌을 주워 쇠약한 팔로 작은 연못에 던져서 금붕어를 놀라게 했다. 이런 장난꾸러기 아이 같은 유치한 방법으로 그는 노여움을 나타내는 것이었다.

이 일은 왕룽의 집을 몹시 시끄럽게 만들었다. 왕룽은 부끄러워서 늙은 아버지를 나무랄 수도 없었고, 렌화가 자칫하면 일으키는 신경질이 귀엽긴 하지만 한편 두렵기도 했다. 아버지가 그녀를 화나게 하지 않도록 신경 쓰느라 그는 지쳐버렸다. 이것은 그의 애욕이 무거운 짐이 된 또 하나의 원인이었다.

어느 날 안채에서 비명이 들렸다. 렌화의 소리였다. 그는 급히 달려갔다. 쌍둥이가 손위 백치 누이를 데리고 안채에 들어와 있었다. 백치 딸아이는 제쳐 놓고라도 네 아이들은 안채에 사는 이 여자에게 늘 호기심을 갖고 있었다. 위의 두 아이는 그녀가 거기서 사는 이유와 아버지와의 사이를 어렴풋이 알고 있기에 부끄러워서 자기들끼리만 몰래 이야기를 했다. 그러나 막내 둘은 그곳을 기웃거리기도 하고 소리를 지르기도 하고, 여자가 쓰는 향수 냄새를 맡기도 하고, 여자가 음식을 먹고 난 뒤에 두쥐안이 내가는 접시에 손가락을 넣어 핥는 것만으로는 만족하지 않았다.

렌화는 아이들이 귀찮아 죽겠다고 몇 번이나 왕룽에게 말하고 그들을 오지 못하게 해 달라고 부탁했다. 그러나 그는 마음이 내키지 않아 농담으로 돌리며 말했다.

"그놈들도 제 아비처럼, 예쁜 얼굴이 보고 싶어 그러는 거야."

그리고 아이들에게는 안뜰에 가지 말라고 말했을 뿐이었다. 아이들은 그가 보고 있을 때는 가지 않았지만 보지 않으면 살짝 드나들었다. 그러나 백치 계집애는 아무것도 모르고 다만 바깥 뜰의 벽에 기대앉아 생글생글 웃으면서 접은 헝겊을 갖고 놀고 있었다.

그런데 이날 두 아들이 서당에 간 뒤 막내애 둘은, 이 백치 누나도 그 여자가 보고 싶으리라고 생각하고 둘이서 누이의 손을 잡고 안뜰로 들어가 렌화 앞에 섰다. 렌화는 이 계집애를 본 일이 없기 때문에 앉은 채 눈을 크게 뜨고 지켜보고 있었다. 백치 아이는 렌화가 입은 윤이 나는 비단옷과 반짝이는 귀걸이의 보석을 보고 이상한 기쁨을 느낀 모양으로, 그 아름다운 빛깔을 잡으려고 손을 내밀고는 큰 소리로 웃었다. 영문을 알 수 없는 공허한 웃음이었다. 이에 놀란 렌화가 비명을 올리고, 그것을 듣고 왕룽이 달려온 것이다. 렌화는 노여움으로 몸을 떨며 작은 발을 구르고, 웃고 있는 백치 아이를 가리키며 외쳤다.

"얘가 다시 내 옆에 오는 날엔 이 집을 나가겠어요. 이런 백치와 한집에 살 줄은 몰랐어요. 알았다면 안 왔을 거예요. 어쩌면 아이들이 이렇게 더러워요!" 그리고 옆에서, 입을 멍하게 벌린 채 계집애의 손을 잡고 서 있는 사내아이를 밀쳤다.

아이들을 사랑하는 왕룽은 노여워서 사납게 말했다.

"아이들 욕을 하면 그냥 두지 않겠다. 누가 그러든 용서 못 해. 이 백치 아이의 욕도 듣기 싫어. 아들도 낳아 본 일도 없는 네까짓 게 무슨 소리야.”

그러고는 아이들을 보고 말했다. “자, 가자, 얘들아. 다시는 이 여자한테 오면 안 돼. 이 여자는 너희들을 싫어하니까. 너희들을 싫어한다는 것은 너희들 아버지도 싫어한다는 거다.” 그리고 백치 아이에게는 특히 다정하게 말했다. “자, 아가, 저 양지 쪽으로 가자.” 딸아이는 미소 지었다. 그는 딸의 손을 붙잡고 나갔다.

그는 이 백치 아이의 욕을 하고 더럽다고 퍼부은 롄화에게 몹시 노여워졌다. 그는 새삼 이 계집애가 못 견디게 측은해서 그날도 그다음 날도 롄화에게 가지 않고 아이들과 함께 놀고, 성내에 가서 백치 아이에게 둥근 보리 과자를 사다 주었다. 딸이 이에 쩍쩍 달라붙는 과자를 아기처럼 좋아하는 모습을 보며 마음을 달랬다.

다시금 그가 롄화에게 갔을 때 그가 이틀 동안 오지 않은 사실에 두 사람은 아무 말도 하지 않았다. 하지만 그녀는 그의 마음을 풀기 위해서 특별히 마음을 썼다. 그가 갔을 때 마침 숙모를 상대로 차를 마시고 있었는데, “주인이 오셨어요. 저는 주인 분부대로 따르지 않으면 안 되니까요. 그렇게 하는 것이 저도 기쁘거든요.” 하면서 자진해서 일어나 숙모를 돌려보냈다.

그러고는 왕룽 곁으로 와서 그의 손을 잡아 얼굴에 대면서 애무해 주기를 바랐다. 그는 또다시 그녀를 사랑하긴 했으나 전처럼 깊이는 사랑하지 않았다. 그 사랑은 예전처럼은 두 번 다시 되지 않았다.

여름이 끝날 무렵의 어느 날이었다. 동틀 무렵의 하늘은 맑게 개어 바다처럼 차고 파랬으며, 상쾌한 가을 바람이 논밭 위를 불어오자 왕룽은 잠에서 깨어났다. 그는 집 문앞으로 나가 밭을 둘러보았다. 물은 빠지고 논밭은 건조한 찬바람과 뜨거운 햇볕 아래서 빛나고 있었다.

어떤 목소리가 그의 마음 깊은 곳에서 울려 왔다. 애욕보다 더 깊은 곳으로부터 솟아나는 땅을 향한 외침이었다. 그의 생애를 통틀어 다른 어떤 소리보다도 강한 울림이었다. 그는 두루마기를 벗어 던지고 우단 신발과 하얀 양말을 잡아채듯이 벗고, 바지를 무릎까지 걷어올리고 늠름하고 기운차게 일어서며 큰 소리로 외쳤다.

“호미는 어딨나? 괭이를 가져오게. 밀씨는? 여보게, 칭 서방, 사내들을 모두 불러 주게. 들로 가세!"

22

대지는 남쪽 도시에서 돌아왔을 때 그의 마음의 병을 고쳐 주었다. 이번에도 왕룽은 논밭의 검은 대지로 애욕의 상처를 낫게 할 수 있었다. 발밑에 눅눅한 흙을 느끼며, 밀씨를 뿌리기 위해 파 일으킨 밭두덩에서 피어나는 흙냄새를 맡았다. 그는 머슴들을 이리저리 부리고 이곳저곳을 갈며 종일 무섭게 일했다. 처음에는 소 뒤에 서서 소 등에 채찍질하며 가래가 땅속으로 들어감에 따라 파헤쳐지는 흙의 깊은 골을 보고 있던 그는, 칭 서방을 불러서 그에게 고삐를 넘기고 자진해서 괭이를 들고 그 파헤쳐진 흙을 흑설탕처럼 부드럽게 부수었다. 흙은 아직 젖어 있어서 검었다. 그는 그럴 필요가 있어서가 아니라 노동 자체가 즐거워서 이 일을 했다. 지치면 땅바닥에 누워서 잤다. 대지의 입김이 몸속에 배어들어 애욕의 상처를 아물게 했다.

한 점 구름도 없는 하늘에 빛나는 태양이 기울고 밤이 되자 몸은 마디마디 쑤시고 아팠으나 그는 싸움에 이긴 기분으로 성큼성큼 집에 돌아왔다. 휘장을 잡아 찢듯이 젖히고 안뜰로 가니 렌화가 비단옷을 입고 나타났다. 그녀는 그를 보자 흙투성이 모습에 소리를 지르며, 그가 다가가자 몸을 도사렸다.

그러나 그는 웃고, 흙투성이 손으로 그녀의 나긋한 손을 잡고는 다시 웃으며 말했다.

"이제 네 주인은 농군이고 너도 농군의 아내인 걸 알겠지."

그러나 그녀는 있는 힘껏 외쳤다.

"당신이 뭐가 됐든 나는 농군의 여편네는 아니에요!"

그는 또 웃고 미련 없이 그녀 곁에서 떠나갔다.

전처럼 흙투성이인 채로 저녁을 먹고 자기 전에 겨우겨우 목욕을 했다. 그리고 몸을 씻으면서 그는 또 웃었다. 몸을 씻는 것도 이젠 계집을 위해서가 아니기 때문이었다. 그는 애욕에서 빠져나온 것을 기뻐했다.

왕룽은 마치 오랫동안 자기가 집을 떠나 있었던 것 같았다. 해야 할 일이 한꺼번에 산더미처럼 몰려왔다. 땅은 빨리 갈아서 씨를 뿌리라고 소리쳤고 그는 날마다 그 일을 했다. 여름 동안의 애욕 생활로 창백해진 피부가 햇볕에 그을어 검어지고, 애욕으로 말미암은 게으름 때문에 못이 빠졌던 손도 괭이며 쟁기가 닿자 곧 또다시 굳어졌다.

점심도 저녁도 그는 오란이 마련해 준 쌀이며 배추, 두부, 마늘을 넣어서 만든 밀가루 빵을 먹었다. 그가 가면 렌화는 그 작은 코를 손으로 막고 소리를 질렀지만 그는 웃어 넘기고 그녀에게 일부러 마늘 냄새를 훅 뿜어 주기도 했다. 그는 이제는 뭐든 먹고 싶은 것을 먹기로 했으므로, 열심히 참아야 하는 것은 그녀 쪽이었다. 그는 다시금 건강해지고 애욕의 병에서 해방되었다. 그래서 그녀에게 가도 일을 끝내면 바로 딴 일에 마음을 돌릴 수 있게 되었다.

이렇게 되자 그의 집에서 두 여자의 지위는 자연히 정해졌다. 렌화는 그의 노리개로서 그 아름다움과 나긋함, 순수한 성적 매력을 가지고 그의 욕구를 채워 줬다. 오란은 그의 노동의 반려이며 아이들의 어머니이며, 집안 살림을 도맡아 했고 남편과 노인과 아이들의 식사를 준비했다. 왕룽은 마을 사람들이 렌화가 부러운 듯이 말하는 것이 뿌듯했다. 그것은 귀중한 보석 또는 값비싼 장난감과도 같은 것으로, 그것 자체는 아무 소용에도 닿지 않지만, 그러나 먹고 입는 것에 허덕이지 않아도 되는 사람들이, 원하는 대로 쾌락에 돈을 쓸 수가 있다는 표시이며 상징이기도 했다. 그래서 마을 사람들은 부러워했던 것이다.

마을 사람들 틈에 끼여 그가 부자임을 자랑하고 다니는 사람은 숙부였다. 요즘의 숙부는 꼬리를 치며 은혜를 구하는 개와도 같았다. 그는 말했다. "내 조카는 우리 같은 평민은 본 일도 없는 미인을 노리개로 데리고 있지." 그리고 또 말했다. "그 애는 대갓집 마나님처럼 비단과 공단 두루마기를 걸친 미인을 데리고 살아. 나는 본 일이 없지만 마누라가 그리 말하더군." 그리고 또 그는 말했다. "내 조카는―우리 형님의 아들인데―겁나게 재산을 모았어. 그 집 아이들도 부잣집 자식이라 평생 일하지 않고 살 수도 있어."

그래서 마을 사람들은 갈수록 더 경의를 가지고 왕룽을 보았고, 그와 말할 때도 대갓집 나리 대우를 하며 자기들과 동격으로 대하지 않았다. 사람들은 이자를 물고 돈을 빌리러 왔고, 아들딸의 혼담을 의논하러 오기도 했다. 밭의 경계 때문에 싸움이 붙기라도 하면 왕룽은 그 해결을 부탁받았고, 그의 결정은 어떤 것이라도 두말없이 받아들여졌다.

전의 왕룽은 애욕 때문에 분주했으나 이제는 그것에 마음을 뺏기는 일이 없이 여러 일로 바빴다. 비는 순조롭게 오고 밀은 싹이 터 쑥쑥 자랐다. 그해도 겨울이 되자 수확물을 시장에 가지고 갔다. 값이 오르기까지 곡식을 저장해 두었던 것이다. 그리고 이번에는 큰아들을 데리고 갔다.

자기 아들이 종이에 쓰인 글자를 소리 높이 읽거나 붓에 먹을 찍어 다른 사람도 알아볼 수 있는 글자를 쓰거나 하는 것은 어버이로서 매우 자랑스러운 일이었다. 왕룽은 지금 그런 자랑스러움을 느꼈다. 그는 아이가 읽거나 쓰거나 하는 것을 자랑스레 보며, 전에는 자기를 업신여기던 점원이 "어린앤데 훌륭한 필적인뎁쇼, 영특한 아들이로군요." 감탄해도 웃지도 않았다.

그리고 아들이 "이 글자는 삼수 변이라야 되는데 나무목 변이 돼 있군요." 하고 똑똑하게 말했을 때도 자기가 이런 아들을 두고 있는 것은 마땅하다는 얼굴을 했다. 그래도 왕룽은 자랑스러움에 가슴이 터질 것 같아서, 옆을 보고 기침을 하며 침을 뱉어서 겨우 싱글거리고 싶은 마음을 눌렀다. 글씨가 잘못 쓰인 것을 지적한 아들이 영리하다고 점원들 사이에 놀라는 기색이 보였을 때도 그저 아무렇지도 않은 듯이 이렇게 말했을 뿐이었다.

"그럼 고쳐 써라, 글자가 틀린 계약서에 도장을 찍을 수야 있나."

그는 선 채로 아들이 붓을 들고 틀린 데를 고치는 것을 내려다보았다.

그것이 끝나고 아들이 곡식 매매 계약서와 대금 영수증에 아버지 이름을 써 넣고 난 뒤, 아버지와 아들은 함께 집으로 돌아왔다. 아버지는 생각했다. 이 아이도 이제 어른이 되었으니, 아버지로서 마땅히 해야 할 일을 해줘야지. 첫째 며느릿감을 골라 약혼해 두는 일이다. 내 아들은 부잣집 지주 아들이니까 옛날의 나처럼 어딘가의 대갓집에 가서 구걸하듯 아무도 원치 않는 몸종을 얻어 올 필요는 없어.

그래서 아들의 색싯감을 고르게 되었는데 왕룽은 보통 평민의 딸로는 만족하지 않아서 이 일은 여간 힘들지 않았다. 어느 날 밤 그는 칭 서방과 둘이 가운뎃방에서 봄 파종에는 무슨 씨앗을 살까, 남아 있는 씨앗이 얼마나 되나 하는 것을 의논하다가 이 이야기를 끄집어냈다. 칭 서방은 소박하다는 사실을 알고 있었기에 큰 도움은 될 수 없으리라고 생각하기는 했지만, 그래도 이 사람이 개처럼 주인에게 충실한 사람임을 알고 있기 때문에 이야기해 볼 생각이 났다. 이런 사람에게 속을 썩이고 있는 일을 말하는 것만으로도 위안이 되는 것이다.

칭 서방은 탁자에 앉아 있는 왕룽이 이야기하는 동안 계속 서 있었다. 아무리 권해도 왕룽이 부자가 된 지금에는 그의 앞에 마주 앉으려고 하지 않았다. 왕룽의 아들과 그의 색싯감 이야기에 귀를 기울이던 칭 서방은 왕룽의 말이 끝나자 한숨을 쉬며 망설이듯이 작게 말했다.

"내 딸년이 살아 여기 있다면 은혜를 갚을 겸 거저 드리겠지만 어디 있는지 알 수도 없고 아마 죽었을지도 모르니……."

왕룽은 그에게 감사는 표했지만, 사실은 착하기만 할 뿐 단순한 머슴살이 농부에 불과한 칭 서방의 딸보다는 더 좋은 집안의 딸을 며느리로 삼고 싶었다. 그러나 역시 마음에 있는 대로 실토하는 것은 삼갔다.

그래서 왕룽은 더는 누구와도 상담하지 않고, 찻집에서 어떤 집 딸이 화제가 된다거나 나이 찬 딸을 두고 있는 성내의 부잣집 이야기가 나오거나 하면 열심히 귀를 기울이며 마음속으로만 이리저리 궁리했다. 숙모에게는 경계하여 자기 생각을 말하지 않았다. 숙모는 렌화를 데리고 온 것만으로 족했다. 숙모는 그런 일을 부탁하기엔 알맞은 여자였다. 그러나 자기 큰아들에게 알맞은 색시를 숙모가 알고 있을 성싶지 않았고 또한 아들 일을 숙모에게 부탁하고 싶지도 않았다.

그해도 저물어 눈이 오고 살을 에는 듯한 바람이 부는 겨울이 되자 이윽고 정월이 와 사람들은 먹고 마시느라 바빴다. 마을뿐만이 아니라 성안에서도 많은 사람들이 그에게 세배를 왔다.

"아드님도 많고 마나님들도 계시고 돈도 있고 땅도 있으니 이 이상 바랄 것이 없으시겠군요."

왕룽은 비단 두루마기를 입고 양편에 좋은 옷을 입힌 두 아들을 거느리고, 과자며 수박씨며 호두를 탁자 위에 놓고, 새해에도 번영하기를 비는 붉은 종이를 여기저기 문에 붙이고 자기의 행복을 흐뭇하게 느꼈다.

봄이 왔다. 버들은 연초록빛, 복숭아 봉오리는 연분홍빛으로 물들었지만 아직도 며느릿감은 구하지 못했다.

봄날도 깊어 따뜻해졌다. 자두며 벚꽃이 향기롭게 피고 버들은 잎을 길게 드리우고, 나무들은 푸르고 축축한 흙은 아지랑이를 올리며 풍성한 수확을 기대하게 했다. 그러자 왕룽의 큰아들은 갑자기 어른이 되어 갔다. 우울해지고 신경질을 부리며 이것도 저것도 먹지 않고 책에도 싫증을 냈다. 왕룽은 놀라서 어쩔 줄을 몰라하며 의시에게 보일까도 했다.

이 젊은이에게는 어떻게 손을 써야 할지 알 수 없었다. 아버지가 "자, 고기 해서 밥을 먹어야지" 달래 보지만 소용이 없고 아들은 외고집이 되고 더 우울해졌다. 왕룽이 조금이라도 화를 내면 그는 울며 방에서 나가 버렸다. 놀란 왕룽은 어찌할 바를 몰라 아들 뒤를 쫓아가서는 될 수 있는 대로 부드럽게 말했다.

"나는 네 아버지잖니. 가슴속 일은 뭐든 이야기해 봐." 그러나 아들은 흐느끼며 고개를 흔들 뿐이었다.

더구나 늙은 선생을 싫어해 아침에 일어나 서당에 가려 하지도 않았다. 왕룽이 꾸짖거나 때리면 그는 뿌루퉁해서 나가지만 그럴 때는 거리를 방황하며 종일 놀고만 있었다. 어느 날 밤 동생이 돌아와서 심술궂게 아버지에게 일렀기 때문에 왕룽은 비로소 그 사실을 알았다.

"오늘 형은 서당에 안 왔어요."

왕룽은 큰아들에게 소리쳤다.

"월사금을 버릴 셈이냐?"

그는 화가 나서 대나무 회초리로 아들을 때렸다. 오란이 이 소리를 듣고 부엌에서 뛰어나와 아버지와 아들 사이를 가로막았기 때문에 소년에게 내려친 대나무 회초리는 오란을 세차게 때리고 말았다. 그러나 이상한 일은, 아무것도 아닌 잔소리에도 울먹이던 아들이 이때에는 목상(木像)처럼 상을 찡그리고 새파랗게 되어 소리 하나 내지 않고 내려치는 매 아래에 서 있는 것이었다. 왕룽은 밤낮으로 이 아들의 일이 마음에 걸렸지만 어쩔 수가 없었다.

어느 날 저녁, 밥을 먹고 난 뒤에도 그는 이 일을 생각하고 있었다. 그날도 아들이 서당에 가지 않아서 때렸기 때문이다. 그가 생각에 잠겨 있자니 오란이 조용히 방에 들어와서 왕룽 앞에 섰다. 그는 아내가 할 말이 있나 보다고 짐작했다. 그래서 그는 말했다.

"뭐요, 말해 봐요."

그녀는 말했다.

"아이를 때려 봤자 아무 소용도 없어요. 나는 황씨 댁에 있었을 때 그곳 도령들이 저렇게 우울해하는 것을 본 일이 있어요. 그런 때 도령들이 제나름으로 적당한 계집종을 찾지 못하면 주인 영감이 골라 줬어요. 그것으로 간단하게 병이 나았어요."

"누구나 그런 것은 아니오." 왕룽은 반론했다. "내가 젊었을 때는 저렇게 우울해 있거나, 울거나, 신경질을 부리지는 않았단 말이오. 종도 없었고."

오란은 왕룽의 말이 끝나기를 기다려 천천히 말했다.

"나도 젊은 도령들 말고 그렇게 된 걸 본 일이 없어요. 당신은 밭에서 일했었어요. 하지만 저 애는 젊은 도령들과 마찬가지로 일 같은 건 조금도 안 하니까요."

왕룽은 잠시 생각하다가 마침내 아내가 한 말이 정말인 것을 알고는 깜짝 놀랐다. 그 나이 때 그는 새벽에 일어나 소를 돌보고 밭을 갈고 추수 때에는 등이 아플 때까지 일해야만 했다. 우울해 있을 틈 같은 것이 없었다. 듣는 사람이 없으니 울 때도 맘껏 울었다. 아들이 서당을 도망치듯 밭에서 도망칠 수도 없었다. 그랬다가는 먹을 것이 없어지니 말이다. 일하지 않을 수 없었던 것이다. 이런 일들을 모두 떠올린 그는 마음속으로 생각했다.

'그러나 내 아들은 그렇지가 않아. 저 녀석은 옛날의 나보다 훨씬 생각이 많아. 내 아버지는 가난했지만 저 녀석의 아버지는 부자지. 내가 밭에서 일하고 있으니 일할 필요도 없어. 그리고 내 아들 같은 학자에게 쟁기를 쥐게 하다니 말도 안 되고.'

이렇게 생각한 그는 이런 아들을 둔 것에 자랑스러움을 느꼈다. 그래서 오란에게 말했다.

"만일 그 도령들과 같다고 해도 그건 딴 이야기요. 그렇다고 내가 그 녀석에게 계집종을 사줄 수는 없으니 약혼시켜 빨리 장가를 들이지. 그것이 가장 좋아."

그렇게 말하고 그는 일어나 뒤뜰로 갔다.

23

렌화는 왕룽이 자기 앞에서도 멍하니 자기의 아름다움 이외의 일을 생각하는 것을 보고 입을 삐죽이며 말했다.

"한 해도 안 됐는데 나를 봐도 본체만체할 줄 알았더라면 그대로 찻집에 있을 걸 그랬어요."

이렇게 말하고 그녀는 샐쭉하니 눈을 흘겼다. 왕룽은 웃으며 그녀의 손을 잡아 얼굴에 대면서 그 냄새를 맡고 말했다.

"그렇지, 남자란 옷에 매단 보석만을 생각하고 있을 수는 없어. 그러나 그것이 없어지면 아쉬운 거야. 요즘 큰놈이 어른이 되어 가는지 엉뚱하게 굴어 걱정이야. 장가를 보내야겠는데 알맞은 상대가 없어. 마을의 농사꾼 딸을 데려오는 것도 내키지 않고, 모두가 같은 성(姓)이라는 것도 마땅치 않아. 그런데 딸을 우리 집 며느리로 해도 허물없을 만큼 친한 사람이 성내엔 없고, 중매만을 하는 장사치에게 가는 것도 싫으니 말이야. 병신이나 바보 딸을 둔 사람과 이야기가 돼도 곤란하거든."

렌화는 장남이 키가 큰 훌륭한 젊은이가 된 것에 호감을 갖고 있었다. 그녀는 왕룽의 말에 마음이 끌려서 곰곰이 생각하며 말했다.

"찻집에 있을 때 내게 놀러 오던 사람이 있었는데 그 사람이 곧잘 자기 딸 이야기를 하곤 했어요. 그 딸은 아직 어린아이지만 나처럼 몸집이 작고 예쁘다던데요. '너를 귀여워하고 있어도 이상하게 마음이 진정되질 않아. 어쩐지 네가 내 딸 같아서 말이다. 너무 닮아서 그것이 마음에 걸리는 모양이야.' 그러면서 나를 가장 좋아했는데도 석류화란 이름의 얼굴이 붉고 큰 여자를 자주 찾았어요."

"그 남자는 어떤 사람이야?" 왕룽은 물었다.

"좋은 사람이에요. 돈도 많고, 약속을 하면 꼭 지켰어요. 인색하지 않아서 우리는 모두 호의를 갖고 있었죠. 때로 여자가 지치기라도 하면 속았다고 고함치는 사람도 있는데, 그 사람은 꼭 왕자나 학자나 귀족처럼 언제나 인자하게 말하는 거예요. '자, 돈은 여기 놓고 간다. 잘 쉬어라. 다시 사랑의 꽃이 필 때까지.' 이런 식이죠. 무척 말씨가 점잖은 사람이었어요."

렌화가 생각에 잠기자 왕룽은 재빨리 그녀를 일깨웠다. 그녀가 옛날 생활을 떠올리는 것을 좋아하지 않았기 때문이다.

"그렇게 돈이 많았으면 직업은 뭔데?"

"곡물상 주인이라는 것밖에 몰라요. 두쥐안에게 물어봐요. 그 사람은 손님과 그 재산에 대해서라면 모르는 것이 없으니."

그녀가 손뼉을 치자 두쥐안이 부엌에서 종종걸음으로 왔다. 불에 익어 뺨과 코가 빨갛게 되어 있었다. 렌화가 물었다.

"왜 있잖아, 나한테 와서 사실은 내가 좋지만 딸을 닮았다고 해서 석류화를 찾던 그 사람 말이야. 다정하고 몸집이 큰 사람. 그이 이름이 뭐더라?"

두쥐안은 얼른 대답했다. "아, 곡물상의 류(劉)씨예요. 좋은 분이죠. 언제나 나를 보면 은전을 쥐어 주곤 했죠."

"가게는 어딘데?" 왕룽은 여자의 이야기라 믿을 수는 없다고 생각했지만 어떻든 물어 보았다.

"돌다리 거리(石橋街)예요."

그녀가 말을 맺기도 전에 왕룽은 손뼉을 치며 좋아했다.

"내가 곡식을 파는 가게로군. 이거 좋은 징조인데. 일이 잘될 것 같아."

비로소 그는 관심을 가졌다. 거래하는 곡물상 집의 딸을 며느리로 삼으면 여러 가지로 좋을 것이라고 생각했기 때문이다.

일이 생기면, 쥐가 기름 냄새를 맡듯이 두쥐안은 그 일에 돈 냄새를 맡았다. 그녀는 앞치마에 손을 닦으며 서둘러 말했다.

"제가 할 일이라면 지금이라도 하겠어요."

그 교활한 얼굴을 보자 왕룽은 아무래도 믿을 수가 없었다. 그러나 렌화는 명랑하게 말했다.

"그래요, 두쥐안이 류씨한데 가서 물어보면 돼요. 그이는 두쥐안을 잘 알고 있으니 이 일은 잘될 거예요. 두쥐안은 실수가 없으니 일이 잘되면 중매료를 두쥐안에게 주셔야 해요."

"성사시키고말고요!" 두쥐안은 열심히 말했다. 사례금을 듬뿍 받을 수 있다고 생각하니 저도 모르게 싱글거려지는 모양이다. 그녀는 허리에서 앞치마를 풀며 바쁜 듯이 말했다. "곧 다녀오겠어요. 고기는 삶기만 하면 되고 채소도 씻어 두었으니까요."

그러나 왕룽은 아직 이 일을 깊이 생각해 보지 못했고, 그렇게 허둥지둥 결정할 수도 없었다.

"아니, 나는 아직 아무 결정도 하지 못했어. 이삼 일 잘 생각해 보고 그때 다시 말하지."

두쥐안은 돈에 탐이 나고, 렌화는 이 새 사건이 어떻게 진척될 것인가 궁금해서 서로 갑갑해했다. 그러나 왕룽은 이렇게 말하고는 나갔다.

"내 아들 일이라 잘 생각해 봐야겠어."

왕룽이 이 생각 저 생각으로 결정을 못 짓고 있는 어느 날 아침 일찍이 큰놈이 벌겋게 취해서 새벽녘에 집에 돌아왔다. 술냄새가 풍기고 걸음걸이도 뒤뚱거렸다. 그가 마당에서 넘어지는 소리를 듣고 왕룽은 누군가 싶어서 뛰어나가 보았다. 큰아들은 아버지 앞에서 토했다. 집에서 쌀로 빚은 순한 술밖에 먹어 보지 않았기 때문이다. 그리고 개처럼 토한 자리에 쓰러져 버렸다.

왕룽은 놀라서 오란을 불러 둘이서 큰아들을 부축해 일으켰다. 그리고 오란이 토한 것을 씻기고 자기 방에 눕히자 큰아들은 죽은 사람처럼 곯아떨어져 아버지가 무엇을 물어도 대답할 줄 몰랐다.

왕룽은 형제가 함께 자는 방으로 갔다. 동생은 하품을 하고 기지개를 켜면서 서당에 가지고 갈 책을 싸고 있었다. 왕룽은 동생에게 말했다.

"간밤에 형은 너와 같이 안 잤니?"

아이는 우물쭈물 대답했다.

"네……."

뭔가 두려워하는 눈치다. 왕룽은 그 모양을 보자 사납게 소리쳤다.

"그럼 형은 어디 갔었니?" 아이가 대답을 못하자 그는 멱살을 잡고 또 한 번 소리쳤다. "이놈, 바른 대로 말 못해, 이놈아!"

이 바람에 겁을 먹고 동생은 흐느끼며 말했다.

"형이 아버지께 말하면 안 된다고 했어요. 만일 말하면 두들겨 패고 부젓가락으로 지지고, 말하지 않으면 돈을 준다고 했어요."

이 말을 듣자 왕룽은 이성을 잃고 외쳤다.

"말해, 말 안 하면 죽인다!"

아이는 아버지를 쳐다보고, 말하지 않으면 정말로 목 졸라 죽일는지 모른다고 느끼고는 필사적으로 말했다.

"형은 오늘까지 사흘 밤이나 집에서 자지 않았어요. 하지만 무슨 짓을 하는지는 몰라요. 아저씨하고 같이 나가는 것밖엔 난 몰라요."

왕룽은 멱살을 잡았던 손을 놓고 아들을 떠밀어 놓고는 성큼성큼 숙부네 방으로 갔다. 거기서는 숙부의 아들이 자기 아들과 마찬가지로 술에 취한 붉은 얼굴을 하고 있었다. 그러나 정신은 말짱해 보였다. 큰아들보다는 손위기도 하려니와 놀아 버릇했기 때문이다. 왕룽은 큰 소리로 외쳤다.

"우리 애를 어디 데려갔었니?"

사촌 동생은 비웃듯이 왕룽을 보고 말했다.

"형님 아들은 안내할 필요도 없어요. 혼자서 얼마든지 갈 수 있는걸요."

그러나 왕룽은 다시 한 번 말했다. 당장에라도 이 건방지고 뻔뻔스러운 삼촌 아들을 죽이고 싶은 생각이 들어 부들부들 떨리는 소리로 고함쳤다.

"간밤에 우리 애가 어딜 갔었어?"

숙부의 아들은 그의 큰 목소리에 겁을 먹어, 그 건방진 눈을 내리깔고 할 수 없이 대답했다.

"예전에 황씨 댁 안뜰에 살았던 매춘부네 집에 갔어요."

이 말을 듣자 왕룽은 크게 신음했다. 그 갈보의 이야기는 누구나 알고 있었다. 이미 나이깨나 먹은 계집으로 가난뱅이나 막벌이꾼들을 상대로 몇 푼 안 되는 돈에 몸을 파는 매춘부였다. 그는 식사도 하지 않고 집을 나서 밭을 가로질렀다. 밭 곡식이 어떻게 되었는지, 얼마큼이나 여물었는지 보이지도 않았다. 아들 일로 가슴이 꽉 차 있었던 것이다. 그는 마음속으로 그 생각만 하며 성안으로 통하는 누문(樓門)을 지나 전의 황씨네 집으로 갔다.

육중한 대문은 열린 채였다. 지금은 이미 그 두꺼운 무쇠 빗장을 거는 사람도 없었다. 요즘은 누구나 마음대로 드나들 수 있었다. 안으로 들어가 보니 뜰에도 방에도 세들어 사는 가난뱅이들로 꽉 차 있었다. 주위는 형편없이 더러워진 채 뜰의 노송은 잘린 것이 많고, 남아 있는 것도 말라 가고 있었다. 뜰의 연못은 쓰레기로 가득 차 있었다.

그러나 왕룽은 아무것도 눈에 들어오지 않았다. 문을 들어가 첫째 뜰에서 큰 소리로 외쳤다.

"양(楊)이란 여자는 어디 있소?"

세 발 달린 의자에 앉아 신창을 꿰매던 여자가 얼굴을 들더니 더욱 안뜰로 통하는 입구께를 턱으로 가리키고는 또다시 일을 시작했다. 늘 같은 물음을 받곤 하는 것이리라.

왕룽은 그쪽 방으로 가서 방문을 두드렸다. 그러자 안에서 신경질적인 목소리가 들려왔다.

"돌아가요. 오늘 밤은 장사가 끝났어요. 밤새 일했으니 이제 한숨 자야겠어."

그는 다시 한 번 두드렸다. 안에서 여자가 크게 소리쳤다.

"누군데 이래?"

그는 대답을 하지 않고 또 두드렸다. 무슨 일이 있어도 만날 생각이었다. 그제야 질질 끄는 것 같은 발소리가 나고 여자가 문을 열었다. 그렇게 젊다고는 할 수 없는 여자다. 지친 얼굴의 두툼한 입술은 축 처지고 이마의 분은 얼룩지고 입술 연지도 뺨 연지도 지우지 않은 채였다. 여자는 왕룽을 보자 날카롭게 말했다.

"밤까지는 안 돼요. 다시 오려면 밤이 돼서 좀 일찍이 오세요. 지금은 자야겠어요."

그러나 왕룽은 난폭하게 말을 막았다. 계집을 보고 있으니 견딜 수가 없었다. 아들놈이 이런 계집을 찾아왔다고 생각하니 참을 수가 없었다. 그는 말했다.

"내 일이 아니야. 나는 너 같은 것엔 볼 일 없어. 아들놈 때문에 온 거야."

문득 아들놈 때문에 울고 싶어져서 목이 잠겼다. 계집이 되물었다.

"당신네 아들이 어쨌단 말이에요?"

왕룽은 목소리를 떨면서 대답했다.

"간밤에 여기 왔었어."

"간밤엔 여러 집의 아들이 왔었죠." 계집은 대답했다. "누가 당신 아들인지 나는 몰라요."

왕룽은 애원하다시피 말했다.

"호리호리한 젊은 녀석이야. 나이보단 키가 크고 아직 어른이 채 못 된 놈이야. 그 녀석이 계집질을 하다니, 꿈에도 생각 못 했어."

그 말에 계집은 짐작이 갔다.

"그 말을 듣고 보니 둘이 함께 온 손님이 있었어요. 한 사람은 들창코에 뭐든 다 아는 것 같은 눈을 한 젊은 사람인데 모자를 비스듬히 썼고, 또 한 사람은 당신이 말하는 것 같은 키가 크고 몸집이 큰, 빨리 어른이 되고 싶어하는 것 같은 애였어요."

"그래 그래, 그놈이야. 그놈이 내 아들이야."

"그런데 당신 아들이 어쨌다는 거예요?"

여자의 말에 왕룽은 진지하게 말했다.

"그러니까 말이지, 이번에 녀석이 오면 내쫓아 줘. 어른만 상대한다든지 구실은 아무래도 좋으니까. 그 대신 그놈을 쫓아 주면 그때마다 내가 갑절의 돈을 치를 테니."

계집은 웃고 곧이듣지 않았지만 갑자기 흥미를 느낀 듯이 말했다.

"일하지 않고 돈을 받는다면 싫다 할 사람이 있나요. 나도 물론 그렇죠. 사실 내 쪽도 어른이면 재미도 보지만 아이는 재미 없으니까요."

그녀는 그렇게 말하면서 머리를 끄덕이고 요염하게 왕룽을 보았다. 그는 그 천박한 표정에 혐오를 느끼고 서둘러 말했다.

"그럼 그렇게 해 줘."

그는 냉큼 그 자리를 떠나 집으로 돌아왔다. 걸어가면서도 그 계집을 생각하면 불쾌해져서 몇 번이나 침을 뱉었다.

그날 그는 두쥐안에게 말했다.

"자네가 말한 대로 하지. 곡물상으로 가서 이야기를 해주게. 지참금은 많을수록 좋지만, 사람만 훌륭하다면, 그리고 혼사를 성사하기 위해서라면 그렇게 많지 않아도 좋으니까."

두쥐안에게 그렇게 말하고 나서 그는 방으로 돌아와 잠든 아들 곁에 앉았다. 이렇게 자고 있는 아들은 피부도 하얗고 어렸다. 평온하게 잠을 자는 얼굴도 젊어서 매끈매끈했다. 그 더덕더덕 화장한 지친 얼굴의 계집과 그 두꺼운 입술을 떠올리자 그는 불쾌감과 노여움으로 가슴이 찢어질 것 같아서 중얼중얼 울분을 터뜨리며 앉아 있었다.

그가 앉아 있는데 오란이 들어왔다. 큰아들의 구슬 같은 땀을 흘리는 얼굴을 내려다보다 황씨 댁에서 도령들이 술에 곯아떨어지기라도 하면 언제나 그러는 양으로, 뜨거운 물에 식초를 타 가지고 와서 정성스레 닦아 주었다. 그 가냘프고 앳된 얼굴을 보며, 땀을 닦아 주어도 잠을 깨지 않을 정도로 취해 있는 것을 보자 왕룽은 느닷없이 숙부에 대한 노여움을 느껴, 일어서서 숙부의 방으로 갔다. 지금은 숙부가 아버지의 아우라는 것을 잊고 있었다. 다만 자기의 아들을 타락시킨 그 건방지고 게으른 젊은 놈의 아버지라는 것밖에 머리에 없었다. 방에 들어서자 그는 다짜고짜 소리쳤다.

"나는 배은망덕한 뱀집을 치고 있었소. 그 뱀놈이 나를 물었소."

숙부는 탁자를 덮듯이 하고 앉아서 아침을 들고 있었다. 해야 할 일이 없었기 때문에 그는 낮이 되지 않으면 일어나지 않았다. 숙부는 왕룽의 말에 얼굴을 들고 귀찮은 듯이 말했다.

"왜 그러는 게냐?"

왕룽은 숨을 헐떡이며 자초지종을 털어놓았다. 그러나 숙부는 웃을 뿐이었다.

"그런가, 하지만 아이가 어른이 되는 것을 막을 수야 있나. 암내를 맡은 수캐를 암캐로부터 떼어 놓을 수는 없는 거야."

왕룽은 숙부의 웃음소리를 들었을 때 이 숙부 때문에 혼이 난 일이 한꺼번에 떠올랐다. 저 흉년이 든 해에 이 숙부는 땅을 팔라고 얼마나 그에게 강요했던가. 그 세 식구는 이제 그의 신세를 지며 빈둥빈둥 놀고먹고 있지 않은가. 숙모는 또한 렌화를 위해 두쥐안이 사 온 값비싼 음식을 얼마나 축내고 있는가. 그의 훌륭한 아들을 이 숙부의 아들이 얼마나 타락시켜 놓았는가. 그는 혀를 깨물지 않을까 싶을 정도로 격해져서 말했다.

"당장 이 집에서 나가시오! 지금 이 시간부터 쌀 한 톨 먹여 주지 않겠소. 게으르고 은혜도 모르는 자들을 두고 먹일 바엔 차라리 이 집을 불태워 버리겠소!"

그러나 숙부는 태연하게 앉아서 이 그릇 저 그릇에 손을 뻗어 식사를 계속했다. 왕룽은 피가 끓어오르는 기분을 느끼며 서 있었으나 숙부가 자기 쪽을 쳐다보지도 않는 것을 보자 주먹을 쥐고 다가섰다. 그러자 숙부는 돌아보며 말했다.

"내쫓을 용기가 있다면 내쫓아 보지 그래."

"뭣이, 뭣이라고! 뭣이라고!" 왕룽이 의미도 없는 말을 더듬으며 외치자 숙부는 저고리 안섶을 열어 거기 붙어 있는 것을 보였다. 왕룽은 말도 못하고 몸이 굳은 채 장승처럼 서버렸다. 그곳에 있는 붉은 수염과 붉은 천을 본 때문이다. 왕룽은 그것을 보자 노여움이 물처럼 흘러가 버리고 기운이 쭉 빠져서 몸을 떨어 댔다.

이 붉은 수염과 붉은 천은 그때 북서부를 근거지로 약탈하고 다니던 마적 떼의 표시였던 것이다. 그들 때문에 많은 집이 불타고 여자가 약탈되었다. 많은 백성들이 자기 집 문간에 밧줄로 묶였다. 그리고 이튿날 사람들이 발견했을 때는 살아 있으면 미쳐서 횡설수설하고 있거나, 죽었으면 불에 구운 고기처럼 바싹 타 있었다. 왕룽은 튀어나올 것 같은 눈으로 이것을 노려보다가 이윽고 아무 말도 않고 돌아서 나왔다. 걸으면서 숙부가 다시금 밥공기를 들며 나직이 웃는 소리를 들었다.

왕룽은 이제까지 꿈에도 생각지 못했던 궁지에 몰렸다는 것을 알았다. 숙부는 여전히 반백의 수염이 듬성한 얼굴에 엷은 웃음을 지으며 언제나처럼 두루마기 위에 아무렇게나 허리띠를 두르고 들락날락하고 있었다. 왕룽은 숙부를 보면 진땀만 흘릴 뿐 무슨 앙갚음을 당할지 뒷일이 무서워서 공손한 말로 응대할 수밖에 없었다. 사실 해마다 풍년이 들었던 때나, 또는 수확물이 부족했거나 전혀 없었거나 해서 다른 집에서는 온 가족이 굶주림에 시달렸던 해조차 그는 마적이 습격할까 염려되어 밤에는 반드시 대문에다 굳게 빗장을 내리곤 했는데, 집이나 논밭이 마적의 습격을 받은 일은 한 번도 없었다. 애욕 생활이 시작된 여름 전까지만 해도 일부러 초라한 옷을 입고 돈이 있는 것같이 보이기를 피하며, 마을에서 마적 이야기라도 들으면 집에 와서 제대로 잠도 못 자고 딸각 소리만 나도 귀를 쫑긋 세우곤 했다.

그러나 마적의 습격은 전혀 없었기에 그는 차츰 마음을 쓰지 않게 되고 대담해져서 자기에게는 하늘의 가호가 있다, 자신은 행운을 타고났다고 믿게 되었다. 아무런 조심도 없이, 지신에게 향을 올리는 일도 없이 자기 자신의 일과 논밭 생각밖에 하지 않았다. 그랬는데 이제 갑자기 자기가 안전했던 이유를 알게 되었고, 숙부네 식구를 부양하는 한에는 앞으로도 안전하리라는 사실을 알게 되었다. 그것을 생각하자 진땀이 났다. 그는 숙부가 저고리 안섶에 감추고 있는 것을 누구에게도 말할 수가 없었다.

숙부에게도 이 집을 나가라고는 두 번 다시 말하지 못했다. 숙모에게도 될 수 있는 대로 기분을 맞췄다.

"렌화한테 가서서 구미에 맞는 음식을 자시지요. 이것은 조금이지만 용돈에나 쓰시고요."

숙부 아들에게도, 가슴이 울렁일 정도로 화가 치밀어오르는 것을 참으며 말했다.

"조금이지만 이 돈을 받아. 젊을 때는 놀고 싶을 테니."

그러나 자기 아들은 해만 지면 밖으로 내보내지 않았다. 장남은 화가 나서 마음을 못 잡고 있다가 괜히 동생들을 때리곤 했다.

왕룽은 자기에게 밀어닥친 이런 걱정거리 때문에 처음에는 일손이 잡히지 않았다. 그는 이것저것 궁리했다. '숙부를 쫓아내고 성내로 이사할까. 그곳에서는 마적에 대비해서 밤마다 성문을 닫으니까 마적의 습격을 받을 일은 없겠지.' 그러나 그래도 날마다 들에 일을 나가지 않으면 안 된다. 자기 땅이지만 아무런 보호도 없이 일하고 있다가는 어떤 일이 일어날지 알 수가 없다. 게다가 성내에서는 좀처럼 살 기분이 나지 않았다. 자기 땅을 떠나서 살 바에는 차라리 죽어 버리는 것이 낫다. 그리고 언젠가는 또 흉년이 올 것이다. 전에 황씨 댁이 당한 것처럼, 그렇게 되면 성내에 있다고 도적을 막을 수는 없다.

아니면 성내 관청에 가서 호소할 수도 있다.

"제 작은아버지는 붉은 수염의 패거리입니다."

그러나 설혹 그렇게 말하고 호소해 본들 누가 그의 말을 믿을 것인가. 숙부를 고발한들 그의 말을 누가 신용할 것인가. 숙부가 처형되기 전에 그가 불효죄로 매를 맞을지도 모른다. 그리고 결국 내 목숨을 걱정해야 한다. 마적 떼가 이 소리를 들으면 복수한다고 자기 목숨을 노릴 테니 말이다.

그리고 두쥐안이 가지고 온 곡물상으로부터의 회답도 그를 당황하게 했다.

약혼 이야기는 잘되었지만, 그 집 딸이 아직 열네 살이라 결혼하기엔 너무 어리니까 3년 동안 기다려 주기로 하고 이번에는 약혼서만 교환하자는 것이었다. 앞으로 3년 동안이나 아들이 짜증을 내고 게으름을 피우고 멍한 꼴을 하는 것을 보아야 한다고 생각하니 어찌 해야 할지를 몰랐다. 아들은 요즘 열흘이면 이틀은 서당을 쉬었다. 그날 밤 식사 때에 그는 오란에게 말했다.

"다음 애들은 될 수 있는 대로 빨리 약혼시키도록 해야겠어. 빠르면 빠를수록 좋아. 철이 들면 곧 결혼시킵시다. 이런 꼴을 앞으로 세 번이나 또 본다면 견딜 재간이 없어."

그날 밤은 잠시 눈을 붙였을 뿐 줄곧 잠을 이루지 못한 채, 이튿날 아침이 되자 그는 두루마기를 벗어 던지고 신도 동댕이치고는 괭이를 들고 밭으로 갔다. 집안일이 감당하기 어려워지면 언제나 그는 그렇게 했다. 바깥 마당을 지나치려니까 백치 딸이 방실방실 웃으며 헝겊을 손가락에 감았다 풀었다 하고 있었다. 그는 중얼거렸다.

'나에겐 저 아이가 다른 자식들을 모두 합친 것보다 위안이 되는구나.'

그 뒤로 며칠 동안 그는 매일같이 밭에 나갔다. 흙은 다시금 그를 치료해 주었다. 태양은 머리 위에 빛나며 그의 괴로움을 잊게 했고, 여름의 더운 바람은 부드럽게 그를 감싸 주었다. 그리고 그의 괴로운 심사를 뿌리째 뽑아 줄 더 큰 일, 그것이 어느 날 남쪽 하늘에 작고도 가벼운 구름으로 나타났다. 처음에는 바람에 나부끼는 구름처럼 이리저리 흐르지도 않고 조그맣게, 안개처럼 조용하게 지평선에 걸려 있더니 이윽고 부채꼴로 퍼졌다.

마을 사람들은 그것을 보고 서로 수군대며 무서워했다. 남쪽에서 메뚜기 떼가 들이닥쳐 농작물을 바닥낼까 봐 두려웠던 것이다. 왕릉도 가만히 서서 그것을 보고 있었다. 보고 있자니 그들 발밑에 바람에 실려 떨어져 온 것이 있었다. 한 사람이 얼른 몸을 굽혀 주워 보았다. 그것은 그 뒤로 밀어 닥칠 살아 있는 메뚜기 떼를 연상케 하는 죽은 메뚜기였다.

왕릉은 여태껏 마음을 괴롭혀 온 일들을 깡그리 잊어버렸다. 여자의 일도, 아이 일도, 숙부의 일도 잊었다. 그리고 공포에 떠는 마을 사람들 사이를 뛰어다니면서 큰 소리로 외쳤다.

"자, 우리들의 밭을 위해 하늘에서 오는 적과 싸웁시다."

그러나 그중에는 처음부터 희망을 버리고 머리를 가로흔드는 사람도 있었다.

"아니, 무슨 짓을 해도 소용없소. 천명이라 올해는 굶주리게 되어 있소. 어차피 굶주리게 되어 있는데 싸워 보았자 헛수고요."

아낙네들은 시당의 지신께 올릴 향을 사러 울면서 성내로 갔다. 어떤 사람은 하늘의 신을 모시는 성내의 큰 사당에 가서 빌었다. 이렇게 사람들은 천지신명에게 기원을 올렸다.

그러나 메뚜기 떼는 하늘 가득히 퍼지면서 대지를 덮었다.

왕룽은 머슴들을 불러 모았다. 칭 서방은 말없이 그의 곁에 서서 명령을 기다렸다. 거기에는 딴 집의 젊은 농부들도 있었다. 그들은 자기 손으로 밭에 불을 질러 다 익어서 추수만 남은 밀을 태우고, 폭넓은 개울을 파고 우물물을 퍼부었다. 모두 밤을 새워 일했다. 오란은 왕룽에게, 다른 여자들도 제각기 자기 집 식구들에게 도시락을 날랐다. 사내들은 밭에 선 채 들짐승처럼 부랴부랴 음식을 퍼먹고 밤낮없이 일했다.

이윽고 하늘이 새까매지고, 주위는 서로 날개를 부딪쳐 대는 깊고도 가라앉을 듯한 소리로 가득 찼다. 메뚜기가 땅 위로 떨어졌다. 그냥 날아 지나간 밭에는 피해가 없었으나, 일단 내려앉기만 하면 그 밭은 겨울 밭처럼 벌거숭이가 되어 버렸다. 사람들은 한숨을 쉬며 말했다.

"천명이야."

그러나 왕룽은 미친 듯이 뛰어다니며 메뚜기 떼를 닥치는 대로 때려 죽였다. 머슴들은 도리깨를 휘둘러 때려잡았다. 메뚜기는 불에 떨어져 타죽는 놈도 있었고 개울에 떨어져 빠져 죽는 놈도 있었다. 몇백만 마리의 메뚜기가 죽었지만 엄청난 메뚜기 떼인지라 그쯤은 문제도 되지 않았다.

그래도 왕룽에게는 싸운 보람이 있었다. 가장 풍작이 든 밭이 피해를 면했던 것이다. 게다가 메뚜기 구름이 사라져 겨우 한숨을 돌리고 조사해 보니 수확을 할 수 있는 밀이 아직도 꽤 많이 남아 있었고 못자리도 피해를 면했다. 그는 그것으로 만족했다. 많은 사람들은 메뚜기를 볶아서 먹었지만 왕룽은 먹지 않았다. 전답을 망친 적이라는 생각이 들어 먹고 싶지 않았다. 오란이 메뚜기를 기름에 튀기자 머슴들은 맛있게 씹어 먹었고, 아이들이 그 큰 눈을 무서워하면서도 능숙하게 찢어 먹는 것을 보고도 그는 아무 말도 하지 않았다. 그러나 그 자신은 먹으려 들지 않았다.

그러나 메뚜기 덕을 보기도 했다. 일주일 동안 그는 논밭을 살릴 생각에만 몰두해서 모든 고민과 공포를 잊어버렸던 것이다. 조용히 그는 자기에게 말했다.

'사람은 누구나 걱정거리가 있는 법이다. 나도 고민거리를 끌어안은 채 어떻게 해서든 살아갈 궁리를 해야 한다. 숙부는 나보다 나이가 많으니까 나보다도 먼저 죽겠지. 큰놈도 한 3년만 참으면 어떻게 될 테니 내가 죽고 싶어질 정도는 아니다.'

밀을 거두어들이고 나자 비가 왔다. 그는 논에 물을 대고 모를 심었다. 또다시 여름이 찾아왔다.

24

이젠 집안이 평온해졌다고 왕룽이 생각하던 어느 날 점심을 먹으러 밭에서 돌아오자 큰아들이 곁에 와서 말했다.

"아버지, 제가 학자가 되려면 성내 노선생한테서는 더는 배울 게 없는데요."

왕룽은 부엌의 큰솥에서 더운물을 퍼내어 수건을 적셔 얼굴을 문지르고 있었다.

"흠, 그래서 어쩌자는 거냐?"

아들은 잠깐 망설였다가 말을 이었다.

"학자가 되기 위해 남쪽 도시로 가서 제대로 배울 수 있는 대학에 입학하고 싶어요."

왕룽은 수건으로 눈과 귀를 닦고 얼굴에서 김을 올리며 사납게 아들에게 말했다. 밭일로 몸이 고달팠기 때문이다.

"바보 같은 소리, 그건 안 돼. 아무리 말해도 소용없다. 보낼 수는 없어. 이 고장 사람으로서는 그만큼 공부했으면 족해."

아버지는 수건을 또 물에 적셔 짰다.

아들은 그곳에 선 채 아버지를 원망스러운 듯이 쏘아보며 뭐라고 투덜댔다.

왕룽은 무슨 말을 했는지 알 수가 없어서 화를 내며 야단을 쳤다.

"하고 싶은 말이 있거든 똑똑히 말해."

아버지의 목소리가 사나워지자 아들 또한 욱해서 말했다.

"좋아요, 그래도 저는 갈 테니까요. 남쪽으로 갑니다. 이런 시시한 집에서 누가 어린애처럼 감시나 받고 살아요. 꼭 촌구석 같은 이런 조그만 거리에서 누가 살고 싶겠어요. 저는 나가서 공부하고 다른 고장을 보고 오겠어요."

왕룽은 아들을 쳐다봤다. 그리고 자기 자신을 보았다. 아들은 여름용의 얇고도 가벼운 은회색 두루마기를 입고 있었다. 입술 위에는 듬성듬성 수염이 나기 시작하고 살결은 매끄럽고도 빛났다. 긴 소매 밖으로 나와 있는 손은 여자처럼 부드럽고 나긋했다. 눈을 돌려 자기 자신을 보니까 몸은 땅딸막하고 흙투성이였다. 허리에서 무릎까지 오는 푸른 무명 반바지만 입은 데다 상반신은 벌거숭이라, 남이 보면 이 젊은이의 아버지라기보다 오히려 머슴인 줄 알 것이다. 이 생각이 그에게 키가 호리호리하게 큰 아들의 수려한 모습에 대한 경멸을 일으키게 했다. 그는 화를 내며 난폭한 소리로 고함을 쳤다.

"그럼 먼저 밭에 가서 몸에 흙을 묻히고 와라. 계집애라고 잘못 보지 않게 말이다. 그리고 제 입에 들어가는 밥쯤은 제 손으로 일해서 벌어 봐."

왕룽은 전에 아들이 글씨를 잘 쓰고 공부를 잘하는 것을 자랑스러워했던 일도 잊고, 밖으로 나가면서 맨발을 퉁탕거리며 마루에 퉤 침을 뱉었다. 아들의 점 잖은 체하는 꼴이 견딜 수 없었던 것이다. 젊은이는 선 채 원망스러운 듯이 아버지를 보고 있었지만 왕룽은 그런 아들을 돌아보려고도 하지 않았다.

그날 밤 왕룽은 안뜰로 가서 렌화의 곁에 앉았다. 그녀는 침대에 돗자리를 깔고 그 위에 누워서 두쥐안에게 부채질을 시키고 있었다. 렌화는 자연스럽게 어쨌든 이야기나 해 두자는 투로 입을 열었다.

"당신 큰아드님이 집을 나가고 싶어서 고민하는 것 같아요."

왕룽은 아들에 대한 노여움에 격한 어조로 말했다.

"그런가. 그런데 그것이 너와 무슨 상관이야. 저렇게 젊은 아이를 나는 이곳에 오게 하고 싶지 않아."

렌화는 당황해서 말했다. "아니에요, 아니에요. 저도 두쥐안에게 들었어요."

그러자 두쥐안이 급히 말했다. "아드님이 훌륭한 청년이 되어 가지고 아무것도 할 일이 없이 빈둥거리기에는 너무 자랐다는 것쯤 누구나 짐작이 가요."

왕룽은 이 말에 어물어물 넘어갔지만 아들에 대한 노여움은 쌓여만 갔다.

"절대로 안 보내. 나는 내 돈을 그런 쓸데없는 데 쓰고 싶지 않아."

왕룽은 더는 그 이야기를 하지 않았다. 렌화는 왕룽이 아직도 화가 나 있는 것을 알고, 두쥐안을 내보내고 그를 혼자 있게 했다.

그리고 얼마 동안은 별다른 일이 없었다. 큰아들은 갑자기 조용해진 것 같았다. 그래도 서당에는 잘 가지 않았지만 왕룽은 그것을 모른 체했다. 장남은 이제 곧 열여덟 살로, 어머니를 닮아 탄탄한 체격이 되어 갔다. 아버지가 돌아오면 자기 방에서 독서를 하고 있었으므로, 왕룽은 그 모습에 만족하여 남몰래 생각했다.

'그것은 젊은 아이들에게 흔히 있는 변덕이었어. 자기가 하고 싶은 일을 아직 모르는 거야. 앞으로 고작 3년이니까. 혹시 돈을 듬뿍 주면 2년으로 승낙할지도 몰라. 아니, 1년으로 될지도 모른다. 수확이 다 끝나고 가을밀을 옮겨 심고, 콩타작을 하고 나서 한번 흥정해 보자.'

어느덧 왕룽은 아들 일을 잊어버렸다. 메뚜기가 갉아 먹은 곳을 빼놓고는 굉장한 풍년이라, 렌화 때문에 쓴 비용쯤은 이미 거두고도 남았기 때문이다. 그는 또다시 돈이 아까워졌다. 여자 하나에 어쩌면 그렇게 마구 썼던가 하고, 혼자 의아해질 때도 있었다.

그래도 가끔, 처음처럼 강렬한 애정은 아니지만 그녀에게 달콤한 사랑을 느낄 때가 있었다. 숙모가 언젠가 말한 대로 그녀는 몸집은 작지만 그렇게 젊지도 않고 그의 아이를 낳을 생각도 없는 여자라는 것은 알고 있었지만, 그에게는 아들딸이 있으니 아이를 못 낳는 것쯤 아무렇지도 않았다. 그는 단지 그녀가 주는 즐거움 때문에 그녀를 첩으로 두는 데 만족했다.

렌화는 한창때가 되어가며 갈수록 아름다워져 갔다. 전의 그녀에게 결점이 있다고 하면, 작은 새처럼 말랐기 때문에 작은 얼굴의 선이 너무 날카로운 데다 관자놀이에 살점이 없었던 점이다. 그러나 이제는 두쥐안이 만드는 요리를 먹고 한 남자만을 받드는 마음 편한 생활을 하기 때문에, 몸도 부드럽게 토실토실해졌고 얼굴도 복스러워지고 관자놀이에도 살이 붙었다. 커다란 눈과 작은 입 때문에 점점 더 포동포동 살찐 고양이 같이 되었다. 그녀는 잘 먹고 푹 자서 부드럽고 매끄러운 살을 몸에 붙였다. 이미 연꽃 봉오리는 아니라 해도 활짝 핀 꽃 시절을 지난 것은 아니었다. 젊지는 않다 해도 늙지도 않았다. 청춘과 노년의 딱 중간쯤이었다.

생활은 또다시 평온해지고 아들도 조용해졌기 때문에 왕룽은 만족했는데, 어느 날 밤 옥수수와 쌀을 얼마큼 팔면 될까 손가락으로 헤아리고 있을 때 오란이 조용히 방에 들어왔다. 그녀는 나이와 더불어 마르고 시들어 광대뼈가 유난스레 불거져 나왔고 눈은 움푹 꺼져 있었다. 어쩐 일인가 누가 물어도 그녀는 이렇게밖에 대답하지 않았다.

"뱃속이 불로 지지는 것 같아서."

지난 3년 동안 그녀의 배는 임신이라도 한 것처럼 불룩해 있었지만 아이는 낳지 않았다. 그래도 그녀는 해와 함께 일어나서 자기의 일을 했다. 왕룽은 탁자며 의자며 마당의 나무를 보는 것과 같은 눈으로 그녀를 볼 뿐, 머리를 숙이고 있는 소나 식욕이 없는 돼지를 보는 것보다도 관심이 없었다. 그녀는 혼자서 일만 했다. 숙모와는 할 수 없을 때만 말을 건네고, 두쥐안과는 절대 말을 섞지 않았다. 렌화가 있는 안채에는 한 번도 간 일이 없고, 어쩌다가 렌화가 안채에서 나와 밖을 거닐기라도 하면 자기 방에 틀어박혀 누가 "가고 없어요." 하고 알려 줄 때까지 나오지 않았다. 이렇게 그녀는 묵묵히 식사 준비를 하거나 한겨울에도 얼어붙은 얼음을 깨고 연못에서 빨래를 하곤 했다. 그래도 왕룽은 "이젠 그다지 돈을 아낄 필요도 없는데 왜 사람을 부리거나 종을 사거나 하지 않는 게요?" 말하지 않았다.

그럴 필요는 없다고 왕룽은 생각했던 것이다. 그러면서 자신은 머슴을 시켜 들일을 하게 하고 소와 말, 돼지를 돌보게 했다. 여름이 되어서 냇물이 붙면 물에 놓아 줄 오리나 거위를 돌보기 위한 사람을 쓸 때도 있었다.

그날 밤도 납으로 된 촛대에 붉은 촛불을 켜고 홀로 앉아 있는 그의 앞에 오란은 서서 잠시 머뭇거리다가 드디어 입을 열었다.

"할 말이 있어요."

그는 놀라 그녀를 쳐다보았다.

"뭔데, 말해 보구려."

왕룽은 유심히 그녀의 검게 탄 얼굴을 보았다. 이 여자에겐 어쩌면 그렇게도 아름다움이 없을까, 이 여자를 원하지 않은 지 벌써 몇 해가 될까 생각했던 것이다.

그녀는 잠긴 목소리로 말했다.

"큰애가 늘 안채엘 가요. 당신이 없으면 바로 가요."

그녀가 무슨 말을 하고 있는지 왕룽은 한참 동안 알아듣지 못했다. 그는 어이가 없어 상반신을 내밀며 말했다.

"뭣이라고?"

그녀는 말없이 큰아들 방을 가리키고, 두껍고 마른 입술로 안채 쪽으로 통하는 입구를 가리켰다. 그러나 왕룽은 믿을 수가 없어서 뚫어져라 그녀를 바라보았다.

"당신 꿈이라도 꾸는 거요?"

겨우 그는 말했다. 오란은 머리를 저었다. 말이 제대로 나오지 않아서 거북한 모양이었다.

"언제 한번 불쑥 집에 돌아와 봐요." 한참 입을 다물었다가 또 이었다. "큰애는 남쪽이고 어디고 보내는 게 좋겠어요."

그리고 그녀는 탁자에 다가와서 왕룽의 찻잔을 들어 벽돌 바닥에 식은 차를 버리고 나서 더운 차를 따르고, 올 때와 마찬가지로 조용히 나가 버렸다. 뒤에 남은 왕룽은 입을 멍하니 벌리고 있었다.

그렇다, 저것이 질투하는 거야, 그는 생각했다. 장남은 조용히 날마다 자기 방에서 책을 읽고 있다. 걱정할 것은 없어. 그는 일어서서 웃었다. 여자는 소견이 좁은 것이라고 웃어넘기며 방금 들은 이야기는 잊으려고 했다.

그러나 그날 밤 그가 렌화의 방으로 가서 그녀 곁에 누우려고 침대로 올라가자 그녀는 투정을 부리며 그를 밀어냈다.

"더워요. 게다가 당신한테선 고약한 냄새가 나요. 제 곁에 오실 때는 몸을 씻고 오세요."

렌화는 침대 위에 고쳐 앉고서 머리카락을 귀찮은 듯이 쓸어올렸다. 왕룽이 끌어안으려 해도 어깨를 흔들 뿐 아무리 달래도 말을 듣지 않았다. 그는 조용히 누워 전에도 그녀가 그의 요구에 응하지 않았던 일을 생각했다. 이것을 그는 그녀의 변덕이거나 또는 여름밤의 답답한 더위 때문에 기분이 나쁜 거라고 생각하고 있었는네, 그 순간 오란의 말이 똑똑히 떠올랐다. 그는 벌떡 일어서며 말했다.

"그럼 혼자서 자! 차라리 내 목이 잘리면 잘리지, 내가 너 따위한테 신경이나 쓸 줄 알아."

그는 방을 뛰쳐나왔다. 그리고 가운뎃방에 들어가 의자 두 개를 나란히 놓고 그 위에 누웠다.

그러나 좀처럼 잠이 오지 않았다. 그는 일어나서 대문 밖으로 나가 흙담을 끼고 있는 대나무 숲을 거닐었다. 더운 몸을 서늘한 밤바람에 식혔다. 가을이 오는 것을 느낄 수 있었다.

그때, 그는 렌화가 남쪽으로 가고 싶어하는 장남의 소망을 알고 있던 일을 기억해 냈다. 어떻게 알고 있었을까? 게다가 장남은 요새는 집을 나가고 싶다는 말을 하지 않았다. 왜 그럴까? 왕룽은 분연히 마음속으로 중얼거렸다.

'좋아, 내가 밝혀내 주지!'

이윽고 새벽빛이 안개 속에서 그의 땅을 새빨갛게 비추었다.

날이 밝고 들판 끝을 태양이 황금빛으로 물들였다. 그는 집에 들어가서 식사를 하고 수확할 때와 파종할 때의 습관대로 머슴들의 일을 보살피기 위해서 밖으로 나갔다. 밭을 이리저리 돌아보고 나서, 집 안에 있는 사람이면 누구에게나 들릴 만큼 큰 소리로 말했다.

"그럼 이제부터 성 밑의 해자 근처에 있는 논을 보고 오겠어. 늦어질 거야."

그리고 성내로 갔다.

그러나 조그만 사당이 있는 곳까지 오자 그는 아무도 돌보지 않는 오래된 무덤이 있는 길가의 언덕 풀밭에 주저앉았다. 풀을 뽑아 손가락에 감으며 생각에 잠겼다. 눈앞에 작은 지신상이 있었다. 그 신이 자기를 보고 있다는 것, 그리고 전에는 그 신을 자기가 두려워했음을 생각했다. 그러나 이제는 부자라 신을 의지할 필요도 없었으므로 변변히 살피지도 않았다. 그는 마음속으로 거듭거듭 생각했다.

"돌아가 볼까?"

그때 느닷없이 그는 간밤에 렌화가 그를 밀어낸 일을 생각했다. 그녀를 위해서 얼마나 많은 것들을 해 줬던가 생각하니 그녀가 더욱 괘씸해졌다.

'그년은 그대로 찻집에 있었더라면 얼마 못 갔을 거다. 내 집에 있기에 값비싼 음식을 먹고 사치스러운 옷도 입을 수 있는 거야.' 노여움이 있는 대로 치밀어 그는 딴 길로 집에 돌아가 살그머니 안으로 들어갔다. 그리고 안채로 통하는 문께에 쳐 있는 휘장 뒤에 섰다. 귀를 기울이자 중얼거리는 듯한 사내의 목소리가 들려왔다. 큰아들 목소리였다.

재산이 불어 사람들에게 부잣집 나리라고 불리게 된 요즘의 그는 옛날처럼 농사꾼의 소심한 데가 없어지고 작은 일에도 별안간 화를 내는 일이 때때로 있어서 성내에서조차 자기를 굽히려 하지 않았는데, 지금 왕룽의 마음속에 솟아오른 분노는 일찍이 한 번도 경험한 일이 없을 만큼 격렬한 것이었다. 이 분노는 사랑하는 여자를 도둑질한 상대에 대한 남자로서의 분노였다. 더구나 그 상대가 자기 아들이라고 생각하니 그는 속이 메스꺼울 정도로 불쾌했다.

그는 이를 악물고 밖으로 나와 대나무숲에서 호리호리한 대나무를 골라, 끝이 가늘고 탄력성이 있는 가는 끈 같은 가지만 남기고 나머지 가지는 꺾어 버리고 잎을 훑어냈다. 그러고는 몰래 집 안으로 들어가 느닷없이 휘장을 잡아 올렸다. 장남은 마당에 서서 연못가에 놓아 둔 작은 걸상에 앉아 있는 렌화를 내려다보고 있었다. 렌화는 분홍빛 비단 두루마기를 입고 있었다. 아침부터 이런 몸차림을 한 그녀를 그는 본 적이 없었다.

둘은 뭔가 이야기하고 있었다. 계집은 살포시 웃으며 고개를 갸웃거리며 곁눈질로 청년을 쳐다보았다. 둘은 왕룽이 온 것을 눈치 못 채고 있었다. 그는 그 자리에 선 채 그 모양을 뚫어지게 보고 있었다. 얼굴은 파랗게 질리고 입술은 말려 올라가서 이가 드러나고 손에는 대나무 회초리를 꼭 쥐고 있었다. 둘은 아직도 그를 눈치채지 못했다. 그때 두쥐안이 나오지 않았다면 언제까지고 모르고 있었을지도 모른다. 두쥐안은 왕룽을 보자 깜짝 놀라 비명을 질렀다. 둘은 그제야 왕룽이 있는 것을 알았다.

왕룽은 달려들며 아들을 후려갈겼다. 장남은 아버지보다 키는 컸지만 탄탄하게 건장한 육체에다 들일로 단련되어서 힘센 아버지를 당할 수는 없었다. 왕룽은 아들의 얼굴에서 피가 흐를 때까지 두들겨 팼다. 렌화가 비명을 지르며 왕룽의 팔에 매달렸지만 그는 난폭하게 밀어제쳤다. 그래도 비명을 지르며 매달리자 이번에는 그녀까지도 때렸다. 그녀는 달아났다. 왕룽은 아들을 계속 때렸다. 마침내 아들은 두 손으로 상처투성이 얼굴을 가리고 땅바닥에 주저앉고 말았다.

왕룽은 때리던 것을 멈추었다. 입술 사이로 피리 소리 같은 숨소리가 새어 나왔다. 땀이 비 오듯 온몸에 흘러내리고 병든 사람처럼 지쳐 버린 그는 회초리를 던져 버리고 숨을 몰아쉬며 아들에게 말했다.

"네 방에 가서 내가 나오랄 때까지 나오지 마라. 나오기만 하면 때려 죽일 테다."

아들은 아무 말 없이 일어서 가 버렸다.

왕룽은 렌화가 앉았던 걸상에 앉아서 머리를 두 손으로 감싸고 눈을 감은 채 숨을 헐떡였다. 아무도 그에게 다가오지 않았다. 그는 호흡이 가라앉고 노여움이 풀릴 때까지 혼자서 그렇게 앉아 있었다.

그는 겨우겨우 일어나서 방으로 들어갔다. 렌화는 침대에 누워 소리 내어 울고 있었다. 그는 곁으로 다가가 자기 쪽을 보게 했다. 그녀는 누운 채 그를 쳐다보며 울었다. 그 얼굴에는 회초리에 맞은 자국이 퍼렇게 부풀어 있었다.

그는 비통한 마음으로 말했다.

"너는 여전한 갈보로구나. 내 자식에게까지 몸을 팔려는 거냐!"

그러자 그녀는 더욱 목청을 높여 울며 항의했다.

"아니에요, 그런 일 없어요. 그 애는 쓸쓸해서 놀러 온 거예요. 아까 처음 안뜰에 온 거예요. 내 침대까지 온 적이 있나 없나 두쥐안에게 물어보면 알아요."

그녀는 겁먹은 듯이 애처롭게 왕룽을 쳐다보다가 그의 손을 잡아 자기 얼굴에 갖다 대고 흐느껴 울었다.

"당신의 렌화에게 어떤 짓을 하셨는지 보세요. 이 세상에서 남자는 당신 하나예요. 그 사람은 당신 아들이잖아요? 저에게 그 사람이 뭐겠어요."

그녀는 그 사랑스러운 눈을 아름다운 눈물로 적시고 그를 올려다보았다. 그는 신음했다. 이 계집은 어쩔 수 없을 정도로 아름다웠다. 자신은 사랑해서는 안 될 여자를 사랑하고 말았다. 갑자기 그는 자기 아들과 롄화 사이에 어떤 일이 있었는지 알고 싶지 않았다. 모르는 편이 마음 편하다고 생각했다. 그래서 그는 또 다시 신음하고 방을 나왔다. 아들의 방 앞을 지나칠 때 안엔 들어가지 않고 말만 했다.

"네 물건을 챙겨서 내일 남쪽으로 가라. 가고 싶은 데로 가. 내가 부를 때까지 고향으로 올 생각 마라."

그대로 걸어가자 오란이 앉아서 그의 옷을 짓고 있었다. 그가 지나가도 아무 말 안 했다. 그가 때리는 소리와 비명을 들었을 텐데도 그런 눈치는 조금도 보이지 않았다. 그는 밖으로 나가 밭으로 갔다. 하늘 높이 한낮의 태양이 빛나고 있었다. 마치 하루 종일 일한 것처럼 지쳐 있었다.

25

아들이 떠나 버리자 왕룽은 집안에서 큰 불안을 내쫓은 것 같아서 한숨 돌렸다. 집을 나간 것은 그에게도 좋은 일일 것이라고 왕룽은 생각했다. 앞으로는 다른 아이들에게도 마음을 쓰자. 이제까지는 자기에게도 걱정거리가 있었고, 또한 다른 어떤 일이 일어나도 때가 오면 씨뿌리기와 수확을 해야 하는 들일에 쫓겨 장남 말고 다른 아이들에게는 마음 쓸 겨를이 없었다. 그는 둘째 놈은 빨리 서당을 그만두게 하고 장사 일을 배우게 해서, 큰놈처럼 사춘기의 발동 때문에 집안의 골칫거리가 되지 않게 조심해야겠다고 결심했다. 둘째는 거의 한 형제라고 생각하지 못할 만큼 형을 닮지 않았다. 장남은 북쪽 사람답게 키가 크고 뼈대가 굵고 얼굴이 붉어 어머니를 닮았는데, 둘째는 키도 크지 않고 날씬한 데다 살결이 노랬다. 교활하고 짓궂은 눈을 하고, 때에 따라서는 나쁜 짓도 할 성싶은 것을 보자 왕룽은 자기 아버지를 닮았다고 생각했다.

'그렇다, 이 애는 훌륭한 상인으로 만들자. 서당을 그만두게 하고 곡물상에 수습을 보내기로 하자. 내가 수확물을 파는 곡물상에 이 애를 두면 안성맞춤이다. 저울을 보고 있다가 다소나마 저울눈을 속여 주겠지.'

그래서 어느 날 그는 두쥐안에게 말했다.

"큰놈의 약혼자 집에 가서 그 부친께 내가 할 말이 있다고 전해 주게. 어쨌건 우리는 앞으로 사돈 간이 될 테니 술 한 잔은 주고받아야지."

두쥐안은 돌아와서 말했다.

"언제라도 만나시겠답니다. 오늘 낮으로라도 와 주신다면 한잔 올리고, 직접 오실 수도 있다고 해요."

그러나 왕룽은 성내의 장사꾼이 자기 집에 오는 것은 달갑지 않았다. 이것저것 장만해야 할 일이 큰일이다 싶어서였다. 그래서 그는 목욕을 하고 비단옷을 입고 밭을 가로질러서 갔다. 그는 두쥐안에게 들은 대로 먼저 돌다리 거리에 가서 류씨 이름이 쓰인 대문 앞에 섰다. 글자는 모르지만 다리를 건너서 오른쪽으로 문 두 짝이 달린 것을 보아 여기라고 짐작하고, 길 가는 사람에게 물어서 그것이 류(劉)자인 것을 확인했던 것이다. 나무로 만든 당당한 대문이었다. 왕룽은 손바닥으로 대문을 두드렸다.

곧 대문이 열리고 계집종이 나타났다. 젖은 손을 앞치마로 닦으면서 누구시냐고 물었다. 그가 이름을 대자 그녀는 찬찬히 그를 보고 나서 남자들만 사는 사랑채로 안내하여 의자를 권하고는 다시 한 번 그를 유심히 보았다. 이 집 딸의 시아버지 될 사람이라는 것을 알았기 때문이다. 그리고 주인을 부르러 갔다.

왕룽은 주위를 휘둘러보았다. 일어나서 입구의 휘장에 손을 대 보기도 하고 탁자의 재목을 살피기도 했다. 그리고 괜찮은 생활은 하고 있지만 그다지 엄청난 부자는 아니라는 사실을 알고 안심했다. 부잣집 딸은 자칫하면 건방진 데다 고집쟁이고, 먹는 것 입는 것에도 이러쿵저러쿵 시끄러워, 자식을 양친으로부터 떼어 놓기 쉬웠다. 왕룽은 다시금 자리에 앉아 기다렸다.

갑자기 무거운 발소리가 나더니 뚱뚱하게 살이 찐 나이 지긋한 남자가 들어왔다. 왕룽은 일어나서 인사를 했다. 두 사람은 인사하며 서로를 슬쩍 관찰했다. 그 둘은 서로 상대가 훌륭하고도 유복한 인물임을 확인하고 호의를 가졌다. 두 사람은 나란히 의자에 앉아 계집종이 따라주는 따뜻한 술을 마시면서 농작물의 상태며 가격이며, 만일 올해 풍년이 들면 쌀값은 얼마나 나갈 것인가 하는 이야기들을 천천히 나누었다. 이윽고 왕룽이 말을 꺼냈다.

"사실은 긴히 좀 부탁드릴 말씀이 있어서 왔습니다만, 뭐 그다지 내키지 않으신다면 다른 이야기를 하지요. 사돈댁에서 심부름꾼이 필요하시다면, 저에게 둘째 놈이 있는데 제법 꼼꼼합니다. 그러나 필요가 없으시다면 이 말씀은 없었던 걸로 하고 딴 이야기를 하지요."

상인은 매우 기분 좋게 말했다.

"그렇습니까? 저희도 마침 영리한 아이를 하나 두려던 참이었습니다. 읽고 쓰기를 모르면 곤란합니다만."

왕룽은 의기양양하여 말했다.

"집의 놈들은 둘 다 공부는 잘합니다. 두 놈 다 틀린 글자가 있으면 나무목 변이 옳거니 삼수 변이 옳거니 하는 것을 단박에 알아내지요."

"그것참, 훌륭하군요." 류씨가 말했다. "언제든 편하실 때 보내 주십시오. 처음에 장사를 익히기까지는 숙식만 제공하고, 1년쯤 지나서 잘한다 싶으면 매달 은전 한 닢, 3년째부터는 은전 세 닢을 주고, 그 뒤부터는 수습이 아니니까 장사 실력에 따라 승진할 수 있습니다. 이 임금 외에 사고팔고 하는 사람에게서 얼마의 구전을 받든 이것은 본인의 수완 여하에 달렸으니 저는 관계치 않습니다. 댁과는 사돈 간이 될 사이니, 자제를 제 집에 둔다고 해도 보증금은 필요 없습니다."

왕룽은 기뻐하며 일어나 웃으며 말했다.

"친절하게 해 주셔서 말씀 드립니다만, 저희 집 둘째 딸과 혼사를 맺을 만한 아드님은 혹 없으신지요?"

그러자 잘 먹어 살이 찐 상인은 여유롭게 웃으며 말했다.

"열 살 되는 둘째 놈이 아직 약혼을 안 했습니다만, 댁의 따님은 몇 살이나 되지요?"

왕룽은 웃으며 대답했다

"다음 생일에 열 살이 됩니다. 꽃같이 예쁜 계집애지요."

두 사내는 소리를 합쳐 마주 웃었다. 이윽고 상인이 말했다.

"그러면 우리는 두 겹 끈으로 매이는 셈이군요."

왕룽은 그 이상은 말하지 않았다. 그 이상은 당사자끼리 이야기할 성질의 것이 못 되기 때문이다. 그러나 인사를 하고 아주 기뻐하며 돌아왔다. 그리고 마음속으로 중얼댔다. '그래도 좋겠지.' 그리고 집으로 돌아와서 막내딸애를 보았다. 예쁜 아이였다. 어머니가 전족을 시켜 작고도 맵시 있는 걸음걸이를 하고 있었다.

그러나 유심히 딸을 보자 그 뺨에 눈물을 흘린 자국이 있었다. 얼굴은 나이에 비해 창백하고 심각했다. 그는 딸의 손을 잡아끌며 물었다.

"왜 울있지?"

아이는 고개를 숙이고 윗도리 단추를 만지작거리면서 부끄러운 듯 작은 소리로 말했다.

"날마다 엄마가 발을 단단히 졸라 매서 밤에도 잘 수가 없어요."

"네가 우는 소리를 들은 적은 없는걸."

왕룽은 이상한 듯이 말했다.

"그래요." 딸애는 천진하게 대답했다. "엄마가 소리를 내며 울면 안 된다고 하는걸요. 그러면 아버지는 마음이 너무 좋고 또 약하기 때문에 전족하는 것을 그만두라고 할 거라는 거예요. 전족을 안 하면 엄마가 아버지한테 귀염을 못 받는 것처럼 나도 서방님한테 귀염을 받지 못한대요."

딸애는 아이들이 옛날이야기를 하는 것처럼 덤덤하게 말했다. 왕룽은 아빠가 엄마를 사랑하고 있지 않다고 오란이 딸애에게 말했다는 것을 듣고 마음이 찔리듯이 아팠다. 그는 얼른 말했다.

"한데 오늘은 말이다, 네 훌륭한 신랑감을 정해 놓고 왔지. 두쥐안을 시켜서 잘되도록 해야겠다."

딸애는 방긋 웃고 고개를 숙였다. 갑자기 아이에서 처녀로 변한 듯했다. 그날 밤 렌화에게로 갔을 때 왕룽은 두쥐안에게 말했다.

"될지 안 될지 한번 힘써 주게."

그날 밤 그는 렌화와 함께 자리에 들어서도 잠이 오지 않아 눈을 뜨고 생각했다. 자기의 여태까지의 생활이며, 오란이 그의 첫 여자였던 일이며 그녀가 얼마나 그에게 충실한 종으로 살아 주었나 하는 일들을 떠올렸다. 그리고 딸애가 한 말을 생각하니 그만 슬픈 기분이 들었다. 그렇게 멍청해 보이던 오란이 그의 마음속을 똑똑히 들여다보고 있었던 것이다.

며칠 뒤 그는 둘째를 성내로 보내고, 딸애의 약혼서에 서명을 하고 지참금을 정하고 혼숫감과 보석 같은 것도 합의를 보았다. 왕룽은 겨우 한시름 놓으며 이렇게 말했다.

"자, 이것으로 아이들에게는 할 만큼 했다. 저 백치아이만은 헝겊조각이나 갖고 양지 쪽에서 놀게 둘 수밖에 없지만 말이다. 막내놈은 밭에서 일하게 하고 공부는 시키지 말자. 글자를 아는 놈은 둘이면 충분하니까."

하나는 학자, 하나는 상인, 하나는 농부, 이렇게 세 아들을 둔 것을 그는 자랑스럽게 여겼다. 그는 만족해서 그 이상 아이들 생각을 않기로 했다. 하지만 그의 의지와는 상관없이, 이 아이들을 낳아 준 여자의 일이 마음에서 떠나지를 않았다.

오랜 세월을 오란과 함께 살아 온 왕룽은 이제야 비로소 그녀의 일을 진지하게 생각해 보았다. 그녀가 처음 시집왔을 때만 하더라도 그는 그녀가 여자이고, 자기가 안 첫 여자라는 것 말고는 생각한 일이 없었다. 이것저것 분주했기 때문에 생각할 틈이 없었기도 했다. 이제는 아이들의 장래도 정해졌다. 밭은 손질이 잘되어서 겨울이 오면서는 할 일도 없어졌다. 렌화도 그가 매질을 하고 나서부터는 아주 고분고분해져서 겨우 자기 일을 생각할 여유가 생긴 듯했다. 그러자 머리에 떠오르는 것은 오란의 일이었다.

그는 유심히 그녀를 보았다. 이번에는 여자로서가 아니고, 못생기고 마르고 살결이 노란 때문도 아니었다. 그는 뉘우치는 마음으로 그녀를 바라보았다. 그녀는 아주 여위고 살결이 꺼칠꺼칠하고 노랗게 되어 있었다. 그녀는 본시 살결이 흰 편은 아니었다. 그 살결은 들일을 하고 있었을 무렵에는 검붉게 타 있었다. 그러나 이제는 들일을 그만둔 지 오래다. 2년 전만 해도 수확 때엔 밭에 나갔지만, 사람들이 "그렇게 부자가 됐는데도 댁의 마나님은 아직도 들일을 하시나요" 하는 것을 듣기가 싫어서 그가 못하게 했던 것이다.

그래도 그는 어째서 그녀가 싫다는 소리도 없이 집 안에만 있는지, 어째서 동작이 갈수록 둔해졌는지, 그것을 생각해 본 일은 없었다. 지금 와서 돌이켜 보니, 그녀는 가끔 아침에 잠자리에서 일어날 때나, 엎드려서 아궁이에 불을 지필 때 신음하는 일이 이따금 있었다. 그래서 그가 "왜 그래?" 물으면 신음을 뚝 그쳤다. 지금 그녀를 보며 아랫배가 이상스레 부른 것을 보자 왠지는 알 수 없었지만 그는 몰려드는 회한에 억지로 자신을 납득시키려 했다.

'그렇다고, 렌화를 사랑하는 것처럼 아내를 사랑하지 않는 것이 내 잘못은 아니다. 세상 사내들은 모두 그런 거야.' 그는 이렇게 혼잣말로 자기를 달랬다. '나는 오란을 때린 일도 없고, 달라면 돈도 주었어.'

그래도 딸애가 한 말을 잊을 수기 없어 가슴이 아팠다. 돌이켜 생각해 보더라도 자기는 오란에게 언제나 좋은 남편이었다. 보통 남편들보다야 훨씬 낫다고 생각하는데 왜 마음이 아픈지 그는 알 수가 없었다.

오란에 대한 자책감이 떠나지 않았기 때문에 왕룽은 그녀가 밥상을 나르거나 이리저리 돌아다니는 모습에서 눈을 뗄 수가 없었다. 그런데 어느 날 식사를 끝낸 뒤 벽돌 바닥을 쓸고 있던 오란의 얼굴이 고통으로 흙빛이 되었다. 그녀는 입을 벌리고 헐떡이듯이 호흡을 하며 아랫배를 한 손으로 눌렀다. 그러나 몸을 굽힌 채 여전히 쓸고 있었다. 그는 날카롭게 물었다.

"왜 그러오?"

그녀는 얼굴을 돌리면서 조심스레 대답했다.

"아무것도 아니에요. 전부터 배가 자주 아팠는데 또 그런 거예요."

그는 눈을 크게 뜨고 오란을 보더니 막내딸에게 말했다.

"네가 쓸어라. 엄마는 아프다."

그리고 오란에게 요 몇 해 동안 없었던 아주 부드러운 음성으로 말했다.

"자리에 가서 누워. 곧 저 애한테 더운물을 가져가게 할 테니. 일어나선 안 돼."

오란은 아무 말도 않고 느릿느릿한 동작으로 시키는 대로 자기 방으로 갔다. 부스럭거리는 소리가 나더니 겨우 누워 신음을 나직이 냈다. 그는 신음을 도저히 그대로 듣고 있을 수가 없어서 의사를 데리러 성내로 나갔다.

둘째 아들이 있는 곡물상 지배인이 추천하는 의사 집으로 갔다. 의사는 한가하게 차를 마시고 있었다. 백발의 긴 수염을 드리운 노인으로 코끝에는 부엉이 눈같이 큰 안경을 걸치고 있었다. 손이 아주 덮이게 긴 팔의 때 묻은 두루마기를 입고 있었다. 왕룽이 아내의 병세를 말하자 그는 입을 쑥 내밀고 탁자의 서랍을 열고는 검은 천에 싸인 것을 꺼냈다.

"그럼 곧 가 보지요."

둘이 오란의 침상에 가보니 그녀는 깜박 잠들어 있었다. 윗입술과 이마에 구슬 같은 땀이 솟아 있었다. 노의사는 환자를 보자 고개를 저었다. 그리고 원숭이 같이 노란 시든 손을 내밀어 오란의 맥을 짚었다. 잠시 맥을 짚고 있더니 이윽고 침통하게 머리를 젓고 입을 열었다.

"비장(脾臟)이 부었고 간장도 나쁘오. 자궁에 사람 머리만 한 혹이 있소. 위장도 헐었소. 심장은 거의 움직이지 않으니 회충이 있는 게 틀림없소."

그 말을 듣고 왕룽은 심장이 멎을 만큼 깜짝 놀랐다. 그는 두려운 나머지 화난 것처럼 소리쳤다.

"그럼 약을 주시오! 지어 주시겠죠."

왕룽의 큰 소리에 오란은 눈을 떴으나 고통 때문에 의식이 혼미해서 왕룽이 왜 그러는지도 모르고 시름없이 두 사람을 보았다. 의사는 또 말했다.

"난치병이오. 완쾌의 보증이 필요 없다면 은전 열 닢으로 약초와 말린 호랑이 심장과 뱀 이빨을 처방해 드리겠소. 그것을 함께 달여 먹이시오. 허나 완쾌의 보증이 필요하다면 은전 5백 닢을 내 주셔야겠소."

오란은 '은전 5백 닢'이란 말을 듣자 갑자기 혼수상태에서 깨어나 힘없는 목소리로 말했다.

"안 돼요. 내 목숨엔 그만한 가치가 없어요. 그 돈이면 좋은 땅을 살 수 있는데."

왕룽은 그 말을 듣자 오랫동안의 회한이 한꺼번에 밀려와 견딜 수가 없었다. 그는 격렬하게 말했다.

"이 집에서 장사를 지내고 싶지 않아. 그쯤은 내가 물 수 있어."

의사는 '물 수 있다'는 말을 듣자 욕심이 동한 듯이 눈을 빛냈지만, 만일 그가 말한 대로 완쾌하지 않고 병자가 죽을 때는 법률에 따라서 처벌받기 때문에 유감스러운 듯이 말했다.

"글쎄, 병자의 눈 흰자위 색을 보니 잘못 보았는지도 모르겠소. 완쾌의 보증은 은전 천 닢이 아니고서는 어렵겠소."

왕룽은 의사의 말뜻을 알아듣고 아무 말 없이 슬픈 듯이 의사를 보았다. 땅을 팔지 않고서는 그만한 큰 돈을 낼 수가 없지만 팔아 봤자 별수 없음을 알았던 것이다. 요컨대 의사는 '이 병자는 죽는다'고 말한 거나 다름이 없었다.

그래서 그는 의사와 함께 방을 나가서 은전 열 닢을 주었다. 의사가 간 뒤 왕룽은 오란이 그 생애의 대부분을 보낸 어둠침침한 부엌으로 갔다. 그녀가 없는, 그리고 아무도 보지 않는 그곳에서 그는 검게 그은 벽을 향해 눈물을 흘렸다.

26

그러나 오란은 곧 죽지는 않았다. 이제 겨우 수명의 반을 넘어섰을 뿐이라 그 생명은 좀처럼 육체에서 떠나려 하지 않았고 그녀는 몇 달이나 병석에 누워 있었다. 긴 겨울의 몇 달을 오란은 쭉 빈사의 몸으로 병상에 누워 있었다. 그리고 왕룽과 아이들은 이때 처음으로 그녀가 이 집에서 어떤 존재였던가를 알았다. 가족의 안락한 생활은 그녀 덕분이었음을 그때까진 전혀 몰랐던 것이다.

마른 잎을 지펴서 아궁이의 불을 때려면 어떻게 하면 좋은지, 생선을 부스러 뜨리지 않고 솥 안에서 뒤집으려면 어떻게 하면 되는지, 어찌하면 생선을 구울 때 양쪽 다 고르게 구울 수 있는지, 채소를 튀기려면 참기름이 좋은지 콩기름이 좋은지도 아무도 몰랐다. 음식물 찌꺼기나 부스러기가 탁자 밑에 떨어져도 아무도 쓸려고 하지 않았다. 냄새가 지독해지면 참을 수가 없어서 왕룽은 개를 불러 먹이거나 막내딸을 꾸짖어 쓸게 했다.

막내딸은 어머니 대신 할아버지의 시중도 들었다. 노인은 나이가 많아서 꼭 어린애처럼 철이 없었다. 왕룽이 아무리 말해도 오란이 이제 차나 더운물을 가져가지 못하게 되었고, 일어났을 때에도 시중을 들지 못하게 되었다는 사실을 노인은 이해하지 못했다. 노인은 아무리 불러도 오란이 오지 않는다고 짜증을 부리고, 마치 고집쟁이 어린아이처럼 찻잔을 땅바닥에 내동댕이치곤 했다. 마침내 왕룽은 노인을 오란의 방으로 데리고 가서 그녀가 누워 있는 모습을 보여 주었다. 노인은 눈이 어두워서 보이지 않았지만 그래도 오란을 찬찬히 보고 희미하나마 이상이 있음을 짐작한 듯이 중얼중얼거리며 눈물을 흘렸다.

백치 딸만은 아무것도 몰랐다. 이 딸아이는 언제나 방실거리며 헝겊 조각을 만지작거릴 뿐이었다. 그러나 밤에는 재워 주고 때가 되면 밥을 먹이고 낮에는 양지 쪽에 앉히고 비가 오면 집 안에 데리고 들어오는 일을 누군가 해 주어야 했다. 그런데 왕룽조차 어느 날 하룻밤 내내 그녀를 집 밖에 내버려둔 채 잊은 일이 있었다. 이튿날 아침 가엾게도 그녀는 새벽 추위에 떨며 울고 있었다. 왕룽은 화를 내며 아이들에게 불쌍한 백치 누이를 잊은 것을 꾸짖었다. 그러나 아무리 어머니 대신을 하려고 해도 그것이 이 어린아이들에게는 무리임을 알기에, 그 뒤부터는 백치 딸의 뒷바라지는 아침저녁으로 자기가 하기로 했다. 비나 눈이 오고 차가운 바람이 불면 집 안에 데려다가 아궁이 앞의 따뜻한 곳에 앉히곤 했다.

오란이 빈사 상태로 몸져누운 어두운 겨울 동안 왕룽은 밭일을 숫제 돌보지 않았다. 겨울에 할 일도, 머슴들의 감독도, 칭 서방에게 맡겨 버렸다. 칭 서방은 충실하게 일을 하고, 아침저녁으로 반드시 오란이 누워 있는 방문께에 와서 그 피리 소리처럼 가는 목소리로 그녀의 병세를 물었다. 왕룽은 아침저녁, 오늘은 닭국물을 좀 마셨다든지, 오늘은 미음을 좀 먹었다고 대답할 수밖에 없었다. 그러나 나중에는 그마저도 귀찮아졌다. 그래서 칭 서방에게 더 문안을 오지 않아도 좋으니 일만 잘해 주면 된다고 했다.

춥고 음침한 겨울 동안 왕룽은 오란의 병상에 쭉 붙어 있었다. 그녀가 춥다고 하면 화로에 숯을 지펴서 침상 곁에 놓아 주었다. 그때마다 그녀는 힘없이 중얼거렸다.

"그렇게 비싼 걸."

어느 날 그녀의 그런 말이 견딜 수가 없어서 그는 말했다.

"그런 말을 왜 하오. 만일 당신을 고칠 수만 있다면 땅을 다 팔아 버려도 아깝지 않소."

그녀는 그 말을 듣자 힘없이 미소 짓고 숨 가빠하면서 속삭였다.

"아니에요, 그래서는 안 돼요. 나는 죽을 몸이에요. 어차피 언젠가는 죽을 몸이에요. 그러나 내가 죽어도 땅은 남아요."

그러나 그는 그녀의 입에서 죽는다는 말을 듣고 싶지 않았다. 그래서 그녀가 그런 말을 하자 그는 일어나서 밖으로 나왔다.

그래도 그녀가 머지않아 죽으리라는 것은 알고 있었다. 그래서 그는 의무로써 어느 날 성내의 장의사에 가서 진열된 관을 하나하나 돌아보고 무겁고 단단한 나무로 짠, 질 좋은 검은 칠한 관을 골랐다. 그가 고르는 것을 기다리고 있던 주인은 빈틈없이 말했다.

"두 개를 사주시면 값의 3분의 1을 덜어 드립니다. 손님 것도 사 두시면 뒤에 걱정이 없으실 텐데요."

"아니, 내 것은 자식들이 해 줄 거니까." 왕룽은 대답했지만 문득 아버지의 관을 사 두지 않은 것을 깨닫고 뜨끔해서 다시 말했다.

"그런데 연로하신 아버님이 계시오. 이젠 다리 힘도 약하고, 귀도 멀고, 눈도 봉사나 다름없으니 곧 돌아가실 거요. 그러니 두 개를 사 두기로 하겠소."

주인은 한 번 더 관을 잘 칠해 가지고 집에 갖다 주기로 약속했다. 왕룽은 이 말을 오란에게 전했고 오란은 그가 자기를 위해서 마음을 써 준 일, 그리고 죽을 준비가 된 것을 기뻐했다.

이렇게 그는 하루의 대부분을 그녀 곁에 앉아서 보냈으나 그녀는 계속 졸고 있었고 원래도 두 사람은 그다지 대화를 나누지 않았다. 그가 말없이 앉아 있으면 그녀는 가끔 자기가 어디 있는지 잊고 어릴 때 일을 중얼거렸다. 덕분에 왕룽은 처음으로 그녀의 마음속을 엿볼 수 있었다. 그녀가 중얼거리는 말은 매우 단편적인 것이었다.

"나는 문턱까지만 요리를 가져가겠어요. 나는 못나서 지체 높은 분 앞에는 나갈 수가 없어요." 그리고 헐떡이며 이런 말도 했다. "때리지 마세요. 두 번 다시 훔쳐 먹지 않을 테니까요." 그리고 연거푸 말했다. "아버지…… 어머니…… 아버지…… 어머니……." 또 몇 번이나 말했다. "내가 못생겨서 귀염받지 못한다는 것은 알고 있어요."

오란의 이런 말을 듣고 있을 수가 없었던 왕룽은 마치 죽은 사람의 손처럼 뻣뻣해진 그녀의 큰 손을 잡고 어루만져 주었다. 왕룽은 무엇보다 자기 자신이 이상하기도 하고 한심하기도 했다. 그녀가 한 말이 사실이라는 생각에 자기의 안타까운 마음을 전하려고 그녀의 손을 쓸어 주고 있는 때조차, 렌화가 토라진 듯이 입을 비죽거릴 때보다도 애정이며 감동이 솟아오르지 않는 자기 자신이 부끄러웠다. 뻣뻣하게 죽어 가는 손을 만져도 조금도 애정이 솟아나지 않고, 가엾다고 생각하는 마음까지도 그 손에 대한 혐오감에 사라져 갔다.

그러나 그만큼 그는 그녀에 대해 마음을 써서 귀한 음식을 사 오기도 하고 생선과 속댓국도 먹였다. 게다가 그는 렌화에게 가도 즐겁지가 않았다. 오랫동안 계속되는 죽음의 고통을 지켜보며 지친 마음을 달래려고 렌화에게로 가도 오란의 일이 머리에서 떠나지 않았다. 오란을 생각하면 렌화를 안고 있던 손도 풀어지는 것이었다.

오란이 의식을 되찾고 주위 일을 분간할 때가 이따금 있었다. 언젠가 그녀는 두쥐안을 찾았다. 왕룽이 깜짝 놀라 두쥐안을 데리고 오자 오란은 비틀거리며 일어나 쌀쌀맞게 말했다.

"네가 황씨 댁에서는 주인어른 시중을 들고 미인이란 말도 들었을지 모르지만, 나는 한 남자의 아내가 되어 자식들을 낳았는데 너는 아직도 남의 종이구나."

두쥐안이 발끈해서 말대꾸를 하려 했으나 왕룽은 그녀를 달래며 밖으로 데리고 나갔다.

"저 사람은 무슨 말을 하고 있는지 자기도 몰라."

그가 방에 돌아오자 오란은 아직도 손에 머리를 얹고 있었다. 그녀는 말했다.

"내가 죽어도 저 여자나 저 여자의 주인을 내 방에 들이거나 내 물건에 손을 대게 해서는 안 돼요. 그런 짓을 하면 나는 귀신이 되어 돌아와 저주하겠어요."

이렇게 말한 뒤 그녀는 다시 잠들어 머리를 베개에 떨구었다.

설날이 가까워진 어느 날, 촛불이 꺼지기 전에 반짝 빛나듯이 오란은 갑자기 좋아졌다. 이제까지와는 싹 달라져 활기를 되찾은 오란은 침상에 일어나 앉아 제 손으로 머리를 매만지고는 차를 마시고 싶다고 했다.

왕룽이 오자 그녀는 말했다.

"설이 오는데 아직 과자며 음식 장만을 못 했어요. 그래서 생각했는데 저 종년을 내 부엌에 들이고 싶지는 않아요. 며늘아기를 불러 주세요. 나는 아직 며늘아기를 본 일이 없지만 그 애가 오면 내가 여러 절차를 가르칠게요."

왕룽은 설 같은 것은 아무래도 좋다고 생각했지만 그녀가 기운을 차린 것이 기뻤다. 그는 두쥐안을 시켜서 사돈 되는 류씨에게 절박한 사정을 전하게 했다.

류씨는 오란이 봄까지는 아마 살 수 없을 것이라는 말을 들었고, 딸도 이제 열여섯이 된 데다, 그보다 어려도 시집가는 경우가 얼마든지 있기에 잠시 생각한 뒤 승낙했다.

그러나 오란이 병석에 있기 때문에 야단스러운 잔치는 하지 않았다. 새색시는 친정 어미니와 늙은 몸종만을 데리고 가마를 타고 조용하게 왔다. 그녀의 어머니는 딸을 오란에게 넘겨주자 곧 가 버렸고 늙은 몸종만이 아가씨의 시중을 들기 위해 남았다.

아이들이 침실로 쓰던 방을 비워서 며느리에게 주었다. 모든 일이 순조로웠다. 왕룽은 예법대로 며느리와는 말을 하지 않고, 그녀가 인사를 하면 점잖게 머리를 숙일 뿐이었다. 며느리는 자기 입장을 잘 알고 집 안을 걸을 때도 눈을 내리깔고 얌전히 걸었기 때문에 왕룽은 기뻐했다. 게다가 마음씨가 곱고 용모도 제법 예쁜데, 그런 것을 내색하려는 눈치가 없었다. 행동거지도 빈틈이 없어, 오란의 방에 가서는 얌전하게 간호했다. 며느리가 오란 곁에 붙어 있어 주었기 때문에 왕룽의 아내에 대한 고충도 조금 덜어졌다. 오란도 만족했다.

오란은 사흘쯤 만족하고 있었는데 그제야 무엇을 생각했는지, 왕룽이 아침에 병세를 보러 들어가자 그를 보고 말했다.

"죽기 전에 또 하나 부탁이 있어요."

그는 역정을 내며 말했다.

"죽는다는 말은 하지 마."

그녀는 조용히 미소 지었다. 눈에까지 웃음이 미치지 못하는 언제나의 그 웃음이었다. 그리고 대답했다.

"나는 죽어요. 몸이 죽음을 기다리는 것을 알 수 있어요. 그러나 큰애가 돌아와서 이 며느리와 결혼하기까지는 죽을 수 없어요. 정말 좋은 며느리예요. 나한테 참 잘해 줘요. 더운물을 담은 대야를 꼭 잡아 주고 내가 괴로워서 땀을 흘리면 얼굴을 닦아 줘요. 이제 곧 나는 죽으니까 그 전에 큰애를 집에 불러와서 이 애와 결혼시켰으면 해요. 당신에게는 손자, 아버님께는 증손자를 보게 하고 나는 마음 놓고 죽고 싶어요."

건강할 때에도 그녀는 이렇게 많은 말을 한 적이 없었다. 게다가 이렇게 똑똑하게 말한 일은 요 몇 달 동안 없었다. 왕룽은 아내의 목소리에 힘이 있는 것과 원하는 바를 뚜렷이 말하는 기력을 기쁘게 생각했다. 그는 장남의 성대한 결혼식에 좀더 시간을 들이고 싶었으나 아내의 청을 물리치려고는 하지 않았다. 그래서 아내에게 진심을 담아 이렇게 말했다.

"좋아, 그렇게 하지. 오늘 곧 남쪽으로 사람을 보내서 아이를 찾아, 집에 돌아와서 혼례를 올리라고 하겠소. 그러니 당신도 기운을 내서, 죽는다는 소리 말고 건강을 되찾아 주오. 당신이 없으면 이 집은 꼭 짐승이 사는 굴 같단 말이야."

왕룽은 그녀를 기쁘게 하기 위해서 말했다. 오란은 그 이상 아무 말도 안했지만 그 말을 듣고 기뻐했다. 자리에 누운 채 어슴푸레 미소를 지으며 눈을 감았다.

왕룽은 사람을 보내며 이렇게 말했다.

"도련님께 전해라. 어머니가 돌아가시게 됐다. 네 얼굴을 보고, 네가 결혼하는 것을 보기 전엔 마음이 놓이지 않는 모양이다. 네가 부모나 집을 소중히 여긴다면 바로 돌아오거라. 오늘부터 사흘 뒤에는 잔치를 준비하여 손님을 불러 둘 테니, 와서 혼례를 올리라고."

왕룽은 말한 대로 준비를 했다. 두쥐안에게 가장 성대한 잔치를 준비하라고 이르고 문안의 찻집에서 요리사를 오게 했다. 그는 두쥐안에게 은화를 잔뜩 주면서 말했다.

"이런 때 황씨 댁에서 하는 것과 똑같이 해. 돈은 얼마든지 있으니."

그리고 마을에 가서 아는 사람들을 모조리 손님으로 부르고, 그 길로 성내에 가서 찻집이나 곡물상에서 알게 된 사람도 모두 불렀다. 그리고 숙부에게도 말했다.

"아들놈 혼례식 때에는 삼촌 친구분도, 사촌 친구도 모두 불러 주세요."

숙부의 정체를 언제나 마음에 두고 있었기 때문에 그는 이렇게 말한 것이다. 왕룽은 숙부에게 공손한 태도를 취하며 귀한 손님으로 대해 왔다. 숙부의 정체를 알게 된 그때부터 그는 줄곧 이렇게 해 왔다.

혼례식 전날 밤에 아들은 돌아왔다. 그가 늠름하게 방으로 들어서자, 왕룽은 그가 집에 있었을 때 자기를 얼마나 난처하게 했는지를 깨끗이 잊었다. 아들과 헤어지고 벌써 2년이 지났다. 그리고 지금 여기에 있는 아들은 이미 소년이 아니었다. 키가 크고 당당한 남자였다. 몸집은 크고 튼튼했고 광대뼈 주위는 혈색이 좋았으며, 검은 머리를 짧게 깎아 기름을 번지르르하게 바르고 있었다. 그는 남쪽 도시 상점에서나 볼 수 있는 암적색 공단 두루마기에다 짧은 우단 조끼를 입고 있었다. 왕룽은 이들의 모습을 보고 자랑스러워서 가슴이 부풀었다. 그리고 훌륭해진 아들의 생각 말고는 다 잊고서 아내 방으로 데리고 갔다.

아들은 어머니의 침상 옆에 앉았다. 병에 찌든 어머니의 모습을 보자 눈물을 머금었다. 그러나 명랑하게 이렇게 말했을 뿐 다른 말은 하지 않았다.

"사람들이 말하는 것보다 갑절이나 기운이 있어 뵈요. 돌아가시다니, 어림도 없어요."

그러나 오란은 그저 무뚝뚝하게 말했다.

"네가 혼례를 치르는 것을 보고 나면 죽을 게다."

약혼한 아가씨는 물론 그 전에 신랑 될 남자에게 얼굴을 보여서는 안 되었다. 렌화는 결혼 준비를 시키기 위해서 그녀를 제 방으로 데리고 갔다. 이런 일에서는 렌화와 두쥐안과 숙모는 다른 사람이 흉내 낼 수 없을 만큼 익숙했다. 세 사람은 신부를 데리고 가서 결혼식 날 아침에 머리서부터 발끝까지 깨끗하게 씻기고, 새 버선을 신기고 이것을 다시 새로운 흰 천으로 고쳐 감았다. 렌화는 신부 살결에 자기의 향기로운 편도유를 발라 주었다. 그리고 셋이서 렌화가 성내에서 사온 옷을 입혔다. 맨 처음에 흰 꽃무늬의 비단 속옷을 그 향긋한 살결에 입히고 그 위에다 아주 가늘고 부드러운 양털의 가벼운 윗도리를 입히고 나서, 또 그 위에다 혼례식 때 입는 붉은 공단 예복을 입혔다. 그리고 이마에 보리수 액을 바르고 풀 먹인 비단 실로 잽싸게 잔털은 빼고 머리를 매만져, 그녀의 새 신분에 어울리게 이마를 높고 준수하며 넓어 보이도록 했다. 그리고 나서 분을 바르고 연지를 찍고, 붓으로 눈썹을 가늘게 그리고, 머리에 신부의 족두리와 구슬들이 늘어져 있는 베일을 씌웠다. 작고 귀여운 발에는 수놓은 신발을 신기고, 손톱을 물들이고 손에는 향수를 뿌렸다. 이렇게 하여 혼례식 준비는 되었다. 신부는 자신에게 무슨 짓을 해도 얌전히 있었으나 처녀답게 수줍어했다.

왕룽과 숙부, 늙은 아버지, 그리고 손님들 모두가 가운뎃방에서 기다렸다. 신부는 자기 몸종과 왕룽의 숙모에게 부축을 받고 들어왔다. 얼굴을 숙이고 정숙하고 얌전하게, 누구에게 부축을 받지 않고는 혼례식장 같은 데에 도저히 나오지 못할 것 같은 걸음걸이였다. 그것은 그녀의 정숙함을 나타내는 것이었고, 왕룽은 좋은 며느릿감이라고 기뻐했다.

다음으로 왕룽의 장남이 붉은 두루마기에 검은 조끼를 입고 들어왔다. 머리를 빗질하고 얼굴은 깨끗하게 면도질했다. 그 뒤로 동생 둘이 들어왔다. 왕룽은 당당한 그들의 모습을 보고 자기의 생명을 이어 나갈 훌륭한 자식들을 가진 자랑스러움으로 가슴이 터질 듯했다. 노인은 무슨 일이 시작되었는지 전혀 몰랐다. 큰 소리로 일러 주어도 무슨 말인지 알아듣지 못하다가, 갑자기 납득이 간 듯이 쉰 목소리로 크게 웃고는 몇 번이고 피리 소리 같은 목소리로 되풀이했다.

"혼례구나. 혼례를 치르면 또 아이들이 생긴다. 손주 녀석들이 생긴다."

손님들이 모두 그가 기뻐하는 모습을 보고 웃었을 만큼, 노인은 마음속으로 기뻐하며 크게 웃었다. 왕룽은 여기다 오란이 앓아누워 있지만 않다면 얼마나 기쁜 날이겠나, 마음속으로 생각했다.

왕룽은 아들이 며느리를 어떤 눈으로 보는가, 남몰래 예리하게 살펴보았다. 아들이 꼭 한 번 곁눈질로 그녀를 보았다. 그것으로 충분했다. 왜냐하면 기쁜 기색이 얼굴에 나타나 있었기 때문이다. 왕룽은 자랑스레 마음속으로 말했다.

'어떠냐, 내가 고른 상대가 마음에 들었지?'

아들과 신부는 나란히 노인과 왕룽에게 절을 하고 오란이 누워 있는 방으로 갔다. 오란은 고급 검은 두루마기로 갈아 입고 있다가 두 사람이 들어오자 침상에 일어나 앉았다. 양쪽 뺨이 타는 듯이 붉어서 왕룽은 건강해졌다고 착각하고, 큰 소리로 "이 정도면 낫겠다." 소리쳤다.

두 사람이 가까이 가서 절을 하자 오란은 침상을 가볍게 두드리고 말했다.

"여기 앉아서 혼례술을 마시고 밥도 먹어라. 나는 그것이 보고 싶구나. 이 침상은 내가 죽은 뒤로는 너희들 침상이 될 것이니까."

오란이 그렇게 말하자 누구도 뭐라고 대꾸할 수가 없었다. 두 사람은 수줍은 듯이 입을 다물고 나란히 앉았다. 뚱뚱한 숙모가 점잔을 빼면서 따뜻하게 데운 술잔을 두 개 가지고 들어왔다. 두 사람은 먼저 따로따로 입을 댔다가 두 개의 술잔의 술을 섞어서 또 한 번 마셨다. 이것으로 두 사람이 한몸이 됐음을 뜻하는 것이다. 그리고 두 사람은 밥을 먹고 그것을 섞었다. 이것은 두 사람의 생활이 하나가 됐음을 의미한다. 이렇게 하여 혼례식은 끝났다. 두 사람은 다시 한 번 오란과 왕릉에게 절을 하고 나가서 그곳에 모인 손님들에게도 절을 했다.

피로연이 시작되었다. 방에도 마당에도 탁자가 놓이고 음식 냄새와 웃음소리로 가득 찼다. 왕릉이 멀고 가까운 거리를 가리지 않고 여기저기 손님을 청한 탓도 있지만, 그중에는 그가 부자라 먹을 것에 인색하지 않고 일일이 헤아리지도 않을 것이라는 생각에, 부르지도 않았는데 와 있는 치들도 있었다. 두쥐안은 잔치 준비로 성내에서 요리사를 데리고 왔다. 농가 부엌에서는 마련할 수 없을 정도로 요리의 가짓수가 많아서 성내의 요리사는 이미 요리가 된, 데우기만 하면 바로 내놓을 수 있는 요리를 큰 광주리에 넣어서 가지고 왔다. 그들은 기름이 전 앞치마를 두르고 바삐 이곳저곳을 돌아다니고 있었다. 모든 사람이 끊임없이 먹고 마시고 모두 기분 좋게 떠들어 댔다.

오란은 사람들이 떠드는 소리며 웃음소리를 들을 수 있게 모든 문과 휘장을 젖혀 놓게 했다. 그러고는 이따금 살피러 오는 왕릉에게 몇 번이고 물었다.

“술은 모자라지 않아요? 잔치 중간에 내갈 떡은 식지 않았나요? 기름과 설탕과 과일이 여덟 개 틀림없이 들어 있나요?”

그가 모두 당신이 시킨 대로 잘 되어 있다고 대답하자 오란은 안심하고 누워서 잔치 소리에 귀를 기울였다.

잔치가 끝나서 손님도 돌아가고 밤이 되었다. 집 안이 조용해지고 들뜬 소란이 썰물처럼 빠져나감과 동시에 오란의 몸에서도 기운이 빠졌다. 오란은 결혼한 두 사람을 곁에 불러서 말했다.

“이제 나도 안심했다. 이젠 죽어도 된다. 아들아, 너는 아버지와 할아버지를 잘 모셔야 한다. 그리고 새아기에게는 네 남편과 시아버님과 시할아버님과, 그리고 마당에 있는 가엾은 시누이를 잘 부탁한다. 그 밖에 네가 섬겨야 할 사람은 아무도 없다.”

마지막 말은 그녀가 이제까지 결코 말을 나눈 적이 없는, 렌화를 두고 한 말이었다. 둘은 어머니가 다른 말을 더 하리라고 기다리고 있었지만 오란은 꾸벅꾸벅 졸음에 빠졌다. 이윽고 다시 기력을 일으켜 입을 열었다. 그러나 이번에는 그들이 그곳에 있는 것도, 자기가 어디에 있는지도 모르는 모양으로 눈을 감고 이리저리 머리를 돌리면서 중얼거리듯이 말했다.

"못생겼을지언정 나는 아들을 낳았어. 나는 종이었을 뿐이지만 오늘 내 집에는 훌륭한 자식들이 있어." 그리고 또 갑자기 말했다. "저 애가 내가 해 온 것처럼 남편의 식사 준비를 하고 시중을 들 수 있을까? 곱다는 것만으로 아들은 못 낳아."

그녀는 아들과 며느리가 있다는 사실도 모르고 자면서 계속 중얼거렸다. 왕룽은 둘에게 나가라고 눈짓을 하고, 오란이 자다 깨다 하는 동안 곁에 앉아 지켜보았다. 오란이 죽어 가고 있는 지금에조차 자줏빛 큰 입술에서 이빨이 나와 있는 것을 추하다고 느끼는 자신을 원망했다. 그가 지켜보고 있자니까 오란은 이윽고 눈을 떴으나, 이상한 안개에 눈이 덮여 있기라도 한 듯이 왕룽이 누구인지 모르는 양으로 눈을 크게 뜨고 의아스러운 듯이 몇 번이고 뚫어지게 바라보았다. 느닷없이 그녀의 머리가 베개에서 툭 떨어졌다. 그리고 몸을 떨었다. 그것이 오란의 임종이었다.

일단 죽고 나니 왕룽은 아무래도 오란 곁에 있고 싶지 않았다. 숙모를 불러서 장례를 위해 시체를 씻겼으나 그것이 끝나자 두 번 다시 옆에 갈 생각이 없었다. 시체를 침상에서 들어내어 그가 사 놓은 큰 관에 넣는 것도 숙모와 장남과 며느리에게 맡겼다. 그래도 자기 마음을 가라앉히기 위해 성내로 가서 관습대로 관을 밀봉하는 데 필요한 인부를 불러오기도 하고, 점쟁이에게 장례식에 좋은 날을 물어보기도 했다. 점쟁이가 점친 결과는 석 달 뒤였다. 그 전에는 좋은 날이 없다는 것이었다. 왕룽은 점쟁이에게 사례금을 주고, 성내의 절로 가서 주지와 상의 끝에 석 달 동안 관을 모셔 둘 장소를 빌리기로 하고 관을 그리로 옮겨서 장례식 날까지 그곳에 맡기기로 했다. 왕룽은 집 안의 눈이 가는 곳에 관을 놓아두는 것이, 도저히 견딜 수 없었다.

왕룽은 고인을 위해서 해야 할 일을 모조리 했다. 그리고 자기도 아이들도 상복을 입어, 상을 나타내는 빛인 흰 무명천으로 만든 신발을 신고 흰 각반을 두르고, 여자들은 모두 흰 천으로 머리를 묶었다.

그 뒤 왕룽은 오란이 죽은 방에서 자는 것이 싫어서 자기 물건을 정리하여 렌화 방으로 옮기고는 큰아들에게 말했다.

"며느리와 함께 어머니가 살았던 방으로 옮기거라. 어머니가 너를 배서 낳은 곳도 그 방이니, 니도 그 방에서 너의 자식을 낳는 게 좋겠다."

둘은 그곳으로 옮겼고, 그리고 만족했다.

한번 죽음이 찾아오면 죽음은 좀처럼 그 집에서 떠나지 않는 모양이다. 왕룽의 늙은 아버지는 오란의 시체를 관에 넣는 것을 본 뒤로 정신이 이상해지더니, 어느 날 아침 왕룽의 둘째 딸이 차를 가지고 들어가 보니 듬성하게 난 턱수염을 위로 향한 채 머리를 뒤로 젖히고 침대 위에서 숨져 있었다.

둘째 딸은 그것을 보자 비명을 지르고 울면서 아버지에게로 달려갔다. 왕룽이 서둘러 가 보니 늙은 아버지는 이미 죽은 지 오래였다. 마르고 가벼운, 늙은 육신은 차가웠고 울퉁불퉁한 소나무처럼 굳어 있었다. 몇 시간도 전에, 아마도 침대에 눕자마자 곧 숨을 거둔 것이리라. 왕룽은 스스로 노인의 시체를 씻어 주고 미리 사 둔 관에 조용히 눕혀 밀봉을 마친 뒤 말했다.

"둘 다 같은 날에 묻기로 하자. 내 땅의 둔덕진 좋은 장소를 골라서 그곳에 함께 매장하자. 내가 죽었을 때도 그곳에 묻힐 것이다."

그는 말한 대로 했다. 그는 노인의 관에 뚜껑을 덮고, 가운뎃방에 걸상을 두 개 나란히 놓고 그 위에 안치하고서는 지정된 날이 오기까지 그곳에 두었다. 설혹 죽었더라도 그곳에 있는 것이 노인에겐 위로가 되리라 생각되었고, 왕룽도 관 속에 들어 있는 아버지와 마음이 통하는 느낌이 들었다. 아버지의 죽음은 슬펐으나 죽음 자체는 슬프지 않았다. 노인은 고령이라 천명을 누렸고, 또한 오랫동안 반은 죽은 거나 다름없는 상태였기 때문이다.

점쟁이가 정한 날은 봄도 한창일 때였다. 왕룽은 도교(道敎)의 사당에서 많은 도사들을 불렀다. 그들은 길고 노란 옷을 입고 머리칼을 머리 꼭대기에 틀어 올리고 왔다. 불교의 절에서도 스님을 불렀다. 그들은 긴 회색 옷을 입고 머리를 깎고 아홉 개의 계파(戒疤 : 머리에 향을 지져 생기는 불교 승려들의 상처)를 머리에 새기고 왔다. 스님들은 하룻밤 내내 죽은 사람을 위해 북을 치며 경을 읽었다. 독경 소리가 끊길 때마다 왕룽은 은전을 쥐어 주었다. 그러면 그들은 또 숨을 돌리고 독경을 시작하여, 새벽녘까지 그칠 줄을 몰랐다.

왕룽은 언덕의 대추나무 아래에 있는 밭 한모퉁이를 묘지로 골라 칭 서방에게 구멍을 파게 하고 그 주위에 흙벽을 만들게 했다. 그 흙벽 속에는 왕룽과 아들들과 며느리들, 그리고 또 그 자식들 몫의 장소까지 마련되어 있었다. 이 땅은 지대가 높아서 밀이 잘 자라는 곳이었지만 왕룽은 아깝다고 생각지 않았다. 왜냐하면 그것이야말로 그들의 가족이 이 땅에 뿌리를 박은 증거이기 때문이었다. 그들은 사는 동안에도 죽은 뒤에도 자기 땅에서 쉬는 것이다.

장례식 날 스님들의 밤 독경이 끝나고 왕룽은 흰 상복을 입었다. 숙부와 숙부의 아들, 자기 아들들, 며느리, 두 딸에게도 각기 상복을 입혔다. 그리고 가난한 보통 농민들처럼 장지까지 걸어가는 것은 체면이 깎이기 때문에 성내에서 귀족들이 타는 가마를 불렀다. 처음으로 그는 남의 어깨에 메어서 오란의 관 뒤를 따랐다. 노인의 관 뒤에는 숙부가 또한 가마로 뒤따랐다. 오란이 살아 있을 동안에는 앞에 나올 수 없었던 렌화까지도 오란이 죽은 지금엔 큰부인께 충실했다는 것을 남에게 보이기 위해 가마를 타고 행렬에 끼었다. 왕룽은 숙모와 그 아들에게도 가마를 내어 주고 상복을 입혀 주었다. 백치 딸에게까지 상복을 입히고 가마에 태웠으나 그 애는 그만 놀라 얼떨떨해져서는 울어야 할 때도 높은 소리로 웃고 있었다.

비탄에 빠져 울음소리를 높이며 그들은 장지로 떠났다. 머슴들과 칭 서방은 흰 신발을 신고 걸어서 그 뒤를 따랐다. 왕룽은 두 개의 묘 옆에 섰다. 절에서 운반된 오란의 관은 먼저 노인이 묻힐 때까지 땅바닥에 놓여 있었다. 왕룽은 서서 그것을 바라볼 뿐, 눈물도 흘리지 않았다. 다른 사람들이 울 때도 소리를 내서 울지는 않았다. 마땅히 일어날 일이 일어났을 뿐이고, 누구나 이 이상은 할 수 없으리라고 생각했기 때문이다.

그러나 위에서 흙을 덮어 봉분을 만들자 그는 가마를 먼저 보내고 그 뒤를 홀로 묵묵히 걸어서 돌아왔다. 그 침통한 마음속에 이상하게도 뚜렷한 기억이 하나 떠올라 그를 괴롭혔다. 그것은 오란이 연못에서 그의 옷을 빨고 있을 때 진주 두 개를 그녀로부터 빼앗은 일이었다. 그런 짓을 하는 게 아니었다. 이날부터 그는 렌화가 그 진주를 귀에 다는 것을 참고 볼 수가 없었다.

이렇게 무거운 마음으로 홀로 걸으며 그는 마음속으로 중얼거렸다.

'저 내 땅에 행복했던 나의 반평생이, 아니 그 이상의 것이 묻혔다. 나의 반신이 묻혀 있는 기분이 든다. 앞으로는 이제까지와는 다른 인생인 것이다.'

이렇게 생각하니 갑자기 눈물이 조금 흘렀다. 그는 어린아이처럼 손등으로 눈물을 닦았다.

27

그동안 왕룽은 혼례식이다, 장례식이다 해서 몹시 바빴기 때문에 농사일은 생각할 겨를이 없었다. 그러던 어느 날 칭 서방이 와서 말했다.

"장사도 혼사도 끝났으니 밭일을 의논해야 되겠는데요……."

"말하게." 왕룽은 대답했다. "요즘 쭉 장사 지낼 일만 생각하느라 밭이 있는 것조차 잊고 있었네."

칭 서방은 잠자코 왕룽의 말을 잠시 듣고 있다가 조용히 말했다.

"하늘이 비켜 가게 도와주신다면 좋겠지만, 올해는 여태까지 보지 못한 큰 홍수가 올 것 같아요. 아직 여름도 되지 않았는데 벌써 물이 붇기 시작했어요. 어렇게 물이 붇기엔 좀 이르거든요."

왕룽은 강한 어조로 말했다.

"나는 하늘의 늙어 빠진 신에게 은혜 같은 거 받은 일이 없네. 분향을 하거나 안 하거나 그는 나쁜 짓만 한단 말이야. 자아, 이제부터 가서 논밭을 둘러보기로 하세."

그는 그렇게 말하고 일어섰다. 칭 서방은 마음이 약하고 소심하여 어떤 흉년에도 왕룽처럼 하늘을 욕하지는 못했다.

칭 서방은 "이게 하늘의 뜻이다" 하고 홍수나 가뭄을 순순히 받아들였다. 그러나 왕룽은 그렇지 않았다. 그는 논밭을 차례로 보고 다니며 칭 서방이 말한 대로임을 알았다. 황부자한테서 산 논밭은 논바닥에서 새어 나오는 많은 물 때문에 질척거렸고, 질 좋은 밀도 시들어서 색이 변했다.

도랑물은 호수처럼 가득 차서 넘실거리고, 봇도랑은 소용돌이치며 흐르는 급류처럼 되었다. 여름 장마가 오기도 전에 이 모양이면 올해는 무서운 홍수가 와서 남녀노소 할 것 없이 또 굶주리리라. 그것은 아무리 둔한 자의 눈에도 뚜렷한 사실이었다. 왕룽은 논밭을 뛰어다니고 칭 서방은 그림자처럼 말없이 그 뒤를 따랐다. 두 사람은 어떤 논에 모를 심을 수 있을까, 어떤 논에 모를 심기 전에 물바다가 되어 버릴까를 살폈다. 벌써 가장자리까지 물이 찰락말락 한 것을 보면서 왕룽은 하늘을 저주하여 말했다.

"망할 놈의 하늘이 기뻐하고 있겠지. 사람들이 빠져 죽거나 굶어 죽는 것을 보고 싶은 게야."

그가 큰 소리로 노해서 말하자 칭 서방은 몸을 떨며 말했다.

"만일 그렇다 하더라도 하늘의 신은 우리들보다도 훨씬 대단하니 그런 말을 해서는 안 돼요."

그러나 왕룽은 부자가 되고부터는 그런 것에 마음을 쓰지 않고 화내고 싶으면 화를 냈다. 논밭이며 농작물이 물바다가 되리라는 생각에 집으로 돌아가는 길에도 중얼중얼 불평을 했다.

모든 것이 왕룽이 예상한 대로였다. 북쪽에 있는 둑이 무너진 것이다. 먼저 가장 먼 둑이 끊어졌다. 그것을 안 사람들은 다급히 공사 비용을 모으러 뛰어다녔다. 모든 사람들이 힘닿는 데까지 돈을 냈다. 둑을 지키는 일은 그들의 이해에 관계되기 때문이다. 그 돈을 이 지방 관아의 신임 장관에게 맡겼다. 그런데 이 장관은 가난한 사람이라 이런 큰돈을 만져 보기는 생전 처음이었다. 게다가 그의 부친이 자기의 재산과 빚으로 그에게 지위를 사 주었기 때문에 이번에 장관으로 승진한 것이었다. 그래서 이 지위를 이용해 그의 일가는 재산을 손에 넣어야 했다. 강물이 또다시 둑을 무너뜨리자 사람들은 고함을 쳐대며 장관 관저로 몰려가서, 둑을 다시 짓겠다는 약속을 지키지 않은 것을 따졌다. 그는 은화 3천 닢을 떼어먹었기 때문에 도망쳐 숨어 버렸다. 군중은 분풀이로 그를 죽이자고 고함치면서 관저에 쳐들어갔다. 그는 자기가 피할 수 없음을 깨닫고 강물에 빠져 죽었다. 그제야 사람들의 노여움은 가라앉았다.

그러나 돈은 없어지고 다시 찾을 수도 없었다. 강은 넘쳐흘러 차례로 둑을 무너뜨렸고 이 지방을 모조리 집어삼키기 전에는 만족하지 않을 듯했다. 마침내 이 지방 어디에 둑이 있었는지 아무도 짐작할 수 없는 상태가 되어 버렸다. 강물은 불어나서 논밭 위를 해류처럼 흘러갔다. 밀과 볏모는 하염없이 물에 잠겼다.

마을들은 차례로 섬이 되고, 물이 불어나는 것을 지켜보던 사람들은 문간 바로 앞 두 자 길이까지 물이 붇자 탁자며 침대를 서로 붙이고 문짝을 모조리 빼서 뗏목을 만들어, 침구와 옷과 여자와 아이들을 될 수 있는 대로 이 뗏목 위에 실었다. 물은 집 안에까지 넘쳐 들어 흙벽을 무너뜨렸고, 집들은 물속에 잠겨 그 흔적조차 찾아보지 못하게 되었다. 거기에 이번에는 지상의 물이 천상의 물을 끌어들이는 것처럼 세찬 기세로 비가 퍼부었다. 날이면 날마다 비가 내렸다.

왕룽은 문턱에 앉아서 물을 보았다. 높은 언덕 위에 선 그의 집에는 물이 아직 많이 미치지 않았다. 논밭은 한결같이 물에 잠겼다. 새로 만든 묘지가 물에 잠기지 않을까 싶어서 그곳에 눈을 돌렸다. 누런 황토물이 주위를 굶주린 듯이 철렁대며 핥고 있었지만 무덤은 무사했다.

이해는 수확이 전혀 없었다. 여기저기에서 사람들은 굶주리고 배를 곯으며 또 다시 그들에게 내리 닥친 재난을 저주했다. 어떤 사람은 남쪽으로 갔다. 어떤 사람은 화가 치밀어 자포자기로 마적단에 들어가 곳곳의 마을을 약탈하고 다녔다. 마적은 차츰 수효가 늘어 성내를 습격하려고 했으나 성내 사람들은 서수문(西水門)이라고 불리는 작은 성문 하나만 열고 나머지는 모조리 닫아 버리고, 그 서수문도 병사가 지키고 있다가 밤에는 닫아 버렸다. 마적이 되는 사람도 있었고, 전에 왕룽이 아버지와 처자를 데리고 구걸하러 간 것처럼 남쪽으로 일자리를 찾아가는 사람도 있었지만, 칭 서방처럼 늙고 지쳐서 소심해지고 자식도 없는 사람도 있었다. 그런 사람들은 고향에 머물며 배고픔에 풀이나 산에서 캐낸 나물을 닥치는 대로 먹었고, 많은 사람이 땅에서 물에서 죽어 나갔다.

전에 없던 기근이 닥치리라고 왕룽은 생각했다. 겨울 밀씨를 뿌릴 때가 되어도 물은 빠지지 않았다. 이래서는 내년에도 수확이 없다. 그는 살림살이를 엄중히 감시하여 돈이며 음식물을 낭비하지 않도록 했다. 두쥐안이 성내에서 고기 사 오는 것을 아직도 그만두지 않아서 크게 다투었는데, 그러다 홍수가 집과 성 안 사이를 가로막는 바람에 두쥐안은 가고 싶어도 갈 수 없게 되어 왕룽은 내심 기뻤다. 왕룽은 그의 명령이 없이는 배를 내는 것을 허락지 않았고, 칭 서방이 그의 분부를 잘 지켜서 두쥐안이 아무리 열변을 쏟아내도 결코 응하지 않았기 때문이다.

왕룽은 겨울이 오고부터는 자기가 허락한 양 말고는 곡식 매매를 허락지 않고 가지고 있는 것은 모두 소중히 아꼈다. 며느리에게 그날그날 집안에 필요한 식량을 내주었다. 머슴들이 먹을 양식은 칭 서방에게 주었다. 그러나 놀고먹는 머슴들까지 건사하려니 속이 쓰렸던 그는 마침내 참지 못하고, 추운 겨울이 되어 물이 얼자 남쪽에 가서 구걸을 하거나 일을 하다 봄이 되면 돌아오라고 말했다. 다만 롄화에게만은 몰래 설탕과 기름을 주었다. 그녀는 궁핍한 생활에는 익숙하지 못하기 때문이었다. 설이 되어도 그들은 호수에서 낚은 고기 한 마리와 사육장에서 잡은 돼지 한 마리를 먹었을 뿐이었다.

그러나 왕룽은 보이는 것만큼 가난하지는 않았다. 본인들은 모르지만 장남과 며느리가 자는 방의 벽에 은화를 감춰 두었고, 물에 잠긴 가장 가까운 밭 밑에도 은전이 든 항아리가 잔뜩 묻혀 있고, 대숲의 나무 밑동에도 얼마간 묻어 두었다. 그리고 시장에서 팔다 남은 작년 곡식도 있었다. 그러니 그의 집은 굶어 죽을 걱정은 전혀 없었다.

그러나 주위에서는 사람들이 굶어 죽어 갔다. 그는 전에 황씨 댁 문전을 지날 때 들었던 굶주린 사람들의 고함 소리를 기억했고, 그가 아직도 자기와 아이들이 먹을 만한 충분한 양식을 가지고 있기 때문에 많은 사람들이 자기를 미워하는 것도 알았다. 그래서 그는 문을 닫아걸고, 낯선 사람은 집에 들이지 않았다. 조심을 해도 숙부가 없으면 이런 시기에는 마적이나 무법자들을 막을 길이 없다는 것도 잘 알고 있었다. 숙부가 없다면 양식도 돈도 여자들도 빼앗겼으리라는 것을 잘 알았다. 그래서 숙부네 식구들에게 친절하게 대했고, 그들 세 사람은 그의 집 귀빈 같았다. 그들은 누구보다도 먼저 차를 마시고, 식사 때에도 가장 먼저 접시에 수저를 댔다.

그들 세 사람은 왕룽이 자기들을 무서워한다는 사실을 잘 알고 있었기 때문에 갈수록 콧대가 높아져서 이것저것 요구하게 되었고 음식을 불평하기도 했다. 특히 숙모는 롄화에게서 얻어먹던 음식이 끊어지자 남편에게 잔소리를 늘어놓고 셋이서 왕룽에게 불평을 해 댔다.

숙부는 나이가 들어서 만사 귀찮아하는 꼴이기에 가만히 내버려두면 별일 없을 것이라고 왕룽은 생각했는데, 그의 처와 아들이 그를 부추기는 것이었다. 어느 날 왕룽이 문간에 서 있자니까 둘이 노인을 부채질하는 소리가 들렸다.

"왕룽은 양식도 돈도 있으니까 은전을 달라고 합시다." 마누라가 말했다. "저 사람을 혼내 주려면 이런 좋은 기회는 다시 없어요. 만일 당신이 저 사람 숙부가 아니었더라면 이 집은 마적들의 습격을 받아 깡그리 약탈당해 폐가나 다름없게 된다는 사실을 왕룽은 알고 있으니까요. 당신은 붉은 수염단의 부두목이 잖아요."

왕룽은 이 말을 엿듣자 피가 솟구칠 듯이 분했다. 그는 꾹 참고 이 셋을 어떻게 처리하면 좋을까 생각했지만 이렇다 할 묘안이 떠오르지 않았다. 그래서 이튿날 숙부가 와서 "조카야, 담뱃대와 담배를 좀 사야겠고, 네 숙모도 옷이 다 해져서 새것이 필요하니 은전을 좀 주려무나" 말했을 때 마음속으로는 이를 갈았지만, 허리춤에서 은전 다섯 닢을 꺼내 주었을 뿐 아무 말도 하지 못했다. 옛날에 가난해서 좀처럼 은전을 만져 보지 못했던 때에도 이렇게 은전이 아까웠던 일은 없었던 것 같았다.

그런데 이틀도 채 되기 전에 또 숙부가 와서 은전을 요구하자, 왕룽은 마침내 소리쳤다.

"이러다가는 며칠 안 가 온 식구가 굶어 죽을 텐데, 그래도 좋은가요?"

숙부는 웃으며 아무렇지 않게 말했다.

"너는 운이 좋다. 너보다 가난한 사람이 자기 집 대들보에 매달려 불타 죽은 경우가 얼마나 많은데."

왕룽은 그 말을 듣자 진땀이 났다. 끝내 그는 아무 말도 안 하고 돈을 내주었다. 이런 까닭으로 왕룽의 식구들은 고기 없이 지냈지만 숙부네는 꼭 고기를 먹었고, 왕룽은 좀처럼 담배를 피우지 않는데 숙부는 줄곧 담뱃대를 입에 물고 있었다.

왕룽의 장남은 신혼 생활에 정신이 빠져서 집안일은 거의 몰랐고, 숙부 아들에게 신부를 보이지 않으려고 잔뜩 경계하고만 있었다. 이 둘은 이미 친구가 아닌 적이었다. 왕룽의 장남은 숙부와 그 아들이 외출한 뒤가 아니면 아내를 방 밖으로 내보내지 않았다. 그래서 낮에는 방 안에서 한 발짝도 못 나가게 했다. 그러나 숙부네가 아버지에게 건방지게 구는 것을 보자, 성질이 급했던 왕룽의 장남은 발끈해서 말했다.

"아버지가 아들의 아내이자 손자의 어미가 될 며느리보다도 저 세 마리 호랑이를 애지중지하다니 그런 우스운 일이 어디 있습니까. 저희는 어디 다른 곳으로 나가 살겠습니다."

이 말을 들은 왕룽은 여태까지 누구에게도 말하지 않았던 일을 숨김없이 장남에게 털어놓았다.

"나도 저 사람들처럼 미운 것은 없어. 무슨 좋은 수만 있다면 혼쭐을 내 주고도 싶어. 그러나 숙부는 무서운 마적단의 부두목이야. 숙부만 잘 부양하면 우리들도 안전하다. 아무도 그치들을 건드릴 수가 없단 말이다."

장남은 이 말을 듣자 펄쩍 뛰게 놀랐지만 잠시 생각한 뒤에는 전보다도 더 화가 치밀었다.

"이렇게 하면 어떨까요. 밤에 그치들을 물속에 처넣어 버립시다. 작은할머니는 뚱뚱한 데다가 힘도 없으니 칭 서방이라도 해치울 수 있을 거예요. 그 아들놈은 줄곧 제 처만 넘겨다보는 미운 놈이니까 제가 맡지요. 아버지는 작은할아버지를 해치울 수 있겠지요?"

그러나 왕룽은 죽일 수 없었다. 자기 소를 죽이기보다 숙부를 죽이는 편이 덜 안타까울 일이었지만, 아무리 미워도 죽일 수는 없었다.

"아니, 내 아버지의 동생인걸. 물에 처넣을 수 있다고 해도 그래서는 안 된다. 만일 다른 마적패들이 그 사실을 알면 우리는 어찌 되겠니? 게다가 그치만 있으면 우리는 안전하다. 만일 그치가 어딘가 가 버린다면, 요즘 같은 시기에는 돈푼이나 좀 있는 사람들과 마찬가지로 무서운 꼴을 당하게 된다."

두 사람은 어떻게 하면 좋을까 궁리하다가 입을 다물어 버렸다. 큰아들은 아버지의 말에 일리가 있다고 생각했다. 죽여서는 뒤탈이 있을 테니 다른 방법을 찾아야 했다. 이윽고 왕룽은 생각하기 지친 듯이 말했다.

"만일 그치들을 이곳에 둔 채 시끄러운 일이 일어나지 않을 방법이 있다면 좋겠는데. 그런 요술 같은 방법은 도무지 없구나!"

그러자 장남은 손뼉을 치며 소리쳤다.

"좋은 수가 있어요. 아버지가 지금 말씀하셔서 생각났어요. 아편을 사서 그치들에게 먹여요. 부자가 하는 것처럼 실컷 즐기게 하세요. 저는 그 아들 녀석을 꾀어서 성내 찻집에 데리고 가 아편을 먹일게요. 그의 양친에게도 거기서 아편을 시 주도록 해요."

그러나 왕룽은 자기가 생각해 낸 방법이 아니라 망설였다.

"돈이 많이 들 텐데." 그는 떨떠름하게 말했다. "아편은 비취만큼이나 비싸니까."

"그래요, 하지만 이대로 나가면 비취보다도 비싸게 먹힐 거예요." 아들이 반발했다. "게다가 그치들의 뻔뻔스러운 꼴이며 그 집 아들놈이 제 처를 노리는 것을 참아야 하다니, 도저히 견딜 수가 없어요."

그러나 왕룽은 곧 동의하지는 않았다. 간단하게 할 수 있는 일이 아니고 은전도 자루 하나 가득히는 필요했다.

어떤 사건이 일어나지 않았더라면 그 방법이 과연 실행에 옮겨졌을지 의문이다. 어쩌면 홍수가 빠질 때까지 질질 끌다가 그대로 넘어갔을 것이다.

숙부의 아들이 왕룽의 둘째 딸, 엄연히 한 핏줄인 오촌 조카에게 눈독을 들인 것이다. 왕룽의 둘째 딸은 매우 예쁜 아가씨였다. 상인이 된 차남을 많이 닮았으나, 몸집이 더 작고 가뿐하며 차남과 같은 노란 살결이 아니었다. 살결은 복숭아꽃처럼 하얗고 코는 작고 소담스러운 데다 얇은 입술은 붉고, 발은 작았다.

어느 날 밤 그녀가 혼자 부엌에서 나와 마당을 지나는데 숙부의 아들이 그녀를 붙잡았다. 그녀를 난폭하게 잡고는 손을 젖가슴에 넣었다. 그녀는 비명을 질렀다. 왕룽이 달려나가 그의 머리를 때렸다. 그러나 그는 흡사 도둑질한 고기를 입에 물고 놓지 않으려는 개처럼 딸에게서 떨어지지 않아서 왕룽은 온 힘을 다해 딸을 빼내야 했다. 그는 뻔뻔스럽게 웃으며 말했다.

"장난입니다, 형님. 조카딸이 아닙니까. 제가 설마 조카에게 못된 짓이야 하겠어요?"

그러나 그렇게 말하는 그의 눈은 욕정으로 불타고 있었다. 왕룽은 혼잣말을 중얼거리며 딸을 제 방에 데려다주었다.

그날 밤 왕룽은 이 이야기를 장남에게 했다. 장남은 정색하며 말했다.

"그 애를 성내 약혼자 집에 보내야겠어요. 장인어른께 흉년이라 혼례를 올리기가 곤란하다고 해도 맡아 주십사 부탁해야 해요. 그렇게라도 하지 않았다가는 저런 발정 난 호랑이 같은 놈이 집 안에 있는 이상 그 애가 무슨 꼴을 당할지 몰라요."

왕룽도 동의했다. 그는 이튿날 성내의 상인 집으로 가서 말했다.

"우리 집 딸애도 이제 열셋이 되었으니 어린애는 아니오. 이제 결혼해도 좋은 나이입니다."

그러나 류씨는 마음이 내키지 않는 모양이었다.

"올해는 저희가 불경기라 애들이 새살림을 차리게 할 형편이 못 됩니다."

왕룽은 차마 "집에 숙부의 아들이 있는데 그 녀석이 망나니라서요" 하고 실토하는 것이 창피해서 다만 이렇게 말했을 뿐이었다.

"그 애의 치다꺼리가 이 이상은 힘에 겨워서요. 제 어미는 죽고 애는 예뻐지고 아이도 낳을 수 있는 나이가 되었는데 저의 집은 커서 이런저런 남자들이 많습니다. 그렇다고 계속 감시하고 있을 수도 없는 노릇이고요. 그 애는 이 댁 식구가 될 것이니 잘못이 없도록 하고 싶군요. 혼례 시기는 댁의 형편 좋을 때로 하시면 되는 것이니까요."

너그럽고 친절한 상인은 대답했다.

"알겠습니다. 그런 사정이라면 따님을 보내 주시지요. 안사람에게 말하겠습니다. 보내 주시면 안사람에게 소홀함이 없도록 잘 보살피라고 하지요. 내년 추수 때쯤에는 혼례식을 올릴 수 있겠지요."

이렇게 사건을 해결하고 왕룽은 크게 만족해서 돌아왔다.

칭 서방이 배를 매 두고 기다리는 성문까지 가는 길에 담배와 아편을 파는 가게 앞을 지나게 되었다. 저녁이면 담뱃대에 담아서 피우는 살담배를 조금 사기 위해 안으로 들어갔다가, 점원이 그것을 저울질하고 있을 때 그다지 내키지 않는 마음으로 점원에게 물어 보았다.

"아편은 얼마나 가요, 댁에 있으면 말이지만."

점원은 대답했다.

"가게에 내놓고 파는 것은 요새 법으로 금하고 있어서 못합니다. 만일 필요하시다면, 그리고 은전을 가지고 계시다면 뒷방에서 나눠 드립죠. 여덟 돈에 은전 한 닢입니다."

왕룽은 그 이상 생각지도 않고 서둘러 말했다.

"은전 어싯 닢어치 주시오."

28

둘째 딸을 시집으로 보내고 걱정이 사라진 어느 날 왕룽은 숙부에게 말했다.

"숙부님, 이제 아버지도 돌아가시고 없으니 숙부님이 제 아버지나 다름없는데, 더 좋은 담배를 드리겠습니다."

그가 아편 항아리를 열자 속에 든 끈적끈적한 것이 달콤한 냄새를 풍겼다. 숙부는 그것을 들고 냄새를 맡더니 기쁜 듯이 말했다.

"참 좋군. 전에 피워 본 일이 있지만 자주는 아니었지. 너무 비싸니 말이야. 하지만 좋아야 하지."

왕룽은 아무렇지 않은 듯이 말했다.

"아버지가 나이가 드시고서 밤잠을 못 주무실 때 조금 샀었죠. 그러다 쓰다 남은 것이 오늘 눈에 띄어서 생각했어요. '아버지의 아우님이시니까 숙부님이 나보다 먼저 피우셔야지. 나는 숙부님보다 젊으니까 아직 괜찮아.' 하고요. 가져가세요. 한 번씩 생각이 날 때나 골치 아프실 때 피워 보세요."

숙부는 허겁지겁 그것을 받았다. 냄새가 좋고 부자만이 피울 수 있는 물건이기 때문이었다. 그는 담뱃대를 사가지고 종일 침상에 누워서 아편을 피웠다. 왕룽도 담뱃대를 몇 대나 사서 여기저기 놓아 두고 자기도 피우는 체했다. 그러나 방에 담뱃대를 가지고 들어올 뿐이지 사실은 한 모금도 피우지 않았다. 그리고 두 아들과 롄화에게는 값이 비싼 것을 구실로 아편에는 손도 못 대게 하고, 숙부와 숙모와 그 아들에게는 권했다. 온 집 안이 달콤한 담배 냄새로 가득해졌다. 여기에 쓰는 은전이 왕룽은 아깝지 않았다. 그 때문에 평화를 얻을 것이기 때문이었다.

겨울이 가고 물이 빠지기 시작하여 왕룽이 이곳저곳의 논밭을 돌아보던 어느 날 장남이 쫓아와서 자랑스러운 듯이 말했다.

"아버지, 머지않아 식구가 하나 늡니다. 아버지의 손자 말입니다."

이 말을 들은 왕룽은 돌아보며 껄껄 웃었다. 그리고 두 손을 비비면서 말했다.

"정말 좋은 날이로군. 정말 좋은 날이다!"

그는 다시 한 번 웃었다. 그리고 칭 서방을 성내로 보내어 생선과 맛 좋은 음식을 사 오게 해서 며느리에게 주며 말했다.

"먹거라, 몸이 튼튼한 손자를 낳아야 하니 말이다."

봄 내내 왕룽은 손자가 태어날 것을 낙으로 삼으며 살았다. 이 일 저 일 바쁠 때나 마음이 괴로울 때도 그것을 생각하고 위로를 받았다.

봄이 가고 여름이 오자 홍수 때문에 고장을 떠났던 사람들이 하나둘씩, 또는 무리 지어 돌아왔다. 그들의 집이 있었던 곳에 이제는 아무것도 없었다. 다만 물 먹은 황토뿐이었는데도 그들은 돌아온 것을 기뻐했다. 이 진흙을 갖고 집을 다시금 지으면 되는 것이다. 그러나 지붕을 덮을 거적은 사야만 했다. 많은 사람들이 왕룽에게 돈을 빌리러 왔다. 그는 높은 이자로 돈을 빌려주었다. 빌려 갈 사람이 엄청나게 많다는 것을 알기 때문이었다. 그리고 담보는 반드시 땅으로 했다. 그들은 빌려 온 돈으로 물이 빠져 비옥해진 땅에 씨를 뿌렸다. 소며 씨앗이며 쟁기가 필요했으나 그 이상 돈은 빌릴 수 없자 사람들은 땅을 팔아서 씨앗을 남은 논밭에 뿌렸다. 왕룽은 이런 논밭을 닥치는 대로 샀다. 게다가 사람들은 별수 없이 현금이 필요했기 때문에 그는 헐값으로 땅을 손에 넣을 수가 있었다. 그 가운데는 논밭을 팔지 않으려는 사람들도 있었다.

그들은 씨앗이며 소를 살 방도가 없자 딸을 팔았다. 그들 중에는 왕룽이 부자고, 세력가이며 친절한 사람이라는 것을 알기 때문에 그에게 딸을 팔러 오는 사람도 있었다.

그는 얼마 안 있어 태어날 손자와, 머지않아 자식들이 모두 결혼하면 연이어 태어날 손자들 생각을 해서 계집종 다섯을 샀다. 둘은 열두 살에다 발이 크고 몸집이 튼튼했다. 그들보다 어린 둘은 집안일을 거들게 하고, 하나는 렌화의 시중을 들게 했다. 두쥐안이 늙은 데다 막내딸이 없고부터는 집안일을 할 사람이 없었기 때문이다. 어느 날 그는 이 다섯을 한꺼번에 샀다. 마음먹은 일은 곧 진행할 수 있을 정도로 그는 유복했던 것이다.

그로부터 며칠 지나지 않은 어느 날, 한 사나이가 일곱 살 안팎의 약하디약한 계집애를 안고 팔러 왔다. 왕룽은 그 애가 너무 작고 약해 보여서 생각이 없다고 했으나 렌화가 그 애를 보고 마음에 들이 하며 고집을 부렸다.

"난 이 애가 갖고 싶어요. 요렇게 예쁜걸요. 지금 쓰는 애는 천하고 염소 고기 같은 고약한 냄새가 나서 싫어요."

왕룽은 그 계집애를 다시 보았다. 예쁜 눈은 겁을 잔뜩 집어먹고 몸은 딱할 정도로 비썩 말라 있었다. 왕룽은 반은 렌화의 기분을 맞춰 주기 위해, 그리고 반은 이 애를 먹여 살찌게 해 주고 싶었기 때문에 말했다.

"네가 바란다면 그렇게 하지."

그래서 그는 은화 스무 닢으로 그 애를 사서, 안채에 딸린 방에 살면서 렌화의 침상 발치에 자게 했다.

겨우 왕룽에게 평화가 온 듯했다. 물이 빠지고 여름이 와서 밭에 씨앗을 뿌릴 계절이 되자 그는 여기저기 돌아다니며 밭을 둘러보았다. 그리고 밭의 토질이며, 기름진 땅과 메마른 땅에 따라서 심을 농작물을 칭 서방과 의논했다. 그는 밭에 나갈 때는 언제나 막내아들을 데리고 갔다. 막내에게는 밭일을 이어받게 할 생각으로 수습을 시켰다. 그러나 왕룽은 막내아이가 어떤 얼굴을 하고 듣고 있는지, 정말로 듣고 있는지조차 살피지 않았다. 아이는 고개를 떨구고 뚱한 얼굴로 걷고 있어서 무엇을 생각하는지 알 수 없었다.

왕룽은 아들이 입을 다물고 뒤를 따르는 것은 알았지만 그가 무엇을 생각하는지는 몰랐다. 모든 계획이 서자 왕룽은 안심하고 집으로 돌아왔다. 마음속으로 그는 말했다.

'나도 이제는 젊지 않다. 들에는 머슴이 있고 자식들도 있다. 게다가 집안은 태평 무사하니 내가 이 이상 더 일할 필요는 없다.'

그래도 일단 집 안에 발을 들여놓으면 평화는 없었다. 아들을 결혼시키고, 집안일을 거들 종을 사고, 숙부 내외에게는 종일 즐길 수 있게 넉넉히 아편을 주고 있는데도 평화는 없었다. 숙부의 아들과 큰아들 때문에 다시금 평화가 깨어진 것이다.

왕룽의 장남은 오촌 아저씨에 대한 미움과 그가 악당이 아닐까 하는 생각을 버릴 수 없었던 모양이다. 그는 청년 시절에 이 아저씨가 나쁜 짓만 도맡아 하던 일을 눈으로 보아 왔다. 장남은 아저씨가 찻집에 가지 않으면 자기도 가지 않고 늘 감시하면서 그가 갈 때만 자기도 갔다. 그는 아저씨가 종이나 렌화하고도 못된 짓을 한다고 의심했다. 그러나 터무니없는 억측이었다. 렌화는 날로 뚱뚱하게 늙어 가서 벌써 전부터 먹는 것과 술 말고는 흥미를 잃어 곁에 오는 남자를 보아도 상대도 하지 않았다. 왕룽이 늙어서 그녀에게 오는 횟수가 차츰 줄어드는 것을 좋아하고 있을 정도였다.

왕룽이 막내와 밭에서 돌아오자 장남은 그를 한구석으로 끌고 가며 말했다.

"저 불한당이 옷도 여미지 않고 집 안을 기웃거리고 다니면서 계집종들을 힐끔거리는 꼴을 저는 더 이상 참고 견딜 수가 없습니다."

그는 차마 속에 있는 생각까지 입에 담을 수는 없었다. '그 녀석이 안채까지 기웃거리고 있답니다.' 말하고 싶었으나 자기도 아버지의 애첩 주변을 맴돌던 일이 있었기 때문에 떳떳지 못했다. 게다가 이제 렌화가 나이 먹고 뚱뚱해진 것을 보자 그런 짓을 했던 것이 꿈처럼 느껴지고, 부끄럽기도 한 데다가 아버지에게 지난 일을 떠올리게 하고 싶지 않았다. 그래서 그는 그 말은 꺼내지 않고 다만 계집종 이야기만 했던 것이다.

물이 빠지고 공기도 따듯해진 데다 셋째를 데리고 간 것이 만족스러워, 왕룽은 유쾌하게 밭에서 돌아와 무척 기분이 좋았는데, 집안의 이 새로운 골칫거리를 알자 화가 나서 말했다.

"언제까지나 그런 일에만 마음을 뺏기다니 너도 엔간히 못난 놈이다. 너는 처에게 너무 빠져서 꼴불견이야. 부모가 정해 준 제 여편네를 세상 무엇보다 소중하게 아는 놈 따위가 어디 있어. 마치 창녀라도 사랑하듯이, 제 마누라에게 바보처럼 빠져 있으니 사내놈이 할 짓이 아니야."

큰아들은 아버지의 비난에 기분이 상했다. 자기가 보잘것없고 무식한 인간처럼 돼먹지 않은 행동을 한다고 비난을 받는 것이 그는 무엇보다 두려웠다. 그는 급히 말했다.

"저는 제 처 이야기를 하는 게 아닙니다. 아버지의 집에 이런 일이 있어서는 안 되기 때문에 하는 말입니다."

그러나 왕룽은 귀를 기울이지 않았다. 화가 나서 기분이 상한 그는 다시 말했다.

"집안에 수컷과 암컷의 말썽이 그치는 날이 없구나. 나도 이제 늙어서 피가 끓지도 않고 욕망도 없어지고 해서 앞으로 좀 평온해지려나 했더니, 자식 놈의 욕망이다 질투다 하는 것에 또 골치를 앓아야 한단 말이냐!"

그리고 잠깐 말을 끊었다가 또 소리쳤다.

"그래서 나더러 어쩌란 말이냐!"

장남은 아버지의 화가 가라앉기를 참고 기다렸다. 하고 싶은 말이 있었기 때문이다. 왕룽도 그것을 분명히 알았기 때문에 "나더러 어쩌란 말이냐" 소리친 것이다. 장남은 차분하게 말을 꺼냈다.

"이 집을 떠나 다 함께 성내에서 살고 싶어요. 머슴처럼 시골에 처박혀 살다니 저희들에겐 어울리지 않는 것 같아요. 저희들은 성내에 들어가고 숙부네를 이곳에 살게 해 줍시다. 성내에서라면 안전하게 지낼 수 있다고 생각해요."

장남이 하는 말을 듣고 왕룽은 조금 쓴웃음을 지었다. 장남의 부탁은 일고의 여지도 없는 것이라 물리치고 더 상대하려고도 하지 않았다.

"이건 내 집이야." 왕룽은 탁자에 걸터앉아 담배를 끌어당기며 분명하게 말했다.

"네가 이곳에 살지 말지는 네 자유다. 이건 내 집이고 내 땅이다. 땅이 없었더라면 우리도 다른 사람들처럼 모조리 굶어 죽었을 거야. 너만 해도 학자처럼 좋은 옷을 입고 한가하게 돌아다닐 수는 없었단 말이다. 이 땅이 있음으로 해서 너도 농군 자식으로서 그나마 때를 벗을 수 있었던 거야."

왕룽은 이렇게 말하고 일어나 가운뎃방으로 들어가 쿵쾅거리고 걸어다니며, 난폭한 몸짓을 하기도 하고, 바닥에 침을 뱉기도 하며 상스러운 농군처럼 굴었다. 스스로 건강 그 자체였던 왕룽은 아들의 고매함을 기뻐했지만, 한편으로는 그 유약함을 경멸했다. 또한 그는 마음속으로는 아들을 자랑스러워했다. 그것은 누가 보아도 이 아들이 흙을 떠난 지 일대(一代)밖에 되지 않았다고는 도저히 상상할 수 없었기 때문이다.

그러나 장남은 자기의 생각을 단념하지 않았다. 그는 아버지 뒤를 쫓아가면서 말했다.

"황씨 댁의 큰 저택이 있지 않습니까. 바깥채에는 빈민들이 여러 세대 들어 살고 있습니다만 안채는 닫힌 채 조용합니다. 그것을 빌려서 삽시다. 그곳이라면 평화롭게 살 수 있습니다. 그렇게 되면 아버지와 막냇동생은 논밭을 두루 살필 수 있고 저는 저 불한당 아저씨를 보고 속을 썩이지 않아도 됩니다." 그는 열심히 아버지를 설득했다. 눈물이 흘러 뺨을 적셔도 닦지 않고 말을 이었다. "저는 효자가 되려고 애쓰고 있습니다. 도박도 하지 않고 아편도 피우지 않습니다. 아버지가 정해 주신 여자로 만족하며 살고 있습니다. 그저 아주 작은 청을 드리는 것뿐입니다."

왕룽은 눈물 때문인지 어쩐지는 몰랐지만 아들이 말한 '황씨 댁의 큰 저택'이란 말에는 분명 마음이 움직였다.

왕룽은 예전에 그 저택에 겁을 먹고 들어갔을 때 그곳에 살던 사람들 앞에서 오금을 펴지 못했던 일, 문지기에게까지도 기를 못 폈던 일을 도무지 잊을 수가 없었다. 평생의 수치로 머리에 남아 있었던 것이다. 그 추억을 그는 미워했다. 그는 평생 자신이 성내 사람들에게, 자기네들보다는 한결 낮은 인간이라는 눈으로 멸시받고 있다는 의식을 버리지 못했다. 그것을 가장 통감한 것은 황씨 댁 큰 마나님 앞에 섰을 때였다. 그래서 장남이 그 저택에서 살자고 졸랐을 때 다음과 같은 생각이 번개처럼 마음속에 떠올랐던 것이다. 그리고 그 광경을 눈앞에 보는 것 같았다.

'큰마나님이 나를 노예처럼 앞에 세워 두고 앉아 있었던 그 의자에 이번에는 내가 앉는 것이다. 거기에 앉아 내 앞에 누구든 불러들일 수 있는 것이다.' 그는 한참 생각하다가 또다시 마음속으로 중얼거렸다. '하려고만 하면 나는 그렇게 할 수 있다.'

그리고 그는 이 생각을 즐기며 말없이 앉아서 장남에게는 대꾸를 하지 않았다. 담뱃대에 담배를 담아 불이 붙어 있는 토막나무로 불을 붙이고 담배를 빨며, 하려고 하면 할 수 있는 일들을 꿈같은 기분으로 상상했다. 자식을 위해서도 숙

부의 아들을 피해서도 아닌, 자기가 황씨의 그 저택에 살 수 있다면 하는 마음
에서였다. 그 집은 그에게는 언제까지나 호화로운 저택으로 마음속에 못 박혀
있었던 것이다.

그는 처음에는 성내로 들어가자든가 현재 상태를 바꿔 보자는 말을 입 밖에
내지는 않았지만, 그 뒤부터 건달인 숙부의 아들이 전보다도 한결 더 불쾌하게
여겨졌다. 유심히 살펴보자니까 그 녀석이 계집종들에게 눈독을 들이고 있는 것
은 사실인 듯했다. 왕룽은 마음속으로 중얼거렸다.

'이런 발정한 개 같은 놈과 한지붕 아래서 살 수야 있나.'

그는 숙부도 지켜보았다. 숙부는 이미 아편 때문에 눈에 띄게 마른 데다 살빛
또한 누렇게 떴으며 허리가 굽고 늙어 가는 것이 뻔히 보일뿐더러 기침을 하면
피를 토하기도 했다. 숙모 또한 양배추처럼 둥글게 살이 쪄서 아편대를 손에서
놓지 않고 종일 취해 있었다. 두 사람 모두 이제 시끄럽게 굴 기력이 없었다. 아
편이 왕룽이 노렸던 효과를 거둔 것이다.

그러나 숙부의 아들이 있었다. 이놈은 아직 결혼도 하지 않았고 야수처럼 정
욕에 미쳐, 두 노인처럼 간단히 아편에 지지도 않고 꿈에 취해 정욕을 잊어버리
려고도 하지 않았다. 왕룽은 그에게 짝을 지워 주려고 하지 않았다. 이런 놈은
혼자로도 충분하다. 자식을 잔뜩 낳든지 하면 큰일이다 싶었던 것이다. 밤에 밖
으로 나가는 시간을 일이라고 치지 않는다면 그는 아무것도 하지 않았다. 일할
필요도 없고 억지로 그에게 일을 하라고 강요하는 사람 또한 없었기 때문이다.
그리고 요즘은 그다지 외출도 하지 않게 되었다. 사람들이 돌아온 뒤로 마을에
도 성내에도 질서가 다시 잡혀 마적들은 서북 산악 지대로 물러가 버렸기 때문
이다. 그는 왕룽의 덕을 보고 있는 쪽이 편했기 때문에 그들과 함께 가지는 않았
다. 그리하여 그는 집안의 골칫거리가 되어서 빈둥거리고, 하품을 하면서 집 안
을 아무 데고 돌아다녔으며 대낮이 되어도 옷을 제대로 갖춰 입는 일 없이 지
냈다.

어느 날 왕룽은 곡물 상점에서 일하는 둘째를 만나려고 성내에 갔을 때 둘째
에게 의논해 보았다.

"네 형이 황씨 댁의 일부를 빌릴 수가 있으면 시내로 이사하자고 하는데 네 생

각은 어떠냐?"

둘째는 이제 늠름한 청년이 되어 있었다. 여전히 키가 작고 살결이 노랗고 교활한 눈매를 지녔지만, 다른 점원에 뒤지지 않는 말쑥한 사내가 되어 있었다. 그는 상냥하게 말했다.

"그것 참 좋은 생각이군요. 제게도 편리하지요. 저도 결혼하여 처와 함께 거기서 살면 대갓집처럼 온 가족이 한지붕 아래서 함께 살 수 있겠네요."

왕룽은 이 아들의 결혼에 대해서는 아무런 배려도 하고 있지 않았다. 둘째는 냉정한 젊은이라 여자에 흥미가 전혀 없어 보였을뿐더러 왕룽은 달리 마음 쓸 일이 많았던 것이다. 그러나 이렇게 되고 보니 둘째에게 조금도 마음을 써 주지 못했던 일이 마음에 걸려 그는 말했다.

"네 결혼은 오랫동안 마음을 쓰고 있었지만 이런저런 일로 틈이 없기도 했고 흉년 때문에 잔치를 벌일 수 없기도 했었다. 그렇지만 이제 다시 먹고살 만한 세상이 됐으니 그 일은 될 수 있는 대로 빨리 결정짓기로 하자."

왕룽은 어디서 며느리를 데리고 오나, 이것저것 속으로 생각했다. 그때 둘째가 말했다.

"그럼 결혼하기로 하죠. 좋은 일이고, 필요할 때마다 갈보집에 돈을 뿌리는 것보다 훨씬 나으니까요. 뭐니 뭐니 해도 남자라면 자식을 얻어야 할 테고요. 그러나 형처럼 성내 여자는 얻지 않게 해주세요. 친정 이야기를 언제까지나 들먹거리며 서방에게 돈을 쓰게 할 테니 말입니다. 저는 그런 건 싫어요."

왕룽은 이 말을 듣고 놀랐다. 왜냐하면 장남의 처의 행동거지가 단정하고 정숙한 데다 얼굴도 아름답다고 생각했을 뿐이지, 그런 일면이 있는 줄은 몰랐기 때문이다. 그러나 둘째가 한 말은 참으로 현명하고, 더욱이 돈을 모으는 데도 빈틈이 없는 것을 알고는 매우 기쁘게 생각했다. 사실 그는 둘째에 대해서는 거의 모른다고 해도 과언이 아니었다. 건장한 형에 비해 몸도 약했고, 빽빽 소리 지르며 말할 때가 아니면 어린 시절에도 누구도 그의 존재를 깨닫지 못했다. 둘째가 성내의 상점에 가고부터는 왕룽은 그를 날로 잊어 가고 있었다. 다만 누가 자제를 몇이나 두었느냐고 물으면 "셋이지요" 대답해서 생각날 정도였다.

이제 청년이 된 둘째를 보니, 머리는 짧게 깎아 기름으로 잘 다듬고 작은 무늬의 회색 비단 두루마기를 입고서 민활하게 행동하며, 차분한 눈길로 남몰래 상대를 알아보는 듯했다. 그는 놀라며 마음속으로 생각했다.

'내게 이런 아들도 있었구나!'

그는 다시 물었다.

"어띤 여자가 좋으냐?"

아들은 오래전부터 생각해 두었던 것처럼 거침없이 잘라 말했다.

"농가에서 자란 색시가 좋아요. 지주의 딸에다 가난한 친척이 없고, 지참금이 꽤 있고, 얼굴은 곱지도 밉지도 않고, 음식 솜씨가 있어서 부엌에 종들이 많아도 능히 감독해 낼 수 있는 사람이면 좋겠어요. 쌀을 살 때도 필요한 만큼만 사고 한 톨이라도 많이 사지 않고, 옷을 마름질 하더라도 한 치를 아끼는 그런 여자를 원합니다."

왕룽은 이 말을 듣자 더욱 놀랐다. 자기 자식인데도 둘째의 생활을 제대로 살펴본 적이 없었기 때문이다. 젊었을 때의 혈기왕성한 그의 몸속에도, 또한 장남의 몸속에도 이런 기질은 흐르지 않았다. 왕룽은 똑똑한 둘째에게 감탄하여 웃으며 말했다.

"좋아, 그런 색시를 구해 보도록 하자. 칭 서방을 시켜서 여러 마을을 뒤져 보라고 하마."

그는 웃으며 둘째와 헤어져서 황씨 댁이 있는 성내 거리를 걸어갔다. 돌로 만든 사자상 앞에서 잠시 망설였지만 아무도 막는 사람이 없기에 그는 저택 안으로 들어갔다. 앞뜰은 장남 때문에 갈보를 만나러 온 때와 그다지 다름이 없어 보였다. 나무에는 빨래가 널렸고 여자들이 곳곳에 앉아서 긴 바늘을 이리저리 움직여 신발 바닥을 기우면서 재잘거리고 있었다. 아이들은 알몸으로 딩굴며 마당에서 흙투성이가 되어 있었고, 몰락한 이 집안의 넓은 마당에 꽉 차 있는 가난뱅이들의 냄새가 그 일대에 가득했다. 그는 전에 갈보가 살았던 방문을 보았다. 문은 열려 있었으나 지금은 다른 늙은이가 살고 있었다. 왕룽은 안심하며 냉큼 안으로 들어갔다.

황부자네가 살던 옛날에는 왕룽도 이 가난뱅이들의 한 사람으로서 황씨 일가를 반은 미워하고 반은 두려워했다. 그러나 이제는 땅도 있고 남몰래 은전도 숨겨 둔 그는 주위에 떼 지어 있는 가난뱅이들을 경멸했다. 그들의 더러움을 참을 수 없어서, 그 속을 지나갈 때엔 코를 위로 쳐들고 그들의 악취를 맡지 않으려고 될 수 있는 한 피해서 갔다. 그는 마치 자기도 황씨네의 누구라도 되는 것처럼 그들을 깔보고 혐오했던 것이다.

그는 그 집을 빌리겠다고 결정한 것도 아닌데 그저 호기심만으로 그 많은 뜰을 지나갔다. 안쪽에는 다른 안뜰로 통하는 빗장 걸린 대문이 있고, 옆에서 노파가 졸고 있었다. 눈여겨보니 전에 문지기를 하던 사내의 곰보 여편네였다. 그는 깜짝 놀라서 찬찬히 노파를 보았다. 옛날에는 뚱뚱한 중년 아낙네였는데 오늘은 여위고 주름진 백발 노파가 되어 누런 이빨이 덜렁거리고 있었다. 그 여자를 보고 있자니까, 자신이 젊었을 무렵 처음 난 아이를 안고 이 저택에 왔을 때부터 얼마나 많은 세월이 흘렀는지를 순간 깨달을 수 있었다. 태어나 처음으로 왕룽은 슬며시 다가오는 늙음을 느꼈다.

그는 노파에게 조금 슬픈 듯이 말을 걸었다.

"일어나서 나를 대문 안으로 인도해 주지 않겠소?"

노파는 눈을 번쩍 뜨고 냉큼 일어나서 마른 입술을 핥으며 말했다.

"안채 전부를 빌릴 분이 아니면 대문을 열어서는 안 된다는 분부인뎁쇼."

그 말을 들은 왕룽은 불쑥 말했다.

"좋소, 빌리고말고, 마음에만 든다면."

그는 자기가 누구라는 것을 말하지 않고 그저 뒤를 따라 안으로 들어갔다. 길은 뚜렷이 기억했으므로 그대로 따라갔다. 안뜰은 쥐 죽은 듯 고요했다. 그가 옛날 광주리를 두었던 작은 방이 거기 있었다. 아름다운 주홍색 칠을 한 대들보가 떠받친 긴 복도도 있었다. 그는 노파를 따라 대청마루로 들어갔다. 이 집 계집종을 신부로 맞으러 와 이곳에 섰을 때로 순식간에 돌아갔다. 그의 앞에는 조각이 들어간 큰 의자가 있고 그곳에는 은색 공단옷을 입은 호리호리한 노부인이 앉아 있었다.

그는 야릇한 충동에 못 이겨 앞으로 나아가 노부인이 앉아 있었던 곳에 앉았다. 한 손을 탁자에 놓고 그 높은 자리에서, 그가 무엇을 하나 멍하니 눈을 껌벅이며 지켜보고 있는 보기 흉한 노파를 내려다보았다. 그러자 이제까지 자신도 모르게 동경해 마지않았던 만족감이 마음속에 솟아올랐다. 그는 느닷없이 손으로 탁자를 치며 말했다.

"좋아, 이 집을 빌리기로 하지!"

29

요즈음 왕룽은 일단 일을 결정해 버리면 빨리 실행하지 않고는 견딜 수 없었다. 나이를 먹어 갈수록 일을 빨리 마치고, 그날의 남은 시간을 한가하게 앉아서 석양을 바라본다든가, 논밭을 둘러본 뒤에 낮잠을 잔다든가 하는 것이 즐거웠던 것이다. 그래서 장남에게 자신의 결심을 전해 그 절차를 마치도록 분부하고는 둘째를 불러서 이사를 거들게 했다. 준비가 끝난 날 그들은 이사를 했다. 렌화와 두쥐안이 종들과 짐을 챙겨서 맨 먼저 가고 그다음에 장남 부부가 하인과 종을 데리고 갔다.

그러나 왕룽 자신은 곧 가지 않고 한동안 막내아들과 함께 남아 있었다. 태어난 땅을 떠날 때가 오자, 생각했던 것처럼 그렇게 쉽사리 떠날 수가 없었다. 아들들이 빨리 옮기라고 재촉하자 그는 말했다.

"그러면 나 혼자 쓸 방을 준비해 두거라. 가고 싶은 날에 가지. 손자가 태어날 때까지는 가겠다. 그리고 돌아오고 싶으면 이곳으로 또 돌아오기도 할 테니까."

다시금 아들들이 재촉하자 그는 말했다.

"그것도 그렇지만 저 가엾은 딸애 때문에 말이다. 그 애를 데리고 가나 어쩌나 하고 사실은 망설이는 중이란다. 아무래도 데리고 가야겠지. 내가 없으면 아무도 그 애의 시중을 들어 줄 사람이 없으니 말이다."

왕룽은 장남의 처를 다소 비꼬는 뜻으로 이렇게 말했다. 며느리는 백치 딸애가 가까이 오는 것을 매우 싫어하여 늘 불평을 해 댔다.

"저런 사람은 죽는 편이 나아요. 보기만 해도 뱃속 아이에게 나쁜 영향이 가요." 이렇게 말하고 있었다.

왕룽의 장남은 아내가 누이를 싫어한다는 사실을 떠올리자 입을 다물고 그 이상 아무 말도 하지 않았다. 왕룽은 비꼰 것을 후회하고 부드럽게 말했다.

"둘째의 색싯감을 찾으면 가겠다. 혼담이 완전히 이루어질 때까지는 칭 서방이 있는 이곳이 편하니까."

이 소리에 둘째도 설득을 그만두었다.

그러자 이 집에 남은 사람은 왕룽과 셋째와 백치 딸 말고는 숙부네 일가와 칭 서방, 하인들뿐이었다. 숙부네는 렌화가 살던 안채로 옮겨 가서 그곳을 차지했으나 왕룽은 그다지 신경 쓰지 않았다. 숙부의 여생이 그렇게 길지 않다는 것을 알고 있었고 게으름뱅이 늙은이만 죽어 버리면 어른에 대한 의무는 끝나니까, 그의 자식이 말을 듣지 않을 경우 집에서 쫓아내도 아무도 욕할 사람이 없을 것이었다. 칭 서방과 하인들이 바깥채로 옮기고, 왕룽과 막내와 백치 딸이 가운뎃방에 살게 되었다. 왕룽은 자기들 시중을 들게 할 몸이 튼튼한 여자를 고용했다.

왕룽은 잘 자고 휴식을 취하며 아무 일에도 마음을 쓰지 않았다. 갑자기 심한 피로가 몰려왔고 또한 집안이 평온해졌기 때문이기도 했다. 이제 왕룽은 누구 때문에도 괴로워하지 않게 되었다. 셋째는 입을 꾹 다물고 왕룽에게 가까이 오려 하지 않았으므로, 왕룽은 이 말수 적은 아이가 어떤 성질의 아이인지 거의 알지 못했다.

겨우 왕룽은 칭 서방에게 둘째의 색싯감을 물색케 할 마음이 되었다.

칭 서방도 늙고 쇠약해져서 갈대처럼 말라 있었다. 왕룽은 이제 칭 서방에게 괭이를 들게 한다든가 씨를 뿌려 밭을 갈게는 하지 않았다. 그러나 칭 서방에게는 요즘도 충성스러운 늙은 개 같은 기력이 있었다. 아직도 머슴들을 감독하고 곡식의 무게를 달 때에는 옆에서 지키기도 했기 때문에 쓸모가 있었다. 그는 왕룽의 희망을 알자, 목욕을 하고 푸른빛 나는 좋은 옷을 입고 여기저기 마을을 돌아다니며 많은 색시를 보고 와서 왕룽에게 보고했다.

"아드님의 신붓감이라기보다는 내가 젊었으면 얻고 싶은 색시가 있어요. 여기서 세 마을 건너 사는 마음씨 착하고 몸집 좋고 상냥한 색시인데 흠을 잡자면 잘 웃는 것이라고 할까요. 색시 아버지는 이쪽과 혼인하기를 원해서 아주 발 벗고 나서더군요. 지참금도 요즘으로 치면 많은 편이고 땅도 갖고 있어요. 주인께 여쭤보지 않고 독단으로는 정할 수가 없다고 대답해 두었습니다만."

왕룽에게는 이것으로 충분하다고 생각되었다. 빨리 결말을 맺고 싶어져서 승낙을 하고, 혼인 계약서가 오자 도장을 찍은 뒤 한숨 돌리고 말했다.

"이젠 한 놈만 남았구나. 그 녀석만 짝을 찾아주면 결혼이다 피로연이다 하는 것도 끝이니, 겨우 편해지겠어."

수속이 끝나고 혼례 날짜가 정해지자 그는 마음이 편해져서, 전에 늙은 아버지가 그랬던 것처럼 양지 쪽에 앉아 낮잠을 즐겼다.

요즘에는 칭 서방도 나이 때문에 쇠약해진 것 같고 왕룽 자신도 늙어서 시사 뒤면 모든 일이 귀찮아져서 졸리기만 하는데, 그렇다고 농사일을 셋째에게 다 맡기자니 아직 너무 어려서, 멀리 떨어져 있는 밭은 마을 사람들에게 빌려주는 것이 좋으리라는 생각이 들었다. 재빨리 실행에 옮기자, 가까이에 사는 많은 마을 사람들이 왕룽에게로 땅을 빌리러 와서 소작인이 되었다. 지대는, 수확물의 반은 지주인 왕룽이, 나머지 반은 노동의 대가로 소작인이 갖기로 정해졌다. 그 밖에 서로가 해야 할 일은, 왕룽이 저장하고 있는 비료며 콩깻묵이며 참깻묵을 소작인에게 주는 대신, 소작인은 왕룽에게 일정한 곡식을 대어 주기로 했다.

종전처럼 자기 손으로 땅을 관리할 필요가 없어졌기 때문에 왕룽은 때때로 성내 큰아들에게로 가서 자신을 위해 준비해 놓은 방에서 잤다. 그러나 날이 밝으면 새벽에 성문을 열자마자 빠져나와 밭으로 돌아왔다. 그는 밭의 신선한 내음을 맡았다. 자신의 밭에 돌아오자 세찬 희열을 느꼈다.

그때 마치 신께서 각별한 배려를 하여 늘그막의 그에게 평온을 주려고 한 것 같은 일이 일어났다. 요즘은 잠잠해져서, 이제 머슴의 아내인 튼튼한 여종 하나 밖엔 없는 집 안에서 안절부절못하던 숙부의 아들이 북쪽에서 전쟁이 터진다 는 소문을 듣고는 왕룽에게 이렇게 말했다.

"북쪽에서 전쟁이 일어났대요. 구경도 할 겸 가서 한몫 끼고 싶은데, 군복과 침구와 어깨에 메는 외국제 총을 살 돈을 좀 주지 않겠수, 형님?"

왕룽의 마음은 기쁨으로 뛰었다. 그러나 교묘하게 기쁨을 감추고 반대하는 척 말했다. "너는 숙부님의 외아들이야. 너 말고 누가 숙부님의 피를 잇겠어! 전쟁에 가면 어떻게 될지 아무도 모르는 일이다."

그러나 상대는 웃으며 말했다.

"나는 바보가 아녜요. 위험한 곳엔 가지 않아요. 전투가 있으면 그것이 끝날 때까지 숨어 있겠어요. 너무 늦기 전에 좀 여행을 해서 기분도 돌리고 다른 고장도 구경하고 싶다고요."

그래서 왕룽은 얼른 돈을 주었다. 이때만은 그에게 돈을 주는 것이 아깝지가 않았다. 그에게 돈을 주며 그는 마음속으로 생각했다.

'좋아, 이 녀석은 제 발로 가는 거다. 온 집안의 골칫거리가 이제 사라지는 거야. 전쟁은 나라 어디에선가 늘 있으니 말이다.' 또 이렇게도 생각했다. '만일 내 운이 강하면 저놈은 죽을 거다. 전쟁에서는 수많은 사람이 죽기 마련이거든.'

그는 얼굴에 드러내지는 않았지만 대단히 기분이 좋았다. 아들이 떠난다는 말을 듣고 눈물을 흘리는 숙모에게 그는 아편을 더 주고 담뱃대에 불을 붙여 주며 위로했다.

"그 애는 반드시 장교가 되어서 우리 집안의 이름을 높여 줄 겁니다."

시골집 별채에는 졸고만 있는 숙부 내외가 있을 뿐이어서 겨우 평화로워졌고, 성내 집에는 손자가 태어날 날이 가까워지고 있었다.

예정일이 가까워지자 왕룽은 성내 집에 있는 날이 많아졌다. 그는 뜰을 거닐면서 세상의 변천을 생각하지 않을 수가 없었다. 황씨 댁 사람들이 살고 있던 이 집에 이제는 그가 아들들과 며느리들과 함께 살며 곧 3대째의 손자가 태어나려 하고 있다. 그것이 참으로 신기해서 견딜 수가 없었다.

그렇게 생각하자 그는 대범해졌다. 아무리 비싼 것도 아깝지 않다는 생각이 들어 식구들에게 공단과 비단의 긴 옷을 몇 벌이나 사 주었다. 조각이 들어간 의자며 남국의 흑단 조각이 있는 탁자에, 흔해 빠진 무명옷으로 앉아 있어서는 어울리지 않기 때문이었다. 종들에게도 헌 옷을 입히지 않고 푸르고 검은 질 좋은 무명옷을 몇 벌씩 사 주었다. 그렇게 해 두고 그는 장남이 성내에서 사귄 친구들이라도 데리고 오면 대단히 기뻐하며, 그 사람들에게 집 안 구경을 시키며 자랑스러워했다.

왕룽은 사치스러운 음식이 좋아졌다. 옛날의 그는 마늘종을 밀가루 빵에다 감싼 것에 충분히 만족했으나, 이제는 아침에도 늦게까지 자고 들일도 하지 않기 때문에 보통 음식 가지고는 좀처럼 만족하지 않았다. 겨울의 죽순, 새우 알, 남국의 생선, 북해의 조개, 비둘기 알 같은, 부유한 사람들이 떨어진 입맛을 돋우기 위해서 먹는 것을 먹었다. 그러자 아들들도 먹었고 렌화도 먹었다. 이렇게 변한 모습을 보고 두쥐안이 웃으며 말했다.

"마치 제가 옛날에 이 댁에 있을 때와 똑같이 되었군요. 제 몸이 시들어서 주인 영감의 상대를 할 수 없게 된 것만이 다를 뿐이에요."

그렇게 말하면서 그녀는 왕룽을 슬쩍 곁눈질로 보고 또 웃었다. 그는 두쥐안의 음란스러운 말을 못 들은 척했지만 그래도 그녀가 자기를 황씨 댁의 주인 영감과 비교한 것이 슬며시 기뻤다.

이렇게 일어나고 싶을 때 일어나고 자고 싶을 때 자는 게으르고 사치한 생활을 하면서, 그는 손자가 태어날 날을 기다렸다. 그러던 어느 날 아침 그는 여자의 신음을 들었다. 장남의 거처로 가보니 아들이 그를 맞으며 말했다.

"이제 낳으려나 봅니다. 그러나 두쥐안의 말로는 시간이 걸린답니다. 처는 허리가 가늘어서 난산일 거라고 해요."

왕룽은 자기 방으로 돌아와 앉아서 산부의 신음에 귀를 기울였다. 그는 몇 년 만에 걱정이 되어서 신의 가호를 빌어야겠다고 생각했다. 일어나 향을 파는 가게에 가서 향을 사들고 금빛 감실(龕室) 안에 관세음보살을 모셔 놓은 절로 갔다. 한가로운 중을 불러서 시주를 주고 향을 올리게 했다.

"남자인 내가 이런 짓을 하는 것이 쑥스럽기는 하지만 첫 손자가 나오려 하고 있어서요. 산모는 성내 여자라 허리가 가늘어 난산일 듯한데, 아들의 어머니는 죽고 없어 향을 올릴 여편네가 없어요."

스님이 불전의 향로 재에 향을 꽂는 것을 보자 그는 갑자기 공포에 사로잡혔다. 만일 사내애가 아니고 계집애가 태어나면 어쩌지? 그래서 그는 다급히 소리쳤다.

"태어나는 것이 사내애면 관세음보살님께 붉은 새 옷을 바치겠소. 하지만 계집애면 아무것도 바치지 않겠소."

태어나는 것이 사내애가 아니고 계집애일 수도 있다는 생각을 전혀 해 본 일이 없었기 때문에 그는 당황하며 허둥지둥 밖으로 나왔다. 햇살이 뜨거운 길에는 먼지가 한 자나 쌓여 있었음에도 그는 또 한 번 향을 사서 두 개의 지신을 모시는 마을의 조그만 사당으로 갔다. 향을 피우고 그 앞에서 작은 소리로 말했다.

"잘 들어요. 나의 아버지도 나의 자식들도 모두 당신들을 섬겨 왔소. 오늘 내 손자가 태어나려 하고 있소. 그것이 만일 사내아이가 아니라면, 앞으로 나는 당신들에게 아무것도 해 드리지 않겠소."

이렇게 할 수 있는 모든 일을 하고 나자 그는 지칠 대로 지쳐서 집으로 돌아왔다. 탁자 앞에 앉아서 차를 가져오게 하고, 얼굴을 닦기 위해 더운물에 적신 수건을 가져오게 하려고 생각했지만 손뼉을 쳐도 아무도 나타나지 않았다. 누구도 그를 상대하지 않고 이리저리 뛰어다녀서, 어느 쪽을 낳았는지, 도대체 정말로 낳았는지 물어볼 용기조차 없었다. 그는 먼지투성이가 되어 지쳐서 거기 앉아 있었다. 아무도 그에게 말을 건네지 않았다.

이윽고 밤이 될 때까지 오래도록 기다리고 있자니까 겨우 렌화가 무거운 몸을 두쥐안에게 기대어서 작은 발로 뒤뚱뒤뚱 가까이 왔다. 그녀는 웃으며 큰 소리로 말했다.

"자, 사내아이를 낳았어요. 모자가 모두 건강해요. 아기를 보았는데 예쁘고 튼튼한 아기예요."

왕룽도 웃으며 일어나서 손뼉을 치고 또 웃으며 말했다.

"그래, 마치 내가 첫아들을 보는 것 같이, 어떻게 하면 좋을지를 몰라서 그저 걱정만 하며 여기 앉아 있었군!"

렌화가 제 방으로 돌아가자 그는 또 생각에 잠겼다.

'아니야, 오란이 첫아이를 낳을 때는 이렇게 걱정하지 않았다.'

그는 가만히 생각에 잠기며 그때 일을 마음속에 되새겨 보았다. 오란이 홀로 작고 어둑한 방으로 들어간 일, 그녀가 누구의 도움도 받지 않고 혼자서 몇이나 되는 아들딸을 말없이 낳은 일, 그리고 곧 밭에 나와 그의 옆에서 일했던 일들을 생각했다. 그런데 지금 맏며느리는 아프다고 어린애처럼 울부짖고 온 집 안 종들을 뛰어다니게 하며 남편을 문에 세워 두는 것이다.

돌이켜 보면 오래전에 꾼 꿈 같았다. 오란은 밭일의 틈을 타서 아이에게 실컷 젖을 먹였다. 희고도 풍부한 젖이 가슴에서 샘솟아 땅 위로까지 흘렀다. 그것은 사실이었다는 것이 의심스러울 만큼 먼 옛날의 일처럼 느껴졌다.

그때 장남이 웃으며 자랑스레 들어와서 큰 소리로 말했다.

"사내아이가 태어났어요, 아버지. 유모를 구해야 되겠습니다. 처가 자기 젖을 먹여 몸매가 망가지거나 몸이 약해지는 일이 없도록 하고 싶어요. 성내의 행세깨나 하는 여자들은 모두 그러니까요."

왕룽은 슬픈 듯이 대답했지만 왜 슬픈지 자기도 몰랐다.

"그러냐? 그럼 그렇게 하려무나. 어미가 자기 자식을 키울 수 없다면 말이다."

아이가 태어난 지 열흘이 되자 아이의 아버지인 왕룽의 장남은 잔치를 열어 장인 장모와 성내 유지들을 모조리 초대했다. 수백 개의 달걀을 붉게 물들여 손님 모두와, 그리고 선물을 대신 갖고 온 사람들에게 나누어 주었다. 경사의 기쁨이 온 집 안에 넘쳤다. 아기는 토실토실했고 어느덧 생후 열흘이 지나 이제 아무런 걱정도 없게 된 것이다.

잔치가 끝나자 장남이 와서 왕룽에게 말했다.

"우리 집도 3대가 함께 살게 됐으니 대가답게 조상의 위패를 모셔야 하지 않겠습니까? 집의 기틀이 잡혔으니 명절에는 위패를 모시고 제사를 지내야지요."

왕룽도 대단히 기뻐하여 그렇게 하라고 분부했으므로, 곧바로 실행되었다. 대청에는 많은 위패가 놓였다. 하나에는 그의 조부의 이름이 쓰이고, 다음에는 아버지의 이름이, 그리고 왕룽과 자식들이 죽은 뒤를 생각하여 그만한 여백을 남겨 두었다. 장남은 향로도 사 와서 위패 앞에 놓았다.

그것이 끝나자 왕룽은 관세음보살에게 약속한 붉은 옷 생각이 나서 절에 가 그 대금을 치렀다.

절에서 돌아오는 길에, 신이 은혜만 베풀기가 싫어서 선물 속에 가시를 숨겨 두는 것처럼, 밭에서 추수를 하던 사나이 하나가 달려와 칭 서방이 갑자기 쓰러져 위독하니 빨리 와 달라고 전했다. 숨을 몰아쉬며 달려온 사내의 말을 듣고 왕룽은 노해서 말했다.

"성내 관음보살에게 붉은 옷을 봉납했다고 사당의 두 지신이 질투하는구나. 그들은 땅을 지배할 뿐이지 아기의 탄생에는 아무런 힘도 없다는 것을 잊은 모양이다."

점심 준비가 되어 있었지만 그는 젓가락도 대지 않고, 렌화가 해가 질 때까지 기다리라고 큰 소리로 말하는 것도 듣지 않고 바로 밖으로 나갔다. 렌화는 자기 말을 들은 체도 안 하는 것을 보고는 종에게 종이우산을 들려 뒤를 쫓게 했다. 억세게 생긴 하녀였지만 종이우산을 받쳐주려 해도 쫓아가기가 힘들 만큼 왕룽은 빨리 달렸다.

왕룽은 곧바로 칭 서방이 누워 있는 방에 들어가 큰 소리로 그곳에 있는 사람들에게 말했다.

"대체 어찌 된 일이냐?"

방안에 가득 차 있던 머슴들은 어쩔 줄 모르고 경황 없이 말했다.

"칭 노인이 손수 타작을 하다가……""늙은이에겐 무리라고 말렸는데도……" "새로 들어온 머슴이……""그 사람이 도리깨질을 잘못하니까 칭 노인이 가르쳐 준다고……""늙은이에게는 워낙 힘에 겨운……"

왕룽은 무서운 소리로 말했다.

"그놈을 앞으로 끌어내!"

그들은 왕룽 앞에 그 사내를 끌어냈다. 사내는 드러난 무릎을 덜덜 떨며 서 있었다. 몸집이 크고 붉은 얼굴의 천한 시골뜨기로 뻐드렁니가 아랫입술에 뻐드러져 나왔고, 소처럼 둥근 둔한 눈을 하고 있었다. 그러나 왕룽은 조금도 불쌍하다고 생각하지 않았다. 그는 젊은이의 양 뺨을 철썩철썩 때리고 하녀의 손에서 종이우산을 빼앗아 젊은이의 머리를 마구 쳤다. 누구도 말리지 않았다. 노인이기 때문에 잘못하다가는 화가 머리 끝까지 나서 왕룽이 잘못될 것을 걱정했기 때문이다. 시골뜨기는 울면서 뻐드렁니를 빨며 죽여 주십사고 맞고 있었다.

그때 침상에 누워 있던 칭 서방이 신음을 냈다. 왕룽은 우산을 집어 던지고 소리쳤다.

"천치 녀석을 때리는 동안에 칭 서방이 죽어 버리겠구나!"

왕룽은 칭 서방 곁에 앉아 그의 손을 꼭 쥐었다. 시든 떡갈나무 잎처럼 가볍고 마른 손이었다. 그 속에 피가 흐르고 있다고는 믿어지지 않을 만큼 바싹 말라 가볍고 뜨거웠다. 그러나 여느 때는 푸르고 노란 칭 서방의 얼굴이 오늘은 거무스름해져 핏기가 없고 여기저기 반점이 생겨 있었다. 그리고 반쯤 뜬 눈은 침침해서 보이지 않고 호흡도 고르지 못했다. 왕룽은 몸을 숙여 그의 귀에다 입을 대고 큰 소리로 말했다.

"내가 왔어. 관은 우리 아버지 것에 버금가는 좋은 걸로 사 줌세!"

그러나 칭 서방의 귀는 피로 가득 차 있어서 주인의 말이 들리지 않았는지 아무런 반응을 나타내지 않았다. 그저 숨을 헐떡이며 죽은 듯이 누워 있다가 칭 서방은 그대로 죽었다.

그가 숨을 기두자 왕룽은 그의 위에 몸을 포개고 아버지가 돌아갔을 때보다 더 슬피 울었다. 관은 특상품으로 주문하고 장례식을 위해 스님을 불렀으며 자기는 흰 상복을 입고 뒤를 따랐다. 그는 장남에게까지 친척이 죽었을 때와 마찬가지로 발목에 흰 끈을 두르게 했다. 장남은 투덜거렸다.

"칭 서방은 머슴들의 감독에 지나지 않는데 하인을 위해서 상복을 입다니 온당치 못합니다."

그러나 왕룽은 사흘 동안 그렇게 하도록 했다. 왕룽의 희망으로는 아버지와 오란을 매장한 흙벽 안에 칭 서방도 묻어 주고 싶었다. 그러나 자식들이 말을 듣지 않고 불평을 했다.

"어머니와 할아버지와 함께 고용인을 묻습니까? 저희들도 죽으면 칭 서방과 함께 있어야 하나요?"

왕룽은 그들과 다툴 수가 없었고 다 늙어서 집안에 소란을 피우고 싶지 않아 칭 서방을 토담 입구에 묻었다. 그것으로 그는 자기를 위로하며 말했다.

'그렇지, 이것으로 좋다. 그 녀석은 언제나 나를 재난으로부터 지켜 주었으니까!'

왕룽은 자기가 죽으면 칭 서방과 가장 가까운 곳에 묻으라고 자식들에게 일렀다.

그 뒤부터 왕룽은 땅을 둘러보는 일이 갈수록 드물어졌다. 칭 서방이 죽고 혼자서 가는 일이 너무도 가슴 아팠기 때문이다. 게다가 이미 그는 일하는 데도 지쳤다. 혼자서 울퉁불퉁한 밭길을 걸으면 뼈가 아팠다. 그래서 그는 될 수 있는 한 많은 밭을 소작인들에게 주었다. 그의 토지는 기름진 땅이라는 사실을 알았기 때문에 사람들은 다투어 소작을 하려 했다. 그러나 왕룽은 한 뼘의 땅도 판다는 말은 절대 하지 않았다. 1년 계약으로 값을 흥정해서 빌려줄 뿐이었다. 이렇게 해서 그는 그것이 모두 자기의 것이며, 여전히 자기가 손아귀에 쥐고 있다고 생각했다.

그리고 그는 고용인 가운데 한 사람을 식구와 함께 시골집에 살게 하여, 아편 속에 파묻혀 꿈을 쫓는 숙부 내외를 돌보게 했다. 그리고 셋째의 우울한 눈치를 보고 그는 말했다.

"자, 너도 나와 함께 성내로 가자. 딸아이도 데리고 가자. 내가 지내는 곳에서라면 그 애도 지낼 수 있겠지. 칭 서방이 없으니 너도 적적할 거다. 게다가 칭 서방이 없으니 아무도 저 애를 보살펴 주는 사람이 없을 거다. 그 애가 얻어맞거나 형편없는 음식을 먹어도 알려 주는 사람도 누구 하나 없겠지. 또 칭 서방이 없으니 아무도 너에게 밭일을 가르쳐 줄 사람이 없어."

그래서 왕룽은 셋째와 백치 딸애를 성내 저택으로 데리고 갔다. 그 뒤로 시골집에는 오랫동안 거의 가지 않았다.

30

왕룽은 지금 이 상태로 만족이라 그 이상의 욕심은 없는 듯했다. 이제는 백치 딸애 곁에서 양지 쪽에 앉아 담뱃대를 입에 물고 편안하게 세월을 보낼 수 있었다. 논밭은 소작인에게 맡겼으니, 걱정하지 않아도 논밭에서 돈이 들어오는 것이었다.

그러나 모든 일이 태평이라고만 말할 수는 없었다. 장남이 아무 부족함 없는 생활에도 결코 만족치 못하고 끊임없이 욕심을 내는 인간이기 때문이었다. 장남은 아버지에게 말했다.

"이 집에는 빠진 것이 여러 가지 있어요. 이 집에 살고 있다고 해서 우리가 대 갓집이 됐다고는 할 수 없거든요. 이제 반년 안으로 동생 결혼식도 올려야 하는데 손님용 의자도 모자라고, 찻잔도 탁자도 방의 세간도 모자랍니다. 게다가 손님을 청하는 데 더럽고 시끄러운 빈민들이 우글거리는 저 대문을 거치게 하는 것은 창피해요. 동생이 결혼해서 아이가 생기면 저 바깥채도 필요해집니다."

왕룽은 좋은 옷을 입고 눈앞에 서 있는 아들을 보고 있었으나 곧 눈을 감고 담배를 세게 빨며 신음하듯이 말했다.

"그래서? 이번에는 뭐지? 너는 언제까지나 그런 말만 하고 있을 거냐!"

　장남은 아버지가 자기 말에 진력이 나 있다는 것은 알아차렸지만 고집을 부려 말했다. 그는 좀 목소리를 높였다.

"바깥채 방도 필요하다는 이야기예요. 돈도 땅도 이만큼 있는 집에 어울리도록 갖춰야 한다는 말이에요."

　왕룽은 담뱃대를 입에 문 채 중얼거렸다.

"그러냐, 하지만 땅은 내 거다. 너는 그것에 손도 대 본 일이 없을 텐데."

　그 말을 듣자 장남은 소리쳤다.

"하지만 아버지, 저를 학자로 만들려던 분은 아버지예요. 저는 지주의 아들답게 살려고 애쓰고 있는데 그것을 바보 취급해서 아버지는 저나 처를 머슴들같이 만들 작정이십니까!"

　그리고 장남은 몸을 날려 뜰의 구부정한 소나무에 머리를 부딪치려고 했다. 장남이 쉽게 흥분하는 것을 알고 있는 왕룽은 아들이 자살이라도 할까 봐 소름이 끼쳐 큰 소리로 말했다.

"그래, 그래. 좋도록 해라. 다만 나를 귀찮게 하지만 마라."

　이 말을 듣자 장남은 매우 기뻐하며 아버지의 마음이 변하기 전에 재빨리 물러갔다. 그리고 될 수 있는 대로 빨리, 조각이 되어 있는 정교한 탁자와 의자를 쑤저우에서 사들였다. 그리고 입구에 거는 붉은 비단 휘장을 사고, 크고 작은 꽃병을 사고, 벽에 거는 미인도 족자를 살 수 있는 데까지 사고, 남쪽 지방에서 본 것 같은 동산을 뜰에 만들기 위해서 갖가지 기암(奇岩)을 샀다. 오랫동안 그는 분주했다.

　이런 일로 그는 매일같이 나다니기 때문에 바깥채 뜰을 하루에도 몇 차례 지나야 했다. 그러나 그는 빈민들한테서 나는 냄새가 견딜 수 없어서 그들이 있는 곳을 지나가려면 코를 막곤 했다. 그들은 장남이 지나가고 나면 비웃으며 말했다.

"저놈은 제 아비 집 문턱 앞에 쌓여 있던 비료 냄새를 잊었나 보군."

　그러나 그가 눈앞을 지나갈 때는 아무도 그런 말은 하지 않았다. 부잣집 아들이기 때문이었다. 그러다가 명절날이 되어 집세가 정해지게 되었다. 가난한 사람들은 방이며 안뜰의 세가 껑충 뛴 것을 알았다. 더 비싼 세로도 들어올 사람이 있다는 것이었다. 그들은 집을 비워야만 했다. 그리고 그것이 장남의 농간임을 알았다. 본디 장남은 영리해서 아무 말도 입 밖에 내지 않고, 타관에 가 있는 황씨의 아들과의 편지 왕래로 그렇게 결정지은 것이다. 황씨의 아들은 어떤 방법이건 이 오래된 집에서 돈만 많이 나오면 되었다.

그래서 빈민들은 떠나야만 했다. 어느 날 그들은 부자들의 경우 없는 짓을 한탄하며 잡동사니를 싸 가지고 노여움에 가득 차서, 부자가 지나치게 살이 찌면 가난뱅이들이 쳐들어오는 법이라고 중얼거리며 떠났다.

그러나 왕룽은 이런 일을 전혀 몰랐다. 그는 안방에 틀어박혀 거의 밖에 나오지 않았다. 자거나 먹기만 하면서 늘그막을 한가롭게 지내며 모든 일을 장남에게 맡겼다. 장남은 솜씨 좋은 목수와 석공을 불러 빈민들이 거친 생활로 망가뜨린 방과, 뜰과 뜰 사이의 반달 모양 문을 고치고 연못을 몇이나 파서 잉어와 금붕어를 길렀다. 공사가 끝나서 그의 마음에 들 만큼 아름다워지자 이번에는 연꽃과 백합을 연못에 심고, 붉은 열매가 여는 인도 대나무를 비롯하여 남쪽에서 본 것을 생각해 내서는 무엇이든 구해다 심었다. 그의 아내도 그의 일하는 품을 구경하러 나왔다. 둘이서 뜰을 둘러보고 다니며, 아내가 이것저것 부족한 점을 발견하면 그는 그녀가 하는 말을 열심히 귀담아들었다가 곧바로 그대로 실행했다.

사람들은 성내 거리에서 왕룽의 장남이 저택 보수를 한다는 소문을 빠짐없이 전하며, 부유한 사람이 살게 되었으니 황씨네 집이 얼마나 훌륭하게 달라질 것인가 수군댔다. 이제까지는 농사꾼 왕 서방이라고 하던 사람들도 이제는 왕 대인이라든가 왕 부자라든가 하고 부르게 되었다.

이런 것에 쓰이는 비용은 모두 왕룽의 손에서 나갔다. 그러나 슬금슬금 빠져나갔기 때문에 그는 거의 알아채지 못했다. 장남은 왕룽에게 와서는 이렇게 말하는 것이었다.

"은전 백 냥이 필요합니다." "저 문을 새로 단장하는 데 조금 돈이 들어요." "저곳에 긴 탁자를 놓지 않으면 보기 흉한데요."

왕룽은 안뜰에서 한가롭게 담배를 피우며 조금씩 돈을 내주었다. 추수 때나 필요할 때는 언제나 땅에서 쉽게 돈이 들어오기 때문에 그도 마음 편히 내줄 수가 있었다. 이대로라면 그는 얼마나 장남에게 주었는지 모르고 지날 참이었다.

그런데 어느 날 아침, 해가 아직 높이 떠오르기 전에 둘째가 찾아와서 말했다.

"아버지, 이젠 돈 낭비를 그만하세요. 대궐에서 살 필요가 있습니까? 그렇게도 많은 돈을 2할로 빌려주면 은전이 몇 관이나 굴러들어 옵니다. 연못이다, 열매도 맺지 않고 꽃만 피는 나무다, 여기지기 잔뜩 핀 백합이다, 그런 것이 다 무슨 소용이에요."

왕룽은 두 형제가 이런 일로 싸움이라도 하면 큰일이다 싶어서 서둘러 말했다.

"그것은 모두 네 혼례식을 성대히 치르기 위해서야." 그러자 둘째는 냉랭하게 쓴웃음을 지으며 대답했다.

"혼례식 비용이 신부 값의 10배나 된다는 건 우스운 이야기군요. 아버지가 돌아가신 뒤 저희들이 나눌 유산이 형의 허영심 때문에 탕진된다는 건 견딜 수 없는 일이에요."

왕룽은 의지가 강한 둘째의 성격에 이야기하기 시작하면 끝이 없음을 알고 있기에 성급히 말했다.

"그래, 그래, 더는 돈을 안 줄 테니까, 네 형에게 말해서 돈을 못 쓰게 하마. 그만하면 됐지. 네 말이 옳다."

둘째는 형이 이제까지 쓴 돈을 빠짐없이 적은 종이를 꺼냈다. 왕룽은 그 종이가 긴 것을 보자 서둘러 말했다.

"나는 아직 식전이다. 내 나이가 되면 밥을 먹기 전에는 기운이 나질 않아. 그 이야기는 나중에 해 다오."

둘째를 그곳에 남겨 두고 왕룽은 몸을 돌려 자기 방으로 들어가 버렸다.

그날 저녁때 곧바로 그는 장남에게 말했다.

"집을 칠하고 가꾸는 일은 이것으로 그만해 둬라. 어쨌든 우리는 결국 촌사람이니까!"

그러나 장남은 자랑스레 말했다.

"아니지요. 그렇지 않아요. 성내 사람들은 우리를 왕부자 집이라고 부르고 있어요. 그 이름에 어울리는 살림을 하는 것이 마땅한 일이라고 생각해요. 만일 동생이 돈을 단지 돈으로만 본다면 저희들 내외가 가문의 명예를 지키기로 하지요."

왕룽은 사람들이 그렇게 말하고 있는 것도 몰랐다. 그는 늙어서 찻집에도 거의 가지 않았고, 곡물 상점에는 둘째가 그의 대리로 일하고 있기 때문에 그곳에도 가지 않았다. 하지만 그런 말을 들으니 그도 내심 기뻤다.

"그러나 대가라 해도 흙에서 나와 흙에 뿌리를 박고 있는 거야."

그러나 장남은 재치 있는 대답을 했다.

"그렇지요. 그러나 언제까지고 흙에 머물러 있어서는 안 됩니다. 가지를 뻗고 꽃을 피워 열매를 맺어야죠."

왕룽은 아들이 이렇게 줄줄 외듯이 대답하는 것이 마음에 들지 않았다.

"내가 한 말은 취소하지 않는다. 돈을 물 쓰듯 하는 것은 그만하면 됐다. 열매를 맺기 위해서는 뿌리가 충분히 흙 속에 뻗어야 하니 말이다."

저녁때가 되었기 때문에 왕룽은 빨리 장남이 뜰을 지나 제 방에 돌아가 주기를 바랐다. 아들이 모습을 감추고 자기를 오직 혼자서 황혼 속에 평화롭게 내버려두기를 바랐다. 아들이 옆에 있어서는 마음의 평화를 얻을 수 없었다. 아들은 방 수리도, 뜰 손질도 만족할 만큼 되었기 때문에 적어도 한동안은 아버지의 명령에 따를 마음이 되어 있었지만 그래도 다음과 같이 말했다.

"그럼 그만 하기로 하지요. 그러나 또 한 가지 이야기할 일이 있는데요."

왕룽은 담뱃대를 땅바닥에 동댕이치며 소리쳤다.

"그래도 귀찮게 구는구나!"

그러나 아들은 고집스럽게 말했다.

"제 일이 아닙니다. 막냇동생, 아버지의 셋째 아들 문제예요. 그 애를 공부도 시키지 않고 저대로 두는 것은 좋지 않습니다. 공부를 시켜야 합니다."

왕룽은 생각지도 못한 이야기에 눈을 휘둥그레 떴다. 왕룽은 벌써 전부터 막내를 무엇을 시킬지 그 장래를 정해 두었다.

"머릿속에 글만 가득히 처넣은 놈은 이제 이 집에 더는 필요없다. 둘이면 충분해. 그 녀석은 내가 죽은 뒤 밭일을 하도록 해야 하니까."

"그 때문에 그 애는 매일 밤 울고 있어요. 그 애가 창백한 얼굴을 하고 있는 까닭은 그 때문이에요.”

왕룽은 셋 중에서 하나만은 농사일을 시킬 작정이었기 때문에 셋째에게 뭘 하고 싶으냐고 물은 일도 없었다. 그래서 오늘 장남에게 이런 말을 듣자 느닷없이 이마를 얻어맞은 듯한 기분이 들어 입을 다물어 버렸다. 그는 천천히 담뱃대를 땅바닥에서 주워 들고 셋째를 생각해 보았다. 셋째는 형제 중의 누구도 닮지 않고, 어머니를 닮아 말수가 적은 아이라 아무도 그에게는 눈을 돌리지 않았다.

“그 애가 제 입으로 그런 말을 하더냐?” 왕룽은 불안해하며 장남에게 물었다.

“아버지가 직접 물어보세요.” 아들이 대답했다.

“그렇지만 한 사람은 밭에 남아야 한다.” 왕룽은 갑자기 반발하듯이 말했다. 목소리가 높아졌다.

“왜입니까?” 아들은 응수했다. “아버지 정도 되는 사람이 괜히 자식을 농노처럼 만들 필요는 없지 않습니까? 체면 문제입니다. 세상 사람들은 아버지를 구두쇠라고 할 거예요. 자기는 왕족 같은 생활을 하면서 자식을 농군으로 부려 먹는다고 할 겁니다.”

장남은 아버지가 세상 소문을 대단히 신경 쓰는 것을 알고 있기 때문에 빈틈없이 이렇게 말했다. 그리고 또 말을 이었다.

“가정교사를 불러 공부를 시킬 수도 있고 남쪽 학교에 보낼 수도 있어요. 집에는 제가 있어서 아버지 일을 거들고 있고, 장사 일은 둘째가 있으니까, 셋째는 저좋을 대로 시켜도 좋지 않을까요?”

마침내 왕룽은 말했다.

“그 애를 불러오너라.”

잠시 후 셋째가 와서 아버지 앞에 섰다. 왕룽은 찬찬히 그 모습을 바라보았다. 셋째는 호리호리 키가 크고 어머니를 닮은 성실함과 과묵함을 빼고는 아버지도 어머니도 닮지는 않았다. 그러나 어머니보다는 잘생겼다. 생김새로 말하면 이미 시댁으로 옮겨 이 집에 없는 둘째 딸을 빼면 자식들 중에서 가장 뛰어났다. 그러나 이마를 가로지른 숱 많은 눈썹이 앳된 얼굴에는 너무 굵고 짙어서 얼굴의 아름다움을 해치고 있는 듯했다. 그가 버릇처럼 얼굴을 찡그릴 때는 이 굵고 검은 두 개의 눈썹이 한데 달라붙어서 일직선이 되는 것이었다.

왕룽은 물끄러미 셋째를 보며 말했다.

"형이 그러던데, 너는 공부를 하고 싶으냐?"

소년은 거의 입술을 움직이지 않고 대답했다.

"네."

왕룽은 담뱃대를 털고 다시 엄지로 천천히 담배를 담았다.

"그러냐. 말하자면 들일은 하고 싶지 않다는 말이군. 나에게는 아들이 셋이나 되는데 농사일을 할 아들은 한 놈도 없다는 말이로구나."

그는 괘씸하다는 듯이 말했지만 소년은 아무 말도 하지 않았다. 여름 삼베로 된 희고 긴 옷을 입고 아무 말 없이 서 있었다. 마침내 왕룽은 그 침묵에 답답해져서 소리쳤다.

"왜 말이 없냐? 들일이 하고 싶지 않다는 게 정말이냐?"

셋째는 또 다만 한 마디 "네." 대답했다.

그런 아들을 보고 있으니 생각하지 않을 수 없었다. 늙은 그에게는 이런 아이는 다루기가 힘들다. 고생의 씨앗이다. 무거운 짐이다. 어떻게 다루어야 좋을지 종잡을 수가 없다. 이런 생각이 들자 마치 아이들에게 학대당하는 듯한 기분이 들어 그는 또 소리쳤다.

"네가 무엇을 하든 내가 상관할 일이 아니다. 저리 가거라."

소년은 냉큼 사라졌다. 왕룽은 홀로 앉아서 결국 아들들보다 두 딸이 더 좋다고 생각했다. 하나는 지능이 떨어지기는 하지만 얼마쯤의 음식과 헝겊 조각만 있으면 만족해했고, 하나는 결혼해서 집에 없었기 때문이다. 저녁놀이 안뜰에 스며들어 홀로 앉아 있는 왕룽을 감쌌다.

그래도 노여움이 가시면 언제나 자식들 뜻대로 해 주는 왕룽은 이번에도 장남을 불러 말했다.

"셋째가 그렇게 하고 싶다면 가정교사를 붙여 주어라. 저 좋을 대로 하라지. 다신 이 일로 나를 귀찮게 하지만 말아 다오."

그리고 그는 둘째를 불러 말했다.

"들일할 자식이 없어졌으니 소작료나 추수 때 논밭에서 들어오는 돈은 네가 관리해라. 너는 저울도 볼 줄 알고 말질도 잘 알 테니 우리 집 관리인이 돼 다오.”

그러면 돈의 출납이 적어도 자기 손을 거쳐야 하기 때문에 둘째는 크게 기뻐했다. 아버지의 수입도 알 수 있고, 만일 집안의 경비가 필요 이상이 되면 아버지에게 주의도 줄 수 있었다.

윙룽은 이 둘째기 다른 아들들보다 한결 특이해 보였다. 혼례식날까지도 그는 고기며 술에 드는 돈을 아껴, 요리의 값을 아는 성내 사람들에게는 가장 좋은 고기를, 그리고 의리 때문에 부른 소작인이나 시골 사람에게는 마당에 탁자를 놓고 그다지 좋지 않은 고기와 술을 내는 식으로 식탁을 따로 차렸기 때문이다. 농부들은 날마다 형편없는 음식만 먹기 때문에 조금 좋은 음식만 내놓으면 대단한 대접으로 생각한다는 것이었다.

또한 둘째는 들어온 축의금이며 물품에도 세심한 주의를 기울였고, 종이나 심부름꾼에게도 최소한의 돈을 주었다. 두쥐안에게도 고작 은전 두 닢을 주었을 뿐이었다. 그녀는 비웃으며 많은 사람들 앞에서 들으란 듯이 이렇게 말했다.

“진짜 대갓집은 돈을 가지고 인색 떨지 않는 법이죠. 이 댁이 이 훌륭한 저택에 살 만한 자격이 있다고는 생각할 수 없군요.”

장남은 이 말을 듣고 창피하게 여겼고, 또한 그녀의 독설이 두려워서 따로 몰래 돈을 주고는 아우의 처사를 분개했다. 이렇게 혼인날, 손님이 식탁에 앉고 신부의 가마가 뜰 안에 들어올 때까지도 그들은 다투었다.

장남은 동생의 혼례식에는 가장 별 볼 일 없는 친구 몇 사람을 초청했을 뿐이었다. 동생이 인색한 것과 제수가 시골 여자란 사실이 창피했기 때문이다. 그는 경멸하듯 방관하고만 있었다.

“아버지의 지체로 생각한다면 옥으로 된 잔이 손에 들어올 것인데 동생은 질그릇을 골랐으니.”

동생 내외가 그들 부부에게 절을 했을 때도 그는 오만하게 약간 머리를 끄덕였을 뿐이었다. 장남의 아내도 새침하니 건방지게 이런 경우에 해야 할 최소한의 답례를 했을 뿐이었다.

이 집에 사는 사람들 중에 왕룽의 손자 말고는, 아주 행복하고 아무런 부족이 없다는 사람은 한 사람도 없었다. 왕룽 자신까지도 롄화의 방과 뜰로 이어지는 자기 방의 큰 조각이 있는 침대에서 눈을 뜨면, 때로는 그 소박하고 어두컴컴한 흙벽 집에 돌아가 있는 꿈을 꾸었다. 거기에서는 식은 차를 흘려도 조각이 들어간 바닥을 더럽힐 염려가 없었고, 한 발짝만 밖으로 나가면 자기의 밭이었다.

왕룽의 아들들도 마음 편할 날이 없었다. 장남은 돈 쓰는 것이 인색해서 세상 사람들의 비웃음을 사지나 않을까, 성내 사람이 와 있을 때 시골 사람이 대문을 들어서서 창피나 당하지 않을까, 그런 걱정만 했다. 둘째는 쓸데없는 낭비로 돈이 없어지는 것이 걱정이었고, 셋째는 농가의 자식으로 허송한 세월을 되찾으려고 안간힘을 썼다.

그러나 여기저기를 뒤뚱뒤뚱 돌아다니며 자기 생활에 만족하는 사람이 하나 있었다. 그것은 장남의 아들이었다. 이 아이는 이 큰 집 말고 다른 곳은 알지도 못했다. 그에게는 이 집이 크지도 작지도 않은 유일한 그의 집일 뿐이며, 거기에는 엄마와 아빠와 할아버지, 그 밖의 모두가 자기를 귀여워해 주기 위해서만 살고 있었다. 왕룽은 이 애와 함께 있으면 마음이 훈훈했다. 그는 이 애를 지켜보거나 웃어 주거나 자빠지면 일으켜 세우거나 하면서 언제까지고 싫증을 몰랐다. 그는 자기 아버지가 생전에 하던 대로 넘어지지 않게 아이에게 끈을 달아 걷게 하며 좋아했다. 할아버지와 손자는 뜰에서 뜰로 걸어다니며, 아이는 연못에서 춤추듯이 헤엄치는 붕어를 손가락질하고, 이것저것 알아들을 수도 없는 말을 재잘거리며 꽃을 따는 등, 무엇이나 하고 싶은 대로 했다. 적으나마 왕룽은 이 손자에게서 평화를 얻었다.

손자는 이 아이 하나뿐이 아니었다. 장남의 처는 규칙적으로 충실하게 배서는 낳고 또 낳았다. 아이마다 태어나자 곧 몸종이 딸렸다. 이렇게 해마다 아이가 늘고 종이 늘었다. 누가 "큰아드님에게서 또 하나 태어납니다." 말해도 왕룽은 그저 웃으며 말할 뿐이었다.

"자꾸 낳아야지. 땅이 있으니 몇 놈이 태어나도 쌀은 넉넉하니까."

그는 둘째의 처가 아이를 낳았을 때도 기뻐했다. 둘째 며느리는 처음에 계집애를 낳아서 마치 손위 동서의 체면을 세운 격이 되었다. 왕룽의 손주는 5년 동안에 사내애 넷에 계집애 셋이 되어, 손주들의 웃음소리와 울음소리로 어느새 집 안이 꽉 찼다.

5년이란 세월은 어린애나 노인 아닌 사람들에게는 잠깐이다. 그러나 왕룽은 이 사이에 손자 일곱을 얻고 늙은 아편 중독자인 숙부를 잃었다. 왕룽은 숙부 내외에 대해, 먹이고 입히고 아편을 달라는 대로 주는 것 말고 거의 잊고 있었다.

5년째의 겨울은 30년 만에 오는 추위였다. 성벽 주위의 해자가 얼어붙어서 그 위를 사람들이 걸어서 오갈 수 있었다. 이런 일은 왕룽의 기억으로도 처음이었다. 얼음과도 같은 한풍이 동북쪽에서 쉴 새 없이 휘몰아쳐 양털이며 모피옷을 입어도 추위를 막을 수 없었다. 집 안의 모든 방에 숯불을 피웠지만 그래도 입김이 하얗게 보일 정도였다.

숙부 내외는 오래전부터 아편 때문에 뼈와 가죽만 남아 가지고 자나 깨나 말라 빠진 두 개의 나무토막처럼 침대에 누워 있었다. 그들 몸에는 조금의 온기도 없었다. 왕룽은 숙부가 두 번 다시 자리에서 일어나지 못하게 되었고, 몸을 움직이면 피를 토한다는 말을 듣고 문병을 갔다. 그리고 숙부의 목숨이 앞으로 얼마 남지 않은 것을 알았다.

그래서 왕룽은 그다지 좋지는 못하나 그래도 쓸 만한 관을 두 개 사와서 숙부가 누워 있는 방에 들여놓았다. 노인이 그것을 보고 자기 뼈가 담길 곳이 생겼다는 것을 알고는 안심하고 죽을 수 있게 하기 위해서였다. 숙부는 떨리는 소리로 가냘프게 말했다.

"고맙다. 너는 내 자식이다. 집을 비우고 쏘다니는 친자식보다 훨씬 나에게 잘해 줬다."

그러자 숙모가 입을 열었다. 숙모는 숙부보다는 아직 정신이 있었다.

"내 아들이 집에 돌아오기 전에 내가 죽으면 내 아들에게도 아이가 생기게, 좋은 며느리를 골라 주겠다고 약속해 주게."

왕룽은 약속했다.

왕룽은 숙부가 언제 죽었는지 몰랐다. 어느 날 저녁, 하녀가 마실 것을 들고 방에 들어가 보니 숙부는 이미 숨져 있었다. 바람이 눈을 구름처럼 흩날리게 하던 몹시도 추운 날, 왕룽은 숙부의 관을 묻었다. 가족 묘 중에서 아버지 묘 옆에,

그보다는 좀 낮게, 나중에 왕룽 자신이 잠들 곳보다는 위에 묻었다.

왕룽은 가족 모두에게 상복을 입게 했다. 그들은 1년 동안 상장(喪章)을 달았다. 그들에게 폐만 끼쳐온 이 노인이 죽은 것을 마음속으로부터 슬퍼한 것은 아니지만, 대가에서는 친척이 죽으면 그렇게 하는 것이 체면상 마땅하기 때문이었다.

왕룽은 숙모만을 시골집에 홀로 남겨 둘 수가 없어서 성내 집으로 데리고 와서, 가장 멀리 떨어진 별채 구석에다 방 하나를 주어 숙모의 시중을 드는 종을 두쥐안에게 감독케 했다. 숙모는 아편을 피우며 침대에 누운 채 날마다 잠만 잤다. 왕룽은 관을 숙모의 침대 곁에 두고 언제라도 그것을 보고 안심할 수 있게 해 주었다.

왕룽은 이상해서 견딜 수 없었다. 옛날에는 몸집이 크고 뚱뚱하며 게으름뱅이 데다 시끄러운 시골 아낙이라 두려웠던 숙모가 이제는 몰락한 황씨 댁의 노부인처럼 마르고 노래져서 조용히 누워만 있는 것이 그는 신기할 따름이었다.

31

왕룽은 이제까지 살아오면서 이곳저곳의 전쟁 이야기를 듣기는 했지만, 젊었을 때 남쪽 도시에서 겨울을 보냈던 때 말고는 직접 전쟁을 느껴 본 일이 없었다. 아이 때부터 올해는 서쪽에 전쟁이 있다든가, 전쟁은 동쪽이나 북동쪽이다 하는 소문은 늘 들었지만, 그때보다 더 가까이에서 겪은 일은 한 번도 없었다.

그에게 전쟁이란 땅과 하늘과 물 같은 것으로서, 왜 있는지는 아무도 모르지만 하여튼 있는 것이었다. 때때로 사람들이 "전쟁하러 간다" 하는 말을 들은 일은 있었다. 그들이 그렇게 말할 때는 굶어 죽게 되어서 거지가 되느니 군인이 되는 편이 낫다는 때였고, 때로는 숙부의 아들처럼 집에 있어도 마음을 잡을 수가 없는 사람인 경우도 있었다. 그래도 전쟁은 언제나 먼 곳에서 일어나고 있었다. 그런데 하늘에서 몰아치는 때 없는 광풍처럼 난데없이 그 전쟁이 터졌던 것이다.

왕룽이 처음 그 이야기를 들은 것은 둘째로부터였다. 어느 날 둘째는 곡물 상점에서 점심을 먹으러 돌아와 아버지에게 말했다.

"갑자기 곡식값이 뛰었어요. 남쪽에서 전쟁이 터져 가지고 하루하루 군대가 이쪽으로 가까이 오기 때문이래요. 군대가 가까이 올수록 값이 뛰는 법이니까 당분간 곡식은 팔지 말고 두는 것이 좋겠어요. 그러면 나중에 비싼 값으로 팔 수 있으니까요.”

왕룽은 밥을 먹으면서 이 말을 듣고 말했다.

“전쟁이라니, 드문 일이구나. 내 눈으로 전쟁을 볼 수 있다면 좋겠구나. 여태까지 이야기로는 들었지만 실제로 본 일은 없으니 말이다.”

예전에 강제로 전쟁에 잡혀갈 것을 무서워하던 일이 생각났다. 그러나 지금은 노인이라 쓸모도 없고 게다가 그는 부자다. 부자는 아무것도 겁낼 필요가 없다. 그래서 그는 조금 호기심이 일었을 뿐 그다지 마음에 두지 않았다. 왕룽은 둘째에게 말했다.

“곡식은 네 생각대로 처분하여라. 네게 맡겨 놨으니까.”

그 뒤로 그는 마음이 내키면 손자들과 놀고 자고 먹고 담배 피우기를 반복하다가, 때때로 자기 방의 한구석에 앉아 있는 백치 딸을 보러 갔다.

그러던 초여름 어느 날, 북서쪽에서 메뚜기 떼같이 많은 군대가 밀어닥쳤다. 왕룽의 손자는 어느 갠 날 아침, 새벽에 지나가는 군대를 구경하려고 머슴과 함께 문간에 서 있었다. 긴 행렬을 이루고 행진하는 잿빛 군복 차림의 병사들을 보자 손자는 할아버지에게로 달려와서 큰 소리로 말했다.

“이리 와 보세요, 할아버지!”

왕룽은 아이의 기분을 맞춰 주기 위해서 함께 문간에까지 나왔다. 병사는 성 내에 가득 차 있었다. 발걸음을 맞춰 소리 높이 군화를 구르며 들어오는 많은 잿빛 병사들로 공기며 햇빛이 갑자기 차단된 것 같았다. 자세히 보니 모두가 묘한 무기 끝에 칼을 달아매고 있었다. 어느 얼굴이나 야만스럽고 사나웠으며 거칠었다. 그중에는 아직도 어린애라고 할 수 있는 소년도 있었지만 나이 든 남자들과 매한가지 얼굴을 하고 있었다. 왕룽은 그들의 얼굴을 보고는 얼른 아이를 끌어당기며 말했다.

“자, 집에 들어가서 대문을 걸자. 볼만한 사람들이 못 돼, 아가야.”

그러나 그가 몸을 돌리기 전에 느닷없이 병사들의 행렬 속에서 그를 보고 큰 소리를 지른 자가 있었다.

"아니, 당신은 왕룽 형님 아니오!"

왕룽이 그 소리를 듣고 고개를 들어 보니 그것은 숙부의 아들이었다. 그도 똑같은 먼지투성이의 잿빛 군복을 입고 있었다. 얼굴은 누구보다도 야만스럽고 흉측해 보였다. 그는 너털웃음을 터뜨리면서 동료들에게 말했다.

"자, 전우들, 여기서 묵게. 이 집은 부자고 내 친척이야."

왕룽이 놀라서 도망칠 틈도 없이 수많은 병사들이 그의 옆을 스쳐서 대문 안으로 밀려들어 갔다. 그는 복판에 끼여 어찌할 바를 몰랐다. 병사들은 악취를 풍기는 하수도 물처럼 저택 안에 흘러들어 가 집 안 구석구석까지 메워, 마루 위에 벌렁 자빠지고 연못에서 물을 퍼마시고, 칼을 값비싼 탁자에 제멋대로 내동댕이치거나 닥치는 대로 침을 내뱉고 서로 고래고래 소리치곤 했다.

이 꼴을 보고 왕룽은 당황하여 손자와 함께 장남을 찾으러 쫓아 들어왔다. 장남은 방에서 책을 읽다가 아버지가 들어오자 일어섰다. 왕룽이 헐떡이며 자초지종을 말하자 그는 신음을 내면서 곧바로 밖으로 나왔다.

그러나 아버지의 사촌 동생을 보자 욕을 해야 할지 환영을 해야 할지를 몰랐다. 그저 그의 얼굴을 바라보다가 뒤에 서 있는 아버지에게 신음하듯이 말했다.

"모두 칼을 가지고 있군요!"

그리고 공손히 말했다.

"참 잘 오셨습니다."

아버지의 사촌 동생은 이빨을 드러내고 히죽 웃었다.

"손님을 좀 데리고 왔지."

"아저씨 친구분이라면 모두 환영합니다."

왕룽의 장남이 말했다.

"출발하기 전에 드실 수 있게 식사를 준비하지요."

아버지의 사촌 동생은 여전히 히죽거리며 말했다.

"그렇게 해 주게. 그러나 서두를 건 없어. 우리는 전투가 시작될 때까지 여기서 묵을 테니까. 너댓새가 될지 한 달, 아니, 일이 년이 될진 모르지만 어쨌든 묵기로 하겠어."

왕룽과 아들은 이 말을 듣고는 당황한 빛을 감출 수 없었다. 그러나 뜰 가득히, 여기저기에 칼이 번쩍이고 있기 때문에 아무렇지 않은 척할 수밖에 없었다. 왕룽 부자는 겨우 괴로운 웃음을 지으며 말했다.

"영광이죠. 영광입니다."

장남은 식사 준비를 하러 가야하는 척하면서 아버지의 손을 잡고 안으로 달려 들어가 문을 잠갔다. 아버지와 아들은 너무나 놀라서 서로의 얼굴을 쳐다보며 그저 어찌할 바를 몰라했다.

그때 둘째가 달려와서 문을 두들겼다. 문을 열자 둘째는 고꾸라지듯이 달려들어와서 숨을 몰아쉬며 말했다.

"집집마다, 가난뱅이 집까지도 군인이 꽉 차 있어요. 절대 그들에게 거역해서는 안 됩니다. 저는 그 말을 하러 돌아왔어요. 오늘 우리 상점 점원으로 저도 잘 아는 사람이―매일 나란히 책상을 맞대고 있던 사람입니다―그 사람이 소식을 듣고 집에 돌아가 보니 아내가 병으로 누워 있는 방에까지 군인이 들어 있기에 몇 마디 했더니, 그놈들은 마치 산적꽂이를 꿰듯 그 사람을 칼로 찔러 버렸답니다. 쿡 찔러서 등까지 맞뚫렸다는군요. 놈들이 달라는 것을 뭐든지 주는 것이 좋아요. 될 수 있는 대로 빨리 전쟁이 다른 곳으로 옮겨지기를 빌 수밖엔 없어요."

세 사람은 침울하게 얼굴을 마주 보며 집안의 여자들과 억세고 굶주린 병사들을 생각했다. 장남은 아름답고 우아한 아내 생각을 하면서 말했다.

"여자들을 모아서 가장 깊은 방에 숨기고 밤낮으로 감시하며, 문엔 빗장을 걸고 언제라도 뒷문으로 도망칠 수 있게 해 두어야겠어."

그들은 그렇게 했다. 이제까지 렌화가 두쥐안과 하녀만 데리고 살고 있던 안채에 하녀와 아이들을 모두 몰아넣고 불편이나 혼잡을 참게 했다. 장남과 왕룽은 밤낮으로 파수를 보고, 둘째도 올 수 있을 때는 와서 밤에도 낮에도 세심한 주의를 기울여 파수를 보았다.

그러나 왕룽의 사촌 동생은 친척이기 때문에 막을 수가 없었다. 예의상 들어오지 못하게 할 수가 없었던 것이다. 사촌 동생은 문을 두들겨 열게 하고는 아무데고 들어가서 번쩍거리는 칼을 빼 들고 온 집 안을 멋대로 휘젓고 돌아다녔다. 장남은 오만상을 찌푸리고 뒤를 따라다녔지만, 아무 말도 하지 못했다. 번쩍거리는 칼날 때문이었다. 사촌 동생은 여자들을 하나하나 둘러보고 품평을 했다.

그는 장남의 아내를 보자 쉰 목소리로 웃으며 말했다.

"새침하고 기품 있는 여자구나. 성내 여자라 연꽃 봉오리 같이 작은 발을 갖고 있군." 그리고 둘째의 아내에게 말했다. "이건 시골 태생의 다부진 홍당무로군. 쫄깃한 붉은 고기야."

그가 이렇게 말한 것은 둘째의 아내가 뚱뚱하고 붉은 얼굴에 뼈대가 굵으나, 그러면서도 못생기지는 않았기 때문이었다. 장남의 아내는 그가 바라보자 뒤로 빼며 소매로 얼굴을 가렸지만, 둘째의 아내는 쾌활하고 다부진 여자답게 큰 소리로 웃으며 활기차게 대꾸했다.

"그래도 뜨거운 홍당무나 붉은 고기를 좋아하는 사람도 있는걸요."

시아버지의 사촌 동생은 냉큼 그 말을 받았다.

"나도 좋아해." 그러고는 그녀의 손을 잡는 시늉을 했다.

장남은 본디 말을 건네서도 안 되는 남녀 간의 이 도리에 어긋난 수작을 보는 것이 창피해서 못 견딜 지경이었다. 자기보다 훨씬 좋은 환경에서 곱게 자라 온 아내 앞에서 오촌 당숙과 제수의 추태를 보기가 부끄러워 아내의 얼굴을 힐끔 보았다. 사촌 동생은 그런 눈치를 알자 심술궂게 말했다.

"그렇지. 나는 저런 차고 맛도 없는 생선보다는 언제나 붉은 고기가 먹고 싶어."

이 말을 들은 장남의 아내는 새침하게 일어나 구석방으로 들어가 버렸다. 사촌 동생은 천박하게 웃어 대며 이번에는 담배를 피우고 있는 렌화에게 말을 걸었다.

"성내에서 자란 여자는 너무 까다로운 것 같아요. 그렇잖습니까, 큰마나님." 그는 물끄러미 바라보며 말을 이었다. "진짜로 큰마나님이시군. 이렇게 고깃덩어리가 된 부인을 보니 왕룽이 부자가 됐다는 것을 알 수가 있군. 얼마나 진탕 먹었을까. 부잣집 마나님이 아니고서는 그렇게 당당한 풍채가 될 수 없으니 말이오."

렌화는 큰마나님이라고 불린 것이 무척 기뻤다. 그것은 대갓집 귀부인에게만 쓰이는 칭호이기 때문이다. 그녀는 살찐 목구멍을 울리면서 굵은 목소리로 웃었다. 재를 뿜어낸 담뱃대를 종에게 건네 새로 담게 하고는 두쥐안에게 말했다.

"이 버릇없는 남자도 농담은 잘하는군."

그렇게 말하면서 사촌 동생에게 교태를 보이며 곁눈질을 해 보았자 이제는 크던 눈이 볼살에 묻혀 작아졌기 때문에 전과 같은 매력은 없었다. 사촌 동생은 그 추파를 보자 큰 소리로 웃으며 말했다.

"늙은 주제에 여전하군!" 그리고 또 큰 소리로 웃었다.

그동안 쭉 장남은 싱난 얼굴로 입을 디물고 있었다.

모두를 보고 나서 사촌 동생은 어머니를 보러 갔다. 왕룽이 안내를 했다. 숙모는 아들이 들어와도 눈을 뜨지 않을 정도로 침대 위에서 잘 자고 있었다. 아들은 침대 머리맡의 방바닥을 개머리판으로 탕 하고 때렸다. 숙모는 눈을 뜨고 꿈결처럼 아들을 바라보았다. 아들은 답답한 듯이 말했다.

"아들이 돌아왔는데 언제까지 자는 거요?"

숙모는 침대 위에 일어나 앉아, 다시 한 번 아들을 보고는 이상한 듯이 말했다.

"아들이라니? 정말 내 아들이 맞구나."

오래도록 그를 보고 있더니, 나중에는 달리 어찌할 바를 모르는 듯이 아편대를 그에게 내밀었다. 아편을 권하는 것 말고는 좋은 생각이 떠오르지 않는 듯했다. 숙모는 몸종에게 말했다.

"좀 담아 드려라."

아들은 어머니의 얼굴을 쳐다보았다.

"아니, 저는 안 피우겠어요."

왕룽은 침대 옆에 서 있었는데, 사촌 동생이 자기에게 "어머니가 이렇게 누렇게 떠서 뼈와 가죽만 남다니 대체 무슨 짓을 했소?" 대들지나 않을까 갑자기 걱정이 되었다. 그래서 왕룽은 얼른 말했다.

"좀 더 적은 분량으로 만족해 주시면 좋겠는데. 아편 때문에 날마다 은전이 한 움큼씩이나 들지. 그러나 이 연세시니 거역할 수도 없고, 자꾸 더 달라고만 하시니." 그는 한숨을 쉬고 슬며시 그의 눈치를 살폈다. 그러나 사촌 동생은 아무 말 없이 그저 모친의 모습을 보고 있었다. 그리고 모친이 다시금 잠들어 버리자 일어나서 총을 지팡이처럼 흔들며 발소리도 요란하게 나가 버렸다.

왕룽과 그의 가족은 뜰에 우글우글한 남자들보다 이 사촌 동생을 가장 미워했다. 병사들은 나무들이며 자두며 복숭아 꽃이 피어 있는 나무를 부러뜨리고, 큰 구둣발로 섬세한 조각이 있는 의자를 밟아 뭉개고, 잉어며 금붕어가 노는 연못을 오물로 더럽히는 바람에 고기가 죽어 물 위에 흰 배를 드러내고 떠올라 썩어 버렸다.

사촌 동생은 멋대로 안채를 들락날락하면서 계집종에게 눈독을 들였다. 왕룽과 아들들은 거의 잠을 잘 수가 없어 여위고 움푹 꺼진 눈으로 서로의 얼굴을 바라볼 뿐이었다. 그러자 이 꼴을 보고 있던 두쥐안이 말했다.

"방법은 하나예요. 여기 있는 동안 그 사람을 위로하기 위해서 계집종을 붙여 주는 거예요. 그렇게라도 하지 않으면 손을 내밀어서는 안 될 곳까지 손을 내밀 거예요."

이제 더는 귀찮은 일을 감당해 낼 수 없을 것 같은 왕룽은 얼른 두쥐안의 의견에 찬성했다.

"그게 좋겠군."

그는 두쥐안을 사촌 동생에게로 보내서 그가 본 계집종 가운데 누가 가장 마음에 들었는가를 물어 보게 했다.

두쥐안이 돌아와서 대답했다.

"마님의 잔시중을 드는 작고 얼굴빛이 흰 계집애가 마음에 든다는군요."

이 얼굴이 흰 계집종은 리화(梨華)라고 하는, 흉년이던 해에 작고 가련한 모습으로 거의 굶어 죽어 가는 것을 왕룽이 산 아이였다. 약하디약한 아이여서 모두들 가엾다고 귀여워하여 두쥐안을 거들거나 렌화의 담뱃대에 담배를 담거나 차를 끓이거나 잔심부름만 시켜 왔다. 그 애에게 사촌 동생이 눈독을 들인 것이다.

모두가 안방에 모여 있는 앞에서 두쥐안은 이 말을 했다. 리화는 렌화에게 차를 따르다가 이 말을 듣고 왈칵 울음을 터뜨리며 주전자를 떨어뜨렸다. 주전자는 타일 바닥에 떨어져 산산조각이 나고 차가 여기저기로 흘렀지만 리화는 정신이 나가서 그것도 몰랐다. 다만 렌화 앞에 몸을 내던지고 머리를 마룻바닥에 조아리며 슬프게 외쳤다.

"마님, 저는, 저는 그분이 저를 죽일 것 같아 무섭습니다……."

렌화는 기분이 상해서 무뚝뚝하게 말했다.

"그 사람도 한갓 사내야. 계집 앞에서는 사내는 그저 사내일 뿐이니 어떤 사내도 마찬가지야. 왜 그렇게 떠드느냐?" 그리고 두쥐안에게 말했다. "이 애를 그 남자에게 데려다줘요."

리화는 슬픈 듯이 두 손을 모으고 두려움 때문에 죽을 듯이 울었다. 조그만 몸을 공포로 달달 떨었다. 그녀는 울면서 애원하듯이 모두의 얼굴을 차례로 보았다.

그러나 왕룽의 아들들은 아버지의 부인에게 거역할 수 없었고, 그들이 가만히 있으면 그들의 아내들도 아무 말을 못 할밖에 도리가 없었다. 셋째도 아무 말 못 하고 그저 그곳에 서서 팔짱을 끼고 검고 곧은 눈썹을 모아 그녀를 바라보고 있었다. 아이들과 종들도 아무 말 없이 가만히 바라보고 있었다. 그저 이 어린 계집애의 겁먹은 불안한 울음소리만이 울릴 뿐이었다.

그러나 왕룽은 가만히 있을 수가 없었다. 렌화에게 언짢은 소리 듣는 것이야 싫었지만, 그래도 그는 언제나 인자한 마음을 가지고 있었다. 지금도 마음이 움직여 어떻게 할까 망설이며 계집종을 보았다. 그녀는 왕룽의 얼굴에 그러한 기색이 나타난 것을 보자 달려와 두 손으로 그의 발에 매달려 발끝에 머리를 비벼대며 흐느꼈다. 그는 그녀의 조그만 어깨가 떨고 있는 것을 내려다보았다. 그리고 이미 젊다고는 할 수 없는 사촌 동생의 크고 거칠고 야만스러운 몸뚱이를 연상하자 갑자기 견딜 수 없이 불쾌해져서 부드러운 소리로 두쥐안에게 말했다.

"글쎄다, 이런 어린애를 억지로 주는 것은 좋지 못하지."

그는 꽤 온건하게 말했으나 렌화는 곧 날카롭게 소리쳤다.

"이 애는 시키는 대로 하는 게 옳아요. 여자라면 언제고 겪을 일을 가지고 이렇게 유난을 떨다니, 못난 짓이에요."

그러나 왕룽은 인정이 많았다. 그는 렌화에게 말했다.

"다른 방법을 생각해 보지. 만일 당신이 원한다면 다른 종을 사 줘도 좋고 뭐든지 원하는 것을 사 주겠어. 다른 방법을 생각해 보도록 하지."

전부터 괘종시계와 루비 반지가 갖고 싶었던 렌화는 갑자기 입을 다물어 버렸다. 왕룽은 두쥐안에게 말했다.

"그 녀석한테 가서 저 애는 나쁜 난치병을 갖고 있다, 그래도 좋다면 보내겠지만 우리나 마찬가지로 그것이 무서우면 다른 튼튼한 계집을 주겠다고 말해 보아라."

그리고 그는 둘레에 서 있는 계집종들을 둘러보았다. 종들은 부끄러운 듯 얼굴을 돌리고 쿡쿡 웃었다. 그중에서 스물이 넘어 보이는 튼튼하게 생긴 시골 계집애가 얼굴을 붉히고 웃으면서 말했다.

"저는 그것에 대해 이야기는 많이 들었어요. 저라도 좋으시다면 가 보고 싶어요. 그분도 그렇게 무서운 사람이라고는 생각되지 않아요."

왕룽은 가슴을 쓸어내리며 말했다.

"그럼 가 다오."

두쥐안이 말했다.

"내 뒤에 꼭 붙어 오너라. 어쨌건 그 사람은 가까이 오는 여자는 먼저 꺾고 보는 판이니까."

그리고 두 사람은 방을 나갔다.

리화는 울음을 그치고 일이 어떻게 되어가는지 귀를 기울이면서 여전히 왕룽의 발에 매달려 있었다. 렌화는 아직도 리화에게 화가 난 채라 일어나서 아무 말 없이 자기 방에 틀어박혀 버렸다. 왕룽은 조용히 소녀를 일으켜 세웠다. 그녀는 새파래진 얼굴을 떨구고 그의 앞에 섰다. 그는 그 조그맣고 보드라운 달걀형의 가냘픈 흰 얼굴과 작고 발그레한 입술을 보았다. 그는 인자하게 말했다.

"리화, 마님의 화가 풀릴 때까지 이삼 일 눈에 뜨이지 말아야 해. 그리고 그 녀석이 찾아오면 또 너를 욕심낼지 모르니까 숨어 있거라."

리화는 타는 듯한 눈으로 그를 쳐다보고 나서 그림자처럼 조용히 그곳을 물러났다.

사촌 동생은 한 달 반쯤 이곳에서 지내며 생각이 날 때마다 시골 여종과 지냈다. 그녀는 그의 아이를 배고 그것을 온 집안에 자랑하고 다녔다. 그러는 사이 느닷없이 전쟁이 시작되어 병사들은 겨가 바람에 흩날리듯 갑자기 떠나갔다. 뒤에 남은 것은 오물과 그들이 저지른 파괴의 흔적뿐이었다. 사촌 동생은 허리에 칼을 차고 총을 어깨에 메고 집안사람들 앞에 서서 빈정대듯이 말했다.

"나는 두 번 다시 오지 않을지 모르지만, 그 대신 어머니의 손자를 남기고 간다. 겨우 한 달 반 묵은 곳에다 아이를 남긴다는 것은 누구나가 할 수 있는 일은 아니야. 그것이 군인 생활의 고마운 점이지. 뿌린 씨가 뒤에서 싹이 트면 다른 사람들이 길러 줘야 하는 거야!"

그리고 모두를 비웃고는 동료들과 함께 가 버렸다.

32

병사들이 가 버린 뒤 왕룽과 장남과 둘째는 드물게도 의견이 일치했다. 그것은 병사들이 쑥밭을 만들어 놓은 것을 깨끗이 치워야 한다는 것이었다. 그래서 목수와 석공을 다시 한 번 부르기로 했다. 머슴에게는 뜰을 청소시키고, 목수에게는 파괴된 조각품이며 탁자를 잘 수리시키고, 연못은 오물을 건져 내고 깨끗한 물로 갈아 넣고 장남이 잉어와 금붕어를 사 와서 그곳에 넣었다. 그리고 다시 금 꽃이 피는 나무를 심고 남아 있는 상한 나뭇가지를 손질했다. 이렇게 1년이 되기도 전에 저택은 전과 같이 풍성해지고 꽃이 흐드러지게 되었다. 아들들이 저마다 자기 별채로 돌아가니, 모든 곳에 예전대로의 질서가 되돌아왔다.

사촌 동생의 아이를 밴 계집종은 여생이 얼마 남지 않은 숙모 곁으로 보내, 죽을 때까지 시중을 들게 하고 죽으면 관 속에 모시도록 분부했다. 이 계집종이 낳은 아이는 계집애였다. 왕룽은 그것을 기뻐했다. 만일 사내아이였다면 계집종은 뽐내며 가족의 한 사람으로서의 지위를 요구했을 것이기 때문이었다. 그러나 계집애면 이것은 종이 종을 낳은 것일 뿐, 그녀의 신분은 전과 다름이 없었다.

그래도 왕룽은 누구에게나 그랬던 것처럼 이 계집에게도 공평한 태도를 취했다. 그래서 숙모가 죽은 뒤 그녀가 원한다면 숙모의 방을 그녀의 것으로 해도 좋고, 침대도 역시 그렇게 하라고 약속했다. 이 저택에는 방이 60개나 있으니 방 하나에 침대 하나쯤은 문제도 되지 않았다. 왕룽은 그녀에게 돈도 조금 주었다. 계집종은 오직 한 가지만 빼놓으면 충분히 만족했다. 왕룽이 돈을 주었을 때 계집종은 그 한 가지를 말했다.

"그 돈은 저의 결혼 지참금으로 쓸 수 있도록 맡아 주십시오. 그리고 만일 귀

찾지 않으시다면 농군이나 마음씨 좋은 가난한 사람에게라도 시집을 보내 주세요. 부탁입니다. 사내를 알고 나니 혼자서는 허전해서 못 살겠습니다."

왕룽은 가볍게 승낙했다. 그것을 승낙하고 나서 이런 일이 머리에 떠올랐다. 나는 이 계집을 가난한 사람에게 시집보내 주겠다고 약속했다. 그러한 나도 전에는 가난한 사내로서 여편네를 얻으려고 이 집에 찾아왔던 것이다. 이 반생 동안 그는 오란을 생각한 적이 없었다. 그리고 지금 그녀 생각을 하자 비통하다기보다, 마음이 무겁고 아련한 애수를 느꼈다. 오늘의 그는 그녀와 너무나도 멀어져 버렸다. 그는 무겁게 가라앉은 목소리로 말했다.

"저 아편을 빨고 있는 노인네가 돌아가시면 남편을 구해 주지. 이젠 긴 목숨도 아니니까."

그리고 왕룽은 약속한 대로 실천했다. 어느 날 아침 계집종이 와서 말했다.

"이제 약속대로 부탁합니다, 주인어른. 할머니는 오늘 새벽에 돌아가셔서 관 속에 잘 모셨습니다."

왕룽은 자기 밭에서 일하는 사내 가운데 누가 없을까 생각해 보다가, 칭 서방을 죽게 한 원인을 만들어 엉엉 울던 뻐드렁니 젊은이를 생각해 냈다. 그는 말했다.

"그렇지, 그 사람이 좋겠군. 그때 일만 해도 녀석이 그러자고 한 것은 아니었으니까. 다른 녀석들과 마찬가지로 선량한 사람이지. 나는 지금 그 녀석밖엔 생각나지 않는구나."

그래서 왕룽은 그 젊은이를 불러왔다. 앞에 와 선 것을 보니 그는 이미 훌륭한 어른이 다 돼 있었지만 여전히 예의도 몰랐고 뻐드렁니도 그대로였다. 왕룽은 야릇한 기분으로 대청마루의 한 단 높은 자리에 앉아서 두 사람을 앞에 불렀다. 이 기묘한 순간을 충분히 맛보려고 천천히 말했다.

"여기 이 여자 말인데, 너만 좋다면 아내로 삼아도 좋다. 내 사촌 동생 말곤 아무도 이 여자를 모른다."

사내는 감사하며 그녀를 얻었다. 여자는 튼튼한 시골 태생에다 마음씨도 좋고, 더구나 그는 가난해서 이런 여자가 아니고서는 결혼도 할 수 없었다.

왕룽은 단상에서 내려왔다. 그의 인생이 이제야 완결된 것 같은 기분이었다.

그는 자기 인생에서 해 보겠다던 일은 모조리 했다. 꿈에도 생각지 못했던 일까지 해 버린 것이다. 그러한 일들을 어떻게 모두 이루었는지 자기로서도 알 수 없었다. 다만 이제야 진짜 평화스러운 날이 돌아와 한가로이 양지에서 졸 수 있게 되었다고 생각할 뿐이었다. 그는 슬슬 예순다섯에 가까웠고 손자들은 그의 둘레에서 죽순처럼 자라고 있었다. 장남의 아들은 셋인데 맨 위가 열 살이고, 둘째에게도 아들이 둘 있었다. 게다가 머지않아 셋째가 결혼할 날도 온다. 그 일만 치르면 마음에 걸릴 것은 이제 아무것도 없다. 그는 여생을 평화롭게 살 수 있으리라.

그러나 평화는 오지 않았다. 병사들이 밀려왔다 간 것이, 곳곳에 침을 남기고 가는 땅벌 무리의 습격과도 같았다. 장남의 아내와 둘째의 아내는 그때까지는 꽤 예의를 지키며 지내 오고 있었는데, 병사들 때문에 한방에 지내게 되면서부터 서로 지독히 미워하게 되었다. 원인은 늘 시시한 싸움이었다. 함께 어울려 놀던 그네들의 아이들이 개와 고양이처럼 티격태격할 때, 여자들 사이에 일어나는 싸움이다. 아이들의 어머니들은 그대로 뛰어나가 자기 아이 편을 들었다. 상대 아이의 따귀를 힘껏 갈겨 주고 자기 아이는 야단도 치지 않는 식이었다. 자기 아이는 어떤 싸움에서도 늘 옳은 것이다. 두 여자 사이의 반목은 이렇게 굳어져 갔다.

게다가 왕룽의 사촌 동생이 시골 태생의 아내를 추어올리고 성내 태생의 아내를 비웃은 것이 결코 너그러이 보아 넘기지 못할 사건이 되고 말았다. 장남의 아내는 손아래 동서 앞을 지나갈 때면 거만하게 몸을 젖혔다. 어느 날 동서가 지나가는 모습을 본 그녀는 큰 소리로 남편에게 말했다.

"뻔뻔스럽고 상스럽게 자란 여인이 식구 중에 있으니 견딜 수 없군요. 놈팡이한테 붉은 고기라는 말을 면전에서 듣고도 웃어넘기다니 말이에요."

그러자 둘째의 아내도 질세라 큰 소리로 되받아쳤다.

"형님은 사내한테 찬 생선 소리를 들었다고 나를 질투하는 것이군요."

이렇게 두 사람은 화를 내며 서로를 미워했다. 그러나 첫째는 자기의 품위를 자랑으로 삼느니만큼 그저 말없이 상대를 경멸하며 언제나 손아래 동서의 존재를 무시했다. 그래서 자기의 아이들이 방 밖으로 나가려 하면 큰 소리로 말했다.

"상스럽게 자란 애들과 놀면 안 돼!"

옆 마당에 동서가 서 있는 것이 보이기 때문에 들으라고 한 말이었다. 그러면 둘째 댁은 둘째 댁대로 자기 아이들에게 말하는 것이었다.

"뱀하고 놀아서는 안 된다. 물리니까."

두 여자가 차츰 더 서로 미워하고 그 사태가 한결 더 심각해진 것은 그 남편들이 서로 좋아하지 않는 것도 원인이었다. 장남은 성내 태생에다 자기보다 집안이 좋은 아내가 자기의 태생과 식구들을 깔보는 것을 늘 두려워했고, 둘째는 형이 허영심과 명예욕 때문에 두 사람이 물려받을 유산을 나누기 전에 모두 써 버릴까 봐 걱정했다. 더구나 장남에게 굴욕인 것은, 동생이 아버지에게 돈이 얼마 있으며 얼마 썼는가 하는 것을 환히 알고 있는 일이었다. 땅에서 들어오는 모든 돈은 둘째의 손을 거쳐서 왕룽의 손에 들어가고 나가기 때문에 둘째는 그 금액을 모두 알고 있는 것이다. 그러나 장남은 알 수 없었다. 장남은 아버지에게 가서 아이들처럼 이것저것을 졸라 대야 하는 것이다. 그래서 두 아내가 서로 미워하면 그 미움이 남편들에게로 옮겨져서 두 개의 안뜰은 저마다 노여움으로 가득 차 있었다. 왕룽은 집안에 평화가 없음을 탄식했다.

왕룽 자신도, 롄화의 몸종을 사촌 동생의 손아귀에서 구해 준 그날부터 롄화와의 사이에 남모르는 옥신각신이 있었다. 그날 이후로 리화는 롄화의 눈 밖에 아주 나 버린 것이다. 리화는 묵묵히 충실하게 롄화를 모시고 낮에는 종일 그녀 옆에 붙어서 담뱃대에 담배를 담기도 하고 이것저것 물건을 나르기도 하고, 밤에는 그녀가 잠이 오지 않는다고 불평을 하면 일어나서 다리와 허리를 주물러 주기도 했지만 롄화의 노기는 그것으로 풀리지 않았다.

롄화는 이 어린 계집애를 질투해서, 왕룽이 들어오면 리화를 나가게 하고 그가 리화에게 반했다고 그를 나무랐다. 그러나 왕룽은 그저 겁먹은 불쌍한 계집애 정도로밖에는 생각하지 않았고, 백치 딸을 가엾이 여기는 정도의 마음밖에는 없었다. 그런데 롄화가 지나치게 나무라는 바람에 그만 그런 기분이 되어서 찬찬히 보자 그녀가 그야말로 배꽃처럼 곱고 살결이 희다는 사실을 알게 되었다. 그것을 깨닫고 나니, 벌써 10년 이상이나 잠잠해 있던 늙은 피가 슬며시 움직이기 시작했다.

그래서 그는 렌화에게 웃음을 보내며 말했다. "뭣이라고? 내게 아직도 욕정이 있다는 말인가? 1년에 세 번도 당신 방에 올까 말까 한 난데." 그러면서도 그는 곁눈으로 리화를 보면서 마음이 설렜다.

렌화는 다른 건 몰라도 남녀 간의 일에는 정통했다. 그녀는 남자가 노경에 들어가서도 한 번은 아주 잠시 동안 청춘이 되살아난다는 걸 알고 있었다. 그래서 리화에게 화가 난 그녀는 소녀를 찻집에 팔아 버릴 생각도 했지만, 소녀가 시중을 잘 들어 주어서 쾌적하게 지낼 수 있기 때문에 아까운 마음도 있었다. 두쥐 안은 늙어서 몸이 둔해졌지만 소녀는 날렵하게 렌화의 신변을 돌봐 주었고, 자신이 미처 깨닫기도 전에 자기의 마음을 헤아려 주는 소녀를 렌화는 놓치기가 싫었다. 그러면서도 내보내야겠다는 생각이 자꾸만 들었다. 이전에 없던 괴로운 마음의 갈등 때문에 렌화는 갈수록 더 신경질적이 되어 옆에서 함께 지내기가 힘들어졌다. 왕룽은 그녀의 신경질이 두려워서 오랫동안 그녀 방에 발길을 돌리지 않았다. 그는 그러다 진정되겠지 기다리기로 했으나, 그러는 동안 스스로도 믿을 수 없을 만큼 차츰 더 그 아름다운 소녀를 생각하게 되었다.

그때 모조리 마음이 뒤틀린 집안 여자들의 소란만으로는 아직 모자란다는 듯이, 왕룽의 셋째 문제까지 겹쳐 왔다. 이 아들은 무척 조용하고 말이 없는 젊은이로 독서에만 몰두해서, 그에 대해서는 누구나 언제나 책을 겨드랑이에 끼고 있는 갈대처럼 후리후리한 청년이라는 것과 언제나 뒤에 늙은 교사를 거느리고 있다는 것밖에 생각하지 않았다.

그러나 이 젊은이는 병사들이 저택에 묵고 있었을 때 그들 사이에서 지내며 그들의 전쟁에서의 약탈과 교전 이야기를 넋을 잃고 들었다. 그리고 그는 가정 교사를 졸라 《삼국지》며 《수호지》를 얻어서 읽었다. 그의 머리는 꿈으로 가득 차 있었다.

그래서 그는 아버지 앞에 나가서 말했다.

"저는 뜻을 정했습니다. 군인이 돼서 전쟁에 나가겠어요."

왕룽은 이 말을 듣자 깜짝 놀랐다. 그리고 어쩔 줄을 몰라 하며 여태까지 그를 괴롭힌 사건 중에서도 최악의 것이라고 생각했다. 왕룽은 큰 소리로 말했다.

"꼭 미친 놈의 짓거리구나. 내가 언제까지 자식들 때문에 속을 썩여야겠느냐!" 그는 아들에게 화를 냈으나 아들의 검은 눈썹이 모여서 한일자가 된 것을 보고 될 수 있는 대로 상냥하게 말하려고 애썼다. "애야, 옛날부터 '좋은 무쇠는 못을 만들지 않고 좋은 사람은 군인이 되지 않는다'는 격언이 있지 않으냐. 너는 나의 가장 소중하고 귀여운 막내둥이다. 네가 전쟁으로 이리저리 돌아다니고 있는데 어찌 내가 밤잠을 편히 잘 수 있겠니?"

그러나 셋째의 결의는 단호하여 아버지를 보면서 검은 눈썹을 모으고 이렇게 말할 뿐이었다.

"그래도 저는 가겠어요."

왕룽은 달래듯이 말을 이었다.

"좋아하는 학교에 보내 주마. 남쪽 대학이라도 보내 주겠다. 외국의 학교에라도 보내 줄테니 새로운 것을 배우는 것은 어떠냐. 군인만 되지 않는다면 어디든 가고 싶다는 곳으로 너를 보내 주마. 나처럼 돈도 땅도 있는 사람이 자식을 군인으로 보낸다면 지독한 수치니 말이다." 셋째가 그래도 입을 다물고 있자 그는 또 다시 달래듯이 말했다. "왜 군인이 되고 싶은지 아버지에게 말을 한번 해 보거라!"

그러자 셋째는 눈썹 밑에서 눈을 빛내며 느닷없이 말했다.

"이제까지 들어 보지도 못한 전쟁이 일어납니다. 지금까지 없었던 혁명과 전투와 전란이 일어납니다. 그리고 우리들의 땅이 자유로워집니다."

왕룽은 오늘까지 세 아들에게 어떤 이야기를 들었을 때보다 크게 놀라며 셋째의 말에 귀를 기울였다.

"무슨 말인지 나는 전혀 모르겠다." 왕룽은 이상하게 여기며 말했다. "우리들의 땅은 이미 자유롭지 않으냐. 모든 땅이 자유다. 나는 누구에게나 원하면 땅을 빌려주고, 그 덕에 나에게는 돈과 곡식이 들어온다. 네가 먹고 있는 것도 입고 있는 것도 그 덕택이란 말이다. 너는 이미 자유를 갖고 있어. 그런데도 더 필요하다는 거냐? 나는 모르겠구나."

그러나 셋째는 무뚝뚝한 말투로 중얼거릴 뿐이었다.

"아버지는 모르십니다. 아버지는 너무 연로하십니다. 아버지는 아무것도 모르십니다."

왕룽은 골똘히 생각하며 아들을 보았다. 고민하는 듯한 얼굴을 보고 속으로 생각했다.

'나는 이 애에게 무엇이든 주었다. 생명까지도 준 것이다. 이 애는 나로부터 모든 것을 얻었다. 농사일을 돌볼 지식이 없는데도 땅에서 떠나는 것까지 허용해 주었다. 식구들 중에 글을 아는 놈이 둘이나 있어서 그 이상은 필요가 없었는데도 글을 가르쳤다.' 그리고 그는 생각에 잠기며 다시 셋째를 바라보면서 마음속으로 중얼거렸다. '이 애는 모든 것을 나로부터 얻었다.'

그는 아들을 유심히 보았다. 아직 어리고 몸은 가냘프지만 키는 벌써 다 자라 있었다. 그래도 욕정 같은 것이 아직 전혀 눈에 띄지 않기 때문에 그는 망설이며 중얼거리듯 말했다.

"그렇지, 한 가지 부족한 것이 있겠지." 그는 이번에는 정확한 목소리로 조용히 말했다. "너도 곧 장가를 보내 주마."

그러나 셋째는 찡그린 눈썹 밑으로 불같은 눈초리를 아버지에게 던지며 경멸하는 투로 말했다.

"그러시면 저는 정말로 집을 나갈 겁니다. 저는 큰형님처럼 여자로 모든 일이 해결되진 않습니다."

왕룽은 곧바로 자기가 셋째를 잘못 본 것을 깨닫고 서둘러 변명했다.

"아니, 결혼시키려는 것은 아니다. 내 말은 그저 네가 좋아하는 계집종이 있으면……"

소년은 팔짱을 끼고 당당하게 말했다.

"저는 여느 청년과는 다릅니다. 저에게는 꿈이 있습니다. 저는 명예를 바랍니다. 여자 같은 것은 어디에든 있습니다."

그때 그는 잊었던 것이 생각난 것처럼 문득 도도하던 태도를 버리고 팔을 축 내리며 여느 때 목소리로 말했다.

"게다가 집에 있는 건 못생긴 계집종들뿐이에요. 만일 제가 갖고 싶다 해도, 그렇진 않습니다만…… 글쎄요, 안방에 있는 분에게 붙어 있는 그 조그맣고 얼굴이 흰 계집 정도라면……"

왕룽은 그가 리화를 두고 하는 말인 것을 알자 이상한 질투심을 느꼈다. 그는 느닷없이 자기가 나이보다 더 늙어 버린 것 같은 기분을 느꼈다. 허리 둘레에 살이 붙은 백발의 노인이 된 것 같았다. 그리고 호리호리하고 젊은 셋째를 보았다. 이 순간 그들은 부자간이 아니었다. 노인과 청년의 두 사나이였다. 왕룽은 화난 듯이 말했다.

"종을 건드리면 안 돼! 내 집에서는 썩어 빠진 대갓집 도련님 같은 짓은 용서치 않는다. 우리는 선량하고 건강한 시골사람이다. 품행이 올바른 사람이야. 이 집에서는 그런 것을 용서치 않아!"

셋째는 눈을 크게 뜨며 검은 눈썹을 치뜨고 어깨를 움츠리며 말했다.

"처음에 그렇게 말씀하신 건 아버지예요." 그리고 그는 몸을 돌려 가 버렸다.

왕룽은 탁자 앞에 홀로 앉아 외로움과 피곤함을 느끼며 마음속으로 중얼거렸다.

'이 집안엔 잠시도 평화가 없다.'

그의 마음속에는 온갖 노여움이 소용돌이쳤다. 왠지 알 수 없었지만 그 노여움들 중에서 가장 뚜렷하게 느껴지는 것은, 셋째가 그 작고 살결이 흰 계집종에게 눈길을 주고 그녀를 아름답다고 인정한 사실이었다.

33

셋째가 리화에 대해서 한 말을 왕룽은 도무지 떨칠 수가 없었다. 리화가 드나들 때는 언제나 그녀를 지켜보고 있다가 저도 모르는 사이에 그녀의 생각으로 마음이 가득 차 멍해 있었다. 그러나 그 일을 누구에게도 말하지 않았다.

그해 초여름의 어느 날 밤, 향기로운 냄새를 품은 따뜻한 안개가 포근히 내리 덮일 무렵, 그는 뜰의 꽃을 피운 계수나무 아래서 쉬고 있었다. 달콤하고 강한 계수나무 꽃향기가 코를 찌르는 곳에 앉아 있노라니 젊은이처럼 온몸에 피가 들끓는 것 같았다. 그날은 대낮부터 그런 느낌이었다. 밭에 나가 신발도 버선도 벗고 맨발로 흙을 밟아 보고 싶다는 생각이 들었다.

그러나 그런 생각이야 들었어도 그는 이제 성내에 사는 몸으로 이미 평범한 농부가 아니었다. 지주이고 또한 부자인 것이다. 그런 꼴을 남에게 보이는 것은 부끄러웠다. 그래서 종일 마음을 걷잡지 못하고 온 집 안을 쏘다니면서도, 롄화가 나무 그늘에서 담배를 피우고 있는 마당 쪽으로는 발도 디밀지 않았다. 롄화는 남자의 심리를 잘 꿰뚫어 보는지라 자칫 그가 안절부절못하는 원인을 알아차릴까 봐 두려웠던 것이다. 그래서 그는 홀로 서성댔다. 싸움만 하는 며느리들도 보고 싶지 않았고, 보통 때는 얼굴을 보는 것이 즐거운 손자들까지도 볼 생각이 없었다.

그래서 그 하루는 무척 길고 쓸쓸하게만 느껴졌다. 그의 피는 피부 밑에서 끓고 있었다. 키가 크고 늘씬하며 젊은이답게 고지식한 얼굴에 검은 눈썹을 모으고 서 있던 막내아들의 모습이 머리에서 사라지지 않았다. 그리고 또 그 소녀도 잊히지 않았다. 그는 마음속으로 생각했다.

'둘이 나이가 비슷하지. 셋째는 이제 열여덟이 될 테고, 계집애도 아직 열여덟이 못 됐을 게다.'

그는 자기가 머지않아 칠십이 되는 것을 생각하고 들끓는 피가 부끄러워져 생각했다.

'셋째에게 그 애를 주는 것이 옳지.' 그는 몇 번이고 그렇게 중얼거렸다. 그렇지 않아도 이미 쑤시는 몸이 중얼거릴 때마다 칼로 찌르는 듯이 아팠다. 그럼에도 그렇게 찔러 대지 않을 수 없었고 고통을 느끼지 않을 수도 없었다.

이렇게 이 하루는 그에게 몹시 길고도 쓸쓸했다.

밤이 되어도 그는 그대로 혼자서 뜰에 앉아 있었다. 친구처럼 허물없이 이야기를 나눌 수 있는 상대가 이 집에는 없었다. 밤공기는 계수나무 꽃향기로 축축하고 부드럽고 따뜻했다.

나무 밑 어둠 속에 앉아 있으려니 그의 뜰 문께를 누가 지나쳤다. 재빨리 그쪽을 보니 리화였다.

"리화!" 그는 불렀다. 그 소리는 속삭이듯이 낮았다.

그녀는 우뚝 서서 고개를 갸웃하고 귀를 기울였다.

그는 다시 한 번 불렀지만 생각처럼 목소리가 나오지 않았다.

"이리 오너라!"

그 말을 듣자 그녀는 문을 지나 조심조심 다가왔다. 어두워서 그에게는 그녀의 모습이 거의 보이지 않았다. 그러나 그곳에 그녀가 있는 것을 느끼자 손을 내밀어 그녀의 옷자락을 잡고 숨이 막히는 듯 말했다.

"귀여운 것!"

그의 말은 여기서 뚝 끊어졌다. 자기는 늙은이이고 계집애와 비슷한 나이의 손자가 있는데 이런 짓을 하는 것은 부끄럽다고 여겼다. 그는 그녀의 자그마한 윗도리를 만지작거렸다.

왕룽의 말을 기다리던 리화는 그의 뜨거운 피를 느끼자 시든 꽃이 줄기에서 떨어지듯이 땅바닥에 주저앉으며 왕룽의 발을 안고 웅크려 앉았다.

"얘야…… 나는 늙은이다. 나이를 너무 많이 먹었어……."

그녀는 입을 열었다. 그 목소리는 마치 계수나무 꽃의 숨소리인 듯 어둠 속에서 들려왔다.

"저는 노인이 좋아요. 노인이 좋아요…… 노인은 모두 친절해요……."

그는 그녀 쪽으로 조금 몸을 굽히고 부드럽게 말했다.

"너같이 젊은 애는 키가 훤칠한 젊은 사내에게 가야지, 너처럼 젊은 애는 말이다." 그리고 마음속으로만 덧붙였다. '우리 셋째 같은 놈에게 가야지.' 그러나 입 밖에 내서 말하지는 않았다. 그래서는 리화를 부추기는 꼴이 될까 두려워서였다. 그것만은 견딜 수 없었다.

그러나 그녀는 말했다.

"젊은 사람은 친절하지 않아요…… 거칠기만 해요."

앳되고 떨리는 목소리가 발밑에서 들려오자 이 소녀에 대한 커다란 사랑의 물결이 그의 가슴속에 차올랐다. 그는 다정하게 그녀를 안아 일으켜 방으로 데리고 갔다.

그의 이 노경의 사랑은 전의 어떠한 정열보다도 그를 놀라게 했다. 그는 리화를 깊이 사랑하기는 했지만 이제까지 알아 온 여자들을 대하던 때처럼 정신없이 빠져들지는 않았다.

그는 리화를 가만히 안고 자기의 늙어서 둔한 살갗에 그녀의 가볍디가벼운 청춘을 대는 것만으로 만족했다. 낮에는 그녀를 보고 있는 것만으로 만족했고 그 옷에 손을 대는 것만으로 만족했다. 그리고 밤에는 그녀의 몸이 옆에 조용히 누워 있는 것만으로 만족했다. 이렇게 깊이 사랑하면서 그저 그것만으로 쉽사리 만족할 수 있는 노경의 사랑이 그는 너무나도 신기했다.

리화는 정열이 없는 여자였다. 그녀는 아버지처럼 그를 의지했다. 사실 그에게 그녀는 여자라기보다 차라리 아이였다.

왕룽의 이 일은 곧 알려지지는 않았다. 그가 아무 말도 하지 않았기 때문이다. 이 집의 주인인 그는 누구에게 양해를 구해야 할 필요는 없었다.

그러나 가장 먼저 이것을 알아챈 것은 두쥐안의 눈이었다. 두쥐안은 새벽에 리화가 왕룽의 방에서 살며시 나오는 것을 보고는 그녀를 붙잡고 웃었다. 늙은 매 같은 두쥐안의 눈이 빛났다.

"어쩌면!" 그녀는 말했다. "영락없이 황 영감 때의 판박이로군!"

방 안에서 이 말을 들은 왕룽은 곧 옷을 걸치고 밖으로 나가서 겸연쩍은 듯, 또 한편으로는 자랑스러운 듯한 얼굴로 중얼거리듯 말했다.

"나는 젊은이가 좋을 거라고 했는데 리화는 노인이 좋다는군."

"마님에게 여쭈면 참 기뻐하시겠네요." 두쥐안은 심술궂게 눈을 빛냈다.

"어쩌다 이렇게 됐는지 나도 잘 모르겠는걸." 왕룽은 천천히 말했다. "이 이상 여자를 늘릴 생각은 없었는데 저절로 그렇게 되고 말았어."

"그러신가요? 그래도 마님께는 말씀드려야죠." 두쥐안이 이렇게 말하자 롄화의 노여움을 사는 것이 무엇보다도 무서운 왕룽은 두쥐안에게 말했다.

"말하고 싶으면 해도 좋아. 그러나 롄화가 얼굴을 맞대고 나한테 덤비지 않게만 잘 말해 주면 은전을 한몫 두둑이 챙겨 주지."

두쥐안은 여전히 웃으며 고개를 저었으나 그렇게 하기로 약속했다. 왕룽은 자기 방에 들어가서 나오지 않았다. 얼마 뒤 두쥐안이 돌아와서 말했다.

"그 이야기를 했더니 마님은 굉장히 화내셨어요. 그러나 제가 오래전부터 마님이 갖고 싶어하시던, 나리께서 사 준다고 약속하신 외제 시계 이야기를 꺼냈더니 그 시계하고 또 두 손에 하나씩 끼게 루비 반지 두 개하고 그 밖에도 생각나는 대로 두서너 가지를 말씀하시면서 그것을 사 달라고 하셨어요. 그리고 리화를 대신할 몸종이 필요하시답니다. 리화의 얼굴은 다시는 보고 싶지 않고, 그리고 영감님 얼굴을 보는 것도 싫으니까 얼마 동안은 오시지 말라고 말씀하셨어요."

왕룽은 굳게 약속하며 말했다.

"갖고 싶은 것은 뭐든 사 주지. 무엇을 사 달래도 불평하지 않겠네."

그는 렌화가 갖고 싶어하는 것을 뭐든지 사 주는 대신 그녀의 노여움이 가실 때까지 그녀와 만날 필요가 없어진 것이 다행이라고 생각했다.

그러나 세 아들에게 말할 일이 아직 남아 있었다. 그는 자기가 저지른 일을 그들에게 알리는 것이 이상하게 부끄러워서 몇 번이고 자기에게 일렀다.

'나는 이 집의 주인이 아닌가. 내가 내 돈을 주고 사 온 계집종에게 손을 대지 말라는 법이 있는가!'

그러나 아무래도 부끄러웠다. 그러면서도 그저 노인 취급이나 하는 주위 사람들에게 자기는 아직 건재하다는 것을 보인다고 생각하니 조금 우쭐한 마음도 들었다. 그는 아들들이 오기를 방에서 기다렸다.

그들은 한 사람씩 따로따로 왔다. 처음에 온 것은 둘째였다. 둘째는 논밭에 대한 이야기, 추수 이야기, 올여름은 가뭄이 들어 수확이 3분의 1 정도밖에 되지 않을 것이라는 이야기들을 했다. 그러나 왕룽은 요즘엔 비며 가뭄 같은 것을 전혀 생각하고 있지 않았다. 전부터 저축해 둔 돈이 있었고, 집 안에도 은화가 잔뜩 있었다. 곡물 상점에도 빌려준 돈이 꽤 있었고, 둘째가 고리로 빌려주고 있는 돈도 상당해서 날씨 같은 것은 걱정할 필요도 없었다.

둘째는 그런 이야기를 계속했다. 그러면서 슬며시 방안을 이리저리 둘러보았다. 그가 들은 이야기가 사실인지 아닌지 알려고 여자의 모습을 찾고 있는 거라고 생각한 왕룽은 침실에 숨어 있는 리화를 불러내 큰 소리로 말했다.

"차를 가져오너라. 내 아들에게도 말이다."

침실에서 나온 그녀는 가련한 흰 얼굴을 복숭아처럼 붉히고는 고개를 숙이고 작은 발로 조용히 걸어다녔다. 둘째는 이미 들은 바는 있지만 믿기지 않는다는 듯이 그녀의 모습을 보았다.

그러나 둘째는 논밭이 어떻다느니, 어느 소작인은 아편을 피우고 있기 때문에 농사일이 시원찮다느니, 어느 소작인은 연말에 갈아치워야 한다느니, 그런 이야기만 했다. 왕룽이 손자들은 어떻게 지내느냐고 묻자, 둘째가 백일해에 걸렸으나 이제 날씨가 따뜻해졌으니 걱정 없다고 대답했다.

부자는 차를 마시며 이런 이야기를 주고받았을 뿐이었다. 둘째는 자기 눈으로 만족할 때까지 지켜본 뒤에 돌아갔고, 왕룽도 둘째에게는 안심했다.

같은 날 오후에 장남이 왔다. 그는 키가 크고 잘생기고 성숙한 나이라 아주 당당했다. 왕룽은 그 당당한 태도에 눌려 처음에는 리화를 부르지 않고 담배를 피우며 알맞은 때를 기다리고 있었다. 장남은 점잔을 피우며 위엄 있게 앉아서 예의 바르게 아버지의 건강이며 그런 것들을 물었다. 왕룽은 별일 없다고 곧바로 평온한 어조로 대답했다. 그대로 장남을 보고 있는 동안에 불안한 마음이 차츰 사라져 갔다.

장남의 사람됨이 어떻다는 것을 꿰뚫어 보았기 때문이다. 허우대는 크지만 성내 출신의 아내를 무서워하고, 있는 집 태생으로 보이지 않는 것이 무엇보다 걱정거리인 사내인 것이다. 왕룽은 자기도 모르는 사이에 대지에서 태어난 꿋꿋한 힘이 마음속에 차 왔다. 그는 장남이 그렇게 두렵지 않게 느껴졌다. 그 품위 있는 얼굴에도 전혀 무관심해져서 불쑥 가벼운 마음으로 리화를 불렀다.

"자, 아들이 또 한 명 왔으니 차를 끓여 오너라."

이번에 그녀는 아주 냉담하게 시치미를 떼고 나왔다. 조그만 달걀형의 얼굴은 그녀의 이름인 배꽃처럼 희었다. 그녀는 눈을 내리뜨고 들어와, 조용히 시키는 일만 하고는 다시 침실로 사라졌다.

그녀가 차를 따르는 동안 두 사람은 말없이 있었다. 그녀가 나가고 찻잔을 들었을 때 왕룽은 장남의 눈을 똑바로 보았다. 아들의 눈에는 분명히 감탄하는 빛이 나타나 있었다. 그것은 한 사내가 마음속으로 다른 사내를 부러워하는 눈빛이었다. 차를 마시고 나서 장남은 가래가 끓듯 잠긴 목소리로 말했다.

"설마 사실이라고는 생각하지 않았어요."

"왜?" 왕룽은 태연하게 대답했다. "여기는 내 집이야."

아들은 한숨을 쉬고 잠시 말이 없다가 또 말했다.

"아버지는 부자시니까 하고 싶은 대로 할 수 있지요." 그리고 또다시 한숨을 쉬었다. "어떤 남자도 한 여자로는 만족하지 못하겠지요. 그래서 언젠가 때가 오면……"

그는 말하려다 입을 다물었다. 그러나 부러움을 감출 수 없는 눈길이었다. 왕룽은 그것을 보고 마음속으로 웃었다. 타고난 호색한 장남이 언제까지나 성내 출신의 정숙한 아내에게 묶여 지낼 수는 없을 터이고, 언젠가 반드시 사내의 본성이 고개를 쳐들 것임을 왕룽은 꿰뚫어 보았기 때문이다.

장남은 그 이상 말하지 않고 무슨 볼일이 생각난 것처럼 물러갔다. 왕룽은 앉은 채 담배를 피우며, 이런 늙은이가 되어서도 마음먹은 대로 할 수 있다고 생각하니 자랑스러운 기분이었다.

셋째가 온 것은 밤이 되어서였다. 그도 혼자서 왔다. 왕룽은 가운뎃방에서 붉은 촛불을 탁상 위에 켜 놓고 앉아서 담배를 피우고 있었다. 리화는 두 손을 무릎에 모으고 맞은편에 조용하게 앉아서 가끔씩 아이처럼 교태 하나 없이 똑바로 왕룽을 바라보았다. 왕룽도 그녀를 바라보고 있었다. 자기가 한 일이 그는 썩 마음에 들었다.

그때 느닷없이 어두운 뜰에서 셋째가 뛰어들어 와 그의 앞에 섰다. 두 사람은 그가 들어오는 모습을 보지 못했다. 셋째는 깊이 생각할 겨를도 없이 뛰어든 모양이었다. 그는 마치 먹이를 노리는 짐승처럼 아버지 앞에 섰다. 왕룽은 일순 저도 모르게 전에 마을 사람들이 산속에서 잡아온 표범 생각이 났다. 그 표범은 묶여 있었지만 당장에라도 덤벼들 것같이 몸을 도사리고 눈을 불꽃처럼 이글거리고 있었다. 지금 눈앞에 있는 이 젊은이도 이글거리는 눈빛으로 가만히 아버지를 노려보았다. 그는 젊은이답지 않게 굵고 짙은 눈썹을 험상궂게 모았다. 잠시 그렇게 서 있다가 이윽고 그는 입을 열어 억누르는 듯한 목소리로 말했다.

"이번에야말로 저는 군인이 되겠습니다. 군인이 되겠어요!"

그는 아버지에게만 눈을 주고 리화 쪽은 보려고도 하지 않았다. 왕룽은 첫째나 둘째는 조금도 두려워하지 않았지만, 태어나서 여태까지 거의 안중에도 없었던 이 셋째에게 지금 느닷없는 공포를 느꼈다.

왕룽은 더듬거리며 무언가 말을 하려 했으나 담뱃대를 입에서 떼어도 목소리가 나오지 않았다. 그는 그저 가만히 셋째를 바라보고 있었다. 셋째는 몇 번이고 되풀이해서 말했다.

"이번에야말로 군인이 되겠습니다. 반드시 군인이 되겠어요."

갑자기 셋째는 리화를 돌아다보았다. 그와 눈길이 마주친 그녀는 몸을 움츠리며 셋째를 보지 않으려고 두 손으로 얼굴을 가렸다. 셋째는 리화에게서 눈을 떼자 그대로 방에서 나가 버렸다. 왕룽은 어두운 여름밤을 향해서 열어 놔 둔 문 저쪽의 네모지게 보이는 어둠 속을 보았다. 그러나 아들의 모습은 보이지 않고 주위는 온통 조용했다.

겨우 왕룽은 리화 쪽을 돌아보며 조심조심 부드럽게 말했다. 깊은 슬픔에 잠겨 자랑스러운 마음은 사라져 있었다.

"리화, 나는 너에게는 너무 늙었어. 나 스스로도 잘 알고 있단다. 나는 너무나 늙었어."

소녀는 얼굴에서 손을 떼고 여태껏 들어 본 일이 없는 정열을 담고서 외쳤다.

"젊은 사람은 무자비해요…… 저는 노인이 좋아요!"

이튿날 아침 셋째는 모습을 감추었다. 아무도 그가 간 곳을 몰랐다.

34

가을이 깊어 겨울이 되기 전에 여름이 아닌가 싶게 따뜻한 날이 잠깐 있다. 리화에 대한 왕룽의 사랑도 그런 것이었다. 짧은 동안의 불꽃은 가라앉고 정열은 사라졌다. 그는 리화가 좋기는 했지만 격렬한 정열은 이미 없었다.

정열이 사라지자 그는 갑자기 늙은이의 추위를 느꼈고, 그는 완전한 노인이 되었다. 그래도 그는 리화가 좋았고, 옆에 붙어 있으면서 어린 나이답지 않은 참을성으로 충실히 자신을 돌봐 주는 것이 기뻤다. 그도 언제나 더할 수 없이 부드럽게 그녀를 대해 주었다. 그녀에 대한 그의 애정은 갈수록 더 아버지가 딸에게 품는 애정으로 변해 갔다.

그녀는 왕룽을 위해서 불쌍한 백치 딸에게도 친절히 했다. 이것은 그를 무척 기쁘게 했다. 어느 날 그는 오랫동안 자기의 마음속에만 간직했던 비밀을 리화에게 말했다. 몇 번이고 왕룽은 백치 딸의 앞날을 고민했었다. 그가 죽은 뒤에는 이 백치 딸이 굶어 죽거나 말거나 아무도 신경 쓰지 않을 것이다. 그래서 그는 약방에서 흰 독약을 한 봉지 사 가지고 와서 자기가 죽을 때가 다가오면 백치 딸에게 먹이려고 생각했었다. 그러나 그것은 그가 죽는 일보다 더 무서웠다. 그랬던 만큼 요즘 리화가 딸을 충실히 보살펴 주는 모습을 보니 그는 더없이 기뻤다.

어느 날 그는 리화를 불러 말했다.

"내가 죽은 뒤 저 가엾은 아이를 부탁할 수 있는 건 너뿐이다. 그 애는 마음속에 죽을 만한 괴로움도 없고 아무 걱정도 없다. 그러니 내가 죽고 없어도 오랫동안 살아 있을 게다. 하나 내가 없어지면 먹여 줄 사람도 없고, 비가 오는 날이나 추운 겨울에는 집 안에 들이고 따뜻한 날에는 양지 쪽에 내보내 줄 사람도 없다. 이제까지는 줄곧 그 애의 어미와 내가 뒷바라지를 해 왔지만, 저 혼자 내버려 두면 아마도 한길로 나가 여기저기를 헤매고 다니게 될 거다. 그 애를 안전하게 지켜 주는 길이 이 봉지 속에 있다. 내가 죽거든 이걸 밥에 섞어서 그 애에게 먹여 다오. 그러면 그 애도 내 뒤를 따라올 수 있다. 나도 안심할 수 있고 말이다."

그러나 리화는 그가 손에 들고 있는 것을 받지 않고 물러서며 부드럽게 말했다.

"벌레도 못 죽이는 제가 어찌 사람을 죽일 수 있겠습니까? 제가 그분을 자식처럼 돌보아 드리겠습니다. 나리께서 제게 친절하게 해 주셨으니까요. 전 태어나 처음으로 이런 친절을 받아 보았으니까요."

왕룽은 그 말을 듣자 울고 싶어졌다. 지금껏 이렇게도 그의 은혜를 고맙게 생각해 준 사람은 하나도 없었다. 그는 리화를 꼭 안아 주고 싶었다.

"아무튼 이 봉지를 가지고 있거라. 너밖에는 믿을 사람이 없다. 게다가 이런 불길한 말은 할 것이 아니지만 너도 언젠가는 죽는 날이 있어. 네가 없어지면 누가 있겠냐. 아무도 없다. 며느리들은 밤낮 싸움질로 바쁘고, 아들들은 사내이니 이런 일에까지 생각이 미치지 못할 테니 말이다."

리화는 그의 말을 알아듣고 봉지를 받았다. 그리고 두 번 다시 이 일을 말하지 않았다. 왕룽은 그녀를 믿었기 때문에 백치 딸의 운명을 이제 염려하지 않았다.

왕룽은 차츰 더 늙어 이제는 거의 백치 딸과 리화와 셋이서 살았다. 이따금 기운이 나면 리화를 보고 괴로운 듯이 묻곤 했다.

"이런 생활이 너에게는 너무 적적하지 않을까?"

그러나 그녀는 진심으로 감사하다는 표정을 지으며 조용히 대답했다.

"조용해서 안심하고 지낼 수 있어요."

때때로 그는 또 말했다.

"나는 너에게는 너무 늙었어. 아주 늙어 빠졌어."

그러나 그녀는 언제나 감사하며 대답했다.

"나리께서는 너무나 친절히 해 주시는걸요. 이 이상을 누구한테 바라겠어요."

어느 때 그녀가 그렇게 말하자 왕룽은 호기심이 나서 물어본 일이 있었다.

"너 같은 젊은 나이에 어째서 그렇게 사내를 무서워하냐?"

무슨 대답이 나올까 싶어 그녀의 얼굴을 보고 있자니까 리화는 눈에 격렬한 공포의 빛을 띠며 두 손으로 얼굴을 가리고 속삭이듯이 말했다.

"나리가 아닌 남자는 모두 싫어요. 남자는 하나같이 싫어요. 저를 팔아 버린 아버지까지도 저는 미워요. 저는 남자들의 나쁜 짓만 보아 왔어요. 남자는 모두 싫어요."

그는 이상하게 생각하고 물었다.

"너는 내 집에서 조용히 마음 편히 살아온 줄만 알았는데."

"아니에요. 남자라면 질색이에요." 그녀는 고개를 돌리고 말했다. "질색이에요. 모두 다 싫어요. 젊은 남자는 모두 싫어요."

그녀는 그 이상은 아무 말도 하지 않았다. 왕룽은 생각했다. 렌화가 자기의 과거 생활을 이것저것 들려주어서 그녀를 겁먹게 한 것일까? 아니면 두쥐안이 음탕한 이야기라도 해서 그녀를 놀라게 한 것일까? 아니면 나에게는 말할 수 없는 비밀이 있기 때문일까? 그에게는 도무지 짐작이 가지 않았다.

그는 한숨을 쉬고 그 이상 캐묻는 것을 그만두었다. 지금 그는 무엇보다도 마음의 평화를 얻고 싶었다. 그저 이 방에서 리화와 백치 딸을 곁에 두고 지내는 것만이 소망이었다.

이렇듯 왕룽은 가만히 앉아 있었다. 하루하루 한 해 두 해 늙어 가서, 전에 그의 부친이 그랬듯이 그도 양지 쪽에서 꾸벅꾸벅 졸면서 자기의 일생도 이제 끝난 것이라 생각하고 만족해했다.

드문 일이기는 했지만 때로 그는 다른 가족들이 사는 별채를 찾는 일도 있었다. 더 드물게는 렌화를 보러 가는 일도 있었다. 그녀는 리화의 말은 절대 입에 올리지 않았고, 그가 가면 일단 인사는 할 뿐이었다. 그녀도 이제는 나이를 먹어서 좋아하는 술이나 음식으로 만족하고 또 달라기만 하면 주는 돈으로 만족했다. 그녀와 두쥐안은 오랜 세월을 함께 살아 이제는 주인과 하녀라기보다 마치 친구처럼 지냈다. 이것저것을 지껄이곤 했지만 그 이야기의 대부분은 사내들과의 정사를 곱씹는 옛날이야기뿐이었다. 큰 소리로 말할 수 없는 것은 소곤소곤 속삭이며 먹고 마시고 자고 눈만 뜨면 지껄이고, 그러고는 또 먹고 마시고 하는 것이었다.

아주 드문 일이지만 왕룽은 아들들의 별채를 찾는 때도 있었다. 그들은 정중하게 아버지를 맞아들여 부랴부랴 차를 대접했다. 그는 최근에 난 손자를 보고 싶다고 했다. 그리고 잘 잊어버리기 때문에 같은 일을 몇 번이나 물었다.

"내 손자가 몇이나 되니?"

누가 곧 대답한다.

"사내애가 열하나, 계집애가 여덟입니다."

그는 재미있는 듯이 웃고 말한다.

"한 해에 둘씩 불어 가는구나. 나도 숫자는 아니까. 그렇지?"

그는 잠시 그곳에 앉아서 주위를 둘러싸고 있는 손자들을 둘러보았다. 손자들은 이제 키가 큰 소년이 되어 있었다. 그는 이 손자들을 가만히 살펴보며 혼잣말로 중얼거렸다.

"저 애는 증조할아버지를 닮았구나. 저 애는 바깥 사돈을 닮았어. 이 애는 내 어릴 때와 꼭 같다."

그리고 손자들에게 물었다.

"모두들 학교에는 다니지?"

"다니고 있어요, 할아버지." 모두 저마다의 목소리로 대답했다. 그는 또 물었다.

"사서(四書)를 배우고 있니?"

손자들은 이 머리가 낡은 노인이 우스운 듯 깔깔거리며 말했다.

"아뇨, 혁명이 일어나고부터는 아무도 사서 따위는 공부하지 않아요."

그는 잠시 생각한 뒤 말했다.

"응, 혁명이 났다는 이야기는 나도 들은 일이 있지. 그러나 나는 너무 바빠서 혁명에 마음을 쓸 틈도 없었지. 늘 농사일이 바빠서 말이다."

그러나 아이들은 코웃음을 쳤다. 왕룽은 자식들의 방에 와 보았자 결국 손님에 지나지 않음을 깨닫고 일어섰다.

그 뒤 그는 두 번 다시 자식들의 방에는 가지 않았으나 그래도 이따금 두쥐안에게 물어 보았다.

"이제 꽤 세월이 흘렀으니 저 며느리들도 사이좋게 지내겠지?"

두쥐안은 바닥에 침을 뱉고 말했다.

"그 사람들 말씀이죠? 마치 고양이가 서로를 노려보듯이 평화롭지요. 큰아드님은 아씨께서 너무 불평만 늘어놓는 통에 좀 싫증이 나 있는 것 같아요. 그 아씨는 큰아드님께서 감당하기는 힘들어요. 노상 친정에서는 어쩌고저쩌고 그런 말만 하니 그래서야 남자가 견디겠어요. 큰아드님은 소실을 보신다는 소문이에요. 요즘은 줄곧 찻집에 가시지요."

"그런가?" 왕룽은 말했다.

그러나 그 일을 생각해 보려고 했을 때는 이미 흥미가 없어져서, 어느샌가 차가 마시고 싶다거나 이른 봄의 바람은 어깨가 으스스해진다거나 하는 것으로 생각이 옮겨졌다.

어떤 때는 두쥐안에게 이렇게 묻기도 했다.

"오래전에 어딘가 가 버린 셋째 소식을 들은 사람은 없다더냐?"

그러자 두쥐안은 대답했다. 이 집안일에 대해 그녀는 모르는 게 없었다.

"아무에게도 편지는 오지 않지만 가끔 남쪽에서 오는 사람에게서 소문은 들어요. 그분은 혁명인지 뭔지 하는 것에서 지금은 장교가 되어 꽤 대단한 사람이 되었다고 해요. 혁명이 뭔지 모르지만, 아마 무슨 장사인가 보지요."

또 왕룽은 그런가, 하고 대답했다.

셋째의 일을 생각하려고 했지만 벌써 저녁때가 되어서 해가 지고 으스스 추워졌기 때문에 여기저기 뼈마디가 아파 왔다. 이제 그의 머리는 멋대로 이리저리 헤매서, 한 가지 일을 오랫동안 생각할 수는 없었다. 몸이 쇠약해졌기 때문에 먹을 것이나 뜨거운 차가 무엇보다도 마시고 싶었다. 그러나 추운 밤이 오면 젊고 따뜻한 리화가 함께 자 주어서 그녀의 체온으로 노년의 그는 위로를 받았다.

이렇게 해서 봄이 몇 차례 지나갔다. 왕룽은 해가 지날수록 봄이 오는 것도 어렴풋하게만 느꼈다. 그러나 오직 하나 그의 마음속에 변치 않고 남아 있는 것은 흙에 대한 애정이었다. 그는 이미 흙을 떠나 성내에 살며 부자가 되었다. 그래도 그의 뿌리는 대지에 박혀 있었다. 몇 달이고 대지를 잊고 있다가도 해마다 봄이 오면 그는 반드시 밭에 나갔다. 이제는 괭이며 쟁기를 잡을 수가 없어서 다른 사람들이 밭갈이하는 것을 구경할 뿐이지만 그래도 그는 우겨서 밭으로 나갔다. 때로는 전에 살던 흙으로 만든 집에 하인을 데리고 침대까지 갖고 가서, 자식들이 태어나고 오란이 죽은 방에서 잤다. 날이 새면 눈을 뜨고 밖에 나가서 떨리는 손을 내밀어 싹 트는 버들이며 꽃 피는 복숭아 가지를 꺾어서 종일 그것을 손에 들고 있었다.

여름도 가까워 오는 늦은 봄의 어느 날, 훌쩍 집을 나선 왕룽은 그가 묘지로 택하여 죽은 이들을 묻은 낮은 동산 위에 흙벽을 두른 곳까지 왔다. 떨리는 몸을 지팡이에 의지하고 묘지를 보고 있으려니까 죽어 간 사람들이 하나하나 머리에 떠올랐다. 백치 딸이나 리화를 제하면, 오늘의 그에게는 같은 집에서 사는 자식들보다도 죽은 사람들이 더욱 뚜렷이 마음속에 떠올랐다. 그의 마음은 더욱더 옛날로 돌아가, 모든 것이 똑똑하게 되살아났다. 오랫동안 소식을 듣지 못한 둘째 딸도 붉고 얇은 입술을 한, 아직 집에 있던 시절의 아름다운 소녀의 모습으로 떠올랐다. 그에게는 그 딸도 이 흙 속에 잠들어 있는 다른 사람들이나 마찬가지였다. 잠시 생각에 잠겼던 그는 갑자기 이렇게 말했다.

"그렇지, 다음은 내 차례야."

그는 묘소 안으로 들어가서 아버지와 숙부보다는 아래쪽이고 칭 서방보다는 위쪽인, 오란의 묘에 가까운 곳을 찾아 자기 묏자리로 정했다. 이윽고 자기가 누울 자리를 보고 있자니까 이 속에 들어가서 영구히 흙으로 돌아간 자신의 모습이 보이는 것 같았다. 그는 중얼거렸다.

'관을 준비해야겠구나.'

그는 잊어버리지 않게 마음속에 단단히 새기고 집에 돌아와 장남을 불러 말했다.

"말해 둘 일이 있다."

"말씀하시지요, 듣고 있습니다." 아들은 대답했다.

그러나 말을 하려고 하자 무슨 이야기였는지 도무지 생각이 나지 않았다. 마음속에 단단히 새겨 둔 용건이었는데 이제와서 멋대로 머리에서 달아나 버렸다고 생각하니 그는 속이 상해서 눈물이 나왔다. 그래서 리화를 불러 말했다.

"뭐였더라, 내가 하고 싶었던 말이?"

리화는 다정하게 물었다.

"오늘은 어디 가셨었지요?"

"밭에 갔었지."

그는 리화의 얼굴을 보고 대답을 기다리면서 말했다.

"어느 쪽 밭이었어요?"

문득 기억이 되살아났다. 왕룽은 눈에 눈물을 담은 채 웃으며 소리쳤다.

"그렇지, 생각이 났어. 아들아, 나는 내가 묻힐 곳을 골라 놓고 왔다. 아버님과 숙부님 아래, 칭 서방보다 윗자리, 네 어머니의 옆이다. 나는 죽기 전에 내 관을 보아 두고 싶다!"

장남은 자식으로서의 도리를 벗어나지 않으려고 큰 소리로 말했다.

"돌아가신다는 말씀은 제발 하지 마세요, 아버지. 분부대로는 하겠습니다만."

아들은 거대한 향나무를 파서 조각을 한 훌륭한 관을 사 왔다. 그 향나무는 무쇠처럼 단단하고 내구력이 좋아 뼈보다도 오랫동안 썩지 않아서 매장용으로만 쓰는 것이었다. 왕룽은 안심했다.

그는 그 관을 방에 들여놓고서 매일같이 바라보았다.

어느 날 그는 느닷없이 생각이 나서 말했다.

"그렇지, 이 관을 옛날 그 흙집으로 갖다 놓자. 그곳에서 얼마 남지 않은 날을 보내다 죽고 싶다."

그의 결심이 굳었기 때문에 가족들은 소원대로 해 주었다. 그는 리화와 백치 딸과 필요한 만큼의 하인을 데리고 그의 땅에 있는 흙집으로 돌아왔다. 그리하여 그는 다시금 그의 땅에다 집을 정하고, 성내 집에는 그가 이룩한 가족을 남겨 두었다.

봄이 가고 여름이 지나 추수 때가 오고 겨울이 코앞인 가을의 따뜻한 햇살 속에서, 왕룽은 예전에 그의 아버지가 앉아 있던 벽에 기대어 앉아 있었다. 이제 그는 먹는 일과 마시는 일과 밭 말고는 아무 생각도 하지 않았다. 그러나 밭 생각이라 해도 추수의 예상이나 뿌릴 씨앗의 선정 같은 것이 아니고 다만 땅 자체를 생각할 뿐이었다. 때로 그는 몸을 굽혀 흙을 손에 쥐고 그것을 쥔 채 앉아 있었다. 손가락 사이의 흙은 생명으로 가득 차 있는 듯이 느껴졌다. 그는 흡족한 마음으로 흙을 손에 쥔 채, 슬머시 대지를 생각하고, 곁에 놓아둔 관을 생각했다. 자애로운 대지는 그가 흙으로 돌아가는 날을 서두르지 않고 기다렸다.

아들들은 예절 바르게 날마다 또는 하루 건너 한 번씩 노인을 위한 맛있는 요리를 가지고 찾아왔다. 그가 가장 좋아하는 것은 그의 아버지와 마찬가지로 밀가루 죽이었다.

이따금 아들들이 오지 않으면 그는 곁에 있는 리화에게 불평을 했다.

"대체 그 애들은 무엇이 그리 바쁠까."

그러면 리화는 대답했다.

"그분들은 한창 일하실 때라 할 일이 많으시죠. 첫째 아드님은 부자들과 나란히 성내의 관청 일을 보시고, 또 새 마님을 얻으셨어요. 둘째 아드님은 자신이 직접 큰 곡물 상점을 차리신대요."

그러나 왕룽은 귀를 기울이고 듣고는 있지만 아무것도 알아듣지 못했으며, 밭을 바라보는 순간 모든 것을 잊었다.

그러던 어느 날 잠시 동안 머리가 맑아진 날이 있었다. 마침 두 아들이 와 있던 날인데 그들은 공손히 아버지에게 인사를 드리고 밖으로 나가 집 둘레의 밭을 거닐고 있었다. 왕룽도 말없이 뒤에서 따라갔다. 그들이 섰기 때문에 왕룽은 천천히 그들에게 다가갔다. 형제는 부드러운 흙 위를 걷는 아버지의 발소리도 지팡이 소리도 듣지 못했다. 왕룽은 둘째가 언제나의 조심스러운 목소리로 말하는 소리를 들었다.

"이 땅과 저 땅을 팔아서 둘이 공평하게 나눕시다. 형님 몫은 내가 고리로 빌리지요. 철로가 개통됐으니 해안까지 쌀을 보내면, 나는……."

노인의 귀에 들어온 것은 이 '땅을 판다'는 말뿐이었다. 그는 큰 소리로 외쳤다. 너무도 큰 노여움 때문에 목소리가 갈라지고 떨리는 것을 막을 수가 없었다.

"뭐라고! 땅을 팔겠다고? 이 변변치 못한 게으름뱅이 놈들아!"

그는 숨이 막혀 쓰러질 것 같았다. 아들들이 부축해서 일으키자 그는 울기 시작했다.

형제는 아버지를 달래며 말했다.

"아닙니다, 아닙니다. 땅은 팔지 않습니다."

"땅을 팔기 시작하면…… 집안은 끝장이야." 그는 떠듬떠듬 말했다. "우리는 땅에서 태어났고 다시 땅으로 돌아가야만 한다…… 땅을 갖고 있으면 살아갈 수 있다…… 땅은 누구에게도 뺏기지 않는다……."

노인은 뺨을 타고 흐른 눈물 자국이 허옇게 나는데도 그대로 내버려두었다. 그는 몸을 굽혀 흙을 한 움큼 움켜쥐고는, 그것을 꼭 쥔 채 중얼거렸다.

"만일 땅을 파는 날에는 그것이 마지막이다."

두 아들은 양쪽에서 그의 팔을 잡아 부축했다. 그는 따뜻하고 부드러운 흙을 손에 꼭 쥐었다. 형제는 그를 달래려고 몇 번이고 되풀이해서 말했다.

"안심하십시오, 아버지. 안심하세요. 땅은 절대로 팔지 않아요."

그러나 그들은 노인의 머리 너머로 서로 마주 보며 미소 짓고 있었다.

제2부

아들들

제2부
아들들

1

왕룽(王龍)은 죽음을 기다리며 누워 있었다. 밭 한가운데에 있는 어둠침침하고 낡은 토벽집에서, 그가 젊을 때 자던 방, 혼례식 날 밤 잠을 잤던 그 침대 위에서 그는 죽음을 기다렸다. 그 방은 성안에 있는 넓은 저택의 주방 하나만도 못할 만큼 작았다. 그 저택 또한 그의 것이었지만 이제는 아들들과 손자들이 살고 있다. 그러나 그는 자기 토지의 한복판에 있는 조상 대대로 살아온 낡은 집 안의, 볼품없고 색칠을 하지 않은 탁자와 의자가 있는 이 방 안, 푸른 무명의 침대 휘장이 드리워진 곳에서 죽는 데 만족하고 있었다.

왕룽은 죽을 때가 다가온 것을 알았다. 그는 옆에서 시중드는 두 아들을 바라보고 그들이 자기의 죽음을 기다리고 있음을 알았다. 최후의 순간이 온 것이다. 아들들은 성안에서 용하다는 의사를 몇 사람이고 불러왔다. 의사들은 침이나 약초를 가지고 와서 정성껏 맥을 짚어 보기도 하고 혀를 살펴보기도 했으나, 마침내 약초며 침을 챙겨 가지고 돌아갈 준비를 하며 말했다.

"노령이십니다. 수명이 다해서 어쩔 도리가 없군요."

왕룽은 두 아들이 속삭이는 소리를 들었다. 아들들은 왕룽이 숨을 거둘 때까지 모시기 위해 이 집에 와 있었는데, 왕룽이 잠든 줄 알고 진지한 표정으로 서로 얼굴을 바라보면서 이야기를 나누고 있었다.

"남쪽으로 셋째를 부르러 보내야겠군." 장남이 말했다.

그러자 둘째가 대답했다. "그래요, 곧 부르러 보내야 해요. 그 애는 모시고 있는 장군을 따라서 어디를 헤매고 있는지 모르니까요."

이런 이야기를 듣던 왕룽은 아들들이 자기의 장례식 준비를 하는 것이라고 생각했다.

　그의 침대 곁에는 아들들이 그를 위해서 사들이고, 그의 마음을 위로하기 위해 놓아 둔 관이 있었다. 그것은 무쇠처럼 단단한 거목을 파서 만든 커다란 관이었다. 그 관이 조그만 방을 꽉 메웠기 때문에 드나드는 사람들은 그 주위를 간신히 스칠 듯이 돌아서 지나다녀야만 했다. 그 관 값은 은전 6백 냥에 가까웠는데, 여느 때에 돈을 쥐면 쉽사리 놓지 않는 둘째조차 그런 많은 돈을 내는 데에 주저하지 않았다. 왕룽이 자기가 들어가게 될 그 훌륭한 관에 무척 위안을 받고 있었기 때문에 아들들도 은전을 아깝다고는 생각지 않았다. 왕룽은 가끔 쇠약해진 누런 손을 뻗쳐 검게 번쩍거리는 관의 나뭇결을 만져 보았다. 속에 노란 비단같이 보드랍게 대패질이 된 관이 또 하나 있었는데, 겉 관과 속 관은 인간의 혼과 육체처럼 꼭 들어맞았다. 그것은 누구에게나 위안을 줄 만한 훌륭한 관이었다.

　이렇게 준비가 되어 있어도 왕룽은 그의 늙은 아버지가 죽어 간 것처럼 쉽사리 죽을 수는 없었다. 그의 혼은 확실히 몇 번이고 죽음의 길로 여행을 떠나려고 했으나 그럴 때마다 튼튼한 늙은 육체가 뒤에 남겨지는 것이 싫어서 죽음을 용납하지 않았다. 육체와 영혼의 투쟁이 시작되자 왕룽은 자기 안에서의 싸움에 겁을 먹었다. 그는 언제나 정신보다는 육체적인 인간이었고, 장년 시대의 그는 기운 넘치는 튼튼한 사나이였기 때문에 자기의 육신을 쉽사리 놓아 버릴 수가 없었다. 혼이 살그머니 빠져나가려는 것을 느꼈을 때는 공포에 떨며 갈라진 신음으로, 마치 아이가 울듯 알아듣지 못할 소리로 크게 울었다.

　그가 그처럼 울 때마다, 그의 옆에 밤낮없이 붙어 있는 젊은 첩 리화(梨華)는 젊은 손길을 뻗어 그의 늙어 앙상한 손을 어루만지면서 달랬고, 두 아들들은 급히 다가와서 왕룽을 위해 계획해 둔 장례식 이야기를 되풀이해서 자세히 들려주었다. 장남은 비단옷에 싸인 비대한 몸을 굽혀서, 조그맣고 시든 빈사 상태의 노인의 귓전에 입을 대고 큰 목소리로 말했다.

　"장례식 때에는 5리 이상의 긴 행렬이 뒤따를 겁니다. 저희들도 모두 아버지를 명당에 모시기 위한 행렬을 따라가겠습니다. 아버님의 부인들은 상복을 입고 슬피 울며 따라갈 것이고 아버님의 손자들도 흰 삼베로 된 상복을 입고 참배할 것입니다. 마을 사람들도 소작인들도 모두 옵니다. 행렬의 맨 앞머리에는 화공에게 그리게 한 아버님의 초상화를 넣은 혼교(魂轎)가 가고, 그 뒤를 크고 훌륭한 관이 따라갑니다. 아버님은 저희가 마련한 새 옷을 입고, 관 속에 황제처럼 누워 계십니다. 성안을 지날 때에는 모두들 볼 수 있도록 붉은 실과 금실로 자수를 놓은 전을 관 위에 씌우겠습니다."

장남은 무척 뚱뚱했기 때문에, 여기까지 큰 소리로 말하자 얼굴이 빨개지고 숨이 차 왔다. 한숨 돌리려고 몸을 똑바로 일으키자, 둘째가 뒤를 받아 이야기를 계속했다. 둘째는 작달막하고 누런 얼굴의, 빈틈없어 보이는 사나이였다. 그는 코 먹은 듯하면서도 가는 소리로 말했다.

"아버님의 영혼이 극락으로 가실 수 있도록 경문을 외울 스님도 오십니다. 곡을 하는 사람들도 올 것이고, 아버님이 저 세상에서 쓰시도록 준비해 둔 것을 옮기기 위해서 빨강과 노랑 옷을 입은 짐꾼들도 부탁해 두었습니다. 종이와 갈대로 만든 집 두 채가 이미 대청에 준비되어 있습니다. 하나는 이 집을, 다른 하나는 성안의 집을 본뜬 것으로서, 아버님이 쓰실 가구도 하인도 노예도 교자도 말도 모두 갖춰져 집 안 가득히 차 있습니다. 모두 아주 훌륭하게 만들어져 있습니다. 온갖 색종이로 만들었는데, 그것을 묘지에서 태워 아버님의 뒤를 따라 보내면 틀림없이 저승에서도 아버님처럼 훌륭한 분은 없으리라고 생각할 겁니다. 누구나 다 볼 수 있도록 그것을 전부 행렬 때 운반시킬 작정입니다. 장례식 날 날씨가 좋기만을 빌고 있습니다."

그러자 노인은 기운을 차리고 헉헉거리며 말했다.

"온 성안 사람들이 오……겠지?"

"성안 사람들이 다 오고말고요." 장남은 큰 소리로 말하고, 부드럽고 창백한 큰 손을 펴 과장된 몸짓을 지어 보였다.

"길 양쪽엔 구경꾼들이 가득 늘어설 것입니다. 황씨 가문의 전성시대 이후로, 이렇게 훌륭한 장례식은 다시 없을 것입니다."

"아아!" 왕룽은 큰 위안을 얻어 죽는다는 사실을 잊어버리고, 다시 한 번 발작처럼 엄습해 오는 얕은 잠에 빠져 갔다.

그러나 이 일시적인 위안도 언제까지나 이어질 수는 없었다. 노인이 위독해진지 엿새째 되는 날 새벽에 임종이 다가왔다. 두 아들은 이때가 오기를 기다리다 지쳐 버렸다. 그들은 어릴 때 이후로 살아본 적이 없는 이런 비좁은 집에 익숙지 않은 데다 아버지의 위독 상태가 질질 끄는 바람에 지쳐서, 그 시간에는 조그만 안채로 건너가 자고 있었다. 그 방은 아버지가 혈기 왕성하던 시절, 처음 련화(蓮華)를 첩으로 집에 들였을 때 지은 것이었다. 리화에게 사태가 위급해지면 불러 달라고 부탁하고 초저녁부터 그들은 자러 갔다. 전에는 왕룽이 아주 훌륭하다고 여기던 침대, 정열적인 애욕에 젖었던 침대 위에 그의 장남이 드러누워, 침대가 딱딱하고 낡고 덜커덩거린다고 투덜거리며, 봄인데도 방이 어둠침침해서 답답하다고 불평을 늘어놓았다. 그러나 일단 잠에 빠져들자 몹시 요란스럽게 코를 골았다. 두툼한 목 안에서 쌕쌕 소리가 났다. 둘째는 벽쪽에 있는 조그만 대나무 의자에 누워 고양이가 잠자듯 가볍고 조용히 잠들어 있었다.

그러나 리화는 한잠도 자지 않았다. 그녀는 언제나처럼 조용한 태도로, 침대 곁에 앉으면 얼굴이 노인의 얼굴에 닿을락 말락 한 나직하고 조그만 의자에 밤새 꼼짝도 하지 않고 앉아서, 부드러운 손바닥으로 노인의 앙상한 손을 꼭 쥐어주고 있었다. 나이로 말하면 왕룽의 딸이라고 해도 좋을 만큼 젊었지만 그렇게 젊어 보이지는 않았다. 그녀의 얼굴은 참으로 야릇한 인종(忍從)의 표정을 띠고 있고, 거동 하나하나에 조금의 빈틈도 허락하지 않는 강한 인내심이 배어 있어서 조금도 젊은 여자답지 않았기 때문이다. 그녀는 자기에게 아주 자상했고 누구보다도 더 아버지 같은 느낌이 들었던 노인 곁에 앉아 있었으나, 울지는 않았다. 노인이 죽음 같은 깊고 조용한 잠에 빠져 있는 동안 몇 시간이고 가만히 노인의 얼굴을 들여다보았다.

이윽고 날이 밝으려고 어둠도 한층 깊어진 한밤중에 왕룽은 갑자기 눈을 떴다. 그는 몹시 쇠약해져 영혼이 이미 육체를 떠나 버린 것 같은 느낌이 들었다. 눈을 살짝 돌리자 리화가 옆에 앉아 있는 것이 보였다. 왕룽은 무서울 만큼 불안스러운 느낌이 들어서 그녀에게 속삭였다. 소리가 목에 걸려 이 사이로 가늘게 샜다.

"리화, 이것이 죽음이라는 걸까?"

리화는 그가 겁먹은 것을 보고 언제나와 다름없는 조용한 목소리로 또렷하게 대답했다.

“아니에요, 그렇지 않아요. 나리는 지금 나아가시는 거예요. 돌아가시는 게 아니에요.”

“정말이냐?”

노인은 리화의 언제나와 다름없는 소리에 안심하고 다시 한 번 흐리멍덩한 눈길로 그녀의 얼굴을 가만히 보았다.

리화는 드디어 때가 왔음을 알고, 심장이 두방망이질하는 것을 느끼면서 일어나 몸을 굽혀 여느 때와 다름없이 부드럽고 조용한 소리로 말했다.

“제가 나리께 거짓말을 아뢴 적이 있나요? 보세요, 제가 쥔 나리의 손은 아주 뜨겁고, 억세지 않아요? 나리는 차츰 나아 가고 있어요. 나리는 건강해지신 거예요. 걱정하실 것 없어요. 걱정 마세요. 나리는 나으신 거예요. 이제 다 나으셨어요.”

이렇게 그녀는 왕룽을 계속 위로했다. 그녀는 나아졌다는 말을 몇 번이고 되풀이하며 그의 손을 다정하게 꼭 쥐고 위로했다. 미소를 띠고서 그녀를 바라보는 그의 눈은 차츰 흐려지고 고정되어 갔으며 입술은 굳어졌고 귀는 그녀의 아주 침착한 목소리를 들으려고 열심이었다. 드디어 죽을 때가 왔다고 깨달은 리화는 얼굴을 바싹 대고 뚜렷하고 큰 목소리로 외쳤다.

“나리께서는 나아 가시는 거예요. 나아 가시는 거예요. 돌아가실 리가 없어요. 돌아가시다니…… 그럴 리가 없어요.”

이처럼 그녀는 왕룽을 격려했다. 왕룽도 그녀의 목소리를 들으며, 마지막 힘을 다하여 심장을 고동치려 했으나 바로 그 순간 숨이 끊어지고 말았다. 그러나 그는 평화롭게 죽지는 못했다. 마음을 위로받으면서 숨을 거두기는 했으나 영혼이 억지로 그에게서 떠날 때 그의 숨이 끊어진 육체는 마치 격노한 것처럼 크게 튀어올랐고, 팔다리가 무서운 힘으로 움직였다. 그 때문에 뼈만 남은 늙은 손이 허공을 향해 갑자기 뻗쳐올라 그의 위로 구부렸던 리화의 얼굴을 쳤다. 정면으로 맞은 리화는 너무나 아픈 나머지 뺨에 손을 갖다 대고 중얼거렸다.

“나리께서 저를 때리신 것은 이것이 처음이네요.”

왕룽은 아무런 대답도 하지 않았다. 리화가 얼굴을 가까이 대고 보니 노인은 몸을 비틀어 누워 마지막 숨결을 훅 뿜어내고는, 그것을 끝으로 더는 움직이지 않았다. 리화는 살그머니 손을 대서 왕룽의 늙은 팔다리를 똑바로 펴고 이불을 단정하게 덮어준 다음, 그녀를 보고 있긴 해도 이미 보이지는 않는, 크게 뜬 눈을 부드러운 손으로 감겨 주었다. 그녀가 죽지 않는다고 했을 때 노인의 얼굴에 떠오른 미소가 아직 사라지지 않고 남아 있었다. 그녀는 그 미소를 잠시 동안 내려다보았다.

여기까지 일을 끝낸 뒤 그녀는 왕룽의 아들들을 불러야 한다고 생각했으나, 다시금 나지막한 의자에 앉아 버렸다. 아들들을 불러야 한다고 생각하면서도 그녀는 아까 자기를 때린 손을 잡아 그 위에 이마를 대고, 아직 그의 곁에 혼자 있는 동안 소리도 없이 눈물을 흘렸다. 그러나 날 때부터 마음이 비애로 꽉 차 있는 그녀는 다른 여자들처럼 울음으로써 슬픔을 덜 수가 없었다. 그래서 그녀는 언제까지고 앉아 있지 않고 일어나서 두 형제를 부르러 갔다.

"서두르실 것 없어요. 벌써 숨을 거두셨으니까요."

그래도 그녀의 소리에 형제는 황급히 뛰어 나왔다. 장남은 비단옷을 입고 잤기 때문에 옷은 구김투성이가 돼 버렸고 머리칼도 흐트러져 있었으나 그대로 아버지에게로 달려갔다. 왕룽의 유해는 리화의 손에 의해서 자세를 바로잡고 누워 있었다. 두 아들은 마치 첫 대면이기라도 한 듯이 반쯤은 무서워하면서 아버지의 죽은 얼굴을 빤히 들여다보았다. 장남은 방 안에 누군가 낯선 사람이라도 있는 듯이 목소리를 낮추어서 말했다.

"임종은 편안하셨나, 아니면 괴로우셨나?"

리화는 언제나와 같이 조용한 목소리로 대답했다.

"돌아가시는 줄도 모르고 돌아가셨어요."

그러자 둘째가 말했다.

"주무시는 것 같아, 돌아가신 것 같지 않아."

숨을 거둔 아버지를 한참 동안 들여다보던 두 아들은, 아무리 들여다보아도 움직이지 않는 아버지의 모습에 막연한 공포에 휩싸였다. 리화는 그들의 공포심을 꿰뚫어 보고 부드럽게 말했다.

"아버님을 위해서 해야 할 일이 태산 같아요."

이 말을 듣고 두 아들은 정신이 번쩍 들어, 다시금 살아 있는 세상으로 돌아 온 것을 기뻐했다. 장남은 서둘러서 옷의 구김을 펴고 얼굴을 손으로 문지르면 서 쉰 듯한 목소리로 말했다.

"그렇지, 장례식 준비를 시작해야지."

두 사람은 아비지의 시신이 누워 있는 집에서 나가는 것이 기뻐서 황급히 사 라져 버렸다.

2

왕룽은 죽기 전 어느 날 아들들에게, 자기가 죽으면 유해는 정해진 자리에 묻 을 때까지 관에 넣어서 이 토벽집에 안치해 두도록 유언을 했다. 그러나 드디어 장례식 준비를 시작하자 아들들은 성안의 집에서 밭 가운데 있는 토벽집까지 왔다 갔다 하는 것이 아주 귀찮았고, 장례식 날까지 49일이나 되는 것을 생각하 자 아버지는 이미 돌아가셨으므로 유언대로 하지 않아도 된다는 생각을 품게 되었다. 유언은 정말 여러 점에서 아주 귀찮았다. 성안의 절에서 독경을 하러 올 스님은 길이 멀다고 투덜거렸고, 유해를 더운물로 씻어 수의를 입히고 비단 상 복을 입혀 관에 넣고 뚜껑을 덮으러 올 사람들까지 곱절의 돈을 요구해 둘째를 깜짝 놀라게 했다.

그래서 두 형제는 아버지의 관 위로 서로 얼굴을 마주 보며 둘 다 똑같이 '죽 은 자는 말이 없다'라는 것을 생각했다. 그래서 두 사람은 소작인들을 불러, 관 을 이전까지 왕룽이 살던 성안 저택의 방으로 옮기도록 명령했다. 리화는 반대 했으나 그들의 생각을 단념시킬 수는 없었다. 무슨 말을 해도 헛일이라는 것을 깨닫고 그녀는 조용히 말했다.

"불쌍한 아가씨하고 나는 두 번 다시 성내 집으로 가지 않을 생각이었지만, 나 리가 그리로 가신다면 우리도 따라가겠어요."

리화는 왕룽의 맏딸인 백치를 데리고 관 뒤를 따라갔다. 이 백치 딸은 몸은 나이를 먹었지만, 아직 아이 때 그대로 바보였다. 백치 딸은 관 뒤를 따라서 시골 길을 걸어가며, 따뜻한 봄날의 태양이 밝게 빛나는 것이 좋아서 웃어 댔다.

리화는 이렇게 해서 왕룽이 살아 있을 때 함께 살았던 성안의 저택으로 다시금 갔다. 왕룽이 노령이 되어서도 몸의 뜨거운 피가 끓어오르는 것을 억누르지 못해, 넓은 저택 안에서 쓸쓸함을 견딜 수 없어진 어느 날 리화를 데려간 곳이 그 방이었는데, 이제는 그곳도 쥐 죽은 듯이 고요했다. 커다란 저택의 문이란 문은 죽음을 애도하는 뜻에서 모든 붉은 종이를 떼 내고, 큰길로 면한 대문들에는 상중(喪中)이라는 표시의 흰 종이가 붙어 있었다. 리화는 왕룽의 관 옆에서 잠을 잤다.

그녀가 이렇게 관에 안치된 왕룽의 유해 곁에 붙어 있던 어느 날, 하녀가 와서 왕룽의 둘째 부인 렌화가 돌아가신 영감님의 영전에 분향을 올리러 오고 싶어 한다는 말을 전했다. 리화는 이전의 여주인이었던 렌화가 싫었으나 예의상 정중한 대답을 해야만 했다. 그래서 그녀는 일어나서 관 옆에 켜둔 초의 위치를 바꾸어 놓거나 하며 렌화를 기다렸다.

렌화가 왕룽의 소행을 알게 된 날 이후로 리화가 렌화를 만나는 것은 이것이 처음이었다. 아이 적부터 자신의 몸종이었던 리화를 왕룽이 첩으로 삼았다는 말을 들었을 때 렌화는 화를 내며 두 번 다시 리화를 보고 싶지 않다고 왕룽에게 말했었다. 그녀는 질투와 화가 난 나머지 리화가 죽든 살든 자기가 알 바 아니라는 태도를 취했다. 그러나 어떻게 지내는지 궁금해 견딜 수 없었으므로, 왕룽이 세상을 떠나자 두쥐안(杜鵑)에게 이렇게 말했다.

"영감이 죽었으니 나도 그 애도 이제 싸울 거리가 없어졌잖아. 그러니 어떻게 하고 있는지나 보러 갔다 올 테야."

렌화는 호기심에 끌려 두쥐안의 어깨에 기대어 자기 방에서 어정어정 나왔다. 아직 스님이 관 앞에서 독경을 시작하기 전의, 이른 시간을 택했다.

렌화는 리화가 일어선 채 기다리는 방까지 왔다. 예의를 다하기 위해서 초와 향을 가지고 와 하녀 한 사람에게 관 앞에 켜 놓도록 분부를 내렸다. 하녀가 불을 붙이는 동안에도 렌화는 리화로부터 눈길을 떼지 않고 리화가 어떻게 달라졌는가, 얼마나 나이 들었는가 보려고 뚫어지게 관찰했다. 렌화는 상복을 입고 발에도 하얀 버선을 신고 있었지만 얼굴에는 아무런 슬픔의 빛도 없었다. 그녀는 리화에게 말했다.

"리화, 너는 여전히 조그맣고 핏기가 없구나. 조금도 달라지지 않았어. 저 영감은 너의 어디가 좋았을까!"

그녀는 리화가 아주 작달막하고, 혈색이 좋지 않고, 화려한 아름다움이 없는 것을 보고는 위안이 되었다.

리화는 고개를 숙이고 관 옆에 서 있었다. 입을 다물고 있었지만 심한 혐오로 가슴이 끓어오르는 것에 스스로도 놀랄 정도였고, 이전에 여주인이었던 렌화를 이렇게까지 미워하는 자기가 부끄럽게 느껴졌다. 렌화는 이미 나이를 먹어 미움조차도 오래 지니지 못했다. 질리도록 리화를 보던 그녀는 이번에는 관을 바라보면서 중얼거렸다.

"아들들이 꽤 돈을 들인 모양이로군."

그러고 나서 그녀는 무거운 몸을 일으켜 관으로 다가가 값을 알아보기 위해서 손으로 어루만져 보았다.

리화는 자기가 마음을 다 바쳐 지켜 온 주인의 관에 그런 더러운 손이 닿는 것을 참을 수 없어서 갑자기 날카로운 목소리로 외쳤다.

"건드리지 마세요!"

그리고 가슴 앞에서 조그만 두 손을 꽉 쥐고 아랫입술을 깨물었다.

이 말을 듣자 렌화는 "이런이런, 너는 아직도 나리를 생각하느냐." 하고 깔보는 듯한 얼굴로 웃었다. 그러고 나서 한참 동안 앉아서 한들거리며 타오르는 촛불을 지켜보고 있었으나, 그 일에도 곧 싫증이 나서 일어나 돌아가려고 안뜰로 나갔다. 호기심으로 여기저기를 휘둘러보다가 햇볕이 내리쬐는 곳에 앉아 있는 불쌍한 백치 딸에게 눈길이 멎었다.

"아니, 저 물건이 아직도 살아 있었어?"

리화는 그 말을 듣고는 밖으로 나가 백치 딸 옆에 섰다. 혐오감이 가슴 벅차게 치솟아 오른 그녀는 렌화가 가 버리자 헝겊 조각을 찾아와서, 렌화가 손을 댄 관 위를 몇 번이고 닦은 뒤, 백치 딸에게 달콤한 과자를 주었다. 백치 딸은 생각지도 않았던 과자를 받았기 때문에 좋아서 환성을 지르면서 먹었다. 리화는 한참 동안 슬픈 듯이 그 모습을 지켜보았으나, 이윽고 한숨을 푹 쉬고는 말했다.

"나에게 친절히 해 주시고 나를 종같이 다루시지 않은 단 한 분이 나에게 남기신 것은 당신뿐이에요."

그러나 백치 딸은 천진난만하게 과자를 먹고 있을 뿐이었다. 자기가 먼저 말을 걸 줄도 몰랐고, 누가 말을 걸어도 이해하지 못했기 때문이다.

이렇게 하여 리화는 장례식까지 훌륭하게 제 소임을 다했다. 그러는 동안, 그녀가 지내는 공간은 왕룽의 아들들조차도 의무적인 볼일이 없는 한 고인에게 오려 하지 않았기 때문에, 스님이 독경을 하러 오는 시간 말고는 매일 쥐 죽은 듯한 정적에 잠겨 있었다. 저택 안에 사는 사람들은 왕룽의 정령(精靈)이 아직 남아 있다고 생각하여 왠지 모를 무서움을 느꼈다. 왕룽은 아주 단단한 사람이었으므로, 육체에 들어앉아 있다고 하는 칠백(七魄 : 죽은 사람의 몸에 남아 있는 일곱 가지의 정령(精靈)으로, 귀, 눈, 콧구멍이 둘씩이고 입이 하나임을 가리킴.)이 그렇게 쉽사리 유해에서 떠나가리라고는 생각지 않았던 것이다. 또 사실 저택 안에는 그때까지 없었던 기묘한 소리가 꽉 들어찬 것처럼 생각되었고, 여종들은 밤에 자고 있는데 찬바람이 불어 들어와서 머리칼이 흩날렸다든가, 방 창문을 덜커덩 뒤흔드는 소리가 들렸다며 소란을 피워 댔고, 주전자가 요리사의 손에서 낚아채진 듯 떨어졌다든가, 시중을 들던 종의 손에서 그릇이 미끄러져 떨어지는 일도 일어났다.

아들들이나 그 부인들은 종들의 이런 이야기를 듣고 무지하고 어리석기 때문이라고 웃기는 했지만 속으로는 불안스러운 마음이었다. 렌화는 이런 소문을 듣고는 큰 소리로 말했다.

"그이는 집요한 영감이었으니까."

그러나 두쥐안은 말했다.

"돌아가신 분을 놀리시면 안 돼요, 마님. 지하에 묻히실 때까지는 돌아가신 분 험담은 하시는 게 아니에요."

그러나 리화만은 두려워하지 않고, 왕룽이 살았을 때 곁에서 살았던 것과 마찬가지로 왕룽의 관 옆에서 홀로 하루하루를 보냈다. 누런 법의를 입은 스님이 독경을 하러 올 때만 일어나 자기 방으로 돌아가서 조용히 앉아, 스님의 비애에 찬 독경 소리와 천천히 두드리는 목탁 소리에 귀를 기울였다.

왕룽의 유해에 머무르는 칠백이 하나씩 떠나가, 이레째마다 주지는 왕룽의 아들에게로 가서 말했다.

"정령이 또 하나 떠나갔습니다." 주지가 와서 이렇게 보고할 때마다 아들들은 은전을 주었다.

이렇게 날짜가 가고, 일곱의 일곱 배인 49일이 지나 장례식 날이 다가왔다.

성안 사람들은 왕룽 같은 훌륭한 사람의 장례를 위해서 지관(地官)이 어느 날을 택했는지 정도는 벌써 알고 있었다. 봄이 한창 무르익어 여름이 코앞에 다가온 장례식 날이 되자, 어머니들은 아이들이 어물거리는 바람에 장례 행렬을 못 보면 안 된다며 일찍 조반을 마치도록 재촉했다. 농부들은 그날은 들일을 쉬었고, 가게의 지배인이나 점원들은 어디에 서 있으면 장례 행렬을 가장 잘 볼 수 있을까 하고 요리조리 궁리했다. 이 지방 사람들은 모두 왕룽이 옛날엔 가난한 농민이었는데 어느새 부자가 되어 당당한 저택을 손에 넣고 아들들에게 엄청난 재산을 남겼다는 것을 알고 있었기 때문이었다. 가난한 사람들에게는 자기들처럼 가난했던 인간이 죽기 전에 부자가 되었다는 것은 잘 생각해 보아야 할 문제였고, 그것이야말로 모든 가난한 자들이 품은 은근한 희망이기도 했다. 그래서 가난한 자들은 누구나 이 장례 행렬을 보고 싶다고 열망했던 것이다. 한편, 부유한 자들은 왕룽의 아들들이 거액의 재산을 물려받았다는 것을 알고 있었기 때문에 어떤 장의를 치르는지 보고 싶었고, 위대한 고인에게 경의를 표해야 한다고 생각했다.

그날 왕룽의 집은 혼란과 소란으로 꽉 차 있었다. 이처럼 성대한 장례식을 질서 정연하게 치르는 것은 쉬운 일이 아니었고, 장남은 자신이 해야 할 많은 일 때문에 조바심이 났다. 그는 가장(家長)이기 때문에 모든 일을 살펴야 해서, 수백 명 되는 사람들을 저마다 직분에 따라 복상(服喪)하도록 지시하는 일, 여자와 아이들에게 교자를 마련해 주는 일까지 해야 했다. 그는 조바심이 나기도 했으나, 모두들 그에게로 와서 이것저것 지시를 바랐기 때문에 갑자기 자기가 중요한 인물이 된 듯이 여겨져서 득의만만했다. 무척 흥분했기 때문에 마치 한여름처럼 얼굴에 땀이 흘렀다. 그의 번들거리는 눈길이 조용히 서 있는 둘째에게 멈추었을 때, 그 아우의 침착한 태도가 한창 들떠 있는 그의 마음에 거슬렸다. 그는 큰 소리로 말했다.

"너는 모든 일을 나에게만 떠맡기고, 네 아내와 아이들이 상복을 갖춰 입고 엄숙한 얼굴을 짓고 있도록 감독할 줄도 모르느냐!"

둘째는 이 말을 듣자 속으로 코웃음을 치면서, 유들유들하게 대답했다.

"형님은 자기가 하는 일밖에는 마음에 들지 않아 하시니까 곁에서 무슨 수로 참견할 수 있겠습니까? 내 아내와 내가 무슨 일을 하든 형님과 형수님의 마음에 들지 않을 것을 아니까, 형님이 좋으실 대로 하게 내버려두는 것입니다."

이렇듯 아버지의 장례식 날에도 아들들은 서로 싸웠다. 그 이유의 하나는 막냇동생이 아직 돌아오지 않은 것에 두 사람 모두 은근히 신경을 쓰고 있었기 때문이다. 둘은 제각기, 막냇동생의 귀향이 늦어지는 것은 상대 탓이라고 속으로 생각했다. 장남은 둘째가 멀리까지 사람을 찾으러 가는 심부름꾼에게 여비를 넉넉히 주지 않았기 때문이라고 둘째를 책망했고, 둘째는 둘째대로 형이 어물거려 심부름꾼을 늦게 보냈기 때문이라고 형을 원망했다.

그날 그 넓은 저택 안에서 단 한 사람, 아주 평온한 사람이 있었다. 리화였다. 그녀는 순서로 따져 보면 렌화의 바로 다음이 되기 때문에, 자기의 지위에 어울리는 하얀 삼베 상복을 입고 왕룽의 관 옆에 조용히 앉아 장례식이 시작되기를 기다렸다. 그날은 이른 아침부터 몸치장을 마치고 백치 딸에게도 상복을 입혀 주었다. 불쌍한 백치 딸은 무슨 영문인지도 모르고 쉴 새 없이 히죽히죽 웃으며, 익숙하지 않은 옷이 싫어서 자꾸만 이리저리 잡아당기며 벗으려고 했다. 리화는 과자를 주기도 하고 장난감으로 헝겊 조각을 주기도 하며 겨우 달랬다.

렌화는 이날처럼 야단법석을 떤 일이 없었다. 그녀는 이제 조그만 동산처럼 살이 쪄 버려 보통 가마에는 탈 수가 없었다. 이 가마, 저 가마 가져오게 하여 타 보았지만 결국 "모두 틀렸어. 요즈음은 왜 이렇게 조그맣고 좁은 가마만을 만들까" 비명을 지르며, 이래서는 돌아가신 영감님 같은 훌륭한 분의 장례식에 끼지 못하는 것이나 아닐까 근심이 되어 눈물을 흘리며 난리를 쳐 댔다. 백치 딸이 상복을 입은 것을 보자 울화를 그곳에 집중시켜 왕룽의 장남에게 불평을 했다.

"아니, 저 아이도 데려가나." 그리고 이처럼 많은 사람들이 보는 날에 백치 딸을 데려가서는 안 된다, 집에 남겨 두고 가라는 것이었다.

그러나 리화는 부드러우면서도 단호하게 말했다.

"안 돼요. 나리께서는 저에게 이 불쌍한 분에게서 절대로 떨어지지 말라고 말씀하셨어요. 이것은 나리께서 분부 내린 명령입니다. 이분은 내 말이라면 잘 듣고 나를 따르고 있으니 아무에게도 폐를 끼치지는 않을 거예요."

왕룽의 장남은 처리해야 할 산더미 같은 일에 머리를 썩이고 있었고, 수백 명이나 되는 사람들이 징례식이 시작되기를 기다리는 것도 알고 있었기 때문에 리화의 말대로 그 일은 낙착을 지었다. 가마꾼들은 그가 복잡한 일로 정신을 못 차린다는 사실을 알고서 그것을 기회로 부당한 요금을 요구했고, 관을 나르는 인부들은 관이 너무 무거운 데다가 매장할 곳이 멀다고 불평을 늘어놓았다. 저택 안으로 몰려들어 온 소작인들이나 성안의 건달들은 팔짱을 끼고 여기저기 멈춰서서 멍하니 입을 벌린 채 구경하고 있었다. 그뿐만이 아니었다. 장남의 부인은 모든 일이 잘되어 가지 않는다며 끊임없이 그에게 잔소리를 퍼부었다. 장남은 이리저리 뛰어다니며, 한 번도 흘려본 적 없는 땀을 흘리고 목이 쉬도록 큰 소리로 외쳐 댔으나 누구도 그의 말을 귀담아 듣지 않았다.

이런 상태에서는 장례식이 그날 안으로 끝날지도 의심스러웠다. 그런데 그때 아주 다행한 일이 일어났다. 왕룽의 셋째 아들 왕싼(王三)이 불쑥 남쪽에서 돌아온 것이다. 정말 아슬아슬한 시간에 그가 모습을 나타내자, 사람들은 그가 어떻게 변모했는가를 보려고 눈을 크게 떴다. 그가 집을 떠난 지 이미 10년이나 된다. 왕룽이 리화를 첩으로 들여앉히던 날 이래로, 이 고장에서 그를 본 사람은 아무도 없었다. 그날 이상스러운 노여움에 휩싸여 집을 나간 뒤, 그는 한 번도 돌아오지 않았다. 집을 떠났을 때 그는, 키가 크고 거칠고 불끈하기 잘하는 소년이었다. 눈 위에 있는 검은 눈썹을 잔뜩 찌푸리고, 아버지를 미워하면서 집을 나갔다. 그런데 지금 세 형제 중 가장 키가 크고 훌륭한 어른이 되어 돌아왔다. 그 변모가 너무 심했기 때문에 눈 위를 덮은 짙은 눈썹과 여전히 무뚝뚝하기 짝이 없는 입술이 없었다면, 누구도 그라는 것을 알아볼 수 없었을 것이다.

셋째는 군복을 입고서 성큼성큼 문안으로 들어왔다. 그 군복은 한낱 병사의 것이 아니었다. 윗도리와 바지는 까만 고급 천으로 만들어졌고, 윗도리에는 금단추가 빛나고 있었으며 허리의 가죽띠에는 칼을 차고 있었다. 그 뒤에는 어깨에 총을 멘 네 명의 군인이 따랐다. 모두 당당한 병사들이었는데, 그 가운데 한 사람은 언청이였다. 언청이이기는 했지만 그 사나이도 체격은 다른 세 사람 못지 않게 다부지고 건장했다.

그들이 대문으로 보조를 맞추면서 들어오자 저택의 소란은 뚝 그치고, 모두들 왕룽의 셋째 아들을 돌아보았다. 그의 사납고, 명령을 내리기에 익숙해진 얼굴을 보자 사람들은 모두 입을 다물었다. 중들과 저택 안 이곳저곳을 구경하던 소작인들과 건달들의 무리 사이를 그는 힘찬 걸음걸이로 성큼성큼 걸어와 큰 소리로 외쳤다.

"형님들은 어디 계시지?"

이미 한 사람이 그가 돌아왔다는 것을 두 형들에게 전했다. 형들은 이 동생을 어떻게 맞이해야 좋을지, 정중히 맞이하느냐, 아니면 가출해 버린 아우로서 맞이하느냐, 판단을 내리지 못한 채 황급히 나왔다. 그러나 군복 차림의 아우와 그의 등 뒤에서 부동자세로 그의 명령을 기다리는 네 명의 사나워 보이는 군인들을 본 그들은 곧바로 마치 낯선 손님이라도 접대하듯 정중한 태도를 취했다. 형들은 인사를 하고 나서 이 불행한 날의 슬픔을 크게 한탄했다. 셋째도 형들에게 절을 하고 좌우를 둘러보며 말했다.

"아버님은 어디 계십니까?"

형들은 왕룽의 관이 금실로 자수를 놓은 비단 덮개에 싸인 채 안치되어 있는 안채로 셋째를 안내했다. 셋째는 부하인 군인들에게 마당에서 기다리도록 명령하고 방 안으로 들어갔다. 포석을 밟는 가죽 구두 소리를 들은 리화는 누가 왔는가 싶어 급히 보았으나, 셋째라는 것을 알자 재빨리 몸을 돌려 벽 쪽으로 외면하고 섰다.

그러나 셋째는 그녀를 보았고 또 그가 리화라는 사실을 알았어도 그런 티를 전혀 내지 않았다. 그는 관 앞에서 머리를 숙이고 그를 위해서 준비해 둔 삼베 상복을 가져오도록 했다. 형들은 아우가 이토록 키가 컸으리라고는 생각지도 않았기 때문에, 준비해 둔 상복은 막상 입어 보니 너무 짧았다. 그러나 셋째는 그 상복을 입고 사 온 두 자루의 새 초에 불을 밝히고, 망부(亡父)의 영전에 제물로 바치기 위해 생고기를 운반시켰다.

모든 준비가 갖추어지자 그는 망부의 영전에 세 번 머리가 땅에 닿도록 절을 하고, 참으로 예의 바르게 "아아, 아버지!" 하고 외치며 곡을 했다. 리화는 줄곧 얼굴을 벽 쪽으로 돌린 채 한 번도 뒤돌아보지 않았다.

셋째는 예를 다 마치자 일어나서 시원시원하게 말했다.

"준비가 갖추어졌으면 출관(出棺)하도록 하죠."

이상하게도 좀 진까지 그렇게 소란스럽게 어기저기서 저마다 소리를 질러 대던 사람들이 완전히 조용해지고 자진하여 명령에 복종하려는 마음이 되었다. 셋째와 그의 네 명의 부하들의 위세에 눌린 것이었다. 또한 장남에게 불평을 늘어놓던 가마꾼들은 같은 하소연을 하긴 했어도, 말소리가 온화해졌고 무리한 요구는 하지 않았다. 셋째가 미간을 찌푸리고 인부들을 노려보자 그들의 말소리는 차츰 더 약해져 이윽고 사라져 버렸다.

"일을 해. 그러면 한 만큼의 대우를 해 줄 테니. 걱정 말고 일이나 해."

셋째가 그렇게 말하자, 인부들은 잠자코 가마가 있는 곳으로 돌아갔다. 군인과 총은 마치 마법 같았다.

모두 맡은 자리에 가 서자 드디어 커다란 관이 안채로 옮겨져 나왔고, 삼베줄이 관 주위에 몇 겹으로 감겼다. 어린나무처럼 생긴 막대가 여러 개 삼베줄 사이에 꿰이자 상여꾼들이 막대 아래로 어깨를 들이밀었다. 왕룽의 영혼을 전송하기 위한 혼교도 준비되었고, 그 안에는 그의 소지품 중 여러 해 동안 입에 물었던 담뱃대라든가 평소에 입었던 옷, 그리고 그가 병석에 누운 뒤 화공을 불러들여 그리게 한 초상화가 실렸다. 그 그림은 조금도 왕룽과 닮지 않았고 늙은 성현(聖賢) 등의 초상화와 다름이 없었으나 그래도 화공은 최선을 다한 듯, 노인다운 긴 수염과 눈썹, 수많은 주름이 정성껏 그려져 있었다.

장례 행렬이 움직이자 여자들은 소리 높여 울었다. 가장 큰 목청으로 운 것은 렌화였다. 머리칼을 풀어헤치고 하얀 손수건을 번갈아 양쪽 눈에 갖다 대고 울면서 외쳤다.

"아아, 내가 기둥처럼 믿고 의지하던 분이 돌아가셨네. 그분이 돌아가셨네!"

길 양쪽에는 수많은 사람들이 늘어서서 왕룽이 마지막으로 지나가는 것을 보려고 밀고 밀리고 했다. 울부짖는 렌화를 보자 사람들은 몹시 감동을 받아 속삭였다.

"얼마나 갸륵한 여자냐. 주인이 돌아가신 것을 저렇게 슬퍼하고 있으니."

어떤 자는 그렇게나 뚱뚱한 부인이 그처럼 큰 소리로 곡을 하는 것을 보고 놀라서 말했다. "저렇게 살이 찌도록 먹일 수 있었다니 정말 엄청난 부자가 아닌가." 이렇게 말하면서 왕룽의 재산을 부러워하는 것이었다.

아들들의 부인들은 저마다 자기의 성품대로 울었다. 장남의 부인은 우아하게, 가끔 눈에 손수건을 갖다 대며 울었다. 그녀가 롄화처럼 야단스럽게 우는 것은 어울리지 않았다. 그녀의 남편이 1년 전에 얻은 첩은 예쁘장하고 토실토실한 젊은 여자였는데, 그녀는 본부인을 쳐다보면서 부인이 울 때마다 따라 울었다. 그러나 시골 태생인 둘째 아들의 아내는 울음을 잊고 있었다. 그녀는 이렇게 남자들의 어깨에 메여서 큰길을 지나는 것은 처음이어서, 헤아릴 수 없이 수많은 남녀와 아이들이 길가의 담장까지 들어차서 밀고 밀리며 서 있는 것을 보자 놀라워서 그만 우는 것도 잊었다. 간혹 울어야 한다는 것을 생각해 내고 눈에 손을 가져갔다가도 곧 그 손가락 틈으로 군중을 내다보느라 다시 울기를 잊어버리는 것이었다.

옛날부터 여자의 울음은 세 가지로 나눌 수 있다고 한다. 높은 울음소리를 내며 눈물을 흘리는 것이 곡(哭)이고, 커다란 목청으로 울면서 탄식은 해도 눈물은 흘리지 않는 것이 호(號)이며, 소리도 없이 조용히 눈물을 흘리는 것이 읍(泣)이다. 왕룽의 부인들과 아들들의 부인들, 몸종, 중, 고용된 여자들 등 온갖 여인네 가운데서 조용히 눈물을 흘리면서 읍의 울음을 우는 것은 오직 한 사람, 리화뿐이었다. 그녀는 가마 안에 앉아서 아무도 볼 수 없도록 휘장을 내리고 조용히 소리도 없이 울었다. 성대한 장례식도 끝나 왕룽은 자기 땅에 뉘어지고 그 위로 흙이 덮였다. 종이로 만든 집과 하인, 동물들이 모두 태워져 재가 되었고, 향이 피어오르는 가운데 아들들은 마지막 배례를 마쳤다. 곡하는 사람은 정해진 시간만큼 울고 품삯을 받았다. 모든 것이 끝나고 새로운 묘 위에 흙이 높이 쌓였다. 이제 와서 울어도 아무 소용이 없다고 하여 모두들 울음을 그쳤으나 그때까지도 리화는 조용히 소리를 죽이고 계속 울었다.

리화는 성내 집으로 돌아가지 않고 밭 가운데 있는 집으로 갔다. 장남이 성내 저택으로 함께 돌아가서 최소한 유산을 나눌 때까지는 함께 살자고 권했으나 그녀는 고개를 젓고 말했다.

"싫어요. 내가 나라와 가장 오랫동안 산 곳은 여기예요. 나는 여기에서 가장 행복했어요. 그리고 나리께서는 제게 이 불쌍한 분을 보살펴 주라고 말씀하시고 남겨 두고 가셨어요. 우리가 저택으로 가면 둘째 부인께서 이분을 싫어하실 터이고, 또 저도 그분 마음에 들지 않는 모양이니까 우리 두 사람은 나리의 옛집에 이대로 머무르겠어요. 우리 일은 걱정 마세요. 무엇인가 필요할 때는 부탁드리겠지만, 제게 필요한 건 아주 조금뿐이고, 나이 든 소작인 내외가 함께 있으니까 여기에 살아도 마음을 놓을 수 있어요. 게다가 이 불쌍한 분을 보살필 수도 있으니 영감님의 유지(遺志)를 받들게도 되는 것이고요."

"그러고 싶으면 그렇게 하시게." 장남은 내키지 않는 듯 말했다.

그러나 그도 속으로는 기뻐하고 있었다. 왜냐하면 그의 아내가 백치 동생을 싫어하여 그런 사람은 집 안에 두어서는 안 된다, 특히 임신 중인 여자가 있는 안방 주변에서 어물거리게 하면 안 된다고 귀가 따갑게 말했기 때문이다. 그리고 렌화도 왕룽이 살아 있을 때에는 할 용기가 없었던 잔혹한 보복을 리화에게 해서 집안에 귀찮은 일이 일어날지도 모른다는 생각이 들었기 때문이다. 그래서 그는 리화가 하고 싶은 대로 하게 했다. 리화는 백치 딸의 손을 끌고 그녀가 늙은 왕룽의 시중을 들던 흙집으로 갔다. 리화는 그곳에서 살며 백치 딸을 보살폈다. 집에서 멀리 가는 것은 왕룽의 묘에 성묘하러 갈 때뿐이었다.

왕룽의 묘로 성묘를 가는 것은 리화뿐이었다. 가끔 렌화가 성묘를 가긴 했지만, 그것은 주인을 잃은 둘째 부인의 도리에서 망부(亡夫)의 묘로 성묘를 하러 가야 하는 계절에만이었다. 그것도 자기가 얼마나 망부에게 정절을 지키고 있는가를 남에게 알릴 수 있는 시간을 일부러 골라서 나섰다. 그러나 리화는 살그머니 남의 눈에 띄지 않게, 마음이 슬픔으로 가득 차고 쓸쓸할 때는 언제나 묘로 갔다. 그녀는 아무도 가까이 없을 때, 사람들이 집 안에 들어박혀 잠든 밤에, 먼 밭에서 바삐 일하고 있을 때를 골라서 나갔다. 이처럼 쓸쓸해서 견딜 수 없을 때, 그녀는 곧잘 백치 딸을 데리고 왕룽의 묘로 갔다.

묘에서도 그녀는 큰 소리로 울거나 하지 않았다. 묘를 향해 절을 하고 가끔 조금 울 때가 있어도 한두 번 "아아, 나리. 우리 나리! 내게 단 한 분밖에 없는 아버님 같은 분이었는데!" 하고 속삭일 뿐 소리를 크게 내지는 않았다.

3

위대한 지주였던 노인은 죽어서 무덤 속에 누워 있지만 아들들은 망부의 삼 년상을 치러야 했다. 그러므로 아직 잊어버릴 수는 없었다. 이제 가장이 된 장남은 모든 일이 정해진 대로 차질 없이 시행되도록 세심한 주의를 기울였다. 자기의 생각만으로 자신이 없을 때에는 아내와 의논했다. 왜냐하면 장남은 돌아가신 아버지가 행운의 혜택을 입고 빈틈없는 성격 때문에 부자가 되어 가족을 위해 성안의 저택을 사 줄 때까지는 시골에서 성장하여, 성내 부잣집의 관습을 모르기 때문이었다. 그가 남몰래 아내에게 의논을 하러 가면 아내는 그가 모르는 것을 경멸하는 듯 싸늘하게 말했다. 그러나 남편이 이 집안에서 창피를 당하는 것은 그녀로서도 반가운 일이 아니기 때문에 대답만은 주의 깊게 해 주었다.

"얼마 동안 아버님의 영혼이 머물러 계시는 위패를 대청에 모시고 주발에 음식을 담아 영전에 올려야 해요. 그리고 우리가 입을 상복은 이렇게 만들어요."

그녀는 모든 일에서 어떻게 해야 하는지를 설명했다. 장남은 그 말에 귀를 기울였다가 아내의 방에서 나와서는 자신의 생각인 양 분부했다. 이렇게 두 번째 상복을 장만하기 위해 천을 사고 바느질꾼을 샀다. 장례식 날로부터 백 일 동안 세 아들은 하얀 신을 신어야 하고 그 뒤에도 엷은 회색 또는 수수한 색을 신어야 했으며, 또 그들의 아내들도 꼬박 3년이 지나 상을 다 치를 때까지는 비단을 절대로 몸에 감아서는 안 되었다. 3년이 지나 왕룽의 영혼의 휴식처로서 마지막 위패가 만들어지고 계명(戒名)이 쓰여 왕룽의 아버지와 할아버지 위패 사이의 올바른 장소에 안치되면 삼년상은 모두 끝나는 것이다.

장남의 명령에 따라 가족 모두의 상복이 준비되었다. 그는 이 집의 가장이기 때문에 말을 할 때마다 언제나 소리를 높였고, 장중한 투로 말했다. 아우들과 함께 자리할 때는 늘 마땅한 권리로서 윗자리를 차지했다. 아우들은 얌전히 그의 명령에 따랐다. 그러나 둘째는 은근히 자기가 형보다 영리하다고 생각했기 때문에 복종은 하지만 마음속으로는 비웃듯이 조그마한 입술을 일그러뜨리고 있었다. 왕룽은 살아 있을 때 이 둘째 아들에게 토지의 권리를 맡겨 두었으므로,

소작인이 몇 사람 있고 철따라 밭에서 얼마만 한 수입이 오르는가 아는 것은 그뿐이었다. 그래서 그는 형제들에게 지배력을 행사할 수 있다고, 적어도 그 자신은 그렇게 생각했다. 셋째는 복종할 필요가 있는 명령은 따른다는 습관이 든 군인답게 형의 명령에 복종했으나, 마음은 딴 곳에 있는 것 같았고 한시라도 빨리 집을 떠나고 싶어하는 것 같았다.

실은 이 세 형제는 유산이 분배될 날을 기다리고 있었던 것이다. 저마다 은밀히 예정하고 있는 용도가 있었기에 셋 다 제 몫의 유산이 아쉬웠다. 그렇기 때문에 유산을 분배한다는 점에서도 당장에 의견이 일치되었다. 둘째와 셋째는 토지가 모두 장남 손에 들어가 장남에게 의존하게 되는 것은 싫었다. 형제에게는 저마다 자신의 의사가 있었던 것이다. 장남은 자신이 받을 유산 액수가 어느 정도가 될까, 두 명의 처첩과 많은 아이들을 거느리고 이 대저택에서 생활과 체면을 유지해 가기에 충분할지, 그리고 또 자기의 억제할 수 없는 은밀한 쾌락에 돌려 쓸 수 있을 만큼 충분할지, 그것이 알고 싶어서 애가 탔다. 둘째는 큰 곡물 상점을 경영하고 있었고 돈놀이를 하고 있었으므로, 유산의 분배액이 돌아오면 그것을 아무 제약 없이 돌려서 커다란 이익을 올릴 생각이었다. 셋째는 참으로 별나고 과묵해서 대체 무슨 꿍꿍이가 있는가 아무도 알지 못했다. 그 까무잡잡한 얼굴에서는 무엇 하나 읽어 낼 수 없었다. 안절부절못하는 것을 보아 한시바삐 이곳을 떠나고 싶어한다는 것은 분명했다. 그러나 분배받을 유산을 어떻게 할 작정인가는 아무도 추측조차 할 수가 없었고 또 누구도 감히 물어볼 용기가 없었다. 그는 삼형제 가운데 막내였으나 모든 가족들에게 두려움의 대상이었다. 종들도 그가 부르면 다른 사람이 부를 때보다 곱절은 빨리 달려갔다. 그러나 장남이 위세 좋게 커다란 소리로 불러도 그에게는 가장 늦게 고개를 내밀었다.

왕룽은 그와 같은 세대(世代)에서는 가장 오래도록 살아남은 축이었다. 몸이 튼튼하여 노령까지 삶에 달라붙어 있었기 때문에, 그가 죽었을 때 같은 세대의 사람들은 거의 남아 있지 않았다. 단 한 사람, 사촌 동생이 있는데 그는 방랑 중인 뜨내기 군인으로서 왕룽의 아들들은 아무도 그가 어디에 있는지 알지 못했다. 군인이라기보다 도둑이라고 할 수 있는 비적(匪賊) 떼를 거느리고서, 조금이라도 돈을 많이 주는 대장이라면 아무나 모셨고, 독립해서 약탈을 하는 것이 이

롭다고 보이면 아무도 받들지 않고 멋대로 약탈을 하면서 떠도는 그런 부류였다. 세 아들은 이 아버지 사촌 동생의 거처를 모르는 것을 오히려 다행으로 여겼다. 이 인물에 대해서는 죽었다는 소식 말고는 아무것도 알고 싶지 않았던 것이다.

그러나 달리 나이 든 혈연이 없기 때문에, 옛날부터의 관례에 따라 이웃 중에서 존경할 만한 인물을 골라 그에게 부탁하고, 입회인으로서 정직하고 선량한 사람들을 모아 놓고 그들 앞에서 유산을 나눠야만 했다. 어느 날 밤 형제들이 모여서 누구에게 부탁할 것인가를 의논했다. 그러자 둘째 아들이 말했다.

"형님, 곡물상의 류(劉)씨 어른이 좋겠어요. 나는 그분 가게에서 장사를 배웠고 형수님의 아버지이기도 하니, 그 이상으로 가깝고 믿을 수 있는 어른은 없습니다. 그 어른이 정직한 사람이라는 것은 누구나가 다 인정하고 있고, 또한 그분은 부자니까 부러워하거나 하지도 않을 것 같습니다. 그분에게 부탁하여 유산을 나누기로 합시다."

장남은 이 말을 듣자 자기가 먼저 생각해 내지 못한 것이 마음에 들지 않아, 거드름을 피우며 대답했다.

"아우야, 그렇게 앞질러 말하는 게 아니다. 나도 마침 장인어른께 부탁해 보면 어떨까 하고 말하려던 참이었다. 너도 그렇게 말했으니 그 어른께 부탁하기로 하자. 하나 나도 그렇게 말하려던 참이었는데, 네가 동생이라는 위치를 잊고 그렇게 먼저 말하고 나서면 안 돼."

이렇게 잔소리를 하고 장남은 둘째를 흘겨보며 두툼한 입술을 내밀고 무겁게 숨을 쉬었다. 그러나 둘째는 웃음을 참듯이 입을 오므리고 있었다. 장남은 서둘러 눈길을 피하여 막냇동생에게 말했다.

"너는 어찌 생각하느냐!"

셋째는 꿈이라도 꾸는 듯한 오연한 태도로 고개를 들고 답했다.

"아무래도 좋습니다. 그저 어떻게 처리하든 빨리 해 주셨으면 좋겠습니다."

그러자 장남은 마치 당장에 일을 처리하기나 할 것처럼 황급히 일어났다. 그러나 중년이 된 뒤로 그는 서두르면 반드시 실수를 했다. 빨리 걸으려고 해도 손발이 마음대로 움직여 주지 않았다.

그럭저럭 결정이 되었다. 상인인 류씨는 왕룽을 빈틈없는 사람이라고 존경하고 있었기 때문에 기꺼이 맡아 주었다. 형제들은 입회인으로서, 상당한 생활을 하는 이웃 사람들과 성안에서도 재산과 높은 지위로서 알려진 훌륭한 사람들을 초빙했다. 이들은 정해진 날에 왕씨 집의 대청에 모여 신분 순서대로 자리를 잡았다.

싱인 류씨가 둘째에게, 분배할 토지와 현금 등 모든 것을 포함하는 재산 목록을 제출하두록 요구했다. 둘째는 일어나서 목록을 장남 손에 넘겨주고, 장남이 그것을 류씨에게 건넸다. 류씨는 코 위에 놋테 안경을 걸치고, 먼저 그것을 펼쳐서 기재 사항을 나직하게 중얼거리면서 훑어보았다. 사람들은 그가 다 읽기를 조용히 기다렸다. 이윽고 류씨는 커다란 목소리로 목록을 읽었다. 대청에 있는 사람들은 모두, 죽은 왕룽이 다 합쳐 100만 평 가까이 되는 막대한 토지를 갖고 있었다는 것을 알게 되었다. 이 지방에서는 이처럼 많은 토지가 한 개인의 명의로 되어 있던 적은 좀처럼 없었다. 아니, 개인뿐만 아니라 가문이라 할지라도 그런 넓은 땅을 소유한 일은 드물었다. 틀림없이 황가(黃家)의 전성시대를 제외하고서는 없었던 일이다. 둘째는 모든 것을 알고 있어서 새삼 놀라지는 않았으나, 다른 사람들은 체면상 태연을 가장하기는 했으나 그래도 탄성을 지르지 않을 수가 없었다. 그저 셋째만이 무관심한 듯 앉아 있었다. 그는 언제나처럼 마치 마음이 그곳에 없는 듯, 어서 이런 일이 끝나 자기 마음이 있는 곳으로 가고 싶어서 안타까이 기다리는 듯했다.

이 막대한 토지 외에 왕룽 소유인 집이 두 채 있었다. 하나는 밭 가운데 있는 토벽의 농가이고, 다른 하나는 황가가 몰락하고 노대인(老大人)이 죽은 뒤 곳곳으로 흩어진 그의 아들들에게서 왕룽이 사들인 이 넓은 저택이었다. 가옥이나 토지 말고 여러 곳에 빌려준 이잣돈도 있었고 곡물 상점에 투자한 돈도 있었으며 남몰래 숨겨 놓은 부대 속 돈도 있었다. 모두 합치면 현금만으로도 토지 가격의 반쯤은 있었다.

이 어마어마한 유산이 형제들에게 분배되기 전에 처리해야 할 문제들이 있었다. 몇몇 소작인이나 상인들로부터 들어온 청구 이외에 가장 중요한 문제는 왕룽이 생전에 들여앉힌 두 명의 첩에 대한 처우였다. 왕룽이 시골뜨기 아내로는 만족할 수 없게 된 왕성한 욕망을 채우려고, 그 미모에 홀려서 욕정의 만족을 찾아 찻집(茶館)에 몸값을 치르고 첩으로 삼은 롄화와, 늘그막의 외로움을 위로하기 위해서 자기 집의 계집종이었던 것을 안방으로 들여앉힌 리화, 두 사람이다. 그 둘은 어디까지나 정실(正室)이 아니라 첩에 지나지 않았다. 첩이란 주인이 죽었을 때 아직 젊음을 잃지 않았다면 새 사나이를 구해 나가도 그다지 비난받지 않았다. 그러나 첩이 나가기를 바라지 않을 때는 이제까지처럼 의식주를 보장해 주어야 했으며, 그리고 죽을 때까지 가족의 한 사람으로서 집에 머물러 있을 권리가 있었다. 이것을 세 형제는 알고 있었다. 롄화는 나이가 들고 조그만 동산처럼 살이 쪄 있어 새삼스레 다른 사나이를 구해 나갈 수는 없고, 그녀 또한 몸에 익은 자기 방에 속 편히 머물러 있고 싶은 모양이있다. 류씨가 롄화를 부르자, 그녀는 문 가까운 자리에서 두 몸종의 부축을 받으며 일어나 옷소매로 눈물을 닦으면서 슬픈 목소리로 말했다.

"아아, 나를 보살펴 주신 영감님은 돌아가셨지만 어찌 내가 다른 사내에게 갈 생각을 할 수 있겠어요. 나는 이제 늙어서 먹는 것도 입는 것도 조금밖에 필요치 않습니다. 우리 영감님의 아드님들은 너그러우신 분들이니 부디 내 슬픈 마음을 달래기 위해서 술과 담배도 조금 주십시오."

자기가 나면서부터 착한 사람이라 다른 사람들도 선인(善人)이라고만 여기고 있는 상인 류씨는 동정의 눈으로 롄화를 보았다. 그는 롄화의 이전 신분 따위는 말끔히 잊고, 훌륭한 부인이라고만 생각하여 경의를 나타내면서 말했다.

"부인의 말은 아주 지당하오. 고인은 아주 친절한 분이었소. 누구나 그렇게 말하고 계시오. 좋소, 그렇다면 이렇게 하기로 합시다. 부인에게 매달 은전 스무 닢씩을 드리도록 하시오. 그 밖에 지금 계시는 방에 그냥 사시며 몸종이나 하인들을 그전대로 써도 좋고, 음식 이외에 옷값으로 해마다 포(布)를 조금씩 드리도록 하시오."

롄화는 한 마디도 놓치지 않으려고 귀를 기울이고 있다가, 이 말을 듣자 눈을 반짝이면서 아들들의 얼굴을 돌아보고 슬픈 듯이 손을 모아 쥐며 째지는 듯한 울음소리를 냈다.

"겨우 은전 스무 닢? 정말, 겨우 스무 닢인가요? 그것으로는 사탕과자를 사기에도 부족해요. 나는 식욕도 없는 데다, 딱딱하고 거친 음식은 먹어 본 적도 없다고요!"

이 말을 들은 류씨는 안경을 벗고 깜짝 놀란 얼굴로 렌화를 보고 엄하게 말했다.

"많은 가족이 한 달에 은전 스무 닢으로 살고 있소. 주인이 죽은 뒤엔 아주 가난한 집이 아니디리도 웬만한 집에서는 그 반만으로 충분하오."

렌화는 정말로 울기 시작했다. 가식도 체면도 없이, 전에 없을 만큼 왕룽을 애타게 부르면서 울부짖었다.

"아아, 영감님. 왜 당신은 나를 두고 가 버리셨나요! 영감님을 앞서 보내고 남아 나는 버림받게 생겼어요. 영감님은 멀리 가 버리셔서 나를 도와줄 수도 없으시죠!"

비단 휘장 뒤에 서 있던 장남의 부인이 이때 휘장을 들치고, 렌화의 거동은 참석한 훌륭한 분들 앞에서 체면이 서지 않는 일이라고 남편에게 신호를 했다. 장남은 그녀를 못 본 척하려 했으나 그렇게만도 할 수가 없었다. 게다가 아내가 잔뜩 인상을 찌푸리고 있었으므로 의자 위에서 주저주저하다가 마침내 일어나서, 요란하게 울부짖는 렌화의 그 울음소리를 위압하는 목소리로 외쳤다.

"돈을 좀 더 주기로 해서 진정시키는 것이 어떨까?"

둘째는 형의 처사를 참을 수가 없어 자리에서 일어나 외쳤다.

"돈을 더 줄 생각이시라면 형님 몫에서 내도록 하세요. 은전 스무 닢으로 충분해요. 노름을 한다 하더라도 충분하고도 남을 지경입니다."

그가 이렇게 말한 까닭은 렌화가 나이를 먹음에 따라서 노름에 정신이 팔려, 먹거나 자는 시간 말고는 언제나 노름을 하고 있었기 때문이었다. 장남의 부인은 그 말을 듣자 한결 더 화가 나, 장남의 몫에서 지출한다는 것은 무슨 일이 있더라도 거부해야 한다고 열심히 남편에게 신호를 했다. 그리고 들으라는 듯이 중얼거렸다.

"그럴 수는 없어요. 첩들 몫은 유산을 나누기 전에 결정해야 해요. 우리들이 다른 형제들보다도 저 여자와 더 관계가 깊은 것도 아니잖아요."

소동이 커졌기 때문에 온후한 늙은 상인은 어쩔 줄 모르고 사람들의 얼굴만 둘러보았다. 렌화가 잠시도 울음을 그치지 않았기 때문에, 참석한 사람들은 모두 어찌해야 할지 몰랐다. 셋째가 분개하여 갑자기 일어나서 돌을 깐 바닥을 단단한 가죽신으로 쾅쾅 구르며 큰 소리로 외치지 않았더라면, 그 혼란은 좀 더 오래 계속되었으리라.

"내가 내겠소. 몇 푼의 은이 무엇이란 말이오. 귀찮아 죽겠소."

그러자 아주 좋은 해결법이라는 듯이 장남의 부인은 말했다.

"도련님은 독신자니까 그러실 수 있어요. 우리들처럼 아이들 일을 생각할 필요가 없으니까요."

둘째는 조금 어깨를 움츠렸다. 그리고 마음속으로 이렇게 혼잣말이라도 중얼거리고 있는 듯이 살짝 웃었다.

'그것도 좋겠지. 저 녀석이 어리석어서 자기 재산을 지키지 못하더라도 내가 알 게 뭐야.'

그러나 늙은 상인은 언제나 조용한 집안에서 살아와 렌화 같은 인간에게는 익숙지 못하기 때문에 셋째 아들의 제안을 무척 기뻐하며, 한숨을 훅 내쉬고 손수건을 꺼내 얼굴을 닦았다. 렌화는 셋째 아들이 험악한 표정을 지었기 때문에 그 이상 시끄럽게 구는 것은 득책이 아니라고 생각하고 갑자기 울음을 그치더니, 일단 만족해 하며 자리에 앉았다. 입을 일그러뜨려 슬픈 표정을 지으려고 해 보았으나 곧 잊어버리고 자리에 모인 사람들을 이리저리 둘러보기 시작했다. 그리고 종이 받쳐들고 있는 접시에서 수박씨를 집어, 나이치고는 튼튼한 이로 아작아작 소리를 내며 씹었다. 겨우 안심한 것이다.

렌화의 몫은 그렇게 결정되었으므로 늙은 상인은 주위를 둘러보며 말했다.

"또 한 분은 어디에 계시오? 여기 이름이 씌어 있는데?"

리화를 가리키는 것이었다. 그러나 아무도 리화가 와 있는지 관심을 두지 않았기 때문에 그런 말을 듣고서야 사람들은 대청을 휘둘러보았고, 그녀의 방으로 종을 보내 보았지만 그녀는 집안 어디에도 없었다. 왕룽의 장남은 리화를 부르는 것을 깨끗이 잊어버렸던 사실을 생각해 내고 서둘러 리화를 데리러 보냈다. 그녀가 올 때까지 한 시간쯤 흐르는 동안 사람들은 차를 마시거나 그 주변을 걸어다니면서 기다려야 했다. 이윽고 리화가 하녀의 인도로 대청 입구까지 왔다. 그러나 안을 들여다보고 많은 사람들이 모인 것을 보더니, 한참 동안 들어

오기를 망설였다. 그리고 셋째의 모습에 눈길이 멈추자 다시금 안뜰 쪽으로 나가 버렸다. 하는 수 없이 늙은 상인은 안뜰까지 그녀를 따라 나갔다. 그는 리화가 당황하지 않도록 정면을 피해서 다정하게 바라보고, 그녀가 아직 젊으며 희고 아름다운 용모를 지닌 것을 알고는 이렇게 말했다.

"당신은 아직 젊어요. 새 인생을 시작한다고 해도 나무랄 사람은 없소. 돈을 많이 줄 테니 고향으로 돌아가서 좋은 사람과 결혼을 하든지 하는 게 좋겠소."

리화는 이런 말을 들으리라고는 전혀 예상하지 않았기 때문에, 자기가 쫓겨나는 것이라고 생각하고 겁을 잔뜩 먹은 나머지 다 죽어 가는 목소리로 띄엄띄엄 말했다.

"어르신, 저는 집도 없고, 돌아가신 나리의 백치 따님 말고는 가족도 없어요. 나리께서는 백치 따님을 저에게 부탁하셨습니다. 우리 두 사람은 갈 곳이 없어요! 우리는 토벽집에 그냥 줄곧 살 수 있으리라 생각하고 있었는데…… 우리는 얼마 먹지도 않고, 게다가 나리께서 돌아가셨기 때문에 비단옷도 입지 않아요. 평생 무명옷만 있으면 그것으로 족해요. 저택의 어느 분에게도 절대로 폐를 끼치지는 않겠습니다."

늙은 상인은 대청으로 돌아가서 장남에게 물었다.

"백치 따님이란 누군가?"

장남은 주저하는 듯이 대답했다.

"아이 때부터 머리가 모자라는 불쌍한 누이동생입니다. 우리 부모님은 흔히 세상 사람이 그렇게 하듯이, 어서 죽도록 굶기거나 하지 않았기 때문에 오늘날까지 살아 있습니다. 아버님은 첩으로 삼은 저 여자에게 누이동생을 보살피도록 분부하셨습니다. 만약 저 여자가 다시 결혼하지 않겠다면 돈을 주어 소망대로 하게 해 주세요. 저 여자는 양순해서 정말 누구에게도 폐를 끼치지는 않을 테니까요."

이 말을 듣자 렌화는 갑자기 큰 소리로 말했다.

"그렇지요. 그러나 그 여자에게는 많이는 줄 필요 없어요. 그 여잔 이 집 종에 지나지 않았으니까요. 영감님이 나이가 들어서 정신이 흐려 저 하얀 낯짝에 혹해 바보 같은 짓을 하기 전까지는 거친 음식을 먹고 무명옷만 입었으니까요. 그

때만 해도 분명 저 여자가 영감님을 홀린 것이 틀림없어요. 게다가 그 백치는 하루빨리 죽는 편이 나아요."

렌화가 이렇게 떠들어 대는 꼴을 셋째는 몹시 험상궂은 얼굴로 흘겨보았다. 렌화는 말끝을 흐리며 그의 검은 눈길로부터 얼굴을 돌렸다. 그러자 셋째가 외쳤다.

"그 여자에게도 나이 든 여자와 똑같이 주시오. 내가 내겠소!"

렌화는 큰 소리로 말할 용기는 없었으나 꿍얼거리며 이의를 제기했다.

"나이 든 사람과 젊은 사람을 똑같이 취급하다니. 게다가 저 앤 내 종이었는걸."

그녀가 이렇게 중얼거리더니 다시 큰 소란을 일으킬 것 같은 눈치를 보이자 류씨는 서둘러 말했다.

"그렇소, 그 말이 옳소. 그러면 나이 많은 부인에겐 은전 스물다섯 닢, 젊은 쪽은 은전 스무 닢으로 합시다."

그리고 그는 마당으로 나가 리화에게 말했다.

"자, 이만 마음 놓고 돌아가시오. 다달이 은전 스무 닢씩 드리기로 할 테니, 당신이 좋을 대로 살아가도록 해요."

리화는 진심으로 인사를 드렸다. 어찌 될 것인가 근심하고 있었기 때문에, 조그만 입술은 마르고 온몸이 떨렸으나, 여태까지처럼 살 수 있다는 것을 알고 안심했다.

이러한 일들의 처리가 끝나자, 나머지는 그다지 어렵지 않았다. 늙은 상인은 유산 분배를 진행해 나갔다. 토지, 가옥, 현금을 공평하게 4등분하여 절반을 가장인 장남에게, 4분의 1은 둘째에게, 나머지 4분의 1을 셋째에게 분배하려고 했다. 이때 갑자기 셋째가 입을 열었다.

"나는 집도 땅도 필요 없습니다. 아이 적에 아버님은 나를 농부로 만들려고 밭일만 시켰기 때문에 땅은 이제 지긋지긋합니다. 나는 결혼도 하지 않았으니까 집도 소용없소. 내 몫은 모두 은전으로 주십시오. 꼭 집이나 땅으로 받아야 한다면 형님들이 내 몫을 사시고 제게는 돈으로 주셨으면 좋겠습니다."

두 형은 이 말을 듣자 어안이 벙벙해졌다. 곧 사라져 버려 흔적도 남지 않을 돈으로 유산을 받고 싶다, 재산으로서 남을 집도 땅도 필요없다는 인간이 있으리라고는 생각도 못 했기 때문이었다. 장남은 진지하게 말했다.

"그러나 말이지, 이 세상에 평생 결혼하지 않는 사내는 없다. 조만간에 너에게도 우리이만 색싯감을 구해 주겠다. 그것은 본디 아버님의 의무지만 세상을 떠나셨으니 님은 우리가 형으로서 구해 주어야지. 그렇게 되면 너도 집과 땅이 필요해진다."

이어서 둘째가 분명하게 말했다.

"네가 분배받은 땅을 어떻게 하든 그것은 자유지만 그러나 우리는 살 생각이 없어. 유산을 돈으로 받아 몽땅 써 버린 다음, 토지도 유산도 속아서 뺏겼다고 트집을 잡아 말썽이 일어나는 예가 세상에는 얼마든지 있어. 돈은 써 버리면 흔적도 남지 않는다. 증서가 있어도 증서 따위는 아무나 쓸 수 있다고 퉁겨 버리면 그뿐이고, 말만으로는 아무런 증거도 되지 않아. 이를테면 네가 문제를 일으키지 않더라도 아들이나 손자 대가 되어 말썽을 일으키지 말란 법이 없거든. 그리 되면 몇 대에 걸쳐 다투게 된다. 그러니까 토지는 분배해야 된다. 너만 좋다면 내가 네 토지를 관리하여 해마다 거기에서 거두는 수입을 보내 줘도 좋다. 그러나 유산을 모두 돈으로 달라는 것은 찬성할 수가 없어."

둘째의 이 말에 사람들은 모두 그것이 지혜로운 방법이라고 감탄했다. 그 뒤로는 아무리 셋째가 "나는 집도 땅도 필요 없습니다" 중얼거려도 아무도 상대하지 않았다. 늙은 상인만이 이상한 듯 물었다.

"그렇게 많은 돈을 어떻게 할 작정이지?"

셋째는 거친 말투로 대답했다.

"내겐 사명이 있소!"

그러나 그것이 어떤 것을 뜻하는지 아무도 알지 못했다. 한참 뒤 늙은 상인은 돈과 땅도 나눠야 한다고 결정했다. 만약 정말로 셋째가 성안의 저택을 분배받고 싶지 않다면, 그다지 값은 나가지 않지만 얼마 안 되는 노력을 들여 밭의 흙으로 만든, 밭 가운데의 낡은 토벽집을 가져도 좋다고 말했다. 그 밖에 두 형은 아버지가 돌아가셨으므로 형들의 동생에 대한 의무로서 막냇동생의 결혼 비용을 준비해야 한다고 했다.

셋째는 말없이 앉아서 듣고 있었다. 드디어 모든 유산의 분배가 결정되고 법에 따라서 모든 것이 공평하게 나누어진 뒤에 아들들은 참석한 사람들을 대접했다. 그러나 아직 상복을 벗지 않았기 때문에 비단옷도 입지 않았고 명랑하게 떠들지도 않았다.

이리하여 왕룽이 평생을 보낸 논밭은 분배되었고, 땅은 이제 아들들 것이 되었다. 그가 누워 있는 조그만 토지만이 그에게 남겨졌고 그 밖에는 모두 그의 것이 아니게 돼 버린 것이다. 그러나 이 조용한 땅에서 그의 피와 뼈는 아무도 모르게 녹아 흘러서 땅속 깊숙이 스며들어 대지와 하나가 되어 있었다. 아들들은 대지의 표면을 저희들이 하고 싶은 대로 처분하리라. 그러나 왕룽은 그 땅속 깊숙이 누워 누구도 빼앗을 수 없는 땅을 여전히 소유하고 있었다.

4

애타게 기다리던 유산 분배가 끝나자마자 셋째는 부하들과 함께 그가 떠나왔던 지방으로 다시 출발할 준비를 시작했다. 장남은 이 모습을 보고 그가 너무나 서두르는 데에 놀라서 말했다.

"어떻게 된 거냐. 아버님의 삼년상을 치르지도 않고 벌써 출발하려는 거냐?"

"3년이나 기다릴 수 있습니까?" 셋째는 흥분한 말투로 대답하고는, 굶주린 듯한 사나운 눈길을 형에게로 보냈다.

"내가 형님이나 이 집에서 떨어져 있는 한, 내가 무엇을 하는지 아무도 모를 것이고 만일 알았다고 하더라도 누구도 관심을 갖지는 않으리라고 생각합니다."

이 말을 듣자 장남은 호기심을 자극당한 듯 동생을 보고 수상하다는 듯이 물었다.

"그렇게 서두는 것은 대체 무엇 때문이냐?"

셋째는 허리띠에 칼을 차던 손을 멈추고 형을 보았다. 크고 둥글둥글한 몸이었다. 얼굴은 비곗살이 올라 축 처져 있었고 입술은 두툼하게 튀어나왔으며 온몸이 하얗고 부드러운 살로 싸여 있었다. 손가락을 편 손은 기름기가 올라 여자 손처럼 보드라웠고, 손톱은 길었으며 손바닥은 분홍빛에 통통하게 살이 올라 있었다. 형의 그런 모습을 본 셋째는 눈길을 돌리고 경멸하듯이 말했다.

"말씀드려도 모르실 것입니다. 내 지휘를 기다리는 사람들이 있으니 빨리 돌아가야 한다고만 말씀드리지요. 내 명령이라면 기꺼이 복종하는 부하가 있다고 말씀드리면 충분하겠지요."

"그래, 봉급은 충분히 받느냐?" 맏형은 이상하다는 듯이 물었다. 그는 자기가 훌륭한 인간이라고 생각하고 있었으므로 동생이 자기를 경멸하는 눈치는 채지 못했다.

"받을 때도 있고 못 받을 때도 있습니다."

장남은 보수도 받지 않고 일을 하는 인간이 있다는 것은 생각할 수조차 없었으므로 계속 물었다.

"사람을 부려놓고 급료를 주지 않는다니 이상한 이야기로구나. 내가 만일 군인으로서 부하를 가진 장교라면, 급료를 주지 않는 대장 따위는 버리고 다른 대장에게로 가겠어."

셋째는 대답하지 않았다. 그는 출발 전에 하려고 생각한 일이 있으므로 둘째 형에게 가서 은밀히 부탁했다.

"형님, 잊지 말고 리화에게 돈을 보내 주십시오. 나에게 부쳐 주는 몫에서 다달이 5냥씩 떼어서 리화에게 보내 주십시오."

둘째는 이 말을 듣자 깜짝 놀라서 가느다란 눈을 크게 떴다. 그는 그런 많은 액수의 돈을 남에게 주어 버리는 마음을 쉽사리 이해할 수 없었다.

"그 여자에게 왜 그리 큰돈을 주느냐?"

셋째는 이상하리만치 허둥대며 말했다. "백치 누이를 보살펴 주고 있으니까요."

그는 좀 더 할 말이 있어 보였으나 그 이상 아무 말도 하지 않았다. 부하들이 소지품을 챙겨 짐을 꾸리는 동안 그는 몹시 안절부절못했다. 그러다가 끝내는 성문까지 걸어가서 아버지의 토지였던 곳과 필요 없다는데도 이제 자기 것이 된 토벽집 쪽을 바라다보며, 꼭 한 번 이렇게 중얼거렸다.

"내 것이 되었으니까 한번 가 보고 와도 좋겠지."

그러나 그는 다시금 숨을 크게 들이쉬고 고개를 흔든 뒤 성내 저택으로 돌아왔다. 그리고 부하들을 데리고 급히 떠나갔다. 집을 떠나는 것이 기뻤다. 그곳에 있으면 아직도 아버지의 힘에 위압당하는 것 같은 느낌이 들었다. 그는 어떤 힘으로든 위압당하는 것은 싫었다.

두 형도 똑같이, 아버지로부터 해방되는 날만을 기다렸다. 장남은 어서 삼년상이 끝나기를 기다렸다. 그리고 대청 정면에 있는 망부의 위패를 다른 위패들이 안치되어 있는 큰 대청의 불단으로 옮길 날을 애타게 기다렸다. 아버지의 위패가 대청에 모셔진 것을 날마다 보고 있자니 마치 아버지에게 감시당하는 느낌이 들었다. 확실히 왕룽의 영혼은 그 위패에 깃들어, 아들들을 감시하고 있었다. 장남은 자유롭게 쾌락의 생활에 빠져 유산을 마음대로 쓰고 싶었는데, 위패가 그곳에 있는 동안은 지갑의 돈을 마음대로 끄집어내서 쾌락에 빠질 수가 없었다. 아들이 삼년상도 치르기 전에 호화롭게 논다는 것은 체면상 좋지 못한 일이다. 마음속으로 언제나 비밀스러운 쾌락만을 뒤쫓고 있는 이 게으른 장남에게 세상을 떠난 왕룽은 여전히 구속력을 지녔던 것이다.

둘째 또한 나름의 계획이 있었다. 둘째는 곡물 상점을 확장할 작정이었기 때문에, 토지의 일부를 팔아 돈으로 바꾸고 싶어 참을 수 없었다. 상인 류씨는 이미 노령이고, 그의 아들은 학자로서 아버지의 사업을 이으려 하지 않았기 때문에 그는 류씨의 곡물 상점을 사들일 생각이었다. 거기까지 사업을 확장하면 이 지방의 곡식을 가까운 다른 성(省)으로 실어 보낼 수도 있으리라. 그러나 상을 다 치르기 전에 그처럼 거창한 일을 벌이는 것은 삼가야 했다. 그래서 그는 가만히 참으면서 기다리고 있었다. 그저 가끔씩 자연스러운 태도로 형의 속을 떠 보았다.

"형님, 상을 마치면 토지를 어떻게 하실 작정이십니까? 파시겠습니까, 아니면 무엇인가 달리 생각이 있습니까?"

형도 또한 일부러 생각조차 안 해 본 듯한 태도로 대답했다.

"글쎄, 아직 모르겠는걸. 생각해 본 일조차도 없다. 가족을 먹여 살리려면 어느 정도는 남겨 두어야겠지. 내가 너처럼 사업을 하는 것도 아니고, 이 나이에 새로운 일을 시작할 수도 없으니까."

"그러나 형님, 땅을 관리하는 것은 여러모로 귀찮은 일이에요." 둘째는 말했다. "지주가 되면 소작인들도 감독해야 하고 스스로 곡물량을 계산할 줄도 알아야 하지요. 토지에서 수익을 올려 그것으로 생활을 꾸려 가려면 성가신 일이 정말 많습니다. 나는 아버지 대신 그런 일을 해 왔습니다만 이제부터는 내 일이 있으니 형님을 위해서 일해 드릴 수는 없습니다. 나는 가장 좋은 땅만 남겨 두고 나머지는 모두 팔 작정입니다. 그리고 그 돈은 높은 이자에 꿔 주겠어요. 형님과 나, 어느 쪽이 더 빨리 부자가 되는가 한번 경쟁해 볼까요."

장남은 이 말을 듣자 동생이 몹시 부러웠다. 자신도 지금 가지고 있는 몫 이상으로 돈이 필요하다는 사실은 알고 있었기 때문이다. 그래서 그는 힘없이 대답했다.

"그렇군, 한번 해 볼까? 나도 지금 생각하는 것보다 토지를 더 팔아서 그 돈을 너와 함께 고리(高利)로 빌려줄 수도 있지. 하지만 먼저 잘 생각해 봐야지."

두 사람은 토지를 팔 이야기를 할 때에는 자기들도 모르게 소리를 낮추었다. 마치 지하에 있는 아버지가 들을까 봐 두려워하는 것 같았다.

이래서 두 사람은 삼년상이 지나기를 기다리기가 무척 힘이 들었다. 렌화 또한 불평을 늘어놓으며 그날을 기다렸다. 3년 동안, 비단옷도 입지 못하고 충실히 무명으로 된 상복을 입어야 하기 때문이었다. 그녀는 무명옷이 지긋지긋했고 또 잔치가 있어도 살그머니 하는 이외에는, 친구들과 명랑하게 떠들어 댈 수 없는 것이 고통이었다. 렌화는 나이가 들고부터 부유한 집안의 노부인 서너 명과 친구가 되어 노는 버릇이 붙었고, 노름을 하거나 항간의 이야기를 주고받기 위해 오늘은 이 집, 내일은 저 집 하는 식으로 서로 가마를 타고 왔다 갔다 하고 있었기 때문이다. 모두들 이미 아이를 낳을 수 있는 나이도 아니고, 주인이 살아 있다 해도 젊은 첩들에게 정신이 팔려 있어 이미 아무런 근심도 없는 무리였다.

이런 노부인들 앞에서 렌화는 곧잘 왕룽에 대해 불평을 늘어놓았다.

"나는 젊을 때의 한창 좋은 시기를 그 사람에게 바쳤어요. 내가 얼마나 미인이었는지 두쥐안에게 물어보면 알 수 있을 거예요. 그런데 그 젊음도 아름다움도 모두 그 사람에게 주어 버린 거예요. 그 사람이 부자가 되어 이리로 와서 이 집을 살 때까지는, 나는 낡은 토벽집에 살면서 성안으로도 나올 수조차 없었어요. 그래도 난 불평 한마디 하지 않았어요. 그러기는커녕 언제나 그 사람의 마음에 들려고 했죠. 그런데도 그 사람에게는 부족했던가 봐요. 내가 나이가 들자 곧,

몸이 약해 아무짝에도 쓸모없었지만 불쌍하게 생각해서 내가 곁에 둔 계집종에게 손을 댄 거예요. 그런데 그처럼 나를 고생시켰으면서도, 그 사람이 죽고 나니 아주 손톱만 한 돈밖에는 나눠 주지 않는 거예요.”

그러자 노부인들은 저마다 동정해서 렌화가 예전에 찻집 기생이었던 것을 모르는 척하고 말했다.

“사내들이란 모두 그렇죠. 우리들의 아름다움이 사라지면 곧 다른 여자에게 손을 내밀지요. 자기네들이 우리의 아름다움을 함부로 다루어 거칠게 만들어 놓고, 주름살이 잡히게 한 주제에 말이죠. 그게 우리 운명이에요.”

노부인들은 모두 두 가지 점, 즉 사내는 모두들 사악하고 이기적이며, 몸도 마음도 희생한 자기들이야말로 여자 중에서 가장 가련한 존재라는 두 가지 점에서 의견이 일치했다. 그러고는 저마다 자기의 영감이 얼마나 고약한지를 한바탕 떠들어 대고 나면, 이어서 요리를 푸짐하게 먹고 노름으로 흥을 돋우었다. 이렇게 렌화는 나날을 보내고 있었다. 여주인이 도박으로 손에 넣은 것, 적어도 그 일부를 몸종이 받아 가지는 것이 관습이었기 때문에 두쥐안은 렌화가 이러한 생활을 계속하도록 열심히 권했다.

렌화는 빨리 상이 끝나 무명옷을 벗고 다시 비단옷을 입을 수가 있고 왕룽이 살아 있었다는 일 같은 것은 잊어버릴 날이 이르기를 애타게 기다렸다. 사실 그녀는 체면상 성묘를 가서 눈물을 흘릴 때라든가, 묘 앞에서 고인의 명복을 빌고 종이나 향을 사르러 가족이 묘로 갈 때 말고는 왕룽은 생각조차 하지 않았다. 아침에 상복을 입을 때와 밤에 벗을 때 이외에는 도무지 생각지도 않았으면서, 그의 생각을 전혀 하지 않아도 되도록 빨리 상복을 벗기만을 바라고 있었다.

상을 마치기를 서두르지 않는 것은 리화뿐이었다. 그녀는 여전히 성묘를 갔고, 밭 속의 묘 곁에서 슬퍼했다. 아무도 보지 않을 때 가서 왕룽의 명복을 빌었다.

두 형제는 상을 마치기를 기다리는 동안, 저마다 처자를 거느리고 이 커다란 저택에서 함께 살아야만 했다. 부인들은 서로 적의를 품었기 때문에 이것은 쉽지 않은 일이었다. 장남의 부인과 둘째의 부인은 서로 지독히 미워하고 시기했다. 더구나 그 분노를 자기들 가슴속에 감춰 둘 수 없었으므로, 남편과 단둘이 있을 때면 언제나 울분을 터뜨렸다.

장남의 부인은 격식을 차린 거만한 말투로 말했다.

"결혼하여 당신이 나를 맞이해 주신 이 집안에서 내가 당당히 받아야 할 존경을 받지 못하다니, 정말 이상한 일이잖아요. 시아버님이 살아 계시는 동안에는, 그분이 그렇게 무식하고 거칠어서 내 아이들의 할아버지라는 사실이 창피할 정도였으나 참는 것이 의무라고 여기고 견뎠어요. 하지만 이젠 시아버님도 돌아가셔서 당신이 가장이에요. 아버님은 무지하고 배운 게 없었으니까, 동서가 어떤 여자인지, 또 나를 어떻게 대하는지 아시지 못했지만 당신은 아실 것 아녜요. 그런데도 당신은 그 여자가 제 신분을 깨닫도록 가르쳐 주시지 않는단 말이에요. 나는 그 여자에게, 그 거칠고 신앙도 없는 시골뜨기 여자에게 날마다 경멸당하고 있다고요."

장남은 속 깊이 신음했다. 그러나 될 수 있는 한 참으면서 말했다.

"계수씨가 당신에게 무슨 말을 해?"

"그 여자의 말만을 가지고 그러는 게 아녜요."

그녀는 평소대로 차갑게 대답했다. 그녀는 말을 할 때 입술을 거의 움직이지 않았고, 목소리에도 억양이 없었다.

"하는 일마다 그런 티가 서려 있어요. 그 여자가 있는 방으로 들어가면, 손을 놓을 수 없는 척하며, 일어서서 나에게 자리를 내주려고도 하지 않아요. 벌건 얼굴을 해 가지고 큰 소리로 떠들어 대요. 그 큰 목소리를 참을 수가 없어요. 아니, 지나가는 모습을 보는 것조차 역겨워요."

"하지만 그렇다고 내가 아우에게 가서 네 부인이 얼굴이 벌겋고 큰 소리로 떠들기 때문에 내 안사람이 질색인 모양이야, 라고 할 수도 없지 않나."

장남은 고개를 젓고 나서, 두루마기를 쳐들고 허리띠에 끼워 둔 담뱃대를 더듬었다. 스스로도 잘 말했다고 생각하여 그만 빙긋이 웃고 말았다.

장남의 부인은 이럴 때 곧바로 말대꾸를 할 수 있는 여자가 아니었다. 조급한 마음에 대답을 하려 해도 뜻대로 되지 않을 때가 많았다. 그녀가 동서를 싫어하는 또 다른 하나의 이유는, 그 시골 출신 여자가 거칠기는 하지만 날카롭고 기지가 풍부한 혀를 가지고 있기 때문이었다. 도회에서 자란 맏동서가 위엄을 차리며 천천히 이야기를 꺼내면, 이야기 도중에 시골 출신의 작은동서는 눈을 빙글 빙글 돌리며 잽싸게 말참견을 하여 엉망을 만들어 끝내 맏동서를 바보같이 만들어 버리기 때문에, 옆에서 듣던 몸종이나 하인들은 웃음을 감추기 위해 서둘러 도망쳐 버리는 형편이었다. 가끔 젊은 하녀는 참지 못하고 그 자리에서 웃음보를 터뜨렸고, 그러면 다른 하녀들까지 그 하녀의 웃음소리가 우습다는 듯 웃기 시작하는 형편이어서, 성내에서 자란 맏동서는 그것을 모두 손아래 동서 탓으로 돌리고 마음속 깊이 미워했다. 그녀는 남편의 말을 듣자, 남편까지 자기를 무시하는가 싶어서 날카롭게 쏘아보았다. 남편은 편안하도록 만든 등의자에 앉아 속 편하게 웃음을 띠고 있었다. 그녀는 언제나 즐겨 앉는 딱딱한 나무의자에 등을 똑바로 펴고 냉담하게 앉아 눈을 내리깔고 입을 작게 벌려 말했다.

"당신이 나를 바보 취급 한다는 것은 잘 알고 있어요. 그 천박한 여자를 집안에 들였을 때부터 당신은 나를 바보 취급하고 있어요. 친정을 떠나서 시집을 오지 말았어야 했다고 후회해요. 나는 내 몸을 부처님께 바쳐 비구니라도 되고 싶어요. 아이들만 없다면 당장이라도 그러겠어요. 나는 당신 집을 예사 농군의 집보다 훌륭하게 만들려고 노력해 왔는데, 당신은 조금도 고맙게 생각해 주시지 않았어요."

그녀는 이렇게 말하면서 슬그머니 옷소매로 눈을 닦고는 일어나 자기 방으로 들어가 버렸다. 이윽고 장남은 그녀가 낭랑한 소리로 불경을 외는 것을 들었다. 그녀는 요즈음 비구니나 비구 스님에게 의탁하기 시작했고, 부처님도 정성껏 섬겼으며 기도나 독경에 많은 시간을 쓰고 있었다. 비구니들이 늘상 그녀를 가르치러 왔다. 그녀는 계(戒)를 받은 것도 아니지만, 먹을 형편이 되는데도 남에게 보이려는 듯이 거의 육식을 하지 않았다. 가난한 사람들은 다음 생의 구제를 바라며 부처에게 기도를 드려야 하지만, 그럴 필요가 없는 부유한 집이라 그녀는 보란 듯이 이렇게 할 수 있었다.

그래서 오늘처럼 화가 났을 때는 언제나 그렇듯이, 그녀는 자기 방에 들어박혀 낭랑한 소리로 경을 외었다. 장남은 그 소리를 듣자 화가 치민다는 듯이 머리를 쓰다듬으면서 탄식했다. 왜냐하면 그녀는 그가 작은부인을 집에 들인 것을 절대로 용서하지 않았기 때문이다. 작은부인은 소박하고 어여쁜 소녀였다. 어느 날 길을 가다가 그는 가난한 어떤 집 앞에 있는 그녀를 보았다. 그가 지나갈 때 소녀는 조그만 의자에 걸터앉아서 빨래통 속에 담은 옷가지를 빨고 있었다. 무척 어리고 예뻐서 그는 지나가면서 두 번 세 번 뒤돌아보았다. 그랬을 뿐만 아니라 그 길을 몇 번이고 왔다 갔다 했을 정도였다. 그녀의 아버지는 돈 많은 사람에게 딸을 첩으로 주는 것을 기뻐했다. 장남은 소녀의 아버지에게 돈을 듬뿍 주었다. 그런데 그 여자의 모든 것을 알아 버린 지금에 와선, 너무나 소박한 여자이기 때문에, 왜 이런 여자에게 그렇게 정신을 뺏겼었는지 스스로도 이상하게 여겨질 정도였다. 그녀는 더할 수 없이 큰부인을 두려워하고, 자신의 의지라는 것이 도무지 없었다. 장남이 방으로 불러들이면 그녀는 고개를 푹 숙이고 망설이듯이 말하는 것이었다.

"마님께서 오늘 밤 용서해 주실까요?"

그녀가 너무나 겁이 많은 것을 보고 장남은 가끔 화가 치밀어, 다음에는 큰부인 따위를 두려워하지 않는 굳세고 고집 센 시골처녀를 첩으로 삼으리라 다짐하기도 했다. 그러나 젊은 첩이 얌전하게 큰부인을 모시고, 옆에 부인이 있을 때에는 그의 얼굴을 보려고도 하지 않을 만큼 움츠러들어 있기 때문에 두 여자 사이에는 평화가 유지되었다. 이런 일을 생각하면 결국 이 편이 좋다고 혼자서 탄식하는 것이었다.

이런 상태였기 때문에 근심은 조금 덜었지만, 아내는 여전히 남편을 책하기를 그치지 않았다. 첩을 들여앉혔다는 사실과, 첩을 꼭 두어야 했더라도 그렇게 가난한 집 딸을 들인 데 대한 비난이었다. 그는 이러한 아내의 비난을 달게 받았다. 그리고 여전히 그 소녀를 예쁘고 앳된 얼굴 때문에 사랑했다. 부인이 그녀를 욕할수록 소녀가 사랑스러웠다. 그럴 때마다 여러 가지로 머리를 쥐어짜서 꼭 그 소녀를 불러들였다. 그녀가 그의 방에 오는 것을 두려워하면 그는 늘 이렇게 말하면서 안심시켰다.

"마님은 오늘 밤 피곤해서 날 상대하고 싶어하지 않으니까 걱정하지 않아도 돼."

사실상 그의 부인은 마음이 싸늘한 여자로 이미 아기를 낳을 수 없는 나이가 된 것을 오히려 기뻐했다. 그래도 그는 아내에게 큰부인으로서 받아야 할 존경을 표하여, 낮에는 모든 일에서 그녀의 의견을 존중했고 젊은 첩 또한 부인에게 공손히 순종했다. 그러나 밤이 되면 젊은 첩이 그의 방으로 왔다. 이렇게 그는 같은 저택 안에서 동거하는 두 아내 사이의 평화를 유지했다.

그러나 그의 부인과 계수 사이는 그렇게 쉽사리 해결되지 않았다. 둘째의 부인 또한 남편에게 이렇게 하소연했다.

"당신 형수라는 얼굴 하얀 여자가 나는 죽을 만큼 싫어요. 어떻게 따로 떨어져 살도록 해 주지 않으면 나는 머지않아 화풀이로라도 길 한복판에서 그 여자에게 욕설을 퍼부어 댈 거예요. 얼굴을 마주 대할 때마다 인사를 받지 않으면 직성이 풀리지 않는 여자니까, 그런 일을 당하면 창피해서 죽어 버릴지도 몰라요. 나라고 해서 그 여자보다 못할 게 뭐 있어요. 오히려 내가 더 나으면 나았지. 난 그런 여자하고 딴판이어서 다행이에요. 아무리 형님이라 해도 당신이 그 뚱뚱한 얼간이를 닮지 않아서 나는 정말 기뻐요."

둘째와 그의 아내는 아주 손발이 잘 들어맞았다. 그는 작달막하고 노란 얼굴을 가진 조용한 사내였고, 아내는 빨간 얼굴에 크고 활발했다. 그는 아내의 그런 점이 좋았다. 아내가 빈틈이 없고 주부로서도 훌륭한 데다가 낭비를 하지 않는 것 또한 마음에 들었다. 장인이 농사꾼이어서 호화로운 생활에 익숙하지 않아, 부유한 생활을 할 수 있게 된 요즘도 세상 여인네들처럼 사치를 하지 않았다. 거친 음식을 즐겨 먹고, 비단보다는 무명옷을 즐겨 입었다. 단 하나의 결점은, 수다스러워서 남 이야기하기를 좋아하는 일과 하인들과 떠들기를 좋아하는 것이었다.

그녀는 빨래건 걸레질이건 직접 손을 움직이며 일하기를 좋아해서, 절대로 귀부인이라고 불릴 만한 여자가 아닌 것만은 사실이었다. 이런 식이었으므로 하인들도 그다지 많이 필요로 하지 않았다. 한두 사람 마을 처녀를 쓰고 있을 뿐이었으며, 더구나 그들을 친구처럼 대했다. 이 점이 또 맏동서의 비난의 표적이 되었다. 작은동서는 하인들을 다루는 법을 몰라서 자기와 동등하게 다루는데 그것은 집안의 명예를 더럽히는 일이라고 비난하는 것이었다. 하인들끼리 서로 곧잘 이야기를 나누는데, 그럴 때 동서 집의 하녀가 자기네 여주인을 자랑하며, 작은동서 쪽이 선심을 잘 쓴다, 마음이 내키면 맛있는 음식을 나누어 주기도 하고,

신을 만들 천을 주기도 한다는 이야기를 하는 것을 맏동서는 엿들었던 것이다.

장남의 부인이 하인들에게 엄한 것은 사실이었다. 그러나 그녀는 누구에게나 엄했다. 자기 자신에게조차 엄했던 것이다. 둘째의 부인은 빛이 바래고 닳아빠진 옷을 입고, 머리칼도 흐트러진 채 그리 조그맣지도 않은 발에 더러운 신을 뒤축을 접어 신고 어디든지 대언스럽게 돌아다니지만, 맏동서는 단정한 옷맵시를 갖추지 않으면 방 밖에도 나가지 않았다. 시골 태생인 둘째의 아내는 선 채로든지 앉은 채로든지, 어디고 상관없이 가슴을 헤치고 아이에게 젖을 물리는데, 장남의 부인에겐 그런 일은 있을 수도 없었다.

두 사람이 전에 없이 크게 다툰 것은 바로 젖 먹이는 일 때문이었다. 이 싸움은 마침내 두 형제로 하여금 평화롭게 살 수 있는 해결책을 찾게 만들었다. 어느 날, 마침 성내에 있는 절의 공양날이라 장남의 부인은 참례하러 가기 위해 가마를 타려고 문으로 갔다. 막 문을 나서려고 하는데 둘째의 부인이 문 앞에서 종들이 하듯이 가슴을 헤치고 어린아이에게 젖을 먹이면서, 점심 반찬거리로 생선을 산 뒤 행상인을 상대로 이야기를 하고 있었다.

장남의 부인에겐 그것은 아주 해괴한 광경이었다. 그녀는 보다 못하여, 다부지게 동서를 타이를 작정으로 말을 걸었다.

"대갓집 아낙네가, 나 같으면 종년이라도 용서하지 않을 꼴을 하고 있다니, 정말 창피스러운 일이야."

그러나 그녀의 느릿느릿하고 조용한 말투가 작은동서의 빠른 혀를 당할 도리가 없었다. 작은동서는 떠들어 댔다.

"아이에게 젖을 먹여야 한다는 사실쯤은 누구나 아는 일인데, 내게 젖먹이 아이가 있고, 빨릴 두 개의 젖통이 있다는 것을 부끄럽게 생각해야 한단 말이에요?"

그녀는 조신하게 윗도리의 단추를 채우기는커녕 더욱더 보란 듯이 아이를 고쳐 안고 다른 쪽 젖꼭지를 물렸다. 그녀의 커다란 목소리를 듣고 이웃 사람들이 싸움인 줄 알고 몰려들었다. 여자들은 앞치마에 손을 닦으면서 부엌과 안뜰 쪽에서 달려나왔고, 지나가던 농부들도 싸움 구경을 하려고 메고 있던 바구니를 내려놓았다.

장남의 부인은 모여든, 볕에 그은 가난한 사람들의 얼굴들을 보고는 하얗게 질려서, 모처럼의 즐거움도 포기하고 가마를 돌려 마당 쪽으로 들어가 버렸다. 한편 둘째의 부인은 이처럼 까다로운 잔소리를 들은 것은 처음이었다. 어머니가 어디에서든 아이에게 젖을 먹이는 것은 마땅한 일이다. 어린애란 언제 무슨 일로 울기 시작할지 모르고, 어린애를 달랠 단 하나의 방법은 젖을 물리는 것 말고는 없다는 것은 누구나 다 알고 있다. 그래서 그녀는 선 채 맏동서에 대해서 우스꽝스럽게 흉을 늘어놓기 시작했다. 사람들은 배를 쥐고 웃었고, 연극이라도 보는 듯이 아주 좋아들 했다.

호기심으로 그곳에 남아 있던 장남의 부인의 몸종이 여주인에게 가서 작은동서가 한 말을 하나하나 자세히 알렸다.

"마님, 그분은 이런 말을 하셨어요. 마님이 아주 으스대기 때문에 나리께서는 수명이 줄어드는 느낌으로 사신다, 마님이 좋다고 허락하시기 전에는 첩을 사랑할 수도 없고, 그것도 마님이 좋다고 허락한 동안밖에는 사랑할 수 없다고 떠들어 대고, 구경꾼들은 재미있다고 웃어 대요."

이 말을 들은 부인은 창백해져서 탁자 옆 의자에 풀썩 주저앉았다. 그리고 다음 보고를 기다렸다. 큰길 쪽으로 달려간 여종이 다시 돌아와 헐레벌떡거리면서 일러바쳤다.

"마님께서는 자제분들보다도 비구 스님이나 비구니 스님들을 소중히 위하시지만 그들이 남몰래 못된 짓만 한다는 것은 누구나 다 알고 있다고 하고 있어요."

이만큼 험담을 듣게 되자 부인도 더는 참을 수가 없어졌다. 그녀는 일어나 종을 불러 문지기를 데려오게 했다. 이런 소동은 그렇게 매일처럼 있는 일이 아니었으므로, 종은 신바람이 나서 다시 달려가 문지기를 데리고 왔다. 그는 왕룽의 밭에서 일하던 울퉁불퉁하게 생긴 늙은 머슴이었다. 나이가 들어도 보살필 자손이 없었고, 달리 믿을 수 있는 인간이 없기 때문에 문지기로 쓰고 있는 것이었다. 그도 다른 사람들처럼 부인을 두려워했기에 부인 앞에서 절을 하고는 그대로 고개를 숙인 채 서 있었다. 부인은 위엄 있는 태도로 말했다.

"나리께서는 찻집에 가시고 안 계셔서 이 소동을 몰라요. 서방님도 외출 중이셔서 자기 식구를 단속하실 수가 없으니 내가 의무를 다해야겠어요. 나는 저런 비천한 사람들이 집 안을 기웃기웃 훔쳐보게 하고 싶지 않으니 대문을 닫도록 해요. 작은 마님이 못 들어와도 상관없어요. 그 여자가 누가 대문을 닫으라더냐고 묻거든 내가 명령했다고 말하세요. 당신은 내가 시키는 대로 하면 돼요."

늙은 문지기는 다시금 절을 하고 한 마디 말도 없이 부인 앞에서 물러가 명령대로 했다. 둘째의 부인은 아직 길 한복판에 서서, 자기 말에 사람들이 와아 하고 웃어 댈수록 의기양양하게 떠들어 대느라 등 뒤에서 대문이 닫히는 것도 깨닫지 못했다. 대문이 거의 닫히고 조그만 틈이 겨우 남았을 때, 늙은 문지기는 그 틈에다 입술을 대고 쉰 듯한 목소리로 속삭였다.

"저어, 마님!"

돌아다본 작은동서는 어린애에게 젖을 물린 채 급히 달려와 문을 밀어서 열고 뛰어들어 왔다. 그리고 문지기에게 외쳐 댔다.

"누가 나를 밖에 두고 문을 닫으랬어! 이 늙은이!"

문지기는 잔뜩 움츠러들어 대답했다.

"큰마님께서 분부하셨습니다. 큰마님께서는 작은마님이 문밖에서 떠들고 계시니까, 밖에 둔 채 문을 닫아 버리라고 하셨습니다. 그런데 제가 알려드린 겁죠."

"이 대문은 그 여자만 드나들 수 있는 대문이란 말이지? 나를 내 집에서 몰아내겠다 이거지?"

째지는 듯한 소리를 지르고 그녀는 맏동서가 있는 마당 쪽으로 달려갔다.

장남의 부인은 이렇게 되리라고 예측하고 있었으므로 이미 자기 방에 들어박혀 문에 빗장을 지르고 열심히 경을 외고 있었다. 작은동서가 아무리 힘차게 문을 두드려도 문은 열리지 않았다. 단조로운 독경 소리만 맑게 흘러나올 뿐이었다.

그날 밤, 형제는 저마다 자기 부인으로부터 일의 자초지종을 진력이 날 만큼 들었다. 이튿날 아침 형제는 찻집으로 가는 길에 우울한 얼굴로 마주쳤다. 동생은 이지러진 웃음을 지으면서 입을 열었다.

"아무래도 여편네들이 우리까지 원수로 만들어 버릴 것 같아요. 그렇지만 형제지간에 원수가 될 수는 없지 않습니까. 여자들을 떨어뜨려 놓는 게 어떨까요? 형님은 지금 살고 계시는 곳과 큰길로 면한 정문을 쓰시고요, 우리는 지금 사는 곳을 쓰고, 옆에 문을 내기로 하겠습니다. 그렇게 하면 서로 평화롭게 지낼 수 있을 겁니다. 만약 막내가 돌아오면 아버님이 쓰시던 곳을 주고, 그 전에 렌화가 죽으면 렌화가 쓰던 곳을 주면 됩니다."

장남은 전날 밤 부인에게서 사건의 전말을 되풀이해서 듣고 실컷 들볶인 끝에, 한집에서 존경을 받아야 할 가장의 부인이 순종해야만 할 손아래 동서로부터 이런 무례한 짓을 당했으니, 이번에야말로 가장으로서 적절한 조치를 취하겠다고 맹세한 터였다. 그래서 오늘 동생이 하는 말을 듣고 전날 밤 아내로부터 싫도록 들은 말을 생각해 내고는 힘없는 소리로 불평을 했다.

"그런데 네 아내도 아주 좋지 못해. 그런 천한 사람들이 많이 있는 곳에서 손위 동서의 욕을 하다니 이대로 그냥 두어서는 안 돼. 좀 때려 줘라. 알겠냐, 한두 대 때려 주는 것이 좋아."

둘째는 조그맣고 날카로운 눈을 깜박이며 형을 달래듯 말했다.

"우리는 사내입니다, 형님. 여자가 어떤지 우린 압니다. 아무리 잘난 여자라도 무지하고 단순합니다. 사내가 여자들의 문제 따위에 관여하고 있을 순 없어요. 우리는 사내들이고 서로 이해하고 있습니다. 내 아내는 틀림없이 어리석은 짓을 했습니다. 정말 시골뜨기로서 아무것도 모르는 여잡니다. 내가 이렇게 말하면서 집사람 대신 사과하더라고 형수님에게 말씀해 주십시오. 사과를 하는 데는 돈이 드는 것도 아니니까요. 그리고 각자 집의 안사람과 아이들을 따로따로 떨어져 지내게 하는 것이 어떻겠습니까. 그러면 말썽 없이 편안하게 지낼 수가 있을 것입니다. 일이 있을 때에는 찻집에서 만나서 의논해도 되니까요. 가정은 따로따로 가릅시다."

"그런데 말이야, 그런데……."

장남은 더듬거리면서 말했다. 그는 동생만큼 재빨리 머리가 돌지 않았던 것이다.

영리한 둘째는 형이 어떤 식으로 아내를 납득시켜야 좋을지 몰라 난처해하는 것이로구나 하고 바로 꿰뚫어 보고 재빨리 말했다.

"저, 형님, 형수님에게는 이렇게 말씀하시면 됩니다. '동생네 집안과는 연을 끊었으니까, 이제 당신도 귀찮은 일이 없을 거요. 그들을 벌줬소.' 하고 말입니다."

형은 기뻐했다. 그는 웃으면서 통통한 하얀 손을 비벼대면서 말했다. "그러지, 그러지."

"그럼 오늘 당장 석공을 부르기로 하지요."

이리하여 형제는 저마다 아내들의 마음을 만족시켰다. 동생은 아내에게 말했다.

"이젠 괜히 우쭐거리는 거만하기 짝이 없는 성내 출신 여자 때문에 속 썩일 필요 없어. 나는 형에게 그 여자와 한지붕 아래서 살 수 없다고 말해 주었지. 나도한 집안의 주인이야. 이로써 저쪽 집과 인연을 끊었으니 나도 이제 형님 기분을 맞춰 주지 않아도 되니 좋고 당신도 그 여자의 말대로 하지 않아도 돼."

형 쪽은 부인에게로 가서 커다란 소리로 말했다.

"완전히 처리해 버렸어. 시원하게 벌해 주었으니 안심해요. 아우에게 이렇게 말해 주었지. 너와도, 네 아내와 네 자식들과도 우리 집안은 인연을 끊는다. 우리가지금까지대로 정문 쪽을 쓸 테니까 너는 동쪽 옆골목으로 조그만 문을 만들어서 그리로 출입하여라. 네 아내가 내 집사람에게 폐를 끼치지 않도록 조심해라. 네 안사람이 돼지처럼 길거리에서 아이에게 젖을 물리고 싶으면 네 집 문 앞에서 그러라고 해. 그러면 모두가 다 창피를 당하지 않아도 되니까. 이렇게 말해 줬으니 당신도 안심하라고, 이제 그 여자 얼굴을 보지 않아도 되니까."

이렇게 형제는 저마다 부인들을 만족시켰다. 그녀들은 어느 쪽이나 자기가 이기고 상대가 졌다고 생각했다. 형제는 전보다 더 친해졌고, 자기들은 영리한 인간이며 여자들을 잘 알고 있다고 생각하고 의기양양했으며, 서로 기분이 좋았다. 그리하여 삼년상이 빨리 끝나기만을 기다리고 있었다. 상이 끝나면 찻집에서만나, 팔 토지에 대한 의논을 하려고 기다리는 것이었다.

모두들 다른 생각을 품고 기다리는 동안에 어느덧 3년이란 세월이 지나, 왕룽의 삼년상이 끝나는 날이 되었다. 탈상의 의식을 치르기 위해 달력을 보며 적당한 날을 택했다. 의식 준비를 하기 위해서 장남은 부인에게 의논했다. 그녀는 이러한 일을 신분에 어울리게 시행하는 방법을 잘 알고 있었기에 장남은 부인이 말한 대로 실행했다.

왕룽의 아들들, 그 아내들과 자식들, 3년 동안 상복을 입었던 사람들이 모두 화려한 비단옷으로 갈아입었다. 여자들은 붉은빛의 옷을 몸에 걸쳤다. 그 위에 이제까지 입었던 무명 상복을 걸치고, 이 지방의 관습대로 큰 대문 앞에 모였다. 그곳에는 금종이와 은종이로 만든 종이돈이 산더미처럼 쌓였고, 기다리던 스님들이 종이돈에 불을 붙였다. 타오르는 불빛을 받으면서 사람들은 왕룽을 위해서 입고 있던 상복들을 벗고, 속에 입고 있던 화려한 옷차림이 되었다.

의식이 끝나자, 모두들 저택 안으로 들어가서 슬픈 나날들이 끝난 것을 축하했다. 이제까지 모셔 두었던 위패는 불살라 버리게 되어 있으므로 새로 만들어진 왕룽의 위패 앞에 큰절을 올리고 술과 고기 요리를 바쳤다. 이 새 위패는 영원히 남는 것이기 때문에 단단하고 질이 좋은 나무로 만들어지고, 조그만 나무 상자 안에 모시게 되어 있었다. 이 위패가 만들어지고 아주 값비싼 검은 옻칠을 끝내자, 왕룽의 아들들은 그곳에 왕룽의 이름과 명(銘)을 쓰기 위해서 성내에서 가장 학식이 있는 사람을 물색했다.

성내 제일의 학자라면, 왕룽의 아들들이 어릴 적에 배운 유학자 노선생의 아들이었다. 그 노선생은 젊을 때 과거를 치른 사람으로, 낙방을 하기는 했지만 전혀 시험조차 보지 않은 사람들보다는 학식이 있었다. 그는 자기의 학식을 모두 아들에게 전했기 때문에 아들 또한 학자였다. 그 아들은 이런 영예로운 일에 초대를 받자, 학자답게 두루마기 자락을 펄럭이며 안경을 코끝에 걸고 엄숙한 걸음걸이로 걸어왔다. 저택에 도착한 그는 먼저 몇 번이고 위패에 절을 올리고 나서 위패 앞의 탁자 옆에 앉아 긴 소매를 걷어올리고, 낙타 털로 만든 가늘고 뾰족한 붓끝을 가다듬은 뒤 쓰기 시작했다. 이러한 경우에는 모두 새것을 쓰는 것이 관습이었으므로 붓도 먹도 벼루도 다 새것이었다. 그는 이윽고 마지막 한 구(句)에 이르자 붓을 놓고 눈을 감고 가만히 생각에 잠겼다. 그 한 구에 왕룽의 전 인간상을 서리게 하려고 좋은 구절이 떠오르기를 기다리는 것이었다.

한참 동안 생각을 굴리노라니 '왕룽의 육체와 영혼은 대지에서 태어났다'라는 구절이 떠올랐다. 이 구절이 생각났을 때, 그는 마침내 왕룽이란 존재의 진수(眞髓)를 표현했다고 생각했다. 이것으로 왕룽의 영혼도 이 위패 속에 안주할 것이라고 생각한 그는 붓에 붉은 물감을 묻힌 뒤 위패에 마지막 구절을 써넣었다.

이렇게 아버지의 위패가 완성되자 장남이 그것을 경건히 받쳐들고, 모두들 그를 따라서 위패가 안치되어 있는 2층의 사당으로 올라갔다. 그곳에는 농부였던 왕룽의 아버지와 할아버지의 위패가 모셔져 있었다. 틀림없이 그들은 생전에 이렇게 호화로운 위패로 모셔지리라고는 꿈에조차 생각지 못했으리라. 만약 사후에 대해서 생각해 본 일이 있다고 하더라도, 글을 조금 아는 자가 죽은 사람의 이름을 종이쪽에 직어, 밭 가운데에 있는 흙집 벽에 바르고, 얼마 있으면 찢어져 사라져 버리는 것이 고작이라고 생각했으리라. 그러나 왕룽은 성내의 이 집으로 이사를 왔을 때, 조상 대대로 이 집에서 살아온 듯 두 사람의 위패를 만들게 했다. 그들의 영혼이 그곳에 머무르는지도 모르는 일이지만.

그곳에 왕룽의 위패 또한 안치되었다. 두 아들은 모든 의식을 마치고 사당 문을 닫고 나왔다. 그리고 그들은 마음속 깊이 기뻐했다.

이제야 손님을 초대하고 성대한 연회를 베풀 때가 이른 것이다. 렌화는 나이를 먹어 살찐 몸에 지나치게 화려한, 푸른 바탕에 꽃무늬가 놓인 비단옷을 입고 연회장에 나타났다. 그녀가 어떤 인간인가는 모두들 알고 있었기 때문에 누구도 탓하지 않았다. 모두들 연회석에 앉아 술을 마시면서 흥겹게 웃어 댔다. 장남은 성대하고 유쾌한 잔치를 즐겼으므로, 끊임없이 큰 소리로 말했다.

"자아, 많이들 드십시오. 단숨에 쭉 비우십시오."

이렇게 몇 번이고 잔을 비우는 동안, 그는 술기운이 돌면서 살갗이 검붉어지고 뺨과 눈에 핏기가 올랐다. 다른 방에 부인네들과 함께 있던 그의 부인은, 그가 취해 쓰러질 것 같다는 말을 듣고 하녀를 보내 주의를 시켰다.

"아직 취해 쓰러지시면 안 돼요. 이런 자리에선 취하시는 것은 고상하지 못해요." 그래서 그는 정신을 차렸다.

이날은 둘째까지 쾌활해져서 불평 한 마디 하지 않았다. 그는 이 연회를 좋은 기회로, 손님 가운데 몇 사람과 은밀히 이야기를 나눠 토지를 살 마음이 있는가 미리 의중을 떠보기도 하고, 또 그가 좋은 토지를 팔고 싶어한다는 이야기를 조용히 여기저기 퍼뜨리고 다녔다. 삼년상이 끝나는 날은 이렇게 지나갔다. 형제는 흙 속에 잠든 망부(亡父)에게 구속되어 있던 줄이 끊어졌기 때문에 만족했다.

오직 한 사람, 이 성대한 연회에 참석하지 않은 사람이 있었다. 그것은 리화였다. 그녀는 자기가 보살피고 있는 백치 딸이 몸이 불편해서 참석하지 못하겠다고 사람을 보내왔다. 리화가 오지 않았다고 아쉬워할 사람은 없기 때문에 장남은 참석하지 않아도 좋다고 일러 보냈다. 그녀는 그날도 상복을 벗지 않고, 상중에 신는 흰 신도 벗지 않았으며, 머리를 묶은 흰 끈도 풀지 않았다. 그녀는 백치 딸에게도 그 슬픔의 표시를 벗게 하지 않았다. 다른 사람들이 성대한 연회에 흥겨워하는 동안 그녀는 자기가 좋아하는 일을 하면서 그날을 보냈다. 그녀는 백치 딸의 손을 잡고 왕룽의 묘지로 데려가 앉았다. 자기를 위해 주는 사람 옆에 있다는 것에 안심하여 백치 딸이 놀고 있는 동안, 리화는 앉아서 주위를 둘러보았다. 조그맣게 구분된 푸른 밭이 빈틈없이 이어져 어디까지고 펼쳐져 있었다. 등을 구부리고 봄밀을 거두는 농부들의 모습이 이곳저곳에 푸른 점처럼 보였다. 그 점들은 가만히 있거나 움직였다. 옛날, 왕룽도 자기 밭에서 수확할 시기가 되면 등을 구부리고 땅 위의 농작물을 베어 거두어들였었다. 그리고 늘그막의 왕룽은 리화가 태어나기도 전 그가 밭에서 일하고 있던 무렵의 일을 생각해 내고서는, 저 밭을 갈았다든가, 저 밭에 씨앗을 뿌렸다든가, 그런 이야기들을 그녀에게 들려주기를 좋아했었다. 리화는 밭을 둘러보면서 그런 추억에 잠겼다.

이렇게 왕룽 일가의 한 시대가 끝나고, 이날도 지나갔다. 그러나 왕룽의 셋째 아들은 삼년상이 끝나는 날에도 돌아오지 않았다. 그러나 어딘지는 몰라도 그는 그곳을 떠나려 하지 않고, 가족들과는 전혀 다른 그의 생활에 몰두해 있었다.

5

거대한 고목의 굵은 줄기에서 갈라져 나온 가지는, 뿌리는 하나지만 줄기에서도 다른 가지와도 떨어져 저마다 열심히 뻗어 나간다. 왕룽의 세 아들도 이 가지와 같았다. 셋 중에서 가장 강하고 고집쟁이인 것이 왕싼(王三)이었다. 그는 남쪽으로 가서 군인이 된 왕룽의 막내아들이다.

왕싼은 아버지가 위독하다는 통보를 받은 날, 그가 모시는 장군이 머무는 도시의 성 밖에 있는 절 앞에 서 있었다. 절 앞에 공터가 있어서 그곳에서 병사들을 행진시키기도 하고 양동작전이나 싸움에 임했을 때의 태세 등을 가르치고 있었다. 그때 형이 보낸 심부름꾼이 헐떡거리면서 달려왔다. 사자는 사명이 너무나 중대하여 숨도 돌리지 않고 서둘러 말했다.

"도련님, 아버님께서…… 노대인께서…… 위독하십니다."

왕싼은 아버지가 다 늙어서, 저택에서 자란 젊은 종 리화를 방 안으로 끌어들인 것에 분노하여 집을 뛰쳐나온 이래, 아버지와 관계를 끊었다. 그도 아버지가 리화를 첩으로 삼았다는 이야기를 들을 때까지 자기가 그녀를 사랑한다는 사실을 깨닫지 못하고 있었다. 그런데 그 이야기를 듣고서 그는 종일 우울에 잠겨 있었다. 그리고 그날 밤, 참을 수 없어져서 아버지와 리화가 있는 방으로 뛰어들었다. 아주 맹렬한 기세로, 더운 여름밤의 어둠 속으로부터 방 안으로 그는 뛰어들었다. 그녀는 창백한 얼굴로 조용히 앉아 있었다. 그는 자기야말로 그녀를 사랑했는데, 하고 생각했다. 그러자 아버지에 대한 분노가 파도처럼 밀려와 좀처럼 억누를 수 없었다. 그는 앞뒤 생각 없이 분노에 몸을 맡겨 버리는 성격이었으므로, 그대로 집에 머물러 있으면 심장이 분노로 터져 버릴 것이라고 생각하고 그날 밤 곧장 집을 뛰쳐나왔다. 전부터 그는 모험을 동경했고, 군기(軍旗)가 펄럭이는 싸움터의 영웅이 되기를 열망했기 때문에 가지고 있던 돈을 여비로 삼아, 남쪽으로 될 수 있는 대로 멀리까지 내려갔다. 그리고 그 무렵 반란을 일으켜 유명했던 장군을 모시게 됐다. 왕싼은 키가 크고 건장하고 사나운 젊은이였다. 흰 이를 덮은 입술을 굳게 다물고, 거무칙칙한 피부에 날카로운 표정을 짓고 있었기 때문에 장군은 곧 그를 눈여겨보게 되고, 자기 곁에 두어 다른 사람보다 훨씬 빨리 승진시켰다. 그것은 한편으로는 그가 말이 없고 변덕이 없으며 의지가 강한 청년이기 때문에 장군에게 신뢰를 받은 것과, 또 한편으로는 몹시 불같이 노하기 잘하는 성질이어서 세차게 분노를 터뜨리면, 사람을 죽이는 것쯤 아무렇게도 생각지 않을뿐더러 자신조차도 두려워하지 않았기 때문이었다. 용병(傭兵) 가운데는 이렇게 용감한 자가 그다지 없는 법이다. 그 밖에도 승진이 빨랐던 이유가 있다. 그것은 전쟁이 있었기 때문이다. 전쟁은 군인에게 재빨리 입신할 수 있는 기회를 준다. 왕싼의 상관이 전사하거나 파면당하면 장군은 그를 자꾸자꾸 높은 지위에 끌어올려, 그는 마침내 한낱 병사에서 많은 부하들을 이끄는 대장으로까지 승진했다. 아버지의 집으로 돌아왔을 때 그는 그러한 지위에 있었다.

왕싼은 심부름꾼의 전갈을 받자, 부하들을 귀영시키고 들판을 홀로 거닐었다.

심부름꾼이 멀리 떨어져서 뒤따랐다. 그때는 이른 봄날이었다. 이런 날에는 아버지 왕룽은 꼼짝 않고 있던 몸을 일으켜 들에 나가 토지를 둘러보거나, 가래를 들고 밀밭의 이랑 사이를 일구었다. 그 흙에 새로운 생명의 숨결의 징조가 있는 것은 아직 누구의 눈에도 띄지 않았다. 그러나 왕룽의 눈에만은 흙이 부풀어오르고 변화를 보여, 토지에서 생겨나는 새로운 수확을 약속하는 것이 보였다. 그런 아버지도 돌아가신다고 한다. 그러나 왕싼은 이렇게 화창한 이른 봄날에 사람이 죽어 가리라고는 상상조차 할 수 없었다.

왕싼 또한 그 나름으로 봄을 느끼고 있었다. 아버지가 들뜬 마음으로 밭으로 나간 것처럼, 그도 봄철마다 침착성을 잃고 전부터 품고 있는 계획을 이루고 싶다는 충동에 채찍질당하는 것이었다. 그 계획은, 장군 밑을 떠나서 그가 높이 든 기치 아래로 모여드는 군사들을 이끌고 독립하여 그 자신의 전쟁을 벌여 보고 싶다는 것이었다. 봄이 올 때마다 이 계획은 실현 가능성이 있는 듯이 생각되었고, 끝내는 반드시 이루어야 할 일처럼 여겨졌다. 해마다 어떻게 실현시킬까 생각하는 동안에 그것은 꿈이 되고, 야심이 되었다. 그리고 그 야심이 부풀 대로 부풀어서 올봄에야말로 계획을 실행에 옮겨야만 한다고 결심했다. 노장군 밑에서의 생활은 이미 견딜 수가 없어졌던 것이다.

사실 왕싼은 노장군에게 매우 날카로운 비판의 눈길을 보내고 있었다. 그가 처음으로 장군을 모셨을 때, 장군은 포악한 지배자에 맞서서 반란을 일으킨 지도자였다. 장군은 그 무렵에는 아직 젊었기 때문에 도도히 혁명을 논했다. 혁명이 얼마나 훌륭한 대의인가를 논하고, 모든 용감한 인간들은 대의를 위해서 싸워야 한다고 설파했다. 장군의 목소리는 당당하게 울려 퍼졌고 말이 막힘없이 입 밖으로 흘러나왔다. 장군은 또한 자기가 의도한 것 이상으로 사람들을 선동하여 감동시키는 재주가 있었다.

왕싼은 단순한 마음의 소유자였기 때문에 그 아름다운 말들을 들었을 때 크게 감동했다. 그래서 이렇게 훌륭한 '주의(主義)'를 지닌 장군과 생사를 함께하고자 맹세하고, 그의 마음은 사명을 달성하겠다는 일념으로 끓어올랐다.

그랬기 때문에 반란에 성공한 장군이 싸움터에서 돌아와, 이 풍요한 평야를 점령하여 거주지로 정하자, 싸움터에서는 영웅이었던 사나이가 현재와 같은 안

일과 사치의 생활을 시작한 것을 보고 왕싼은 놀라 어이가 없었다. 왕싼은 장군이 쾌락과 안일에 정신을 잃은 것을 용서할 수가 없었다. 이상스럽게도 이렇다고 꼬집어 말할 수는 없지만, 왕싼은 무엇인가를 도둑맞은 듯한, 무엇인가 사기당하여 뺏긴 듯한 느낌이 들었다. 전에 전쟁을 할 때 온몸, 온 영혼을 바쳐서 싸웠던 장군 밑을 떠나 나의 길을 가자는 생각이 비로소 머리에 떠오른 것은 이런 분노 때문이었다.

최근에 장군은 나이가 들어 위력이 사라지고, 게을러져서 토지에서 거두어들이는 것으로만 생활하며, 이미 싸움에도 나가지 않게 되었다. 그는 살이 쪄서 몸집이 거대해졌고, 날마다 가장 상등품인 고기만을 먹었으며, 위장을 녹일 것만 같은 강한 외국산 술을 마셨다. 전쟁에 대한 말 같은 것은 조금도 입에 담지 않았고 이야기하는 것이라고는, 이 요리사는 바다에서 잡힌 생선에 이런 조미료를 넣었다든가, 저 요리사는 제왕의 수라상에 올려도 부끄럽지 않을 요리를 만든다는 이야기뿐이었다. 배불리 먹고 나면 그가 아는 또 하나의 쾌락이란 여자뿐이었다. 그는 쉰 명 이상의 여자를 거느렸는데, 온갖 여자를 모으는 것이 그의 취미였다. 흰 살결에 푸른 눈, 빨간 삼단 같은 머리칼의 외국 여자까지 섞여 있었다. 그 여자는 무엇이 불만스러운지 늘 기분이 좋지 않았고, 마치 주문이라도 외듯 알아듣지 못하는 외국말로 중얼거렸기 때문에 장군도 그녀를 두려워하긴 했지만, 때로는 무척 재미있다고도 느꼈다. 그리고 여자들 가운데 그런 외국 여자까지 섞여 있다는 것에 우쭐했다.

이런 장군인지라 부하 장병들도 나약해지고 방자해졌다. 그들은 백성들을 착취해서 주색에 빠졌기 때문에, 백성들은 모두 장군과 그의 부하들을 진심으로 미워했다. 그러나 젊고 용감한 군인들은 할 일 없이 지내는 것이 참기 힘들고 숨이 막힐 듯했다. 왕싼은 주색에 빠져 지내는 무리들 틈에서도 분별 있게 처신하고, 여자 따위는 거들떠보지도 않았다. 그래서 어느 결엔가 젊은 장병들이 그를 주목하게 되었고, 추종자가 하나둘 늘어 이제 떼를 지어 그를 흠모하여 모여들게 되었다. 그들은 동료끼리 곧잘 이야기했다.

"저분은 우리들을 이런 생활에서 구해 내 줄까?" 그리고 왕싼에게 기대의 눈길을 돌리는 것이었다.

왕싼이 꿈의 실현을 위해 매진하는 것을 두려워한 오직 하나의 이유는 군자금이 없다는 것이었다. 아버지의 집을 나선 뒤로는 월말에 장군으로부터 받는 약간의 봉급 외에는 아무 수입도 없었고, 그 봉급조차 못 받을 때도 많았다. 장군 자신이 많은 돈을 필요로 했을 뿐 아니라, 50명의 처첩들 또한 탐욕스러워 눈물과 교태로써 노장군으로부터 보석이나 옷을 뺏어 내려고 경쟁을 벌이는 형편이었기에, 그 비용도 엄청난 것이었다. 부하들의 급료조차 만족하게 지불할 수 없었던 것이다.

그래서 왕싼은 한때, 목적을 이루기 위해 비적 노릇이라도 할 도리밖에 없다고 생각했었다. 많은 사람들이 이미 그렇게 했지만, 부하를 이끌고서 약탈을 하여 자금을 충분히 모아 놓고 전쟁의 호기를 기다렸다가 정부군이나 군벌과 계약을 맺어, 사면을 조건으로 정부군에 편입하는 것이다.

그러나 왕싼은 비적이 되는 일은 아무래도 내키지 않았다. 기근이나 전쟁 때 비적이 되는 자는 있지만, 아버지 왕룽은 정직한 인간으로서 절대로 그런 일은 하지 않았다. 왕싼은 앞으로 몇 년만 더 참고 견디면서 기회를 기다리리라 생각했다. 왜냐하면 너무 오랫동안 꿈을 그려왔기 때문에 그것이 마치 하늘이 정해 주신 운명인 것처럼 여겨져, 그저 때를 기다렸다가 호기를 잡기만 하면 된다고 생각했기 때문이다.

그러나 그는 인내심이 강한 성격은 아니었다. 좋은 기회가 오기를 기다릴 수 없게 만든 한 가지 사정은 그가 지금 살고 있는 남쪽 지방이 싫어졌다는 것이다. 그는 자기의 고향인 북쪽으로 돌아가기를 열렬히 바랐다. 남쪽 지방 사람들이 즐겨 먹는 흰 쌀을 이제는 목구멍으로 넘길 수조차 없을 것 같았다. 마늘종으로 둘둘 만, 발효제가 들어 있지 않은 딱딱한 밀가루빵을 크고 하얀 이빨로 마음껏 씹어 보고 싶었다. 그는 남쪽 사람들의 부드러운 예의 바름을 못 견디게 싫어했다. 언제나 온화한 태도를 취한다는 것은 인간의 본성에 어긋나는 것으로서, 교활한 자들은 마음이 차가운 법이라고 여겨, 남쪽 사람에게는 일부러 거칠게 커다란 소리로 외치거나 했다. 남쪽 사람들처럼 작달막하고 원숭이 같은 몸집이 아니라, 키가 크고 말수가 적으며 소박한 데다가 마음이 정직하고 바른 북쪽 사람들이 있는 자기 고향으로 돌아가고 싶은 동경 때문에, 남쪽 사람들을 대할 때는 늘 찌푸리거나 소리를 지르곤 했다. 그들은 왕싼의 이 화를 잘 내는 성질을 모두 두려워했고, 그 찌푸린 짙은 눈썹과 굳게 다문 입매를 두려워하여 눈썹과 입매의 모양, 그리고 흰 이빨에서 호랑이를 연상하여 왕후(王虎)라는 별명을 붙였다.

밤이면 왕씬은 비좁은 자기 방의 딱딱하고 좁다란 침대 위에 뒹굴면서 꿈을 이루는 계획과 방법을 생각했다. 아버지가 돌아가시면 그 유산이 분배되리라는 것은 잘 알고 있었으나, 아버지는 좀처럼 죽을 것 같지 않았다. 왕싼은 이를 악물고 어둠 속에서 중얼거렸다.

"그 노인네는 내가 장년기를 지날 때까지 살아 계시겠지. 빨리 돌아가시지 않으면 내가 위대해지지 못하고 만다. 고약한 노인네가 오래도 사는구나!"

그래서 드디어 올봄, 무작정 기다리기보다는 비적이라도 되어야겠다고 결심하기에 이르렀는데, 마침 그때 아버지가 위독하다는 보고를 받은 것이었다. 지금 그 통지를 받고 들판을 가로질러 돌아가면서 그의 가슴은 기쁨으로 부풀고 방망이질했다. 자기가 나아갈 길이 뚜렷이 열리는 것을 느꼈고, 비적이 되지 않아도 된다는 것이 이만저만 기쁜 게 아니었다. 그가 입이 무거운 인간이 아니었다면 큰 소리로 외쳐 댔으리라. 그 정도로 기뻤다. 무엇보다도 강하게 머릿속에 떠오른 것은, 그렇다, 나는 운명을 잘못 보고 있지는 않았다. 유산으로 필요한 것을 손에 넣을 수 있게 된 것은 하늘의 도우심이다. 내가 위대한 인물이 되는 것은 천명이다. 이제 나는 끝없이 뻗어나갈 내 운명의 첫걸음을 내디딜 수가 있는 것이다, 라는 생각이었다.

그러나 이런 환희와 흥분도 그의 안색에는 전혀 떠오르지 않았다. 그 사나운 얼굴에는 어떤 표정도 떠오르는 법이 없었다. 어머니로부터 물려받은 야무진 눈과 굳게 다문 입, 바위처럼 완강한 표정, 얼굴 근육 자체가 바위처럼 단단했던 것이다. 그는 말 한 마디 없이 자기 방으로 돌아가서 북쪽으로의 긴 여행 준비를 갖추었다. 믿을 수 있는 병사 넷을 선발하여 자기를 따라오도록 명령했다. 간단한 준비가 끝나자, 그는 노장군이 살고 있는 커다란 저택으로 가서 호위병에게 자기가 찾아왔음을 알리도록 했다. 호위병은 곧 돌아와서 들어와도 좋다고 했다. 왕싼은 부하를 문께에서 기다리도록 명령하고, 노장군이 점심을 먹고 있는 방으로 들어갔다. 노장군은 의자에 걸터앉아 식사를 끝마치려던 참이었다.

노장군은 식탁 위를 덮듯이 하고 두 명의 첩에게 시중을 들리며 먹고 있었다. 장군은 얼굴도 씻지 않았고, 수염도 깎지 않았고, 옷마저 너저분하게 걸친 데다가 단추마저 채우지 않았다. 노년으로 접어들면서 젊은 시절과는 달리 세수도 면도도 옷차림에도 신경을 쓰지 않게 된 것이었다. 그도 그럴 것이 젊을 때 그는 신분 낮은 비천한 일꾼에 지나지 않았으며, 그저 일하는 것이 싫어 비적 노릇을 했다. 그러던 가운데 전쟁의 혼란을 틈타 비적 노릇을 걷어치우고부터 오늘의 지위로까지 출세하게 된 인물이었다. 그러나 그는 호탕하고 유쾌한 노인으로서, 무엇에든 거리낌이 없었다. 그는 늘 왕싼을 환영했다. 이제 자기가 늙고 살이 찌고 게을러져 버려 쉽사리 처리할 수 없는 일을 왕싼이 대신 처리해 주기 때문에 중하게 여겼던 것이다.

왕싼은 들어가서 경례를 올린 뒤 말했다.

"심부름꾼이 아버님이 위독하시다는 소식을 가지고 왔습니다. 형님들이 제가 돌아오기를 기다리는 모양입니다."

노장군은 여유롭게 의자 등받이에 기대고 말했다.

"가게. 아버지께 의무를 다하거든 다시 나에게로 돌아와 주게."

그리고 허리춤을 들춰 한 주먹의 은전을 끄집어냈다.

"이것을 귀관에게 주겠네. 여행 중에는 너무 무리하지 말도록. 알겠지?"

그러고 나서 한결 더 깊숙이 의자에 등을 기대앉은 장군은 갑자기 기묘한 소리를 질렀다. 이 사이에 음식물이 끼었던 것이다. 첩 중 하나가 머리에 꽂고 있던 길고 가느다란, 은으로 만든 핀을 뽑아서 넘겨주자 노장군은 분주하게 이를 쑤시기 시작했고, 왕싼의 존재 같은 건 잊어버리고 말았다.

이리하여 왕싼은 아버지의 집으로 돌아갔고, 가슴속에서 들끓는 초조감을 안고 유산이 분배되어, 다시 노장군에게로 돌아갈 날을 기다렸다. 그러나 삼년 상을 마칠 때까지는 계획을 실행에 옮기지 않으리라 생각했다. 게다가 그는 될 수 있으면 아들로서의 의무를 다하는 편이 좋다고 생각하는 신중한 사내였기 때문에 삼 년 동안 기다렸던 것이다. 마침내 꿈이 이루어진다는 생각에 기다리는 것도 그처럼 괴롭지가 않았다. 그는 삼년상을 치르는 동안 모든 수단을 다해 돈을 저축했으며, 부하로 삼고 싶은 사람들을 잘 살펴서 골랐다.

필요한 것을 손에 넣은 뒤엔, 아버지에 대해서는 나뭇가지가 자기가 갈려 나온 줄기에 대해서 생각하는 정도 이상으로는 생각하지 않았다. 왕싼이 그 정도 이상으로 아버지를 생각지 않은 것은, 그는 언제나 모든 일을 좁고 깊이 생각하는 성질이어서, 한 번에 한 가지 일 말고는 생각할 수가 없었고 마음속에 단 한 사람밖에는 품을 수가 없었기 때문이었다. 그 한 사람은 지금 다름 아닌 자기 자신이었으며, 자기의 하나뿐인 꿈을 제외하고서는 어떤 꿈도 꾸고 있지 않았다.

그 꿈은 어느샌가 아주 커져 버렸다. 형들의 집에서 무료하게 지내는 동안 형들에게 자기에게는 없는 것이 있음을 발견하고 형들을 부럽게 생각했다. 그것은 여자도 아니고 돈도 아니며 집도, 유복한 살림살이도 아니었다. 어디를 가나 여러 사람들로부터 공손한 인사를 받는 것도 아니었다. 그가 단 한 가지 부럽게 생각한 것은 형들에게는 아들이 있다는 점이었다. 그는 형의 아들들이 놀거나 싸움을 하거나 떠들어 대는 것을 가만히 바라다보았다. 그러자 갑자기 태어나 처음 자신도 아들을 갖고 싶다는 생각이 들었다. 싸움터로 떠나는 장군에게 아들이 있다는 것은 아주 멋진 일이었다. 아무리 혈연이라고 하더라도 자기의 아들처럼 충성스러운 사람이란 없다. 이렇게 생각하자 왕싼은 아들이 갖고 싶어졌다.

한참 동안 그 일을 생각했지만, 적어도 현재로선 그런 생각을 할 때가 아니라며 떨쳤다. 지금은 여자 따위에 구애될 때가 아니다. 그는 여자가 무척 싫었다. 큰일을 이제 막 도모하려는 데 여자 따위는 방해물에 지나지 않는다. 게다가 언제라도 버릴 수 있는, 아내로 삼을 수 없는 비천한 여자 따위는 필요 없었다. 아들을 낳기 위해 여자를 들이는 이상 정식 아내를 맞이해서 훌륭한 적자를 낳고 싶었다. 그래서 한동안은 그 소망을 마음속 깊이 감추어 두고 먼 장래의 문제로 미루기로 했다.

6

왕싼이 드디어 남쪽에서 탈출하여 독립할 준비를 진행하던 어느 날, 둘째인 왕얼(王二)이 장남인 왕이(王一)에게 말했다.

"내일 아침에 시간이 나시면 자석가(紫石街)의 찻집으로 와 주십시오. 의논하고 싶은 일이 두 가지 있습니다.”

장남은 동생의 말을 듣고 이상하게 생각했다. 토지 일을 의논해야 한다고는 생각했지만, 다른 하나는 무엇인지 짐작이 가지 않아서 물어 보았다.

“가긴 하겠다만, 또 하나의 의논이라는 것은 무엇이냐?”

“셋째한테서 이상한 편지가 왔습니다.” 왕얼은 대답했다.

“우리의 아들 녀석들을 보낼 수 있으면 모두 보내 달라는 것입니다. 무엇인가 큰일을 꾀하고 있는 듯, 가까이에 핏줄 같은 사람이 아쉬운데 자기에게는 아들이 없기 때문이라고 합니다.”

왕이는 깜짝 놀라 입을 크게 벌리고 동생의 얼굴을 빤히 보며 되풀이했다.

“우리 아들 녀석들을!”

왕얼은 고개를 끄덕였다.

“어떻게 할 작정인지 나도 모르겠지만요. 하여간 내일 만나서 잘 의논합시다.”

이렇게 말하고 서둘러 돌아갔다. 왕얼은 곡물 상점에서 돌아오는 길에 형을 불러 세운 것이었다.

왕이는 무슨 일이든지 당장에 처리해 버릴 수 있는 성질이 아니었다. 그러나 언제든지 일어나는 일에 대응할 수 있는 한가한 시간이 있는 데다, 요즈음은 재산이 자기 것이 됐기 때문에 기분이 좋았다.

“자기 아들을 만드는 것쯤 사나이가 돼 가지고 뭐 그리 어려운 일인가. 그놈에게도 색시를 구해 주는 것이 어떻겠냐.”

그는 눈을 가느다랗게 뜨고 무엇인가 재치 있는 말을 하려고 얼굴에 장난스러운 표정을 띠었다. 왕얼은 이것을 보자 웃음을 띠며 냉정한 말투로 말했다.

“그렇지만 형님, 우리는 형님처럼 손쉽게 첩을 만들 수는 없어요.”

그러고 나서 그는 부지런히 발길을 재촉해 사라져 버렸다. 형이 한길에 선 채, 긴 이야기를 꺼내 행인들이 발길을 멈추고 듣기라도 하는 날에는 난처하다고 생각했기 때문이었다.

다음 날 아침, 형제는 찻집에서 만나 한쪽 구석의 탁자를 찾아 자리를 잡았다. 그곳이라면 찻집 안을 전부 바라다볼 수 있지만 남이 이야기를 엿들을 염려는 없었다. 왕이는 당연한 권리로서 상석을 차지하고 앉았다. 그리고 급사를 불러 요리를 가져오라고 했다. 달콤하고 더운 과자와, 아침에 식욕을 자극하기 위해서 먹는 짭짤한 고기와, 따끈한 술과 함께 아침 일찍부터 술에 취하는 것을 막기 위한 고기 요리를 주문했다. 미식가인 형이 마음 내키는 대로 주문하는 것을 듣고 있던 왕얼은 자기가 그 반의 몫을 지불하게 될까 걱정스러워서 안절부절못하다가 드디어 침지 못하고 말했다.

"형님, 저 때문이라면 그렇게 많이 시키실 필요 없습니다. 나는 절약가인 데다가 그렇게 많이 먹지도 못합니다. 특히 아침에는 식욕이 없습니다."

왕이는 아주 느긋하게 말했다.

"너는 오늘은 내 손님이야. 걱정하지 말아라. 내가 낼 테니까."

그는 이렇게 말하여 동생을 안심시켰다. 요리가 오자 왕얼은 자기 몫을 지불할 필요가 없다는 것을 안 터라 될 수 있는 대로 많이 먹었다. 아무리 돈이 있어도 될 수 있는 대로 저축을 해야 마음이 편했고, 주머니를 축내지 않고 얻을 수만 있다면 어떠한 것이라도 될 수 있는 대로 많이 손에 넣고야 마는 것이 그의 버릇이었다. 다른 사람들은 낡은 옷이나 쓸데없는 물건들은 하인들에게 주어 버리지만 그는 그러한 짓을 하지 않았다. 살그머니 전당포로 가지고 가서, 몇 푼이 되더라도 돈과 바꾸는 것이었다. 그는 여위었고 위도 작았지만, 남이 대접할 때에는 뱃속에 쑤셔 넣을 수 있을 때까지 쑤셔 넣지 않고서는 직성이 풀리지 않았다. 하루나 이틀쯤은 먹지 않아도 좋도록 무리를 해서라도 먹을 수 있는 만큼 먹는 것이었다. 그러지 않더라도 조금도 곤란할 까닭이 없는 부자이건만, 참으로 이상한 일이었다.

오늘도 왕얼은 저장이라도 해 두려는 듯 왕성하게 쑤셔 넣었다. 형제는 말 한마디 없이 먹는 데에만 정신이 팔려 있었다. 그리고 하인이 새 요리를 가지고 오는 것을 기다리는 동안에도 잠자코 앉아서 방 안을 이리저리 두리번거렸다. 먹는 동안에 용건을 의논하거나 하면, 식욕이 없어지고 위가 막혀 먹을거리가 들어가지 않기 때문이었다.

그들은 모르고 있지만, 이 찻집은 전에 왕룽이 와서 기생이었던 렌화를 발견하고 첩으로 삼기 위해서 그녀를 사 간 바로 그 집이었다. 왕룽에겐 이곳이 꿈나라였다. 벽에 아름다운 여자를 그린 비단 족자가 걸려 있는, 마치 마법처럼 신비한 아름다움으로 꽉 찬 곳처럼 여겨졌었다. 그러나 두 아들에겐 항상 오는 평범한 곳에 지나지 않았으며, 이곳이 망부에게 어떤 곳이었었는가 따위는 꿈에조차 생각해 본 일이 없었고, 아버지가 성내 사람들 틈에 끼여서, 기가 죽어 부끄러워하면서 들어오던 곳이라고는 전혀 짐작도 못했다. 두 아들은 비단옷을 입고 앉아서 천천히 주위를 휘둘러보았다. 모든 사람들이 그들을 알고 있었기 때문에 시선이 부딪칠 때면 사람들은 황급히 일어나서 인사를 올렸다. 하인들은 시중을 들기 위해서 번개같이 달려왔고, 찻집 주인까지 몸소 따끈한 술을 운반하는 급사와 함께 다가와 말하는 것이었다.

"이것은 새로 마개를 딴 술통의 것입니다. 나리님들을 위해서 제가 손수 뚜껑을 뜯은 것입니다."

그리고 몇 번이고 마음에 들지 않는 일은 없는지 물었다.

왕룽의 아들들은 이제 이렇듯 대우를 받고 있었다. 조금 떨어진 한쪽 구석에는 젊을 때의 롄화를 그린 비단 족자가 아직까지 그대로 걸려 있었다. 젊고 늘씬한 자태로서, 조그만 손에 연꽃 봉오리를 들고 있는 그림이었다. 전에 왕룽은 이 그림 속의 모습을 보고 가슴이 뛰고 마음이 산란해졌던 것이다. 그러나 왕룽은 이미 죽었고 롄화는 옛 모습 그대로 그곳에 걸려 있다. 그 족자는 연기에 그을리고 파리똥이 점점이 무늬를 놓아, 이젠 거들떠보는 사람조차 없었다. "저 구석에 걸려 있는 족자의 미인은 누구인가?" 묻는 사람은 더욱 없었다. 왕룽의 두 아들조차도 그 그림의 주인이 롄화이며 전에는 롄화도 아름다웠구나, 하는 등의 생각은 꿈에도 하지 않았다.

두 사람은 이곳에서 사람들의 존경을 받으면서, 줄곧 먹어 댔다. 왕얼은 아무리 애써도 형처럼 오래 먹어 댈 수가 없었다. 왕얼이 온갖 요리를 자기의 한도 이상으로 쑤셔 넣어 그 이상 들어갈 자리가 없을 만큼 먹어 버린 다음에도, 형 쪽은 여전히 원기 왕성하게 술을 마시고 입맛을 다시면서 계속 먹어 댔다. 그리하여 마지막에는 몸에서 땀이 나고, 얼굴은 기름기로 번들거렸다. 웬만한 대식가도 그 이상 못 먹을 만큼 먹고 나서 그는 의자의 등받이에 기댔다. 급사가 더운 수건을 가지고 왔다. 그는 얼굴로부터 목, 손에서부터 팔에 이르기까지 차례차례로 닦았다. 그동안에 급사가 먹다 남긴 접시와 술을 날라가고, 식탁 위에 흩어진 뼈와 음식 찌꺼기를 깨끗이 훔친 뒤, 새 녹차를 가져왔다. 이렇게 해서 겨우 이야기를 시작할 준비가 된 것이다.

이 시각이 되자 오전도 반이나 지나서, 찻집은 그들처럼 처자로부터 떨어져 조용히 식사를 하려는 사내들로 가득 찼다. 그들은 먹기를 마치면 차를 마시면서 진수와 최근에 보고 들은 일에 대해서 이야기를 나누는 것이다. 여자와 아이들이 있는 집에서는 마음의 평온을 기대할 수가 없다. 여자는 악을 쓰며 불러 대고 아이들은 고함을 치며 빽빽 울어 댄다. 여자나 아이들은 천성이 그러하기 때문에 별도리가 없다. 그러나 찻집에는 사내들뿐이었다. 모두들 나직한 소리로 이야기를 나누고 있었다. 그야말로 평화로운 장소인 것이다. 이 온화하고 평화스러운 분위기 속에서 왕얼은 여윈 가슴 사이에서 봉투를 꺼내어, 봉투 속의 편지를 형에게 내놓았다.

왕이는 편지를 집어 들어 크게 기침을 하고 중얼중얼 입속으로 소리를 내며 읽었다. 처음에는 흔해 빠진 인사말이 간략하게 씌어 있었다. 왕후의 글씨는 그야말로 그답게 단도직입적이어서, 짙은 먹으로 대담하고 분방하게 씌어 있었다. 편지의 내용은 다음과 같았다.

형님, 보낼 수 있는 은전을 될 수 있는 대로 모두 보내 주십시오. 급히 필요합니다. 만약 제게 돈을 빌려주신다면 제가 지금 시작하는 일이 성공하는 날에 꼭 이자를 붙여서 갚겠습니다. 그리고 열일곱 살 이상의 아들들이 있다면 제게로 보내 주시기 바랍니다. 조카들을 형님들이 기대하는 이상으로 출세시키겠습니다. 이제부터 행하려는 대사업에는 꼭 몸 가까이에 믿을 수 있는 혈육이 필요합니다. 돈을 보내 주십시오. 그리고 저에게는 아직 아들이 없으니 형님들의 아들들을 보내 주십시오.

왕이는 이런 내용을 읽고 동생의 얼굴을 보았다. 동생도 형의 얼굴을 보았다. 형은 의아스러운 듯이 말했다.

"그 녀석은 남쪽의 장군을 모시고 군대에 몸을 담고 있다고 했는데, 그 밖에 무슨 일을 한다고 너한테 말을 하더냐? 우리 아이들을 어떡할 작정인지 말을 하지 않은 것이 이상하지 않나. 무슨 일인지 모르는 곳에 아들을 보내는 따위의 짓을 할 부모는 없어."

그들은 한참 동안 묵묵히 그곳에 앉은 채 차를 마셨다. 둘 다 마음속으로는 어딘지도 모르는 곳으로 아들을 보낸다는 것은 위험한 짓이라고 여기면서도, 조카들을 출세시킨다는 말에 초조함을 느꼈다. 그리고 마침 그 나이 또래의 아들들이 있으므로 하나쯤 내보내서 출세의 기회를 잡게 해도 좋겠다고 저마다 생각했다. 왕얼이 먼저 조심스럽게 말했다.

"형님에겐 열일곱 살을 넘은 아들이 있지요?"

"내겐 열일곱 살을 넘은 아들놈이 둘 있으니까 둘째놈쯤은 보낼 수도 있어. 아이들의 장래는 아직 아무런 결정도 하지 않았어. 우리 집 같은 곳에서는 아이들이 무럭무럭 자라니까 말이야. 장남은 대를 이어야 하니까 보낼 수 없지만, 둘째놈이라면 보내도 되겠지."

"우리 집엔 가장 맏이가 계집애라, 그 손아래 사내 녀석을 보내지요. 형님에게 장남이 있으니 대를 이을 걱정은 하지 않아도 되겠죠."

그 말을 끝으로 두 사람은 저마다 자기 아이들 생각에 잠겼고, 아들들의 장래가 자신들에게 가져올 이익의 가능성을 생각해 보았다. 왕이는 큰부인과의 사이에서 여섯 아이를 얻었으나 그 가운데 둘은 어려서 죽어 버렸다. 그 밖에 첩과의 사이에 하나가 있고, 앞으로 한두 달쯤 있으면 또 하나 태어날 예정이었다. 아이들은 모두 튼튼하게 잘 자랐다. 다만 셋째 아들이 태어난 지 겨우 두세 달 만에 하녀가 실수로 안마당 돌바닥에 떨어뜨리는 바람에 등뼈가 구부러졌는데, 어깨에 혹 같은 것이 생기더니 꼽추가 되고 말았다. 거기다가 머리통이 엄청나게 커서 마치 거북이가 머리를 등껍질 속으로 움츠린 듯, 그 머리가 어깨의 혹 사이에 쑥 들어가 있었다. 왕이는 그 아이를 진찰하기 위해서 이 의사 저 의사를 불러 보기도 하고, 여느 때에는 믿음이 전혀 없으면서도, 이 아이를 고쳐 주시면 훌륭한 옷을 바치겠다고 관세음보살에게 기도까지 드렸으나 도무지 효과가 없었다. 죽을 때까지 무거운 짐을 져야 하는 아이의 운명에는 변함이 없었으므로, 아무런 효험도 보여 주지 않은 관세음보살에게 옷을 바치지 않았다는 것이 그나마 위안이 되었다.

왕얼에게는 다섯 아이가 있었다. 맏이와 막내가 계집아이이고, 가운데 셋이 사내아이였다. 부인은 아직 계속 아이를 낳을 수 있는 나이였고 몸도 아주 튼튼하니 중년이 되어도 더 낳을 터였다.

둘은 한참 생각한 끝에, 이렇게 아이가 많으니 아들 한두 명쯤은 보내도 좋겠다는 결론을 내렸다. 드디어 왕얼이 고개를 들고 말했다.

"뭐라고 답장을 쓸까요?"

그러나 왕이는 망설였다. 오랫동안 부인에게만 의지해 왔고, 무슨 일이든 부인이 말한 바를 그대로 옮기는 것이 버릇이 되어 있었으므로, 혼자서 곧바로 결정할 수가 없었다.

왕얼은 그것을 알고 있었기 때문에 약삭빠르게 말했다.

"그럼, 아들을 두 집안에서 한 놈씩 보내고, 또 돈도 되도록 많이 보내겠다고 할까요?"

왕이는 동생이 이렇게 말해 주니 기뻤다.

"그래, 그렇게 하자. 그렇게 결정하지. 기꺼이 아들놈을 보내겠어. 우리 집엔 아이들이 많아. 큰 놈들은 쌈박질만 하고, 작은 놈들은 빽빽 울어 대서 집에서는 잠시도 조용히 쉴 수가 없단 말이야. 나는 둘째 놈을 보낼 테니, 너는 맏아들을 보내는 것이 좋겠다. 만일의 일이 있더라도 내 맏이가 남아 대를 이을 테니까 걱정할 것은 없어."

의견이 정해지자 두 사람은 한참 동안 차를 마시면서 쉬고 이번에는 토지 이야기를 시작했다. 이렇게 앉아서 나지막한 소리로 토지를 파는 이야기를 하고 있노라니, 두 사람의 머릿속에 강렬한 추억이 생생하게 되살아났다. 그것은 왕룽이 살아 있을 때, 두 사람이 흙집 옆에 있는 밭에서 처음으로 땅을 팔자는 이야기를 했던 날의 일이다. 아버지는 늙었기 때문에 자기들의 이야기를 들으러 나올 기력이 있으리라고는 꿈에도 생각지 않았었는데, 왕룽은 뒤를 따라 나와 그들의 '땅을 판다'는 말을 듣고 불같이 노하여 외쳤던 것이다.

"뭐라고! 땅을 팔겠다고? 이 변변치 못한 게으름뱅이 놈들아!"

불 같은 분노로 몸을 떨던 왕룽은, 양쪽에서 아들들이 부축을 하지 않았더라면 분명 쓰러져 버렸으리라. "땅을 팔기 시작하면…… 집안은 끝장이야." 하고 되풀이해서 중얼거렸다. 아버지는 그런 심한 분노를 참아 넘길 수 없을 만큼 노령이었기 때문에, 아들들은 늙은 아버지를 달래기 위해서 절대로 땅을 팔지 않겠다고 약속했다. 그러나 두 형제는 자꾸만 끄덕이는 아버지의 머리 위에서 서로 얼굴을 마주 보면서 웃었다. 머지않아 토지를 팔 목적으로 서로 만나 의논할 날이 올 것을 예상했기 때문이었다.

이날도 두 사람은 토지를 팔아서 큰돈을 벌고 싶은 생각은 태산 같았지만, 그때 밭에 서 있던 늙은 아버지의 기억이 아직도 너무나 또렷했기 때문에 아무래도 생각했던 것만큼 속 편히 토지를 팔 의논을 할 수가 없었다. 아버지가 결국은 옳았는지 모른다고, 마음속에서 팔고 싶은 욕망을 억누르며 신중한 태도를 취하게 하는 마음이 저마다 작용하여, 한꺼번에 전부를 팔지는 않으리라, 언젠가 불황이 닥쳐오거나 사업이 부진한 경우, 먹고살기에 충분할 만큼의 땅은 남겨 두어야 한다고 생각하고 있었다. 이러한 시대에는 언제 가까이서 전쟁이 터질지도 모르고, 언제 또 비적에게 이 지방이 점거당할지도 모른다. 또 언제 재해가 엄습할지도 모를 일이다. 무슨 일이 일어나더라도 사라지지 않고 남아 있는 것을 가지고 있는 편이 좋다. 그러나 또 한편으로는 토지를 팔아 그 돈을 고리로 늘려 가고 싶은 욕망도 컸다. 그래서 둘은 어떻게 해야 할지를 모르고 번민했다. 그 때문에 "어느 토지를 파시겠습니까, 형님?" 하고 왕얼이 묻자 왕이는 그로서는 신기할 만큼 조심스럽게 대답했다.

"결국 나는 너처럼 사업을 하고 있지 않으니까 지주로 있을 도리밖에는 없다. 당장 필요한 돈을 손에 넣을 정도의 토지만을 팔기로 하지. 전부 팔지는 않겠다."

그러자 왕얼이 말했다.

"땅을 보러 가십시다. 우리들이 가지고 있는 토지가 얼마쯤 있으며 어디에 어떤 상태로 있는지, 멀리 흩어져 있는 것을 전부 둘러보고 오시지 않겠습니까? 아버님은 중년 무렵부터 땅이라면 사족을 못 쓰시고, 기근이 닥친 해에 싼 것이 있으면 어느 곳이든 사두었기 때문에 우리 땅은 이 지방 일대에 널려 있습니다. 그 가운데에는 겨우 두세 발짝 정도의 조그만 밭도 있지요. 형님께서 지주가 되시겠다면 토지를 가까운 곳에 모아 두는 편이 관리하기 쉽습니다."

이것은 합리적이고 좋은 생각으로 여겨졌다. 왕이는 음식값을 치르고 급사에게 행하를 조금 주었다. 그리고 둘은 일어나서 왕이가 앞장서서 걸어갔다. 이곳 저곳 자리에서 사람들이 일어나 두 사람에게 인사를 했다. 두 사람처럼 성내의 부호인 사람들과 자기들이 가까이 지낸다는 것을 과시하고 싶었던 것이다. 왕이는 이렇게 사람들이 치켜세워 주는 것을 좋아해서 너그러운 미소를 띠고 인사를 받았다. 그러나 왕얼은 눈을 내리깔고 잠깐 고개를 수였을 뿐으로, 그 누구의 얼굴도 보려 하지 않았다. 섣불리 친구하게 굴다가 돈이라도 빌려 달라 하면 어쩌나 두려워하는 것 같았다.

이리하여 형제는 토지를 둘러보러 나갔다. 형은 뚱뚱하여 몸이 무거워서 잘 걸을 수가 없었기 때문에 동생은 형의 보조에 맞추어서 천천히 걸었다. 성문까지 오자, 걷는 데 익숙지 않은 형은 벌써 지쳐 버렸다. 나귀에 안장을 얹고 손님을 기다리는 자들이 있어서 둘은 나귀를 타고 성문 밖으로 나갔다.

그날 두 사람은 종일 토지를 둘러보았다. 길가의 음식점에서 점심 요기를 하고, 여기저기 흩어진 밭들을 먼 곳까지 샅샅이 둘러보았다. 두 사람은 토질에서부터 소작인의 활동 상태까지 상세히 관찰했다. 소작인들은 이 두 지주 앞에서 굽실굽실 허리를 굽혔다. 왕이는 잘 팔릴 것 같은 토지를 골랐다. 막냇동생의 토지는 흙집 주위에 있는 약간의 땅을 제외하고는 모두 팔기로 했다. 그러나 두 사람은 의논이라도 한 듯 흙집 가까이는 가지 않았다. 또 커다란 대추나무 아래, 아버지가 묻혀 있는 조그만 언덕에도 가지 않았다.

저녁때 지쳐 버린 두 사람은 당나귀를 타고 다시금 성내로 돌아왔다. 성문께에서 나귀에서 내려 약속한 값을 치렀다. 마부는 종일 나귀 뒤를 쫓아 뛰느라고 지쳤고, 또 무척 먼 곳까지 오랜 시간 걸어서 신도 헤어졌으므로 좀 더 얹어 달라고 요구했다. 왕이가 주려고 하자 왕얼이 말했다.

"줄 만큼 주었잖아. 신이 어떻게 되었든, 그것은 우리 알 바가 아니야."

이렇게 말하고 떠나며, 마부들이 투덜거리는 소리에는 귀도 기울이지 않았다. 둘은 자신들의 집까지 돌아오자, 같은 목적을 가진 자로서 서로 얼굴을 마주 보았다. 왕얼이 말했다.

"형님만 좋으시다면, 오늘부터 따져서 일주일째 되는 날에 아들놈들을 셋째에게로 보냅시다. 내가 직접 데리고 가겠습니다."

왕이는 고개를 끄덕이고 지친 발걸음으로 자기 집 대문 안으로 들어섰다. 그는 일생을 통해서 이날만큼 많은 일을 한 적이 없었다. 그는 마음속으로 지주 생활이라는 것도 여간 애를 먹는 일이 아니구나 생각했다.

7

예정했던 날이 되자 왕얼은 형에게 말했다.

"형님 댁 둘째는 준비가 되었습니까? 우리 아이는 준비가 되었으니까 내일 아침 일찍 제가 아이들을 데리고 셋째가 있는 남쪽 도시로 가서 넘겨 주겠습니다. 뒤는 그 애가 돌봐 주겠지요."

그날 왕이는 둘째 아들을 자기 앞에 불렀다. 여느 때 그다지 조심해서 살펴본 일이 없었기 때문에 어떤 아들인가, 앞으로의 운명에 견딜 만한 아이인가를 잘 보아 두리라고 생각한 것이다. 둘째는 부름을 받자 곧 와서 그를 기다리고 있는 아버지 앞에 섰다. 그 소년은 키가 작았고 연약해 보였으며 부드러운 얼굴을 하고 있었다. 잘생기지도 못했고 매우 겁쟁이인지라 떨리는 손바닥이 언제나 땀으로 축축했다. 지금 아버지 앞에 서서는 무의식적으로 떨리는 손을 뒤틀고 있었다. 고개를 숙이고 있었지만 가끔 곁눈질로 아버지를 쳐다보고서는 다시 고개를 숙였다.

왕이는 이 아이를 다른 아이들과 떼어 놓고 혼자 있는 모습을 보는 것이 처음이었기 때문에 한참 동안 훑어보다가 잠시 생각에 잠기면서 말했다.

"너와 맏이 놈의 처지가 바뀌었다면 좋았을걸. 맏이 놈이 너보다 체격이 좋으니 장군감이야. 너는 너무 약해 보여서 말이나 탈 수 있을지 모르겠구나."

이 말을 듣자 둘째는 갑자기 무릎을 꿇고 와들와들 떨리는 손을 모아쥐고 아버지에게 애원했다.

"아아, 아버지. 군인이 된다는 건 생각만 해도 싫습니다. 저는 책이 좋아 학자가 될 생각이었습니다. 아버지, 저를 아버지, 어머니 곁에 있도록 해 주십시오. 학교에 보내 달라고는 하지 않겠습니다. 혼자서 할 수 있는 데까지 열심히 공부하겠습니다. 군인으로 만들지만 않으신다면 어떤 폐도 끼치지 않겠습니다."

아직 자기는 이 일을 아무에게도 말하지 않았는데 어떻게 새어 나갔을까, 왕이는 생각했다. 왕이가 아무 말도 하지 않았다고 말할는지 모르지만, 사실 그는 무슨 일이든지 자기 가슴에 감춰 놓지 못하는 성질이었다. 그는 언제나 어떤 생각이 떠오르든지 비밀 계획을 세우든지 하면, 자기도 모르는 사이 한숨을 쉬거나 반쯤 이야기를 꺼내다 말거나 이상한 표정을 짓거나 하므로 눈치를 채게 만드는 것이었다. 그는 누구에게도 말하지 않았다고 맹세했지만, 실은 맏아들에게 이야기했고, 밤에 침실에서 첩에게 말했고, 마지막으로 동의를 얻기 위해서 할 수 없이 부인에게도 말했던 것이다. 부인에게는 교묘히 말했기 때문에 그녀는 아들이 지금 당장이라도 장군이 되는 것처럼 생각하여, 속으로는 아들이 군인 감에 어울리지 않는다고 생각하면서도 기꺼이 동의한 것이다. 장남은 언제나 신경질적이면서 생기 없는 얼굴을 하고 있고, 언뜻 아무 생각도 없는 것 같아 누구도 상상조차 못했지만, 실은 영리한 젊은이로서 모든 일을 잘 알았기 때문에 이번에도 동생을 잡고서는 못 살게 굴기도 하고 놀리기도 했다.

"너는 그 난폭한 삼촌의 엉덩이에 달라붙어 다니는 졸개 군인이 되는 거야!"

둘째 아들은 닭을 잡는 것을 보아도 도망쳐 구역질을 하는 겁쟁이로, 속이 메슥거려서 그 고기는 먹을 엄두도 못 낼 정도였다. 그래서 그는 형에게 그런 말을 듣자 공포로 자신을 잃고, 어찌 해야 좋을지 몰라했다. 반신반의이기는 했으나 밤에도 잠을 잘 수가 없었다. 모든 일이 손에 잡히지 않았고 그저 아버지가 부르기만을 기다렸다. 그래서 지금 아버지 앞에 몸을 내던지고 자비를 애원한 것이다.

그러나 왕이는 둘째가 이렇듯 무릎 꿇고서 애원하는 것을 보자 화가 치밀었다. 그는 자기가 권력의 자리에 앉았다는 것을 알면 무척 고집스러워지거나 곧 성질을 부리는 인간이었다. 지금도 그는 타일이 깔린 바닥을 발로 쿵쿵 구르며 소리쳤다.

"너는 가야 해. 이것은 놓칠 수 없는 좋은 기회다. 네 사촌 동생도 간다. 너도 기꺼이 가야 할 일이다. 내가 젊을 때 이런 기회가 있었더라면 틀림없이 기뻐 날뛰었을 텐데, 내가 젊을 때는 이런 기회가 없었어. 나도 남쪽으로 간 적은 있었지만 이처럼 좋은 일도 아니었고 또 잠깐 동안밖에 가 있지 않았다. 어머님이 돌아가셔서 아버님이 부르신 거야. 아버님의 명령을 거역한다는 것은 꿈에도 생각해 본 일이 없다. 알겠느냐, 꿈에도 생각지 못했단 말이야! 나는 삼촌이 높은 지위에 있는 덕분에 출세할 기회 같은 건 없었단 말이다!"

여기까지 말하고 왕이는 갑자기 한숨을 쉬었다. 왜냐하면 만약 자기에게 아들처럼 좋은 기회가 있었더라면 지금쯤 얼마나 위대해졌을까 하는 생각이 떠올랐기 때문이었다. 금빛으로 번쩍이는 군복을 입고 당당하게 걸으면 얼마나 훌륭해 보일까! 장군이라는 것은 그런 차림을 한다고 그는 생각한 것이다. 나는 장군이 돼도 부끄럽지 않을 커다란 몸집을 지녔다고 그는 자부했다. 그는 다시 한 번 한숨을 쉬고, 눈앞의 한심한 아들을 바라보았다. 그리고 말했다.

"작은아버지에게 보내려면 좀더 건강한 아들놈이 있으면 하지만, 너 말고는 나이가 적당한 애가 없으니 할 수 없구나. 맏이는 대를 이을 몸이라 집안에서 나 다음가는 신분이니 집을 떠날 수는 없어. 네 바로 아래 동생은 꼽추고, 그다음 애는 아직 어리니, 어쩔 수 없이 네가 가야 할 형편이다. 운들 어떻게 하겠느냐. 아무래도 네가 가야 할 형편인데."

그는 이 아들의 일로 더는 애를 먹고 싶지 않았기 때문에 벌떡 일어나 밖으로 나갔다.

왕얼의 아들은 이런 아이가 아니었다. 명랑하고 수다스러운 소년이었으며, 곰보였기 때문에 이름 대신에 누구나, 부모까지도 '곰보'라는 별명으로 불렀다. 천연두에 걸리지 않도록 세 살 때 어머니가 환자의 부스럼 딱지를 얻어 와서 코 속에 넣었는데, 이것이 너무 강한 바람에 오히려 천연두에 걸려, 그 이후로 줄곧 곰보의 흔적이 남았던 것이다. 왕얼은 그 아이를 불러 놓고 말했다.

"내일 아버지와 함께 남쪽으로 가야 하니 옷을 챙겨 두어라. 너를 군인인 삼촌에게 데려다주겠다."

이 아이는 언제나 새로운 것을 보는 일과, 자기가 본 것을 우쭐대며 떠들고 다니기를 좋아하는 성질이었기 때문에 그 말을 듣자 미칠 듯이 기뻐하며 주위를 뛰어다녔다.

부엌문 옆에서 조그만 화로에 얹은 냄비 속을 휘젓고 있던 어머니는 처음 듣는 그 이야기에 고개를 쳐들고 큰 소리로 외쳤다.

"소중한 돈을 쓰면서 무엇 때문에 남쪽으로 가시려고 그러세요?"

왕얼은 그때 비로소 아내에게 사정을 이야기했다. 그녀는 여전히 냄비를 휘저으면서 듣고 있었는데, 그사이에도 눈은 닭 요리를 하는 하녀 쪽을 향하여 하녀가 간(肝)이나 달걀을 살그머니 훔쳐가지나 않을까 감시하고 있었기 때문에, 귀로 들어온 것은 남편이 한 말의 마지막 부분뿐이었다. 남편은 말하고 있었다.

"모험일지도 모르지. 게다가 셋째가 아이를 출세시킨다는 것이 어떤 의미인진 나도 잘 몰라. 그러나 장사를 물려줄 아들은 달리도 있고, 또 우리 집에서 적당한 나이는 이 아이뿐이니까. 형네 집에서도 하나 보내기로 했어."

아내는 이 마지막 말을 듣자마자, 귀를 쫑긋 세우고 말했다.

"큰집 아들이 가서 출세한다면, 우리 아이도 보내야지요. 그러지 않으면 허구한 날, 형님이 훌륭한 군인이 된 아들을 자랑하는 소리를 들어야 할 테니까요. 이 아이는 몸만 컸지 장난질만 쳐서 난처하니까, 이제 슬슬 무엇인가 시키지 않으면 안 될 때예요. 당신 말씀대로 장사 일은 다른 아이도 있으니, 이것저것 생각 말고 보내 버립시다."

다음 날 아침 왕얼은 저마다 옷 보따리를 든 두 소년을 데리고 출발했다. 자기의 소지품을 돼지 가죽으로 된 고급 옷상자에 넣은 왕이의 둘째는 이것저것 불평만 하고 있었다. 눈은 울어서 벌겋게 부어 있는 주제에, 하인이 상자 속에 넣은 책을 뒤집지 않고 옮기는지 신경을 쓰느라 마냥 꾸물거렸다. 왕얼의 아들은 책 같은 것은 한 권도 가지고 있지 않았다. 몇 벌 안 되는 옷을 커다란 푸른 무명 보자기에 싸 달래서 자기가 들고 있었다. 그리고 무엇인가 발견하면 큰 소리를 지르며 뛰어갔다. 맑게 갠 봄날이었다. 시내의 거리에는 철 이른 야채가 잔뜩 늘어 놓여 분주하게 매매되고 있었다. 이 아이에게는 이때가 좋은 해였으며 좋은 날이었다. 생전 처음 떠나는 여행이고, 오늘 아침엔 어머니도 그가 좋아하는 음식을 만들어 주었기 때문에, 그는 힘이 넘쳐흘렀다. 그러나 그의 사촌 형은 체면을 차리는 듯 어슬렁어슬렁 묵묵히 걸었다. 고개를 숙인 채 사촌 동생 쪽은 보려 하지도 않았다. 엷은 입술을 가끔 혀로 핥아 축이고 있었다.

왕얼은 아이에게 주의를 기울이는 성질이 아니었기 때문에 두 소년과 함께 걸으면서도 자기 일만을 생각했다. 도시 북쪽의 정거장까지 와서 기차를 타게 되자 왕얼이 아이들에게 과분하다면서 가장 싼 표를 샀기 때문에, 왕이의 둘째 아들은 아주 창피스러운 생각이 들었다. 마늘 냄새가 밴, 세탁이라곤 한 일이 없는 무명옷을 입고 가난뱅이 냄새를 풍기는 사람들이 앉은 찻간으로 들어가, 그런 더럽고 비천한 사람들 틈에 비단옷을 입고 앉아야 했다. 그러나 그는 작은아버지에게 정말로 경멸당할까 두려워서 아무 말도 하지 않고 자리에 앉아, 옆에 앉은 농부와의 사이에다 옷상자를 놓고 여기에서 돌아가기로 되어 있는 하인을 슬픈 듯이 배웅했다. 그래도 그는 작은아버지에게는 아무 말도 하지 못했다.

왕얼과 그의 아들은 이런 가난뱅이 틈에 끼여 있어도 조금도 두드러지지 않았다. 훌륭한 차림을 하여 셋째에게 실제 이상의 부자로 보이면 좋지 않으리라고 생각하여, 왕얼은 아침에 일어났을 때 무명옷을 입었기 때문이었다. 또 아들은 아직 비단옷 따위를 입어 본 적이 없었다. 그가 입은 튼튼한 무명옷은 큰 다음에도 입을 수 있도록 어머니가 헐렁헐렁하고 아주 크게 만들어 준 것이었다. 왕얼은 형의 아들을 보고 짓궂게 말했다.

"그런 훌륭한 옷으로 여행하는 것은 좋지 않아. 비단옷은 벗어서 잘 접어 상자에 넣어 두어라. 기차 안에서는 속옷 바람이 좋다. 좋은 옷은 아껴 두어라."

그러자 소년은 조그만 소리로 말했다.

"이것보다 더 좋은 것이 있습니다. 이것은 매일 집에서 입고 지내는 평상복입니다." 그러나 그는 작은아버지의 말을 거역할 용기는 없었기 때문에 일어나서 시키는 대로 했다.

이리하여 그들은 그날 하루 종일 기차로 여행했다. 왕얼은 지나치는 도시나 밭을 가격을 매겨 보기라도 하는 듯이 열심히 바라다보았다. 왕얼의 장남은 새로운 것을 볼 때마다 환성을 질렀고, 정거할 때마다 행상인들이 가져오는 과자를 먹고 싶어했으나 아버지는 아무것도 사주지 않았다. 왕이의 둘째는 기차 속도가 빠르다며 멀미를 일으켜 창백한 얼굴로 떨고 있었다. 그래서 옷상자에다 머리를 기댄 채 온종일 아무 말도 하지 않았고, 음식을 주어도 고개를 저을 뿐 먹으려고 하지 않았다.

그들은 다시 조그맣고 복작거리는 배를 타고 이틀 동안 바다를 따라 내려가 드디어 목적하는 도시에 도착했다. 배에서 내려 뭍으로 오르자 왕얼은 인력거를 두 대 불러 한 대에 두 소년을 태우고, 다른 한 대에는 자기가 탔다. 소년들이 탄 인력거꾼은 두 사람이 탔기 때문에 너무 무겁다면서 이만저만 투덜거리지 않았다. 그러나 왕얼은 둘은 아직 어린아이이며, 한 사람은 뱃멀미로 파랗게 질리고 여위었기 때문에 보통 사람보다 가볍다고 주장하여, 옥신각신 끝에 기어이 삯을 조금 더 얹어 주기로 하고 겨우 인력거꾼을 설득했다. 그래도 한 대 더 부르는 것보다는 훨씬 싸게 먹혔다. 왕얼은 일러 준 장소에 인력거가 닿자 품에서 편지를 꺼내, 편지의 주소와 문에 달린 문패가 같은가 확인했다. 그러고 나서 인력거에서 내리고, 두 소년도 내리게 했다. 그리고 인력거꾼이 말한 것만큼 거리가 멀지 않았다면서 다시 인력거꾼을 상대로 실랑이를 벌여 처음 약속한 삯을 깎았다. 그리고 옷상자의 한쪽 귀를 들고 다른 쪽을 두 소년에게 들려, 양쪽에 돌로 만든 사자상이 서 있는 대문 안으로 들어갔다.

그러자 사자상 곁에 서 있던 군인이 외쳤다.

"너희들! 누가 마음대로 들어가라고 했나!"

군인은 어깨에서 총을 내려 개머리판으로 돌 위를 쿵 쳤다. 그 군인이 사납고 거친 얼굴을 했기 때문이 세 사람은 깜짝 놀라서 멈춰 섰다. 왕이의 아들은 떨기 시작했고 곰보 소년조차 그렇게 가까이서 총을 본 일이 없었기 때문에 한순간 진지한 표정이 되었다.

그래서 왕얼은 황급히 아우의 편지를 품에서 꺼내 호위병에게 읽어 보라고 넘겨주었다.

"이 편지에 씌어 있는 세 사람이 우리들입니다. 이것이 증겁니다."

그러나 그 호위병은 글을 읽을 줄 몰랐기 때문에 큰 소리로 다른 군인을 불렀다. 그 군인이 와서 한참 동안 세 사람을 훑어보고 이윽고 이야기를 모두 듣고 나더니 편지를 받아들었다. 그러나 그 사나이도 글을 읽을 줄 모르기는 마찬가지였다. 그저 그것을 들여다본 뒤, 어딘가 안쪽으로 자취를 감췄다. 한참 시간이 흐른 뒤 돌아와서 엄지손가락으로 안을 가리키면서 말했다.

"정말이야, 대장님의 친척이니까 들여보내래."

그래서 그들은 다시 옷상자를 집어 들고 돌사자 옆을 지나 안으로 들어갔다. 총을 든 군인은 그때까지도 내키지 않는 듯, 의심하는 눈길로 그들의 뒷모습을 보았다. 그들은 다른 군인의 뒤를 따라서 열 개 가량의 병영을 빠져나갔다. 어느 병영 안에도 군인들이 득실거렸다. 먹거나 마시는 자도 있었고, 벌거숭이로 햇볕을 쬐면서 옷에 붙어 있는 빈대와 이를 잡고 있는 자도 있었다. 코를 골며 자고 있는 자도 있었다. 그런 가운데를 지나가니 안쪽에 건물이 있었고, 그 건물의 가운뎃방에 왕후가 앉아 있었다. 왕후는 탁자 앞에 앉아 그들을 기다렸다. 뻣뻣한 외국제 검은 천으로 만든 군복을 입고 있었고, 윗도리의 가슴에는 기호가 있는 놋쇠 단추가 달려 있었다.

그는 형 일행을 보자 곧 의자에서 일어나 부하에게 술과 요리를 가져오라고 큰 소리로 명령한 뒤 형에게 인사를 올렸다. 형도 마주 인사를 받고, 두 소년에게도 인사를 하도록 했다. 그러고 나서 나이 순서에 따라서 자리에 앉았다. 왕얼이 상좌를 차지하고 그다음이 왕후, 두 소년은 아래쪽 탁자 옆에 앉았다. 당번병이 술을 가지고 와서 그들의 잔에 따르는 동안, 왕후는 두 소년을 바라보고 있다가 불쑥 그 거친 소리로 말했다.

"저 얼굴이 벌건 녀석은 몸은 튼튼해 보이긴 한데, 저런 곰보 얼굴 속에 과연 지혜가 있을까 의심스럽군요. 형님, 장난꾸러기는 아니겠죠? 실없이 웃음 헤픈 녀석을 나는 그다지 좋아하지 않습니다. 이 애가 형님 아들이지요? 어머니를 닮은 곳이 있군요. 다른 녀석은…… 맏형님은 좀 더 나은 애를 보낼 수가 없었답니까."

왕후가 이렇게 말하자 창백한 얼굴을 한 맏형의 아들은 고개를 더욱 푹 숙이고 말았다. 윗입술에 식은땀이 방울져 있는 것이 보였다. 그것을 소년은 고개를 숙인 채 살그머니 닦았다. 왕후는 시꺼멓고 날카로운 눈으로 소년들을 빤히 쏘아보았다. 그러자 좀처럼 당황하는 일이 없는 곰보 소년까지도 끝내는 눈길을 어디다 둘 바를 몰라 이쪽저쪽을 둘러보고, 발을 꿈틀꿈틀 움직이기도 하고 손톱을 씹기도 했다. 왕얼은 머뭇거리면서 말했다.

"정말 변변치 못한 애들이야. 네가 모처럼 베푼 호의에 제값을 할 만큼 좋은 애가 없어. 형님도 나도 애석하게 생각하고 있어. 그러나 형님 댁에선 이 아이의 위는 대를 이어야겠고, 아래는 꼽추라서 말이야. 이 곰보는 내 맏놈이고, 막내는 아직 어린애라, 현재로선 이 두 아이가 그래도 최선이야."

소년들을 자세히 관찰하고 나자, 왕후는 당번병을 불러서 두 소년을 별실로 안내하게 하고 그곳에서 식사하도록 했다. 그리고 부르지 않으면 이 방으로 올 필요가 없다고 말했다. 당번병이 안내를 하려고 하자 맏형의 아들은 처량한 표정으로 작은아버지를 뒤돌아보았다. 왕후는 소년이 망설이는 것을 보고 크게 꾸짖었다.

"무엇을 어물거리고 있어!"

소년은 멈춰 서서 연약한 소리로 말했다.

"옷상자를 가지고 가도 될까요?"

왕후가 보니 입구께에 훌륭한 돼지 가죽 상자가 있었다. 그는 경멸이 섞인 말투로 말했다.

"가지고 가거라. 그러나 오늘 입은 옷 따위는 버리고 몸에 꼭 맞는 군복을 입게 될 테니까 상자 같은 것은 필요 없어. 비단옷을 입고서는 전쟁을 할 수 없단 말이야."

이 말을 듣자 소년의 얼굴은 납빛이 되어, 아무 말도 못하고 나갔다. 뒤에는 형제만이 남았다.

왕후는 예의를 차리기 위해 굳이 이야기를 꺼내는 사람이 아니었으므로 오랫동안 잠자코 앉아 있었다. 마침내 형 쪽이 참지 못하고 물었다.

"무얼 그렇게 깊이 생각하느냐. 저 아이들에 대해서냐?"

왕후는 천천히 대답했다.

"아니, 그렇지 않습니다. 단지 나 정도 나이의 사람들은 대개 한창 자라는 아이들을 가지고 있어, 틀림없이 마음이 흡족하리라는 생각을 했을 뿐입니다."

"뭐, 너도 일찍 결혼했더라면 벌써 꽤 큰 아들이 있었을 텐데." 왕얼은 조금 웃으면서 말했다. "하지만 오랫동안 네가 어디에 있었는지 우리들도 아버님도 몰랐지. 그러니까 아버님도 너를 결혼시킬 수가 없었던 거야. 이젠 우리들이 기꺼이 색싯감을 찾아보겠다. 결혼 비용은 따로 떼어 놓았으니까."

왕후는 그런 생각을 단호히 뿌리치면서 말했다.

"형님은 이상하다고 생각하실지 모르지만, 나는 여자가 질색입니다. 이상스럽게도 여자만 보면 늘……."

이때 당번병이 요리를 들고서 들어왔기 때문에 중도에서 이야기를 그치고 형제는 그 이상 아무 말도 하지 않았다.

먹고 나서 접시들이 치워지고 차가 들어왔다. 왕얼이, 동생은 그 많은 돈과 조카들을 데리고 무엇을 할 작정이냐고 물으려고 했으나, 어떻게 말을 꺼내야 할지 몰라 궁리하고 있는데 왕후가 불쑥 말했다.

"우리는 형제간입니다. 저와 형님은 서로를 이해하고 있다고 생각합니다. 저는 형님을 의지하고 있습니다."

왕얼은 차를 마시고 나서, 조심스럽게 온화한 말투로 말했다.

"형제간이니까 의지해도 좋다. 그러나 너를 위해서 어떻게 해 줘야 좋을지 알려면 네 계획을 알고 싶다."

그러자 왕후는 몸을 내밀면서 힘찬 목소리로 나직이 이야기하기 시작했다. 말이 재빠르게 튀어나와 호흡이 열풍처럼 왕얼의 귀에 불어닥쳤다.

"나에게는 충실한 부하가 족히 백 명 이상 있습니다. 그들은 이곳의 노장군을 싫어합니다. 나도 마찬가지입니다. 나는 내 영토를 갖고 싶습니다. 나는 이런 작달막하고 노란 얼굴의 남쪽 사람들을 두 번 다시 보고 싶지 않습니다. 나에겐 충실한 부하가 있습니다. 내가 지시만 하면 그들은 어느 날 밤 어둠을 틈타서 나와 함께 이곳을 떠날 겁니다. 우리들은 북쪽 산악 지대로 갈 작정입니다. 그리고 훨씬 더 북쪽으로 나아갈 계획입니다. 만약 노장군이 추격해 오면 산을 근거로 하여 참호를 파고 혁명을 위해 싸울 작정입니다. 그러나 장군은 이미 늙었고 주색에 빠져 지내니 군대를 출동시키거나 하지 않으리라고 생각합니다. 내 부하 백 명은 장군 휘하의 군대 중에서도 가장 뛰어난, 가장 강한 정예만을 뽑아 낸 자들입니다. 남쪽 사람들이 아니라 보다 더 사납고도 용감한 부족 출신들입니다!"

왕얼은 옛날부터 작달막하고 평화로운 사람이며 그리고 상인이었다. 그도 끊임없이 어딘가에서 전쟁이 일어난다는 것은 알았으나, 단 한 번 혁명군의 군대가 아버지 집에 주둔했을 때를 빼놓고는 전쟁과는 아무런 관련도 없었고, 또 전쟁이 어떻게 시작되는지 어떤 형태로 싸우는지도 전혀 몰랐다. 단지 아는 것은 가까이서 전쟁이 벌어지면 곡식 값이 오르고, 멀리서 일어나면 내린다는 것뿐이었다. 그는 전쟁이라는 것을 이렇게 가까이서 느껴 본 일이 없었다. 그런데 자기네

가족 한가운데로 지금 전쟁이 뛰어 들어온 것이다. 그는 작은 입을 멍하니 벌리고 작은 눈을 크게 뜬 채 속삭였다.

"나처럼 평화로운 인간이 그것을 도우려면 어떡하면 좋으냐?"

"들어 보세요! 나는 돈이 많이 필요합니다. 내 몫뿐만 아니라, 그 밖에 형님이 받는 몫까지도 내가 지반을 세울 때까지만 싼 이자로 빌려주십시오."

그의 속삭임은 마치 쇠와 쇠가 마찰되는 소리와도 같았다.

"그런데 담보는?" 왕얼은 신음하듯 물었다.

"들어 보세요!" 동생은 다시금 되풀이했다. "나는 북쪽에 있는 고향 쪽을 근거로 대군을 모아 그 지역 일대를 지배하려고 합니다. 그때까지 내가 필요로 하는 돈과 토지에서의 수입을 모두 나에게 빌려주십시오. 일단 지배자가 되면 싸워서 영지를 넓히고, 싸울 때마다 차츰 커지고 위대해져 끝내는……."

여기에서 그는 말을 끊었다. 먼 장래에 올 시대를, 먼 나라를 눈앞에 뚜렷이 보고 있는 것 같은 표정이었다. 왕얼은 다음 말을 기다리다 못해 물었다.

"그래서 끝내는?"

왕후는 갑자기 일어났다.

"끝내는 이 나라 안에 나보다 위대한 사람이 없어질 때까지 싸우겠습니다."

이렇게 말했을 때 그의 목소리는 이미 속삭임이라기보다 절규에 가까웠다. 왕얼은 깜짝 놀라서 물었다.

"그렇게 되면 너는 무엇이 되지?"

"내가 되고 싶은 것이 되겠습니다."

왕후는 이렇게 외치더니, 갑자기 그 짙은 눈썹을 곤두세우고 손바닥으로 탁자를 두드렸다. 왕얼은 그 소리에 소스라칠 듯 놀랐다. 두 사람은 그대로 가만히 얼굴을 마주 보았다.

이것은 왕얼이 여태까지 들은 것 중에서 가장 기상천외한 이야기였다. 그는 위대한 꿈을 품을 만한 남자가 아니었다. 그의 가장 큰 꿈은 밤에 장부를 가지고 앉아 그해의 매상고를 조사하여 이듬해에 사업을 확장할 안전하고도 확실한 방법을 계획하는 일 정도였다. 그래서 그는 정신을 다시 차리고 동생의 얼굴을 빤히 쏘아보았다. 동생은 키가 컸고 살결도 거무스레했으며 특이하게도, 두 눈은 호랑이 눈처럼 빛나고 있고, 검은 눈썹이 곧게 눈 위에 한일자로 펄럭이는 깃발처럼 붙어 있었다. 보고 있는 동안에 혼이 빠져나가는 기분이었던 그는 문득 동생이 무서운 생각이 들었다. 아우의 눈은 거의 광기에 가까울 만큼 번쩍였고, 동시에 아주 힘세고 위압적인 표정이었다. 그래서 그는 동생의 뜻에 거역하는 말을 꺼낼 용기가 나지 않았다. 아우인 이 사나이의 위력이 느껴진 것이다. 그러나 그는 조심성 있는 성격이었다. 무슨 일에서든지 조심하는 습관을 버릴 수가 없었다. 그래서 그는 마른기침을 하고 윤기 없는 가느다란 목소리로 말했다.

"그렇게 한다고 하더라도 그것으로 나나 우리 집안에 어떤 이익이 있겠느냐? 이를테면 내가 돈을 대 준다고 할 때 무엇이 담보가 되지?"

그러자 왕후는 형에게 눈길을 고정시키고 당당하게 대답했다.

"내가 높은 지위에 올랐을 때 우리 집안을 잊어버리리라고 생각하십니까? 당신은 나의 형님이며 당신의 아들은 나의 조카가 아닙니까? 위대한 장군이 자기 지위가 올라감에 따라, 일문의 사람들을 발탁하여 출세시키지 않은 예가 있습니까? 제왕의 형님이 된다는 것이 형님에게는 아무것도 아니란 말씀입니까?"

이렇게 말하고 그는 형의 눈을 들여다보았다. 그러자 왕얼은 이런 기상천외한 이야기는 들어 본 일이 없었기 때문에 진지하게 받아들일 수 없었으나, 이때 갑자기 동생이 하는 말에 반쯤 믿음이 갔다. 그래서 그는 도리를 아는 체하는 말투로 말했다.

"하여간 네 몫의 돈은 건네마. 그리고 나도 가능한 만큼은 빌려주겠다. 단, 네가 말하는 것처럼 출세를 할 수 있다면 말이지. 세상에는 자기가 생각한 것만큼 출세를 하지 못하는 사람이 많으니까…… 어쨌든 네 몫만은 꼭 보내 주겠다."

불길 같은 것이 갑자기 왕후의 눈에서 사라졌다. 그는 앉아서 입술을 굳게 한일자로 다물었다가 이윽고 말했다.

"형님은 정말 조심스러운 사람이로군요."

그 목소리가 아주 싸늘하게 들려왔기 때문에 왕얼은 좀 두려워져서 변명을 했다.

"나에게는 가족이 있고 어린아이들이 많다. 집사람도 아직 젊어서 아이를 많이 나을 몸이라 미래에 대한 일을 이것저것 생각해 두어야 한다. 너는 독신이니까, 매사에 나를 의지하는 많은 사람을 부양한다는 것이 얼마나 힘에 겨운 일인지 모르겠지만, 식량이나 옷값은 해마다 비싸지는 판이고, 정말 쉬운 노릇이 아니란 말이야."

왕후는 어깨를 움츠리고 외면했다. 그리고 불쑥 내뱉었다.

"나는 가정의 일 따위는 전혀 모릅니다. 하여간 다달이 형님에게로 믿을 수 있는 부하를 보내겠습니다. 언청이니까 바로 알아볼 수 있으실 겁니다. 그놈이 실어 나를 수 있는 한껏 돈을 보내 주십시오. 될 수 있는 대로 빨리, 될 수 있는 대로 좋은 값으로 내 땅을 팔아 주십시오. 나에겐 한 달에 은전 천 냥이 필요합니다."

"천 냥!" 왕얼은 외쳤다. 너무 놀라 목소리는 쉬고, 눈은 마치 백치의 눈처럼 되었다.

"대체, 그렇게 많이 어디에 쓰려는 게냐?"

"백 명의 부하를 부양하고, 군복을 입히고 무기를 사들여야 합니다. 무기를 빨리 약탈할 수가 없으면, 부대를 늘이기 전에 총도 사야 합니다." 왕후는 숨도 쉬지 않고 말했다. 그리고 갑자기 화를 냈다. "이것저것 질문할 필요는 없어요." 큰소리로 외치고 다시 탁자를 쿵 쳤다. "나는 내가 해야 할 일을 알고 있습니다. 내가 지반을 세워서 영지를 가질 때까지는 돈이 필요합니다. 영지가 생기면 마음대로 세금을 거두어들일 수가 있겠지요. 그러나 현재는 돈이 필요한 겁니다. 나를 도와 힘이 돼 주겠다면 상당한 보수가 있을 것입니다. 나를 버리면…… 나도 형님이 육친이란 사실을 잊어버리기로 하죠."

이 마지막 말을 했을 때 그는 자기 얼굴을 형의 얼굴 가까이까지 내밀었다. 형은 동생의 검고 굵은 눈썹 밑에 있는 사나운 눈을 보고, 당황해서 몸을 젖히며 기침을 하고 말했다.

"물론 나도 힘이 돼 주지. 형제가 아니냐. 그런데 언제부터 시작하느냐?"

"언제 내 토지가 팔립니까?"

"그렇군, 밀을 거두어들일 때까지 이제 몇 달 남지 않았군."

왕얼은 생각하면서 천천히 이렇게 말하고 망설였다. 동생에게서 들은 이야기로 머리가 멍청해지고 만 것이다.

"그때가 되면 농가에는 돈이 있겠죠. 그러면 벼농사를 시작하기 전에는 꼭 얼마가는 팔리겠군요." 왕후는 말했다.

그것은 분명 맞는 말이었으며, 왕얼은 이 기묘한 동생이 무서워서 도저히 동생의 말에 거역할 용기가 나지 않았다. 어떻게든 동생의 말을 들어 주어야겠다고 생각하고 일어서서 말했다.

"그렇게 바쁘다면 당장 돌아가서 서둘러야겠군. 농민들이란 수확한 돈을 곧 써 버리고, 곧 다시 가난뱅이 꽁생원이 돼 버리거든. 그렇게 되면 씨를 뿌리거나 작물을 심는 것은 그때까지 가지고 있는 토지로 그만이야. 그 이상 새로운 땅은 도저히 살 수 없다고 생각하게 된단 말이야."

왕얼은 주위에 온통 무서운 군인들과 소총 등의 무기가 있는 이곳에서 빨리 벗어나고 싶었다. 그래도 돌아가기 전에 옆에 딸린 별실로 가서 아이들을 한 번 더 보았다. 두 소년은 조그만 원목 식탁 앞 의자에 앉아 있었다. 식탁 위에는 왕얼과 왕후가 먹다 남긴 고기가 놓여 있었다. 그렇지만 이 나이 또래 소년들에게는 충분했다. 왕얼의 아들은 그릇을 입에 갖다 대고 신나게 먹어 대고 있었다. 그러나 왕이의 아들은 귀하게 자라 남이 남긴 것을 먹어 본 일이 없었으므로, 찌꺼기인 고기에는 손도 대지 않고 쌀밥을 조금 먹었을 뿐이었다. 왕얼은 두 아이들을, 특히 자기 아이를 여기 남겨 두고 떠나기가 싫었다. 아들을 여기에 두는 것은 너무 위험한 도박이 아닐까, 잠시 불안해졌다. 그러나 이미 첫걸음을 내디딘 이상, 뒤로 물러설 수는 없다고 생각하고 이렇게만 말했다.

"나는 돌아가겠다. 단지 하나 너희들에게 말해 두겠는데, 삼촌의 명령에 무조건 복종해야 한다. 삼촌은 성질이 불같고 성급하니까 거역하면 용서하지 않을 거다. 하나 삼촌이 시키시는 대로 잘 따르기만 하면 너희들이 생각지도 못한 높은 지위까지 출세시켜 줄 거다. 삼촌은 출세하리라는 천명을 받았으니 말이다."

그는 이렇게 말하고 등을 돌려 나갔다. 아들을 남겨 두고 가는 것이 생각했던 것 이상으로 마음에 걸렸다. 자신을 위로하기 위해 그는 마음속으로 중얼거렸다.

'이렇게 좋은 기회는 어느 아이에게나 있는 게 아니다. 다시없는 기회니까. 만약 동생이 성공한다면 내 애를 언제까지나 한낱 병졸로는 놓아두지 않을 거다. 적어도 장교쯤으로는 올려 주겠지.'

그는 동생을 성공시키기 위해서는 자신도 될 수 있는 대로 힘을 다하겠다고 결심했다. 적어도 자기 아들을 위해서는 할 수 있는 일은 다 할 생각이었다.

창백한 얼굴을 한 왕이의 아들은 작은아버지가 돌아가는 것을 보고 울기 시작했다. 소리 내어 계속 울었다. 왕얼은 걸음을 빨리했다. 그러나 울음소리는 언제까지나 그의 뒤를 따라왔다. 울음소리가 들리지 않도록 그는 돌사자가 있는 영문(營門) 쪽으로 걸음을 재촉했다.

8

마침내 이상한 계획이 움직이기 시작했다. 만약 왕룽의 혼이 먼 나라로 가지 않았다면 이 계획은 왕룽을 격노하게 만들어, 지하에서 잠자고 있는 육체를 일으켜 세우고 말았으리라. 왕룽은 살아 있을 때 전쟁과 군대를 무엇보다 싫어했었다. 그런데 이제 그가 무엇보다도 싫어하는 것을 위해서 그의 아들들이 소중한 토지를 팔려 하는 것이다. 그러나 그는 지하에 잠들어 있었다. 아들들이 하는 일을 말릴 사람은 아무도 없었다. 리화만은 그것을 알았더라면 말렸겠지만, 그녀도 아들들이 하는 일을 오랫동안 몰랐다. 아들들은 리화가 망부에게 충실한 것을 우려하여, 그녀에게는 자기들의 계획을 감추었던 것이다.

왕얼은 귀가하자 마음을 푹 놓고 상의하기 위해 찻집으로 왕이를 불러냈다. 두 사람은 차를 마시면서 이야기를 나누었다. 왕얼은 이번엔 창문도 문도 없는 두 개의 벽에 에워싸인 조용한 구석을 골랐다. 두 사람은 사람이 다가오면 곧 볼 수 있는 위치에 앉아서, 탁자 위에 얼굴을 맞대고 띄엄띄엄 속삭였다. 왕얼은 왕이에게 왕후의 계획을 설명했는데, 이미 집으로 돌아와 여느 때 생활로 돌아와 버린 자신으로서는, 군인인 동생의 계획이 어디까지나 실현 불가능한 꿈으로밖에는 여겨지지 않았다. 그런데 듣고 있는 왕이 쪽은 왕얼이 말하는 막내의 원대한 계획에 완전히 반해 버려, 굉장한데 더구나 쉽사리 이룰 수 있는 계획이라고 말했다. 몸은 크지만 어린애 같은 데가 있는 왕이는, 왕얼의 이야기에 따라서 흥분하여 꿈에도 생각지 못한 신분―제왕의 형이라는 지위에 오른 자기의 모습을 눈앞에 그렸다. 그는 학식도 그다지 높지 않았고 지혜도 모자랐다. 그러나 연극을 아주 좋아하여, 옛 전기 속의 영웅들이 모두 비천한 신분에서부터 일어나 무력이나 지략으로 높은 지위에 올라, 끝내는 제왕이 되어 새로운 왕조의 초석을 쌓았다는 줄거리를 가진 시대극을 많이 보아 왔기 때문에 이미 그러한 영웅의 형제로서, 그것도 맏형으로서의 자기를 상상하며 흥분하는 것이었다. 그는 눈을 빛내며 쉰 듯한 소리로 동생에게 속삭였다.

"그 녀석은 다른 사람과는 다르다고 내가 전부터 말해 오지 않았냐. 아버지가 농사꾼을 만들려는 것을 말리고 가정교사를 구해, 대지주의 아들로서 부끄럼 없는 교육을 받게 한 것은 이 나란 말이야. 그 녀석도 내가 해 준 일은 잊지 않겠지. 만약 내가 없었다면 지금쯤 아버지 밭에서 일하는 농사꾼에 지나지 않을 테니 말이야!"

그는 만족스러운 듯, 보랏빛 비단 두루마기에 감싸인 불룩한 배를 어루만지며 자기 둘째 아들의 미래와 가문의 번영을 생각했다. 자기도 귀족쯤은 되리라. 아우가 황제가 되면 자기도 귀족이 될 것은 의심할 여지가 없다. 이런 이야기를 책에서도 읽은 적이 있고, 연극에서도 본 적이 있다. 왕얼은 자기 자신의 생활로 돌아와 안정을 얻으면 얻을수록 동생의 계획이 더욱 의심스러워졌다. 게다가 이 조용한 도시에 있노라니 동생의 장대한 계획도 아득히 먼 일처럼만 여겨졌다. 그러나 맏형의 마음이 장래로 날아가 동생의 계획의 성공에 대해 꿈꾸는 것을 보자 그는 질투가 났고, 만일 계획이 성공한 경우에 자기만 외면을 당하면 손해라고 생각했다.

'만에 하나 동생의 계획이 성공할지도 모르니까 이 일은 신중히 생각할 필요가 있다. 성공했을 때 나만 버림받아 내 몫을 차지하지 못하게 되면 큰일이다.' 그래서 이번에는 큰 소리로 말했다.

"나는 동생에게 군자금을 대 주어야 합니다. 내가 없으면 동생은 아무 일도 못합니다. 자립할 기초를 쌓을 때까지 막대한 자금이 필요한 모양인데, 무슨 방법으로 그 돈을 조달해 줘야 할지 모르겠어요. 내 재산으로는 대부호에 비하면 부자 축에도 끼지 못합니다. 첫 두세 달 동안은 동생의 토지를 처분하여 조달해 주겠지만, 그 뒤엔 형님과 내 땅을 일부 팔기로 합시다. 그런데 그렇게까지 해 줘도 동생이 성공 못할 때엔 어찌하면 좋겠습니까?"

"내가 도와주지. 내가 도와주겠어!" 맏형은 서둘러 말했다. 그는 다른 사람이 자기보다 많이 막내를 원조하는 상황을 원치 않았던 것이다.

두 사람은 공통된 욕심을 품고 분주히 일어섰다. 왕얼이 말했다.

"다시 한 번 토지를 보러 갑시다. 이번엔 팔러 가는 겁니다."

이번에도 두 사람은 토지를 보러 가면서, 리화의 일을 생각하여 토벽집 가까이는 가지 않았다. 성문께에서 손님을 기다리는 나귀 중에서 두 마리를 골라 타고 밭 사이의 좁은 두렁길을 나아갔다. 소년 마부는 뒤따라 다니면서, 나귀의 방둥이를 때리기도 하고 비명 같은 소리를 지르기도 하며 나귀를 재촉했다. 이렇게 그들은 토벽집과 그 주위는 피해 북쪽으로 나아갔다. 왕얼이 탄 나귀는 힘있게 걸었으나 왕이가 탄 나귀는 무게를 견딜 수 없어 가느다란 다리를 비틀거렸다. 왕이는 다달이 살이 쪄 갔기 때문에 앞으로 10년만 있으면 성내와 이 지방 일대에 걸쳐서, 가장 살이 찐 경탄의 대상이 될 것이 틀림없었다. 겨우 마흔다섯이 됐을 뿐인데 이미 배가 불룩하게 튀어나왔고, 볼도 엉덩이처럼 두껍게 축 늘어져 있었다. 이렇듯 무거운 짐을 등에 업고 고생하는 나귀를 위해 왕얼은 보조를 맞춰 주어야 했지만, 그래도 그날 하루 동안에, 토지를 사게 하리라고 점찍어 둔 소작인들의 집을 모조리 돌 수가 있었다. 왕얼은 그들에게 한결같이 지금 경작하는 토지를 살 마음이 있는가 물었고, 만약 살 마음이 있다면 언제쯤 살 것인가, 언제까지 대금을 치를 수 있을 것인가를 물었다.

왕후는 유산을 분배할 때 이미 토지를 돈으로 바꾸고 싶어했기 때문에, 성내에서 가장 먼 곳에 있으면서도 한곳에 모여 있는 넓은 면적의 토지를 왕후에게 분배해 주었다. 그 땅은 한 농부가 맡아서 경작했다. 그 농부는 성실하고 착실하여 제법 잘살았다. 본래는 왕룽의 밭에서 일하던 사람인데, 그 뒤 성공하여 왕룽의 저택에 있던 여종을 아내로 맞이했다. 그녀는 튼튼하고 정직하고 수다스러웠으며, 일도 잘하고 아이도 잇달아서 낳았다. 저 혼자서만 일을 잘하는 게 아니라, 혼자 놓아두면 도저히 그렇게 일할 수 없을 만큼 남편에게 쉴 새 없이 일을 시켰다. 덕분에 그들은 차츰 살림이 늘었고 해마다 왕룽의 토지를 더 얻어서, 이젠 머슴까지 두고 일을 시킬 만큼 넓은 토지를 경작하고 있었다. 그러나 그들 부부는 검소했으므로 자신들도 아직까지 밭에 나가 일을 하고 있었다.

이날 두 형제는 이 사나이를 찾아갔다. 왕이가 그에게 말했다.

"우리는 토지가 남아도는 데다 다른 사업을 하기 위해 돈이 필요해졌네. 자네 지금 경작하는 땅을 살 마음이 없나? 사고 싶으면 팔겠네."

농부는 암소같이 동그란 눈을 크게 뜨고 뻐드렁니가 튀어나온 입을 벌렸다. 그가 말을 할 때에는 소리가 이 사이로 새고 침이 자꾸 튀었다. 태어나면서부터 그랬으니 어쩔 수 없는 노릇이었다.

"나리의 아버님께서는 그토록 토지를 소중히 아끼셨는데, 나리들께서는 벌써 땅을 팔려 하십니까? 저는 그러시리라고는 꿈에도 생각지 못했습니다."

왕이는 두툼한 입술을 비죽이며 매우 침통한 얼굴로 말했다.

"아버님은 토지는 소중히 하셨네만 대단한 짐을 우리에게 남기고 가셨네. 우리는 아버님이 남겨 놓고 간 두 첩을 부양해야 하네. 두 사람 다 우리 어머니는 아니지만. 게다가 나이가 많은 쪽은 향긋한 술과 호화로운 요리를 좋아하고 날마다 노름만 하네. 이기면 그래도 좋겠지만 머리가 나빠 늘 지고만 있어. 토지에서의 수입은 늦게 들어오는 데다가 하늘의 변덕 때문에 좋을 때와 나쁠 때가 있지. 게다가 우리처럼 저택에 살고 있으면 드는 비용도 만만치 않네. 아버님이 살아 계실 때보다 가난하고 인색한 생활을 하면, 자식으로서 부끄럽고 체면에도 관계가 있어. 그러니 토지를 일부만 팔아서 생활비에 충당하여 체면을 유지해야 한다는 말이야."

왕얼은 형의 장황한 말을 들으면서 애가 타 조마조마하여 기침을 하거나 눈썹을 찌푸리거나 했다. 무슨 일이 있더라도 팔아야 되겠다고 한다면 속이 환히 들여다보여 값이 깎일 것은 뻔한데, 그런 말을 너절하게 늘어놓다니 형님은 혹시 바보가 아닌가 생각했다. 그래서 급히 끼어들었다.

"토지를 사고 싶다는 청이 사방에서 많이 들어와 있네. 아버님이 산 토지가 이 부근에서는 가장 좋다고 잘 알려져 있기 때문에 말일세. 만약 자네가 지금 부치고 있는 토지가 필요 없으면 곧 알려 주게. 기다리고 있는 사람들이 많으니까."

뻐드렁니 농부는 자기가 지금 경작하는 토지를 사랑했다. 그 토지에 대해서는 구석구석까지 알고 있었다. 토질에서부터, 얼마나 경사가 졌나, 수확을 확실케 하기 위한 물도랑이 어떻게 퍼져 있나 하는 것까지 모조리 알고 있었다. 더구나 그 토지에는 좋은 비료도 잔뜩 부어 넣었다. 가축이나 가족들의 분뇨뿐만 아니라, 멀리 성내까지 들어가서 고생하며 비료를 날라왔다. 아침 일찍 일어나 성내로 거름을 가지러 간 날이 숱했다. 그는 자기가 고생하며 한가득 운반해 온 냄새가 지독한 분뇨나, 이 땅에 쏟아부은 자신의 노동을 생각하자 이 땅을 남의 손에 넘겨 주고 싶지 않았다. 그는 주저주저하며 말했다.

"이 땅을 제 것으로 만든다는 생각은 해본 적이 없습니다. 제 자식 놈 대가 되면 팔아 주실지도 모른다고는 생각했지만 말입니다. 하지만 지금 팔겠다고 하시니 제가 살 수 있을는지, 잘 생각해 보고 내일 답을 드리겠습니다. 그건 그렇고 값은 얼마나 받으시려는지요?"

형제는 얼굴을 마주 보았다. 왕얼은 형이 싸게 부르면 큰일이라고 생각하여 형이 입을 열기 전에 재빨리 대답했다.

"값은 현시세대로 공평하게 하지. 1단보당 은전 쉰 닢씩이면 어떤가?"

그것은 확실히 비싼 값이었다. 성내에서 이렇게 멀리 떨어진 토지치고는 누가 보아도 비싸서 처음부터 말도 되지 않는 것이었다. 그러나 그 값을 바탕으로 삼아서 흥정이 시작되는 것이다. 농부는 말했다.

"저는 가난뱅이라서 그렇게 비싼 값으로는 못 삽니다."

왕이는 돈이 급하기 때문에 말했다.

"조금 정도라면 싸게 해 줄 수 있어."

왕얼은 화가 난 듯한 눈길을 형에게로 보냈다. 형이 더 바보 같은 소리를 하면 큰일이라 생각하고 형의 옷소매를 잡아끌어 빨리 그곳을 떠나려고 했다. 그러자 농부가 뒤에서 불렀다.

"잘 생각해 보고 내일 찾아뵙겠습니다."

그가 이렇게 말한 것은 아내와 의논해야 한다고 생각해서였지만, 여편네의 의견을 신경 쓰는 듯한 말을 하면 사나이의 면이 서지 않을 것 같은 생각에 체면을 지키기 위해서 그렇게 말한 것이었다.

농부는 그날 밤 아내와 상의하여 다음 날 형제가 사는 성내의 저택으로 갔다. 그리고 매매의 교섭을 벌여 열심히 값을 깎았다. 그것은 마치 왕룽이 전에 황가(黃家)의 것이었던 이 저택으로 와서 황가의 토지를 깎았던 것과 같았다. 황가는 몰락하여 여기저기로 흩어져 흔적조차 없었고, 이제는 그저 전성시대에 쌓아

올렸던 저택의 벽들과 돌만이 그 흔적을 유지하는 데 지나지 않았다. 드디어 값이 맞아떨어졌다. 왕얼이 부른 값보다 3분의 1쯤 싼 값이었는데, 장소로 따져 보면 공정한 값이라고 할 만했다. 농부의 아내는 꼭 그 정도의 값 이하라면 사도 좋다고 했었다. 농부는 기꺼이 사기로 결정했다.

"대금은 현금으로 드릴까요, 아니면 곡식으로 드릴까요?" 농부는 물었다. 왕얼은 당장에 대답했다.

"반은 현금으로, 나머지 반은 곡식으로 해주게."

곡식으로 받으면 곱이나 두 곱으로 팔아서 얼마간 여분의 돈을 벌어들일 수 있다. 그랬다고 하더라도 그것은 절대로 동생의 것을 훔치는 것은 되지 않는다. 곡식을 조금 비싸게 판다고 하더라도 그것은 누구에게도 관계가 없는 일이며, 이익은 그의 노력에 대한 보수로서 마땅히 그의 것이 되는 것이다. 이렇게 속셈을 차리고 반은 곡식으로 달라고 한 것이다. 그러자 농부는 말했다.

"그렇게 많은 돈은 없습니다요. 지금 3분의 1은 돈으로 드리고, 3분의 1은 곡식으로 드리겠습니다요. 나머지 3분의 1은 내년 수확때 치르도록 해 주십쇼."

그러자 왕이는 위협적으로 눈을 번들거리며 발을 쿵 구르고 대청의 의자를 차면서 일어났다.

"내년의 일기가 어떻게 될지, 비가 어떻게 내리고, 수확이 어찌 될지 어찌 아는가?"

농부는 지주인 성내의 부호 앞에서 겁먹은 듯 공손히 서 있었다. 그는 말하기 전에 혀로 이를 핥고 다시 참을성 있게 말했다.

"우리 농민들은 하늘이 하시는 대롭죠. 걱정되신다면 그 토지를 저당으로 잡아 주십쇼."

이것으로 드디어 계약이 끝났다. 사흘만에 농부는 돈을 가지고 왔다. 그것도 한 번에가 아니라 세 번으로 나눠서, 언제나 꿰어 묶은 돈을 푸른 천으로 싸서 품속 깊숙이 감추어 가지고 왔다. 세 번 다 천천히 돈을 꺼내서, 돈을 내놓는 것에 고통이 느껴지기라도 하는 듯, 얼굴을 찌푸리고 슬픈 듯한 표정으로 탁자 위에 놓는 것이었다. 그럴 만도 했다. 그 돈에는 여러 해 동안의 시간이, 몇 관이나 되는 그의 살덩이가, 그의 근육이 들어 있는 것이다. 조금씩 여기저기에 남몰래 저축해 두었던 것을 긁어모으고, 모자라는 몫은 빌릴 수 있는 만큼 빌려 온 것이었다. 이만큼의 돈도 뼈를 갈 듯 괴롭고 검소한 생활로써 겨우 만든 것이었다.

그러나 두 형제의 눈에는 돈밖에 들어오지 않았다. 두 사람이 영수증에 날인하자 농부는 한숨을 쉬고 돌아갔다. 농부가 돌아가자 왕이는 멸시하는 듯한 투로 말했다.

"농부들은 언제나 생활이 힘들다든가 조금씩밖에는 벌 수 없다고 우는소리를 하지만, 그 사나이처럼 돈을 모을 수만 있다면 누구나 기꺼이 농부 노릇을 하겠다. 그 사나이, 그렇게 생활이 고생스럽지는 않을 거야. 토지에서 그처럼 돈을 얻을 수가 있다니, 앞으로 나도 소작인들을 좀더 쥐어짜야겠어."

그는 긴 비단옷 소매를 걷어올리고 부드럽고 하얀 손으로 한 움큼 돈을 집어올려, 여자 손가락처럼 관절이 오동통한 손가락 사이로 미끄러뜨려 보았다. 왕얼은 이미 몇 번씩 세어 본 돈을 다시 익숙한 솜씨로 열 개씩 나누어 재빨리 센 뒤, 점원이 그렇게 하듯이 맵시 있게 종이에 쌌다. 왕이는 이 돈이 나가 버리는 것이 아까운 듯 왕얼이 하는 것을 바라보고 있다가 이윽고 "모두 보내야만 하나?" 탐나는 듯이 물었다.

형이 돈을 탐내는 모양을 꿰뚫어보고 왕얼은 냉담하게 대답했다.

"전부 보내야 합니다. 지금 바로 보내지 않으면 셋째의 계획은 실패합니다. 곡식도 얼른 받아서 팔아야 해요. 셋째가 사람을 보내 올 때까지 돈을 준비해 두어야 하니까요."

그는 곡식을 조금 비싸게 팔 거라는 말은 형에게 하지 않았다. 형은 상인의 이런 돈벌이 재주를 모르고, 눈앞에 있는 돈 보따리를 동생이 가지고 가는 것만을 보고 탄식하는 것이었다. 왕얼이 떠나고 나서도 그는 돈을 도둑맞기라도 한 듯 우울한 기분으로 한참 동안 앉아 있었다.

리화는 하마터면 형제들 사이에서 이런 일이 벌어지고 있다는 것을 전혀 모르고 지나갈 뻔했다. 왕얼은 교활한 사나이로서 자기가 한 일을 털끝만큼도 내색하지 않았고, 다달이 정해진 수당을 가지고 갈 때조차 아무 말도 하지 않았다. 왕후가 단단히 부탁한 대로 왕얼은 다달이 은전 스물다섯 닢을 리화에게 전해 주었다. 처음 그것을 가져갔을 때 리화는 온화한 목소리로 말했다.

"스무 닢씩 받는다고 알고 있는데, 나머지 다섯 닢은 어떻게 된 돈인가요? 나리께서 맡기신 이 불쌍한 분만 아니라면 스무 닢도 많아요."

왕얼은 대답했다.

"받아 두시오. 막내가 당신에게 스물다섯 닢씩 주라고 했어요. 이 다섯 닢은 동생의 몫에서 나오는 돈이오."

리화는 이 말을 듣자 조그만 손을 부들부들 떨면서 분주히 다섯 닢의 돈을 세어, 마치 불에 데기라도 할까 봐 겁이 나는 듯이 옆으로 밀어 놓았다.

"이것은 받을 수 없어요. 안 돼요. 제 몫 말고는 받지 않겠어요."

처음에 왕얼은 억지로라도 주려고 했다. 그러나 동생의 계획을 위해서 자기가 돈을 대 주는 위험과, 동생을 위해서 땅을 팔거나 돈을 조달해 주면서 아무런 보수도 받고 있지 않다는 점과, 또 동생의 계획이 실패할지도 모른다는 생각이 떠올랐다. 그래서 그는 리화가 옆으로 밀어 놓은 돈을 긁어모아 슬쩍 자기 품속에 챙겨 넣었다. 그리고 나직하고 조용한 목소리로 말했다.

"그렇군. 그러는 게 좋을지도 모르겠소. 당신보다 손위인 롄화가 스물다섯 닢이니까. 손아래인 당신은 그보다 적은 액수로 해 두는 것이 마땅할지도 모르오. 동생에게 그렇게 전하지요."

그러나 그녀의 성질을 잘 아는 그는 지금 그녀가 사는 집도 막내의 것이라는 말은 하지 않았다. 리화가 백치 동생과 함께 이 집에서 살아 주는 편이 모두에게 만사가 편했기 때문이었다. 그래서 그는 그 이상 아무 말도 하지 않고 돌아갔다. 리화는 가끔 볼일이 있을 때 말고는 성내의 저택에 사는 가족들과 만나지 않았다. 때때로 계절이 바뀔 때마다 왕이가 지나가는 모습을 볼 뿐이었다. 봄이 되면 그는 지주의 의무로서 소작인들에게 씨앗을 달아서 나눠 주기 위해 밭으로 나왔다. 그러나 그럴 때라도 거만하고 위압적인 태도로 서서 보고 있을 뿐, 자기가 고용한 대리인에게 달게 했다. 가을철 추수를 하기 전에는 밭의 곡식이 얼마나 익었는가를 보러 나타났다. 소작인들이 이렇다저렇다 우는 소리를 하고, 흉작이라든가 비가 적게 왔다든가 하며 소작료를 감해 달라고 호소할 때에, 거짓말을 하는지 알아 둘 필요가 있었기 때문이다.

이처럼 왕이는 한 해에 두세 번 성내에서 나오지만, 그로서는 밭을 둘러보는 일은 아무래도 힘에 부치는 듯 언제나 기분이 좋지 않았고 벌게진 얼굴로 땀을 흘렸다. 리화의 모습을 보아도 중얼중얼 입속으로 인사를 할 뿐이었다. 리화는 그를 보면 공손히 인사를 하기는 했지만, 먼저 말을 건네거나 하는 일은 없었다. 그것은 그가 몹시 생활이 방종해서 어자만 보면 은근한 눈길을 보내는 버릇이 있기 때문이었다.

리화는 왕이가 이렇듯이 다녀가는 것을 보고 있었기 때문에 토지는 예전과 다름없고, 왕얼은 자기의 토지와 셋째의 토지를 관리하겠거니 생각했다. 누구도 그녀에게 사실을 가르쳐 주지 않았다. 리화는 만만하게 소문거리를 이야기할 상대가 아니었기 때문이다. 아이들을 대할 때 이외에, 그녀의 태도에는 온화하기는 하지만 어딘가 남이 범접치 못하게 하는 면이 있었다. 그녀에겐 친구가 한 사람도 없었다. 그러나 요즘은 그리 멀지 않은 곳에 있는 비구니 사찰의 비구니 스님들과 가깝게 지내게 되었다. 이 비구니 사찰은 푸른 버드나무 울타리에 에워싸인, 회색 벽돌로 지은 건물이었다. 그곳의 비구니들이 리화에게 인종(忍從)에 대해서 가르치러 오면 그녀는 반가이 맞아, 그 가르침에 귀를 기울이고 비구니들이 돌아간 뒤에도 언제까지나 그 가르침을 생각했다. 왕룽의 혼을 위해 명복을 빌어 줄 수 있을 만큼은 공부해 두고 싶었기 때문이었다.

그런 그녀였으니 왕룽의 아들들이 토지를 팔고 있다는 사실을 까맣게 모르고 있는 것은 당연한 일이었다. 그 소작인이 처음으로 토지를 산 해 가을, 왕이의 꼽추 아들이 멀리에서 들키지 않도록 아버지 뒤를 밟아 수확을 기다리는 밭으로 나오지 않았더라면 언제까지나 모르고 있었으리라.

그 꼽추는 좀 색다른 아이였다. 저택의 안마당에서 노는 어느 아이와도 닮지 않았다. 그의 어머니는 태어났을 때부터 그를 싫어했다. 다른 아이들에 비해서 창백하고 추한 얼굴을 가지고 있었기 때문인지도 모르고, 출산에 지쳐서 태어나기 전부터 이미 싫어했는지도 모른다. 그 때문에 그 아들은 태어나자마자 곧 유모의 손에 맡겨져 유모 젖을 먹고 자라났다. 그 유모는 주인의 아들에게 젖을 먹이기 위해서 자기가 낳은 젖먹이를 다른 곳으로 보내야 했기 때문에, 그것을 원망하여 그를 귀여워하지 않았다. 그래서 아이의 눈이 갓난애답지 않게 만사를 다 알고 있는 듯한 눈빛이라느니, 아기 얼굴과 어울리지 않게 음흉하다느니 말했다. 또 심술궂은 아이여서 젖을 먹을 때 일부러 젖꼭지를 깨문다고도 불평을 했다. 어느 날 안뜰의 나무 그늘에 앉아서 젖을 물리던 유모가 비명을 지르며 돌바닥 위에 갓난애를 떨어뜨렸다. 사람들이 무슨 일이 일어났나 달려와 보니, 유모는 갓난애가 피가 날 만큼 젖꼭지를 깨물었다고 하면서 가슴을 헤쳐 여러 사람에게 보였다. 젖꼭지에서는 정말로 피가 흐르고 있었다.

그날부터 그 아이는 꼽추가 되었다. 그의 성장력은 온통 등에 달린 커다란 혹 속에 모여 버린 듯 그 혹만 계속 자랐다. 모두가 그를 '꼽추'라고 불렀다. 부모조차도 그렇게 불렀다. 그 보기 흉한 모습 때문에, 또한 아들이라면 그 밖에도 여럿 있었기 때문에 그는 누구에게도 보살핌을 받지 못한 채 외면당했고, 글도 배우지 못했으며 아무 일도 하지 못했다. 그는 어려서부터 되도록 남의 눈에 띄지 않는 법을 배워, 특히 그의 등에 있는 혹을 잔혹하게 조롱하는 아이들이 보이지 않는 곳에서 지내게 되었다. 그는 등에 커다란 혹을 지고 절뚝거리면서 길거리에서 어슬렁거리기도 하고 홀로 먼 밭까지 나가기도 했다.

이 추수하는 날에도 그는 모습을 감추고 아버지의 뒤를 따라왔다. 밭으로 나가야 하는 날엔 아버지의 기분이 나쁜 것을 잘 알았기 때문에 아버지에게 들키지 않도록 조심했다. 그는 토벽집이 있는 곳까지 아버지를 따라갔다. 그러나 아버지는 그곳을 지나쳐 밭 쪽으로 가 버렸다. 꼽추는 토벽집의 문께에 앉아 있는 사람을 보고 누구일까 멈춰 서서 보았다.

문께에 있는 것은 왕릉이 남기고 간 백치였다. 그녀는 언제나처럼 햇볕을 쬐고 있었다. 몸은 완전히 성장하여 어른일 뿐만 아니라, 나이도 이미 마흔 살이 가까워 희끗희끗한 머리칼이 섞여 있었으나, 두뇌는 여전히 어린아이와 똑같은 상태였다. 백치는 얼굴을 찌푸리면서 조그만 헝겊 조각을 가지고 놀고 있었다. 꼽추는 그녀를 처음 보았기 때문에 누구일까 바라다보고 있다가, 이윽고 짓궂은 마음이 일어나 백치를 놀리기 시작했다. 백치 흉내를 내면서 상을 찌푸려 보이기도 했다. 꼽추가 백치의 코앞에다 손가락을 대고 딱 소리를 내자, 백치 딸은 깜짝 놀라 비명을 질렀다.

리화가 무슨 일인가 싶어 달려나왔다. 꼽추는 리화를 보자 절뚝이면서 어둑한 대숲 속으로 도망쳐 들어가, 그 속에서 조그만 야수처럼 눈을 번뜩이고 있었다. 리화는 상대가 누구인지 알고 나서는 여느 때처럼 정다운 미소를 띠며 품에서 조그만 과자를 꺼냈다. 백치 딸이 가끔씩 고집을 부리며 말을 듣지 않을 때 달래기 위해서 언제나 과자를 준비하고 다녔던 것이다. 그 과자를 리화는 꼽추 아이에게 내밀었다. 처음에는 그저 빤히 리화를 쏘아보고 있던 꼽추는 이윽고 천천히 기어 나와 과자를 거머쥐더니 한입에 쑤셔 넣었다. 리화는 꼽추를 달래어 문께에 있는 자기 옆 의자에 앉혔다. 소년은 몸을 뒤틀듯이 하며 겨우 앉았다. 등에 큰 혹을 이고 있어서인지 조그만 얼굴은 지쳐 보였고, 깊은 눈은 슬픈 빛을 띠고 있었다. 몸집이 작다는 것 말고는 어른인지 아이인지 분간할 수가 없었다. 리화는 팔을 뻗쳐 소년의 뒤틀어진 몸을 안아 주며 정이 어린 부드러운 목소리로 말했다.

"너는 우리 나리의 손자지? 너 같은 손자가 있다는 말을 들었는데."

그러자 소년은 고개를 끄덕이더니 기분이 상한 듯 그녀의 팔을 뿌리치고 빠져나가려고 했다. 리화는 그러는 그를 달래어 다시 과자 하나를 주며 다정한 웃음을 띠고 말했다.

"너는 입매가 돌아가신 우리 나리하고 닮았어. 나리는 지금 저쪽 대추나무 아래서 주무시고 계시지만. 나는 나리가 돌아가셔서 너무나 쓸쓸하단다. 너는 어딘가 나리를 닮은 곳이 있으니까 가끔 놀러 와 주렴."

이 불행한 소년이 놀러 오라는 말을 들은 것은 이때가 처음이었다. 부잣집 아들로 태어났으면서도 형제들로부터는 따돌림을 당하고, 하인들조차 어머니가 그를 싫어하는 것을 알고 있기 때문에 그에게는 무관심했고, 시중을 들 때에도 그를 맨 나중으로 돌렸다. 언제나 그런 취급을 받는 데에 익숙해져 있었으므로, 다시 와 주었으면 좋겠다고 하는 말을 듣자 소년은 슬픈 듯한 눈길로 리화를 빤히 쳐다보았다. 갑자기 소년의 입술이 떨리기 시작했고, 자기도 모르는 사이에 눈물이 흘러내려서 마침내 으아, 울음을 터뜨렸다.

"눈물이 나잖아. 왜 그런지는 나도 잘 모르지만……"

리화는 그의 굽은 등에 팔을 둘렀다. 소년은 표현하려고 해도 표현할 길이 없었겠지만, 리화의 팔이 닿자 이제까지 맛본 일이 없는 부드러운 느낌이 들어서,

언제 그쳤는지 모르게 눈물을 그쳤다. 그러나 리화는 그를 동정하지는 않았다. 그녀는 소년이 마치 다른 남자아이들처럼 등이 곧고 건강하기나 한 것처럼 그를 대해 주었다. 꼽추는 자기가 어디를 가든지 무엇을 하든지 아무도 상관하지 않기 때문에 그날 이후로 가끔 이 토벽집으로 놀러 왔다. 그러다가 날마다 오게 되었고, 끝내 소년은 리화에게 완전히 마음을 열었다. 리화는 소년을 대함에 있어 자신이 그를 믿고 의지하고 있으며, 백치를 보살피기 위해서는 아무래도 그의 도움이 필요한 것 같은 태도를 아주 요령껏 취했다. 그때까지는 누구에게도 도움을 부탁받아 본 일이 없던 그는 그것으로 완전히 자신을 얻어 조용하고 온순한 아이가 되었으며, 짓궂고 비꼬인 마음도 여러 달이 흐르면서 거의 사라졌다.

만약 이 소년이 아니었더라면 리화는 토지가 팔렸다는 것 따위는 까맣게 몰랐을 것이다. 소년은 언제나 머리에 떠오르는 일을 무엇이든지 리화에게 이야기하기 때문에 무슨 말을 하는지도 모르고 털어놓아 버린 것이었다.

어느 날, 이런저런 이야기를 하고 있다가 꼽추가 말했다.

"우리 형이 아주 높은 군인이 된대요. 지금 대장군이 될 삼촌한테 가서 군인이 될 공부를 하고 있어요. 삼촌은 언젠가는 왕이 된대요. 그렇게 되면 형은 대장이 된다고 어머니가 말하는 것을 들었지요."

소년이 이런 말을 했을 때, 리화는 문께에 있는 의자에 앉아 있었다. 그녀는 아득한 밭 저쪽으로 눈길을 주면서 언제나의 그 조용한 목소리로 말했다.

"삼촌이 그렇게 훌륭하니?"

그녀는 여기에서 말을 끊고 한참 있다가 다시 말을 꺼냈다.

"군인은 잔혹해. 삼촌이 군인이 아니라면 좋을 텐데."

그러나 소년은 좀 우쭐거리면서 말했다.

"삼촌은 누구보다 훌륭한 장군이 된대요. 용감하고 강한 영웅만 된다면 난 군인이 되는 게 가장 좋다고 생각해요. 삼촌이 높아지면 우리들도 모두 높아지는 거예요. 다달이 우리 아버지랑 작은아버지가 군인 삼촌이 위대하게 될 때까지 돈을 부쳐 준대요. 무섭게 생긴 언청이 군인이 돈을 받으러 와요. 돈은 금세 삼촌이 모두 갚아 줄 거라고 아버지가 어머니에게 말했어요."

리화는 이 이야기를 듣는 동안에 희미하고도 기묘한 의혹이 마음속에서 일어났다. 그녀는 잠깐 생각하다가, 그저 대수롭지 않은 호기심 때문인 듯이 부드럽게 물었다.

"그렇게 많은 돈이 어디서 날까? 작은아버지 가게에서 빌려주는 것일까?"

소년은 자기가 알고 있다는 것에 의기양양해져서 천진스럽게 말했다.

"그렇지 않아요. 삼촌 띵을 핀 기예요. 농부가 날마다 와서 품에서 주머니를 꺼내요. 그러면 은전이 아버지의 방에 있는 탁자 위에 쏟아지면서 별처럼 예쁘게 빛나요. 난 여러 번 봤어요. 난 어리니까 아무것도 모르는 줄 알고 내가 옆에서 보고 있어도 아무도 뭐라고 하지 않아요."

리화는 벌떡 일어났다. 언제나 조용하고 부드러운 태도를 지닌 그녀가 너무 느닷없이 일어났기 때문에 소년은 깜짝 놀라서 이상한 듯이 그녀를 바라보았다. 리화는 조급한 마음을 억누르면서 아주 부드러운 말투로 말했다.

"잠깐 볼일이 있는 것을 잊었었어. 내가 없는 동안 고모님을 보살펴 줄래? 너처럼 믿을 수 있는 사람은 없으니까."

소년은 우쭐해져서 백치를 보살피기로 했다. 여태까지 떠들던 것을 깨끗이 잊고, 리화가 외출 준비를 하는 동안 백치의 윗도리 자락을 쥐고 앉아 있었다. 잿빛 겉옷으로 갈아입고 밭 가운데 길로 서둘러 가려던 리화는 그 모습을 흘끗 바라보았다. 이 두 사람의 모습에는 아무리 급한 걸음이라도 한순간 멈추고 돌아다보지 않을 수 없는 애처로움이 서려 있었다. 그녀는 서글프고 다정한 미소를 입가에 띠었다. 달리 아무도 사랑할 사람이 없는 리화는 이 두 사람을 사랑스럽게 바라보았으나, 지금 그녀의 마음속에는 토해 내야 할 커다란 분노가 소용돌이치고 있었다. 그녀의 여느 때 성격대로 그것은 조용한 분노였지만 강한 분노이기도 했다. 그녀는 형제를 만나, 아버지로부터 물려받은 소중한 토지, 가문 대대로 물려 내려가도록 절대로 손을 대서는 안 된다고 망부가 유언하고 간 토지를 어째서 팔아 버렸는가를 알 때까지는 마음을 놓을 수가 없었다.

그녀는 밭 사이의 좁은 두렁길을 서둘러 갔다. 길을 걷고 있는 것은 그녀 한 사람뿐이었다. 푸른 무명옷을 입은 농부들이 허리를 숙이고 일하는 모습이 아득한 저 멀리 힐끗 보일 뿐 달리 사람의 그림자라고는 없었다. 요즈음 걸핏하면 눈물을 흘리는 버릇이 생겨 밭이나 농부의 모습을 보기만 해도 눈물이 넘쳐흘렀다. 왕룽의 일이 생각났다. 왕룽은 이 두렁길을 곧잘 걸었다. 대지를 깊이 사랑했던 그는 이따금 멈춰 서서 흙을 한 줌 움켜쥐어서는 손가락 사이로 흘러내리게 하곤 했었다. 그는 토지를 언제나 자기 것으로 가지고 있고 싶어했기 때문에, 절대로 1년 이상의 소작 계약을 맺지 않았었다. 그런데 지금 그의 아들들은 토지를 팔아 치우고 있는 것이다!

왕룽은 가고 없지만 리화에겐 아직 살아 있었다. 그의 혼은 오늘도 밭 주위를 떠돌고 있다. 밭이 팔리면 반드시 왕룽이 알아차릴 것이라고 리화는 생각했다. 낮이고 밤이고 갑자기 찬바람이 얼굴을 스치거나 작은 회오리바람이 길을 따라 불 때, 분명 어떤 영혼이 지나간 거라며 세상 사람들이 겁을 집어먹는 그런 이상한 바람을 맞으면, 리화는 언제나 고개를 쳐들고 미소를 띠었다. 그녀에게는 아버지와 같고, 자기를 종으로 팔아 버린 친아버지보다도 훨씬 다정했던 왕룽의 혼이 온 것인지도 모른다고 생각했기 때문이었다.

왕룽의 존재를 가까이 느끼면서 그녀는 종종걸음으로 밭길을 지나갔다. 밭은 아름답고 풍성하게 익은 채 누워 있었다. 5년 동안 흉년이 들지 않았다. 올해도 흉년은 아니리라. 모든 밭은 손질이 잘 되어 있었고, 베어서 거둬들이기에는 아직 좀 이른 푸르고 키가 큰 밀이 파도처럼 흔들렸다. 밀밭 옆을 지나가노라니 밀 사이에서 산들바람이 일어났다. 마치 누군가의 손이 쓰다듬기라도 하는 것처럼 밀은 휘고 은빛으로 윤기 있게 빛났다. 그녀는 미소를 띠고 어떻게 일어난 바람일까 의아해하며, 오늘의 목적도 잊고 다시금 바람이 밀밭 속으로 가라앉아 조용해질 때까지 한참 발길을 멈추고 지켜보았다.

행상인이 과일을 늘어놓은 성문께에 오자 그녀는 고개를 푹 숙이고 사람들과 눈길이 마주치는 것을 피했다. 사람들은 그녀에게 아무런 관심도 두지 않았다. 그녀는 작달막하고 가냘팠으며, 이미 이전처럼 젊지도 않았다. 거무칙칙한 겉옷을 입고, 얼굴에는 분도 바르지 않고 연지도 칠하지 않았으므로 두드러지게 사내들의 눈을 끌 만한 구석은 없었다. 이렇게 고개를 숙이고 급한 걸음으로 걸어가는 리화의 조용하고 창백한 얼굴을 누가 보았어도, 분노가 가슴속에 타오르고 있으며, 용기를 내어 형제들을 비난하려는 결심을 굳히고 있는 줄은 꿈에도 생각지 못했으리라.

성내 저택의 대문 앞까지 온 그녀는 안내도 청하지 않고 안으로 들어갔다. 늙은 문지기가 문 앞에서 입을 벌린 채 졸고 있었다. 벌어진 그 입속으로 세 개밖에 남지 않은 이가 보였다. 그녀가 지나가자 놀라서 눈을 떴으나 리화라는 것을 알자 다시 꾸벅꾸벅 졸기 시작했다. 그녀는 미리 마음먹은 대로 곧바로 왕이의 집으로 갔다. 그녀는 왕이가 정말 싫었지만, 그래도 욕심 많은 왕얼보다는 왕이의 마음을 움직이기가 쉬우리라고 생각했기 때문이었다. 왕이는 좀처럼 일부러 심술을 부리지는 않았다. 좀 바보스럽긴 하지만 어떤 때는 주책이 없을 만큼 친절하기도 해서, 당장 그다지 귀찮은 일만 없다면 친절하게 해 줄 수도 있는 사람이라는 것을 알고 있었다. 그러나 왕얼의 냉혹하고 가느다란 눈은 두려웠다.

첫 번째 안마당으로 들어가니 젊고 예쁜 여종이 어정거리고 있었다. 안마당에서 일하는 젊은 하인의 눈을 끌려고 살짝 빠져나온 것이리라. 리화는 그 여종에게 온화하게 말했다.

"마님께 볼일이 있어서 왔는데, 뵐 수 있는지 좀 알아봐 다오."

왕이의 큰부인은 왕룽이 죽은 뒤 리화에게는 왠지 호의를 가지고 있었다. 렌화에게보다 훨씬 호의적이었다. 렌화는 천박하고 말에 조심성이 없지만 리화는 정숙했기 때문이다. 집안 행사로 가족들이 모였을 때, 큰부인은 리화에게 이런 말을 하기도 했다.

"우리 둘은 다른 누구보다도 서로 통하는 점이 있는 것 같아요. 우리들 마음의 눈은 다른 사람들보다 훨씬 섬세하니까요."

최근에는 이렇게 말하기도 했다.

"가끔씩 놀러 오세요. 비구니 스님이나 비구 스님들이 신불에 대해서 가르쳐준 것을 이야기해요. 이 집안에서 믿음이 깊은 것은 우리 둘뿐이니까요."

리화가 토벽집에서 그다지 멀지 않은 비구니 사찰의 스님들을 불러다가 설교를 듣곤 한다는 소문을 들었기 때문에 이렇게 말한 것이다. 그래서 리화는 먼저 큰부인을 만나려고 생각했다. 이윽고 아까 그 예쁜 여종이 나타나서 잘생긴 하인이 아직 그곳에 있나 눈으로 찾으면서 말했다.

"대청으로 올라오셔서 기다려 달라십니다. 마님은 지금 매일 아침 올리시는 기도를 드리고 계시는데 끝나면 곧 나오신답니다."

리화는 들어가서 대청에 있는 의자에 앉았다.

왕이는 전날 밤 성내의 화려한 요정에서 연회가 있었기 때문에 마침 이날 늦잠을 자고 있었다. 호화롭고 멋진 연회였다. 최고급 술이 나오고 손님 옆에는 기생이 한 사람씩 붙어 있었다. 그리고 저마다 손님에게 술을 따르거나 노래를 하거나 이야기를 나누거나, 무엇이든지 손님이 청하는 대로 들어 주었다. 왕이는 배가 터지도록 먹었고 평소보다 훨씬 많은 술을 마셨다. 그의 옆에 있던 기생은 가장 예쁘고 몸집이 작고 혀짜래기소리를 하는 여자로서 아직 열일곱 살도 채 되지 않았을 텐데, 마치 10년 넘도록 사나이들과 익숙히 접촉해 온 여자처럼 간드러진 미태를 보였다. 왕이는 지나치게 과음하여 엊저녁에 무슨 일이 있었는지 아무런 기억도 없었다. 그는 얼굴에 엷은 웃음을 띠고, 하품을 하거나 기지개를 켜면서 그곳에 리화가 있는 것도 알아채지 못하고 대청으로 들어왔다. 사실 눈이 몽롱해서 사물이 잘 보이지 않았다. 어제 그 기생이 그가 희롱하면, 그의 윗도리 깃 사이로 조그맣고 싸늘한 그녀의 손을 살짝 넣으면서 장난질하던 생각을 하고는 히죽히죽 웃고 있었기 때문이다. 그리고 어제 연회의 주인공이었던 친구에게 그 여자가 어느 찻집에 속해 있는지를 물어보고 다시 한 번 만나 보리라고 마음먹고 있었다.

그리하여 그는 하품을 커다랗게 하고 양손을 머리 위로 쑥 뻗어 올리거나, 잠에서 깨기 위해 양쪽 허벅다리를 찰싹찰싹 때린 뒤, 비단 속옷만을 몸에 걸친 채 맨발에 비단 실내화를 신고 휘청휘청 대청으로 들어왔다. 그리고 갑자기 눈앞에 있는 리화를 알아차렸다. 리화는 회색 옷을 입고 똑바로 조용하게, 마치 그림자처럼 서 있었다. 그러나 왕이에 대한 혐오감으로 은근히 몸을 떨었다. 그는 리화가 그곳에 있는 것을 보자 깜짝 놀라, 두 팔을 축 늘어뜨리고 반쯤 하던 하품을 누른 채 빤히 그녀를 바라보았다. 틀림없이 리화라는 것을 확인하자 어색함을 기침으로 얼버무리면서 정중히 말했다.

"여기에 누가 있다고 아랫것이 아무도 알리지 않아서요. 집사람은 당신이 오신 것을 알고 있소?"

"네, 알리게 했어요." 리화는 머리를 숙였다. 그리고 잠깐 망설이다가 '지금 둘만 있을 때, 이 사람에게 해야 할 말을 확실히 해 두는 편이 좋겠어.' 하고 생각하고 입을 열었다. 평상시보다 빠르게, 말이 앞다투어 튀어나왔다.

"나는 가장이신 큰아드님을 뵈러 온 거예요. 난 몹시 놀랐습니다. 믿을 수 없는 일이에요. 나리께서는 땅을 절대로 팔지 말라고 말씀하셨어요. 그런데도 아드님들은 팔고 계세요. 땅을 팔고 계시는 것을 나는 알아요."

리화는 피가 차츰 뺨으로 몰려드는 것을 느끼며, 갑자기 격한 분노가 치밀어 올라와서 참지 못하고 울기 시작했다. 입술을 깨물고 날카롭게 눈을 치떠 왕이의 얼굴을 쏘아보았다. 보기조차 싫을 만큼 아주 미웠지만, 왕룽을 위해서 꾹 참으며 쏘아보았다. 단추를 채우지 않은 속옷 사이로 뚱뚱하게 살이 찐, 노란 목이 흉측스럽게 삐져나와 있었다. 눈 밑은 축 처졌고 창백한 입술이 두껍게 비어져 나와 있는 모습에, 정말 보기에도 역겨울 만큼 혐오감이 치밀었다. 리화가 쏘아보자 여자의 분노를 무서워하는 그는 완전히 당황하여, 단추를 채워야 한다는 것을 핑계 삼아 돌아서고 말았다. 그리고 어깨 너머로 당황해 그녀의 말을 부인했다.

"당신은 되는 대로 지껄이는 소문을 들은 모양이로군. 꿈이라도 꾸는 것이 아니오?"

그러자 리화는 이제껏 전혀 보인 적 없었던 격렬한 말투로 말했다.

"아니, 꿈이 아니에요. 거짓말을 할 줄 모르는 사람의 입에서 들은 겁니다."

누구한테 들었다는 말은 하지 않았다. 그랬다가 등이 굽은 가엾은 소년이 이 아버지라는 사내에게 얻어맞기라도 하면 안 된다고 생각했기 때문이다. 그녀는 계속해서 말했다.

"우리 나리의 아드님들이 이런 불효를 저지르시다니 정말 놀랐습니다. 나는 힘없고 하찮은 인간이지만 이것만은 말씀드려야겠어요. 유언을 어기시면 반드시 나리께 큰 벌을 받을 거예요. 나리께서는 아드님이 생각하시는 것처럼 멀리 계시지 않아요. 나리의 영혼은 오늘도 땅 위를 떠돌고 있어요. 토지가 팔린 것을 아신다면, 아버님의 명령을 어기는 불효자식들에게 반드시 벌을 내리실 거예요."

그녀의 말은 음산한 기운을 띠고 낮고 싸늘하게 울렸고, 눈은 크게 떠져 진지한 빛을 띠었다. 왕이는 막연한 공포에 사로잡혔다. 사실 그는 몸집은 커다래도 겁이 많았다. 무슨 일이 있어도 밤에 혼자 묘지로 가지 못했다. 유령에 대해서 여러 가지로 전해지는 이야기를 그는 은연중 믿고 있었던 것이다. 겉으로는 크게 웃으며 마음에 두지 않는 척했지만, 속으로는 유령 이야기를 믿었던 것이다. 그래서 리화에게 그런 이야기를 듣자 당황하며 말했다.

"막내아우 몫을 조금 팔았을 뿐이오. 그 아우가 돈이 필요해서 말이오. 군인에겐 땅이 필요 없소. 앞으로는 절대 팔지 않겠소. 약속하지요."

리화는 입을 열려고 했으나, 미처 말을 꺼내기도 전에 왕이의 큰부인이 들어왔다. 부인은 오늘 아침엔 기분이 좋지 않은 듯 남편에게 원망을 품은 표정이었다. 어젯밤 남편이 취해 돌아와서, 연회에서 만난 여자 이야기를 잘 돌아가지 않는 혀로 지껄이는 것을 들었기 때문이었다. 부인은 경멸하는 듯한 눈으로 남편을 쏘아보았다. 왕이는 서둘러 미소를 띠고 아무 일도 없었던 듯 태연히 고개를 끄덕여 보였지만, 속으로는 때마침 리화가 이곳에 있는 것을 기뻐했다. 기품이 높은 큰부인은, 그가 혼자 있을 때가 아니면 마음에 있는 것을 다 터뜨리지 않기 때문이다. 그는 갑자기 말이 많아져서, 탁자 위의 찻주전자가 따끈한가 만져 보거나 하며 소란을 피웠다.

"음, 내 아들들의 어머니 되는 사람이 왔군. 차는 식지 않았소? 나는 아직 아침을 먹지 않았소. 이제부터 찻집으로 가서 차를 마실 참이오. 곧 갈 테니까, 방해는 하지 않겠소. 부인들끼리는 사나이에게 들려 주고 싶지 않은 이야기가 있다는 것을 잘 알고 있으니까."

이렇게 말하며 기분을 맞추려고 했으나 부인이 여전히 점잔을 빼며 침묵과 굳은 표정을 지키는 것에 불안을 느끼고, 공허한 울림이 깃든 억지웃음을 웃으면서 인사를 하고 황급히 나갔다. 뚱뚱한 몸집이 뒤룩뒤룩거렸다.

그가 그곳에 있는 동안 부인은 한 마디도 하지 않았다. 그녀는 절대로 의자에 기대앉지 않는 사람이었다. 그녀는 등을 꼿꼿이 세운 채로 남편이 나가기를 기다렸다. 그 모습은 한치의 빈틈도 없는 귀부인으로 보였다. 아직 오전 중이라 귀부인들은 거의 침대 속에 엎드려 아침 첫 차를 마시려고 찻잔에 손을 뻗칠 무렵인데도, 그녀는 이미 부드러운 청회색 비단옷을 입고 머리는 기름을 발라 말쑥하게 땋아 올린 차림새였다.

남편이 나가는 것을 본 뒤에 부인은 한숨을 쉬고 진지한 표정으로 말했다.

"저 사람과 사는 내 생활이 어떤지는 아무도 몰라요. 나는 젊음도 아름다움도 저 사람에게 바쳤어요. 언제나 참고 지낼 뿐 절대로 불평을 하거나 하지 않아요. 내가 아들 셋을 낳은 뒤에 그이가 내 몸종으로 만들어도 좋을 천한 신분의 계집애를 첩으로 삼았을 때도 불평을 한 일이 없어요. 그이가 무슨 짓을 해도 참고 견뎌 왔어요. 시실 나는 저 사람 집안과는 전혀 다른 품위 있는 집에서 자랐지만 그래도 참고 견뎌 왔어요."

리화는, 그 깊은 한숨에서 부인이 겉으로는 태연한 척하지만, 실은 진심으로 슬퍼한다는 것을 알기 때문에 위로하기 위해서 말했다.

"당신이 얼마나 훌륭한 부인이신가는 우리들 모두가 알고 있어요. 부인은 자기가 이제까지 가르친 어느 사람보다도 의례를 빨리 익힌다고 여러 비구니 스님들이 감탄하며 말씀하시는 걸 제가 들었어요."

"정말 그렇게 말씀하셨어요?" 부인은 무척 기뻐하며 외쳤다. 그녀는 자기는 어떤 경을 읊는다든가, 하루에 몇 번 부처님 앞에 기도를 드린다든가, 가끔씩 육식을 끊는 계율을 실행한다든가 하는 이야기를 하기 시작했다. 그리고 인간은 언젠가 죽어야 하므로 진지하게 내세의 연을 생각해야 하며, 모든 혼의 마지막 휴식처란 극락과 지옥밖에는 없으며, 윤회라는 것이 있어서 선한 자는 그 보답을 받고 악한 자는 벌을 받는다는 것을 말했다.

왕이의 부인은 쉴 새 없이 지껄였고 리화는 부인의 말이 제대로 귀에 들어오지 않았다. 그녀의 마음은 '이제는 땅을 팔지 않겠다'고 한 왕이의 말을 믿어도 좋을지, 그것만을 생각했다. 그가 진실을 말했으리라고는 쉽사리 믿을 수 없었다. 갑자기 그녀는 부인의 수다를 견딜 수가 없어져서, 부인이 차를 권하기 위해서 입을 다문 순간을 놓치지 않고 일어섰다.

"바깥분께서 어떤 말씀을 당신에게 하셨는지는 모르지만 아버님의 유언이 어떤 것이었던가, 토지를 팔아서는 안 된다는 유언이 아니었던가를 가끔 바깥분께 못 박아 주셨으면 좋겠어요. 돌아가신 아버님께선 대대손손 안락한 생활을 할 바탕을 만들기 위해서 평생 죽을 듯이 일해 땅을 사 모으셨어요. 그 토지를 바로 다음 대에 팔아 버린다는 것은 정말 너무해요. 꼭 도와주시길 빌겠어요."

부인은 땅을 얼마나 팔았는지 듣지 못했지만, 무엇이든지 아는 척하는 게 평소의 버릇이었으므로 아주 또렷한 말투로 대답했다.

"걱정하실 것 없어요. 그이가 체면 없는 짓은 하지 않도록 내가 잘 주의하고 있으니까요. 토지를 팔았다고 하더라도 그것은 막냇동생에게 분배된, 멀리 떨어져 있는 땅뿐이에요. 그 동생은 장군이 되어 집안의 이름을 날릴 계획을 세우고 있기 때문에 땅보다도 돈이 필요한 거예요."

리화는 왕이와 부인에게서 똑같은 말을 듣자 조금 안심했다. 똑같은 말을 두 번 들었으니 진실임에 틀림없다고 생각하고 돌아가기로 했다. 그녀는 공손히 언제나처럼 정숙하고 조용한 태도로 작별 인사를 했다. 경의가 깃든 리화의 태도에 부인은 완전히 만족하여 기분이 좋아졌다. 리화는 토벽집으로 돌아갔다.

왕이는 찻집으로 가서 아우를 만났다. 왕얼은 마침 점심을 먹는 중이었다. 왕이는 동생이 혼자 앉아 있는 탁자 옆 의자에 육중하게 털썩 주저앉아 불쾌한 듯 말했다.

"사내는 여인네 잔소리에서 벗어날 수가 없는 것 같아. 내 집에서만으로도 부족한지 아버지의 첩인 리화까지 와서, 땅을 팔았다는 소문을 들었다면서 나에게 토지를 팔지 않겠다는 약속을 하라고 시끄럽게 떠들어 댄단 말이야. 정말 질색이야."

왕얼은 형을 보자, 마른 얼굴에 조금 부드러운 미소를 띠고 말했다.

"그런 여자가 하는 말 따위에 형님은 어째서 신경을 쓰십니까. 말하고 싶으면 멋대로 하게 내버려두면 되잖습니까. 그 여자는 집안에서 가장 권력이 없고 무슨 일에든 참견할 권리가 없습니다. 그 여자가 하는 말 따위는 거론할 필요도 없어요. 토지에 대해서 말을 꺼내면 토지 이외의 것에 대해서만 떠들어 주면 됩니다. 이것저것 다른 말만 해대며 너에게는 아무런 힘도 없다, 그러니까 네가 하는 말을 우리는 털끝만큼도 생각지 않는다는 것을 보여 주면 됩니다. 그 집에 살 수 있도록 허락하고 다달이 부양해 주는 것만도 감사해야 할 일이라고 말입니다."

그때 급사가 계산서를 가지고 왔다. 왕얼은 그것을 꼬치꼬치 따져서 암산을 하여 정확한가 어떤가 확인했다. 그러고 나서 필요한 만큼 돈을 꺼내자 마치 계산서에 틀린 곳이 있어 항의라도 하듯이 못마땅한 듯 천천히 요금을 냈다. 그는 형에게 가벼운 인사를 남기고 나갔다.

왕이는 혼자 찻집에 머물렀다. 동생에게 그런 말을 들었어도 짐짓 우울했다. 늙은 아버지는 돌아가셨지만 그리 멀리 있는 것이 아니라던 리화의 말을 두려움 섞인 마음으로 되새기고 있었다. 생각할수록 차츰 더 불안스러워졌다. 그는 급사를 불러서 호화롭고 맛이 있는 게 요리를 주문했다. 기분을 바꿔 불쾌한 생각을 잊으려는 것이었다.

9

왕후는 자기가 믿는 부하인 언청이를 형에게 심부름꾼으로 두세 번 보냈다. 그럴 때마다 언청이는 돈을 가지고 대장에게로 돌아왔다. 언청이는 푸른 보자기에 돈을 싸서 마치 자기의 보잘것없는 보따리처럼 등에 짊어지고 왔다. 여행 중 늘 초라한 푸른 윗도리에 바지 차림이었으며 맨발에 짚신을 신었다. 그런 모습으로 먼지투성이가 되어 길을 터벅터벅 걸어가는 언청이를 본다면 누구든지 이 사나이가 엄청난 돈을 짊어지고 있으리라고는 꿈에도 생각지 못했으리라. 누군가 좀더 주의 깊게 그의 모습을 살펴보았다면, 그런 조그만 봇짐을 지고 이상스럽게도 땀을 뻘뻘 흘린다는 사실을 깨달았을 테지만 그를 그렇게 주의 깊게 보는 사람은 없었다. 초라한 옷을 입고 입이 언청이라는 것 말고는 아무런 특징도 없었으며, 길거리에서 얼마든지 볼 수 있는 흔해 빠진 농부의 모습이었기 때문이다. 한순간 그에게 눈길을 멈추는 사람이 있다 할지라도 그들은 그의 추한 입술과 코 아래로 삐죽이 드러난 두 개의 이에 놀랄 뿐이었다.

이 충직한 부하는 이렇듯이 안전하게 대장에게로 돈을 날라 왔다. 왕후는 완전히 자리 잡을 때까지 석 달 동안은 버틸 수 있을 만큼의 돈을 천막 밑 땅속에 묻어 두고, 드디어 출발할 날짜를 정했다. 그는 조용히 지령을 내렸고 그것은 그와 함께 떠나기를 바라는 군사들에게 전달되었다. 벼 추수가 끝난 다음, 아직 북쪽에서 찬바람이 불어닥치기 전의 어느 날, 새벽하늘에 빈약한 달 하나가 삐뚜름하게 걸릴 때까지는 달빛조차 없는 밤, 그들은 잠자리에서 기어 나와 여태까지 모시던 노장군의 군기 아래서 떠나갔다.

그 캄캄한 밤에 백 명쯤의 군사들이 살그머니 빠져나왔다. 어느 군사도 소리 하나 내지 않고 일어나 침구를 말아서 등에 둘러멨다. 총이 있는 자는 총을 들

있고, 옆에 누운 자가 눈을 뜨지 않도록 훔쳐 낼 수 있는 경우에는 옆에 있는 군사의 총까지도 가지고 나왔다. 그러나 이것은 여간 어려운 일이 아니었다. 어느 군사도, 만약 누군가가 총을 훔치려고 하면 눈을 뜨고 소리칠 수 있도록 총을 몸 밑에 깔고 자는 습관이 있었다. 총은 귀한 물건이어서 팔기만 하면 큰돈이 됐으므로 군사들 중에는 가끔 투전에 지거나, 몇 달이나 전쟁이 없어서 급료도 받지 못하고 약탈도 하지 못해 돈이 들어오지 않을 때에는 남의 총을 훔쳐서 파는 자가 있었기 때문이다. 총은 먼 외국으로부터 들여오는 것이었으므로 총을 잃는다는 것은 군인에게 중대한 일이었다. 그날 밤 자리를 빠져나온 군사들은 할 수 있는 한 많은 총을 가지고 나오려 했으나 다른 군사들이 모두 아주 소중히 총을 지키며 자고 있었기 때문에, 자기들의 총 말고 스무 자루밖에는 더 가지고 나갈 수가 없었다. 스무 자루라도 좋았다. 스무 명쯤의 군사를 증원할 수 있기 때문이었다.

이들 백 명의 군사들은 노장군 아래서도 정예를 골라낸, 가장 용감하고 두려움 없는 자들이었으며, 젊은 군사들 중에서는 가장 저돌적인 숙련병이었다. 남방인은 적고, 거의 모두가 야만적인 북방에서 태어난 대담무쌍하고 살인을 대수롭지 않게 여기는 무리들이었다. 그러한 무리들은 왕후의 키 크고 늘씬한 몸과 오연한 표정에 쉽사리 이끌렸고, 그의 과묵함, 느닷없이 폭발하는 분노, 용맹스러움에 감탄했다. 노장군은 쓸데없이 살만 쪄서 둘이 달라붙어 다리를 부축해 주지 않으면 말도 타지 못하는 형편으로, 존경할 만한 점이 조금도 없었던 참이라 그들은 한결 더 왕후를 숭배했다. 노장군에게는 이미 젊은이의 피를 들끓게 하는 점이 아무것도 없었다. 그래서 그들은 노장군을 버리고 새 영웅을 따르려 했던 것이다.

그 깊은 밤, 왕후를 따를 예정인 군사들은 신호에 응해 일어났다. 그 신호는 오른쪽 뺨을 세 번 가볍게 건드리는 것이었다. 신호를 받으면 곧바로 일어나 소총과 탄약으로 무장하고 말이 있는 자는 말을 타고, 없는 자는 걸어서 20리 떨어진 산마루 밑의 낮은 골짜기를 이룬 지점에 모인다. 그곳에는 황폐한 절간이 있고 머리가 둔해진 늙은 은자(隱者)가 홀로 그 폐허에 살고 있을 뿐이었다. 절간은 그야말로 황폐해서 겨우 비와 이슬을 피할 정도였지만, 왕후는 자기를 따라

나선 군사들을 지휘 통솔이 잘되는 군대로 정비하여, 자기가 바라는 장소로 데리고 갈 때까지 그곳을 은신처로 선택한 것이었다.

왕후는 미리 그곳에다 모든 준비를 갖추어 두었다. 며칠 전에 그는 심복인 언청이와 곰보 조카를 보내서 절 안에 몇 동이의 술을 준비시키고, 살아 있는 돼지와 닭과 살이 찐 항소 세 마리를 텅 빈 암자에 가둬 두게 했다. 이것들은 이웃 농부로부터 산 것이었다. 군대에 따라서는 가난한 농부로부터 징발하여 돈을 내지 않는 자도 있지만 왕후는 명예를 중시하는 인간이었으므로 대금을 어김없이 치렀다. 그는 언청이에게 명령하여 그때의 시세에 가까운 값으로 사들여 산 위의 절까지 옮기게 했다. 그리고 곰보가 그것을 지키는 책임을 맡았다.

언청이는 또 세 개의 커다란 무쇠솥을 사들여 하나하나 머리에 이고 산꼭대기까지 날랐다. 그리고 부서진 낡은 벽돌을 모아 쌓은 조그만 부뚜막 위에 그것을 얹었다. 왕후는 그 밖의 것은 사들이지 못하게 했다. 될 수 있는 대로 빨리 이곳을 떠나 노장군의 추격군이 미치지 못하는 북쪽으로 이동할 작정이었기 때문이다. 그러나 그는 북쪽 도시 근처로 갈 마음은 없었다. 그것은 왕후가 꿈꾸는 군벌의 거두를 토벌하기 위해 정부군이 출동하는 일이 있었기 때문이다. 아직 준비도 갖추어져 있지 않았으므로 정부군과 싸워서는 승산이 없었다. 그러나 그는 사실 노장군도 정부군도 그다지 두려워하지 않았다. 요즈음 노장군은 화를 냈다가도 곧 잊어버리기 때문에 추격군을 보내지 않을 것이고, 정부군 쪽도 옛 왕조가 멸망하고 그에 대신할 새 왕조가 아직 세워지지 않은 시기였기 때문에 국가의 힘이 약해서, 각지에서 비적이 판을 치고 군벌이 패권을 다투는데도 그들을 억제할 방법도 없었기 때문이다.

그 캄캄한 밤, 왕후는 왕이의 아들을 데리고 폐사로 왔다. 겁쟁이에 무기력한 이 청년을 어떻게 다룰지가 늘 골칫거리였다. 곰보 쪽은 모험을 좋아해 명령받은 일을 기꺼이 하지만, 이 조카는 삼촌 눈에 띄지 않도록 숨어서만 지냈다. 오늘 밤도 따라오라는 호령을 받고 떨면서 왕후의 뒤를 따르긴 했으나, 왕후가 타오르는 관솔불로 비춰 보니 청년은 식은땀을 흠뻑 흘리고 있었다. 왕후는 멸시하듯이 외쳤다.

"어찌 된 노릇이냐. 아무 일도 하지 않았는데 땀을 흘리고 있지 않느냐?"

그러고는 대답을 들으려고도 하지 않고 어둠 속을 성큼성큼 걸어갔다. 청년은 불안한 발걸음으로 그를 따라갔다.

산마루에서 폐사까지 가는 길에 왕후는 바위 위에 걸터앉아, 청년만을 식사 준비를 도우라고 일러 먼저 절간으로 보냈다. 그는 그곳에 앉은 채, 약속한 군사들 가운데 몇 사람이나 그날 밤 그의 기치 아래로 모여드는가 보려고 기다렸다. 이윽고 군사들은 한 명씩 또는 여러 명, 열 명씩 떼를 지어 이르렀다. 왕후는 기뻐서 그 한 사람, 한 사람에게 말을 걸었다.

"야아, 왔구나! 너는 의리가 굳은 훌륭한 사나이다."

절간의 부서진 돌계단을 올라 그에게로 모여드는 자들의 발소리를 들을 때마다 그는 손에 든 연기가 나는 관솔불을 입김으로 불어 타오르는 불꽃으로 군사들의 얼굴을 확인하고, 누구도 오고 누구도 왔구나 하면서 기뻐했다. 이렇게 하여 백 명이 모여들었고 인원수를 헤아려 예정한 자들이 모두 모여들었을 때 왕후는 소와 돼지, 그리고 닭을 잡도록 명령했다. 오랫동안 맛있는 고기에 굶주려 온 군사들은 기꺼이 그 일을 시작했다. 어떤 자는 아궁이에 불을 지폈고, 어떤 자는 가까운 곳에서 흐르는 골짜기의 실개천에서 물을 퍼왔다. 어떤 자는 소와 돼지를 죽여 가죽을 벗기고 살점을 자잘하게 갈라서 나누었다. 닭털을 뽑은 자들은 절간 옆에 있는 나무의 가지를 베어 꼬챙이 대신 그것에 꿰어 모닥불에다 통째로 구웠다.

모든 준비가 다 갖추어지자 그들은 요리를 절 앞에 있는 석대(石臺) 위에 늘어놓았다. 그곳은 오래된 포석 사이로 잡초가 나서 돌과 돌이 서로 사이를 벌리고 있었다. 한가운데에는 사람들의 키보다도 높고 큰 무쇠솥이 있었는데 오랜 세월 동안 비바람을 맞아 빨갛게 녹슬고 망가져 있었다. 그 무렵엔 이미 날이 새어 밝게 떠오른 태양빛이 병사들 위로 내리쬐었다. 서늘하고 상쾌한 산의 대기가 공복을 느끼게 했고, 병사들은 웃고 떠들면서 김이 무럭무럭 나는 요리 주변으로 몰려들었다. 그리고 배가 가득 찰 때까지 실컷 먹었다. 이 젊고 용감한 새 우두머리 밑에서 새롭고 빛나는 나날이 시작된다고 생각하니 그들의 가슴에는 기쁨이 넘쳐흘렀다. 새 우두머리는 음식이건 여자이건 혈기왕성한 병사들이 필요로 하는 모든 것이 얼마든지 있는 새로운 땅으로 자기들을 이끌고 가주리라고 그들은 굳게 믿었다.

일단 빈 배를 채우고 나서 다시 먹기 시작할 때, 그들은 봉해진 술통을 뜯어 저마다 가지고 있는 사발에 술을 따라 마셨다. 마시고 웃고 떠들어 댔다. 이것저 것 여러 일을 위해서 그들은 서로 건배했으나 무엇보다도 새 우두머리를 위해서 건배했다.

혼란에 빠진 가련한 은자는 대숲 그늘 속에서 너무나 놀란 나머지 어찌할 바를 모른 채 이 모양을 하염없이 바라보았다. 저 무리들은 악귀일지도 모른다고 혼자서 중얼거리면서 병사들이 신나게 먹고 마시는 것을 멍청히 바라다보고만 있었는데, 김이 피어오르는 고기를 잡아 뜯는 것을 보고는 입에서 침을 흘렸다. 그러나 모두들 먹고 있는 곳으로 나가려고는 하지 않았다. 30년 동안 손바닥만 한 밭을 갈면서 홀로 살아온 조용한 골짜기에 이렇게 갑자기 나타난 악귀들의 정체를 몰라 나갈 용기가 나지 않았기 때문이다. 은자가 바라보고 있는데, 배불리 먹고 마셔 졸음이 온 한 병사가 뜯어먹던 소의 허벅지뼈를 내던졌다. 뼈는 대숲 속에 떨어졌다. 그러자 은자는 여위고 힘줄이 튀어나온 손을 뻗쳐서 재빨리 그것을 주워 들고 살그머니 대숲 그늘로 숨어 버렸다. 그리고 뼈를 입안에 넣고서 핥고 갉고 했다. 이 30년 동안에 고기라고는 먹어 본 일이 없어서 고기가 얼마나 맛있는지를 잊어버렸던 그는 이상하게 몸이 떨렸다. 머릿속이 혼란스러운 가운데서도 육식이 계율을 어기는 죄악이라는 것은 알고 있었기 때문에 마음속으로는 괴로워했다. 그러나 살이 붙은 뼈를 핥고 갉지 않고서는 참을 수가 없었다.

병사들은 더는 먹을 수가 없을 때까지 먹었고, 먹던 찌꺼기들이 주위에 흩어져 있었다. 그때 왕후는 벌떡 일어나서 옆에 있는 오래되고 거대한 돌거북 위로 올라갔다. 이 돌거북은 커다란 노간주 고목의 뿌리께에 있었는데 석대보다 조금 높았다. 이것은 옛날 유명했던 사람의 묘를 표시하기 위해서 놓은 것으로, 전에는 고인의 덕을 칭송하는 커다란 석비가 등 위에 서 있었는데, 노간주나무의 자라나는 힘이 그 석비를 기울게 하고 끝내는 쓰러뜨려 버린 것이다. 석비는 금이 간 채 땅 위에 쓰러져 있었고 표면에 새겨진 문자는 비바람에 닳아 사라져 버렸지만 나무는 더욱 무성해 갔다.

왕후는 이 돌거북 위에 서서 부하 병사들을 내려다보았다. 그는 한 손에 칼자루를 쥐고, 한쪽 다리로 거북의 머리를 밟고 의연하게 부하들을 휘둘러보았다. 짙은 눈썹은 한일자로 팽팽하게 당겨져 있었으며, 눈은 쏘는 듯이 번쩍이고 있었다. 이렇게 자기의 부하가 되어 준 병사들을 보고 있자니, 그는 가슴의 고동이 높아지고 몸속에 뜨거운 피가 끓었다. 그는 마음속으로 생각했다.

'이들이 모두 내 부하다. 나와 삶과 죽음을 함께하기로 맹세한 부하인 것이다. 마침내 나에게 때가 왔다!'

그는 소리 내어 외쳤다. 그 드높은 목소리는 조용한 숲에 울려 퍼졌고 황폐한 절간 안에 메아리쳤다.

"형제 여러분! 내가 어떤 인간인가를 이야기하겠다. 나는 여러분과 같은 비천한 태생이다. 나의 아버지는 밭을 갈았다. 나는 그 땅에서 태어났다. 그러나 나에게는 땅을 가는 것 이상의 천명이 있었다. 나는 소년 시절 집을 떠났다. 그리고 노장군 아래서 혁명군의 한 병사가 되었다.

형제 여러분! 나는 처음에 부패한 통치자를 치는 고귀한 싸움을 꿈꾸고 있었다. 노장군이 대의를 위한 싸움이라고 부르짖었기 때문이다. 그런데 노장군은 너무나 쉽사리 승리를 얻었다. 그리고 우리가 지금 아는 대로의 인간이 돼 버렸다. 나는 이제 그런 인간을 모실 수는 없다. 그가 지휘하는 혁명은 내가 꿈꾼 것 같은 결실을 가져오지 못했다. 시대는 부패의 극에 달해 모든 인간은 각자의 사리사욕을 위해서만 싸우고 있다. 그것을 보고 나는 천명을 느꼈다. 노장군 아래에서 봉급도 받지 못하면서 초조함 속에서 허송세월을 보내고 있는 여러분을 불러 모아, 우리 스스로가 부패가 없는 천지를 개척해 나가는 것이 우리에게 주어진 천명이다. 이제 새삼스럽게 말할 것까지도 없지만 올바른 통치자는 한 사람도 없다. 통치자는 인자한 아버지가 아이들을 대하는 것처럼 민중을 다루어야 한다. 그런데도 민중은 통치자의 잔학과 압제에 울고 있다. 예부터 민중은 이런 상태였다. 5백 년 전에도 정의에 불타는 용감한 사람들이 한 무리가 되어 부귀를 멸하고 가난한 자들을 지키기 위해서 싸운 일이 있다. 우리도 그 뒤를 따라야 한다. 용감하고 정의로운 사람들이여! 나는 여러분에게 호소한다. 내가 가는 길을 따르라! 우리 삶과 죽음을 함께하기로 맹세하자!"

그는 늠름한 목소리로 외쳤다. 번갯불처럼 빛나는 눈으로 포석 위에 웅크린 군사들을 쏘아보았다. 눈썹은 한일자가 되었는가 하면 펄럭이는 깃발처럼 위로 솟구쳐 올라 그때마다 그의 표정이 달라지게 했다. 그의 말이 끝나자 부하들은 한꺼번에 일어나서 힘차게 외쳤다.

"우리는 맹세합니다! 대장 만세! 만세!"

그 가운데 장난기가 있는 한 군사가 새된 목소리로 외쳤다.

"대장을 봐라, 검은 눈썹의 호랑이다!"

왕후는 그야말로 호랑이처럼 보였다. 늘씬하게 키가 크고 민첩하게 움직이는 몸, 턱이 뾰족하고 광대뼈가 툭 불거져 나왔으며 두 눈은 맹수처럼 빈틈없이 빛났다. 그 위에 길고 검은 눈썹이 있어서 그 눈썹을 찌푸리면 동굴 속에서 바깥을 엿보는 호랑이 눈처럼 보였고, 눈썹을 쳐들면 그 아래에서 빛나는 눈이 튀어나와 마치 호랑이가 뛰어나올 때처럼 얼굴 전체가 갑자기 밝아지는 것이었다.

병사들은 그 말을 듣자 와 웃으며 모두 외쳤다.

"그렇다! 호랑이다! 검은 눈썹의 호랑이다!"

머리가 혼란스러운 불쌍한 은자로서는 골짜기에 메아리치는 "호랑이다! 호랑이다!" 하는 외침이 무슨 의미인지 알 도리가 없었다. 이 부근의 산에는 분명히 호랑이가 출몰했다. 은자는 무엇보다도 호랑이를 두려워했기 때문에 이 커다란 외침을 듣자 대숲 속을 두리번거리면서 도망쳤다. 그리고 절간 뒤에 있는 조그맣고 초라한 암자에 몸을 감추어, 문에 허술한 빗장을 걸고 침대 속으로 기어들어 넝마 같은 이불을 머리 위부터 뒤집어썼다. 그는 떨면서 몸을 눕힌 채 아아, 고기 같은 것은 먹지 말 것을 하고 후회하면서 울었다.

왕후는 조심스러운 점에서도 호랑이와 비슷했다. 그는 자기의 모험이 이제 겨우 실마리를 잡았을 뿐으로, 앞길에 무슨 일이 일어날지 신중하게 생각해야 함을 알았다. 그는 군사들이 술에서 깨어날 때까지 자게 두기로 했다. 그리고 그동안에 영리하고 빈틈이 없는 부하 셋을 불러서 변장을 명령했다. 한 사람은 입은 옷을 모두 벗기고 걸레쪽 같은 아랫도리만을 입힌 채 진흙과 오물을 온몸에 칠하여 거지로 변장시켰다. 그리고 그에게 노장군의 병영이 있는 도시 근처 부락을 동냥질하고 다니며 노장군이 추격군을 준비하고 있는가 염탐하여 오라는 명령을 내렸다. 나머지 두 사람에게는 시장으로 가 전당포에서 농부의 옷과 바구니와 멜대를 사고 채소를 떼어 행상인처럼 꾸며서 성내를 돌아다니며 어떤 소문들이 있는가, 노장군의 부하 가운데서도 정예 대원들이 탈주한 사건과 앞으로 노장군의 조치에 대한 소문이 돌고 있는가를 염탐해 오도록 명령했다. 산마루에는 심복인 언청이를 배치하여 산기슭 일대를 날카로운 눈으로 감시시켰다. 만약 어디에서든 두세 명 이상이 떼를 지어 움직이는 것을 발견하면 곧바로 달려와 보고하라고 명령했다.

명령을 받은 이들이 출발한 뒤에, 잠들었던 군사들이 술에서 완전히 깨어 일어나자 왕후는 현재 소유한 병력과 자재를 조사하여 보았다. 군사 수, 총의 수, 탄약의 양, 피복 상태, 신발 상태 등 원거리 행군을 견디어 낼 수 있는지를 조사하여 종이에 써넣었다. 그리고 부하들이 자기 앞을 일렬로 걸어가게 하여 한 사람, 한 사람 자세히 살펴보았다. 그의 휘하에 두 조카를 빼놓고 108명의 튼튼한 군사들이 모인 것을 알 수가 있었다. 나이를 먹은 자는 한 사람도 없었다. 흔해 빠진 눈병이나 피부병 같은 가벼운 병에 걸린 자를 제외하면 병자는 두셋 있을 정도였다. 부하들은 그의 앞을 천천히 지나가면서 그가 종이 위에 글씨를 쓰는 것을 보고 깜짝 놀랐다. 그들은 겨우 두세 사람을 제외하고서는 거의 읽지도 쓰지도 못했기 때문이다. 그들은 왕후가 무용에 뛰어날 뿐만 아니라 종이 위에 글을 쓸 수가 있고, 또 그것을 읽고 뜻을 깨달을 수 있는 지혜까지도 갖춘 대장이라는 것을 알고 전보다 더 존경하게 되었다.

이 부하들 외에 왕후는 122정의 총이 있음을 알았다. 어느 군사나 모두 혁대를 탄약으로 꽉 채우고 있었다. 더욱이 왕후는 노장군의 탄약고에 드나드는 것이 자유로웠기 때문에 18상자의 탄약을 꺼내 가지고 왔다. 그리고 그것을 언청이에게 한 상자씩 옮기게 하여 본당의 다 부서져 가는 낡은 불상 뒤에 쌓아 놓았다. 그곳은 지붕이 그나마 성한 곳이어서 비가 가장 적게 새기 때문이었다. 깨어진 정면의 문으로부터 들이치는 비는 불상이 막아 주었다.

옷은 지금 입고 있는 것만도 찬바람이 불어올 무렵까지는 충분히 버틸 수가 있었고 침구는 저마다 지녔다.

왕후는 점검 결과에 만족했다. 앞으로 사흘은 그들을 먹여 살릴 만한 식량도 남아 있다. 그의 계획은, 그동안 가능한 한 일찍 행군을 시작해 북쪽의 새로운 영지를 목표로 출발할 작정이었다. 남쪽 지방이 싫지 않더라도 어쩔 수 없이 다른 지방으로 옮겨 가야 했다. 왜냐하면 노장군이 이 지방을 차지하고 난 지 10여 년이 되는데, 그동안에 노장군은 나태하고 음란한 생활을 하며 이 지방에서 꿈쩍도 하지 않고 주민들에게 바칠 수 없을 만큼 무거운 세금을 부과했고, 농작물까지 바치게 했기 때문에 주민들은 더할 수 없이 궁핍해져 이제 더는 쥐어짤 여지가 없어졌기 때문이었다. 왕후는 새롭고 풍요로운 토지를 찾을 필요가 있었다.

왕후는 중과세로써 착취해 아무것도 남아 있지 않은 이러한 땅을 손에 넣기 위해서 노장군과 싸울 마음은 전혀 없었다. 그는 자기의 고향에 가까운 곳으로 옮겨 갈 생각이었다. 그 지방은 동북쪽에 구릉지대가 있어서, 부하를 숨기는 데 안성맞춤이었다. 만일 공격받는다 해도 보다 더 험악한 지대로 철수할 수 있는 지형의 유리함도 있었다. 이 지대는 험악한 산이 겹겹이 솟구쳐서 주민들도 미개하고 야만적이었으며, 군벌조차도 퇴각해 영락한 비적이 되지 않는 한 좀처럼 가지 않는 곳이었다. 그러나 벌써부터 왕후가 퇴각을 생각하는 것은 아니었다. 그의 앞길은 희망차게 펼쳐졌으며 오로지 용맹 과감한 전진만이 있을 뿐이다. 그는 그 자신의 이름을 천하에 떨치려는 대망에 불타올랐다.

그때 정탐을 보냈던 군사들이 돌아와, 그 가운데 한 사람이 말했다.

"낡은 벌집이 깨지고 새 벌떼들이 날아 나왔다는 소문이 곳곳에 파다합니다. 뜯길 대로 뜯겨 벌써 빈털터리가 돼 버렸기 때문에 이 땅에서 두 벌떼를 부양할 수는 없다고 모두들 근심합니다."

거지로 변장한 사나이도 말했다.

"저는 군영을 어슬렁거리다가 돌아왔습니다. 얼굴에 진흙과 오물을 묻히고 갔기 때문에 아무도 알아보지 못했습니다. 구걸을 하며 귀를 기울여 상태를 엿보았는데 온 군영 안이 야단법석이었습니다. 노장군은 찢어질 듯이 소리를 질러 대며 이것저것 명령을 내리는가 하면 곧 그것을 취소하고 다른 명령을 내리는 등 정말 이만저만 당황하고 있지 않았습니다. 분노 때문에 얼굴이 시뻘겋게 일

그려져 있었습니다. 배짱을 단단히 하고 가까이 다가가니 이런 말을 외치고 있었습니다. '그 눈썹 짙은 놈이 나를 배반하리라고는 꿈에도 생각지 않았다! 나는 그놈을 완전히 믿고 다 맡겨 버렸는데, 북방 놈들이 우리들보다 정직하다고 한 녀석이 누구냐! 놈을 대검으로 꿰뚫어 버리고야 말테다. 벼락맞을 도둑놈!' 이렇게 외치고는, 모두 무장하고 추격해서 싸우라고 소리 지르고 있었습니다."

여기서 말을 끊고 그는 킬킬 웃었다. 그는 왕후를 호랑이라고 한 그 사나이로서 쨍쨍거리는 소리로 농담하기를 좋아했다. 그는 소리를 한결 더 높여 진흙 묻은 얼굴로 싱글싱글 웃으며 말했다.

"그러나 군사들은 한 사람도 움직이려 하지 않았습니다."

이 말을 듣고 왕후는 박력 넘치는 얼굴로 싱긋 웃었다. 두려워할 상대가 없음을 확신한 것이다. 노장군의 부하는 1년 가까이나 급료를 받지 못했다. 그래도 장군 곁을 떠나지 않는 까닭은 게으름을 피우며 놀고 먹을 수 있기 때문이었다. 만약 전쟁을 한다면, 먼저 그 전에 급료를 주지 않으면 아무도 움직이지 않으리라. 더욱이 노장군이 급료를 지불하지 않으리라는 것을 왕후는 알고 있었다. 하루이틀 안에 노장군의 분노는 가라앉고 할 수 없다고 어깨를 움츠리고 다시 계집질에 빠져들리라. 부하는 양지바른 곳에서 졸다가, 식사 때에는 눈을 뜨지만 다 먹고 나면 또다시 졸 것이다…….

왕후는 고개를 들고 가만히 북쪽 하늘을 바라보며 이미 두려워할 상대가 없음을 확신했다.

10

왕후는 부하들에게 사흘 동안 주연을 허락했다. 군사들은 배불리 먹었고 술통이 텅 빌 때까지 마셨다. 몇 달 동안 구경도 못했던 요리를 배불리 먹고 이제 그 이상 잘 수 없을 만큼 실컷 자고 나자 모두들 체력을 회복하여 사기가 충천해지고, 힘이 넘쳐흘렀다. 왕후는 오랫동안 병사들 틈에서 살아왔으므로 그들의 성미를 잘 알았다. 힘세고 야비하고 무지스러운 병사들을 어찌 다룰 것인가, 그 변덕스러운 마음을 살펴서 어떻게 이용할 것인가, 자유롭게 내버려두는 것처럼 보여도 유사시에 자기 뜻대로 움직이려면 어떻게 해야 좋은가를 알았다. 병사들은 툭하면 싸움을 했다. 자러 들어가려고 할 때 뻗어 있던 누군가의 다리에 걸려 넘어졌다는 따위의 사소하기 짝이 없는 일로 서로 싸움을 벌이곤 했다. 또 어떤 자들은 슬슬 여자 생각이 나기 시작했다. 이런 모양을 보고 왕후는 이제야말로 새로운 시련에 부딪쳐야 할 때라고 생각했다.

왕후는 다시 돌거북 위로 올라가 가슴 위에다 팔짱을 끼고 외쳤다.

"오늘 밤 해가 산기슭의 평야 너머로 지면 행진을 개시한다. 그 전에 저마다 잘 생각하는 게 좋을 것이다. 노장군 아래로 돌아가서 빈들빈들 뒹굴면서 지내는 편이 좋다고 생각하는 자는 지금 돌아가라. 죽이지는 않겠다. 그러나 일단 나와 함께 행군을 시작한 뒤 맹세를 어기는 자가 있으면 한칼에 두 쪽을 내 버리겠다."

말을 끝내기가 무섭게 왕후는 검은 구름을 꿰뚫는 번개처럼 재빨리 장검을 쑥 잡아 뽑아 부하들 쪽으로 내밀었다. 그들은 놀라서 와르르 밀렸으며 벌벌 떨며 서로 얼굴을 마주 보았다. 왕후는 돌거북 위에 버티고 선 채 눈을 빛내면서 살펴보았다. 그러자 나이 든 병사 다섯 명이 불안스러운 듯이 서로 얼굴을 마주 보기도 하고 왕후가 내민 장검의 번뜩임을 바라보기도 하다가, 조용히 일어서더니 살금살금 산을 기어내려가 모습을 감추었다. 왕후는 그들이 사라지는 모습을 가만히 지켜보며 여전히 빛나는 장검을 손에 든 채 외쳤다.

"이제 더 없는가?"

깊은 침묵이 흘렀다. 한참 동안 움직이는 사람이 없었다. 갑자기 앉아 있는 병사들의 가장자리 쪽에서 웅크렸던 가냘픈 사람의 그림자가 움직였다. 보니 왕이의 둘째 아들이었다. 왕후는 외쳤다.

"네놈은 안 돼. 이 멍청한 녀석! 네놈의 목숨은 네 아버지로부터 내가 맡은 것이다. 너는 자유로이 행동할 수 없다는 것을 알아라!" 이렇게 말하며 그는 칼을 칼집에 꽂고 멸시하는 듯한 투로 중얼거렸다. "이 소중한 칼을 네놈 같은 약골의 피로 더럽히기는 싫다. 네 녀석은 어린애를 혼내 줄 때처럼 회초리로 때려 주겠다."

그러고는 그대로 노려보고 있자 청년은 풀이 죽어 언제나처럼 고개를 푹 숙이고 말았다.

왕후는 여느 때의 목소리로 돌아갔다.

"좋다. 모두들 소총을 손질하고, 구두끈을 단단히 묶고 허리띠를 졸라매라. 오늘 밤부터 강행군이다. 우리의 행진을 눈치채지 못하도록 낮에는 자고 밤에만 행군한다. 군벌이 점령한 곳으로 들어갔을 때는 내가 그곳의 장군 이름을 가르쳐 줄 테니까 만약 남이 묻는다면 우리들은 그 장군의 부하가 되기 위해서 이동하고 있다고 말하면 된다."

태양이 가라앉았다. 낮의 빛이 희미하게 남은 가운데 별이 반짝이기 시작하자 군사들은 삼삼오오 조를 짜고 산을 내려갔다. 달은 보이지 않았다. 어느 병사든지 허리에 칼을 차고 등에 봇짐을 지고 손에 총을 들었다. 왕후는 남는 총을 가장 믿을 수 있는 자들에게 들도록 했다. 지금의 부하 중에는 아직 마음을 잘 알 수 없는 자도 많아서 총을 들고 도망가 버리면 난처하기 때문이었다. 그에게는 군사들보다도 총 쪽이 귀중했다. 말이 있는 자는 산기슭까지 말을 끌고 내려갔다. 산을 다 내려가서 북쪽 가도로 나왔을 때, 왕후는 엄하게 명령했다.

"내 명령이 내릴 때까지 누구든 쉬어서는 안 된다. 새벽녘 내가 점찍은 마을에 닿을 때까지 긴 휴식은 허락하지 않겠다. 마을에 닿으면 실컷 마시고 먹어도 좋다. 대금은 내가 낸다."

이렇게 말하고 그는 훌쩍 말에 올라탔다. 몽고의 평원에서 태어난 붉은 털의 명마는 뼈대가 튼튼하고 긴 털은 곱슬곱슬했으며, 지칠 줄 모르는 단단한 말이었다. 오늘 밤은 이런 억센 말이 필요했다. 왕후는 많은 돈을 말 등에 싣고 있었기 때문이다. 다 실을 수 없는 돈은 심복인 언청이에게 들게 했고, 믿을 수 있는 다른 부하들에게도 보다 적은 액수로 나누어서 들게 했다. 돈을 가지면 인간이란 마음이 변하기 쉬우므로, 이를테면 그런 유혹에 빠져서 가지고 도망가는 자가 있더라도 이렇게 나누어 두면 커다란 타격을 입지 않을 수 있기 때문이었다. 말은 억세었지만 왕후는 말을 전속력으로 몰지는 않았다. 본성은 다정한 남자였기 때문에, 말이 없어 걸어야 하는 병사들을 생각하여 고삐를 잡아당기면서 천천히 걷게 했다. 그의 양쪽에는 두 조카가 그가 사 준 당나귀를 타고 행진했으나, 나귀의 다리는 짧았으므로 말이 빨리 달리면 쫓아갈 수가 없었다. 30여 명이 말을 탔고 나머지는 걸었다. 왕후는 기마병을 둘로 나누어서 한 부대를 보병의 선두에 세우고 한 부대를 후미에 세웠다.

그들은 정적에 싸인 밤의 어둠을 뚫고 몇십 리고 행군해 갔다. 이따금 왕후가 잠깐 동안의 휴식 명령을 내렸을 때만 쉬고 그가 행진 명령을 내리면 다시 진군을 계속했다. 부하들은 강인하여 조금도 불평을 늘어놓지 않았다. 왕후에게 커다란 기대를 걸었으므로 충실하게 그의 명령을 따랐다. 왕후도 이 부하들이 마음에 들었다. 만약 그들이 자기의 기대를 배반하지 않으면 자신두 그들의 기대에 어긋나지 않도록 하여, 대망을 이룩한 날에는 처음부터 따라와 준 부하 한 사람 한 사람에게 높은 지위를 주어 그 공에 보답하리라고 마음속으로 맹세했다. 마치 아이처럼 자신을 믿고 의지하는 모양을 보고 있노라니, 왕후의 가슴속에는 부하들에 대한 애정이 솟아올랐다. 그에게는 이런 다정한 면이 있었다. 그는 부하들을 배려하여, 풀밭이나 묘지 가까이 있는 노간주 숲 같은 곳에 이르면 좀 긴 휴식 시간을 주어 그들이 누워 쉴 수 있게 했다.

이렇게 스무 밤 이상이나 행진을 이어 나갔다. 낮에는 왕후가 정한 마을에서 잠을 잤다. 그러나 어느 마을이든 들어가기 전에 왕후는 그 마을을 차지한 군벌이 누구인가 확인하는 일을 잊지 않았다. 때문에 만일 이 부대는 어디 소속이며 어디로 가는 길이냐는 질문을 받는 일이 있더라도 그는 거침없이 대답할 수가 있었다.

어느 마을에서든 그들이 행진해 오는 것을 보고 마을 사람들은 깊이 탄식했다. 이런 유랑 부대가 언제까지 머무를지, 식량으로 무엇을 징발할지, 어떤 여자를 탐낼지 모르기 때문이었다. 그러나 그 무렵의 왕후는 원대한 목적을 지녔기 때문에 부하를 엄하게 단속했다. 자신이 여자에 대해서 이상스러울 정도로 냉담한 탓인지, 부하들이 여자에게 열을 올리는 것을 보면 한결 부아가 치밀어 단속을 더욱 엄하게 했다. 그는 말했다.

"우리는 비적과는 다르다. 나는 비적 두목이 아니다. 내가 열려는 길은 단지 나 하나 출세하기 위한 길이 아니다. 우리는 정정당당한 수단과 무용으로써 승리를 거두는 거다. 민중을 약탈하는 짓은 하지 않는다. 너희들도 필요한 것이 있으면 사거라. 대금은 내가 치르겠다. 급료는 다달이 꼭꼭 준다. 돈으로 자유로이 할 수 있는 여자 말고는 절대로 손을 대지 마라. 아무래도 참을 수가 없을 때만 몸을 파는 여자와 놀아라. 그러나 덮어놓고 사지는 마라. 무서운 병균이 있는 여자를 만나 죽을병을 얻으면 큰일이니 조심들 해라. 만약 나의 부하 중에 정숙한 유부녀나 처녀를 범하는 자가 있으면 용서하지 않겠다. 변명을 들을 필요도 없이 내 손으로 죽이겠다.”

그가 이렇게 말하는 것을 부하들은 가만히 들으면서 뼛속 깊이 아로새겼다. 그의 검은 눈썹 아래서 두 개의 눈이 반짝반짝 빛났고, 이 대장은 본성은 인자하지만 남을 죽일 때 조금도 가차가 없다는 것을 잘 알았기 때문이다. 젊은 군사들은 그를 찬미하여 호랑이다, 검은 눈썹의 호랑이다, 라고 외쳤다. 그 무렵의 왕후는 정말 그들의 영웅이었다. 이리하여 그들은 강행군을 계속했고 왕후의 명령이 떨어져야만 비로소 발길을 멈추었다. 모든 군사들이 왕후에게 복종했다. 그 가운데는 불평을 품은 자도 있겠지만 얼굴에는 조금도 드러내지 않았다.

왕후가 고향과 가까운 지방에 자리를 잡으려고 한 이유는 여러 가지였지만 그중 하나는 형들과 가까이 있으면 그가 독립하여 영지의 주민들로부터 세금을 거두어들이게 될 때까지 형들이 보내주는 돈에 의지할 수가 있고, 먼 길을 나르는 동안에 도둑에게 뺏길 위험도 없을 것이기 때문이었다. 또 흔히 있는 일이지만 천운에 버림을 받고 커다란 패전의 비운을 만났을 경우 형들에게로 도망쳐 갈 수 있기 때문이었다. 형들의 집은 부유하니까 그의 몸은 안전하리라. 그래서 그는 형들이 사는 도시를 향해서 곧바로 북상한 것이었다.

고향 도시의 성벽을 내일은 바라볼 수 있겠다고 생각되는 곳까지 왔다. 왕후는 부하들의 행진 속도가 느려졌기 때문에 짜증이 났다. 밤이 되어 출발 명령을 내렸으나 그들은 좀처럼 몸을 일으키려 하지 않았다. 그 가운데 어떤 자가 투덜투덜 불평하는 소리를 왕후는 들었다. 그는 말했다.

“명예보다 더 좋은 것도 많잖아. 이런 난폭하고 살벌한 인간 뒤를 따라온 우리들은 결국 바보 같은 짓을 한 것인지도 몰라.”

이런 말을 하는 자도 있었다.

“좀 적게 먹더라도 자는 편이 좋아. 이렇게 걷다간 다리가 무릎까지 닳아 빠지겠어.”

확실히 병사들은 무척 지쳐 있었다. 그들은 이런 강행군에 익숙지 않았던 것이다. 노장군이 근래 몇 년 동안 완전히 유약해져서 부하 사이에도 그 방종함이 퍼진 탓이었다. 무지한 인간의 마음이 얼마나 변하기 쉬운 것인가를 잘 아는 왕후는, 그들이 북쪽 지방으로 거의 다 온 이제 와서 불평하기 시작한 것에 마음속으로 화가 치밀었다. 왕후 자신은 이 북쪽의 고향으로 돌아온 것을 기뻐하며, 딱딱하게 구운 빵을 살 수가 있고 강한 마늘 냄새를 다시 맛볼 수가 있기 때문에 만족스러웠지만, 그러한 것들은 부하들에겐 아무 매력도 없다는 것을 그는 잊었던 것이다. 어느 날 밤 그가 노간주나무 아래서 쉬고 있을 때 심복인 언청이가 다가와서 은밀히 말했다.

"어딘가에서 한 사흘 동안 군사들을 쉬게 하면 어떨까요. 주연을 베풀어 주고 돈을 좀더 주는 겁니다."

왕후는 벌떡 일어나서 외쳤다.

"어느 놈이냐, 투덜거리는 놈은. 이리로 끌고 오너라, 등에 총알 구멍을 내줄 테니까."

그러나 충실한 언청이는 왕후를 한쪽으로 끌고 가서 조용한 말투로 속삭였다.

"대장님, 그렇게 말씀하시면 안 됩니다. 화내지 마십시오. 병사들은 모두 아이들과 같습니다. 눈앞에 조그만 희망만 있으면 믿을 수 없을 만한 힘을 냅니다. 고기를 준다든가, 새 술 항아리라든가, 투전을 하면서 놀 수 있는 휴식이라든가, 아주 작은 것이라도 좋습니다. 그들은 단순하니까 그런 일로 쉽사리 좋아하거나 원망하거나 하는 것입니다. 녀석들은 대장님처럼 앞을 내다보지 못합니다. 그렇기 때문에 눈앞의 일밖에는 생각할 수가 없는 것입니다."

심복인 이 사나이가 이렇게 왕후에게 간언을 드리는 동안 은은한 달빛이 그를 비추었다. 행군을 시작할 때 초승달이었던 달이 어느 새 둥근 보름달이 되어 있었다. 달빛을 받은 언청이의 얼굴은 무서울 만큼 추악하게 보였다. 그러나 왕후는 여러 번 시험해 보고 언청이가 성실함과 분별력을 가진 인간임을 알았기 때문에 이 사나이의 찢어진 입술도 마음에 걸리지 않았다. 그저 그의 선량하고 거친 갈색 얼굴과 충실하고 겸손한 눈밖에는 보지 않았다. 이 사나이의 신분도 경력도 몰랐지만 왕후는 그를 진심으로 믿었다. 이 사나이는 자기 자신에 대해서는 무엇 하나 이야기하지 않았다. 굳이 물으면 이렇게 대답할 뿐이었다.

"저는 먼 고장에서 태어났습니다. 어디라고 말해도 모르실 겁니다."

그러나 그는 과거에 죄를 지었다고들 뒤에서 수군거렸다. 소문에 따르면 그에게는 아름다운 아내가 있었으나, 젊은 아내는 그의 추한 얼굴이 견딜 수 없어 따로 애인을 만든 모양이었다. 언청이는 아내가 정부와 함께 있는 것을 보고 두 사람을 죽인 뒤에 도망쳤다는 것이었다. 이 소문의 진위는 아무도 알 수 없었지만, 이 사나이가 처음으로 왕후에게 끌린 이유가 무엇보다도 왕후가 용맹스러운 미청년이기 때문인 것만은 사실이었다. 왕후는 미청년이기 때문에 이 가련한 추남의 경탄의 대상이 된 것이다. 왕후는 이 사나이가 애정을 품고 있음을 느꼈다. 그리고 지위나 이익을 탐내는 마음이 없고 오로지 왕후 곁에 있고 싶다는 이 외에는 아무런 보수도 요구하지 않고 어디든 따라오는 이 사나이의 기묘한 애착 때문에, 그는 다른 누구보다도 이 사나이를 아꼈다. 그래서 왕후는 언청이의 충실함을 믿고 그의 의견을 잘 들었다. 이때도 그는 언청이의 말이 옳다고 여겨, 지쳐빠진 부하들이 노간주나무 아래 말없이 누워 있는 곳으로 가서 전에 없이 부드러운 말투로 말했다.

"충직한 형제들이여! 나의 고향 도시는 눈앞에 있다. 내가 태어난 마을도 바로 코앞에 있다. 나는 이 주변의 길을 구석구석까지 알고 있다. 여러분은 밤낮으로 먼 길을 오는 동안, 지쳤음에도 용감하게 잘 행군해 주었다. 이제 여러분에게 그 상을 내릴 때가 되었다. 여러분을 나의 고향 마을 주변에 있는 부락으로 안내하겠다. 그 부근에는 나의 친지들이 살고 있으므로 너무 폐를 끼치는 것은 피하고 싶다. 나는 소와 돼지를 사서 잡고, 집오리와 거위를 구워 여러분을 배불리 먹일 참이다. 물론 술도 마시게 하겠다. 이곳은 이 지방에서 가장 좋은 술의 산지다. 금빛으로 빛나며 취기가 금방 도는 독한 술이다. 그리고 저마다 은전 세 닢씩을 주겠다."

그러자 군사들은 환성을 지르면서 일어나, 웃고 떠들면서 총을 메고 그날 밤 안으로 도시까지 행군했다. 왕후는 도시를 지나 자기가 태어난 마을 바로 앞에 있는 부락으로 부하들을 데리고 들어가, 그곳에서 네 곳의 작은 부락을 골라 부하를 숙영시키기로 했다. 그러나 그는 군벌들처럼 거만한 태도는 취하지 않았다. 오히려, 아침 일찍 집집마다 밥 짓는 연기가 피어날 무렵 그는 몸소 부락을 돌아다니며 촌장을 만나 정중하게 부탁했다.

"비용은 모조리 내가 지불하겠소. 부하에게는 창녀 말고는 손을 대지 못하게 하겠소. 이 마을에서 한 스물다섯 명 가량 유숙시켜 주시오."

그러나 그가 아무리 정중하게 부탁해도 마을의 장로들은 못마땅한 표정을 지었다. 예전에도 군벌들이 그런 약속을 해놓고 지불한 예가 없었기 때문이었다. 그늘은 곁눈질로 왕후 쪽을 훔쳐보면서 턱수염을 쓰다듬으며 문가에서 수군수 군 의논하다가, 그것이 정말이라면 계약금을 달라고 했다.

왕후는 상대가 같은 고향 사람이라 아낌없이 많은 돈을 집어내서 노인들의 손에 쥐어주었다. 그리고 그는 부하들이 배당된 마을로 가기 전에 누누이 타일렀다.

"이곳 사람들은 내 아버님의 친구들이라는 것을 잊지 말기 바란다. 이곳은 나의 고향이다. 너희들의 행동을 보고 사람들은 나를 판단한다. 정중한 말씨를 써라. 대금을 치르지 않고 물건을 뺏거나 하면 안 된다. 여염집 여자에게 손을 대면 당장에 내가 죽여 버리겠다."

그의 격렬한 성질을 잘 아는 부하들은 만약 대장의 명령을 어기면 어떠한 천벌이라도 받겠다면서 저마다 맹세를 했다. 병사들의 숙소가 정해지고 식사 준비가 끝나자 왕후는 마을 사람들의 찌푸린 얼굴에 활짝 웃음이 필 만큼 돈을 치러 주었다. 모든 일이 어려움 없이 끝나자 왕후는 두 조카를 돌아다보며 고향으로 돌아온 기쁨으로 거칠면서도 기분 좋은 듯한 태도로 말했다.

"자, 가자. 너희 아버지들도 너희를 만나면 기뻐할 게다. 한 일주일 동안은 나도 쉬겠다. 전쟁이 바로 코앞까지 닥쳐 왔으니까."

그는 말 머리를 남쪽으로 돌렸다. 토벽집을 지났으나 멈추지는 않았다. 두 조카는 당나귀를 타고 삼촌 뒤를 따랐다. 도시가 가까워졌다. 정든 성문을 지나서 집에 도착했다. 왕이 아들의 창백한 얼굴에도 몇 달 만에 비로소 기쁨의 빛이 떠올랐다. 그는 서둘러 자기 집으로 들어갔다.

11

칠일 낮, 칠일 밤 동안 왕후는 성내의 저택에 머물렀다. 형들은 그에게 진기한 요리를 대접하며 귀한 손님으로 극진히 대우했다. 나흘 낮, 나흘 밤은 왕이의 집에서 보냈다. 왕이는 동생의 환심을 사기 위해 최선을 다했다. 그가 아는 대접이란 자기가 즐겁다고 생각하는 것을 동생도 즐기게 해 주는 것이었다. 왕이는 밤마다 동생을 위해 주연을 베풀고, 가기(歌妓)와 비파를 뜯는 여자가 있는 찻집이나 극장으로 안내했다. 그러나 아우를 즐겁게 해 주기 위해서라기보다 스스로가 즐기기 위한 것 같았다. 왜냐하면 왕후는 좀 색다른 인간이었기 때문이다. 그는 빈 배를 채우기에 필요한 만큼밖에는 먹지 않았고, 다른 사람들이 먹는 것을 멍하니 보며 앉아 있었다. 술도 자기가 마시고 싶은 만큼 마시고는 더는 입에 대지 않았다.

남자들은 대개 유쾌하게 먹고 마시며, 나중에는 땀을 흘려 두루마기도 속옷도 벗어야 할 만큼 명랑하게 떠들어 대는 법이다. 그 가운데는 좀 더 먹고 싶어서 일부러 마당으로 나가 위 속에 쑤셔 넣은 것을 토해 버리고 다시 먹기 시작하는 자도 있는데, 왕후는 그런 연회석에서도 말없이 앉아 있었다. 빈속만 채우고 나면 맛있는 음식에도, 진기하고 값비싼 바다 뱀장어 요리에도 젓가락을 대지 않았다. 달콤한 과자도 입에 넣지 않았고, 대개의 사나이들은 아무리 배가 불룩해도 먹는, 설탕에 조린 과일이나 꿀에도 통 손을 내밀지 않았다.

여자들과 노는 찻집으로 형에게 이끌려 가도 왕후는 뻣뻣하고 엄숙한 태도로 칼을 찬 허리띠를 늦추지 않고, 예의 검은 눈으로 가만히 지켜볼 뿐이었다. 그다지 불쾌하게는 보이지 않았으나 그렇다고 기뻐하는 것처럼도 보이지 않았다. 목소리가 곱다거나 얼굴이 아름답다하여 특히 어떤 가희에게 눈독을 들이지도 않았다. 가기 중에는 그에게 눈독을 들이고 그 가무잡잡하고 훌륭한 풍채에 마음이 끌려, 옆으로 다가와서 보드라운 손을 얹거나 요염하고도 나른한 곁눈질을 보내며 연신 마음을 끌려는 여자도 있었지만 왕후는 냉담한 얼굴로 가만히 앉아 있기만 했다. 어떤 가기에게도 끌리는 기색 없이, 입은 여전히 꾹 다문 채였다. 때로 입을 열더라도, 예쁜 여자들이 들어 보지도 못한 "뭐야, 그 노래는 여치가 우는 것 같잖아" 같은 말을 내뱉었다.

짙게 화장을 한 요염하고 작달막한 여자가 가만히 그의 눈을 보면서 조그만 소리로 노래를 시작했다. 그러자 그는 "이제 질렸어!" 소리치며 자리를 박차고 일어나 찻집을 나가 버렸다. 왕이는 이제부터가 재미있는데 하고 애석해하면서도 동생의 뒤를 따라나갈 수밖에 없었다.

사실 왕후는 어머니를 닮아 입이 무거워 필요한 말 이외에는 좀처럼 떠들지 않았다. 그 대신 일단 입을 열면 거침이 없기 때문에, 한두 번 그런 경험을 한 사람은 그의 입술이 조금 움직이는 것을 보기만 해도 두려워했다.

어느 날 왕이의 부인이 왕후에게로 와서 이런저런 공치사를 늘어놓은 끝에, 자기의 아들을 위해서 말을 거들려고 했을 때도 그는 거침없이 있는 그대로를 털어놓았다. 오후였다. 왕후는 차를 마시고 왕이는 조그만 탁자에서 술을 마시며 앉아 있는 방으로 부인이 들어왔다. 그녀는 정숙한 걸음걸이로 조신하게 들어와서 눈을 내리깔고 예의상 한번 웃음을 띤 뒤로는 사나이들 쪽을 바라다보지 않았다. 왕이는 그녀가 들어오는 것을 보자 서둘러 입을 한 번 닦고 하얀 술병에 들어 있는 따끈한 술 대신에 황급히 차를 찻잔에다 따랐다.

부인은 슬픈 듯한 표정을 짓고 조그만 발로 아장아장 걸어와 마땅히 앉아야 할 자리보다도 낮은 자리에 앉았다. 왕후가 일어서서 좀더 높은 자리에 앉도록 권했으나 가녀린 목소리로 사양했다. 요즈음 그녀는 화가 나서 제정신을 잃을 때 말고는 언제나 이렇게 연약하고 가냘픈 목소리를 냈다. 부인은 말했다.

"아니에요. 저는 제 자리를 알고 있어요. 나는 여리고 보잘것없는 여자예요. 제가 그것을 잊으려 하면 이 양반은, 저보다 나은 여자들을 잔뜩 끌어들여 저에게 그것을 일깨워 주신답니다."

그녀는 이렇게 말하고 남편을 곁눈질로 흘겨보았다. 왕이는 땀을 흘리면서 기죽은 목소리로 변명을 했다.

"내가 언제 그런 일을, 당신은……"

이렇게 말을 꺼내다가 그는 요즈음 무엇인가, 특히 자기가 한 일 중에서 운수 사납게 아내의 귀에 들어간 일이 있는가 없는가 얼른 생각을 더듬어 보았다. 언젠가 연회장에서 만난 젊은 가기에게 눈독을 들이고서 부지런히 찾아다녔고 다달이 일정한 돈을 보내주기 시작한 것은 사실이었다. 마음에 든 여자가 생겨 얼마 동안이라도 독차지하고는 싶지만 그렇다고 새 첩으로 집안에 들이면 성가신 말썽이 일어날 염려가 있을 때는, 누구나 돈을 내서 어딘가에다 살림을 차려 주는 것이 보통이었으므로, 왕이 또한 그 여자를 성내의 어느 곳에 살게 하려던 참이었다. 그러나 그 여자의 어머니는 대단한 욕심쟁이였다. 왕이가 말한 금액으로는 딸을 내놓지 않았기 때문에 그 일은 아직 이루어지지 못하고 있었다. 그는 실행하기도 전에 아내의 귀에 들어갔을 리는 없다고 생각하고, 옷소매로 얼굴을 닦고 아내로부터 얼굴을 돌리면서 후루룩 소리를 내며 차를 마셨다.

그러나 부인은 남편 일쯤은 생각하지 않았다. 부인은 그가 중얼거린 말 따위는 마음에도 두지 않고 말했다.

"저는 비천하고 하잘것없는 여자입니다만 도련님을 찾아뵙고, 보잘것없는 우리 둘째 아이를 위해 도련님께서 마음 써 주신 일을 인사드려야 한다고 생각했어요. 저 같은 것이 감사를 드리는 일쯤은 도련님에겐 아주 사소한 일이겠지만, 인사드리는 것이 저의 의무이고 기쁨이기 때문에 이런저런 곤란과 굴욕을 참고 이렇게 나왔어요."

이렇게 말하고 그녀는 다시금 남편 쪽을 흘겨보았다. 남편은 머리를 긁적이며 얼간이 같은 표정으로 부인을 보았다. 아내가 무슨 말을 꺼낼지 짐작할 수 없는 데다 너무 살이 찐 탓에 별일이 없어도 온몸에 식은땀이 흘렀다. 부인은 말을 계속했다.

"몇 번이라도 감사를 드리겠어요. 저처럼 하찮은 것의 감사지만 진심에서 우러나온 거예요. 도련님의 친절을 받을 만한 아이가 있다면 우리 둘째 아이야말로 그렇답니다. 그 아이는 가장 인정 있고 얌전하고 머리가 좋은 아이예요. 저는 그 아이 어미고, 어미는 아이에 대해서는 사족을 못 쓰는 바보들이라고 합니다만, 그래도 우리로서는 가장 뛰어난 아이를 도련님께 드렸다는 것을 거듭 말씀드리겠어요."

부인이 이야기하는 동안 왕후는 가만히 부인을 쏘아보면서 여느 때처럼 꼼짝 않고 앉아 있었다. 그는 언제나 남이 말할 때에는 표정 없는 얼굴로 가만히 상대를 쏘아보는 버릇이 있었다. 너무나 표정이 없기 때문에 듣고 있는지 아닌지 대답을 할 때까지는 알 수가 없었다. 드디어 답할 차례가 되자 그는 거리낌없이 무뚝뚝하게 말했다.

"만약 그 아이가 가장 뛰어난 아이라면 형님과 형수님도 참 안됐습니다. 여태까지 그렇게 겁 많고 무기력한 아이를 나는 본 적이 없습니다. 배짱이라곤 흰 암닭만도 못합니다. 아예 장남을 보내셨더라면 좋았을 걸 그랬습니다. 그 애는 여간 적극적인 청년이 아닙니다. 그 아이라면 제가 훈련시켜서, 내게는 순종하지만 다른 누구에게도 굴복하지 않을 만큼 의지가 강한 인간으로 만들 수 있을 것입니다. 그러나 둘째는 늘 울고만 있어서 마치 물이 새는 바가지를 가지고 걸어다니는 것 같습니다. 소질이 전혀 없기 때문에 훈련을 시킬 두리가 없습니다. 훌륭하게 만들어 주려고 해도 들어먹질 않습니다. 말이 나왔으니 말인데 사실, 둘째 형님의 아들에게도 실망하고 있습니다. 형수님의 둘째는 연약한 겁쟁이에 울보 멍텅구리고, 다른 한 놈은 기운이 좋고 거칠어서 생활력은 있지만 생각이 없어 웃고만 있는 광대지요. 광대가 얼마나 높은 위치로 올라갈 수 있겠습니까? 필요할 때 자기 아들이 없다는 것은 정말 애석한 일입니다."

이런 노골적인 말에 부인이 어떻게 대답할지 추측할 수 없는 일이었으나, 왕이는 부인이 남으로부터 이렇게 거리낌없는 말을 들은 적이 없다는 것을 알았기 때문에 어찌 될 것인가 하고 떨었다. 부인의 얼굴에는 확 홍조가 떠올랐고 가시 돋친 대답을 하려고 입술을 움직였으나, 그녀의 목소리가 아직 말로 되기도 전에 숨어서 엿듣던 장남이 휘장 그늘에서 달려 나와 정신없이 외쳤다.

"보내 주세요. 어머니! 나는 가고 싶어요."

그는 청춘의 아름다움과 정열에 넘쳐서 앞으로 나섰다. 그리고 세 사람의 얼굴을 재빨리 휘둘러보았다. 젊은 귀공자들이 즐겨 입는 공작새의 깃 빛을 한 밝은 청색 옷을 입고, 외국제 가죽구두를 신고, 손가락에는 에메랄드가 박힌 반지를 끼고 머리는 최신 유행하는 모양으로 깎았으며 향유를 발랐다. 노동을 하거나 햇볕에 그을릴 필요가 없는 부잣집 아들답게 창백한 얼굴이었고 손은 여자 손처럼 부드러웠다. 그러나 창백한 아름다움에도 그 풍모에는 어딘가 활발한 구석이 있었으며 생생하고 성급한 눈빛을 지녔다. 그 무렵 성내의 청년들 사이에는 나른하고 만사에 무관심한 태도를 취하는 것이 유행했는데, 그는 무슨 일엔가 열중하면 이미 그런 태도를 가장하고 있을 수가 없었다. 오늘도 그는 언제나의 무심한 태도를 버리고 욕망의 불꽃으로 타오르고 있었다.

그러나 어머니는 날카로운 목소리로 그것을 가로막았다.

"무슨 어리석은 말을 하는 거냐. 너는 이 집의 장남이다. 아버님의 뒤를 이어 가장이 되는 거야. 너를 어찌 싸움터로 내보내겠니? 전사하지 않는다는 보장도 없지 않니. 너를 위해서는 무슨 일이든지 해주지 않았느냐. 이 도시에 있는 학교에 보내 주었고, 학자를 가정교사로 들여앉혀서 공부도 시키지 않았느냐. 남쪽 학교로 보내지 않는 것은 너를 귀하게 여기기 때문이야. 그런 우리가 어떻게 전쟁 따위에 너를 내보낼 수가 있겠느냐."

왕이는 잠자코 고개를 숙인 채 앉아 있었다. 부인은 그를 보고 따지듯이 말했다.

"당신은 이번에도 중대한 일의 책임을 나에게만 짊어지울 참인가요?"

그러자 왕이는 힘없는 소리로 말했다.

"네 어머니의 말씀이 맞다. 어머니는 언제나 옳아. 그런 위험한 곳으로 너를 보낼 수는 없어."

장남은 이제 곧 열아홉 살이 되지만 마치 아이가 생떼를 쓰듯이 발을 구르며 울기 시작했다. 그는 달려가서 문설주에 머리를 들이받으면서 외쳐 댔다.

"내가 하고 싶은 대로 해주시지 않으면 독을 마시고 죽어 버리겠습니다."

양친은 놀라서 일어났다. 부인은 아들에게 딸린 하인을 부르라고 큰 소리로 외쳤다. 하인이 놀라서 뛰어오자 부인은 말했다.

"이 애를 어디로 데려가서 놀게 해 주거라. 어떻게든지 달래서 마음이 가라앉도록 해 다오."

왕이는 서둘러 허리춤에서 한 주먹의 돈을 꺼내 아들에게 쥐어주었다.

"이것을 가져가서 무엇이든지 좋은 것을 사라. 노름에든지 무엇에든지 써도 괜찮다."

처음에 청년은 돈을 뿌리치며 그런 수에는 넘어가지 않는다는 듯한 태도를 보였으나 하인이 달래듯이 부탁하자, 한참 뒤엔 못마땅한 듯이 그것을 받아들었다. 그러고 또 한바탕 생떼를 쓰며 "나는 갈 테야. 삼촌과 같이 갈 테야" 외치면서 하인 손에 끌려 그곳에서 나갔다.

이 소동이 일단락되자 부인은 의자에 쓰러지듯 앉아서 슬픈 듯이 한숨을 쉬고 말했다.

"저 아이는 언제나 저렇게 고집이 세서 어찌 다루어야 할지 모르겠습니다. 도

런님께 보낸 둘째보다도 훨씬 교육하기가 어렵습니다."

왕후는 무거운 얼굴로 말없이 지켜보고 있다가 이때 겨우 입을 열었다.

"고집 있는 아이가 고집이 전혀 없는 아이보다 교육하기 쉽습니다. 저 아이를 나에게 맡겨 주신다면 어떻게든지 훌륭한 사람으로 만들어 보이겠습니다. 버릇 가르치기를 게을리하시니끼 저런 보기 흉한 소동이 일어나는 것입니다."

부인은 화가 나서 견딜 수가 없어졌다. 자기 아들의 버릇이 나쁘다는 말을 듣고서는 그 자리에 더 앉아 있을 마음이 없어졌다. 그래서 체면을 차리면서 일어나 인사를 하고 "두 분이 하실 말씀도 많으실 테니……." 그러고는 나가 버렸다.

왕후는 차갑게 동정하는 듯한 눈길로 왕이를 바라다보았다. 한참 동안 둘은 아무 말도 하지 않았다. 왕이는 다시 술을 마시기 시작했으나 이제는 술맛도 별로 없는 것 같았다. 그는 퉁퉁한 얼굴에 슬픈 빛을 띠고 있었는데, 끝내 여느 때와는 달리 생각에 잠겼다가 무거운 한숨을 내쉬고는 입을 열었다.

"나에게는 알 수 없는 수수께끼가 있어. 그건 이런 거야. 젊을 때 여자는 순진하고 착하여 남편의 생각대로 되지만 나이를 먹어 가면서 전혀 다른 사람이 되어 잔소리만 한단 말이야. 도무지 사리를 분별 못하니 상대를 하고 있노라면 이쪽이 이상해질 정도다. 가끔 나도 여자와 인연을 끊으려고 생각할 때가 있어. 둘째 부인도 머지않아 저 사람 흉내를 내게 되겠지. 여자들이란 다 그래."

그는 동생이 부러운 듯, 마치 덩치만 큰 어린애같이 슬픈 눈으로 동생을 바라다보았다. 그리고 한숨을 섞어 말했다.

"너는 운이 좋아. 너는 여자에게도 땅에도 속박당하고 있지 않아. 나는 토지와 여자에게 이중으로 묶여 있다. 아버님이 남기고 가신 땅도 사실 여간 성가신 게 아니야. 제대로 관리하지 않으면 아무런 수익도 올릴 수가 없어. 소작인은 도둑놈 같아서, 지주라고 하면 아무리 공정하고 선량할지라도 떼를 지어 대항해 온단 말이야. 마름은 고용했지만, 마름 가운데 정직한 사나이가 있다는 말은 들은 적이 없어."

그는 두툼한 윗입술을 처량하게 비죽이며 다시 한 번 한숨을 쉬고 동생을 바라다보며 되풀이했다.

"정말이지 너는 운이 좋아. 땅도 없고 여자에게 속박당할 일도 없으니까."

그러자, 왕후는 한껏 경멸이 서린 말루로 대답했다.

"나는 여자를 전혀 모릅니다."

나흘이 지나 둘째 형 집으로 옮기게 되었을 때, 왕후는 기뻤다.

둘째 형의 집으로 옮긴 왕후는 이렇게까지 가정의 공기가 다를 수 있을까 생각하고 놀랐다. 둘째 형의 집에서도 아이들은 똑같이 말다툼을 벌이고 싸움을 했으나 그곳에는 따뜻한 기운이 넘쳐흐르고 있었다. 그 모든 소란스러움과 명랑함의 중심은 둘째 형의 시골 출신 아내였다. 그녀는 정말 수선스러워서, 말소리가 온 집 안에 울려 퍼지는, 붉은 얼굴에 목소리가 큰 여자였다. 그녀는 하루에 수십 번씩 화를 내고, 싸우는 아이들의 머리를 쥐어 잡고 맞부딪히기도 하고, 소매를 팔꿈치까지 걷어올린 뒤에 손바닥으로 찰싹찰싹 아이들의 뺨을 때리기 때문에 집 안에는 아침부터 밤까지 노한 외침 소리와 울부짖는 소리가 끊이지 않았다. 하인들도 주인마님에게 뒤지지 않을 만큼 커다란 소리를 지르고 있었다. 그러나 둘째 형수는 거칠기는 하지만 정이 깊었다. 옆을 지나가는 아이를 거머잡고서는 토실토실한 목에 코를 비벼 대며 귀여워했다. 또한 그녀 자신은 무척 검소했지만 아이들이 행상인이 팔러 오는 엿이라든가 뜨겁고 달콤한 음료수라든가 사탕에 절인 산사나무 열매 등이 사고 싶어서 돈을 달라고 떼를 쓰면, 언제나 품속 깊숙이 손을 넣어서 푼돈을 꺼내 주었다. 이 복작거리고 활기 넘치는 집 안에 있으면서 왕얼은 아주 조용하고 침착한 태도로 온갖 계획을 가슴에 숨긴 채 일을 하고 있었다. 그는 가정 생활에 아무런 불만도 없었다. 이들 부부는 서로 마음이 맞았던 것이다.

이 집에 와서 왕후는 오랜만에, 공명을 서두를 계획을 한참 동안 잊고 지냈다. 부하들이 휴식하면서 음식에 빠져 지내는 동안 왕후는 왕얼의 집에서 푹 쉴 수가 있었다. 이 집은 어쩐지 마음에 들었다. 그는 곰보 조카가 자기에게로 처음 왔을 때 유쾌한 듯 줄곧 웃기만 하던 이유를 비로소 알 듯했다. 그리고 왕이의 아들이 언제나 겁쟁이에 벌벌 떠는 이유도 알 것 같았다. 그는 왕얼 부부가 맛보는 만족감을 이해했고, 아이들의 충족된 마음도 느꼈다. 아이들은 그리 자주 몸을 씻기지도 않고 하인들도 낮에는 아이들에게 식사를 시키고 밤에는 재워 주는 정도로밖에 보살펴 주지 않았지만 그래도 아이들은 만족해했다. 아이들이 집 안을 명랑하게 뛰어다니는 것을 보고 있노라면 왕후는 묘하게 마음이 움직였다. 누구보다 왕후의 눈길을 끈 것은 통통한 얼굴의 다섯 살쯤 된 동글동글하고 예쁘장한 사내아이였다. 왕후는 그 아이가 귀여워서 견딜 수가 없었다. 그러나 왕후가 그 아이 쪽으로 살그머니 손을 내밀거나 푼돈을 뒤져 쥐어 주려고 하면, 아이는 갑자기 진지한 표정이 되어 손가락을 물고 왕후의 엄숙한 얼굴을 빤히 바라다보고 나서 고개를 젓고 도망쳐 갔다. 왕후는 웃으면서 마음에 두지 않는 척했으나 마치 어른으로부터 거절당한 듯이 고통을 느꼈다.

이리하여 왕후는 며칠 간의 휴식이 끝나기를 기다렸다. 아무 일도 하지 않고 이렇게 한가하게 쉬는 때란 좀처럼 없기 때문에 그는 전에 없이 곧잘 생각에 잠겼다. 아이들이 많은 이 두 집안을 보니 자기 핏줄을 이어받을 아들이 없는 것이 새삼스레 쓸쓸하게 느껴졌다. 그리고 얼마간은 여자에 대해서도 생각했다. 형수와 하녀와 계집종들이 이곳저곳 어슬렁대는 가정 안에서 한가하게 날을 보내는 것이 처음이었기 때문인지 모른다. 날씬한 하녀가 일하는 뒷모습 같은 것을 보면 가끔 이상하게 달콤한 마음의 울렁거림을 느꼈다. 그가 아직 소년이었을 무렵, 리화가 이 집에서 그런 모습을 하고 있었던 일이 떠오르는 것이었다. 그러나 하녀가 뒤돌아 얼굴이 마주치거나 하면 짐짓 옛날처럼 당황스러웠다. 그는 청춘 시절에 세차게 솟구쳐 오르는 감정의 샘을 단단히 막았기 때문에 요즘도 여자의 모습을 보면 심장이 멈출 것 같아, 바로 시선을 돌렸다.

한가하게 아무 일도 하지 않고 은은한 마음의 두근거림을 느끼면서 왕얼의 집에서 날을 보내던 어느 날 오후, 그는 아무래도 마음이 안정되지 않아서 렌화에게로 인사나 하러 갈까 생각했다. 옛날 리화의 모습을 가장 많이 본 곳은 렌화의 방이었다. 그래서 다시 한 번 렌화의 방과 안마당을 슬쩍 보고 싶어졌다. 먼저 하인을 보내 방문을 하겠다는 예고를 한 뒤 그는 렌화를 찾아갔다. 렌화는 같은 나이 또래의 노부인들과 노름을 하다가 일어나서 그를 맞이했다. 그러나 그는 오래 있을 생각은 없었다. 방 안을 둘러보자 옛 추억이 되살아났다. 그와 동시에 오지 않았으면 좋았을걸 하는 후회가 들어 다시금 마음이 동요했다. 오래 앉아 있을 수가 없었다. 렌화는 왕후의 울적해진 표정을 알아채지 못한 채 그를 좀 더 붙잡으려고 했다.

"좀 더 천천히 노시다 가요. 편강도 있고, 설탕에 조린 연근이랑, 젊은 분들이 좋아하는 것이 많이 있어요. 나는 이렇게 나이를 먹어 뚱뚱해졌지만 젊은 남자들 마음이 어떤 것인지 잊지는 않았어요. 남자에 대해서는 잘 알고 있어요."

그녀는 왕후의 팔에 손을 얹고 탁한 목소리로 웃으며 곁눈질을 했다. 왕후는 갑자기 그녀에게 혐오감을 느끼고 몸이 뻣뻣하게 굳어서는 고개를 숙여 인사한 뒤 핑계를 대고 서둘러 그곳을 나왔다. 노름을 하던 노부인들의 드높은 웃음소리가 안마당을 지나서 돌아가는 그의 뒤를 쫓아오듯 들려왔다.

왕얼의 집으로 돌아가면서도 그의 추억은 차츰 마음을 동요시켰다. 나는 여기 있어서는 안 된다. 나의 생활은 이런 집과는 인연이 없다. 그는 마음을 다잡으려고 자기에게 이렇게 말했다. 아버지의 묘를 찾아가 성묘만 마치면 곧 이 집을 떠나서 장도에 오르자, 성묘는 아들로서의 중대한 의무이며 특히 큰 모험의 첫 출발인 때이니만큼 소홀히 할 수 없다. 그것을 마치면 한 시각이라도 빨리 출발하자고 결심했다.

엿새째 되는 다음날 아침, 그는 왕얼에게 말했다.

"아버님의 묘에 향을 피워올리고 나서는 곧 출발하겠습니다. 오래 머물러 있어 부하들이 해이해지면 큰일입니다. 앞으로도 길고 험난한 길이 있으니까요. 그런데, 제가 부탁한 군자금에 대해서는 무엇인가 생각하고 계시는 일이 있습니까?"

그러자 왕얼이 대답했다.

"다달이 정한 액수를 보내는 것 말고는 달리 생각한 바는 없어."

왕후는 초조한 듯 외쳤다.

"빌린 것은 반드시 갚겠습니다! 나는 이제부터 아버님 묘에 다녀오겠습니다. 두 아이에게 준비를 시켜 주십시오. 내일 아침에는 일찍 떠날 테니까 오늘 밤에는 지나치게 마시거나 먹지 않도록 주의시켜 주십시오."

이렇게 말해 두고 그는 떠났다. 속으로는 왕이의 아들은 이제 데려가고 싶지 않다고 생각했으나 양가 사이에 좋지 않은 일이라도 일어나면 안 되기 때문에 거절할 수가 없었다. 왕얼네 집에 마련돼 있던 선향(線香)을 꺼내 들고 아버지의 묘를 향했다.

생각해 보면, 왕룽과 왕후 부자는 왕룽이 살아 있을 때부터 사이가 서먹서먹했다. 아버지는 왕후를 무리하게 농부로 삼으려고 하여 언제나 밭에서 일을 시켰기 때문에 왕후의 소년 시대는 쓰디쓴 추억뿐이었다. 왕후는 땅을 미워하면서 자라났다. 지금도 그는 토지를 미워했다. 왕후는 이제는 자기 것이 되어 있는 토벽집 가까이 가자, 그 집까지도 미워졌다. 어릴 적에 자란 집이기는 하지만 그에게 있어서는 영원히 벗어날 수 없는 감옥 같았던 집이어서 아무런 그리움도 느껴지지 않았다. 그는 집에 다가가지 않고, 일부러 멀리 돌아 조그만 숲을 빠져 집안의 묘지인 낮은 언덕으로 다가갔다.

걸음을 빨리하여 다가가니 누군가가 우는 듯한 나지막하고 부드러운 소리가 들려왔다. 대체 누가 왕룽의 묘지에서 울고 있는 것일까? 그는 이상하게 생각했다. 렌화는 노름에 정신이 없었으니까 렌화일 리가 없었다. 그는 발소리를 죽이고 다가가서 나무 그늘에 숨어 살그머니 엿보았다. 그곳에는 이제까지 본 일이 없는 이상한 광경이 펼쳐지고 있었다. 리화가 풀 위에 웅크리고 앉아 아버지의 묘에 머리를 박고 울고 있는 것이었다. 그때는 아무도 보는 사람이 없기 때문에 안심하고 훌쩍훌쩍 울고 있었다. 리화 옆에는 오랫동안 만나지 못했던 백치 누이가 가을 햇볕을 받으면서 앉아 있었다. 머리는 거의 백발이었으며 얼굴은 시들어 조그맣게 되어 있었다. 백치 누이는 빨간 천 조각을 접었다 폈다 하며, 햇볕을 받아 천 조각이 빨갛게 빛나는 것을 보고 방긋방긋 웃었다. 그리고 그 옆에는 조그만 꼽추 사내아이가 백치의 윗도리 자락을 꽉 움켜쥐고 있었다. 그러나 그 얼굴은 우는 리화 쪽을 슬픈 듯이 지켜보며 자기도 눈물이 날 것 같아 입을 비죽이고 있었다.

왕후는 놀라서 그 자리에 못 박히고 말았다. 몸의 가장 깊은 곳에서 솟아 나오듯이 통곡하는 리화의 낮고 부드러운 목소리에 그는 꼼짝도 하지 않고 귀를 기울였다. 그리고 갑자기 참을 수 없어졌다. 아버지에 대한 분노가 또다시, 온몸에서 무섭게 타올랐다. 그는 자신을 억제할 수가 없었다. 왕후는 발치께에 선향을 내던지기가 바쁘게 몸을 돌려 그곳을 떠났다. 자기도 모르게 몇 번이고 거친 숨소리가 그의 입에서 터져 나왔다.

그는 밭을 가로질러서 쫓기듯이 돌아갔다. 이 땅에서—리화에게서—한 시각이라도 빨리 떠나 자기의 일로 돌아가야 한다고만 생각했다. 주위에는 강한 가을볕이 밭에 환히 내리쬐었으나 그의 눈에는 아무것도 보이지 않았다.

아침 일찍 일어난 그는 붉은 털의 말에 올라탔다. 말은 싸늘한 아침 바람에 조급해져 기세 있게 달렸다. 말발굽 소리가 포석(鋪石) 깔린 길에 울려 퍼졌다. 아침을 배불리 먹은 곰보가 나귀를 타고 뒤를 따랐다. 두 사람이 왕이의 둘째 아들을 데리고 가기 위해서 말을 몰고 왕이네 집 문 앞에 이르자, 문안에서 하인이 달려나와 울부짖으면서 어디론가 달려갔다.

"이 무슨 불길한 일일까? 이 집에 망조가 들었네."

왕후는 울컥 성급한 성질이 터져서 외쳤다.

"망조는 무슨 망조냐! 벌써 태양이 떠오르는데, 아직 출발을 못하고 있으니, 이러다 내가 망하겠구나!"

그러나 하인은 뒤돌아보지도 않고 한달음질에 달려가 버렸다. 왕후는 진정으로 울분을 터뜨리며 곰보에게 말했다.

"네 망할 사촌 녀석은 정말 애물단지가 따로 없구나. 앞으로도 무거운 짐만 될 뿐이겠지! 가서 찾아오너라. 빨리 오지 않으면 두고 간다고 해라."

곰보는 바로 조그만 나귀 등에서 미끄러져 내려 문안으로 달려 들어갔다. 왕후는 천천히 말에서 내려 문께에서 문지기에게 말고삐를 넘겨 주며 나올 때까지 고삐를 쥔 채 기다리고 있으라고 명령했다. 그러나 문안으로 한 발짝 들여놓았을 때 곰보가 유령처럼 창백한 얼굴로 마치 달음박질을 하여 성벽을 한 바퀴 돌기나 한 것처럼 숨을 헐떡거리면서 나왔다. 곰보는 헉헉거리면서 말했다.

"그 녀석은 이젠 올 수 없습니다. 목을 매달아 죽어 버렸습니다."

"뭐라는 거냐, 이 원숭이 새끼 같은 놈아!" 외치면서 왕후는 왕이의 집으로 뛰어들었다.

집 안은 큰 혼란이었고 수많은 남녀 하인들이 안마당에 나와서 무엇인가를 에워싸고 야단법석이었다. 이 소란과 법석대는 소리를 꿰뚫고 여자의 드높은 울음소리가 울려 퍼졌다. 어머니가 울부짖는 소리였다. 왕후가 사람 틈을 비집고 들어가니 그 안에 왕이가 있었다. 뚱뚱한 얼굴이 묵은 기름처럼 노래진 채 눈물로 일그러져서 팔로 둘째 아들의 시체를 받치고 있었다. 소년의 시체는 빛나는 아침 하늘 아래 안마당에 축 늘어져 있었으며, 받치고 있는 아버지의 팔 밖으로 머리가 벌렁 젖혀져 있었다. 형과 함께 자던 방 대들보에 허리띠를 걸어 스스로 목을 매단 것이었다. 형은 전날 밤 연회에서 술을 마시고 푹 잠들었기 때문에 아침에 눈을 뜰 때까지 모르고 있었다. 동틀 녘의 엷은 빛 속에서 눈을 뜨고 대들보에 매달려 있는 가느다란 형체를 보았을 때 처음에는 옷이겠거니 생각했다. 그런데 어째서 이런 곳에 옷이 매달려 있는 것일까 생각했다. 그러다 다시 한 번 자세히 보았을 때 그는 악! 비명을 질러 온 집안사람이 깬 것이다.

한 사람이 왕후에게 이런 이야기를 들려주고 있는 옆에서 여러 사람이 와글와글 떠들어 댔다. 왕후는 이제까지 느낀 적 없는 이상한 감정이 엄습해 와, 선 채로 소년의 시체를 내려다보았다. 그는 지금 이 소년에게, 생전에는 느낀 적 없는 연민을 느꼈다. 이미 죽어버린 소년의 몸은 너무나 작고 빈약했다. 왕이는 얼굴을 들고 그곳에 동생이 서 있는 것을 보자 울면서 말했다.

"이 아이가 너와 함께 가는 것이 싫어서 죽음을 선택하리라고는 꿈에도 생각지 못했다. 이 아이가 죽도록 너를 싫어한 것은 네가 무척이나 학대를 했기 때문이겠지! 네가 내 아우만 아니었더라면 나는, 나는……."

"아닙니다, 형님." 왕후는 언제나보다 훨씬 부드러운 말투로 말했다. "학대를 할 까닭이 있습니까? 이 아이보다 나이 많은 부하들은 걷게 해도 이 애는 당나귀에 태웠습니다. 그렇더라도 이 아이에게 죽을 용기가 있으리라고는 꿈에도 생각지 않았는데. 그런 줄 알았더라면 어떻게든지 훈련을 시켜 물건을 만들 수가 있었을 텐데, 그것이 분합니다."

그는 선 채 한참 동안 묵묵히 바라보고 있었다. 아까 어디론가 달려갔던 하인이 점쟁이와 승려를 데리고 돌아와 다시금 주위가 소란해졌다. 이런 비명횡사를 한 사람이 있을 때 마귀를 쫓으러 오는 사람들이 북을 두드리며 나타난 것이다. 이 소란을 피하여 왕후는 혼자 방에서 기다렸다.

그러나, 얼마 동안 기다려 이러한 불행이 있었던 집안의 동생으로서 할 일을 마치자 왕후는 다시금 말을 타고 출발했다. 갈수록 그의 마음은 여태까지 느껴본 적이 없었던 슬픔으로 꽉 차올랐다. 자기는 한 번도 그 애를 때린 일도 없었고 학대를 한 일도 없었다. 그 아이가 자살할 만큼 절망하고 있었던 것은 아무도 눈치채지 못했다고 몇 번씩 되새기면서 스스로 마음을 위로해야 했다. 저것도 천명이다. 누구도 천명을 피할 수는 없다. 모든 사람의 수명은 하늘이 정한 것이다. 왕후는 스스로에게 이렇게 말했다. 그는 창백한 소년의 얼굴, 아버지의 팔에 안겨 머리를 축 늘어뜨렸던 그 얼굴을 억지로 잊으려고 애를 썼다.

'아들을 갖는 것이 좋은 일만은 아닐지도 모른다.'

이렇게 생각하고 자기 자신을 위로하자 어느 정도 기분이 편해졌다. 그는 힘을 되찾고서 곰보에게 말했다.

"자, 가자. 갈 길이 멀다. 서둘러야만 해!"

12

왕후는 가죽 채찍으로 말을 때려 전속력으로 달리게 했다. 말은 날개가 달린 듯 시골길을 질주했다. 그날은 왕후가 목표하는 대모험의 첫발을 내디디기에 정말로 어울리는 날이었다. 하늘에는 구름 한 점 없었고, 살을 에일 듯이 싸늘하고 강한 바람이 얼마 안 남은 가랑잎을 흩날리게 하고 길에 흙먼지를 일으키며 휘몰아쳤다. 왕후의 가슴에는 이 바람과도 같은 대담무쌍한 용맹심이 우러났다. 그는 일부러 토벽집에서 멀리 떨어진 길을 택하여, 리화가 사는 곳을 멀리 돌아서 갔다. 그리고 마음속으로 말했다.

'과거는 모두 끝났다. 나에게는 위대하고 영광에 찬 앞길만 있을 뿐이다!'

이리하여 하루가 시작되었다. 태양은 끝없이 이어지는 밭 저쪽에서 떠올랐다. 그는 눈 하나 깜박이지 않고 거대하고 찬란한 햇무리를 바라다보았다. 하늘이 그가 위대해질 것을 약속하여 이러한 날을 주신 것처럼 여겨졌다. 위대해지는 것이야말로 자신의 천명이라고 그는 생각했다.

아침나절에 그는 부하들이 기다리는 조그만 부락에 닿았다. 언청이가 나와서 그를 맞이했다.

"대장님, 마침 좋을 때 돌아오셨습니다. 군사들은 실컷 휴식을 취했고 음식도 배가 터지도록 먹었기 때문에 좀더 큰 자유를 갈망하면서 안달하고 있는 참입니다."

왕후는 외쳤다.

"알았다. 아침 식사가 끝나거든 모두 집합시켜라. 그러고는 출발이다. 내일 안으로 목적지까지의 반은 간다."

왕얼의 집에 있는 동안에 왕후는 자기가 다스릴 땅을 어디로 정할까 생각했나. 현명하고 조심성 있는 왕얼과도 의논한 결과, 성(省)이 경계선을 살짝 넘은 지방이 가장 목적에 알맞은 곳이라는 결론을 얻었다. 그 토지는 왕후의 고향에서 제법 떨어져 있기 때문에 필요에 쫓겨 아무래도 약탈을 하게 됐을 때에도 고향 사람들에게 폐를 안 끼쳐도 되고, 또 만일 패전의 비운을 당했을 때 피난을 할 수 없을 만큼 떨어져 있는 것도 아니었다. 게다가 그 정도 거리라면 독립할 때까지 필요한 군자금을 나르기에 편하며 도난의 위험도 적었다. 토지 자체도 풍요하기로 유명하여 기근도 좀처럼 일어나지 않았다. 지세로 볼 때는 고지도 평지도 있었고, 또한 퇴각하여 숨기에 편리한 산악 지대도 있었다.

그뿐만 아니라 큰길이 남북으로 통해 있어서 여행자의 왕래가 많으니 여행자로부터 통행세를 거두어 수입으로 삼을 수도 있었다. 또 읍도 두셋 있고, 조그만 도시도 있기 때문에 농민에게만 의지하지 않아도 되었다. 또 편리한 점은 양조용 쌀의 명산지로서 그 쌀을 시장에 내보내고 있었으므로 주민들이 그렇게 가난하지 않았다.

이렇듯 이점이 많았지만 단 하나 결점이 있었다. 그것은 이미 한 군벌이 이 지방을 차지하고 있다는 것이었다. 두 군벌을 지탱할 수 있을 만큼 풍요로운 땅은 아니었으므로 만약 왕후가 그 지방에서 세력을 펼치려면 먼저 그 군벌을 몰아내야 했다. 현재 세력을 떨치는 군벌이 어떤 인물인가, 또 얼마만 한 경력을 가지고 있는 사나이인가 왕후는 알지 못했다. 형들에게 물어봤으나 이마가 표범 머리처럼 비스듬하기 때문에 바오(豹) 장군으로 불린다는 것과 가혹한 세금을 거두어들이기 때문에 주민들로부터 원망을 받는다는 사실 말고는 확실한 것을 알 수가 없었다.

그래서 왕후는 대담하게 대열을 짜고 정면으로 들어갈 게 아니라 눈에 띄지 않도록 살그머니 진입해야 한다고 생각했다. 기껏해야 탈주병 정도로 보이도록 부하들을 분산해 둔다. 산악 지대에 숨을 곳을 마련하고 그곳을 발판으로 심복인 언청이와 둘이서 경계를 살핀다. 그리고 천명에 따라서 그가 지배해야 할 곳으로 정해져 있는 토지를 빼앗기 위해서는 적이 될 인물이 어떤 사람인지 정체를 살펴 둘 필요가 있었다.

그는 계획대로 실행에 옮겼다. 그의 부하들은 여러 곳으로 흩어져 머물고 있던 마을의 집들에서 속속 모여들었다. 태양이 떠올라 따뜻해지는 것과 경쟁이라도 하듯이 싸늘한 바람이 불어왔다. 병사들은 아침 추위를 견디기 위해서 배불리 먹었고 술도 마셨다. 왕후는 모든 비용을 다 치르고 나서 마을 사람들에게 물었다.

"부하들이 무슨 못된 짓을 하지 않았소?"

마을 사람들은 곧바로 대답했다.

"아니, 그런 일은 없었습니다. 군대들이 모두 장군님의 부하만 같으면 좋겠습니다만……."

왕후는 아주 기뻐했다. 그는 마을에서 조금 떨어진 곳에 부하들을 집합시키고, 앞으로 갈 지방의 정세를 자세히 설명했다. 모두들 일어선 채 귀를 기울였다.

"그처럼 풍요로운 땅은 어디에도 없다. 한 군벌과 싸워서 내몰아 버리기만 하면 된다. 그곳에는 너희들이 마셔 보지 못한 독하고 맛있는 술이 있다."

그 말을 듣자 부하들은 좋아서 우렁차게 외쳤다.

"데리고 가 주십시오, 대장님. 예전부터 그런 곳으로 가고 싶었습니다."

왕후는 섬뜩한 미소를 띠고 말했다.

"그렇게 간단하게 갈 수는 없다. 먼저 적의 병력을 탐지해야 한다. 만약 적의 병력이 우리들보다 훨씬 많다면 어떻게 해서든지 우리 쪽으로 넘어오게 할 방법을 생각해야 한다. 너희들 한 사람 한 사람이 정탐꾼이 되어 적의 내정을 염탐해 다오. 우리가 어떤 목적으로 갔는가를 적이 눈치채게 해서는 안 된다. 눈치채는 날에는 끝장이다. 내가 한 발 앞서가서 진지를 마련해 두겠다. 허핑구(和平谷)라고 불리는 성(省) 경계의 부락에 언청이를 남겨 놓겠다. 부락가에 주막집이 있다. '주(酒)'자를 쓴 깃발이 서 있는 집이다. 언청이가 그곳에서 기다리고 있다가 내가 선택한 집합 장소를 너희들에게 알리기로 한다. 그 뒤 너희들은 세 사람, 다섯 사람, 많으면 일곱 사람씩 나누어서 탈주병을 가장하여 어슬렁어슬렁 걸어

오너라. 만약 사람들이 어디로 가느냐고 묻거든 바오 장군을 모시고 싶어 찾는 중인데 장군께서는 어디에 계시느냐고 말하라. 저마다에게 은전 세 닢씩을 지급하겠다. 다음 만날 때까지의 밥값이다. 그런데 말해 둘 게 한 가지 있다. 만약 너희들 가운데 죄없는 자에게 해를 가하거나 창부가 아닌 여자를 범하는 자가 있으면 내 귀에 들어오는 데로 그자의 정체 따위 알 필요 없이, 그런 자 한 사람당 너희들 두 사람씩을 죽여 버릴 테니까 그런 줄 알고 있거라."

그러자 열 속에서 한 군사가 외쳤다.

"대장님, 우리는 언제까지고 다른 군인들이 하는 짓을 할 수 없습니까?"

왕후는 외쳤다.

"마음대로 해도 좋을 때는 내가 명령하겠다! 너희들은 아직 나를 위해서 싸운 적이 없지 않은가. 싸움도 하지 않고 보수를 받을 작정인가?"

군사들은 두려워서 입을 다물고 말았다. 왕후는 일단 화가 나면 갑자기 칼을 빼 들고 베어 버리는 일이 있기 때문이었다. 재치 있는 말이나 농담이 통할 사람이 아니었다. 그러나 그는 공정했다. 또 그의 부하들도 선량하여 요구의 한도를 잘 알았다. 그들이 아직 그를 위해 싸워 본 적도 없다는 것은 맞는 말이었다. 그래서 먹을 것과 잘 곳을 마련해 주고 수당을 꼬박꼬박 주는 한 만족하며 기꺼이 기다릴 마음이 되었다.

왕후는 그들이 조그만 조로 나누어져 흩어지는 것을 확인한 뒤에 각자에게 은전을 세 닢씩 주었다. 그리고 나서 당나귀를 탄 곰보 소년과 마을에서 사 준 당나귀를 탄 언청이를 데리고 북서쪽으로 나아갔다.

전에 들은 일이 있는 성의 접경까지 오자, 왕후는 어느 부자의 크고 높은 묘 위로 붉은 털의 말을 몰고 올라가서 그 높은 곳에서 이 지방을 내려다보았다. 그곳은 그가 그때까지 본 중에서 가장 훌륭한 땅이었다. 곳곳에 조그만 언덕이 출렁거리는 파도처럼 가로놓인 넓은 평야는 이미 싹을 틔운 가을밀로 온통 뒤덮인 초록빛 바다처럼 보였다. 북서쪽으로는 언덕이 갑자기 험한 산악 지대로 이어져 몇 개의 벼랑이 대낮의 밝은 하늘을 배경으로 우뚝 솟았다. 그리고 집들이 작은 부락을 이루며 여기저기 흩어져 있었다. 거의 듬직한 토벽집으로서, 다 쓰러져 가는 것 같은 집은 한 채도 없었다. 그해에 거둬들인 짚으로 새로 지붕을 해 인

집도 있었다. 벽돌로 짓고 기와를 인 집도 두셋 보였다. 눈길이 닿는 집들의 앞마당마다 볏가리가 쌓였고, 달걀을 낳은 암탉의 울음소리가 멀리서 들려왔으며, 이따금 밭을 갈면서 노래하는 농부의 노랫소리가 바람결 사이사이로 들려왔다. 그야말로 풍요한 토지였다. 그 풍요로움을 바로 눈앞에 본 그의 마음은 두근거렸다. 그러나 그가 지금 무장을 한 채 붉은 털의 말을 타고 그곳으로 들어간다면, 주민 사이에 곧 전쟁 소문이 나기 때문에 좋지 않으리라고 여겼다. 이렇게 바라다보는 동안에 그는, 자기와 부하 둘이 모습을 감추어 아무에게도 눈치채이지 않고 적의 병력을 탐색할 수 있을 것 같은 곳을 발견하고 그곳으로 올라가는 길을 생각했다.

이 높은 묘 말고도 많은 묘들이 모여 있는 낮은 언덕 기슭에 작은 부락이 있었다. 이것은 왕후가 부하들에게 이야기한 성 경계의 부락으로서 가도를 따라 이어져 있었다. 왕후는 곰보 조카와 언청이를 거느리고서 그 부락 쪽으로 말을 몰았다. 농부들이 시장에서 부락으로 돌아오는 아침 시각이었기 때문에 마을 찻집은 우동이나 국수를 먹거나 차를 마시는 농부들로 가득했다. 그들은 텅 빈 바구니를 옆에 쌓아 놓은 채 식사를 하다가, 길거리에서 말발굽 소리가 들려오자 깜짝 놀라 고개를 들고 멍하니 입을 벌린 채 왕후가 지나는 것을 쳐다보았다. 왕후도 이 지방 농부들이 어떤 인간인가를 알고 싶었기 때문에 그들을 돌아보았다. 모두 선량해 보이는 데다가 건장하며 볕에 그을렸고 원기 왕성했다. 그 모습을 보고 왕후는 만족했다. 이런 인간을 자라나게 한 토지를 선택한 것이 다행이라는 생각을 새삼스레 했다. 그러나 왕후는 그들을 한번 돌아보았을 뿐, 어딘가 먼 곳으로 떠나는 여행자가 이 마을을 지나가는 양, 여느 때와 다르게 온화한 태도로 지나갔다.

길이 끝나는 곳에 전에 들은 술집이 있었다. 왕후는 두 사람을 밖에서 기다리도록 하고 말에서 내려 입구의 주렴을 헤치고 가게 안으로 들어섰다. 손님용 탁자가 한두 개 놓였을 뿐인 아주 작은 곳이었다. 왕후는 의자에 앉아 손으로 탁자를 두드렸다. 그러자 곧바로 소년이 달려 나왔는데 왕후의 얼굴이 무서운 듯 곧 되돌아가 아버지에게 알렸다. 가게 주인인 아버지가 나와 해어진 앞치마로 탁자를 훔치면서 공손하게 말했다.

"나리, 무슨 술로 드시겠습니까요?"

"무슨 술이 있나?"

"이 지방에서 나는 수수로 빚은 새 고량주가 있습니다요. 가장 고급 술로 전국에 내보내고 있습지요. 황성(皇城)의 황제 폐하께서도 마시고 계신답니다요."

이 말을 듣고 왕후는 살짝 경멸하는 듯한 웃음을 띠었다.

"이렇게 작은 마을에 살면 이미 황제께서는 계시지 않다는 소문도 못 듣나?"

그러자 주인은 얼굴에 공포의 빛을 띠고 말소리를 낮추었다.

"모릅니다요. 들은 일이 없습니다요. 언제 승하하셨습니까요? 그렇지 않으면 어느 분께 황위를 뺏겼습니까요? 그러면 새 황제 폐하는 어느 분이십니까요?"

왕후는 이런 무지한 사나이도 있는가 놀라서 어처구니없다는 듯한 투로 말했다.

"새 황제 폐하는 아직 안 계셔."

"그러면 어느 분이 우리를 다스리고 계십니까요?" 주인은 자기도 모르는 사이에 새로운 재난이 닥쳐온 듯 놀라서 물었다. 왕후는 말했다.

"지금은 실력의 시대다. 군웅이 할거하여 누가 최고의 지위에 오를지 모른다. 누구든지 힘만 있으면 황제의 지위에 오를 수가 있는 거야."

이렇게 말하면서 그는 몸속에 다시 대망이 용솟음치는 것을 느꼈다.

'그리고 그 황제 자리에 오를 사람이 내가 아니라는 법도 없다'고 마음속으로 외쳤지만 입 밖으로 내지는 않았다. 그는 칠을 하지 않은 원목 탁자 앞에 앉아서 술이 나오기를 기다렸다.

주인은 술병을 들고 나왔다. 지금 왕후에게서 들은 말이 마음에 걸리는 듯 어두운 표정이었다.

"황제 폐하가 안 계신다면 야단이로군요. 사람 몸뚱이에 머리가 없어진 것과 같습니다요. 난세로군요. 우리들을 이끌어 갈 분이 한 분도 안 계신다는 말이 아닙니까. 나리께서는 제가 감당키 어려운 소식을 전해 주셨습니다요. 차라리 말씀하지 않으셨으면 좋았을 걸 그랬습니다. 한번 들으면 잊을 수가 없으니 말이죠. 나 같은 시골뜨기라도 마음에 걸립니다요. 오늘은 평화로워도 언제 어느 때 이 마을이 뒤집혀지는가 하고 생각하면 마음을 놓을 수가 없습니다요."

주인은 기가 죽은 듯한 모양으로 따끈한 술을 따랐다. 그러나 왕후는 대답하지 않았다. 이런 하찮은 사나이의 걱정 같은 것은 안중에도 없었다. 그로서는 이런 난세야말로 환영할 일이었다. 그는 연거푸 두서너 잔을 비웠다. 뜨거운 술이 온몸의 혈관을 타고 번졌다. 볼이 달아오르고 머리가 빙글빙글 도는 것을 느꼈다. 그는 그 이상 마시지 않고 계산을 한 다음, 술을 한 잔 더 사서 밖에서 기다리는 언청이에게 갖다주었다. 언청이는 크게 감사하며 두 손으로 받아서 쏟아지지 않도록 들이마셨다. 마치 개가 물을 마시듯 찔끔찔끔 핥고는 고개를 뒤로 젖히고 바닥에 고인 나머지를 목구멍 속으로 털어넣었다. 윗입술이 찢어져 잘 마실 수 없기 때문이었다.

왕후는 다시 술집 안으로 들어가서 주인에게 물었다.

"이 부근을 다스리는 사람은 누구지?"

주인은 주위를 둘러보고 아무도 없는 것을 확인한 뒤에 목소리를 낮추었다.

"바오 장군이라고 하는 비적의 두목입니다. 잔인하고 지독한 놈으로서, 세금을 바치지 않으면 불한당 같은 부하놈들을 이끌고 습격해 오지요, 까마귀 떼처럼 깨끗이 휩쓸어 갑니다요. 어떻게 해서든지 쫓아 버릴 수가 없을까 모두 여간 애를 먹는 게 아닙죠."

"맞설 자는 없는가?" 왕후는 이렇게 묻고 태연스럽게 다시 앉았다. 그리고 무관심한 듯이 시치미를 떼고 주인에게 말했다.

"차를 한 잔 주지 않겠나? 술 때문에 목구멍이 타는 것 같군."

주인은 차를 따라 오고 나서 대답했다.

"아무도 맞설 사람이 없습니다요, 나리. 만약 그래서 효험만 있다면 바오 장군의 일을 높은 벼슬아치에게 호소하고 싶습니다만. 한번 이 지방에서 가장 높으신 현장(縣長)님이 계시는 현 공서(公署)에다 호소를 한 일이 있습죠. 우리 실정을 하소연하고 바오 장군을 토벌할 군대를 보내 달라, 현장님의 군대만으로 모자란다면 좀더 높은 분께 군대를 빌려와서 우리들을 괴롭히는 바오 장군을 물리쳐 달라고 호소했습지요. 그런데 막상 군대가 온 걸 보니 이놈 저놈 모두 잔인한 놈들뿐이어서, 우리들의 집에 들어앉아 처녀들에게 손을 대고, 음식을 처먹고 나서 돈은 치르지도 않는 형편으로, 오히려 우리에게 엉뚱한 짐이 되고 말았습지요. 그런 주제에 겁쟁이들이라 싸움이 벌어질 기미만 있으면 곧 도망쳐 버리기 때문에 비적들은 갈수록 더 횡포해질 뿐이었습니다. 정말 애를 먹어 다시 현장님께 하소연하여 겨우 군대를 철수하게 했습죠. 그런데 그것으로 그치지를 않고 군사들은 오랫동안 급료를 받지 못했다, 이래서는 먹고살 수 없다고 하며, 거의 비적의 부하가 돼 버렸습니다. 뭐니 뭐니 해도 놈들은 총을 가지고 있어서 우리는 지금까지보다도 더 지독한 변을 당하게 되었을 뿐이지요. 더욱이 그 정도로 끝나지도 않고 현장님은 수세관을 보내 우리들 농민과 상인들에게서 무거운 세금을 거두었습니다. 우리를 보호하기 위해서 관청에서는 엄청난 비용을 썼으니까 우리에게 그 비용을 부담하라는 것이지요. 관청이라는 곳은 현장님의 아편 값을 마련하는 곳이라는 것을 모르는 사람이 없습니다. 그 뒤로 이제 관청에다는 아무런 부탁도 하지 않습니다요. 그보다도 축제 때마다 바오 장군에게 돈을 바쳐 난폭한 짓을 못하게 하는 편이 오히려 싸게 먹힙죠. 다행히 요즈음은 흉년도 없기 때문에 그럭저럭 견디고 있습니다요. 그런데 이제 너무 오래 풍작이 계속 돼서 천제님께서도 슬슬 흉년으로 바꾸시는 게 아닐지 모르겠습니다. 그리 되면 무슨 일이 일어날지 아무도 모릅죠."

왕후는 차를 마시면서 이 긴 이야기를 주의 깊게 들었다. 그는 주인의 말이 끝나기를 기다려 말했다.

"그 바오 장군인가 하는 사람은 어디에 살고 있나?"

그러자 주인은 왕후의 소매를 끌고 가게의 동쪽 창문께로 데리고 갔다. 그리고 술 빛깔이 밴 집게손가락으로 산 쪽을 가리켰다.

"저곳에 봉우리가 둘 나란히 있습죠? 쌍룡봉(雙龍峯)이라 합죠. 두 봉우리 사이에 골짜기가 있는데 그곳이 비적들의 산채입니다요."

이것이야말로 왕후가 듣고 싶은 말이었다. 그는 여전히 시치미를 떼고 입가를 쓰다듬으면서 예사롭게 말했다.

"알았네. 그러면 그 산에는 가까이 가지 않도록 해야겠군. 나는 북쪽의 집으로 돌아가는 길이야. 자아, 그럼 떠나 보기로 할까. 술값은 여기에 놔두겠네. 이 술은 정말 자네 말대로 빛깔 좋은 독주군."

왕후는 밖으로 나와 다시 말에 올라 두 사람을 거느리고 부락을 지나지 않도록 길을 돌아갔다. 꼬불꼬불한 산길만을 골라 가며 말을 몰았다. 그러나 이 부근은 부락이 많아서 산허리의 경사지까지도 경작을 하므로 사람이 없는 곳이 없었다. 그는 쌍룡봉에서 눈길을 떼지 않았다. 그리고 그 남쪽 편의 솔밭으로 반쯤 덮인 조금 낮은 산으로 말을 몰았다.

하루 종일 그들은 묵묵히 나아갔다. 왕후가 말을 걸지 않으면 언청이도 곰보도 매우 급한 용건이 없는 한 입을 열지 않았기 때문이다. 한번 곰보는 침묵을 견딜 수가 없어서 나지막한 소리로 노래를 시작했으나 왕후에게 꾸중을 듣고서 입을 다물고 말았다. 왕후는 그런 노래를 즐겁게 들을 기분이 아니었던 것이다.

그날 늦게 태양이 가라앉기 전, 일행은 몇 시간을 계속 행진하여 산기슭에 닿았다. 왕후는 지쳐빠진 말에서 내려 산마루로 통하는 황폐한 돌계단을 올라갔다. 언청이와 곰보도 당나귀에서 내려 따라왔다. 돌멩이가 울퉁불퉁해서 말이나 당나귀는 걷기에 애를 먹었다. 올라갈수록 길은 차츰 더 험해졌다. 어떤 때는 벼랑을 따라갔고 때로는 바위와 나무 사이에서 흘러나오는 시냇물을 건넜다. 잡초가 무성하게 자라 있었다. 돌계단 위에는 부드러운 이끼가 끼었고 그 한복판에 언제 누군가가 지나간 듯한 흔적이 남아 있을 뿐이었다. 태양이 가라앉을 무렵에 일행은 그 산길이 끝나는 곳까지 이르렀다. 그곳에는 거칠게 다듬은 돌로 지은 절간이 있었다. 벼랑을 등지고 섰기 때문에 마치 그 벼랑이 절의 안쪽 벽을 대신하는 모양새였다. 절은 무성한 나무들로 거의 감춰져 있었으나 색이 바랜 빨간 벽이 석양빛에 빛났기 때문에 절간이 있다는 것을 알 수는 있었다. 오래된 조그맣고 황폐한 절간인데 문은 꼭 닫혀 있었다.

왕후는 다가가서 문에다 귀를 대고 안의 동정을 살폈다. 어떤 소리도 나지 않았다. 채찍의 손잡이로 문을 두들겨 보았다. 그러나 언제까지 기다려도 아무도 나오는 기척이 없었다. 그는 화가 나서 세차게 두드려 보았다. 그러자 문이 조금 열리면서 머리가 벗겨지고 수염이 없는 노승이 얼굴을 내밀었다. 주름투성이의 시든 얼굴이었다. 왕후는 말했다.

"하룻밤 머물게 해 주시오."

왕후의 목소리는 깊은 산골의 정적에서 강하고 날카로우며 낭랑하게 울렸다. 그러나 노승은 전보다 조금 더 문을 열었을 뿐, 가느다란 목소리로 말했다.

"산기슭 마을에 여인숙과 찻집이 있지 않습니까? 이곳에는 속세를 버린 사람들이 몇 있을 따름으로 먹을 것이라고는 고기가 안 들어간 초라한 것들뿐이고, 마실 것이라고는 물뿐이오."

노승은 왕후를 쳐다보면서 법의(法衣) 속에서 무릎을 후들후들 떨었다.

그러나 왕후는 강제로 문을 활짝 열고 노승을 무시한 채 곰보와 언청이에게 소리쳤다.

"이곳이야말로 우리들이 찾던 안성맞춤의 장소다."

왕후는 그대로 승려들을 거들떠보지도 않고 성큼성큼 안으로 들어갔다. 본당으로 걸어 들어가니 불상이 몇 개나 모셔졌는데, 그것도 절과 같이 닳아 금빛칠이 벗겨져 있었다. 왕후는 불상 따위도 깨끗이 무시해 버렸다. 본당을 지나니 승려들이 사는 요사채였다. 그 가운데서 꽤 최근에 청소한 듯싶은 조그만 방을 자기 거처로 정하고 그곳에서 대검을 풀었다. 언청이는 이곳저곳을 뒤져 음식물을 가져왔다. 그래 봤자 밥 조금과 양배추뿐이었다.

그날 밤 왕후가 자리에 들었는데 본당 쪽에서 나지막한 울음소리가 들려왔다. 무슨 일인가 싶어서 일어나 보러 갔다. 그러자 본당에 노승 다섯과 어린 시자(侍者) 스님 둘이 있었다. 이 시자들은 농민의 아들로서 부처에게 빈 소원이 이루어졌을 때 부모들이 절간에 바친 자들이었다. 그들은 불상 앞에 엎드려서 부처님에게 구제해 달라 빌며 울고 있는 것이었다. 부처는 커다란 배를 내밀고 본당 중앙에 자리 잡고 앉아 있었고, 관솔불이 타며 그 불꽃이 밤바람에 흔들렸다. 흔들리는 불빛을 받으면서 그들은 무릎을 꿇고 빌고 있었다.

왕후가 선 채 바라보고 있노라니 그들의 말소리가 귀에 들려왔다. 그들은 왕후의 손아귀로부터 구해 달라고 비는 것이었다.

"도와주시옵소서. 이 비적으로부터 우리를 지켜 주시옵소서!"

그 말을 듣자 왕후는 화가 치밀어서 버럭 소리를 질렀다. 갑작스러운 노성에 깜짝 놀란 승려들은 당황하여 도망치려고 했으나 긴 법의가 발에 휘감겨 차례차례 쓰러지면서 허우적거렸다. 주지인 노승만이 마침내 마지막 순간에 이른 것이라고 각오를 하고 얼굴을 땅에 처박은 채 잠자코 있었다. 왕후는 소리쳤다.

"나는 너희들에게 해를 끼치지는 않겠다. 이 까까머리들아, 잘 보아라. 돈도 이렇게 많이 가지고 있다. 왜 나를 두려워하느냐!" 그는 허리에 찬 지갑을 열고 그 속의 돈을 내보였다. 거기에는 그들이 이제껏 본 일조차 없을 만큼 많은 돈이 들어 있었다. 그는 말을 이었다.

"이것 말고도 나는 더 많은 돈을 가지고 있다. 누구나 곤란할 때는 절간에 유숙을 부탁할 수가 있지 않은가. 나는 얼마 동안 이곳에 머무르게 해 달라는 것뿐이다."

승려들은 돈을 보고 완전히 마음을 놓더니, 서로 얼굴을 마주 보며 소곤소곤 이야기를 나누었다.

"저 사람은 죽여서는 안 될 사람을 죽인 군인인지도 몰라. 아니면 장군에게 미움을 사서 한동안 몸을 숨겨야 하는지도 몰라. 곧잘 있는 일이지."

왕후는 승려들이 제멋대로 상상하게 내버려두고 그저 희미하게 차가운 미소를 띠고는 다시 잠자리로 돌아갔다.

이튿날 아침 날이 밝자마자 왕후는 일어나서 문밖으로 나갔다. 안개가 자욱이 낀 아침이어서, 구름이 골짜기를 꽉 메우고 산마루를 휘덮어 주변은 아무것도 보이지 않았다. 그는 세상으로부터 격리되어 오직 혼자였다. 그래도 산의 냉기는 그에게 겨울철이 다가왔다는 사실을 생각하게 했다. 가혹한 겨울을 앞두고 의식주 모두를 그에게 맡긴 부하들을 위해서 눈이 내리기 전에 준비해야 할 것이 많았다. 그는 다시 절간으로 돌아가 언청이와 곰보가 잠든 부엌으로 갔다. 그들은 짚을 뒤집어쓰고 아직 깊은 잠에 빠져 있었다. 언청이의 갈라진 입술 사이로 숨결이 새어 휘파람 같은 소리를 냈다. 벽돌을 쌓아 만든 아궁이에다 이미 어린 시자 하나가 짚을 태워 그 위에 걸린 무쇠솥의 뚜껑 아래로 김이 무럭무럭 나오는데도 두 사람은 정말 잘도 자고 있었다. 어린 시자는 왕후의 모습을 보자 서둘러 모습을 감추었다.

그러나 왕후는 어린 시자 따위는 마음에도 두지 않았다. 그는 언청이에게 소리치면서 어깨를 흔들어 깨워, 오늘 아침에 부하들이 올지 모르니 식사를 끝내고 서둘러 주막으로 가서 그곳에서 기다리라는 명령을 내렸다. 언청이는 손으로 얼굴을 비비며 큰 하품을 하고 새우잠에서 깨어나자 옷에 붙은 지푸라기를 떨어 버린 뒤, 커다란 솥 속에서 끓고 있는 뜨거운 죽을 큰 사발에 퍼 담아 먹고 산을 내려갔다. 뒷모습만 보면 훌륭한 사나이다. 그의 뒷모습을 지켜보며 왕후는 문득 그의 충성이 고맙게 여겨졌다.

이 외진 장소로 부하가 모여들기를 기다리는 동안 왕후는 종일 앞으로의 행동 계획을 짰다. 그리고 그의 손발이 되고 의논 상대가 될 심복을 골랐다. 그리고 접자가 될 자, 식량을 조달할 자, 땔감을 모아들일 자, 취사 당번, 무기 관리자 등 공동생활에서의 부하들의 소임을 나누었다. 그는 부하들 통제를 엄중히 해야 한다고 생각했다. 상벌을 엄중히 하여 자기의 명령에 절대로 복종시켜야 한다. 생사여탈의 권리를 손에 쥐고 있어야 한다고 그는 결심했다.

그 밖에 전투할 날이 이르렀을 때 도움이 되도록 날마다 일정한 시간에 전투 방법을 훈련할 계획도 세웠다. 탄환이 적기 때문에 실탄 사격 연습은 할 수 없었 지만 가능한 만큼의 훈련은 시켜 둘 필요가 있었다.

그는 초조한 마음으로 조용한 산마루에서 기다렸다. 해 질 녘까지 산길을 헤 치면서 그가 있는 곳까지 이른 자는 쉰 명이 넘었고, 다음 날 쉰 명쯤 더 왔다. 낙오한 자가 몇 있었는데, 그자들은 마음이 바뀌어 달아난 모양이었다. 왕후는 이틀쯤 더 기다렸지만 그 부하들은 끝내 오지 않았다. 그는 그자들에게 미련은 없었으나 그들이 가지고 간 소총과 탄환이 아까워서 견딜 수가 없었다.

이렇게 많은 군사들이 평화스러운 절간으로 모여드는 것을 본 노승들은 완전 히 당황하여 어떻게 해야 좋을지를 몰랐다. 왕후는 노승들을 안심시키며 몇 번 이고 되풀이했다.

"비용은 모두 내가 낼 테니 걱정하지 마시오."

그러나 늙은 주지는 맥없는 소리로 대답했다. 나이가 무척 많아 살은 모두 빠 지고 온통 주름투성이였다.

"돈을 근심하는 게 아니오. 금은으로는 보상하지 못하는 것이 있소. 이 절은 성화사(聖和寺)라는 이름이 말하듯, 우리들 몇몇이 세상을 버리고 오래전부터 조 용히 머무르던 곳이오. 그런데 이제 우락부락하고 억센 군인들이 꾸역꾸역 모여 들어 평화고 뭐고 다 날아가 버렸단 말이오. 그자들은 제멋대로 본당에 들어가 아무 데나 침을 뱉지를 않나, 부처님 앞에서도 버티고 서 있지를 않나, 장소를 가리지 않고 소변을 보지를 않나, 난폭 방자도 분수가 있는 법이오."

그러자 왕후는 말했다.

"군인들이니 할 수 없는 노릇이오. 군인들의 행동을 고치기보다는 당신네들이 불상을 둘러메고 옮겨 버리는 편이 더 쉬울 것 같소. 저 가장 안쪽 건물에 불상을 옮기면 어떻겠소. 부하들에게는 그곳만은 절대로 가지 말라고 명령하겠소. 그러면 당신들도 안심할 수가 있을 거요."

달리 방법이 없었기 때문에 늙은 주지는 그가 하라는 대로 했다. 노승들은 보살상을 대좌째로 모조리 안쪽으로 옮겼다. 그러나 금빛 칠이 벗겨진 본존불상만은 너무 커서 운반할 수 없었으므로 그냥 놓아두었다. 만약 떨어뜨려 깨지기라도 한다면 엄청난 재앙이 내릴 것을 두려워했기 때문이었다. 그 뒤로 군사들은 본당의 불상 옆에서 지내게 되었다. 그들이 어떤 죄를 저지를지 모르는데, 그것을 붓다가 보고 노하면 큰일이라고 하여 노승들은 본존의 얼굴을 천으로 덮었다.

왕후는 부하 가운데서 셋을 심복으로 삼았다. 먼저 첫 번째가 언청이다. 그 다음이 매(鷹)라는 별명을 가진 사나이로 여윈 얼굴에 매부리코가 붙었고 입이 좁고 처졌다. 또 하나는 돼지 백정이라고 불리는 사나이였다. 이 돼지 백정은 살찌고 벌그레하면서 몸집이 매우 큰 사내로, 마치 빚다가 말고 손으로 짓눌러 버린 듯이 편평하고 넓적한 얼굴을 지녔다. 힘이 장사로 예전에 돼지 백정질을 한 것도 사실이었는데, 싸움을 벌여 이웃 사나이를 죽여 버렸다. 그는 늘 그 일을 이렇게 말하면서 후회했다.

"그때 내가 젓가락을 들고 밥이라도 먹고 있었더라면 죽이지는 않았을 거야. 그런데 내가 고기 써는 칼을 들고 있을 때 놈이 싸움을 걸어 오는 바람에 칼이 제멋대로 손에서 날아간 거였지."

상대 사나이는 출혈이 몹시 심해 그만 죽어 버렸다. 그는 법의 손아귀에서 벗어나기 위해서 도망쳐야만 했다. 이 사나이는 한 가지 기묘한 재주를 지니고 있었다. 몸은 우악스럽지만 손만은 재빨라서 젓가락을 쥐고서 날아다니는 파리를 한 마리씩 잡을 수가 있었다. 동료들은 때때로 그에게 그런 손재주를 부리게 하고 큰 소리로 웃었다. 그는 그 정확한 솜씨로 사람을 찔러 한꺼번에 왈칵 피를 흘리게 하여 죽이는 묘기도 터득하고 있었다.

이 셋은 비록 읽고 쓰지는 못하지만 빈틈없는 사나이들이었다. 그들 같은 생활에는 책에서 얻는 지식은 필요가 없었다. 또한 그들조차 학문이 도움이 되리라고는 꿈에도 생각지 않았다. 이 세 사람을 골랐을 때, 왕후는 그들을 자기 방으로 불러들여 말했다.

"너희 셋을 나의 심복으로 삼겠다. 무리의 윗자리에 서서 내 명령을 어기거나 나를 배반하는 자가 있는지 감시해 다오. 내가 뜻을 이룬 날에는 반드시 보답하겠다."

그러고 나서 매와 돼지 백정을 방 밖으로 내보내고 남아 있는 언청이에게 엄숙하게 말했다.

"너를 저 두 사람 위에 앉힐 테니 그들이 나를 배반하는 행위를 하는지 감시해 다오. 그것이 너의 임무다."

그리고 다시 세 사람을 모아 놓은 뒤에 말했다.

"나는 누구든 충성심에 조금이라도 의심스러운 점이 있으면 사정없이 쳐내는 인간이다. 다음 숨이 채 끝나기도 전에 냉큼 베어 버릴 것이다."

언청이는 조용히 대답했다.

"대장님, 저는 걱정하지 마십시오. 대장님의 오른손이 대장님을 배신하더라도 저는 염려 없습니다."

나머지 둘도 열심히 충성을 맹세했다. 특히 매는 소리를 한결 더 높여서 말했다.

"병졸로 거두어 주셨으면서 이런 자리에 앉혀 주시다니 그 은의(恩義)는 잊지 않겠습니다."

그는 자신의 소망까지 왕후에게 맡겼던 것이다.

그래서 세 사람은 복종과 충성을 맹세하기 위해서 왕후에게 공손히 경례를 올렸다. 이 일이 끝나자 왕후는 부하 가운데서 영리하고 재빠른 자를 골라서 적의 동정을 탐지하기 위해 부근의 각 방면으로 보냈다.

그때 그는 이렇게 명령했다.

"추위가 극심해지기 전에 은거지를 만들어야 하니 서둘러 적정을 염탐해 오너라. 바오 장군에게는 부하들이 얼마나 있는가 먼저 그것을 염탐해 내야 한다. 만약 그의 부하를 만나면 어느 정도로 두목에게 충성하고 있는가, 돈으로 매수할 수 있는가 슬쩍 떠보아라. 어떻게든 말을 걸 계기를 만들어서 교묘히 들춰내야 한다. 너희들의 생명은 나에게는 돈보다 소중하니까 나는 될 수 있는 대로 적을 매수할 작정이다. 돈으로 살 수만 있다면 너희가 쉽사리 생명을 잃게 하고 싶지 않다.”

　명령을 받은 자들은 군복을 벗고 낡은 누더기 같은 속옷만을 몸에 걸친 채 가난한 사람들이 입는 보통 겉옷을 살 돈을 왕후로부터 받아 가지고 산을 내려갔다. 산기슭 마을의 전당포로 가면 농부나 노동자의 낡아 빠진 옷이 얼마든지 있었다. 돈 몇 푼에 저당 잡힌 것인데 가난뱅이인지라 쉽사리 찾아갈 수가 없는 것이다. 그런 옷을 반값으로 살 수 있었다. 이런 옷차림으로 변장한 그들이 이 지방 일대에 흩어져 여인숙에서 뒹굴거나, 시간을 보내기 위해 노름판 탁자 옆에 서서 구경을 하거나, 길가 찻집에서 앉아 있거나 하며 이곳저곳에서 남들의 이야기에 귀를 기울였다. 그리고 그렇게 얻은 정보를 가지고 돌아와 모조리 왕후에게 보고했다.

　이러한 부하들이 염탐해 가지고 온 내용은 왕후가 술집 주인에게 들은 것과 거의 똑같았다. 주민들은 비적 두목 바오 장군을 아주 두려워했고 싫어했다. 그의 요구가 해마다 늘어나고 그에 응하지 않으면 집과 밭을 습격해 엉망을 만들기 때문이었다. 바오 장군 쪽은 자신이 다른 비적들로부터 주민을 지켜 주기 때문에 돈을 받는 것은 마땅하며, 또 해마다 부하가 늘어나므로 그 비용을 징수하는 것은 어쩔 수 없는 일이라는 것이었다. 사실 그의 부하는 해마다 늘어났다. 이 지방의 게으른 자, 범죄를 저지른 자는 모두 쌍룡봉의 산채로 도망쳐 들어가 바오 장군의 부하가 되었다. 용감하여 도움이 될 자는 누구든 환영받았고, 약골이고 겁쟁이라도 산채에서 잡일을 시키기 위해서 먹여 주었다. 여자 중에서도 산채에 끼어드는 자들이 있었다. 남편과 사별하고 세상의 소문쯤은 염두에도 두지 않는 대담한 이들이었다. 또 남편을 따라 산채로 온 여자, 인질로 끌려와 사나이들의 노리개가 되는 여자들도 있었다. 바오 장군이 이 지방 일대에 다른 비적들을 접근치 못하게 한다고 장담하는 것도 사실이었다.

　그럼에도 주민들은 바오 장군을 미워했고 아무것도 바치고 싶어하지 않았다.

그러나 싫어해 보았자 무력에는 도리가 없으므로 공물을 바치지 않을 수는 없었다. 옛날 같으면 민중들도 낫, 칼, 갈퀴 등등 간단한 무기를 들고 봉기할 수도 있었겠지만 오늘의 비적은 외국제 총을 가지고 있으므로 그런 도구는 아무런 도움도 되지 않았다. 쏘기만 하면 곧바로 즉사해 버리는 총 앞에서는 용기도 분노도 아무 소용이 없었다.

바오 장군의 부하 병력에 대해서는 정탐꾼으로 내보낸 자들의 보고가 기묘하게도 저마다 달랐다. 5백 명이라고 들은 자도 있는가 하면, 2천 명에서 3천 명쯤이라는 자도 있었고, 그 가운데에는 1만 명 이상이라는 자도 있었다. 어느 것이 진짜인지 왕후로서는 알 수가 없었다. 그저 뚜렷한 것은 왕후가 이끄는 부하들보다도 훨씬 많다는 것뿐이었다. 그래서 왕후는 곰곰이 생각했다. 이건 책략을 써야겠다. 총은 최후의 결전까지 보류해 두어야 한다. 아니, 가능하면 그것조차 피해야만 한다. 그는 앉아서 이런 생각을 하며 정탐꾼으로 내보냈던 부하들의 보고를 듣고 있었다. 제멋대로 떠들게 내버려두면 이런 무리들은 자기도 모르는 사이에 도움이 되는 말을 지껄여 버리는 법이다. 왕후는 그것을 잘 알았다. 전에 대장에게 검은 눈썹 호랑이라는 별명을 붙여 준 익살꾼은 가느다란 목소리를 높여 의기양양하게 떠들어 댔다.

"나는 무서운 게 없으니까, 현 공서(縣公署)가 있는 이 지방에서 가장 큰 도시로 갔었습니다. 그곳에서도 모두들 바오 장군을 무서워했습니다. 바오 장군은 해마다 명절이 되면 돈을 내라고 요구하고, 내지 않으면 도시 전체에서 약탈을 하겠다고 위협하여 상인들로부터 엄청난 돈을 우려내는 모양입니다. 나는 그런 말을 해 준 사나이와 이것저것 이야기했습니다. 그 사람은 돼지고기로 만든 만두를 팔고 있는데 아주 맛나더군요. 대장, 이 부근의 돼지는 무척 맛있습니다. 고기 속에 마늘을 넣은 만두인데, 이렇게 맛있는 게 있으면 언제까지나 이 지방에 있고 싶어집니다. 그 사나이에게 나는 물어보았지요. 왜 현장은 주민들을 위해 군대를 동원하여 비적을 토벌하지 않느냐고요. 그러자 만두 장수는—놈은 아주 인심이 좋은 자였어요. 터진 만두를 싸게 주더군요—이렇게 말했습니다. 이곳 현장은 아편만 피워서 자기의 그림자도 두려워할 정도의 겁쟁이이며, 현장의 군대의 사령관이란 자는 한 번도 싸움터에 나가 본 일이 없어서 총을 쥐는 법조차 모르고 백성들보다도 제 밥상의 국물 맛에만 신경 쓰는 수다스러운 자다, 현장님이 어떤 인간인가는 호위병을 보면 알 수가 있다, 호위병이 자기를 배반하거나 매수당하면 큰일이라는 근심 때문에 마치 식은 차를 땅에다 버리듯이 아낌없이 돈을 퍼준다, 그렇게 하면서도 바오라는 이름만 들어도 벌벌 떨 위인으로 쫓아 버리고 싶기는 하지만 손가락 하나 못 대고 있는 형편이다, 바오 장군을 조용히 만들기 위해 해마다 놈에게 바치는 돈을 늘리고 있으니까 견딜 수 없다. 이것이 다 만두 장수가 해 준 말입니다. 나는 만두를 다 먹고 나서 돈을 더 내더라도 그 만두 장수가 덤을 더 줄 것 같지 않아서 그대로 떠났습니다. 그다음엔 벽과 벽 사이 양지바른 곳에 앉아서 이를 잡고 있던 거지에게 말을 걸었습니다. 그 늙은이는 평생 그 도시에서 거지 노릇을 하고 있었다더군요. 아주 영리한 노인으로서 이를 한 마리 한 마리 깨물어 머리를 떼서 씹어 먹고 있었는데 그렇게 이가 많은데도 아주 뚱뚱하더군요! 여러 이야기를 하는 동안에 거지는 이렇게 말했습니다. 현장이 이 지방에서 비적이 제멋대로 날뛰게 둔다는 말이 윗벼슬아치의 귀에 들어갔기 때문에 올해는 현장님도 무슨 수를 쓸 것이다. 이곳 땅은 기름지고 세금 수입도 많으므로 현장의 지위를 노리는 자가 많다. 그런 무리들이 이곳 현장은 직무 태만이라고 고등 재판소에 고발하려고 한다. 그런데 동네 사람들은 지금의 현장님이 면직될까 봐 근심하고 있다. 현장님도 젊을 때는 엄청난 욕심꾸러기였지만 나이를 먹어 얼마간 나아졌는데, 다시 새로 욕심 많은 현장이 온다면 처음부터 되풀이해야 할까 근심한다는 것입니다."

　이런 식으로 왕후는 정탐차 내보낸 부하들이 제멋대로 떠들게 내버려두고 잠자코 듣기만 했다. 그들은 무지한 인간이 다 그렇듯이 껄껄 웃으며 들은 일이라면 무엇이든지 지껄여 댔다. 그들은 커다란 기대를 품었고 자기들의 대장을 믿었다. 게다가 그들은 나갔던 마을이나 부락이 아주 마음에 든 것이었다. 이 지방은 현장과 바오 장군의 양쪽에서 착취당했지만 토지가 기름지기 때문에 백성들은 아직 여유가 있어 편히 지냈다. 왕후는 부하들을 얼마든지 떠들게 했다. 그들이 떠드는 내용은 거의 시시한 것들이었지만 그래도 떠드는 동안에 왕후가 알고 싶어하는 것이 튀어나올 때도 있었다. 왕후는 그들보다 총명하기 때문에 겨 속에서 알곡을 골라내듯이 값어치가 있는 것을 골라낼 수 있었다.

사나이의 떠들썩한 수다가 끝났을 때 왕후는 부하가 마지막으로 한 말을 포착했다. 현장이 자기의 지위를 잃어버릴까 봐 두려워한다는 사실을 그는 깊이 생각했다. 그곳에 자기 계획의 열쇠가 있는 것이 아닐까? 그 무기력한 늙은 현장을 잘 이용하면 이 지방 일대를 다스릴 힘을 쥘 수 있지 않을까? 부하의 보고를 들으면 들을수록 바오 장군의 병력은 생각했던 것보다는 강하지 않은 것 같은 느낌이 들었다. 한참 생각하던 그는 바오 장군의 산채에 정탐꾼을 잠입시켜 그 병력의 수와 질을 살피게 하기로 결심했다.

그날 밤 왕후는 부하들이 저녁밥 먹는 것을 휘둘러보았다. 그들은 편히 앉아 저마다 딱딱한 빵을 베어 물고 주발에 담은 죽을 들이마시고 있었다. 그는 누구를 정탐꾼으로 보낼지 얼른 결정하지 못했다. 어느 자를 보더라도 머리가 제대로 돌아갈 것 같지가 않았다. 문득 그의 눈은 언제나 곁에 있는 곰보 조카에게 머물렀다. 곰보는 마침 뺨이 불룩하게 음식을 입안에 넣고 열심히 목구멍으로 넘기려는 중이었다. 왕후는 아무 말도 하지 않고 자기 방으로 돌아갔다. 곰보는 왕후를 시중드는 것이 의무였기 때문에 곧 뒤따라왔다. 왕후는 문을 닫으라고 명령한 뒤에 입을 열었다.

"어떤 명령을 내리고 싶은데 너에게 그것을 해낼 용기가 있을까?"

곰보는 아직 음식을 입에 문 채 힘차게 대답했다.

"시험해 봐 주십시오, 삼촌!"

"좋아, 그럼 시험해 보지. 아이들이 새를 잡는데 쓰는 고무총이 있지? 그것을 가지고 너는 쌍룡봉으로 간다. 해질녘에 그 부근을 어물거리다가 길을 잃은 척하고, 산채의 문 앞에서 산짐승이 겁이 나는 척하고 우는 거다. 안으로 들여보내 주거든, 나는 꼴짜기 저쪽에 사는 농부의 아들인데 해가 이렇게 일찍 질 줄은 생각지도 못하고 새를 잡으러 산에 올라갔다가 그만 길을 잃고 말았다, 하룻밤만 이곳에서 묵고 가게 해 달라고 부탁해 보아라. 아무래도 재워 주지 않으면 제발 길이 있는 곳까지라도 데려다 달라고 부탁하고 그동안에 눈치 빠르게 모든 것을 살펴보고 오는 거다. 부하는 얼마쯤 있고 총은 어느 정도 있는가, 바오 장군은 어떤 사나이인가, 가능한 한 정확하게 염탐해서 나에게 보고하는 거다. 해낼 만한 배짱이 있느냐?"

왕후가 검은 눈으로 지그시 쏘아보자 소년의 붉은 얼굴에서 핏기가 가시고 피부 위로 곰보 자국이 뚜렷이 떠올랐다. 소년은 조금은 숨 가쁜 듯하면서도 또 렷한 말로 대답했다.

"할 수 있습니다."

"너에게는 아직까지 아무 일도 시킨 적이 없어." 왕후는 말했다. "그러나 이번 에야말로 너의 그 익살맞은 성질이 도움이 될 게다. 만일 네가 겁을 먹어 머리가 돌아가지 않거나 적에게 들켜 버리면 그것은 네 잘못이야. 너는 걱정이 없고 얼 간이 같은 얼굴을 하고 있어. 그러나 너는 보기보다 영리해. 그래서 너를 고른 것 이다. 어린애 흉내만 내면 너는 안전하다. 만약 적에게 붙잡혀도 입을 다문 채 죽을 만한 배짱이 있느냐?"

그러자 소년의 얼굴에 다시 핏기가 올랐다. 그는 초라한 푸른 옷을 입고 있었 으나 늠름한 태도로 말했다.

"시험해 봐 주십시오. 대장님!"

왕후는 그 용기에 만족했다.

"너는 용기가 있구나! 이것은 시험이다. 만약 잘만 해내면 좀 더 높은 지위에 앉을 자격이 있다."

그는 조카의 얼굴을 가만히 보며 미소를 띠었다. 화를 낼 때 말고는 거의 움 직이지 않는 그의 마음이 이때만은 소년에게 조금 움직였다. 그러나 그것은 조 카가 귀여웠기 때문이 아니었다. 이 소년을 사랑하기 때문도 아니었다. 자신의 아들이 있었으면 하는 바람이 가슴을 스쳤기 때문이었다. 그러나 그것도 이런 아이는 아니었다. 강하고 성실하고 침착한 자기의 아들이 아쉬웠다.

왕후는 곰보에게 농부의 아들 같은 옷을 입히고 허리에는 허리띠 대신 손수 건을 두르도록 했다. 제법 멀고 험한 바위를 기어 올라가야 하므로 맨발에 낡고 닳은 신을 신겼다. 곰보는 두 갈래로 갈라진 나뭇가지를 갈라 아이들이 가지고 다니는 것과 같은 고무총을 만들었다. 고무총이 다 만들어지자 그는 재빨리 산 을 내려가 솔밭 속으로 모습을 감추었다.

곰보가 떠난 뒤, 이틀 동안 왕후는 계획대로 부하들에게 일을 분담시켜 누구 도 게으름을 피우거나 놀지 못하도록 했다. 또 믿을 수 있는 부하에게 명령하여 식료품을 사들이게 했다. 그들은 여기저기로 흩어져 고기와 곡식을 조금씩 사들였으므로 그 누구도 백 명분을 사 모으는 것이라고는 깨닫지 못했고 수상쩍어하는 사람도 없었다.

이틀째가 되는 저녁나절, 왕후는 이제 조카가 돌아오는지 살피려 밖으로 나가 바위두싱이인 신길을 내려다보았다. 마음속으로는 조카의 일을 걱정하고 있었다. 혹시 비참하게 살해당하지나 않았을까 생각하니 말할 수 없는 연민과 회한이 떠올랐다. 주위가 캄캄해지고 초승달이 떠오르자 그는 쌍룡봉 쪽을 바라다보며 남몰래 생각했다.

"죽어도 아깝지 않은 사나이를 보낼걸. 조카를 보낼 일이 아니었다. 만약 처참하게 살해당하기라도 했다면 형님을 뵐 면목이 없다. 그러나 육친이 아니라면 이런 비밀을 믿고 맡길 수가 없고."

부하들이 잠들었어도 왕후는 아직 꼼짝도 하지 않고 산길을 지켜보고 있었다. 달이 중천에 높이 걸려도 조카는 돌아올 줄 몰랐다. 밤바람이 싸늘하게 몸을 파고들었다. 왕후는 드디어 방으로 돌아왔으나 이제까지 맛본 일이 없는 감정이 가슴속에 차올라 마음이 무거웠다. 그 아이는 명랑하고 익살스러운 녀석이라 무슨 짓을 해도 진심으로 화를 낼 수가 없었다. 그가 이젠 영영 돌아오지 않으리라고 생각하니 어쩐지 서글펐다.

왕후는 한밤중까지 잠을 이룰 수가 없었다. 새벽녘 가까이 돼서 문을 두드리는 나직한 소리가 들렸다. 그는 홀로 일어나 문께까지 급히 갔다. 빗장을 벗기자 곰보가 서 있었다. 지칠 대로 지쳐서 초췌한 모습이었지만 표정은 밝았다. 곰보는 절뚝거리면서 문안으로 들어왔다. 바지가 허벅지께에서 찢어졌고 피가 흘러 다리에 말라붙어 있었다. 그래도 그는 쾌활했다.

"돌아왔습니다, 삼촌."

그는 지쳐 빠진 가느다란 목소리로 말했다. 왕후는 자기도 모르게 소리도 없이 웃었다. 그가 정말로 기쁠 때 웃는 방식이었다. 그러나 그는 그저 무뚝뚝하게 물었다.

"허벅다리 상처는 어찌 된 거냐?"

"아무것도 아닙니다." 소년은 시원스레 말했다.

그러자 왕후는 좀처럼 하지 않는 농담을 입에 담았다. 그토록 기뻤던 것이다.

"설마 표범(豹) 발톱에 긁힌 것은 아닐 테지."

소년도 삼촌이 농담을 한 것임을 알았기 때문에 큰 소리로 웃었다. 그리고 본당으로 올라가는 돌계단에 걸터앉았다.

"아뇨, 바오 장군 때문이 아닙니다. 비에 젖은 이끼를 밟고 미끄러지는 바람에 가시덤불 위로 굴렀습니다. 가시나무 때문에 까졌을 뿐입니다. 삼촌, 배가 고파 죽겠습니다."

"그럼 이리 와서 뭘 좀 먹어라." 왕후는 말했다. "먹고, 우선 좀 자거라. 이야기는 그 뒤에 듣자."

그는 소년에게 본당으로 가서 쉬라고 하고 큰 소리로 한 병사를 불러 오늘만은 특별히 조카를 위해서 식사를 준비하라고 시켰다. 그러나 왕후의 목소리를 듣고 군사들이 깨어나 달빛이 비치는 안마당으로 하나둘 모여들었다. 보고 온 것을 이야기하라고 소년을 졸라 댔다. 곰보는 먹을 만큼 먹고 마실 만큼 마셔도 잠을 잘 형편이 못 되었다. 모험에 성공을 거둔 데다가 이야기를 들으려고 기다리고 있는 모두의 얼굴을 보자 갑자기 중요한 인물이 된 듯한 기분이 들어 완전히 흥분했다. 새벽녘도 바로 코앞에 다가와 있고 해서 왕후는 말을 꺼냈다.

"그럼 먼저 이야기를 하고 나중에 마음 푹 놓고 자지."

그러자 소년은 단 위로 올라가 얼굴을 가린 불상 앞에 걸터앉아 이야기를 시작했다.

"저는 자꾸자꾸 산속으로 들어갔습니다. 그 산은 이 산의 곱절은 더 높습니다. 산채는 산마루의 대접처럼 움푹하니 들어앉은 곳에 있습니다. 이 지방을 점령하면 그곳을 본거지로 삼고 싶습니다. 조그만 마을처럼 그 안에는 집이고 무엇이고 다 있습니다. 저는 삼촌이 말씀하신 대로 했습니다. 해가 지고 나서 고무총으로 쏘아 잡은 새를 품에 넣고 절뚝절뚝 다리를 끌고 울면서 산채의 문으로 갔습니다. 그 산에는 진기하고 예쁜 빛깔을 한 새가 있었습니다. 제가 쏘아 맞힌 것은 황금처럼 밝게 빛나는 노란 새였어요. 너무 예뻐서 아직도 가지고 있습니다."

그는 품에서 노랗고 조그만 새를 꺼내 보였다. 새는 그의 손안에서 죽은 채 축 늘어져 있었다. 한 주먹의 금덩이 같았다. 왕후는 어서 소년의 보고를 듣고 싶어서 죽은 새를 이야기하는 것에 화가 났으나 자기를 억제하며 곰보가 이야기하고 싶은 대로 내버려두었다. 소년은 소중한 듯이 조그만 새를 옆에 놓고, 자기 말을 듣고 있는 병사들의 얼굴을 휘둘러보았다. 제단의 향로의 재 속에다 왕후가 세우게 한 괸솔불이 소년의 옆얼굴을 비치고 있었다. 소년은 말을 이어 나갔다.

"문을 두드리니 안에서 나온 놈이 처음에는 문을 조금 열고 누가 왔는가 내다보았습니다. 저는 가련한 목소리로 울면서 말했습니다. '집에서 너무 멀리 와서 길을 잃고 말았어요. 해는 지고 숲속의 짐승이 무서워요. 이 절에 머무르게 해 주실 수 없나요.' 그러자 놈은 곧 문을 닫고서 누군가에게로 물으러 달려갔습니다. 나는 이때라는 듯 소리를 지르면서 될 수 있는 대로 불쌍해 보이도록 울어 댔습니다." 그러고 나서 소년은 어떻게 울었는가를 모두에게 보여 주기 위해서 울어 보였다. 병사들은 배를 잡고 웃어 댔고 여기저기서서 감탄의 소리가 일어났다.

"원숭이 새끼, 곰보 주제에 보통내기가 아니야!"

그는 의기양양해져서 곰보 얼굴에 함빡 웃음을 띠고 이야기를 계속했다.

"놈들은 겨우 나를 안으로 넣어 주었습니다. 나는 될 수 있는 대로 얼간이 같은 얼굴을 하고 있었습니다. 빵과 죽을 먹은 뒤 여기가 어딘지 겨우 깨닫고 겁을 먹은 듯이 다시 울기 시작했습니다. 집으로 돌려보내 달라, 여기는 산적이 있어서 무서워, 바오 장군이 무서워, 하고 울면서 문까지 달려가서 밖으로 내보내 달라고 떼를 쓰며, 짐승에게 잡아먹히는 쪽이 낫다고 외치면서 울어 댔습니다. 그러자 놈들은 내가 너무나 얼간이 같았는지 웃으며 위로해 주었습니다. 너 같은 아이를 괴롭히겠느냐, 아침까지 기다리면 무사히 돌려보내 준다. 이렇게 말하기 때문에 나는 한참 뒤에 벌벌 떠는 것도 우는 것도 그치고 겨우 마음이 가라앉은 척했습니다. 그러자 너는 어디에서 왔느냐고 묻는 것입니다. 산 저쪽에 있다고 들은 마을 이름을 대니까 자기들의 소문은 어떻게 나 있느냐고 다시 묻는 것이었습니다. 그래서 아저씨들은 아무것도 두려워하지 않는 용사라고 들었어요, 아저씨들의 두목은 인간이 아니라고요, 몸은 인간이지만 머리는 표범이라는데 정말인가요? 보고 싶긴 하지만 난 무서워요 하니까, 모두들 나를 비웃었습니다. 그 가운데 한 명이, 따라오너라, 두목을 보여 주겠다 하고 나를 창문께로 데리고 갔습니다. 캄캄한 마당에서 안을 들여다보니 관솔불이 타고 있고 두목이 앉아 있었습니다. 정말 무서운 괴물이었어요. 머리가 납작하고 이마가 꼭 표범 같았는데 젊은 여자와 술을 마시고 있었습니다. 그 여자도 강해 보였지만, 정말 예뻤어요. 둘이서 한 네 병의 술을 마시고 있었습니다. 두목이 마시면 그다음에 여자가 마시는 식으로요."

"병사는 몇 명쯤 있었나? 총은 어떤 것이었나?"

"많이 있었습니다, 삼촌."

곰보는 진지한 표정으로 말했다. "병사들은 우리 쪽의 세 배는 있었고 그 밖에 잡역부가 많았습니다. 여자도 있고 아이들도 여기저기 뛰어다녔어요. 나만 한 나이의 소년들도 있길래 그 한 아이에게 너의 아버지가 누구냐고 물으니 아버지는 한 사람이 아니니까 모른다, 어머니라면 알고 있다는 것이었습니다. 정말 이상했습니다. 병사들은 모두 총을 가지고 있지만 잡역부는 낫이라든가 식칼뿐이었습니다. 그 대신 안채 주변 벼랑 위에는 둥그런 바위가 잔뜩 쌓여서 적이 공격해 오면 허물어 떨어뜨리도록 장치가 되어 있습니다. 산채로 가는 길은 하나밖에 없고 주변은 모두 벼랑이었습니다. 길 어귀에는 늘 보초병이 서 있고요. 내가 들어갔을 때는 마침 자고 있었기 때문에 살그머니 숨어들어 갈 수 있었습니다. 바로 옆 바위 위에 총을 내던진 채 코를 골며 자고 있었기 때문에 마음만 먹으면 총을 훔칠 수가 있었겠지만 그냥 놓아두고 왔습니다. 잘못하면 정체가 드러날까 봐서요."

"병사의 덩치는 어떻더냐? 억센 것 같더냐?"

"억센 것 같았습니다. 커다란 자도, 작달막한 자도 있었는데, 식사가 끝난 뒤 저희들끼리 떠들었습니다. 나는 아이들 틈에 끼여 있었기 때문에 아무도 신경 쓰지 않고 이야기를 하고 있었는데 들으니 바오 장군 불평을 하고 있었습니다. 두목은 산적의 법칙대로 약탈물을 나눠 주지 않고 자기만 많이 갖는다, 예쁜 여자도 독차지하고 싫증이 나기 전까지 부하에게 물려주지 않는다, 동료끼리 나누는 것이 원칙인데 너무 욕심꾸러기다, 자기를 아주 위대한 인간이라고 생각한다,

농부의 자식으로서 읽지도 쓰지도 못하는 주제에 그렇게 으스대니 참을 수가 없다, 이런 말을 하면서 투덜거렸습니다."

왕후는 이 말을 듣고 아주 기뻐했다. 곰보는 다시 이 말 저 말을 하며 산채에서 무엇을 먹었다든가 자기가 어떻게 영리하게 굴었다든가 자랑스럽게 떠들었는데 왕후는 조용히 생각에 잠겨 계획을 짰다. 한참 뒤 곰보는 남김없이 털어놓고서 다시 똑같은 말을 되풀이해 떠들었다. 듣는 자들을 계속 감탄시키고 관심을 끌기 위해서 머리를 쥐어짜는 것이었다. 그것을 눈치챈 왕후는 일어서서 곰보에게 피곤할 테니 자라고 말하고, 부하들에게는 이미 날이 밝았으니 저마다의 일을 시작하라고 명령했다. 다 타 가는 관솔불은 솟아오르는 아침 햇빛 속에서 힘없이 흔들렸다.

왕후는 자기의 방으로 돌아가 심복 셋을 불렀다.

"나는 충분히 생각하고서 계획을 세웠다. 한 사람의 생명, 한 자루의 총도 잃지 않고 성공하리라고 믿는다. 그 산채에는 우리보다도 훨씬 우세한 병력이 있는 것 같다. 그러니 전투는 피해야 한다. 지네를 죽이려면 먼저 머리를 부수어야만 한다. 머리만 부수어 버리면 다리는 허우적거리기만 할 뿐 아무것도 못 하게 된다. 우리는 우선 이 비적의 독이 있는 머리를 해치운다."

이 대담한 계획에 심복들은 깜짝 놀랐으나, 돼지 백정은 이번에도 천박하게 소리를 질렀다.

"대장, 아주 좋은 생각입니다만, 지네 머리를 부수려면 먼저 지네를 붙잡아야 할 것입니다."

"그래, 내가 잡아 보이겠다." 왕후는 태연히 대답했다. "내 계획은 이렇다. 너희들 힘이 필요하다. 먼저 우리는 누가 보더라도 훌륭한 용사라고 생각할 만큼 번듯하게 무장을 하고 이 지방의 현장에게로 가는 것이다. 그리고 각지를 떠도는 용사인데 현장의 근위병으로서 일하고 싶다고 청하는 거지. 그리고 충성의 증거로 바오 장군을 죽여 보이겠다고 하는 거다. 현장은 지금 자신의 지위를 잃을까 봐 두려워하고 있으니 기꺼이 우리의 도움을 청하겠지. 그것이 내가 노리는 점이다. 현장을 꼬드겨 바오 장군에게 화의를 청하게 하고 성대한 연회를 베풀어 바오 장군과 그의 심복을 초대하는 거다. 연회가 한창 무르익을 때 기회를 보아 현장이 손에 든 술잔을 밀어뜨린다. 술잔이 깨지는 소리를 신호로 나와 너희들이 숨었던 장소에서 뛰어나와 비적들을 습격한다. 한편 부하를 온 시내에 깔아 놓고 나에게 복종하지 않는 졸개 비적들을 쓰러뜨린다. 이렇게 하면 지네 머리를 부술 수 있다. 절대로 힘든 일은 아니다.”

세 사람은 아주 훌륭한 계획이라고 감탄하며 찬성을 표했다. 어떻게 실행하는가는 한참 동안 의논한 뒤에 왕후는 그들을 물러가게 하고 부하들을 본당으로 소집했다. 승려들이 가까이서 엿들으면 안 되므로 세 심복에게 감시를 시킨 뒤 모여든 병사들에게 계획을 들려주었다. 병사들은 열광하여 외쳤다.

“만세! 만세! 검은 눈썹의 호랑이 대장 만세!”

왕후는 얼굴을 덮은 불상 아래 서서 부하들의 함성을 들었다. 그는 아무 말도 하지 않았다. 자랑스러운 듯 묵묵히 부하들이 환호하는 것을 보고 있었다. 그러나 이렇게까지 부하들을 움직일 수 있는 자기의 힘을 느끼며 눈을 내리깔고 엄숙한 표정으로 서 있었다. 부하들은 다시금 조용해져서 왕후가 무슨 말을 꺼내는가 기다렸다.

“모두 실컷 먹고 마셔라. 그리고 무장은 하지만 될 수 있는 대로 눈에 띄지 않는 복장으로 총을 들고 현공서에서 그다지 떨어지지 않은 곳에 흩어져 있거라. 내가 소집 호각을 불면 곧 모여야 한다.”

그리고 나서 그는 언청이에게 말했다.

“술과 음식과 숙박 비용으로 한 사람 앞에 은전 다섯 닢씩 나누어 주어라.”

분배가 끝나자 부하들은 완전히 만족했다. 왕후는 세 사람의 심복을 불러서 좋은 옷을 입히고 단검을 품에 감춘 뒤 총을 손에 들고 함께 출발했다.

승려들은 난폭한 무리들이 하산하는 것을 보고 무척 기뻐했다. 왕후는 승려들이 기뻐하는 모습을 보고 말했다.

“아직 기뻐하기엔 이르다. 돌아올지도 모른다. 더 좋은 곳을 찾으면 다시 안 오겠지만.”

이렇게 말하고 나서 왕후는 승려들에게 돈을 듬뿍 건네주었다. 마땅히 주어야 할 비용 말고 금일봉을 주지에게 주었다. “지붕을 고치거나 집을 수리하거나 하시오. 그리고 모두들 새 옷을 사 입으시오.”

승려들은 왕후의 관대함에 기뻐하고, 노주지는 부끄러운 듯이 말했다.

"당신은 결국 좋은 사람이었군. 나는 불보살님께 당신들의 행운을 빌겠소. 그 밖에는 보답할 길이 없으니 말이오."

왕후는 대답했다.

"불보살님께 폐를 끼칠 것까지는 없소. 어차피 나는 신령이나 부처를 그다지 믿지 않소. 그러나 앞으로 왕후 장군이란 이름이 세상에 떠돌거든 아주 좋게 말해 주시오. 왕후 장군이 아주 잘해 주었다고."

노주지는 망연히 왕후의 얼굴을 바라다보며 더듬더듬 되풀이했다. "그렇게 말하겠소. 꼭 그렇게 말하겠소." 그리고 받아든 돈을 소중한 듯이 두 손으로 꼭 쥔 채 가슴에다 끌어안았다.

13

심복 셋을 거느린 왕후는 현공서가 있는 도시로 걸음을 재촉했다. 도시에 닿자 곧장 현공서로 향했다. 왕후는 공서의 문 앞까지 가자 돌사자에 기대어 빈둥거리는 호위병에게 대담하게 말을 걸었다.

"통과시켜 다오. 현장님께 은밀히 드릴 말씀이 있어서 왔다."

왕후가 돈을 쥐어 주지 않으므로 호위병은 어물거렸다. 그것을 보자 왕후는 큰 소리를 질렀다. 곧 심복들이 뛰어나가 호위병의 가슴에 총구를 들이댔다. 호위병은 새파랗게 질려서 뒷걸음질 쳤다. 왕후 일행은 구두 소리도 요란하게 안마당으로 들어갔다. 문 부근에서 어슬렁거리면서 이 광경을 보던 자가 여럿 있었으나 한 사람도 대항하지 않았다. 왕후는 검은 눈썹을 가운데로 모으고 거친 소리로 외쳤다.

"현장은 어디에 계시느냐?"

그러나 누구 한 사람 움직이려 하지 않았다. 왕후는 갑자기 화를 내며 총을 들어서 가장 가까이에 있던 사나이의 배를 쿡쿡 찔렀다. 깜짝 놀란 그 사나이는 벌벌 떨면서 외쳤다.

"안내하겠습니다. 제가 안내해 드리겠습니다!" 그리고 발소리를 쿵쿵 내면서 앞장서서 달려갔다. 왕후는 그 사람의 겁먹은 모습을 보고 소리 없이 웃었다.

이렇게 하여 그들은 그 사나이의 뒤를 따라 안마당을 몇 개고 지났다. 왕후는 여기저기 휘둘러보지는 않았다. 똑바로 앞을 보고 엄숙한 표정을 지었다. 세 부하들도 될 수 있는 대로 왕후의 흉내를 내면서 걸어갔다. 마침내 가장 깊숙이 들어앉은 안마당에 이르렀다. 연못과 함박꽃 화단이 있고 노송이 있는 아름다운 뜰이었다. 그러나 건물의 창문에는 모조리 휘장이 내려져 있었으며 쥐 죽은 듯 조용했다. 안내를 한 사나이가 문지방께에 서서 기침을 하니까 한 종자가 창문으로 얼굴을 내밀었다.

"무슨 볼일입니까? 현장께서는 주무시고 계십니다."

왕후는 큰 소리를 질렀다. 그의 목소리가 조용한 뜰 안에 벼락 치듯이 울려퍼졌다.

"그렇다면 곧 깨워라! 아주 중대한 용건이다. 현장의 지위에 관계가 있는 일이니까 곧 일으켜라."

종자는 어찌해야 좋을지 모르고 반신반의로 왕후 무리를 쏘아보았다. 그는 왕후의 얼굴이 당당하고 위엄에 차 있었기 때문에 성(省) 정부나 상부 관청의 사람임에 틀림이 없다고 추측하고 곧 안으로 들어가서 늙은 현장을 깨웠다. 노현장은 꿈에서 깨어 일어나 세수를 한 뒤 관복을 입고 대청에 나와 앉아서 왕후 무리를 들여보내라고 명령했다. 왕후들은 대담하게 발소리를 크게 내면서 걸어 들어가 현장에게 마땅히 올려야 할 경례를 올렸다. 그러나 진심에서 우러난 것이 아니었고, 머리도 그다지 깊이 숙이지 않았다.

노현장은 앞에 선 자의 늠름함에 완전히 기가 꺾여 버렸다. 그는 황급히 일어나 그들에게 자리를 권하고 종자에게 명령하여 술상을 차려 오게 했다. 현장은 빈객을 맞이할 때 같은 말투로 정중하게 인사를 했는데 왕후는 될 수 있는 대로 짧게 인사를 맞받았다. 첫 대면의 인사가 끝나자 왕후는 거침없이 말했다.

"우리는 현장의 위에 계시는 분들로부터 현장께서 비적 때문에 괴로워한다는 말을 듣고, 우리의 뛰어난 무기와 기량으로써 현장을 도와 비적을 토벌하기 위해 왔습니다."

왕후네가 무슨 목적으로 왔는지를 몰라서 떨던 현장은 그 말을 듣자 쉰 듯하고 겁먹은 듯한 소리로 말했다.

"내가 비적 때문에 고민하고 있는 것은 사실이오. 나는 무인이 아니라 학자이기 때문에 저런 녀석들을 어떻게 처치해야 좋을지 모르고 있는 바요. 사령관이 있긴 하지만 그는 급료를 정부에서 받고 있어 굳이 전쟁을 하고 싶어하지 않소. 또 이 지방 주민들은 제멋대로고 어리석어서 말이오. 전쟁이 시작되면 비적의 편을 들어 정부에 대항할지도 모르오. 몇 푼 안 되는 정당한 세금에도 곧 불평을 하니까요. 그런데 당신은 뉘신가요? 존함을 듣고 싶소. 조상 대대의 고향은 어디시요?"

그러나 왕후는 이렇게 대답했을 뿐이었다.

"우리들은 천하를 떠도는 무인으로, 필요로 하는 사람이 있을 때 우리의 무용을 제공하는 것을 본분으로 삼고 있습니다. 우리는 이 지방이 비적에게 짓밟히고 있다는 말을 듣고 일자리를 찾아서 왔습니다. 우리에게 비적을 토벌할 묘안이 있는데 맡겨 주시겠습니까?"

만일 보통의 경우라면 노현장이 이와 같이 첫 대면인 사람의 말에 귀를 기울였을지 의심스럽다. 그러나 현재의 그는 지위를 잃고 생계의 길조차 뺏길까 봐 두려워하고 있었다. 아들도 없고 노령에 이른 이제 와서는 새로이 생계의 수단을 구할 희망도 없었다. 그에게는 늙은 부인이 있었고, 그 밖에도 백 명에 가까운 가난한 문중 사람들이 모두 그를 의존하여 살고 있었다. 무능한 노인이 돼 버린 이 나이에 탐욕스러운 강적이 나타났기 때문에, 이 난국에서 벗어나기 위해서는 지푸라기라도 잡고 싶은 심정이었다. 그래서 그는 몇 사람의 호위만을 남겼을 뿐 모두 물리치고 왕후가 이야기하는 계획에 귀를 기울였다. 왕후의 계획을 들으면서 그는 몹시 솔깃했다. 단 한 가지 걱정은, 만약 계획이 실패하여 바오 장군을 죽이지 못하면 틀림없이 잔혹한 복수를 당하리라는 것이었다. 노인이 두려움을 알아챈 왕후는 대수롭지 않게 내뱉었다.

"바오를 죽이는 것쯤은 나에게는 고양이를 죽이는 것과 다름이 없습니다. 놈의 목을 잘라 피가 떨어지는 것을 보아도 내 손은 결코 오므라드는 일이 없습니다. 믿어 주시기 바랍니다!"

현장은 말없이 생각에 잠겼다. 그는 이미 노령인 데다 부하 군사들은 무기력하고 겁쟁이였다. 이 계획을 놓친다면 달리 기회가 없을 것 같았다. 그래서 그는 이렇게 말했다.

"달리 방법도 없는 듯하군요."

그는 다시 종자를 불러 고기와 술을 날라와 향연 준비를 하도록 명령했다. 그리고 왕후와 그 심복을 빈객으로 대접했다. 왕후는 연회가 끝나기를 기다려 노현장과 함께 계획을 면밀하게 검토했다. 그리고 이삼 일 안에 이 계획을 실행에 옮겼다.

노현장은 쌍룡봉으로 사자를 보내서 이렇게 전했다. 나는 노령이기 때문에 곧 현장의 지위에서 물러나게 된다. 후임자가 현장 임무를 넘겨받게 될 것이다. 그러나 이 자리를 물러남에 있어 원한을 남겨 놓고 싶지 않다. 그래서 바오 장군과 중요한 몇몇 수령들을 초대하여 송별연을 베풀어 즐겁게 이야기하고, 새 현장에게도 인사를 시키고 싶다. 바오 장군은 이 이야기를 쉽사리 믿지 않았다. 왕후는 의심받을 것을 계산했었기 때문에, 노현장 자신의 입으로 머지않아 벼슬자리를 떠나게 된다는 말을 퍼뜨리게 해 두었다. 이런 소문은 곧 곳곳으로 퍼져 나갔다. 백성들 사이에 숨어들어 정탐하던 비적들은 백성들로부터도 똑같은 이야기를 들었기 때문에 소문을 완전히 믿었다. 그들은 이 기회에 새 현장을 위협하여 자기네 쪽으로 포섭하고 이제까지와 같은 금액을 내게 할 수만 있다면 전쟁을 하지 않아도 되니 좋은 일이라고 생각했다. 그래서 노현장이 청한 화의를 받아들이기로 하고, 달이 없는 날 밤 초대에 응해서 찾아뵙겠다는 답을 보냈다.

마침 그날 밤은 비가 내렸다. 캄캄하고 안개가 짙었으며 바람까지 불었으나 비적들은 약속대로 왔다. 가장 좋은 옷을 입고 무기도 번쩍번쩍하게 손질하여 찾아왔다. 거느리고 온 호위들은 공서의 마당에 가득 들어차 문밖의 큰길에까지 넘쳐흘렀다. 만일의 경우를 경계하고 있었던 것이다. 그러나 노현장은 보기 좋게 연기를 해냈다. 늙어 시든 그의 무릎이 관복 자락 안에서 떨리고 있었지만 그의 안색은 온화했고 말씨도 정중했다. 그는 자기 부하들에게 무기를 내려놓도록 했다. 비적들은 자기네들 말고는 무기를 가진 자가 없는 것을 보고 안심했다.

노현장은 요리사에게 명령하여 최고급 요리를 만들게 했다. 두목들에게는 안쪽의 대청에 요리상을 차려 주고, 호위를 하는 비적들은 안마당에서 먹고 마실 수 있도록 했다. 이윽고 준비가 갖추어지자 노현장은 두목들을 연회석으로 안내하고 바오 장군을 가장 상석에 앉히려고 했다. 장군은 예의상 몇 번 사양한 뒤에 겨우 그 자리에 앉았다. 노현장은 주인의 자리에 앉았다. 그러나 그는 미리 문 가까이에다 자기 자리를 정해 두었다. 때가 되어 신호의 의미로 술잔을 떨어뜨리면 곧바로 도망쳐 나가 일이 끝날 때까지 숨어 있으려는 계획이었다.

항연이 시작되었다. 처음에 바오 장군은 경계를 하여 두목급들이 신나게 마셔 대는 것을 눈으로 꾸짖었다. 그러나 술맛은 더없이 좋았다. 이 지방에서 가장 고급 술이었다. 또 나온 고기 요리는 목이 말라서 술이 마시고 싶어지도록 교묘하게 맛을 낸 것들이었다. 언제나 초라한 음식만 먹던 비적들은 이런 진미를 먹어 본 일이 없었다. 본래 비천한 태생인지라 요리 같은 것과는 인연이 없는 무리들로서, 이렇듯 혀끝에서 녹는 듯한 요리들은 꿈조차 꾸어 본 일이 없었다. 마침내 경계고 뭐고 없이 실컷 먹고 마시기 시작했다. 안마당의 호위병들은 두목처럼 조심스럽지 않았기 때문에 기갈이 든 것처럼 먹고 마셔 댔다.

왕후와 세 심복은 문가의 창문 휘장 뒤에 숨어서 기다렸다. 기회가 오면 그 문으로 뛰어들 참이었다. 저마다 장검을 뽑아 들고 언제든지 습격할 수 있도록 태세를 갖춘 뒤에, 술잔이 떨어지는 소리에 귀를 기울였다. 연회는 이미 세 시간 넘도록 이어져 비적들은 술을 샘물처럼 마셔 댔다. 하인들은 요리와 술을 나르기에 몹시 바빴다. 비적들은 뱃속 가득히 고기와 술을 쑤셔 넣어 움직이는 것조차 힘들어 보였다. 그때 갑자기 노현장이 떨기 시작했다. 안색은 잿빛 같았다. 그는 신음하듯 말했다.

"가슴이 왜 그런지 갑자기 답답해지는데."

그는 떨리는 손으로 술잔을 높이 들어 떨어뜨리고 비틀거리면서 일어나 문밖으로 나갔다.

놀란 사람들이 숨 쉴 틈조차 없는 사이에 왕후는 호각을 불고 심복들을 큰 소리로 부르며 문안으로 몰려 들어가 비적의 두목들을 급습했다. 심복들은 왕후가 미리 정해 준 상대에게 칼을 휘둘렀다. 왕후는 몸소 바오 장군에게 덤벼들었다.

현장의 하인들은 소동이 일어나 왕후의 외침 소리가 들리거든 모든 문을 닫고 빗장을 걸어 두라는 명령을 받고 있었다. 바오 장군은 자객의 습격이라는 것을 알자마자 방금 노현장이 도망친 문으로 달려갔다. 왕후는 숨 쉴 겨를도 주지 않고 뒤쫓아가서 바오의 두 팔을 붙잡았다. 바오 장군이 뛰어 일어나면서 손에 든 것은 단검뿐이었다. 싸우려고 해도 싸울 수가 없었다. 이렇게 저마다 목표로 한 상대를 베려고 덤벼들자 연회장은 순식간에 비명과 아우성으로 꽉 들어찼다. 처참한 사투가 전개되었다. 심복들은 노리는 상대의 숨통을 끊을 때까지는 다른 쪽을 돌아다볼 여유조차 없었다. 그러나 비적들은 잔뜩 취해 있었기 때문에 쉽사리 해치울 수 있었다. 상대를 죽이자마자 그들은 왕후를 돕기 위해서 달려들었다.

바오 장군은 강한 적이었다. 반쯤 취해 있었지만 동작이 번개 같아 발길로 차내거나 단검으로 교묘히 막았기 때문에 왕후가 생각했던 것처럼 한칼에 베어버릴 수가 없었다. 그러나 그는 혼자서 바오 장군을 해치웠다는 영예를 갖고 싶었으므로 부하들의 가세를 거절했다. 바오 장군이 그렇게 작은 단검만으로 용감하게도 죽을힘을 다해 대항하는 것을 보고 왕후는 감탄하지 않을 수가 없었다. 대장부는 비록 적일지라도 용사에게는 경의를 품는다. 왕후는 이런 용사를 죽이는 것이 아까웠다. 그러나 죽여야만 한다. 그는 장검을 휘두르며 바오 장군을 구석으로 몰았다. 바오 장군은 너무 과식하고 과음을 해서 전력을 발휘할 수가 없었다. 게다가 바오 장군의 무술은 독학이었으므로 군대에서 모든 전투 자세와 기술을 배운 왕후를 당할 수는 없었다. 마침내 바오 장군은 무섭게 들어오는 왕후의 장검을 막을 수 없게 되었다. 왕후의 장검은 바오 장군의 배를 꿰뚫었다. 쑥 돌려 뽑으니 피가 폭포수처럼 쏟아져 나왔다. 쓰러져 죽을 때 바오 장군은 왕후가 평생 잊을 수 없을 만큼 위압적이고도 처절한 얼굴로 왕후를 노려보았다. 정말 표범 같은 얼굴이었다. 보통 인간들처럼 검은 눈이 아니라 호박(琥珀)처럼 반투명한 황색이었다. 그가 쓰러진 채 움직임이 멈추고 엷은 황색 눈만이 허공을 노려보고 있는 것을 보았을 때 왕후는 정말 표범이라고 생각했다. 눈 색만이 표범과 비슷한 게 아니었다. 머리통이 평평했고 참으로 기묘하게 짐승처럼 뒤쪽으로 비스듬했다. 심복들은 대장의 곁으로 몰려들어 칭송의 말을 늘어놓았다. 그러나 왕후는 그런 말도 들리지 않는 듯 그저 피가 뚝뚝 떨어지는 장검을 손에 든 채 쓰러져 있는 시체를 내려다보며 슬픈 듯이 말했다.

"이 녀석을 죽이고 싶지 않았다. 정말 사납고 용맹한 녀석이었다. 이 눈이야말로 용사의 눈이다."

왕후가 이런 용사를 죽여야만 했던 비운을 개탄하면서 서 있노라니 돼지 백정이 바오 장군의 심장이 아직 식지 않았다고 외쳤다. 그는 탁자 위의 주발을 집어 들었다. 그리고 우악스러운 손에 어울리지 않는 교묘하고 재빠른 솜씨로 비오 장군의 왼쪽 가슴을 가르고 늑골을 벌려 그곳에서 바오 장군의 심장을 끄집어 내 주발에 담았다. 정말로 심장은 아직 따뜻해서 주발 속에서 한두 번 꿈틀꿈틀 움직였다. 돼지 백정은 손에 든 주발을 왕후에게 바치며 쾌활한 소리로 말했다.

"대장님, 드십시오. 옛부터 전해 오는 말이 있습니다. 용감한 적의 심장을 더울 때 먹으면 자기의 심장이 두 배나 강해진다구요."

그러나 왕후는 먹으려 하지 않고, 그저 고개를 돌린 채 의연히 말했다.

"내게 그런 것은 필요 없어."

그의 눈길은 바오 장군이 연회 때 앉아 있던 의자 곁에 머물렀다. 그곳에서는 바오 장군의 장검이 번쩍거리며 딩굴고 있었다. 그는 다가가서 주워 올렸다. 요즘엔 구할 수 없는 훌륭한 명검이었다. 비단 몇 필도 한꺼번에 꿰뚫을 만큼 날카로웠고 구름을 두 쪽 낼 수 있을 것같이 싸늘한 빛을 내뿜고 있었다. 왕후는 옆에 쓰러져 있는 비적을 옷 위에서부터 시험 삼아 베어 보았다. 힘을 조금도 들이지 않았는데도 녹듯이 뼈까지 베어졌다. 왕후는 말했다.

"이 장검은 내가 갖겠다. 이런 명검은 이제까지 본 일이 없다."

그때 옆에서 토하는 소리가 들렸다. 돼지 백정이 하는 짓을 보고 있던 곰보가 갑자기 속이 메슥메슥해져서 토한 것이었다. 그는 여지껏 사람을 죽이는 것을 본 일이 없었다. 그 사실을 아는 왕후는 부드럽게 말했다.

"지금까지 참았던 것만도 장하다. 마당으로 나가 시원한 바람을 쐬고 오너라."

그러나 곰보는 좀처럼 나가려고 하지 않았다. 기를 쓰며 그곳에 서 있었다. 왕후는 칭찬했다.

"내가 호랑이라면 너는 호랑이 새끼다."

곰보는 좋아하며 웃었다. 핏기 없는 창백한 얼굴에서 이빨만이 빛났다.

노현장에게 약속한 일을 해낸 왕후는 부하들이 비적을 어떻게 처치했나 보려고 안마당으로 나가 보았다. 구름이 낮게 깔린 캄캄한 밤이었다. 어둠 속에서 그림자처럼 꺼멓게 움직이고 있는 무리가 있었다. 그의 부하들이었다. 그들은 왕후의 명령을 기다리고 있었다. 왕후는 관솔불을 밝히게 했다. 타오르는 불빛에 드러난 것은 몇 구의 시체뿐이었다. 함부로 적을 죽이지 말라, 만약 용사가 있다면 이쪽 편으로 가담할 기회를 주도록 명령을 해 둔 것이었다. 왕후는 적의 시체가 적은 것을 보고 기뻐했다.

왕후의 일은 아직 끝나지 않았다. 적의 산채는 오늘이 가장 약할 때다. 그는 남아 있는 비적들이 방비를 굳히기 전에 급습해야겠다고 생각했다. 그는 노현장과 만날 시간마저 아까워서, 그저 '독사의 소굴을 소탕할 때까지는 보수를 바라지 않는다'고 노현장에게 전하도록 했다. 그리고 부하들을 모은 뒤에 어둠을 틈타 논밭을 지나 쌍룡봉으로 향했다.

그러나 부하들은 오늘 밤 이미 일전을 벌였으므로 그의 명령에 따를 마음이 일지 않았다. 쌍룡봉까지의 길은 10리가 넘는다. 게다가 또 싸워야 할지도 모르는 일이다. 그들은 방금 벌인 일전의 보상으로 마을을 약탈하도록 허가해 주었으면, 하고 생각하던 참이었다. 그래서 불평이 나왔다.

"애써 목숨을 걸고 싸웠는데 약탈을 허락하지 않다니, 이렇게 까다로운 대장은 모신 일이 없습니다. 군사들이 싸운 뒤 약탈을 마음대로 못하다니 들어 본 일조차 없는 일입니다. 여자에게 손을 대지도 말라셨습니다. 싸울 때까지는 참고 견디었지만 싸웠으니 얼마쯤은 마음대로 할 수 있도록 풀어줘도 좋지 않습니까."

처음에는 왕후도 묵묵히 들었다. 그러나 불평의 소리가 갈수록 더 높아가자 드디어 참을 수 없게 되었다. 여기에서 마음을 단단히 먹고 억압하지 않으면 부하들은 반역할지도 모른다. 왕후는 이렇게 생각하자 번개같이 장검을 뽑아 들고 허공에다 휘두르며 외쳤다.

"나는 바오 장군을 죽였다. 너희 따위를 무더기로 죽이는 것은 쉬운 일이다. 너희들은 어쩌면 그리 돌대가리들이냐. 앞으로 근거지로 삼으려는 도시를 약탈해서 첫날밤부터 주민들의 미움을 받으면 어떡한단 말이냐. 바보 같은 소리들은 그만해라. 산채를 점령하면 약탈이든지 무엇이든지 마음대로 해라. 단 여자를 강간하는 것만은 안 된다!"

그러자 부하들은 떨었다. 한 사나이가 겁을 먹은 듯이 말했다. "대장님, 우리들은 그저 농담을 했을 뿐입니다."

다른 한 사나이는 이상스럽다는 듯이 말했다. "대장님, 저는 불평을 하지는 않았습니다만, 그 산채를 약탈해 버리면 우리들은 어디에 삽니까? 산채를 근거지로 삼는 것이라고만 생각해 왔는데."

왕후는 아직 분노가 가라앉지 않았기 때문에 화난 말투로 대답했다.

"우리들은 비적이 아니다. 나는 평범한 비적 두목과는 다르다. 나에게는 생각이 있다. 너희들은 바보 같은 소리를 말고 나에게 맡겨 두어라. 그 비적들의 산채는 송두리째 불살라 버린다. 그래서 이 지방으로부터 비적에 대한 고민을 몰아내 버리는 거다. 주민들이 두려워 떨지 않고 살도록 해주는 거다."

이 말을 들은 부하들은 차츰 더 놀랐다. 심복들조차 놀라서 그 가운데 한 사람이 대표로 물었다.

"그러면 우리는 어떻게 되는 것입니까?"

"우리들은 군인이 되는 거다. 비적이 되는 게 아니다." 왕후는 목소리에 힘을 주었다. "우리는 산채 같은 데는 자리 잡지 않는다. 시내에서 산다. 관공서 안에서 사는 거다. 우리는 현장의 군대가 된다. 그러면 우리는 국가의 이름 아래 있게 되어 어느 누구도 두려워할 필요가 없다."

부하들은 대장의 총명함에 놀라 입을 다물고 말았다. 불평은 바람처럼 사라져 버렸다. 그들은 유쾌하게 웃으면서 모든 것을 대장에게 맡기고 산채로 들어가는 산길을 한걸음씩 올라갔다. 안개가 자욱이 서려서 산들을 뒤덮었고, 그들이 손에 들고 있는 관솔불도 싸늘한 밤공기 속에서 부옇게 보였다.

산채로 이어지는 길 어귀에 갑자기 그들의 모습이 나타나자 보초병은 당황하여 도망칠 수도 없었다. 부하 한 사람이 들떠서, 소리를 지를 틈도 주지 않고 보초병을 칼로 꿰뚫었다. 왕후는 그것을 보고 있었으나 이번만은 그를 꾸짖지 않았다. 함부로 사람을 죽이지 말라고 명령해 두었으나 죽인 것은 겨우 한 사람이고, 무지한 난폭자들을 너무 엄격하게 단속하면 결국 반항하여 대들기 때문이었다. 보초병의 시체를 그곳에 버리고 그들은 산채의 정문으로 다가갔다.

정말 그 산채는 하나의 마을과도 같았다. 산에서 채석한 돌을 진흙과 석회로 굳힌 튼튼한 담장을 둘러치고 이곳저곳에 엄중한 쇠살문을 달았다. 왕후가 문을 두드렸으나 모두 엄중하게 닫혔고 안에서는 어떤 대답도 없었다. 아무리 두드려도 응답이 없는 것을 보니 안에 있는 놈들은 두목의 급변을 알고 있는 모양이었다. 틀림없이 비적 중의 누군가가 도망쳐 와서 알린 것이다. 그들은 모두들 산채에서 도망쳤든가 아니면 집 속에 틀어박혀서 습격에 대비하고 있는 것이리라.

그래서 왕후는 산채 주변의 마른 풀을 모아 횃불을 만들라고 명령했다. 부하들은 마른 풀을 긁어 모아 불을 지펴 정문의 나무 부분을 태워 구멍을 뚫었다. 겨우 사람의 몸뚱이가 지날 수 있을 만큼 구멍이 뚫리자 한 사람이 그곳으로 기어 들어가 재빨리 문의 빗장을 벗겼다. 부하들은 한꺼번에 몰려 들어갔다. 왕후는 선두에 서서 나아갔다.

산채는 여전히 죽은 듯이 조용했다. 왕후는 멈춰 서서 귀를 기울였지만 아무런 소리도 나지 않았다. 그래서 그는 횃불로 집에다 모조리 불을 지르라고 명령했다. 부하들은 함성을 지르면서 명령에 따랐다. 초가지붕이 순식간에 불길을 내뿜고 산채 전체가 곧 타오르기 시작하자 그들은 고함을 지르면서 좋아했다. 타오르는 집집에서 사람들이 개미처럼 기어 나왔다. 남자와 여자와 아이들이 수없이 나와 이리저리 도망쳐 다녔다. 왕후의 부하들은 달아나는 사람들을 칼로 쓰러뜨렸다. 보다 못한 왕후는 도망치는 자는 그냥 놓아두고 집 안으로 침입해 약탈해도 좋다고 외쳤다. 왕후의 부하들은 아직 불길이 번지지 않은 집집에 뛰어들어 약탈을 시작했다. 비단옷이나 피륙 등 각종 옷을 비롯하여 끌어낼 수 있는 것은 모조리 끌어냈다. 금이나 은을 발견한 자들도 있었다. 술병이나 식료품을 발견한 자들도 있었다. 그들은 눈에 핏발을 세우고 마시고 먹기 시작했다. 지나치게 열중하여 자기들이 지른 불길에 타 죽는 자들도 있었다. 부하들이 철없이 날뛰는 것을 본 왕후는 불붙은 곳에 가까이 가서 함부로 생명을 잃는 일이 없도록 심복들에게 명령하여 감시시켰다.

왕후는 소란 속에서 떨어져 모든 광경을 가만히 지켜 보았다. 그는 조카를 자기 곁에서 떠나지 못하도록 하여 약탈에 끼어들지 못하게 했다. 왕후는 소년에게 말했다.

"우리는 비적이 아니다. 너는 나의 일족이다. 우리는 약탈하지 않는다. 저놈들은 무지하고 야비한 인간이다. 가끔씩은 마음대로 하게 하지 않으면 나에게도 충실히 복종하지 않게 돼 버리고 만다. 그래서 이런 곳에서는 마음껏 날뛰게 해 두는 거야. 나는 놈들을 도구로 사용해야 한다. 내가 위대해질 때까지의 도구로 말이다. 하지만 너는 저놈들과는 다르다."

이렇게 왕후는 소년을 붙잡아 두었으나, 그것이 그에게는 행운이었다. 뜻밖의 일이 생겼기 때문이다. 왕후가 총을 지팡이 삼아 선 채, 타서 주저앉은 집에서 피어오르는 연기를 바라보고 있노라니 갑자기 곰보가 날카롭게 외쳤다. 왕후가 뒤돌아서자 하늘을 가르며 장검이 그에게 날아왔다. 그는 번개같이 장검을 뽑아 그것을 막았다. 하얀 칼날이 미끄러지며 그의 손을 스쳤다. 껍질이 살짝 벗겨졌을 뿐 칼날은 땅 위에 떨어졌다.

그러나 왕후는 호랑이보다도 빨리 몸을 돌려 어둠을 향해서 뛰어들었다. 그리고 어떤 자인가를 붙잡아서 불빛 쪽으로 끌어냈다. 여자였다. 그가 여자의 팔을 붙잡은 채, 놀라 서 있자 곰보가 외쳤다.

"바오 장군과 술을 마시던 여자입니다!"

왕후가 입을 열기도 전에 여자는 몸을 뒤틀며 그의 손에서 벗어나려 했다. 하지만 꼭 잡혀 있어 도저히 자기 힘으로 벗어날 수 없음을 알자 여자는 머리를 뒤쪽으로 젖히고 왕후 얼굴에 침을 뱉었다. 이제까지 왕후는 이런 변을 당한 적이 없었다. 그런 더러운 짓을 당해서 화가 치솟은 왕후는 손을 들어서 떼쓰는 아이를 때리듯 손바닥으로 여자의 뺨을 때렸다. 손에 힘이 서려 있었기 때문에 여자의 뺨에 보랏빛 자국이 찍혔다.

"어떠냐, 암호랑이 같은 계집."

암호랑이란 말이 왕후의 입에서 저절로 튀어나왔다. 여자는 독살스럽게 말했다.

"너를 못 죽여서 원통해 죽겠다, 이 악당 놈아. 정말 죽여 버리려고 했건만!"

왕후는 팔에 힘을 주며 차가운 목소리로 말했다.

"알고 있다. 이 곰보가 없었더라면 지금쯤 나는 머리가 두 쪽이 났었겠지."

그는 부하를 불러 새끼줄을 찾아다가 여자를 묶으라고 명령했다. 그들은 여자를 어떻게 처치해야 좋을지 몰라 먼저 문 곁의 나무에 묶어 두기로 했다.

부하는 여자를 아주 바싹 죄어 동여맸다. 여자는 힘껏 몸부림을 쳤으나 피부가 까지고 살이 터질 뿐 새끼줄은 조금도 느슨해지지 않았다. 여자는 몸부림치면서 군사들을 저주했다. 특히 왕후에게 저주를 쏟아부었다. 그 저주하는 욕지거리들은 여태껏 들어 보지 못한 악담들이었다. 왕후는 부하가 여자를 나무에 묶는 것을 선 채로 바라다보고 있었다. 그들은 여자를 단단히 묶고는 다시금 약탈의 쾌락을 찾아서 달려가버렸다. 왕후는 여자 앞을 왔다 갔다 했다. 지날 때마다 그는 여자의 얼굴을 봤다. 보면 볼수록 감탄하지 않을 수가 없었다. 여자는 아직 젊었으며, 눈코가 반듯하고 빛이 나는 아름다운 얼굴이었다. 입술은 얇고 새빨갰다. 이마는 튀어나오고 눈은 날카롭게 빛나며 분노로 타오르고 있었다. 갸름한 얼굴이 여우처럼 야무지고 약삭빨라 보였다. 왕후가 앞을 지날 때마다 증오로 얼굴을 찌푸리고 저주의 말을 내뱉거나 침을 뱉었는데, 그 얼굴마저도 아름다웠다.

그러나 왕후는 전혀 신경 쓰지 않았다. 그저 잠자코 걸으면서 그녀를 빤히 쏘아볼 뿐이었다. 이윽고 어둠이 깊어지고 새벽빛이 서리기 시작했다. 여자도 지치기 시작했다. 너무 바싹 죄어 묶여 있었기 때문에 고통이 심하여 더 견딜 수가 없게 돼 버린 것이다. 저주하는 소리를 지를 수 없게 되자 침만을 뱉어 댔다. 그러는 동안 차츰 더 고통스러워진 듯 침을 뱉을 기력도 없어지고 드디어 허덕거리고 입술을 핥으면서 말했다.

"새끼줄을 늦추어 주세요. 괴로워서 견딜 수가 없어요."

그러나 왕후는 그 말도 무시해 버렸다. 여자가 꾀를 부리는 것이라고 생각했기 때문에 차가운 미소만을 띨 뿐이었다. 그가 곁으로 지나갈 때마다 여자는 새끼줄을 늦추어 달라고 애원했으나 그는 답하지 않았다. 이윽고 여자는 고개를 숙인 채 입을 다물었다. 그래도 그는 가까이 가지 않았다. 또 침을 뱉어 댈지도 모르고, 어차피 잠들거나 기절한 척하는 것이라고 생각했기 때문이었다. 그러나 몇 번이나 여자 앞을 지나쳐도 꿈쩍도 하지 않아서 곰보를 불러 살펴보게 했다. 곰보는 가까이 가서 여자의 턱에 손을 대어 젖혀 보았다. 여자는 정말로 기절해 있었다.

그래서 왕후는 여자 곁으로 다가가 빤히 얼굴을 들여다보았다. 다 꺼져 가는 흐릿한 불빛 속에서 보았을 때보다 훨씬 아름다웠다. 나이는 아직 스물다섯을 넘지 않았으리라. 게다가 농부의 딸이나 신분이 낮은 여자로는 보이지 않았다. 어떤 신분의 여자일까. 어떻게 이곳으로 오게 되었을까. 바오 장군은 어디에서 이런 여자를 발견해서 끌고 왔을까. 왕후는 궁금한 생각이 들 뿐이었다. 그는 병사를 불러 새끼줄을 풀게 하고 이번에는 나무에 묶지 않고, 좀더 늦추어 묶은 뒤 땅바닥에 눕혀 두었다. 여자는 아직 기절한 채였다. 그녀가 정신이 든 것은 이미 날이 새어 태양빛이 아침 안개 사이로 새어 나오기 시작했을 때였다.

이윽고 왕후는 부하들에게 호령했다.

"시간이 다 됐다. 그만들 해라. 아직도 할 일이 남아 있다."

약탈품을 놓고 다투던 부하들은 다투기를 그치고 못마땅한 듯이 모여들었다. 왕후가 크고 무서운 소리로 호령을 내리며 총을 손에 들고서, 복종하지 않는 자는 총살하겠다는 태도를 보였기 때문이었다. 부하들이 모여들자 그는 말했다.

"소총과 탄환을 모두 모아 가지고 오너라. 그것은 내 것이다. 그것만은 내가 갖겠다."

모아 온 것을 세어 보니 소총이 120정에다 꽤 많은 탄환이 있었다. 총 가운데는 낡고 녹이 슬어 쓸 수 없는 것도 있었다. 왕후는 그런 낡은 총을 따로 가려 놓고, 더 좋은 것이 발견되는 대로 버리기로 했다.

타서 주저앉아 아직도 연기가 피어오르는 산채 한복판에서 부하들은 약탈품을 크고 작은 보따리에 쌌다. 왕후는 총을 다시 한 번 센 뒤 신용할 수 있는 자들에게 맡겼다. 그 일이 끝나고 나서 겨우 왕후는 묶어 놓은 여자 쪽을 돌아다보았다. 여자는 이미 정신을 차리고 눈을 떠서 땅 위에 딩굴고 있었다. 왕후가 그녀를 바라보자 여자는 노엽게 흘겨보았다. 그는 거칠게 여자에게 말했다.

"너는 누구냐. 집은 어딘지 말해라. 돌려보내 주겠다."

그러나 여자는 한 마디도 하지 않았다. 대답 대신에 그에게 침을 뱉었다. 그 얼굴은 화가 난 고양이 같았다. 왕후는 화가 머리끝까지 나서 두 부하에게 명령했다.

"이 여자를 막대기에다 묶어서 현공서까지 메고 가라. 그곳 옥 속에 가두어 두면 자기가 누구인지 입을 열겠지!"

부하는 명령을 받은 대로 사정없이 새끼줄 사이에다 막대기를 꿰어 양쪽에서 둘러멨다. 여자는 묶인 채 막대기에 매달렸다.

모든 준비가 끝났을 때 태양은 이미 능선 위로 떠오르고 있었다. 왕후는 앞장서서 산을 내려갔다. 산채가 타 버린 자리에서 희미하게 연기가 피어오르고 있었으나 왕후는 뒤돌아보지 않았다.

이렇게 하여 그들은 시골길을 행진하여 다시금 도시로 떠났다. 마주치는 사람들은 이상한 집단을 곁눈질로 보았다. 특히 묶인 채 막대기에 매달린 여자를 기이한 듯이 보았다. 여우를 닮은 얼굴이 핏기를 잃어 푸른빛을 띤 채 매달려 있었다. 모두들 수상하게 여겼으나 귀찮은 일에 얽혀들 것이 두려워 감히 물으려고는 하지 않았다. 한번 힐끗 바라다보기만 할 뿐 곧 눈길을 내리깔고 부지런히 하던 일을 계속했다. 왕후와 부하들이 성문에 이르렀을 때에는 태양이 높이 떠오르고 햇볕이 밝게 들판에 내리쏟아지고 있었다.

왕후가 성벽의 어두컴컴한 샛길을 빠져나갈 때 심복인 언청이가 다가와서 왕후를 성문 곁 나무 뒤로 끌고 가, 초조한 나머지 이 사이로 숨을 내뿜으며 속삭였다.

"대장님, 그냥 있을 수가 없어서 말씀드립니다. 그 여자와는 연관되지 않는 편이 좋습니다. 그 여자는 여우의 얼굴과 여우 눈깔을 가지고 있습니다. 저런 여자는 반은 인간이고 반은 여우입니다. 마법을 씁니다. 제가 비수로 푹 찔러 처치하게 해 주십시오."

왕후도 반은 인간이고 반은 여우인 여자의 전설을 더러 들은 일이 있었다. 그러나 그는 대담한 사나이였다. 껄껄 웃고 상대조차 하지 않았다.

"나는 인간도 유령도 두려워하지 않는다. 게다가 계집이 아닌가!"

그리고 그는 언청이를 뿌리치고 다시금 앞장서서 성안으로 들어갔다.

언청이는 투덜거리면서 왕후의 뒤를 따랐다. 그는 이렇게 중얼거렸다.

"그렇지만 저것은 계집이다. 계집이니까 사내보다 더 무섭다. 그리고 여우니까 여자보다도 더 무섭다."

14

전날 밤 그처럼 소동을 벌였던 현공서로 다시금 왕후가 돌아왔을 때 뒤따르는 부하들은 지쳐 버려서 발걸음도 엉망이었다. 공서 안은 깨끗하게 청소되어 본래의 상태로 돌아가 있었다. 시체는 하나도 남김없이 치웠고 피도 물로 깨끗이 씻어 없앴다. 호위병도 관리들도 제 부서에 자리를 잡고 있었다. 왕후가 문안으로 들어오는 것을 보자 그들은 겁을 먹고 소홀함이 없도록 애를 썼다. 왕후는 제왕처럼 위풍당당하게 나타났다. 모두들 황급히 머리를 숙였다.

그러나 왕후는 의연히 고개를 들고 몇 개의 마당과 넓은 광장을 가로질러 안으로 들어갔다. 거무칙칙한 얼굴에 당당한 자신감이 넘쳐흘렀다. 그는 이 지방 일대가 자기의 손아귀에 들어온 것을 알고 있었던 것이다. 그는 곁에 서 있는 한 호위병에게 명령했다.

"저 묶은 여자를 끌고 가서 공서의 감방에 가두어 두어라. 식사는 꼬박꼬박 주고, 학대당하는 일이 없도록 감시해라. 저건 내 포로다. 처벌은 하고 싶을 때 내가 한다."

그는 막대기로 둘러메인 여자가 사라져 가는 것을 보고 있었다. 여자는 초췌해져 백랍 같은 얼굴을 하고 있었다. 새빨갛던 입술도 이제는 하얘졌다. 창백해진 얼굴 속에서 눈만이 먹처럼 새까맸다. 그리고 숨찬 듯이 할딱였다. 그래도 여자는 여전히 크고 사나운 검은 눈을 굴리며 왕후 쪽을 볼 기력이 남아 있었다. 왕후가 자기를 지켜보는 것을 깨닫자 여자는 얼굴을 일그러뜨리고 밉살스러운 표정을 지었다. 침을 뱉으려고 해도 침이 메말라 나오지 않았다. 왕후는 이런 여자를 본 일이 없었기 때문에 정말 놀랐다. 그처럼 자기를 미워하고 복수심에 불타는 여자를 그대로 놓아 줄 수는 없었다. 그렇다면 어떻게 처치해야 좋은가.

그는 생각이 막혀 버렸으나 지금은 그런 일은 생각하지 않으리라, 뒤에 해결하기로 하자고 생각을 바꾸고 현장을 만나러 갔다. 노현장은 날이 새기 전부터 왕후를 기다리고 있었다. 이미 예복을 입고 요리도 준비해 놓았다. 왕후가 들어가자 그는 완전히 겁을 먹은 듯 온몸을 떨었다. 그는 왕후가 해 준 일에 대해서 감사해하고 있었지만 이만한 인물이 보수를 바라지 않고 남을 위해서 힘을 다할 리가 없다고 생각했다. 만약 왕후가 막대한 보수를 요구하여 바오 장군 이상으로 무거운 짐이 되면 어쩌나 겁내고 있었던 것이다.

노현장은 두렵고 불안한 마음으로 기다렸다. 왕후가 돌아왔다는 보고가 있었고, 이윽고 왕후가 영웅처럼 의연히 성큼성큼 걸어 들어오는 모습을 보자 노현장은 공포로 이성을 잃어 자기 손발을 어찌해야 할지 모르는 형편이었으며, 손발은 자기의 의지와는 관계없이 떨리기 시작했다. 그래도 그는 왕후를 맞아서 자리로 안내했다. 왕후는 예를 갖추어 답례를 올렸다. 의례적인 인사가 끝나고 왕후는 고개를 숙였다. 그러나 깊숙이 숙이지는 않았다. 노현장은 차와 술과 고기를 날라 오게 했다. 그러고 나서 두 사람은 겨우 자리에 앉아 먼저 자질구레한 이야기부터 시작했다.

그러나 마침내 어젯밤의 사건에 대해 이야기해야 할 때가 왔다. 노현장은 동쪽을 봤다 서쪽을 봤다 하며 왕후의 눈을 피하여 시선을 움직이고 있다가 겨우 입을 열었다. 왕후는 노현장이 수월히 이야기를 하도록 도와주거나 하지는 않았다. 그는 모든 힘이 자기에게 있다는 것을 알고 있었다. 노현장의 마음속도 꿰뚫어 보았다. 그래서 그는 이 벌벌 떠는 노인의 얼굴에 가만히 눈길만 주고 있을 뿐이었다. 그렇게 하고 있으면 노현장이 두려워하리라는 것을 알고 있기 때문이었다. 짓궂은 면이 있는 왕후는 그것이 재미있었다. 가까스로 노현장은 가느다란 목소리로 속삭이듯 빠르게 말하기 시작했다.

"당신의 어젯밤 공훈을 나는 결코 잊지 않겠소. 오랫동안 고민거리였던 비적을 퇴치해 주셨기 때문에 나도 이것으로 겨우 노후를 편안하게 지낼 수가 있게 된 셈이오. 아무리 감사를 드려도 모자랄 거요. 나를 구해 준 당신에게 어떻게 감사를 드려야 할지, 당신의 부하에 대한 보수는 어떻게 해야 할지, 나는 당신을 내 자식보다도 소중하게 생각하고 있소. 무슨 요구라도 하시오. 나의 현장 자리라도, 소망하신다면 드리겠소."

여기서 말을 끊은 그는 떨리는 집게손가락을 깨물며 왕후의 대답을 기다렸다. 왕후는 조용하고 침착하게 앉아서 노현장의 말이 끝나기를 기다렸다가 점잖게 말했다.

"나는 절대로 보수를 바라지 않습니다. 나는 젊을 때부터 사악한 인간을 징계하기 위해서 힘을 다해 왔습니다. 이번 일로 백성을 괴롭히는 놈들을 없앴을 뿐입니다."

여기에서 말을 끊고 왕후는 다시금 침묵을 지켰다. 노현장이 무슨 말을 해야 할 차례였다.

"당신은 영웅의 마음을 가지고 계시오. 요즈음 세상에 당신 같은 분이 계시리라고는 꿈에도 생각지 않았소. 그러나 어떤 형태로든지 감사의 인사를 드리지 않는 한 나는 죽어서도 편안히 눈을 감을 수가 없소. 제발 어떻게 하면 마음에 드실지 말씀해 주오."

이런 투로 두 사람은 번갈아 가며 이야기를 계속했다. 점잖고 정중한 말을 주고받는 동안에 둘은 겨우 결론에 가까이 갔다. 왕후는 에두르는 표현으로, 바오 장군의 옛 부하 중에서 자기 휘하에 들어오겠고 지원하는 자가 있으면 부하로 받아들이겠다는 뜻을 알렸다. 그러자 노현장은 겁에 질려 조각을 한 의자의 양쪽 팔걸이를 짚고 일어서 말했다.

"그러면 이번엔 당신이 비적 두목이 되겠다는 것이로군요."

노현장은 마음속으로 생각했다. 만약 그렇다면 나는 완전히 끝장이다. 어디서 나타났는지도 모르는 이 키가 큰 검은 눈썹의 사나이는 보기에 바오 장군보다도 사납고 모략에 훨씬 능하다. 적어도 바오 장군의 정체는 누구나 다 알고 있었고 그가 요구하는 금액은 추측이 갔다. 이렇게 생각한 현장의 입에서는 자기도 모르게 신음 비슷한 한숨이 새어 나왔다. 그러나 왕후는 시원스레 말했다.

"근심하실 것 없습니다. 나는 비적이 될 마음은 없습니다. 나의 아버지는 막대한 토지를 가진 지주였기 때문에, 나도 아버지의 유산을 물려받았습니다. 돈은 넉넉히 있으니 도둑질을 할 필요는 없습니다. 게다가 우리 두 형님은 부자고 번듯한 사람들이지요. 나는 위대한 인물이 되기 위한 길을 전쟁에서의 무예만으로 개척해 가고 싶지, 비적들의 비열한 짓은 흉내 내고 싶지 않소. 내가 당신에게 요구하고 싶은 것은 이것뿐입니다. 노현장의 현공서 안에다 내 부하를 주둔시키고 나를 이 지방 군대의 사령관으로 임명해 주시기 바랍니다. 나와 나의 부하들은 현장님의 지휘 아래에서 현장님과 이 지방 주민을 비적으로부터 지키겠습니다. 현장님께서는 조세의 일부로써 우리들을 부양해 주시면 됩니다. 그러면 국가의 이름으로 현장님은 우리들을 보호해 줄 수가 있습니다."

이 말을 듣자 노현장은 당혹한 빛을 띠더니 이윽고 맥없이 말했다.

"그렇다면 지금의 사령관은 어떻게 한단 말이오? 그 사람도 여간해서는 사직하지 않을 테니까 나는 가운데 끼어서 난처하게 되는 셈이오."

왕후는 대담하게 말했다.

"명예로운 군인으로서 우리는 결투로 해결하고 싶습니다. 만약 그가 이긴다면 나는 부하와 소총을 그에게 넘겨주고 이곳을 떠나겠소. 그러나 내가 이긴다면 그가 군사와 무기를 인계하고 떠나가야 하오."

이 말을 들은 현장은 신음했다. 그리고 탄식했다. 그는 학자로서 성현의 가르침을 받드는 인간이므로 평화를 사랑했다. 그러나 별도리 없이 사령관을 부르러 보냈다. 이윽고 사령관이 왔다. 그는 거드름을 피우는 작달막한 사나이로 배만 불룩하게 튀어나와 있었다. 훌륭한 외국제 군복을 입고 턱에는 짧은 수염이 났으며, 넓은 눈썹을 곤두세워 강해 보이려 하고 있었다. 긴 칼을 뒤꿈치까지 늘어뜨리고 한 발짝 한 발짝 힘을 주어 내디디면서 걸어왔다. 절을 할 때도 허리를 꼿꼿이 하여 숙일 뿐이었으며 되도록 강하게 보이려고 갖은 애를 썼다.

노현장은 더듬거리기도 하고 진땀을 흘리기도 하면서 간신히 대개의 사정을 설명했다. 왕후는 의연히 그 자리에 앉은 채 얼굴을 돌리고 마치 다른 일이라도 생각하는 듯한 얼굴을 하고 있었다. 겨우 이야기를 마친 현장은 묵묵히 고개를 숙였다. 이러느니 차라리 죽어 버리는 편이 낫겠다고 생각했다. 이 둘 사이에 끼여 자기는 곧 죽을 것이라는 생각이 들었다. 그는 사령관이 조그만 일에라도 곧 잘 화를 내기 때문에 무서운 인간이라고 생각했으나 왕후는 그 이상으로 화를 잘 내고, 화를 내면 무슨 짓을 할지 모르는 인간이라는 것을 누구든 보기만 해도 알 수 있었기 때문이다.

배가 불룩한 이 조그만 사령관은 현장으로부터 이야기를 듣자 몹시 흥분하여, 통통하고 조그만 손으로 장검을 잡고 당장에라도 왕후에게 덤벼들려고 했다. 그런데 안뜰의 함박꽃 화단을 바라다보고 있는 듯이 보이던 왕후는 사령관의 손이 움직이는 것보다도 빠르게 그의 쪽을 돌아보았다. 커다란 입을 한일자로 다물고 검고 짙은 눈썹을 모으고 팔짱을 끼며, 그 조그만 사령관을 쏘는 듯이 노려보았다. 무서운 눈빛에 질린 사령관은 생각을 고쳐먹고 열심히 분노를 억눌렀다. 그도 바보는 아니었다. 왕후와 결투를 해도 승산이 없다고 본 그는 자신의 시대가 끝났음을 깨닫고 노현장에게 말했다.

"나의 아버님은 연로하시고 또한 나는 외아들이기 때문에, 오래전부터 사직하고 고향으로 돌아가서 늙은 아버님께 효를 다해야 한다고 생각하고 있었습니다. 그러니 이곳 공서의 직무가 막중한 데다 너무 바빠서 생각대로 하지를 못했습니다. 게다가 나는 고질병이 있어 가끔 배가 쑤십니다. 현장님께서는 나의 고질병을 알고 계시죠. 비적을 토벌하겠다고 벼르면서도 이 지병 때문에 실행하지 못하고 있었는데 천명이라고는 하나 분해서 견딜 수가 없었습니다. 이를 기회로 직무에서 물러나, 고향으로 돌아가서 아버님께 효도를 다하고 갈수록 심해지는 고질병이 낫도록 요양도 하기로 하겠습니다."

그는 이렇게 말하고 나서 점잖게 고개를 숙였다. 노현장도 일어나서 맞절을 하면서 나직하게 말했다.

"오랫동안 정말 충실히 임무를 다해 주셨소. 깊이 감사 드리오."

사라져 가는 사령관의 작달막한 뒷모습을 노현장은 아쉬운 듯이 배웅하며 한숨을 쉬었다. 그 사령관은 비적을 토벌하지는 못했지만 아주 다루기 쉬운 군인으로서, 음식 같은 사소한 문제로 화를 내는 일 따위 말고는 공서에 있더라도 그다지 까다로운 인간이 아니었다. 그러나 왕후는 젊고 난폭한 데다 사납고 까다로울 것 같았다. 노현장은 왕후 쪽을 훔쳐보며 앞으로가 걱정이라고 여겼지만 온화하게 말했다.

"자, 이제 소망대로 되셨군요. 이사가 끝나면 여태까지 옛 사령관이 사용하던 공관을 쓰십시오. 그리고 군대의 지휘를 맡아 주시오. 그런데 또 하나 성가신 문제가 있소. 사령관을 바꾼 일을 상부 관청에서 알게 되면 뭐라고 변명을 하지요? 그리고 옛 사령관이 고발하지 않으리란 법도 없고요."

왕후는 총명했으므로 당장에 대답했다.

"노현장님의 명성만 올라갈 뿐이지요. 상부에는 노현장님께서 용사를 고용하여 비적을 퇴치했다, 그리고 그 용사를 호위 대장으로 임명했다고 보고하십시오. 또 이제까지의 사령관에게 사직원을 써내게 하고 후임자로서 나를 지명하는 것입니다. 내가 뒤를 보아 드릴 테니 강제로 쓰게 하면 됩니다. 그러면 나를 고용한 것도, 나로 하여금 비적을 몰아내게 한 것도 모두 현장님의 명예가 됩니다.”

노현장은 마음이 내키지 않았지만 그것이 명안임을 인정했다. 그는 마음이 조금 편해지긴 했지만 그래도 아직 왕후가 무서웠다. 이 사나이의 창끝이 언젠가 자기를 향하는 게 아닐까 걱정이었다. 현장에게 두려움을 품게 하는 것이 왕후로서는 이로웠기에 그는 싸늘한 웃음을 띠고 있을 뿐이었다.

왕후는 사령관의 공관으로 옮겼다. 이미 북쪽에서 겨울이 찾아왔다. 왕후는 겨울철이 닥치기 전에 일을 해치운 것을 기뻐했다. 부하들의 의식주는 확보되었다. 조세가 들어오게 됐으므로 부하들에게 방한용 옷을 입힐 수도 있었다. 그들은 따뜻한 옷을 입고 밥도 배불리 먹었다.

부하들을 위해 겨울철 준비를 갖추자 이윽고 혹한의 계절이 닥쳐왔다. 똑같은 나날이 아무런 변화도 없이 흘러갔다.

한가로운 나날을 보내던 어느 날 왕후는 문득 옥에 가둬 둔 여자가 떠올랐다. 그는 잔혹한 미소를 띠고 호위병에게 명령했다.

“두 달쯤 전에 내가 옥에 처넣은 계집을 끌어내 오너라. 나를 죽이려고 한 계집이다. 아직 형벌을 내리지 않은 것을 잊고 있었구나.”

그는 소리 없이 웃고 나서 또 말했다.

“지금쯤은 아마 얌전해져 있겠지.”

얼마만큼이나 그 여자가 순해졌을지를 기대하며 호기심을 가지고 기다렸다. 그는 사령관 저택의 대청에 홀로 앉아 있었다. 옆에는 쇠로 만든 커다란 화로가 놓여 있었고 숯불이 활활 피어오르고 있었다. 밖에는 눈이 내려 안마당을 메우고 나뭇가지 위에도 무겁게 쌓였다. 바람이 없는 날이었다. 내리는 눈의 습기가 그대로 얼어붙은 듯, 매서운 한기만이 주위에 가득했다. 왕후는 화롯가에 앉아 몸을 녹이면서 한가로이 기다렸다. 그는 양가죽으로 만든 윗도리를 입었고 의자의 등받이에는 한기를 막기 위해 호랑이 가죽이 씌워져 있었다.

한 시간쯤 지나서 조용한 안마당에 소란스러운 소리가 났다. 그는 문쪽을 보았다. 아까의 호위병이 옥에 가두었던 여자를 데리고 들어왔다. 호위병 두 명이 더 붙어 여자를 붙잡고 있었는데도 여자는 몸을 이리저리 뒤틀며 새끼줄을 풀려고 버둥거렸다. 호위병들은 애써서 겨우 여자를 실내로 들여놓았다. 그 소동으로 말미암아 눈이 방 안까지 날려 들어왔다. 가까스로 여자를 왕후 앞에 끌어다 놓은 호위병은 늦어진 변명을 했다.

"늦어 죄송합니다. 이 마녀 같은 여자를 끌고 오는 데 걸음걸음에 힘을 들여야 했기 때문입니다. 이년이 침대에 알몸뚱이로 누워 있어서 차마 저희들은 들어갈 수가 없었습니다. 저희들은 처자가 있는 몸이니까요. 그래서 다른 여자 죄수를 불러 강제로 이년에게 옷을 입혔습니다. 이년은 깨물고 할퀴면서 난동을 부렸습니다만 결국 옷을 입었고, 저희들은 겨우 안으로 들어갈 수가 있었습니다. 그래서 묶어서 끌고 왔습니다. 미친년입니다. 틀림없이 미친년입니다. 이런 계집은 본 일이 없습니다. 감방 안에서들도 이년은 여자가 아니라, 여우가 악귀의 어떤 사악한 목적으로 여자로 둔갑한 것이라고 수군거리고들 있습니다."

이 말을 듣자 여자는 얼굴을 내리덮은 머리칼을 흔들어 뒤쪽으로 젖혔다. 그녀의 머리칼은 한번 짧게 깎인 일이 있으나 이제는 다시 어깨까지 자라나 있었다. 여자는 날카로운 소리를 냈다.

"나는 미친 게 아니야. 저 사내에 대한 미움으로 분을 못 삭인 거지."

여자는 왕후 쪽으로 턱을 내밀고 욕설을 퍼부은 뒤에 갑자기 침을 뱉어 댔다. 그러나 왕후는 재빨리 몸을 뒤로 젖혔고, 호위병들도 눈치채고 새끼줄을 뒤로 쑥 잡아당겼기 때문에 다행히 침을 맞지는 않았다. 침은 화로 속의 뜨거운 불 위에 떨어져 부지직 소리를 냈다. 놀란 호위병은 다시 확신에 찬 태도로 외쳤다.

"보시다시피 미치광이입니다. 사령관님."

그러나 왕후는 아무런 대답도 하지 않았다. 그는 이 이상하고 흉포한 여자를 빤히 바라본 채 그녀의 말에 귀를 기울였다. 저주할 때조차도 비천하고 무지한 말은 쓰지 않았다. 그는 빤히 여자를 쏘아보았다. 본래 날씬한 몸매가 이제는 뼈가 튀어나올 만큼 여위어 있기는 했지만 그래도 아름답고 기품이 있었다. 아무래도 멍청한 시골뜨기 여자로는 보이지 않았다. 그래도 발은 컸다. 전족을 한 일이 없는 모양이었다. 양가의 자녀라면 전족을 하는 것이 관습이었는데 이상한 일이었다. 여러 가지로 모순투성이여서 왕후는 그녀가 어떤 신분의 여자인가 쉽사리 추측할 수가 없었다. 그는 그저 빤히 그녀를 바라다보았다. 분노를 띤 눈

위에서 아름다운 눈썹이 곤두서고 독이 서린 넓은 입술 사이로 희고 가지런한 이가 엿보였다. 바라다보는 동안에 왕후는 이토록 아름다운 여자는 지금까지 본 일이 없다고 생각했다. 창백하고 여위고 분노에 찬 얼굴을 했는데도 어쩌면 저리 예쁠까? 얼마 뒤 왕후는 천천히 입을 열었다.

"나는 이제까지 너와 만난 적도 없다. 그런데 왜 나를 그렇게 미워하느냐?"

여자는 악을 쓰듯 대답했다. 귀청을 찢을 듯한 새된 목소리였다.

"너는 내 주인을 죽이지 않았느냐. 복수를 하고야 말 테다. 만일 네가 나를 죽이더라도 원수를 갚을 때까지 나는 눈을 감지 않을 테다!"

호위병은 깜짝 놀라 칼을 쳐들고 격앙된 목소리로 외쳤다.

"감히 어느 안전이라고 입을 함부로 놀리느냐. 이 암여우 같은 년!"

호위병은 여자의 입을 칼등으로 치려고 했으나 왕후는 손대지 말라고 제지하고 조용히 물었다.

"바오 장군은 너의 주인이었느냐?"

여자는 조금 전처럼 귀청을 찢는 듯한 독이 오른 목소리로 대답했다.

"그렇다!"

왕후는 천천히 몸을 앞으로 내밀며 조용하게, 그러나 멸시하듯이 말했다.

"바오 장군을 죽인 것은 나다. 너에게는 새 주인이 생긴 거야. 그것은 나다."

그러자 여자는 왕후를 덮쳐 숨통을 끊을 듯한 기세로 튀어나오려 하여 두 호위병이 여자에게 달려들어 움직이지 못하도록 꿇어앉혔다. 여자는 관자놀이에서 땀을 흘리며 숨을 헐떡거렸고 반쯤은 울면서 분한 듯이 왕후를 노려보았다. 왕후가 그녀를 지그시 쏘아보자, 여자는 도전하듯이 마주 노려보았다. 마치 왕후 같은 건 조금도 두렵지 않다는 듯 눈길을 거두지 않았다. 왕후가 먼저 눈을 내리깔 때까지 노려보고 있으려고 결심한 것 같았다. 그러나 왕후는 아무렇지 않게, 분노하는 기색을 전혀 보이지 않고 강하고 조용한 인내로써 그녀를 지켜보았다. 화가 났을 때의 그는 정말 집념이 강했지만, 그렇지 않을 때의 그에게는 이런 강한 인내력이 있었다.

여자는 오랫동안 노려보았다. 그러나 왕후는 변함없이 가만히 쳐다보고 있을 뿐인데 마침내 여자는 눈을 깜빡이고 호위병에게 고함을 질렀다. "나를 감방으로 돌려보내 줘!" 그리고 두 번 다시 왕후 쪽을 보지 않았다.

그러자 왕후는 다시 차가운 웃음을 띠고 말했다.

"알았느냐, 너에게는 새 주인이 생겼다는 말이다."

여자는 한 마디도 대답하지 않았다. 갑자기 고개를 푹 숙이고 입술을 열고 알 듯 모를 듯 혈떡었다. 왕후는 미침내 여지를 감방으로 돌려보내리고 명령했다. 그녀는 왕후 앞에서 한시바삐 사라지고 싶었기 때문에 이번에는 저항하지 않고 끌려갔다.

그녀는 어떠한 신분의 여자일까. 어떻게 해서 비적의 산채 같은 곳엘 오게 되었을까. 왕후는 그것을 알고 싶어서 열이 올랐다. 그는 여자의 신상을 조사하리라고 생각했다. 그때 호위병이 돌아와서 고개를 내저으면서 말했다.

"여태껏 꽤 난폭한 여자들을 다루어 보았지만 그런 암여우 같은 것은 처음입니다."

왕후는 호위병에게 명령했다.

"전옥(典獄)에게 전하여 그 여자의 신분과 어떻게 해서 산채로 들어가게 되었는가를 조사하도록 하여라."

그러자 호위병이 대답했다.

"그 여자는 아무리 심문을 해도 입을 열지 않습니다. 한 마디도 하지 않습니다. 감방으로 온 뒤 달라진 것이라고는, 처음에는 아무것도 먹지 않았는데 이제는 마구 먹어 댄다는 것뿐입니다. 그것도 배가 고파서가 아니라 뭔가 꿍꿍이가 있어서 체력을 기르려고 먹어 대는 것 같습니다. 자기의 과거는 누구에게도 말하지 않습니다. 다른 여죄수들이 알고 싶어서 온갖 말로 꾀어 보아도 전혀 알려 주지 않습니다. 고문이라도 하면 지껄일는지 모릅니다만. 그렇게 모질고 고집 센 여자니까 그래도 어떨지 모르겠습니다. 고문을 해 볼까요?"

왕후는 한참 생각에 잠겨 있다가 이윽고 결심한 듯이 말했다.

"달리 방법이 없다면 고문을 해도 좋다. 무슨 짓을 해서든 나에게 복종하게 만들어라. 그러나 죽을 지경까지 고문하지는 말아라."

잠시 뒤에 그는 말을 덧붙였다.

"뼈를 꺾어도 안 되고, 살갗에 상처를 내도 안 된다."

그날 저녁때 호위병이 보고하러 왔다. 그리고 질렸다는 듯이 말했다.

"사령관님, 뼈를 부러뜨리지 않고, 살갗에 상처를 내지 않는 미적지근한 고문으로서는 도저히 그 여자의 입을 열게 할 수가 없습니다. 그년은 우리들을 비웃고 있습니다."

왕후는 침통한 표정으로 호위병에게 말했다.

"그렇다면 얼마 동안 그대로 내버려둬라. 술과 고기를 주도록 해라."

여자를 어찌하면 좋을지 생각이 날 때까지 그 일은 마음속에 넣어 두기로 했다.

명안이 떠오르기를 기다리는 동안에 왕후는 언청이를 고향으로 보내서 형들에게 오늘까지의 일, 자기가 어떻게 성공했는가, 부하를 거의 잃지 않고 얼마나 큰 승리를 거두었는가, 어떻게 해서 이 지방에 기반을 닦았는가를 알리도록 했다. 출발 전에 언청이에게 다음과 같은 주의를 주었다.

"내가 한 일을 너무 과장해서 떠들면 안 된다. 이 조그만 지방과 현공서쯤은 내 앞에 솟아 있는 영광의 높은 산으로 올라가는 첫걸음에 지나지 않는다. 내가 소망대로 입신출세를 한 것이라고 형들이 생각하게 되면 곤란하다. 아들을 출세시켜 달라고 찾아올 게 틀림없어. 나에게 아들이 있었으면 좋겠다고는 생각하지만 더는 형님들의 아들을 떠맡는 것은 질색이야. 그러니까 나의 성공을 되도록 줄여서 이야기해라. 형들이 이야기를 듣고 솔깃해서 군자금을 좀 더 낼 마음이 일어날 정도로만 말해 다오. 나에게는 이제 5천 명의 부하가 있다. 이들에게 옷과 먹을 것을 주어야 한다. 그 무리들은 이리처럼 먹어 대니까. 형들에게 이렇게 전해 다오. 나는 이제 겨우 궤도에 올랐다, 머지않아 이 현 전체를 내 지배 아래 두도록 노력하겠다, 그것을 성취하면 여러 현으로 계속 진출하겠다, 내가 나아가는 길에는 한계가 없다고 말이다."

언청이는 그것을 충실히 전할 약속을 하고, 먼 지방의 절간으로 불공을 드리러 가는 가난한 신도로 가장하고 남쪽으로 출발했다.

왕후는 그 뒤에 부하의 조직 편성에 들어갔다. 그는 이미 충분히 자랑해도 좋을 만큼의 일을 해냈다. 그는 비적 두목이 아니라 당당히 현공서 안에 정부의 일원으로서 지위를 얻은 것이다. 왕후의 명성은 이 지방 구석구석까지 퍼졌다.

곳곳에서 민중들은 왕후의 소문을 수군거렸다. 그가 군인을 모집하면 많은 사람이 그의 기치 아래로 몰려들었다. 왕후는 엄중하게 인선을 하여 나이가 많아 쓸모없는 자, 너무 허약한 자, 애꾸눈, 저능한 자는 받아들이지 않았다. 또 그가 거느리는 현의 군대 안에서도 능력이 없는 나약한 자들은 파면했다. 그저 밥이나 얻어 먹으려고 군인이 된 자가 많았기 때문이었다. 이리하어 왕후는 젊고 강하고 전투에 적격인 정예만을 8천 명이나 휘하에 모았다.

왕후는 먼저 비적과의 전투에서 전사한 자와 산채에서 타 죽은 몇몇을 제외하고서 처음부터 있던 백 명의 부하들을 대위나 상사로 승진시켜 새 부하들 위에 두었다. 이 편성이 끝나고 나서도 그는 그러한 지위를 얻은 자가 흔히 그렇듯이 안일이나 방탕에 빠져 지내지 않았다. 한겨울인데도 그는 아침 일찍부터 일어나서 부하를 훈련시켰다. 자기가 알고 있는 온갖 전술, 기습은 어떻게 하면 되는가, 공격은 어떻게 하는가, 매복은 어떻게 하는가, 피해 없이 퇴각하려면 어떻게 해야 하는가를 가르쳤다. 언제까지나 현공서 같은 보잘것없는 곳에 만족하고 있을 마음은 없었으므로 부하를 될 수 있는 대로 교육해 두려고 결심했다. 그의 꿈은 가슴속에서 차츰 부풀어 올랐다. 그리고 그는 그 꿈을 억누지 않고 한껏 커져 가도록 했다.

15

왕후의 두 형은 동생의 계획이 성공했는가 알고 싶어 안절부절못했으나, 겉으로 나타난 태도는 저마다 달랐다. 왕이는 자기의 아들이 목을 매고 죽은 뒤로 동생에게는 아무런 관심도 두지 않는 척하고 있었다. 그리고 죽은 아들을 떠올리고는 그 죽음을 한탄했다. 그의 부인도 아들의 죽음을 슬퍼했는데 그녀는 남편에게 불평을 하는 일로써 슬픔을 위안했다. 그녀는 곧잘 이렇게 말했다.

"나는 처음부터 그 애를 보내지 말라고 말했어요. 우리네 같은 집안에서 그런 훌륭한 애를 군대로 보내는 것은 좋지 않다고 나는 처음부터 말씀드렸어요. 군대 생활이란 비천하고 저속해요. 늘 그렇게 말씀드리지 않았어요?"

처음 왕이는 어리석게도 부인의 불평에 일일이 답을 했다.

"나는 당신이 반대하는 줄 몰랐어. 보통 군대가 아니고 동생이 출세함에 따라 높은 지위로 끌어올려 준다고 해서 당신도 기뻐했잖소."

그러나 부인은 자기가 한 말을 끝까지 밀고 갈 작정이었다. 그래서 무서운 기세로 외쳤다.

"당신은 늘 딴 생각을 하고 있으니까, 내 말 같은 건 들리지도 않는 거예요. 여자나 다른 무엇을 생각하고 계시겠지요. 나는 몇 번이나 분명하게 그 애를 보내면 안 된다고 말했어요. 당신 동생도 한낱 군인에 지나지 않잖아요? 내 말만 들으셨더라면 그 아이는 여전히 건강하게 살아있겠지요. 그 애는 가장 똑똑한 애였어요. 훌륭한 학자가 되도록 태어났던 거예요. 내 말은 이 집에서 누구도 존중해 주지 않아요!"

그녀는 탄식하고 세상에 다시없이 슬픈 표정을 지었다. 왕이는 멍청하게 지껄인 말 때문에 이와 같은 폭풍을 불러일으킨 데 당황하여 서쪽 동쪽 이리저리 보면서 한 마디도 하지 않았다. 잠자코 있는 편이 아내의 분노가 빨리 가라앉으리라고 생각했기 때문이다. 사실을 말하자면 부인은 둘째가 살아 있을 때에는 호되게 꾸짖기도 하고 결점만이 눈에 띄어 장남이 훨씬 좋은 애라고 생각했는데, 죽은 뒤에는 그 아이가 가장 좋은 아이였다는 생각이 들어서 그 죽음을 한탄하는 것이었다. 이제 보니 장남은 뭘 시켜도 제대로 하지 못했다. 그런 형편이고 보니 더욱 둘째 쪽이 나았다고 여겨지는 것이었다. 셋째인 꼽추도 있지만, 그 애가 리화와 함께 살고 싶다고 하며 그리로 아주 가 버린 뒤로 부인은 한 번도 셋째의 소식을 알려고 들지 않고, 누군가가 가끔 물어 오면 이렇게 대답할 뿐이었다.

"그 애는 몸이 약해서 시골에 보냈어요. 그러는 것이 몸을 위해서도 좋으니까요."

그래도 부인은 아들을 보살펴 주는 데 대한 인사인 셈인지 작은 선물들을 가끔 리화에게 보내곤 했다. 꽃무늬가 든 조그만 도기 주발이라든가, 리화가 도저히 입을 것 같지 않은 보기에만 화려하고 비단은 그다지 섞이지 않은 값싼 천이라든가, 그런 쓸모없는 것들뿐이었다. 그래도 리화는 어떤 물건을 받든 정중히 인사를 했다. 그리고 신선한 달걀이라든가 밭에서 나는 농작물 등을 답례로 보내 빚을 지지 않도록 신경 썼다. 그리고 받은 옷감은 백치 딸에게 주거나, 백치를 기쁘게 하기 위해서 화려한 겉옷과 신 등을 만들어 주거나 했다. 도기 주발은 꼽추가 탐을 내면 꼽추에게 주었고, 또 토벽집에 함께 사는 농부의 아내가 자기가 가진 청화백자보다도 꽃무늬가 든 성내의 물건이 좋다고 하면 곧 그 여자에게 주었다.

왕얼도 그 나름대로 동생의 소식을 초조하게 기다렸다. 그는 이곳저곳의 소문에 귀를 기울였다. 그러는 동안에 북쪽 비적의 두목이 새로운 젊은 용사에게 살해당했다는 소문이 전해져 왔다. 그러나 그것이 사실인지, 또 그 용사가 자기의 동생인지는 알 수 없었다. 그래서 그는 돈을 모으면서 아우의 심복이 오기를 기다렸다. 그는 알맞은 시기를 보아 동생의 토지를 팔아서 그 대금을 고리로 돌리고 있었다. 남몰래 한두 번 여분으로 회전시켜 금리를 취한다고 해도 그것은 자기가 고생한 데 대한 정당한 보수이지 동생에게 손해를 끼치는 것은 아닌 것이다. 자기만큼 왕후의 이익을 신경 써 주는 사람은 없다는 것이 그의 생각이었다.

그러나 왕후의 심복인 언청이가 집의 현관에 모습을 나타냈을 때 왕얼은 언청이로부터 보고를 한시바삐 듣고 싶어 안달이 났다. 그는 전에 없는 열의를 보이며 언청이를 자기 방으로 불러 손수 차를 따라 주었다. 이윽고 언청이가 명령받은 대로 이야기하기 시작하자 왕얼은 한 마디도 끼어들지 않고 끝까지 듣고 있었다. 마지막으로 언청이는 왕후가 시킨 대로 솜씨 있게 말을 맺었다.

"당신의 아우님이자 제가 모시는 장군님께서는 이렇게 말씀하셨습니다. 초조하게 서둘러서는 안 된다, 높은 산으로 올라가는 첫발자국을 내디뎠을 뿐이다, 이제 겨우 한 현을 손에 넣었다, 내가 꿈꾸고 있는 것은 천하의 여러 성(省)들이다."

왕얼은 살짝 숨을 들이마시고 물었다.

"당신은 어떻게 생각하시오? 내 돈을 아우에게 주어도 위험이 없겠소?"

그러자 언청이는 대답했다.

"당신의 아우님은 매우 총명한 분입니다. 대개의 사람들은 비적의 산채를 차지하여 그 지방을 약탈하고 조금 높은 사람이 되면 그것으로 만족하고 맙니다. 그러나 장군께서는 현명하시므로 그러시지를 않습니다. 제왕이 되기 위해서는 비적 같은 짓을 해서는 안 됩니다. 그럼으로써 정부의 권력을 든든하게 배경으로 삼고 있습니다. 지금은 조그만 현공서입니다만, 그래도 정부입니다. 그분은 당당한 정부의 장군이십니다. 봄철이 되면 무엇인가 구실을 만들어서 다른 군벌과 싸우게 되겠지만, 그때에도 그분은 반란군으로서가 아니라 정부의 권위 있는 장군으로서 출정하시게 되는 것입니다."

이렇듯이 신중한 동생의 방법은 왕얼을 크게 기쁘게 했다. 이미 정오가 가까워지기도 했으므로 그는 여느 때보다 기분 좋게 언청이에게 말했다.

"별다른 요리는 없습니다만, 우리 식구들과 함께 점심을 드시지 않겠습니까?"

그리고 언청이를 안내하여 가족의 식탁에 앉게 했다.

왕얼의 부인은 언청이를 보자 평소의 그녀다운 허물없는 말투로 인사를 하고 나서 물었다.

"우리 곰보 꼬마는 어떻게 하고 있나요?"

언청이는 일어나서 아드님은 매우 건강하며 장군께서 언제나 곁에 두시므로 머지않아 반드시 출세하시겠지요, 하고 대답했다. 그러나 언청이가 다음 말을 잇기 전에 왕얼의 부인은 "그렇게 예의 차린다고 서 있지 말고 앉아서 들려주세요" 큰 소리로 말했다.

그래서 다시 앉은 언청이는 곰보 소년이 비적의 산채에 잠입하여 얼마나 빈틈없고 훌륭하게 임무를 다했는가 말하려 했으나 문득 생각을 고쳤다. 여자란 참으로 묘해서 기분이 변하기 쉽다. 특히 어머니의 기분은 더욱 묘해서 아이의 일이라면 아무것도 아닌 것까지 겁을 먹거나 마음 아파하는 것이다. 이렇게 생각했기 때문에 언청이는 왕얼의 부인이 기뻐할 만한 것만 이야기하고 입을 다물었다.

그녀는 이삼 분이 지나자 금방 이야기한 것을 모두 잊어버리고 말았다. 여러 일로 몹시 바빴기 때문이다. 여기저기 뛰어다니며 요리를 가져와서 식탁 위에 늘어놓고, 그러는 동안에도 한 손에 어린애를 안고 젖을 물린다. 어린애는 얌전히 젖을 빨았다. 그러나 그녀는 한쪽의 비어 있는 손으로 음식을 손님과 남편과 배가 고파 아우성치는 아이들에게 바쁘게 나누어 담아 주었다. 아이들은 식탁에서 먹으려 들지 않고 그릇과 젓가락을 들고 문밖에 서거나 길거리에 나가 먹거나 했다. 그리고 그릇이 비면 다시 밥이나 채소와 고기를 받으러 달려오는 것이었다.

식사가 끝나고 차도 마시고 나자 왕얼은 언청이를 맏형의 집 문간까지 데리고 갔다. 그리고 찻집에서 천천히 이야기를 하기 위해서 맏형을 불러낼 때까지 그곳에서 기다리라고 했다. 부인에게 모습을 들켜 장광설을 듣게 되면 성가시니 숨어 있으라고 말하고, 왕얼은 안으로 들어가 마당을 지나서 형의 방으로 갔다. 점심을 마친 왕이는 숯불이 벌겋게 타오르는 화롯가의 긴 의자 위에서 코를 골며 잠들어 있었다.

왕얼이 가볍게 팔을 흔들자 왕이는 커다란 콧숨을 한번 내쉬고 잠에서 깨어났다. 잠깐 동안 잠에 취해 있었지만 용건을 알게 되자 겨우 몸을 일으켜서, 곁에 놓아두었던 털가죽옷을 걸치고 발소리를 죽이면서 아우의 뒤를 따라 밖으로 나왔다. 그들이 나가는 모습을 본 것은 예쁘장한 젊은 첩뿐이었다. 그녀는 누가 지나가는가 하고 문으로 얼굴을 내밀었으나, 왕이가 잠자코 있으라고 손으로 신호를 하자, 곧 입을 다물었다. 첩은 마음이 약해서 본부인을 두려워할 뿐만 아니라 본성이 착하고 친절한 여자이므로, 나중에 부인이 물어도 그가 나가는 것을 보지 못했다고 말해 주리라.

그들은 함께 찻집으로 갔다. 그곳에서 언청이는 다시 한 번 처음부터 이야기를 했다. 왕이는 언청이의 말을 들으면서 자기에게는 왕후에게로 보낼 아이가 없음을 애석해하고 동생의 아들이 공을 세웠다는 말에 질투를 느꼈다. 그러나 그런 감정을 겉으로 드러내지 않고 상냥하게 상대의 이야기에 맞장구를 쳐 주며, 막내아우에게 보낼 돈에 대해서는 왕얼의 의견에 전적으로 찬성했다. 그리고 집으로 돌아올 때까지 감정을 억눌렀다.

그러나 집으로 돌아오자 갑자기 질투의 감정이 둑이 터진 듯이 넘쳐흘렀다. 그는 곧장 장남의 방으로 갔다. 장남은 휘장을 내린 침대 위에 드러누워 얼굴을 붉힌 채 《삼미인(三美人)》이라는 외설스러운 책을 탐독하고 있었다. 아버지가 들어오자 그는 놀라서 책을 옷자락 속에 숨겼다. 부친은 자신의 생각만으로 가득했기 때문에 그것을 보지 못하고 다급하게 말을 시작했다.

"너는 지금도 삼촌에게로 가서 출세하고 싶은 마음이 있느냐?"

그러나 청년은 이미 그러한 사실은 까맣게 잊어버리고 있었다. 그는 점잖게 하품을 했다. 그때 벌린 그의 입술은 소녀의 입술처럼 붉고 예뻤다. 그는 아버지의 얼굴을 보고 나른한 미소를 지으며 말했다.

"군인이 되고 싶다는 어리석은 말을 내가 한 적이 있었나요?"

"군인이 되는 것이 아니라" 아버지는 조심스럽게 권했다. "처음부터 병사보다는 훨씬 윗자리에 앉는 거다. 삼촌 바로 아랫자리를 차지하는 거야." 여기까지 말하고 왕이는 소리를 낮추어 아들을 달래듯이 말했다. "삼촌은 이미 장군이 되었다. 내가 들어 본 일조차 없는 멋진 계략으로 성공한 거야. 가장 힘든 시기는 이미 지나간 것이다."

그러나 청년은 고집 세게 고개를 저을 뿐이었다. 아버지는 반쯤은 화를 내고 반쯤은 어찌할 바를 모르겠다는 듯이 아들을 내려다보았다. 그 순간 그는 아들의 참된 모습을 꿰뚫어 보았다. 우아하고, 까다롭고, 게으르고, 쾌락을 쫓는 일 말고는 아무런 야심도 가지고 있지 않은 젊은이였다. 그저 남들보다 좋은 옷차림을 하는 것, 친구들에 비해 유행에 뒤처지지 않도록 하는 것만을 마음에 두는 젊은이였다. 아버지는 침대의 비단 이불 위에 누워 있는 아들을 빤히 내려다보았다. 속옷까지도 비단천으로 만들었고, 발에는 비단신을 신었다. 피부도 미녀의 살갗처럼 기름을 발라 매끈하고 향수 냄새를 풍겼다. 머리칼은 외국제의 향유를 발라 반짝반짝 빛났다. 이 청년은 어떻게 해서든지 몸을 아름답게 꾸미려고 고심했던 것이다. 자기 몸의 부드러움과 아름다움을 숭배와 비슷한 감정으로 사랑하는 것이었다. 그 때문에 밤마다 도박장이나 극장에서 함께 노는 친구로부터 칭찬을 받았다. 어느 모로 보아도 그는 부호의 집에서 태어난 귀공자였다. 그의 조부가 왕룽이라는 농부였다는 사실은 꿈에도 생각하는 자가 없으리라. 왕이의 머릿속은 언제나 하잘것없는 일들만 생각하느라 복잡했지만 이때만은 장남의 참다운 모습이 보였다. 그는 아들의 앞날이 걱정이 되었다. 그래서 언제나의 온화한 목소리와는 완전히 다른 날카로운 목소리로 말했다.

"나는 네 장래가 걱정이다. 이래서는 변변한 자는 되지 못하겠구나." 그리고 그때까지 볼 수 없었던 거센 말투로 말했다. "너는 세상으로 나가 어떻게든 스스로 살아 나갈 길을 열어야 한다. 집 안에서 빈들빈들 놀고만 있다가는 네 평생이 허망해진다."

왕이는 자기도 모르는 공포에 사로잡혀, 이 아이가 야심으로 불타올랐을 때를 놓치지 말고 바라는 대로 해 주었더라면 좋았을걸, 하고 후회했다. 그러나 이미 늦었다. 기회는 지나가 버린 것이다.

아버지의 목소리가 여느 때와는 달리 날카로웠기 때문에 청년은 반쯤은 두려워하고 반쯤은 토라진 듯이 갑자기 침대 위에 일어나 앉았다.

"어머니는 어디 게십니까? 니를 이 집에서 내보내고 싶으신지 어머니에게 여쭈어 보고 오겠습니다. 정말 나를 집에서 내쫓으시려는 건지요!"

이 말을 듣자 왕이는 다시금 평소의 자신으로 되돌아가 황급히 달래듯이 말했다.

"뭐, 됐다. 너는 내 후사니까 네가 좋을 대로 하여라."

다시금 그의 머릿속은 흐려지고 냉철했던 순간은 사라져 버렸다. 그는 한숨을 쉬며 생각했다. 확실히 귀공자는 비천한 태생의 청년과 같을 수는 없는 일이다. 동생의 아내는 비천한 태생의 여자니까 그 곰보 아들도 왕후의 졸개쯤이 제격이다. 이렇게 생각하여 조금이나마 자신을 위로하며 아들의 방에서 천천히 나왔다. 청년은 비단천을 씌운 베개 위에 다시 벌렁 드러누워 머리 아래서 두 손을 깍지 낀 채 나른한 미소를 지었다. 그러나 얼마 안 있어 아까 숨긴 책을 손으로 더듬어 꺼내 다시 열심히 읽기 시작했다. 그것은 친구가 알려 준 외설스럽고 재미있는 책이었다.

그러나 왕이는 막연한 실망의 기분을 떨쳐 버릴 수가 없었다. 아무튼 우울해져서 그는 생전 처음 자신의 인생에 불만을 품었다. 그러는 동안에 언청이는 행각승의 동냥자루에다 돈을 가득 채우고, 허리에도 허리띠가 처질 정도로 돈을 차고, 등에도 무거운 돈 보따리를 겨우 지고 돌아갔다. 그것을 보고 있으려니 왕이는 이제까지 왕후로부터 보답받을 만한 일을 해 준 것이 없다는 생각에 몹시 우울했다. 자기에게는 왕후에게 맡겨 출세시킬 아들도 없다. 있는 것은 싫어도 내놓을 수가 없는 땅뿐이었다. 이렇게 생각하자 아주 우울해지고 세상이 재미없어져 버렸다. 나중에는 부인까지 눈치챌 만큼 그의 우울증은 심해 갔다. 생각다 못해 그는 자기의 번민을 부인에게 털어놓았다. 이제까지 부인에게 의논하면 언제나 그녀가 잘 해결해 주었던 것이다. 남이 묻는다면 강하게 부정했을 게 틀림없지만 내심으로는 부인이 자기보다 현명하다고 은근히 믿었던 것이다. 그런데 이번에는 부인과 의논해도 아무 소용이 없었다. 아무리 동생이 얼마나 위대해졌는가를 부인에게 이야기해도 그녀는 깔깔거리며 웃고 멸시하듯이 말했기 때문이었다.

"조그만 현의 장군 따위는 대군벌이라고 할 수 없어요. 그런 것을 부러워하시다니 당신도 참 딱하네요. 도련님이 성(省)을 지배하는 독군(督軍)이 된다면 그때 우리 작은아들을 보내도 늦지 않아요. 아직 젖먹이인 막내가 아마 그 시기에는 맞을 거예요."

왕이는 그대로 입을 다물고 그 뒤 얼마 동안은 가만히 집에 들어박힌 채 이전처럼 열심히 찻집에 나가지도 않게 되었다. 친구들과 이야기를 나누어도 그 전처럼 재미가 없었다. 그는 혼자 떨어져 앉아 있었다. 본래 그는 그러한 성질의 인간이 아니었다. 오히려 사람들이 바쁘게 여기저기 뛰어다니는 소란스러운 곳을 좋아했다. 이를테면 집 안에서 하인들이 행상인과 싸우거나 아이들이 울부짖는 소리와 같은 일상생활의 소란함일지라도 이렇게 홀로 앉아 있기보다는 좋았던 것이다.

그런 그가 지금은 참담한 마음으로 앉아 있었다. 왜 그런지 인생이 공허하게 느껴졌다. 이제 자기도 전처럼 젊지는 않다. 모르는 사이에 나이를 먹어 간다. 그런데도 자기는 아직 인생의 행복을 발견하지 못했다. 생각했던 것만큼 출세도 하지 못했다. 그가 막연히 느끼는 이런저런 불행 속에서도 가장 큰 불행은 절대로 막연한 것이 아니었다. 그것은 아버지로부터 물려받은 토지였다. 그것은 그에게 있어서 단 하나의 생계수단인 동시에, 일단 관리를 게을리하면 처자들과 함께 먹고살 수 없게 된다는 점에서 정말로 저주스러운 존재였다. 토지에 무엇인가 사악한 마법이 숨어 있는 듯이 여겨져서 견딜 수가 없었다. 자, 씨앗을 뿌릴 때다, 자, 비료를 줄 계절이다, 자, 수확을 거둬들일 때다, 하여 때마다 나가 보아야 하는 것이다. 뜨거운 태양빛을 받으면서 곡식의 양을 달아 보아야 한다. 그것이 끝나면 소작료를 거두어들여야 하는 시기가 온다. 그 위에 또 토지를 둘러보아야 하는 불쾌하기 그지없는 일 때문에, 선천적으로 한량인지라 일이 싫어 못견딜 지경인데 싫어도 몸을 움직여야만 한다. 물론 마름을 고용하고는 있지만 그 마름은 어딘가 교활한 구석이 있어서 마음에 들지 않았다. 마름이 자기를 속여 돈을 챙긴다고 생각하면 참을 수가 없었다. 그래서 철마다 싫어도 자신이 직접 나가 논밭을 둘러보았다.

그는 혼자서 자기 방에 앉아 있었다. 또 겨울철 햇살이 따스하게 내리쬐는 안마당으로 나가서 나무 아래에 앉아 있기도 했다. 그리고 해가 바뀔 때마다 밭으로 나가야 하는 것과 그렇지 않으면 도둑놈 같은 소작인들이 아무것도 바치지 않으리라는 생각을 하고 그는 신음했다. 언제나 소작인들은 엄살만 부렸다. "올해엔 홍수가 나서요."라든가, "올해는 아주 심한 가뭄이라서요."라든가, "메뚜기떼가 많은 해라서요."라며 우는소리들을 했다. 그리고 소작인과 마름이 한통속이 되어 지주인 그를 속일 것만 생각했다. 그러한 무리들과 싸우는 것이 귀찮아서 그는 토지를 저주하고 미워했다. 그는 빨리 왕후가 위대해져서 그의 맏형인 자기가 더는 더위와 추위를 견디며 밭으로 나가지 않아도 좋을 때가 오기를 기다렸다. "나는 왕후의 형이야." 이렇게 말만 하면 모든 일이 다 해결되는 날이 빨리 왔으면 좋겠다고 생각했다. 처음 '지주 왕 선생'이라고 남들이 불러 주었을 때 그는 기뻤다. 여전히 그는 그렇게 불리지만 그 칭호도 오늘에 와선 그다지 명예롭게 여겨지지 않았다.

사실을 말하면, 아버지 왕룽의 생존시에는 필요한 돈을 얼마든지 아버지로부터 받아 썼으며 수입을 얻기 위해서 스스로 일한 적은 한 번도 없었다. 그런 만큼 지금의 생활이 괴로운 것이다. 아버지의 유산이 분배된 뒤에는 그때까지와는 달리 일을 해야만 했다. 더구나 그런 익숙지 못한 일을 해도 필요한 만큼의 돈은 들어오지 않았다. 그런 데다 아들들도 처첩들도 그가 그렇게 일하고 있는 데에는 전혀 관심이 없었다.

아들들은 최고급 옷을 입지 않고서는 견디지를 못했다. 겨울철에는 두꺼운 모피가 있어야 하고, 봄과 가을에는 두루마기 안에 대는 질 좋고 가벼운 털가죽이 필요했다. 철철이 모든 종류의 비단옷을 입어야 했다. 그해의 유행보다 조금 더 기장이 길거나, 품이 좀 헐렁하게 재단된 옷을 입기라도 하면 가슴이 찢어지는 것처럼 불행해했다. 아들들은 자신들이 어울리는 도시의 멋쟁이 친구들로부터 비웃음당하는 것을 무엇보다도 두려워했기 때문이다. 이제까지는 장남뿐이었는데 요즈음에는 넷째 아들까지 형의 흉내를 내기 시작했다. 이제 겨우 열세 살이 되었을 뿐인데, 이미 옷을 취향대로 맞추어 입었으며 손가락에는 반지를 끼고 머리칼에는 향유를 바르지 않으면 마음이 편치 않아했다. 집에 있을 때는 전용 하녀를 부렸고, 외출할 때는 하인을 거느렸다. 어머니의 귀염을 독차지하는 아이였기 때문에 어머니는 악마가 채 갈까 봐 두려워서 금귀걸이까지 달아 주었다. 악마를 속여 계집아이니까 채 가더라도 쓸모가 없다고 여기게 하기 위해서였다.

또 집에 전처럼 돈이 없다고 아무리 왕이가 설명을 해도 아내는 곧이듣지 않았다. 그녀가 목돈이 필요하다고 말했을 때, 만약 그가 "그만큼은 없어. 아쉬운 대로 은전 50냥만 받아."라고 하기라도 한다면 부인은 무서운 기세로 말했다.

"절의 본당 지붕을 새로 고치는 데 시주하겠다고 약속을 한걸요. 만약 그 액수를 시주하지 못하면 내 체면이 깎이고 말아요. 당신에게 없을 리가 없어요. 노름이나 살림을 차려 준 비천한 여자들 때문에 당신이 돈을 물 쓰듯 쓰고 계시는 거 다 알고 있어요. 이 집안에서 영혼이나 신불(神佛)의 일에 마음을 쓰는 것은 나뿐이에요. 내가 지옥에 떨어진 당신의 영혼을 구제하기 위해 기도드려야 할 날이 올지도 몰라요. 그때 가서 기부하지 않은 것을 후회해도 소용없어요."

지주 왕이는 이런 말을 듣고 나서는 어떻게 해서든지 돈을 마련해야만 했다. 그는 자기의 귀중한 돈이 저 입만 살아 있는 음험한 승려들 손으로 넘어가는 것이 불쾌해서 견딜 수가 없었다. 그는 승려들을 아주 싫어했고 그들을 믿지 않았다. 그는 그들의 못된 소문을 듣고 있었다. 그러나 그는 승려들이 이상한 마술을 체득하지 않았다고 주장할 자신이 없었다. 또 신이나 부처는 여자들이나 믿는 것이라고 고집을 부리면서도 신이나 부처에게 영묘한 힘이 없다고 확신하는 것도 아니었다. 이 문제 또한 그가 우울해지는 원인의 하나였다.

이즈음 왕이의 부인은 신이나 부처, 절간 같은 것들에 완전히 빠져 스스로 신성한 인간이 됐다고 여겼다. 이곳저곳 매일같이 다니며 참배에 많은 시간을 소비했다. 귀부인답게 하녀에게 부축을 받으면서 절간 문으로 들어가면 승려들이, 주지까지도 공손히 마중 나와 인사를 하고 아첨을 하며, 부인을 불보살의 총아, 재가(在家)의 비구니, 불도(佛道)를 체득한 귀부인이라고 추켜세워 주었다.

승려들이 이렇게 칭찬하면 그녀는 꾸며 낸 웃음을 짓고 눈을 내리깔며 일단 겸손을 떨었지만 자기도 모르는 사이에 이것저것 시주하겠다고 약속을 해 버렸다. 그것도 자기가 생각했던 것보다 많은 금액이 되곤 했다. 그래서 승려들은 그녀를 한껏 추켜올리려고 노력했다. 그들은 모든 신도들의 모범으로서 그녀의 이름을 씨시 여기지기에 걸어 두었다. 어떤 절간에서는 붉은 칠을 한 액자에 그녀가 얼마나 신앙심이 두텁게 불도에 정진하고 있는가를 쓴 금문자를 새겨서, 본당은 아니지만 작은 법당 안 많은 사람들의 눈길을 끌 수 있는 곳에 걸어 놓기도 했다. 이런 일이 있은 뒤부터 부인은 차츰 우쭐해져서 너무나 경건하고 신심이 깊은 태도를 취했다. 그녀는 언제나 조용히 앉아서 손깍지를 끼도록 마음을 썼고, 다른 사람들이 점잖지 못하게 세간의 소문에 흥겨워할 때에도 그녀는 염주를 돌리면서 경문을 외고 있었다. 자기가 그처럼 신성해졌기 때문에 그녀는 남편에게도 매우 엄격해졌다. 자기의 명성을 유지하기 위해서 필요한 돈은 무슨 일이 있더라도 남편으로부터 뜯어냈다.

부인이 그에게서 돈을 받아내는 것을 보면 젊은 첩도 자기 몫의 돈을 바랐다. 첩도 부인의 마음을 사기 위해서 경을 배우고는 있었지만 시주는 하지 않았다. 그러면서도 마찬가지로 돈을 탐내는 것이었다. 그녀는 아름다운 꽃무늬가 놓인 비단옷을 사는 것도 아니고, 머리칼이나 옷에 꾸밀 보석이나 금 장식을 사는 것도 아닌데 대체 어디에 쓰는지 왕이로서는 추측조차 할 수 없었다. 더구나 그가 준 돈은 그녀의 손에서 곧 흘러나가 버렸다. 그래도 그는 이러쿵저러쿵하지 않았다. 첩이 부인에게로 가서 울면서 하소연을 하면 부인이, 첩을 두는 이상엔 그만한 대가는 주어야 한다고 그를 나무랄 것이 뻔하기 때문이었다. 이 두 여자는 묘하게 거리감을 유지하면서도 서로에게 호의를 갖고, 뭔가 바라는 게 있을 때는 남편에게 공동전선을 폈다.

어느 날 왕이의 수수께끼가 풀렸다. 그는 젊은 첩이 뒷문으로 살그머니 빠져나가 품에서 무엇인가를 꺼내 그곳에 서 있는 사나이에게 넘겨주는 모습을 본 것이다. 엿보니 그녀의 아버지였다. 그는 못마땅해서 마음속으로 생각했다.

'그러니까 내가 여태 그 늙은이 집안을 부양하고 있던 셈이군.'

그는 사랑채로 돌아와 앉아서 한숨을 쉬었다. 한동안 화가 가라앉지 않아 신음했다. 그러나 어쩔 수도 없었다. 첩이 주인으로부터 돈을 일단 받은 이상, 좋아하는 과자나 옷 사는 데 쓰는 대신 친정아버지에게 바치는 거야 그녀의 자유였다. 여자는 시집온 남편의 집을 첫째로 알아야만 하지만, 그렇다고 간섭하면 싸움이 된다. 그는 그녀와 말다툼해서 이길 자신이 없었으므로 모른 척할 도리밖에는 없었다.

그 밖에 왕 지주가 번민하는 문제는 자기의 정욕을 억누를 수 없다는 것이었다. 이미 쉰 살 가까이 되었으므로 이제까지처럼 계집질에 돈을 쓰지 않으려고 진심으로 노력해 보았지만 헛일이었다. 아직까지 자신의 결점을 고치지 못하고 일단 이 여자다, 하고 마음먹으면 쩨쩨하게 보이기 싫어서 자기도 모르게 호기롭게 돈을 쓰는 것이었다. 집에 있는 두 여자 말고도 그는 성내의 다른 곳에 전에 사귄 그 가기(歌妓)를 잠시 동안이라는 약속 아래 살림을 차려 주고 있었다. 그 여자는 거머리처럼 끈질겨서 그가 싫증이 나서 헤어지려고 해도 세상에서 가장 사랑하는 사람은 당신이라든가, 버리면 자살하겠다든가 하며 협박하고, 가슴에 매달려 울거나 그의 목에 손톱이 길게 자란 가냘픈 손을 갖다 대고 매달리거나 하면 그는 어찌해야 좋을지 막막해지고 말았다.

더구나 그 여자에게는 늙은 어머니가 있었다. 그 늙은이 또한 욕심 많은 여자라 걸핏하면 째지는 소리로 고함쳐 댔다.

"모든 것을 당신에게 바친 내 딸을 이제 와서 내치겠단 말이오. 당신이 살림을 차려 들여앉힌 뒤부터는 출연을 하지 않아 목청도 나빠졌고, 다른 여자가 대신 무대에 나가는 마당에 이제 우린 어떻게 먹고살라고요? 당신이 내 딸을 버린다면 나는 가만있지 않을 테요. 현장님께 고발하겠어요!"

이 말엔 왕 지주도 떨었다. 법정에서 이 노파로부터 욕지거리나 악담을 듣게 된다면 온 성내의 웃음거리가 되리라. 두려워진 그는 황급히 있는 대로 돈을 쥐어 주고 기분을 맞추어 주었다. 두 여자는 그가 두려워하는 꼴을 보고 나서부터는 걸핏하면 울부짖었다. 그러면 그가 당황하여 돈을 준다는 것을 알았기 때문이었다. 이상하게도 이런 성가신 꼴을 당하면서도 그는 욕정으로부터 자유로워질 수가 없었다. 아직도 어느 연회에 가서 새 가기를 보면 그만 욕정에 빠지고 말아 많은 돈을 주어 버리는 것이었다. 그래 놓고는 집으로 돌아와 다음 날 제 정신을 차린 뒤에 바보 같은 짓을 했다고 후회하며 그 질긴 업보를 저주했다.

이렇듯이 실의에 빠진 몇 주일 동안 그는 우울한 생각에 잠겨 있었는데, 자기가 만사에 흥미를 잃고 있음을 깨닫고서는 덜컥 겁이 났다. 식사도 여태까지처럼 잘할 수가 없었다. 그는 식욕이 떨어진 것을 알았을 때 머지않아 죽는 게 아닐까 걱정했다. 그리고 근심거리를 조금이라도 덜어야겠다고 생각했다. 가지고 있는 넓은 땅을 팔아 그 돈으로 생활해야겠다고 남몰래 결심했다. 자기 돈을 자기가 쓰는 것이니 상관없다. 아들들에게 평생 살 만한 것이 남지 않는다고 하더라도, 그것은 아들들이 스스로 어떻게든 하면 될 것이라고 그는 생각했다. 자손을 생각하여 검소하게 산다는 것은 허망한 일이다. 갑자기 이런 생각이 들자 그는 마음을 굳게 먹고 일어나 왕얼을 찾아갔다.

"나는 지주 같은 귀찮은 생활에는 맞지 않아. 나는 도시 사람이야. 느긋하게 살아가도록 태어났단 말이야. 이렇게 살이 찌고 나이를 먹어 가니, 파종이다 추수다 하여 밭으로 나가는 게 힘에 부쳐. 이러다간 더위나 추위에 갑자기 죽어 버릴지도 모르겠단 말이야. 게다가 나는 소작인처럼 비천한 인간들과 함께 산 적이 없으니 그치들이 나도 모르는 사이에 날 속여서는 내 수고와 내 땅에서 나온 것들을 도둑질해 간단 말이야. 그래서 너에게 부탁하고 싶은데, 내 대리인이 되어 내 토지를 우선 반만 팔아 줄 수 없겠어? 그리고 내가 필요할 때 돈을 넘겨줘. 나머지는 남에게 빌려 주어 이자를 거두어 주었으면 좋겠어. 나는 애물단지 같은 땅에서 해방되고 싶단 말이야. 반쯤은 아이들을 위해서 남겨 두려고 생각하지만 그 아이들도 누구 하나 토지의 일을 도와주지 않는단 말이야. 어쩌다가 큰놈에게 나 대신 땅을 보러 가라고 하면 이건 친구들과 만날 약속이 있다느니, 머리가 아프다느니 핑계를 대고서는 도망쳐 버린단 말이야. 이런 상태로 나가다가는 내 집안은 머지않아 굶어 죽게 되고 말 거야. 토지에서 돈을 벌어들이는 자는 소작인뿐이다."

왕얼은 형의 얼굴을 빤히 바라보며 마음속으로는 멸시를 했지만 겉으로는 정중하게 말했다.

"나는 동생이니까 팔아 드려도 구전 따위는 받지 않겠습니다. 가장 비싼 값으로 팔아 드릴게요. 그러나 최저 가격만은 말씀해 주시기 바랍니다."

왕이는 한시바삐 토지 문제를 끝맺고 싶었기 때문에 급히 말했다.

"너는 내 동생이야. 네가 공정하다고 생각하는 값으로 팔아 주면 그것으로 좋다. 너니까 믿는다."

왕이는 기분이 좋아져서 돌아갔다. 이것으로 무거운 짐을 반쯤은 덜 수가 있다. 그리고 당분간 뜻대로 생활할 수 있고 머지않아 바라는 대로 돈이 들어온다고 생각했기 때문이었다. 그래도 부인에게는 땅을 팔아 버리기로 했다는 말을 하지 않았다. 이야기를 하면 땅을 동생 손에 건넸다고 소란을 피울 게 뻔하기 때문이었다. 팔려면 왜 자기가 직접 나서서 팔지 않는가, 연회에서 같이 어울리거나 사이가 돈독한 부자 중의 누군가에게 제 손으로 직접 파는 것이 좋다, 귀찮게 이렇게 말하리라. 그는 형의 위신을 차리고는 있었지만 마음속으로는 동생 쪽이 자기보다 현명하다고 생각하고 있었으므로 스스로 팔기를 원하지 않았다. 동생에게 맡겨 버리자 그의 마음은 다시금 건강해져서 식욕을 되찾았다. 그리고 다시 인생이 밝게 느껴졌다. 자기보다도 고생하는 사람이 있다고 생각하면 그는 한층 더 힘이 솟았다.

왕얼은 모두 자기의 손에 위임되었으므로 전에 없이 만족스러운 마음이었다. 형의 토지 가운데 가장 좋은 곳은 자기가 사기로 했다. 그는 세상에서 생각하는 만큼 정직하지 못한 인간은 아니었으므로 공정한 가격을 지불했다. 그는 가장 좋은 토지는 왕가 집안의 것으로 남겨 두고 싶어서 자기가 조금 사 두었다고 형에게 이야기했다. 그러나 형은 어느 정도의 땅이 동생 손으로 넘어갔는지를 몰랐다. 왕얼은 형이 조금 취해 있을 때 토지 매각 서류에 서명시켰기 때문에 형은 매수인의 이름을 잘 보지 않았다. 취한 기분에 동생이 믿음직해 보였고 완전히 신용해도 괜찮을 것처럼 여겨졌다. 아마 그래도 자기 토지가 그렇게나 많이 동생 손에 넘어갔다는 사실을 알았다면 그다지 기분이 좋지는 않았으리라. 그래서 왕얼은 소작인이나 그 외에 탐내는 사람들에게 판 그다지 좋지 않은 토지 쪽을 강조해서 말했다. 이렇게 판 토지가 많은 것도 사실이었다. 그러나 돌아가신 아버지인 왕룽은 현명한 사람이었기 때문에 좋은 토지만을 사 두었다. 그래서 왕이의 토지 처분이 끝났을 때 왕얼과 그의 자손 소유로 돌아간 것은 망부 왕룽의 유산 중 가장 좋은, 가려내고 가려낸 토지뿐이었다. 그는 막내의 땅을 처분할 때에도 가장 좋은 토지는 자기가 샀다. 그는 모든 토지에서 거두어들인 곡식을 자기 손으로 판매하여 저축을 늘릴 계획을 세우고 있었던 것이다. 이리하여 그는 성내 안팎의 유력자가 되어 모든 사람들로부터 '호상(豪商) 왕 선생'으로 불리게 되었다.

그러나 그렇다는 것을 모르면 누구도 이 작달막하고 가난해 보이는 사나이가 그런 부호이리라고는 꿈에도 생각지 못했을 것이다. 호상이라고 불리게 되었어도 왕얼은 여전히 초라한 음식으로 만족했다. 대개의 인간은 부자가 되면 겉치레를 위해서라도 첩을 집안에 들이는데 그는 그런 일도 하지 않았다. 옷도 그때까지와 마찬가지로 수수한 무늬의 쥐색 비단옷만을 입고 지냈다. 집 안에 새로운 가구를 사들이지도 않았다. 안마당에는 꽃도 없고, 쓸데없는 것은 무엇 하나 없다. 예전에 조금 있던 초목도 이제는 시들어 버렸다. 그의 아내가 가계의 절약을 위해서 기르는 닭 때문에 황폐해져 버리고 만 것이다. 닭은 집 안팎을 마구 돌아다니며 아이들이 흘린 음식물 찌꺼기를 쪼기도 하고, 안마당을 뛰어다니며 풀이나 새싹들을 닥치는 대로 쪼아 대기 때문에 안마당에는 두세 그루의 노송이 남아 있을 뿐 지면은 단단하게 굳어져 있었다.

호상인 왕얼은 자기 아이들에게도 낭비를 시키지 않았고 빈들빈들 놀게 하지 않았다. 아들마다 제각기 장래 계획을 세워 이삼 년씩은 학교에 보내 읽기, 쓰기, 주판을 배우게 했다. 그러나 절대로 학자가 될 만큼 오랫동안 학교에 보내지는 않았다. 학자들은 노동을 싫어하기 때문이었다. 그는 아들들을 남에게 수습 고용인으로 내보내 장사를 익히게 해서 언젠가는 자기의 일을 돕게 할 작정이었다. 곰보인 장남은 동생에게 주어 버렸다고 생각했기 때문에 둘째를 토지 관리인으로 만들려고 생각했다. 다른 아이들은 열두 살이 되면 수습 고용인으로 내보낼 작정이었다.

토벽집에서는 리화가 두 아이와 함께 살고 있었다. 그녀의 생활은 날마다 한결같았으나 그녀는 나날이 무사하게 지나가는 것 말고는 아무것도 바라지 않았다. 토지에 대한 것도 이젠 슬퍼하지 않았다. 돌아가신 주인 나리의 장남의 모습은 요즈음 볼 수 없게 되었으나, 추수를 앞두고 있으면 차남이 곡식의 익은 상태를 둘러보러 오고, 파종 때는 종자를 달아 나누어 주고 있었다. 게다가 호상 왕얼은 성내 사람이면서도 지주로서도 형보다 훨씬 재주가 있다는 소문도 듣고 있었다. 그는 농작물이 아직 푸르를 때 어느 정도 수확이 있을 것인가를 미리 계산했는데 거의 틀림이 없었다. 그의 조그맣고 가느다란 눈은 언제나 날카롭게 빛났고, 소작인이 중량을 속이기 위해 저울을 살그머니 발로 밟거나 쌀이나 밀의 부피를 늘리기 위해 물을 붓거나 해도 곧 꿰뚫어 보았다. 그는 곡물 도매상에서 오래 일하는 동안에 시골 농부가 상인들과 도시 사람들을 속이기 위해 쓰는 수법을 모두 알아 버렸던 것이다. 농민과 상인은 본래부터 서로 적이기 때문이다. 그러나 농부의 속임수를 발견했을 때 그가 화를 내느냐고 리화가 농부들에게 물어 보니, 그가 노한 것은 아무도 본 일이 없다며 모두들 떨떠름한 표정이나마 감탄했다. 그는 다만 정에 휩쓸리지 않고, 냉정하며, 농민들보다 머리가 좋은 것뿐이었다. 그 지방 일대에서 그에게 붙여 준 별명은 '매사에 맨손으로 돌아가지 않는 사나이'였다.

그 별명에는 증오나 비난이 포함되어 있었다. 이 지방의 농민은 모두 호상 왕얼을 미워했다. 그러나 그는 조금도 마음에 두지 않았고, 자기의 별명을 알고 오히려 기뻐했다. 언젠가 농부의 아내가 저울에 달 곡식 바구니 속에 커다랗고 둥근 돌을 넣은 일이 있었다. 그가 뒤를 보고 있을 때 한 노릇인데 들켜 버리고 말았다. 여자는 분해하며 그의 별명을 외쳐 댔다. 그래서 그는 자기의 별명을 알게 되었다.

농부의 아내가 그에게 욕을 퍼부은 것은 한두 번이 아니었다. 입심 좋은 여자는 남자보다 대담하다. 남자라면 속임수를 들켰을 때 뿌루퉁해지거나 주뼛거리지만 여자는 태연하게 욕설을 퍼붓거나 등에 대고 고함을 치는 것이었다.

"당신의 아버지나 어머니도 우리들처럼 밭에서 땀을 뻘뻘 흘리며 일했고 굶주림을 맛보았는데 당신은 단 일대(一代)만에 그걸 잊어버렸수? 그걸 깡그리 잊어버리고 우리의 피와 눈물을 몽땅 짜낼 작정이우?"

지주 왕이는 농민들이 반항하면 몹시 두려워했다. 여느 때엔 인내심이 강하고 얌전해 보이는 농민도 일단 증오에 불타면 상대를 갈가리 찢어 버리고 말 것처럼 대담하고 비정해진다. 그러므로 부자는 가난뱅이를 두려워할 수밖에 없다고 지주 왕이는 생각했다. 그러나 호상 왕얼은 아무것도 두려워하지 않았다. 어느 날 리화는 그가 지나가는 것을 보고 불러 세워 이런 말을 했다.

"당신이 좀더 소작인들 사정을 보아주시면 기쁘겠어요. 그 사람들은 열심히 일을 해도 가난하고, 아이들처럼 사리를 분별 못해요. 주인 나리의 아드님인 당신에 대해 마을 사람들이 지독한 말을 하는 것을 듣기가 괴로워요."

그래도 그는 전혀 신경 쓰지 않았다.

그는 그저 미소만 짓고 가 버렸다. 충분한 수입만 거둘 수 있다면 사람들이 무슨 말을 하든 상관없었다. 그에게는 힘이 있었으므로 아무것도 두려운 것이 없었다. 그는 자기의 부(富) 덕분에 확고한 안정을 느끼고 있었던 것이다.

16

왕후가 점거한 지방의 겨울은 매우 길고 추위가 혹독했다. 살을 에일 듯한 바람이 불고 눈보라가 미친 듯이 날리는 시기에는 왕후도 현공서의 공관에 틀어박혀 오로지 봄이 오기를 기다릴 수밖에 없었다. 이미 지반을 다진 그는 8천 명의 부하를 부양하기 위해 현장에게 여러 가지로 세금을 거두게 했다. 그중에는 모든 토지에 부과하는 '정부군에 의한 호민세(護民稅)'라는 것까지 있었다. 정부군이라고 해도 실상은 왕후의 사병(私兵)이다. 왕후는 그 병사들을 훈련시켜 머지 않아 때가 오면 자기의 세력을 넓힐 수 있도록 준비해 두었다. 이 지방 일대의 농민들은 저마다 그들이 소유하고 있는 토지의 넓이에 따라서 토지세를 내야 했다. 그러나 비적을 소탕하고 산채를 불태워 바오 장군을 두려워할 필요가 없게 된 지금, 민중은 한결같이 왕후를 찬양했고 군소리 없이 세금을 바칠 용의가 있었다. 그러나 그들은 과연 그 세금이 얼마가 될지 아직 모르고 있었다.

왕후는 현장에게 그 밖에도 여러 가지 세금을 받게 했다. 점포세, 시장세를 받게 하고, 또 이 도시는 남북 교통의 요로이기 때문에 이곳을 지나는 여행자에게는 통행세를 받게 했으며, 상인이 거래를 목적으로 운반하는 상품에도 세금을 매겼다. 이리하여 왕후의 주머니에는 많은 돈이 착실히 흘러들어 왔다. 총명한 그는 세금이 자기 손에 들어올 때까지 너무 많은 사람의 손을 거치지 않도록 신경을 썼다. 자기가 쥐었던 돈을 그대로 내놓는 인간은 없다는 것을 그는 알고 있었기 때문에, 그는 심복들에게 명하여 징세의 감시를 시키고 정중하게 사람들을 대하도록 명령함과 동시에 부정한 징세관을 엄벌에 처할 수 있는 권한을 주었다. 그리고 심복 가운데서 부정이 있다면 자기가 직접 처벌한다고 말했다. 모두들 그의 가혹한 성격을 잘 알고 두려워했기 때문에 그는 배반당할 걱정은 거의 없었다. 또 부하들은 왕후가 공정한 인간이란 것도 알고 있었다. 그들은 왕후가 함부로 그저 재미 삼아 사람을 죽이는 인간이 아님을 알고 있었다.

이러한 성공에도 왕후는 겨울이 지나가기를 기다리는 동안 초조감에 쫓기고 있었다. 현공서의 생활이 그에게는 맞지 않았다. 친구도 없었다. 그는 사람들이 자신을 두려워하는 한, 안전하게 지위를 유지할 수 있다고 생각했던 만큼 누구와도 친해지려고 하지 않았다. 그는 또한 타고나기를 연회나 우정을 즐기지 않는 성격이었다. 신변의 잔일을 시키기 위해 언제나 곁에 두는 곰보 조카와 호위병 대장인 언청이 말고는 아무도 가까이하지 않고 혼자서 살았다.

현장은 이미 노령인 데다가 아편에 빠져 있었기 때문에 주위의 기강은 흐트러지고 현공서 안은 파벌 싸움과 질투로 꽉 차 있었다. 아무것도 하지 않고 빈들빈들 안이한 생활을 보내는 관리나 그 가족들이 현공서 안에 득시글거렸다. 그러한 무리들이 서로 반목하여 화를 내고 미워하는 바람에 싸움이 그칠 날이 없었다. 그런 상태를 노현장에게 알려 줘도 그는 아편을 피우며 다른 일만을 생각하고 있었다. 자기로서는 아무런 해결도 할 수 없음을 잘 알고 있었기 때문이다. 그는 안쪽 건물에서 늙은 부인과 단둘이 지내면서 여간한 일이 아니고는 나오지 않았다. 그래도 정무만은 보려고 노력했다. 소송을 처리할 날이 되면 아침 일찍부터 관복을 입고 정청에 나가 단상 위의 자리에 앉아 사람들의 하소연을 들었다.

현장은 능력은 부족하지만, 천성이 선량하고 친절한 인간이라 힘껏 최선을 다했다. 자기 딴에는 호소하러 오는 사람들에게 올바른 판결을 내려주고 있다고 생각했다. 그러나 그는 자기 앞에 하소연을 하러 오기까지는, 문지기를 비롯하여 각 부서의 관리들에게 돈을 주어야 하고, 따라서 돈이 없는 자는 이 정청까지 올 수조차 없으며, 현장 앞에 나란히 앉은 배석 판사들조차도 각각 자기 몫을 받고 있는 줄은 꿈에도 몰랐다. 노현장은 자기가 배석 판사들의 뜻대로 조종당하고 있다는 것조차도 깨닫지 못했다. 이미 노령이었기 때문에 금세 머리가 멍해져 소송의 요점을 파악할 수 없는 일이 많았으나 그래도 창피해서 모른다고는 할 수 없었다. 또 변론이 한 시간쯤 계속되면 졸다가 듣지 못하고 흘려 버리는 수도 있었지만, 무능하다고 여겨질까 봐 다시 물어보지도 않았다. 그래서 언제나 자기를 추켜세워 주는 배석 판사들의 의견에 따르지 않을 수가 없었다. 판사들이 "저 사나이가 나쁩니다. 이 사나이가 정당합니다." 하면 노현장은 황급히 동의하고 "나도 그렇게 생각했다. 바로 내가 생각했던 대로야." 했다. 또 판사들이 "저 사나이는 법률을 어겼으니까 태형에 처해야 합니다." 하면 "그렇지, 태형에 처하기로 하지." 떨리는 목소리로 선고하는 것이었다.

그 무렵 한가하고 따분하게 지내던 왕후는 가끔 정청으로 가서 재판을 방청하면서 시간을 보냈다. 곰보와 언청이를 호위로 세워 놓고 한쪽 구석에 앉아 재판을 듣는 동안에 그는 그러한 부정을 모두 꿰뚫어 보았다. 처음에는 그런 문제는 자기가 참견할 일이 아니다, 자기는 군인이니까 문관이 하는 일과는 상관이 없다고 스스로에게 타일렀다. 자기는 부하들이 공서 안의 기강이 흐트러진 게으른 생활에 물들지 않도록만 주의를 하고 있으면 된다고 생각하고 있었다. 정청에서 부정을 보고 화가 나면 그는 밖으로 나가 아무리 강한 바람이 불고 있더라도 부하들에게 행군을 시키거나 전투 훈련을 시키거나 하며 가슴속의 분노를 쏟아냈다.

그러나 그는 정의감이 강했다. 몇 번이나 되풀이하여 부정이 행하여지는 것을 보는 동안에 끝내 참을 수 없어지고 말았다. 노현장의 판결을 좌지우지하는 판사들에 대해서, 특히 수석 판사에게 분노를 느꼈다. 그러나 그는 나이 든 나약한 현장에게 무슨 말을 하더라도 소용이 없음을 알고 있었다. 그래도 부정이 수백 번 되풀이되고 있는 것을 보고는 그 자리에 그냥 있을 수가 없어져서 일어나 밖으로 나갔다. 그리고 몇 번이나 마음속으로 중얼거렸다.

'빨리 봄이 오지 않으면 나는 본의 아니게 사람을 죽이게 되겠구나.'

판사들도 왕후를 좋아하지 않았다. 첫째, 그가 막대한 수입을 올리고 있는 것이 마음에 들지 않았다. 또 그들은 학문이나 교양에서 자신들보다 뒤떨어지는 인간으로 그를 무시했다.

그런데 왕후의 분노는 어느 날 그 자신도 생각지 못했던 형태로 폭발했다. 큰 폭풍우가 아주 조금의 바람과 한 점 먹구름에서 생겨나기도 하듯이 이 사건도 아주 사소한 것에서부터 시작되었다.

새해가 코앞에 닥친 어느 날의 일이었다. 연말이라 빚쟁이들은 빚을 받으러 이리저리 뛰어다녔다. 해가 바뀌면 빚을 갚지 않아도 되므로 채무자들은 어떻게 든 그때까지 들키지 않으려고 숨어 다녔다. 그날은 그해의 마지막 소송이었다. 노현장은 단 위에 자리 잡고 있었다. 왕후는 때마침 따분한 나머지 무척 짜증이 나 있었다. 부하들에게 금하고 있었기 때문에 노름을 할 수도 없었다. 소설이나 야담집은 시시한 꿈이나 사랑 이야기뿐이라 사람을 유약하게 만드므로 그다지 읽지 않았다. 그렇다고 성현의 책을 펼치고 읽을 만큼 많이 배우지도 않았다. 잠을 이루지 못한 채 아침에 일어나서는 호위를 데리고 정청으로 가서 오늘은 어떤 소송이 있는가 잠시 기다렸다. 그러나 그의 마음은 우울하여 봄이 오기만을 애타게 기다렸다. 특히 요즈음 열흘 가량 추위가 심한 데다 계속 비가 내려 부하들도 병영 밖으로 나가기를 싫어했기 때문에 그의 우울은 한층 더해 갔다.

그는 정청에서 기다리는 동안에 자기의 인생만큼 쓸쓸한 것은 없다고 생각했다. 자신이 죽든 살든 마음 써 줄 사람 하나 없었다. 이런 생각이 든 그는 우울한 기분으로 언제나 앉는 자리에 앉아 있었다. 이윽고 전에 몇 번 보아 안면이 있는 부자 한 사람이 들어왔다. 이 도시에 사는 고리대금업자인데 얼굴이 편편하고 뚱뚱한 사나이로 말을 하면서 비단 소맷 자락을 걷어붙여 가며 조그맣고 누런 손을 흔들어 댔다. 왕후는 그 사나이가 손을 흔드는 것을 몇 번이고 보았다. 그리고 그것이 조그맣고 부드러워 보이는 통통한 손으로, 손가락 끝이 뾰족하고 긴 손톱이 나 있는 것을 잊을 수가 없어서, 떠드는 내용은 듣지 않고 손만 뚫어져라 쳐다볼 때도 있었다.

그날 고리대금업자는 가난한 농부를 끌고 왔다. 무서워서 떨고 있는 농부는 자비를 구하기 위해서 노현장 앞에 나와 바닥에 얼굴을 조아리고 말없이 꿇어 엎드려 있었다. 고리대금업자는 사정을 진술하기 시작했다. 토지를 저당 잡고 이 농부에게 돈을 빌려주었다는 이야기였다. 그것이 2년 전의 일로, 이제는 빌려 간 돈의 원금과 이자를 합치면 토지의 가격보다 더 많아졌다는 것이었다.

"그럼에도 불구하고" 고리대금업자는 비단옷 소매를 걷어붙이고 부드러운 손을 휘둘러 댔다. 그리고 목소리를 한결 더 높여 비난하듯이 말했다. "현장님, 이 놈은 아직까지도 그 땅에서 물러나지를 않는 것입니다."

그리고 조그만 눈으로 주위를 둘러보더니 농부를 흘겨보았다.

그러나 농부는 아무 말도 하지 않았다. 무릎을 꿇은 채 겹친 두 손 위에 얼굴을 대고 엎드려 있었다. 마침내 노현장이 물었다.

"왜 돈을 빌려 가고는 갚지 않는가?"

그때서야 농부는 얼굴을 조금 들고서 현장의 발판을 바라보았으나, 여전히 무릎을 꿇은 채 조심조심 말했다.

"현장님, 저는 비천한 가난뱅이인지라 현장님 같은 분 앞에서 말씀을 사린 일이 없습니다요. 마을 촌장님보다 높은 분에게는 말씀을 사린 일이 없기 때문에 어떤 말을 아뢰어야 할지 모릅니다만, 가난한지라 누구도 대신 말을 해 줄 사람이 없습니다요."

노현장은 부드럽게 말했다. "겁먹을 것 없다. 상관없으니 이야기를 해라."

농부는 한두 번 입술을 달싹거리다가 겨우 이야기를 시작했다. 그래도 아직 눈길을 들지 못한 채였다. 여윈 몸이 여기저기 솜이 비어져나온 누더기 옷 속에서 떨리고 있었다. 이 추운 때에 맨발에 갈대로 엮은 신을 신고 있었으나, 이제는 그것마저 벗겨져 못이 여러 개 박인 발가락이 싸늘한 돌바닥에 곧바로 닿아 굳어져 있었다. 그러나 그 차가움도 느끼지 못하는 듯했다. 농부는 연약한 목소리로 이야기를 하기 시작했다.

"현장님, 저에게는 선조 대대로 물려오는 약간의 토지가 있습니다. 메마른 땅이라 저희 식구가 먹고살아 가기에도 부족할 정도입니다요. 그래도 양친이 일찍 돌아가셔서 저와 집사람만 있을 동안은 그런 대로 지냈습니다만 아들 녀석이 태어나고, 몇 년 뒤 이번에는 계집아이가 태어났습니다. 그놈들이 어릴 동안은 어떻게 견디며 넘어갔습니다만 아들이 자라나 여편네를 얻고 손자가 태어났습니다. 생각해 보십쇼. 저희 내외가 겨우겨우 살아가던 땅밖에 없는데 아들 부부와 손자와, 그리고 딸년까지 먹여 살려야 하게 되었습니다. 딸은 아직 나이가 차지 않아 시집을 보낼 수도 없기 때문에, 어떻게든 먹여 살려야 했지요. 2년 전이었습니다. 이웃 마을에서 아내를 잃은 노인이 마누라로 달라고 하여 딸을 주기로 했지만 시집갈 때 입을 옷을 장만해 줄 수가 없었습니다. 그래서 은전 열 닢을 빌렸었지요. 세상 사람들이 보면 푼돈이겠지만 저에게는 큰돈이었습니다. 그것을 이 양반에게서 빌렸습니다. 1년도 되기 전에 열 닢이 저절로 스무 닢이 되었습니다. 열 닢밖에는 쓰지 않았는데 2년이 지나자 그것이 마흔 닢이 되었습니다. 벌써 없어진 돈이 어떻게 그렇게 불어나는지요. 저에게는 땅밖에 없습니다. 이 양반께서는 나가라고 하십니다만, 어디 갈 데가 있겠습니까. 그러니까 오고 싶으면 와서 쫓아내 보라고 할 도리밖에는 없었지요. 달리 방법이 없습니다요.”

농부는 이 말만 하고는 다시 입을 다물었다. 왕후는 가만히 농부를 바라다보고 있었다. 이상하게도 농부의 다리에 눈길이 멎었고 그곳에서 눈길을 돌릴 수가 없었다. 농부의 얼굴은 여위고 푸르뎅뎅했다. 태어나고부터 한 번도 배불리 먹어 본 적이 없는 비참한 생활을 말해 주고 있었다. 그러나 그의 다리는 그보다도 더 많은 이야기를 하고 있었다. 마디가 생긴 물집투성이 발가락, 물소 가죽처럼 된 두 발바닥은 무엇보다도 그의 생활을 뚜렷이 말해 주었다. 왕후는 가슴속에 무언가가 치밀어 오름을 느꼈다. 그러나 그는 노현장이 무엇이라고 말할지 기다리고 있었다.

그런데 이 고리대금업자는 성내 유력자의 한 사람으로서 현장과도 연회에서 곧잘 마주쳤다. 이제까지 재판도 몇 번인가 한 일이 있고, 그때마다 웃사람부터 아랫사람까지 뇌물을 바쳤으므로 공서 안의 사람들에게 호감을 샀다. 그런 이유로, 노현장은 농부의 말에 조금 마음이 움직인 모양이지만 망설이며 수석 판사에게 물었다.

“당신의 의견은 어떻소?”

수석 판사는 현장과 비슷한 연령이었는데 나이에 맞지 않게 체격이 좋고 허리도 구부러지지 않았었다. 뺨과 턱에 난 수염은 하얬으나 이제껏 얼굴에 주름도 없었다. 그 사나이는 흰 턱수염을 쓰다듬고 나서 자못 공정한 판결을 내리려는 것처럼 천천히 입을 열었다. 그러나 그의 손바닥에는 아직 돈의 온기가 남아 있었다.

“이 농부가 돈을 빌리고서 갚지 않은 것은 틀림없습니다. 빌려 간 돈에 이자가 붙는 것은 법률도 인정하고 있으니까 반박할 여지가 없습니다. 농부가 토지에서 생활하는 것과 같이 대금업자는 빌려 준 돈의 이자로써 생활하는 것입니다. 농부가 토지를 빌려주고 지대(地代)를 받을 수가 없다면 고소할 것입니다. 고리대금업자도 그와 똑같은 일을 했을 뿐입니다. 돈을 빌려 주었으니 돌려받는 것이 마땅하다고 생각합니다.”

노현장은 가끔 고개를 끄덕이면서 가만히 듣고 있었다. 그는 그 말에 마음이 움직인 것 같았다. 그러나, 그때 농부는 비로소 눈을 들고 늘어앉은 사람들의 얼굴을 멍하니 둘러보았다. 왕후는 농부의 표정도 눈빛도 보지 않았다. 그는 단지 농부의 나이 든 맨발이 고통이 지나친 나머지 포개져 꿈틀거리는 것을 보고 있었다. 갑자기 그는 참을 수가 없어졌다. 거센 분노가 치솟았다. 왕후는 일어나서 손뼉을 세게 치면서 큰 소리로 외쳤다.

“그 가난한 자의 토지를 뺏지 말아라!”

이 외침 소리를 듣고 정청 안에 모여 있던 사람들은 일제히 그쪽을 돌아다보았다. 왕후의 심복이 곧바로 달려와서 그의 주위를 지키며 총을 겨누어 들고 섰다. 맹렬한 기세에 모두들 움츠러들어 입을 다물고 말았다. 그러나 왕후는 분노가 한번 폭발한 이상 이제 억누를 수가 없었다. 그는 고리대금업자를 계속해서 손가락질하면서 큰 소리로 외쳤다. 그의 손가락은 허공을 찌르는 듯이 날카로웠고 검은 눈썹이 아래위로 춤추고 있었다.

“이 살찐 독충이! 그따위 이야기를 하러 이곳에 와 있는 네놈을 나는 몇 번이나 보았다. 이놈은 윗사람으로부터 아랫사람에 이르기까지 모두 뇌물을 써서 이곳까지 기어들어 왔다. 그 낯짝도 보기 싫다. 이 녀석을 치워 버려라!” 그리고 호위 쪽을 돌아다보면서 외쳤다. “총검으로 찔러!”

이 외침 소리를 듣자 사람들은 왕후가 갑자기 발광한 것은 아닐까 생각하며 걸음아 날 살려라 도망쳤다. 그중에서도 가장 재빠른 이는 고리대금업자였다. 그는 가장 먼저 문에 도착해 가까스로 고양이의 발톱에서 벗어난 쥐처럼 아슬아슬하게 문밖으로 튀어 나갔다. 그는 발이 빠른 데다가 꼬불꼬불한 골목길을 환히 알았기 때문에 왕후의 심복들이 뒤쫓았으나 곧 놓치고 말아 아무리 헤매어도 찾아낼 수가 없었다. 심복들은 꽤 멀리까지 쫓아왔다가 발을 멈추고 멍하니 서로 얼굴을 마주 보며 한동안 가쁜 숨을 몰아쉴 뿐이었다. 그러고 나서 좀더 찾아 보다가 심복들은 단념을 하고 떠들썩한 시내로 돌아왔다.

현공서로 돌아와 보니 안은 대단한 소란이었다. 일을 한번 벌이면 그칠 줄을 모르는 왕후는 부하들을 모아놓고 명령했다.

"이 공서 안에서 모두 내쫓아 버려라. 기생충들은 물론 그놈들의 더러운 처자들도 모두 몰아내는 거다!"

부하들은 단번에 명령을 시행했다. 사람들은 불이 붙은 집에서 쥐새끼가 도망치듯 우르르 도망쳐 나왔다. 한 시간도 지나지 않아 공서 안에 남은 것은 왕후와 그 부하들과 안쪽 건물에 들어박힌 노현장 부부와 두세 사람의 하인뿐이었다. 그들에게는 손대지 말라고 왕후는 명령해 두었었다.

왕후는 화를 잘 내긴 했지만 이렇게까지 분노를 쏟아낸 일은 이제까지 없었다. 큰일을 해치운 그는 자기 방으로 돌아가 앉아서는 탁자에 기대어 한동안 거친 숨을 쉬었다. 그러고 나서 스스로 차를 따라 천천히 마셨다. 얼마 뒤 그는, 오늘 벌인 행동으로 앞으로의 길이 무심결에 정해진 것을 깨달았다. 그리고 다시 생각해 봐도 후회의 마음은 들지 않았다. 우울도 번민도 날아가 버리고 그는 마음이 가뿐해지고 용기가 가득 넘쳤다. 언청이가 시킬 일은 없는지 살그머니 상황을 엿보러 왔다. 곰보 또한 왕후를 위해 술병을 가지고 들어왔다. 그때 왕후는 두 사람에게 소리 없이 웃으면서 말했다.

"어쨌든, 오늘은 독사의 소굴을 말끔히 치워 버렸다."

공서 안에 이러한 숙청이 벌어졌다는 소문이 성내에 전해지자 사람들은 공서의 부패상을 알고 있었던 만큼 이만저만 기뻐하지 않았다. 그 가운데에는 왕후가 다음에는 어떤 일을 저지를까 두려워하는 자도 있었으나, 많은 사람들이 공서의 문 앞에까지 밀려와서 모두들 저마다 잔치를 베풀라든가 죄수를 석방하라고 외치면서 환성을 질렀다.

이 소동으로 가장 득을 본 것은 저 가난한 농부였다. 그러나 군중 속에 그의 모습은 보이지 않았다. 그는 이번의 곤경에서는 살아났지만 행운이 자기 쪽으로 돌아오리라고는 생각지 않았다. 그는 고리대금업자가 끝내 도망쳤다는 이야기를 듣자 신음하고 쏜살같이 자기 집으로 돌아갔다. 그는 집으로 뛰어 들어가 침대 속으로 기어들어 갔다. 아내와 아이들은 누가 와서 농부의 행방을 물으면 그가 집을 떠나서 어디로 갔는지 모른다고 대답했다.

왕후는 군중의 요구를 듣고 감옥 안에 10여 명의 사람들이 억울하게 투옥당해 있다는 것을 생각해 냈다. 그들은 가난하여 보석금을 낼 수도 없기 때문에 출옥의 희망도 없었다. 왕후는 민중의 희망을 흔쾌히 받아들여 심복들에게 죄수를 풀어 주도록 명령했다. 또 부하들에게는 사흘 동안의 축연을 열라고 말하고 현공서의 요리사들을 불러 커다란 소리로 명령했다.

"너희들은 저마다 자기 고향에서 가장 맛있는 요리를 만들어라. 술안주가 될 수 있는 후추를 잔뜩 친 요리와 생선 요리를 만들라. 여러 사람이 좋아하는 것은 무엇이든지 만들어 주어라."

그는 고급 술도 준비시켰다. 여러 개의 지포(紙砲)와 폭죽, 그리고 민중들이 기뻐할 만한 것들을 모두 준비하라고 했다.

그런데, 심복들이 감옥의 죄수들을 석방하라는 명령을 시행하러 가려고 할 때, 왕후는 문득 어떤 일을 생각해 냈다. 그것은 감옥에 집어넣어 둔 여자였다. 그는 겨우내 그녀를 석방해 주려고 생각한 적이 몇 번이나 있었다. 그러나 그때마다 여자를 어떻게 처치해야 좋을지 몰라 그저 음식을 충분히 주어라, 다른 죄수들처럼 사슬로 묶어 두지 말라고 명령했을 뿐이었다. 오늘 죄수를 석방해 주게 되자 문득 그 여자가 떠올라서 어떤 식으로 자유롭게 해 주면 좋을까 하고 자문했다.

왕후에게는 여자를 자유롭게 해주고 싶은 마음과, 어디로 가 버릴까 봐 놓아주고 싶지 않은 마음이 나란히 있었다. 그는 여자의 거취에 관심을 갖고 있는 자신을 깨닫고 스스로도 놀랐다. 생각다 못한 그는 은밀히 언청이를 침실로 불러 이렇게 물었다.

"산채에서 끌고 온 여자를 어떻게 하면 좋을까?"

언청이는 진지하게 대답했다.

"맞습니다, 그 여자가 있어요. 돼지 백정에게 명령해서 목을 단검으로 찔러 피를 많이 흘리지 않도록 죽이는 것이 좋으리라고 생각합니다."

그러나 왕후는 얼굴을 돌리고 천천히 말했다.

“기껏해야 계집이다.” 그리고 잠시 뒤 다시 말했다. “하여간 다시 한 번 그 여자를 만나 보자. 그러면 어떻게 해야 좋을지 알게 되겠지.”

언청이는 몹시 실망한 듯했으나, 아무 말 않고 나갔다. 왕후는 그를 다시 불러서는 정청에서 기다리고 있을 테니 여자를 곧장 데리고 오라고 일렀다.

정청에 나타난 왕후는 이상한 허영심이 충동처럼 솟구쳐 단 위로 올라가 노현장의 자리에 앉았다. 자기 자리보다도 한 단 더 높고 조각 장식이 붙은 그 의자에 앉아 있는 모습을 여자에게 보이고 싶어진 것이다. 그것을 말릴 자는 없었다. 노현장은 설사 때문에 나오지 못한다는 전갈을 보낸 뒤로는 방에 틀어박혀 있었다. 왕후는 그 의자에 거만스럽게 앉아 영웅답게 여유롭고 자신 있는 표정을 지었다.

여자는 호위병 둘에게 끌려 왔다. 무명의 무늬 없는 윗도리에 탁한 청색 바지를 입고 있었다. 그러나 그녀가 달라진 것은 옷차림 때문이 아니었다. 잘 먹은 덕에 뼈가 앙상하던 몸매가 늘씬하면서도 살집이 좋아져 있었다. 얼굴은 윤곽이 뚜렷한 인상이라 예쁘다고는 할 수 없었으나 아주 대담한 아름다움이 있었다. 그녀는 차분한 걸음걸이로 머뭇거리는 기색도 없이 들어와 왕후 앞에 얌전히 섰다.

왕후는 이와 같은 변화를 꿈에도 생각지 않았기 때문에 몹시 놀라 그녀를 바라보고 호위병들에게 물었다.

“전번에는 그처럼 날뛰더니 어째서 이렇게 순해졌느냐?”

그들은 고개를 젓고 나서 어깨를 움츠렸다.

“아무래도 알 수가 없습니다. 요전번 사령관님 앞에서 다시 끌고 나간 뒤로는 악령이 빠져나갔는지 갑자기 풀이 죽어 순해졌습니다. 그 뒤로 줄곧 이런 상태입니다.”

“왜 그것을 나에게 알리지 않았느냐?” 왕후는 나직한 소리로 물었다. “그랬다면 석방해 주었을 텐데.”

호위병들은 놀라서 변명을 했다.

“사령관님께서 이 여자의 일에 신경을 쓰고 계신 줄을 저희들이 어떻게 추측이나 하겠습니까. 저희들은 사령관님의 명령만을 기다리고 있었습니다."

'나는 신경이 쓰여 견딜 수가 없었다!'는 말이 하마터면 왕후의 입에서 터져 나올 뻔했다. 그러나 호위병들이나 이 여자 앞에서 어떻게 그런 말을 할 수 있을 것인가! 그는 겨우 자기를 억제했다.

"빗줄을 풀어 줘라!" 갑자기 그는 외쳤다.

호위병들은 잠자코 밧줄을 풀었다. 여자는 자유로워졌다. 호위병들은 여자가 어떻게 할 것인가 지켜보고 있었다. 왕후도 기다렸다. 여자는 아직도 묶여 있기나 한 것처럼 꼼짝도 하지 않고 서 있었다. 왕후는 여자에게 날카롭게 외쳤다.

"너는 자유의 몸이다. 어디든지 마음대로 가거라!"

그러나 여자는 대답했다.

"어디로 가겠어요. 돌아갈 집 같은 것은 없는 신세예요."

이렇게 말하고 여자는 고개를 들더니 생각지도 못한 순진한 표정을 짓고 왕후 를 쳐다보았다.

그 얼굴을 본 순간 왕후의 몸속에서 오랫동안 막혀 있던 감정이 둑이 터진 듯 넘쳐흐르기 시작했다. 열정이 솟아나 핏속을 달렸다. 그는 군복 아래서 몸을 떨 었다. 이번엔 그가 먼저 눈길을 내리깔았다. 이번에는 여자 쪽이 그보다 강했다. 오랜 세월 동안 막혀 있던 정열이 넘쳐흘러 정청의 대청에 가득해졌다. 부하들 은 불안스러운 듯이 서로 얼굴을 마주 보았다. 갑자기 왕후는 그들이 있는 것을 의식하고 외쳤다.

"나가라, 모두 나가라. 밖에서 기다려라!"

모두들 맥이 빠져 밖으로 나갔다. 신분이 높은 사나이든 낮은 사나이든 똑같 이 일어나는 변화가 지금 대장의 몸에 일어난 것을 그들은 뚜렷이 보았다. 그들 은 방 밖으로 나가 대기했다.

대청 안에 여자와 단둘이 남게 되자 왕후는 조각이 달린 의자로부터 몸을 내 밀며 괴로운 듯 갈라진 목소리로 말했다.

"너는 자유의 몸이다. 가고 싶은 곳을 말하여라. 부하에게 호위시키겠다."

여자는 대담무쌍한 태도를 완전히 버리고 그의 눈을 빤히 바라보면서 온순하 게 말했다.

"내 마음은 이미 정해졌어요. 나는 당신의 노예가 되겠어요."

17

만일 왕후가 거칠고 야비한 사나이로서 법률이나 예법에 대한 관념이 없었다면 부모도 형제도 없는 그 여자를 그대로 자기 노예로 만들어 버리고 마음대로 다루었으리라. 그러나 그의 마음에 타격을 준 청년 시절의 일 때문에 그에게는 아직까지 남녀 관계에 대해 까다로울 정도의 결벽이 남아 있었다. 이 여자를 정식 아내로 삼는 날까지 욕정을 억누르며 기다리는 편이 오히려 즐거웠다. 또 그에게는 단순히 남자로서의 욕정뿐만이 아니라, 그녀에 의해 자기의 아이를, 장남을 갖고 싶다는 소망이 있었다. 정식 아내만이 적자를 낳을 수 있다. 그래서 그녀를 정실로 삼기를 바랐다. 남모르게 그녀를 생각하는 왕후의 정열의 반은, 거기에 있었다. 힘이 세고 키가 크고 천부의 자질을 가진 자기와, 여우 같은 아름다움과 꺾일 줄 모르는 정신을 가진 이 여자 사이에서 어떤 아들이 태어날 것인가 하는 생각이 반을 차지했다. 왕후는 그것을 상상하자 마치 벌써 아들이 태어난 것 같았다.

그는 급히 언청이를 불러 명령했다.

"나의 형님들에게 가서 내 결혼 자금으로 남겨 놓은 돈이 필요하다고 말해라. 나는 이 여자와 결혼하기로 정했으니까 이제 결혼 자금을 쓸 때가 됐다. 여자에게 선물도 해야 하고 부하들을 위해 큰 연회를 베풀고 나도 혼례식에 입을 옷을 준비해야 하니 은전 천 냥을 보내 달라고 하여라. 만약 8백 냥만 주면 그것만 받아서 돌아오너라. 나머지 2백 냥을 받기 위해서 시간을 지체하지 말아라. 형들에게도 혼례식에 참석해 달라고 하고, 누구든지 데리고 오고 싶은 사람이 있으면 데리고 와도 좋다고 전해 다오."

언청이는 이 말을 듣고 소스라칠 듯 놀랐다. 입을 보기 흉하게 벌리고 몹시 괴로워하면서 더듬더듬 말했다.

"아아, 장군 아니 대장님. 그 여우와 말씀입니까! 그 여자를 상대하시는 것은 하루뿐이든가, 아주 잠시 동안만이면 어떨까요. 혼례라니, 당치 않은⋯⋯."

"닥쳐, 이 천치 녀석!" 왕후는 덤벼들 듯이 의자에서 일어나 언청이에게 외쳤다.

"너의 의견 따위는 묻지 않았다. 명령을 따르지 않으면 하찮은 죄인들이나 마찬가지로 태형에 처하겠다!"

언청이는 고개를 숙이고 입을 다물었다. 눈에는 눈물이 글썽거렸다. 그 여자는 주인에게 재앙밖에는 안겨 주지 않으리라고 생각했으므로 마음 내키지 않는 무거운 길음길이로 출발했디. 왕후의 형들 집으로 떠나는 길에서도 그는 몇 번이고 중얼거렸다.

'나는 그런 여우 같은 여자를 여럿 보았다. 그런 여자와 관계를 맺으면 나쁜 일이 일어난다고 아무리 충고를 드려도 장군은 믿으려고 하시지 않는다! 그러한 여우 같은 여자는 반드시 가장 훌륭한 사나이에게 달라붙는 법이다. 언제든 그렇다.'

메마른 겨울 길의 두껍게 쌓인 먼지를 풀썩풀썩 일으키면서 그는 끊임없이 중얼거리거나 때로는 자기도 모르게 뺨을 눈물로 적시면서 걸어갔다. 길을 가는 사람들이 이상한 듯이 그를 돌아보아도 개의치 않고 자기만의 생각에 잠겨 있었다. 그래서 사람들은 그를 미친놈이라고 생각하고 길을 피하여 될 수 있는 대로 길가 쪽으로 떨어져 지나가려고 했다.

언청이가 호상 왕얼의 집에 닿자 그는 부재중이었다. 그래서 곡식 상점으로 가보니 왕얼은 계산대 뒷편 한구석에 놓인 책상에 앉아서 한창 장부를 기입하는 중이었다. 언청이가 왕후의 말을 전하자 왕얼도 이번만은 여느 때의 냉정함을 잃고 벌떡 일어나 펜을 손에 든 채 고개를 들고 굳어진 얼굴로 말했다.

"그런 큰돈을 급하게 거두어들일 수는 없소. 아우도 약혼을 했다면 먼저 알려 주었으면 좋았을걸. 적어도 1년이나 2년 전에 알려 주지 않으면 곤란하오. 그리고 결혼을 그렇게 서두르는 것은 그다지 점잖은 일이 못 된다고 생각하는데……"

왕후는 둘째 형의 성격을 잘 알고 있었다. 둘째 형이 돈을 내놓기를 싫어하리라는 것을 꿰뚫어보고 있었기 때문에 출발 전에 언청이를 잘 타일러 둔 터였다.

"만약 형님이 어물어물 핑계를 대거든 내가 직접 가는 한이 있더라도 돈은 받아간다고 말해라. 나는 네가 돌아오면 사흘 안으로 결혼식을 올리겠다. 너는 오늘부터 닷새 안으로 돌아오너라. 서둘러야 한다. 언제 상부인 성(省) 정부로부터 토벌군이 올지 모른다. 성장(省長)이 이 공서에서 내가 한 짓을 알면 가만히 모른 척해 줄 리가 없다. 반드시 나를 토벌하기 위해서 군대를 보내겠지. 토벌군이 오면 싸움이 벌어질 텐데 그러면 연회고 결혼식이고 할 수 없지 않으냐.”

틀림없이 왕후가 폭력을 쓴 숙청 사건이 성정부에 알려지는 것은 마땅하다고 생각해야 했고, 또 그가 벌을 받을지 모른다는 것도 사실이었다. 그러나 왕후가 이렇게 서두르는 가장 깊은 이유는 그 여자를 너무도 갈망한 나머지 필요 이상으로는 기다릴 수가 없었기 때문이다. 여자를 무사히 자기 것으로 만들어서 다른 생각을 할 수 있게 될 때까지는 자신이 무인으로서의 가치를 발휘할 수 없음을 알고 있었던 것이다. 그래서 그는 언청이를 재촉하여 아주 강하게 명령해 둔 것이었다.

“상인인 형은 분명 돈을 모두 남에게 융통해 주었으므로 당장 거두어들일 수는 없다고 우는소리를 할 것이다. 너는 형의 말 따위를 들을 필요 없다. 그저 왕후는 아직 바오 장군을 죽이고 빼앗은 명검을 가지고 있으며, 잘 벼려져서 순식간에 사람을 죽이는 칼이라고만 전해라.”

언청이는 이 위협을 마지막 수단으로 감추어 두고서 처음에는 쓰지 않았다. 그러나 왕얼이 또 다른 이유, 즉 그러한 집도 가족도 없는 여자는 창부일 것이 틀림없다, 그런 여자와 결혼하여 집안에 들이면 집안의 수치라는 이유로 결혼 비용을 내기를 꺼렸으므로 드디어 그 위협을 쓰기로 했다. 언청이는 그 여자가 비적의 산채에 있던 여자라는 것을 말하고 싶었으나 꺼내지 않았다. 어떠한 방법으로든지 그 여자와 왕후가 결혼하는 것을 멈추게 하고 싶은 유혹에 채찍질 당해 형들에게 조력을 부탁할까 생각해 보았으나, 왕후는 자기가 뜻한 것은 무엇이든 해내는 성질인 것을 잘 알고 있었으므로 그 유혹을 억누르고서 위협을 하기로 한 것이었다.

이 말을 듣자 왕얼은 여기저기 뛰어다니며 빌려준 돈을 가능한 한 모아야 했다. 융통해 준 돈을 그렇게 급히 거두어들이게 되면 이자를 손해본다는 점이 분해서 견딜 수가 없었다. 그래서 우울한 표정으로 왕이에게 가서 말했다.

“셋째가 결혼 비용이 당장 필요하다고 합니다. 우리들이 들어 본 일조차 없는 창부인지 무엇인지 모르는 여자와 결혼할 모양입니다! 그 애는 역시 나보다는 형님을 닮은 모양입니다."

왕이는 이런 말을 듣고서 머리를 긁적거리며 무엇인가 대꾸할 말을 찾았으나, 다투기를 포기하고 온화하게 말했다.

"이상하군. 결혼을 시켜 줄 아버님이 돌아가시고 이 세상에 안 계시니, 그 애가 지위를 확립하고 결혼이 하고 싶어지면 마땅히 우리에게 적당한 여자를 찾아달라고 부탁하러 오리라고 여겨 한두 사람 색싯감도 벌써 생각해 두었는데."

그는 마음속으로 자신이라면 여자를 잘 알고 있고 성내에서도 손꼽는 아가씨들을 적어도 소문으로는 듣고 있었기 때문에 누구보다도 좋은 아내를 골라 줄 수가 있는데 하고 애석해했다.

왕얼은 이자를 손해 보게 될 절박한 사태에 안달이 나 있는 중이라 왕이의 한가한 이야기를 비웃었다.

"하기야 형님이니까 한두 여자쯤은 생각하고 계셨겠죠. 그러나 그런 일은 나에게는 문제가 아닙니다. 문제는 동생이 요구해 온 은전 천 닢 중에서 형님이 얼마나 내실 수가 있느냐 하는 것입니다. 이렇게 갑자기 요청하면 내 지갑에서는 도저히 그런 큰돈을 낼 수가 없으니까요."

왕이는 이 말을 듣자 어두운 표정을 지으며 동생을 바라다보았다. 그리고 살이 찐 무릎 위에 놓은 두 손을 내려다보면서 쉰 듯한 목소리로 말했다.

"내 지갑 속은 네가 알고 있지 않으냐. 나에게는 현금이 전혀 없어. 내 땅을 또 좀 팔아 다오."

왕얼은 알 듯 모를 듯 탄식했다. 마침 정월을 앞둔 철이라 토지를 팔기에는 좋은 시기가 아니고, 또한 지금 밭에 심어 놓은 밀의 수확을 바라고 있었기 때문이다. 그러나 가게로 돌아가 주판을 튕겨 손익을 계산해 보니 고리로 빌려준 곳에서 돈을 거두어들이는 것보다는 토지를 파는 편이 이득이라는 것을 알았다. 그래서 그는 토지를 팔기로 했다. 좋은 토지를 판다는 광고를 내니까 살 사람이 잔뜩 모여들었다. 그는 이 땅을 은전 1천 닢이 조금 넘는 돈에 팔았으나 언청이에게는 9백 닢만 건네주고 왕후가 다시 요구해 올 때를 대비해 나머지는 남겨 두기로 했다.

언청이는 단순한 사나이이므로 주인인 왕후가 백 닢 정도의 돈 때문에 시간을 끌면 안 된다고 한 말을 생각하고 건네준 것만을 가지고 돌아갔다. 왕 상인은 나머지 돈을 급히 고리로 돌리고 어쨌든 그 정도나마 저축할 수가 있게 되었다고 생각하며 자신을 달랬다.

이 토지 거래를 하면서 단 한 가지 번거로운 일이 일어났다. 왕얼은 흙벽집에서 그다지 멀지 않은 곳의 토지를 조금 팔았는데, 때마침 매매 때문에 밭에 사람이 모여 있을 때 리화가 집 앞의 타작마당으로 나왔다. 그녀가 손을 들어 햇빛을 가리고 살펴보니 토지를 팔고 있는 것 같은 낌새가 엿보였다. 그녀는 급히 왕 상인에게로 가서 그를 사람들에게서 조금 떨어진 곳으로 불러 비난이 서린 눈길로 바라보며 말했다.

"또 땅을 파시려는 건가요?"

왕 상인은 그 밖에도 여러 가지로 귀찮은 용건이 있기 때문에 리화 따위를 상대하고 싶지가 않았다. 그래서 그는 무뚝뚝하게 대답했다.

"셋째가 결혼을 하게 돼서요. 토지를 팔지 않으면 결혼 비용을 만들 수가 없습니다."

그러자 리화는 이상하게도 갑자기 풀이 죽어 입을 다물고 말았다. 그러더니 집으로 천천히 발길을 옮겼다. 그날 이후 그녀는 한결 더 생활을 좁혀 갔다. 이제는 자기 자식이라 부르는 백치와 꼽추를 보살피는 시간 말고는 집으로 찾아오는 비구니 스님의 이야기를 열심히 들었으며, 앞으로는 날마다 와 달라고 부탁했다. 아침에 비구니를 보면 불길하다고 전해져 오고, 한낮 전에 길거리에서 비구니와 마주치면 좋지 못한 징조라며 침을 뱉는 관습이 있었지만, 리화는 거리끼지 않고 언제든 비구니를 환영했다.

그녀는 평생 육식을 하지 않기로 맹세했다. 이것은 그녀에게는 그다지 어려운 일은 아니었다. 옛날부터 무엇이든 살아 있는 것의 생명을 빼앗는 것을 그녀는 결코 좋아하지 않았기 때문이다. 모기가 여름밤 불을 향해 날아들어 촛불에 타 죽는 것을 불쌍하다고 여겨 모기의 생명을 살려 주기 위해 격자 창문을 닫아 놓을 정도였다. 그녀가 가장 열심히 기도한 것은 백치가 자기보다 먼저 죽어주는 일이었다. 그러면 백치 딸을 홀로 남겨 두는 것은 불쌍하니까 리화가 먼저 세상을 떠나게 되면 백치 딸을 죽여 달라고 왕룽이 남긴 흰 독약을 쓰지 않아도 되기 때문이었다.

그녀는 비구니들로부터 가르침을 듣고 밤늦게까지 경을 외었다. 손목에는 언제나 향나무로 만든 조그만 염주를 걸고 있었다. 이것이 리화의 생활 전부였다.

언정이가 돌아간 뒤에 싱인인 왕얼과 지주인 왕이는 아우의 결혼식에 참석할 것인가에 대해서 의논했다. 동생이 성공한 덕을 보고도 싶었지만 언청이가 성정부로부터 토벌군이 올지도 모르니까 서둘러야 한다고 강조한 일도 마음에 걸렸다. 그들은 왕후가 얼마만큼 강한가를 모르기 때문에 만약 왕후가 싸움에 패해서 처벌이라도 되면 형제라는 이유로 자기네도 얽혀 들어 벌을 받을지도 모를까 봐 두려웠다. 왕이는 막내가 어떠한 여자와 결혼하는가 보고 싶어서 특히 결혼식에 가고 싶어했다. 언청이가 그의 호기심을 자극하는 말을 남기고 돌아갔기 때문이었다. 그러나 그의 부인은 왕후의 결혼식에 대한 말을 듣자 엄숙한 표정으로 만류했다.

"현공서로부터 관원을 추방한 것은 좀처럼 없는 기괴한 사건이에요. 만약 도련님이 반역죄로 몰린다면 우리까지 모두 벌을 받게 되요. 국가에 대한 반역죄를 저지른 자가 가족 중에 있으면 일가의 구촌까지도 사형을 당한다고 들었어요."

옛날 국왕이나 황제가 국내에서 반역죄를 쓸어 버리려고 하던 무렵에는 그런 가혹한 형벌이 실시되는 일이 분명히 있었다. 왕이는 그런 줄거리로 된 연극을 본 일이 있었다. 또 심심풀이로 들으러 갔던 이야기꾼의 이야기에서도 들은 일이 있었다. 이제는 신분이 높아졌으므로 비천한 군중 틈에 끼여 그런 이야기를 들을 수는 없었지만 그래도 떠돌이 이야기꾼이 찻집으로 오거나 하면 여전히 열심히 들었다. 그래서 부인으로부터 그런 말을 듣자, 이전에 들은 이야기를 생각해 내고 공포에 질려 바로 왕 상인에게로 가서 말했다.

"셋째가 싸움에 패하여 벌을 받게 되면 우리나 아이들이 얽힐 일이 없도록 그 녀석은 불효자라서 형제의 의를 끊어 버렸다는 서류를 만들어 놓는 것이 좋지 않을까?"

왕이는 자기의 아들이 왕후에게 가고 싶어하지 않은 것이 다행이라고 생각하고, 기분이 좋아져 왕얼에게 동정하는 말을 내뱉었다.

"네 아들은 그런 위험한 곳으로 가서 정말 딱하구나."

왕 상인은 그 말에 그저 웃었을 뿐이었지만 한참 생각하는 동안에 형제의 의를 끊어 버렸다는 서류를 만들어 두는 것이 과연 현명하고 신중한 방법일지도 모른다는 생각이 들었다. 그래서 부랴부랴 호랑이라는 별명이 붙은 왕룽의 삼남은 불효자이기 때문에 이미 이 집 사람이 아니라는 서류를 만들어 먼저 형에게 서명시키고 그리고 자기도 서명을 한 뒤에 살그머니 성내의 관청으로 가지고 가서 뇌물을 바친 뒤 관인(官印)을 찍어 받았다. 그는 이 증서를 가지고 돌아가 필요한 일이 생길 때까지는 아무도 찾지 못할 곳에 안전하게 보관했다.

이렇게 하여 두 형은 안심했다. 어느 아침 찻집에서 만난 두 사람은 서로 얼굴을 마주 보았다. 지주인 왕이가 입을 열었다.

"이젠 안심이니까 셋째의 결혼식에 참석하여 유쾌하게 먹고 올까?"

그러나 그들은 쉽사리 여행에 나설 수 있는 처지가 아니었다. 결심을 하지 못하고 어물어물하는 동안에 그 지방 일대에 소문이 전해져 왔다. 그것은 바우 비적이고 반은 남쪽 노장군 휘하에서 탈주해 벼락출세한 군인이 어떤 현공서를 점령했다는 소식에 성장이 화가 나 토벌군을 파견한다는 소문이었다. 성장은 이 지방 전체의 치안에 책임이 있기 때문에 이 문제를 처리하지 못하면 성장이 책임을 추궁당하리라는 것이었다.

이 소문은 길가의 음식점이나 찻집에서 조금씩 전해졌다. 이 소문을 서둘러 두 형에게도 전하러 온 자도 있었다. 상인인 왕얼과 지주인 왕이는 동생의 결혼식에 참석할 계획을 곧바로 중지하고 한참 동안 각자 집안에 들어 박혀 있었다. 동생이 출세하여 높은 지위에 앉았다고 자랑하지 않기를 잘했다고 생각했다. 동생과 의를 끊었다는 서류를 만들어 서명을 하고 관인도 받았다고 생각하니 조금은 마음이 놓였다. 그들 앞에서 누군가가 막내의 말을 꺼내면 왕이는 커다란 소리로 말했다.

"놈은 어릴 때부터 난폭하여 집을 뛰쳐나가 버린 거야."

상인인 왕얼은 엷은 입술을 긴장시키고서 말했다.

"그 녀석이 무슨 짓을 하건, 이미 형제도 아니니 우리하고는 아무 관계가 없어."

이 소문이 왕후의 귀에 들어간 것은 사흘 동안 계속된 혼례식의 대연회가 한창일 때였다. 왕후는 연회의 요리감으로 소와 돼지와 닭을 잡으라고 명령하고 각각 대금을 치렀다. 이제 이 지방에서 그와 권세를 비교할 자는 없었으므로 대금을 치르지 않고 멋대로 징발하여도 누구도 불평하지 않았겠지만 왕후는 정직한 인간이었기에 어떤 물건이든 반드시 돈을 치렀다. 이 정직함에 주민은 몹시 감동하여 서로 그를 칭찬하며 이야기를 나누었다.

"더 나쁜 군벌이 설쳐 대도 도리가 없는데 말이야. 그러나 그 사람은 강해서 비적을 쫓아 주었으며, 세금을 거두어들일 뿐 약탈도 하지 않는단 말이야. 천하에서 이 이상의 평안은 바랄 수가 없어."

그러나 사람들은 이 무렵엔 아직 그렇게 보란 듯이 왕후 편을 들려고는 하지 않았다. 토벌의 소문을 듣고, 과연 왕후 장군이 싸움에 이길 수 있을지 지켜보고 있었던 것이다. 공연스레 너무 충성을 보였다간 만약 싸움에 패할 때에는 처벌을 당하는 것이다. 그래서 승리를 확인한 뒤 충성을 보일 셈이었다.

대연회를 베풀고 한번에 많은 손님을 대접하는 것이므로 그 재료를 제공하는 것은 꽤 부담이긴 하지만 주민들은 왕후가 필요로 하는 것을 기꺼이 바쳤다. 결혼식 때만은 왕후도 크게 사치를 부렸다. 자기를 위해, 신부를 위해, 심복들을 위해, 또 신부의 시중을 드는 여자들을 위해 가장 고급품들을 준비시켰다. 그 여자들이란 공서에 근무하는 전옥(典獄)을 비롯하여 기타 낮은 관원들의 아내 열 명쯤이었다. 그녀들의 남편인 낮은 관리들은 왕후가 대숙청을 행한 다음 날 다시 살그머니 돌아온 무리들이었다. 그들은 먹여만 준다면 누구를 모시든 전혀 신경 쓰지 않는 무리들로서 이제는 왕후의 밑에서 일을 하고 있었다. 왕후는 그들의 아내들을 신부에게 따르도록 했다. 그리고 예를 지켜 결혼식이 끝날 때까지는 신부 곁으로 가까이 가지 않았다. 어느 밤에는 그녀를 생각하며 그녀의 신상을 궁금히 여기기도 하고, 또 그녀를 바라는 정열 때문에 잠을 이루지 못할 때도 있었으나, 그보다는 그녀를 자기 아들의 어머니로 만들고 싶은 생각이 더 강했다. 자신의 행동을 조심하는 것이야말로 자기와 그녀 사이에서 태어날 아들에 대한 의무라고 생각한 것이다.

그녀는 리화와는 전혀 다른 여자였다. 젊은 시절 마음에 아로새겨진 리화의 모습 때문에 그는 언제나 자기는 얌전하고 새하얀 얼굴의 여자를 가장 좋아한다고 생각했다. 그러나 이제는 그런 것도 신경 쓰이지 않았다. 그 여자가 어디의 어떤 여자이든, 그런 것은 아무래도 좋다. 그녀를 자기 것으로 만들고 아들을 통해서 영구히 자기에게 매어 두기만 하면 충분하다고 생각했다.

그동안에도, 부하들은 누구 하나 왕후 곁으로 가지 않았다. 심복들은 왕후가 완전히 여자를 향한 욕망의 노예가 된 것을 알고 있었기 때문이다. 그들은 토벌군의 소문도 들었기 때문에 은밀히 의논하여 서둘러 결혼식을 올리는 데에 온 힘을 기울였다. 결혼식을 빨리 끝내고 정욕의 불길을 끈 뒤에 여느 때의 그로 돌아가서 필요할 때에는 언제든지 부하를 이끌고 전투를 할 수 있도록 하기 위해서였다.

그래서 피로연 준비는 왕후가 바랐던 것보다도 일찍 끝났다. 전옥의 부인이 신부의 들러리가 되었다. 현공서는 개방되어, 음식을 먹고 싶은 자, 식을 보고 싶은 자들은 누구든 들어올 수 있었다. 그러나 성내에 사는 사람은 그다지 오지 않았다. 특히 여자는 적었다. 왕후의 운명이 다시 어떻게 될지 모르기 때문에 두려워했던 것이다. 찾아온 것은 집도 절도 없고 잃을 것도 없는 떠돌이들뿐이었다. 그들은 모두들 몰려와서 배불리 음식을 먹고 이 색다른 신부의 얼굴을 싫증이 날 때까지 바라다보았다. 왕후는 노현장을 가장 중요한 손님으로 초대하려고 부하를 마중하러 보냈으나 설사로 몸저누워 안타깝지만 참석하지 못하겠다는 답이 돌아왔다.

왕후는 혼례식 날엔 종일 꿈을 꾸는 기분이었다. 자신이 무엇을 하고 있는지도 몰랐고 시간이 흐르는 것이 너무나 더디게 느껴져서 애가 탈 뿐이었다. 숨을 한번 쉬는 데도 한 시간이 걸리는 것 같은 느낌이 들었고, 태양은 여간해서 중천까지 떠오르지를 않았으며, 겨우 중천에 떴다고 생각하자 영원히 그곳에 멈춰 있는 것처럼 여겨졌다. 혼례식에서는 사람들이 명랑해지는 법인데 왕후는 명랑한 성격이 아니라 유쾌하게 떠들어 대지도 못하고 그저 언제나처럼 잠자코 앉아 있었다. 그런 그에게 농담을 거는 사람도 없었다. 그는 하루 종일 목이 말라 술은 많이 마셨지만, 요리는 도무지 먹을 수가 없었다. 벌써 실컷 쑤셔 넣은 뒤처럼 배가 부른 느낌이었다.

안마당의 연회장에는 가난하고 초라한 차림을 한 군중이 남녀 모두 모여들어 마시거나 먹거나 했다. 길거리 개들까지 여러 마리 몰려들어 남은 음식을 뼈까지 먹어 치웠다. 왕후는 자기 방에 말없이 앉아서 꿈꾸는 듯한 마음으로 은은한 미소를 띠고 있었다. 드디어 날이 지물고 밤이 되었다.

들러리인 여자들이 신혼의 자리를 펴 놓은 신방으로 그는 들어갔다. 그곳에 그녀가 있었다. 왕후의 첫 여자였다. 그는 열여덟 살 때 아버지 집을 뛰쳐나와 군인이 되어 서른 살이 넘은 오늘까지 여자를 몰랐다. 그처럼 왕후의 마음은 닫혀 있었다.

그러나 이제까지 닫혀 있던 샘이 이렇게 넘쳐흐른 이상, 이미 그 누구도 그것을 막을 수는 없었다. 여자가 침대 위에 앉아 있는 것을 보고 그는 숨을 크게 들이마셨다. 그 소리에 여자는 눈을 뜨고 정면으로 그를 바라보았다.

그는 여자에게로 다가갔다. 침대에서의 그녀는 말이 없었으나 정열적이고 대담했다. 그는 여자를 열렬히 사랑했다. 다른 여자를 모르는 그에게는 그녀가 완벽하다고 여겨졌다.

한밤중에 한번 여자에게 그는 쉰 듯한 목소리로 말했다.

"나는 당신의 신상은 아무것도 모르는데."

여자는 조용하고 침착하게 대답했다.

"내가 여기에 이렇게 있는데 그런 건 아무래도 상관없잖아요? 언젠가는 이야기할게요."

왕후는 그 이상 추궁하지 않았다. 그때에는 그것으로 만족했다. 두 사람 모두 평범한 세상 사람이 아니었고 그때까지의 두 사람의 생활도 또한 세상에 흔히 있는 생활이 아니었기 때문이다.

심복들이 왕후에게 허락해 준 것은 하룻밤뿐이었다. 다음 날 아침, 그들은 일찍부터 기다렸다. 왕후가 침착하고 상쾌한 표정으로 신혼 침실에서 나오는 모습을 보자 언청이는 경례를 하고 말했다.

"장군, 어제는 경사스러운 날이라 말씀드리지 않았습니다만 북쪽에서 전해 온 소문에 따르면 성장이 이 현의 숙청 사건을 듣고 토벌군을 보냈다고 합니다."

매가 언청이에 이어서 말을 했다.

"북쪽 방면에서 온 거지 말로는 도중에 만 명의 군대가 진군해 오는 것을 보았다고 합니다."

돼지 백정도 들은 이야기를 하려고 마음이 급해서 두툼한 입술로 더듬거리면서 덧붙였다.

"저도……저도 들었습니다. 여기에서는 돼지를 어떻게 죽이는가 싶어 시장으로 보러 갔을 때 백정으로부터 들었습니다."

왕후는 온몸이 녹아 버린 것처럼 풀어져 있었기 때문에 이때만은 전쟁을 생각할 마음이 나지 않았다. 그는 가볍게 미소 짓고 말했다.

"나는 내 부하들을 믿는다. 토벌군이 올 테면 오라지." 그리고 식사 전에 차를 마시기 위해서 창가의 탁자 앞에 앉았다. 이미 태양이 완전히 떠올랐고 밝은 낮이었다. 갑자기 이런 생각이 그를 엄습했다. 매일 해가 지면 밤이 된다. 그는 오늘 처음으로 그 사실을 깨달은 기분이었다. 이제까지의 그의 생애의 밤들은 어젯밤을 제외하고는 아무런 의미도 없었다.

심복들이 하는 말을 들은 사람이 한 사람 더 있었다. 신부가 휘장 그늘에 서서 틈으로 엿보고 있었던 것이다. 그녀는 왕후가 혼자만의 즐거운 생각에 잠겨 있고 심복들이 당황하는 모습을 보았다. 이윽고 왕후가 일어나 밥을 먹으러 가 버리자 그녀는 분명한 목소리로 언청이를 불렀다.

"당신이 들은 이야기를 자세히 해 주세요."

언청이는 아무런 상관 없는 여자에게 그런 이야기를 하기는 싫었다. 그래서 중얼거리면서 아무 일도 없다고 말했다. 그러자 여자는 고압적인 태도로 말했다.

"어설픈 모른 척으로 날 속일 생각 말아요. 나는 어른이 된 뒤부터 5년 동안 피비린내 나는 싸움과 후퇴를 노상 보고 살아왔어요. 자, 말해요!"

보통 여자라면 신혼 다음 날엔 수줍은 듯 눈을 내리까는 법인데, 이 여자의 이상할 만큼 대담한 눈초리를 보자 언청이는 쩔쩔맸다. 그리고 그런 그녀에게 놀람과 동시에 압도되어 그들이 걱정하는 이야기를 하기 시작했다. 왕후의 군대보다도 우세한 토벌군이 가까이 오고 있다는 점, 왕후의 군대의 대부분은 아직 싸움에서 충성을 시험해 본 일이 없기 때문에 막상 싸움이 벌어지면 배반하지 않을 보장이 없다는 것을 이야기했다. 여자는 모두 듣고 나자 곧바로 언청이에게 왕후를 불러오라고 했다.

왕후는 그 누가 불렀을 때보다도 빠르게 나타났다. 얼굴에는 이제까지 본 일이 없는 다정한 미소를 띠고 있었다. 그녀는 침대에 걸터앉았다. 왕후도 그 옆에 앉아서 여자의 소매 끝을 잡고 만지작거렸다. 그녀보다도 오히려 왕후 쪽이 수줍어하는 것 같았다. 미소를 띠면서 눈을 내리깔고 있었다.

여자는 곧바로 뚜렷하고 조금은 날카로운 말투로 이렇게 말했다.

"전쟁이 벌어진다고 하더라도 나는 당신의 방해꾼이 될 여자가 아니에요. 토벌군이 온다고 하더군요."

"누가 그런 말을 했소? 나는 사흘 동안은 아무것도 생각하고 싶지 않아. 이 사흘 동안만은 쉬기로 했단 말이오."

"하지만 그 사흘 안에 적이 공격해 온다면요?"

"사흘 동안에 800리가 넘는 거리를 행군할 수는 없어."

"그러나 언제 토벌군이 출발했는지 모르지 않습니까?"

"사건이 그렇게 일찍 성 정부에 알려졌을 까닭이 없어."

"알려졌는지도 몰라요!" 여자는 틈을 주지 않고 말했다.

이 또한 이상한 일이었다. 이들 신혼의 남녀는 사랑과는 전혀 동떨어진 이야기를 하고 있지 않은가. 더구나 왕후는 지난밤처럼 긴밀하게 그녀와 맺어져 있음을 느꼈다. 여자와 이런 이야기를 나눌 수 있다는 것에 놀랐다. 그는 지금까지 여자와 이야기를 한 일이 없었기에 여자라는 존재는 몸은 컸지만 귀여운 아이에 지나지 않는다고 생각했던 것이다. 여자들이 생각하는 것을 알지 못하고 무슨 이야기를 해야 할지 어림조차 할 수 없다는 것도 그가 여자를 두려워한 하나의 이유였다. 이런 형편이었으므로 그는 군인들이 곧잘 상대하는 창녀조차 가까이 하지 않았다. 여자와 이야기하기를 두려워한 것이 실은 그가 여자를 피해 온 까닭이었다. 그러나 오늘 그는 여기에 앉아 있는 이 여자와 마치 남자와 이야기하듯 편안하게 이야기를 나누고 있다. 그녀가 말을 계속하자 그는 열심히 귀를 기울였다.

"당신의 군대는 성 정부의 토벌군보다 열세인 것 같아요. 우리 편 군대가 적보다 뒤떨어진다면 책략을 써야만 해요."

이 말을 듣자 그는 소리 없이 웃고 여느 때처럼 무뚝뚝하게 대답했다.

"그건 나도 잘 알고 있어. 그렇지 않다면 지금 당신이 내 사람이 돼 있지도 않을 거야."

그러자 그녀는 자기의 눈에 나타날지도 모르는 그 무엇인가를 숨기려는 것처럼 재빨리 눈을 내리깔고 아랫입술을 깨물더니 곧 이렇게 말했다.

"대장 한 사람을 죽이는 게 가장 간단해요. 그러나 죽이려면 먼저 붙잡아야지요. 이번엔 그 똑같은 간단한 책략이 통하지 않을 거예요."

왕후는 자랑스럽게 말했다.

"나의 부하는 세 배의 토벌군과도 맞설 수 있어. 나는 올겨울 내내 부하를 훈련시키고 교육했어. 권투, 경주, 검술, 모든 병법을 가르쳤으니까 한 사람도 죽음을 두려워하는 자는 없어. 성 정부군의 군사가 얼마나 약한지는 잘 알려져 있지. 놈들은 언제나 강한 쪽으로 붙게 되어 있어. 이 성의 정부군만 하더라도 다른 곳과 마찬가지로 급료를 변변히 못 받고 있을 거야."

그러나 그녀는 왕후가 잡고 있는 옷소매를 뿌리치며 짜증이 치미는 듯이 말했다.

"그렇지만 당신에겐 계획이 없잖아요! 들어 보세요. 이야기를 하는 동안에 좋은 계획을 생각해 냈어요. 당신이 지켜 주는 노현장이 있지요. 그 사람을 인질로 이용하는 거예요."

그녀가 너무 열심히 이야기했기 때문에 왕후도 무심결에 귀를 기울였다. 그러면서 왕후는 자기가 이렇게 그녀의 의견을 경청한다는 사실에 놀랐다. 그는 좀처럼 남의 의견을 듣지 않고 이제까지 무엇이든 자기의 생각 하나로 해 왔기 때문이다. 그런데 그가 듣고 있으려니 그녀는 이렇게 말을 이었다.

"당신이 군사를 이끌고 출동하실 때, 현장도 함께 끌고 가서 미리 가르친 말을 시키는 거예요. 명령대로 말하는지 감시하기 위해서 당신 심복을 현장의 양쪽에 붙여 토벌군 사령관을 만나러 보내요. 심복에게 칼을 준비시키고 만일 현장이 명령대로 말하지 않으면 칼을 뽑아 그의 배를 찔러 죽이도록 한 뒤에 그것을 싸움 개시의 신호로 삼는 거예요. 현장의 간담은 암탉보다도 작을 정도니까 당신이 명령한 대로 말하리라고 생각해요. 현장에겐 이렇게 말을 시키는 거예요. 모든 것은 현장의 승낙 아래 행해진 것이다, 소문이 돌고 있는 반역은 예전의 정식 사령관이 반역한 것이고, 만일 당신이 구해 주지 않았다면 현장은 생명을 뺏기고 국가의 인새(印璽)도 도둑맞았을 거라고요.”

왕후에게도 멋진 계략처럼 여겨졌다. 그는 이야기를 듣는 동안에 줄곧 그녀의 얼굴을 보고 있었다. 계략의 전모가 눈앞에 뚜렷하게 드러나 보이자 그는 일어나서 이 얼마나 영리한 여자인가 감탄하며 조용히 웃었다. 그리고 그녀의 제안을 실행하기 위해 나갔다. 여자도 바로 뒤에 붙어 따라왔다. 심복 한 사람에게 현장을 정청으로 데리고 오도록 명령했다. 그러자 여자는 재미있는 소리를 했다. 둘이서 정청의 단상에 앉아 노현장을 자기들 앞에 세우자고 말했다. 왕후는 노현장을 위협할 필요가 있다고 생각했기 때문에 그 말에 찬성했다. 두 사람은 단상으로 올라갔다. 왕후는 조각을 한 의자에 앉았고 여자는 다른 한쪽 의자에 앉았다.

이윽고 노현장이 두 병사에게 양쪽에서 호위되어서 비틀비틀 들어왔다. 몸은 부들부들 떨려 두루마기도 겨우 걸친 모습이었다. 노인은 반쯤은 몽롱한 상태로 정청 안을 휘둘러보았으나 아는 얼굴은 하나도 없었다. 사건이 있을 때 일단 도망쳤다가 다시 돌아온 그의 하인들조차 그가 들어오는 것을 보자 외면하고 이것저것 구실을 찾아서는 다른 일을 하러 나가 버린 것이었다. 정청 벽에는 군인들만이 늘어서 있었다. 모두들 총을 손에 든 왕후에게 충성을 바치는 병사들뿐이었다. 새파랗게 질린 입술을 떨면서 단상을 쳐다본 노현장은 깜짝 놀라 입을 벌리고 눈길이 그대로 못 박혔다. 그곳엔 왕후가 짙은 눈썹을 모으고 보기에도 두려울 정도의 표정으로 앉아 있었고, 옆에는 이제껏 본 적도 들은 적도 없는, 어디에서 왔는지 상상조차 할 수 없는 이상한 여자가 앉아 있었다. 그는 선 채로 온몸을 부들부들 떨기만 해서 당장에라도 죽을 것 같았다. 평화를 사랑하는 유학자인 그는 자기 인생이 이렇게 끝난다고 여겼던 것이다.

왕후는 예의도 무시한 난폭하고 거친 어조로 말했다.

“귀공의 생명은 지금 나의 손안에 있소. 만일 생명이 아깝다고 생각한다면 내 명령에 따르시오! 우리들은 토벌군과 싸우기 위해 내일 출발하는데, 그때 귀공도 우리와 함께 가야 하오. 토벌군과 만나면 귀공은 나의 두 심복과 함께 토벌군의 사령관을 만나 나를 사령관으로 임명한 것은 당신이다, 나야말로 공서의 반란을 진압해 당신의 생명을 구한 자이고, 당신의 간절한 소망에 따라서 내가 이곳에 머물고 있는 것이라고 하시오. 나의 심복이 곁에서 귀공의 말을 듣고 있을 것이오. 만일 한마디라도 틀리게 말하면 당신의 생명은 끝장이오. 내 명령대로 하지 않으면 마지막인 줄 아시오. 그러나 지금 말한 대로만 한다면 이곳으로 돌아와서 이제까지처럼 이 단상 위에 앉아도 좋소. 귀공의 체면을 세워 주겠소. 여기에서 정말로 실권을 쥐고 있는 것이 누구냐를 사람들에게 알릴 필요는 없소. 나는 이러한 조그만 현의 현장이 될 마음도 없고, 귀공이 내 명령대로만 움직여 준다면 다른 자를 귀공의 자리에 앉힐 생각도 없소."

아무 힘도 없는 현장은 왕후의 말을 따를 수밖에는 없었다. 그는 신음하듯이 말했다.

"나는 이미 당신의 창끝에 있는 것이나 다름없소. 당신이 말하는 대로 하지요. 나는 늙었고 후사도 없소. 내 목숨 따위가 무슨 대수겠소."

그는 등을 돌려 비틀거리고 신음하면서 자기의 방으로 돌아갔다. 그곳에는 방에서 한 발짝도 나가려 하지 않는 늙은 부인이 있었다. 이 부인은 두 아이를 낳았는데 모두 말을 하기도 전에 죽어 버려 후사가 없다는 것은 사실이었다.

이것만으로 왕후의 계획이 과연 잘 진행되어 갈지는 아무도 몰랐지만 운명은 다시금 그를 도왔다. 밖에는 봄볕이 넘쳐흘렀고 버들이 여기저기서 싹을 틔웠으며 복숭아나무는 봉오리가 조금 벌어졌는가 싶더니 어느새 예쁜 꽃을 피웠다. 농부들은 무거운 겨울옷을 벗어 버리고 다시금 맨등을 드러내고 보드라운 봄바람과 온화하고 따뜻한 봄볕을 피의 순환이 나빠진 육체에 쬐면서 밭일에 힘썼다. 군벌들도 봄이 찾아듦과 동시에 긴 겨울잠에서 깨어나, 들뜬 봄의 숨결에 온 나라 안이 꿈틀거리기 시작했다. 군벌은 모두 호전적이 되어 서로 싸워 상대를 쓰러뜨리려는 욕망에 끌려갔다. 옛 문제를 다시 들고 일어나거나 낡은 것이든 새로운 것이든 닥치는 대로 분쟁을 들쑤셔 모두 봄이 지나기 전에 어떻게든 새로운 영토를 확장하려는 야망에 불타고 있었던 것이다.

그 무렵 중앙 정부의 우두머리 자리는 패기 없고 우유부단한 인물이 차지하고 있었기에, 그 자리를 탈취하는 것쯤 시간 문제라고 생각하는 군벌의 장령이 많았다. 어떤 자는 방해가 되는 자를 쓰러뜨리려고 서로 동맹을 맺고 어떻게 하면 이 나라의 실권을 쥘 수 있을까를 의논했다. 다른 군벌이 앉힌 이 불안정하고 무능한 통치자를 자리에서 끌어내리고 자기들의 목적에 들어맞는 인물을 골라 그 자리에 앉혀 이익을 보려고 계획했던 것이다.

그러한 군벌들 사이에서 왕후 따위는 아직 하찮은 존재에 지나지 않았고 커다란 군벌 사이에서는 거의 이름조차 알려져 있지 않았다. 단지 군인들의 회합이나 연회 등에서 가끔 입에 오르는 정도였다.

"본래 자기가 모시던 노장군의 휘하를 떠나 어딘가의 성에서 독립한 젊은 군인 이야기를 들은 적이 있나? 꽤 용감한 인물이라더군. 사납고 용감하고 검은 눈썹이 달려 있어 호랑이라는 별명이 붙었다더군."

그러한 자리에서 왕후가 있는 성의 군벌 장군도 왕후의 소문을 들었다. 그리고 왕후가 바오 장군을 죽이고 비적을 소탕했다는 말을 듣고 감탄했다. 이 장군은 전국에서도 손꼽는 군벌의 한 사람으로서, 그 또한 가능하면 현재의 유약한 통치자를 쓰러뜨리고 자기가 그 지위에 앉으려고 생각하고 있었다. 만일 자기가 앉을 수가 없으면 자신의 영향력이 미치는 인물을 보내 전국의 세수입을 차지하려는 야망을 품고 있었다.

이렇게 해서 그해 봄엔 여기저기에서 웅성거리며 야망의 꽃이 다투어 피어났다. 도시의 성문이나 성벽, 그 외 사람들이 많이 지나다니는 곳엔 어디에나 커다란 포고장이 나붙었다. 모두 그 지방 군벌의 장군이 내린 포고였다. '현재 나라의 통치자는 사악하여 민중은 압박당하고 있다. 천하에 이와 같은 범죄가 공공연히 행해지는 것을 우리는 참고 볼 수 없다. 본관은 힘도 약하고 재주도 없는 인간이지만 민중을 구하기 위해 감연히 일어서지 않을 수가 없다.' 이러한 포고를 곳곳에 내걸면서 군벌은 전쟁 준비에 전력을 기울인 것이다.

그러나 민중 쪽은 읽고 쓸 수 있는 사람이라고는 거의 없었으므로 이것이 자기들을 구해 준다고 하는 말이라는 사실은 전혀 모른 채, 새로운 세금이 토지에도 수확물에도 짐수레에도 부과되었고, 도시에서는 점포나 상품에까지 부과되었기 때문에 신음할 뿐이었다. 민중이 큰 소리로 신음하거나 불평하거나 하면 군벌의 부하들이 듣고 호령했다.

"자기들을 구해 주는데 세금을 지불하지 않다니. 너희들은 어쩌면 그리 은혜도 모르느냐! 너희들을 대신해서 싸우고 너희들을 안전하게 지켜 주는 군대 비용을 너희들이 내지 않고 누가 낸단 말이냐!"

그래서 민중들은 내키지 않아하면서도 세금을 냈다. 치르지 않으면 군벌의 분노를 살 것이 두려웠다. 또 지금의 군벌이 패하면 새로운 군벌이 들어와 이 땅을 정복하고, 전승의 기세를 타고서 좀더 지독히 착취할지도 모른다고 생각하면 그 또한 두려웠다.

이 지방의 군벌 장군은 이 전쟁에 적극적으로 나설 결심을 했기 때문에 몇 안 되더라도 사병을 거느리고 독립한 대장이나 장군을 모조리 자기의 산하로 끌어들이고 싶어했다. 그래서 왕후가 반란을 일으켰다는 소문을 듣자 그는 성장에게 이렇게 말했다.

"왕후라고 하는 햇병아리 장군을 너무 강하게 탄압하지 말기 바란다. 꽤 거칠고 만만치 않은 사나이인 모양이다. 그러한 사나이를 부하로 삼고 싶다. 올봄에 반드시 전국은 둘로 분열되리라. 만일 올봄이 아니면 내년에는 꼭 분열한다. 북쪽 군벌이 남쪽 군벌에 싸움을 걸어올 것이다. 그러니 왕후라는 사나이는 적당히 봐주기 바란다."

관재에 따르면 장군은 성장에게 복종하도록 되어 있으나 권력을 가지고 무장한 자가 실권을 쥐는 것은 뻔한 일로서 이것은 역사적으로도 증명된다. 아무리 권리가 있더라도 무기가 없는 자는 같은 지방에 있는 무기와 병력을 가진 군장에게 맞설 수는 없는 것이다.

올봄 왕후를 도운 운명이란 바로 그것이었다. 토벌군이 다가오자 왕후는 군사를 이끌고 진군했다. 먼저 노현장을 교자에 태워 성 정부군의 사령관과 회견하도록 보냈다. 배신했을 때를 대비해서 다수의 정예군을 가까이 잠복시켜 두었다. 회견 장소에 닿자 노현장은 교자에서 내려 왕후의 두 심복에게 양쪽에서 부축을 받으면서 시골길의 흙먼지 속을 비틀거리면서 걸었다. 현장은 관복을 몸에 걸쳤다. 정부군의 사령관이 앞으로 나왔다. 의례적인 인사를 나눈 뒤에 노현장은 더듬거리면서 말했다.

"사령관님, 귀하는 오해하고 계시오. 왕후는 비적이 아니라 내가 새로 임명한 사령관, 현 공서를 지키는 새 장군이오. 나의 부하가 반란을 일으켰을 때 그는 반란을 진압하고 나를 구해 주었소."

성군의 사령관은 정탐꾼으로부터 사실을 들어 알고 있기 때문에 그 말을 믿지는 않았다. 아무도 믿지 않았다. 그러나 사령관은 왕후를 노히게 해서는 안 된다, 보다 큰 싸움에 대비하여 한 자루의 총도 아쉬운 이때에 이러한 작은 분쟁 때문에 군사를 한 사람이라도 잃어버리면 안 된다는 명령을 받은 상태였기 때문에 그저 가볍게 현장을 비난했을 뿐이었다.

"그렇다면 좀 더 일찍 보고를 올렸어야 했소. 보고가 없었기 때문에 우리들은 반란이라고 여기고 대금을 낭비하며 군대를 증원시켜 온 것이 아니오. 헛수고와 헛비용을 쓰게 한 벌로 은전 만 닢의 벌금을 내도록 하시오."

왕후는 저쪽 요구가 그것뿐이라는 것을 듣자 매우 기뻐하며 의기양양하게 군사를 이끌고 돌아왔다. 그리고 현 내의 소금에 대한 세금을 늘려 두 달이 되기도 전에 은전 1만 닢 이상의 수입을 얻었다. 이 지방에서는 소금이 많이 나와 국내 여러 지방뿐만 아니라 외국에까지 수출하고 있을 정도였다.

이 문제가 정리되자 왕후의 권력은 한결 더 강해졌다. 더구나 그는, 군사 한 사람도 잃지 않았던 것이다. 이 명예가 아내 덕분이라고 생각하고 그는 아내의 지혜를 높이 평가했다.

그러나 그는 아직 아내가 어떤 신분이며 어떤 과거를 가진 여자인지를 몰랐다. 그녀와 함께 지낼 때는 여전히 정열에 불탔으나, 그래도 가끔 그녀의 신상을 알았으면 하는 생각이 들었다. 그런데 아무리 물어도 아내는 늘 이렇게 말하면서 피해 버렸다.

"이야기를 하자면 길어요. 전쟁이 없는 겨울날에 천천히 말씀드리지요. 지금은 봄이에요. 싸워서 당신의 세력을 넓힐 때지, 쓸데없는 이야기나 하고 있을 때가 아니에요."

아내는 반짝반짝 빛나는 강한 눈초리로 이렇게 그의 질문을 피했다.

왕후는 아내 말이 옳다는 것을 알고 있었다. 10년 동안 없었던 큰 전쟁이 올봄에는 군벌 사이에 벌어지리라는 소문이 나라 곳곳에 퍼져 있었기 때문이다. 전쟁은 저기서 시작된다 아니, 여기다 하는 소리가 들릴 때마다, 어디에서 군대가 쳐들어올지 모르기 때문에 민중들은 겁을 먹었다. 그러나 아무리 전쟁 소문이 떠돌아도 농민들에게는 일궈야 할 땅이 있었다. 도시 상인들만 하더라도 처자를 부양하고 생계를 잇기 위해 계속 가게를 열고 장사를 해야 했다. 저마다 한집안의 생계를 위해서 일하고는 있었지만 언젠가 닥쳐올 재난을 생각하고 모두 탄식했다.

이 지방 모든 사람들의 눈길은 왕후를 향해 있었다. 그의 지배는 이미 공공연히 확립되어서 세금도 그의 손으로 징수한다는 것은 누구나 알고 있었다. 지금도 형식적으로 노현장을 앉혀 놓기는 했지만 그는 한낱 허수아비에 지나지 않았고, 실권은 왕후가 쥐었으며 모든 판결은 왕후에 의해서 내려졌다. 정청에서조차 왕후는 현장의 오른쪽에 앉았다. 판결을 내릴 때 노현장은 반드시 왕후의 의견을 구했다. 여태까지는 배석 판사의 손으로 들어가던 돈은 이젠 왕후와 그 심복의 손으로 들어가게 되었다. 그런데 왕후는 옛날과 변함이 없었다. 부자로부터는 돈을 거두었지만 가난뱅이가 오면 마음껏 떠들어 대게 했다. 그래서 가난한 사람들 사이에서 그는 매우 인기가 있었다. 올봄에 모든 사람들은 왕후가 어찌할 작정일까 주목했다. 만일 왕후가 전쟁에 참가한다면 그가 필요로 하는 군대의 급료를 지불하고 총도 사야 하기 때문이었다.

왕후는 전쟁 참가의 문제를 숙고했다. 혼자서도 생각해 보았고 부인과도 또 심복과도 의논해 보았지만 어찌하는 것이 가장 좋을지 판단을 내릴 수가 없었다. 이 성의 군벌 장군은, 수가 적더라도 군대를 거느리고 독립한 대장이나 장군들에게는 모조리 사자를 보내서 명령을 전했다.

'부하를 거느리고 내 산하로 달려오기 바란다. 이제 바야흐로 싸움의 기운을 타고 힘차게 나아갈 때다.'

그러나 왕후는 이 명에 응해야 할지 망설였다. 어느 쪽이 승리를 거둘지 예측할 수 없었기 때문이었다. 만일 패하는 쪽에 낀다면 그처럼 신흥 세력에 지나지 않는 자는 세력이 꺾이고 파멸할 것이 뻔했다. 그는 생각 끝에 곳곳으로 염탐꾼을 보내어 어느 쪽이 강하고 승산이 있는가를 염탐케 했다. 염탐꾼이 염탐을 해서 돌아올 때까지는 어느 쪽에도 가담하지 않은 채 기다릴 작정이었다. 전쟁이 거의 끝날 때까지 참전하지 않고 있다가 승패가 뚜렷해졌을 때 서둘러 거취를 밝히고 마지막 큰 파도를 타고 정상에 오르기로 하자. 그러면 병력도 총도 잃지 않고 목적을 이룰 수 있으리라. 그래서 그는 염탐꾼을 보낸 뒤, 가만히 상태를 지켜보았다.

밤이 되지 왕후는 이네와 이 일에 대해서 이야기를 나누었다. 두 사람의 사랑은 그의 야심과 기묘하게 얽혀 있었다. 그는 정욕의 갈증을 풀자 편안히 드러누워 이 문제를 아내와 이야기했다. 여태까지 살아오면서 이런 일은 처음이었다. 그는 자기가 품은 꿈이나 계획을 모조리 아내에게 이야기해 주고 대화를 끝낼 때는 반드시 이렇게 말했다.

"나는 반드시 해낸다. 당신이 아들을 낳아 주면 그것으로 모든 것이 완성되는 거야."

그녀는 왕후의 이런 간절한 소망에는 절대로 대답하지 않았다. 그가 억지로 대답을 재촉하면 짜증이 나는 듯이 일상적인 것으로 화제를 바꾸어 이런 이야기만 되풀이했다.

"최후의 결전에 참가할 준비는 되어 있나요? 책략이야말로 가장 좋은 전술이에요. 그리고 신속한 승리가 확실하게 결정되어 있는 최후의 결전에서 승리하는 쪽에 붙는다는 것이 가장 중요해요."

그는 혼자서 정열에 불타고 있었기 때문에 그녀가 지닌 싸늘함을 전혀 깨닫지 못했다.

봄 내내 그는 기다렸다. 기다림은 언제나 그를 초조하게 만들었지만 이번에는 그의 손만 뻗으면 닿을 곳에 아내가 있었기 때문에 참을 수 있었다. 조용한 평야의 뜨거운 햇살 속에서 도리깨질하는 소리가 울려 퍼졌다. 밀을 베어 낸 자리에 수수가 크게 자라 벌써 이삭을 틔우기 시작했다. 왕후가 기다리는 동안에도 각지에서 싸움이 시작되었다. 북쪽 군벌도 남쪽 군벌도 상대를 바꿔 가며 계속해서 동맹을 맺었다. 그러나 왕후는 여전히 움직이지 않았다. 그는 남쪽 군벌이 이기지 않기를 강하게 바라고 있었다. 남쪽의 작달막하고 거무칙칙한 늙은 장군들과 손을 잡는다고 생각하면 속이 메슥거릴 만큼 싫었다. 그래서 가끔 그는 울적해졌다. 남쪽이 이긴다면 다시 산속에 숨어서 다음 기회를 기다리겠다고 우울한 마음으로 생각할 정도였다.

그러나 그가 마냥 손 놓고 기다리기만 한 것은 아니었다. 새로운 열의를 가지고 부하들을 훈련시켰고 더한층 병력 증강을 꾀했다. 다수의 뛰어난 청년을 새로 군에 편입시켰다. 고참병을 승진시키고 장교에게는 신병을 지도시켰다. 이리하여 그가 이끄는 병력은 1만 명까지 늘었고 이 군대를 부양하기 위해서 주세(酒稅), 염세(鹽稅), 통행세를 늘려 거두어들였다.

이 무렵 그의 유일한 고민은 소총이 부족하다는 사실이었다. 이를 해결하는 방법은 두 가지밖에 없다. 책략으로 총을 입수하든가, 아니면 가까운 곳의 미력한 군대와 싸워서 총이나 탄약을 빼앗든가, 하는 것이었다. 왜냐하면 소총은 외국에서 수입하기에 쉽사리 손에 넣을 수가 없었기 때문이었다. 왕후는 내륙지방에 근거를 정했을 때 이런 일까지는 생각하지 않았다. 그의 지배하에는 항구가 없고 다른 항구들은 경비가 엄중하여 총을 몰래 들여올 가망이 없었다. 더구나 그는 외국어를 전혀 못했고 자기 주변에도 외국어를 아는 사람은 없었다. 그래서 외국 상인과 거래를 할 방법이 현재는 없었다. 총이 없는 부하가 많았기 때문에 결국 어디에선가 싸움을 벌여 전리품으로서 탈취할 도리밖에는 없다고 생각했다.

어느 날 밤 아내에게 이 문제를 털어놓았다. 요즈음 그녀는 그가 이야기를 해도 귀찮다는 듯이 주의해 듣지 않는 일이 많았는데, 이 소총 이야기에는 당장에 흥미를 보이며 곧바로 이렇게 말했다.

"당신에게는 상인인 형님이 계신다고 하지 않았어요?"

"있어. 하지만 형은 총을 거래하는 사람이 아니야. 곡식 장수야." 왕후는 의아스러워하며 대답했다.

"당신은 멍청한 사람이로군요!" 그녀는 언제나처럼 고압적인 태도로 답답하다는 듯이 소리쳤다. "형님이 장사꾼이고 해안 지방과 거래가 있다면 총을 사들여서 형님의 상품 속에 잘 숨겨 들여올 수도 있지 않아요. 어떤 방법으로 해야 하는지는 모르지만 아무튼 방법이 있을 거예요."

왕후는 한참 동안 이 말을 생각해 보았다. 그리고 머리가 잘 돌아가는 여자라고 감탄하고 그녀의 의견에 따라 계획을 세웠다. 다음 날 그는 곰보 조카를 불렀다. 곰보 소년은 1년 사이에 키가 자라서 젊은이다워졌으나, 변함없이 자잘한 일을 시키기 위해서 늘 곁에 두고 있었다.

"네 아버지에게 다녀오거라. 다른 사람들에게는 잠깐 휴가를 얻어 귀성한 것처럼 보여야 한다. 그리고 아버지와 단둘이 있을 때, 내가 총이 없어서 곤란해하고 있다, 어떻게든지 3천 자루쯤이 필요하다고 말씀드려라. 군사는 어디에든 있지만 군사들에게 쥐어줄 총을 좀처럼 구할 수 없다. 저마다 총을 가지기 전에는 군사들은 아무런 도움도 되지 못해. 아버지는 해안 지방과 거래가 있는 상인이니까 어떻게든지 방법을 생각해 달라고 부탁해. 비밀로 해야 하는 일이어서 너를 보내는 것이다. 너는 나와 한 핏줄이니까 말이야."

젊은이는 이 명령에 기꺼이 비밀을 지킬 것을 맹세했다. 그는 이런 사명이 주어진 것을 자랑으로 여겼다. 왕후에게는 다시금 곰보가 돌아오기를 기다리는 나날들이 이어졌다. 그러나 그 와중에도 군사를 모집하여 휘하의 군대에 신병들을 계속해서 편입시켰다. 죽음을 두려워하는가 담력을 시험해 보아 뛰어나고 용감한 젊은이만을 엄격히 선발했다.

18

곰보는 굽이진 길을 따라 시골 들녘을 가로질러 고향으로 향했다. 군복을 벗고 농부의 아들들이 입는 것 같은 옷을 입었다. 초라한 푸른 무명옷을 입고 볕에 그을린 곰보 얼굴의 그는 가난한 농사꾼이었던 왕룽의 손자로서 정말 그럴듯하게 어울렸고 흔히 볼 법한 농촌 청년으로밖에는 보이지 않았다. 그는 늙은 흰 당나귀를 타고 누더기가 된 윗도리를 접어 그것을 안장 대신으로 삼았다. 가끔 당나귀 배를 맨발로 차면서 길을 서둘렀다. 이렇게 당나귀를 타고 뜨거운 여름 햇볕 속을 가끔 꾸벅꾸벅 졸면서 가는 젊은이가, 이 평화스러운 지방에 3천 자루의 총을 들여 올 밀명을 띠고 있으리라고는 아무도 생각지 못하리라. 청년은 노래를 좋아하기 때문에 졸지 않을 때는 전쟁이나 군대의 노래를 불렀다. 그가 이러한 노래를 부르자 밭에서 일하던 농부들은 불안스러운 듯이 그를 쳐다보았다. 한번은 한 농부가 그의 등 뒤에서 외친 일이 있었다.

"군대의 노래 따위를 부르다니, 다시 검은 까마귀를 이 주변으로 모아들이고 싫나!"

그러나 젊은이는 명랑하기만 했고 농부의 말 따위는 통 마음에 두지 않았다. 무엇이라고 하든 노래 부르고 싶으면 노래를 한다는 듯이 먼지투성이 길에 침을 뱉어 댈 뿐이었다. 실은 그는 무서움을 모르는 사나운 군사들 틈에서 너무 오랫동안 살아왔기 때문에 다른 노래는 알지 못했다. 군사들이 조용히 밭에서 일하는 농부와 똑같은 노래를 할 까닭이 없었다.

사흘째 되는 날 정오에 그는 집에 이르렀다. 자기 집 대문이 있는 골목길 모퉁이에 이르러 당나귀에서 내리자 마침 왕이의 장남이 어슬렁어슬렁 나오고 있었다. 그는 곰보를 찬찬히 보더니 나오려던 하품을 삼키고 인사를 건넸다.

"어이, 너 이제는 장군이 됐니?"

그러자 곰보는 곧바로 재치 있게 맞받아쳤다.

"아직. 그래도 장교 시험엔 통과했어!"

곰보가 이런 말을 한 것은 사촌 형을 살짝 비웃기 위해서였다. 왕이와 그의 부인이 이 아들은 학자로 만들 것이다, 내년에는 모대학의 입학시험을 치게 하여 훌륭한 인물로 만들겠다고 떠들어 대는 것을 모두가 알고 있었기 때문이었다. 시험의 계절이 왔다가는 가고 1년, 2년, 해가 지나도 아들은 시험을 치러 가지 않았다. 곰보는 사촌이 지금 막 일어났고, 이제부터 학교가 아닌 찻집으로 가는 길이며, 어젯밤 유희의 피로도 아직 풀리지 않았다는 것을 알 수 있었다. 그러나 왕이의 장남은 상대를 얕잡아 보는 젠체하는 태도로 사촌 동생을 찬찬히 바라보면서 이렇게 말했다.

"장교가 돼도 비단옷은 입혀 주지 않는 모양이로구나."

이렇게 말하고 그는 대답도 기다리지 않고 걸어가 버렸다. 버들 새싹과도 같은 녹색 비단 두루마기가 걸음을 옮길 때마다 우아하게 흔들렸다. 곰보 쪽은 싱긋 웃고서 사촌 형의 등 뒤에다 혀를 날름 내밀고 자기 집 문안으로 들어갔다.

안마당으로 발길을 들여놓으니 모든 것이 옛날 그대로였다. 마침 점심때라, 열린 문 사이로 들여다보니 아버지만이 식탁 앞에 앉아서 먹고 있었고, 아이들은 옛날 그대로 그 부근을 뛰어다니며 저마다 좋아하는 장소에서 먹고 있었다. 어머니는 문 앞에 서서 그릇을 입에다 바싹 갖다 대고 젓가락으로 밥을 끌어 넣고 있었다. 음식을 입안 가득히 넣고서 씹으면서 무엇인가를 빌리러 온 옆집 아주머니와 이야기를 하고 있었다. 전날 밤 생선 말린 것을 천장 들보에 매달아 놓았는데 고양이가 훔쳐 갔다는 이야기였다. 어머니는 곰보를 보자 커다란 소리로 외쳤다.

"딱 끼니때 맞춰서 돌아왔구나. 정말 먹을 복이 있네!"

이렇게 말하고는 다시 옆집 마누라와 수다스럽게 지껄여 댔다.

젊은이는 싱글싱글 웃으며 어머니, 라고만 하고는 안으로 들어섰다. 아버지는 좀 놀란 듯했으나 그저 잠자코 고개를 끄덕거렸을 뿐이었다. 아들은 예의 바르게 아버지에게 인사를 한 뒤 아무 말도 하지 않고 밥그릇과 젓가락을 찾아 들고 왔다. 그리고 식탁 위에 있는 음식을 나누어서 손윗사람과 함께 식사를 할 경우의 예절 대로 한쪽 구석으로 가서는 비스듬히 돌아앉아 먹기 시작했다.

다 먹고 나자 아버지는 밥그릇에 차를 조금 따랐다. 무엇이든지 검약하는 성질인지라 차도 인색하게 조금 따라서 찔끔찔끔 마시면서 아들에게 말을 걸었다.

"무슨 기별이라도 가져왔느냐?"

"네 가져왔습니다. 그러나 여기에서는 말씀드릴 수 없습니다."

남동생과 누이동생들이 주변에 모여들어, 오랜만에 돌아온 형을 묵묵히 바라다보면서 형이 무슨 말을 하는지 한 마디도 놓치지 않겠다는 듯 열심히 귀를 기울이고 있었기 때문이었다.

그때, 문 앞에 서 있던 어머니가 밥 한 그릇을 비우고 밥을 더 뜨러 돌아왔다. 그녀는 대식가여서 남편이 식사를 마치고 식탁을 떠난 뒤에도 남아서 더 먹곤 했다. 그녀도 아들을 찬찬히 뜯어보면서 말했다.

"너는 키가 족히 한 자는 자랐구나! 그런데 어째서 그렇게 누더기를 입고 있느냐? 숙부님이 좀 더 좋은 옷을 주지 않느냐. 뭘 먹고 그렇게 컸느냐? 분명 좋은 고기나 술을 마시거나 하고 지냈겠지!"

아들은 다시금 싱글싱글 웃으면서 말했다. "좋은 옷도 있습니다만 이번엔 입고 오지 않았습니다. 고기는 날마다 먹고 지냈습니다."

이 말을 듣자 상인인 왕얼은 깜짝 놀랐다. 갑자기 관심을 나타내면서 말했다.

"뭐라고! 동생 녀석이 군사들에게 매일 고기를 먹이고 있느냐?"

곰보는 서둘러 말을 덧붙였다. "아뇨, 지금만 그래요. 요즘은 전쟁 준비를 하고 있기 때문에 군사들이 용감하고 힘차게 싸울 수 있도록 고기를 먹이는 것입니다. 하지만 저는 보통 군사들과 함께 지내지 않으니까 언제든지 고기를 먹을 수 있어요. 저와 간부들은 숙부님 부부의 식탁에서 남는 고기를 먹습니다."

그러자 어머니는 왕후의 아내에게 흥미를 갖고 말했다.

"숙부님 부인 이야기를 좀 해 보거라. 결혼식에 우리들을 초대하지 않은 것은 이상하지 않느냐."

"초대했어." 이런 이야기가 시작되면 끝이 없으리라고 생각한 왕 상인은 황급히 말했다. "초대를 했는데 내가 거절했어. 가게 되면 비용도 대단하니까 말이야. 막상 가게 되면 당신은 새 옷을 해달라느니, 이것이 필요하다느니, 저것이 갖고 싶다느니 하고 여러 가지로 벅찰 것 같아서 거절했지."

그러자 부인은 화를 내며 큰 소리로 외쳤다.

"쩨쩨한 영감쟁이, 나는 여태까지 아무 데도 간 일이 없고, 그리고……."

왕 상인은 헛기침을 하고 아들에게 말했다.

"여기는 시끄러워서 차분하게 이야기를 할 수 없으니 따라오너라." 이렇게 말하고 일어선 왕얼은 아이들을 부드럽게 뿌리치고 나갔다. 곰보도 아버지 뒤를 따라갔다.

왕 상인은 곰보 소년의 앞장을 서서 여느 때 그다지 가지 않는 조그만 찻집으로 가서 조용한 구석 자리를 골라 앉았다. 찻집 안은 거의 비어 있었다. 농부들은 벌써 물건을 다 팔고 집으로 돌아갔으며 성내 사람이 오후의 차를 마시러 오기에는 아직 일러서 손님이 뜸한 시간이었다. 조용한 장소에 오자 아들은 그에게 위임된 사명을 아버지에게 이야기했다.

왕 상인은 가만히 귀를 기울이고 아들이 이야기를 끝마칠 때까지 한마디도 하지 않았다. 이야기를 끝내도 안색 하나 바꾸지 않았다. 왕 지주라면 깜짝 놀라 눈을 동그랗게 뜨고 그런 일은 도저히 할 수 없다고 했을 테지만, 왕 상인은 남이 모르는 동안에 대단한 갑부가 되어 있었으므로 오늘의 그에게 불가능한 일은 아무것도 없었기 때문이다. 그가 주저한다면 그것은 일이 성사되는 경우 과연 이익이 있는지를 생각하기 위해서였다. 그는 여러 방면에 자본을 투입했으며 돈을 융통했다. 각계각층의 사람들이 그에게서 돈을 융통받아 사업을 경영하고 있었다. 그는 절간 승려에게조차 사원의 토지를 담보로 돈을 융통해 주고 있었다. 요즈음은 사람들이 옛날처럼 신앙심이 깊지 않아 부처에게 정성을 들이는 것은 부인네, 그것도 노파뿐이므로 많은 사찰들이 가난에 몰려 소유지를 처분하고 싶어했다. 그는 또 강이나 바다를 항해하는 선박에도 투자를 하고 있었고 철도에도 투자하고 있었으며, 성내의 큰 매음굴에도 엄청난 액수를 투자하고 있었다. 그러나 그 자신은 절대로 그 매음굴에 가지 않았다. 왕이는 1년쯤 전에 문을 연 이 새 유곽에 곧잘 놀러 갔지만 그것이 동생의 자본으로 경영되고 있다고는 꿈에도 생각지 못했다. 그러나 이 사업은 번창했다. 왕 상인은 남자라면 누구에게나 있는 욕망을 노린 것이었다.

이처럼 그의 자본은 수많은 비밀 수로(水路)를 통해 흘렀다. 만일 그가 갑자기 그 자본을 회수한다면 곤란해지는 자는 수천 명이 넘으리라. 이만한 재산을 이루었어도 그는 옛날과 다름없는 초라한 음식을 먹었고, 의식주에 여유가 있는 사람이라면 누구라도 손대는 노름도 하지 않았으며, 아이들에게 비단옷을 입히지도 않았다. 그의 겉보기와 사는 모습을 보고, 그가 그렇게 큰 부자라고는 누구도 생각지 못했으리라. 그랬기 때문에 3천 자루의 총에 대한 이야기를 들었어도 그는 왕이와 달리 조금도 놀라지 않았다. 만일 누군가가 길거리에서 이 두 형제와 만난다면 돈 씀씀이가 헤프고, 뚱뚱한 거구(巨軀)를 명주와 비단으로 된 두루마기 아니면 털가죽으로 휘감은 왕이 쪽이 큰 부자라고 생각하리라. 왕이는 아들들에게도 모두 비단으로 지은 옷들만 입혔다. 단, 리화와 함께 살면서 조용히 어른이 되어 가며, 날이 갈수록 잊혀 가는 꼽추 아들만은 예외였다.

왕 상인은 한동안 잠자코 생각에 잠겼다가 입을 열었다.

"총을 조달하기에는 막대한 돈이 든다. 무엇을 담보로 삼겠다고 숙부는 말하더냐? 총을 사는 것은 법률로 금하고 있으므로 여간 든든한 담보가 없으면 곤란하단 말이야."

젊은이는 말했다.

"숙부님은 이렇게 말씀하셨습니다. 세금이 들어오는 대로 지불할 작정인데, 만일 내 말을 믿지 못하겠다면 남아 있는 나의 토지를 모두 담보로 넣겠다. 이 지방 세금은 모두 내 마음대로 쓸 수 있지만, 한꺼번에 거액의 과세를 하여 주민들을 괴롭힐 수는 없다고요."

"토지는 이제 탐나지 않아." 왕 상인은 생각에 잠기면서 말했다. "이 지방은 올해 흉작으로 거의 기근 상태와 다름없기 때문에 땅값이 싸다. 숙부의 남아 있는 토지만으로는 모자라. 결혼 비용도 잔뜩 들었기 때문에 말이지."

그러자 젊은이는 조그맣고 검은 눈을 반짝이며 진지하게 말했다.

"아버님, 숙부님은 정말로 위대한 사람입니다. 모두 얼마나 숙부님을 두려워하는지 한번 보여 드리고 싶을 정도입니다. 그리고 숙부님은 좋은 사람입니다. 사람을 절대로 함부로 죽이거나 하지 않습니다. 성장님조차도 숙부님을 무서워합니다. 숙부님은 아무것도 두려워하지 않으십니다. 그렇지 않으면 모두들 여우라고 부르는 그 무서운 여자와 어떻게 결혼하셨겠습니까? 만일 아버님이 총을 조달해 주시면 숙부님은 지금보다도 훨씬 강해질 수 있습니다."

이런 아들의 말은 아버지의 마음을 그다지 움직이게 할 수는 없었으나, 그 말에 약간의 진리가 있는 것은 사실이었다. 왕 상인에게 결심을 하게 한 것은, 강력한 군대를 이끄는 동생을 가지면 여러 가지로 형편이 좋고 득도 된다는 점이었다. 근래 이러쿵저러쿵 소문이 떠도는 큰 전쟁이 정말로 일어나서 이 지방에까지 미쳤을 때—전쟁이 벌어지면 어디가 싸움터가 될지 모른다—그의 막대한 재산이 적병에 의해서, 또는 가난한 폭도들에게 몰수당하거나 약탈당하지 말란 법도 없었다. 왕 상인의 막대한 재산은 이젠 토지에만 집중된 것이 아니었다. 토지 따위는 그가 소유한 많은 가옥, 점포, 금융 사업 등에 비한다면 아무것도 아니었다. 마음대로 약탈할 수 있게 되는 날에는 이런 재산은 눈 깜짝할 새에 빼앗기고 말리라. 그래서 언제 일어날지 모를 긴급사태에 대처하여 자신을 보호해 줄 후견인을 찾지 않으면, 부자도 하루아침에 가난뱅이 신세로 전락해 버릴 것은 틀림없는 사실이었다.

그는 이러한 총이 뒷날 자기를 보호하게 될지도 모른다고 생각하고 한번 힘써 보기로 했다. 총을 어떤 방법으로 구입하여 밀수입할지를 조금 더 궁리했다. 그는 가까운 여러 성에 쌀을 운반하기 위해서 두 척의 조그만 배를 가지고 있었다. 그러므로 밀수가 불가능하지는 않았다. 배로 쌀을 성 밖으로 내다 파는 것은 법률로 금지되어 있지만 막대한 벌이를 할 수 있으므로 그는 부담을 떠안고도 하고 있었다. 관헌에게 뇌물을 주고도 큰 벌이가 되는 것이다. 관헌은 타락했으므로 뇌물을 쥐어 주면 왕 상인이 일부러 조그맣게 만든 두 척의 배를 못 본 척해 주었다. 그리고 외국 배라든가 자기들 주머니를 불려 주지 않는 그 밖의 배에 대해서만 단속을 임하게 하는 것이었다.

왕 상인은 자신의 배가 돌아올 때에는 짐이 전혀 없거나 반쯤만 실려 올 때도 있음을 떠올렸다. 무명천이나 외국제 잡화 등을 얼마간 쌓아 가지고 올 뿐이므로 그 물건들 틈바구니에 외국제 총을 감추어서 밀수입한다는 것은 절대로 곤란한 일이 아니다. 들키면 여기저기에 뇌물을 쓰면 된다. 두 사람의 선장에게도 돈을 주어 입을 막으면 된다. 그렇다, 이건 틀림없이 할 수 있는 일이다. 이렇게 생각하고 그는 주위를 둘러보고 다른 손님도, 참견 잘하는 점원들도 없음을 확인한 뒤 입술을 움직이지 않고 나직한 목소리로 말했다.

"해안까지, 아니, 되도록 네 숙부가 있는 곳과 가까운 철도역까지는 총을 보낼 수가 있다. 그러나 그다음에는 어찌하면 좋겠느냐? 사람이 짊어지고 가든가 소나 말 등에 싣고 가는 수밖에는 없는 길을 하루만에 옮기려면 어떻게 하지?"

왕후는 이 일에 대해서는 곰보에게 아무 지시도 하지 않았다. 그래서 곰보는 멍한 표정으로 머리를 긁적거리면서 아버지 얼굴을 쳐다보며 말했다.

"한번 돌아가서 숙부님께 여쭤볼게요."

그러자 왕 상인은 말했다.

"총은 어떻게든지 다른 상품 속에 숨겨 밀수할 수가 있다. 다른 상품의 이름을 붙여 짐을 꾸리고, 철도로 숙부님이 사는 곳에서 가장 가까운 지점까지는 보낼 수가 있다. 거기서부터는 그쪽에서 알아서 옮겨야 한다고 숙부님께 말씀드려라."

젊은이는 이 대답을 듣고 바로 다음 날 왕후에게로 돌아갔다. 그러나 그날 밤은 자기의 집에 머물렀다. 어머니가 그가 좋아하는 만두를 만들어 주어서 그는 그것을 배불리 잔뜩 먹고 나머지는 돌아가는 길에 먹을 작정으로 품속에 집어넣었다. 그리고 당나귀를 타고 또 다시 길을 돌아 왕후에게로 갔다.

19

그다음 달에 자기 관하의 치안 상태에 자신을 갖고 의연히 태세를 갖추고 있던 왕후로서는, 남들로부터 전해 듣기만 했다면 결코 믿지 못했을 사태가 일어났다. 대군벌이 대립해 나라가 둘로 나뉜다는 소문이 전해지자 온 나라 안에 전운이 감돌기 시작한 것이다. 싸움을 좋아하는 자, 게으르고 일하기가 싫은 자, 실업자, 모험을 좋아하는 자, 부모를 싫어하는 청소년, 노름판에서 진 남자, 그 밖에 온갖 불평이 있는 무리들이 이 기회를 놓치지 않고 이름을 날려 보겠다고 움직이기 시작했다.

현재 왕후가 노현장의 이름 아래 지배하는 이 지방에서는 그러한 반항적인 무리들이 한패가 되어 머리에 노란 띠를 두르고 황건당(黃巾黨)이라고 자칭하며 일대를 휩쓸기 시작했다. 처음에는 조심조심 소규모로 하고 있었다. 지나치는 농가에서 음식물을 강요하거나 마을의 반점에서 음식을 먹고 돈을 내지 않거나, 또는 일부만을 지불하고 나머지는 엄포를 놓거나 싸움을 걸어 소동이 일어날까 두려운 식당주인이 울며겨자먹기로 단념하게 해버리는 정도였다.

그러나 황건당은 당원이 늘어감에 따라서 차츰 대담해졌다. 처음에는 군대에서 도망쳐 나와 당원이 된 탈주병 정도밖에는 총을 갖고 있지 않았으므로 그들은 총을 탐내기 시작했다. 그리고 총을 손에 넣은 그들은 더욱더 대담해져, 도시나 읍 가까이는 다가가지 않았으나 마을이나 부락에 나타나서는 약탈을 하고 다녔다. 농민 가운데서 용기 있는 자가 왕후에게로 가 약탈 상태를 보고했다. 전혀 만류하는 자가 없기 때문에 지금은 한껏 멋대로들 날뛰고 있고, 밤에 농가에 침입해 약탈할 것이 없으면 태연히 일가를 몰살시킨다고 하소연했으나 왕후는 그 이야기를 믿을 수가 없었다. 왜냐하면 부하들을 정탐차 보내도 겁쟁이고 마음이 약한 농부들은 두려워서 진실을 말하지 않았기 때문이었다. 왕후는 큰 전쟁에 참가할 기회를 거머잡는 데에만 마음이 빼앗겨 있었기 때문에 약탈 문제를 그다지 대단하게 생각지 않았고, 한동안 아무런 조치도 취하지 않았다.

이윽고 타는 듯한 여름이 오고, 남쪽으로 진군해 가는 군대의 수가 많아졌다. 진군 도중에 탈주하여 비적단에 끼어드는 군사들도 적지 않았으므로 황건당은 갈수록 더 세력이 커지고 수법도 대담해졌다. 그 계절에는 이 지방에 수수가 크게 자라 비적에게는 안성맞춤인 숨을 장소를 제공해 주고 있었다. 비적들이 길거리에까지 출몰하면서 길을 다니기조차 위험해졌기 때문에 사람들은 큰길 이외에는 대오를 짜지 않고서는 걸어다닐 수도 없는 형편이었다.

사태가 여기까지 온 것을 왕후가 과연 알았을지는 의심스럽다. 정탐꾼으로 보낸 부하나 심복의 보고를 그대로 믿었기 때문이다. 디구나 이 무리들은 왕후의 마음에 드는 말만을 해서, 그는 자기 앞을 막아설 자는 없다고 생각했다. 그런데 어느 날 서쪽에서 농부인 두 형제가 삼베로 된 부대를 들고 찾아왔다. 그들은 그 부대 속에 든 것을 결코 누구에게도 보여주려고 하지 않았다. 아무리 물어도 "이것을 장군님께 바치겠습니다" 대답할 뿐이었다.

왕후에게 선물을 가지고 온 것이라고 생각한 호위병은 문을 통과시켜 보냈다. 두 사람은 정청으로 갔다. 마침 왕후가 정청에 있는 시간이었다. 두 사람은 왕후 앞으로 나가 공손히 인사를 올리고 아무 말도 하지 않고 삼베 부대를 열어 네 개의 팔을 꺼냈다. 두 개는 노파의 손이었다. 노동으로 굳어진 여윈 손으로 햇볕에 그을린 검은 피부가 여기저기 갈라져 있었다. 다른 두 개는 남자 노인의 손인데 오랫동안 괭이 자루를 쥐고 일을 계속해, 온 손바닥이 딱딱한 못투성이였다. 이런 손을 두 형제는 피가 거무칙칙하게 메말라 붙어 있는 절단된 쪽을 잡고 왕후 앞에 내밀었다. 각이 지고 고지식한 얼굴을 한 중년의 형 쪽이 진지하고 분노에 불타는 표정으로 말했다.

"이것들은 저희의 나이 든 양친의 손입니다. 이틀 전에 비적들이 우리 마을을 약탈하러 왔는데, 늙은 아버님이 아무것도 없다고 외치자 놈들은 아버님의 팔을 잘라 버렸습니다. 그리고 어머니가 용감히 놈들에게 욕을 하자 어머니의 손도 잘랐습니다. 저희 형제 둘은 밭에 나가 있었습니다. 제 마누라가 살려 달라고 비명을 지르면서 도망쳐 왔기에 그때야 쇠스랑을 들고 달려갔습니다. 그러나 비적들은 이미 사라진 뒤였습니다. 그리 많은 숫자는 아니고, 여덟에서 열 사람쯤이었습니다. 저희 양친은 나이가 많으신 분들인데, 마을 사람들은 후환이 두려워 아무도 도와주지 않았습니다. 장군님, 저희들은 장군님에게 세금을 바치고 있습니다. 성정부에 바치는 외에 토지세니, 소금세니, 매매 물품세를 당신에게 바치고 있습니다. 그것도 비적으로부터 지켜 주십사 하고 바라기 때문입니다. 저희는 대체 어찌해야 좋겠습니까?"

이렇게 말한 그들은 양친의 여위고 굳은 팔을 높이 추켜들었다.

이런 무례하기 짝이 없는 말을 듣고, 그와 같은 지위에 있는 인간이라면 보통 화를 냈으리라. 그러나 왕후는 노하지 않았다. 그는 오히려 그 말을 듣고 깜짝 놀랐다. 농부의 대담함보다도, 자기가 지배하는 지역에서 그런 사건이 일어났다는 데 대해서 화가 난 것이었다. 그는 커다란 목소리로 부하 대장들을 불렀다. 그들은 속속 모여들어 약 쉰 명쯤이 정청에 들어섰다.

왕후는 포석 바닥 위에 무참하게 뒹굴고 있는 손을 주워 들었다. 그것을 모두에게 보이면서 말했다.

"이 손은 대낮에 아들들이 들판에서 일하는 동안에 비적에게 살해당한 선량한 농민의 손이다. 이 도적들을 토벌하기 위해서 누가 가장 먼저 용감히 출동하겠는가?"

대장들은 그 비참하게 잘린 손을 쏘아보며 의분의 정이 끓어오름을 느꼈다. 비적들이 자기들이 지배하는 토지에서 약탈하고 다니는 것을 용서할 수는 없다고 떠들어 대는 소리가 여기저기에서 일어났다.

"우리가 다스리는 이 땅에서 두 번 다시 이런 일이 일어나게 해서는 안 된다."

"괘씸한 도둑놈들이 우리 땅에서 날뛰게 내버려둘 수는 없다!"

이윽고 그들은 커다란 목소리로 일제히 외쳤다.

"토벌 명령을 내려 주십시오!"

왕후는 두 농부에게 말했다.

"안심하고 집으로 돌아가라. 내일 부대가 출동할 것이다. 비적 두목이 누구인지 찾아내서 바오 장군을 죽인 것처럼 그놈을 죽이고 말 테니까."

그러자 동생 쪽의 농부가 말했다.

"장군님, 아직 비적에겐 두목이 없습니다. 그저 황건적이라는 이름이 있을 뿐으로, 모두가 제멋대로 흩어져 조그만 무리를 짓고 돌아다닙니다. 두목으로서 전원을 하나로 뭉치게 해 줄 강한 사람을 찾고 있는 것 같습니다."

"그렇다면" 왕후는 말했다. "쫓아 버리기란 더욱 간단하다."

"그 대신 아예 뿌리 뽑기란 어렵겠지요." 형 쪽이 퉁명스럽게 말했다.

두 형제는 또 무슨 말인가 하고 싶으나, 어떻게 말을 꺼내면 좋을지 모르는 모양으로 돌아가려 하지 않았다. 두 사람이 우물거리고만 있는 데 짜증이 난 왕후는, 농부 형제가 자기를 미덥지 않은 사람 취급한다고 생각하고는 성을 내며 말했다.

"나는 너희들을 20년간이나 괴롭히던 비적의 우두머리인 바오 장군을 죽였다. 이 나의 힘을 의심하는가?"

형제는 서로 얼굴을 마주 보았다. 형 쪽이 침을 삼키고 나서 천천히 입을 열었다.

"장군님, 그렇지 않습니다. 저희들은 그저 은밀히 장군님에게 드리고 싶은 말씀이 있습니다."

왕후는 아직 그곳에 서 있는 대장들에게 물러가서 군사들에게 출동 준비를 시키라고 명령했다. 언제나 가까이에 두는 부하 한둘을 제외하고는 모두 물러나자 형 쪽이 꿇어 엎드려 바닥에다 세 번 이마를 조아렸다. 그리고 이야기를 시작했다.

"장군님, 노하지 마십시오. 저희들은 가난뱅이라 부탁드릴 일이 있어도 뇌물을 바치지 못합니다. 그저 빈손으로 빌기만 할 뿐입니다."

왕후는 놀랐다.

"무슨 말을 하는 거냐? 내가 할 수 있는 일이라면 무엇이든지 해 줄 것이다. 뇌물 같은 것은 필요 없다."

농부는 애원하는 듯한 말투가 되었다.

"오늘 제가 이곳으로 올 때 마을 사람들은 말렸습니다. 만일 우리의 부탁을 들어주셔서 비적을 퇴치하러 군인들이 오면 비적보다도 더 난처하다고들 했습니다. 우리는 가난뱅이라 일하지 않으면 먹고살 수가 없습니다. 비적들은 곧 가 버립니다만 군대는 우리들 집에 눌러 앉아 처녀들을 건드리거나, 겨울철을 대비해 저장해 둔 음식을 먹어 버립니다. 그래도 무기를 가지고 있기 때문에 싫다고는 못합니다. 그래서 말씀입니다. 장군님, 그런 군대라면 아예 보내지 않아 주셨으면 합니다. 우리는 비적을 참고 견디는 쪽을 택하겠습니다."

왕후는 선량한 인간이기 때문에 이 말을 듣고는 불같이 화를 내며 일어서서 대장들에게 다시 한 번 모이라고 외쳤다. 그들이 삼삼오오 몰려들어 오자 그는 무서운 얼굴로 두 눈썹을 모으고 외쳤다.

"내가 지배하는 지방은 좁으므로 군대를 출동시킨다고 하더라도 사흘 걸리면 왕복할 수 있을 것이다. 반드시 사흘 안으로 돌아와야 한다! 한 사람도 남김없이 사흘 안으로 돌아올 것. 만일 인가에 묵거나 하면 사형에 처하겠다! 비적들을 토벌하여 소탕하면 상으로 돈과 술, 음식을 주겠다. 나는 비적의 우두머리가 아니다. 나의 군대는 비적단이 아니다!"

이렇게 말하고 무서운 얼굴로 노려보았다. 대장들은 서둘러 명령에 따르겠다는 맹세를 했다.

왕후는 이렇게 마을 사람들에게 해를 끼치지 않겠다는 것을 두 형제에게 약속한 뒤 마을로 돌려보냈다. 두 사람은 팔다리가 완전히 갖추어진 형태로 양친을 장례지내기 위해 양친의 팔을 다시 얌전히 삼베 부대에 넣어 가지고 돌아갔다. 그 둘은 진심으로 왕후를 칭송하며 마을로 돌아갔다.

왕후는 농부 형제를 돌려보낸 뒤에 다시 자기가 한 약속을 생각해 보고 지나친 친절을 베푼 것 같은 느낌에 조금 후회를 느꼈다. 비적 따위를 상대로 한 싸움에 소중한 군사와 총을 잃고 싶지 않았던 것이다. 냉정을 되찾고 자기 방에 앉아 생각에 잠겼다. 어떤 군대에도 있는 게으르고 일하기 싫어하며 편안히 지내고 싶어하는 군사가 자기 부대에도 있음을 그는 알고 있었다. 그런 무리들이 비적의 꾀임에 넘어가 총을 든 채 탈주할지도 모른다. 그는 농부 형제가 가지고 온 처참한 증거품에 너무나 동요한 나머지 경솔한 약속을 해 버렸다고 후회했다.

그가 우울하게 방 안에 앉아 있는데 사자가 편지 한 통을 가지고 들어왔다. 형인 왕 상인에게서 온 것이었다. 왕후는 봉투를 찢고 편지를 꺼내 읽기 시작했다. 형은 예의 그 에둘러 말하는 투로, 총이 입수되었다, 며칠 날 어느 곳까지 보내겠다, 북쪽의 큰 제분공장으로 수송하는 밀 포대 속에 숨겨 두겠다는 내용을 적어 보냈다.

그 총을 어떻게 해서든 운반해야 하는데, 마침 부하들은 비적 퇴치를 위해서 각지로 흩어졌다. 왕후는 매우 난처해졌다. 의자에 앉은 채 운명을 저주하고 있노라니 사랑하는 아내가 들어왔다. 뜨거운 한여름의 햇볕이 한창 내리쬐고 있었으므로, 평소와는 달리 나른하고 온화하게 보였다. 희고 엷은 명주 윗도리에 바지만 입고 있었다. 윗도리 깃의 단추를 풀어 놓아서 흰 목이 환히 드러나 보였다. 목은 살이 보동보동하여 매끈했고 얼굴보다도 희었다.

왕후는 운명을 저주하며 고민하고 있었건만, 이내기 들어오자 그 아름다운 목덜미에 이끌려 한순간 고민조차 잊었다. 희고 부드러운 목을 어루만지고 싶어 그녀가 다가오기를 기다렸다. 그녀는 다가와서 탁자에 기대, 왕후가 손에 든 편지를 들여다보았다.

"그렇게 무서운 얼굴로 잔뜩 부어 계신데, 무슨 못마땅한 일이라도 있으신가요?" 그리고 잠시 입을 다물었다가 드높은 목소리로 살짝 웃었다.

"나 때문은 아니겠죠? 그렇게 무서운 얼굴을 하고 계시면 살해당하는 건 아닌지 겁이 나요."

왕후는 말없이 아내에게 형의 편지를 내밀었다. 그러나 그의 눈은 아내의 환히 드러난 흰 목과 그곳에서부터 이어져 봉긋하게 솟은 가슴에서 떠나지 않았다. 그녀에게 완전히 빠져 버린 왕후는 결혼 뒤 아직 얼마 지나지 않았는데도 모든 일을 아내에게 터놓고 의논했다. 그는 아내가 글을 읽을 줄 아는 것을 자랑스럽게 여겼다. 몸을 앞으로 약간 숙이고 엷고 윤곽이 뚜렷한 입술을 알듯 모를 듯 움직이면서 편지를 읽고 있는 아내의 모습은 무엇과도 비길 수 없을 만큼 아름답게 여겨졌다. 그녀는 머리칼에 향유를 바르고 매끈하게 빗어, 목뒤에서 감아올린 뒤 검은 비단 망을 씌워 놓았다. 귀에는 금귀걸이가 한들거렸다.

그녀는 편지를 다 읽고 나자 봉투에 도로 넣고는 탁자 끝에 놓아두었다.

그동안도 왕후는 민첩하게 움직이는 날씬한 손을 바라다보았으나, 곧 이렇게 말했다.

"그 밀 포대를 어떻게 옮겨 오면 좋을까 고민중이야. 책략을 쓰거나 무력을 써야 할 텐데."

"간단해요." 아내는 아무것도 아니라는 듯이 말했다. "책략도 무력도 간단한 일이에요. 편지를 읽으면서 생각났는데, 부하 중의 한 무리를 지금 이르는 곳마다 소문거리가 돼 있는 비적으로 변장시켜서 곡식 포대를 약탈하는 거예요. 아무도 당신이 관계돼 있으리라고는 생각지 않을 거예요!"

왕후는 아내의 말을 듣고, 정말 교묘한 방법이구나 싶어 감탄하여 여느 때처럼 소리 없이 웃었다. 아내가 들어오면 호위병은 반드시 방 밖으로 나가게 되어 있기 때문에 방 안에는 둘밖에 없었다. 그는 아내를 끌어당겨 그 딱딱한 손으로 아내의 부드러운 살결을 만지며 말했다.

"당신처럼 영리한 여자는 본 적이 없어. 나는 바오 장군을 쓰러뜨린 날 축복을 받은 거야!"

만족스러운 기분으로 방 밖으로 나온 왕후는 매를 불러서 명령했다.

"애타게 기다리던 총이 여기에서 백 리 떨어진 철도의 교차점에까지 와 있다. 북쪽의 제분 공장으로 보내기 위해서 그곳에서 옮겨 싣는 밀 포대 속에 숨겨져 있다. 그러니 너는 무장한 부하 5백 명을 비적으로 변장시켜 그곳으로 끌고 가서, 밀 포대를 약탈하여 어딘가 산채에라도 운반하는 것처럼 보이게 해라. 그리고 가까이에 짐수레나 당나귀를 준비해 놓고 밀과 함께 그대로 이곳까지 운반해 와라."

매는 영리한 사나이라 기지와 책략이 장기이고, 돼지 백정 쪽은 사발만큼 커다란 두 주먹만을 자랑으로 삼고 있었다. 이렇듯 기지를 필요로 하는 일은 매가 좋아하는 것이었다. 매가 기꺼이 하겠다고 하자 왕후는 다시 말을 이었다.

"총을 무사히 이곳까지 옮겨 온다면 너를 비롯하여 부하들에게도 저마다 공에 따라서 보상을 내리겠다."

명령을 다 내리고 나자 왕후는 자기 방으로 돌아갔다. 아내는 이미 없었다. 그는 조각을 한 팔걸이의자에 천천히 앉았다. 앉는 곳이 시원하라고 갈대를 깔아 두었으나 몹시 더워졌기 때문에 검대(劍帶)를 풀고 윗도리의 깃께를 헤쳤다. 앉아서 휴식을 취하면서 다시금 아내의 하얀 목덜미에서 가슴으로 내려오던 곡선을 떠올리며, 도대체 살이 어찌 그처럼 야들야들하고 살결이 그토록 매끄러울 수가 있는 일일까, 감탄했다.

형의 편지가 없어졌다는 것은 전혀 깨닫지 못했다. 아내가 왕후의 손조차 미치지 못한 옷 속의 가슴속 깊이 감추어 가지고 가 버린 것이다.

매가 출발한 지 반나절이 지났을 무렵, 왕후는 자기 전의 한때를 틈타 시원한

밤바람을 쐬려고 홀로 나가, 도로를 향해서 난 옆문에 가까운 마당 안을 거닐고 있었다. 그 좁은 도로는 낮에 기껏해야 몇몇 사람이 지나다닐 뿐, 밤에는 거의 행인들이 없었다. 귀뚜라미 우는 소리가 들렸다. 이런저런 몽상에 빠져 있었기 때문에 처음에는 전혀 주의를 하지 않았다. 그러나 귀뚜라미가 언제까지나 울어 대고 있었기 때문에 그는 문득, 지금은 귀뚜라미가 올 계절이 아니리는 사실을 깨달았다. 그는 그저 호기심으로 어디에 귀뚜라미가 있는 것일까 주위를 휘둘러 보았다. 차츰 짙어 가는 어둠 속에 눈을 크게 뜨고 보니 누군가 문께에 웅크리고 있는 게 보였다. 칼 손잡이를 쥐고 태세를 갖추면서 다가가니, 곰보 조카가 어둠 속에서 파랗게 질린 얼굴을 드러냈다. 곰보는 숨찬 소리로 속삭였다.

"숙부님. 소리를 내지 마십시오! 숙모님에게 내가 이곳에 있다는 것을 말씀하시지 말고 밖으로 나와 주십시오. 저 앞, 첫 번째 사거리에서 기다리고 있겠습니다. 알려 드릴 일이 있습니다. 급한 용건입니다."

이렇게 말하고 젊은이는 그림자처럼 어둠 속으로 사라져 버렸다. 왕후는 혼자서 산보하고 있었으므로 그 길로 당장 조카 뒤를 따라 밖으로 나왔다. 왕후 쪽이 한 발 앞서 약속 장소에 닿았다. 곰보는 흙담의 캄캄한 곳에 달라붙어, 발소리를 죽이며 다가왔다. 왕후는 놀라서 말했다.

"대체 어찌 된 일이냐. 싸움에 진 개 모양으로 숨어 다니다니."

젊은이는 속삭였다. "쉿! 저는 이곳에서 멀리 떨어진 곳으로 심부름을 간 것으로 되어 있습니다. 숙모님에게 들키면 야단입니다. 숙모님은 영리한 사람이라 누군가에게 제 뒤를 밟게 하고 있을지도 모릅니다. 이 말을 남에게 하면 죽여 버린다고 했습니다. 숙모님께 협박받은 것은 이번이 처음이 아닙니다."

왕후는 이 말에 놀라서 입도 열 수가 없었다. 그는 곰보를 껴안듯 하며 골목길의 어둠 속으로 끌고 들어가 사정을 말하라고 했다. 젊은이는 왕후의 귀에 입을 갖다 대고 말했다.

"숙모님은 저에게 이 편지를 전하라고 했습니다. 누구에게 보내는 것인지는 겉봉을 열어 보지 않아서 모릅니다. 숙모님은 저에게 글을 읽을 수 있느냐고 물었습니다. 제가 당치도 않다, 시골뜨기라서 읽을 수 없다고 말하자, 이 편지를 오늘 밤 북쪽 교외의 찻집에서 자기를 기다리는 사나이에게 전해 달라고 하면서 은전 한 닢을 주셨습니다.”

그는 호주머니 속으로 손을 넣어, 한 통의 편지를 꺼냈다. 왕후는 곧바로 그것을 낚아챘다. 그리고 묵묵히 성큼성큼 골목길을 나서, 노인이 동그마니 혼자 앉아 더운물을 팔고 있는 조그만 가게로 들어가, 벽의 못에 걸린 콩기름 남포등의 한들거리는 빛 아래서 봉투를 뜯고 편지를 읽었다. 읽어 내려감에 따라서 그는 음모가 진행되고 있음을 분명히 알 수 있었다, 왕후의 아내는 어떤 자에게 3천 자루의 총에 대한 것을 의논하고 있었다. 은밀히 어떤 자와 만나서 비밀을 알렸다는 것을 분명히 알 수 있었다. 그리고 이 편지가 그녀의 최후통첩이었다.

‘여러분이 총을 입수하고 모두 모이는 대로 나도 가겠습니다.’

이 편지를 읽은 왕후는 발밑의 대지가 빙글빙글 돌아가고, 머리 위의 하늘이 무너져 내리는 듯한 기분을 느꼈다. 그는 아내를 진심으로 사랑했다. 그렇기 때문에 설마 아내가 배반하리라고는 꿈에도 생각지 못했던 것이다. 그는 충실한 심복인 언청이의 충고도 깨끗이 잊고, 언청이가 요즈음 줄곧 힘이 없고, 우울한 듯한 모습을 하고 있는 것도 깨닫지 못했다. 그는 오로지 아내에게 빠져 있었던 것이다. 단 하나, 마음에 걸리는 것이라고는 아이가 태어나지 않는다는 것이었다. 그는 몇 번이고 기회가 있을 때마다 아내에게 임신을 했는가 어떤가 하고 물었다. 너무나 열렬히 아내를 사랑했기 때문에 아내가 마음속으로 그를 배반할 생각을 품고 있으리라고는 상상조차 할 수 없었던 것이다. 지금만 하더라도 사랑스런 아내의 침실로 갈 때를, 밤의 그 시간을 애타게 기다리고 있었던 것이다.

이제 그는 아내가 자기를 사랑하고 있지 않다는 것을 확실히 깨달았다. 그가 전쟁의 국면이 바뀌어, 크게 전진할 기회를 기다리는 이 중대한 때에 아내는 이처럼 자기를 배반하는 음모를 꾸미는 여자였던 것이다. 그러면서도 그녀는 밤새 그의 잠자리 속에 몸을 눕히고, 아이가 생겼는지 질문받으면 슬픈 듯한 얼굴을 해 보이곤 했던 것이다. 갑자기 숨도 쉴 수 없을 만큼 분노가 치밀어오름을 느꼈다. 시커먼 분노가 격렬하게 끓어올랐다. 심장이 격렬하게 뛰어 고동 소리가 귀까지 울렸으며 눈앞이 캄캄해졌다. 그는 아플 만큼 두 눈썹을 찌푸렸다.

조카는 그의 뒤를 쫓아 문께의 캄캄한 그늘에 서 있었다. 그러나 왕후는 한마디도 하지 않고 조카를 밀쳐 버리고 돌아가려 했다. 조카가 떠밀려 돌을 깐 길 위로 쓰러졌으나, 분노로 정신을 잃은 왕후는 그조차 깨닫지 못했다.

분노에 채찍질당해서 재빠른 걸음걸이로 성큼성큼 자기 방으로 돌아온 그는 걸으면서 이미 장검을 칼집에서 빼내 칼날을 자기 넓적다리에 닦았다. 바오 장군의 유품인 훌륭한 명검이다.

곧바로 침실로 가자 아내는 침대에 누워 있었다. 디웠기 때문에 휘장은 치지 않고 있었다. 보름달이 뜰을 에워싼 흙담 위에 높이 걸려 그 빛이 침대에 누워 있는 아내를 비추고 있었다. 더워서인지 그녀는 살을 환히 드러내고 두 손을 내던진 채 자고 있었다. 한 손은 침대 가장자리에 반쯤 벌린 채 늘어져 있었다.

그러나 왕후는 망설이지 않았다. 이런 형편에서도 아내는 참으로 아름다웠다. 달빛을 받아 마치 석고상 같았다. 그는 타는 듯한 분노 아래로 죽음보다도 더한 고통을 느꼈다. 그러나 주저하지 않았다. 아내가 어떻게 자신을 속였으며, 어떻게 자기를 배반했는가를 의식적으로 떠올리고 그것을 기운 삼아 장검을 쳐들고, 베개 위로 이쪽을 보고 누운 아내의 목을 단번에 찔렀다. 그리고 강하게 비틀어 돌리며 뽑아, 피가 뚝뚝 떨어지는 장검을 비단 이불로 훔쳤다.

아내의 입에서는 한 마디가 새어 나왔을 뿐이었다. 그러나 흘러나오는 피가 목구멍을 막았기 때문에 무슨 말을 한 것인지 알 수 없었다. 몸부림칠 틈도 없었다. 그녀는 장검이 목을 찌른 순간에 팔과 다리를 움직이며 두 눈을 크게 떴을 뿐이었다. 그리고 곧 숨져 버렸다.

왕후는 자기가 한 일을 돌이켜 보려 하지 않았다. 그대로 큰 걸음걸이로 마당으로 나가서 커다란 목소리로 불렀다. 달려온 부하에게 아직 사라지지 않은 노기를 그대로 품은 채 거칠게 명령했다. 한시바삐 매를 지원하기 위해 출동하여, 비적에게 도둑맞기 전에 총을 손에 넣어야 했다. 그는 언청이를 대장으로 삼은 2백 명만을 뒤에 남겨 두고 나머지 군사들을 모두 이끌고 출발했다.

문을 나서려 할 때, 문지기 노인이 하품을 하면서 침상에서 일어나 나와, 갑작스러운 소동에 망연히 서 있었다. 그 모습을 본 왕후는 말 위에서 큰 소리로 말했다.

"나의 침실에 뒹굴고 있는 것이 있다! 밖으로 끌어내다가 운하나 연못에 던져 버려라! 내가 돌아오기 전에 처리해라!"

왕후는 분노를 안은 채 당당하게 몸을 젖히고 말을 달렸다. 그러나 가슴속에서는 심장으로부터 핏방울이 떨어져 뱃속까지 적시는 것 같았으며, 아무리 분노의 불길로 내리덮어 보려고 해도 심장에서 떨어지는 피는 멈출 수가 없었다. 먼지를 일으키며 길을 서두르는 말발굽 소리에 지워져 아무에게도 들리지는 않았지만 그는 참지 못하고 신음 소리를 냈다. 왕후 스스로도 자신이 되풀이하여 신음하고 있다는 것은 깨닫지 못했다.

그날 밤과 그다음 날 종일, 왕후는 부하를 이끌고 매의 행방을 찾아 주변을 떠돌았다. 날이 새자 바람이 없었기 때문에 햇볕이 찌는 듯이 뜨거웠다. 그러나 가슴속에서 쉴 새 없이 피가 떨어지는 것만 같던 왕후는 부하에게도 쉴 틈을 주지 않았다. 그리고 그날 저녁때 북쪽에서 남쪽으로 뻗은 길에서 마주 걸어오는 병사들의 선두에 서 있는 매와 마주쳤다. 매는 왕후에게서 명령을 받은 대로 부하에게 군복을 벗기고 남루한 옷을 입혔으며, 머리에는 수건을 씌워 비적으로 변장시켜 놓았기 때문에, 처음에 왕후는 이들이 자기의 부하인지 알아보지 못했다. 그래서 어떤 자인가 분명히 가려볼 수 있을 때까지 다가오는 것을 기다리기로 했다.

그들이 자신의 부하라는 사실을 알자 왕후는 붉은 털의 말에서 내려 길가의 대추나무 아래에 앉았다. 마음속 괴로움으로 지쳐 있던 그는 그렇게 앉아 매가 다가오기를 기다렸다. 왕후는 기다리는 동안 분노가 사라져 가는 것을 두려워했다. 그래서 불타오르는 격분의 고통 속에서 억지로, 어떻게 여자에게 배반당했는가를 필사적으로 떠올렸다. 그러나 그의 분노와 고통의 진짜 원인은, 자기가 아내를 죽이기는 했지만 죽인 아내를 아직 사랑하고 있다는 사실에 있었다. 그녀를 죽인 것에 만족하는 동시에 아직도 정열을 품고 그녀를 연모했던 것이다.

이 괴로움은 그를 불쾌하게 만들었다. 그래서 매가 앞에 와도, 눈을 내리깐 채 신음하듯이 말했다.

"어때? 총을 빼앗겼나?"

매는 우락부락한 얼굴이었지만 말은 능란했고, 금세 흥분하며, 자존심이 강했다. 상관에 대한 예의 따위 차리지 않고 그는 흥분한 말투로 대답했다.

"비적들이 우리보다도 먼저 총에 대한 일을 알고 있으리라고 어찌 알 수가 있었겠습니까. 염탐꾼이나 누구에게선가 총에 대한 이야기를 듣고 앞질러 버린 것입니다. 그들이 선수를 쳤으니, 방도가 있을 리 없지 않습니까."

그는 이렇게 말하고 자신의 총을 땅 위에 내던지고 팔짱을 낀 뒤 내가 잘못한 것이 아니라는 듯 도전적으로 왕후 징군의 얼굴을 쏘아보았디.

왕후는 사리를 분별할 만한 여유는 아직 가지고 있었다. 왕후는 앉아 있던 풀밭에서 짜증을 내듯이 일어나 거친 대추나무에 기대서서 검대를 바싹 졸라매고는 침통한 투로 말했다.

"요컨대 귀중한 총을 모조리 뺏겨 버렸단 말이지. 그것을 되찾기 위해서는 비적들과 싸워야 한다. 좋다, 싸워야만 한다면 싸우면 되지." 그는 못 참겠다는 듯이 몸을 떨고는, 침을 뱉어 사기를 북돋우고 스스로를 격려한 뒤, 말투에 힘을 주면서 말했다.

"자, 이제부터 비적들을 찾아내어 혼내 주자. 너희들의 반이 죽더라도 나는 한다. 무슨 일이 있더라도 총을 되찾아야 한다. 한 자루의 총을 되찾기 위해서 열 사람의 목숨을 잃어도 할 수 없다. 총엔 그만한 가치가 있다!"

그는 다시 말에 올라탔다. 싱싱한 풀을 뜯어 먹고 있다가 방해를 받은 말이 성이 나서 날뛰는 것을 고삐를 힘차게 당겨 진정시켰다. 침울하게 서서 보고 있던 매가 입을 열었다.

"비적이 있는 장소는 대강 짐작이 갑니다. 쌍룡봉의 옛 산채에 모여 있을 겁니다. 총도 모두 그곳에 있을 겁니다. 어떤 놈이 두목인지 모르지만 요 이삼 일 동안 바삐 모여들어, 그 때문에 이 지방이 조용해진 것을 보면 쌍룡봉의 옛 산채에 모여 두목을 뽑고 있겠지요."

왕후는 누가 우두머리가 될 작정이었는지 잘 알고 있었다. 그러나 아무 말도 하지 않고 그저 부하들에게 쌍룡봉으로 진군하라고 명령했을 뿐이었다.

"쌍룡봉에 도착하면 일제히 사격을 하여라. 사격이 끝나면 내가 담판을 짓겠다. 소총을 가지고 귀순하는 자는 우리 부대에 편입시킨다. 너희들도 소총을 발견하면 가지고 오너라. 총 한 자루에 대해서 은전 한 닢씩 주겠다."

왕후는 다시금 말을 타고 꾸불꾸불한 계곡 길을 지나 산기슭이 낮은 산길들을 달려 쌍룡봉을 향해서 진군해 갔다. 부하들도 남루한 차림으로 따라왔다. 밭에서 일하던 농부가 고개를 들고 이상스러운 듯이 일행을 바라보자 군사들이 외쳤다.

"비적을 퇴치하러 가는 거다."

어떤 농부는 "고마운 일입니다" 진심으로 기뻐하며 대답했으나, 대개의 농부들은 군사들이 밭의 곡식과 배추, 참외 등을 마구 짓밟으며 지나가기 때문에 상을 찌푸리며 아무 말도 하지 않았다. 군대가 오면 어김없이 피해를 입었으므로, 이제 군대가 지긋지긋했던 것이다.

왕후는 밋밋한 언덕을 다 올라가 쌍룡봉 기슭까지 왔다. 그곳에서부터는 깎아지른 듯한 절벽 사이를 뚫고 꾸불꾸불한 오솔길이 나 있을 뿐이었다. 여기서 그는 말에서 내렸다. 말을 탔던 부하도 그를 따라 말에서 내렸다. 그는 부하들은 전혀 아랑곳하지 않고 몸을 굽혀서 마치 혼자인 것처럼 걸어갔다. 머릿속으로는 아내 일만을 생각하고 있었다. 자기가 그녀를 사랑하게 된 기괴한 운명을 생각하고, 죽여 버린 지금도 아직 사랑하여 마음속으로 울고 있는 그에게는 돌층층대를 덮은 이끼조차 눈에 들어오지 않았다. 그러나 여자를 죽여 버린 것은 후회하지 않았다. 아무리 그녀를 사랑하더라도, 그런 미소를 띠고 그의 정열을 받아들이면서, 동시에 감쪽같이 자신을 속였던 여자는 죽일 도리밖에는 없다. 그런 여자는 죽어서 비로소 진실해질 수가 있다고 그는 어렴풋이 깨우쳤다. 그는 마음속으로 중얼거렸다.

'역시 그것은 여우였구나.'

그는 잠시도 쉬지 않고 부하를 이끌고 산을 올라갔다. 산마루 가까이 이르자, 매와 쉰 명의 부하들을 앞장서 보내 산채를 염탐시켰다. 내리쬐는 강한 햇볕을 피해 그는 무성한 소나무 그늘에서 기다렸다. 한 시간도 지나기 전에 매는 돌아와서 산채 주위를 한 바퀴 돌고 온 일을 보고 했다.

"모두 산채를 재건하느라 정신이 없습니다. 방비 따위는 조금도 하고 있지 않습니다."

"두목 같은 자를 보았느냐?" 왕후는 물었다.

"아니, 보지 못했습니다" 매는 대답했다.

"놈들의 말소리가 들리는 곳까지 다가가 들어 보았습니다. 모두 무지하여 변변한 전략도 없습니다. 고갯길조차도 경계하지 않고, 타다 남은 것중에 그나마 나은 집을 서로 뺏으려고 싸우고 있습니다."

이것은 반가운 정보였다. 왕후는 커다란 목소리로 부하에게 호령하고 앞장서서 고갯길을 달려 올라갔다. 달려가면서 부히 들에게 "산채로 뛰어들어 저마다 한 사람씩은 비적을 해치워라! 한 사람씩 죽이면 일단 손길을 멈추어라! 내가 설득시키겠다!" 명령했다.

부하들은 명령을 받은 대로 공격했다. 왕후는 한쪽에 서서 감시를 하고 있었다. 산채로 몰려 들어간 부하들은 먼저 일제히 사격을 가했다. 비적들은 여기저기서 쓰러졌다. 몸부림치며 절규하는 자, 그대로 즉사하는 자, 도망하는 자 등 산채는 아수라장으로 변해 버렸다. 분명히 그들은 방심하고 있었다. 무지한 무리들로서 이곳에 집을 다시 세우려는 생각만을 하고 있었던 것이다. 마치 개미집에 모여든 개미 떼처럼, 삼사천 명의 비적들이 이 산채에 모여 토벽을 쌓거나 재목을 나르거나 지붕을 덮을 짚을 운반하며 미래를 꿈꾸고 있었던 것이다. 그래서 왕후의 군대에 급습을 당하자 황급히 하던 일을 내던지고 우왕좌왕 도망쳐 다녔다. 왕후는 그 모습을 보고 이 비적들은 지도하는 정해진 지도자가 없다는 것을 알았다. 비로소 왕후의 마음에는 희미한 위안의 빛이 비쳐 들었다. 본래라면 누가 이 비적들을 이끌게 되었을지를 그는 잘 알았기 때문이다. 자신은 언제고 사랑하는 여자를 두목으로 하는 비적단과 싸워야 할 운명이었던 것이다. 그렇다면 역시 여자를 죽이기를 잘했다는 생각이 문득 떠올랐다.

이런 생각이 떠오르자 자기는 하늘의 사명을 띠고 있다는 옛날부터의 자신감이 다시금 솟아올랐다. 그는 위풍당당히 부하에게 사격 중지를 명령하고 살아남은 비적들에게 소리쳤다.

"나는 이 지방을 지배하는 왕후 장군이다. 내가 다스리는 지역에서 비적들이 날뛰는 것은 용서할 수 없다. 나는 죽이는 것을 그만두지 않을 것이며, 죽는 것도 두렵지 않다. 나에게 대항한다면 너희들은 몰살이다! 그러나 나에게는 자비심이 있다. 무인의 명예를 아는 자를 위해서 재기할 길을 열어 주겠다. 이제부터 우리는 현공서의 진영으로 돌아갈 텐데, 이제부터 사흘 안으로 총을 가지고 투항하는 자는 나의 군대에 편입시킨다. 총을 두 자루 이상 가지고 온 자에게는 돈을 주겠다!"

커다란 목소리로 여기까지 말을 한 왕후는 부하에게 날카롭게 호령을 내려 일제히 하산시켰다. 그래도 왕후는 방심하지 않았다. 비적 가운데 대담한 자가 있어 사격을 해 올 경우를 생각하여 몇 명의 부하에게 총을 겨냥한 채 뒷걸음 질로 내려가게 했다. 그러나 사실 이 비적들은 무지한 오합지졸에 지나지 않았고 바오 장군의 정부였던 왕후의 아내의 계략에 따라 정신없이 총을 빼어 오기는 했지만 총 쏘는 법을 알고 있는 자조차 거의 없었다. 소수의 탈주병 출신 비적만 이 총의 사용법을 알고 있었으나 왕후에게 사격하는 자는 없었다. 쏘았다가 그 야말로 호랑이의 수염을 건드리는 격이 되어 다시금 공격해 오면 몰살당해 버리 리라고 두려워했던 것이다.

산채는 이상한 정적에 잠겨, 아무런 소리도 나지 않았다. 소나무들을 때리는 바람 소리와 나뭇가지 위에서 지저귀는 새 소리만을 들으며 왕후는 부하들을 이끌고 산길을 내려갔다. 그리고 다시금 밭을 지나 귀로를 서둘렀다. 이르는 길 목마다 군사들은 농민을 향하여 의기양양하게 외쳤다.

"사흘 안에 비적들은 모조리 사라진다!"

농부 중의 어떤 자는 기뻐하며 감사했으나 대부분의 농부들은 조심스러운 얼 굴로 입을 다물고, 왕후가 이 대가로 무엇을 요구할 것인가를 생각했다. 왜냐하 면 비적을 토벌하고서 그 보답을 요구하지 않은 군벌은 이제껏 없었기 때문이 었다.

왕후는 현 공서로 돌아가자 부하들에게 저마다 돈을 주고 모두의 노고는 치 하하되 만취하지 않을 정도만 고급술을 내고 특별한 고기를 먹게 했다. 그리고 약속했던 사흘 동안의 귀순 기간이 지나기를 기다렸다.

혼자서, 두엇씩, 대여섯씩, 혹은 열 명씩 비적들이 무리 지어 총을 가지고 공서 안으로 모여들었다. 총을 두 자루 가지고 오는 자는 좀처럼 없었다. 한 자루 이 상을 입수한 자는, 그 수만큼 동료나 형제들을 데리고 왔기 때문이었다. 그들은 거의 가난하여 음식도 충분히 먹을 수 없는 형편이었기 때문에 어떤 지도자 아 래서든, 의식주만을 보장받을 수 있으면 기꺼이 모여들곤 했던 것이다.

왕후는 건강한 젊은이는 모두 군대에 편입시키기로 했다. 부적격자에게는 총만을 뺏고 적당히 돈을 지불해 주었다. 그러나 군대에 편입시킨 자에게는 제대로 된 음식과 의복을 지급했다.

약속한 사흘이 지나자 왕후는 자비를 베풀어 날짜를 사흘 더 연장하고, 그 뒤 사흘을 더 연징했다. 이 사흘 동안에도 날마다 계속하여 귀순하는 자가 나타나, 드디어 공서도 병영도 새로 편입시킨 군사로 가득 차게 되어 버렸다. 왕후는 성안의 민가에 그들을 나누어 묵게 하였다. 가끔 민가로부터 가장이 찾아와 집 안이 군사들로 가득하여, 온 가족이 방 하나나 둘에 쑤셔 박혀 지낸다고 불평해 왔다. 왕후는 그것이 젊은 자이거나 말투가 건방진 인간일 경우에는 이렇게 호령했다.

"할 수 없지 않은가. 참아라. 아니면 너는 이 지방이 비적 천지가 되어 약탈당하는 편이 좋단 말인가."

그러나 하소연을 하러 오는 자가 노인이거나 혹은 예의 바르게 찾아와 조용히 말을 할 때에는 정중하게 대하고 돈이나 선물을 주며 공손히 말했다.

"곧 전쟁터에 나가게 될 테니 아주 짧은 동안만 참아 주십시오. 나는 이 조그만 현에 틀어박혀 만족하고 있을 인간이 아닙니다."

아내가 없어지고 보니 군사들이 여자와 함께 있는 것을 생각하기만 해도 불쾌하여 견딜 수 없어져서 가혹할 만큼 엄하게 대했다. 왕후는 여기저기에서 모든 사람을 향해 말했다.

"만일 나의 부하로서 창녀 이외의 아녀자에게 손을 대는 자가 있으면 사형에 처하겠다!" 그리고 새로 편입한 군사는 자기 집에서 가장 가까운 집에 숙영시키고 양갓집 딸들에게 곁눈질만 해도 몹시 꾸짖었다.

그는 어떤 군사에게도 약속한 급여만큼은 지불했다. 형이 구해 준 3천 자루의 총 가운데 2천 여 자루밖에는 되돌아오지 않았지만 비적으로부터 귀순한 자는 4천 명 이상이나 되었다. 그래서 지불금이 늘어 난처했지만 그래도 모두에게 꼭 급여를 주어 불만을 품지 않게 했다. 이 방대한 수의 군사를 양성하기 위해서는 새로운 세금이라도 부과하지 않는 한, 해 나갈 수가 없었다. 이미 저장해 둔 비밀 군자금에도 손을 대기 시작했기 때문이었다. 생각지도 못한 적에게 패하여 어디로 퇴각해야 할 경우에 부하를 먹여 살릴 자금이 없어져 버리기 때문에 이것은 군벌의 우두머리에겐 위험한 일이었다. 그래서 왕후는 새로운 세금에 대해서 생각하기 시작했다.

여름도 끝이 가까웠을 무렵, 왕후가 남북 대립의 정세를 염탐시키기 위해 각지로 보낸 첩자가 모두들 돌아왔다. 그들은 누구나가 똑같은 정보를 가지고 돌아왔다. 이번에도 남쪽의 장군들이 격퇴되고, 북쪽이 승리를 거두었다는 것이었다. 최근 몇 주일 동안은 성의 군장(軍長)으로부터의 출병 요청이 전처럼 심하지 않다는 점을 생각하여 왕후는 이 정보를 진실이라고 판단했다.

그래서 당장에 언청이와 곰보를 성 정부의 소재지에 보내 군장에게 편지를 전했다. 이제까지 현내의 비적 토벌에 시간을 끌어 출병이 늦어졌지만, 북방군에 참가하여 남방군 진압에 힘을 다하고 싶다는 의미의 편지와 선물을 보낸 것이었다.

운명은 공교롭게도 이번에도 왕후를 도왔다. 두 사람의 사자가 왕후의 편지를 가지고 성도에 도착한 그날에 남북의 휴전협정이 성립되어 남방군은 재기를 꾀하기 위해 남쪽으로 후퇴해 갔고 북방군이 승리를 차지한 것이었다. 그리하여 북군의 병사들은 승리의 보수로서 며칠 동안의 약탈을 허락받았다. 충성을 피력한 왕후의 편지를 받자 장군은 정중한 답장을 썼다. 이번 전쟁은 끝나고 가을이 되었으나 봄은 또다시 돌아올 것이고, 그리고 전쟁도 다시금 일어나리라. 그때를 대비하여 싸움의 준비를 게을리하지 말아 달라는 편지였다.

언청이와 곰보 두 사람의 사자는 이 답장을 가지고 돌아왔다. 왕후는 한 사람의 군사도 한 자루의 총도 잃는 일 없이 모두 무사히 보전할 수 있었고, 그의 이름은 승리를 얻은 북방군의 한 사람으로서 천하에 널리 알려졌다.

20

또다시 황금의 가을바람이 서쪽에서 불어와 농민들은 수확에 바빴다. 보름달이 하늘 높이 뜨고 사람들은 중추절(仲默節)이 다가오는 것에 마음이 들떴다. 올해는 한두 번 흉작은 있었지만 커다란 기근도 없었고 날뛰기 시작한 비적들은 다시 진압되었으며 잇따라 일어난 전쟁도 이 부근까지는 미치지 않았기 때문에 사람들은 그런 복을 내려 준 신불에게 감사할 준비를 했다.

왕후는 자기의 지위나 업적을 뒤돌아보고 올해는 지난해보다 전진했다는 것을 알았다. 성안이나 근교에 숙영시키는 부하를 헤아리면 현재 그의 아래에는 2만 명의 군사가 있었고 총은 1만 2천 정이 있었다. 더욱이 그는 이제 어엿한 군벌 장령의 한 사람으로 세상에 일려져 있었다. 전후에도 변함없이 주권자로서의 지위에 머무를 수가 있었던 약하고 무능한 대총통은 현 정부를 뒤엎으려는 남방군과 싸워 그의 지위를 지키기 위해서 원조해 준 북방군의 모든 장령에게 감사장을 보냈다. 왕후도 그 한 사람으로서 감사장과 관위를 받았다. 그가 하사받은 관위는 그다지 높은 자리는 아니었고, 쓸데없이 길기만 한 관명(官名) 덕에 훌륭하게 들렸을 뿐 실질적인 것은 아니었다. 아무튼 총통으로부터 내려진 벼슬이었다. 게다가 왕후는 이 명예를 싸움 한 번 하지 않고, 총 한 자루 잃지 않고 얻었다.

그러나 단 하나, 커다란 문제가 남아 있었다. 중추절은 1년 동안의 대차(貸借) 계산을 청산하는 시기다. 왕 상인으로부터 총의 대금을 지불해 달라고 독촉이 온 것이다. 그 또한 다른 곳에서 독촉을 받아 난처하다는 것이었다. 그러자 왕후는 시비조로, 사자를 왕 상인에게로 보내서 총이 도중에서 없어졌으므로 대금을 전부 지불할 수는 없다고 말을 전했다.

“수취인을 확인하지도 않고 처음 받으러 온 자에게 넘겨준 것은 그쪽의 실수가 아닌가.” 사자는 이렇게 말을 전했다. 이 비난에 왕 상인은 조리 있는 대답을 해 왔다.

“내 자필 편지를 증거로서 가지고 더구나 네 이름을 대는 자를 어찌 의심할 수가 있었겠느냐.”

이런 말을 듣자 왕후는 대답이 궁해지고 말았다. 그러나 그에게는 믿을 만한 군대의 힘이 있었다. 그래서 그는 다시 화를 내며 말했다.

“손해를 반반씩 부담합시다. 그 이상은 지불할 수 없습니다. 그것이 싫다면 한 푼도 내지 않겠습니다. 지금의 나는 내가 하고 싶지 않은 일은 하지 않아도 되는 지위가 되었으니까요.”

왕 상인은 분별력 있는 사람으로, 어떻게 할 도리가 없게 되면 나름대로 납득할 줄 아는 사나이었다. 그러므로 왕후가 제의한 조건을 받아들여 총값의 반을 부담하기로 했다. 몇몇 곳의 소작료를 끌어올리고, 거절할 수 없다는 것을 잘 아는 상대의 이자를 조금 높이기만 하면 그 정도는 곧 메꿀 수 있을 것이므로 그에게는 결국 대단한 손해는 없는 셈이었다.

그러나 왕후는 반 정도의 대금도 처음엔 조달할 방법이 떠오르지 않았다. 방대한 군대의 유지에 막대한 비용이 들기 때문에 다달이, 아니 매일처럼 엄청난 돈이 들어와도 곧 다시 흘러나가는 것이었다. 그는 심복들을 방으로 불러서 은밀히 말했다.

"이제까지 없었던 새로운 징세의 길은 없겠는가."

심복들은 머리를 긁적거리며 서로 얼굴을 마주 보거나, 주위를 둘러보고 있을 뿐 아무런 생각도 떠오르지 않는 모양이었다. 언청이가 말했다.

"음식이나 일상용품에 세금을 매기면 민심이 멀어집니다."

그것은 왕후도 잘 알고 있었다. 세금을 너무 가혹하게 부과시켜 먹고살 수 없게 되면, 민중은 반드시 저항하는 법이다. 왕후는 이 지방에 이미 지반을 굳혔으나 민중을 완전히 무시할 수 있을 만큼 강대해지지는 못했다. 그러므로 현재 이상으로 민중의 부담이 되지 않을 새로운 과세 대상을 생각해 내야만 했다. 그래서 이 도시의 중요한 산업인 술병 제조에 눈독을 들였다. 이 지방에서 만드는 술병 한 개에 동전 한두 닢을 과세하는 것이다.

이 지방의 술병은 유명했다. 고급 도토(陶土)로 만들어 푸른 유약을 칠한 뒤, 술을 넣고 같은 도토로 밀봉을 하고 명(銘)을 새겨 넣는 것이다. 이 명은 고급 술병에 들어 있는 고급술의 인장으로 전국에 알려져 있었다. 왕후는 이것을 생각했을 때 무릎을 탁 치며 기뻐했다.

"술병 제조업자는 해마다 부를 쌓아 가고 있다. 그자들도 세금을 부담하는 것이 마땅하지 않은가."

심복들도 이것은 명안이라고 기뻐하며 찬성했다. 왕후는 그날로 이것을 시행하기로 했다. 시행에서 그가 술병 제조업자에게 정중하게 통보한 설명의 취지는 다음과 같았다. 왕후 장군은 술병 제조업자를 보호했다. 술의 원료인 수수밭이 무사할 수 있었던 것은 왕후의 보호 덕분이다. 만일 장군이 수수밭을 보호하지 않았다면, 수수가 짓밟혀 술병에 넣을 술은 만들지 못하고, 술이 없다면 술병의 수요도 없었으리라. 보호를 하려면 거액의 경비가 필요하다. 군대를 훈련시키고, 무장시키고, 급여를 주어야 하기 때문이다. 이 비용을 모으기 위해 세금을 징수해야 한다는 것이었다. 설명의 말은 공손했지만, 그 배후에는 2만 명의 병력과 번뜩이는 총검이 있었다. 술병 제조업자들은 은밀히 회합을 열어 크게 분개하며 저항할 방법을 여러 가지로 궁리해 보았지만, 왕후에게는 생각대로 관철할 힘이 있다는 점이 문제였다. 결국 이것은 거부할 수 없으리라는 결론이 내려졌다. 왕후보다 질 나쁜 지배자도 많다는 것을 그들은 알고 있었다.

어쩔 수 없다고 생각되자, 그들은 세금을 낼 것을 승낙했다. 왕후는 심복들을 보내 다달의 생산량을 조사하게 하고 세액을 결정했다. 이 세수입은 상당한 액수에 달했고, 왕후는 석 달 만에 왕 상인에게 대금을 치를 수 있었다. 처음에는 불만을 표시하던 술병 제조업자들도 시간이 흐를수록 이 과세에 익숙해졌기 때문에 술병 제조업자들에 대한 세금은 이후로도 왕후의 중요한 세금원이 되었다. 그래서 그는 이제 그다지 필요하지 않다는 사실은 내색조차 하지 않았다. 더구나 대망을 이룰 날까지 아직 길은 멀었다. 손에 들어오는 돈이라면 얼마든지 필요했다. 야심에 타오른 그는 가만히 있지 못하고, 여기저기 손을 뻗쳤다.

아무리 생각해도 이 지방 주민들로부터는 더 이상 세금을 거두어들일 수가 없었다. 그 이상 거두어들이면 민심이 떠나가리라고 보았을 때, 그는 지금 점거한 지방은 자기에게 너무 작으며 내년 봄에는 더 넓은 지역으로 진출해야겠다고 생각했다. 하늘은 언제 무자비하게 흉년을 가져다줄지 모른다. 대기근이라도 닥치면 이런 조그만 지방을 다스리고 있다가는 몰락해 버린다. 왕후가 온 뒤, 이 지방 일대에는 두세 곳 대단치 않은 흉작이 있었을 뿐, 전면적인 대기근은 한 번도 없이 운이 좋았지만 앞날의 일이란 알 수 없었다.

이윽고 전쟁이 일어날 염려가 없는 겨울철이 찾아들었다. 왕후는 따뜻한 겨울철 준비를 갖추었다. 심한 비바람이나 눈이 많이 쌓이는 날이 아닌 한, 그는 날마다 부하들을 밖으로 내보내 훈련시켰다. 부하들 가운데 가장 뛰어난 자들은 그가 몸소 훈련시키고, 이 부하들이 나머지 부하들을 훈련시켰다. 왕후가 특히 주의를 기울인 것은 총의 관리였다. 매달 그 수와 종류를 기입한 장부를 가져오도록 하여 자기의 눈앞에서 검사시켰다. 검사 때 분실된 것이 나타나면 한 자루이든 두 자루이든 그 수에 맞춰 군사를 사형에 처한다고 언제나 경고했다. 이 명령에 거역할 만큼 용기있는 자는 없었다. 그렇게나 사랑하던 아내조차 한칼로 베어 버리는 사람임을 알고 있었기 때문에 사람들은 전보다도 더 왕후를 두려워했다. 화가 나면 그런 짓도 서슴지 않는다고 생각하면, 그의 분노가 온몸이 떨릴 정도로 두려웠던 것이다. 왕후가 검은 눈썹을 찌푸리기만해도 그들은 소스라쳤다.

냉엄한 북쪽 바람이 겨울을 몰아왔다. 왕후 자신도 밖에 나갈 수가 없었고 부하를 밖으로 끌어내어 훈련시킬 수도 없을 것 같은 음울한 나날이 이어졌다. 드디어 왕후는 미리부터 예기하고 있던 것, 바쁘게 지냄으로써 피해 온 것에 부딪치고 말았다. 그는 이제 아무것도 할 일이 없었고, 고독했던 것이다.

다른 사나이들처럼 투전에 열중하거나 술을 마시거나 연회를 하며 떠들거나 여자를 찾거나 하는 것으로 마음의 울적함을 잊을 수가 있다면 얼마나 좋을까 하고 그는 생각했다. 그러나 그는 그럴 수가 없었다. 그는 호화로운 연회석의 요리들보다도 간단한 식사 쪽이 좋았다. 여자란 생각만 해도 속이 뒤틀렸다. 한두 번 투전을 해 보았지만 투전에 맞는 성질이 아니었다. 주사위를 해 보아도 좋은 기회를 잡는 데 서툴렀다. 그리고 지면 버럭 화를 내며 장검을 손에 잡았으므로 함께 승부를 하는 무리들은 그의 눈썹이 꿈틀꿈틀 움직이기 시작하거나 입매가 불쾌한 듯이 일그러지면 벌벌 떨었고, 그의 커다란 손이 칼 손잡이로 내려가는 것을 보면 서둘러 왕후에게 승리를 안겨 주어 버리는 것이었다. 이래 가지고서는 재미있을 리가 없다. 그는 따분해져서 외쳤다.

"언제나 말했듯이 이따위 것은 바보들이나 할 짓이다." 왕후는 아무런 기분전환도, 마음의 위안도 되지 않으므로 화를 내며 자리를 박차고 나가곤 했다.

낮보다도 밤은 더욱 괴로웠다. 더구나 밤은 어김없이 찾아왔다. 상대도 없이 혼자서 자야만 하는 밤이 낮보다 더 싫었다. 더 큰 괴로움을 겪으면서도 어떻게든 인생에서 즐거움을 찾아 살아가는 사람도 있지만, 왕후는 그러한 사람들처럼 기쁨을 맛볼 줄 모르는 고뇌에 찬 마음의 소유자였다. 왕후와 같은 인간에게 밤

낯으로 고독하다는 것은 절대로 좋은 일이 아니었다. 또 그처럼 왕성한 욕망과 강건한 육체를 가진 인간에게는 홀로 지내야 하는 잠자리 또한 절대로 좋은 일이 아니었다. 더구나 그에게는 친구로 삼을 만한 사람도 없었다.

노현장은 폐병으로 거의 죽어 가는 늙은 부인과 함께 아직 공사 안쪽에 살고 있었다. 그는 나름대로 선량하고 학식이 있는 노인이었다. 그러나 왕후 같은 인물이 익숙하지 않았고 무서워서 견딜 수가 없었으므로, 왕후 앞에 나가면 늙은 양손을 맞잡고, 왕후가 무엇이라고 말하면 급히, "그렇습니다, 장군. 지당한 말씀입니다, 장군!" 이렇게 말할 뿐이었다.

왕후도 마침내 참을 수가 없어져서 무서운 얼굴로 흘겨보았다. 그러면 노현장은 얼굴이 흙빛이 되어 여위고 시든 몸에 걸친 관복을 끌면서 될 수 있는 대로 빨리 도망쳤다.

그러나 왕후는 공정한 인간이었고 노현장이 최선을 다하는 것을 알고 있었기 때문에, 되도록 인내심을 잃지 않으려고 조심을 했다. 울화가 터져 자기도 모르게 자신의 손이 올라가 노현장에게 위해를 가하는 일이 있어서는 안 된다고 생각하여, 울화가 일어나기 전에 서둘러 노현장을 쫓아내는 일도 가끔 있었다.

그 밖에 심복들도 있었다. 셋 모두 선량하고 충실한 용사였다. 특히 매는 지모에서는 1천 군사보다도 도움이 되었다. 그러나 결국 그는 무지한 인간에 지나지 않았다. 화제로 삼는 것이라고는 무기를 쥐는 방법이라든가, 주먹의 사용법이라든가, 적에게 막을 틈을 주지 않고 좌우의 다리를 교대로 차올리는 방법이라든가, 싸움터에서 적을 속이기 위한 사격술이라든가 그런 것뿐이었으므로, 그것만을 되풀이하여 이야기할 뿐이었다. 어느 싸움터에서 이렇게 했고 어느 전투에서는 저렇게 했다든가 하는 이야기를 몇 번이고 들었기 때문에, 왕후도 매의 가치를 존중은 해도 대화 상대로서는 따분해했다.

돼지 백정은 몸을 부딪쳐 커다란 문을 쓰러뜨릴 만큼 거대한 몸집과 크고 멋진 두 주먹을 가지고는 있지만 덩치만 클 뿐, 머리가 잘 돌아가지를 않고, 말이 서툴러 겨울밤의 이야기 상대로는 적당치가 않았다. 왕후가 완전히 신뢰하는 언청이는 전투에 있어서는 그다지 뛰어나지 않았지만 가장 충실하고 선량한 심복으로서, 사자로 파견하여 용무를 보게 하는 데는 적임자였다. 그러나 찢어진 입술 사이로 한숨을 쉬고 침을 퉁기면서 지껄이기 때문에 이야기 상대로서는 결코 유쾌하지가 않았다. 또한 곰보 조카는 한 세대가 젊으므로 진실한 대화 상대는 되지 못했다. 왕후는 또 군사들 틈에 섞여 연회에서 마시거나 떠들거나 하는 것도 하지 않았다. 장군이 그런 짓을 하여 부하들에게 깔보이거나 취해서 흐트러진 모습을 보이거나 하면 싸움터에 나갔을 때 존경을 하지 않고 명령에 따르지 않게 될지도 모르기 때문이었다. 그러므로 왕후는 성대한 군장으로 몸을 치장하고 지금은 애증의 대상인 장검을 차지 않고서는 절대로 군사들 앞에 나타나지 않았다. 그것은 그야말로 이 세상에 필적할 것이 없는 날카로운 명검이었다. 그는 혼자 있을 때 곧잘 그 장검을 뽑아 들고서는 생각에 잠겼다. 그것은 검은 구름도 두 쪽으로 벨 수 있을 듯이 여겨졌다. 아내의 목도 그날 밤 구름처럼 부드러웠다. 그리고 이 장검으로 구름을 찌르듯 아내의 목을 꿰뚫어 버렸다.

그러나 설령 왕후에게 낮 동안 이야기할 벗이 있다고 해 보았자, 하루가 끝나면 반드시 밤이 찾아오는 법이다. 밤엔 꼼짝없이 홀로 자야만 한다. 침대에 덩그러니 혼자 누울 도리밖에는 없었다. 겨울밤은 길고 어두웠다.

이렇듯 어둡고 긴 겨울밤, 왕후는 혼자 자면서 가끔 촛불을 켜고 소년 시절에 애독했고, 공명심을 불러일으켜 준 《삼국지》나 《수호지》를 읽었다. 그와 비슷한 용감하고 장대한 이야기책을 그는 차례로 읽었다. 그러나 한없이 읽고 있을 수는 없었다. 촛불이 다 타서 심지가 쓰러질 때가 오면 그는 으스스 한기를 느꼈다. 캄캄하고 괴로운 밤을 홀로 견뎌야 하는 것이었다.

매일 밤 이 시간을 어떻게 해서든지 연기시키려고 해 보았지만 역시 운명의 시간과의 대결을 피할 수는 없었다. 사랑하는 아내를 떠올리며 그는 슬퍼했다. 그러나 슬퍼하면서도 그녀가 살아 돌아와 주었으면 하고는 결코 바라지 않았다. 그녀가 절대로 믿고서 흉금을 털어놓고 진심으로 사랑할 수 있는 여자가 아니라는 사실을 이미 알아 버렸기 때문이다. 그는 끊임없이 그것을 자기에게 되뇌었다. 이를테면 그가 아내를 용서하고 죽이지 않고 두었다고 하더라도 언제나 그는 아내를 두려워하며 지내야 했으리라. 그리고 그러한 불안은 그를 반쪽으로 분열시켜 영달의 길로 나가 보았자 그의 대망을 이룰 수는 없었으리라.

밤이면 그는 자기 자신에게 이렇게 말했다. 그러나 보통의 비적에 비해서 얼마간 뛰어났을 정도의 무지한 바오 장군이, 결코 평범하다고는 할 수 없는 그녀의 사랑을 어떻게 얻은 것일까. 바오 장군이 죽은 뒤까지도 그녀는 바오를 사랑했다. 살아 있는 자기가 그처럼 사랑했음에도 여자는 죽은 그를 잊어버리지 않았던 것이다. 그렇게 생각하자 가슴이 아파 왔다.

왕후는, 아내가 자기를 사랑하지 않았다고는 믿을 수 없었다. 그가 지금 누워 있는 침대 위에서 그녀가 얼마나 정열적이고 분방했던가를 몇 번이고 애타게 떠올렸다. 사랑이 없는데도 그와 같은 정열이 솟아오르리라고는 믿어지지 않았다. 자기가 이 손으로 죽인 바오만큼도 그녀의 마음을 사로잡지 못했다면, 이만한 지위가 있고 긍지를 가지고 있다 해도 자신은 아무래도 바오 장군보다 남자로서는 떨어지는 점이 있는 게 아닌가 생각하자 마음이 위축되었다. 이론상으로는 납득할 수 없어도 분명 그럴 것 같다는 기분이 들었다.

자기가 의외로 시시한 남자라는 기분을 느끼자 앞으로의 인생이 괜히 길고 무의미하게 생각되어서, 과연 자신은 위대해질 수 있을 것인지 의심스러워졌다. 또한 위대해진다 하더라도 그 위업을 전할 아들이 없는 이상, 모든 것은 자신의 죽음과 함께 잃어버리고 가지고 있던 것은 다른 자의 손으로 넘어가 버릴 터이므로 아무런 의미도 없어진다. 싸움터에서 싸우거나 책략을 꾀하거나 무엇인가를 남겨 주어야겠다고 생각할 만큼 그는 형이나 형의 아이들을 사랑하지 않았다. 그는 캄캄하고 조용한 방 안에서 홀로 이렇게 신음했다.

"나는 그 여자를 죽였을 때, 두 사람을 죽인 것이다. 하나는 나에게 생겼을지도 모를 아들이다."

그러고 나서 그는 다시 생각해 보았다. 그러면 반드시 아내의 죽은 모습이 떠올랐다. 희고 아름다운 목을 찔려서 상처로부터 새빨간 선혈이 뿜어져 나오고 있는 광경이 선연하게 떠올라 언제까지고 사라지지 않으면, 그는 견딜 수 없어져서 갑자기 그 침대에 더 누워 있을 수가 없었다. 물론 침대는 깨끗이 닦고 다시 칠했으므로 어느 곳에도 피의 흔적은 없었고, 베개도 새것이었다. 누구도 그에게 이 침대 위에서 일어난 일을 이야기하지 않았고, 아내 시체가 어디에 버려졌는지도 왕후는 알 수 없었으나 그래도 침대에 누워 있을 수가 없었다. 그는 일어나서 이불로 몸을 둘둘 말고, 새벽의 약한 빛이 희끄무레하게 창문으로 비쳐 들

때까지 비참한 기분으로 의자 위에서 떨었다.

이렇게 겨울밤은 매일 한결같이 흘러갔다. 드디어 왕후는 이래서는 안 되겠다고 마음속으로 외쳤다. 이토록 슬프고 쓸쓸한 밤이 계속되면 사내로서의 기개를 잃고, 야심도 사라져 버리리라고 깨달았기 때문이다. 그는 스스로 자기가 무서워졌다. 그 무엇에도 만족할 수 없었고, 가까이 있는 사람에게도 짜증이 나서 곧 울화통을 터뜨리기 때문이다. 그중에서도 곰보 조카에게 가장 짜증이 난 그는 쓰디쓰게 말했다.

"이놈이 내 친척 중에서는 가장 변변한 인간이다. 이 싱글싱글하는 곰보 원숭이를, 이 장사치의 아들을, 이놈을 내 아들로 여겨야 한다."

끝내 이러다가 미쳐버리지 않을까 싶은 상태가 되었을 때, 그의 마음에 하나의 전기(轉機)가 찾아들었다. 그는 어느 날 밤 문득 생각했다. 저 여자는 죽은 뒤에도, 살아 있을 때 계획한 대로 나를 확실하게 파멸시키려 하는 것은 아닐까? 이렇게 생각했을 때, 그는 갑자기 마음을 되잡았다. 그리고 아내의 망령에 도전하는 듯이 마음속으로 외쳤다.

'아들은 어떤 여자라도 낳을 수 있지 않은가? 나는 여자보다는 아들이 탐나는 것이다. 그렇다, 아들을 낳자. 아들을 낳을 때까지 몇 사람이든 아내를 갖자. 언제까지나 한 여자에게 미련을 느끼다니 나는 바보다. 처음엔 아버지 집의 종이었던 리화였다. 한두 마디 말밖에 나눈 일이 없는 그 여자를 생각하며 나는 거의 10년 동안이나 가슴 아파했다. 그다음은 내 손으로 죽이게 된 여자다. 이번에도 그 여자를 잊을 수가 없어 또다시 10년 동안이나 괴로워해야 한단 말인가. 그러다가 결국 아이도 낳을 수 없는 늙은이가 되어 버리고 말 것인가? 아니, 나도 다른 사내들처럼 할 것이다. 다른 사내들처럼 자유롭게 여자를 손에 넣고 마음에 들지 않으면 언제든지 버릴 것이다!'

그날로, 왕후는 언청이를 자기 방으로 불러 말했다.

"여자가 필요하다. 착실한 여자라면 누구라도 좋다. 형들에게 가서 아내가 죽었으니, 새 아내를 찾아 달라고 부탁해라. 머지않아 봄이 되면 전쟁이 있다. 나는 그 준비에 바쁘다. 그 밖의 일로 마음을 쓸 여유가 없다고 해라."

언청이는 기뻐하며 서둘러 출발했다. 그는 왕후 장군이 괴로워하는 모습을 조금은 질투 어린 눈으로 보며 그 원인을 어느 정도는 짐작하고 있었으므로 이것은 좋은 치료법이라고 생각했던 것이다.

왕후는 형들이 어떠한 아내를 찾아 줄 것인가, 그저 기다릴 뿐이었다. 기다리는 동안 그는 자신을 격려하며 싸움 계획에 몰두하여, 세력을 넓힐 방법을 이리저리 궁리했다. 어떻게든 지쳐서 밤에 잠이 들도록 궁리한 것이었다.

21

언청이는 자기같이 특징 있는 인간이 너무 자주 나타나면 수상하게 여겨지리라 생각했기 때문에, 샛길을 따라서 성안으로 들어가 왕후의 형들이 사는 넓은 저택에 이르렀다. 거의 한낮에 가까운 시간이라 왕 상인은 상점에 있다고 했다. 그는 한시라도 빨리 사명을 전하기 위해서 곧 상점으로 달려갔다. 왕 상인은 시장 중심부를 한눈에 볼 수 있는 자기 사무소의 조그맣고 캄캄한 방에서 배 한 척당 밀의 이익은 얼마인지 주판으로 퉁기고 있었다. 그는 얼굴을 들고 언청이의 이야기에 귀를 기울였다. 듣고 나자 깜짝 놀란 듯이 가느다란 눈을 크게 뜨고, 엷은 입술을 오므리며 말했다.

"나로서는 아내를 찾기보다는 돈을 조달해 주는 편이 편하겠군. 어떻게 하면 여자를 찾을 수 있을지 나는 전혀 짐작이 가는 바가 없어. 모처럼 얻은 아내를 잃다니 정말 안됐군."

언청이는 신분을 잘 알고 있다는 것을 보이기 위해, 나직한 의자에 비스듬히 앉아서 정중하게 말했다.

"제가 부탁드리고 싶은 것은 장군을 괴롭히는 일 없이, 장군님의 사랑을 받을 만한 부인을 찾아 달라는 것입니다. 장군님은 이상할 만큼 외곬인 성질이라 하나를 생각하면 마치 미친 것처럼 파고들어 버리십니다. 돌아가신 부인의 경우도 너무 깊이 사랑하셔서, 벌써 몇 달이 지났습니다만 아직까지도 잊지 못하고 계십니다. 그렇게 골똘히 생각하시다가는 몸에 탈이 날 것입니다."

"동생의 부인은 왜 죽었소?" 왕 상인은 호기심에 이끌려서 물었다.

언청이는 하마터면 진실을 털어놓을 뻔했으나, 성실하고 사려 깊은 사나이였으므로 즉시 삼켜 버렸다. 군인이라면 또 모르지만, 전쟁에 익숙지 못한 사람은 죽인다든가 죽는다는 것에 견딜 수 없이 혐오감을 일으키리라. 군대는 적을 죽이는 것이 일이고, 죽이지 않으면 지모로써 달아나지 않는 한 자기가 죽임을 당하게 된다. 그렇기 때문에 죽이는 것을 아무렇지 않게 여기는 것이다. 그래서 언청이는 그저, "갑자기 출혈을 하여 돌아가셨습니다."라고 간단히 대답했을 뿐이었다. 왕 상인도 그 이상 캐묻지 않았다.

그는 점원을 불러서 언청이를 조그만 여관으로 안내하여 쌀밥과 돼지고기 요리를 대접하도록 일렀다.

두 사람이 가 버리자 그는 앉아서 생각에 잠겼다.

'이것만큼은 나보다는 형님 쪽이 잘 아는 문제다. 형님이 아는 건 여자 문제뿐이니까 말이지. 나는 여자라면 내 아내밖에는 모른다.'

왕얼은 형인 왕이를 만나러 가기 위해서 일어나 벽의 못에 걸려 있는 회색의 비단옷을 입었다. 이 옷은 외출할 때만 입고 사무소에서 일할 때에는 아끼느라고 벗어 두었다. 그는 형의 집으로 가서 문지기에게, 주인이 집에 있는가 물었다. 문지기가 안내하려고 하자, 왕얼은 문께에서 기다리겠다고 말했다. 문지기가 들어가서 여종에게 물어 보니, 도박장에 가 계시다는 대답이었다. 왕 상인은 이 말을 듣고는 그곳으로 향했다. 밤 동안에 내린 눈이 아직 쌓여 있는 싸늘한 날이었다. 먹고살기 위해서 나돌아다녀야 하는 행상인이라든가 형처럼 놀기 위해 외출한 무리들이 지나다닌 발자국이 길 한가운데에 가느다란 오솔길을 만들어 놓았다. 왕얼은 마치 고양이가 울퉁불퉁하게 돌이 깔린 길을 걸어가듯 조심스럽게 걸었다.

그는 도박장으로 가서 점원에게 형이 있는 방을 물었다. 문을 열자, 화로에 숯을 새빨갛게 일으켜 뜨겁게 덥힌 조그만 방에서, 형은 몇몇 친구들과 투전을 하고 있었다.

왕이는 동생이 문에서 얼굴을 들이밀었을 때, 자리를 뜰 핑계가 생긴 것을 내심 기뻐했다. 중년이 된 뒤부터 배웠기 때문에 그는 승부에 그다지 능하지 못했다. 아버지 왕룽이 살아 있다면 아들이 성내의 도박장에 드나드는 것을 용서하지 않았으리라. 그러나 왕이의 장남은 아이 때부터 도박을 해왔기 때문에 손놀림도 빠르고 능숙했다. 넷째 아들조차 승부에 끼어들면 대개 이겨서 돈은 따올 정도의 솜씨였다.

그래서 왕이는 동생이 반쯤 열린 문틈으로 들여다 보자 곧바로 일어서서 서둘러 친구들에게 말했다.

"동생이 무슨 용건이 있는 모양이니 오늘은 그만해야겠네."

방이 더웠기 때문에 한쪽에 벗어 놓은 털외투를 집어 들고 왕 상인이 기다리는 곳으로 나갔다. 그러나 마침 좋을 때 와 주었다고는 하지 않았다. 투전은 머리가 좋은 자가 이긴다고 생각했으므로, 지고 있었다고는 체면상 말할 수가 없었던 것이다. 그는 그저 "무슨 볼일이냐?" 물었다.

왕 상인은 그답게 긴말은 하지 않았다.

"이 안에 조용히 이야기할 수 있는 곳이 있으면 거기로 가십시다."

왕이는 차를 마시는 탁자가 쭉 놓여 있는 방으로 안내했다. 그러고는 조금 떨어진 곳에 있는 조용한 탁자를 골라 앉았다. 왕이는 차와 술, 그리고 몇 시인가를 깨닫고 고기와 그 밖의 요리를 주문했다. 그동안에 왕얼은 묵묵히 기다리다 급사가 가 버리자 단도직입적으로 용건을 꺼냈다.

"막내가 아내가 죽었으니 결혼할 사람을 새로 찾고 싶다며, 이번에는 우리에게로 부탁을 해 왔습니다. 그런데 이런 일에 대해서는 나보다는 형님 쪽이 적임자라고 생각해서 말이죠."

웃음을 억누르기 위해서 왕얼은 입술을 깨물어 은밀한 미소로 감추었다. 그러나 왕이는 눈치채지 못하고 커다란 소리로 웃었다. 퉁퉁한 볼살이 흔들렸다.

"아마, 내가 아는 것이란 그 방면의 일뿐이란 소리겠지. 그래, 네 말이 맞아. 그렇다고 우리 집사람 앞에서 그런 소리를 하면 난처하겠지만 말이야."

그는 웃으며 이런 말을 화제로 삼을 때 사내들이 곧잘 그러듯이 곁눈질을 했다. 그러나 왕 상인은 형의 그런 농담에는 숫제 대거리를 하지 않았다. 그러자 왕이도 진지해져서 말을 계속했다.

"어쨌든 좋을 때에 말을 꺼냈군. 마침 우리 큰놈 색싯감을 찾기 위해서 성안 아가씨들을 알아보고 있던 중이야. 괜찮은 아가씨는 거의 알고 있어. 우리 큰놈은, 현장 동생의 딸로 열아홉 살 된 처자와 약혼시키려고 생각하고 있어. 참하고 현숙한 아가씨지. 이미 집사람도, 처녀의 자수 솜씨라든가 뭐 그런 것들을 보았지. 미인은 아니지만 현숙한 규수야. 단 하나 난처한 것은 큰녀석 놈이야. 자기 아내는 자기가 구하겠다는 어리석은 생각을 하고 있단 말이야. 남쪽에서는 그런 일이 유행하는 모양이더군. 나는 장남에게 말해 주었지. 여기에서는 그런 일을 해서는 안 된다고, 좋아하는 처자가 있다면 첩으로 삼으면 되지 않겠느냐고. 가엾은 꼽추 녀석은 집사람이 가족 중에서 누군가를 승려로 삼고 싶다고 하니 승려를 만들려고 생각하고 있어. 사지육신 멀쩡한 아들을 중으로 만들기는 아까우니까.”

왕 상인은 형의 가정의 그러한 일에는 전혀 흥미가 없었다. 어떤 아들이건 조만간에 결혼해야 하는 것은 마땅한 일로서 자기의 아들도 마찬가지였다. 그러나 자신은 아들의 결혼 문제 따위로 시간을 낭비하고 싶지 않았다. 그런 것은 아내의 책임이라고 생각했기 때문이다. 단지 이 집안에 들일 여자는 건강하고 부지런해야 한다고만 말해 두었다. 왕 상인은 지금도 형의 이야기를 참을 수가 없어져서 말했다.

“그래, 그 처녀들 가운데 동생의 아내로서 어울리는 아가씨가 있습니까? 동생처럼 한 번 결혼한 일이 있는 사내에게, 기꺼이 딸을 시집보낼 부모가 있을까요?”

그러나 왕이는 이런 즐거운 일에 대해서는 절대로 서둘거나 하지 않았다. 이것저것 자신이 본 일이나, 남들로부터 들은 처녀들의 기억을 천천히 떠올려 보고 나서 겨우 대답했다.

“아주 좋은 애가 있어. 그다지 어리지는 않지만, 학자의 딸이지. 그 학자는 아들이 없기 때문에 자기의 학문을 누군가에게 전해 주고 싶어 딸에게 가르친 모양이야. 요즈음 세상에서 말하는 신여성인 셈이지. 학식이 있고 전족도 하지 않았어. 이렇게 조금 색다른 점이 있어서 결혼이 늦어졌어. 이런 여자를 아내로 맞이하면 가정에 귀찮은 일이 일어나지나 않을까 걱정해서지. 하지만 남쪽에는 이런 여자가 많은 모양이더군. 여기는 조그만 읍이니까, 그런 여자를 이해해 주지 않는 거겠지. 그 처녀는 거리에도 자주 나다니지. 나도 한번 본 일이 있는데 아주 우아하고 주위를 두리번두리번 휘둘러보지도 않는단 말이야. 학식이 있는 여자는 보기 흉한 얼굴을 가지고 있다고 생각하기 쉬운데 그렇지도 않아. 그렇게 어리지는 않다고 하더라도 아직 기껏해야 스물다섯, 여섯 살이지. 동생은 그런 색다른 여자를 좋아할까?"

왕 상인은 조심스럽게 물었다.

"그 여자가 좋은 주부가 되어 동생에게 도움이 될까요? 동생도 웬만큼은 읽고 쓸 줄 알고, 예를 들어 그렇지 못하다 하더라도 필요할 때에는 학자를 고용하면 되니까 아내의 학문을 필요로 할지 모르겠어서요."

급사가 계속해서 날라 오는 요리를 자기 접시에 나눠 담기에 바쁜 맏형은 국물을 뜨던 손길을 멈추고 커다란 목소리로 말했다.

"그거야, 하녀든 창녀든 고용할 수 있겠지. 하지만 좋은 아내란 무엇을 할 수 있느냐로 결정되는 게 아니야. 중요한 것은 남자의 마음에 드느냐는 점이지. 특히 동생같이 바람을 피우지 않는 놈에게는 더욱 그렇지. 밤에 잘 때 안사람이 옆에 앉아, 시나 연애소설을 읽어 주면 유쾌하지 않겠나."

그러나 그런 일은 왕 상인의 성격에는 맞지 않았다. 그는 밤을 같이 넣어 삶은 비둘기 요리를 조심조심 자기 접시에 나눠 담아서 젓가락으로 주의 깊게 뼈 사이의 살을 발라내서 먹으며 말했다.

"나는 살림 잘하고, 아이 잘 낳고 낭비하지 않는 여자가 좋습니다만."

이 말을 들은 왕이는 아이 때부터 제멋대로였던 본성을 드러내 갑자기 화를 냈다. 살찐 얼굴이 검붉은 색으로 변했다. 그 모습을 본 왕 상인은 형과 자기는 이 점에서는 절대로 의견이 일치할 수 없다고 보았다. 아무리 뛰어나다 하더라도 어차피 여자가 아닌가, 결국 사나이에게 봉사하는 데는 다름이 없다. 이 일로 하루를 낭비하는 것은 아깝다고 생각한 왕얼은 곧 말했다.

"잘 알았습니다. 동생은 가난뱅이가 아니니까 아내를 두 명 골라 주기로 합시다. 형님은 형님이 가장 좋다고 생각되는 여자를 구해 주십시오. 그 여자와 먼저 결혼을 시킵시다. 그리고 좀 시간이 지난 다음에 내가 고른 처자를 보내기로 하죠. 한쪽만 마음에 들고 한쪽은 필요없다면 그것은 뭐 동생의 자유겠지요. 아무튼 동생만 한 지위에 있는 남자에게 아내가 둘 있다고 해도 많다고는 할 수 없죠."

이렇게 두 사람은 타협했다. 왕이는 자기가 구하는 여자가 정실 부인이 된다는 데에 만족했다. 그러나 곰곰이 생각해 보니 맏형이며 가장인 자기가 정한 여자가 정처가 되는 것은 마땅한 이야기이고 왕얼은 자기가 고른 여자를 뒤에 보내느니 뭐니 양보한 듯한 말을 하고 있지만, 어떠한 남자라도 첫날밤에 두 아내와 잘 수는 없으므로 결국 대단한 양보는 아닌 셈이다. 아무튼 이렇게 이야기가 매듭지어지자, 둘은 헤어졌다. 왕이는 부랴부랴 자기가 맡은 일에 착수했고, 왕 상인은 아내와 의논하기 위해서 집으로 돌아갔다.

집에 닿자 아내는 눈이 쌓인 문 앞에 서 있었다. 추워서 양손을 앞치마 속에 넣고 있었지만, 가끔 그 손을 꺼내서는 행상인이 팔러 온 닭의 위장께를 만져 보고 있었다. 눈이 내리면 닭은 스스로 먹이를 구할 수가 없다. 그래서 닭값이 내려가는 것이다. 마침 두세 마리 더 있었으면 하던 참이라 왕얼의 아내는 정신없이 닭 쪽만을 바라보면서 남편이 곁으로 와도 고개조차 들지 않았다. 그러나 왕 상인은 집 안으로 들어가려고 아내 옆을 지나가면서 말을 걸었다.

"이봐, 그만하고 좀 들어와 봐. 할 이야기가 있어."

그녀는 서둘러 암탉 두 마리를 골랐다. 행상인이 다리를 묶어 저울에 달 때에 눈금 때문에 잠깐 옥신각신한 뒤 겨우 값이 결정되자, 그녀는 집 안으로 들어왔다. 암탉을 의자 아래로 던져 넣고 남편의 이야기를 듣기 위해서 그 의자 위에 비스듬히 걸터앉았다. 왕 상인은 긴말하지 않는 예의 그 무뚝뚝한 투로 말했다.

"제수가 갑자기 죽어서 후처를 얻어 달라는군. 나는 여자에 대해서는 아무것도 모르지만, 당신은 근래 2년 동안 며느릿감을 구하기 위해서 열심이었지? 제수감으로 마땅한 여자가 있나?"

그의 부인은 출산, 장례식, 결혼 따위에는 큰 흥미를 가지고 있어 언제나 그런 일만 화제로 삼고 있었기 때문에 당장에 대답했다.

"우리 친정 옆집에 좋은 처녀가 있어요. 조금만 나이가 어렸으면 우리 맏며느리를 삼았으면 싶을 정도로 좋은 애예요. 성품이 착하고 검소한 처녀지만 결점은 아이 때부터 이가 벌레 먹어 꺼멓게 돼 버린 거예요. 가끔 빠지기도 하는 모양이에요. 그래도 부끄러워해서 남에게 보이지 않도록 입을 다물고 있어요. 그래서 말도 많지 않고 목소리도 작아요. 아버지도 그리 가난하지 않고 땅도 가지고 있어요. 이미 혼기가 좀 늦어졌으니까, 그런 좋은 결혼을 할 수 있다면 아버지도 좋아할 거예요."

왕 상인은 무뚝뚝하게 말했다.

"말수가 적다면 그것만으로도 예사는 아니지. 그 혼담을 추진시켜 줘. 형님이 고른 여자와의 결혼식이 끝난 뒤, 그 처녀를 동생에게로 보내지."

그리고 신붓감을 둘을 고르기로 했다는 이야기를 듣자, 아내는 소리를 높여 말했다.

"아주버님이 고른 사람을 아내로 삼아야 하다니 딱하군요. 아주버님은 이상야릇한 여자들밖에는 모르니까요. 더구나 만일 형님이 참견한다면 비구니 같은 여자를 고르겠죠. 요즈음 형님은 비구, 비구니한테 빠져서 온 집안사람들에게 경만 읽게 하고 있대요. 누가 병에 걸렸다든가 아이가 태어나지 않는다든가 할 때야 절에 가는 것도 좋겠지만, 신이든 부처든 인간이나 마찬가지일 텐데 1년 내내 온갖 일로 시시콜콜 성가시게 굴고 불러 대면 누가 좋아하겠어요!"

이렇게 말한 그녀는 마룻바닥에다 침을 뱉고 발끝으로 문질렀다. 그리고 의자 아래에 넣어 둔 암탉을 깜빡 잊고 발을 뒤쪽으로 끌었다. 암탉은 그 발에 채어 요란스럽게 울어 댔다. 왕 상인은 일어나서 짜증이 나는 듯이 말했다.

"이런 집은 본 적이 없어! 온 집안 어느 구석에나 닭을 길러야만 하나?"

부인은 서둘러 의자 아래서 암탉을 끌어내면서 얼마나 싸게 샀는가를 설명하기 시작했다. 왕 상인은 그것을 가로막고 말했다.

"됐어, 됐어. 나는 가게로 돌아가야 해. 지금 한 말은 당신이 좀 알아서 해 줘. 오늘부터 두 달째 되는 날 처녀를 동생에게 데려다주기로 하지. 하지만 들어간 비용은 잘 기억해 둬. 동생의 두 번째 결혼 비용까지 부담할 필요는 법률상 없으니까."

이렇게 두 처녀가 왕후와 약혼하기로 하여 서류가 꾸며지고, 왕 상인은 그 일에 든 비용 모두를 꼼꼼히 장부에 기입했다. 결혼식 날짜는 한 달 뒤로 결정되었다.

결혼식으로 정해진 날은 연말이었다. 그에 대해 통지를 받은 왕후는 두 번째 결혼을 위해 형의 집으로 갈 준비를 했다. 마음은 내키지 않았지만 한번 결심한 이상 할 작정으로, 온갖 생각이나 마음의 방황을 떨쳐 버리고 심복에게 자기가 자리를 비웠을 때의 일을 맡기기로 하고, 부재중에 만일 말썽이 일어나면 곰보 조카를 사자로서 파견하도록 남겨 놓았다.

준비가 끝나자 왕후는 형식상 노현장에게 결혼식을 위해서 닷새, 왕복 여행에 엿새 동안의 휴가를 청했다. 노현장은 곧바로 허가했다. 왕후는 자기가 없는 동안엔 현장이 왕후의 지위를 뒤집어엎을 음모를 꾀할 마음을 일으키지 않도록, 군대와 심복을 남겨 두고 간다고 경고해 두었다. 가장 훌륭한 제복은 싸서 안장에 매달고 두 번째로 좋은 제복은 입고서 왕후는 고향을 목표로 남쪽으로 떠났다. 보통 군벌의 장령들은 이럴 때에는 몇백 명의 호위병이 에워싸고 경비를 하는 것이 보통인데, 대담한 그는 고작 50명의 호위병만을 거느렸다.

왕후는 겨울철의 삭막한 시골길을 말을 타고 달려갔다. 밤에는 마을의 여관에서 묵었고, 날이 새면 다시 서리가 얼어붙은 길을 말을 몰아 갔다. 봄이 올 조짐은 아직 보이지 않았다. 잿빛 풍경이 황량했다. 잿빛 흙으로 쌓아 올리고 잿빛 짚을 인 농가가 마치 토지의 일부인 것처럼 보였다. 북쪽에서 불어오는 바람과 먼지에 시달린 농부들의 얼굴도 똑같이 잿빛이었다. 왕후는 태어난 고향을 향해 사흘 동안 말을 몰면서도 마음속에선 아무런 기쁨도 솟아오르지 않았다.

고향 마을에 닿자 먼저 결혼식을 올리기로 되어 있는 맏형의 집으로 갔다. 간단한 인사를 끝내고는 갑자기 결혼식을 올리기 전에 아들로서의 의무를 다하기 위해 돌아가신 아버님의 묘에 성묘를 다녀오겠다고 말했다. 모두들 찬성했다. 특히 왕 지주의 큰부인은 열렬히 찬성했다. 왕후는 먼 곳에 있어, 가족이 제사를 올릴 때도 한 번도 참석하지 않았으므로 성묘는 아들로서의 도리를 지키는 훌륭한 일이라고 했다.

왕후도 물론 아들로서의 도리는 잘 알고 있어서 성묘를 할 수 있을 때는 언제든지 하지만, 오늘 성묘를 가기로 한 것은 단지 그런 이유에서만은 아니었다. 왜 그런지 모르지만 마음이 안정되지 않고 무거웠기 때문이었다. 형의 집에 아무 일 없이 앉아 있는 것도 고역이었다. 또한 다가오는 결혼식에 신이 난 형의 수다 상대가 되어 주는 것도 견딜 수가 없었다. 이 집에 있어도 자기 집이라는 생각은 들지 않았고 무엇인가에 압박당하는 듯이 답답하기만 했던 그는 어떻게든 밖으로 나가 그들로부터 벗어날 구실이 필요했던 것이다.

그는 먼저 부하에게 명령하여 지전(紙錢)과 선향(線香) 등, 성묘에 필요한 것을 사 오게 한 뒤, 말을 타고 총을 멘 부하들을 거느리고 성 밖으로 나갔다. 길을 가는 사람들이 눈을 휘둥그레 뜨고 그의 모습을 우러러보는 데에 얼마간 기쁨을 느꼈다. 아무것도 보지 않고 아무것도 듣지 않는 듯한 태도로 의연히 고개를 쳐들고 앞으로 나아가고 있었지만 사실은 부하가 거칠게 외치는 소리를 듣고 있었다.

"길을 비켜라. 장군님의 행차시다." 군중들이 급히 몸을 움츠리고 담장에 찰싹 붙거나 문으로 도망쳐 들어가는 것을 보고, 자기가 그렇게 위대하게 보이는가 생각하니 얼마간 위안이 되어, 더욱 위풍당당하게 가슴을 폈다.

이윽고 대추나무 아래 있는 부친의 묘지에 이르렀다. 왕룽이 처음 이곳을 묘지로 정할 무렵, 이 대추나무는 아직 가늘고 어린 나무였으나 이제는 가지가 굵고 옹이투성이인 거목이었다. 그리고 밑둥에는 이 나무에서 갈라진 어린 묘목이 몇 그루나 돋아나 있었다. 왕후는 망부에게 경의를 표하기 위해 묘지에서 멀찌감치 떨어진 곳에서 말을 내려, 천천히 대추나무로 걸어갔다. 부하 한 사람이 뒤에 남아 말고삐를 쥐고 서 있었다. 왕후는 공손하면서도 당당한 태도로 조용히 아버지 묘 앞으로 나아가 세 번 절했다. 지전과 향을 들고 온 부하가 앞으로 나가서 왕룽의 무덤 앞에 바치고, 이어 왕룽 아버지의 무덤, 다음에는 왕룽 숙부의 무덤, 마지막으로 오란의 무덤에 바쳤다. 왕후는 어머니를 어렴풋하게밖에 기억하지 못했다.

왕후는 다시 천천히, 그러나 당당한 발걸음으로 무덤 앞으로 걸어나가서 향을 피우고 지전을 사르고는 차례로 무덤마다 무릎을 꿇고 머리를 숙였다. 그 일이 끝나자 가만히 서서 생각에 잠겼다. 그 사이에도 불은 계속 타서 금과 은의 지전이 재가 되었다. 선향의 연기는 싸늘한 대기 속에 찌르는 듯한 향기를 피웠다. 햇빛도 비치지 않고 바람도 없으며 당장이라도 눈이 내릴 듯이 찌푸린 추운 날씨였다. 선향의 따뜻하고 희미한 연기가 얼어붙을 듯한 대기를 타고 소용돌이치며 피어올랐다. 장군이 선조에 대한 생각에 잠겨 있는 동안 부하들은 소리 없이 기다리고 서 있었다. 이윽고 왕후는 몸을 돌려 말 있는 데로 걸어가 아까 말을 타고 왔던 길을 되돌아갔다.

묵묵히 생각에 잠겨 있던 그때, 그는 아버지 생각을 한 것은 아니었다. 그는 자신의 일을 생각하고 있었다. 자기가 죽어 땅 밑에 누워 있더라도 무덤을 찾아 줄 아들 하나 없다는 것을 생각했다. 그렇게 생각하니 결혼하기로 결정하기를 잘했다는 기분이 들었다. 머지않아 자식이 생기겠지 하는 희망이 쓸쓸함을 얼마간 달래 주는 것 같았다.

돌아가는 길은 그 흙벽집 문 앞을 지났다. 일행이 그 집 앞뜰의 탈곡장 옆을 통과하고 있을 때, 리화와 함께 살고 있던 곱사등이가 말굽 소리며 병사들의 발자국 소리를 듣고 발을 끌며 서둘러 나와 둥그레진 눈으로 쳐다보았다. 그는 왕후의 얼굴을 알지 못했다. 이 사람이 제 숙부라는 사실도 몰랐으므로 그저 길가에 서서 멀거니 바라보고 있었다. 벌써 열여섯 살이라 성인이 될 날이 가까워 왔는데도 아직 예닐곱 살 먹은 어린애 키밖에 되지 않은 채, 뒤쪽으로 두건이라도 늘어뜨리고 있는 듯 등이 굽어 있었다. 그 모습에 놀란 왕후는 말을 세우고 물었다.

"이 흙벽집은 내 집인데, 여기 사는 너는 대체 누구냐?"

이 말로 소년은 그가 숙부라는 사실을 알았다. 장군이 된 숙부에 대해서는 옛날에 들은 적이 있었다. 몇 번이나 그 숙부에 대한 꿈을 꾸고, 어떤 사람일까 생각하곤 했었다. 그래서 지금 그가 말을 건네자 곱사등이는 반가운 듯 소리쳤다.

"작은아버지세요?"

이 말을 듣고 왕후도 생각이 났다. 그는 올려다보는 소년을 가만히 쳐다보며 말했다.

"그래, 큰형님에게 너 같은 아이가 있다는 말을 들은 적이 있지. 우리 가족들은 모두 몸이 곧고 튼튼한 데다, 돌아가신 할아버지는 나이를 자시고도 허리가 굽지 않으셨는데, 너 같은 아이가 태어나다니 참으로 이상하구나."

"누가 절 떨어뜨렸어요." 소년은 그런 질문에는 익숙하다는 듯 아무렇지도 않게 말했다. 대답하면서도 그는 숙부와 말을 넋을 잃고 쳐다보고 있었다. 이윽고 그는 왕후의 총 쪽으로 손을 내밀었다. 묘하게 나이 든 얼굴에 우묵하게 들어간 조그맣고 슬퍼 보이는 눈이 호기심에 타고 있었다.

"전 외제 총을 한 번도 쥐어 본 적이 없어요. 잠깐만이라도 좋으니까 만져 보게 해 주세요."

소년이 내민 작은 손은 늙은이처럼 주름투성이였다. 왕후는 갑자기 이 등이 굽은 소년이 불쌍해져서 총을 넘겨주었다. 그리고 소년이 만족해할 때까지 실컷 만져 보고 들여다보게 해 줄 작정으로 기다리고 있으려니, 문간에 누군가 나타났다. 리화였다. 왕후는 금방 리화라는 것을 알았다. 그녀는 전보다 여위기는 했으나 그다지 변하지 않았기 때문이었다. 갸름하고 창백한 얼굴에는 실처럼 가는 주름이 엷게 새겨져 있을 뿐이었다. 머리칼은 변함없이 검고 매끈했다. 왕후는 말에서 내리지는 않고 몸을 긴장시켜 정중하게 절을 했다. 리화도 가볍게 고개를 숙였으나 곧 다시 집 안으로 들어가려 했다. 왕후는 크게 말했다.

"백치 누이는 잘 있습니까?"

리화는 그 부드러운 목소리로 나직이 대답했다.

"잘 있습니다."

왕후는 다시 물었다.

"매달 받아야 할 것은 꼬박꼬박 받고 있습니까?"

그녀는 같은 목소리로 대답했다. "고맙습니다. 받고 있어요." 리화는 이렇게 말하는 동안에도 고개를 숙이고 탈곡장의 단단한 땅바닥을 내려다보고 있더니 대답을 하고 나자 얼른 몸을 돌려 집 안으로 들어갔다. 왕후는 문간을 가만히 바라보고 있었다.

그러다가 그는 별안간 소년에게 말했다.

"작은할머니는 어째서 비구니 스님 같은 옷을 입고 있지?" 왕후는 자기도 깨닫지 못하는 사이에 리화가 비구니처럼 목까지 오는 회색 옷을 입은 것을 보았던 것이다.

곱사등이는 열심히 총을 어루만지고 쓰다듬고 하느라 자기가 하는 말을 별로 생각해 보지도 않고 입에서 나오는 대로 말했다.

"백치 고모가 죽고 나면 할머니는 근처의 이원(尼院)에 들어가서 비구니 스님이 되실 거예요. 이제 고기는 조금도 안 잡수세요. 불경을 많이 외우고 계셔서 벌써 스님이나 다름없으세요. 하지만 할아버지가 백치 고모를 돌봐 달라고 부탁해서, 고모가 죽을 때까지는 머리도 깎지 않고 세상도 안 버리신답니다."

왕후는 이 말을 듣자 왠지 모를 아픔을 느껴 잠시 입을 다물었다. 그러다가 측은한 듯이 소년에게 물었다.

"작은할머니가 절에 들어가 버리면 곱사등인 너는 어떡하지?"

그러자 소년은 대답했다. "할머니가 이원에 들어가면 저는 절에 들어가서 중이 될 거예요. 저는 아직 어리니까, 앞으로 살 날이 많이 남아서 할머니가 제가 죽을 때까지 기다리시지는 못할 거라서요. 하지만 중이 되면 먹고살 수는 있을 테고, 전 등허리의 혹 때문에 자주 병이 나는데, 그때는 친척이니까 할머니가 간호하러 와 주실 거예요." 소년은 태연스럽게 말했다. 그러더니 별안간 목소리가 변하면서, 복받치는 감정에 거의 흐느끼는 듯한 어조로 왕후를 올려다보며 소리쳤다.

"그래요, 전 중이 되는 거예요. 똑바로 생긴 몸이라면 병사가 되고 싶지만. 작은아버지가 절 데려가 주시면 좋을 텐데!"

곱사등이의 우묵하게 꺼진 어두운 눈동자에는 열정이 넘치고 있었다. 왕후는 감동했다. 그는 본디 인정 많은 사람이었기 때문이다.

"나도 너를 기꺼이 데려가 주고 싶다. 하지만 너의 그 몸으로는 아무래도 중이 되는 수밖에 없지 않느냐!"

소년은 기묘한 형상으로 두 어깨 사이에 가라앉은 머리를 숙이고 가냘픈 소리로 말했다.

"알고 있어요."

그것을 끝으로 소년은 아무 말도 하지 않고 왕후에게 총을 돌려주고는 등을 돌려 절룩거리며 탈곡장을 가로질러 집 안으로 사라졌다. 왕후는 결혼식을 올리기 위해 길을 서둘렀다.

이번 결혼식은 왕후로서는 기묘한 것이었다. 도무지 마음이 두근거리지도 않고 기대하는 기분도 없었다. 낮도 밤도 마찬가지였다. 버럭 화를 낸 때를 제외하면 무슨 일에 있어서나 늘 그러했지만, 이 결혼식도 그는 조용히 법도에 맞게 치렀다. 이미 죽은 그의 마음에는 사랑도 노여움도 영원히 인연이 없는 것으로밖에 여겨지지 않았다. 붉은 옷을 입은 신부의 모습도 자기와는 아무런 관계도 없는, 멀고 흐릿한 존재로 느껴졌다. 손님들의 모습도, 형들과 그 가족들의 모습도, 두쥐안의 부축을 받는 렌화의 괴이할 정도로 살찐 모습도 모두 마찬가지였다. 그래도 그는 한번 렌화 쪽을 보았다. 그녀는 지나치게 비대해져서 숨 쉬는 것조차 괴로운 듯이 헐떡였다. 형들과 신부를 따라온 사람들, 여러 손님들, 이렇게 그가 절을 해야 하는 사람들과 마주 서 있는 동안에도 렌화의 가쁜 숨소리가 귀에 들려왔다.

이윽고 피로연이 되었어도 그는 거의 아무 음식에도 손을 대지 않았다. 비록 재혼이기는 해도 떠들썩해야 한다며 왕이는 줄곧 우스갯소리를 늘어놓았다. 손님들은 웃다가도 왕후의 심각한 얼굴을 보고는 기가 꺾여 입을 다물곤 했다. 왕후는 자신의 결혼 피로연인데도 말 한마디 하지 않았다. 술이 나오자 마치 무척 목이 마른 듯이 얼른 잔을 들었다. 그러나 조금 맛을 보더니 바로 술잔을 내려놓고 쓸쓸하게 말했다.

"이런 술밖에 없는 줄 알았더라면 우리 고장의 술을 가져올 걸 그랬군."

며칠이나 이어진 결혼식을 마치자 왕후는 다시 붉은 말을 타고 귀로에 올랐다. 신부는 하녀와 함께 노새가 끄는 마차를 타고 휘장을 내린 채 그 뒤를 따랐으나, 왕후는 한 번도 돌아보지 않았다. 올 때와 마찬가지로 혼자 여행을 하는 듯한 태도로 부하들을 거느리고 그 뒤에 마차를 따르게 한 채 말을 몰아 갔다. 이리하여 왕후는 자기가 기거하는 땅으로 신부를 데리고 왔다. 그로부터 한두 달쯤 지난 뒤, 둘째 형이 고른 규수를 그녀의 아버지가 데리고 왔다. 왕후는 이 규수도 받아들였다. 그에게는 하나나 둘이나 마찬가지였다.

이윽고 새해가 와서 춘절이 이어졌다. 이것도 지나갈 무렵에는, 나뭇가지에는 아직 잎이 돋지 않았으나 땅 밑에서는 이미 봄이 꿈틀대기 시작하고 있었다. 차가운 잿빛 날에 눈이 오는 일이 있어도 쌓이지 않았고, 기억났다는 듯이 남쪽에서 불어오는 따뜻한 바람에 쌓일 사이도 없이 녹아, 어딘가 봄의 입김이 느껴졌다. 밭의 밀도 자라지는 않았으나 날이 갈수록 선명한 초록빛을 띠었다. 여기저기에서 농민들은 농한기의 한가로움에서 빠져나와 농기구를 손질하기도 하고, 잘 부려 먹을 준비로 소들에게도 좀 더 좋은 여물을 먹였다. 길가에는 잡초도 싹을 틔우기 시작했다. 아이들은 조그만 칼을 들고, 칼이 없는 아이는 뾰족한 나뭇조각이며 쇠붙이 조각을 들고 여기저기 헤매고 돌아다녔다. 풀뿌리를 파내어 양식으로 삼기 위해서다.

군벌의 두목들도 동면에서 깨어나 움직이기 시작했다. 병사들은 배불리 먹은 몸을 펴고, 노름도 싸움도 주둔지를 쏘다니는 일도 이제는 모두 싫증이 나서, 올봄의 새로운 전쟁에서의 자기 운명은 좋을 것인지 생각해 보았다. 어느 병사고 얼마간의 꿈은 있었다. 자기 위에 있는 자가 전사하고 자기가 그 자리에 오를 것을 기대했던 것이다.

왕후도 이제부터 하고 싶은 일을 생각하고 있었다. 그는 하나의 계획을 갖고 있었다. 그것도 훌륭한 계획이었다. 그리고 지금의 그는 몸과 마음을 좀먹고 소모시키는 애정도 죽었으므로 그 계획에 전념할 수 있었다. 그 애정은 설령 죽지는 않았다고 하더라도 어디엔가 묻혀 버렸다. 그 기억에 괴로움을 느낄 때면 그는 아내 가운데 누군가를 찾았다. 그리고 몸이 처지는 것을 느끼면 힘을 내기 위해 마구 술을 퍼마셨다.

그는 공평한 인간이었으므로 두 아내 중 어느 한쪽을 편애하는 일은 없었다. 또한 두 아내는 매우 달랐다. 한 사람은 교양이 있고 청초했으며, 조용하고 품위가 있었는데, 그 점에 호감이 갔다. 한 사람은 어딘가 촌스러운 느낌이 들었으나 정숙하고 마음씨가 착했다. 이 여자의 가장 큰 결함은 이가 검다는 것과 가까이 가면 입에서 고약한 냄새가 나는 것이었다. 그래도 왕후에게 다행인 것은 두 아내가 싸우지 않는다는 점이었다. 그것은 왕후의 공평한 태도 때문인지도 모른다. 그는 매우 세심해서 두 사람에게 꼭 번갈아 갔다. 사실을 말하자면 두 사람 다 그에게는 마찬가지였다. 양쪽 모두 아무런 의미도 없었던 것이다.

이제 자기가 바라지 않는 한 그는 혼자 잘 필요는 없어졌다. 다만 어느 쪽의 아내와도 흉금을 털어놓는 사이가 되지는 못했다. 언제나 오만한 태도로 그녀들을 찾아가서 일정한 목적을 이룰 뿐 말도 하지 않았다. 어느 쪽에 대해서도 죽인 처와의 사이처럼 흉금을 털어놓지 않았으며 결코 마음을 허락하는 일도 없었다.

이따금 남자가 여자에 대해서 어쩌면 이렇게도 다른 감정을 품을 수 있는 것일까 생각할 때가 있었다. 그럴 때면 반드시 마음으로 되뇌었다. 죽은 처는 나에게 정말로 자기의 마음을 허락했던 것이 아니다. 창부처럼 분방한 정열을 보일 때조차 사실은 마음을 열어 놓지 않았다. 언젠가 그를 배반할 계획을 가슴속에 숨겨 놓고 있었던 것이다. 그렇게 생각하자 다시 왕후는 마음의 문을 닫고 두 사람의 처를 상대로 욕정만을 만족시켰다. 그리고 머지않아 두 사람 가운데 어느 쪽이든 아이를 낳겠거니 생각하고, 그 희망이 그의 야심을 불태워 주는 새로운 광명이었다. 영광을 희구하는 그의 꿈은 이 희망에 의해 다시 한 번 고무되었다. 올봄에야말로 어딘가 큰 전쟁에 참가하여 강대한 권력과 영토를 차지하겠다고 자신에게 맹세했다. 이미 승리는 자기 것처럼 여겨졌다.

22

봄도 한창 무르익어, 흰 벚꽃이며 연분홍 복숭아꽃이 구름처럼 푸른 들판에 퍼져 있었다. 왕후는 심복들을 모아 놓고 전쟁을 의논했다. 그들은 두 가지를 기다렸다. 하나는, 남과 북의 군벌 사이에 새로운 전쟁이 언제 일어날 것인가 하는 정세를 파악하는 것이었다. 지난해 그들 사이에 성립된 휴전은 매우 미덥지 않은 것이었으며 바람과 눈과 진흙 사이에서 싸우는 불편 때문에 맺은, 겨울 동안만의 휴전에 지나지 않았다. 그것은 고사하고라도 남과 북의 군벌들은 본질적으로 서로 용납할 수 없는 점을 갖고 있었다. 북방인이 몸이 크고 둔중하기는 하나 용맹했다면, 남방인은 몸집이 작아 민첩하고 책략에 능하며 교활했다. 이같이 기질이 다를 뿐 아니라 혈통도 쓰는 언어도 서로 달라 장기간의 휴전은 어려웠다. 왕후와 그 심복이 기다리는 또 한 가지는 신년 초 각 방면에 내보낸 첩자들이 돌아오는 것이었다. 기다리는 동안에 왕후는 어느 지방을 공략해서 영토를 넓히느냐 하는 숙제를 부하들과 의논했다.

심복들은 왕후가 자기 방으로 삼은 큰방에 모여 계급에 따라 자리에 앉았다. 매가 말했다.

"북방은 공격할 수 없습니다. 북방과는 동맹을 맺고 있으니까요."

그러자 돼지 백정이 큰 소리로 말했다. 그는 매보다 머리가 나쁘다고 여겨지는 것은 싫었으나 그렇다고 쉽게 새로운 묘안을 생각해 낼 만한 인간도 못되었다.

그래서 매가 무슨 말면 하면 마치 메아리처럼 그 뒤를 따라 같은 말을 하는 것이 버릇이었다.

"그렇습니다. 게다가 토지가 메마르고 빈약해서, 돼지도 여위고 마른 것뿐이라 잡아도 아무짝에도 쓸모가 없어요. 나도 보았는데요, 등이 낫처럼 툭 튀어나오고, 암퇘지 같은 건 새끼를 낳기 전에 벌써 뱃속 새끼를 셀 수 있을 정돕니다. 전쟁을 해서까지 뺏고 싶은 땅은 아니에요."

왕후는 천천히 말했다.

"그러나 남으로 진출할 수는 없다. 남으로 나가면 내 고향이고, 친척들한테서 맘 편히 세금을 받아 낸다는 건 못할 짓이야."

언청이는 그다지 지껄이지 않았다. 다른 사람들이 할 말을 실컷 할 때까지는 결코 자기 의견을 내놓지 않았다. 이때도 사람들이 모두 의견을 말하자 비로소 입을 열었다.

"전에 제가 살았던 지방이 있습니다. 이제 저한테는 아무것도 아니지만 여기서 동남쪽에 있으며 이 고장과 바다의 중간쯤 됩니다. 토지가 매우 기름지고 한쪽이 바다에 면하고 있는데, 바다로 쏟아져 들어가는 큰 강 양쪽에 퍼져 있는 토지에는 밭도 많고 낮은 언덕도 있고 게다가 강에는 고기도 많습니다. 하나밖에 없는 큰 도시는 현 공서(縣公署) 소재지입니다만, 그 밖에도 마을과 시장이 있는 소도시가 많으며 주민들은 부지런하고 생활들이 넉넉하지요."

왕후는 이 말을 듣고 말했다.

"그래? 그런데 그렇게 좋은 땅을 군벌이 점거하지 않았을 까닭이 있나. 어떤 인물이 있느냐?"

언청이는 어느 장군의 이름을 댔다. 그 장군은 전에 비적의 두목이었다가 지난해 남방군에 운명을 건 사내이다. 그 이름을 들은 왕후는 즉각 그를 치기로 결심했다. 그는 오늘에 이르기까지 얼마나 자기가 남방인을 혐오했던가, 남방의 흐물흐물한 쌀밥이며 후추를 뿌린 고기가 얼마나 맛이 없던가를 기억했다. 남쪽에서 보낸 청년 시절의 불쾌한 세월을 떠올린 그는 커다란 소리로 말했다.

"그것이야말로 내가 바라던 땅이다. 그자를 치겠다. 내 세력도 넓힐 수 있고 전쟁 전체적인 면에서 보더라도 매우 유리하다."

이리하여 계획은 순식간에 결정되었다. 왕후는 큰 소리로 병사에게 술을 가져오라고 명령했다. 그들은 술잔을 주고받았다. 왕후는 출동 준비를 해 놓을 것과 올봄에 시작될 전쟁의 정세를 살피러 나간 첩자들이 돌아와 보고하는 대로 새로운 지방을 찾아 진격할 것을 지시했다. 심복들은 자리에서 일어나 방금 받은 명령을 실행하기 위해 밖으로 나갔다. 매만이 뒤에 남았다. 그는 몸을 굽혀 왕후의 귀에 대고 소곤거렸다. 쉰 듯한 목소리로. 왕후의 뺨에 토하는 숨이 뜨거웠다.

"전쟁이 끝나면 관습에 따라 병사들에게 약탈을 허락해야만 합니다. 그들은 뒤에서 투덜거리고 있습니다. 장군님이 지나치게 엄해서 다른 군대와 같은 특권을 누릴 수 없다고 말이지요. 약탈을 허락하지 않으면 아마 그들은 싸우지 않을 것입니다."

최근 왕후는 입주변에 빳빳한 수염을 기르고 있었다. 수염을 씹으면서 그는 마지못해 말했다. 매가 하는 말에도 일리가 있다고 생각했기 때문이다.

"좋아, 그러면 전쟁에 이겼을 때는 사흘 동안 약탈을 허락하기로 한다. 그렇게 병사들에게 전하라. 그 이상은 안 된다."

매는 기뻐하며 뛰쳐나갔다. 그러나 왕후는 한동안 불쾌한 기분으로 그 자리에 앉아 있었다. 그는 민중의 것을 빼앗기 싫었다. 그러나 약탈이란 보수 없이는 병사들이 목숨을 걸고 싸우지 않는다면 어쩔 수 없는 일이 아닌가. 매의 주장에 동의는 했으나 민중이 괴로워하는 모습이 눈에 보이는 듯하여 한참 동안 기분이 좋지 않았다. 나는 군인이 되기엔 너무나 마음이 나약하다고 생각하며 그는 자기 자신을 저주했다. 결국 아무리 약탈당한다고 하더라도 가난한 자는 아무것도 빼앗길 것이 없고, 가장 피해를 보는 것은 부자인데 부자는 약탈을 당해도 괜찮다고 스스로에게 말하며 마음을 독하게 먹었다. 그는 자신의 심약함을 부끄럽게 생각했다. 민중의 고충을 참지 못하는 태도를 보였다가는 부하의 경멸을 살 뿐이므로 절대로 그런 모습을 부하에게 보여선 안 된다고 생각했다.

오래지 않아 첩자들이 하나둘 돌아왔다. 그리고 저마다 왕후 장군에게 보고했다. 그들에 따르면 전쟁은 아직 시작되지 않았으나, 남방의 군벌도 북방의 군벌도 열심히 외국에서 무기를 사들여 군대를 확충 강화하고 있으므로 전쟁은 곧 시작되리라는 것이었다. 이 보고를 듣자 왕후는 지체 없이 자신이 계획한 전

쟁을 시작할 결심을 굳혀, 그날로 즉각 부하들을 성문 밖 들판에 모이도록 명령
했다. 병력수가 너무 많아서 성안에는 집합할 만한 장소가 없기 때문이었다. 그
집합 지점에 왕후는 붉은 말에 당당하게 올라앉아 호위를 거느리고 나타났다.
오른쪽에는 곰보 소년이 따랐다. 곰보도 왕후가 승진시켜서 이제는 당나귀가 아
닌 말을 타고 있었다. 왕후는 가슴을 쫙 펴고 늠름하게 말 위에 앉아 있었고. 부
하들은 아무런 말 없이 그를 올려다보았다. 왕후의 훌륭한 이목구비와 진하고
씩씩한 눈썹, 새로 다듬은 수염은 40세라는 나이 이상의 관록을 보여 주었으며,
세상에 드문 용자였기 때문이다. 그는 부하들 앞에 서서 꼼짝도 않고 잠시 그들
이 자기를 우러러보는 대로 내버려두었다가 갑자기 우렁찬 목소리로 말했다.

"우리들의 병사, 영웅들이여! 내일부터 꼭 엿새째 되는 날 우리는 동남쪽으로
진군을 시작해 새로운 지방을 점령한다. 그곳은 큰 강이 접해 있고 바다에 면
한 풍요롭고 비옥한 땅이다. 그 땅을 손에 넣으면 전쟁의 성과를 여러분과 더불
어 나누고 싶다. 먼저 군대를 셋으로 나누어 그중 두 부대는 저마다 나의 두 심
복들이 지휘한다. 즉 매를 부대장으로 하는 부대는 동쪽에서, 돼지 백정을 부대
장으로 하는 부대는 서쪽에서 진격한다. 나는 정예 5천을 이끌고 북쪽에서 대기
한다. 두 부대는 동서 양쪽에서 공격을 가하여 먼저 그 지방의 중심인 현성을 공
략한다. 그 뒤에 일제히 공격에 들어가, 마지막 저항을 격퇴한다. 그 지방에도 군
벌은 있지만 보잘것없는 비적에 지나지 않는다. 여러분은 이미 비적 토벌에서 훌
륭한 전공을 세워 실력을 입증했다!"

그리고 그는 매우 내키지 않았지만 마음을 독하게 먹고 덧붙였다. "승리를 쟁
취하는 날에는 그 현성에서 사흘간 자유행동을 허락한다. 그러나 나흘째 일출
과 함께 자유행동의 기간은 끝난다. 신호로 나팔을 불게 하겠다. 그 나팔을 듣
고 즉각 집합하지 않는 자는 내 손으로 죽이겠다. 나는 죽는 것도 두려워하지
않지만 죽이는 것 또한 무서워하지 않는다. 이것으로 명령은 끝이다. 명심하라!"

부하들은 환호성을 올리며 웅성거렸다. 왕후가 가버리자 그들은 욕심에 쫓겨
열심히 출동 준비를 시작했다. 저마다 무기를 살피고 칼을 갈고 가지고 있는 탄
환을 세었다. 그때에는 술이나 여자에 정신이 팔린 자는, 원하는 것을 손에 넣기
위해 아슬아슬한 갯수만큼 탄환을 잡혀 돈을 빌리거나 하는 자들이 많았기 때

문이다.

엿새째 동이 틀 무렵, 왕후는 대군을 이끌고 성문을 나섰다. 이만큼으로도 대군이었는데, 그는 진군의 반수에 조금 모자라는 정도의 병력을 뒤에 남겨 놓았다. 출동하기 전 왕후는 늙은 현장을 만났다. 현장은 노쇠해서 요즈음은 줄곧 사리보전을 하고 누워민 있었다. 왕후는 현장과 헌공서를 보호하기 위해 병력을 남겨 놓는다고 말했다. 현장은 자기가 반란을 꾀할까 봐 군대를 남겨 놓고 가는 것을 알고 있었지만, 힘없는 목소리로 정중히 고맙다고 인사했다. 잔류 부대의 대장은 언청이였다. 뒤에 남은 부대는 약탈하러 가지 못하게 된 것을 불만스럽게 여겼으므로, 이것은 그리 쉽지 않은 책임이었다. 왕후는 잔류 부대의 불만을 달래기 위해 부재중의 수호 역할을 충실히 다했을 때는 상여금을 주고 다음 전쟁에는 반드시 출동시킨다는 약속을 해 주었다. 이로써 그들은 얼마간 흡족해했다. 적어도 불만은 조금 가라앉았다.

출동하기 전에 왕후는 민중들 사이에, 남방에서 침략해 오는 적을 격퇴함으로써 민중을 수호하기 위해 군대가 출병한다는 소문을 흘렸다. 민중은 적의 내습을 두려워하여 열렬히 왕후의 뜻을 환영했다. 상인 조합은 상당한 군자금을 모아 왕후에게 바쳤고 많은 백성들이 군대의 출발을 전송하러 나왔다. 그리고 백성들은 왕후가 군기(軍旗)를 세워 놓고 향을 피운 다음 돼지를 제물로 바치며 무운을 하늘에 비는 것까지 지켜보았다.

이것이 끝나자 왕후는 의기양양하게 씩씩한 자세로 장도에 올랐다. 그는 이 전쟁에 부하와 무기뿐 아니라 거액의 은을 지니고 갔다. 그는 무턱대고 전투에만 뛰어드는 어리석은 장군이 아니라 총명한 지모를 갖춘 군인이었다. 그러므로 싸우기 전에 적을 매수할 작정이었다. 비록 처음에는 매수가 되지 않는다 할지라도 포위전이 길면 은의 힘으로 중요한 자리에 있는 인물을 매수하여 성문을 열게 할 수 있을지 모른다고 생각했던 것이다.

봄이 한창이라 몇십 리나 이어지는 밭에는 밀이 두 자 이상이나 자라 이삭이 패려 하고 있었다. 말을 몰아 나가면서 왕후는 푸른 들판으로 멀리 눈을 던졌다. 그리고 자기가 지배하는 토지의 아름다움과 풍요로움에 자랑스러움을 느끼고 국왕이 국토를 사랑하듯 토지에 애정을 느꼈다. 이 토지의 아름다움을 그는 사랑했으나 이것만으로 만족할 수는 없었다. 방대한 군대를 유지하기 위한 사적인 재산을 비축하기 위해서는 새로운 땅을 손에 넣어 세금을 징수할 대상을 찾아야 했다.

이렇게 하여 그는 자기가 다스리는 땅을 떠났다. 멀리 남으로 내려가니 석류나무 숲이 나타났다. 옹이투성이 회색 가지에 다른 나무보다 늦게 튼 불꽃 빛깔의 새잎이 돋아난 것을 보고 새로운 땅에 온 것을 느꼈다. 이곳저곳 어디를 바라보나 잘 경작된 기름진 밭이 이어져 있었고, 가축은 살쪘으며 아이들도 통통하니 영양이 좋아 보여 그는 크게 만족했다. 그러나 그가 부하를 이끌고 나아가자 밭에서 일하던 농부들이 얼굴을 찌푸렸고, 그때까지 세상 이야기를 지껄여 대며 흥에 겨워하던 여자들은 갑자기 입을 다물고 안색이 변했다. 병정들의 모습에 눈이 둥그레진 어머니들은 부랴부랴 아이들의 눈을 손으로 가렸다. 행군 때 흔히 부르는 군가를 병사들이 부르기 시작하자 밭에 있던 농부 중에는 고요한 전원의 공기를 군가로 휘저어 놓은 것이 싫어 큰 소리로 욕설을 퍼붓는 자도 있었다. 마을을 지나갈 때, 개까지도 처음 보는 병사들의 모습을 수상하게 여기고 맹렬히 짖으며 달려들다가 너무나 방대한 군세에 놀라 꼬리를 감추고 슬금슬금 뒷걸음질 쳤다. 이따금 암소가 군대의 발소리에 놀라 고삐를 끊고 달아나는가 하면 밭에서 일하던 황소는 농기구며 농부까지 끌고 달리기 시작했다. 병사들은 큰 소리로 웃어 댔으나 왕후는 그럴 때마다 농부가 소를 붙잡을 때까지 정중히 행진을 멈추고 기다려 주었다.

조그마한 도시나 마을에 이르자 시장기를 느낀 병사들은 차와 술과 빵과 고기 따위를 찾아 큰 소리로 왁자하게 웃고 떠들며 문 안으로 들어갔다. 주민들은 그것을 보고 겁을 먹은 듯 입을 다물었다. 상인들은 물건을 그냥 들고 가지 않을까 걱정하면서 계산대 뒤에 앉아 이맛살을 찌푸렸다. 그 가운데에는 한낮인데도 문을 닫아 버리는 자도 있었다. 그러나 왕후는 대금을 치르지 않고 물건을 가져가서는 안 된다고 미리 부하들에게 주의시키고, 음식이나 그 밖에 필요한 것을 살 때 지불할 은을 미리 나누어 주었다. 그러나 제아무리 뛰어난 장군이라도 몇천을 헤아리는 무법자들을 완전히 통제할 수 없다는 사실은 그도 잘 알고 있었다. 부대장들에게도 책임을 묻겠다고 말해 두기는 했으나 어느 정도 난장판은 피할 수 없으리라고 각오하고 있었다. 그로서는 "난폭한 행위를 하는 자가 있으면 너희를 죽이겠다!" 위협하는 것이 고작이었다. 이렇게 위협을 해 두면 조금은 얌전해지겠거니 여기고, 자잘한 일은 눈감아 주었다.

그러나 왕후는 부하를 어느 정도 통제할 수 있는 방법을 생각했다. 도시에 가까워지자 군대를 교외에 대기시켜 놓고 자기가 먼저 이삼 백의 병력을 거느리고 시내로 들어가 그곳에서 가장 부유한 상인을 찾았다. 그리고 온 시내의 상인들을 부르고는 그 부유한 상인의 가게에서 기다렸다. 상인들은 두려워 몸을 움츠리고 왕후 앞에 모여들었으며, 왕후는 정중한 태도로 그들에게 말했다.

"나는 결코 터무니없는 요구를 하자는 것이 아니니까 걱정 마시오. 부하가 몇 천 명 교외에 와 있는 것은 사실이오. 그러니 이 행군 비용의 일부만을 여러분이 부담해 주면 좋겠소. 그러면 이 도시에서는 하룻밤만 묵고 내일 아침 출발하겠소."

상인들은 창백해진 얼굴로 공포에 질려 대표자를 뽑아서 금액을 주저주저 제의했다. 왕후는 그것이 그들이 제공할 수 있는 최저액이라는 것을 알고 있었으므로, 차갑게 웃으면서 눈썹을 찌푸리고 말했다.

"이 도시에는 기름 가게, 옷 가게, 곡물상 등 훌륭한 상점이 여럿 있는 것을 보았소. 사람들을 보아도 먹고사는데 불편함이 없어 보이고 도로도 좋더군. 그런데 당신네 도시가 그것밖에 낼 수 없을 만큼 쩨쩨하고 가난하다는 말이오? 그것은 당신들 자신을 모독하는 일이오!"

이렇게 왕후는 정중한 태도를 취하면서도 억지로 금액을 올려 나갔다. 군벌 가운데는 얼마얼마의 금액을 내놓지 않으면 병사들에게 약탈을 시키겠다고 위협하거나 호통을 치는 자도 있었지만, 왕후는 결코 위협하지는 않았다. 상대방도 생활을 해 가야 하므로, 그들이 낼 수 있는 이상의 금액을 요구해서는 안 된다고 여느 때에도 늘 말했던 그는 자기가 공정하다고 생각하는 방법밖에는 쓰지 않았다. 그리하여 정중한 태도를 취한 결과로서 결국 그는 요구한 금액 이상을 손에 넣었고, 또 상인들 쪽은 뜻밖에 손쉬운 방법으로 왕후와 그 군대의 약탈을 피할 수 있어서 기뻐했다.

이리하여 왕후는 부하를 이끌고 바다에 닿아 있는 동남쪽으로 나아갔다. 도시에 이를 때마다 상인들한테서 꽤 많은 돈을 받고는 이튿날 일찍이 출발했다. 하룻밤밖에 머무르지 않으므로 주민들은 여간 기뻐하지 않았다. 가난한 부락이나 조그만 마을에서는 아주 소량의 음식밖에는 요구하지 않았다.

7일 낮 7일 밤을 이렇게 왕후는 진군했다. 여행이 끝날 무렵에는, 손에 넣은 돈으로 그는 약간의 부를 얻기까지 했다. 부하들은 모두 의기충천하고 음식물도 충분해서 희망에 불탔다. 7일째도 다 저물 무렵, 이 지방의 중심지이며 점령할 대상인 도시까지 이제 하루도 걸리지 않는 곳에 이르렀다. 왕후는 낮은 언덕 위로 말을 몰고 가서 시가지 전체를 바라보았다. 그 도시는 성벽에 둘러싸여 신록이 굽이치는 평야 속에 보석처럼 아로새겨져 있었다. 왕후는 맑게 갠 하늘 아래 그토록 아름답게 빛나는 도시를 보고 기쁨으로 가슴이 뛰었다. 듣던 대로 강이 흐르고, 도시의 남문이 그 강에 접해 있었다. 도시는 이 강물 때문에 은사슬에 매단 보석처럼 보였다. 왕후는 급히 1천 병력을 따르게 한 사절단을 이 도시로 보냈다. 그리고 이 도시를 점거한 장군에게 전하게 했다.

"왕후라는 장군이 주민을 비적의 손에서 구하기 위해 북방에서 왔다. 일정한 금액을 내겠으니 비적은 얌전히 물러가라. 물러가지 않겠다면 왕후 장군은 몇만의 용감한 무장병을 이끌고 이 도시를 공략할 것이다."

이 도시를 차지한 자는 비적 출신의 매우 배짱이 두둑한 노장군이었다. 무척 검고 보기 흉한 얼굴을 하고 있어서, 사람들은 절 문 앞에 서 있는 시커멓고 무서운 형상을 한 수호신을 닮았다고 하여 류먼선(劉門神)이라는 별명으로 불렀다. 왕후가 보낸 이 대담무쌍한 선언을 듣자 그는 열화처럼 화가 나서 한참 동안 말도 못하고 씩씩대다가 가까스로 조금 진정이 되자 소리쳤다.

"돌아가서 네 주인에게 전하라. 해볼 테면 해보라고 말이다. 누가 겁을 먹는다더냐. 왕후니 뭐니 하는 하룻강아지의 이름은 들어 보지 못했다!"

사절단은 돌아와서 왕후에게 이 말을 그대로 보고했다. 이번에는 왕후가 열화처럼 화를 낼 차례였다. 류먼선이 왕후라는 이름 따위는 들어 보지 못했다고 한 말이 내심 그의 긍지를 해친 것이다. 그래서 그는 자기가 자기 생각보다 하찮은 존재인 게 아닐까 속으로 생각했다. 그러나 겉으로는 조금도 내색하지 않고 검은 수염 아래로 이를 갈면서 부하에게 명령하여 그날로 도시까지 군사를 몰아가 성벽 주위에 진을 쳤다. 성문이 굳게 닫혀 들어갈 수 없었으므로 왕후는 부하에게 명령하여 날이 샐 때까지 병사들을 야영하게 했다. 성벽을 둘러싼 해자를 따라 천막을 치고 적의 행동을 정찰하기 위해 감시 초소를 놓았다.

이튿날 해 뜰 무렵, 왕후는 일어나서 호위병을 깨워 북을 치고 나팔을 불어 군대를 집합시켰다. 모인 병사들을 향하여 그는 한두 달을 대기하게 되더라도 명령하는 즉시 싸울 수 있도록 준비해 두라고 명령했다. 그리고 호위병을 데리고 시의 동쪽에 있는 언덕으로 말을 달렸다. 거기에는 오래된 오층탑이 있었다. 그 절에 있는 몇 명의 늙은 승려들을 감시하도록 자신의 호위병들을 아래에 남겨 놓고, 혼자서 탑 위로 올라갔다. 그다지 큰 도시는 아니었다. 인구는 한 5만이나 될까. 그러나 집들은 모두 구조가 훌륭했다. 검은 기와로 인 지붕이 생선 비늘처럼 포개져 있었다. 그는 탑에서 내려와 부하들을 이끌고 해자를 건너려 했으나, 그 순간 높은 성벽 위에서 총알이 빗발처럼 쏟아졌다. 왕후는 서둘러 되돌아왔다.

왕후는 그저 기다리는 도리밖에 없었다. 심복들은 모두 포위전을 주장했다. 인간은 먹지 않고 살 수 없으니 포위해 기아 전술을 쓰는 편이 전투보다 효과적이라는 것이었다. 왕후도 그것이 상책이라고 생각했다. 지금 당장 공격하면 많은 부하들이 생명을 잃게 된다. 성문은 튼튼하고 굵은 목재와 철판을 댄 것이라 파괴할 방법이 없었다. 더구나 성문을 감시하여 식량이 들어가는 것을 막기만 한다면 한두 달 뒤에는 적도 힘을 잃고 항복하게 될 것이다. 그러나 지금 공격에 들어가면 적은 원기 왕성하고 체력도 강하므로 승리가 어느 쪽으로 돌아갈지 알 수 없는 일이다. 이렇게 왕후는 생각했다. 그리하여 그는 기다렸다가 승리가 확실해진 연후에 싸우는 편이 낫다는 결론을 내렸다.

그래서 그는 부하에게 명령하여 모든 성벽을 감시시켰다. 적탄이 미치는 사정거리 밖에 진을 치게 했으므로 적이 쏘는 탄환은 헛되이 해자 안에 떨어질 뿐이었다. 이렇게 성벽 주위를 병사들이 둘러쌌기 때문에 성은 출입이 완전히 불가능해졌다. 왕후의 병사들은 인근 밭에서 작물을 징발하여 곡물, 채소, 과일, 닭 따위를 날마다 배불리 먹었다. 꼬박꼬박 값을 치렀으므로 농민들도 반항하는 일이 없었다. 왕후군의 식량은 충분했다. 이윽고 여름이 왔다. 농토는 풍작이었다. 여름에 너무 건조하지도 않고 지나치게 비가 오지도 않았다. 저 산 서쪽에서는 비가 오지 않아 심한 흉작이라는 소문이었다. 왕후는 이러한 소문을 들었을 때, 이렇게 기름진 땅에 대군을 이끌고 온 것도 자신이 행운아라서 가능했던 일이라 여기고 속으로 은근히 그 행운을 기뻐했다.

이렇게 한 달이 흘렀다. 왕후는 날마다 천막 안에서 있었으나, 누구 하나 굳게 닫힌 성문에서 나오는 자가 없었다. 다시 20일을 기다렸다. 차츰 초조해지기 시작했다. 부하들도 마찬가지였다. 그러나 적은 여전히 완강했다. 해자를 건너려고만 하면 반드시 성벽 위에서 탄환을 퍼부었다. 왕후는 이상한 생각이 들고 화도 났다.

"아직도 무기를 들 힘이 있다니 놈들은 대체 무엇을 먹고 있는 것일까?"

옆에 서 있던 매는 적의 뛰어난 용기에 감탄하면서 땅바닥에 침을 탁 뱉고는 손으로 입을 문지르며 말했다.

"이젠 개고 고양이고, 짐승이라 이름 붙는 것을 죄다 잡아먹은 것이 분명합니다. 집 안의 쥐까지 잡아먹었을걸요."

하루하루 날은 지나갔으나 포위된 성안에서는 두 달이 지나도록 아무런 변화의 기색이 보이지 않았다. 조그만 변화도 놓치지 않으려고 날마다 나가서 지켜보는 왕후는 어느 날 아침, 그가 진을 친 북문 위에 백기가 나부끼는 것을 보았다. 흥분한 그는 서둘러 부하를 시켜 이쪽에도 백기를 올리게 했다. 마침내 포위전은 끝났다고 생각하여 그는 매우 기뻐했다.

이윽고 쇠빗장을 여는 소리가 들리고 북문이 사람 하나가 겨우 통과할 만큼 열렸다가 닫혔다. 왕후는 자기 진지가 있는 해자 이쪽에 서서 숨을 죽이고 기다렸다. 젊은 남자 하나가 대나무 장대 끝에 백기를 달고 천천히 걸어오는 것이 보였다. 그는 부하를 정렬시키고 자신은 그 뒤에 서서 사자를 기다렸다. 사자는 목소리가 들리는 거리에 이르자 소리쳤다.

"화평을 교섭하러 왔습니다. 평화롭게 철수해 주시면, 우리가 가진 은을 모두 드리겠습니다."

왕후는 여느 때처럼 소리 없이 웃으며 조롱하는 말투로 대답했다.

"내가 은만을 목적으로 이렇게 멀리까지 온줄 아느냐? 은은 내 영토에도 얼마든지 있다. 그런 것은 필요 없다! 나는 이 도시와 지방 전체가 갖고 싶다. 그대의 장군에게 항복하고 성을 내놓으라고 전하라!"

젊은 사나이는 깃대에 의지하여 다 죽어가는 표정으로 왕후를 바라보며 애원했다.

"자비를 베푸셔서 철수해 주십시오!"

사나이는 왕후 앞에 꿇어 엎드렸다. 왕후는 일이 뜻대로 되지 않을 때면 으레 그렇듯이, 분노가 끓어오르는 것을 느꼈다. 그는 호통을 쳤다.

"이 지방이 내 것이 될 때까지는 나는 절대로 떠나지 않는다!"

그러자 젊은 사나이는 일어서서 의연히 얼굴을 쳐들고 말했다.

"그렇다면 여기서 한평생 이러고 있어라. 우리는 지지 않는다!"

이렇게 말하고 그 이상 아무 말도 없이 몸을 돌려 성문 쪽으로 걸어가기 시작했다.

왕후는 시커먼 노기가 온몸에 솟구치는 것을 느꼈다. 저 끈질긴 적이 이렇게 범절을 모르는 무례한 사자를 보낸 것에 기가 막혔다. 이렇게 건방진 놈은 본 적이 없다. 생각하면 생각할수록 화가 치밀었다. 별안간 그는 자기도 모르게 분노에 앞뒤를 잊고 소리쳤다.

"저놈을 쏘아라!"

부하는 즉각 명령을 실행했다. 사격은 정확했다. 사자는 해자 위 좁은 다리 위에 엎어지고 백기는 물속에 떨어졌다. 깃대는 해자의 물 위에 헛되이 떴으나 흰 깃폭은 흙탕물에 더러워졌다. 왕후는 부하들에게 달려가서 그를 끌어오라고 명령했다. 부하는 성벽 위로부터의 사격을 받지 않도록 재빨리 달려가서 시체를 끌고 왔다. 그런데 적은 한 발도 쏘지 않았다. 조금 놀란 왕후는 적의 태도가 좀 수상쩍었다. 그러나 이보다 더 왕후로 하여금 수상함을 느끼게 한 것은 눈앞에 쓰러진 젊은 사나이의 시체였다. 그 몸은 시시 각각 죽음의 빛을 띠어 가고 있었으나 아무리 보아도 굶주린 흔적이 보이지 않았다. 왕후는 부하더러 시체의 옷을 벗기게 했다. 젊은이의 시체는 살이 찌지는 않았으나 꽤 살이 잘 붙은 몸이었다. 무엇인가를 먹고 있은 게 명백했다.

왕후는 이런 모습을 보자 조금 충격을 받아 한순간 실망에 잠겨 외쳤다.

"이놈이 이렇게 살이 쪘다니, 놈들은 대체 무엇을 먹고 이토록 오래 저항할 수 있는 것일까?"

그는 성안의 군대를 저주하며 소리쳤다. "좋다, 놈들이 언제까지나 저항을 그치지 않는다면 나도 한평생 포위하고 있을 테다!"

화가 있는 대로 난 왕후는 이날부터 부하들에게 하고 싶은 대로 하라는 명령을 내렸다. 근교에 사는 농민이나 상인들한테서 부하들이 음식물이나 물품 등을 약탈해 와도 전처럼 꾸짖지 않았다. 농민들이 불평을 호소해 와도, 병사들이 민가에 들어가 난폭한 짓을 했다고 호소해 와도 그는 언짢은 듯 이렇게 말할 뿐이었다.

"네놈들은 아주 괘씸한 놈들이다. 네놈들이 몰래 성안으로 식량을 들여보내고 있는 게지. 그렇지 않고서야 이렇게 오래 식량이 떨어지지 않을 까닭이 없다."

농부들은 결코 그런 일은 없다고 맹세하면서 계속하여 간절하게 호소했다.

"어떤 장군님이 오시든 저희들은 상관이 없습니다요. 저희에게서 무거운 세금을 거두어들여 굶주리게 하는 저 비적의 두목을, 저희들이 좋아할 까닭이 있습니까요. 장군님께서 자비로우신 마음으로 병사들에게 나쁜 짓을 하지 않도록만 해 주신다면, 저 류먼선 대신 장군님이 들어서시는 것을 저희들은 진심으로 환영하겠습니다요."

여름날이 지나감에 따라 왕후는 차츰 더 기분이 상해 갔다. 그는 더위를 저주하고, 많은 병사들의 오물에서 들끓는 무수한 파리를 저주하고, 고인 연못에서 솟아나는 모기를 저주했다. 자신의 집이 있고 두 아내가 기다리는 도시를 생각하니, 여기서 이렇게 지내고 있는 것이 짜증이 나 견딜 수가 없었다. 노여움이 그를 여느 때보다 잔인하게 만들었다. 그래서 부하들의 난폭한 행위가 갈수록 심해져도 그것을 말리지 않았다.

대서(大暑)에 들어선 어느 날 밤, 무척 덥고 달이 밝은 밤이었다. 왕후는 잠을 이루지 못한 채 더위를 식히려고 천막 밖을 거닐고 있었다. 연거푸 하품을 해가며 반쯤은 졸면서 뒤따르는 호위의 발걸음이 비틀거렸다. 언제나 그러하듯 왕후는 성벽을 노려보았다. 달빛 속에서 그것은 높다랗게, 거뭇거뭇 치솟아 있었다.

절대로 정복할 수 있을 것 같지 않았다. 바라보고 있는 동안에 다시 노여움이 되살아났다. 요즈음의 그는 노기가 가라앉을 틈이 없었다. 나에게 이만한 고통을 겪게 했으니 싸움에 이기는 날에는 성안의 남자고 여자고 아이들까지도 실컷 괴롭혀 주리라. 그는 마음속으로 노여움을 곱씹었다. 그때 문득 거뭇한 성벽 위에 무언가 검은 물제가 움직이는 것이 보였디. 성벽보다 한결 더 검은 점이 아래로 내려오고 있었다. 왕후는 걸음을 멈추고 가만히 지켜보았다. 처음에는 자신의 눈이 믿어지지 않았다. 그러나 그렇게 눈을 떼지 않고 지켜보고 있자니 틀림없이 조그마한 검은 물체가, 해묵은 성벽에 달라붙어 있는 덩굴이며 메마른 관목 사이를 게처럼 기어내려 왔다. 왕후는 간신히 그것이 사람이라는 것을 깨달았다. 그 사나이는 성벽 밑에 이르자 구르듯이 떨어져서 달빛 속으로 나왔다. 왕후는 그가 백기를 흔들고 있는 것을 보았다.

왕후는 부하 한 사람에게 백기를 들려 그 사나이에게 보내며 자기 앞으로 데려오라고 명령하고는 그 자리에 서서 기다렸다. 대체 어떤 인간인가 확인하려고 눈을 크게 뜨고 응시했다. 사나이는 왕후 앞에 이르자 발 아래 꿇어 엎드려 자비를 빌었다. 왕후는 큰 소리로 말했다.

"그자를 일으켜 세워라. 어떤 자인가 보자."

병사 두 명이 나아가 그를 일으켜 세웠다. 가만히 그를 들여다보는 동안에 왕후는 가슴이 터질 것 같은 심한 분노가 끓어올랐다. 이 사나이도 굶주린 기미가 보이지 않는 것이었다. 앙상하게 여위어 빛은 검었지만 굶주리고 있지는 않았다. 왕후는 소리쳤다.

"성을 내주기 위해서 왔느냐?"

사나이는 대답했다. "아닙니다. 그렇지는 않습니다. 저희 장군은 아직 식량이 있으므로 성을 비우지는 않습니다. 저희들처럼 장군의 측근에 있는 자들에게는 날마다 음식이 주어집니다. 주민들이 굶주리는 것만은 사실입니다만, 그런 것은 신경쓰지 않습니다. 저희들은 아직 당분간은 견딜 수가 있습니다. 몰래 남방으로 사자를 보내어 구원을 요청했으므로 원군이 오는 데 희망을 걸고 있는 거지요."

이 말을 들은 왕후는 몹시 불안해져서, 되도록 분노를 누르고 의심쩍은 듯이 물었다.

"항복하러 온 게 아니라면, 대체 무얼 하러 왔느냐?"

사나이는 뚱하게 대답했다. "여기에 온 것은 저 혼자만의 생각입니다. 제가 모시는 장군은 저를 잘 대우해 주지 않습니다. 그는 사납고 증오할 만한 짐승입니다. 난폭하고 무식합니다. 하지만 저는 품위 있는 가정에서 태어났습니다. 아버지는 학자였지요. 저는 예를 배웠습니다. 그런데 그자는 저를 제 부하들 면전에서 모욕했습니다. 사내란 많은 것을 용서할 수 있지만, 모욕은 용서할 수 없습니다. 그것은 저에 대한 모욕일 뿐 아니라 제가 대표하는 조상에 대한 모욕이니까요. 그는 자기 조상에 대해서 알지도 못하겠지만, 제 조상의 하인 정도 신분에 지나지 않았을 겁니다."

"어떤 모욕을 받았는가?" 속으로 사태 진전에 놀라면서 왕후는 물었다.

사나이는 깊은 원한을 드러내며 대답했다. "그자는 제가 총을 겨누는 자세를 보고 욕지거리를 했습니다. 사격은 제가 가장 자랑하는 특기라서 겨냥한 것은 놓치는 일이 없는데 말입니다."

왕후는 가까스로 사정을 짐작할 수 있었다. 조롱과 모욕이 인간의 마음에, 비록 친구 사이라도 심한 증오를 낳는다는 것을 그는 잘 알았다. 모욕을 당하면 인간이란 복수를 위해 무슨 일이고 마다 않는 법이다. 특히 이 사나이처럼 긍지 높은 인간은 더하다. 보아하니 확실히 이자는 명문 출신인 듯했다. 왕후는 단도직입적으로 물었다.

"어떤 보상을 바라는가?"

그는 주위를 둘러보았다. 왕후의 호위병들이 멍하니 입을 벌리고 듣고 있었다. 사나이는 몸을 굽혀 소곤거렸다.

"장군님의 천막으로 데려가 주십시오. 거기서 말씀 드리겠습니다."

왕후는 성큼성큼 자기 천막으로 들어가서 부하더러 그자를 데려오라고 했다. 그의 배신행위를 경계하여 호위병 대여섯 명만 남겨 놓고 나머지는 모두 밖으로 내보냈다. 그러나 그는 왕후를 해칠 생각은 전혀 없고, 오로지 류먼선에 대한 복수심에 불타고 있는 것만은 분명했다. 그가 하는 말을 듣고 왕후는 그것을 깨달았다. 사내는 이렇게 말했다.

"저에게는 류먼선에 대한 증오와 복수심이 있을 뿐입니다. 다시 한 번 성안으로 돌아가서 장군님을 위해 성문을 열어 드리고 싶습니다. 제가 부탁드리고 싶은 것은 오직 하나뿐입니다. 저와 제가 거느리는 소수의 부하들을 장군님의 부하로서 보호해 주십시오. 만일 류먼선을 죽이지 못하면 그는 끈질긴 놈이므로 끝내 저를 찾아내어 죽이고 말 것입니다."

그러나 왕후는 그만한 원조를 받고서 그 정도의 보수로 그칠 인물이 아니었다. 그는 두 병사 사이에 끼여 서 있는 사나이를 똑바로 바라보며 말했다.

"너는 정말 무인다운 인간이구나. 모욕은 못 참는 법이다. 훌륭한 인간은 모욕을 참아서는 안 된다. 자네같이 용감하고 훌륭한 인물을 부하로 삼는 것은 나로서도 바라던 바다. 성안으로 들어가서 네 밑에 있는 모든 병사들에게, 총을 들고 항복해 오는 자는 한 사람도 죽이지 않고 우리 군에 편입시켜 준다고 전하라. 너는 우리 군의 대위에 임명한다. 그리고 은 2백 닢을 상금으로 주겠다. 총을 들고 너를 따라 오는 자들에게도 저마다 은 5닢씩을 주겠다."

일그러져 있던 사나이의 얼굴이 갑자기 환해졌다. 그는 열정적으로 외쳤다.

"장군님이야말로 제가 평생 동안 찾고 있던 인물이십니다. 이제 얼마 안 있으면 날이 샙니다. 오늘 태양이 중천에 떴을 때 저는 어김없이 장군을 위해 성문을 열겠습니다!"

그는 이렇게 말하더니 느닷없이 몸을 돌려 성 쪽으로 돌아갔다. 왕후는 일어서서 천막 밖으로 나가 사나이가 민첩하고 교묘하게 성벽을 기어오르는 것을 지켜보았다. 그는 원숭이처럼 날렵하게 나무뿌리며 덩굴을 잡고 올라가 이윽고 성벽 너머로 사라졌다.

태양이 솟아올라 지평선 저쪽 하늘과 맞닿는 언저리를 벌겋게 물들였다. 왕후는 적에게 새로운 계획이 진행되는 것을 눈치채이면 곤란하므로 조용히 병사들을 깨우라고 명령했다. 그러나 많은 부하들은 이미 성내에서 몰래 사람이 찾아온 것을 알고 있어서, 날도 새기 전에 일어나 횃불도 밝히지 않고 은밀히 전투 준비를 갖추고 있었다. 달빛이 휘영청 밝아 해거름 정도의 빛이 있었으므로 방아쇠의 상태를 살피거나 구두끈을 꿰는 정도는 쉬웠던 것이다. 태양이 완전히 떠올랐을 무렵에는 모든 병사들이 이미 제자리에 서 있었다. 왕후는 전의를 북돋우기 위해 그들에게 고기를 먹이고 술을 주었다. 배불리 먹고 기분이 좋아진 병사들은 진군의 북소리가 울리기를 기다렸다.

이윽고 해가 높이 떠올라 숨이 콱콱 막히는 열기를 도시 주변의 평야에 쏟았다. 왕후는 일어서서 큰 소리로 호령했다. 부하들은 미리 지시받은 대로 긴 육렬 종대로 집합해 있었다. 왕후의 호령에 맞춰 일제히 함성을 질러 그 소리가 온 하늘에 메아리쳤다. 함성을 지르면서 병사들은 손에 든 무기를 쳐들었다. 이렇게 총검을 번쩍이며 한꺼번에 돌진해 갔다. 어떤 자는 다리 위로 연못을 건넜으나 대부분은 얕은 여울을 건너 물을 뚝뚝 흘리며 건너편 둑으로 올라갔다. 그리하여 성벽 밑을 따라 북문에 쇄도했다. 부대장들은 간밤에 온 그 사나이의 말이 사실인지, 혹시 계략이 아닌지 의심하고 있었으므로 왕후를 전면에 내세우지 않았다. 그러나 왕후는 증오가 극심하면 반드시 복수한다는 것을 알고 있었으므로 그 사나이의 말을 믿고 있었다.

이렇게 그들은 기다렸다. 성안으로부터는 아무런 소리도 들리지 않았다. 성벽에서는 총을 쏘는 소리도 들리지 않았다. 이윽고 태양이 중천에 높이 걸릴 무렵 왕후는 긴장된 눈으로 성문을 쏘아 보았다. 그러자 커다란 철문이 조금씩 열리며 누군가가 내다보는 듯했다. 문 쪽에서 가느다란 빛이 비쳤다. 왕후가 돌격을 명하자 부하들은 한꺼번에 돌진해 갔다. 왕후도 그들과 더불어 진격했다. 그들은 성문으로 쇄도하여 단숨에 문을 활짝 열었다. 둑 터진 격류처럼 성안 곳곳으로 밀어닥쳤다. 포위전은 끝난 것이다.

왕후는 잠시도 주저하지 않았다. 곧바로 비적의 두목이 쓰던 본부로 안내하라고 명령하고, 비적의 두목을 찾아낼 때까지는 자유행동은 하지 못한다고 부하들에게 외쳤다. 한시바삐 약탈하고 싶은 욕망에 병사들은 여기저기 겁에 질린 백성들에게 길을 물으며 서둘러 그를 궁전으로 안내해 갔다. 그러나 왕후가 북을 치고 나팔을 불며 류먼선이 있는 호화로운 궁전에 들이닥쳤을 때, 안은 이미 텅 비어 있었으며 그는 벌써 달아나고 없었다. 어떻게 하여 그가 부하의 배신을 알았는지 알 수 없었으나, 왕후의 부하들이 북문으로 쳐들어갔을 때 이미 늙은 비적은 심복 부하들과 함께 남문으로 빠져나가 평야를 쏜살같이 달려가고 있었던 것이다. 남겨진 적 병사들로부터 이 사실을 듣고 왕후는 남쪽 성벽으로 달려가 먼 곳을 바라보았다. 아득히 먼 저편에 모래 먼지가 이는 것을 볼 수 있었다. 왕후는 추적할까 잠시 망설였으나, 그가 바라는 것은 이 지방의 심장부인 이 현성이고 그것은 이미 손안에 들어왔으므로 비적의 두목이나 몇 명의 부하쯤 하잘것없는 존재라 생각하고 뒤쫓지 않기로 했다.

왕후는 성벽에서 내려와 텅 빈 궁진으로 돌아갔다. 두목에게 버림받은 적병들이 항복하고 나와서 보호를 빌었다. 왕후는 정전(正殿)을 차지하고 앉아 많은 적병들이 항복해 오는 것을 보고 기뻐했다. 기근이 들었을 때만 볼 수 있는 피골이 상접한 적병들이 열 사람 스무 사람 한 덩어리가 되어 속속 나타났다. 그러나 모두 다 무기는 들고 있었다. 왕후 앞에 꿇어 엎드려 항복의 뜻을 나타내기 위해서 두 손을 내밀었을 때, 왕후는 그들을 모두 용서하고 먹고 싶은 대로 실컷 먹이는 한편, 은 5닢씩을 나누어 주라고 명령했다. 이윽고 적장을 배신한 사나이가 부하들을 이끌고 들어오자 왕후는 약속한 은 2백 닢을 손수 그에게 건네주고, 대위 군복을 가져오게 하여 그 자리에서 내주었다. 이렇게 하여 왕후는 그 사람이 자기를 위해서 세운 공로를 잊지 않고, 약속대로 보수를 주고 부하로 삼았던 것이다.

모든 것이 일단락되자 왕후는 부하들에게 약속한 일을 실행해야 할 때가 왔음을 깨달았다. 약탈 행위를 너무 오래 연기하여 왔으므로 더 이상 미룰 수가 없었다. 그래서 본의는 아니었지만 자유행동을 허락한다는 명령을 내렸다. 이상하게도, 갖고 싶었던 것을 일단 손에 넣고 나니 백성들에 대한 분노가 사라지고 그들을 괴롭히는 것이 주저되었다. 그러나 부하에 대한 약속도 어길 수는 없었다. 그래서 그는 사흘 동안의 자유행동을 허락하고, 홀로 궁전에 들어가 문을 굳게 닫아 걸고 호위병 말고는 아무도 가까이 오지 못하게 했다. 그런데 1백 명 내외의 호위병들도 약탈하러 가고 싶어 가만히 있지를 못했다. 번갈아 가게 해 달라는 요구가 빗발쳐 끝내 다른 병사들을 불러들여 교대시켜 주었다. 교대하러 온 병사들은 약탈에 흥분하여 눈에는 핏발이 서고 짐승 같은 욕망을 감추지 못하는 얼굴이었다. 왕후는 눈을 다른 데로 돌리고 시중에서 자행되고 있을 일을 생각하지 않으려 애를 썼다. 늘 곁에 데리고 있는 조카가 호기심에 사로잡혀 시내로 구경을 가고 싶어하자, 화를 내기 알맞은 상대를 발견한 왕후는 그에게 모든 노여움을 쏟아 부었다.

"나와 피를 나눈 자가 저런 천하고 야비한 인간들과 함께 약탈을 하러 가겠다는 게냐?"

그는 언제나 조카를 자기 눈이 미치는 곳에 두었다. 그리고 저것을 가져오너라, 그것을 집어 오너라, 술 가져오라, 먹을 것을 가져오라, 갈아입을 옷을 가져오너라, 하는 식으로 잠시도 한가한 때가 없도록 일을 시켰다. 꼭 닫아 건 궁전 안 깊숙이까지 희미하게나마 시중에서 외치는 소리가 들려 올 때면 왕후는 더한층 거친 소리로 곰보에게 호통을 했다. 숙부가 울화통을 터뜨리는 바람에 곰보는 땀이 마를 겨를이 없었다. 그러나 그는 한 마디 말대꾸도 할 수 없었다.

사실 왕후는 노하지 않으면 잔인해질 수가 없는 사람이었다. 화가 났을 때가 아니면 사람을 죽이지 못한다는 것은, 사람을 죽이는 것이 영달의 수단인 군벌의 우두머리에게는 그야말로 약점이었다. 냉혹해지거나, 대의명분을 위해서가 아니면 사람을 죽이지 못한다는 것을 자신의 약점이라고 왕후는 깨닫고 있었다. 이곳 백성에 대한 노여움을 끝까지 간직하지 못한다는 것은 그 약점의 표현이라고 생각하고, 백성은 자기를 위해서 성문을 열어 줄 방법을 생각했어야 하는데 고집스럽고 어리석게 끝내 그러지 않았으니 그들을 쉽게 용서해선 안 된다고 그는 자신을 타일렀다. 병사들이 주저주저 다가와 먹을 것이 없다고 하자 그는 분노와 고통이 뒤섞인 기분으로 소리쳤다.

"뭐라고? 약탈을 허락한 너희들에게 양식까지 제공해 줘야 한단 말이냐?"

그러자 병사들이 대답했다. "시중에는 쌀 한움큼도 없습니다. 금은이나 비단은 먹을 수가 없습니다. 그런 것은 있어도 먹을 것은 없습니다. 농민들은 아직 무서워하여 농작물을 팔러 오지를 않습니다."

부하들이 하는 말은 틀림없는 사실일 것이다. 왕후는 참을 수가 없어져 입을 다물었다. 그러나 아무튼 부하들에게는 양식을 나눠 주어야 했다. 그리하여 양식의 급여를 명령했으나 그 표정은 매우 언짢아 보였다. 한 기세 좋은 병사가 이렇게 지껄이는 소리가 들렸다.

"그래, 여자들은 모두 빼빼 말라서 마치 털 뽑은 닭 같더란 말이야. 그래서야 어디 재미가 있어야지."

이 말을 듣자 왕후는 자기 생활이 갑자기 못 견디게 싫어졌다. 홀로 별실로 들어가 앉아 한참 동안 신음했어도 쉽게 일어설 기운이 나지 않았다. 그러나 그는 다시 마음을 독하게 먹고 기운을 차렸다. 손에 넣은 풍요한 토지를 생각해 보기도 하고, 자기 세력이 얼마나 강대해졌나 생각해 보기도 하고, 이 전쟁으로 자기가 다스리는 영토가 두 배 이상 커진 것을 생각해 보기도 했다. 이것이 자기의 일이요, 위대해지는 길이라고 자신을 타일렀다. 마지막으로 가장 그를 위로해 주는 것은, 그에게는 두 아내가 있고 그 가운데 하나가 반드시 아들을 낳아주리라는 생각이었다. 그는 마음속으로 소리쳤다.

'태어나는 아이를 위해서, 나는 불과 사흘 동안 남이 괴로워하는 것도 참지 못하는가?'

그는 그렇게 하여 사흘 동안 마음을 독하게 먹고 있었다. 그리고 부하들과의 약속을 지켰다.

나흘째 이른 아침, 그는 잠을 이룰 수 없었던 침대에서 일어나 성안 도처에서 나팔을 불게 했다. 자유행동의 기간이 끝났으니 돌아오라는 신호다. 왕후는 그날 아침 여느 때보다도 거칠고 무시무시한 얼굴을 하고 있었다. 그 검고 굵은 눈썹이 눈 위에서 줄곧 꿈틀거렸다. 모두 무서워하여 명령을 어기는 자가 없었다.

다만 한 사람 명령에 따르지 않은 자가 있었다. 왕후가 사흘 동안 꼭 닫혀 있던 문을 열고 나가는데, 가까운 골목에서 희미하게 우는 소리가 들려 왔다. 이러한 외침에 민감해진 왕후는 무슨 일인가 하고 곧 그리로 다가가 보았다. 부하 한 사람이 군영으로 돌아오는 길목에서 지나치던 노파의 손가락에 끼여 있는 금반지를 발견한 것이었다. 노파는 노동자의 아내나 그런 사람으로 크게 돈이 될 만한 것을 가졌을 까닭이 없고, 그 반지도 가느다란 것이어서 그다지 값이 나갈 물건도 아니었으나, 병사는 갑자기 마지막 소득으로 그 조그마한 금반지를 빼앗고 싶은 욕망에 사로잡혀, 노파의 팔을 비틀어 올렸다. 노파는 비명을 지르며 호소했다.

"이 반지는 벌써 30년이나 끼고 있었답니다. 이제 와서 어떻게 뺄 수가 있겠어요."

집합하라는 나팔 소리가 울리고 있었으므로 병사는 마음이 조마조마했다. 왕후가 보는 앞에서 그는 단검을 뽑아 노파의 손가락을 잘라 버렸다. 노파의 허약하게 여윈 손에도 아직 피는 남아 있어 줄줄 흘러내렸다. 병사는 당황하고 있었으므로 왕후의 존재를 깨닫지 못했다. 왕후는 크게 소리치며, 긴 칼을 뽑아 단번에 병사의 가슴을 찔렀다. 그는 틀림없는 왕후 자신의 부하였다. 그러나 왕후는 그를 찔렀다. 자기 눈앞에서 굶어 죽기 직전의 가엾은 노파에게 그토록 무참한 짓을 저지르는 것을 보고 심한 분노가 치밀어 올랐던 것이다. 병사는 소리도 지르지 못하고 쓰러졌다. 피가 시뻘건 흐름이 되어 분출했다. 노파는 비록 자기를 구하기 위해서라고는 하지만 너무나 처참한 광경에 겁이 나, 상처 입은 손가락을 낡은 앞치마로 둘둘 말고 어디론가 사라졌다. 왕후는 두 번 다시 노파의 모습을 보지 못했다.

왕후는 병사의 윗도리로 장검의 피를 닦았다. 지금 자기가 한 일을 후회해서는 안 된다고 생각하며 등을 돌렸다. 이미 죽이고 말았으니 후회해 봐야 소용이 없다고 생각한 것이다. 왕후는 다만 호위병들에게 죽은 병사의 총을 거두라고 명령하고는, 곧바로 그 자리를 떠났다.

왕후는 시내를 돌아보고, 백성들이 더없이 수척해져 있는 것과 그 수가 매우 적은 데 놀랐다. 그들은 문간까지 기어나와 문지방 앞에 있는 걸상에 멍하니 앉아 있었다. 왕후가 가을의 강한 햇빛을 받으며 씩씩하게 걸음을 옮기고, 그 뒤를 따르는 호위병들이 무기를 번쩍이며 구두 소리도 요란스레 지나가도, 사람들은 고개를 들어 바라볼 만한 기력마저 없었다. 마치 송장처럼 가만히 앉아 있었다. 왕후는 무언가 묘한 부끄러움과 놀라움을 느껴, 걸음을 멈추고 말을 건넬 기분도 나지 않았다. 그는 그저 고개를 높이 쳐들고 사람들의 모습은 보지 않고 가게만 보는 체했다. 가게에는 왕후가 본 적도 없는 물건이 잔뜩 진열되어 있었다. 이 도시는 남쪽으로 큰 강이 흐르고, 그 강은 바다로 흘러 들어가고 있어서 이런 물건들도 들어오는 것이었다. 왕후가 일찍이 본 적이 없는 진귀한 외국 물품들뿐이었다. 그러나 모두 아무렇게나 널려 있고 오랫동안 사가는 손님도 없었던 듯 먼지가 뽀얗게 앉아 있었다.

이 도시에서 볼 수 없는 것이 두 가지 있었다. 먼저, 어디에서도 식료품을 팔지 않았다. 시장은 텅 비어 조용하고, 거리를 활기차게 만드는 음식물의 행상이나 노점 상인들의 모습도 보이지 않았다. 그리고 또 어린아이들의 모습이 없었다. 왕후는 처음 한동안 거리가 조용한 것을 깨닫지 못했다. 이윽고 그것을 깨닫자 왜 이렇게 조용할까 이상하게 생각했다. 여느 때 같으면 집집마다 아이들이 떠드는 소리며 웃는 소리가 넘쳐흐르고, 개구쟁이들이 한길을 뛰어다니는 법인데 그것이 없으니 이렇게 조용하구나 하고 그는 겨우 깨달았다. 왕후는 갑자기 여기에 남겨진 남녀들의 여위고 마른, 어둡고 무감각한 얼굴을 보는 것이 견딜 수 없어졌다. 그러나 그는 군벌이라면 누구나 하는 것을 했을 뿐이었다. 그의 영달의 길은 그것밖에는 없으니 죄악으로 볼 수는 없는 일이었다.

그러나 왕후는 군인치고는 너무나 인정이 많았다. 그는 지금 자기 손에 들어온 이 도시의 참상을 보다 못해 발길을 돌려 궁전으로 돌아갔다. 기분이 우울해지고 상할 대로 상해서 부하들을 보면 마구 호통을 쳐서 눈에 띄지 않는 곳으로 쫓아 버렸다. 약탈에 만족한 그들의 높은 웃음소리며 질릴 때까지 욕정을 채운 번들거리는 눈이 견딜 수 없었던 것이다. 그들이 손가락에 끼고 있는 금반지며 차고 있는 외국제 시계 등 수많은 약탈품을 보면 울화가 치밀었다. 더욱 기막힐 노릇은 두 심복마저 금반지를 끼고 있는 것이었다. 매의 억센 손가락에도 금반지가 끼여 있었고 돼지 백정의 굵고 완고한 손가락 마디에는 비취 반지가 걸려 있었다. 손가락이 너무 굵어 더 들어가지 않아, 손가락 중간에 걸려 있었다. 이런 꼴을 보고 왕후는 자기가 그들로부터 멀리 떨어져 있음을 절실히 느꼈다. 저놈들은 야비하고 천한 짐승 같은 인간들이다, 하고 마음속으로 중얼거리며 뼈에 사무치는 깊은 고독을 느꼈다. 그리고 매우 기분이 상해서 자기 방에 들어박힌 채 누군가가 들어오면 아무것도 아닌 일을 가지고 호통을 치곤 했다.

왕후는 하루이틀 이렇게 들어박혀 있었다. 병사들은 왕후가 화가 나 있는 것을 보고 겁이 나서 얼마간 침착을 되찾았다. 왕후는 다시 마음을 단단히 먹고 생각했다. 이것이 전쟁이라는 것이다. 이것은 내가 선택한 인생이요, 나에게 주어진 천명이다. 시작했으니 무슨 일이 있더라도 해내야 한다고 스스로에게 타일렀다. 그는 일어나서 몸을 씻었다. 지난 사흘 동안 노여움에 사로잡혀 몸도 씻지 않았고 수염도 깎지 않았었다. 옷을 갈아입고 이 도시의 현장에게 사자를 보내어 곧 출두하여 귀순하게 했다. 그러고는 궁전 객실로 들어가 앉아 현장이 오기를 기다렸다.

현장이 온 것은 한두 시간 뒤였으나, 그래도 그는 되도록 서둘러서 오는 참이었다. 현장은 유령처럼 여위고 창백한 얼굴로 두 부하의 부축을 받으며 들어와서, 왕후 앞에서 한 번 절하고 그의 말을 기다렸다. 왕후는 그 품위 있는 얼굴을 보고 좋은 가문 출신의 학자라는 것을 알아챘다. 그래서 자기도 의자에서 일어나 절하고 먼저 현장에게 의자를 권한 다음 자기도 자리에 앉았다. 그러나 상대의 얼굴을 보자 눈이 휘둥그레질 뿐 말이 나오지 않았다. 현장의 얼굴과 손이 너무나 기괴하고 더없이 무서운 빛을 띠고 있었기 때문이다. 하루이틀 바짝 말린 간장(肝臟) 같은 빛깔이었다. 게다가 가죽이 뼈에 붙었다고 해도 될 만큼 말라 있었다.

이 비참한 모습에 놀라 왕후는 저도 모르게 소리쳤다.

"어찌 된 일이오? 귀공도 먹을 것이 없었단 말이오?"

현장은 선선히 대답했다. "그렇습니다. 백성들도 굶주리고 있었으니까요. 더욱이, 이것이 처음이 아닙니다."

"그러나 처음 화평을 교섭하러 온 사자는 살이 쪘던데."

"그렇습니다. 그 사람은 처음부터 사자로 내보낼 목적으로 특별히 살을 찌워 두었지요. 아직도 식량이 충분해서 장기간 견딜 수 있는 것처럼 보이기 위해서였을 것입니다."

왕후는 그 책략의 교묘함에 자기도 모르게 감탄하여 소리쳤다.

"그러나 그 다음에 나온 대위도 굶주리지는 않았던데!"

현장은 다시 선선히 대답했다. "병사들에게는 누구보다 많이 먹였습니다. 마지막까지 될 수 있는 대로 먹이려고 했지요. 그러나 일반 백성들은 굶주려서 몇백 명씩이나 죽어 갔습니다. 노인과 어린애들은 모두 죽었습니다."

왕후는 탄식하며 말했다. "그래서 어린애의 모습이 아무 데도 보이지 않았구나." 왕후는 잠시 현장의 얼굴을 보고 있다가 이윽고 용기를 내어 해야 할 말을 꺼냈다.

"지금 바로 우리 쪽으로 귀순하시오. 나는 그 군벌 대신, 그가 여태까지 지배하고 있던 귀공이나 이 지방 전체를 다스릴 권리를 손에 넣었소. 오늘부터는 내가 통치자요. 나는 이 지방을 북방에 있는 나의 영토에 더할 것이오. 이 지방의 조세 수입은 앞으로 내 손에 들어와야 할 것이오. 다달이 일정한 액수와 그 밖에 조세 수입의 일정 비율을 요구하겠소."

왕후는 마지막으로 두세 마디 정중한 말을 덧붙였다. 그는 예의를 모르는 인간이 아니었다. 현장은 힘없는 텅 빈 목소리로 대답을 했다. 바짝 마른 입술을 움직이니 그 푹 꺼진 입에서 너무나 희고 큰 이가 나타났다.

"우리는 장군의 말씀에 따르겠습니다. 다만 앞으로 한두 달 동안, 우리가 이 타격에서 회복될 때까지 유예해 주시기 바랍니다." 여기서 말을 끊은 현장은, 이윽고 매우 고통스러운 어조로 다시 말을 이었다. "우리는 평화롭게 살 수 있고, 다시 일을 시작하여 생계를 세우고 아이들을 기를 수 있게만 된다면 누가 통치하든 문제가 아닙니다. 장군이 다른 군벌을 물리칠 만큼 강력하고, 우리들 세대 동안 안전하게 살 수 있게 해주신다면 저도 주민들도 기꺼이 세금을 바칠 것입니다."

이것만이 왕후가 듣고 싶어하던 말이었다. 현장의 가냘프고 숨 가쁜 목소리를 듣고 있으니 그가 한없이 가엾어진 그는 커다란 소리로 부하에게 명령했다.

"술과 음식을 가져와서 이분과 이분을 따라온 사람들에게 대접해라."

술과 음식이 나오자 그는 심복들을 불러서 지시했다.

"병사들을 데리고 성 밖으로 나가서 강제로라도 농부들에게 곡물과 채소를 시중에 가져오도록 해라. 이런 비참한 싸움의 뒤끝이니 백성들이 음식을 사 먹고 체력을 회복할 수 있도록 해 주어야 한다."

이렇게 왕후가 민중들을 생각하는 공정한 처치를 보여 주자 현장은 그에게 감사했다. 한편 왕후는 그 감사에 감동하고, 현장의 예의 바르고 고상한 사람됨에 감탄했다. 왜냐하면 그는 거의 굶어 죽을 지경이라 눈앞의 식탁에 차려진 음식에 눈이 빛났음에도 욕망을 꾹 참으며 주먹을 움켜쥔 채 손님이 주인에게 해야 할 정중한 인사부터 예를 갖추어 한 다음, 왕후가 주인 자리에 앉을 때까지 체면을 지켜 수저를 들지 않았기 때문이었다. 식사를 시작한 뒤에도 걸신 든 모습을 보이지 않으려고 무척 자제했다. 왕후는 현장이 매우 딱해져서, 마침내 볼

일이 있다는 구실로 자리를 떴다. 그리고 현장이 혼자서 실컷 먹게 해 주었다. 현장의 부하들은 별실에서 먹고 있었다. 나중에 왕후는 부하들이 그들의 밥그릇과 쟁반이 씻을 필요가 없을 만큼 깨끗하더라고 놀라며 말하는 것을 들었다.

시장에 다시 물건들이 가득 쌓이고 길거리 양쪽에 행상인들이 바구니나 좌판에 음식물을 늘어놓기 시작한 것을 보고 왕후는 더없이 행복해졌다. 시내의 남녀들은 날로 살이 쪄 갔다. 얼굴에서 어두운 빛이 사라진 대신 건강하고 맑은 혈색을 되찾았다. 겨우내 왕후는 성안에 머무르면서 조세를 관리하고 행정상의 개혁을 단행했다. 성안에서는 다시 아이들이 태어나기 시작했다. 어머니들이 갓난아기에게 젖을 물리는 모습을 보자 왕후는 참을 수 없이 기뻤다. 그러한 정경은 왠지 모르게 왕후의 마음 깊은 곳을 자극했다. 다만 알 수 있는 것은 자신의 집으로 돌아가고 싶다는 사실이었다. 이때 처음으로 그는 두 아내에 대하여 이것저것 진지하게 생각했다. 그리고 연말에는 집으로 돌아갈 계획을 세웠다.

왕후가 포위전을 마쳤을 무렵, 다른 지방에 내보냈던 첩자들이 돌아와서 북방군과 남방군 사이에 다시 전쟁이 일어났다고 알렸다. 그리고 이 무렵 그들은 다시 돌아와 북군의 승리로 끝났다는 소식을 전했다. 왕후는 서둘러 사절단을 성의 군장에게 보내어, 은과 비단의 선물과 편지를 전하게 했다. 군벌 가운데는 글을 아는 자가 적었으므로 왕후는 자기가 읽고 쓸 줄 아는 것이 조금 자랑스러웠다. 그래서 이 편지도 자기가 손수 써서, 지금은 이쪽 세력도 커졌으므로 큼직한 붉은 도장을 찍었다. 자기는 남방의 한 장군과 싸워서 이를 멸망시키고 강가에 있는 영토를 북방군을 위해서 점거했다는 사연을 썼다.

그러자 군장으로부터 왕후의 성공에 대해 칭찬하는 정중한 회신이 왔다. 그리고 매우 훌륭한 새 관위를 왕후에게 내렸다. 더구나 군장의 요구는 해마다 성군(省軍)을 위해 일정 액수의 은을 보내 달라는 것뿐이었다. 왕후는 자신이 아직 이것을 거절할 만큼 강력하지 않다는 것을 알고 있었으므로 이를 응낙하고 마침내, 국가 안에서 지위를 확립했다.

연말이 가까워질 무렵 왕후는 자신의 현재의 지위를 검토해 보았다. 영토는 두 배 이상이 되어 있었으며, 더욱이 불모의 산악 지대를 제외하고는 땅이 기름져서 보리며 쌀, 소금과 땅콩, 고무, 콩 등을 대량으로 산출했다. 게다가 바다로 나가는 통로도 확보해서, 앞으로는 해외로부터 필요한 것을 사들일 수도 있었다. 총이 필요할 때도 이제 형인 왕 상인의 신세를 질 필요가 없었다.

왕후는 거대한 외국제 대포가 무척 갖고 싶었다. 그 늙은 비적 두목이 남겨 놓고 간 것 가운데, 왕후가 이제껏 보지 못한 진기한 대포가 두 문이나 있었기 때문이다. 그리고 이도록 빈들빈들하고 좋은 철로 만들어진 것을 보면 꽤 솜씨 좋은 대장장이가 만든 것이 분명했다. 대포는 매우 무거워서, 스무 명 이상의 병사들이 힘을 합치지 않으면 움직일 수 없었다.

왕후는 이 대포에 무척 호기심이 생겨, 어떻게든 발사하는 것을 보고 싶었다. 그러나 아무도 조작 방법을 몰랐다. 게다가 탄환도 눈에 띄지 않았다. 그러나 기어이 두 개의 둥그런 쇠공이 낡은 창고 안에 감추어져 있는 것을 찾아냈다. 왕후는 그것이 대포의 탄환이라는 것을 알고 매우 기뻐하며 대포를 성문 뒤 들판에 있는 오래된 절 앞 넓은 마당으로 끌어내게 했다. 처음에는 대포를 쏘아 보겠다는 자가 한 사람도 없었으나, 왕후가 많은 상금을 내겠다고 하자 일찍이 적장을 배신한 그 대위가 앞으로 나섰다. 그는 상금도 탐이 났고 왕후의 눈에 들고 싶던 것이다. 게다가 그는 딱 한 번 대포를 발사하는 것을 본 적이 있었다. 모든 준비가 끝나자 그는 탄환을 재우고 긴 장대 끝에 솜씨 좋게 횃불을 묶어 멀리서 도화선에 불을 붙였다. 연기가 나기 시작하는 것을 보고 그들은 다함께 멀찍이 달아나서 기다렸다. 대포는 포탄을 발사했다. 대지는 뒤흔들리고 하늘까지도 요란하게 울리며 연기와 불꽃이 튕겨나갔다. 왕후마저도 비틀거리며 한순간 공포로 심장이 멎는가 싶을 정도였다. 굉음이 가라앉은 뒤에 보니 오래된 절은 부서진 기왓더미로 바뀌어져 있었다. 왕후는 언제나 그러하듯 소리 없이 웃었다. 이렇게 좋은 장난감, 이토록 훌륭한 무기를 손에 넣은 것이 기뻤던 것이다.

"이런 대포만 갖고 있었더라면 성문쯤 문제없이 부술 수 있었을 테니, 포위전 따위는 하지 않아도 되었을 것을." 그리고 잠시 생각한 뒤 대위에게 물었다. "어째서 류먼선은 이걸 우리에게 쏘지 않았을까?"

대위는 대답했다. "미처 생각하지 못한 겁니다. 이 대포는 제가 그전에 모시고 있던 장군을 류먼선이 격파했을 때 전리품으로 가져온 것입니다. 이곳에 가져오기는 했으나 한 번도 쏜 적은 없습니다. 탄환이 있다는 것조차 알지 못했지요.

현공서 문 옆에 오래도록 놓아 두었습니다만, 이 대포가 무기라곤 아예 생각지 못한 것이지요.”

왕후는 이 대포를 매우 소중히 여겨, 여기에 필요한 더 많은 탄환을 사야겠다고 생각했다. 그리고 자기가 언제든지 볼 수 있는 장소에 갖다놓게 했다.

지난 1년 동안에 성취한 일을 되돌아보고 왕후는 크게 만족하여 집으로 돌아갈 준비를 시작했다. 대군을 시내에 남겨 놓고 오랜 부하에게 지휘를 맡겼으며, 새로 생긴 군사들은 자기가 이끌고 돌아가기로 했다. 그리고 잠시 생각한 끝에 믿을 수 있는 두 사람을 이 도시의 최고 지휘관으로 남겨 두기로 했다. 매와 곰보 두 사람이다. 곰보는 이제 다 커서 훌륭한 청년이 되어 있었다. 키는 그리 크지 않았으나 어깨가 떡 벌어져 곰보라는 것만 빼면 풍채도 그다지 나쁘지 않았다. 곰보 자국은 늙어 죽을 때까지 없어지지 않을 것이다. 왕후는 이 두 사람을 남기는 것이 가장 좋겠다고 생각했다. 곰보는 너무 젊어 혼자서는 지휘를 할 수 없었고, 매는 완전히 믿을 수가 없었다. 그래서 두 사람을 짝지어 놓은 것이다. 왕후는 곰보를 살짝 불러서 말했다.

“만일 매가 조금이라도 수상하다고 생각되거든 밤낮을 가리지 말고 급히 알려야 한다.”

청년은 명령대로 하겠다고 약속했다. 이렇게 높은 지위에 오른 데다가 숙부와 떨어져 자립하게 된 기쁨에 눈을 반짝였다. 왕후도 육친이면 믿을 수 있기에 안심하고 출발할 수 있었다. 모든 준비를 끝내고 아무 걱정도 없어진 왕후는 그의 근거지로 개선했다.

이 도시의 주민들은 전쟁 때 파괴된 시가지를 착착 재건해 가고 있었다. 가게에 상품이 들어차고 비단과 무명을 짜 내는 베틀도 움직이기 시작했다. 지난 일은 지난 일로서, 모두가 하늘이 정한 운명이라 여기고, 아무 말 없이 재건에만 몰두했다.

23

왕후는 귀향길을 서둘렀다. 잔류 부대가 무사한지 걱정이 되어 보러 간다고 그는 말했다. 그것을 주요한 이유로 생각했던 것은 사실이었다. 그러나 그가 고향길을 서두른 데는 그보다 깊은 까닭이 있었다. 그것은 아이가 태어났는가 얼른 가서 보고 싶은 마음이라는 것을 그 자신도 잘 몰랐다. 그는 이미 열 달 가까이 집을 비웠다. 그동안에 학문이 있는 쪽의 아내로부터 두 번 편지를 받았다. 두 통 모두 예의 바른 편지였으며 남편에 대한 존경에 찬 말이 나열되어 있었으나, 십안이 모두 무사하다는 사연 밀고는 그다지 볼 것이 없었디.

그러나 의기양양하게 자기 집 뜰에 발을 들여놓았을 때 그는 첫눈에 하늘이 아직 자신의 편이며, 행운은 아직 계속되고 있다는 것을 확인했다. 바람도 없이, 남쪽의 햇빛이 따뜻하게 비치고 있는 뜰에서 두 아내가 저마다 젖먹이를 안고 앉아 있었던 것이다. 젖먹이는 양쪽 다 머리에서 발끝까지 새빨간 옷을 입었으며, 아직 제대로 가누지 못하는 작은 머리에는 꼭대기가 뚫어진 빨간 모자가 씌워져 있었다. 학문이 없는 쪽의 아내는 아기 모자에 조그마한 금빛 부처님을 여러 개 수놓았으나, 학문이 있는 쪽의 아내는 그런 행운의 부적 따위를 믿지 않았으므로 꽃을 수놓았다. 이 차이 말고는 두 젖먹이가 똑같아 보였다. 놀란 왕후는 눈을 껌벅거리며 바라보았다. 아기가 둘이나 태어났을 줄은 생각지도 못했던 것이다. 그는 떠듬거리면서 간신히 말했다.

"어, 어찌 된 일이냐……."

학문이 있는 아내가 일어났다. 그녀는 동작이 기민하고 말에도 품위가 있었다. 옛 시나 고전에서 인용한 문구 따위를 간간이 섞어 가며 말하기도 했다. 그녀는 하얗게 반짝이는 이를 보이면서 미소 지으며 말했다.

"안 계시는 동안 저희들이 낳은 아기예요. 머리끝에서 발끝까지 튼튼하고 나무랄 데 없는 아기들이랍니다."

이렇게 말하고 그녀는 자기 아이를 안아 올려 왕후에게 보였다.

또 한 사람의 아내도 가만있지 않았다. 자기가 낳은 아이는 사내아이고 학문 있는 아내 쪽은 여자아이였기 때문이다. 여느 때 같으면 새까만 이와 이 빠진 자리를 보이고 싶지 않아 좀처럼 입을 열지 않지만, 오늘은 잠자코 있을 수 없어 서둘러 일어서서 입을 오므리고 말했다.

"이쪽은 아들이에요. 저쪽은 딸이지만요!"

왕후는 아무 대답도 하지 않았다. 이렇게 갑자기 자기 아이가 둘이나 태어났다니 어찌 된 영문인지 알 수가 없어 말을 하지 못했던 것이다. 그는 두 조그마한 생명체를 말없이 가만히 바라보았다. 어린애 쪽에서는 그를 조금도 보고 있지 않은 것 같았다. 아니, 아기들은 마치 옛날부터 그곳에 있던 나무나 벽이라도 보듯 아무렇지도 않게 왕후를 바라보았다. 아기들은 햇빛을 받아 눈이 부신 듯 깜박거렸다. 남자아이 쪽이 몸에 어울리지 않는 커다란 재채기를 했다. 왕후는 이렇게 작은 것에서 어쩌면 그렇게 큰 소리가 나올까 놀랐다. 여자아이 쪽은 새끼 고양이처럼 입을 벌리고 하품을 했다. 아버지는 그러한 모습을 놀란 얼굴로 지켜보고 있었다. 그는 여태까지 한 번도 어린애를 안아 본 적이 없었다. 그래서 자기 아이들도 안아 볼 생각을 하지 못했다. 언제나 전쟁 이야기만 하고 있어서 이런 경우 두 아내에게 뭐라고 말을 해야 좋을지 알 수 없었다. 그를 따라온 부하들은 장군에게 아기들이 태어난 것을 기뻐하여 탄성을 질렀으나 그는 조금 굳은 미소를 띠었을 뿐이었다. 그러나 부하들이 지르는 탄성이 귀에 들어오기 시작하자 왕후는 깊은 기쁨을 느끼며 중얼거렸다

“여자는 으레 아이를 낳는 법이야!”

가슴이 기쁨으로 가득 차서 그는 재빨리 자기 방으로 들어갔다.

방에서 몸을 씻고 식사를 한 다음 딱딱해 보이는 군복을 벗고 부드럽고 진한 남색 비단옷으로 갈아입었다. 옷을 갈아입으니 이미 저녁때였다. 이슬 내리는 밤이 소리 없이 서늘하게 찾아왔다. 왕후는 홀로 숯을 피운 화로 옆에 앉아서 지나온 과거를 돌이켜 보았다.

언제든, 중요한 순간에는 행운의 혜택을 입은 듯이 여겨졌다. 너무 운이 좋아서 이 이상 바랄 것이 없을 것 같았다. 이제 아이들이 태어났으므로 그가 하는 행동에도 목적이 생겼다. 이렇게 생각하니 가슴이 기쁨으로 부풀었으며 여태까지의 모든 슬픔과 쓸쓸함을 잊고 방 안의 정적을 향해 느닷없이 소리쳤다.

“저 아들을 나는 참된 용사로 기르겠다!” 그는 일어나서 기쁨에 못 이겨 자기의 허벅지를 찰싹찰싹 때렸다.

한동안 그는 저도 모르게 미소를 띠고 방 안을 걸어 다녔다. 그는 생각했다. 자기 아들이 있는 것은 얼마나 즐거운 일이냐! 이제는 형의 아들들에게 의지할 필요도 없다. 내가 죽은 뒤에도 뒤를 이어 전쟁으로 얻은 영토를 넓혀 줄 아들

이 생긴 것이다. 그러자 자기에게는 딸도 있다는 생각이 떠올랐다. 딸은 어떻게 하면 좋을까 잠시 생각했다. 격자창문 앞에 서서 수염을 만지며 잠자코 딸을 생각하던 그는 이윽고 확신 없는 어조로 중얼거렸다.

"때가 오면 훌륭한 군인과 결혼시키는 거지. 딸한테는 그렇게 해 주는 수밖에 더 있겠나."

이날부터 왕후는 두 아내에게 새로운 목적을 품고 접했다. 더 많은 아들을 낳아 주었으면 하는 생각에서였다. 피가 이어지지 않은 자처럼 그를 배신하는 일이 결코 없는, 참되고 효성스러운 아들들이 아내들에게서 더 태어나겠지, 기대했기 때문이다. 그는 이제 마음과 몸을 해방하는 수단으로 아내들을 접하는 일이 없어졌다. 마음의 우울은 아들만 한 번 보면 다 가셨다. 그리고 자기 육체로부터는 많은 아들이 태어나서, 자기가 노령에 이르러 심신이 시들었을 때, 곁에서 자기를 지탱해 주는 충실하고 용감한 무인이 될 터였다. 두 아내는 저마다 왕후의 총애를 얻으려고 은밀히 노력했으나 그는 공평하게 두 사람을 찾았다. 두 사람 가운데 어느 한쪽을 더 사랑하지도 않고, 양쪽 모두 그 나름대로 만족했다. 두 사람에게 똑같이 한 가지밖에 바라지 않았으니 양쪽에 대한 요구는 같았다. 아들이 태어난 이상 어느 여자도 사랑하지 않는다는 것 따위는 이미 그에게는 아무런 문제도 되지 않았다.

이리하여 충족된 기분 가운데 겨울이 지나갔다. 새해 첫날이 왔다. 다행했던 지난해를 감사하며 왕후는 예년보다 성대하게 새해를 축하했다. 부하들에게 술과 고기를 내리고 포상으로 은을 주었다. 또 그들이 갖고 싶어하는 담배, 수건, 양말 따위 자질구레한 일용품도 나누어주었다. 아내들에게도 선물을 주었으므로 축하일에는 온 집 안에 기쁨이 넘쳤다. 그런데 새해에 어울리지 않는 일이 한 가지 일어났다. 그것은 축일 뒤에 일어났으므로 기쁨을 방해하지는 않았다. 어느 날 밤, 늙은 현장이 자다가 죽은 것이다. 잠에 취해 몽롱한 채 아편을 너무 피웠는지, 아편중독으로 몽롱해져서 추위를 견디지 못했는지 원인은 알 수 없었다. 아무튼 현장이 죽었다는 통지를 받자 왕후는 훌륭한 관을 주문하고, 품위 있는 노인을 위해 빈틈없는 장례식을 준비시켰다. 준비가 모두 끝나고 이 도시 출신이 아닌 현장의 관을 언제라도 그의 고향으로 보낼 수 있게 되었을 때, 현장의 늙은 부인이 망부가 남긴 아편을 피우고 스스로 남편 뒤를 따랐다는 보고가 들어왔다. 이 노부인은 늘 앓고 있어서 밖에 나간 적이 없었으므로 왕후는 한 번도 만난 일이 없었다. 누구도 그 죽음을 슬퍼하지 않았다. 왕후는 또 관을 하나 주문하고, 모든 준비가 끝나자 세 사람의 부하들에게 수행시켜 두 관을 이웃 성에 있는 그들의 고향으로 보냈다. 왕후는 노현장의 죽음을 정식으로 서류에 적어 감독 관청에 보고하기로 했다. 언청이에게 몇 사람의 병사를 딸려 보고서를 들려 보내면서 그는 살며시 언청이를 불러 말했다.

"입을 귀에 대고 하지 않으면 못할 말이 있다. 그러니 보고서에는 쓰지 않았으나 기회가 있거든 전해라. 새 현장 선출에는 내 의견도 들어주어야 한다고 말이다."

언청이는 이 말을 듣고 고개를 끄덕였다. 왕후는 안심했다. 이런 혼란한 시대에는 새 현장의 부임 같은 것이 그리 쉽게 행해지지 않는다. 왕후는 자기 홀로 훌륭하게 통치할 수 있었다. 그는 새 현장에 대한 것을 모두 잊어버리고 이제까지 노현장이 살던 가장 안쪽 방을 아내들에게 주었다. 그리하여 자기 가족 이외의 사람들이 이 방에 살고 있었다는 것을 금방 까맣게 잊어버렸다.

다시 봄이 가까워졌다. 금년은 모든 점에서 행운이었다. 새 영토로부터는 좋은 보고가 와 있었으며, 갖가지 세금 수입도 순조로워 많은 양의 은이 흘러 들어오고, 병사들은 충분히 급여를 받아 만족해하며 왕후를 칭송했다. 그래서 왕후는 올해 청명절(淸明節)에는 고향의 아버지 집으로 돌아가 형들과 함께 명절을 쇠기로 결심했다. 그것은 대갓집에 어울리는 일이었으며, 자식들이 모여 아버지 산소의 벌초도 하는 시기이기 때문이었다. 게다가 왕후는 성묘 외에 작은형과의 대차 관계를 정리할 필요도 있었다. 이제 그쯤은 간단하게 갚을 수 있었으므로, 빌려 쓴 은전을 모두 갚고 개운한 기분이 되고 싶었다. 그래서 왕후는 병사 몇 사람을 형들에게 보내어 공손한 말투로 처자와 하인들을 데리고 청명절 날 찾아가겠다는 의중을 전했다. 이에 대해 왕이, 왕얼 두 형들은 정중하게 환영한다는 뜻을 보내왔다.

이윽고 모든 준비가 갖추어지자 왕후는 키 큰 붉은 말에 올라앉아 호위병을 거느리고 출발했다. 그러나 이번 여행에는 노새가 끄는 몇 대의 마차에 두 아내와 하녀들이 타고 가므로 왕후는 말을 서서히 몰고 나아갔다. 이렇게 가족을 이끌고 가는 자신이 자랑스러웠다. 처자를 거느린 행렬의 선두에 서서 말을 몰아 가는 왕후는 자기가 선조 대대로 이어오는 계보 속에서 하나의 확고한 위치를 차지하고 있음을 느꼈디. 수양버들이 싹을 틔우고 복숭아꽃이 피기 시작하여 봄의 정취가 절정에 접어드는 이때만큼 자기 영토가 아름답고 풍요해 보인 적이 없었다. 모든 골짜기와 산중턱에 연한 초록과 분홍빛이 뒤섞여 있었으며 촉촉히 젖은 갈색의 대지가 봄 햇살을 받고 있는 것을 바라보고 왕후는 문득 아버지를 떠올렸다. 아버지는 봄마다 수양버들 가지며 꽃핀 복숭아 가지를 꺾어 가지고 돌아와 흙벽집 문간 위에 장식했었다. 아버지와 자기 아들을 생각하고 있으니, 왕후는 긴 생명의 연쇄 속에서 자기가 한자리를 차지한 것을 느꼈다. 이제는 그전처럼 자기 혼자 남겨진 것처럼 고독하지 않았다. 이때 비로소 어린 시절 아버지에게 품었던 깊은 분노를 완전히 용서한 기분이 되었다. 다만 그 자신은 용서한 것을 깨닫지 못했다. 노여움에 불탔던 소년 시대부터 줄곧 응어리졌던 한이 풀려 상쾌한 바람에 씻겨 간 것만을 느꼈을 뿐이었다. 그는 마침내 진심으로 평온해졌다.

이러한 기분으로 왕후는 아버지의 집에 돌아왔다. 막내아들로서 혹은 막냇동생으로서가 아니라, 자신의 위업을 성취하고 자기 아들의 아버지가 된 훌륭한 사나이로서 의기양양하게 돌아온 것이다. 사람들은 그가 이룩한 업적을 진심으로 칭송했고, 형들은 빈객을 맞이하듯 모두 나와 그를 환영했다. 형수들은 누가 더 환영의 말을 청산유수로 할 수 있는가 서로 경쟁이라도 하는 것 같았다.

사실을 말하면 형수들 사이에서 왕후와 그 가족들을 어느 집에 재우느냐 하는 것을 두고 한바탕 다툼이 벌어졌었다. 왕이의 부인은 왕후의 명성이 높아졌으므로 그를 손님으로서 맞이한다는 것은 명예로운 일이라 생각하고, 왕후가 자기 집에 묵는 것이 마땅한 일이요, 자기들의 권리이기도 하다고 생각했다. 그녀는 남편에게 말했다.

"우리가 막내 서방님의 정실을 골라 드렸으니까 우리 집에 머무시는 것이 당연한 일이에요. 그 동서는 아주 교양 있고 품격 있는 사람이니까 둘째 서방님 댁의 무지한 시골뜨기 마누라와는 도저히 같이 있을 수가 없을 거예요. 만일 재우고 싶다면 작은부인을 재우면 되잖아요? 막내 서방님과 큰부인은 무슨 일이 있어도 우리 집에 재워야 해요. 막내 서방님이 우리 집 애들 중에 누군가를 눈여겨보고 이끌어 줄지 누가 알아요? 아무튼 둘째 서방님 부인이 막내 서방님한테 쓸데없는 소리를 하거나 멋대로 하게 두어서는 안 돼요!"

그러나 왕 상인의 처도 몇 번이나 끈질기게 남편을 졸라 대며 결코 뜻을 굽히려 하지 않았다.

"형님이 서방님 일행을 묵게 한들, 그렇게 많은 사람들을 대접할 줄이나 알겠어요. 기껏해야 비구, 비구니 스님들이나 먹는 초라한 풀때기밖에 대접할 줄 모르는데."

숙박 문제에 대한 양쪽의 암투는 마침내 서로 맞대고 욕설을 퍼붓는 지경으로까지 발전했다. 명절이 가까워짐에 따라 차츰 큰 소리로 입씨름을 벌이게 되고, 해결 방법을 찾지 못한 채 서로 고집을 부려 조금도 양보하려 들지 않았다. 이 모양을 본 남편들은 늘 만나는 찻집에서 만나 의논했다. 두 형제는 양쪽 아내들이 서로 아웅다웅하는 덕분에, 평소에는 생각도 할 수 없을 만큼 마음이 맞았다. 이미 묘안을 생각해 두었던 왕 상인이 형에게 말했다.

"형님이 말씀하시는 것도 일리는 있습니다마는, 아버님께서 쓰시던 비어 있는 채에 동생 가족을 묵게 하면 어떨까요? 그곳은 렌화의 것이지만, 렌화도 이제 완전히 늙어서 노름을 그만둔 뒤로는 전혀 사용하지 않고 있습니다. 그 집에 재우게 되면 비용도 우리 둘이서 절반씩 나누어 낼 수 있고, 또 그것을 이유로 든다면 안에서들도 얌전해질 테니까요."

젊을 때 같으면 왕이는 자기가 생각한 것을 끝까지 주장했겠지만, 나이를 먹고 살이 지나치게 찐 뒤로는 모든 일이 귀찮아져서 하루 가운데 대부분은 아무 일도 하려 들지 않았다. 성가신 일을 피할 수 있다면 무엇이든 좋았다. 그래서 이 안도 매우 좋은 방법인 것 같았다. 그는 권세가 강해진 막냇동생의 호의를 얻어 두고 싶은 기분은 있었으나, 큰동생이 자기 이상의 호의만 얻지 않는다면 그다지 신경 쓰이지 않았다. 전에는 집에 손님을 초청하는 것을 좋아했지만 차츰 게을러짐에 따라 손님 따위는 부르지 않는 것이 마음이 가벼웠다. 집에 손이 있으면 늘 예의범절을 갖추어야 하므로 피로해지기 때문이다. 그래서 동생의 의견에 기꺼이 찬성했다. 둘은 집으로 돌아가서 저마다 자기 아내에게 이 안을 이야기했다. 이것은 모두를 위해 정말 훌륭한 타협안이었으며 쌍방의 아내는 저마다 체면을 잃지 않아도 되었다. 그래서 두 사람 모두 자기야말로 왕후 일행을 대접하는 것처럼 보이게 하겠다고 속으로 결심했다. 더욱이 술이며 요리며 하인들에게 줄 행하(行下) 등 막대한 비용이 절반씩 부담된다는 것도 아내들의 마음에 들었다. 이것만으로도 모두가 받아들이기에는 충분했다.

그리하여 왕룽이 중년 이후에 살았던 안채를 청소하고 다시 칠하여 깨끗하게 만들었다. 렌화는 이 집을 전혀 사용하지 않고 있었다. 하녀가 어쩌다가 들어 쉬는 정도였다. 요즘 렌화는 늙어서 살만 피둥피둥 찌고 두쥐안과 하녀들만을 상대로 살고 있었다. 나이를 먹어 감에 따라 눈은 어두워지고 나중에는 주사위마저 보이지 않게 되어 좋아하는 노름의 숫자조차 못 보게 되었던 것이다. 자주 그녀 집에 놀러 오던 노부인들도 차례로 세상을 뜨거나 자리보전한 채 일어나지 못했다. 그래서 렌화는 시중을 드는 하녀들만을 상대로 쓸쓸하게 살아가고 있었던 것이다.

렌화는 하녀들을 심하게 부려 먹었다. 시력이 약해짐에 따라 혀에는 점점 더 가시가 돋쳤다. 하녀들이 그 독설을 견디지 못해 오래 붙어 있지 않았으므로 왕 형제는 비싼 임금을 그녀들에게 지불해야 했다. 마음대로 나갈 수도 없는, 돈에 팔려 온 종들 가운데서는 렌화의 혹사에 못 이겨 두 사람이나 자살했다. 한 사람은 유리로 만든 싸구려 귀걸이를 삼켰으며, 한 사람은 자기가 일하는 부엌의 대들보에 목을 맸다. 그 이상 렌화의 잔혹한 처우를 견디느니 죽음을 택한 것이다. 렌화는 하녀들에게 차마 들을 수 없는 욕지거리를 쥐어짜는 소리로 퍼부을 뿐 아니라 마구 꼬집기까지 했다. 다른 모든 아름다움이 사라져 버린 요즘도 늙어서 살이 찐 손만이 이상하게도 아름다움을 간직하고 있어 매끄럽고 윤이 났지만, 실제로는 아무짝에도 쓸모가 없는 그 손으로 렌화는 어린 계집애들의 팔을 피부가 자줏빛이 될 정도로 꼬집는 것이었다. 그래도 만족하지 못할 때는 담뱃대의 불을 하녀의 어리고 부드러운 살갗에 마구 문질러 댔다. 그녀가 이런 학대를 하지 않는 사람은 두쥐안뿐이었다. 두쥐안은 무슨 일에서나 의지가 되었으므로 그녀만은 특별 취급을 했던 것이다.

두쥐안은 옛날과 조금도 변함이 없었다. 그녀도 이젠 나이를 먹어 전보다 한결 더 여위고 시들었지만 그 늙은 육체에는 젊은 때와 거의 변함없는 기력을 간직하고 있었다. 눈빛은 날카롭고 혀끝은 신랄했으며 얼굴은 온통 주름투성이였으나 두 볼은 붉었다. 또 예나 다름없이 탐욕스러웠다. 다른 하녀들이 렌화의 것을 슬쩍 집어가지 않도록 감시하는 입장이었으나 더 많이 훔쳐 가는 것은 그녀 자신이었다. 렌화의 눈이 흐려진 지금, 그녀는 무엇이건 갖고 싶은 것을 렌화에게서 훔쳐 자기의 비밀 재산을 자꾸만 늘려 갔다. 렌화는 나이를 먹고 머리가 둔해져 어떤 보석을 갖고 있었던가, 어떤 모피를 갖고 있었던가, 공단옷이나 비단옷은 어떤 것을 갖고 있었던가 까맣게 잊어버렸으므로 두쥐안이 무엇을 훔쳤는지 알지 못했다. 렌화가 갑자기 생각이 나서 그것을 가져 오라고 할 때는 두쥐안은 되도록 말을 돌려 잊어버리게 하려고 애를 썼다. 그러나 끝내 고집을 피우며 잊으려 하지 않을 경우에는 하는 수 없이 자기 궤에서 꺼내와 렌화에게 주었다. 렌화가 한두 번 만져 보고 그것으로 흡족해져서 다시 잊어버리고 말면 다시 자기 궤 속에다 집어넣었다.

그러나 하녀들은 이 일을 입 밖에 내지 않았다. 그들에게는 두쥐안이 사실상의 여주인이었기 때문이다. 왕 형제도 그녀를 소중히 대했다. 두쥐안을 대신할 만한 사람을 얻을 수 없다는 것을 알고 있었으므로 되도록 화를 내지 않게 하고 있었다. 그러므로 두쥐안이 렌화에게서 이것도 얻었다, 저것도 주더라 하고 말해도 하녀들은 모르는 체했다. 왜냐하면 두쥐안은 음흉하고 사악해서 이러쿵저러쿵 말을 냈다가는 눈 하나 꿈쩍 않고 음식에 독을 탈지도 몰랐기 때문이었다. 두쥐안은 하녀들에게 겁을 주기 위해 자기가 독살 기술에 훤하다는 것을 이따금 자랑 삼았다. 렌화는 눈이 잘 안 보이게 되자 하나에서 열까지 두쥐안에게 의지하게 되었다. 이제는 무섭게 살이 찐 몸 때문에 거의 침대에서 살았다. 조각을 한 큼직한 흑단 의자에 오후 한때 잠시 앉아 있을 뿐 다시 곧 침대로 돌아갔다. 의자와 침대 사이의 그 짧은 거리마저도 네 사람 이상 하녀들의 부축을 받지 않고는 걷지 못했다. 일찍이 대나무처럼 날씬하여 왕룽에게 뜨거운 사랑을 받던 육체도 지금은 괴물처럼 거대해지고, 전에 왕룽이 자랑으로 삼고 기쁨으로 삼았던 작고 예쁜 발 또한 이제는 거구에 짓눌린 말뚝처럼 되어 버렸다.

어느 날 렌화는 옆 건물에서 왁자하게 사람 소리가 들려오자 무슨 일이냐고 물었다. 왕후가 처자를 거느리고 청명절에 부친의 성묘를 위해 찾아온다는 말에 렌화는 언짢아서서 밀했다.

"여긴 애들을 데려오지 말아라. 나는 옛날부터 애들이 가장 싫으니까!"

그것은 사실이었다. 렌화는 아이가 없었으므로 예전부터 묘하게 어린아이들을 싫어했다. 아이를 낳을 수 없는 나이가 되고부터는 특히 그러했다. 동생과 함께 온 왕이가 달래며 말했다.

"아니, 아니, 저쪽 대문을 쓸 테니 이쪽에는 아예 얼씬도 않을 것이오."

렌화는 여전히 투덜거렸다.

"그 온다는 사람이 어느 아들이지? 이젠 다 잊어버렸네. 내가 부리던 얼굴이 새하얀 종년을 흘끔흘끔 쳐다보던 그 아들인가. 우리 영감님이 그 종년을 첩으로 삼았을 때 집을 뛰쳐나간 바로 그 아들이지?"

두 형제는 깜짝 놀라 얼굴을 마주 보았다. 이런 이야기는 들은 적이 없었던 것이다. 렌화는 늙어감에 따라 음탕한 이야기를 예사로 떠들었으므로 두 형제는 아이들을 그 곁에 가지 못하도록 하고 있었다. 나오는 대로 마구 지난날 일을 지껄어 대는 것이었다.

왕 상인은 당황하여 말했다.

"그런 것은 조금도 몰랐군. 아우는 이제 유명한 장군이 되어 있으니까 그런 말을 들으면 명예를 더럽힌다고 화를 낼걸요."

렌화는 그 말을 듣고 크게 웃더니 돌을 깐 땅바닥에 침을 탁 뱉고 언성을 높였다.

"당신네 남자들은 노상 명예, 명예 하고 떠들어 대지만, 그 명예란 것이 얼마나 한심한 것인지 우리 여자들은 잘 알고 있어!"

그녀는 자기 말에 두줘안도 웃어 주길 바라며 "그렇지, 두줘안?" 하고 말했다. 언제나 렌화 곁에 붙어 있는 두줘안은 요란한 소리로 웃어 댔다. 두 여자는 점잔을 빼는 두 중년 사나이들의 당황하는 꼴이 우스웠다. 형제는 환영 준비를 하인들에게 지시하기 위해 서둘러 나가 버렸다.

준비가 다 되었을 때 왕후가 가족을 데리고 도착하여 전에 부친이 머물던 방에 묵게 되었다. 그 방은 깨끗이 치워져서 옛날을 추억할 만한 것은 아무것도 남아 있지 않았다. 자기와 아들 이외에 누군가가 전에 여기서 기거했다는 사실은 전혀 머리에 떠오르지 않을 정도였다.

이윽고 청명절이 찾아와 온 집안사람들이 자기의 개인적인 원한을 이때만은 잊었다. 왕이와 왕얼의 처들조차 집안 식구들이 모두 모인 자리에서는 서로 예를 갖추어 공손히 인사했다. 모든 것이 아무 탈 없이 법도대로 진행되었다. 왕룽의 아들들은 돌아가신 아버지에 대해 몇 가지 정해진 의무를 마쳤다.

마침 명절 이틀 전이 왕룽의 생일이었다. 그가 오늘날까지 살아 있다면 나이 구십에 이르렀을 것이다. 아들들이 다 모였으므로 부친의 추도회를 열기로 했다. 왕후는 자기 아들을 갖고부터 아버지에 대한 원망도 자연히 사라졌으며, 이제는 아버지에서 아들, 아들에서 손자로 이어지는 유대관계 속에 자기도 한 위치를 차지하고 싶다는 열망을 갖고 있었으므로 기꺼이 찬성했다.

그리하여 왕룽의 생일에 아들들은 많은 손님들을 초대하여, 부친이 살아 있었으면 이렇게 했으리라 생각되는 큰 잔치를 베풀었다. 기쁨이 넘치고, 축하 인사가 오가고, 생일 잔치에 알맞은 갖가지 음식이 차려졌다. 형제들은 그 자리에 왕룽의 위패를 모셔 놓고 그 앞에 머리를 숙여 왕룽이 태어난 날을 축하했다.

그날 장남 왕이는 많은 중들을 불러 엄청난 시주를 했다. 아우들도 저마다 시주를 했다. 중들은 왕룽의 영혼을 위로하여 영계에서 행복하게 지내도록 온갖 경을 읽었으며, 신성한 불경의 문구며 글자를 쓴 종이 같은 것으로 큰 방을 장식했다. 반나절 동안 집 안에는 높고 낮은 독경 소리와 목탁을 때리는 둔탁한 소리가 넘쳤다.

이만한 일을 왕룽을 추모하기 위해 집행하고 나서 아들들은 처자를 데리고 조상의 산소를 찾았다. 그들은 묘마다 깨끗이 벌초하고 새로 흙을 덮어 봉분을 높게 쌓았다. 무덤마다 봉분 꼭대기를 뾰족하게 하여 그 위에 한 덩어리의 흙을 놓았다. 솜씨 있게 가늘게 자른 흰 종이가 그 흙에 눌려 있었다. 흰 종이쪽지가 향기로운 봄바람 속에서 팔랑거렸다. 왕룽의 아들들은 무덤 앞에 머리를 조아리고 향을 피웠다. 자기 아들들에게도 배례를 시켰다. 가장 자랑스러웠던 것은 왕후였다. 그는 어린 아들을 데려와 그 조그마한 머리를 숙이게 했다. 그때 그는 이 아들을 통해서 아버지와 할아버지 그리고 형들과 맺어진 것이었다.

집으로 돌아오는 길에 보니 무덤이 있는 곳에서는 어디서나 사람들이 모여 자기네들이 오늘 왕릉을 위해서 한 것과 똑같은 일을 조상을 위해 하고 있는 것이 눈에 띄었다. 조상을 추모하는 날이었기 때문이다. 왕 지주는 여느 때와 달리 감개에 젖어 말했다.

"오늘부터는 여태까지보다 꼬박꼬박 이런 일을 하도록 하자. 공양을 할 날도 이제 10년밖에 안 남았어. 10년 뒤 아버님은 백 살이 되신다. 그러면 다른 몸에 깃들어서 다시 이 세상에 태어나시는 거야. 그때에는 생신을 축하할 수도 없다. 언제 어디서 다시 태어나실지 알 수 없으니까 말이야."

아버지가 된 왕후는 의젓한 목소리로 말했다. "그렇습니다. 꼭 그렇게 합시다. 그래야 우리들도 죽고 나면 아들들이 공양을 해 줄 테니까요."

그들은 모두 이제까지와는 달리, 서로가 한 핏줄임을 강하게 느끼면서 묵묵히 그리고 엄숙히 집으로 돌아갔다.

이런 의식들이 끝나자 모두 축제의 기쁨에 잠겼다. 명절 날이 저물 무렵에는, 생각지도 못한 훈훈하고 향기로운 밤이 되어, 호박빛으로 빛나는 밝고 또렷한 달이 하늘에 떠올랐다. 이날 밤 가족들은 모두 롄화가 사는 별채의 안마당에 모였다. 롄화가 갑자기 푸념을 늘어놓았기 때문이다.

"나는 쓸쓸한 늙은이야. 아무도 내 곁에 와주지 않고, 나를 한 식구로 봐 주지도 않거든."

이렇게 말하고 슬퍼하며 늙어 보이지 않게 된 눈에 눈물을 흘렸으므로 두쥐안은 형제들한테 가서 말했다. 형제들은 이날 부친과 부친에 관계 있는 것들에 대해서 이상하게 다정해져 있었기 때문에 그녀에게 양보하여, 왕이의 부인이 자기네 안마당에서 베풀고 싶어 했던 연회를 롄화의 안마당에서 열기로 한 것이다. 크고 아름다운 정원이었다. 한쪽 모퉁이에는 남방에서 가지고 온 석류나무가 심어져 있고 한가운데는 팔각형의 조그마한 연못이 있어 가냘픈 초승달이 수면에 둥실거렸다. 그들은 과자를 먹고 술을 마셨다. 아이들은 달빛 아래 즐거워 뛰어

다니며, 나무 그늘에 들어가 숨바꼭질을 하다가는 다시 나와 돌아다니면서 과자를 집어 먹고 몰래 술도 입에 대 보고 했다. 그들은 김이 솟아오르는 갓 장만한 맛있는 음식을 배불리 먹었다. 잘게 다진 돼지고기로 만든 만두며, 흑설탕으로 만든 맛있는 사탕 등 제삿날에 만드는 갖가지 음식을 실컷 먹었다. 음식이 풍부하게 있었으므로 노예들까지도 먹고 싶을 만큼 먹었고 시중을 드는 하녀들도 문짝 뒤에 숨어서, 혹은 술을 가지러 가는 체하면서 슬쩍 먹었다. 그렇다고 그들을 나무라는 사람은 없었다. 부인들은 날카로운 눈으로 그것을 발견하고도 이날 밤의 흥을 깰까 두려워 이날만은 모른 척해 주었다.

그들이 이렇게 웃고 마시고 하는 옆에서 음악을 잘하는 왕이의 장남이 피리를 불기 시작하자 가느다란 손가락을 한 넷째 아들이 두 개의 가는 대나무 막대로 현을 타며 거문고를 연주했다. 두 사람은 봄에 부치는 고전적인 가락을 켠 다음 밝은 달에 부치는 어느 젊은 여인의 슬픈 노래를 한두 곡 불렀다. 그들의 합주가 매우 훌륭했으므로 어머니인 왕이 부인은 그만 신이 나서 몇 번이나 칭찬하며 한 곡이 끝날 때마다 큰 소리로 외쳤다.

"한 곡 더 해 봐라! 초승달 아래서 이렇게 연주하는 것도 참 좋구나!"

더욱이 그녀는 아들들의 늘씬하고 아름다운 자태가 자랑스러웠던 것이다.

그러나 교양도 없고 음악을 즐길 줄도 모르는 아들들을 가진 왕 상인의 처는 크게 입을 벌리고 하품을 하는가 하면 이 사람 저 사람에게 큰 소리로 말을 건네곤 했다. 특히 자기들이 왕후에게 골라 준 동서에게 자꾸만 말을 걸었다. 이 동서만을 자꾸 추어올리고, 학문이 있는 쪽의 동서는 노골적으로 무시하는 태도를 보였다. 그리고 왕후의 딸은 거들떠보지도 않고 아들만을 얼굴을 비벼 대고 끌어당겨 안아 보고 하면서 언제까지나 놓아 주지 않았다. 모르는 사람들은 그 아이가 아들로 태어난 것이 실로 그녀의 공훈인가 여길 정도였다.

왕이 부인은 왕얼의 처에게 불쾌감이 서린 시선을 몇 번이나 던졌다. 왕얼의 처는 그것을 모르는 체하며 즐겼을 뿐 드러내 놓고 입씨름을 벌이지는 않았다. 다른 사람들은 아무도 깨닫지 못하는 듯했다. 왕이가 일어나 하인들을 시켜 만찬 음식을 날라 오게 했다. 그때부터가 정식 연회다. 시중을 드는 사람들은 잇따라 산해진미를 날라 왔다. 이 향연을 위해서 왕이가 준비시킨 진수성찬이다. 왕얼이나 왕후는 여태까지 한 번도 먹어 본 적이 없는 많은 요리가 나왔다. 오리 혀를 향료에 절인 것이며 검은 껍질을 벗긴 오리발 등, 식욕을 돋우는 호화로운 요리가 잔뜩 차려졌다.

그날 밤엔 모두 포식을 했으나 왕성한 식욕에서 렌화를 따를 사람은 아무도 없었다. 그녀는 먹을수록 더 명랑해졌다. 조각된 커다란 익자에 앉은 그녀에게 시중 드는 하녀가 요리란 요리는 모두 그릇에 덜어 주었으나, 그래도 모자라 때로는 자기 손으로 떠 오려고까지 했다. 그럴 때는 다른 하녀가 그녀의 손을 잡아 주었다. 그러면 그녀는 도기 숟갈을 요리 접시에 푹 찔러 넣고, 늙어 떨리는 입으로 옮겨다가, 크게 소리를 내며 게걸스레 먹었다. 고기건 무엇이건 닥치는 대로 먹었다. 이는 아직도 튼튼하고 멀쩡했던 것이다.

차츰 흥겨워지자 렌화는 이따금 음식을 떠먹던 손을 멈추고 한두 가지 음담패설을 지껄였다. 젊은 사람들은 어른들 앞이라 조심하면서도 킥킥거렸다. 그녀는 그들이 이를 악물고 참던 웃음소리를 터트리면 더 신이 나서 자꾸만 그런 이야기를 되풀이했다. 왕이조차 점잖은 얼굴을 지탱할 수 없을 정도였으나, 옆에서 부인이 엄숙한 표정으로 꼿꼿이 앉아 있어 그 얼굴을 바라보고 간신히 위엄을 지키는 형편이었다. 그러나 불그스름한 얼굴의 왕얼 부인은 체면 없이 웃어 댔다. 큰동서가 전혀 웃지 않는 것을 보자 더더욱 큰 소리로 깔깔대고 웃었다. 왕이의 작은부인도 큰부인이 웃지 않으므로 입술을 깨물고 웃음을 참고 있었으나 결국은 소매로 얼굴을 가리고 웃고 있었다.

그러는 동안에 렌화는 사람들의 웃음소리를 듣고 갈수록 더 신이 났다. 이쯤 되고 보니 너무나 보기 민망스러워 입을 다물게 하지 않을 수 없었다. 그래서 왕이와 왕얼은 술을 실컷 먹여 그녀를 재우려고 했다. 그녀가 왕후에 대해서 무슨 음탕한 말이라도 꺼내어 왕후를 노하게 해서는 큰일이라고 생각했기 때문이다. 그들은 왕후가 울분을 터뜨릴까 두려워했다. 그들은 또한 렌화의 혀끝이 성가셔서 리화에게는 이 잔치에 참석하기를 강하게 권하지 않았다. 리화가 돌보고 있는 사람들만 남겨 두고 갈 수가 없다고 하녀에게 전갈을 보내 왔을 때, 렌화의 기억을 되살리지 않기 위해서도 리화가 동석하지 않는 편이 상책이라 생각하고 리화가 바라는 대로 내버려 두었던 것이다.

이렇게 하여 즐거운 밤은 깊어 가서 한밤이 되었다. 달은 중천에서 출렁거렸다. 엷은 구름이 달을 이리저리 흔들고 있는 듯이 보였다. 아기들은 어머니의 가슴에서 잠들어 있었다. 어느 집에서나 어린것들은 벌써 어머니의 젖가슴을 찾아 잠들어 있을 시간이다. 다만 왕이 부인의 막내딸만은 자지 않고 있었다. 그녀는 올해 열세 살이 갓 된 소녀였지만, 날씬하고 자존심이 강했으며 최근 혼약이 정해져 제법 어른스러운 척을 했다. 왕이의 작은부인은 상냥한 어머니로 두 아이를 안고 있었다. 한 아이는 돌이 지났으나 하나는 태어난 지 고작 한 달이 조금 넘었을 뿐이었다. 왕이는 지금도 변함없이 이 여자를 사랑했다. 왕후의 아내들도 저마다 자기 아기를 안고 있었다. 사내아이는 뒤로 젖힌 머리를 어머니의 팔에 기댄 채 잠들어 있었으며, 달빛이 그 얼굴을 비추었다. 왕후는 그 조그마한 잠든 얼굴을 몇 번이고 들여다보았다.

한밤중이 지나자 소란스러움도 잦아들어, 왕이의 아들들은 하나씩 자리에서 일어나 모습을 감추었다. 그들에게는 달리 즐거운 일이 기다리고 있었고, 어른들과 함께 앉아 있는 것도 따분했기 때문에 거리낌없이 일어서서 나갔는데, 왕 상인의 둘째 아들은 부러운 듯 그들의 뒷모습을 바라보고 있었다. 아버지가 무서워 빠져나갈 용기가 없었던 것이다. 하인들도 지쳐서 빨리 쉬고 싶었다. 그들은 여기저기 문간에 기대어 하품을 하며 서로 푸념을 늘어놓았다.

"어린애들이 새벽부터 일어나는 바람에 우린 그 뒷바라지도 했는데, 저 어른들은 밤새도록 술을 마실 작정인가 봐. 그러니 우린 아직도 할 일이 남았네. 우리를 숫제 안 재울 생각인가?"

그러나 마침내 연회도 끝났다. 그보다 앞서서 왕이는 곤드레만드레가 되어 쓰러지고 말았으므로 그 부인은 하인들을 불러 남편을 부축하여 침실로 데려가게 했다. 왕후도 일찍이 없을 만큼 취했으나 자기 방까지 걸어갈 수는 있었다. 다만 왕 상인만이 여느 때와 같이 단정히 앉아 있었는데, 주름이 잡힌 누런 얼굴은 거의 변함이 없었고 벌게지지도 않았다. 그는 마시면 마실수록 안색이 창백해지고 차분히 가라앉는 체질이었다.

그러나 렌화만큼 열심히 먹고 마신 사람은 없었다. 이제는 벌써 일흔여덟이 되는 노령이었으므로 사실 너무 과음하고 과식한 듯했다. 한밤중이 지나 새벽이 될 무렵 그녀는 신음 소리를 내며 괴로워하기 시작했다. 마신 술의 취기가 머리까지 올라 온몸이 뜨거워지고 마치 심한 열병에라도 걸린 듯했다. 고기를 비롯한 기름진 요리가 모두 돌처럼 무겁게 뱃속에 엉겨 있는 기분이었다. 그녀는 머리를 베개 위에서 이리저리 움직여 보았으나 암만 해도 기분이 나아지지 않았다. 차와 물을 가져오게 했으니 그래도 조금도 속이 편해지지 않았다. 느닷없이 그녀는 기묘하게 쉰 목소리로 비명을 질렀다. 두쥐안이 달려 왔다. 두쥐안이 부르자 렌화는 뭐라고 중얼거리며 흐릿한 눈을 크게 떴다. 그리고 축 늘어뜨린 채 갑자기 움직이지 않게 되었다. 그녀의 뚱뚱한 늙은 얼굴은 진자줏빛으로 변하고 몸이 굳어지는가 싶더니 숨이 급해져서 어딘가에 걸리듯 쌕쌕거리기 시작했다. 그 소리가 하도 심하여 옆채에까지 들릴 정도였다. 왕후가 조금 취해 여느 때보다 깊이 잠들지 않았던들 아마 그 소리를 들었을 것이다.

그러나 그의 학문 있는 아내는 언제나 깊이 잠들지 않았으므로 고함 소리를 듣고는 달려갔다. 그녀는 의사였던 아버지한테서 배워 다소의 한방 의학 지식을 가지고 있었다. 휘장을 올리고 보니 아직 이른 여명의 빛이 렌화의 무서운 얼굴색을 드러냈다. 깜짝 놀라 그녀는 소리쳤다.

"뱃속에 든 것을 토하게 해야지, 저러다 돌아가시겠어요!"

그러고는 뜨거운 물이며 생강, 자기가 알고 있는 갖가지 약을 가져오게 하여 먹이려고 했다. 그러나 헛일이었다. 렌화의 귀에는 이제 모든 부르짖음도 애원도 들리지 않았다. 거무스름해진 입술을 억지로 비틀어 열려고 해도 이를 악물어 도무지 열리지 않았다. 이런 노구가 되어도 여전히 희고 튼튼한 이가 그녀의 목숨을 빼앗게 되었다는 것은 참으로 기괴한 일이었다. 이가 어딘가 빠졌거나 부서졌거나 했더라면 어떻게든 약을 흘려 들여보낼 수가 있었을 것이고, 두쥐안이 자기 입으로라도 먹일 수가 있었을 것이다. 그러나 튼튼하고 가지런한 이가 꽉 물려 있어서 그것이 불가능했다.

이리하여 렌화는 그다음 날 반나절 동안 코로 호흡하며 누워 있었다. 그리고 이것이 임종이라고 깨닫기도 전에 갑자기 숨져 버렸다. 자줏빛 얼굴이 흐려지더니 묵은 밀랍처럼 누레졌다. 이렇게 렌화의 죽음으로 명절은 끝났다.

왕이와 왕얼은 그녀의 관을 만들게 했다. 보통 사람의 두 배나 큰 관이 필요했는데, 그렇게 큰 관은 아무 데도 만들어 놓은 것이 없었으므로 하루이틀은 시신을 침대 위에 그대로 뉘어 두는 수밖에 없었다.

　관을 기다리는 동안 두쥐안은 오랜 세월 줄곧 모셔 온 그녀의 죽음을 진심으로 슬퍼했다. 그렇다, 그녀가 애도한 것만은 사실이다. 다만 여기저기 돌아다니면서 궤를 모두 열어 보고, 조금이라도 값이 나갈 만한 것은 모조리 꺼냈으며, 렌화가 갖고 있던 것은 깡그리 긁어모아 아무도 몰래 뒷문으로 해서 밖으로 내보냈다. 마침내 렌화를 관에 넣을 무렵이 되자 입혀서 묻을 적당한 옷가지 하나 남아 있지 않았다. 렌화의 하녀들은 놀라며 이상하게 여겼다. 렌화는 요 몇 년 동안은 완전히 노름에서도 손을 뗐으므로, 왕룽의 미망인으로서 받았던 많은 돈은 대체 어떻게 해 버렸을까 하고 모두들 고개를 갸우뚱거렸다. 그러나 그런 도둑질을 했으면서도 두쥐안은 렌화의 죽음을 슬퍼했다. 그리고 약간의 눈물을 흘렸다. 그 눈물은 비록 적었지만 그녀가 남을 위해서 흘린 오직 한 번의 눈물이었다. 렌화의 시체는 곧 악취가 나기 시작했으므로 관에 향료를 채워 밀봉을 하고 장례일이 결정될 때까지 절에 맡겨 놓기로 했다. 왕이의 집 문에서 그것이 들려 나왔을 때 두쥐안은 그 뒤를 따라, 절의 빈방 한 칸에 전부터 놓여 있는 다른 많은 관과 함께 안치될 때까지 쇠약해진 다리로 뒤떨어질세라 헐레벌떡 따라갔다. 그러나 그것이 끝나자 두쥐안은 그대로 발길을 돌려, 전부터 그녀가 장만해 둔 자기 집으로 가 버렸다. 그러고부터는 절대로 왕씨네 집에는 얼굴을 나타내지 않았다. 그래도 그녀로서는 한껏 렌화의 죽음을 슬퍼했던 것이다.

　머무를 예정으로 있던 열흘이 다 가기도 전에 왕후는 형들과 조카들이 귀찮아졌다. 명절에 느꼈던 육친의 친밀감도 사라져 버렸다. 그래도 그는 열흘은 버티면서 이따금 형들 집에 가서 조카들이 드나드는 것을 지켜보았다. 조카들은 모두 나약해서 조금도 장래성이 없는 것처럼 느껴졌다. 왕얼의 두 아들은 가게 점원 이상의 능력은 없어 보였으며 아무런 야심도 갖고 있지 않았다. 아버지가 옆에서 보고 있지 않으면 계산대 뒤에서 게으름을 피우고 다른 점원들과 시시덕거리며 잡담으로 시간을 보냈다. 열두 살이 갓 된 막내아들까지 수습 점원으로서 가게에 나와 있었지만 조금이라도 틈만 있으면 골목으로 뛰어나가 가게 앞에서 기다리는 다른 개구쟁이들과 동전치기 놀이를 하곤 했다. 주인의 아들이므로 누구도 그를 말리지 않았고 또 그가 동전을 달라고 할 때면 가게의 돈상자에서 한 주먹 집어내 주었다. 그리고 모두가 잘 감시하고 있다가 왕 상인의 모습이 보이면 부랴부랴 그를 가게로 돌아오게 했다. 왕후는 형이 돈벌이에만 열중하여 자식들을 조금도 돌보지 않는 것을 알았다. 그가 그토록 열심히 모은 재산을 언젠가 자식들이 그만큼 열심히 낭비할 것이라는 것과 자식들은 그저 머지않아 아버지가 죽고 시끄러운 인간이 사라져, 더 이상 일할 필요 없는 날이 올 때까지 참으며 가게에 나와 있는 것이라고는 조금도 깨닫지 못했다.

왕후는 또한 맏형의 아들들이 얼마나 성미가 까다롭고 겉멋만 부리는가를 알았다. 여름엔 시원한 비단, 겨울엔 따뜻한 털가죽 하는 식으로 감촉이 좋은 고급품이 아니면 몸에 걸치지 않는다. 한창때이므로 무엇이든지 잘 먹어야 할 텐데도 이것저것 조금씩 건드려만 놓고, 이것은 너무 달다, 저것은 너무 맵다 하고 불평만 한다. 끝내는 잇따라 음식 그릇을 물리치면서 하인들을 이리 뛰고 저리 뛰게 했다.

이러한 광경을 보노라면 왕후는 분통이 터졌다. 어느 날 밤 그가 부친의 것이었던 정원을 거닐고 있는데 킥킥거리며 웃는 여자 소리가 들려 왔다. 갑자기 어느 하인의 아이인 듯한 어린 소녀가 정원의 둥근 문으로 뛰어들어왔다. 겁을 먹고 숨을 헐떡이고 있었다. 그 소녀는 왕후가 있는 것을 깨닫고는 몸을 움츠리며 빠져나가려 했다. 왕후는 그녀의 조그마한 손을 붙잡고 큰 소리로 물었다.

"여자 웃음 소리가 들렸는데, 대체 누구냐?"

계집아이는 그의 번쩍이는 눈빛에 놀라 달아나려고 몸을 쟀다. 그러나 왕후가 꽉 쥐고 있었으므로 손을 뿌리칠 수가 없었다. 그녀는 눈을 내리깔고 떠듬떠듬 대답했다.

"도련님이 우리 언니를 데리고 갔어요."

왕후는 엄하게 물었다.

"어디로?"

계집아이는 정원 옆쪽의 빈방 하나를 가리켰다. 그것은 렌화가 곳간으로 쓰던 것으로 이제는 아무것도 넣어 두지 않고 큼직한 빗장이 느슨하게 채워져 있을 뿐이었다. 손을 놓자 계집아이는 토끼처럼 곧장 달려가 버렸다. 왕후는 그녀가 가리킨 방까지 성큼성큼 걸어갔다. 보니 빗장이 헐렁해져서 문이 한 자 가까이 열려 있었다. 날씬한 젊은이라면 쉽게 출입할 수 있을 것이다. 왕후는 어둠 속에서 걸음을 멈추고 귀를 기울였다. 여자의 킥킥거리는 웃음 소리가 나고 이어 속삭이는 소리가 들려 왔다. 무슨 말을 하고 있는지는 알 수 없었으나 열띠고 숨가쁜, 남자의 목구멍에서 새어 나오는 소리인 듯싶었다. 그러자 정욕에 대한 옛날의 혐오가 왕후의 가슴속에 되살아났다. 그는 가까스로 자신을 억제했다. 그리고 자조의 기분에 사로잡혔다.

'이 집 안에서 옛날과 다름없이 저러한 일이 일어나고 있다고 해서, 그게 대체 나와 무슨 관계가 있단 말인가?'

진절머리가 나서 불쾌해진 그는 자기 거처 쪽으로 돌아갔다. 그러나 기묘하게 강한 혐오감이 그의 마음에서 가라앉지가 않아, 다시 서성대며 뜰을 돌아다녔다. 그러는 동안에 늦은 달이 솟아올랐다. 이윽고 안쪽의 빈방에서 젊은 하녀 하나가 빗장이 풀린 문 사이로 빠져나왔다. 그녀는 머리를 쓸어내리며 달빛 아래서 방긋 웃었다. 그리고 재빨리 주위를 둘러보고 전에 렌화가 있던 타일을 깐 뜰을 지나 헝겊신을 신은 발로 소리도 없이 총총 사라져 갔다. 다만 한 번 석류나무 아래에서 걸음을 멈추었다. 흐트러진 허리띠를 고치기 위해서다.

왕후가 쓴 것도 같고 단 것도 같은 가슴의 두근거림을 억누르고 그대로 서 있자, 한 청년이 홀연히 나타났다. 마치 그저 밤공기나 쐬려고 나온 양 유유히 걸었다. 느닷없이 왕후가 불렀다.

"누구냐?"

태평스럽고 경박하며 너무나도 명랑한 목소리가 대답했다.

"접니다, 작은아버지."

과연 맏형의 장남이었다. 왕후는 음탕함을 몹시 싫어했다. 특히 육친의 일이라고 생각하니 속이 뒤틀려 조카에게 달려들 뻔했다. 그러나 형의 아들을 죽일 수도 없는 일이고, 일단 폭발하면 자기의 화가 좀처럼 가라앉지 않는다는 것을 잘 알고 있었으므로 두 손을 옆구리에 댄 채 겨우 자신을 억제했다. 그리고 코에서 사나운 콧김을 뿜어냈을 뿐, 눈을 감고 서둘러 자기 방으로 돌아가며 신음을 하듯 중얼거렸다.

"이런 집은 한시바삐 떠나야겠다. 형 하나는 수전노이고 하나는 엽색꾼이다. 이런 공기는 답답해서 못 견디겠다. 나는 자유인이다. 전장(戰場)의 인간이다. 여자들과 함께 집 안에만 틀어박혀 사는 남자들처럼 화를 억누른 채 살아갈 수는 없다!"

갑자기 그는 정의를 위해 누군가를 죽이고 피를 흘릴 기회가 있었으면 좋겠다는 갈망에 사로잡혔다. 그렇게 하면 정체 모를 가슴속의 분노를 시원하게 씻어 낼 수 있을 것 같았기 때문이다.

기분을 가라앉히기 위해 그는 억지로 자기 아들을 생각하려 했다. 그는 아이가 어머니와 함께 잠들어 있는 방 안으로 살며시 들어가 그 얼굴을 들여다보았다. 아내는 시골에서 태어난 여자가 흔히 그렇듯이 세상 모르게 잠들어 있었다. 입을 벌리고 있어서 토해 내는 숨이 매우 역겨웠다. 어린 자식 위에 몸을 굽히면서 왕후는 손으로 코를 막았다. 그러나 아이는 새근새근 자고 있었다. 조용하고 제법 진지해 보이는 잠든 얼굴을 들여다 보면서 왕후는, 이 아들만은 결코 제 사촌들처럼 기르지는 않을 테다 하고 속으로 맹세했다. 이 아이는 어릴 때부터 단련하여 훌륭한 군인으로 키워, 그 모든 기술을 가르쳐 내로라하는 인물로 만들겠다고 다짐했다.

그래서 그다음 날 왕후는 두 아내와 아이들과 수행원들을 모두 거느리고 친척들과 작별했다. 이에 앞서 가까운 가족들이 모여서 이별의 잔치를 베풀었다. 이별의 잔치에 앉아서도 왕후는 이번 방문으로 전보다 더 형들한테서 멀어진 기분을 느꼈다. 큰형은 졸린 듯한 얼굴로 태평스럽게 살 속에 파묻혀 있었으며, 흐릿한 눈은 무언가 음탕한 이야기를 들을 때만 빛을 발했다. 작은형은 얼굴이 세월과 더불어 갈수록 더 뾰족해지고 눈은 차츰 더 교활해졌다. 두 사람의 모습을 보고 있으면, 그들 자신은 자신들이 어떤 인간들이며 자식들이 어떻게 컸는가는 조금도 모르고 있는 것 같았다. 마치 눈멀고 귀먹고 말 못 하는 사람이나 다름없었다. 왕후에게는 그렇게밖에 생각되지 않았다.

그러나 그는 아무 말도 하지 않았다. 그저 미간을 찌푸리고 묵묵히 앉아서 자기 아들만을 생각하고 큰 자랑을 느끼면서 앞으로 어떤 인물로 키울 것인가 생각을 더듬었다.

이렇게 그들은 헤어졌다. 겉으로는 아무 일도 없고 더없이 정중했으며 서로 깊이 고개를 숙이고 인사를 나누었다. 두 형과 그 아내들, 하인들과 하녀들까지 문밖에 나와서 몇 번이고 소리 높여 여행길의 편안을 빌었다. 그러나 왕후는 한동안 이 집에 발을 들여놓지 않으리라고 속으로 생각했다.

그러므로 그는 자기 영지로 돌아가자 더없이 큰 만족감에 잠겼다. 그 영토는 여느 때보다도 더 기름져 보이고 백성도 더욱 강건하고 선량해 보였다. 이곳에 있는 자기 집이야말로 진심으로 마음을 편하게 가질 수 있는 가정이었다. 모든 부하들이 그를 환영하러 나와 그가 도착하자 폭죽을 터뜨렸다. 곳곳에 환영의 미소가 넘쳤다. 그가 훌쩍 말에서 내리니 집 앞에 있던 수십 명의 병사들이 그가 내린 말고삐를 잡으려고 앞다투어 밀려 나왔다. 그와 같은 광경도 왕후를 기쁘게 했다.

봄도 차츰 무르익어 초여름의 경치로 바뀌어 가자 왕후는 새로이 부하들을 모집하여 날마다 그들의 훈련에 힘썼다. 그리고 각지에 첩자를 내보내고 새로 병합된 지방의 상황을 시찰하기 위해 사람을 파견했다. 또 세금을 징수하기 위해 믿을 만한 부하를 각지에 보내고, 그 막대한 은이 무사히 자기 손에 들어오도록 무장한 호위병을 딸려 보냈다. 왜냐하면 이 무렵에는 그전처럼 혼자서 자루에 넣어 메고 올 수 없을 만큼 수입이 늘어났기 때문이었다.

그러나 하루가 끝나고 따뜻한 봄날의 밤에 왕후는 본채에 홀로 우두커니 앉아 있었다. 이런 때는 세상의 많은 남자들이 마음이 흐트러져 그때까지 경험해 보지 못한 남녀 사이의 사랑을 동경하는 법이지만, 왕후는 아들만을 생각했다. 그는 어린 아기를 어를 줄도 몰랐고 자기 아이를 다룰 줄도 몰랐지만 그래도 계속해서 아기를 데려오게 했다. 그리고 아이를 잘 보이는 자리에 앉히도록 유모에게 지시하고 아이의 팔다리가 움직이는 모양이나 얼굴을 스쳐 가는 표정의 변화 등을 하나도 놓치지 않고 열심히 바라보며 앉아 있었다. 아이가 걸음마를 시작하자 왕후는 너무나 기뻐서 어쩔 줄을 몰라했다. 밤이 되어 아무도 보는 사람이 없으면 유모가 아이의 허리에 두른 끈을 쥐고 마당을 이리저리 걸어다니는 아이 뒤를 따라다니는 것이 즐거움이었다. 아이는 끈을 허리에 두른 채 쌕쌕거리며 뒤뚱뒤뚱 걸어다녔다.

만일 누군가가 왕후를 향해서, 그 아이를 바라보는 동안 무엇을 생각하느냐고 묻는다면 그는 크게 당황했을 것이다. 무엇을 생각하고 있는지 자기도 알 수 없었기 때문이다. 다만 그는 권력과 영광에 대한 위대한 꿈이 머릿속에 솟아오르는 것을 느낄 뿐이었다. 그 야심 안에서, 지금과 같은 시대에는 만일 상당한 무력만 있다면 사람은 이떤 권력도 다 가진 영화로운 신분이 될 수 있고, 사람들의 경외심을 불러 일으킬 수 있다고 여겼다. 지금은 황제도 조정도 없는 시대이므로, 마음만 먹으면 누구나 자신이 가진 힘에 따라 운명을 개척할 수가 있다. 이런 것을 마음속에 느끼기 시작하면 왕후는 수염을 움직이며 중얼거리는 것이었다.

'그 인간은 바로 나다!'

왕후가 이토록 아들에 애틋한 애정을 품은 결과 하나의 놀라운 사건이 일어났다. 그것은 이러하다. 학문이 있는 쪽의 처가 아들이 날마다 아버지에게 불려간다는 말을 듣고 어느 날 자기 딸을 잘 차려 입혀서 아버지 앞에 데리고 나온 것이다. 아이는 화려한 새 옷을 입고 있었다. 그 빛깔은 참으로 산뜻한 연분홍이었으며, 손목에는 조그마한 은팔찌를 끼고 검은 머리를 분홍빛 리본으로 묶고 있었다. 어떻게든 아버지의 주의를 끌려고 한 것이다. 왕후는 난처해져서 딸아이에게는 뭐라고 말해 주어야 좋을지 몰라 눈을 딴 데로 돌렸다. 그러자 아내가 밝은 목소리로 말했다.

"이 아이도 좀 보아 주셨으면 해요. 이 아이도 그 사내아이 못지 않게 튼튼하고 귀엽답니다."

왕후는 그가 또 다른 아내와 번갈아 찾아가는, 밤의 어둠 속에서의 그녀밖에 모르므로 이런 말을 하는 그녀의 용기에 한편 놀라며, 그저 인삿말로 이렇게 중얼거렸다.

"계집애치고는 꽤 예쁘군."

그러나 딸아이의 어머니는 그것으로 만족하지 않았다. 그가 딸의 얼굴도 거의 보지 않고 말을 했으므로 더욱 그러했다. 그래서 그녀는 다시 한 걸음 밀고 나갔다.

"아니에요, 여보. 조금이라도 이 아이를 보아 주세요. 이 아이는 보통 아이들과 다릅니다. 저 남자아이보다 석 달이나 빨리 걸음마를 시작했고, 두 살이 채 안 되는데도 네 살 먹은 아이만큼 말을 하는걸요. 제가 당신께 부탁드리고 싶은 것은, 이 아이도 공부를 시켜서 저 남자아이와 마찬가지로 당신의 뒤를 잇게 해 주십사 하는 거예요.”

이 말을 들은 왕후는 놀라서 말했다.

“계집애를 군인으로 만들 수는 없지 않은가?”

그러자 딸애의 어머니는 언제나처럼 침착하고 밝은 목소리로 말했다.

“군인이 아니더라도 학교에 보내서 무언가 기술을 익히게 할 수는 있어요. 요즘은 그런 여자아이가 많이 있답니다. 네, 여보?”

갑자기 왕후는 그녀가 ‘여보’라는, 다른 여자는 아무도 쓰지 않는 호칭으로 자기를 부른 것을 깨달았다. 이 아내는 다른 여자들처럼 그를 ‘서방님’이라고 부르지 않았다. 그는 당황하여 뭐라고 대답해야 좋을지 얼른 생각이 떠오르지 않아 저도 모르게 아이 쪽으로 시선을 돌렸다. 참으로 귀여운 아이다. 통통하게 살이 쪘으며 조그마한 붉은 입을 움직여 방긋방긋 웃는다. 눈은 크고 검으며 손은 도도록하고 손톱은 갸름해서 어디 하나 나무랄 데가 없다. 그가 손톱에 시선을 멈춘 것은 여느 어머니가 흔히 귀여운 아기들에게 다 해 주듯이 이 어머니도 딸의 손톱을 빨갛게 물들여 놓았기 때문이었다. 발에는 조그마한 분홍빛 비단신을 신겨 놓았다. 어머니가 한 손으로 몸을 붙들고 다른 손으로 두 발을 잡자 아이는 곧 다리를 쭉 뻗었다. 왕후가 딸아이를 바라보는 것을 보고 아내는 조용히 말했다.

“전족은 하지 않았으면 해요. 학교에 보내서 요즈음 여기저기 나타난 현대 여성으로 만들고 싶습니다.”

“그런 처녀는 신부로 데려갈 사람도 없을걸.” 왕후는 깜짝 놀라 소리쳤다.

어머니는 침착하게 대답했다.

“그런 처녀는 틀림없이 자기가 좋아하는 사람과 결혼할 거예요.”

왕후는 이 말을 듣고 잠시 생각에 잠기면서 아내의 얼굴을 빤히 보았다. 여태까지는 아내란 자기의 목적을 도와주면 그것으로 족하다 생각하고 얼굴조차 똑똑히 본 적이 없었다. 그러나 바라보는 동안에 그는 비로소 깨달았다. 아내는 총명한 얼굴을 하고 있었다. 태도도 침착하고 생각한 것은 무엇이든 해낼 듯했다. 그리고 그가 이렇게 응시해도 그다지 당황하지 않고, 다른 여자들이라면 입을 오므리거나 소리 없이 웃거나 했을 테지만, 이 아내는 침착하게 자기를 마주 보고 있을 뿐이었다. 그는 속으로 감탄했다.

'이 여자는 내가 생각한 것보다 영리한 사람이구나. 그 사실을 나는 여태까지 깨닫지 못했어.' 그리고 자리에서 일어나 예의 바르게 분명하게 말했다.

"그 시기가 되어 그렇게 하는 것이 좋다고 생각되면 나는 당신이 하는 말에 반대하지 않겠어."

왕후가 아는 한, 이 아내는 언제나 침착하고 생활에 만족해하는 듯이 보였다. 그런 그녀가 지금 남편의 이 예의 바른 태도를 보고 이상하게 감동한 모양이었다. 그것은 기묘한 일이었다. 그녀는 볼을 살짝 붉히고 잠자코 진지한 눈으로 그의 얼굴을 쳐다보았다. 그 눈에는 동경이 서리어 있었다. 그러나 그녀의 이러한 변화를 보자 그의 가슴속에 뿌리내린 여성에 대한 반감이 솟아나 말을 하고 싶지 않아졌다. 할 일을 깜박 잊었구나 하고 얼버무리면서 마음속의 동요를 느끼며 그 자리를 떴다. 아내가 그런 눈으로 바라보면 그녀가 싫어졌다.

그러나 이때부터 그가 아들을 데리러 보내면 학문이 있는 쪽의 어머니도 얼른 딸을 하녀에게 안겨 아버지 앞에 내보내곤 했다. 두 아이가 한자리에 앉았다. 왕후도 딸만을 돌려보내라는 말은 하지 않았다. 처음 그는 딸의 어머니가 나타나 자기와 이야기를 나누는 습관이 생기지나 않을까 하고 걱정했으나, 그런 일은 일어나지 않았으므로 마음을 놓았다. 그는 딸아이를 한참 동안 그 자리에 앉혀 놓고 바라보았다. 여기저기 뒤뚱뒤뚱 걸어다니는 어린아이에 지나지 않았으나 여자아이라는 것만으로 그는 이 딸에게 무언가 마음이 편치 않음을 느꼈다. 그래도 아이는 참으로 귀여웠다. 한참 동안 그는 딸아이를 지켜보았다. 그리하여 그 아이가 성을 내거나 웃거나 하는 것을 보고, 혹은 무엇을 한 마디씩 지껄이는 소리를 듣고 그는 소리 없이 웃었다. 아들은 몸집이 크고 무뚝뚝해서 좀처럼 웃지 않았지만 딸은 몸집이 작고 민첩하고 활발했으며 그 눈은 줄곧 아버지의 눈을 찾았다. 그리고 아버지가 보지 않으면 사내아이를 괴롭혀서 그가 가진 것을 가로채기도 했다. 그토록 민첩했다. 왕후는 저도 모르는 사이에 딸아이를 특별한 눈으로 보게 되었다. 하녀가 그녀를 안고 문 앞에서 사람들이 지나는 모습을 보여주고 있을 때라도 곧 내 자식이라는 것을 알아볼 수 있었고, 때로는 걸음을 멈추고 그 조그마한 손을 만지거나, 그를 보고 방긋이 웃는 얼굴을 들여다보기도 하는 것이었다.

이렇게 딸아이의 미소를 본 다음 집으로 들어가면 기분이 아주 흡족했다. 더는 고독을 느끼지 않았다. 아내도 자식도 있는 자신의 집안이 있다는 기분이 드는 것이다.

24

아들을 위해 지반을 넓히고 지위를 강화해야 한다는 생각은 언제나 왕후의 머리에서 떠나지 않았다. 이것을 그는 늘 자기 자신에게 타이르고 또 그 실현을 위해서 계획을 짰다. 요다음 전국적인 전란이 일어날 때는 어떻게든 그에 참여하여 최후의 승리를 차지하거나, 가뭄이나 장마로 민중이 곤궁에 빠진 흉년을 기회로 강남에 진출하여 한두 개의 성(省)을 탈취하는 등을 궁리했다. 그러나 몇 년 동안 전국적인 전란은 일어나지 않았으며, 나약하고 무능한 인물이 차례로 중앙 정부의 원수 자리에 올라, 완전한 평화는 없었으나 그렇다고 큰 전쟁도 일어나지 않았다. 이런 시절에는 군벌의 우두머리라고 하더라도 지나치게 과감한 행동은 할 수 없는 것이다.

또한, 왕후로서는 아들을 위해 여러 가지 장래의 계획을 세워 두기도 하고 마음을 쓰기도 해야 했으므로 전처럼 영토 확장의 야심에만 전념할 수가 없었다. 게다가 수많은 군사들도 있고 노현장의 후임이 아직 부임해 오지 않아 영내의 행정 사무도 있었다. 한두 번 새 현장 후보의 이름이 통보되어 왔으나 왕후는 현장이 오지 않는 편이 좋았으므로 당장에 거부해 버렸다. 이즈음에는 아들도 이미 아기가 아니고 소년기로 접어들고 있었다. 앞으로 몇 해만 현장의 자리를 그대로 비워 둔다면 아들이 커서 군대를 이끌게 될 것이다. 그 무렵에는 자기도 늙어서 전쟁에 나갈 수 없을 테니 현장의 직위를 차지하는 편이 좋겠다. 그는 이렇게 생각했던 것이다. 그러나 그것을 공표하기에는 아직 시기가 일렀다. 그러므로 그 일은 아무에게도 이야기하지 않고 혼자 마음속에 담아만 두고 있었다. 게다가 아들은 이제 겨우 여섯 살이 되었을 뿐이다. 왕후는 아들이 한 사람 몫의 일을 할 수 있는 사나이가 되는 날이 여간 기다려지지 않았다. 그러므로 때로는 세월이 무척 빠르다고 느껴졌으나 때로는 매우 지루해서 조금도 지나가지 않는 듯한 기분이 들기도 했다. 그리고 아들을 볼 때마다 아직 어린 소년이라는 사실은 눈에 들어오지 않고 자기가 희망하는 젊은 군인의 모습이 눈에 어른거렸다. 그 때문에 그는 자기도 깨닫지 못하는 사이에 무리한 일을 아이에게 강요하고 있었다.

겨우 여섯 살이 된 아들을 왕후는 어머니의 손에서 떼어 내 여자들이 기거하는 별채에서 데리고 나와, 자기 방에서 함께 기거하게 했다. 그렇게 한 이유 가운데 하나는 아이가 여자들의 손길이나 말투나 행실 따위에 영향을 받아 유약해지는 것이 두려웠기 때문이며, 또 하나는 밤낮으로 아이와 함께 있고 싶다는 생각을 이길 수 없었기 때문이었다. 처음에 아이는 부끄러워하며 아버지를 잘 따르지 않았다. 그리고 겁먹은 눈빛으로 이리저리 돌아다녔다. 왕후가 친숙해지려고 애를 쓰며 안으려고 손을 내밀면 뻣뻣이 서서 뒤로 빼며 안기려 하지 않았다. 왕후도 아이가 무서워한다는 것을 알고 자신을 따르게 하고 싶어서 견딜 수 없었으나, 말을 건네려 해도 무슨 말을 어떻게 해야 할지 몰라 잠자코 마음대로 하게 내버려두는 수밖에 없었다. 처음 왕후의 계획으로는 아이의 생활을 어머니라든가 여자의 생활이라는 것과 깨끗이 분리시킬 작정이었다. 그래서 아이 옆에 병사들만 두어 뒷바라지를 시켰다. 그러나 곧 그런 완전한 격리는 아직 나이 어린 철없는 아이에게는 무리임을 알았다. 아이는 조금도 떼를 쓰는 일이 없었다. 말이 적고 참을성 있는 아이라 참아야만 할 일은 꼭 참고 견디었다. 그러나 결코 표정은 밝지 않았다. 아버지가 부르면 옆에 가서 앉아 있었다. 자기 방에 아버지가 들어오면 곧 예의 바르게 자리에서 일어났다. 날마다 가르치러 오는 가정교사에게 글을 배웠다. 그러나 필요 이상의 말은 하지 않았다.

어느 날 밤, 왕후는 저녁 식사 때 아들이 먹는 것을 가만히 지켜보았다. 아이는 아버지가 지켜 보는 것을 느끼고 밥그릇 위로 고개를 푹 숙인 채 먹는 체했을 뿐 아무것도 목구멍으로 넘기지 못했다. 이 모습을 보고 왕후는 화가 치밀었다. 이 아이를 위해서 여태까지 생각할 수 있는 모든 것을 해 왔기 때문이다. 그날도 그는 아이를 데리고 자기 군대를 보여 주러 갔다. 아이를 안장 앞에 앉히고 나아가니 부하들이 아이를 '작은 장군'이라고 부르면서 환호했다. 그의 가슴은 기쁨으로 가득 찼다. 그러나 아이는 가냘프게 웃었을 뿐 고개를 딴 데로 돌리고 외면했다. 왕후는 꾸짖었다.

"고개를 똑바로 높이 쳐들어라! 모두 네 부하다. 네 병사들이야! 언젠가 네가 이끌어서 싸우러 나가는 거야!"

호통을 치는 바람에 아이는 고개를 약간 쳐들기는 했으나 얼굴은 타는 듯이 빨개져 있었다. 왕후가 옆으로 몸을 내밀고 들여다보니 아이는 군사들을 바라보고 있지 않았다. 군사들이 행진하는 광장 너머 먼 들판으로 시선을 보내고 있었다. 왕후가 무엇을 보고 있느냐고 묻자 아들은 손가락을 들어, 저쪽 밭에서 물소 등에 드러누워 군대의 씩씩한 행진을 구경하고 있는 볕에 그은 소년을 가리키며 말했다.

"나도 저 애처럼 물소 등에 드러누워 보고 싶어요."

왕후는 이런 천하고 하찮은 희망을 아들이 품고 있는 것이 마음에 들지 않아 엄한 어조로 말했다.

"그래? 내 아들이라면 목동 따위가 되고 싶다는 말은 하지 말고, 더 높은 뜻을 품거라!"

그리고 그는 거친 목소리로 군대를 잘 보아라, 행진하는 것을, 방향을 바꾸는 것을, 총을 겨누고 사격하는 것을 잘 기억하라고 명령했다. 아이는 얌전히 아버지가 하라는 대로 했으며 두 번 다시 목동 쪽을 쳐다보지 않았다.

자기 아들이 그따위 소원을 품고 있었다는 것에 왕후는 온종일 마음이 괴로웠다. 그런데 지금 저녁을 먹으며 그가 바라보고 있으니 아이는 차츰 고개를 숙이더니 눈물만 흘릴 뿐, 먹지를 못했다. 왕후는 혹시 병이 나서 괴로운 것이 아닌가 갑자기 걱정이 되었다. 그래서 일어나 아이 옆에 다가가 손을 잡으며 큰 소리로 물었다.

"열이라도 있느냐?"

그러나 조그마한 손은 차갑고 촉촉했다. 아이는 고개를 설레설레 흔들 뿐 왕후가 아무리 물어도 대답하지 않았다. 마침내 왕후는 믿고 있는 부하 언청이를 불러 아이 일을 상담하기로 했다. 언청이가 왔을 때 왕후는 아이의 고집에 걱정 뿐만 아니라 화도 나 거의 미칠 지경이었다. 그는 언청이에게 외치듯이 말했다.

"이 모자란 녀석을 데려가서 어디가 아픈지 좀 봐 주어라!"

이 무렵 아이는 어찌할 수 없을 만큼 심하게 울고 있었다. 고개를 숙이고 두 손으로 일굴을 가린 채 흐느꼈다. 왕후는 화를 내고 있었으나 그 자신도 울고 싶은 심정이 되어서 얼굴을 씰룩거리며 수염을 잡아당겼다. 언청이가 아이를 안아 올려 어디론가 데리고 가자, 왕후는 아이가 먹지 않고 남긴 밥그릇을 노려보면서 괴로운 심정으로 앉아 있었다. 언청이가 되돌아왔을 때는 아이를 데리고 오지 않았다. 왕후는 호통을 쳤다.

"빨리 말해라! 무슨 일이었느냐!"

주저주저하면서 부하는 말했다.

"병은 아닙니다. 그저 쓸쓸해서 밥을 먹을 수가 없었던 것입니다. 여태까지 혼자 있은 적이 없어서 소꿉동무도 갖고 싶고 엄마나 누이와도 만나고 싶어서 그랬던 것입니다."

"그러나 이제 빈들빈들 세월을 보낼 나이가 아니다. 어머니를 그리워하다니!"

왕후는 수염을 쥐어뜯으며 의자에 앉아 몸을 비틀며 소리쳤다. 언청이는 주인의 성질을 잘 알고 있었으므로 조금도 두려워하지 않았다. 그는 침착하게 대답했다.

"하지만 가끔은 어머니한테 갈 수 있도록 하시는 것이 좋을 줄 압니다. 아니면 아가씨를 이쪽으로 놀러 오게 하시든지요. 아직 철없는 어린애들이니까 그렇게 하면 도련님도 혼자 있는 생활에 차츰 익숙해지겠지요. 그렇지 않으면 정말 병이 들고 맙니다."

왕후는 잠시 말없이 앉아 있었다. 이제까지 경험하지 못한 심한 질투에 사로잡혔다. 그가 죽인 여자가 자기보다 죽은 비적을 더 사랑하고 있었다는 것으로 그를 괴롭힌 이래 한 번도 맛보지 못한 거센 질투에 그의 마음은 갈기갈기 찢어졌다. 이번에는 내 아들이 자기만을 사랑하는 것이 아니라 아버지 이외의 다른 사람을 그리워하고 있다는 데 대한 질투였다. 자기는 아들에게 기쁨과 긍지를 느끼고 있는데도 아들 쪽에서는 그토록 큰 애정에도 만족하지 않고 또 그것을 고맙게도 생각지 않고 있는 것이다. 아버지의 애정에 싸여 있으면서도 어머니를 그리워하는 것이다. 이 사실이 왕후를 괴롭혔다. 왕후는 마음속으로 나는 모든 여자를 미워한다고 거칠게 소리쳤다. 그리고 의자에서 벌떡 일어나며 언청이에게 소리쳤다.

"그런 약골이라면 제 어머니한테 데려가라! 저희 사촌들처럼 되고 싶다면, 마음대로 하라고 해!"

언청이는 조용히 말했다.

"장군께서는 도련님이 아직 어린애라는 것을 잊고 계십니다."

왕후는 다시 의자에 앉아 한동안 신음하다가 이윽고 말했다.

"제 어머니한테 데려가도 좋다고 하지 않았느냐!"

그 뒤부터는 대엿새 만에 한 번씩 아이는 어머니한테 가게 되었다. 아들이 갈 때마다 왕후는 수염을 씹으며 앉아서 기다리다가 아이가 돌아오면 본 것, 들은 것을 이것저것 물었다.

"거기서는 모두들 뭘 하고 있더냐?"

그러면 아이는 아버지의 진지한 눈빛에 놀라며, 늘 같은 대답을 했다.

"아무것도 하고 있지 않아요."

그러나 왕후는 끝까지 집요하게 물었다.

"여자들은 노름이라든가 바느질이라든가 무엇인가를 하고 있었겠지. 여자들은 아무것도 하지 않고 있을 때는 반드시 남의 이야기를 하는 법이다. 남의 이야기를 하는 것도 아무것도 하지 않고 있는 것은 아니다."

그러자 아이는 미간을 찌푸리고 열심히 생각하다가 겨우겨우 천천히 대답했다.

"엄마는 빨간 꽃무늬가 들어 있는 천으로 막내 누이의 옷을 만들고 계셨어요. 나와 엄마가 다른 큰누이는 옆에 앉아서 얼마나 글자를 읽을 수 있나 보여 주려고 책을 읽고 있었어요. 나는 그 애가 가장 좋아요. 내가 하는 말을 잘 알아듣고 다른 애들같이 크게 웃지도 않거든요. 그 애는 무척 큰 눈을 가지고 있고, 머리는 땋아서 늘어뜨리면 허리 밑에까지 와요. 하지만 그렇게 오래 책을 읽지는 않아요. 조금도 가만있지 못하고 늘 지껄이기를 좋아해요."

이 말을 듣고 왕후는 기뻐하며 즐거운 듯이 말했다. "여자라는 것은 다 그런 거다. 그 녀석들은 아무짝에도 쓸데없는 일을 가지고 언제나 떠들어 대고 싶어 한단 말이야."

왕후의 가슴에 이런 질투가 싹튼 것은 기묘한 일이었다. 그것은 그를 차츰 아들 이외의 가족한테서 멀어지게 했다. 두 아내 어느 쪽에도 찾아가는 횟수가 줄어들었다. 그리하여 세월이 흘러감에 따라 이 아이만이 유일한 아들이 될 것 같은 기미가 보였다. 왜냐하면 학문 있는 쪽의 아내는 첫딸을 낳은 뒤로는 전혀 아이를 낳지 않았고, 무식한 쪽의 아내는 몇 해씩 사이를 두고 두 아이를 낳았으나 모두 딸이었다. 그리고 왕후는 피가 차가워져서 여색에 흥미가 없어졌는지, 아니면 장남에 대한 사랑으로 완전히 만족해 버렸는지, 나중에는 아내들이 있는 별채에는 숫제 가지 않게 되었다. 그 까닭의 하나는 아이가 자기 방에서 함께 자게 되고부터는 밤에 일어나서 여자에게 간다는 것이 아이 보기에 겸연쩍다는 것이었다. 많은 군벌들이 돈이 많아지고 세도가 높아지면 집 안에 많은 미녀들을 모아 놓고 산해진미에 지칠 줄 몰라하지만 왕후는 그런 짓은 하지 않았다. 많은 재물을 모조리 소총 구입과 병사들 급여에 충당했다. 다만 언제 닥칠지 모를 재난에 대비해서 일정한 금액을 저축해 놓고 그것을 서서히 늘려 갔다. 그리고 자신은 매우 검소한 생활을 하면서 장남 말고는 가까이하지 않고 살았다.

이따금 왕후는 큰딸을 불러 제 오빠인 장남과 놀게 했다. 그 딸이 그의 거실에 들어오는 유일한 여성이었다. 처음 한두 번은 어머니가 따라와서 잠시 동안 함께 앉아 있었다. 그러나 왕후는 그녀가 옆에 앉아 있으면 어색하고 마음이 편하지 않았다. 게다가 그는 이 여자가 자기를 책망한다고 느꼈다. 자기에게 무엇인가 바라고 있다, 무엇인지는 모르나 불만을 품고 있다고 느꼈던 것이다. 그러므로 그녀가 오면 정중하게 한두 마디 변명을 하고 자리를 떠 버리곤 했다. 마침내 그녀는 그에게 무언가를 기대하는 것을 단념해 버린 듯 모습을 안 보이게 됐다. 어쩌다가 큰딸이 놀러올 때도 데리고 오는 것은 언제나 하녀였다.

그러나 한두 해가 지나자 딸도 오지 않게 되었다. 딸의 어머니로부터 아이를 공부시키기 위해 어딘가의 학교에 보내고 싶다는 전갈이 왔다. 왕후는 기뻐했다. 왜냐하면 매우 검소한 생활을 보내고 있는 거실에 딸아이가 들어 오면 공기가 흐트러졌기 때문이었다. 딸은 너무나 화려한 옷을 입고 있었으며 붉은 석류 꽃이라든가 향이 강한 흰 재스민 꽃을 머리에 꽂고 왔다. 특히 그녀는 땋은 머리에 계수나무의 잔가지를 꽂는 것을 좋아했다. 왕후는 그 냄새가 견디기 힘들었다. 너무 달콤하고 강렬해서 그는 계수나무 향기가 너무도 싫었다. 그녀는 또한 명랑하고 고집이 센 데다 남에게 명령하기를 좋아하여, 왕후가 싫어하는 여성의 성질은 모조리 갖추고 있었다. 그중에서도 그가 가장 싫어한 것은 이 딸이 올 때마다 아들의 눈이 반짝이고 입술에 미소가 감돈다는 사실이었다. 그녀만이 아들을 명랑하게 만들어 뜰을 뛰어다니며 놀게 할 수 있다는 것이었다.

이럴 때의 왕후는 아들을 빼앗기고 싶지 않은 자신의 마음이 완고해지는 것을 느끼고, 결코 딸에게 마음을 허락하려 하지 않았다. 그녀가 어릴 때 느꼈던 희미한 끌림은 그녀가 늘씬한 소녀로 자라고 다 큰 처녀가 되어 가는 기미를 보임에 따라 이제 완전히 사라지고 말았다. 그러므로 어머니가 학교에 넣을 준비를 하고 있다는 말을 듣자 그는 기꺼이 돈을 내주고 조금도 아까워하지 않았다. 이제야말로 아들을 독점할 수 있다고 생각했기 때문이었다.

그는 아들이 또 쓸쓸해해서는 안 된다고 생각하고 그럴 여유가 없도록 그 생활을 충실하게 채워주려고 했다. 그는 아들에게 말했다.

"너나 나는 남자다. 알겠느냐? 그러니 이제 어머니에게는 가지 말도록 해라. 다만 아들로서 인사를 여쭈러 갈 때만은 괜찮다. 비록 어머니나 누이라고 하더라도 여자들과 함께 있으면 빈들빈들 놀며 지내게 되어 버린다. 여자는 결국 여자야. 무지하고 어리석어. 나는 너에게 군인으로서의 모든 기술을 가르치고 싶다. 옛날 것도, 그리고 지금 것도 말이야. 나의 심복들로부터 옛날 무술에 대해서 알아 두어야 할 것은 뭐든지 배우도록 해라. 주먹과 발을 쓰는 방법은 돼지 백정한테서 배우고, 검술이나 봉술(棒術)은 언청이한테서 배울 수 있다. 신식 전술에 대해서는 나도 들었을 뿐, 한 번도 본 적이 없으니까 해안 지방에 사람을 보내서 너를 위해 새 가정교사를 채용하기로 했다. 그 사람은 외국에서 병법을 배워 왔다니까 외국의 병기나 전술에 능통할 게다. 그 사람에게 먼저 너의 교육부터 시켜야겠다. 만일 시간이 있으면 부하의 훈련도 부탁할 셈이다."

아이는 아무 대답도 하지 않았다. 아버지에게서 무슨 말을 들을 때면 언제나 입을 다물고 가만히 서서 아버지의 말을 받아들였다. 왕후는 아이의 얼굴을 다정하게 바라보았으나, 아이가 아무런 반응도 보이지 않아 한동안 지켜 보았다. 이윽고 아이는 그저 이렇게 말했을 뿐이었다.

"이제 물러 가도 괜찮습니까?"

왕후는 고개를 끄덕었다. 그러니 지기도 모르게 탄식을 토했다. 혹은 자기가 탄식한 것조차 깨닫지 못했는지두 모른다.

아들에게 훈계한 왕후는, 그의 하루 일과를 식사와 수면 시간을 제외하고는 모두 훈육으로 빼곡히 채웠다. 아침 일찍 일어나 심복 부하들과 함께 무술 훈련을 한다, 끝나고 아침 식사를 마치면 오전 중엔 독서를 한다, 점심 식사 뒤엔 새로 온 군사 교관이 오후 내내 온갖 것을 가르치는 식이었다.

이 신임 교관은 왕후가 일찍이 본 일 없는 유형의 군인이었다. 서양식 군복을 입고 코안경을 꼈으며 날씬하고 민첩한 몸을 지녔다. 달리기도 도약도 검술도 할 줄 알았으며, 모든 외국제 무기의 사용법을 알고 있었다. 손에 쥐고 던지면 폭발하는 무기도 있었고(수류탄), 소총처럼 방아쇠를 당겨 발사하는 포도 있었다(박격포). 그 밖에 여러 무기가 있었다. 왕후는 장남과 함께 자리에 앉아 이 모든 전법을 배웠다. 그리하여 입 밖에 내지는 않았으나 왕후는 여태까지 듣도 보도 못한 많은 것을 배웠다. 그리고 그가 갖고 있던 낡은 외국제 대포, 고작 두 개밖에 없는 대포를 여태까지 그토록 자랑한 것이 참으로 초라하게 여겨졌다. 그는 자기가 전쟁에 대해서조차 거의 무지했다는 것을 깨달았다. 그가 여태까지 꿈에도 생각지 못한, 그러면서도 꼭 알아 두어야 할 것들이 많았던 것이다. 그는 매일 밤 늦게까지 아들의 교관과 이야기를 했다. 그리고 갖가지의 교묘한 살인법을 들었다. 공중으로부터 인간의 머리 위에 떨어지는 폭탄, 바다 밑에서 떠올라 사람을 죽이는 잠수함, 눈으로는 볼 수 없는 거리를 날아가서 적의 머리 위에 작렬하는 포탄 등등, 그러한 이야기를 듣고 왕후는 감탄하여 이렇게 말했다.

"외국에선 참으로 전쟁 기술이 발달했구나. 나는 몰랐다."

왕후는 한동안 생각에 잠겼다가, 어느 날 교관에게 말했다.

"내가 영유하는 지방은 비옥해서 말이야, 기근이라는 것이 10년이나 15년에 한 번쯤밖에 들지 않아. 나도 다소의 군자금은 모아 놓았지. 암만 해도 나는 내 군대에 너무 만족하고 있었던 것 같아. 그런데 내 아들이 이런 신식 전법을 남김없이 배우는 이상, 그런 것에 숙련된 군대를 갖는 것이 마땅하겠구나. 이제부터 외국에서 쓰고 있는 무기를 구입해야겠다. 내 아들이 어른이 되어 지휘할 수 있게 될 때까지 자네가 내 부하를 훈련해서 아들에 알맞는 군대를 양성해 주지 않겠나?"

청년 교관은 재빨리 환한 미소를 지었다. 그리고 매우 기뻐하며 대답했다.

"저는 장군의 군대를 훈련시키려고 노력했습니다만, 기탄없이 사실을 말씀드린다면, 그들은 불한당 집단으로, 먹고 마시는 것만 머릿속에 들어차 있습니다. 그러나 장군께서 신식 무기를 구입하여 훈련 시간을 정해 주신다면 과연 그들을 신식군대로 양성할 수 있는지, 한번 해보고 싶습니다."

그러나 왕후는 오랜 세월 부하의 훈련에 정진해 왔다고 자부하고 있었으므로 그가 말하는 '기탄없는 사실'을 듣고 내심으로 그다지 유쾌하지 못했다. 그래서 굳어진 목소리로 말했다.

"먼저 내 아들부터 교육해 주면 좋겠다."

"15세가 될 때까지는 제가 교육을 하겠습니다."

젊은 교관은 말했다. "장군처럼 지체 높은 분에게 충고 말씀을 드리는 것을 용서해 주신다면, 15세 이후에는 남방의 군관 학교에 유학시키는 것이 좋다고 생각합니다."

왕후는 깜짝 놀랐다.

"뭐, 전쟁을 가르치는 학교가 있단 말인가?"

"있습니다." 젊은 교관은 대답했다. "그러한 학교를 졸업한 자는 정규군 대위에 임용됩니다."

왕후는 그 말을 듣고 으스대며 말했다. "내 아들은 자기 군대가 있으니까, 정규군 대위 같은 보잘것없는 지위를 찾을 필요는 전혀 없다." 그리고 잠시 뒤 다시 말했다.

"게다가 남방에 배울 만한 것이 있다고는 생각되지 않는다. 나도 젊을 때 남방 장군 밑에서 근무한 적이 있지. 그는 게으른 데다 호색가였고, 부하라는 자들은 원숭이 같은 놈들뿐이었다."

교관은 왕후의 기분을 상하게 한 것을 깨닫자 미소를 지으며 그 앞을 떠났다. 왕후는 계속 그대로 앉아 아들 일을 생각했다. 아들을 위해서 할 수 있는 일은 모두 해 준 것 같았다. 그러나 자기 자신이 소년 시절일 때의 추억을 열심히 더듬어 보니 자기가 말을 갖고 싶어했던 것이 생각났다. 다음 날로 그는 아들을 위해 작은 검정말을 한 마리 샀다. 몽고 평원에서 난 강건한 명마로, 잘 아는 말 상인으로부터 사들였다.

말을 아들에게 줄 때가 되자, "너에게 주려고 산 것이 있으니 정원에 나와 보라"고 부르러 보냈다. 아들이 나와 보니 작은 검정말이 서 있었다. 등에는 가죽으로 새로 만든 빨간 안장이 얹혀 있었고, 놋쇠 못을 박은 고삐를 달았으며, 그것을 말구종이 쥐고 서 있었다. 말구종은 오늘부터 이 말의 전속이 되므로 손에는 가죽으로 엮은 붉은 채찍을 들고 서 있었다. 왕후는 자기가 소년 시절에 꿈꾼 것도 이런 말이었다고 생각했다. 너무 훌륭해서 살아 있는 것 같지 않았다. 그렇게 생각하고 그는 내심 우쭐해졌다. 그리하여 아들도 눈에 기쁜 빛을 띠고 미소지을 것이 틀림없다고 생각하고 열심히 아들의 얼굴을 쳐다보았다.

그러나 소년은 여느 때의 침울한 표정을 조금도 바꾸지 않았다. 그는 말을 바라보면서 여느 때의 침착한 어조로 말했다.

"아버지, 고맙습니다."

왕후는 기다리고 있었다. 그러나 아이의 눈엔 밝은 빛이 떠오르지 않았다. 달려가서 고삐를 잡으려 하지도 않았고 안장에 올라앉아 보려고도 하지 않았다. 한시라도 빨리 그 자리를 떠나도 좋다는 허가가 내리기를 기다리는 듯이 보였다.

큰 실망과 노여움을 느끼면서 왕후는 홱 몸을 돌려 자기 방으로 돌아가 문을 걸고 앉아 두 손에 얼굴을 묻었다. 아이가 자신의 사랑을 받아들여 주지 않는 것이 씁쓸하고 화가 나 견딜 수가 없었다. 그러나 잠시 비탄에 잠겼던 그는 다시 평소처럼 마음이 강해져서 오기를 부리며 이런 생각을 했다.

'그 애는 이 이상 무엇이 갖고 싶단 말인가? 내가 저 나이에 갖고 싶었던 것 이상을 이미 나는 그 애에게 사주었다. 그렇다, 돈도 아까워하지 않고 저렇게 유능한 교관을 채용하고, 저토록 멋진 외국제 총도 사주지 않았는가! 그리고 이번에는 저렇게 빛나는 검정말과 붉은 안장과 은자루가 달린 채찍을 주지 않았는가!'

이렇게 그는 자기 자신을 위로했다. 그리고 군사 교관에게는 사정없이 엄격하게 아들을 가르치라고 명령했다. 아이가 놀고 싶어하더라도 주저할 것 없다, 한창 자라는 아이들은 모두 놀고 싶어하기 마련이니까 그런 것은 상관 말고 훈련하라고 말했다.

그러나 한밤중에 눈을 뜨고 잠을 이루지 못할 때, 한방에서 자고 있는 아들의 조용한 숨소리를 듣고 있으면 가슴이 답답할 정도로 애정이 가득 차, 그는 몇 번이나 되풀이해서 생각했다.

'이 아이를 위해서 아직도 더 많이 해 주어야 한다. 더 해 줄 일을 생각해 내야 한다!'

이처럼 왕후는 온통 아들 생각만 하면서 세월을 보냈다. 아들 일로 머리가 가득 차 있어서 어떤 사건이 일어나지 않았다면, 그도 모르는 동안에 노년기에 접어들고 말았을 것이다. 그런데 그 사건은 그를 이 도가 지나친 사랑의 생활을 벗어나게 했을뿐더러 그를 다시 전쟁과 운명의 길로 몰아 세웠다.

아들이 열 살쯤 된 어느 봄날의 일이었다. 그 무렵 왕후는 세월을 아들의 나이로 헤아리는 버릇이 되어 있었다. 그는 새싹이 돋기 시작한 석류나무 밑에 아들과 함께 앉아 있었다. 아이는 불꽃처럼 타고 있는 조그마한 새싹을 정신없이 바라보고 있다가 별안간 소리를 쳤다.

"이 조그만 불꽃 같은 새싹은 활짝 핀 꽃보다도 고와요. 정말 저는 그렇게 생각해요!"

왕후는 아들이 곱다고 느끼듯이 자기도 그렇게 보고 싶어 애를 쓰면서 그 새싹을 바라보았다. 그때 문 앞이 소란해졌다. 병사 한 사람이 달려들어와서 누군가의 도착을 보고하려 했다. 그러나 그 병사가 입을 열기도 전에 왕후는 곰보 조카가 비틀거리며 들어오는 것을 보았다. 밤낮을 가리지 않고 말을 달려왔으므로 그는 발을 질질 끌듯이 걸었으며 여위고 지쳐 있었다. 깊은 곰보 구멍에 먼지가 쌓여 매우 이상한 얼굴이 되어 있었다. 왕후는 화가 났을 때가 아니면 입이 무거웠으므로 멍청하니 청년의 얼굴을 지켜볼 뿐이었다. 청년은 헐떡이며 말을 토해 냈다.

"중대한 사건을 알리려고 밤낮없이 말을 달려 왔습니다. 매가 독립하려고 음모를 꾸며, 작은아버지의 군대를 자기 군대로 개편해서 작은아버지가 공략한 현성을 근거지로 삼았습니다. 몇 해 전부터 복수의 기회를 노리고 있던 그 비적의 두목과도 내통하고 있었습니다. 저는 지난 몇 달 동안 매가 세금 수입을 착복하고 있었단 것을 알고 있습니다. 이런 일이 일어날지도 모른다고 거정을 해 왔습니다만, 성급하게 떠들었다가는 매가 저를 죽일 것 같아서 확실한 증거를 잡을 때까지 기다렸던 것입니다."

이러한 말이 청년의 입에서 튀어 나오자, 왕후의 깊은 눈이 번들거렸다. 굵은 눈썹이 묵직하게 아래로 처지자 눈은 이마 아래에 더욱 깊숙이 숨는 듯이 보였다. 왕후는 몸안에서 격렬한 노기가 솟아오르는 것을 느끼며 소리쳤다.

"그 죽일 놈의 도둑개가! 그저 병졸에 지나지 않던 놈을 끌어올려 주었는데, 그 녀석의 오늘은 모두가 내 덕분이 아닌가. 그런 나를 배반하다니. 그놈 정말 들개로구나!"

억세고 호전적인 분노가 마음속에 타오르기 시작하자 왕후는 아들 일을 잊고 심복 부하며 부대장들이 살고 있는 병영 쪽으로 성큼성큼 걸어갔다. 그리고 커다란 소리로 5천 병사가 오전 중에 출동할 수 있도록 준비를 갖추라고 명령하고, 아울러 자신이 탈 말과 가늘고 예리한 장검을 준비시켰다. 그때까지 봄날답게 조용하고 태평스러웠던 병영이 구석구석 물결 이는 연못같이 되었다. 뒷방으로부터는 아이들과 하녀들이 무기 소리와 출정의 소란을 놀란 눈으로 내다보았고, 말들마저 흥분하여 돌을 깐 병영 바닥에 말굽 소리를 내며 튀어오르고 했다.

왕후는 자기 명령대로 만사가 움직여 가는 것을 확인한 다음 지쳐 있는 곰보를 돌아보고 말했다.

"저리 가서 밥을 먹고 쉬어라. 수고했다. 보상으로 진급시켜 주마. 젊은 놈의 마음에는 언제나 반역의 기운이 스며 있다. 젊은 놈은 반란에 참가하고 싶어한다는 것을 나도 잘 안다. 그런데 너는 핏줄을 잊지 않고 참으로 나를 잘 도와주었다. 반드시 진급시켜 주마!"

그러자 곰보는 주위를 돌아보며 속삭이듯 말했다.

"네, 하지만 작은아버지, 매는 죽여 주시겠지요? 작은아버지께서 나타난 것을 보면 그놈은 저를 의심할 것입니다. 저는 몸이 아파 잠시 어머님한테 가서 쉬고 오겠다고 말하고 나왔거든요."

그러자 왕후는 크고 사나운 목소리로 호통치듯 약속했다.

"그런 일은 일부러 부탁할 필요도 없다. 그놈의 살로 나의 장검을 갈 참이다."

청년은 안심하고 그 자리를 떠났다.

왕후는 사흘 동안의 강행군 끝에 새 영지에 도착했다. 거느리고 간 군대는 예부터 믿을 수 있었던 부하들뿐이었으며, 지난번 포위전 때 투항해 온 자들과 류먼선을 배신한 자들은 남아 있도록 했다. 이번에는 자기를 배신할지 모른다고 생각한 것이다. 그는 이끌고 온 부하들에게 용감히 싸워 주기만 한다면 약탈해도 좋다, 게다가 한 달치 급료를 특별 상여로서 은으로 지급한다고 선언했다. 그래서 병사들은 기뻐 날뛰며 돌진해 갔다.

그들의 행동은 매우 신속했다. 그래서 매는 자기의 실패를 깨닫기 전에 왕후가 이미 바로 눈앞에 다가와 있다는 소리를 듣게 되었다. 사실, 매는 왕후의 곰보 조카가 얼마나 영리하고 또한 책략에 능한 젊은이인가를 몰랐던 것이다. 이 소년은 늘 명랑하고 말도 가볍고, 게다가 그 곰보 얼굴은 어느 모로 보나 바로 무지 그 자체로 보였으며 언제나 병사들을 상대로 농담이나 주고받고 호들갑이나 떨어서, 매는 자기의 계략을 눈치채고 있다고는 꿈에도 생각지 못했던 것이다. 그래서 곰보가, 암만 해도 간이 좋지 않은 것 같으니 어머니한테 가겠다고 말했을 때는 매우 기뻐했다. 곰보가 없어지면 독립을 선언하고, 자기에게 충성을 바치지 않는 자는 죽여 버릴 계획이었다. 반란에 가담하는 자에게는 성안에서의 약탈을 허락하겠다고 약속도 했다.

그래서 매는 농성을 준비하고 식량을 성안으로 운반시켰다. 왕후의 성질이 사태를 잠자코 방치해 둘 만큼 미지근하지 않다는 것을 잘 알고 있었기 때문이다. 가엾은 백성들은 공포에 떨면서 또다시 포위되어 공격받을 각오를 했다. 왕후가 성문을 들어선 당일에도 많은 농민들이 이삼십 명씩 어깨에 멘 막대기로 장작을 옮기고 있었다. 당나귀며 노새는 곡물을 등에 싣고 있었다. 사람들은 요란스레 울어 대는 닭을 바구니에 넣고, 소를 몰며, 다리를 묶은 돼지를 막대기에 매달아 어깨에 메고 있었다. 거꾸로 매달린 돼지는 죽어라고 비명을 질러 댔다. 그 정경을 보고 왕후는 이를 갈고 분해했다. 만일 모략 단계에서 정보를 듣지 않았다면 이만한 식량을 비축한 현성의 포위전은 매우 힘이 들었을 것을 알고 있었기 때문이다. 또 매는 무지한 류먼선보다 훨씬 힘든 상대라는 것도 알고 있었다. 매는 미리도 좋고, 용맹한 데다가 두 문의 외국제 대포가 있었으므로 그것을 성벽 위에 설치해 놓고 포위군 머리 위에 포탄을 날릴 수도 있었을 것이다. 왕후가 이런 것을 생각하고 얼마나 아슬아슬한 순간에 위기를 모면할 수 있었는가 깨달았을 때, 분노한 나머지 눈에 핏발이 서서 그는 수염을 씹으며 미친 듯이 날뛰었다. 노기가 불타올라, 있는 힘껏 말을 달리며 커다란 소리로 부하들에게 매의 병영을 향해 곧장 돌격하라고 명령했다.

그때 왕후가 이미 밀어닥쳤으니 만사는 끝났다고 매에게 알린 자가 있었다. 매는 하늘에서 떨어지는 듯한 절망에 아찔해졌다. 그는 한순간 무슨 묘책을 써서 빠져나갈 수 없을까, 비밀 통로로 탈출할 수는 없을까 다급히 궁리했다. 왕후가 그런 대군을 이끌고 달려온 이상 부하들이 자기 편을 들 것이라고는 도저히 바랄 수 없었다. 그는 자기가 완전히 고립되었다는 사실을 알았다. 그러나 이 한순간의 망설임이 그의 운명을 결정지었다. 그때 왕후가 말을 달려 성문 안으로 들이닥친 것이다. 왕후는 자기 손으로 죽일 테니 어떠한 희생을 치르더라도 매를 잡아 오라고 소리 질렀다. 소리를 지르며 말에서 내리자 부하들은 와 함성을 지르면서 앞을 다투어 병영 안으로 밀고 들어갔다.

이제 마지막이라고 체념한 매는 달아나서 몸을 숨기려 했다. 그도 용사였으나 그때는 달아나서 부엌 마른 풀 더미 속에 기어들어 갔다. 그러나 매를 발견하고 현상금을 타고자 광분하는 그 많은 병사의 눈을 어떻게 피할 수 있을 것인가, 매는 또한 부하들이 구해 주리라고 기대할 수도 없었다. 다만 자기가 숨어 있는 것을 발견하더라도 못 본 체해 주겠거니 하고 생각할 뿐이었다. 그러기를 바라면서 잡초 더미 속에 숨어는 있었으나 떨고 있지는 않았다. 그는 어디까지나 용사였던 것이다.

그러나 그는 발견되지 않을 수 없었다. 상금이 탐난 병사들은 구석구석을 뒤졌다. 정문에서 뒷문, 쪽문에 이르기까지 감시병이 서 있었다. 게다가 병영의 성벽은 매우 높다. 마침내 매는 몇 명의 병사들에게 발각되고 말았다. 그들은 매의 푸른 빛깔의 옷자락을 건초 밑에서 발견하고는 달려나가 문을 닫고 다른 병사들을 불렀다. 50명 가까운 병사들이 달려왔다. 모두 조심스레 부엌으로 들어갔다. 매가 어떤 무기를 가지고 있는지 모르기 때문이었다. 그런데 그는 이렇게 여럿을 상대할 만한 무기를 지니고 있지 않았다. 아침밥을 먹고 있다가 급습을 받아 서둘러 달아나는 바람에 단도 한 자루밖에 갖고 있지 않았는데 이것으로 다수를 막을 수는 없었다. 병사들은 한 덩어리가 되어 그를 덮쳐서 팔을 위로 비틀고 장군 앞에 끌고 나갔다. 매는 무서운 얼굴을 하고 있었으며 눈은 흉악하게 번들거렸다. 지푸라기가 머리와 옷에 붙어 있었다. 이렇게 그는 왕후가 기다리는 정전으로 끌려왔다. 왕후가 뽑은 장검은 한 가닥의 가느다란 은뱀처럼 반짝이며 무릎 위에 가로놓여 있었다. 그는 그 검은 눈썹 밑의 눈을 노여움으로 번쩍이며 매를 쏘아보고, 거친 소리로 말했다.

"마침내 네놈도 모반했느냐! 네놈을 병졸부터 끌어올려 현재의 지위에 앉혀 준 나를 배신했느냐!"

매는 왕후의 무릎에 가로놓여 있는 빛나는 장검에서 눈을 떼지 않고 무뚝뚝하게 대답했다.

"대장에게 모반하는 법을 가르쳐 준 건 네가 아니냐. 너도 집을 뛰쳐나온 한낱 탕아에 지나지 않았다. 대체 그 노장군 말고 누가 너를 끌어올려 주었단 말이냐?"

이런 폭언을 듣고 왕후는 더 참을 수 없었다. 주위를 둘러싸고 침을 삼키며 바라보는 병사들에게 큰 소리로 명령했다.

"나는 이 칼로 저놈을 찔러 죽일 생각이었다. 그러나 그런 깨끗한 최후는 이놈에게는 과하다. 저리 끌고 가서 중죄인, 흉악범, 불효 자식, 불충의 신하를 처벌하듯 이놈을 능지처참해라!"

그러나 최후를 각오하고 있던 매는 아무도 말릴 겨를 없이 조그마한 단도를 옷섶에서 꺼내어 자기 배에 푹 꽂아 넣고 한번 크게 비틀더니, 그대로 한순간 비틀거리면서도 왕후를 쏘아보며 마지막 힘을 다하여 차갑고 대담하게 말했다.

"나는 죽기를 두려워하지 않는다. 앞으로 20년만 있으면 다른 인간의 몸에 깃들어 다시 한 번 태어날 테다. 다시 영웅이 될 테다!" 그러고는 단도를 꽂은 채 그대로 거꾸러졌다.

왕후는 눈 깜짝할 사이에 일어난 이 사태를 둥그레진 눈으로 지켜보는 동안, 노여움이 가슴속에서 썰물처럼 사그러지는 것을 느꼈다. 그로서는 배신자에 대한 복수의 기회를 놓친 셈이라 화가 났지만, 모반자라고는 하나 이만한 용사를 잃은 것이 애석하기도 했다. 그는 잠시 잠자코 있다가 나직한 소리로 말했다.

"이 시체를 어디다가 잘 묻어 주거라. 외톨이라 부친도 자식도 가족도 없는 사람이니까." 그리고 조금 사이를 두었다가 다시 계속했다. "나도 이 녀석이 용감한 자라는 건 알고 있었다. 하지만 이토록 용감할 줄은 몰랐다. 훌륭한 관에 넣어 주어라."

왕후는 한참 동안 슬픔에 잠겨 앉아 있었다. 그리고 그 슬픔이 그의 마음을 부드럽게 했다. 그래서 부하들에게 약속한 약탈도 한동안 제지했다. 그가 슬픔에 잠겨 있는데 성안 상인들이 뵙겠다고 찾아왔다. 불러들여 호소의 내용을 들으니, 백성들이 매우 무서워하고 있으니 병사들에게 약탈을 허락하지 않도록 부탁하기 위해서 많은 은을 가지고 왔다는 것이었다. 왕후도 마침 마음이 약해져 있던 때이므로 그 은을 받아 약탈품 대신 부하들에게 나누어주기로 약속했다. 상인들은 감사하며, 이렇게 인정 많은 장군은 없다고 칭송하면서 물러갔다.

그러나 왕후는 병사들을 달래는 데 무척 애를 먹었다. 그들에게 꽤 많은 돈을 지불하고 잔치를 베풀어 술을 먹이고 하여 간신히 불평스런 표정은 사라졌다. 그리고 왕후가 그들의 충성심에 호소하여 다음 전투 때는 반드시 약탈의 기회를 주마고 약속함으로써 그들은 겨우 마음을 가라앉히고 실망과 저주의 말을 내뱉지 않게 되었다. 그 대신 왕후는 두 번이나 상인들에게 사람을 보내 큰돈을 더 거두어들였다.

왕후는 개선 준비를 했다. 매우 다급하게 출동하느라 집에 남아 있는 아들의 일과도 정해 주지 않고 나왔으므로 한시바삐 아들을 만나고 싶었다. 이 현성의 수비 사령관에 조카를 임명하기로 하고, 그가 부임할 때까지 심복인 언청이에게 병사들을 남겨 주어 사령 대리로서 수비하도록 했다. 그리고 매의 부대는 자기가 이끌어 돌아가고 그 대신 출진 때 따라온 노련한 부대를 주둔시켰다. 그리고 만일의 경우를 대비해 왕후는 두 문의 외국제 대포도 가져가기로 했다. 매가 성 안 대장장이에게 탄환을 만들게 하고 발사를 위한 화약까지 준비해 둔 것을 발견했으므로, 또다시 자기에게 발사될지도 모를 걱정을 없애기 위해 가져가기로 한 것이다.

왕후가 다시 성안의 한길을 행진하여 귀로에 올랐을 때 바라보던 민중들은 그에게 증오의 시선을 던졌다. 그는 병사들에게 포상을 하기 위해서, 그리고 이번 원정의 비용을 충당하기 위해서 거액의 금액을 조달하게 했는데, 그로 말미암아 집집마다 세금이 늘어났기 때문이었다. 그러나 왕후는 그런 시선쯤 조금도 신경 쓰지 않았다. 억지로 마음을 무자비하게 먹어, 만일 자기가 구조하러 오지 않았더라면 매와 그 일당 아래서 그들은 더욱 괴로워했을 테니 평화의 대가로서 기꺼이 돈을 낼 만하지 않느냐고 생각했다. 매는 정말 잔인한 사나이로서, 어릴 때부터 전쟁 속에서 자라나, 인간의 생명을 아무렇지도 않게 생각했다. 실은 왕후는 자기에 대한 이 민중들의 태도가 부당하다고 느꼈다. 자기는 삼 일 동안이나 강행군을 해 와서 구조해 주었는데도 그들은 그 은혜를 모른다는 생각이 들었다. 그는 분개했다.

'그들은 무엇에 대해서나 은혜를 모른다. 그리고 나는 마음이 너무 물렀어.'

이렇게 생각하고 그는 마음을 강하게 먹었다. 그리고 이때부터 일반 민중에게 여태까지와 같은 온정을 보여 주지 않았다. 그리고 다시 마음이 편협해져서 매의 후임에는 어느 심복 부하도 안심하고 들여앉히질 못했다. 육친이 아니면 누구도 믿을 수 없다고 속으로 슬프게 생각하는 것이었다. 이런 편협성 때문에 한결 더 사랑하는 아들에게 희망을 걸게 되어 스스로를 달래며 말했다.

'나한테는 아들이 있다. 그 애만은 결코 나를 배신하지 않으리라.'

그는 말을 재촉하여 행군을 서둘렀다. 한시바삐 아들의 모습이 보고 싶었다.

곰보 조카는 매가 죽었다는 소식을 들을 때까지 기다렸다가 그 보고를 듣자 갑자기 쾌활해져서 며칠 동안 부모님 집으로 가 있었다. 그리고 만나는 사람마다 자기가 얼마나 용감하고 지략에 능한지, 제아무리 노련하고 아버지 같은 연배의 매라도 자기에게는 대항하지 못했다고 떠들고 다녔다. 곳곳에서 그는 자기 자랑을 했다. 형제자매들은 그를 에워싸고 감탄했다. 어머니는 소리쳤다.

"얘는 내 젖을 빨 때부터 예사 아이가 아니라고 생각했었지. 젖 빠는 것도 똑똑했고 여간 힘차지 않았거든!"

그러나 아버지 왕얼은 빙글빙글 얼굴에 웃음을 띤 채 자리에 앉아 듣고만 있었다. 마음속으로는 아들을 자랑스럽게 생각했으나 입으로는 칭찬하지 않고 이런 말을 했다. "그러나저러나 잘 기억해 두어라. 삼십육계 중에서 달아나는 게 으뜸이란 말도 있다." 또 이런 말도 했다. "훌륭한 병기보다 훌륭한 지모야."

무엇보다도 그를 기쁘게 한 것은 아들의 지모였다.

곰보가 왕이 부부에게 인사를 드리러 가서 여기서도 그 무용담을 한바탕 늘어놓자 왕이는 이상한 질투심에 휩싸였다. 하나는 죽은 아들을 떠올려 일어난 질투심이었고 하나는 남은 두 아들을 생각해서였다. 두 아들의 귀공자연한 풍채와 동작에 감탄하면서도 그는 어딘가 모자라는 막연한 불안을 느끼고 있었다. 그래서 왕이는 동생의 곰보 아들이 자랑하는 말에 점잖게 귀를 기울이는 듯한 표정을 짓고 있었으나 실은 잘 듣고 있지 않았다. 그리고 곰보가 열심히 지껄이고 있는데도 차를 가져오라느니, 담뱃대는 어디 있느냐느니, 해가 저물어 쌀쌀하니 두루마기를 가져와서 입혀 달라느니 하녀에게 거듭 일을 시켰다. 부인 쪽은 예의상 조카를 향하고만 있을 뿐 수놓을 일감을 집어 들고 무척 바쁜 체했다. 비단 조각을 본에 맞추어 보기도 하고, 이따금 크게 하품을 하기도 하고, 또 이것저것 집안 살림 이야기며 아직 남아 있는 토지의 소작인에 대한 일을 남편에게 물어보기도 했다. 마침내 청년도 큰어머니가 자기를 성가시게 여긴다는 것을 눈치채고 이야기를 그치고는 좀 실망한 표정으로 작별을 고했다. 그러자 곰보가 그다지 멀리 가기 전에 부인이 목소리를 높여서 말하는 소리가 들려 왔다.

"우리 집 애들은 한 사람도 군인이 안 돼서 다행이에요. 아주 천한 생활을 하는걸요. 젊은 애들을 무지하게 만들고 평범하게 만들어 버려요."

왕이는 기운 없는 목소리로 대답했다. "글쎄, 난 잠깐 찻집에 갔다 와야겠소."

곰보는 큰아버지 부부가 죽은 아들을 생각하고 냉정한 태도를 보인 사실을 알 까닭이 없었다. 그래서 그는 시무룩한 표정으로 문간까지 나왔다. 그곳에 왕이의 작은부인이 갓난아기를 팔에 안고 서 있었다. 그녀도 청년의 이야기를 듣고 있다가 자리에서 일어나 먼저 문간에 나와 있었던 것이다. 그녀는 부러운 듯이 그에게 말했다.

"매우 훌륭하고 용감한 이야기였어요."

청년은 곧 기분이 좋아져서 어머니에게로 돌아갔다.

30일 동안이나 곰보 조카는 자기 집에 머물렀다. 그의 어머니가 이 기회를 이용해서 약혼녀와 결혼을 시켰기 때문이었다. 어머니는 이 처녀를 몇 해 전에 골라 놓았었다. 신부는 근처에서 견직물 장사를 하는 사람의 딸인데, 아버지는 가난하지도 않고 남에게 고용된 노동자도 아니었다. 방직 기계를 가지고 직공만 20명을 고용하여 온갖 빛깔의 공단이라든가 꽃무늬를 놓은 비단 직물을 짰는데 시내에 같은 일을 하는 사람이 별로 없어서 상당히 번창했다. 딸도 그 일에 정통해, 이른 봄 추위가 늦게까지 계속되거나 할 때면 자기의 따뜻한 가슴에 누에를 품어 직공들이 따 오는 뽕잎으로 기르기도 하고, 고치에서 실을 자을 줄도 알았다. 이 집안이 타향에서 옮겨 온 것이 바로 전대(前代)였으므로 시내에 이런 기술을 아는 사람은 많지 않았다. 하기야 그녀가 결혼하는 청년은 그런 기술이 필요하지 않았으나 신부가 그러한 지식을 갖고 있다는 것은 결코 헛된 일이 아니다. 아마도 그녀는 검소하고 근면할 것이라고 어머니는 믿었던 것이다.

곰보 청년으로서는 처녀가 무엇을 알고 있든 문제가 되지 않았다. 다만 신부를 맞이하는 일이 기뻤다. 벌써 스물네 살이 되어 있었으므로 때로는 정욕에 부대꼈다. 그녀가 말쑥하고 꽤 예쁜 데다 그다지 발끈하는 성질이 아닌 것이 기뻤다. 그는 그것만으로 만족스러웠다.

그래서 그는 화려하지는 않았으나 꽤 훌륭한 결혼식을 마치자 신부를 데리고 왕후가 임명해 준 현성으로 부임해 갔다.

25

긴 겨울이 지나고 봄이 찾아올 때마다 왕후는 대전란에의 야망이 마음속에 솟아오르는 것을 느꼈다. 그리고 봄마다 그는 주위의 정세를 주시하면서 세력을 넓힐 길은 없을까 생각했다. 전국적인 동란의 정세가 올해에는 어떠한지, 그 동란에 교묘히 편승할 수 있을는지 살피기 위해 첩자를 여기저기로 보냈다. 그러고는 따뜻한 계절이 되어, 첩자들이 돌아와서 이윽고 운명이 자신을 부를 때를 기다리는 것이다, 하고 스스로를 타일렀다. 그러나 진짜 이유는 그의 젊은 시기는 이미 지났고 아들을 본 것으로 만족하여, 그를 전쟁으로 몰아세우던 지난날의 초조함이 사라졌기 때문이었다. 봄을 맞이할 때마다 왕후는 사랑하는 자식을 위해, 그가 평생의 목적으로 삼은 전국 제패를 위해 싸움터로 나아가야 한다고 다짐했지만, 그때마다 눈앞에 그 출진을 이듬해까지 연기해야 할 그럴듯한 이유가 생기는 것이었다. 또 그의 청년 시대와 같은 전국적 또는 국지적 동란도 없었다. 전국에 걸쳐 저마다 조그마한 영토를 차지한 많은 소군벌들이 굳게 지키고 있을 뿐, 그들 위에 군림할 만한 영웅은 한 사람도 없었다. 이런 이유로 왕후는 내년까지 기다려도 지장이 없겠다고 느낀 것이었다. 봄이 지나고 또 다음 해가 와도. 여전히 그는 언젠가 운명의 날이 오면 뜻하는 승리를 얻기 위해 출동한다는 결심만은 버리지 않고 있었다.

아들이 열세 살에 가까워진 어느 봄에 형들의 심부름꾼이 찾아왔다. 그 사자가 전하는 전갈은 매우 중대했다. 그 소식은 이러했다. 왕이의 장남이 그 도시의 감옥에 들어가서 고초를 겪고 있으므로, 그를 석방시키기 위해 법정에서 왕후의 도움을 얻고 싶다는 형들의 부탁이었다. 왕후는 이 이야기를 듣자 이것은 성 정부에 대한 자신의 권력과 그 성의 군장에 대한 자기의 영향력을 시험해 볼 절호의 기회라고 여겼다. 그래서 그는 일찍부터 생각했던 출진을 다시 1년 연기하고 형들에게 부탁받은 일을 실행하기로 했다. 거기에는 형들이 아우인 자기에게 간청해 왔다는 사실에 우쭐해진 심사가 없지 않았었다. 또 형들의 아들이 감옥에 들어갔다는 것은 불명예스럽기 짝이 없는 일이며, 자기의 선량한 아들에게는 절대로 그런 일이 일어나지 않을 것이라며 조금은 경멸하는 기분도 영 없다고는 할 수 없었다.

사태는 그러했고 왕이의 아들이 감옥에 들어가게 된 까닭은 다음과 같았다.

왕이의 장남은 벌써 스물여덟이나 되었지만 아직 결혼은커녕 약혼조차 하지 않았다. 어째서 이런 이상한 일이 벌어졌느냐 하면, 그를 사춘기에 한두 해 남쪽 도시의 신식 학교에 보낸 탓이었다. 거기서 그는 여러 가지를 배웠지만 그 가운데 이런 것이 있었다. 청년이 부모가 선택한 여자와 결혼한다는 것은 낡은 인습에 대한 용납할 수 없는 굴종이며, 청년은 모두 자기 스스로 아내가 될 만한 여자를 찾아, 이야기를 나눠 보고 사랑할 수 있는 처녀와 결혼해야 한다는 것이었다. 그래서 왕이가 모든 결혼 적령기 처녀들을 조사하여 장남을 위해 이만하면 되겠다고 확신해 짝을 지어 주려 해도, 장남은 거세게 반항하여 날뛰거나, 부루퉁한 얼굴을 하고는 자기 처는 자기가 고른다고 버텼다.

처음 왕 지주 부부는 그러한 생각에 분개했다. 이때만은 부부의 의견이 일치했다. 부인은 격한 어조로 아들에게 말했다.

"너는 어째서 양갓집 규수와 간단히 이야기를 하고, 그 사람이 좋은지 싫은지 알 수 있게 될 만큼 가까이할 수 있다고 생각하니? 너를 낳고 네 마음도 성질도 잘 아는 양친 이상으로 너에게 잘 맞을 좋은 처자를 대체 누가 고를 수 있다고 생각하느냐 말이다."

그러나 장남은 매우 화술이 좋은 데다가 성질이 급했다. 긴 비단 소매를 걷어 올리고 매끄러운 흰 손을 드러내어 창백한 이마에 흘러내린 검은 머리카락을 쓸어 올리면서 어머니에게 지지 않고 큰 소리로 대답했다.

"어머니도 아버지도 낡은 구시대의 관습밖에 모르십니다. 남쪽에서는 부호나 지식인들이 자기 아들에게 스스로 처를 고르게 하고 있단 말입니다!"

아버지와 어머니는 서로 얼굴을 쳐다보았다. 아버지는 소매로 이마의 땀을 닦고 어머니는 입을 내밀었다. 그것을 보고 아들은 다시 소리쳤다.

"좋습니다. 그렇게 하시고 싶으시면 저에게 약혼을 시키십시오. 저는 집을 뛰쳐나가서 다시는 두 분을 뵙지 않을 테니까!"

그 말은 양친을 매우 놀라게 했다. 왕이는 당황해서 말했다.

"그럼 네가 좋아하는 처녀가 누군가 말해 보거라. 네가 바라는 대로 해 줄 수 있는지 우리가 한번 알아보마."

사실을 말하자면 장남은 처로서 사랑할 만한 여성을 한 번도 만난 적이 없었다. 그가 아는 것은 돈으로 쉽게 살 수 있는 여자뿐이었다. 그래도 사랑할 만한 여성이 없다는 말은 결코 하지 않았다. 다만 붉은 입술을 쭉 내밀고 자신의 깨끗한 손톱만 노려보고 있을 뿐이었다. 그러나 그 표정이 양친에게는 매우 화가 나 있는 듯이 보였다. 그래서 이때뿐만 아니라 언제나 결혼 이야기만 나오면 마지막에는 "그래그래, 오늘은 이쯤에서 그만두자!" 하고 결국은 그를 달래고 마는 것이었다. 사실 왕이는 아들을 위해 혼담이 오가기 시작한 처녀를 두 번이나 단념해야 했다. 왜냐하면 장남은 그 말을 듣자 동생처럼 대들보에 목매어 죽겠다고 협박했기 때문이다. 이 말은 부모를 공포에 질리게 하여 그들은 번번이 아들에게 양보하고 말았다.

그러나 세월이 흐름에 따라 왕이 부부는 아들의 결혼을 차츰 더 열심히 바라게 되었다. 그는 그들의 장남이자 후계자요, 그 아들은 손자 중에서도 첫 후계자 자리를 차지할 것이기 때문이었다. 장남이 이곳저곳 찻집을 돌아다니며 헛되이 청춘을 보내고 있다는 것을 아버지 왕이도 잘 알고 있었다. 입고 먹는 것을 위해서 땀 흘려 노동할 필요가 없는 청년은 모두 그와 같이 빈들빈들 놀며 날을 보낸다는 것도 알고는 있었으나, 왕이도 바야흐로 혈기가 사그라진 평온한 나이에 접어들고 있었으므로 장남의 일이 걱정스러워 견딜 수 없게 된 것이다. 더욱이 왕이도 부인도 만일 아들이 빨리 결혼하지 않으면 그러다가 찻집 여자라도 데리고 와서 아내로 삼을지 모른다는 것이 걱정되었다. 그런 여자를 첩으로 삼는 것은 상관없으나 정실로 들여앉히는 것은 집안의 수치이기 때문이다. 그러나 청년은 양친이 그런 걱정을 입 밖에 내기만 하면 서슴지 않고 말했다. "새 시대의 남녀는 부모의 지배에서 해방되어 있습니다. 남녀는 자유롭고 평등합니다." 이런 철딱서니 없는 소리를 늘어놓았다. 변설이 좋아 청산유수 같았으므로 반박조차 못 하고 잠자코 듣는 수밖에 없었다. 게다가 그들은 장남이 부모의 얼굴을 번갈아 보고 번들거리는 눈길을 던지며 희고 부드러운 손으로 한시도 쉬지 않고 긴 머리를 쓸어 올리면서, 불같이 불만을 쏟아낼 때는 잠자코 있는 편이 상책이라는 것을 일찌감치 깨달았던 것이다. 그러나 그러한 장광설이 끝나면 그는 곧 나가 버렸다. 마음이 들떠 있어서 한군데 오래 있지를 못했다. 장남이 나가 버리면 부인은 원망스럽게 남편의 얼굴을 바라보고 말했다.

"당신이 단정치 못한 생활을 보여 주어서 저 애도 배우고 만 거예요. 저 애가 정숙한 여자보다 막돼먹은 여자를 좋아하는 것은 모두 당신한테서 배운 거예요."

이렇게 말하면서 그녀는 눈에 소매를 갖다 대고 번갈아가며 눈물을 닦았다.

그리고 자신을 가엾다고 생각했다. 왕이는 무척 당황했다. 마누라가 이런 식으로 처음에는 조용히 시작해서는 끝에 가서 큰 폭풍을 일으킨다는 것을 잘 알고 있었기 때문이다. 부인은 나이를 먹으면서 갈수록 엄격해지고 성미가 강퍅해졌다. 그는 허둥지둥 일어나 상냥하게 말했다.

"나도 이제는 나이를 먹어서 옛날만큼 밖으로 나가지는 않잖소. 임자의 의견은 뭐든지 듣도록 하겠소. 이 귀찮은 문제를 해결하는 방법이 있다면 반드시 당신 의견에 따르겠소. 약속하오."

실은 부인도 이 다루기 힘든 아들을 조정할 방법을 생각해 낸 것은 아니었다. 그러나 누구에게고 울분을 터뜨리지 않고는 견딜 수 없었다. 왕이는 그녀가 흥분하기 시작한 것을 보자 부랴부랴 집을 빠져나갔다. 정원을 지나갈 때 첩이 양지 쪽에서 어린애를 어르고 있는 것이 눈에 띄었다. 그는 재빨리 그녀에게 말했다.

"마님이 화를 내고 계시니 뭐 좀 갖다 드려. 차도 좋고, 불경도 좋고, 뭐든지 좋다. 그러고는 마님을 칭찬해 드리란 말이야. 아무개 스님이 이렇게 말하며 칭찬하더라, 저렇게 말하며 칭찬하더라 하고 치켜 주도록 해!"

첩은 아이를 안고서 하라는 대로 순순히 들어갔다. 왕이는 거리로 나가 어디로 갈까 생각하며 첩을 처음 만난 날을 행운이었다고 생각했다. 만일 부인과 단둘이었더라면 도저히 견디기 어려운 생활이었겠지, 이런 생각이 들었기 때문이었다. 그의 첩은 나이를 먹어감에 따라 전보다 한결 부드러워지고 온화해졌다. 이 점에서 왕이는 정말 운이 좋았다. 대체로 처첩이 함께 살면 자주 싸움이 일어나 집안이 늘 시끄러운 법이다. 특히 한편이, 또는 양쪽이 주인을 사랑하고 있을 때는 더욱 귀찮은 법이다.

그러나 작은부인은 여러 자질구레한 일로 왕이를 위로해 주고, 하녀들이 하고 싶어하지 않는 일까지 해 주었다. 하녀들은 누가 진짜 왕이네 집의 주인인지를 알고 있었으므로 그가 하인이나 하녀들에게 큰 소리로 무엇을 시키면 "네, 네." 대답만 할 뿐 우물쭈물하고 곧바로 나오지 않기 일쑤였다. 그리고 왕이가 화를 내면 "마님이 시키신 일이 있어서……." 이렇게 변명함으로써 그의 입을 막아 버리는 것이었다.

그러나 첩은 눈에 띄지 않는 곳에서 그에게 잘해 주었다. 그를 위로해 주는 사람은 그녀였다. 조금 남아 있는 밭을 돌아보고 피로하여 침울한 기분으로 돌아오면 그녀는 뜨끈한 차를 내놓기도 하고, 여름이면 우물에 담가 두었던 수박을 내오기도 하고, 식사 때 그에게 부채질을 해 주기도 하고, 발 씻을 물을 길어 오기도 하고, 양말이나 신을 바꾸어 신기기도 하는 등 여러 가지로 살뜰히 뒷바라지를 해 주었다. 그리고 그가 울화를 터뜨리거나 잔소리를 늘어놓는 상대도 그녀뿐이었다. 가장 심한 것은 소작인에 대한 잔소리였다. 그는 그 울분을 이렇게 그녀에게 털어놓았다.

"그래, 오늘도 서쪽 밭을 갈고 있는 이 빠진 소작인 할망구가 밀 무게를 재는 데 물을 뿌렸잖아. 그 사실을 대리인은 모르고 있단 말이야. 그 녀석은 바보야. 아니면 얼마 얻어먹고 모르는 체해 주는지도 모르지. 그렇다면 몹쓸 놈인데, 아무튼 나는 저울 추가 너무 올라가는 것을 눈치챘단 말이야."

이 말을 듣고 첩은 달래듯이 말했다.

"그런 짓을 한다고 당신을 속이지는 못할 텐데요. 당신은 매우 현명하신걸요. 제가 아는 한 가장 지혜로운 분이에요."

장남의 반항에 진저리를 내고 있는 비통한 기분도 첩에게 다 털어놓았다. 그녀는 이에 대해서도 그를 위로했다. 그래서 오늘도 길을 걸어 가며 큰부인이 얼마나 자기를 무정하게 힐책했는가 나중에 그녀에게 이야기해 주어야지 생각하고, 그녀의 다정한 대답을 기대하고 있었다. 그러한 일은 이제까지도 몇 번이나 있었으므로 언제나 위로의 말은 같았다.

"제가 보기에 당신처럼 훌륭한 분은 없어요. 아무런 부족함도 없으신걸요. 마님은 남자를 모르세요. 남자 중에서도 당신처럼 훌륭한 분은 없다는 것을 모르고 계세요. 정말이에요."

아들과 부인 때문에 괴로워하고 또 몽땅 팔지 못하고 남겨 놓은 밭 때문에 속을 썩이고 있는 지금의 환경에서 벗어나려고 그는 이 첩에게 매달렸다. 여태까지 쫓아다닌 여자 가운데서 이 여자가 가장 위로가 되는 상대라고 마음속으로 생각하고 다음과 같이 중얼거린 것도 까닭 없는 일은 아니었다.

'내가 먹여 살리는 인간 중에서 나의 가치를 알아주는 것은 이 여자뿐이야!'

그날 그의 심정은 장남에 대한 통렬한 쓰라림으로 가득 차 있었다. 이토록 고민 많은 아버지에게 다시 새로운 수고를 끼치다니 참으로 얄미운 자식이다.

이런 생각을 하면서 길을 걷고 있을 때 그의 장남도 친구 집을 찾아가고 있는 중이었다. 거기서 그는 참으로 신기하게도 자기 마음에 드는 처녀를 만나게 되었다. 장남이 만나러 간 친구는 이곳 경찰서장의 아들이었다. 그 무렵 도박을 금지하는 새 법령이 발표되었으므로 왕이의 아들은 언제나 이 친구와만 노름을 했다. 발각되어 문제가 되더라도 경찰서장 같은 세도가의 아들이라면 피할 수 있을 터이고, 그의 친구인 자기 또한 피할 수 있으리라고 생각되었기 때문이었다. 이날 왕이의 아들은 부모와 말다툼을 했으므로 울적한 기분을 바꾸기 위해 잠시 한판 할 양으로 그 친구를 찾았다.

현관이 열렸으므로 하인에게 이름을 말하자 응접실로 안내해 주었다. 부모와 다툰 일을 생각하면서 우울한 마음으로 앉아서 기다리고 있으려니 갑자기 안쪽 문이 열리며 눈부시게 아름다운 젊은 여자가 나타났다. 여느 여자라면 젊은 남자가 혼자 앉아 있는 것을 보면 소매로 얼굴을 가리며 얼른 들어가 버렸을 것이다. 그런데 이 젊은 여자는 그렇게 하지 않았다. 침착하게 왕이의 아들을 바라보았다. 정면에서 천천히 바라보았으나, 교태도 부리지 않고 조금도 부끄러워하지 않는 이 침착한 응시를 받고 외려 이편에서 먼저 눈을 내리깔고 말았다. 대담하면서도 정숙한 여성이며 새 시대의 여성임을 알 수 있었다. 검은 머리를 목 근처에서 짧게 잘랐으며 전족도 하지 않았다. 신여성들이 즐겨 입는 길게 일자로 떨어지는 옷을 입고 있었는데, 늦은 봄철에 어울리게 새끼 거위 솜털 빛깔을 한 부드러운 비단이었다.

부모 앞에서는 큰소리를 치고 다녔지만 실은 왕이의 장남은 결혼하고 싶다는 생각이 들 만한 여성과 만날 기회가 거의 없었다. 도박을 하거나 먹고 마시거나 어디 가서 놀 때 말고는, 그는 연애 소설을 읽으며 세월을 보냈다. 그것도 고전 소설이 아니고 남녀 간의 자유로운 연애를 묘사한 현대 소설을 열심히 읽었다. 그러므로 그가 꿈꾸는 여성은 창부 따위가 아니고 집안이 좋은 여자여야만 했다. 그러면서도 남자 앞에서 수줍어하거나 말도 제대로 못하는 그런 여성이어선 안 된다. 남자들끼리처럼 대등하게 담소할 수 있고 그러면서도 좋은 환경에서 자란 여자여야 했다. 그가 찾고 있는 신붓감은 그러한 여성이었다. 그러나 그런 여성은 한 명도 알지 못했다. 그런 남녀 교제의 자유는 소설의 세계에나 있는 것이지 현실에는 없기 때문이다. 그런데 오늘 여기 그가 동경하고 있던 여성이 실제로 나타난 것이다. 그러므로 그의 마음은 그녀의 차분하고 대담한 시선을 만나자 불길처럼 타올랐다. 왜냐하면 그의 마음은 훨훨 타는 큰불이 되기 위해 쌓여 있던 장작 같았기 때문이다.

첫눈에 그는 이 여성에게 마음을 빼앗겨 멍해졌다. 그가 미처 한 마디 입을 떼기도 전에 그녀는 가 버렸지만, 그래도 그는 여전히 멍청해져 있었다. 이윽고 친구가 나타나자 그는 신음하듯 말했다. 입안은 마르고 심장은 금방이라도 터질 듯했다.

"방금 나간 여자분은 누구지?"

친구는 아무렇지도 않은 듯이 대답했다. "내 누이야. 해안 도시의 외국인 학교에 다니고 있는데 봄방학이라 돌아왔지."

왕이의 장남은 꼭 물어보아야 할 것을 겨우 더듬거리며 말했다.

"그럼, 아직 결혼은 안 했겠군!"

처녀의 오빠는 웃으며 말했다. "아직 안 했어. 저 애처럼 고집 센 여자도 없을 걸. 그 일로 늘 부모님과 싸움만 하고 있지. 부모가 선택한 남자와는 절대로 결혼하지 않겠다고 해서 말이야."

왕이의 장남은 이 말을 듣자 메마른 입에 감미로운 술 한 잔이 부어진 느낌이었다. 그는 더 이상 아무 말도 하지 않고 노름을 시작했다. 그러나 노름을 하고 있어도 마음은 그 자리에 없었다. 불꽃이 심장 근처에서 훨훨 타올라 온몸이 불처럼 뜨거웠다. 이윽고 구실을 만들어 얼른 집으로 돌아간 그는 자기 방의 문을 잠그고, 자기는 그 여성과 끊을 수 없는 인연으로 이어져 있다고 생각했다. 그녀 또한 자기와 마찬가지로 부모에게 괴로움을 당하고 있는 모양이다. 구시대의 어른들이란 어쩌면 그렇게 염치가 없을까 입속으로 중얼거렸다. 그리고 자기는 자유로운 새 시대의 남녀다운 방법으로 그녀에게 접근하겠다고 생각했다. 결코 중매인을 찾지 말자. 부모에게도 그녀의 오빠에게도 신세를 지지 말자고 결심했다. 그는 열에 들떠 부랴부랴 애독하는 몇 권의 소설책을 펼쳐 놓고, 자유 연애의 주인공들은 연인에게 어떤 편지를 쓰나 하고 연구했다. 그리고 그는 그와 비슷한 편지를 썼다.

그 편지를 그는 처녀 앞으로 쓰고 끝에 자기 이름을 적었다. 편지는 온갖 예의 바른 말로 시작되었다. 그리고 자기는 자유로운 영혼이라느니, 당신도 그렇다고 생각한다느니, 그러기에 당신은 나에게 태양의 빛과 다름없다느니, 당신은 모란꽃의 빛깔이요 피리의 아름다운 소리라느니, 당신은 한순간에 나의 가슴에서 심장을 앗아 가 버렸다느니 하는 말을 늘어놓았다. 편지를 다 쓰자 그는 자기가 데리고 있는 전속 하인을 불러 그녀에게 전하게 했다. 그리하여 그 회답을 열병에 걸린 사람처럼 목메어 기다렸다. 부모가 무슨 병이 난 것이 아니냐고 걱정했을 정도였다. 이윽고 하인이 돌아와서 "회답은 나중에 전해 드리겠답니다." 전했다. 그는 기다리는 도리밖에 없었으나, 기다려야 한다는 점이 매우 기분을 초조하게 만들었으므로 온 가족이 신경에 거슬렸다. 동생이나 누이가 옆에 오면 사정없이 후려쳤고 하녀들에게도 마구 호통을 쳤다. 마음씨 좋은 아버지의 첩마저 "당신은 미친 들개 같아요!" 소리치고는 자기 아이들을 그의 손이 닿지 않는 곳으로 데려가 버렸을 정도였다.

사흘 뒤 하인이 편지를 들고 왔다. 그 사흘 동안 문간에서만 어슬렁거리던 장남은 그것을 가로채어 자기 방으로 뛰어 들어갔다. 봉투를 뜯으려다 너무 당황한 나머지 편지까지 찢어 버렸다. 그는 두 쪽이 난 편지를 이어 맞추어 겨우 읽었다. 그녀의 필적은 힘차고 아름다웠다. 처음에는 의례적인 말이 적혀 있고 이어, 왜 대담하게 이런 편지를 쓰는가 그 이유를 설명해 놓았다. '저 또한 자유로운 영혼입니다. 무슨 일이건 부모에게 강요받기를 거부합니다.'

그에 대한 애정을 돌려서 표현한 것이었다. 그는 너무나 기뻐 정신을 잃을 정도였다.

이런 식으로 연애가 시작되었다. 그러는 동안에 두 사람은 아무리 열심히 주고받아도 편지만으로는 만족할 수 없게 되었다. 어떻게든 만나고 싶었다. 그래서 한두 번 처녀의 집 뒷문에서 만났다. 두 사람 다 내색하지 않으려고 했으나 실은 무서웠다. 그래서 만나도 얼른 헤어져 버렸다. 빈번히 편지를 주고받고, 하녀에게 많은 돈을 주어 입을 다물게 하고 편지에 가명을 쓰고 하는 동안에 이 사랑은 점점 더 뜨겁게 불타올랐다. 둘 모두 갖고 싶은 것은 손에 넣어야 하는 성질이었으므로 연애에 있어서도 태평스레 기다리고 있지 못했다. 세 번째 밀회 때 청년은 열정적으로 말했다.

"이제 저는 더 기다릴 수 없습니다. 당신과 결혼하지 않고는 못 견디겠습니다. 그러니 아버지에게 말씀드리겠습니다."

이에 대해 그녀도 또렷하게 대답했다.

"저도 아버님에게 만일 당신과 결혼할 수 없다면 자살하겠다고 말하겠어요."

그래서 두 사람은 저마다 자기 아버지에게 말했다. 왕이 쪽은 장남이 그와 같은 양가의 처녀를 좋아하게 된 것을 기뻐하여 당장 이 혼담을 성사시킬 생각을 했으나, 처녀 쪽 아버지는 완고해서 그런 사람에게 딸을 줄 수 없다고 강력히 반대했다. 경찰서장으로서 여기저기 첩자를 심어 두었던 그는 왕이의 장남의 소행에 대해서 남이 모르는 것까지 알고 있었던 것이다. 그래서 그는 딸에게 호통쳤다.

"무슨 소리를 하느냐! 너는 밤낮 마굴에서 허송세월하는 아무짝에도 쓸모없는 놈팡이와 결혼할 작정이냐?"

그리고 그는 딸이 학교로 돌아갈 때까지 그녀 방에 가둬 놓도록 하인들에게 명령했다. 그녀는 미친 듯이 달려가서 아버지에게 대들고 애원했으나 아버지는 아예 상대도 해 주지 않았다. 그는 매우 냉정한 사나이였으므로 딸이 소란을 피우는 동안에도 콧노래를 흥얼거리며 책을 읽었다. 딸이 분노에 못 이겨 양갓집 규수로서 할 수 없는 말까지 마구 내뱉자 그녀를 돌아보고 말했다.

"나는 처음부터 너를 학교에 보내지 말고 집에 두어야 한다고 생각했었지. 요즈음 계집애들을 못쓰게 만드는 것은 학교 교육이야. 만일 다시 한 번 시작할 수만 있다면 너도 네 어머니처럼 글을 읽지 못하더라도 정숙하게 길러 빨리 선량한 남자에게 주고 싶을 정도다. 그래, 오늘부터라도 그렇게 할 테다."

느닷없이 호통을 치는 바람에 딸은 털썩 주저앉아 꼼짝도 못했다.

그리고 나서부터 두 남녀는 아름다운 문장의, 절망에 찬 편지를 써 보냈다. 그리고 양쪽 집안의 하인들은 심부름 삯으로 호주머니를 불리면서 부지런히 왔다 갔다 했다. 그리고 청년은 집 안에만 들어박혀 끙끙거릴 뿐 노름을 하러도 가지 않았다. 양친은 그 모습을 보고 어찌해야 좋을지 몰랐다. 왕이는 이런저런 사람을 통해 경찰서장에게 뇌물을 보냈다. 서장은 뇌물에는 약한 편이지만 이번만은 손을 내밀려 하지 않았다. 왕이 부부는 절망했다. 장남은 식사도 하지 않고, 목매달아 죽어 버리겠다느니 중얼거리는 형편이었다. 왕이도 그쯤 되니 정말 미칠 것 같았다.

어느 날 저녁, 청년이 사랑하는 사람의 집 뒤를 서성거리고 있으니 비상문이 열리며 늘 애인의 편지를 전해 주는 어린 하녀가 살며시 나와서 그에게 손짓했다. 그는 두려움에 기절할 것 같았으나, 그래도 정열에 쫓겨 문 안으로 들어가니 좁은 마당에 애인이 서 있었다. 그녀는 완전히 각오가 되어 있어서 이미 여러 방안도 갖고 있었다. 그러나 막상 얼굴을 맞대자 말이 제대로 나오지 않았다. 종이에 쓰는 말과는 크게 달랐던 것이다. 청년은 절대로 와서는 안 될 곳에 와 있는 것을 들키면 큰일이라고 겁을 먹고 있었다. 그러나 여자는 기승스러운 데다 학문이 있었으므로 끝까지 뜻을 이루려 했다. 그녀는 말했다.

"저는 이제 구세대 사람들은 상관하지 않겠어요. 어디든지 함께 달아나요. 우리들이 사라진 것을 알면 체면도 있으니까 틀림없이 결혼을 허락할 거예요. 아버지는 저를 귀여워하시는걸요. 저는 외동딸인 데다가 어머니는 돌아가시고 안 계세요. 그리고 당신은 장남이잖아요. 그러니까 승낙해 주실 거예요."

그러나 청년이 그녀의 정열에 답하기도 전에 마당으로 난 문이 열리더니 갑자기 경찰서장이 나타났다. 딸의 심부름을 하는 하녀에게 거절당해 앙심을 품고 있던 하인이 보복을 하려고 밀고한 것이다. 서장은 하인들에게 명령했다.

"저놈을 묶어서 감옥에 처넣어라. 딸의 명예를 더럽힌 자다!"

애인의 아버지가 경찰서장이어서 누구나 감옥에 집어넣을 수 있다는 것은, 왕이의 장남으로서는 무척 불운한 일이었다. 다른 사람이라면 그런 권력도 없을 것이고 뇌물이라도 쓰지 않는 한 그를 감옥에 집어넣을 수는 없었으리라. 그러나 서장의 명령이었으므로 부하들은 청년을 끌어갔다. 딸이 비명을 지르며 청년의 팔을 잡고 매달려 다른 사람과는 결혼하지 않겠다, 반지를 삼키고 죽어 버리겠다고 울부짖었다.

그러나 냉정한 아버지는 하녀들을 돌아보고 말했다.

"이 아이를 잘 지켜봐야 한다. 눈을 떼어서는 안 돼. 만일에 이것이 방금 말한 그런 짓을 했을 때는 너희들에게 그 죽음의 책임을 지울 테니 그리 알아라."

그러고는 딸의 비명도 울부짖음도 들은 체 만 체 그 자리를 떠나가 버렸다. 하녀들은 무서워서 잠시도 그녀 곁을 비우려 하지 않았다. 그래서 처녀는 죽을 수도 없었다.

경찰서장은 왕이에게 사람을 보내어, 댁의 장남이 내 딸의 명예를 더럽히려 했으므로 감옥에 처넣었다고 알렸다. 통고를 해 놓고 그는 넓은 방에 앉아 기다렸다. 왕이의 집에서는 큰 소동이 일어났다. 왕이는 완전히 당황해서 어찌할 바를 몰라했다. 먼저 수중에 있는 은을 긁어모아 꽤 많은 뇌물을 보내고, 가장 좋은 옷을 걸치고는 몸소 사죄하러 서장을 찾아갔다. 그러나 서장은 그렇게 간단히 일을 해결할 생각이 없었다. 그래서 이런 큰 걱정 때문에 병이 나서 아무도 만날 수 없다면서 문전박대해 버렸다. 그리고 뇌물이 전달되어 왔을 때는 "왕대인은 나의 인격을 오해하고 있다, 나는 돈에 유혹받는 사람이 아니다"라며 돌려보냈다.

왕이는 신음하며 집으로 돌아갔다. 그는 뇌물의 금액이 너무 적었다는 사실을 깨달았으나 공교롭게도 밀을 수확하기 전이라 현금이 적었다. 그래서 그는 아우의 힘을 빌려야 되겠구나 생각했다. 그리고 감옥에 있는 장남의 일도 챙겨야 했다. 그쪽도 걱정이었다. 조금이라도 아들이 편하도록 음식이며 침구를 넣어주어야 했다. 그 절차가 끝나자 왕 상인을 부르러 보낸 다음 거실에 앉아서 아우가 오기를 기다렸다. 부인은 거의 미친 사람이 되어서 남편 곁에 붙어 있었다. 남편은 두 손으로 머리를 감싸고 앉아 있었다. 부인은 자기가 견뎌야 하는 고뇌를 호소하면서 여러 신불에게 빌었다.

부인이 아무리 울부짖으며 책망해도 이때만큼은 왕이도 평소처럼 마음이 움직여지지 않았다. 장남이 이렇게 경찰서장에게 잡힌 것에 몹시 겁을 먹었던 것이다. 그러고 있는데 왕얼이 매우 침착한 모습으로 나타났다. 그는 그런 사건은 전혀 아는 바 없다는 듯이 천연덕스러운 얼굴을 하고 있었다. 그러나 이 이야기는 벌써 여기저기에 퍼져 있었다. 아주 좋은 이야깃거리였으므로 하녀들도 모두 알고 있었고 왕얼의 처도 듣고 남편에게 모조리 이야기했다. 아니, 죄다 이야기했을 뿐 아니라 없는 말까지 덧붙여서 말했다. 그녀는 몹시 재미있어 하면서 몇 번이나 되풀이했다.

"그런 어머니의 아들이고, 아버지란 양반이 그런 오입쟁이니까 별수 없어요. 언젠가 이런 일이 있을 줄 알았다니까요."

그러나 의자에 앉은 왕얼이 형 내외가 번갈아 이야기하는 내용을 들어 보니, 두 사람은 아들의 죄를 매우 가벼운 것처럼 말했다. 왕얼은 재판관처럼 침착하게 청년의 무죄는 마땅하다고 믿는 표정으로, 어떻게든 그를 석방시킬 수단을 생각하는 체했다. 그러나 그는 형이 큰돈을 빌리고 싶어하는 것을 처음부터 눈치챘다. 그리고 어떻게 하면 빌려주지 않을 수 있을까 열심히 궁리했다. 이윽고 이야기가 끝나고 부인은 체면 없이 울었다. 왕얼이 입을 열었다.

"어디서나 관리들과의 교섭에 돈이 드는 것은 사실입니다만, 그보다 더 좋은 방법이 있습니다. 그것은 무력입니다. 재산을 몽땅 쓰기 전에 막내에게 부탁해 봅시다. 막내도 이제는 훌륭한 장군이니까 막내가 손을 좀 써서 성 정부를 움직여 이곳 현장에게 명령을 내리게 해서 현장으로 하여금 그 애를 석방하라는 명령을 서장에게 하달케 하면 어떨까요? 그런 다음에 각 방면에 조금씩 뇌물을 쓰면 어떻게 될 겁니다."

이는 누가 들어도 훌륭한 묘안으로 여겨졌다. 왕이는 어째서 그 생각이 나지 않았을까 싶었다. 그들은 지체 없이 왕후에게 심부름꾼을 보냈다. 이리하여 왕후가 사건을 알게 된 것이다.

한편 왕후는 동생으로서 형들을 돕는다는 의무 이외에 이 일은 자기의 실력과 영향력을 시험할 좋은 기회라고 여겼다. 그래서 그는 이웃 성의 군장 앞으로 정중하게 예를 다한 편지를 쓰고 선물을 마련하여 심복에게 들려서 비적으로부터 지킬 호위병까지 딸려 출발시켰다. 선물을 받고 편지를 읽은 장군은 잠시 생각에 잠겼으나, 이것은 전쟁 때 왕후를 자기편에 끌어들이는 데 도움이 되겠다고 생각했다. 이런 은혜를 베풀어 놓으면 왕후도 의리를 느낄 것이다. 고작 한 청년을 감옥에서 풀어 주는 것쯤으로 왕후의 호의를 얻을 수 있다면 아주 싸게 먹히는 일이라고 생각했다. 조그마한 도시의 경찰서장쯤은 문제도 아니었다. 그래서 왕후의 부탁을 성장에게 말했다. 성장으로부터 현장에게 명령이 내려갔다.

현장은 다시 왕이네가 사는 도시의 관청에 그 명령을 전달했다.

왕 상인은 평소보다 더 빈틈없이 머리를 썼다. 그는 요소요소에 뇌물을 썼는데, 사건에 관련된 모든 사람들이 이득을 보았다고 생각하면서도 더 받고 싶은 욕심을 일으키지 않을 정도에서 그쳤다. 석방 명령이 서장에게 이르렀다. 왕 형제는 서징에게 명령이 전달되는 시간을 세심하게 헤아렸다. 그들은 누구나 체면이 상하는 일은 참기 어렵다는 것을 잘 알고 있었다. 그래서 명령이 이르렀을 즈음을 잘 살폈다가 아무것도 모르는 체하고 서장을 찾아가 무척 많은 뇌물을 내놓고 몇 번이나 사죄하면서 장남의 석방을 애원했다. 고개를 아주 깊이 숙여 상대의 자비를 바란다고 말했기 때문에 마침내 서장은 대수롭지 않은 듯이, 그리고 은혜라도 베푸는 듯한 오만한 태도로 뇌물을 받았다. 그러고는 장남을 감옥에서 끌어내 오게 하여 한바탕 설교를 한 다음 풀어 주었다.

왕 형제는 서장을 위해서 성대한 잔치를 베풀었다. 이로써 사건은 해결되었다. 청년은 다시 자유의 몸이 되었고 그의 연정은 감옥에 들어가는 바람에 얼마간 식어 버렸다.

그러나 처녀 쪽은 여전히 강경해서 다시 성가시게 아버지를 졸라 댔다. 이번에는 아버지도 조금 마음이 움직였다. 왕가네 집안이 얼마나 유력한가, 형제 가운데 한 사람이 얼마나 강력한 군벌이며, 왕 상인이 얼마나 막대한 돈을 갖고 있는가를 알게 되었기 때문이다. 그는 중매인을 세워서 왕이에게 이렇게 전했다.

"두 사람을 결혼시켜서 양가의 교분을 맺으면 어떻겠습니까?"

이렇게 하여 교섭은 진행되고, 약혼이 이루어져서 다가오는 첫 길일을 잡아 혼례를 치르기로 했다. 왕이 부부는 안도의 숨을 내쉬며 기쁨에 찼다. 신랑은 이 급격한 사태 전개에 멍해졌지만 그래도 조금은 정열이 되살아나서 몹시 흡족해했다. 신부는 승리에 취해 있었다.

왕후로서는 이 사건 자체는 그다지 중요하지 않았으나 다음의 몇 가지 점이 분명해진 것은 수확이었다. 말하자면 그는 인정을 받고 있다는 것, 군장도 그의 실력을 인정하여 그의 호의를 얻어 두고자 했다는 것 등을 알게 된 것이다. 그의 마음은 자부심으로 가득 찼다. 이 사건이 일단락될 무렵에는 봄도 이미 지나가고 완연한 여름에 접어들고 있었다. 왕후는 봄을 분주한 가운데 보냈으며 시기도 이미 늦었으므로 계획했던 영토 확장전을 다시 1년 연기할까 생각했다. 자신의 지위가 확립된 것을 알았으므로 1년쯤의 연기는 그리 걱정되지 않았다. 게다가 초여름이 되자 각지에 띄운 첩자들이 돌아와 남방에서 전쟁의 소문이 자자하더라고 보고한 것이었다. 그러나 그것은 어떤 전쟁이며, 누가 우두머리인지는 아직 분명치 않았다. 이 보고를 듣자 왕후는 이웃 성의 군장에게 자기의 군대가 얼마나 소중한 존재인가, 무엇 때문에 군장이 자신의 호의를 얻어 두려 했는가 이해할 수 있었다. 그래서 그는 어떤 형세가 전개될 것인지 이듬해 봄까지 기다려 보기로 했다.

왕후는 여전히 아들하고만 살았다. 아이는 진지하게 주어진 과업에 전념했다. 왕후는 그 모습을 기쁜 듯이 묵묵히 지켜보았다. 그는 줄곧 자기 아들을 바라보며, 소년이라고도 청년이라고도 할 수 없는 그 진지한 얼굴을 언제까지나 쳐다보았다. 아들이 공부를 하고 있거나 무슨 일에 열중하고 있을 때 지그시 그의 얼굴을 바라보고 있으면 광대뼈가 튀어나오고 각이 진 얼굴 생김이라든가, 굳게 다문 입매가 묘하게 누군가를 닮았다고 여겨질 때가 있었다. 아름다운 입매라고는 할 수 없었다. 그러나 소년치고는 참으로 강한 의지를 느끼게끔 꾹 다물려 있었다.

어느 날 밤, 왕후는 아들의 용모가 그의 조모, 즉 자신의 어머니를 닮았다는 사실을 깨달았다. 그렇다, 이것은 어머니의 얼굴이었다. 하긴 왕후는 어머니의 임종 때의 얼굴밖에 기억하고 있지 않았다. 그때는 죽음이 임박한 창백한 얼굴을 하고 있었으므로 그 얼굴과 아들의 불그레한 얼굴과는 전혀 달랐다. 그러나 아들이 무슨 일에든 느리고 말수가 적은 점이나, 입매나 눈빛이 진지한 면도 어머니를 닮았다는 그 느낌은 어머니에 대한 그 어떤 기억보다도 또렷했다. 어렴풋해진 어머니의 그리운 얼굴을 아들 속에서 발견한 왕후는 마음이 뜨거워짐을 느끼고 한층 더 아들과 단단히 묶여 있음을 느꼈다.

26

의무는 무엇이든 충실히 수행하고 명령받은 일은 반드시 실행한다. 왕후의 아들은 그런 소년이었다. 교관이 가르치는 대로 전술이며 무기 다루는 법을 익혔으며, 왕후처럼 자유자재는 아니었으나 말도 꽤 잘 탔다. 그러나 무엇을 해도 즐거워 보이지 않았고, 모든 것을 의무로서 억지로 하는 듯한 느낌이었다. 왕후가 군사 교관에게 아들의 성적을 묻자 교관은 조금 주저하면서 대답했다.

"성적이 나쁘다고는 할 수 없습니다. 무엇이든 어느 정도까지는 하니까요. 배운 대로 정확하게 합니다. 그러나 그 이상은 결코 하지 않는군요. 마음을 내려고는 하지 않는 상태랄까요."

이 대답은 왕후의 마음을 무척 아프게 했다. 왜냐하면 그도 전부터 느꼈던 점이기 때문이었다. 아들은 화를 내는 일이 없었다. 무엇을 미워하는 일도 없었고, 무엇을 갖고 싶어하는 적도 없었다. 그저 무엇을 시켜도 진지하고 참을성이 많았다. 군인은 그래선 안 된다는 것을 왕후는 알고 있었다. 군인에겐 투지가 필요했다. 심한 노여움도, 강한 고집도, 쉽게 뜨거워지는 정열도 갖고 있어야 한다. 그것을 그는 유감으로 생각했다. 그리고 어떻게 하면 그 성질을 고칠 수 있을까 궁리에 잠겼다.

어느 날 왕후는 마당에서 아들 옆에 앉아, 교관의 지도로 사격 연습을 하고 있는 것을 지켜보고 있었다. 소년은 침착하게 겨누었다. 손을 올리는 것도 민첩했다. 그리고 호령이 내리면 망설이지 않고 확실하게 방아쇠를 당겼다. 그러나 왕후의 눈에는 아들이 억지로 자기를 달래고 있다는 느낌만 들었다. 싫지만 해야하니까, 마음을 독하게 먹고 하고 있는 표정이 소년의 애처로운 얼굴에 드러났다. 왕후는 아들에게 말을 건넸다.

"좀 더 열심히 해라. 그래야 이 아비가 기쁘지."

소년은 정신이 바짝 드는 듯이 아버지의 얼굴을 쳐다보았다. 소년은 아직도 연기가 피어오르는 권총을 들고 있었다. 그 눈에는 무어라 형용할 수 없는 빛이 떠오르고 무슨 말인가 하고 싶은 듯이 입술을 열었다. 그러나 거기에는 엄격한 왕후가 앉아 있었다. 그는 아무리 상냥한 표정을 지으려 해도 그렇게 되지 않았다. 눈썹은 굵고 검었고, 빳빳하고 검은 수염에 둘러싸인 입은 사실은 그렇지 않은데도 어딘가 기분이 좋지 않아 보였다. 소년은 다시 시선을 옆으로 돌리고 조그맣게 한숨을 쉬면서 여느 때의 그 참을성 있는 어조로 대답했다.

"네, 아버지."

왕후는 막연한 고통을 느끼며 아들을 바라보았다. 그는 표정은 엄하고 거칠어 보였으나 마음은 부드러웠다. 다만 마음을 말로 표현하는 방법을 몰랐을 뿐이었다. 잠시 뒤 그도 탄식하며 연습이 끝날 때까지 말없이 지켜보았다. 끝나자 소년은 불안한 듯 아버지의 얼굴을 쳐다보고 말했다.

"아버지! 이제 그만 나가도 괜찮습니까?"

왕후는 문득 아들이 혼자 나가는 일이 잦음을 깨달았다. 늘 빠져나가는데 어디로 가는지는 알지 못했다. 다만 어디를 가든지 따라가도록 명령해 놓은 병사가 반드시 함께한다는 것만 알았다. 그러나 오늘만은 마음속에 하나의 의혹을 가지면서 아들을 보았다. 아들도 이제 어린아이가 아니므로 발을 들여놓아선 안 될 곳에 가는 것은 아닐까 의심한 것이다. 갑자기 질투에 사로잡힌 왕후는 되도록 목소리를 상냥하게 해서 물었다.

"대체 어디를 가려고 그러느냐?"

소년은 우물쭈물 고개를 숙였으나, 얼마 지나서 조심조심 대답했다.

"그다지 어디라고 정한 곳은 없습니다. 그저 성 밖으로 나가서 밭 주위를 돌아다니는 것을 좋아합니다."

소년이 마굴에 간다고 하더라도 왕후는 이만큼 놀라지는 않았을 것이다. 그는 아연해져서 물었다.

"그런 곳에 군인이 봐서 도움이 될 만한 것이라도 있더냐?"

그러자 소년은 눈을 내리깐 채 가죽 허리띠를 만지작거리면서 참을성 있는 어조로 나직이 대답했다.

"아무것도 없습니다. 하지만 조용하고, 이제는 과일나무에 꽃이 피어서 보기 좋습니다. 그리고 이따금 농민들과 이야기를 하면서 농사일에 대해 듣는 것이 재미있습니다."

왕후는 놀라고 말았다. 아들을 어찌 다루어야 좋을지 알 수 없었다. 그는 속으로 중얼거렸다. '군벌의 아들로서는 색다르군. 나는 어릴 때부터 농사일이 무척 싫었는데.' 그리고 그는 왠지 모를 실망을 느끼며 저도 모르게 거친 소리가 나오고 말았다.

"그렇다면 너 좋을 대로 해라. 내가 무슨 상관할 바겠느냐!"

소년은 새장에서 풀려난 새처럼 재빨리 아버지 곁을 떠나 버렸다. 왕후는 무거운 마음으로 그대로 앉아 있었다.

비통한 기분으로 생각에 잠겨서 그는 언제까지나 앉아 있었다. 그런데 무엇 때문에 이렇게 마음이 아픈지 자신도 알 수 없었다. 나중에는 신경질이 났다. 그래서 억시로 기분을 돋우며 스스로를 달랬다. 그 아이는 불량하지도 않고 시키는 일은 잘하고 있으니까 그것으로 만족할 만하지 않은가. 이렇게 왕후는 그 걱정을 다시 한 번 마음으로부터 떨쳐내 버렸다.

몇 년 전부터 이제까지 없던 새롭고 커다란 불만이 어디선가 전란이 되어 나타나리라는 소문이 떠돌았다. 왕후의 첩자들은 남방의 학교에 있는 남녀 학생들이 무기를 들고 일어나려 하고 있으며, 밭에서 일하는 일반 농민들도 전쟁을 준비하고 있다는 보고를 갖고 왔다. 그것은 전대미문의 일이었다. 그런 일은 군벌들끼리의 일이며 일반 백성들과는 관계 없는 일이어야 한다. 왕후는 깜짝 놀라며, 그들이 무엇 때문에 일어나고 어떤 명목으로 싸울 참인가 물었으나 첩자들은 알지 못했다. 그래서 왕후는 학생이 무장하는 것은 나쁜 짓을 한 교사를 물리치기 위해서겠지, 일반 민중이 싸우는 것은 악질 관리에게 학대를 받아 더 이상 참을 수 없게 되어서 그놈을 죽이고 문제를 해결할 참이겠지, 하고 생각했다.

그러나 그는 적어도 이 새로운 전쟁이 어떻게 전개되고 자기는 어떻게 대응해야 하는가 하는 전망이 설 때까지 자기 쪽에서 전쟁을 시작하지는 않기로 했다. 그는 조세를 저축해서 자꾸만 무기를 사들였다. 이제는 왕후도 형 왕 상인에게 도움을 청할 필요가 없었다. 그도 이제는 영토 내에 자신의 항구가 있어, 배를 고용해서 무기를 외국에서 쉽게 밀수입할 수가 있었던 것이다. 성 정부에서는 그 밀수입을 알고 있더라도 그를 자기편 장군으로 보고 있었으므로 못 본 체했다. 언젠가 일어날 것이 분명한 전쟁에서 왕후가 지닌 무기가 모두 자기들에게 도움이 되리라고 믿었다.

이렇게 형세를 관망하는 동안 왕후의 병력은 방대해졌다. 아들도 커서 열네 살이 되었다.

왕후가 위대한 군벌의 영수가 되고부터 15년이 넘는 동안 그는 여러 점에서 행운아였다. 그중에서도 중요한 점은 그의 영내에서는 전반적인 기근이 없었다는 것이다. 물론 무정한 하늘 아래서는 늘 피할 수 없는 일이어서 소규모의 기근은 여기저기서 일어났지만 그의 영지 전체에 걸쳐서 일어나는 일은 없었다. 그러므로 한 지방이 굶주리면 그 지방으로부터는 세금을 징수하지 않더라도, 백성들이 굶주리지 않거나 혹은 그다지 심하게 피해를 입지 않은 다른 지방에서 세금을 거둘 수가 있었다. 그렇게 하는 것이 그는 마음에 흡족했다. 왜냐하면 그는 공명정대한 인물이라 다른 군벌들처럼 굶어 죽어 가는 백성으로부터 돈을 싹싹 긁어내는 행동은 결코 하지 않았기 때문이다. 그 때문에 백성들은 그를 고마워하고 칭송했다. 영내에서는 많은 사람들이 말했다.

"그렇고말고, 왕후 장군보다 나쁜 군벌이 얼마든지 있지. 어차피 군벌 아래 있을 바에야 저런 사나이를 만난 것은 운이 좋았다고 봐야 해. 이자는 세금을 군대를 위해서 쓸 뿐이지, 다른 군벌처럼 연회니 여자니 하는 놈들이 좋아하는 짓을 위해 써 버리진 않거든."

왕후가 백성에게 되도록 공정하려고 힘쓴 것은 사실이었다. 오늘에 이르기까지 아직 새 현장이 부임해 오지는 않았다. 실은 어떤 인물이 임명되었으나 왕후가 매우 사나운 인물이라는 말을 듣고, 아버지가 연로하시니 천명을 마치고 장례까지 치러 효를 다하고 싶다는 구실로 부임을 연기하고 있었던 것이다. 그래서 왕후는 이따금 법정에 나가서 재판까지 관장했는데, 그런 때 그는 출두한 서민들의 호소를 잘 들어 주어, 많은 가난한 자들을 지켜 주고 부자나 고리대금업자들을 혼내 주었다. 왕후는 부호들을 두려워할 필요가 없었기 때문이다. 그러므로 그들이 요구하는 만큼의 은을 바치지 않으면 사정없이 감옥에 처넣었다. 따라서 자연히 지주, 고리대금업자, 부호 등은 왕후를 싫어하여 어떻게든 그에게 재판을 받는 일만큼은 피하려고 애를 썼다. 그러나 그들이 아무리 싫어하더라도 자신에게는 강대한 무력이 있어 두려워할 필요가 없었으므로 왕후는 그들을 무시했다. 그는 병사들에게는 꼬박꼬박 충분히 급료를 지급했다. 군기를 어기는 자가 있으면 가혹하게 벌하기는 했으나 급료만은 정확하게 지불했다. 이 점은 많은 군벌들이 감히 해내지 못하는 일이었다. 많은 군벌들이 약탈로써 부하들을 곁에 붙잡아 두었으나 왕후는 부하들의 배를 불리기 위해 전쟁을 벌일 필요가 없었고, 자기가 원한다면 언제까지든 싸우지 않을 수도 있었다. 따라서 그 지방의 백성이나 부하들 사이에서 그의 지위는 매우 굳건하고 안정적이었다.

그러나 아무리 지위가 견고하더라도 인간은 언제나 심술궂은 하늘을 잊어서는 안 된다. 왕후도 그것을 면할 수는 없었다. 아들이 열네 살이 되어 내년에는 군관 학교에 보내야겠다고 준비하고 있을 때, 그의 전 영토에 걸쳐 대기근이 일어났다. 그것은 한 지방에서 다른 지방으로 마치 전염병처럼 번져 나갔다.

그해 봄에는 와야 할 시기에 비가 내렸다. 그러나 그쳐야 할 시기가 되어도 비는 그치지 않았다. 하루 또 하루, 일주일 또 일주일, 여름이 되어도 비는 계속 내렸다. 자라난 밀은 물속에 잠겨 썩었다. 아름다운 밭은 진흙탕이 되고, 그때까지 조용히 흐르던 시냇물이 불어 도도한 분류가 되어 둑을 무너뜨리고 쏟아졌으며, 곳곳의 웅덩이를 채우고 넘쳐흘러 모든 것을 떠내려 보내면서 진흙을 바다에 쏟아 넣었다. 그래서 푸른 바다가 눈 깜짝할 새에 몇십 리 밖까지 황토빛으로 변했다. 민중은 처음에는 책상이나 침대를 물보다 높은 곳에 얹어 놓고 집 안에서 살았다. 그러나 물이 지붕에 이르도록 불어나자 토벽이 무너지기 시작했으므로 그들은 배 안이나 큰 목욕통에 들어앉아서, 또는 채 물에 잠기지 않은 둑이나 둔덕 같은 높은 데로 올라가 지냈다. 그런 곳에 피난한 것은 사람뿐이 아니었다. 들판의 야수며 뱀까지 몰려들었다. 뱀은 나무에 엉키고 가지에 매달려서 마침내 사람을 무서워하는 것을 잊고 인간들 사이에 끼어들어 함께 살기 시작했다. 인간은 홍수와 뱀 가운데 어느 쪽이 더 무서운가 알 수 없게 되었다. 날이 가도 물은 줄어들지 않았다. 그리고 거기에는 또 다른 공포가 도사리고 있었다. 굶어 죽을지 모른다는 공포였다.

왕후는 여태까지 모르던 커다란 고난에 처했다. 다른 사람들은 자기 가족만 먹여 살리면 그만이었지만 그는 자신만을 의지하는 많은 군대를 거느리고 있었기 때문이다. 병사들은 아주 무지해서 금방 불평을 늘어놓았다. 식량과 봉급이 충분하면 만족해도, 받을 것을 받지 못하면 곧바로 배신하는 자들이었다. 왕후의 영내 각 지방으로부터 차츰 세 수입이 줄어들기 시작했다. 여름내 물이 빠지지 않았으므로 가을이 되어도 수확이 없었다. 따라서 그해 겨울이 되자 이 지방에 밀수입되는 아편에 징수되는 세금 말고는 세 수입이 바닥나게 되었다. 더욱이 사람들에게 구매력이 없으니까 밀수 상인들이 다른 지방으로 옮겨 가서 아편세마저 크게 줄어들어 버렸다. 홍수가 염전을 씻어 내려 염세도 받을 수 없게 되었다. 그해엔 술을 새로 담글 형편도 못되었으므로 도공들도 술병 제조를 중지해 버렸다.

왕후의 곤궁은 예사롭지 않았다. 이 지방의 군벌로서 지배하기 시작한 이래 처음으로, 그해 연말에 그는 부하들의 급료를 지불하지 못하게 되었다. 그 사태를 눈치챈 왕후는 이것을 돌파하는 유일한 방법은 가혹한 태도밖에 없다고 깨달았다. 약점으로 이용되어서는 곤란하므로 괜한 자비나 연민의 정을 보이지 말아야 한다. 그래서 그는 부하 장교들을 모아 놓고, 마치 그들이 나쁜 짓이라도 해서 분개하고 있는 듯 호통을 쳤다.

"지난 몇 달 동안 백성들은 굶주리고 있다. 그러나 나는 너희들을 먹여 살리고 급료까지 지불해 왔다. 나의 은은 이제 바닥이 났다. 이 시절을 무사히 넘기지 못하면 조세는 한 푼도 들어오지 않는다. 앞으로는 너희들의 급료를 식량만으로 지불할 수밖에 없다. 아니, 그것조차도 힘들지 모른다. 앞으로 한두 달이면 식량을 살 은전마저 떨어질 것이다. 너희들을 굶기지 않고 나도 내 아들도 굶지 않으려면 어디 가서 막대한 빚을 내야 한다."

이렇게 말하면서 왕후는 무시무시한 표정을 지었다. 눈썹 아래서 번들거리는 눈으로 그들을 쏘아보며 화난 듯이 수염을 잡아당겼다. 그 가운데에는 반항적인 얼굴도 보였다. 그들이 묵묵히 자리를 떠나자 곧 그 앞으로 되돌아온 몇 사람의 장교가 있었다. 첩자로서 늘 왕후가 측근에 두는 자들이다.

"급료를 받지 않으면 싸움터에 나가지 않겠다고 말하고 있습니다."

첩자가 나직한 소리로 말하는 것을 듣자 왕후는 침울해져서 잠시 넓은 방에 앉아 있었다. 그는 이 얼마나 배은망덕한 부하들인가 생각했다. 이런 흉년에 민중은 굶어 죽기까지 하는데, 그들은 여느 때와 같이 잘 먹이지 않았던가. 그러한 나에 대해 그들은 조금도 감사하고 있지 않다. 한두 번 몰래 비축해 둔 군자금의 일부를 급료에 충당하려고까지 생각했었다. 그 은전은 전쟁에 져서 산악 지대로 후퇴할 경우를 대비해서 간직해 둔 것인데, 이런 식이라면 만일 부하들이 굶어 죽더라도 녀석들을 위해서 자기와 아들의 것인 그 돈을 내놓지는 않겠다고 생각했다.

여전히 기근은 이어졌다. 그 지방 일대가 물에 잠겨서 굶어 죽은 사람들이 많았으나 마른 땅이 없어 묻을 수도 없었기에 시체는 물에 던져져서 떠다녔다. 그 중에도 어린아이의 시체가 많았다. 어린아이들은 왜 먹을 것이 없는가 설명해 주어도 알 수 없었으므로 배가 고프면 울부짖기 시작하여 언제까지나 그치지 않았다. 이 소리를 듣는 부모들은 견딜 수 없는 고통을 받았다. 그래서 일부 부모들은 어둠을 틈타 아이를 물속에 던져 버리기까지 했다. 그편이 고통이 짧고 비교적 편하게 죽으리라는 생각에, 애정에서 그렇게 하는 부모도 있었다. 그러나 얼마 남지 않은 식량을 없애는 입을 줄이기 위해서 그렇게 하는 부모도 있었다. 이윽고 부모들만 남은 경우 어느 쪽이 살아남을지 몰래 저울질하는 내외도 있었다.

새해가 왔지만 아무도 그것이 경축할 만한 날이라는 생각을 하지 못했다. 왕후는 부하들의 식사를 절반으로 줄였다. 그 자신도 고기를 끊고 죽 같은 빈약한 것만 먹었다. 어느 날 그가 자기 방에 앉아 지금 빠져 있는 곤경을 생각하고 운명의 신에게 버림을 받은 것은 아닐까 의구심에 잠겨 있는데, 밤낮 입구를 경비하는 호위병 한 사람이 들어와서 말했다.

"병사 여섯 사람이 뵙기를 청하고 있습니다. 군대의 대표자들이라고 하는데, 무언가 말씀드릴 일이 있다고 합니다."

그러자, 침울해 있던 왕후는 휙 고개를 들고 물었다.

"무장하고 있느냐?"

호위병은 대답했다.

"무장하고 있지는 않습니다. 하지만 마음속까지는 짐작할 수는 없습니다."

왕후의 아들이 같은 방에서 조그마한 책상에 앉아 열심히 책을 읽고 있었다. 왕후는 별실에 보내려고 그쪽을 바라보았다. 그러자 소년은 그 순간 일어서서 나갈 듯한 기미를 보였다. 그러나 서둘러 나가려는 아들의 모습을 본 왕후는 갑자기 고집이 생겨, 반항하는 사나운 부하들을 어떻게 다루는가 가르쳐 둘 필요가 있다고 생각하고 큰 소리로 말했다.

"거기 있거라!" 소년은 의아한 표정으로 천천히 자리에 앉았다. 왕후는 호위병을 돌아보고 명령했다.

"호위병을 모두 불러서 내 주위에 세워라. 언제라도 공격할 수 있도록 총을 준비한 뒤에 그 병사 여섯 명을 이리 데리고 오너라."

왕후는 큼직하고 오래된 안락의자에 앉아 있었다. 전에 노현장이 쓰던 의자다. 그 등받이에는 추위를 막기 위해 호랑이 가죽이 걸려 있었다. 왕후는 의자 깊숙이 들어앉았다. 호위병이 들어와서 좌우로 정렬했다. 왕후는 수염을 쓰다듬고 있었다.

여섯 사람의 병사들이 들어왔다. 두려움을 모르고 흥분하기 쉬운, 대담한 젊은이들이었다. 그들은 번쩍이는 총구를 자신들의 머리를 향해 겨누고 있는 호위병들에 둘러싸인 채 앉아 있는 장군을 보고 공손히 경례했다. 그리고 대표로 선출된 한 병사가 다시 한 번 정중하게 경례한 다음 입을 열었다.

"자애로우신 장군님, 저희들은 좀 더 식량을 늘려 주시도록 부탁드리기 위해서 전우들에게 선출되어 왔습니다. 이런 때이므로 급료에 대해서는 말하지 않겠습니다. 밀려 있는 급료도 아무 말씀 드리지 않겠습니다. 그러나 식량이 모자라서는 곤란합니다. 저희들은 나날이 체력이 쇠약해 갑니다. 저희들은 병사이므로 이 몸 하나가 저희의 전 재산입니다. 저희들은 날마다 한 조각의 빵을 지급받고 있을 뿐입니다. 장군의 공정한 조치를 부탁드리겠습니다!"

왕후는 무식한 인간들이란 어떠하며, 이런 패들은 위압해 두지 않으면 지도자의 명령을 듣지 않게 된다는 것을 잘 알고 있었다. 그래서 그는 무섭게 화가 난 듯 수염을 비틀었다. 그리고 가슴속에 분노가 타오르기를 기다렸다. 그는 생각했다. 자기가 얼마나 부하들에게 친절을 베풀어 주었던가, 전쟁 중에도 그들을 혹사시키지 않고, 자기 의사를 거스르면서까지 포위전 뒤에는 약탈까지 허락해 주지 않았던가, 늘 급료를 지불하고 피복을 지급해 주지 않았던가, 다른 많은 장군들과는 달리 자신이 얼마나 선량했으며 주색에도 빠지지 않고 욕심도 없었던가, 이러한 것을 생각하자 격렬한 노여움이 마음속에 타오르는 것을 느꼈다. 이놈들은 현재의 고난을 나와 같이 참아 낼 수 없단 말인가! 이 고난은 하늘의 뜻이지 나의 책임은 아니다. 이렇게 생각하면서 그는 노여움을 더욱 부채질하여 타오르게 했다. 그는 언제나 분노가 타오르는 것을 느끼면 재빨리 그 힘을 이용했다. 그는 지금 어떤 조치를 취해야 할 것인가 알고 있었기에 크게 소리쳤다.

"너희들은 호랑이의 수염을 뽑으러 왔느냐? 내가 설마 너희들을 굶겨 죽일까? 내가 일찍이 굶겨 죽인 일이 있더냐. 나는 벌써 계획을 세워 놓았다. 이제 얼마 안 있으면 외국에서 식량이 오기로 되어 있다. 하지만 안 되겠다, 네놈들은 반란병이나! 나를 믿지 않는단 말이지!"

그러고는 격노를 한껏 불러일으켜 우렁찬 소리로 호위병에게 명령했다.

"이 여섯 명의 반란병을 죽여라!"

그러자 여섯 사람의 젊은 병사들은 땅바닥에 머리를 조아리며 목숨만 살려 달라고 애원했다. 그러나 왕후로서는 살려 줄 수가 없었다. 만일 그가 부하들에 대한 통제력을 잃으면 그들은 서슴지 않고 약탈하기 시작할 것이다. 아들을 위해, 가족을 위해, 그리고 이 지방 일대의 민중들을 위해 그들을 용서해 주어서는 안 된다. 자비를 베풀 때가 아니다. 그는 절규했다.

"쏴라! 모조리 사살하라!"

호위병들은 일제히 발사했다. 큰 방이 온통 총성과 화약 연기로 가득 찼다. 연기가 걷히자 여섯 명의 병사들은 시체가 되어 쓰러져 있었다.

왕후는 곧 일어나서 명령했다. "이 시체를 들고 가서 이자들을 대표로 보낸 자들에게 전하라. 이것이 나의 회답이라고!"

그러나 호위병들이 시체를 끌어 일으키려고 몸을 굽히기도 전에 갑작스런 사태가 벌어졌다. 왕후의 아들은 매우 침착한 아이라 여느 때 자기 주변에서 일어나는 일을 거의 거들떠보지도 않는 듯이 보였는데, 지금 그가 아버지도 처음 볼 만큼 정신없이 달려가 젊은이의 시체 하나에 엎드려 찬찬히 들여다보더니 이어 하나씩 재빨리 여기저기 만지기도 하고, 정신 나간 눈으로 바라보기도 하고, 축 늘어진 팔다리를 살펴보더니 이윽고 아버지 앞에 서서 미친 듯이 소리쳤다.

"아버지가 죽였어! 모두 죽었어요. 이 병사는 저도 잘 압니다. 내 벗입니다."

그러고는 갑자기, 왕후가 무어라 형용할 수 없는 공포를 느낄 만큼 절망적인 눈으로 아버지를 쳐다보았다. 아버지는 눈을 다른 데로 돌리며 변명하듯 말했다.

"이렇게 할 수밖에 없었다. 이렇게 하지 않으면 다른 자들을 선동해서 폭동을 일으켜 우리들이 죽게 되는 거야."

그러나 소년은 목멘 소리로 겨우 말했다. "이 사람들은 다만 식량을 요구했을 뿐인데……." 갑자기 그는 얼굴을 일그러뜨리면서 흐느끼기 시작하더니 밖으로 뛰어나갔다. 아버지는 망연히 서서 그 뒷모습을 바라보았다.

호위대는 명령받은 임무를 수행했다. 뒤에 홀로 남은 왕후는 밤낮으로 자기 곁에 붙어 있는 병사 두 사람마저 밖으로 내보내고 혼자 두 손으로 머리를 감싼 채 한두 시간 생각에 잠겼다. 신음하면서 그 여섯 명의 청년들을 죽이지 말 것을 하고 생각했다. 괴로움을 이기지 못한 그는 큰 소리로 아들을 불렀다. 잠시 뒤 소년이 천천히 들어왔다. 그는 고개를 숙이고 외면한 채 아버지를 보지 않았다. 왕후는 가까이 오라고 말하고, 소년의 튼튼하지만 가느다란 손을 잡고 전에 없이 다정하게 어루만지며 나직이 말했다.

"너를 위해서 한 게야."

그러나 소년은 대답하지 않았다. 열심히 감정을 누르고 입을 다문 채 뻣뻣이 굳은 몸으로 아버지의 사랑을 견디고 있었다. 왕후는 탄식하며 아들을 놓고 말았다. 그는 아들에게 뭐라고 말해야 좋을지, 어떻게 하면 아들에게 자기 애정을 이해시킬 수 있을지 알지 못했다. 왕후의 마음은 아팠다. 이 넓은 천지에 자기만큼 고독한 자는 없다는 기분으로 하루이틀 고뇌에 잠겼다. 그리고 어떻게 하면 좋을지 몰랐으므로 이 사건은 그대로 잊자고 생각하고 억지로 마음을 다잡았다. 그리고 아들에게도 사건을 잊게 하기 위해서 무언가 해 주자고 생각했다. 그렇다, 외국제 시계라든가 신식 소총이라든가 뭐 그런 것을 사 주면 아이의 마음을 다시 자기 쪽으로 끌어올 수 있겠지. 이렇게 그는 마음을 고쳐먹고 자기 스스로를 위로했다.

그러나 여섯 명의 병사가 부하들을 대표하여 진정하러 온 것은 자신이 얼마나 궁지에 몰렸는지를 왕후에게 가르쳐 주었다. 그도, 부하들의 충성심을 붙들어 두기 위해 어떻게든 식량을 입수할 방법을 찾아야 한다는 것을 깨달은 것이다. 외국에서 식량이 이미 오게 돼 있다고 말한 것은 거짓말이었지만, 이렇게 되면 어디든지 가서 식량을 구해 와야만 했다. 그는 다시 형 왕 상인을 생각했다. 이런 때야말로 형제는 서로 도와야 한다. 한번 고향으로 돌아가서 집안 형편도 살필 겸 어느 정도의 원조를 얻을 수 있는가 조사해 보자고 생각했다.

그래서 그는 은과 식량을 잔뜩 가지고 돌아오겠다고 병사들에게 약속했다. 그들은 힘을 되찾고 기대에 차서 그에 대한 희망과 충성심을 조금 회복했다. 그는 부하 중에서 정예를 골라 집을 경비시키고 호위대에 여행 준비를 명령했다. 출발 당일, 작은 배를 여러 척 모으게 하여 아들과 호위대와 말을 모두 싣고 물을 건너 둑이 아직 물에 잠기지 않은 곳까지 갔다. 거기서 일행은 말을 타고 왕후의 형들이 살고 있는 도시로 향했다.

좁은 둑 위를 기마대는 서서히 나아갔다. 양쪽에는 물이 바다처럼 펼쳐져 있고, 둑 위에는 피난민들이 밀치락달치락하며 몰려 있었다. 사람뿐 아니라 쥐, 뱀 따위 온갖 야생 동물까지 마른 땅을 찾아 인간과 다투고 있었다. 이 야생 동물들은 인간에 대한 공포도 잊고, 조금 남은 힘으로 어떻게든 자리를 차지하려고 다투고 있었다. 그러나 인간에게 남아 있는 활기가 드러날 때라고는, 뱀 같은 동물이 너무 많아지면 짜증이 나서 때릴 때 정도뿐이었다. 그러나 어떤 때는 동물을 떨쳐 낼 만한 기력조차 없었다. 뱀이 똬리를 틀거나 제멋대로 돌아다니고 있었으나 사람들은 넋을 잃은 듯 앉아 있을 뿐이었다.

그 사이를 헤치고 왕후는 말을 몰아 나갔다. 정말 무장한 호위대와 총이 필요했다. 그것이 없었더라면 이 궁지에 몰린 인간들은 죽자 사자 덤벼들었으리라. 경계가 엄했으므로 여기저기서 남자나 여자가 일어나 말도 나오지 않는 절망 속에 흐릿한 마지막 희망으로 왕후의 말 다리에 매달려 구걸을 하는 것이 고작이었다. 왕후도 마음속으로는 그들을 동정했다. 그들을 말굽으로 짓밟을 수는 차마 없어 말을 멈추고 호위병 중의 누군가가 달려와 그 난민을 떼내어 땅바닥에 밀어던질 때까지 가만히 기다리고 서 있었다. 그러면 왕후는 뒤도 돌아보지 않고 말을 몰아 나갔다. 팽개쳐진 난민 중에는 쓰러진 그대로 늘어져 버리는 자도 있었고, 끔찍스러운 비명을 지르고는 물속에 뛰어들어 스스로 자기 목숨과 고통을 끊는 자도 있었다.

왕후의 아들은 줄곧 아버지와 말 머리를 나란히 하여 나아갔다. 소년은 한마디도 하지 않았고 왕후도 말을 건네지 않았다. 여섯 병사를 총살한 이래 두 사람 사이는 차갑게 식은 것이다. 그리고 왕후는 아들에게 말을 건네는 것이 주저되었다. 소년은 거의 얼굴을 숙이고 있었으나 이따금 살며시 고개를 들어 굶주린 난민들을 보았다. 그럴 때면 그의 얼굴에 무어라 형용할 수 없는 공포의 빛이 떠올랐다. 왕후는 차마 더는 볼 수 없어서 마침내 말을 걸었다.

"저들은 아주 천한 인간들이야. 이삼 년에 한 번쯤은 이런 꼴을 당하고 있으니까 습관이 되어 있어. 저런 인간들은 몇만 명이고 있다. 만일 죽는다 해도 이삼 년만 지나면 아무도 슬퍼하지 않는다. 벼나 마찬가지로 연신 태어난단 말이야."

그러자 느닷없이 소년이 소리쳤다. 북받치는 감정을 억누르고, 아버지 앞에서 울지 않으려고 하는 바람에 그 목소리는 여느 때와 달리 병아리 소리처럼 빽빽거렸다.

"하지만 저 사람들도 우리나 높은 관리들과 똑같이 죽는 것은 고통스러울 것이 아닙니까."

이렇게 말하고 소년은 입을 꼭 다물려 했으나, 너무나도 비참한 광경을 보고는 아무리 애를 써도 입술의 떨림은 멎지 않았다.

왕후는 어떻게든 위로하려 했으나 아들의 말에 너무나 놀라 말이 나오지 않았다. 이런 하층 백성들이 자기와 마찬가지로 괴로움을 느낄 수 있으리라고는 꿈에도 생각하지 않았었다. 인간이란 태어날 때부터 저마다 다르다, 자신의 운명을 받아들일 수밖에 없는 것이다, 그는 생각했던 것이다. 시련을 겪는 인간에 대한 동정심을 누르지 못하는 심약한 마음으로는 도저히 군벌이 될 수 없다. 왕후는 아들이 한 말에 전적으로 찬성할 수 없었다. 그러기에 위로의 말이 생각나지 않았던 것이다. 지금 먹을 것을 손에 넣을 수 있는 것은 썩은 고기를 찾아 물 위를 유유히 원을 그리며 날고 있는 까마귀 정도일 것이다. 왕후는 이렇게만 말했다.

"이 잔인한 하늘의 뜻 아래서는 누구나 마찬가지야."

그 뒤 왕후는 아들을 상대하지 않았다. 소년의 생각을 알았으므로 이제 아무것도 물으려 하지 않았다.

27

고향으로 가는 길에 왕후는 아들을 두고 올 것을, 하고 몇 번이나 생각했다.

그러나 사실을 말하면 여섯 병사를 죽인 것을 원망하여 복수를 꾀하고 있는 자가 부하들 속에 있을지도 모르므로 그렇게 할 수도 없었다. 그러나 그는 아들이 살해당하는 것을 무서워하는 것만큼이나 형들 집에 데리고 가는 것을 두려워했다. 맏형의 아들들은 유약하고, 둘째 형의 아들들은 노골적으로 돈에만 집착한다. 그래서 힘께 온 군시 교관과 심복 언청이에게 결코 아들 곁에서 떠나지 말도록 명령하고, 노련한 병사 열 사람에게 밤낮 아들 곁에 붙어 있게 하고는, 자기 아들에게는 집에 있을 때와 똑같이 공부하라고 일렀다. 그러나 "여자가 있는 곳에 가면 안 된다."라고 말할 용기는 없었다. 이미 아들이 그런 생각을 하고 있는지 알 수 없었던 것이다. 아들을 자기 방에 데려온 뒤부터 여자는 한 사람도 가까이하지 못하게 했다. 하녀도, 종도, 하물며 창부 따위는 그림자도 얼씬하지 못하게 했다. 소년은 자기 어머니와 누이동생 말고는 여자를 아예 몰랐다. 근년에 들어와서 소년이 아주 가끔 안부를 여쭈러 어머니를 방문할 때라도 왕후는 결코 혼자 보내지 않고 반드시 병사를 딸려 보냈다. 이렇게 왕후는 자기 아들을 여성으로부터 지켰다. 그는 아들에게, 세상 남자들이 사랑하는 여자에게 품는 것보다 더 강한 질투심을 느꼈다.

그런 남모르는 걱정은 있었으나, 그 아들과 말을 나란히 하여 맏형 집 대문을 들어섰을 때 왕후는 너무나도 기뻤다.

무슨 바람이 불었는지, 그는 양복 직공에게 아들의 옷을 자기 것과 똑같이 만들게 시키고는 흡족해했다. 외국산 옷감에서부터 금단추, 견장, 모자, 휘장에 이르기까지 똑같았다. 또 소년의 열네 살 생일에 사람을 몽고까지 보내 털빛은 똑같되 크기만 다른 두 필의 말을 구해 오게 했다. 양쪽 다 털빛은 적갈색이었으며, 흰 눈이 동글동글했다. 그러므로 아버지와 아들은 말까지 한 쌍이었다. 사람들이 부대가 지나가는 것을 길거리에 서서 바라보며 이렇게 소리치는 것을 들었을 때 왕후의 귀에 그 말은 아주 달콤한 음악처럼 들렸다.

"저것 보게나, 저기 가는 대장군과 작은 장군을. 마치 두 개의 앞니처럼 똑같잖아!"

왕후 부자가 왕이의 대문 앞에 도착하자 소년은 아버지를 따라 날렵하게 말에서 내려 차고 있는 칼집을 쥐고 아버지와 나란히 서서 천천히 걸음을 옮겼다.

그러나 그는 자기의 동작이 아버지와 똑같다는 것을 깨닫지 못했다. 안내를 받아 형의 집에 들어가서, 두 형과 그 자식들을 비롯하여 왕후가 도착했다는 소식을 듣고 속속 나타난 사람들이 인사를 하기 위해 방 안으로 들어오자 왕후는 사람들의 얼굴을 죽 둘러보았다. 그리고 얼굴마다 자기 아들에 대한 찬탄의 빛이 떠오르는 것을 보았다. 그것이 그에게는 목마를 때 마시는 미주(美酒)처럼 기분 좋았다. 그날부터 이 집에 묵는 동안 그는 저도 모르게 형의 아들들을 열심히 관찰했다. 자기 아들이 그들보다 뛰어나다는 것을 확인하고 싶어 견딜 수 없었으며, 자기 아들로써 마음의 위안을 받고 싶었기 때문이었다.

사실 왕후는 많은 위안을 얻을 수 있었다. 첫째 왕이의 장남은 아직 아이는 태어나지 않았으나 완전히 결혼 생활에 익숙해져서, 내외가 부모와 한집에 살고 있었다. 이 장남은 벌써 배가 튀어나오고 그 날씬했던 몸에는 부들부들 두꺼운 지방이 붙기 시작했다. 벌써 얼마쯤 아버지를 닮아 버린 것이다. 게다가 피로한 얼굴을 하고 있는 것까지 아버지와 흡사했다. 확실히 피로할 만한 까닭이 있었다. 왜냐하면 그의 처와 어머니의 사이가 원만하지 않았기 때문이다. 새로운 지식을 익힌 그녀는 당돌했고, 단둘이 있을 때 남편에게 주의를 듣거나 하면 당당하게 반박했다.

"무슨 말씀이에요? 저런 오만한 할머니의 하녀가 되란 말씀이에요? 현대의 젊은 여성은 자유롭고 시어머니에게 봉사하지 않아도 된다는 걸 어머니는 모르는 걸까요?"

사실 이 젊은 며느리는 시어머니를 도무지 무서워하지 않았다. 또한 노부인은 그 새침한 태도로 들으랍시고 말하는 것이었다.

"내가 젊었을 때는 마땅한 의무로 알고 시어머니를 모셨지. 아침마다 시어머니한테 차를 들고 가서 문안을 드리곤 했단 말이야. 그런 가정 교육을 받았으니까."

그러면 며느리는 단발한 머리를 뒤로 젖히고 전족을 하지 않은 아름다운 발로 방바닥을 구르며 무례한 말투로 대답했다.

"하지만 우리들 현대 여성은 누구 앞에서도 고개를 숙이지 않습니다!"

이런 말다툼이 그치지 않았으므로 남편은 기분이 울적했다. 전처럼 환락으로 기분을 풀 수도 없었다. 아내가 감시하여 남편이 놀러 가는 장소를 다 알려고 했기 때문이다. 그녀는 그가 가는 곳이면 어디라도 따라가는 대담함이 있어서 예사로 뒤따라 거리로 나와서는 '저도 함께 가겠어요' 라든가, '현대 여성은 결코 집 안에만 들어박혀 있지 않아요' 라든가, '남녀는 동등합니다' 등의 말을 큰 소리로 거침없이 지껄여 대는 것이었다. 그러면 지나가던 사람들이 재미있어하면서 흘끔거렸다. 몹시 칭피힌 데디기 이내는 대담해서 어디나 따라올 것 같은 기세이므로 젊은 남편은 옛날처럼 놀러 다니는 것을 단념하고 말았다. 또 이 젊은 아내는 무척 질투심이 강해서 전부터 몸에 밴 남편의 습관을 타파하고 자연스런 욕망을 막았다. 예쁘장한 하녀에게 추파를 던지는 것마저 용납하지 않았다. 친구의 권유에 못 이겨 마굴에라도 가는 날이면, 돌아오자마자 무서운 기세로 울고불고하여 온 집안이 들썩들썩하는 대소동을 일으켰다. 그가 친구에게 푸념을 늘어놓으면 친구는 이렇게 충고했다.

"첩을 두겠다고 협박해 보게나. 어떤 여자라도 얌전해질걸!"

그런데 그가 그대로 해 보니 아내는 얌전해지기는커녕 동그란 눈으로 그를 쏘아보며 말했다.

"요즘 세상에 우리 여성들이 그따위 짓을 참고 있을 줄 알아요!"

그러고는 눈 깜짝할 사이에 조그마한 두 손을 펼쳐 새끼 고양이처럼 그의 두 볼을 할퀴었다. 선명하게 붉은 손톱 자국이 네 줄 생겼다. 어째서 생겼는지 누가 보아도 명백했으므로 창피해서 그는 닷새 동안 방 안에만 틀어박혀 있었다. 아내의 오빠는 친구이고, 장인은 경찰서장이자 이곳 세도가였으므로 아내를 공공연히 욕할 수도 없었다.

그래도 밤이 되면 그는 여전히 그녀를 사랑했다. 그녀는 정답게 그에게 매달리며 상냥하게 기분을 맞추었으며 그에게 한 짓을 후회하는 듯한 태도를 보였으므로 그는 그만 귀여워져서 흐뭇한 표정으로 그녀의 이야기에 얼빠진 듯 귀를 기울였다.

이런 때 그녀가 늘 되풀이해서 말하는 것은 아버지에게서 돈을 받아 내어 두 사람만 따로 살자는 것이었다. 해안 지방의 개항 도시로 가서 자기들과 같은 사람들 틈에서 새로운 방식의 생활을 하자는 말이었다. 아름다운 팔을 벌려 그에게 매달려서 아내는 그렇게 보챘다. 그가 듣지 않으면 화를 내고 울고 하면서 침상에서 일어나지도 않고 식사도 하지 않았다. 온갖 방법으로 그를 괴롭히며 약속할 때까지 그치지 않았다. 하는 수 없이 동의하여 아버지에게 말하면 왕이는 늙어 흐릿한 눈을 들어 말하는 것이었다.

"그런 큰돈이 어디 있느냐? 그런 큰돈은 줄 수 없다." 요즈음 왕이는 날마다 거의 잠자는 듯이 나른하게 살아가고 있었는데, 지금도 꾸벅 조는가 싶더니 잠시 사이를 두고 말했다.

"남자는 여자에겐 참는 게 제일이니라. 아무리 좋은 여자라도 불평이나 싸움만 하고 싶어하거든. 학문이 있거나 없거나 마찬가지야. 하지만 아무것도 무서운 것이 없으니 학문이 있는 쪽이 더 처치 곤란일 게다. 집안일은 여자에게 맡겨 두어라. 남자는 어디 다른 데서 즐거움을 찾으면 되는 거야. 이게 내 지론이다. 너도 그렇게 하는 편이 좋을 게다."

그러나 젊은 아내는 그렇게 간단히 문제를 끝내려고 하지 않았다. 몇 번이나 남편을 몰아세워 아버지에게 간청하러 보냈다. 너무나 귀찮아서 왕이도 마침내 두 손을 들고 어떻게 해 주마고 약속했다. 어떻게 해 준다고 해 본들 아직 남아 있는 얼마 안 되는 토지의 대부분을 파는 수밖에 없다는 것을 본인도 잘 알고 있었다. 그런데 젊은 아내는 그다지 기대할 수도 없는 그런 약속을 들은 것만으로 벌써 이 집을 나가는 것처럼 떠들고 다니기 시작했다. 그리고 저쪽에 간 뒤의 여러 가지 생활 설계를 지껄여 댔다. 그 해안 도시에는 끊임없는 생활의 즐거움이 있다느니, 여자들의 복장이 화려하다느니, 오늘 자기가 입고 있는 옷 따위는 누더기나 마찬가지며 이따위 촌구석에서나 입을 수 있는 옷이므로 새 옷이며 모피 외투를 사야 한다고 끊임없이 떠들었다. 자기가 말하는 꿈같은 세상을 남편도 보고 싶어져서 집을 나가는 데 더 열성적이 되도록 부추기기 위한 속셈에서 그러는 것이었다.

왕이의 넷째 아들 성(盛)도 벌써 어른이 다 되어 있었다. 이 아들은 무엇이든 형을 따라 해 왔다. 그는 오직 하나에 열심이었다. 형이 가진 것은 반드시 자기도 갖는다는 것이 그것이다. 그는 아름다운 형수를 남몰래 숭배했다. 그리하여 머지않아 형이 집을 나가면 어떻게든 자기도 그 뒤를 따라가서 형수처럼 아름다운 새 시대의 여성들이 많이 있다는 그 도시로 갈 참이었다. 그러나 머리가 좋은 그는 형의 별거가 이루어질 때까지는 이 계획에 대해서 아무 말도 하지 않기로 하고 그저 집에서 빈들빈들 그날이 오기를 기다렸다. 그리고 그 해안 도시가 얼마나 멋진 곳이며, 얼마나 새로운 것들과 외국의 사정에 정통한 새로운 사람들로 가득 차 있는가 형수한테서 듣고 집 주변이나 성내에서 본 모든 것을 모두 경멸하게 되었다. 왕후의 아들마저 속으로는 업신여기며 바라보았다. 왕후는 그 기미를 눈치채고 이 청년을 싫어했다.

그러나 왕 상인의 집에서는 겉보기에라도 아들들이 왕이의 자식들보다 훨씬 겸손했다. 밤이 되어 모두 가게에서 돌아오면 의자에 비스듬히 앉아 사촌을 건너다보았다. 상인으로 자라난 이 조카들이 자기 아들에게 던지는 시선이 왕후에게는 은밀한 기쁨이었다. 아들이 차고 있는 금박을 입힌 검을 그들이 바라보는 것도 놓치지 않았다. 아들은 가끔 그것을 풀어 무릎 위에 올려놓고 어린아이들이 바라보게도 하고 손가락으로 만져보게도 했다.

그때의 왕후는 자기 아들이 그저 자랑스러워 그가 자신에게 냉정하다는 것도 잊었다. 아들은 교관에게 배운 대로 아버지나 백부가 들어오면 힘차게 일어서서 경례했으며, 손위 어른이 자리에 앉기를 기다렸다가 예의 바르게 자기도 앉았다. 그런 모습을 지켜보는 것이 기뻤던 왕후는 기특해서 못 견디겠다는 듯이 수염을 쓰다듬으며 아들을 바라보았다. 아들은 나이는 어렸지만 왕 상인의 아들보다 키도 크고 근육도 단단하고 체격도 좋았다. 자세도 곧아서 사촌처럼 흐늘흐늘하지 않고 얼굴도 창백하지 않았다. 그것을 보고 있노라면 왕후는 일찍이 겪어 보지 못했을 만큼 유쾌해졌다.

형들의 집에 묵고 있는 동안 왕후는 줄곧 세심한 주의를 기울여 자기 아들을 보호했다. 회식 때는 자기 옆에 앉히고 아들이 과음하는 일이 없도록 주의했으며, 시중드는 사람이 석 잔을 따르면 그 뒤로는 절대로 더 따르지 못하게 했다. 사촌들이 어디 놀러 가자고 아들에게 권하면 군사 교관, 언청이, 그리고 노련한 병사 열 사람을 반드시 따라가게 했다. 매일 밤 구실을 만들어서 자리를 뜨고는 몸소 아들 침실로 들어가서 소년이 자기 침대에서 잠들어 있고 입구에 호위병 이외에 아무도 없는 것을 확인할 때까지는 아무리 해도 안심이 되지 않았다.

두 형이 이렇게 느긋하고 풍요롭게 살고 있는 집에 머물러 있으니 왕후는 이 지방에 기근이 있는 것도, 대홍수가 수확기의 전답을 휘덮은 것도, 사람들이 굶어 죽어 가고 있는 것도 모두 거짓말처럼 여겨졌다. 그러나 왕이도 왕얼도 그들의 평화로운 저택 밖에서는 얼마나 비참한 일이 일어나고 있는가 잘 알았다. 그러므로 왕후가 자기의 어려움을 설명하고, 찾아온 목적을 이야기하면서 "내 무력이 형님들을 안전하게 지켜 드리고 있는 것이니까 나를 이 위기에서 구해 준다는 것은 형님들의 이익도 되는 것입니다." 말했을 때는 두 사람 모두 아우의 말이 맞다고 생각했다.

왜냐하면 이 고장의 변두리에서도 굶어 죽어 가는 농민들이 많으며, 그들은 왕가 형제들을 몹시 미워하고 있었기 때문이었다. 그들이 지주 왕이를 원망하는 것은 그가 아직도 토지를 소유하고 있어서, 그 밭을 소작하는 농민들은 자기들이 땅에서 땀 흘려 얻은 수확을 노동이라고는 전혀 하지 않는 그와 나누어야 하기 때문이었다. 그들의 눈으로 보면 농민들은 추위와 더위를 무릅쓰고 비가 오거나 날이 개거나 등뼈가 휘도록 밭을 가는 이상, 토지도 그 수확도 자기들 것이라고 생각했다. 수확 때가 되면 그 절반을 도시의 저택에서 아무것도 하지 않고 앉아 있던 인간에게 넘겨주어야 한다는 것, 더욱이 아무리 흉년이라도 마찬가지로 소작료를 내야 한다는 것이 참으로 속이 쓰렸던 것이다.

왕이가 지주가 된 뒤로 땅을 팔기는 했으나 그가 결코 호락호락한 지주는 아니었다. 마음이 약하고 물러 터진 인간이면서도 욕설을 퍼붓고 다투고 했던 것이다. 그리고 토지에 대한 혐오를 그 땅 위에서 뼈 빠지게 일하는 소작인에게 쏟아 내는 것이었다. 토지가 싫어서만 소작인을 미워하는 게 아니었다. 가족에게 들어가는 비용이나 자기의 용돈에도 이따금 곤란을 느낄 때가 있었으므로, 그가 부친으로부터 물려받아 마땅히 자기 것이어야 하는 것을 소작인들이 속이고 제대로 주지 않는다고 생각하고 소작인들을 곱절로 못마땅해했다. 그래서 그의 모습을 보면 소작인들은 하늘을 올려다보고 이렇게 중얼거리기까지 했다.

"마귀가 나타났으니, 비가 오겠구나!"

때로는 맞대놓고 욕을 퍼붓는 사람도 있었다.

"당신은 불초의 자식이군. 당신 아버님께서는 나이를 자시고, 부자가 된 뒤에도 인정 많은 분이었어. 옛날에 우리와 똑같이 피땀 흘리며 일했던 것을 잊지 않고 소작료를 재촉한 일도 없거니와 흉년에는 받지도 않았지. 그런데 당신은 손톱만 한 고생도 한 일이 없으니 인정 따위가 당신 가슴속에 생겨날 리가 없지!"

이토록 원한을 사고 있었으며, 그것이 이 흉작으로 인해 뚜렷이 표면에 드러났다. 밤이 되어 왕이의 집 대문이 닫히면 몰려와서 문을 쾅쾅 두드리기도 하고 돌층계 위에 드러누워 들으랍시고 커다란 소리로 끙끙 앓는 자들이 그치지 않았다.

"우리는 굶어 죽어 가는데 당신네 집엔 아직 먹고도 남아 술을 담글 쌀까지 있다 이거지!" 문 앞을 지나며 길에서 소리치는 자도 있었다. 대낮이라도 서슴지 않았다.

"아아, 이런 부자를 때려죽이고 우리한테서 뺏어 간 것을 다시 찾고 싶구나!"

처음에는 왕이도 왕얼도 그리 마음을 쓰지 않았다. 그러나 나중에는 도시의 병사들을 몇 사람 채용하여 문지기로 세우고, 이 집에 볼일이 없는 자들은 쫓아 버렸다. 흉년이 들면 언제나 그렇지만 자포자기한 비적들이 여기저기서 무리를 짓기 시작하여, 연말이 가까워짐에 따라 성 안팎에서 그들의 습격을 받는 부호들의 수가 늘어났다. 그러나 왕룽의 두 아들만은 경찰들을 많이 부하로 거느린 경찰서장의 딸이 며느리인 데다 왕후가 군벌로서 그다지 멀지 않은 곳에 자리 잡고 있었으므로 안전했다. 궁핍한 백성들은 왕가의 문전에서 다만 신음하거나 욕설을 퍼붓거나 할 뿐 그 이상의 짓은 감히 하지 못했다.

또 궁핍한 백성들은 왕가네 일족을 미워하고 있었어도 왕가의 소유에 속하는 그 흙벽집은 습격하지 않았다. 그 집은 이제 가까스로 줄어들기 시작한 홍수 속의 언덕 위에 서 있어서 리화가 백치와 곱사등이와 함께 무사히 쓰라린 겨울을 견디어 내고 있었다. 리화가 자비롭다는 사실을 모르는 사람이 없었고, 그녀가 왕씨 집안에 간청해 그들이 비축해 둔 식량을 나누어 받고 있다는 것을 사람들은 알고 있었다. 그러므로 많은 이재민들이 조각배나 큰 함지를 타고 그녀 집에 찾아와서 자비를 호소했다. 그녀는 그들에게 밥을 해 주었다. 한번은 왕 상인이 그녀에게 와서 말했다.

"이런 어수선한 세상이니 성안으로 들어와서 함께 살면 어떻소?"

그러나 리화는 여느 때의 그 차분한 어조로 대답했다.

"아녜요. 그렇게 할 수는 없어요. 무섭지도 않고, 나를 의지로 삼는 사람도 있고 해서요."

그러나 겨울이 깊어지고 추위가 심해지자 그녀도 이따금 무서워질 때가 있었다. 아직 배에서 사는 사람들이나 나뭇 꼭대기에 사는 사람들 가운데 굶주림과 얼어붙은 수면에 휘몰아치는 삭풍에 시달리면서, 리화가 아직도 백치와 곱사등이를 먹여 살리고 있는 것에조차 울분을 터뜨리는 이들도 있었기 때문이다. 그녀가 주는 음식물을 손에 들고도 그녀가 보는 앞에서 이렇게 중얼거렸다.

"팔다리가 멀쩡한 아이들을 둘셋씩 거느린 어른이 굶어 죽어 가고 있는데, 아직도 이런 병신들에게 밥을 먹이고 있나요?"

이런 중얼거림이 횟수가 잦아지고 차츰 그 소리가 높아져 갔으므로 리화로서도 두 사람이 병신 주제에 만족하게 먹고 있다는 이유로 언제 살해될지 알 수 없는 일이고, 힘없는 자기로서는 막을 수도 없을 것이므로 성안의 저택으로 데리고 가야겠다고 궁리하고 있는데, 이미 쉰 살이 넘었는데도 정신은 어린아이 그대로였던 백치가 속절없이 갑자기 죽고 말았다. 어느 날 백치는 식사를 끝내자 여느 때처럼 천 조각을 가지고 놀고 있더니 이윽고 어정어정 문 밖으로 나갔다. 그러고는 온통 물이 범람해서 이제는 그녀가 날마다 앉아 있던 마른 땅과는 다르다는 것을 모른 채 물속으로 들어갔다. 리화가 따라가서 끌어 냈을 때는 벌써 얼음장 같은 물에 흠뻑 젖어서 덜덜 떨고 있었다. 그 때문에 감기에 걸려 리화의 정성 어린 간호도 보람 없이 몇 시간 만에 죽어 버렸다. 백치는 살아 있는 동안에 무슨 일에도 자기의 의사라는 것을 주장한 적이 없었던 것처럼 죽을 때도 아주 간단하게 죽어 버렸다.

리화는 성안 저택으로 사람을 보내어 관을 마련해 달라고 부탁했다. 마침 왕후도 체재 중이었으므로 3형제가 함께 찾아왔다. 왕후는 아들도 데리고 왔다. 그들은 가엾은 백치가 입관되는 것을 지켜보았다. 백치는 그 자리에 죽음만이 줄 수 있는 위엄으로 생전 처음 영리해 보이는 진지한 표정으로 누워 있었다. 진심으로 슬퍼하고 있는 리화는 자기 자식처럼 보살펴 온 백치의 그 표정에 얼마간 위안을 얻었던지 그녀 특유의 그 조용하고 중얼거리는 듯한 어조로 말했다.

"죽음이 이 사람의 병을 낫게 해 주었어요. 마침내 영리함을 되찾은 거예요. 이젠 우리들과 다름없어요."

그러나 백치는 여태까지 숨어 사는 몸이었으므로 형제들은 공식 장례식을 올리지 않았다. 왕후는 자기 아들을 흙벽집에 남겨 놓고 형들과 함께 리화와 소작인 마누라와 머슴을 데리고 조각배로 집안 무덤이 있는 높직한 저쪽 언덕까지 저어가 한 단 낮지만 흙담 안쪽에 백치를 묻었다.

매장이 끝나 흙벽집으로 돌아가서 형제들이 성안으로 되돌아갈 준비를 하고 있을 때 왕후는 리화의 얼굴을 보았다. 그리고 착 가라앉은 차가운 목소리로 비로소 리화에게 말을 건네었다.

"이제부터 어떻게 하실 작정이지요?"

리화는 얼굴을 들어 왕후를 보았다. 이런 용기가 난 것은 난생처음이었다. 이미 머리도 하얗게 세고 얼굴에도 주름이 많아 이미 옛날처럼 젊지 않다는 것을 스스로 알고 있었기 때문이다.

"저는 오래전부터 그 사람이 죽으면 근처의 이원에 들어갈 생각으로 있었습니다. 비구니 스님들은 제가 오기를 기다리고 있습니다. 벌써 몇 해 동안이나 스님들과 친히 사귀고 수양도 해 왔지요. 스님들은 저를 잘 알고 있으니까 거기 가면 가장 행복한 여생을 보낼 수 있을 줄 압니다." 그러고는 왕이 쪽을 돌아보고 말했다.

"내외분이 의논하셔서 이 아이의 장래에 대해서는 벌써 정해 놓고 계신다지요. 이 아이를 보내실 절은 제가 지낼 이원 바로 옆이니까, 앞으로도 여러 가지로 돌봐 줄 수 있을 것 같습니다. 저도 이미 이렇게 나이를 먹어서 이 아이의 어머니라고 해도 괜찮을 나이이니 상관없을 것입니다. 아드님은 자주 앓고 열이 나곤 하니까 그럴 때는 달려가서 간호를 해줄 수 있겠지요. 그리고 비구와 비구니는 아침저녁으로 독경을 함께 하니까, 설혹 말은 하지 않더라도 하루에 두 번은 만날 수 있는 셈이지요."

세 형제는 리화 옆에 서 있는 곱사등이 소년을 바라보았다. 소년도 리화와 함께 뒷바라지를 했던 백치가 죽어 버렸으므로 얼떨떨해하고 있었다. 그도 이미 어른이었다. 사람들의 시선을 받고 곱사등이는 슬픈 듯이 미소지었다. 왕후는 키

도 크고 건장한 자기 아들이 이제까지 들은 적도 없는 사정에 놀라 어안이 벙벙
해 서 있는 모습을 보자 왠지 가슴이 뭉클했다. 그리고 자기 아들이 곱사등이에
게 친밀한 미소를 던지고 있는 것을 깨닫자 정답게 곱사등이에게 말을 건네었다.

"부디 잘 지내려무나, 얘야. 몸만 튼튼했더라면 널 기꺼이 네 사촌처럼 데려가
서 네 사촌에게 해준 것처럼 너한테도 해 주었을 게다. 하지만 그건 할 수 없는
일이니 네가 가는 절에 봉납금(捧納金)이라도 더 내도록 하마. 그리고 리화님, 이
원에도 시주를 하겠습니다. 돈은 어디서나 효력이 있으니까요. 절에서도 마찬가
지가 아니겠습니까……"

그러나 리화는 부드럽지만 확고한 어조로 말했다.

"제 몫은 받지 않겠습니다. 필요가 없으니까요. 비구니 스님들과는 이미 서로
마음으로 통하고 있고, 함께 지내게 되면 제가 가진 재산은 공동의 것이 됩니다.
하지만 이 아이의 몫은 받겠습니다. 소용이 있을 테니까요."

그녀가 이렇게 말한 것은 왕이에 대한 조금의 비난이 담겨져 있었다. 왜냐하
면 왕이 부부가 자기 아들을 승려로 만들기로 결정하면서 절에 바친 금액은 아
주 적은 것이었기 때문이다. 그러나 왕이는 그녀의 말을 비난이라고 깨달았더라
도 짐짓 모르는 체했다. 그는 자리에 앉은 채 동생들의 이야기가 끝나기를 기다
렸다. 너무 뚱뚱해져 이제는 긴 시간 서 있기가 힘들었던 것이다. 그러나 왕후는
여전히 곱사등이한테서 눈을 떼지 않았다. 그는 다시 한 번 물었다.

"절 말고 가고 싶은 데는 없느냐?"

그러자 그때까지 왕후의 아들을 부러운 듯이 바라보던 곱사등 소년은 갑자기
고개를 떨구며 눈길을 떼서 자기의 작달막하고 굽은 육체를 내려다보며 느릿느
릿 대답했다.

"네, 이런 몸이니 달리 도리가 없으니까요." 그리고 잠시 말을 끊었다가 가라앉
은 어조로 말했다. "중의 법의가 어쩌면 저의 이 곱사등을 감추어 줄지도 모르지
요."

곱사등이는 다시 한 번 사촌의 모습을 바라보았다. 그러더니 갑자기 사촌의
모습이나 금박을 입힌 칼을 더는 보고 있을 수가 없었던지, 눈을 내리깔고 절룩
거리며 서둘러 방을 나가 버렸다.

그날 밤, 형들의 집으로 돌아온 왕후는 언제나와 마찬가지로 아들의 잠자는 얼굴을 보러 갔다. 아들은 자고 있기는커녕 무언가가 신경 쓰이는 표정으로, 아버지를 보자마자 이렇게 물었다.

"아버지, 그 흙벽집도 할아버지의 것이었습니까?"

왕후는 뜻밖의 질문에 놀랐다. "그래, 나도 어릴 때는 거기서 살았지. 그 뒤 아버지가 이 집을 사서 모두 이리로 옮겨온 게야."

소년은 침대 위에 반듯이 누워서 두 손을 베개와 머리 사이에 넣어 깍지를 꼈다. 아버지의 얼굴을 지그시 쳐다보며 열의에 찬 소리로 말했다.

"저는 그 집이 맘에 듭니다. 그 흙벽집처럼 밭 한가운데 있는 집에 살아 보고 싶습니다. 아주 조용하고 나무가 무성하고 소도 있고!"

왕후는 조마조마해졌다. 왜 그런지는 자기도 알 수 없었다. 결국 자기 아들은 그다지 나쁜 말을 한 것이 아니라는 사실을 알고 있었기 때문이다.

"너는 네가 무슨 말을 하는지도 모르고 있어! 나는 잘 안다. 나는 어릴 때 거기서 자랐다. 불쾌하기 이를 데 없는 천한 생활이었지! 나는 밤낮 거기서 달아나는 일만 생각했었다."

그러나 소년은 이상하게 고집스러웠다.

"부러워요. 저는 그 집이 마음에 드는걸요!"

이 몇 마디를 소년은 매우 열의를 가지고 말했다. 너무 열의가 넘쳤으므로 왕후는 뜻 모를 분노가 솟아올라 일어나서 그 방을 나왔다. 그러나 소년은 그대로 누운 채, 그날 밤 그 흙벽집이 자기 집이 되어, 밭에 둘러싸여 사는 꿈을 꾸었다.

리화는 이원으로 가고 곱사등이는 절로 들어갔다. 오랜 세월 세 사람이 살던 낡은 흙벽집은 빈집이 되었다. 왕룽의 자손들 가운데 아무도 흙에 사는 사람이 없어진 것이다. 거기에는 소작인 노부부만이 남아서 살고 있었다. 오랫동안 모시면서 정답고 조용한 리화를 사랑하게 된 노파는, 이따금 땅속에 묻어 둔 시든 양배추라든가 자기 먹을 것을 줄여 남겨 둔 고기 같은 것을 보자기에 싸서 리화에게 주려고 이원을 찾아갔다. 이렇게 기근이 들었을 때조차 노파는 그 모자라는 식량에서 얼마를 들고 가는 것이었다. 문간에서 리화가 나오기를 기다리고 있으려니, 이제는 회색 법의로 몸을 감싼 리화가 나타났다. 노파는 그녀의 귀에 입을 갖다 대고 소곤거렸다.

"한 마리 남아 있는 닭이 알을 낳았길래 갖고 왔어요."

그러고는 가슴에 손을 넣어 조그마한 달걀을 꺼내들고 두 손으로 감추듯이 하며 리화에게 받게 하려고 이런저런 소리로 달랬다.

"마님, 자 잡수세요! 육식을 하지 않겠다고 맹세를 하고도 예사로 고기를 먹는 중도 많습니다. 고기를 먹고 술을 마시는 중도 여럿 있고요. 여기서 아무도 보지 않을 때 이 갓 난 달걀을 잡수시도록 하세요. 안색이 창백하세요!"

그러나 리화는 아무리 해도 먹으려 하지 않았다. 진심으로 맹세를 했기 때문이다. 그녀는 회색 모자를 쓴 삭발 머리를 설레설레 저으며 노파의 손을 조용히 밀어내면서 말했다.

"아녜요, 할머니가 자셔요. 할머니야말로 나보다 자셔야 해요. 나는 필요한 만큼 충분히 먹고 있답니다. 또 설혹 충분히 먹고 있지 않더라도 맹세를 한 이상 그건 먹을 수가 없어요!"

그러나 노파는 들으려 하지 않았다. 달걀을 리화의 법의 옷섶에 밀어넣고는 타고 온 큰 함지 속으로 얼른 들어가 버렸다. 그러고는 그것을 저으며 얼른 절 문에서 멀어져 갔다. 리화도 물속까지 따라갈 수는 없었다. 노파는 만족하여 빙글빙글 웃으면서 돌아갔다. 그러나 리화는 반 시간도 지나기 전에 물속에서 절 문까지 기어온, 가엾게도 굶주린 여자에게 그 달걀을 주어 버렸다. 여윈 젖먹이를 안고 있는 어머니였다. 전에는 풍만하고 통통했겠지만 이제는 가죽만 남아 한 주먹도 안 되는 유방을 다 죽어 가는 어린아이에게 빨리고 있었다. 자비를 비는 힘없는 목소리를 듣고 달려 나온 리화에게 여자는 자기 가슴팍을 가리켜 보였다.

"저의 가슴을 좀 보십시오! 전에는 둥글둥글하니 풍만했었지요. 이 애도 토실토실 살이 쪄서 부처님처럼 복스러워 보였답니다!"

이렇게 말하고 젖이 마른 유방에 매달린 다 죽어 가는 어린애를 가만히 내려다보았다. 리화는 옷섶에서 아까 그 달걀을 꺼내 여자에게 주었다. 그리고 이렇게 좋은 것을 줄 수 있게 된 것을 매우 기쁘게 생각했다.

리화는 그 뒤로도 이런 평화로운 생활을 보내며 여생을 마쳤다. 왕후는 두 번 다시 그녀를 볼 기회가 없었다.

왕 상인은 그럴 생각만 있으면 왕후의 곤궁을 구하는 것쯤 아무것도 아니었다. 사실 그는 곡물을 대량으로 비축해 두고 있었다. 기근이란 많은 사람들에게는 빈궁을 가져오지만 왕얼 같은 상인들에게는 더 큰 부를 제공하는 법이다. 그는 흉년이 들 듯한 형세를 눈치채자 막대한 양의 곡물을 매점하여 저장해 두었다가 구매력이 있는 부자들에게는 이따금 이쪽에서 정한 비싼 값으로 팔았으며, 그러고는 다시 밀가루라든가 쌀 같은 것을 다른 지방에서 사들였다. 대리인을 가까운 성으로 보내 그런 물품을 사들이게 했으므로 그의 많은 창고가 곡물로 그득그득 차 있었다.

그는 전보다 훨씬 많은 은도 갖고 있었다. 매점해 둔 곡물을 이곳 부자, 저곳 시장 등으로 팔아먹었기 때문에 거대한 은이 들어오는 것이다. 그해에는 은을 어떻게 처리하면 좋을지, 어떻게 하면 안전하게 보관해 둘 수 있을지 모를 만큼 무거운 은의 무게에 신음했다. 그는 상인이므로 토지는 필요 없었지만, 이런 때에 그에게서 돈을 빌리고자 하는 농민들은 물에 잠긴 땅 말고는 제공할 만한 담보가 없었다. 그는 위험을 무릅쓴다는 구실로 비싼 이자로 돈을 빌려주고 앞으로 거둬들일 수확을 담보로 잡았다. 물이 빠지고 다시 경작을 할 수 있게 되면 그 지방 일대의 수확물 전체가 왕얼의 창고로 쏟아져 들어가는 것이 아닐까 생각할 만큼의 담보였다. 그러나 그의 부가 얼마나 막대한지 아는 사람은 아무도 없었다. 그는 아들들조차 푼돈에도 벌벌 떨게 했다. 아이들 앞에서도 경기가 좋지 않은 듯한 표정을 지으면서 가게나 시장으로 내보내 점원으로 일하게 했다. 그러므로 왕후에게 가 있는 장남을 제외하고 나머지 아들들은 모두 빨리 아버지가 죽기를 바라고 있었다. 아버지가 죽으면 가게나 시장에서 일하지 않고, 아버지가 이제껏 절대로 입혀 주지 않던 사치스런 옷을 입기도 하고 환락에 돈을 쓰기도 하면서 마음껏 놀아야지 생각하는 것이었다.

왕얼의 심한 취급을 원망하는 것은 자식들뿐만이 아니었다. 부근 일대의 농민들 가운데도 많았다. 그 가운데 한 사람으로 왕룽이 죽은 뒤 왕가의 넓은 땅을 산 버드렁니 농부 같은 이는 그 토지의 대부분이 물에 잠겨서 심한 어려움을 겪고 식량이 떨어져서 아이들이 굶어 죽게 되었으나, 그래도 왕 상인에게는 돈을 빌리지 않았다. 그는 물이 빠질 때까지 남쪽 도시에서 걸식을 하며 기다리겠노라고 가족을 이끌고 남쪽으로 떠나갔다. 왕 상인에게 땅을 빼앗기기보다는 그런 생활이 훨씬 낫다고 여긴 것이다.

그러나 왕 상인은 자기로서는 정당한 일을 하고 있다고 생각했다. 이렇듯 궁핍한 때에 돈을 빌리거나 곡물을 사는 데 있어서 여느 때와 똑같은 이자나 값을 기대한다는 것은 옳지 않은 일이며 그렇지 않고서야 상인이 어떻게 돈을 벌 기회가 있겠는가 하고 자기도 생각했고, 빌리러 오는 사람들에게도 누구에게나 공언했다. 그러므로 스스로 정당하다고 믿지 않는 일은 절대로 하지 않은 셈이다.

그러나 그도 바보는 아니었으므로 이런 시절에는 사람들이 도리라는 것을 그다지 신경 쓰지 않는다는 것도, 자기가 깊이 원한을 사고 있다는 점도 알고 있었다. 왕후가 군벌이라는 사실만으로도 자기 집안의 안전에 꽤 크게 기여하고 있다는 것도 알고 있었다. 그래서 그는 큰맘 먹고 왕후에게 대량의 곡물을 보낼 것과 거액의 은을 빌려주겠다는 약속을 했다. 이자도 2할 넘게 받지 않기로 했다. 어느 날 찻집에서 두 사람 사이에 이 교섭이 이루어졌을 때 입회한 왕이는 깊은 한숨을 쉬면서 말했다.

"나도 둘째, 너처럼 부자였다면 좋으련만. 사실 나는 해마다 가난해질 뿐이야. 너처럼 장사할 줄도 모르고 남에게 조금 빌려준 돈과 부모에게서 물려받은 얼마 안 되는 땅밖에 없거든. 그러나 형제 가운데 부자가 있다는 건 좋은 일이구나!"

이 말을 듣고 왕 상인은 매우 불쾌한 기분이 들어 쓴웃음을 짓지 않을 수 없었다. 그리고 노골적으로 말했다. 그는 완곡한 말투나 고상한 기지 따위는 모르는 사나이였다.

"나한테 얼마쯤의 재산이 있다면 그것은 스스로 일해서 번 것입니다. 아이들은 가게에서 일을 시키고, 비단옷은 절대로 입히지 않습니다. 게다가 여자라면 마누라밖에 없지요."

왕이는 근년에 와서 그다지 화를 내지 않게 되었으나 이렇게 노골적인 말에는 참을 수가 없었다. 두 아들을 해안 지방으로 보내기 위해 남아 있던 토지마저 대부분 팔아버린 것을 왕얼이 비난한다는 것을 알고 잠시 화를 참고 있었으나 마침내 일어나 큰 소리로 말했다.

"아비가 자식을 먹여 살리는 것은 마땅한 일이다. 나는 자식들을 너보다는 소중하게 생각하고 있어. 핀매대 앞에서 귀중한 청춘의 힘을 낭비시키고 싶진 않단 말이야. 아버지익 손자를 소중하게 생각한다면 비참한 생활을 시킬 수야 없지. 내 자식을 기르는 것은 내 의무야. 다만 내 아들을 귀공자처럼 키웠던 게 나의 의무인지는 잘 모르겠다만……"

그는 더 이상 말을 계속할 수가 없었다. 요즈음은 마른기침이 줄곧 그를 괴롭혀 왔다. 지금도 그것이 가슴에서 세차게 솟아나 그를 괴롭혔다. 잠시 동안 말도 나오지 않아 다만 앉아서 화를 참는 수밖에 없었다. 두 눈은 살찐 두 볼 사이로 움푹 꺼졌고 두두룩한 목덜미가 아래쪽부터 조금씩 빨개지기 시작했다. 왕얼은 여위어 메마른 볼에 희미하게 미소를 띠었다. 비꼬아서 한 말이 형에게 적중했으므로 이제 더 말할 필요가 없었던 것이다.

그 교섭이 성립되었을 때 왕 상인은 차용 증서를 만들어 두고 싶다고 했다. 이 말을 들은 왕후는 후끈 달아올랐다.

"뭐라고요? 우린 형제간이 아니오!"

그러자 왕 상인은 변명하듯이 말했다.

"나 혼자 기억해 두려고 그러는 거야. 나는 요즘 건망증이 여간 심하지 않거든."

그러고는 붓을 내밀므로 왕후도 어쩔 수 없이 서명할 수밖에 없었다. 왕얼은 여전히 웃으면서 말했다.

"도장도 갖고 있겠지?"

어쩔 수 없이 왕후는 늘 허리춤에 넣고 다니는 석인(石印)을 꺼내어 증서에 찍었다. 그것이 끝나자 왕 상인은 서류를 받아 알뜰히 접어서 허리에 찬 주머니에 집어넣었다. 그것을 지켜보던 왕후는 화가 났다. 필요한 것을 손에 넣을 수는 있었으나, 빨리 어떻게든 해서 영지를 넓혀 두 번 다시 형의 신세는 지지 말아야겠다고 속으로 맹세했다. 지난 몇 해를 헛되이 보낸 것이 한없이 분했다.

그러나 형 덕분에 왕후는 부하들에게 급료를 줄 수 있게 되었다. 그는 자기 아들과 호위병들에게 출발 준비를 시켰다. 이제 봄도 상당히 가까워져서 물도 빠르게 빠져나갔다. 여기저기에서 농민들은 물 밑에서 드러난 밭에 씨를 뿌리기에 바빴다. 너 나 할 것 없이 비참했던 겨울이며 죽은 사람 일은 잊고 또다시 오는 봄에 희망을 걸고 있었다.

왕후 또한 앞날의 희망이 새롭게 되살아나는 것을 느끼고 형들에게 작별 인사를 했다. 형들은 그를 위해서 송별연을 베풀어 주었다. 연회가 끝나자 왕후는 조상의 위패를 모셔 놓은 방으로 가서 분향을 했다. 아들에게도 분향을 하게 했다. 진한 연기가 자욱히 피어오르는 속에서 왕후는 조상의 영혼에 배례를 올렸다. 아들에게도 배례를 시켰다. 배례하는 아들의 씩씩한 모습을 보고 있노라니 왕후는 가슴속에 흐뭇한 마음이 솟아나는 것을 느꼈다. 그리고 조상들의 영혼이 모두 모여 자기들의 혈통으로부터 이렇듯 훌륭한 인간이 태어난 것을 찬탄하고 있는 듯한 기분이 들었다. 또한 왕씨 일족으로서 자기도 할 일을 다했다고 생각했다.

조상께 인사를 마치고 향로 속의 선향이 재가 되었을 때, 왕후는 말에 올라앉았다. 아들도 말을 탔다. 그러고는 호위병을 거느리고 이제는 완전히 물이 빠진 마른 대지 위를 달려 그들 자신의 근거지를 향해 말을 몰았다.

28

왕후의 아들이 만 열다섯 살이 된 봄, 그를 위해 채용한 교관이 어느 날 왕후가 홀로 정원을 거닐고 있는데 다가와서 말했다.

"장군님, 저는 아드님에게 제가 가르칠 수 있는 것은 모두 가르쳤습니다. 이제부터는 군관 학교에 가서 많은 동료들과 함께 군사학을 공부하실 필요가 있습니다."

왕후는 이날이 올 것을 알고 있었으나 10년 남짓한 세월이 손바닥을 뒤집는 동안에 지나가 버린 듯이 느껴졌다. 그는 뜰로 나오도록 아들을 부르러 보내고는, 갑자기 늙어서 지쳐 버린 기분으로 뜰의 노간주나무 아래 있는 돌에 걸터앉아 아들을 기다렸다. 이윽고 소년이 뜰과 뜰 사이에 있는 원형 문을 지나 힘찬 걸음으로 조금 천천히 나타났다. 왕후는 이제까지와 다른 눈으로 자기 아들을 바라보았다. 참으로 소년은 키가 어른만 했으며 얼굴에는 다부진 곡선이 나타나고 입술은 꽉 다물려 있었다. 이미 아이의 얼굴이 아닌, 훌륭한 어른의 얼굴이다. 왕후는 아들의 얼굴을 가만히 응시하는 동안, 전에는 아들이 자라는 것이 무척 더디게 느껴져서 혹시 어린애의 시기가 끝없이 계속되지나 않을까 하고 걱정했던 것을 회상했다. 그러던 아들이 지금은 마치 어린애의 시기를 단숨에 껑충 뛰어 어른의 시대로 들어온 듯한 기분이 들었다. 왕후는 탄식하며 마음속으로 생각했다.

'학교가 남방이 아니면 좋으련만. 그 조막만 한 남방인들과 함께 공부시키고 싶지는 않은데……'

옆에 서서 윗입술에 조금 나 있는 수염을 잡아당기고 있는 교관에게 왕후는 물었다.

"아무래도 그 학교에 유학시키는 게 좋다고 생각하는가?"

교관은 고개를 끄덕이며 찬성의 뜻을 나타냈다. 왕후는 가슴이 아픈 듯 소년을 바라보고 있다가 마침내 물었다.

"너도 가고 싶을 테지?"

왕후가 아들의 의견을 묻는 것은 매우 드물었다. 아들을 위해서 해야 할 일은 자기가 가장 잘 안다고 스스로 믿고 있었기 때문이다. 그러나 이때는 아이가 가고 싶지 않다고 말하지나 않을까, 그렇게 말하면 그것을 구실로 보내지 않겠다는 가냘픈 희망을 품고 있었다. 그러나 소년은 깜짝 놀란 듯이, 노간주나무 아래 피어 있는 백합을 바라보고 있던 눈을 재빨리 들어 아버지의 얼굴을 쳐다보고 대답했다.

"가게 되면 가겠습니다만, 다른 학교에 갈 수 있다면 더욱 기쁘겠습니다."

이 대답은 왕후로서는 조금도 기쁘지 않았다. 그는 굵은 눈썹을 모으고 수염을 잡아당기면서 시무룩하니 말했다.

"군관 학교 말고 네가 갈 만한 학교가 있느냐? 군벌이 되어야 할 사람이 책만 읽어서 무슨 소용이 있겠느냐?"

소년은 나직한 소리로 조심조심 대답했다. "사람들이 하는 소리를 들었습니다만, 요즘에는 밭 경작법이라든가 농업에 대한 여러 가지 일을 가르쳐 주는 학교가 있다고 합니다."

왕후는 이 어처구니없는 말을 듣고 놀랐다. 그런 학교가 있다고는 들은 적도 없었다. 느닷없이 그는 소리쳤다.

"그런 학교가 있다고 한다면 참으로 얼빠진 일이다! 그래, 요즘의 농민들은 밭을 갈고 씨를 뿌리고 수확하는 방법을 학교에서 배운단 말이냐? 나는 분명히 기억하고 있지만, 너의 할아버지께서는 늘 말씀하셨다. 농민은 배울 필요가 없다, 옆 사람이 하는 것을 보기만 하면 족하다고 말이야!" 그리고 왕후는 냉엄하게 덧붙였다. "한데 그런 일이 나나 너와 무슨 관계가 있단 말이냐? 우리는 군벌이야. 너는 군관 학교에 가야 한다. 다른 학교에는 절대로 보내지 않을 것이다. 싫거든 여기 남아서 내 군대를 이어받아라."

아들은 탄식했다. 그리고 아버지가 호통을 치면 언제나 그렇듯이 풀이 죽어 뒤로 물러나서는 이상할 만큼 참을성 있게 조용히 대답했다.

"그럼 군관 학교에 가겠습니다."

이 참을성 있는 태도가 어딘지 모르게 왕후에게는 불만이었다. 그는 수염을 쓰다듬으면서 아들을 바라보았다. 생각하는 것을 좀더 서슴지 말고 말하면 좋을 텐데 하고 생각했다. 그러나 동시에 아들이 가슴속에 품고 있는 것을 모조리 털어놓는다면 자기는 틀림없이 격분하게 될 거라고 생각했다. 울화가 치밀어서 그는 소리쳤다.

"떠날 채비를 하거라. 내일 출발한다!"

소년은 교관한테 배운 대로 경례하고 말없이 뒤로 돌아 아버지 앞에서 사라졌다.

그날 밤 방에 혼자 앉아 왕후는 아들을 먼 곳으로 떠나보낼 것을 생각하니 공포가 엄습해 오는 것을 느꼈다. 남방인은 교활하고 믿을 수가 없다. 아들에게 어떤 일이 일어날지 알 수 없다. 그래서 그는 병사에게 심복 언청이를 불러오게 했다. 그러고는 추하지만 충실한 얼굴을 들여다보면서, 주인이 부하에게 하는 말투가 아닌 오히려 애원하는 듯한 어조로 말했다.

"나한테 하나밖에 없는 아들인 저 애가 내일 군관 학교에 들어가게 되었다. 군사 교관이 따라가지만, 그는 여러 해 동안 외국에서 유학하던 자다. 어떻게 그

마음속까지 알 수 있겠는가. 눈은 안경으로 가렸고 입은 수염으로 가렸다. 내 아들을 저 교관에게만 맡기게 되면 불안해서 안 되겠어. 그러니 너도 함께 가 주었으면 한다. 나는 너를 안다. 너만큼 내가 잘 아는 사람도 없다. 너는 내가 가난하고 외로웠을 때 나를 도와주었지. 그리고 내가 강대해진 오늘과 마찬가지로 옛날에도 충실했지. 내 아들은 나의 가장 소중한 보배야. 나 대신 따라가서 감독해 다오."

그러자 뜻밖의 일이 일어났다. 왕후의 말을 들은 순간 언청이는 완강히 거부한 것이다. 그 무시무시한 기세는 말과 함께 이 사이로 바람이 소리를 내며 새어 나올 정도였다.

"장군. 저는 이 명령만은 따를 수가 없습니다. 저는 장군 옆을 떠나지 않겠습니다. 도련님이 유학하신다면 제가 믿을 수 있는 부하들을 한 50명 골라서 수행시키지요. 그들의 임무는 제가 잘 가르쳐 주겠습니다. 그러나 저는 장군 곁을 떠나지 않겠습니다. 장군께서는 충실한 인간이 측근에 있다는 것이 얼마나 중요한가 모르십니다. 이만큼 큰 군대가 되면 반드시 내부에서 불만이 있고, 암투가 있고, 분개하는 자가 있는가 하면, 다른 장군을 칭찬하는 자도 있는 것입니다. 더욱이 남방에서 이상한 전쟁이 일어나려 한다는 기괴한 소문이 한참 떠돌고 있는 이런 때에 제가 이곳을 떠날 수는 없습니다."

왕후도 고집스럽게 대답했다.

"너는 자신을 너무 과대 평가하고 있어. 네가 없어져도 아직 돼지 백정이 있지 않느냐?"

그러자 언청이는 매우 경멸하는 표정을 지었다. 흥분한 나머지 얼굴이 끔찍스럽게 일그러졌다.

"저 바보 말입니까? 그렇습니다, 그자는 날아가는 파리를 치는 것에는 명수입니다. 제가 누구를 언제 치라고 가르쳐 주기만 하면 큼직한 주먹으로 한 대쯤 갈길 수도 있습니다. 그러나 상황을 꿰뚫어 보는 머리가 없습니다. 이것을 봐야 한다고 말하지 않으면 그 녀석은 아무것도 보지 못하니까요."

언청이는 단호히 말하며 양보하지 않았다. 다른 사람들이 명령을 거부하면 절대로 용서 않는 왕후지만 그의 반항은 참고 몇 번이나 부탁했다.

"좋습니다. 그렇다면 저는 자결하겠습니다. 좋고말고요. 여기 칼도 있으니까요."

결국 이렇게 완고한 사나이에게는 양보하지 않을 수 없었다. 왕후도 명령을 거두기로 했다. 그러자 언청이는 방금 전까지도 슬퍼하며 자결하느니 어쩌느니 했으나 갑자기 기운이 났다. 그리하여 달려나가 그날 밤으로 잠든 부하 가운데 50명을 골라 깨워서 마당에 정렬시켰다. 그들이 잠에서 막 깨어 하품을 하거나 이른 봄밤의 공기에 떨고 있는 것을 보자 언청이는 마구 욕지거리를 퍼붓고는 찢어진 입술 사이로 커다란 소리를 내어 명령했다.

"알았느냐, 도련님의 이가 아파도 네놈들의 책임이다. 이 뒈져도 모자랄 놈들아! 네놈들의 임무는 도련님이 가시는 곳이면 어디나 따라가서 경호하는 것뿐이다. 밤에는 도련님의 침대 곁에서 자거라. 그리고 낮에는 어느 놈도 믿지 말아라. 어느 놈의 명령도 듣지 말아야 해. 설령 도련님의 명령이라 해도 들을 필요 없다. 만일 도련님이 고집을 피워서, 네놈들이 있으면 귀찮으니까 어디든 가 버리라고 말씀하시거든 이렇게 대답하는 거다. '저희들은 도련님의 아버님이신 장군님의 명령을 들을 뿐입니다. 장군님께서 저희들에게 급료를 주십니다. 그러니까 장군님께만 복종하면 됩니다' 하고 말이다. 그래, 네놈들은 도련님의 의사를 거역하고라도 경호를 하는 거다." 그리고 언청이는 50명의 부하들에게 그들의 책임이 얼마나 중요한가를 명심시키기 위해 실컷 욕을 퍼붓고 위협해 놓았다. 그리고 마지막으로 말했다.

"그 대신 너희들이 충실히 직무를 완수하면 상금을 두둑히 주겠다. 우리들의 장군님처럼 너그러운 분은 안 계시다. 내가 너희들을 위해서 부탁해 주마."

병사들은 큰 소리로 임무를 완수하겠다고 서약했다. 왕후 장군에게 가장 신뢰를 받고 가장 가까이 접근할 수 있는 것은 그의 아들을 빼놓고는 이 심복인 언청이밖에 없다는 것을 그들은 알고 있었기 때문이다. 게다가 사실을 말하면, 모르는 고장에 가서 신기한 것들을 볼 수 있다는 것도 그들에게는 기뻤다.

이튿날 아침이 되자 왕후는 잠을 이루지 못하고 보낸 침상에서 나와 아들을 출발시켰다. 그리고 차마 그냥 헤어질 수가 없어 도중까지 전송했다. 그러나 그것도 한때의 위안에 지나지 않았으며, 헤어질 운명을 조금 늦추는 데 불과했다. 잠시 아들과 말을 나란히 하여 나아가던 왕후는 말고삐를 끌어당기고 갑자기 아들에게 말했다.

"예로부터 말하지 않더냐. '벗을 따라 천 리 길을 배웅해도, 끝내 이별은 피할 수 없도다.' 너와 나도 마찬가지다. 잘 다녀 오너라!"

왕후는 말 위에서 의연히 자세를 바로잡았다. 그런 다음 아들의 경례를 받았나. 그리고 아들이 다시 말에 올라 50명의 부하와 군사 교관을 이끌고 멀어져 가는 것을 지켜보았다. 이윽고 말 머리를 돌려 다시는 아들 쪽을 돌아보지도 않고 텅 빈 자기 집으로 돌아갔다.

사흘 동안 왕후는 억제하려 하지 않고 슬픔에 잠겼다. 사자로서 아들과 함께 보낸 부하들이 보고하러 돌아올 때까지 아무 일도 시작할 기분이 나지 않고 아무 계획도 세울 수 없었다. 사자는 서너 시간마다 도중의 여러 장소에서 저마다 보고를 갖고 돌아왔다. 한 사람은 말했다.

"도련님은 매우 건강하십니다. 평소보다 더 명랑하실 정돕니다. 두 번 말에서 내려 밭으로 걸어가서 농민들과 이야기를 나누셨습니다."

"농부들과 대체 무슨 말을 하더냐?" 왕후는 놀라며 물었다.

사자는 기억하고 있는 것을 충실하게 보고했다.

"도련님은 무슨 씨를 뿌리고 있느냐고 물으시고 씨를 보셨습니다. 또 소에 쟁기를 매는 방법을 보셨습니다. 호위병들은 재미있어서 웃었습니다만 도련님은 조금도 신경 쓰지 않으시고 계속해서 바라보고 계셨습니다."

왕후는 당황하며 말했다. "군벌의 우두머리가 될 자가 소에 쟁기를 매는 방법이라든가, 종자가 무엇인가 하는 것 따위를 왜 보고 싶어 한단 말인가!" 그리고 잠시 뒤 조마조마해져서 물었다. "더 보고할 말은 없느냐?"

사자는 잠시 생각하더니 말했다. "그날 밤은 여관에 드셨습니다. 도련님은 만두와 고기와 쌀밥과 생선을 맛있게 잡수시고, 조그마한 잔으로 술도 한잔 하셨습니다. 저는 거기서 헤어져서 보고하러 돌아왔습니다."

잇달아 사자가 돌아와서 아들이 무엇을 했으며 무엇을 먹고 마셨는가 보고했다. 그리하여 사흘째 마지막에 소년은 나루터에 이르렀다. 거기서부터 큰 강을 따라 내려가 바다로 나가는 것이다. 그날부터는 편지를 기다리는 수밖에 없었다. 사자도 거기서부터는 따라갈 수 없었기 때문이다.

아들이 떠나간 외로움을 견딜 수 있을지는 왕후 자신도 알 수가 없었다. 그러나 두 가지 사건이 일어나 그의 관심을 다른 데로 돌려 주었다. 하나는 남방에서 돌아온 첩자들이 괴이한 정보를 가져온 것이다.

"매우 이상한 전쟁이 남방에서 일어날 듯합니다. 그것은 지금까지처럼 군벌과 군벌과의 전쟁이 아니고 모든 것을 뒤집어엎는 혁명의 전쟁이라고 합니다."

왕후는 조금 업신여기는 듯이 대답했다. 요즘 그는 노상 뚱해 있었다.

"그것은 뭐 그다지 신기할 것도 없다. 나도 젊었을 때 혁명 전쟁을 한다고 생각하고 참가해서 싸웠지. 그런데 결국 지나고 보니 단순한 전쟁이더군. 군벌들이 한때 연합해서 제정(帝政)을 쓰러뜨렸지만 성공하니까 다시 또 분열되고 말더란 말이야!"

왕후는 이렇게 말했지만, 돌아오는 첩자마다 모두 같은 보고를 했다.

"아닙니다. 암만 해도 색다른 전쟁 같습니다. 국민군이라고 부르며 국민 전체를 위한 전쟁이라고 말하고 있습니다."

"국민들이 어떻게 싸울 수 있단 말인가?" 왕후는 미간을 찌푸리며 얼빠진 첩자들을 꾸짖었다. "그들이 소총을 갖고 있더냐? 곤봉이나 쇠스랑이나 낫으로 전쟁을 할 수 있다고 생각하느냐?" 그러고는 번들거리는 눈으로 첩자들을 쏘아보았으므로 그들은 몸을 움츠리며 마른기침을 하거나 서로 얼굴을 쳐다보곤 했다. 마지막으로 한 사람이 조심조심 대답했다.

"저희들은 들은 것을 그대로 말씀드렸을 뿐입니다."

그러자 왕후는 너그럽게 그들을 용서했다.

"그래야지. 그것이 너희들의 임무니까, 하지만, 쓸데없는 소리만 듣고 왔구나."

그는 첩자들을 자기 방에서 물러나게 했다. 그러나 그도 그들이 말한 것을 완전히 잊어버릴 수는 없었다. 이 움직임에는 주의해야 한다. 실체를 파악해야만 한다고 생각했다.

그러나 그 일을 그리 오래 생각할 겨를도 없이 또 하나의 사건이 영토 안에서 일어나 그의 마음에서 다른 생각을 모두 쫓아 버렸다.

여름이 가까워졌다. 하늘만큼 변덕스러운 것도 없어서 지난해와는 전혀 다른 아름다운 여름이었다. 갠 날과 흐린 날이 잘 조화되어 홍수는 물러가고 뒤에는 기름진 경작지가 남았다. 그리고 곳곳에서 농민들은 있는 종자를 모두 긁어 모아, 뜨거운 햇볕 아래 헐떡이며 뜨거운 숨을 내뿜는 듯한 땅에 뿌렸다. 생명은 흙 속에서 분출하고 풍요한 수확이 모든 사람들에게 약속되어 있었다.

그러나 수확의 시기를 기다리는 사람들이 있는 한편에 굶주리고 있는 사람들도 많았다. 이해 여름에는 왕후의 영내에도 여태까지 없던 악질 비적들이 들끓기 시작했다. 실로 왕후가 대군을 거느린 이 지방에서조차 자포자기가 되어 비적단을 조직하여 왕후를 아랑곳하지 않는 인간들이 있었던 것이다. 더욱이 왕후가 군대를 파견해서 수색시켜 보면 그림자도 보이지 않았다. 신출귀몰하여, 마치 유령의 무리 같았다. 첩자들은 잇따라 달려와서 피해를 알렸다.

"어제 비적들이 북쪽에 나타나서 진가네 마을을 불살랐습니다." 혹은 또 이런 보고도 했다. "사흘 전에 비적 패거리가 상인들을 습격해서 모두 죽이고 아편과 비단을 탈취해 갔습니다."

이런 무법 행위가 자행된다는 소식을 듣고 왕후는 크게 분노했다. 특히 그가 노한 것은, 왕얼에게 진 빚을 빨리 갚고 싶은데 그 재원인 상인들로부터의 세수입을 비적들이 가로챘기 때문이었다. 그는 자기 손으로 비적 두목의 목을 치고 싶을 정도였다. 그래서 그는 병영 앞뜰에 우뚝 서서 큰 소리로 부대장을 소집하여 저마다 부하를 이끌고 영토 전 지역에 출동하라고 명령했다. 그리고 비적의 목 하나를 잘라온 자에게는 은전 1닢의 상금을 주기로 했다.

그러나, 이 상금이 탐이 나서 비적을 잡으러 출동한 부대는 한 사람의 비적도 발견하지 못했다. 그도 그럴 것이 비적의 대부분은 보통 농민으로 군대에 추격당하지 않을 때만 나타났기 때문이다. 그들은 군대가 오는 것을 보면 밭에서 괭이질을 하다가 자기들이 얼마나 비적단에게 괴로움을 당했는가를 병정들에게 호소했다. 다만 결코 자기들이 한 일에 대해서는 이야기하지 않았다. 만일 다른 누군가가 자기들의 일을 언급하려 하면 입을 벌리고 멍청한 표정으로 그런 비적은 들은 적이 없다고 시치미를 뗐다. 그러나 왕후가 상금을 약속하는 바람에 욕심 많은 부하들 중에는 닥치는 대로 농민을 죽여 그 목을 비적의 것이라 하며 들고 오는 자도 있었다. 이런 까닭으로 죄없이 살해당한 자도 많았다. 그러나 모두 잠자코 있었다. 왕후가 군대를 출동시킨 것은 훌륭한 합법적인 명목에 따른 것임을 알았고, 또 어설프게 불평을 하다가는 병사들의 눈에 띄어 여기에도 목이 있구나 하는 생각을 갖게 한다는 것을 알았기 때문이다.

한여름이 되어 수수가 사람 키보다 더 크게 자랄 무렵이 되자 불이 확 타오르는 듯 갑자기 여기저기에 비적이 나타났다. 지난 몇 년 동안 싸움터에 나간 적이 없는 왕후는 매우 분개하여 어느 날 몸소 비적을 토벌하러 나섰다. 한 마을에 비적 떼가 숨어 있다는 말을 듣고 첩자를 보내어 정찰시켜 보니 그 마을 사람 전체가 낮에는 농부가 되고 밤에는 비적이 된다는 사실이 밝혀졌기 때문이다. 그 사람들의 토지는 저지대에 있어서 마을 전체가 하나의 큰 분지를 이루고 있었으므로 다른 데보다 파종이 늦어 지난해 겨울부터 금년 봄까지 굶어 죽기를 면해 온 사람들도 여태껏 식량을 대지 못하는 형편이었다.

왕후는 그 마을 사람들이 밤이 되면 다른 마을로 가서 식량을 빼앗고 저항하는 자는 죽인다는 사실을 알자 크게 분노하여, 스스로 부하를 이끌고 그 마을로 가서 마을을 포위해 한 사람도 달아나지 못하게 했다. 그러고는 다른 부하들과 함께 마을 안으로 들어가서 마을 주민들을 한 사람 남김없이 묶었다. 남녀노소 합해서 173명이었다. 그들을 밧줄로 꽁꽁 묶어 촌장 집 앞의 탈곡장으로 끌어오게 하여, 말 위에서 왕후는 그들을 쏘아보았다. 그 가운데는 울며 떨고 있는 자도 있었고 얼굴이 흙빛으로 변한 자도 있었다. 그러나 자포자기하여 부루퉁한 얼굴로 겁없이 미소를 짓는 자도 있었다. 오직 노인들만이 태연하게 운명에 따르는 태도였다. 살날이 얼마 남지 않았으니 죽어도 괜찮다고 체념한 것이었다.

눈앞의 비적들을 쏘아보는 동안 왕후는 살의가 사그라져 가는 것을 느꼈다. 그는 그전처럼 인정사정없이 사람을 죽일 수 없었다. 그 여섯 병사들을 죽였을 때 아들의 눈초리를 보고부터는 남몰래 심약해져 있었던 것이다. 그 심약함을 감추기 위해서 그는 굵은 눈썹을 모으며 입을 굳게 다물었다. 그리고 무시무시한 소리로 호통쳤다.

"네놈들은 죽어 마땅하다! 한 놈도 남김없이 말이다! 내가 오랜 세월 동안 내 영토 안에서 도둑질을 허락하지 않았다는 것을 네놈들은 모르느냐! 하나 나는 인정을 아는 사람이다. 네놈들의 부모나 자식들을 생각해서 이번만은 죽이지 않

기로 한다. 다음번에 또 내 말을 듣지 않고 비적질을 한다면 그때는 반드시 사형
에 처하고 말 테다!"

그리고 그들을 둘러싼 부하들에게 명령했다.

"내가 지금 말한 것을 언제까지나 기억하도록 칼을 갈아 이놈들의 귀를 잘라
버려라!"

병사들은 앞으로 나와 구두 밑창에다 칼을 갈아 비적들의 귀를 잘라서 왕후
앞의 땅바닥에 쌓아올렸다. 왕후는 비적들을 바라보았다. 저마다 얼굴에서 두
줄기의 피가 흘러내리고 있었다. 그는 차갑게 말했다.

"이 귀를 잘 기억해 두어라!"

그러고는 말 머리를 돌려 달려갔다. 말을 달려가는 동안 왕후의 가슴속에는
차라리 비적들을 모조리 죽여 자기 영내를 청소함으로써 다른 자에 대한 본보
기로 삼았어야 옳지 않았나 하는 의문이 솟았다. 그리고 지나치게 너그러운 조
치를 취했던 것은 자기가 나이를 먹어 심약해졌기 때문이 아닐까 하는 걱정도
스쳐갔다. 그러나 이렇게 생각하며 스스로를 달랬다.

'그들의 생명을 구해 준 것은 내 아들을 위해서다. 언젠가 그 녀석을 만나면,
너를 위해 173명의 목숨을 살려 주었다고 이야기해 줘야지. 아마 무척 좋아하겠
지.'

29

왕후는 아들이 떠난 뒤의 공허하고 고독한 나날을 이런 식으로 채웠다. 영내
의 비적도 평정되었고 수확기가 와서 농민들도 먹을 것을 얻게 되자 왕후도 안
도의 숨을 내쉬게 되었다. 그해 가을, 바람도 아직 차갑지 않고 가을볕도 약해
진 때를 보아 그는 소부대를 이끌고 영내 순시에 나섰다. 아들이 돌아올 때를
대비하여 영내의 질서를 잘 유지해 두고 싶었기 때문이다. 왕후는 아들이 유학
에서 돌아오면 이 지방의 군대 지휘권을 맡겨 거대한 군대를 넘기고, 자기는 소
수의 호위대만 거느리고 은거할 계획이었다. 그때 그는 쉰다섯 살일 터이며 아들
은 스무 살로 어엿한 어른이리라. 이런 몽상을 가슴에 품고 왕후는 영내를 돌아
보았다. 마음의 눈으로는 자기 아들의 아들의 모습을 그려 보았고, 바깥 눈으로

는 농민과 토지를 보고 수확량과 얼마만 한 세수입이 들어올 것인가를 면밀히 살폈다. 홍수가 지나간 뒤 이 땅 사람들은 2년에 걸친 흉작의 그림자를 아직 떨쳐 버리지 못했으나 착착 회복의 기미를 보이고 있었다. 땅은 아직도 충분한 결실을 맺지는 못했다. 사람들은 아직도 두 볼이 꺼져 있었으며 노인과 어린이는 거의 눈에 띄지 않았다. 그러나 생명은 다시 싹트고 있었다. 임신한 여자도 많이 보였다. 그러한 광경을 바라보고 왕후는 기뻐하면서 생각했다.

'하늘은 나로 하여금 천명에 다시 눈뜨게 하기 위해 기근을 내려 주셨나 보다. 몇 년 동안 나는 너무나 안일에 빠져 있었다. 현상에 지나치게 만족해 있었다. 그 기근은 나를 분발시키기 위해 하늘이 내려 주신 것이다. 후계자로서 그렇게 훌륭한 아들이 있으니 나는 더 위대한 공적을 세워야만 한다.'

그의 부친은 살아 있을 때 지신(地神)을 믿었으나 더 총명한 왕후는 그런 것을 믿지 않았다. 그러나 왕후도 운명과 하늘만은 믿었다. 자기 몸에 들이닥친 일들은 결코 우연에 의한 것이 아니고, 사는 것도 죽는 것도 모두 하늘의 뜻이요 천명이라고 믿었던 것이다.

여름도 다 지나고 쓸쓸해지는 9월, 왕후는 기세도 등등한 부대의 선두에 서서 말을 몰아가고 있었다. 곳곳에서 그는 극진한 환영을 받았다. 그가 오랜 세월에 걸쳐 공정한 통치를 해온 권력자임을 모두 인정하고 있었기 때문이다. 사람들은 미소를 띠고 그를 맞이했다. 그가 머문 도시나 마을에서는 유지들이 주연을 베풀었다. 다만 밭에서 일하는 농민들만은 공손하지 않았다. 가난한 농부들은 군대가 오는 것을 보자 등을 돌리고 정신없이 일하는 척했으며 지나가 버리면 울분을 토하기 위해 연거푸 침을 뱉었다. 병사들 중에서 누군가가, 왜 침을 뱉느냐고 화를 내며 물으면 그들은 멍청하고 얼빠진 표정으로 말했다.

"방금 많은 말이 지나가서요, 입안이 온통 먼지투성이외다."

그러나 왕후는 도시에서나 마을에서나 누구에게도 주의를 기울이지 않았다.

이 순시 여행 도중에 왕후는 일찍이 자기가 공략한 현성에 이르렀다. 지난 몇 년 동안 조카인 곰보가 그의 대리로서 경비 사령을 맡는 도시다. 왕후는 먼저 곰보에게 사자를 보내어 자신의 도착을 알렸다. 그러고는 이 현성이 조카의 지배 아래서 어떻게 되어 있나 살피려고 날카로운 시선을 여기저기로 던지며 입성했다.

곰보도 이제는 어리지 않았다. 의젓한 어른이 되어 견직업자의 딸인 아내와의 사이에 벌써 아들도 둘 태어나 있었다. 그는 숙부가 찾아와 성내에 들어왔다는 소식을 듣자 크게 당황했다. 그는 이곳에서 여러 해 동안 평화로운 생활을 보내며, 참으로 한가로이 살아왔으므로 자기기 군인이라는 사실조차 거익 잊고 있었기 때문이다. 그는 늘 명랑하고, 놀기 좋아했으며, 새로운 것에 큰 흥미를 보였다. 그는 이곳 생활이 마음에 들었다. 왜냐하면 이 성안에서 으뜸가는 권력을 갖고 있었으므로 사람들은 그를 정중히 대했고, 세금을 받는 일 말고는 그다지 할 일도 없었기 때문이다. 그는 살이 제법 쪄 있었다. 근년에는 군복도 벗어 버리고 헐렁한 두루마기만 입고 있어서 유복한 상인 같은 풍채였다. 사실 그는 성안의 상인들과 매우 친밀했다. 상인들이 왕후에게 바치는 세금을 곰보에게 보내면 곰보는 자기 몫으로 구전을 뜯었다. 그것도 상인다운 수법이었다. 그리고 이따금 숙부의 이름을 빌려서 새로운 세금을 받아먹기도 했다. 그러나 상인들은 그런 것을 눈치채고도 눈감아 주었다. 자기들도 그와 같은 지위에 오르면 그러겠거니 하고 이해했기 때문이다. 그들은 곰보를 좋아해서 이따금 선물도 보냈다. 그러면 곰보가 숙부에게 잘 보고해서 그다지 심한 변을 당하지 않으리라는 속셈에서였다.

그러므로 그의 생활은 명랑했다. 그는 그다지 정열에 휘둘리는 사람도 아니었으므로 아내와의 금실도 좋았다. 이따금 친구가 특별히 성대한 연회를 베풀어 흥을 더하기 위해 기녀를 부를 때가 아니면 좀처럼 그를 제집 안방에서 유인해 낼 수도 없었다. 그러한 연회에는 반드시 초대되었는데, 그것은 지위도 지위였지만 그의 인품 때문이었다. 그는 참으로 기지가 있고 농담을 잘해서 그때그때 아주 적절한 말로 사람을 웃게 만들었다. 특히 거나하게 취기가 돌면 재미있는 말들이 잇따라 쏟아져 나왔다.

그는 숙부가 왔다는 말을 듣자 서둘러 아내에게 어느 상자엔가 쑤셔넣어 놓은 군복을 찾아오게 했다. 그리고 부하 병사들의 소집을 명령했다. 이 부하들도 지나치게 안일한 생활을 하고 있었으므로 병사라기보다는 그의 하인 같은 꼴이 되어 있었다. 그는 살찐 다리를 바지에 꿰면서 이렇게 갑갑한 군복을 잘도 입고 지냈구나 하고 새삼 놀랐다. 아랫배도 청년 시절보다 훨씬 튀어나와서 윗도리 앞이 여며지지 않아 배에 넓은 띠를 두르고 적당히 감추기로 했다. 그래도 그럭저럭 군복을 입고, 부하들도 정렬했다. 그리고 그들은 왕후의 입성을 기다렸다.

이삼 일 동안에 왕후는 성안의 상황을 완전히 파악했다. 상인들이 자기와 경비 사령관을 위해서 베풀어 준 호화로운 연회의 뜻도 알았다. 또 그는 조카가 군복을 갑갑해하면서 땀을 흘리는 것도 모두 눈치챘다. 하루는 바람도 불지 않고 햇볕이 몹시 뜨거워 곰보는 참지 못하고 넓은 띠를 끌렀다. 그러자 군복 앞이 벌어진 것이 보였다. 왕후는 차갑게 웃으며 생각했다.

'둘째 형의 아들이라 이놈도 결국은 상인이다. 고맙게도 내 아들은 이런 놈과는 달라. 그 녀석이 훌륭한 귀공자인 것이 기쁘다.'

그리고 곰보를 적당히 상대하고 칭찬도 하지 않았다. 그저 냉담하게 말했다.

"네게 맡겨 둔 군대는 총을 다루는 법조차 잊은 모양이구나. 암만 해도 다시 한 번 전쟁을 시킬 필요가 있겠군. 내년 봄에는 네가 선두에서 이끌어 저놈들을 전쟁에 익숙해지게 해 보면 어떠냐?"

이 말을 듣자 곰보는 어찌할 바를 몰라 하며 진땀을 흘렸다. 사실 그는 겁쟁이도 아니고, 일단 정한 군인의 길을 걸어가고 있다면 전쟁도 할 수 있을 테지만, 부하를 지도하거나 승복시킬 인물은 되지 못했다. 게다가 이곳에서의 생활이 더할 나위 없이 좋았다. 왕후는 그가 당황하는 것을 보고 여느 때처럼 소리 없이 웃고 있다가 갑자기 장검의 칼집을 꼭 쥐면서 벼락 같은 소리를 질렀다.

"어떠냐, 너도 이렇게 잘 살고 성안도 유복하니까 세금을 올려도 좋겠구나! 나도 아들 녀석 때문에 비용이 많이 든다. 남방에 유학을 보내 놓았는데 그 녀석이 돌아올 때까지는 이런저런 준비도 해 두고 싶다. 너도 좀 희생을 해서 여기 세금을 두 배로 올리도록 하자!"

그러나 곰보는 만일 숙부가 세금을 올리려고 하거든, 이 도시가 가난하다든가 불경기라든가 하면서 숙부를 설득해 주면 좋겠다, 그 일에 성공하면 사례금을 드리겠다는 밀약이 이미 상인들과 되어 있었다. 그래서 그는 재빨리 우는소리로 숙부의 마음을 돌리려고 애썼다. 그러나 아무리 애원해도 숙부의 마음은 좀처럼 움직이지 않았다. 숙부는 마침내 거칠게 말했다.

"나는 이 도시의 상태를 잘 알고 있다. 매가 한 일만이 나에 대한 모반은 아니다. 하지만 나의 근본적인 치료법은 언제나 같다!"

막대한 은을 놓치게 된 곰보는 시무룩해진 표정으로 이 사실을 상인들에게 알렸다. 그들은 대표를 뽑아 왕후에게 직접 호소했다.

"세금은 장군님께 바치는 것만이 아닙니다. 시세(市稅)도 있고 성세(省稅)도 있습니다. 장군님께 바치는 것이 다른 세금보다 많습니다. 이래서는 무슨 장사를 하더라도 이익이 없습니다."

왕후는 처음에는 정중한 말투로 대응했으나, 슬슬 칼의 위력을 보여 줄 때가 왔다고 보고 끝에는 무뚝뚝하게 말했다.

"알겠다. 그러나 나에게는 권력이 있어. 정중히 부탁해서 안 된다면 무력으로 받아낼 뿐이다."

이런 식으로 왕후는 조카를 혼내 준 다음 다시 그 자리에 앉혀 마찬가지로 그 현성 및 그 밖의 전 영토에 대한 지배력을 확보했다.

모든 것이 확실하게 안정된 상태에 이르자 그는 자기 집으로 돌아가서 겨울이 지나기를 기다렸다. 그러는 동안에도 봄이 되면 대규모 정복전을 개시하려는 계획을 세우고 곳곳에 첩자를 보내기도 하고 여러 작전 계획을 짜기도 하며 바쁘게 보냈다. 그리하여 이미 늘그막에 접어들으나 아직도 성(省) 하나를 손안에 넣어 아들에게 물려주는 일쯤은 가능하리라는 생각에 가슴은 두근거렸다.

긴 겨울 동안 왕후는 그 생각에만 매달렸다. 참으로 쓸쓸한 겨울이었다. 너무도 쓸쓸해서 몇 번이나 저도 모르게 여자들이 있는 별채로 가려 했을 정도였다. 그러나 그리로 가 봐야 별수 없었다. 학문이 없는 쪽의 아내와 딸들이 있을 뿐이다. 그녀들에게는 할 말도 없었다. 그러므로 홀로 우울하게 앉아 그녀들이 자신의 가족이라고조차 생각하지 않았다. 이따금 그는 학문이 있는 쪽의 아내는 어떻게 지내고 있을까 생각했다. 그녀는 딸을 해안 쪽에 있는 학교에 입학시키기 위해 데리고 가서 그 길로 몇 년째 돌아오지 않았다. 한 번 그녀는 딸과 함께 찍은 사진을 보내온 적이 있었다. 왕후는 한참 동안 그 사진을 들여다보았다. 딸의 아름답고 당돌해 보이는 조그마한 얼굴이, 단발 머리 아래로 검은 눈을 크게 뜨고 대담하게 자기를 바라보고 있었다. 왕후는 암만 해도 자기 딸이라는 생각이

들지 않았다. 그녀도 분명 요즈음의, 말 많고 명랑한 소녀이겠거니 생각했다. 그리고 학문이 있는 쪽의 아내를 묵묵히 들여다보았다. 정말 그는 이 아내에 대해서는 아무것도 알지 못했다. 밤에 그녀를 찾아가던 그때에조차 전혀 알지 못했다. 그는 딸보다 아내 쪽을 오래 바라보았다. 사진 속에서 그녀는 자기를 보고 있었다. 그러나 일찍이 아내 앞에 있을 때 느끼던 불안을 다시 느꼈다. 그가 듣고 싶지 않은 말을 꺼낼 것만 같았다. 그가 들어주고 싶지 않은 요구를 하고 있는 것 같았다. 사진을 눈에 띄지 않는 곳에 밀쳐놓고 그는 혼자 중얼거렸다.

'남자는 이런 일까지 생각할 수 있을 만큼 한평생 여가가 있는 게 아니다. 나는 바빴어. 여자 일로 소비할 시간이 없었던 거야.'

그는 스스로 마음을 다잡으면서 아내들에게조차 많은 시간을 쏟지 않았던 것은 잘한 일이라고 생각했다. 그는 조금도 그녀들을 사랑하지 않았던 것이다.

가장 쓸쓸한 시간은 밤에 화로 옆에 홀로 앉아 있을 때였다. 낮에는 어떻게든 바쁘게 시간을 보낼 수 있었다. 그러나 다시 밤이 찾아오면 지난날 그가 통렬히 맛보았듯이 밤은 어둡고 구슬프게 그의 마음에 번져 왔다. 그런 때는 동요하는 자신을 의식하고, 자기가 노쇠해서 내년 봄이 되더라도 새로운 영토를 정복할 수나 있을까 생각했다. 그는 처량한 미소를 화롯불 쪽으로 돌리고 턱수염을 씹으면서 슬픈 듯이 생각에 잠겼다.

'누구든 자기가 하고자 한 것을 다 완수하는 자는 없을 것이다.' 잠시 뒤에는 또 생각했다. '남자란 아들이 생기면 삼대 앞의 일까지 자기가 살아 있는 동안에 계획해 놓는 것인지도 모른다.'

왕후의 심복인 언청이는 요즘도 늙은 주인의 뒷바라지에 세심한 주의를 기울였다. 왕후가 낮에 부하들의 훈련에 흥미를 잃고 그들을 멋대로 놀려 두거나, 밤에 화로를 껴안고 부질없는 생각에 잠기거나 하면 이 늙은 심복은 그다지 말도 하지 않고 따끈하게 데운 맛좋은 술과 여기에 어울리는 소금에 절인 고기를 들고 방에 들어와서 주인의 기분이 편해지도록 이것저것 자질구레한 일에 마음을 썼다. 그러면 왕후는 울적한 기분에서 깨어나 술을 조금 마셨다. 잔을 거듭하는 동안에 기분이 좋아져서 잠이 잘 왔다. 이렇게 마셨을 때는 잠들기 전에 생각했다.

‘그래, 내게는 아들이 있다. 내 평생에 못한 일은 그 애가 해줄 것이다.’

그해 겨울 왕후는 자기도 깨닫지 못하는 동안에 주량이 크게 늘었다. 이것은 왕후를 사랑하는 언청이로 봐서는 매우 기쁜 일이었다. 어쩌다 왕후가 술병을 물리치는 일이 있으면 이미 노인이 된 언청이는 왕후를 달래듯이 하며 열심히 권했다.

“드십시오, 장군님. 사람이란 누구나 나이를 먹으면 편안하게 살고, 즐기며 살아야 합니다.”

그러면 왕후는 언청이의 충고를 존중한다는 것을 보여 주어 그를 기쁘게 하기 위해 술잔을 집어 들었다. 그렇게 하면 마음도 편해지므로 쓸쓸한 겨울밤에라도 깊이 잠들 수가 있었다. 그리하여 취하면 일찍이 아들과 다투었던 일도 잊어버리고 아들에 대한 신뢰감이 솟아나는 것이었다. 그런 날에는 아들의 꿈이 자기의 꿈과 같지 않을지 모른다는 불안은 왕후의 마음에 조금도 떠오르지 않았다. 이렇게 그는 오로지 돌아오는 새봄을 기다렸다.

아직 봄이 되지 않은 어느 날 밤이었다. 왕후는 따뜻한 방에서 기분 좋게 취기가 돌아 꾸벅꾸벅 졸고 있었다. 술은 바로 옆 탁자 위에서 식어 가고 있었다. 그의 장검은 허리에서 끌러져 술병 옆에 놓여 있었다.

난데없이 겨울밤의 정적을 깨뜨리고 안마당으로 몰려드는 말발굽 소리와 병사들의 발소리가 들리는가 싶더니 갑자기 그쳤다. 어느 부대일까, 내가 꿈을 꾸는 것일까 의아해하면서 왕후는 의자의 팔걸이에 손을 대고 엉거주춤 일어섰다. 아직 다 일어나기도 전에 한 병사가 뛰어들어 와서 정신없이 소리쳤다.

“장군님, 아드님께서 돌아오셨습니다!”

그날 밤은 추워서 술이 좀 지나쳤던 왕후는 머리가 얼른 맑아지지 않았다. 손으로 입을 문지르고 중얼거렸다.

‘적의 습격이라고 꿈속에선 생각했는데.’

그러고는 가까스로 잠을 뿌리치고 일어나 대문을 지나 뜰로 나갔다. 주위는 많은 병사들이 손에 손에 횃불을 들고 서 있어서 한낮처럼 밝았다. 그 빛 한가운데 아들의 모습이 보였다. 청년은 말에서 내려 잠시 기다렸다가 아버지의 모습을 보자 머리를 숙였는데, 그때 그는 좀 이상한, 거의 적의에 찬 듯한 시선을 아버지에게 던졌다. 왕후는 추워서 몸을 떨며 외투의 깃을 여미고 놀란 얼굴로 아들에게 물었다.

"네 교관은 어디 있느냐. 어째서 돌아왔느냐?"

청년은 거의 입술을 움직이지 않고 대답했다.

"그와는 사이가 틀어져서 헤어졌습니다."

이 말을 듣자 왕후는 취한 머리가 얼마간 정신이 나서, 무슨 일이 있었구나 하고 깨달았다. 병사들이 주위에 몰려 있었다. 싸움 구경이라면 언제든 마다하지 않는 이런 하잘것없는 인간들 앞에서 부질없는 소리를 할 수는 없었다. 그래서 아들에게 자신을 따라 들어오라고 하고 뒤돌아섰다. 두 사람은 왕후의 방으로 들어갔다. 모든 사람들을 물리치고 부자 둘만 남았다. 그러나 왕후는 앉지 않고 그대로 서 있었다. 아들도 마찬가지였다. 왕후는 자기 아들을 처음 보듯 머리끝에서 발끝까지 찬찬히 살펴보았다. 잠시 뒤 천천히 말했다.

"너는 묘한 군복을 입고 있구나."

청년은 고개를 쳐들고 조용하지만 고집스러운 말투로 대답했다.

"이것은 신흥 혁명군의 제복입니다." 청년은 입술을 축이고 아버지의 말을 기다렸다.

그 한순간에 왕후는 아들이 무슨 일을 저질렀으며, 지금 어떤 신분인가를 깨달았다. 이 군복이야말로 그가 소문으로 듣던 새로운 전쟁에서의 남방군의 군복이 아닌가. 그는 말끝에 힘을 주어 뇌까렸다.

"내 적군의 복장이군!"

그리고는 갑자기 그는 털썩 자리에 주저앉았다. 갑자기 숨이 가빠져서 숨통이 막힐 것 같았기 때문이다. 앉아 있는 동안에 그 여섯 사람의 병사를 죽인 이래 처음으로 거센 분노가 치미는 것을 느꼈다. 그래서 옆에 있던 가느다랗고 날카로운 장검을 움켜잡으며 예나 다름없이 호통치는 어조로 말했다.

"너는 내 적이다. 아들이어도 널 죽여야만 한다."

왕후는 괴로운 듯 씩씩거리기 시작했다. 이번에는 분노의 폭발 상태가 매우 빠르고 거칠어서 느닷없이 가슴이 메스꺼워졌기 때문이다. 그는 자기도 모르게 연거푸 침을 삼켰다.

그러나 청년은 어릴 때와 달리 이번에는 조금도 겁을 먹지 않았다. 조용히 그러나 단호한 태도로 그 자리에 선 채 두 손을 들어 윗도리를 양쪽으로 헤치고 매끄러운 가슴을 아버지 앞에 내밀었다. 그러고는 비통한 목소리로 말했다.

"아버님이 저를 죽이겠다고 하실 줄 알고 있었습니다. 그것이 옛날부터 아버님의 유일한 해결책이니까요."

청년은 눈을 아버지의 얼굴에 고정시킨 채 조금도 감정을 싣지 않고 말했다.

"자, 죽여 주십시오." 그는 태연히 서 있었다. 촛불 빛에 또렷이 드러난 얼굴의 윤곽이 다부져 보였다.

그러나 왕후는 아들을 죽이지 못했다. 자기에게는 죽일 권리가 있다. 누구에게나 아비에게 반역하는 자식을 죽일 권리가 있다. 그것은 정의로운 일로 여겨진다는 것을 알고 있었으나 죽이지 못했다. 그는 넘쳐흐르던 노여움의 흐름을 제지당한 듯한 기분이 들었다. 노기가 마음속에서 썰물처럼 빠져나갔다. 그는 장검을 돌을 깐 바닥에 내팽개치고 떨리는 입술을 손으로 가리며 중얼거렸다.

"나는 너무 마음이 약하다. 언제나 너무 약했어. 군벌로서는 너무 약하단 말이다……."

청년은 아버지가 장검을 내던지고 손으로 입을 가리며 앉아 있는 것을 보자 윗도리의 단추를 잠근 다음 노인을 타이르듯 조용하고 침착하게 설득했다.

"아버님, 아버님은 잘 모르실 줄 압니다. 나이 드신 분들은 아무도 이해 못 하십니다. 아버님은 우리 나라가 전체로서 얼마나 미력한가, 얼마나 멸시받고 있는가……."

그러나 왕후는 웃었다. 그의 독특한 소리 없는 웃음을 그치고 소리 내어 크게 웃었다. 다만 손은 입에서 떼지 않았다.

"옛날에는 그런 이야기가 없었는 줄 아느냐? 내가 젊었을 때 말이다. 너희들 젊은것들은 너희들이 처음이라며 떠들어 대지만……."

왕후는 아들이 여태까지 들어 본 적이 없는 이상한 웃음을 터뜨렸다. 그것이 마치 처음 보는 무기처럼 청년의 마음을 후끈 달게 했다. 그리고 이번에는 아들 쪽이, 아버지가 일찍이 본 일 없는 노기를 불태웠다. 청년은 별안간 소리쳤다.

"우리는 다릅니다! 우리가 아버님을 뭐라고 부르는지 아십니까? 반역자…… 비적의 두목이요! 저희 동지가 아버님을 안다면 아버님을 배반자라고 욕할 것입니다. 그러나 그들은 아버지의 이름도 모릅니다. 아버님 같은 시골의 소군벌 이름은 알지도 못한단 말입니다."

왕후의 아들은 말했다. 어릴 때부터 줄곧 참아 온 아들이 마침내 입을 열었다. 그러다 아버지의 얼굴을 보자 갑자기 부끄러워졌다. 그는 입을 다물고 말았다. 목덜미까지 새빨개졌다. 그는 눈을 내리깔고 천천히 가죽 탄띠를 끌러 바닥에 떨어 뜨렸다. 총탄이 여기저기로 튀었다. 그는 입을 다물었다.

그러나 왕후는 대답하지 않았다. 입을 손으로 가리고 앉은 채 움직이지 않았다. 아들의 말에 납득이 가자 기운이 온몸에서 서서히 스러져 가는 것을 느꼈다. 아들의 말이 마음속에서 메아리쳐 들려왔다. 그렇다, 나는 소군벌에 지나지 않는다. 시골의 하찮은 소군벌이다! 왕후는 입에 손을 댄 채 예부터 내려오는 습관이기라도 하듯이 힘없는 소리로 중얼거렸다.

"그러나 나는 비적의 두목은 아니다."

그의 아들은 이번에는 정말 부끄러워져서 재빨리 대답했다.

"그럼요. 아니고말고요." 그리고 수치심을 감추기라도 하려는 듯이 청년은 말을 이었다. "아버님, 솔직히 말씀드리겠습니다. 혁명군이 승리를 노리고 북상해 올 때 저는 피신해야 합니다. 그 교관은 오랜 세월 저를 잘 훈련해 주었습니다. 그 사람은 저에게 희망을 걸고 있었습니다. 그 교관이 저의 대장이었습니다. 아버님, 그러나 저는 아버님을 택했습니다. 제가 아버님을 택한 것을 그는 절대로 용서하지 않을 것입니다."

청년의 목소리는 갑자기 낮아졌다. 흘깃 아버지를 보았다. 그 시선에는 한 가닥의 온정이 깃들어 있었다.

그러나 왕후는 대답하지 않았다. 아무것도 들리지 않는 듯이 앉아만 있었다. 청년은 계속 말했다. 그리고 이따금 아버지의 얼굴에 탄원하는 눈길을 쏟았다.

"제가 숨는 데는 그 오래된 흙벽집이 좋을 것 같습니다. 그리로 가겠습니다. 만일 그들이 찾으러 와서 저를 발견하더라도 평범한 농부가 되어 있다면 설마 군벌의 아들이라고는 생각지 않겠지요." 청년은 자기의 이 말에 희미하게 미소

지었다. 이런 덧없는 농담으로 아버지의 마음을 달래려고 한 듯했다.

그래도 왕후는 대답하지 않았다. "아버님, 저는 아버님을 택했습니다." 이렇게 말한 아들의 말뜻을 알 수 없었던 것이다. 왕후는 묵묵히 꼼짝도 하지 않고 있었다. 생애의 고통이 그의 마음을 온통 휘저었다. 오랫동안 짙은 안개 속을 걸어온 사람이 갑자기 훤히게 밝은 곳에 나오듯이 그 순간 왕후는 꿈에서 깼던 것이다. 그는 아들을 바라보았다. 거기 있는 것은 자기가 모르는 청년이었다. 그는 자기 아들에게 꿈을 걸고 그 꿈에 걸맞도록 아들을 길러 왔다. 그러나, 오늘 여기서 있는 아들은 자기가 모르는 청년이었다. 평범한 농민이었다! 왕후는 다시 아들을 바라보았다. 그러자 이제는 친숙해진 기묘한 무력감이 다시 마음에 스며드는 것을 깨달았다. 그것은 소년 시절에 그 흙벽집이 감옥처럼 여겨졌을 때 느낀 것과 똑같은 우울한 무력감이었다. 대지에 잠들어 있는 부친이 다시 흙으로 더럽혀진 손을 뻗쳐 그를 붙잡은 것이다. 왕후는 자기 아들을 곁눈질로 바라보며 입에 손을 댄 채 중얼거렸다.

"……군벌의 아들이라고는 생각지 않을 거라고!?"

불현듯 왕후는 아무리 손으로 눌러도 입술의 떨림이 멎지 않을 것 같은 기분이 들었다. 울고 싶었다. 그 순간 문이 열리고 심복인 늙은 언청이가 들어오지 않았던들 그는 목놓아 울었으리라. 언청이는 술병을 들고 들어왔다. 새로 데운 술에서 솟아오르는 김이 향긋하게 코를 찔렀다.

이 충실한 노인은 언제나처럼 문을 열자마자 곧 주인 쪽으로 시선을 돌렸다. 그리고 왕후의 안색을 살피더니 얼른 달려와서 탁자 위의 비어 있는 술잔에 뜨거운 술을 따랐다. 그러자 왕후는 입에서 손을 떼고 목이 타는 듯 술잔을 집어 입에 대고 단숨에 들이켰다. 좋은 술이었다. 뜨거운 술이 목구멍에 스며들었다. 그는 다시 잔을 내밀면서 조용히 말했다.

"한 잔 더 다오."

끝내 그는 울음만큼은 보일 생각이 없었다.

제3부
분열된 집안

제3부
분열된 집안

제3부
분열된 집안

1

　이리하여 왕후(王虎)의 아들 왕위안(王元)은 태어나서 처음으로 왕룽의 흙벽집에 들어갔다.

　왕위안이 남방에서 돌아와 아버지와 다툰 것은 열아홉 살 때였다. 북풍에 날리는 눈이 격자창에 끊임없이 휘몰아치는 겨울밤이면, 왕후는 넓은 방에서 홀로 숯불이 벌겋게 타는 화로를 껴안듯이 하며 골똘히 생각에 잠겼다. 그는 이렇게 몽상에 잠기기를 좋아했다. 언젠가는 아들이 돌아온다. 아비가 뜻을 세웠다가 그 전에 늙어 버려 끝내 이루지 못한 승리를 차지할 만한 훌륭한 남자로 성장하여, 아비의 군대를 이끌고 출진하기 위해 돌아온다고 늘 꿈꾸었다. 그러던 어느 날 밤, 생각지도 못했을 때 아들 위안이 불쑥 돌아온 것이다.

　눈앞에 선 아들은 낯선 군복을 입고 있었다. 그것은 왕후 같은 군벌의 적인 혁명군의 군복이었다. 그 뜻을 뚜렷이 깨달았을 때 노인은 꿈에서 깨어나 늙은 몸을 벌떡 일으켜 자기 아들을 쏘아보며, 늘 몸에서 떼어 놓지 않는 가늘고 날카로운 장검을 뽑아 적이 된 아들을 죽이려 했다. 그러나 왕후의 아들은 마음속으로 간직하고는 있었으나 여태까지 한 번도 아버지 앞에서 보이지 않았던 노기를 생전 처음으로 폭발시켰다. 그는 푸른색 윗도리를 헤쳐 햇볕에 그을린 매끄럽고 탄력 있는 가슴을 드러내고 젊디젊은 목소리로 커다랗게 소리쳤다.

　"아버님이 저를 죽이겠다고 하실 줄 알고 있었습니다. 그것이 옛날부터 아버님의 유일한 해결책이니까요. 자, 죽여 주십시오!"

　그러나 이렇게 소리치면서도 그는 아버지가 자신을 죽이지 못하리라는 것을 알고 있었다. 그는 쳐든 아버지의 팔이 서서히 내려오고 칼도 엉거주춤하게 떨어지는 것을 보았다. 아들이 눈을 떼지 않고 지켜보고 있자 아버지의 입술은 당장이라도 울음을 터뜨릴 듯이 몹시 떨렸고, 그 떨림을 감추려는 듯 아버지는 손으로 입을 가렸다.

아버지와 아들이 이렇게 노려보고 있을 때, 젊을 때부터 왕후에게 봉사해 온 충실한 언청이 노인이 자기 전에 주인의 기분을 달래려고 언제나처럼 데운 술을 들고 들어왔다. 이 노인에게 청년은 눈에 들어오지도 않았다. 보이는 것은 늙은 주인의 모습뿐이었는데, 떨고 있는 얼굴과 덧없는 노여움의 빛이 갑자기 사그라지는 것을 보자 그는 소리를 지르며 달려와 얼른 술을 따랐다. 그러자 왕후는 아들도 잊고 칼을 내던진 채 떨리는 두 손으로 큰 잔을 잡아 입으로 가져가서 몇 잔이나 들이켰다. 충실한 노복은 들고 있는 놋술병으로 연거푸 따라주었다. 왕후는 거듭 "더 부어라, 더 부어!" 중얼거림으로써 울음을 참을 수가 있었다.

청년은 우뚝 선 채 두 사람을 지켜보았다. 한 사람은 상처 입은 마음을 달래려고 정신없이 뜨거운 술을 마셨으며, 한 사람은 보기 흉한 언청이 얼굴을 주인을 생각하는 애정으로 일그러뜨린 채 몸을 굽히고 열심히 술을 따랐다. 그들은 이런 때에는 술에서 위안을 찾을 생각밖에는 하지 못하는 평범한 두 늙은이에 지나지 않았다.

청년은 자기가 잊혔음을 느꼈다. 그렇게나 고집스럽고 뜨겁게 고동치던 심장도 식고, 목에 엉겨 있던 덩어리가 녹아 갑자기 눈물이 나올 것 같았다. 그러나 눈물을 흘리지는 않았다. 군관 학교에서 배운 엄한 단련이 지금 그에게 도움이 된 것이다. 그는 몸을 굽혀 아까 내던진 가죽 탄띠를 집어 들고 말없이 등을 쭉 펴고 자리에서 일어나, 어릴 때 늘 젊은 군사 교관과 공부하던 방으로 들어갔다. 그 군사 교관은 그 뒤 군관 학교에서 그의 대장이 되었다. 어두운 방 안에서 그는 책상 옆에 있는 의자를 더듬어 걸터앉았다. 부서져버린 마음에 몸이 몹시 무거웠다.

이제 생각해 보니, 아버지를 두려워한 나머지—그렇다. 그것은 아버지를 사랑해서는 아니었다—이 노인 때문에 동지와 대의를 버릴 만큼 흥분할 필요는 없지 않았나 하는 느낌이 들었다. 위안은 방금 보고 온 아버지, 지금 방에서 술을 마시는 아버지를 몇 번이나 되풀이해서 생각했다. 그는 아버지를 새로운 눈으로 보았다. 그것이 자신의 아버지인 왕후라고는 믿어지지가 않았다. 왜냐하면 위안은 아버지를 두려워했으나 그러면서도 그를 사랑해 왔기 때문이다. 설령 그것이 마음을 다한 사랑이 아니라 은밀한 반항심이 섞인 것이었다 해도 말이다. 왕후의 성급한 노여움이며 그 노성이며, 늘 몸에서 떼어 놓지 않는 번쩍이는 가느다란 장검으로 찔러 내는 몸짓 따위가 무서웠던 것이다. 늘 쓸쓸했던 어린 시절에 위안은 무언가 하찮은 일을 저질러 아버지를 노하게 하는 꿈을 꾸고는 땀에 흠뻑 젖어 자주 밤중에 눈을 뜨곤 했다. 아들에 대한 왕후의 분노가 오래가는 일은 없었으므로 사실 그렇게 무서워할 필요는 없었다. 그러나 아버지가 누군가에게 화를 내거나 분노한 듯한 모습을 하고 있는 것을 위안은 흔히 보아 왔다. 왕후가 그 노여움을 부하를 통솔하는 무기로 이용했기 때문이다. 어릴 때 위안은, 아버지가 노했을 때의 불을 뿜는 듯한 큰 눈이며 검은 수염을 부르르 떠는 모습 등을 생각하고는, 어둠 속에서 이불을 덮어쓰고 떨곤 했었다. 부하들 사이에서는 농반진반으로 이런 농담이 소곤소곤 오갔다.

"호랑이의 수염은 건드리지 않는 게 좋아!"

그토록 화를 잘 내는 왕후도 아들만은 아꼈다. 위안도 그 사실을 알고 있었다. 아는 만큼 그 애정이 무서웠다. 그 애정은, 노여움과 마찬가지로 거세고 충동적이어서 어린 위안에게는 너무도 버거웠기 때문이다. 그것은 왕후의 주변에 그의 가슴속에서 타는 불길을 식혀 줄 여자가 없었기 때문이다. 다른 군벌의 장군들은 전쟁에서 돌아와 휴양할 때나 노경에 접어들면 여자에게서 즐거움을 찾았지만 왕후는 아예 여자를 접근시키지 않았다. 둘이나 있는 아내조차 만나러 가지 않았다. 그 가운데 한 아내는 의사의 외동딸이었는데, 친정 아버지가 죽었을 때 유산을 물려받은 그녀는 이미 몇 해 전부터 해안 지방에 있는 대도시로 옮겨 가서, 왕후와의 사이에서 태어난 딸 하나를 그곳 외국식 학교에 보내 공부시키고 있었다. 따라서 위안에게는 아버지만이 모든 애정과 공포의 대상이었으며, 이 애정과 공포가 뒤섞인 감정이 그를 짓누르는 보이지 않는 손이었다. 그는 마음도 영혼도 아버지에 대한 공포, 아버지의 사랑이 집중된 것이 오직 자기 하나뿐이라는 생각에 사슬처럼 묶여 늘 감옥에 갇혀 있는 기분이었다.

이렇게 왕후는, 자신은 깨닫지 못했으나 위안이 전례 없는 곤경에 처했을 때도 그를 손아귀에 움켜쥐고 있었다. 그것은 남방의 군관 학교에서 전우들이 대장 앞에 서서, 조국의 정권을 장악하여 지금의 자리에 앉은 무력한 대총통을 타도하고, 잔학한 군벌과 외국 군대의 압박 아래 신음하는 민중을 위한 전쟁을 벌여 다시 위대한 국가를 세우겠다는 새로운 대의를 위해 맹세했을 때의 일이었다. 젊은이들이 잇달아 목숨을 바치겠다고 서약했을 때, 위안은 그들이 바로 타도를 부르짖는 군벌인 아버지에 대한 공포와 애정에 묶여 이 움직임에 동참할 수 없었다. 심정에서는 그도 전우와 마찬가지였다. 고통에 허덕이는 민중의 기억들이 그의 머릿속에도 있었다. 잘 익은 작물을 아버지의 부하들이 말굽으로 짓밟을 때의 민중의 표정을 그는 기억했다. 어느 마을에서 왕후가 비록 말투는 부드러웠으나 부하를 위해 식량과 돈과 세금을 요구했을 때, 한 노인의 얼굴에 떠오른 무력한 증오와 공포의 표정도 기억했다. 길바닥에 쓰러진, 아버지나 부하가 거들떠보지도 않은 숱한 시체도, 홍수나 기근도 기억했다. 어느 땐가 아버지와 함께 말을 타고 둑 위를 지나간 일이 있었다. 주변은 온통 물이었으며 둑은 굶주려서 피골이 상접한 남녀들로 새까맣게 덮여 있었다. 그들이 왕후와 그의 소중한 아들에게 덤벼들지 않도록 병사들은 피도 눈물도 없는 잔인한 짓을 했다. 확실히 위안은 이러한 정경을 수없이 많이 기억했고, 또 이러한 광경을 차마 볼 수가 없어 자기가 군벌 장군의 아들이라는 사실을 증오한 일도 기억했다. 전우들과 섞여 있을 때도, 아버지 때문에 신명을 바쳐도 아깝지 않은 대의로부터 슬며시 몸을 뺐을 때도 그는 자기 자신을 증오했다.

어릴 때 쓰던 방의 어둠 속에 혼자 앉아 위안은 아버지를 위해서 치른 이 희생, 이제 와서는 완전히 헛된 것이 되고 만 희생을 생각했다. 아버지는 자기의 희생을 이해하지 못했고 또 그 가치를 인정하지도 않는다. 이런 희생을 치르지 않았어도 좋았을 것을, 하고 위안은 생각했다. 이 늙은 아버지를 위해 또래의 청년들과 그들과의 동지애도 버렸는데, 과연 왕후는 그런 아들의 선택에 감격이나 했단 말인가? 위안은 자신은 날 때부터 희생만 강요당하고 오해만 받아 왔다고 느끼고 갑자기, 어릴 때 자기가 좋아하는 책을 읽고 있을 때 계속 읽고 싶었는데도 부하들의 전쟁 훈련을 보여 준다면서 억지로 끌고 나갔던 일이며, 먹을 것을 얻으러 온 사람들을 총살한 일 등 아버지가 자기에게 준 작은 상처들 하나하나까지 전부 떠올렸다. 그런 참기 힘든 많은 것을 회상하면서 위안은 이를 악물고 중얼거렸다. '아버지는 여태까지 날 사랑한 일이 없다! 자신은 사랑하고 있는 줄 알고 나를 유일한 보배처럼 생각하고는 있지만, 내가 진실로 무엇을 바라고 있는가 한 번도 물어본 적이 없고, 묻는다 하더라도 내가 하는 말이 자신의 뜻과 다를 때는 거설할 뿐이었다. 그리하여 나는 아버지가 바라는 대로 말하기 위해 언제나 미리 헤아려 보고 입을 열어야 했다. 내게는 자유가 없었다!'

그리고 위안은 전우들을 생각하고 그들이 자기를 경멸하고 있을 것이 틀림없다고 생각했다. 이렇게 된 이상 그들과 더불어 위대한 조국 재건에 참가할 수도 없다고 생각하며 반항하듯 중얼거렸다. '나는 처음부터 군관 학교에는 가고 싶지 않았다. 그런데도 거기가 아니면 아무 데도 보내주지 않겠다며 아버지가 강요했기 때문에 어쩔 수 없이 갔던 거야!'

위안의 마음속에 이런 노여움과 외로움이 차츰 더 커져 갔다. 그는 침을 꿀꺽 삼키고 어둠 속에서 눈을 깜박이며 토라진 어린애처럼 홧김에 중얼거렸다. '아버지가 어떻게 생각하든, 화를 내든 이해하든, 나는 혁명군에 투신했어야 옳았다! 대장을 따라가야 했다. 오늘의 내겐 아무도 없지 않은가, 아무도……'

이와 같이 위안은 이 세상에 자기만큼 고독한 자는 없다고 생각하고 무척 쓸쓸한 기분으로 혼자 앉아 있었으나 아무도 찾아오지 않았다. 언제까지 있어도 하인 한 사람 상황을 보러 오는 자가 없었다. 부자가 다투는 동안 격자창에는 은밀한 눈과 귀가 있었으므로 주인 왕후가 아들에게 화를 내고 있다는 것을 모르는 자는 없었기에, 감히 아들을 달래러 갔다가 왕후의 노여움을 살 만큼 용기 있는 자는 한 사람도 없었던 것이다. 위안을 아무도 돌보지 않는 것은 이번이 처음이었다. 그러기에 그는 더욱더 외로웠다.

그는 언제까지나 그대로 앉아 있었다. 초를 켜려고도 하인을 부르려고도 하지 않았다. 책상 위에 두 팔을 포개고 그 위에 머리를 얹은 채 우울의 파도가 밀어닥치는 대로 몸을 맡겼다. 그러다가 마침내 잠들고 말았다. 지칠 대로 지쳤고 아직 젊었기 때문이다.

눈을 떴을 때는 부옇게 날이 밝아 오고 있었다. 그는 퍼뜩 고개를 들고 주위를 둘러보았다. 그 순간 아버지와 다툰 것을 떠올리고 마음에 아직 아픔이 남아 있음을 느꼈다. 그는 일어나서 밖으로 통하는 문으로 가서 안마당을 바라보았다. 안마당은 사람 그림자도 없이 한적했으며, 어둑한 잿빛에 싸여 있었다. 바람은 없고 한밤에 내린 눈은 내리면서 이미 녹았다. 대문 옆에는 문지기가 따뜻한 자리를 찾아 벽 귀퉁이에서 몸을 웅크리고 잠들어 있었다. 문지기의 대나무통과, 이것을 두드려 도적을 쫓아 버리기 위한 막대가 타일이 깔린 바닥 위에 뒹굴고 있었다. 위안은 그의 잠든 얼굴을 바라보았다. 입을 벌리고 제멋대로 박힌 이를 드러낸 그 너절한 모습을 보고 어쩌면 이토록 흉할까 하고 우울해졌다. 그는 무척 마음씨 좋은 사나이로 위안은 어릴 때, 그것도 최근까지 축제일이나 무슨 날이면 곧잘 과자며 장난감을 사러 보내곤 했었다. 그러나 오늘의 위안에게는 이 문지기도 젊은 도련님의 고뇌 따위는 전혀 안중에 없는, 늙고 보기 흉한 사나이에 지나지 않는다고 생각했다. 이 집에서 살아온 자신의 온 생애가 공허한 것이었다고 생각하니 갑자기 그 생활에 대한 노여움으로 미칠 듯한 기분이 되었다. 아버지에 대한 반항은 오늘 새삼스레 시작된 것은 아니었다. 옛날부터 그와 아버지 사이에 있었던 감추어진 싸움이 그가 깨닫지 못하는 사이에 심각해져 마침내 바깥으로 드러난 것이다.

위안이 아직 어렸을 때 그를 교육하고 훈련하며, 밤낮 혁명과 국가 개조 이야기를 해준 사람은 서양 교육을 받고 온 젊은 군사 교관이었다. 그의 어린 마음은 그런 용감하고 아름다운 말이 뜻하는 것들에 훨훨 타올랐다. 그러나 군사 교관이 소리를 죽이고 진지하게, "훗날 이 군대가 너의 것이 되면 조국을 위해서 사용하는 거다. 더는 군벌의 존재를 허용해 둘 수 없기 때문이다."라고 말할 때면 언제나 타오르던 불꽃은 꺼졌다.

이처럼 왕후가 모르는 동안에 군사 교관은 교묘하게 아들이 아버지에게 반항하도록 교육을 했던 것이다. 아이는 젊은 군사 교관의 반짝이는 눈을 비참한 얼굴로 바라보며, 그 불을 토하는 듯한 말에 홀려 뼛속 깊이 감동했다. 그러면서도 마음속에서는 분명한 형태를 이루었으나 입 밖으로는 낼 수 없는 "하지만 우리 아버지는 군벌 장군이에요!" 하는 말 때문에 꼼짝도 하지 못했다. 이처럼 어린 시절부터 위안의 마음은 둘로 찢겼으나 그것을 아는 사람은 아무도 없었다. 그 때문에 그는 나이에 비해 진지하고 과묵했으며 언제나 우울해 보였다. 아버지를 사랑하면서도 아버지를 자랑스럽게 여길 수 없었기 때문이다.

지금 먼동이 트는 희미한 빛 속에 서서 위안은 오랜 세월에 걸친 마음의 전쟁에 이미 기진맥진해 있었다. 이런 세상에서 달아나고 싶었다. 모든 전쟁으로부터, 그 어떤 대의명분으로부터도 달아나고 싶었다. 그러나 어디로 가야 하는가? 언제나 엄중한 호위를 받으며 아버지의 애정 아래 이 집의 벽 속에 갇혀 있던 그에게는 친구도 갈 곳도 없었다.

그때 문득 위안은 전투와 전투 이야기 속에서 자라 온 여태까지의 생애 중에서 그토록 평화로운 것은 없다고 기억하는 장소가 떠올랐다. 그것은 조그마한 옛 흙벽집으로, 한낱 농부에 지나지 않았던 조부 왕룽이 부자가 되어 성안으로 옮겨가 왕 대인이라고 일컬어지기 전까지 살던 집이었다. 그 집은 지금도 작은 마을의 어귀에 있었으며 삼면이 조용한 밭으로 둘러싸여 있었다. 집에서 가까운 높직한 언덕 위에는 왕룽의 무덤을 비롯하여 다른 가족들과 조상의 무덤이 있는 것을 위안은 기억했다. 어릴 때 아버지가 그 흙벽집과 가까운 도시에 살고 있는 두 형, 지주 왕이와 상인 왕얼을 찾아갔을 때 한두 번 가 본 일이 있었기 때문이다.

그 조그마한 옛집으로 가면 평화롭게 홀로 살 수 있으리라고 위안은 생각했다. 그 집에는 위안이 지금도 기억하는 조용하고 어두운 얼굴을 한 여자가 비구니 스님이 된 뒤로는, 아버지가 들어가 살게 한 늙은 소작인 부부가 있을 뿐 다른 사람은 살고 있지 않았다. 위안은 그 여자를 한 번 본 적이 있다. 그녀는 기묘한 두 사람과 함께 살고 있었는데, 한 사람은 머리가 센 백치였으나 이미 죽었고, 한 사람은 첫째 큰아버지의 셋째 아들로 곱사등이였는데 스님이 되었다. 그 가라앉은 표정의 여자는 자기가 봤을 때도 이미 비구니 스님이나 다름없다고 느껴진 것을 위안은 기억했다. 삭발만 하지 않았다 뿐 남자를 보면 고개를 돌려 상대의 얼굴을 보려 하지 않았으며, 가슴 위까지 여미는 회색 옷을 입고 있었기 때문이다. 그러나 얼굴은 초승달처럼 창백했고, 가냘픈 골격을 감싼 살갗은 결이 곱고 매끄러워 가까이 다가가 머리칼 같은 잔주름을 보기 전까지는 무척 젊어 보였다.

그러나 그 여자도 이제는 없다. 집에는 늙은 소작인 내외가 있을 뿐이므로 거기라면 괜찮으리라.

갈 곳도 정해지고 한시바삐 이곳을 나가고 싶은 심정으로 위안은 다시 한 번 방안을 둘러보았다. 그러나 무엇보다 먼저 이 지긋지긋한 군복부터 벗어야 했다. 그래서 돼지 가죽을 씌운 궤를 열고 예전에 입었던 옷을 찾아, 양가죽 두루마기와 베신과 흰 속옷을 꺼내어 서둘러 갈아입었다. 그러고는 말을 끌어낸 뒤 밝아지기 시작한 안마당을 소리 없이 가로질러, 총을 메고 잠든 경비병 옆을 빠져나가 문을 열어 둔 채 가볍게 말에 올라앉았다.

위안은 한참 말을 몰아 큰길에서 벗어나자 골목으로 들어갔다. 그 골목을 지나니 밭이 나왔다. 이윽고 저 멀리 야산 너머에서 빛이 넘실대는가 싶더니 해가 얼굴을 내미는 기척이 보였다. 그리고 갑자기 늦겨울 아침의 차가운 대기 속에서 고귀할 만큼 붉고 뚜렷하게 해가 솟아올랐다. 너무나 아름다운 경치여서 저도 모르게 슬픔이 누그러진 위안은 갑자기 시장기를 느꼈다. 그래서 길가 음식점 앞에 말을 세웠다. 흙벽집의 나직한 문에서 따뜻한 김이 흘러나와 식욕을 돋우었다. 그는 뜨끈뜨끈한 쌀죽과 소금에 절인 생선과 깨를 뿌린 찐빵, 그리고 고동색 항아리에 담긴 차를 주문했다. 깨끗이 다 먹고 나서 차로 입을 헹군 다음 하품을 하고 있는 음식점 주인에게 돈을 치렀다. 주인은 그사이에 머리를 빗고 세수를 해서 좀 깨끗한 얼굴이 되어 있었다. 돈을 치른 위안은 다시 말에 올라탔다. 이미 높이 떠오른 태양이 서리에 덮인 어린 밀이며, 서리 앉은 마을의 초가지붕을 비추고 있었다.

이런 아침 풍경을 보자, 아직 어렸던 위안은 문득 자기 인생을 포함하여, 어떤 인생이든 그렇게 나쁘기만 하랴는 기분이 들었다. 마음이 들떠서 말을 몰아 나가는 동안에 넓은 땅을 바라보며, 나무와 밭이 있고 가까운 곳에 강이 있어 물소리가 들리는 그런 곳에 살고 싶다고 자기가 늘 말해 온 것을 떠올리며 그는 속으로 생각했다. '아마도, 지금이라면 할 수 있겠지. 누구에게도 방해받지 않고 내가 하고 싶은 대로 해도 괜찮은 거야.' 그리하여 이런 새로운 희망이 솟아오르자 저도 모르게 마음속에서 시심(詩心)이 생겨나 모든 고민을 잊고 말았다.

청년이 된 뒤로 위안은 자기 안에 시를 짓는 취미가 있음을 발견했다. 그는 짤막하고 우아한 시를 곧잘 지어 그러한 시들을 부채나 자기 방의 흰 벽 등 곳곳에 붓으로 써 갈겼다. 군사 교관은 그런 그를 보고 늘 웃었다. 왜냐하면 왕위안의 시는 가을 물 위에 떨어지는 나뭇잎이라든가, 연못가에 자라는 새싹이 움튼 수양버들이라든가, 뽀얀 봄 안개 속에서 말갛게 피어난 복숭아꽃이라든가, 갓 갈아엎은 검고 기름진 밭고랑이라든가, 하는 섬세하고 부드러운 것뿐이었기 때문이다. 그는 군벌 장군의 아들다운 전쟁이나 승리의 시를 읊지는 않았다. 전우들이 억지로 권하는 바람에 혁명시를 짓기는 했으나 그것은 승리보다 죽음을 읊은 것이어서, 전우들이 기대한 것과는 달리 연약한 시구가 나와 모두 탐탁지 않아 하자 위안은 곤란해하곤 했다. 그는 "운을 맞추려다 보니 이렇게 됐어." 하고 중얼거리고는 다시 고쳐 짓지는 않았다. 그는 보기에 조용하고 유순해 보였지만 마음속은 완고함과 남모르는 고집을 갖고 있었기 때문에, 그런 일이 있고부터는 지은 시를 아무에게도 보여 주지 않았다.

오늘 위안은 태어나 처음으로 누구의 명령에 의해서가 아닌 자기 의지로 혼자가 되었다. 그것은 그에게는 아주 근사한 일이었으며, 이제까지 동경하던 토지로 혼자 말을 타고 가는 것이므로 그 기쁨은 더했다. 어느 사이에 우울함도 누그러졌다. 청춘의 피가 끓어오르고 온몸에 활기가 되살아남을 느끼고, 차갑고 맑은 대기가 상쾌하게 코를 찔러서 순식간에 마음에 떠오르는 시의 경이로움 말고는 모든 것을 잊었다. 그는 조급하게 시를 짓지는 않았다. 주위를 둘러보고, 구름 한 점 없는 푸른 하늘을 배경으로 뚜렷이 모습을 드러낸 벌거숭이 산들처럼 완전한 형태로 시가 떠오르기를 기다렸다.

이렇게 하여 감미로운 고독에 잠긴 하루가 지나가고 이윽고 마음이 가라앉자, 그는 애정도 공포도 전우도 전쟁도 모두 잊을 수 있었다. 밤이 되자 시골 주막에서 묵었다. 주인은 자식이 없는 노인이었으며, 거동이 조용한 후취 마누라도 그리 젊지는 않아서 늙은 남편과 살고 있어도 지루해하지 않는 것 같았다. 그날 밤의 손님은 위안뿐이었으므로 주인 내외는 그를 잘 대접해 주었다. 마누라는 잘게 다져 양념한 돼지고기로 만든 만두를 대접했다. 위안은 식사를 마치고 차를 마신 다음, 잠자리가 마련된 방으로 가서 기분 좋은 피로감을 느끼며 침대에 누웠다. 잠들기 전에 아버지며, 아버지와의 입씨름이 한두 번 가슴을 찔렀으나 그것도 곧 잊을 수 있었다. 그날 저녁 해가 지기 전에 꿈꾸던 대로 시가 또렷이 떠올랐기 때문이다. 한 글자 한 글자가 수정처럼 맑은, 4행으로 이루어진 완벽한 절구(絶句)[1]가 그의 바람대로 지어졌다. 그래서 그는 편안한 기분으로 잠들 수 있었다.

이처럼 사흘 동안 여유롭게, 날마다 기쁨이 더해가는 마음으로, 산과 골짜기에 가득히 쏟아지는 유리 가루처럼 마른 겨울 햇빛 속에서 말을 달린 위안은 마음의 상처도 낫고 희망에 차서 조상이 살던 마을에 닿았다. 해가 높이 떠오른 아침 조그마한 마을에 들어서자, 모두 20채 남짓한 초가지붕 흙벽집이 보였다. 그는 열심히 주위를 둘러보았다. 거리에는 농민들과 아낙네들 또는 아이들이 문간에 서거나 입구에 쭈그리고 앉아 떡과 죽으로 식사를 하고 있었다. 위안의 눈에는 그들이 모두 좋은 사람들로 보였고, 자기 친구들처럼 여겨져 따뜻한 호의를 품었다. 대장이 민중을 위해서라고 몇 번이나 소리치는 것을 들었는데, 이것이 바로 그 민중인 것이다.

그런데 위안을 바라보는 그들의 눈에는 강한 의구심과 경계의 빛이 서리어 있었다. 왜냐하면, 사실 위안은 전쟁이나 전술 등을 증오했으나 자기도 깨닫지 못하는 사이에 군인의 모습을 하고 있었기 때문이다. 그의 마음이야 어떻든 아버지가 위안의 체구를 강하고 억세게 단련해 놓았으므로 말 위에 앉은 모습은 장군처럼 늠름하고 너절한 데가 없었으며, 어느 모로 보아도 농민 같지는 않았다.

따라서 마을 사람들은 위안을 수상쩍은 눈으로 본 것이다. 정체를 알 수 없거나, 어쨌든 본 적 없는 사람이 하는 행동을 마을 사람들은 늘 두려워했다. 아이들은 떡을 손에 들고 그가 어디로 가나 보기 위해 우르르 그를 따라왔다. 그가 흙벽집에 이르자 그를 빙 둘러싸고 쳐다보며 떡을 먹기도 하고, 서로 밀치기도 하고 코를 훌쩍거리기도 했다. 이윽고 구경에 싫증이 나자, 그 거무스레하고 키 큰 젊은 사람이 왕가네 집 앞에서 크고 붉은 말에서 내려 수양버들에 말을

---

1) 근체시(近體詩) 형식의 한시(漢詩) 중 하나로, 기(起)·승(承)·전(轉)·결(結)의 네 구로 이루어졌는데, 한 구가 다섯 자로 된 것을 오언 절구, 일곱 자로 된 것을 칠언 절구라고 한다.

매고는 집 안으로 들어갔는데, 집 입구가 낮아서 들어갈 때 등을 굽혀야 했다는 이야기를 부모에게 일러바치기 위해 아이들은 하나둘 달려가 버렸다. 길거리에서 그런 말을 지껄이고 있는 아이들의 떠들썩한 소리가 위안의 귀에도 들려왔으나 그는 아이들이 지껄이는 말에 조금도 신경 쓰지 않았다. 그러나 아이들의 말을 들은 부모들은 한결 더 위안에 대한 의심이 짙어져서, 어디의 누군지도 모르는 얼굴빛이 검고 키 큰 젊은이 때문에 무슨 봉변을 당해서는 안 된다는 생각에 모두 왕가네 흙집 가까이로는 접근하지 않았다.

이와 같이 위안은 대지에서 살던 조상의 집에 낯선 손님으로서 걸어 들어갔다. 그는 가운뎃방으로 들어가서 걸음을 멈추고 주위를 둘러보았다. 늙은 소작인 내외는 그가 들어오는 소리를 듣고 부엌에서 나왔으나 그의 모습을 보고도 누군지 알아보지 못했으며 그들 또한 겁에 질려 있었다. 그들이 겁에 질린 것을 보고 위안은 살며시 웃으면서 말했다.

"무서워할 거 없어. 나는 왕후 장군의 아들이야. 아버지는 옛날에 여기서 살던 우리 할아버지, 왕룽의 셋째 아들이야."

노부부를 안심시키고 자기는 이 집에 들어올 권리가 있음을 나타내기 위해 이렇게 말했으나, 그들은 여전히 안심하지 않았다. 아까보다 더 겁을 집어먹고 서로 얼굴을 바라보았으며, 씹던 떡이 바싹 말라 돌멩이처럼 목구멍에 걸렸다. 이윽고 노파는 들고 있던 떡 조각을 식탁 위에 놓고 손등으로 입을 닦았다. 노인은 턱을 움직이다 말고 앞으로 나서며 헝클어진 백발 머리를 한 번 꾸벅 숙이고는 떨면서 목에 걸린 마른 떡을 삼키려고 애쓰며 말했다.

"도련님, 무슨 볼일이신지요? 저희들이 어찌하면 되겠습니까요?"

위안은 의자에 앉아 다시 조금 웃어 보이고 고개를 저으며 맘 편히 대답했다. 여태까지 이런 민중들을 찬양하는 말만 들어왔으므로 두려워할 필요는 없다고 생각했기 때문이다. "나는 아무것도 필요 없어. 다만 조상 대대로 내려오는 이 집에 잠시 숨어 있고 싶을 뿐이야. 어쩌면 쭉 살게 되는지도 모르지. 오래전부터 밭이라든가 나무라든가 시냇물이 있는 곳에서 살고 싶었거든. 하기야 흙의 생활이라는 것이 어떤 것인지 알진 못하지만. 하지만 어쩌다 보니 한동안 피신해야 할 일이 생겨서 여기서 좀 숨어 지내려고 그래."

이것도 늙은 내외를 안심시키기 위해서 한 말이었으나 이번에도 두 사람은 마음을 놓지 않았다. 두 사람은 서로 얼굴을 마주 보더니 이윽고 노인도 떡을 내려 놓고, 주름살투성이인 얼굴에 불안한 빛을 띤 채 조금 남아 있는 흰 수염을 턱 위에서 떨면서 결심한 듯이 말했다. "도련님, 몸을 숨기시려면 여기는 정말 좋지 않은 곳입니다요. 도련님 집안의 이름은 이 근방에선 모르는 사람이 없습니다요. 게다가 저는 도련님 같은 지체 높은 분 앞에서는 어떻게 말해야 좋을지 모르는 천한 인간이라서요. 용서해 주시길 바랍니다만, 도련님의 아버님은 군벌이라고 해서 주위에서 미워들 하고 있고, 백부님들 또한 좋아하는 사람들이 없으니까요."

노인은 여기서 말을 끊고 주위를 둘러보더니 위안의 귀에 입을 갖다 대고 조그마한 소리로 말했다. "이 지방 사람들이 몹시 미워해서 큰백부님도 마님들도 무서워서, 외국 군대가 지켜 주는 해안 도시에 가서 사시려고 자제분들을 데리고 가 버리셨고, 작은백부님도 소작료를 거두실 때는 도시에서 고용한 병사들을 데리고 오셔야 할 형편입니다요! 세월이 하도 수상해서 이 지방 사람들은 전쟁이다 세금이다 하는 데 그만 지쳐서, 이제는 될 대로 되라는 생각들입니다요. 도련님, 저희들은 벌써 세금을 10년치나 미리 바쳤지요. 그러니까 여기는 도련님이 피신할 만한 곳이 못 됩니다요."

그리고 노파도 거칠고 마디진 두 손을 누덕누덕 기운 푸른 무명 앞치마로 싸고 울상을 지으면서 말했다. "정말 몸을 감추시기에는 좋은 곳이 못 되지요."

늙은 부부는 불안한 얼굴로 그가 이 집에서 떠나 주기를 간절히 바라며 서 있었다.

그러나 위안은 두 사람의 말을 믿지 않았다. 그는 자유의 몸이 된 것이 기뻐서 눈에 들어오는 모든 것이 마음에 들었고, 밝게 빛나는 햇빛에 마음이 들떠서 무슨 일이 있더라도 여기서 살겠다고 생각하면서 기쁨에 미소를 짓고 응석받이 어린아이처럼 소리쳤다. "그래도 나는 여기에 머무를 테야! 나한테 잘하려고 신경 쓸 필요 없어. 당신들이 먹는 것을 먹여 주기만 하면 돼. 어쨌든 한동안 여기서 살 테니까."

그는 아무런 장식도 없는 방에 앉아 벽에 세워 놓은 괭이며 쟁기, 실에 꿰어 벽에 걸어 놓은 빨간 고추, 한두 마리의 말린 닭고기라든가, 함께 묶어 놓은 양파 같은 것을 둘러보았다. 모든 것이 마음에 들었다. 죄다 그에게는 신기했던 것이다.

갑자기 시장기를 느낀 그는 노부부가 먹고 있던 마늘을 싸 넣은 떡이 무척 맛있어 보였다. "아, 시장하다. 뭐 먹을 것 좀 안 주겠어, 할멈?"

이 말을 듣고 노파가 소리쳤다. "하지만 도련님 같은 분의 입에 맞을 만한 것은 아무것도 없는걸요. 닭이 네 마리 있으니까 먼저 그걸 한 마리 잡겠습니다만, 기껏해야 이런 맛없는 떡밖에 없습니다. 그마저도 밀가루로 만든 것도 아니랍니다."

"그게 먹고 싶어. 난 그게 좋다고!" 위안은 진심으로 말했다. "여기 있는 건 뭐든지 좋아."

그래서 노파는 반신반의한 표정으로 마늘종을 얇은 떡으로 싼 것을 들고 나왔다. 그러나 그것으로는 마음이 내키지 않아, 가을에 소금에 절여 두었던 생선을 꺼내어 대접할 생각으로 거기에 곁들였다. 위안은 그것을 깨끗이 먹어치웠다. 정말로 맛있었다. 여태까지 먹은 어떤 식사보다 맛있었다. 왜냐하면 자유의 몸으로 먹었기 때문이다.

다 먹고 나자, 갑자기 그때까지 깨닫지 못했던 피로가 몰려왔다. 그는 일어서서 물었다. "침대는 어디 있지? 한숨 자고 싶은데."

노인이 대답했다. "평소에 쓰지 않던 방이 하나 있습지요. 조부님께서 옛날에 거처하시던 방인데, 그 뒤 셋째 부인이신 리화님께서 쓰셨지요. 리화님은 우리 모두가 좋아한 부인이랍니다. 무척 신심이 깊은 분이라 결국에는 비구니 스님이 되셨습니다요. 그 방에 침대가 있으니 거기서 주무십시오."

이렇게 말하고 노인은 옆의 벽에 있는 나무문을 열었다. 그것은 창이라고 하여 조그맣게 네모난 구멍을 뚫고, 그 위에 흰 종이를 바른 어둡고 좁은 방이었다. 그 방에 들어가서 문을 닫으니, 위안은 여태까지는 언제나 누군가에게 감시를 받는 생활이었으나 이제야 비로소 정말로 혼자서 잘 수 있게 되어 편안한 기분이었다. 고독이란 그에게는 고마운 것이었다.

그러나 이 어둠침침한, 사방이 흙벽으로 둘러싸인 방 한가운데에 선 순간, 갑자기 아직도 이 안에는 억센 노인의 생명이 숨 쉬고 있는 듯한 묘한 느낌에 사로잡혔다. 그는 이상한 듯이 주위를 살펴보았다. 삼베 휘장을 두른 침대, 원목 탁자와 걸상, 오랜 세월을 두고 밟아서 군데군데 움푹 들어가 딴딴해진 흙바닥 등 그것은 여태까지 본 적이 없는 검소한 방이었다. 자기 말고는 아무도 없는데도 그는 가까이에 자기로선 이해하기 어려운, 대지에 뿌리박은 억센 영혼을 느꼈다. 그러나 그렇게 생각한 순간 그것은 사라져 버렸다. 갑자기 그는 다른 생명을 느끼지 않게 되고 다시 혼자가 되었다. 그는 미소를 띠고, 기분 좋은 피로감에 젖어 자야겠다고 생각했다. 눈꺼풀이 저절로 감겼다. 그는 폭이 넓은 큼직한 시골 침대로 다가가서 휘장을 열어 몸을 내던지고는, 안쪽 벽에 붙여서 개어 놓은 파란 꽃무늬의 헌 이불을 몸에 덮었다. 그리고 눕자마자 곧 잠들어 버렸다. 옛날 그대로인 집의 깊은 정적 속에서 몸과 마음을 쉬었던 것이다.

겨우 눈을 떴을 때 날은 이미 어두워 있었다. 그는 어둠 속에서 몸을 일으켜 휘장을 젖히고 방 안을 보았다. 벽을 네모로 도려낸 구멍에서 비쳐 들던 가냘픈 빛도 없었고, 어디를 보나 소리 하나 없는 따스한 암흑뿐이었다. 일찍이 혼자서 깨어나 본 적이 없는 그는 이제껏 느껴 보지 못한 편안한 기분으로 다시 드러누웠다. 그가 눈을 뜨기를 기다리는 하인이 가까이에 없는 것까지 그에게는 기분이 좋았다. 오늘은 이 기분 좋은 정적 이외에 아무것도 생각하고 싶지 않았다. 무슨 소리 하나 들리지 않았다. 잠든 채 몸을 뒤척이는 거친 호위병의 잠꼬대도, 돌을 깐 안마당에 울리는 말굽 소리도, 느닷없이 칼자루에서 뽑는 긴 칼의 쉿소리도 들리지 않았다. 다만 이루 말할 수 없이 달콤한 정적이 흐를 뿐이었다.

그런데 갑자기 무슨 소리가 들려 왔다. 고요를 깨뜨리고 가운뎃방에서 사람들이 걸어다니는 소리와 말소리가 들려온 것이다. 위안은 몸을 일으켜 휘장 너머로 서투르게 짠 장식 없는 문 쪽으로 눈길을 돌렸다. 문이 소리 없이 빼꼼히 열렸다. 촛불 빛이, 그리고 그 빛 속에 사람의 머리가 보였다. 그리고 그 머리가 물러나더니 이번에는 다른 머리가 들여다보고 그 밑으로는 더 많은 머리가 보였다. 그때 위안이 몸을 움직이는 바람에 침대가 삐걱 소리를 냈다. 그러자 재빨리 문이 조용히 닫히고 방은 다시 캄캄해졌다.

위안은 이제 잠이 오지 않았다. 눈을 뜬 채 드러누워 벌써 아버지가 자기가 숨은 곳을 알고 데려오기 위해 사람을 보낸 것일까 하고 생각했다. 그러면서도 방금 있었던 일이 몹시 마음에 걸려 도무지 가만히 누워 있을 수가 없었다. 그때 문득 말 생각이 났다. 말을 탈곡장 수양버들에 묶어 둔 채 먹이를 주라거나 살펴 달라고 노인에게 일러 놓지 않았으니 아직도 그대로 있겠구나 생각하고 그는 일어났다. 왜냐하면 그는 대부분의 남자들보다 그런 데에 정다운 마음을 갖고 있었기 때문이다. 방 안은 몹시 공기가 찼으므로 양가죽 웃옷을 꼭 여며 입고 신발을 찾아 신고는 벽을 따라 손을 더듬어 문을 찾아 열고 나갔다.

등불을 켜 놓은 가운뎃방에는 젊은이 늙은이 합쳐서 약 20여 명의 농부들이 모여 있었다. 위안의 모습을 보자 한 사람 일어나서 그를 빤히 바라보았다. 그는 놀라며 그들을 돌아보았으나 늙은 소작인 말고는 아는 얼굴이 하나도 없었다. 이윽고 그들 중에서 가장 나이 많고 온화한 얼굴을 한, 푸른 옷을 입은 농부가 앞으로 나왔다. 예나 다름없는 시골풍으로 아직도 백발을 변발(辮髮)로 땋아 내리고 있었다. 그는 절을 하고 위안에게 이렇게 말했다. "이 마을 늙은이들이 도련님께 인사를 드리러 왔습니다."

위안은 가볍게 인사하고 그들에게 자리에 앉도록 이르고는, 자기를 위해 비워 놓은 흰 나무 탁자의 맨 윗자리에 가서 앉았다. 조금 있다가 이윽고 아까 그 노인이 입을 열었다. "아버님은 언제 오십니까?"

위안은 짧게 대답했다. "아버지는 안 오셔. 나는 한동안 혼자 있고 싶어서 여기 온 거야."

이 말을 듣자 그들은 하얗게 질린 얼굴로 서로 쳐다보았다. 그 노인이 다시 헛기침을 하고 입을 열었다. 이 노인이 그들의 대표라는 것을 위안은 알 수 있었다.

"이 마을 사람들은 모두 가난뱅이뿐이고 또 벌써 빼앗길 만큼 빼앗겼습니다. 도련님의 큰백부님께서는 먼 해안 도시에서 살게 되시고부터는 그전보다도 씀씀이가 심해져서 저희들 힘에 넘치는 소작료를 어거지로 긁어 가고 계십니다. 군벌에게도 세금을 바쳐야 하고, 비적을 피하기 위해서도 돈을 내야 하니, 저희들은 먹을 것조차 없는 형편입니다. 그래도 금액을 말씀해 주시면 어떻게든 마련해서 드릴 테니 제발, 어디 다른 데로 가셔서 이 이상 더 저희들을 괴롭히지 말아 주십시오."

위안은 은근히 놀라면서 주위를 둘러보고 조금 화가 나서 말했다.

"그저 할아버지 집에 온 것뿐인데 그런 말을 들어야 하다니 참으로 뜻밖이군. 나는 당신들한테서 돈을 받을 생각은 조금도 없다." 그리고 잠시 사이를 두고 농민들의 정직해 보이는, 그러나 불안해하는 얼굴들을 바라보면서 말을 계속했다. "당신들을 믿고 사실을 이야기하는 것이 가장 좋겠군. 지금 남방에서 혁명이 일어나고 있는데 그것은 북방의 군벌을 쓰러뜨리기 위해 일어난 거야. 그러나 아들인 나로서는 아버지에게 맞서서 무기를 잡을 수는 없어. 전우들과 함께한다고 하더라도 그런 짓은 할 수 없는 일이야. 그래서 나는 밤낮을 가리지 않고 탈출해서 호위병과 함께 집에 돌아왔는데, 아버지는 내 군복을 보고 화를 내시더군. 그래서 마침내 나는 아버지와 싸우고 말았지. 게다가 혁명군의 대장도 나에게 무척 화가 나 있으니까 결국 찾아내서 죽이려고 할 거야. 그래서 나는 잠시 몸을 숨기는 편이 좋을 것 같아서 이리 온 거야."

여기까지 말하고 위안은 입을 다물었다가, 주위의 진지한 표정들을 휘둘러보고 다시 입을 열어 아주 열심히 이야기하기 시작했다. 왜냐하면 그는 그들을 어떻게든 납득시키고 싶었으며 또 그들의 지나친 의심에 좀 화가 났기 때문이다.

"그러나 나는 다만 피신만을 위해서 여기 온 건 아니야. 시골의 고요함이 좋아서 온 거야. 아버지는 나를 군인으로 키우셨지만, 나는 피라든가 살인이라든가 화약 냄새라든가 군대의 소란이라든가 그런 것이 싫단 말이야. 나는 어릴 때 아버지를 따라 이 집에 와서 한 여인과 기묘한 두 사람을 만난 적이 있는데, 그때도 그 사람들이 부러워서, 군관 학교에 가서 전우들과 사는 동안에도 늘 여기 생각을 하고는 언젠가 꼭 가 봐야지 하고 생각했었지. 이 마을에 가정을 갖고 있는 당신네들이 나는 정말 부러워."

이 말을 듣고 그들은 다시 서로 얼굴을 마주 보았다. 자기들과 같은 생활을 부러워할 사람이 있으리라고는 생각도 할 수 없었고 믿을 수도 없었다. 그들에게 생활은 그토록 고통스러웠다. 열심히, 끈질기게, 자기 생각을 이야기하는 이 청년에 대한 그들의 의혹은 차츰 더 강해질 뿐이었다. 이 청년이 흙벽집이 좋으니 어쩌니 지껄이고 있기 때문이다. 그가 여태까지 얼마나 호화로운 생활을 해 왔을지 그들은 잘 알았다. 그의 사촌들과 백부들이 어떤 생활을 하고 있는가를 그들은 잘 알고 있기 때문이었다. 백부 한 사람은 먼 도시에서 왕족 같은 생활을 하고 있고, 이제 그들의 지주가 되어 있는 상인 왕얼은 고리대금을 하여 엄청난 부자가 되어 있다. 이 두 사람을 그들은 부러워하면서도 미워했다. 그러므로 그들은 이 젊은이도 거짓말을 하고 있는 것이라고 생각하고 증오와 공포의 눈으로 바라보았다. 그들은 이 세상에 커다란 저택에 살 수 있는 신분이면서 흙벽집에 살고 싶다는 인간이 있으리라고는 도저히 믿을 수가 없었기 때문이다.

그들은 자리에서 일어났다. 위안도 망설이다 일어섰다. 이런 경우 그가 자리에서 일어나는 것은 손위 어른에 대한 예의라고 할 수 있었는데 그는 누덕누덕 기운, 색이 바랜 헐렁한 무명옷을 입은 농부들에게 어떻게 예의를 차려야 좋을지 짐작할 수 없었던 것이다. 그러나 어떻게든 그들의 호감을 사고 싶었으므로 그는 자리에서 일어나 일일이 절을 하며 한두 마디 의례적인 말을 건넸다. 그들은 순박한 얼굴에 여전히 불신의 빛을 띤 채 돌아갔다.

뒤에 남은 것은 소작인 노부부뿐이었다. 두 사람은 불안한 듯 위안을 바라보고 있다가 이윽고 늙은이가 호소하듯 말했다.

"도련님이 여기 오신 까닭을 솔직하게 말씀해 주십시오. 그러면 어떤 화가 미칠지, 저희들은 미리 알 수가 있으니까요. 사정을 살피기 위해서 도련님을 보내신 걸 보면, 아버님은 대체 어떤 전쟁을 시작하실 생각이신지 가르쳐 주십시오. 저희들 가난한 무지렁이들을 살려 주십시오. 저희들은 신령님이나 군벌이나 부자나 관리나 그런 힘센 악당들이 하라는 대로 할 수밖에 없습니다요."

위안은 그들의 공포의 원인을 알았으므로 대답했다. "난 사정을 염탐하러 온 게 아냐. 아버지의 명령대로 온 게 아니란 말이야. 모조리 이야기했잖아, 그건 거짓말이 아니야."

그래도 늙은 부부는 그의 말을 믿을 수가 없었다. 노인은 한숨을 쉬고 얼굴을 돌렸으며 노파는 금방 울음을 터뜨릴 듯한 표정으로 잠자코 서 있었다. 위안이 두 사람에게 어떻게 해명해야 좋을지 몰라 조바심이 나고 울화가 치밀어 오르려 했을 때 마침 말 생각이 났다. "내 말은 어떻게 됐지? 잊어버리고 있었는데……."

"부엌에 넣어 두었습니다." 노인이 대답했다. "짚과 말린 콩을 먹이고 연못 물도 길어다 주었지요." 위안이 고맙다고 인사하자 그는 말했다. "그까짓 것, 아무것도 아닙니다요. 도련님은 옛 주인 나리의 손자분이 아니십니까." 이 말을 하고 나더니 그는 느닷없이 위안 앞에 무릎을 꿇고 큰 소리로 신음하듯 말했다.

"옛날에는 도련님 할아버님도 저희들과 똑같은 농부였습지요. 한낱 백성으로, 저희와 똑같이 이 마을에서 살았습니다. 하지만 가난하고 힘든 생활을 벗어나지 못한 저희와는 달리 운이 좋았지요. 그러니 옛날엔 저희와 같은 농부였던 할아버님을 생각하셔서라도 도련님이 여기 오신 까닭을 솔직하게 말씀해 주시지 않겠습니까요."

위안은 노인을 안아 일으켰다. 그러나 그것은 그다지 다정스럽다고는 할 수 없었다. 왜냐하면 그는 이렇듯 뿌리 깊은 의심에 진저리가 나기 시작했으며, 또 높은 사람의 아들로서, 여태까지는 자기 말이 언제나 그대로 신뢰를 받아 왔기 때문이다. 그래서 그는 호통을 치고 말았다.

"아까 말한 대로다. 몇 번이나 같은 말을 되풀이 하기는 싫어! 나 때문에 재난이 일어날지 어떨지는 두고 보면 알겠지!" 그리고 노파에게 말했다. "할멈, 배가 고프니 먹을 것 좀 줘."

노부부는 묵묵히 시중을 들고 그는 먹었다. 그러나 아침에 먹을 때만큼 맛있다고 느끼지는 않았다. 곧 질려 버려 그 이상 아무 말도 하지 않고 일어나 다시 침실로 들어가서 자려고 드러누웠다. 한동안 잠이 오지 않았다. 그 어리석은 농민들에게 화가 났던 것이다. 그는 마음속으로 소리쳤다.

'바보들 같으니! 정직할지는 모르지만 바보들이야! 이런 좁은 땅에 살고 있어서 세상 돌아가는 걸 아무것도 모른단 말이야!' 위안은 이따위 인간들을 위해서 전쟁을 할 가치가 있을까 생각했다. 그리고 그들에 비하면 자기는 매우 영리한 것 같은 기분이 들었다. 그렇게 생각하니 마음이 놓여서 어둠과 고요 속에서 그는 다시 깊은 잠에 빠져들어 갔다.

아버지에게 발견되기까지의 6일 동안, 위안은 이 흙벽집에서 살았다. 그 기간은 그의 온 생애를 통해서 가장 즐거운 시간이었다. 다시는 쓸데없는 일을 물으러 오는 자도 없었고, 노부부는 묵묵히 시중을 들어 주었으며, 그는 자기에 대한 두 사람의 의혹도 잊어버리고, 과거도 미래도 생각하지 않고, 오직 그날그날을 즐기며 살았다. 도시에는 가지 않았으며 저택에 사는 작은백부조차 찾아뵙지 않았다. 밤마다 어두워지면 자고 아침이면 밝은 겨울의 햇빛 속에서 일어나, 식사도 하기 전에 문 밖에 서서 가을밀로 연한 초록빛을 띤 겨울의 밭을 바라보았다. 눈앞에는 대지가 아득히 저편으로 펼쳐져 있었고, 쪽빛 얼룩 같은 것이 점점이 보였다. 그것은 곧 찾아올 봄을 대비해서 밭을 갈고 있는 농부들과, 밭두렁 길로 다른 마을이나 도시로 왔다 갔다 하는 사람들의 모습이었다. 그리고 매일 아침 그는 시를 지었다. 그리하여 갈색 피부를 드러내고, 구름 하나 없는 푸른 하늘을 배경으로 우뚝 솟아 있는 먼 산의 아름다움을 하나하나 마음에 새기며 처음으로 조국의 아름다움을 이해했다.

어린 시절 위안은, 군사 교관으로부터 언제나 '우리 나라' '우리 조국'이라는 말을 들어 왔다. 때로 그는 위안에게 굳은 얼굴로 '당신의 나라'라고 말한 적도 있었다. 그러나 그러한 말들을 들어도 위안은 가슴이 뛰는 듯한 감정을 느낀 적은 없었다. 그 까닭은 위안이 장군 공관에서 아버지와 함께 매우 좁고 격리된 생활을 하고 있었기 때문이다. 병사들이 떠들고 먹고 자고 하는 병영에도 거의 가 본 적이 없었고, 아버지가 출정할 때조차 위안은 중년의 호위병들에게 에워싸여 있었다. 그 호위병들은 도련님 가까이에서는 정숙해야 한다, 부질없는 소리나 음담 패설을 해서는 안 된다고 엄명을 받았다. 따라서 위안의 눈은 언제나 병사들에게 가로막혀, 볼 수 있는 것도 보지 못했던 것이다.

오늘의 그는 날마다 보고 싶은 것을 볼 수 있었다. 위안의 눈을 가로막는 것은 아무것도 없었다. 그는 하늘과 땅이 맞닿은 지평선까지 가로막힌 것 없이 바라볼 수 있었다. 멀리 서쪽으로 청잣빛 하늘을 향해 톱니 모양으로 꺼멓게 치솟은 도시의 성벽을 볼 수도 있었고, 대지 위에 점점이 흩어진 숲으로 둘러싸인 작은 마을을 볼 수도 있었다. 이렇게 날마다 실컷 풍경을 자유로이 바라보기도 하고, 대지를 걷기도 하고 말을 달리기도 하고 있으니까, 이제 비로소 '조국'이 어떤 것인가를 알 듯했다.

그런데 묘한 일이 일어났다. 위안은 말을 타는 일조차 그만둔 것이다. 왜냐하면 그것이 자기를 대지로부터 떼어 놓는 듯한 느낌이 들었기 때문이다. 처음에는 이제까지의 습관대로 말을 탔다. 그에게 말을 탄다는 것은 자기의 두 다리를 쓰는 거나 마찬가지였기 때문이다. 그런데 이제는 어디를 가나 농부들이 자기를 바라보았다. 그를 모르는 사람이면 반드시 서로 수군거렸다 "저건 틀림없는 군마야. 보통 짐을 싣는 말이 아니야." 그리고 이삼 일이 지나자 자기에 대한 소문이 퍼져서 농부들이 하는 말이 귀에 들려 왔다. "왕후의 아들이 와서 아무 데나 큰 말을 타고 다니며, 그 일족답게 뻐기고 있군. 도대체 뭣 땜에 왔나? 틀림없이 제 아비 대신에 토지를 돌아보고 작물을 조사해서 전쟁에 쓸 새로운 세금을 짜낼 속셈으로 온 게지." 위안이 옆을 지나면 그들은 노려보다가 얼굴을 돌리고는 땅에다 침을 뱉었다.

처음 한동안은 이런 경멸하듯 침 뱉는 꼴을 보고 위안은 화도 나고 놀라기도 했다. 아버지 말고는 무서운 것이 없었고, 또 명령만 하면 달려오는 하인들만 보아 온 그는 이런 취급을 받는 것은 처음이었기 때문이다. 그러나 얼마가 지나자, 그는 이 농민들이 얼마나 압박받아 왔을지를 생각하게 됐다. 군관 학교에서도 그렇게 배워서 짐작은 했지만 이유를 확실히 알고 나니 마음도 너그러워지고 농민들이 실컷 침을 뱉게 내버려두기로 했다.

그래서 그는 말을 수양버들에 매 둔 채 걸어 다녔다. 처음에는 자기 다리를 사용하는 것이 좀 힘이 들었지만 하루이틀 지나자 걷는 데도 익숙해졌다. 이제까지 신던 가죽 구두를 벗어 던지고 농부들이 신는 짚신을 신었는데, 발바닥으로 몇 달 동안이나 계속되는 겨울의 햇살에 바싹 마른 밭두렁길이며 도로의 단단한 대지를 느끼는 것이 기분 좋았다. 사람들과 스쳐 지나갈 때도 공포의 대상인 군벌 장군의 아들로서가 아니라 매우 평범한 타향 사람으로서 자기를 보아 주는 것도 기뻤다.

그 짧은 며칠 사이에 위안은 처음으로 조국을 사랑하게 되었다. 그리고 더없이 자유롭고 고독했으므로, 언제나 아름다운 시상(詩想)이 마음속에 떠올랐다. 의식해서 글자를 고를 필요도 없었고 다만 마음속에 있는 것을 그대로 쓰면 되었다. 흙벽집에는 공책도 종이도 없고 다만 낡은 붓 한 자루가 있을 뿐이었다. 아마 옛날 조부가 토지 매매 증서에 이름을 적던 붓인 모양이다. 그래도 그 붓은 아직 쓸 만했으므로 이것과 용케도 찾아낸 부러진 먹 조각으로 위안은 가운뎃방 흰 벽에다 자작시를 적어 나갔다. 소작인 노부부는 반 찬탄, 반 공포의 눈으로 그 읽을 수 없는 글자들을 바라보았다. 위안은 이제 조용한 연못 위를 쓰다듬는 수양버들이라든가, 하늘에 떠다니는 구름이라든가, 은빛 빗줄기라든가, 떨어지는 꽃잎이라든가 하는 것에 관한 시가 아니라 새로운 시를 지었다. 그것은 그의 마음 깊숙한 곳에서 솟아나는 것으로서 자기의 조국과 자연스레 우러나는 조국을 향한 애정을 읊은 것이었다. 그러므로 그리 순조롭게 지어지지는 않았다. 전에 그가 지은 시는 마음의 표면에 떠다니는 물방울처럼 곱기는 했으나 텅 빈 것이었다. 그러나 새로운 시는 그렇게 곱지는 않았으나 비록 그가 완전히 이해하지는 못해도 전보다 깊은 의미를 지녔으며, 훨씬 거칠고 흐트러진 운율과 씨름하게 했다.

이렇게 시간은 흘러갔으나, 위안은 넘치는 큰 사상을 품고 혼자 생활했다. 자신의 장래가 어떻게 될지는 그도 알 수 없었다. 미래를 선명하게 보여 줄 만한 것은 무엇 하나 뚜렷한 형태를 띠고 마음에 떠오르지 않았다. 당분간은 구름 하나 없이 반짝이는 햇살 속에서, 새파란 하늘에서 쏟아지는 넘칠 듯한 푸른빛에 둘러싸인 북국의 뚜렷하고 밝은 풍토 속에서 호흡하는 데 만족했다. 그는 조그마한 마을의 길거리에서 사람들이 이야기하는 말에 귀를 기울였다. 길가 반점(飯店)에 모인 사람들 사이에 끼여 자기는 거의 한 마디도 하지 않고, 잘 알지는 못해도 귀와 마음에 사무치는 그 말들에 귀를 기울였다. 전쟁 이야기 따위는 없었다. 어느 집에 아들이 태어났다든가, 어느 땅이 팔렸다든가, 값은 얼마였다든가, 아무개가 장가를 가고 아무개가 시집을 갔다든가, 어떤 씨를 뿌리면 된다든가, 이런 평범하고 흔해 빠진 이야기밖에 없는 그 평화 속에서 그는 마음에 평안을 얻었다.

이러한 생활의 즐거움은 나날이 더해 가고, 그것이 억누를 수 없을 만큼 커지면 마음속에 한 편의 시가 떠올랐다. 붓을 들어 쓰고 나면 한동안은 마음이 위안을 얻었다. 그런데 한 가지 이상한 일이 있었다. 나날을 즐겁게 느끼고 있는데도 떠오르는 시는 언제나 밝은 시가 아니고, 마치 그의 마음속에 슬픔의 샘이 있기라도 하듯이 짙은 우수의 색을 띠는 것이다. 어째서 그런지는 그도 알 수가 없었다.

그러나 왕후의 외아들이 되는 자가 어떻게 이런 생활을 언제까지나 계속할 수 있을 것인가? 여기저기에서 농민들은 말했다. "키가 크고 얼굴이 거무스름한 젊은이가 마치 얼간이처럼 여기저기 돌아다니고 있어. 왕후의 아들이고 왕 상인의 조카라나. 한데, 어떻게 그렇게 높은 사람의 아들이 혼자서 나다닐 수가 있나. 왕릉의 낡은 흙벽집에 살고 있다는데, 아마 머리가 돈 모양이지."

이 소문은 성안에 사는 왕 상인의 귀에도 들어갔다. 그는 이 이야기를 가게의 늙은 점원한테서 듣고 날카롭게 말했다. "나를 보러 오지도 않고 소식도 안 전하는 것을 보면, 그건 물론 내 아우의 아들이 아닐 게다. 내 아우가 소중한 아들에게 그런 방종한 짓을 하도록 내버려둘 까닭이 없어. 내일이라도 하인을 보내서, 아버님 소작인에게 빌려준 집에 살고 있는 자가 대체 어떤 놈인가 조사하게 해야겠다. 동생 대신 그 집을 맡고 있는 내가 그 집에 살아도 괜찮다는 허락을 아무한테도 해 준 적이 없으니 말이야." 그리고 그는 그자가 비적의 첩자인지도 모른다고 속으로 두려워했다.

그런데 그 내일이라는 날은 끝내 오지 않았다. 왜냐하면 그보다 앞서 왕 장군의 병영에도 그 소문이 퍼졌기 때문이다. 그날 위안은 언제나와 마찬가지로 일어나 식사를 하고 차를 마신 뒤, 아득히 펼쳐진 밭을 바라보고 공상에 잠겨 있었는데, 멀리 몇 사람이 메고 오는 가마 뒤로 다시 또 한 개의 가마가 보였다. 그 둘레를 한 무리의 병사들이 따르고 있었는데, 그는 그 병사들이 아버지의 군대라는 사실을 군복을 보고 알았다. 그는 갑자기 음식이 넘어가질 않아 집 안으로 들어가 음식을 탁자 위에 놓고는 가만히 서서, 불안스러운 기분으로 생각했다. '분명 아버지일 게다. 무어라고 입을 열면 좋을까?' 가능하다면 어린애처럼 밭을 가로질러 도망치고 싶었다. 언젠가 한 번은 아버지와 얼굴을 맞대리라는 것과, 끝내 달아날 수만은 없다는 것을 알고 있었다. 그는 매우 초조한 심정으로 기다렸다. 어린애 같은 공포를 억지로 뿌리치고 기다리는 동안 그는 아무것도 먹을 기분이 나지 않았다.

그런데 도착한 가마 안에서 내린 사람은 아버지가 아니었다. 남자가 아닌 여자 둘이었다. 한 사람은 어머니, 한 사람은 하녀였다.

좀처럼 어머니와 만난 적이 없었고 또 여태까지 어머니가 집을 나온 기억이 없었으므로 위안은 깜짝 놀랐다. 대체 어찌 된 일일까 궁금해하면서 인사를 하기 위해 천천히 걸어 나갔다. 어머니는 하녀의 팔에 의지하여 아들 쪽으로 걸어왔다. 머리는 희고 고상한 검은 옷을 입고 있었으며, 이가 다 빠져서 두 볼이 우묵하게 꺼져 있었다. 그러나 보기에는 아직도 아름다운 혈색이었다. 표정은 순박했으며 얼마간 천진해 보였으나 아직도 정다움이 넘쳐흘렀다. 아들이 얼굴을 부자 어머니는 시골풍으로 꾸밈없이 말을 건넸다. 어머니는 젊을 때 시골에서 자란 처녀였다. "위안, 아버님이 편찮으셔서, 돌아가실 날도 머지않다고 너에게 전하라시면서 나를 보내셨다. 돌아가시기 전에 곧 돌아와 주기만 하면 네가 하고 싶은 대로 해 주시겠다고 그러시더라. 노여워하고는 있지 않으니까 돌아와 주기만 하면 좋겠다고, 그렇게 말씀하셨단다."

그녀는 이 말을 누구나 다 들을 수 있도록 큰 소리로 말했다. 사실 그때쯤에는 마을 사람들이 이 모습을 구경하려고 몰려나와 있었다. 그러나 위안의 눈에는 그들의 모습이 보이지 않았다. 지금 들은 이야기로 그는 몹시 당황하고 있었다. 지난 며칠 동안의 생활로 그는 이 집을 떠나지 않겠다고 굳게 결심하고 있었는데, 아버지가 정말로 돌아가실 지경이라면 어떻게 그 청을 거절할 수 있겠는가. 그러나 사실일까? 그는 문득 술로 마음의 위안을 얻으려고 손을 내밀었을 때 아버지의 손이 떨리고 있었던 것이 떠올라 어쩌면 사실인지 모른다는 기분이 들었으며, 그렇다면 아들 된 몸으로 어쨌든 아버지의 말씀을 거역할 수는 없다고 생각했다.

그때 하녀는 위안이 미심쩍어하는 것을 보자 주인을 돕는 것이 자신의 의무라 생각하고, 또 마을 사람들에게 자기가 얼마나 충성스러운지를 과시하기 위해서 주위를 돌아보며 커다란 소리로 말했다.

"오오, 도련님 정말입니다. 저희들도, 의사 선생님도 모두 미칠 지경입니다. 노장군님의 수명도 이제는 길지 않으시니까, 만일 살아 계실 때 만나고 싶으시거든 오늘 곧 돌아가셔야 합니다. 맹세코 노장군님은 이제 얼마 더 사시지 못합니다. 만일 그게 거짓말이라면 저를 죽여도 좋습니다!"

마을 사람들은 이 말을 열심히 듣고 있다가 왕후가 머지않아 죽는다는 말에 서로 뜻깊은 눈길을 나누었다.

그래도 위안은 두 여자의 말을 의심했다. 어떻게든 자신을 데려가겠다는 기색이 느껴졌기 때문이다. 하녀는 그가 아직도 의심하는 것을 보자 그 앞에 몸을 내던지고 탈곡장의 딱딱한 흙바닥에 머리를 부딪치면서 짐짓 울음소리를 높여 말했다. "어머님을 보세요. 천한 몸이기는 합니다만 저를 보세요. 저희들은 진심으로 부탁드리려고 온 것입니다."

이런 행동을 한두 번 되풀이하고 나더니 그녀는 일어서서 회색 무명옷에 붙은 먼지를 털고, 입을 멍하니 벌린 채 바라보는 마을 사람들 쪽으로 업신여기는 듯한 시선을 던졌다. 이것으로 의무는 다한 것이다. 그녀는 자기처럼 자랑스러운 명문 집안의 긍지 높은 하녀는 이런 데 사는 촌놈들과는 격이 다르다는 태도로 옆으로 물러섰다.

그러나 위안은 하녀는 거들떠보지도 않았다. 어머니를 바라보며 아무리 싫더라도 자식으로서의 의무만은 다해야 한다고 생각했다. 그는 어머니에게 안으로 들어가서 앉으시라고 권했고, 어머니는 권하는 대로 안으로 들어갔다. 마을 사람들도 뒤따라 문께까지 와서 떠나지를 않았다. 그러나 지체 높은 사람을 보고 싶어하는 평민들을 오래 보아 온 어머니는 그들을 조금도 신경 쓰지 않았다.

그녀는 가운뎃방을 신기한 듯이 둘러보며 말했다.

"이 집에 온 것은 처음이란다. 왕룽이라는 어른이 부자가 되셨다는 이야기며 찻집 여자를 사 오셨다는 이야기, 한동안 그 여자에게 빠져 사셨다는 이야기를 어릴 때 곧잘 들었었지. 그 여자가 어떤 얼굴을 하고 있다느니, 무엇을 먹고 무엇을 입느니 하는 이야기까지가 소문이 되어, 이 지방 곳곳에 전해졌었지. 하기야 내가 아직 어렸을 때 너희 할아버지께서는 벌써 노인이었으니까 그때도 이런 건 다 옛날이야기였지만, 지금도 할아버님이 그 여자에게 루비반지를 사 주기 위해서 땅을 팔았다는 소문은 기억이 나는구나. 나중에 다시 사들이셨지만. 그 여자는 내 결혼식 때 꼭 한 번 만났을 뿐이야. 정말이지 죽기 전엔 너무 살이 쪄서 두 눈 뜨고 못 봐 줄 지경이었다더구나!"

그녀는 이 빠진 입으로 웃으며 주위를 돌아보았다. 위안은 어머니가 침착하게 아무 이야기나 하는 것을 보니, 사실 여부를 확인할 용기가 났다.

"어머니, 정말 아버님은 편찮으십니까?"

이 말을 듣고 어머니는 다시 자기의 목적이 생각난 듯 이가 빠져 바람 새는 소리가 나는 입으로 말했다. "아버님은 편찮으시단다, 얘야. 어느 정돈지는 모르지만 편찮으셔. 주무시려고는 하지 않고 한자리에 앉아 술만 자신단다. 아무것도 안 자시고 술만 자셔서 얼굴이 참외처럼 누렇게 되셨다. 그렇게 누런 얼굴은 처음 봤나. 게다가 큰 소리로 호통만 치시니 누구 하나 옆에 가서 말도 건네지 못하는 형편이야. 그 호통은 전에도 무시무시했지만 그보다 더하단다. 저렇게 아무것도 안 자신대서야 암만 봐도 오래 사실 것 같지 않다."

"네, 네, 정말입니다요. 아무것도 안 잡수시니까 오래 사시지는 못하세요." 하녀도 거들었다. 그녀는 주인이 앉은 의자 옆에 서서 고개를 끄덕이며 자기가 한 말의 슬픔에 젖어 있었다. 그리고 두 여자는 함께 한숨을 쉬고 제법 근심스러운 표정으로 살며시 그의 기색을 살폈다.

위안은 안절부절못하며 잠시 생각하다가 입을 열었다. 왜냐하면 아직도 의심이 남아 있었고 게다가 여자는 모두 바보라고 한 아버지의 말이 맞다는 생각이 들었으나, 아버지의 병이 심각하다는 말이 사실이라면 돌아가야 한다고 생각했기 때문이다.

"그렇다면 돌아가겠습니다. 하지만 어머니는 피곤하실 테니까 하루이틀 여기서 쉬다 오시면 어떻겠습니까?"

그는 어머니를 편히 쉬게 하기 위해 배려하여, 이제 자기 방처럼 여겨져서 떠나기가 아쉬워진 그 방에 어머니를 안내했다. 그리고 어머니가 식사를 마치자, 즐겁고 아름다웠던 나날의 추억을 떨쳐버리고 다시 말에 올라, 말 머리를 아버지가 있는 북쪽으로 돌렸다. 그러나 그는 이때 다시 두 여자의 말이 수상쩍게 여겨졌다. 그가 돌아가는 것을 보고 그녀들이 너무나 들떠서 떠들어 댔기 때문이다. 주인이 중병에 걸린 것 치고는 지나치게 쾌활한 모습이었다.

그의 뒤에는 아버지의 병사가 20명쯤 따라오고 있었다. 그들이 무언가 음탕한 소리를 지껄이며 크게 웃는 소리를 듣자 그는 더는 참을 수가 없어, 귀에 익숙한 말굽 소리조차 불쾌하여 화를 내며 고개를 돌려 쏘아보았다. 그러나 그가 왜 따라오느냐고 사나운 어조로 묻자 그들은 아무렇지 않게 대답하는 것이었다. "적이 이런 기회를 노려서 도련님을 사로잡아 몸값을 요구하거나 죽이는 일이 없도록 곁을 떠나지 말라는 명령을 받았습니다. 이 근방에는 비적도 많고 또 도련님은 노장군님에겐 하나밖에 없는 소중한 아드님이시니까요."

위안은 대답도 하지 않았다. 그는 신음하는 듯한 소리를 내며 말 머리를 북쪽으로 돌렸다. 자유로운 몸이라니, 이 얼마나 바보였던가, 자기는 아버지의 외아들이 아닌가. 그것은 벗어날 수 없는 숙명이었다.

그가 지나가는 것을 지켜보던 농민들 가운데 그가 떠나는 것을 기뻐하지 않는 자는 한 사람도 없었다. 왜냐하면 그들은 위안을 전혀 이해하지도 믿지도 않았기 때문이다. 자신이 떠나는 것을 보며 그들이 매우 안도하고 있음을 위안도 알았다. 그리하여 이 광경은 자유로운 나날의 즐거운 추억 속에 언제까지고 검은 오점으로 남았다.

이렇게 하여 위안은 마음에도 없이 호위병을 거느리고 아버지의 집으로 향했다. 호위병들은 가는 길에 잠시도 그 곁을 떠나지 않았으며, 그들이 위안의 신변을 보호하는 것은 비적 때문이 아니라 그가 어디로 달아나지 않도록 경계하기 위해서임을 이윽고 그도 알았다. "걱정하지 마라. 내가 아버지한테서 달아날 줄 아느냐. 나는 내 발로 아버지에게 돌아가는 거다!" 그는 몇 번이나 이렇게 말해 주고 싶었다.

그러나 그는 아무 말도 하지 않았다. 잠자코 경멸에 찬 시선을 던질 뿐 입을 열지 않고 그저 말을 달리며, 자기 말의 걸음이 빠른 데 자랑스러운 기쁨을 느꼈다. 그들은 그를 따라가기 위해 자기들의 말을 가엾도록 채찍질해야만 했다. 그러나 위안은 아무리 달려 봐야 자기가 사로잡힌 죄수나 다름없음을 알고 있었다. 이제는 시도 떠오르지 않았고 아름다운 풍경도 눈에 들어오지 않았다.

이러한 강행군의 이틀째 밤에 그는 아버지 집에 닿았다. 말에서 내리자 갑자기 마음속 밑바닥까지 피로를 느끼며 그는 아버지가 늘 머무르는 방으로 천천히 걸음을 옮겼다. 병사들과 하인들이 살며시 쳐다보는 것도 못 본 체했으며 인사를 받아도 답해 주지 않았다.

그런데 벌써 해가 졌는데도 아버지는 침실에 있지 않았다. 서성거리는 호위병에게 물어보니, "장군님은 큰방에 계십니다." 라는 대답이었다.

이 말을 듣자 위안은 조금 화가 났다. 어차피 아버지의 병은 그리 심하지 않으며 자기를 집에 데려오기 위한 책략에 지나지 않았던 것이라고 생각했다. 그리고 아버지를 무서워하지 않으려고 그 노여움을 일부러 불태웠다. 대지 위에서 보낸 즐거웠던 고독의 나날을 생각하면 아버지에 대한 노여움을 새롭게 불태울 수 있었다. 그러나 빙에 들이기서 아버지의 모습을 본 순간, 노여움은 얼마간 누그러졌다. 그것이 책략이 아니었음을 한눈에 알 수 있었기 때문이다. 아버지는 등받이에 호랑이 가죽이 걸쳐진, 조각을 한 의자에 기대어 불꽃이 활활 피어오르는 화로를 앞에 두고 앉아 있었다. 털이 북슬북슬한 양피 옷을 입고 높다란 모피 모자를 썼는데도 아버지는 매우 추워 보였다. 피부는 해묵은 가죽처럼 누렇고, 눈은 열 때문에 말라서 거뭇하게 꺼졌으며 면도를 하지 않은 입가의 수염은 잿빛으로 꺼칠꺼칠했다. 아들이 들어가자 얼굴을 드는 듯하더니 다시 화로 위로 몸을 숙인 채 말을 걸지 않았다.

위안은 아버지 앞으로 걸어가서 머리를 숙이고 말했다.

"편찮으시다기에 돌아왔습니다."

그러나 왕후는 나직한 소리로 말했다. "나는 아프지 않다. 그따위 소리는 여자들이나 하는 말이야." 그는 아들을 보려고도 하지 않았다.

그래서 위안은 물었다. "편찮으시다면서 저를 부르신 것은, 그럼, 아버님이 아니셨군요?" 그러자 왕후는 다시 중얼거리듯이 말했다. "나는 부르러 보내지 않았다. 네 거처를 여자들이 묻길래, 나는 지금 있는 곳에 그냥 내버려두라고 말했을 뿐이야." 노인은 화롯불을 들여다보면서 아른거리는 열기에 손을 쬐었다.

이런 말을 들으면 누구나 화를 낼 것이다. 특히 부모를 존경하지 않는 요즘의 청년 같으면 더욱이나 그럴 것이다. 위안도 마음을 굳게 먹고 다시 집을 뛰쳐나가 저 좋을 대로 살 수도 있겠지만, 송장처럼 핏기도 없이 꺼칠꺼칠한 두 손을 떨며 열심히 온기를 구하는 아버지의 모습을 보고서는 노여움의 말이 쑥 들어갔다. 다정한 마음을 가진 아들에게는 반드시 그런 때가 오는 법이지만, 오늘 위안은 고독한 생활 속에서 아버지가 다시 어린애로 돌아간 것을 보았다. 아무리 듣기 싫은 소리를 하더라도 화내지 말고 어린애 어르듯이 대해야 한다는 것을 깨달았다. 아버지의 이 약해진 모습에 위안은 노여움이 뿌리째 뽑히고, 여느 때보다 더 눈시울이 뜨거워지는 것을 느꼈다. 그는 두 팔로 아버지를 안아 주고 싶어졌다. 그러나 타고난 수줍음이 앞서서 그렇게 하지 못했다. 그래서 옆에 있는 의자에 조용히 걸터앉아 잠자코 아버지를 건너다보면서 끈기 있게 그가 다시 입을 열기를 기다렸다.

그러나 바로 이 순간에 위안은 자유를 느꼈다. 아버지에 대한 공포가 영구히 사라진 것을 느꼈다. 이 노인의 고함 소리, 험악한 얼굴, 찌푸린 검은 눈썹 등, 아들이 겁을 집어먹게 하기 위해 써 온 왕후의 술책을 이제 위안은 무섭다고 여기지 않았다. 왜냐하면 이러한 술책은 아버지가 일부러 쓴 무기에 지나지 않는다는 것을 알아챘기 때문이다. 아버지는 스스로는 의식하지 못했지만, 그것을 방패로써 사용했던 것이다. 칼을 뽑고도 진짜로 벨 생각은 없이 휘두르듯이 그런 술책을 써 왔던 것이다. 이러한 술책으로 실은 군벌의 거두가 될 만한 비정함도 냉혹함도 호방함도 갖지 못한 자신의 마음을 지켜 온 것이다. 이 순간 그것을 꿰뚫어 본 위안은 아버지를 바라보는 동안 공포를 잊고 사랑하기 시작했다.

그러나 왕후는 아들의 마음에 이러한 변화가 일어났다는 것을 알 까닭도 없이, 아들이 그 자리에 있다는 것조차 잊은 듯 계속 말없이 생각에 잠겨 있었다. 그는 오래도록 꼼짝하지 않았다. 마침내 위안이 아버지의 안색이 나쁜 것과 지난 며칠 동안에 수척해져서 광대뼈가 툭 튀어나온 것을 보고 다정하게 말했다.

"아버지, 이제 주무시지요."

아들의 목소리를 듣고 왕후는 병자처럼 천천히 고개를 들어 수척해진 눈길을 아들에게 돌려 잠시 바라보더니 이윽고 쉰 목소리로 한 마디 한 마디 천천히 말했다.

"너를 위해서, 나는 죽어 마땅한 놈들을 173명이나 살려 준 적이 있다." 그는 전에 곧잘 하듯이 오른손을 입으로 가져갔으나 그 손은 다시 내려지고 말았다. 그러고는 손을 축 늘어뜨린 채 여전히 아들을 바라보고 말했다. "정말이다. 너를 위해서 그놈들을 죽이지 않았다."

"기뻐요, 아버지." 위안은 말했다. 그 사람들이 살았다는 것도 기쁘지만, 자기를 기쁘게 해 주고 싶어하는 어린애 같은 소망을 아버지에게서 발견하고 감동한 것이다.

"저는 사람이 살해되는 모습을 보기가 싫어요, 아버지."

"그래, 나도 안다. 너는 옛날부터 까다로운 아이였거든." 노장군은 힘없이 말하고 다시 입을 다문 채 화로의 불을 들여다보았다.

위안은 어떻게든 해서 아버지를 주무시도록 해야겠다고 생각했다. 아버지의 얼굴이나, 여위이시 축 치진 입가에 나타난 병든 기색을 차마 더 바라보고 있을 수가 없었기 때문이었다. 그는 일어서서 문 옆에서 책상다리를 하고 잠에 곯아 떨어진 심복 언청이에게 다가가서 목소리를 죽이고 말했다. "아버지를 어떻게든 설득해서 침상으로 모시고 갈 수 없나?"

언청이는 위안의 목소리에 잠이 깨어 비틀거리며 일어나 쉰 목소리로 대답했다.

"저도 여러 번 권해 보았습니다, 도련님. 그런데 제 말은 도무지 소용이 없어서 밤에도 침실에 들어가시지 않습니다. 누우셔도 한 시간 남짓해선 곧 일어나셔서 다시 의자에 앉고 마십니다. 저도 하는 수 없이 여기 이렇게 앉아 있습니다만, 졸려서 죽을 지경입니다. 그래도 장군님은 저렇게 앉으신 채 언제까지나 깨어 계십니다."

위안은 아버지에게 되돌아가 달래듯이 말했다.

"아버님, 저도 피곤합니다. 함께 침대로 가서 주무시도록 하시지요. 저도 무척 피곤해서요. 저도 아버지 곁에서 잘 테니 불안하시면 언제든 부르십시오."

이 말을 듣자 왕후는 일어날 듯이 조금 몸을 움직였다. 그러나 그대로 다시 힘없이 의자에 앉더니 고개를 저으며 일어나려고 하지 않고 말했다.

"아니, 나는 아직 해야 할 말을 다 하지 못했다. 또 할 말이 있어. 그런데 생각이 나지 않는구나. 꼭 말해야 할 것을 두 가지만 오른손으로 꼽아 놓았었는데, 너도 거기 어디 앉아서 내가 생각날 때까지 기다려 다오."

왕후의 말투에는 옛 그대로의 기백이 깃들어 있었으므로 위안은 어릴 때 이런 말을 들으면 잠자코 가서 앉던 버릇이 생각났다. 그러나 한편으로는 아버지를 더는 무서워하지 않게 되었으므로, 그의 마음은 어느덧 아들의 의무에 반항하여 소리 높이 외치고 있었다. '아버지라고 하지만 따분하고 완고한 늙은이에 지나지 않잖은가. 그런데도 나는 그 기분을 맞추려고 가만히 기다리고 있어야 한단 말인가!' 위안이 고집스레 눈을 번뜩이고 막 생각을 입 밖에 내려고 하는 데, 심복 노인이 눈치채고 얼른 다가와 달래듯이 말했다. "아버님께서 바라시는 대로 해 드리십시오, 도련님. 건강이 좋지 않으시니까요. 뭐라고 말씀하시든 참으 십시오. 우리 모두 그렇게 하는 수밖에 도리가 없으니까요." 그래서 위안은 마음 에도 없이, 하기야 여태까지 거절의 소리를 들어 본 적이 없는 아버지가 이런 때 거절을 당하면 정말 병이 더해질지 모른다고 생각하고 그대로 의자에 앉았다. 그러나 이미 아까와 같은 인내심은 사라지고 없었다. 느닷없이 왕후가 말했다.

"이제 생각났다. 첫째, 너를 어딘가 숨겨야 한다. 네가 어제 돌아와서 한 말을 나는 잊어버리지 않았다. 나의 적으로부터 너를 숨겨 놓아야 한단 말이야."

이 말을 듣고 위안은 저도 모르게 소리쳤다.

"아니, 아버님. 그건 어제가 아닙니다."

그러자 왕후는 옛날과 다름없이 화가 난 듯한 시선으로 아들을 쏘아보더니 앙상해진 주먹을 휘두르면서 소리쳤다.

"내 말이 맞다! 네가 다시 온 것이 어째서 어제가 아니란 말이냐. 실제로 어제 돌아오지 않았느냐!"

여기서 다시 언청이 노인이 왕후와 아들 사이에 끼어들어 간청하듯 말했다.

"네, 네, 맞습니다. 바로 어제입니다!"

위안은 화를 꾹 참고 입을 다문 채 고개를 숙였다. 이상한 일이지만 위안의 가슴속에서 아버지에게 느꼈던 최초의 연민의 정이 살짝 스쳐 지나가는 미풍처 럼 사라져 버리고, 아버지가 던진 노여움의 눈초리가 연민보다 더 깊은 어떤 감 정이 일게 했다. 원망의 마음이 치밀어 올라 그는, 다시는 무서워하지 않으리라, 그러기 위해서는 끝까지 자기 고집을 꺾지 않아야 한다고 마음을 다잡았다.

한편 아버지도 옛날부터 고집이 셌으므로 좀처럼 입을 열지 않았다. 아버지가 말을 하고 있는데 아들이 건방지게 참견을 하다니 괘씸한 일이라고 생각하여 필 요 이상으로 오래 입을 다물고 있었다. 그러나 사실을 말하면, 왕후는 하고 싶 지 않은 말을 해야 하므로 쉽게 입이 떨어지지 않았던 것이다. 그러는 동안에 아 버지에 대한 위안의 분노가 전에 없이 사납게 치솟았다. 그는 이 사나이로부터 수없이 침묵을 강요당했던 옛날이 생각났다. 싫은데도 무기를 잡고 지내야 했던 긴 시간들, 그리고 모처럼 자유의 나날을 보내고 있는데 그것을 중단해야 했던 것을 생각하자 갑자기 그는 아버지가 참을 수 없이 미웠다. 이 노인에게 육체적인 혐오감마저 들었다. 몸도 씻지 않은 데다가 수염도 깎지 않고, 술과 음식을 옷에 흘리는 이런 너절한 아버지가 불쾌해서 참을 수가 없었다. 이 순간만큼은 아버지에게는 사랑할 만한 것이 아무것도 없었다.

왕후는 아들의 가슴속에 이런 혐오가 끓어오르는 줄은 꿈에도 모르고, 마침내 피할 수 없는 문제를 입 밖에 냈다. "한데, 너는 나의 단 하나밖에 없는 소중한 아들이다. 너 말고는 내게는 아무런 희망도 없다. 네 어머니가 꼭 한 번 현명한 말을 한 적이 있지. 나한테 와서 말하더군. '위안이 결혼하지 않는다면 어디서 손자를 얻습니까?' 그래서 나는 말했지. '어디 가서 착하고 튼튼한 규수를 찾아오구려. 몸이 튼튼해서 빨리 애를 낳을 만한 여자라면, 누구라도 좋아. 여자란 모두 다 비슷비슷해서 누구든 상관할 것 없어. 그런 여자를 데려와서 위안과 결혼시켜, 이 전쟁이 끝날 때까지 어디 외국에라도 가서 숨어 있으면 돼. 그러면 씨는 남을 테니까.'"

왕 장군은 미리 생각해 둔 대로 매우 신중하게 말했다. 아들을 자기 곁에서 떠나보내기 전에 아버지로서 아들에게 이만한 의무는 다하겠다고 늙은 머리를 쥐어짠 것이다. 이것은 세상의 아버지라면 마땅히 해야 하는 일에 지나지 않고, 뉘 집 자식이라도 마땅히 각오하고 있어야 하는 일이다. 자식이란 양친을 위해서 양친이 선택한 아내와 아무 소리 없이 결혼해서 아이를 낳기만 하면, 그다음에는 어디서 좋아하는 여자를 만들든지 자유였다. 그러나 위안은 그런 아들이 아니었다. 그는 신시대의 독에 물들어, 스스로도 알지 못한 채 자유에 대한 집요한 동경을 남몰래 품고 있었으며, 여자에 대해서는 아버지에게서 물려받은 증오를 느끼고 있었다. 한편에는 이 증오, 한편에는 그 자유로운 사고방식 때문에 그는 지금 온갖 노여움이 한꺼번에 폭발하려 했다. 이때의 그의 노여움은 막아둔 홍수와 같아서 그의 온 생명이 이 중대한 국면을 향해 모아졌다.

처음에 그는 아버지가 정말로 이런 말을 했다는 사실을 믿을 수 없었다. 왜냐하면 이 나이에 이르기까지 아버지가 늘 여자를 바보라고 하는 것을 들어 왔기 때문이다. 바보가 아니면 배신자요, 믿을 수 없는 존재라고 말해 왔다. 그러던 아버지가 지금 저런 말을 자신에게 던져 놓고서 가만히 의자에 앉은 채 여전히 화롯불을 들여다보고 있는 것이다. 이제 와서 생각하니 어머니와 하녀가 그를 집에 데려오기 위해 그토록 열심이었던 것과, 그가 돌아올 결심을 했을 때 무척 기뻐한 이유가 갑자기 뚜렷해졌다. 그런 여자들은 혼담이라든가 결혼이라든가 하는 것 말고는 머릿속에 없는 것이다.

그랬었구나, 하지만 여자들이 생각하는 대로는 되지 않을 테다, 위안은 속으로 중얼거렸다. 그는 벌떡 일어나서 그때까지 아버지를 무서워하고 사랑한 것을 잊고 소리쳤다.

"저는 이런 일을 예상하고 있었습니다. 그렇습니다, 군관 학교의 친구들이 억지로 결혼을 강요당했다는 이야기를 했어요. 그중엔 그 사실만으로 집을 뛰쳐나온 사람도 있었어요. 저는 이 점에서 저 자신의 행운이 언제나 믿어지지 않았습니다. 그런데 아버님도 세상 사람들과 마찬가지시군요. 낡은 사람들은 모두 우리들을 구속하고 싶어합니다. 우리를 몸으로 묶어 놓으려 하고 있습니다. 자기들이 고른 여자와 억지로 결혼시키고, 자식에게 묶어 놓으려 합니다. 그러나 저는 묶이기 싫습니다. 내 인생을 아버지의 인생에 구속시키기 위해서, 제 몸을 희생하고 싶진 않습니다. 저는 아버지가 싫습니다. 옛날부터 미워했습니다. 저는 정말로 아버지가 싫습니다."

위안의 온몸에서 세찬 증오의 말이 솟아 나와 그는 심하게 흐느끼기 시작했다. 이러한 분노에 깜짝 놀란 언청이 노인은 얼른 달려가서 위안의 허리에 팔을 두르고 무슨 말을 하려 했으나 입술이 비틀려서 말이 나오지 않았다. 위안은 지그시 이 사나이를 노려보았다. 위안은 이미 제정신이 아니었다. 느닷없이 주먹을 불끈 쥐고, 그 보기 흉한 얼굴을 내리쳤다. 노인은 쿵 하고 방바닥에 나동그라졌다.

왕후는 비틀비틀 일어났다. 그러나 아들 쪽으로 가지는 않았다. 마치 아들이 한 말을 이해할 수 없다는 듯이 멍청한 눈으로 위안을 바라보았을 뿐이었다. 그러고는 노복이 쓰러져 있는 것을 보고 다가가서 안아 일으키려 했다.

이때 위안은 몸을 돌려 뛰어나갔다. 지금 한 짓을 돌아보려고도 하지 않고 안마당을 가로질러 자기 말이 나무에 매여 있는 것을 보고, 눈이 휘둥그레진 병사들을 남겨 놓고 바깥 대문으로 달려나가 말에 올라타기 무섭게 그 집에서 정신 없이 달려 나갔다. 이것으로 영원히 작별이라고 그는 마음속으로 외치고 있었다.

위안은 미칠 듯한 노여움 속에서 아버지의 집을 뛰쳐나왔다. 그러나 이 노여움의 열을 식혀야만 했다. 그대로라면 죽고 말 것이다. 그러나 노여움은 결국 식었다. 동지들과도 아버지와도 인연을 끊은 고독한 청년으로서 자기는 무엇을 할 수 있을 것인가 생각했다. 그날 하루라는 시간 자체가 그의 머리를 식히는 데 도움이 되었다. 그 흙벽집에서 보낸 나날에서는 그토록 끝없이 계속될 듯이 여겨지던 겨울 햇살도 결코 그렇지 않았기 때문이었다. 이윽고 날이 저물어 잿빛이 되고, 동쪽에서 바람이 살을 엘 듯이 차갑게 휘몰아쳐 오더니, 말도 지난 며칠 동안의 여행에 지쳐 힘없이 걸었다. 주변의 풍경은 잿빛으로 물들어 가고, 위안은 그 잿빛 속에 자기가 삼켜져서 식어가는 느낌이었다. 밭에서 일하는 사람들도 같은 잿빛이 되었다. 그들이 디디고 선 대지의 빛에 따라 그들도 변하는 것이었다. 말소리와 동작도 잿빛에 잠긴 듯 조용해진다. 해가 비치고 있을 때는 그들의 얼굴에도 생기가 돌고 쾌활해 보일 때도 있었다. 그러나 이제는 잿빛 하늘 아래서 그들의 눈도 흐리고 입술에는 미소도 떠오르지 않으며 입고 있는 것도 우중충해지고 몸의 움직임도 느려졌다. 여느 때에 햇빛 때문에 또렷해 보이던 들이나 산의 숨 쉬는 듯한 색채, 농부의 푸른 옷, 아이들의 빨간 옷, 처녀들의 다홍빛 바지 등도 지금은 퇴색해 버렸다. 이렇듯 우중충한 어두운색 땅을 말을 타고 지나면서 전에는 어떻게 이런 것을 사랑할 수 있었던가 하고 위안은 이상하게 생각했다. 그 마을 사람들과 또 그들이 자기를 차갑게 대하는 것을 생각하지 않았던들, 그리고 오늘 하루 동안 스치고 지나온 사람들의 너무나도 불쾌한 시선에, 씁쓸한 기분으로 '이런 인간들을 위해 목숨을 내던져?' 속으로 부르짖지 않았던들, 위안은 어쩌면 옛 대장에게로 돌아가 혁명에 참여했을지도 모른다. 실로 이날은 대지마저도 그에게 무뚝뚝해 보였다. 게다가 그것만으로는 아직 모자라기라도 하는 듯이 말이 다리를 절기 시작했으므로, 지나치던 조그마한 도시 가까이에서 내려 살펴보니, 말이 돌에 발을 다쳐 더는 탈 수 없었다.

위안이 말을 세운 뒤 바닥에 쭈그리고 앉아 말굽을 살펴보고 있는데 굉음이 들려왔다. 눈을 드니 시커먼 연기를 토하면서 엄청난 속력으로 기차가 눈앞을 지나갔다. 그러나 위안은 철로 바로 옆에 있었으므로 아무리 기차가 빨라도 승객의 모습을 볼 수 있었다. 승객이 따뜻하고 편안하게 앉은 채 매우 빠른 속도로 달리는 것을 보고 위안은 부러워져서, 자기 말이 느리고 더욱이 이제는 쓸모도 없다는 생각에 속으로 소리쳤다. '도시에 들어가거든 말을 팔아 기차를 타고 멀리 가 버리자. 되도록 먼 곳으로.' 이렇게 생각하니 그것은 좋은 방법이라는 느낌이 들었다.

그날 밤은 여인숙에서 묵었다. 조그마한 도시의 무척 지저분한 여인숙이었는데, 위안은 빈대가 물어 대는 통에 잘 수가 없어서 뜬눈으로 누운 채 앞으로 어떻게 해야 될 것인가를 생각했다. 돈은 조금은 갖고 있었다. 어느 때 돈이 필요할지 모른다고 아버지가 언제나 돈을 몸에 지니게 했기 때문이었다. 게다가 말을 팔 수도 있었다. 그러나 어디로 가서 무엇을 하면 좋을지 오래도록 마음을 정할 수 없었다.

위안은 보통의 무지한 청년은 아니었다. 자기 나라의 고전에도 통달했고 가정교사의 가르침으로 서양의 새로운 지식도 갖고 있었다. 또 가정교사한테 배워서 외국어도 잘했으므로 다른 청년들처럼 무력하지도 않고 무식하지도 않았다. 그래서 그는 여인숙의 딱딱한 판자 침대 위에서 이리저리 몸을 뒤척이며 현재 갖고 있는 돈과 지식으로 무엇을 시작하면 좋을까 궁리했다. 군관 학교의 대장에게로 되돌아가는 쪽이 낫지 않을까 몇 번이나 생각했다. 돌아가서 "제가 틀렸었습니다. 다시 받아 주십시오." 말하면 그만이다. 그리고 아버지와 인연을 끊었으며 아버지의 심복을 때려눕히고 왔노라고 말하면 그것으로 충분하다. 왜냐하면 이 혁명군 조직에서는 부모에게 반발하는 것이 가입 허가증이나 마찬가지였으며, 언제나 충성의 증거로서 인정되기 때문이었다. 청년들 중에는 남녀를 떠나서 자기의 충성을 표시하기 위해 부모를 죽인 자도 있었다.

그러나 위안은 자기가 환영받을 것은 알 수 있었으나 왠지 그 혁명이라는 대열로 돌아가고 싶지는 않았다.

잿빛의 하루에 대한 기억이 아직도 답답하게 마음속에서 사라지지 않았고, 그 더러운 민중을 생각하니 도무지 사랑할 기분이 나지 않았다. 그는 속으로 중얼거렸다. '나는 이제까지 즐거움이란 것을 맛본 적이 없다. 다른 청년들이 맛보는 작은 즐거움조차 나는 알지 못한다. 지금까지의 나의 삶이란 아버지에 대한 의무와 나로서는 따라갈 수 없는 그 대의밖에 없었다.' 그리고 갑자기 여태까지 본 적도 없는 생활, 명랑한 웃음에 찬 생활을 하고 싶다고 생각했다. 느닷없이 위안은, 오늘까지의 자기 삶은 진지히기만 하고 함께 놀 상대도 없었으나, 인생에는 해야 할 일뿐만 아니라 즐거움도 틀림없이 있을 것이라는 기분이 들었다.

논다는 것을 생각하자 그의 기억은 훨씬 어린 때로 거슬러 올라가서, 한때 함께 산 적이 있는 누이동생이 언제나 웃으며 조그마한 발로 여기저기 뛰어다니던 일이며, 누이와 함께 있으면 자기도 잘 웃던 일이 생각났다. 그렇다, 누이를 찾자. 그녀는 누이다. 피를 나눈 사이다. 그는 아버지의 삶에 지나치게 오랫동안 묶여 있었던 탓에 달리 피를 나눈 사람이 있다는 것을 잊었던 것이다.

갑자기 그러한 사람들의 모습이 머리에 떠올랐다. 그에게는 많은 친척들이 있다. 큰아버지인 왕 상인을 찾아가도 된다. 한순간 다시 그 집에 가면 즐거우리라고 생각하니 기억 속에 명랑하고 쾌활한 얼굴이 떠올랐다. 큰어머니의 얼굴이다. 그는 큰어머니와 사촌들을 생각했다. 그러나 곧바로 생각을 바꾸었다. 아니다, 아버지로부터 그렇게 가까운 곳에 가서는 안 된다. 백부가 틀림없이 아버지에게 알릴 것이다. 거기는 너무 가깝다는 생각이 들었다. 기차를 타고 멀리 가자. 누이는 먼 해안 도시에 있다. 한동안 그 도시에 살면서 누이도 만나고 화려한 도시를 즐기며, 아직 듣기만 하고 본 일이 없는 외국의 풍물들을 접해 보고 싶어졌다.

그렇게 생각하니 마음이 조급해졌다. 그는 날도 새기 전에 벌떡 일어나 뜨거운 세숫물을 가져오라고 큰 소리로 여인숙 하인을 부르고는 옷을 벗어 빈대를 훌훌 떨고 나서, 하인이 나타나자 이런 불결한 곳에 재웠다고 호통을 치고는 한시바삐 떠날 준비를 했다.

하인은 위안이 성을 내는 것을 보고 그가 부잣집 아들이라는 것을 알았다. 가난한 사람들은 그렇게 쉽게 화를 내지 않기 때문이었다. 그래서 줄곧 아첨을 떨어 대며 재빠르게 시중을 들어 주었으므로 날이 새기 전까지 위안은 식사를 다 마치고, 팔아 버리기 위해 붉은 말을 끌고 여인숙을 나섰다. 이 가련한 말을 그는 푸줏간에 가서 헐값으로 팔았다. 한순간 위안이 고통을 느낀 것은 사실이다. 자기 말이 고기가 되어 사람들의 뱃속에 들어갈 것을 생각하니 기분이 좀 언짢았으나, 곧 그는 이렇게 심약해서야 되겠느냐고 마음을 모질게 먹었다. 이제 말은 필요 없었다. 자신은 더 이상 장군의 아들이 아니다. 자기는 어디를 가든 무엇을 하든 자유로운 청년 왕위안인 것이다. 그리하여 그날로 그는 해안의 대도시로 자기를 실어다 줄 기차에 올랐다.

왕후의 학문이 있는 쪽의 아내가 해안 도시에서 보내온 편지를 몇 번인가 아버지에게 읽어 준 적이 있었는데, 그것이 위안에게는 행운이었다. 왕후는 늙어감에 따라 무엇을 읽기가 귀찮아진 데다가, 젊을 때는 책도 곧잘 읽었으나 늘그막에 접어들자 잊어버린 글자가 많아져서 읽는 것을 힘들어했다. 1년에 두 번 부인한테서 편지가 오는데 그녀는 꽤나 배운 티 나는 글을 써서 읽기가 쉽지 않았다. 그래서 위안이 그 편지를 읽고 설명해 주곤 했었다. 기억을 더듬어 보니 부인이 그 대도시의 무슨 동네에 살고 있는가 생각이 났다. 그래서 기차가 강을 건너고 호수를 한두 개 돌아 많은 산을 넘고, 싹이 움트고 있는 기름진 밀밭을 가로질러 하루 밤낮을 꼬박 달린 뒤 기차에서 내렸을 때 위안은 어디로 가야 하는가를 알았다. 역에서 그리 가깝지 않았으므로 그는 인력거를 타고 가기로 했다. 밝은 불이 켜진 거리를 그는 홀로 자신만의 모험을 찾아 떠났는데, 가는 도중 누구 하나 자기를 아는 사람이 없다고 생각하니 시골 사람처럼 거리낌없이 이곳저곳을 두리번거리며 살폈다.

그는 여태까지 이렇게 큰 도시를 본 적이 없었다. 거리의 양쪽 건물은 너무 높아서, 눈부시도록 등불이 반짝여도 어두운 하늘의 어딘가로 숨은 꼭대기는 보이지도 않았다. 그러나 그렇게 치솟은 건물 아래 지금 위안이 있는 거리는 아주 밝아서 사람들이 마치 한낮처럼 걸어다니고 있었다. 이곳에는 온 세계 사람들이 모여 있었다. 온갖 인종, 온갖 피부색의 사람들이 있었다. 그의 눈에 검은 피부의 인도인 남자가 비쳤다. 여자들은 자기의 검은 피부의 아름다움을 돋보이게 하기 위해서 금색 천과 순백의 모슬린, 새빨간 옷을 입고 있었다. 그리고 재빠른 백인 여자며 그들과 함께 걷는 백인 남자의 모습이 보였는데, 그들은 모두 같은 옷차림에 하나같이 코가 높아서, 그런 남자들을 바라보면서 위안은 백인 여자는 자기 남편과 다른 남자를 어떻게 구별하는 것일까 생각했다. 그토록 그들은 모두 비슷했다. 다만 배가 툭 튀어나왔거나 머리가 벗어졌거나, 그런 식으로 아름다움이 모자란 몇몇이 있을 뿐이었다.

그러나 대부분의 사람들은 위안과 같은 인종이었다. 위안은 도시에서 국내 각지에서 온 사람들을 보았다. 그 가운데는 부자도 있었다. 그들은 큼직한 자동차를 환락장 입구까지 갖다 대려고 요란스레 경적을 울리면서 달려왔다. 위안을 태우고 있던 인력거꾼은 옛날 임금님의 행차 때처럼 그들이 지나갈 때까지 길가에 비켜서서 기다려야 했다. 부자가 있는 한편에는 가난뱅이도 있기 마련이어서 거지와 불구, 병자들이 자기들의 불운을 늘어놓고 얼마 안 되는 돈을 얻으려 기를 쓰고 있었다. 그러나 돈을 얻기는 쉽지 않아서, 부자의 지갑에서 흘러나오는 돈은 얼마 되지 않는 푼돈에 지나지 않았다. 주로 부자라는 사람들은 코를 위로 쳐들고 거들떠보지도 않은 채 제 갈 길 가기에 바빴다. 위안은 자기도 즐거움을 찾아 여기에 왔으나 이렇듯 오만한 부자들에게는 한순간 증오를 느끼며, 거지들에게 조금은 동정을 베풀어 주는 것이 마땅하지 않은가 생각했다.

이렇게 북적대는 군중 속을 위안은 허술한 인력거를 타고 전혀 남의 눈에 띄지 않은 채 지나갔다. 이윽고 인력거꾼은 숨을 헐떡이면서 어느 대문 앞에 인력거를 세웠다. 그 대문에는 긴 담장이 이어져 있었고 길 양쪽에는 그 밖에도 많은 문이 있었다. 그 집이 바로 위안이 찾아온 집이었다. 그는 인력거에서 내려 약속한 돈을 꺼내어 인력거꾼에게 주었다. 위안은 조금 전에 돈 많은 남녀들이 거지의 애걸에는 귀도 기울이지 않고 그들이 내미는 여윈 손을 뿌리치며 지나가는 것을 보고 분개했었다. 그러나 지금 이 인력거꾼이 주저주저 떨면서, 달려온 뒤라 온통 땀에 젖은 채 위안의 비단옷과 혈색 좋은 얼굴을 쳐다보며, "나리, 조금더 봐주십시오." 말했을 때, 이것과 그것과는 다른 문제라고 생각했다. 위안은 자신을 부자라고 생각하지도 않았고, 이런 자들은 암만 주어야 만족하지 않는다는 말을 들었기 때문이었다. 그래서 그는 딱 잘라 말했다. "약속한 삯은 그뿐아닌가." 그러자 인력거꾼은 한숨을 쉬면서 대답했다. "네, 약속하신 건 이것뿐입니다. 하지만 나리의 인정 많은 마음씨에 기대고 싶어서……"

그러나 위안은 이 사나이를 상대하지 않았다. 냉큼 문 앞으로 다가서서 초인

종을 눌렀다. 인력거꾼은 자기가 무시당한 것을 알고 목에 둘렀던 더러운 천 조
각으로 다시 한 번 땀을 흘린 얼굴을 닦고, 살이 에일 듯한 밤바람에 떨면서 거
리로 나섰다. 그 땀은 바람 속에서 어느덧 얼음으로 변해 있었다.

문을 열러 나온 하인은 위안을 수상쩍은 듯이 바라보며 한참 동안 문안에 들
여 놓으려 하지 않았다. 이 도시에서는 잘 차려 입은 사나이가 초인종을 누르고,
자기는 이 집에 사는 사람의 친구라든가 친척이라고 하면서 들어와서는 외국제
권총을 들이대고 강도, 살인, 그 밖에 제멋대로 하고 싶은 짓을 자행했으며, 때
로는 무리를 지어 들어와서는 아이나 어른들을 납치해 가서 몸값을 요구하는
일이 자주 있었기 때문이었다. 하인은 얼른 문을 닫고는, 아무리 큰 소리로 이름
을 말해도 한참 동안 위안을 문 밖에서 기다리게 했다. 이윽고 다시 문이 열리
고 이번에는 몸집이 큰 백발의, 자줏빛 옷을 입은 조용하고 엄숙한 표정의 부인
이 나타났다. 그녀가 위안을 보자 위안도 그 여자를 바라보았다. 상냥해 보이는
창백하고 둥근 얼굴이었으며, 주름은 그다지 없었으나 결코 아름답다고 할 수
는 없었다. 입이 너무 크고 코도 크고 낮았다. 그래도 그 눈은 부드럽고 머리가
좋아 보였으므로 위안은 용기를 내어 수줍은 듯 잠깐 웃어 보이고 말했다.
"이렇게 갑자기 찾아온 것을 용서해 주십시오. 저는 왕후 장군의 아들 위안입
니다. 아버지한테서 도망쳐 나왔습니다. 달리 의지할 곳도 없어 찾아왔는데, 그
저 어머님과 누이를 뵙기만 하면 됩니다."
그가 이렇게 말하는 동안 부인은 지그시 그를 바라보다가 부드럽게 말했다.
"하인이 알려 왔을 때는 곧이들리지 않았어. 만난 지 하도 오래라 얼굴이 기억
도 안 났는데 아버지를 아주 쏙 뺐구나그래. 누구라도 네가 왕 장군의 아드님이
라는 것을 몰라볼 수는 없겠어. 자, 어서 들어와서 편히 좀 쉬어라."
하인은 여전히 미심쩍은 표정을 짓고 있었으나 부인은 위안을 불러들였다. 그
태도는 부드럽고 침착해서 조금도 놀라지 않은 것 같았다. 아니, 사실대로 말하
면 세상에서 무슨 일이 일어나도 이 부인은 놀라지 않을 것 같았다. 부인은 위안
을 좁은 복도로 안내하고 하인에게 침대 있는 방을 치우라고 시키고, 위안에게
식사는 했느냐고 물으며 객실로 통하는 문을 열고 앉아서 푹 쉬라고 일렀다. 그

동안에도 하인이 준비한 방에서 위안이 불편을 느끼는 일이 없도록 여러 가지 물건을 가지러 갔다. 부인은 이러한 일들을 모두 어색함이 없이 기쁜 듯이 했으므로, 위안은 마음이 가볍고 훈훈해져서 마침내 자기가 환영받고 있다는 생각이 들었다. 아버지와의 사이에 일어난 일 때문에 지쳐 있던 위안에게는 참으로 따뜻하게 느껴지는 일이었다.

그는 객실의 안락의자에 앉아 기다렸다. 이런 방은 이제까지 본 적이 없어서 놀랐으나, 얼굴은 언제나와 마찬가지로 엄숙한 표정으로 놀라움이나 흥분의 빛을 보이지는 않았다. 그는 어두운 빛깔의 비단으로 지은 옷을 입고 조용히 앉아 잠깐 방 안을 둘러보았다. 그러나 두리번거리거나 하지 않았으므로 누가 들어오더라도 그가 실내의 모양에 놀라고 있다고는 깨닫지 못했을 것이다. 어떤 장소에서도 그는 익숙지 않아서 안절부절못하는 듯이 보이기를 싫어했다. 조그마하고 네모진 그 방은 청소가 잘 되어 있었고 바닥에는 꽃무늬 융단이 깔려 있었는데 거기에도 얼룩 한 점 보이지 않았다. 융단 한가운데는 탁자가 하나 놓여 있는데 붉은 벨벳 천이 덮여 있었으며 그 한복판에는 분홍빛 종이 조화를 꽂은 꽃병이 얹혀 있었다. 그 조화는 생화와 똑같았으나 다만 잎이 초록이 아니고 은빛이었다. 그가 앉아 있는 것과 똑같은 의자가 여섯 개 있었다. 부드러운 분홍빛의 공단 덮개가 덮여 있었다. 창문에는 얇고 하얀 커튼이 걸렸고, 벽에는 유리를 끼운 액자에 서양화가 걸려 있었다. 그것은 푸르고 높은 산과 그 산만큼 푸른 호수와 산 위에 서 있는, 위안이 처음 보는 외국풍의 집을 그린 그림이었다. 이 또한 참으로 밝고 아름다웠다.

갑자기 어디선가 벨이 울렸으므로 위안은 입구를 돌아보았다. 서둘러 달려오는 발소리에 이어 큰 소리로 드높게 웃는 소녀의 목소리가 들려왔다. 그는 귀를 기울였다. 소녀가 누구와 말을 하고 있는 것을 알 수 있었으나 상대편의 목소리는 들리지 않았으며, 가끔씩 외국어가 섞인 듯한, 그 잔물결처럼 빠른 말을 위안은 거의 알아들을 수가 없었다.

"어머, 당신이에요? 아니, 볼일은 없어요. 오늘은 너무 피곤해요. 간밤에 너무 늦게까지 춤을 춘걸요. 놀리지 말아요. 그분이 나보다 훨씬 예쁘잖아요? 날 비웃는 거죠. 그분, 춤도 나보다 훨씬 잘 춰요. 백인 남자들이 모두 함께 추고 싶어

할 정도니까. 응, 맞아요, 나도 그 미국인 남자랑 춤을 췄어요. 정말 잘 추더라니까요! 그 사람이 한 말? 아니, 가르쳐 주기 싫어. 안 돼, 안 돼요! 알았어요, 그럼 오늘 밤엔 당신하고 같이 갈게요. 10시! 그 전에 저녁 먼저 먹고……."

아름다운 여울물 소리 같은 웃음소리가 들리는가 싶더니 갑자기 문이 열리고 한 소녀가 나타났다. 그는 자리에서 일어나 상대편을 마주 보지 않도록 예의 바르게 시선을 내리깔고 인사했다. 그런데 그녀는 제비처럼 날렵하고 우아하게 달려와서는 두 손을 내밀며 다가왔다. "위안 오빠시죠!" 그녀는 귀엽고 상냥한 목소리로 명랑하게 소리쳤다. 높고 공중에 떠도는 듯한 목소리였다. "오빠가 난데없이 나타났다고 엄마가 말씀하셨어요." 그녀는 위안의 손을 잡고 웃었다. "그런 긴 옷을 다 입고, 오빠는 아직 구식이네. 이렇게 악수하는 거예요. 요새는 다들 악수를 해요."

위안은 누이의 조그마하고 부드러운 손이 자기 손을 잡는 것을 느끼고 너무나 부끄러워 얼른 손을 뺐다. 손을 빼면서 가만히 누이를 바라다보았다. 누이는 다시 웃으면서 의자의 팔걸이에 걸터앉아 위안을 올려다보았다. 새끼 고양이 같은 세모나고 귀여운 얼굴이었으며, 매끄러운 검은 머리가 토실토실한 볼 위에서 굽이쳤다. 그러나 그의 마음을 사로잡은 것은 그 눈이었다. 밝고 새까만 눈동자로부터 빛과 웃음이 반짝이며 쏟아져 나오고 있었다. 그리고 그 밑에는 도톰하고 새빨갛지만 작고 귀여운 입술이 있었다.

"앉으세요." 그녀는 작지만 위엄 있는 여왕처럼 말했다.

그는 그녀와 몸이 닿지 않도록 의자 끝에 조심스레 걸터앉았다. 그녀가 다시 웃었다.

"전 아이란(愛蘭)이에요." 그녀는 가벼운 날갯짓 같은 목소리로 말했다. "오빠, 나 기억나세요? 난 잘 기억해요. 오빤 옛날보다 훨씬 더 미남이 되셨네요. 옛날의 오빠는 보기 흉했죠, 얼굴이 길어서. 하지만, 오빠, 새 옷을 맞추어야겠어요. 사촌들은 이제는 모두 양복을 입고 있어요. 양복을 입으면 오빤 아마 근사할 거야. 키가 크니까. 오빠 춤출 줄 아세요? 난 춤을 무척 좋아해요. 사촌들은 알고 계세요? 가장 위의 사촌 오빠네 부인은 마치 선녀처럼 춤을 춰요! 큰아버지도 만나셔야죠! 큰아버지도 춤을 추고 싶어 하시지만 연세가 많은 데다가 살이 뚱뚱하게 쪄서 큰어머니가 못 추시게 해요. 큰아버지가 예쁜 여자애들을 보려다가 큰어머니께 혼나는 광경을 보여 드리고 싶네요!"

또다시 그녀는 밝은 목소리로 크게 웃었다.

위안은 살며시 그녀를 바라보았다. 이제까지 본 여자 중에서 누구보다도 날씬했다. 몸집은 어린아이처럼 작았으며 그 몸을, 꽃받침이 꽃봉오리를 감싸듯 초록빛 비단옷이 착 감싸고 있다. 깃은 가느다란 목에 딱 달라붙었고, 귀에는 금과 진주의 조그마한 귀걸이가 걸려 있었다. 그는 눈을 돌리고 입에 손을 대며 가볍게 기침을 했다.

"저는 어머님과 누이에게 인사를 드리러 왔습니다." 그는 말했다.

이 말을 듣자 위안의 고지식한 태도를 놀리듯 그녀는 미소를 지었다. 온 얼굴이 환하게 빛나는 미소였다. 그리고 그녀는 일어서서 문간으로 갔다. 그 발걸음이 너무나 빨라 마치 사뿐사뿐 뛰는 듯이 보였다.

"어머님을 찾아 오겠습니다, 오라버님." 그녀는 위안의 흉내를 내어 점잔을 빼며 말했다. 그리고 다시 웃고는 새끼 고양이 같은 검은 눈동자로 장난꾸러기처럼 시선을 던졌다.

그녀가 사라지자 방 안이 조용해졌다. 마치 심하게 불던 바람이 갑자기 멎은 듯한 기분이었다. 위안은 이 소녀를 이해할 수 없어서 놀라운 마음으로 앉아 있었다. 그녀는 그가 군인 생활을 하는 동안에 본 여자들과는 전혀 달랐다. 위안은 아버지가 자기를 어머니의 곁에서 떼어 오기 전, 누이도 자기도 어렸을 때의 추억을 떠올려 보려 했다. 오늘과 마찬가지로 종종걸음으로 달렸었고 커다란 검은 눈동자의 움직임도 빨랐다. 그리고 누이와 헤어지고부터 처음 한동안은 나날이 얼마나 무미건조했던가 생각했다. 그러한 회상에 잠겨 있으니 지금도 이 방 안이 정적에 잠겨 쓸쓸한 기분이 들어서 누이가 빨리 돌아와 주었으면 하고 생각했다. 그리고 누이의 그 웃음소리를 좀 더 듣고 싶어 더 오래 같이 있어 주었으면 하고 바랐다. 문득 그는 또다시 이제까지 자기의 생애에 얼마나 웃음이 없었는지를 깨달았다. 언제나 이것저것 의무뿐이었고, 가난한 아이들처럼 길에서 놀거나, 노동자 무리들이 대낮의 햇빛 아래서 쉬며 함께 식사를 하는 것과 같은 즐거움조차 경험한 일이 없었다. 그의 심장이 조금 두근거렸다. 이 도시에는 무엇이 기다리고 있을까, 젊은이라면 누구나 좋아할 만한 즐거움, 빛나는 새로운 생활이 기다리고 있을까?

문이 열리는 소리가 났으므로 위안은 열띤 눈을 그쪽으로 돌렸으나 이번에는 아이란이 아니었다. 그것은 노부인이었다. 그녀는 이 집안을 언제나 즐겁고 평화롭게 만들려고 애쓰는 사람인 듯 조용히 들어왔다. 뜨끈뜨끈한 음식 접시를 쟁반에 받쳐 든 하인이 따라 들어오자 부인은 말했다.

"음식을 여기 놓아라. 자, 위안, 나를 기쁘게 해 주려거든 좀 들거라. 기차간의 음식에는 이런 요리가 없었을 테니까. 자, 어서 먹으렴. 내 아들아. 내게는 달리 아들이 없으니까, 네가 일부러 나를 찾아와 준 것이 나는 얼마나 반가운지 모른다. 그리고 어째서 여기까지 오게 되었는지 그 까닭도 들려 다오."

위안은 부인의 이 정다운 말을 듣고, 그 얼굴의 표정도 뜻도 진실한 것을 보고, 마음을 따뜻하게 해 주는 목소리를 듣고, 탁자 옆으로 의자를 끌어당겨 주었을 때의 조그마하고 온화한 눈에 넘치는 친절의 빛을 보자 그만 저도 모르게 속절없이 눈물이 핑 도는 것을 느꼈다. 그는 타는 듯한 마음으로 생각했다. 어디를 가나 이렇게 정답게 대해 준 사람은 없었다. 갑자기 이 집의 따뜻함, 밝은 방 색깔, 귓가에 맴도는 아이란의 웃음소리, 노부인의 친밀한 태도, 그런 것들이 하나가 되어 그를 푸근하게 감쌌다.

그는 실컷 먹었다. 몹시 시장하기도 했거니와, 요리는 기차에서 사 먹은 것과는 달리 정성껏 조리되어 있었으며 기름과 소스도 아낌없이 사용한 것이었다. 위안은 전에 시골 음식을 맛있게 먹은 것도 잊어버리고, 이토록 따뜻하고 맛있는 음식은 또 없다고 생각하면서 잔뜩 먹었다.

위안이 먹는 동안 기다리던 부인은 식사가 끝나자 다시 그를 안락의자에 안내했다. 따뜻해지고 배가 불렀으므로 기분이 느긋해진 위안은 부인에게 이것저것 자기도 뚜렷이 의식하지 않았던 일까지 모두 털어놓았다. 진지하게 들어 주는 노부인의 부드러운 시선과 마주치니 수줍음도 사라져서 자기의 희망 즉, 전쟁이 싫다는 것과 대지에 뿌리박은 생활을 하고 싶다는 것, 그것도 농민과 같은 무지한 생활이 아니라 농민들에게 좀더 교양 있고 훌륭한 생활 방식을 가르쳐 줄 만한 지식을 가진 사람으로서 살고 싶다는 이야기 등을 모두 털어놓았다. 그리고 아버지 때문에 군관 학교를 몰래 탈출했다는 이야기도 했다. 가만히 자기를 보는 노부인의 슬기로운 눈에 이제까지 깨닫지 못했던 자신의 정체를 알게 된 그는 얼떨떨해서 말했다.

"저는 아버지의 적이 되어 싸우는 게 싫어서 탈출했다고 생각했습니다. 하지만 오늘 다시 생각해 보니, 아무리 훌륭한 대의명분을 위해서라도 언젠가는 동지들이 히듯 사람을 죽이게 되는 것이 싫었다는 이유도 있었음을 깨달았습니다. 저는 사람을 죽이지 못합니다…… 저는 용감하지 못해요. 그것은 저도 잘 알고 있습니다. 사실대로 말씀드리자면, 사람을 죽일 만큼 철저하게 미워할 수가 없습니다. 죽을 사람이 어떤 기분일까 하는 것까지 알 수 있으니까요."

그는 자신의 나약함을 드러내 놓은 것을 부끄럽게 여기면서 조심조심 노부인을 바라보았다. 그녀는 조용히 대답했다.

"아무나 사람을 죽일 수 있는 것은 아니야. 정말이야. 그렇지 않다면, 우린 모두 죽었겠지." 그리고 잠시 사이를 두었다가 그녀는 한결 다정하게 말했다.

"네가 사람을 죽일 수 없다는 것이 나는 기쁘구나, 위안. 사람의 목숨을 빼앗는 것보다 구하는 편이 좋은 일이니까. 나는 불교 신자는 아니지만 그렇게 생각한단다."

그러나 위안이 얼마쯤 창피한 마음으로 망설이면서 왕후가 위안의 뜻은 아랑곳없이 위안을 결혼시키려 했다는 말을 하자 노부인은 크게 충격을 받은 듯했다. 그때까지 부인은 그의 이야기를 친절하고 충분히 이해한다는 태도로 그의 말이 잠깐씩 끊어질 때는 가끔 동조의 말을 몇 마디 보태기도 하면서 들었다. 그는 고개를 숙이고 말했다.

"아버지에게 그럴 권리가 있다는 것은 저도 잘 알고 있습니다. 저도 법률이나 관습은 압니다. 하지만 저는 그런 일을 참을 수가 없습니다. 도저히 견딜 수가 없단 말입니다. 저는 제 몸은 제 것으로서 자유롭고 싶습니다……" 여기까지 말하자 아버지에 대한 미움의 기억에 마음이 흐트러지고 어떻게든 그것을 고백하고, 모든 것을 말해야만 할 것 같은 기분이 되어 이런 말까지 했다. "요즈음은 아버지를 죽이는 아들도 있다는데, 그 기분을 알 것도 같습니다. 제가 그렇게 할 수 있다는 건 결코 아니지만 저보다 손이 재바른 그런 사람들의 기분도 알 것 같습니다."

그는 이런 말을 해서 놀라지 않았나 하고 노부인을 살폈으나 그런 것 같지는 않았다. 부인은 여태까지보다 훨씬 힘을 주며 뚜렷하게 말했다.

"네가 옳다, 위안. 그럼. 나는 요즘 젊은 사람들의 부모들에게 늘 말하지! 아이란의 친구들의 부모님은 물론 네 큰아버지, 큰어머니께도. 젊은 사람들에게 언제나 불만을 품고 있는 부모들에게, 적어도 이 문제에서는 젊은 사람들 입장이 옳다고 말이야. 그렇고말고. 네가 하는 말이 옳다는 것을 나는 잘 알아. 나는 아이란에게 절대로 결혼을 강요하지 않을 생각이다. 그리고 필요하다면, 이 문제로 네가 아버님에게 반항하는 데도 힘을 실어 주마. 그건, 네가 옳다는 것을 확신하기 때문이야."

그녀는 슬픈 듯이 이 말을 했는데 거기에는 그녀의 인생에서 유래하는 정열이 은밀히 깃들어 있었다. 위안은 부인의 작고 조용한 눈이 아까와는 달리 빛나고, 침착한 얼굴에 감동의 빛이 강해지는 것을 보고 이상하게 여겼다. 그러나 그는 아직 젊었으므로 자기 문제 말고는 오래 생각하지 못했다. 다시 부인의 말이 주는 위안과 이 고요한 집이 주는 위로가 하나가 되어, 그는 꿈꾸듯이 말했다.

"앞으로 어떻게 해야 좋을지 알아낼 때까지 잠시 여기 머물러도 될까요……."

"암, 있어도 좋고말고." 부인은 따뜻하게 대답했다. "네가 있고 싶을 때까지 언제까지라도 있어. 나는 옛날부터 아들이 갖고 싶었는데, 마침 네가 와 주었구나."

부인은 이 키가 크고 살빛이 거무스레한 청년이 갑자기 좋아졌다. 그의 얼굴에 나타난 정직한 표정과 어딘지 조심스럽고 느린 몸놀림이 좋았다. 보통의 표준에서 말한다면 광대뼈가 너무 튀어나오고 입이 지나치게 커서 미남이라고는 할 수 없었으나, 여느 청년들보다 훤칠한 키가 마음에 들었다. 또 심지어 고집을 세울 때도, 말을 할 때는 자신의 능력에 그다지 확신이 없는 것처럼 어딘가 수줍은 듯 힘없어 보이는 점도 마음에 들었다. 그러나 힘없어 보이는 것은 다만 말투뿐이었으며 목소리는 깊이가 있고 사내다웠으며 좋았다.

위안은 부인이 자기를 마음에 들어 하는 것을 알고 마음이 더 따뜻해져서, 이 집이 더욱더 제집 같은 기분이 들기 시작했다. 잠시 이야기를 더 나누다가 부인은 그의 방이 될 조그마한 방으로 위안을 안내했다. 그곳은 층계를 올라가 다시 조그만 나선 계단을 올라간 다락방이었는데, 말끔하게 청소되고 필요한 것은 모두 갖추어져 있었다. 부인이 나가고 혼자 남자 위안은 창가로 가서 밖을 내다 보았다. 수많은 거리 곳곳마다 등불이 켜져서 도시 전체가 반짝이고 빛을 내뿜었다. 높고 어두운 데서 바라보니 마치 이제껏 본 적이 없는 새로운 천국이라도 늘여다보는 듯한 기분이있다.

드디어 위안의 새로운 삶이 시작되었다. 그때까지 꿈에도 생각지 못한 생활이었다. 아침에 일어나 세수를 한 다음 옷을 갈아입고 내려가니, 부인이 기다리고 있다가 그날 아침도 지난밤과 마찬가지로 명랑한 얼굴로 그를 안심시켜 주었다. 부인은 위안을 아침 식사가 차려진 식탁으로 안내하고 곧 그를 위해 생각해 둔 계획을 이야기하기 시작했다. 그러나 그의 뜻에 어긋날 듯한 말은 하지 않으려고 줄곧 매우 세심한 주의를 기울였다. 부인은 그가 단벌로 왔으므로 먼저 옷을 몇 벌 사줘야겠다고 말했다. 그리고 이 도시의 청년들이 다니는 학교에 입학시킬 생각이라고 말했다.

"서둘러서 직업을 찾을 필요는 없단다, 얘야. 요즘에는 먼저 새로운 학문을 익히는 게 좋아. 그렇게 하지 않으면 장래의 수입이 아주 줄어들거든. 나는 너를 내 아들로 생각한단다. 아이란이 희망한다면 해 줄 생각으로 그 애를 위해서 내가 계획해 둔 일이 있는데, 너한테도 그렇게 해 주고 싶어. 그러니 네가 공부에서 어느 정도 실력을 지녔는지가 뚜렷해질 때까지 이곳 학교에 다니도록 해라. 그리고 졸업하거든 직업을 구하는 것도 좋고, 잠시 외국에 유학하는 것도 좋을 거야. 요즘 젊은 사람들은 모두 외국에 가고 싶어하는데 내가 보기에도 그건 좋은 일이야. 네 백부님 같은 분은 외국에 가는 것은 헛일이고 다들 이상한 기술이나 능력만 머릿속에 잔뜩 넣어 갖고 돌아와서 도저히 상대해 줄 수가 없다고 말씀하시지만, 그래도 나는 사람들이 외국에 가서 되도록 많은 것을 배워서 돌아와 그것을 나라를 위해 사용한다는 것은 좋은 일이라고 생각한단다. 나는 아이란이……." 여기서 부인은 말을 끊고 잠시 얼굴빛이 어두워지더니 마음속 근심 때문에 무슨 말을 하는 중이었는지도 잊은 듯이 보였다. 그러나 곧 부인은 다시 환한 얼굴로 돌아와 단호하게 말했다. "나는 아이란의 일생을 억지로 정해 줄 생각은 없어. 그 애가 싫다면 싫은 거야. 내가 결정해선 안 돼. 그건 너도 마찬가지니, 내가 네 삶을 좌지우지하게 하지 말려무나, 아들아! 나는 다만 네가 하고 싶은 일이 있다면, 그때는 나도 그 방법을 생각해 주겠다는 거야.”

위안은 이와 같은 새로운 이야기에 어안이 벙벙해져서 쉽게 받아들이지 못하고 그저 기뻐서 더듬거리며 말할 뿐이었다. “저는 그저 감사할 따름입니다. 말씀해 주신 대로 기꺼이 하겠습니다.” 이렇게 말하고 그는 식탁에 앉아, 젊은이다운 새로운 식욕과 평안을 얻은 마음과 자기 집이 될 곳이 생겼다는 기쁨으로 아침을 잔뜩 먹었다. 부인은 웃으면서 흡족한 기분으로 말했다. “정말이지, 네가 먹고 있는 모습을 보기만 해도 네가 와 준 것이 기쁘구나, 위안. 아이란은 조금이라도 살이 찌면 안 된다면서 도무지 먹으려 들질 않거든. 새끼 고양이만큼밖에 먹질 않아. 그러면서 음식을 보면 먹고 싶어진다며 아침엔 아예 일어나지도 않지. 그 애는 아름다움이 그 무엇보다도 중요한 애야. 하지만 나는 젊은 사람들이 먹는 모습을 보는 것이 즐겁거든.”

이렇게 말하면서 부인은 자기 젓가락으로 생선이며 닭고기의 가장 맛있어 보이는 부분을 위안에게 집어 주고, 자기가 먹는 것보다 그의 건강한 식욕을 보는 데서 훨씬 커다란 즐거움을 느끼는 듯했다.

이렇게 위안의 새로운 생활이 시작되었다. 먼저 부인은 외국에서 수입한 비단이며 모직물을 파는 커다란 가게에 갔으며 이어 재봉사를 집으로 불렀다. 재봉사는 치수를 재고 천을 재단하여 도회식으로 위안의 옷을 만들었다. 부인은 재봉사를 재촉했다. 왜냐하면 위안은 아직 예전 옷을 입고 있었으며, 그것은 헐렁헐렁하고 촌스러워서 그런 옷을 입고 있는 동안에는 백부나 사촌 집을 찾아가게 하고 싶지 않았기 때문이었다. 그런데 아이란이 이야기해 버렸는지, 백부와 사촌들은 위안이 와 있다는 사실을 알고 환영연을 열 테니 꼭 참석하라고 알려 왔다. 그러나 부인은 위안의 외출복이 완성될 때까지 하루 더 연기하도록 했다. 그것은 공작 깃털 색 비슷한 파란 공단에 같은 빛깔의 꽃무늬를 새긴 두루마기와 소매가 달린 흑공단의 짧은 저고리였다. 위안은 부인의 배려에 감사했다. 새로 지은 옷을 입고 마을 이발사를 불러 머리를 깎고, 면도를 한 다음 부인이 사 준 새 가죽 구두를 신고, 검은 비단 조끼를 걸치고, 청년이면 누구나 쓰고 다니는 외국식 중절모를 쓰고 자기 방 벽에 걸려 있는 거울을 들여다본 위안은, 자신이 참으로 훌륭한 청년이며 이 도시 청년들에게 전혀 뒤지지 않는다는 것을 인정하지 않을 수 없었다. 이러한 일을 기쁘게 여기는 것은 매우 마땅한 일이었다.

그러면서도 그렇게 의식하니 왠지 낯 뜨거워져서 부인이 기다리는 방에 매우 수줍은 듯이 내려갔다. 그 방 안에 아이란도 있다가 그의 모습을 보자 손뼉을 치며 소리쳤다.

"어머, 굉장한 미남이 되셨네요, 오빠!" 이렇게 말하고 그녀가 놀리듯이 웃었으므로 위안은 갑자기 피가 쏠리면서 얼굴에서 목덜미까지 새빨개졌다. 아이란은 그 모습을 보고 다시 웃었다. 그러나 부인은 딸을 가볍게 나무라고 위안을 이리저리 돌려 보면서 마음에 안 드는 데는 없나 하고 살펴보았다. 조금도 흠잡을 데가 없었으므로 아주 만족해했다. 그의 몸은 늘씬하고 늠름해서 이토록 훌륭한 풍채가 된 것을 보니 애쓴 보람이 있었다는 생각이 들었다.

그리고 이틀째 되는 날 환영연이 베풀어져서 위안은 누이와, 이제는 어머니라고 부르는 부인과 함께 백부 집으로 갔다. 어찌 된 일인지 어머니라는 말이 친어머니를 부를 때보다 더 술술 나왔다. 세 사람은 마차가 아니라 차를 타고 갔는데, 그것은 내부에 장치된 엔진으로써 움직이며 하인이 운전을 했다. 위안은 이런 것은 여태까지 타 본 적이 없었으나 마치 얼음 위를 미끄러지듯 부드럽게 달리는 점이 썩 마음에 들었다.

백부 집에 도착하기 전에 위안은 백부와 백모와 사촌들에 대해서 많은 것을 알게 되었다. 아이란이 웃기도 하고, 한 마디 한 마디 뜻을 강조하기 위해 장난꾸러기 같은 표정을 짓기도 하고, 조그마하고 붉은 입술을 삐죽거려 보이기도 하면서 백부 댁 식구들에 대해 이것저것 생생하게 들려주었던 것이다. 그녀의 이야기를 들으며 위안의 눈앞에는 그들의 모습이 선하게 떠올랐다. 누이의 이야기가 무척 재치 넘치면서도 짓궂어서, 언제나 예의 바르던 그도 웃음을 터뜨리지 않을 수가 없었다. 아이란이 백부를, "꼭 산 같아, 위안 오빠. 커다란 배가 불룩 튀어나와서 그 배를 지탱하려면 아무래도 다리 하나가 더 생겨나야 할 것 같다니까. 그리고 얼굴 살이 어깨까지 축 처지고 머리는 꼭 스님처럼 맨질맨질하게 벗어졌어! 하지만 스님이 되시기엔 어림도 없지. 큰아버진 또 살이 찐 게 되게 속상하신가 봐! 더군다나 그 이유가 아들들처럼 춤을 추며 젊은 여자를 끌어안고 싶지만 그게 안 되기 때문이래." 그것을 생각하고 아이란은 큰 소리로 웃음을 터뜨렸다. 그러자 부인이 가볍게 나무랐으나, 그러면서도 그녀의 눈은 재미있다는 듯 웃고 있었다.

"아이란, 말조심해. 네 큰아버님이셔."

"그래요. 그러니까 생각한 대로 말하는 거 아니에요." 그녀는 태연히 말했다. "그리고 큰어머니, 그러니까 큰아버지의 첫째 부인은 이 도시가 싫어서 시골로 돌아가고 싶어하셔. 그러면서도 큰아버지가 혼자 있으면 돈을 노린 젊은 여자가 큰아버지를 차지하지나 않을까, 젊은 여자는 현대식이니까 첩 같은 것은 되지 않고 본처가 되어서 자기를 쫓아내지나 않을까, 그게 걱정이시지. 큰어머니 두 분은 적어도 이 점만은, 다시 말해서 큰아버지가 셋째 부인을 갖게 하지 않겠다는 점만은 의견 일치야. 요즘 흔히 말하는 여성 동맹이라고 할 수 있지.

그리고 사촌들 셋은, 제일 큰오빠는 오빠도 알듯이 결혼했어. 그런데 그 새언니가 집안의 주인격이라 남편을 아주 쥐고 흔든다나 봐. 그래서 가엾은 오빤 새언니 몰래 즐길 수밖에 없지. 하지만 언니가 어찌나 똑똑한지, 남편 몸에서 새로운 향수 냄새가 나거나 윗도리에 분이 조금 묻어 있기만 해도 바로 알아채고, 호주머니를 뒤져 편지를 찾아내는 거야. 그 오빠는 큰아버지의 전철을 밟고 있는 셈이야. 둘째 오빠 성(盛)은 시인이야. 꽤 괜찮은 시인이지. 잡지에 실리는 시를 쓰고 주인공이 사랑을 위해서 죽는 그런 소설 같은 것도 쓰는 이른바 반항아야, 상냥하고 귀엽고 잘 웃는 반항아. 언제나 새로운 연애를 하고 있어. 그런데 막내 사촌은 진짜 반항아야. 혁명가거든. 난 다 알고 있어."

이 말을 듣고 부인은 정색하며 말했다.

"아이란, 말조심해라! 그 애는 친척이야. 요즘 이 도시에서 그런 말을 하면 위험해."

"자기 입으로 나한테 그랬는걸." 아이란은 말은 그렇게 하면서도 목소리를 낮추고, 차를 운전하고 있는 사나이의 등으로 흘끗 시선을 던졌다.

그녀가 계속해서 더 많은 것을 이야기해 주었으므로 위안이 백부의 집에 들어갈 때는 그 집안사람들을 모두 알아볼 수 있을 정도였다.

백부의 집은 일찍이 왕룽이 북방의 시골 성내에 사서 아들들에게 남겨 준 커다란 집과는 전혀 달랐다. 그 집은 오래되고 크며 방은 괜히 크기만 해서 깊고 어둡거나, 여러 개의 안마당을 둘러싸고 어둡고 좁은 방들이 늘어서 있거나 했다. 이층이 없는 대신 옆으로 방이 몇 개나 이어져 있었고, 쓸데없이 넓고 지붕이 높으며 대들보가 보이고, 낡있다. 격지창으로, 남방에서 가져온 조개와 같은 것으로 징식되어 있었다.

그런데 이 새로운 외국풍 도시의 새 집은 비슷비슷한 집이 다닥다닥 붙어 죽 늘어선 거리에 세워져 있었다. 그 집은 서양식으로 높고 좁다래서 안마당도 뜰도 없었으며 방은 가까이 붙어 있으면서, 모두 작고, 창살 없는 유리창이 많아서 매우 밝았다. 방마다 햇빛이 강하게 비쳐 들어와서, 벽이며 꽃무늬 공단 천 덮은 의자며 탁자며 여성들의 밝은 비단옷이며 입술에 칠한 붉은 립스틱 등 모든 색채를 비추고 있었으므로, 위안은 친척들이 모인 방에 들어갔을 때 아름답다고 느끼기보다는 눈이 어지러웠다.

그때 백부가 두 손으로 커다란 배를 무릎에서 떠받들듯이 하며 일어났다. 그 배에는 양단(洋緞) 두루마기가 커튼처럼 드리워져 있었다. 백부는 숨을 헐떡이며 손님들에게 인사했다.

"아, 제수씨, 내 동생의 아들, 그리고 아이란, 다들 잘 왔소! 이제 보니, 위안도 키가 크고 살색이 거무스레한 게 아버지를 많이 닮았구나. 아니다. 아버지보다는 좀 부드러운 인상이구나."

백부는 배를 출렁이면서 숨을 헐떡이며 웃고는 간신히 다시 자기 의자에 가서 앉았다. 이어서 백모가 일어섰을 때, 위안은 고개를 옆으로 살짝 돌리며 곁눈으로 그녀를 보았다. 백모는 균형이 잡힌 회색 얼굴에 검은 공단 윗도리와 치마를 입은 매우 수수하고 고상한 부인으로, 두 손을 소매에 넣어 앞으로 모아 쥐고 전족을 한 조그마한 발로 다소 불안하게 서 있었다. 그녀는 모두에게 인사하고 말했다.

"동서도 우리 서방님의 아드님도 다들 건강해 보여서 다행입니다. 아이란은 여위었구나. 너무 말랐어. 요즘 젊은 아가씨들은 마르기 위해서 먹을 것도 제대로 먹지 않고, 남자들처럼 대담하게 몸에 꼭 붙은 옷을 입더구나. 자, 앉으세요, 동서."

백모 옆엔 위안이 전혀 모르는 여자가 서 있었다. 박박 씻은 듯한 붉은 볼, 비누로 씻어서 반짝이는 살결, 시골풍으로 이마에서 곧장 늘어트린 머리칼, 매우 빛나지만 그리 영리해 보이지 않는 눈을 가진 여자였다. 아무도 그 여자의 이름을 가르쳐 주지 않아서 하녀인지 아닌지 위안은 짐작할 수가 없었다. 어머니가 그 여자에게 공손히 인사말을 하는 것을 듣고서야 백부의 작은부인이라는 것을 알았다. 그래서 위안이 살짝 고개를 숙이니 여자는 얼굴을 붉히고 시골 여자가 하듯 두 손을 소매에 넣고 인사했으나 입은 열지 않았다.

인사가 다 끝나자 사촌들은 별실에 따로 가서 차를 마시자고 위안에게 권했다. 그와 아이란은 어른들한테서 해방되는 것을 기뻐하며 초대에 응했다. 위안은 사촌들이 수다를 떠는 동안 잠자코 듣고만 있었다. 그들끼리는 서로 잘 알았지만 위안은 사촌이라고는 해도 거의 남과 다름없는 존재였다.

위안은 그들을 한 사람 한 사람 찬찬히 관찰했다. 가장 위 사촌은 벌써 젊은 나이도 아니고 날씬하지도 않아서 아버지처럼 배가 나오기 시작했다. 짙고 어두운 빛깔의 모직 양복을 입고 있어서 서양 사람처럼 보였다. 흰 얼굴은 아직도 미남 축에 들었고 부드러운 손은 살이 올라서 포동포동했다. 사촌 누이인데도 젊은 여인이라고 아이란 쪽을 계속해서 흘끔거렸으므로 그의 아름다운 처는 날카로운 목소리로 잠깐 비꼬아 주고는 곧 다른 화제로 말을 돌렸다. 그리고 둘째 사촌, 시인 성이 있었다. 길게 기른 머리가 얼굴을 뒤덮고, 손가락은 가늘고 하였으며, 얼굴에는 짐짓 명상적인 미소를 띠고 있었다. 막내 사촌은 용모도 동작도 부드러운 점이 없었다. 열여섯 살쯤 되어 보이는 소년으로 흔히 보는 회색 교복을 입고 목까지 단추를 채웠는데, 얼굴은 인사치레로라도 아름답다고 할 수가 없었다. 울퉁불퉁하게 생긴 얼굴에 여드름이 잔뜩 났고 억센 두 손은 소매에서 길게 축 처져 있었다. 다른 사람들은 즐겁게 말하고 있는데 그만은 입을 열지 않고, 가까운 그릇에 담긴 땅콩만을 아주 굶주린 듯이 먹어 댔다. 표정은 젊은이만의 우울함을 띠고 있어서, 마치 싫은데 억지로 먹는 느낌이었다.

방 안에서는 그들의 발치를 어린아이들이 뛰어다녔다. 열 살과 여덟 살 먹은 사내아이가 둘, 어린 여자아이가 둘, 그리고 하녀가 쥔 끈에 묶여 칭얼거리며 우는 두 살배기, 유모에게 안겨 젖을 먹는 아기 등이었다. 이 아이들은 백부의 작은부인의 아이와 제일 큰 사촌 형의 아이였는데 위안은 아이를 대하는 것이 서툴러 상대하지 않았다.

처음 한동안은 이야기가 친한 사촌들 사이에서만 오갔으므로 위안은 잠자코 앉아 있었다. 조그만 탁자 위의 그릇에 담긴 여러 가지 과자를 마음껏 먹으라고 권하며 사촌 형수가 하녀에게 차를 따르도록 시켰을 뿐, 그들은 위안의 존재를 잊은 듯이 보였으며 위안이 배운 사교상의 예의범절 따위에는 아예 마음을 쓰려고 하지도 않았다. 그래서 그는 소리 없이 호두를 까고 차를 마시며 그들의 이야기에 귀를 기울였으며 이따금 수줍어 하면서도 어린아이에게 호두 알맹이를 주었다. 그러면 아이는 버릇없이 허겁지겁 먹어 치우고는 인사도 하지 않았다.

그러나 곧 사촌들의 잡담도 사그러졌다. 맨 위 사촌 형은 위안에게 어느 학교에 갈 생각이냐고 물었다. 위안이 외국에 유학을 갈지도 모른다고 말하자 부러운 듯이 말했다.

"나도 외국에 가고 싶었지만 아버지가 나 때문에 돈 쓰기를 매우 싫어해서 말이야." 이렇게 말하고 그는 하품을 하고는 콧구멍에 손가락을 넣고 시무룩하게 생각에 잠겨 있더니, 이윽고 가장 어린 사내아이를 무릎에 올려 과자를 주고 잠깐 놀리다가 아이가 화를 내는 것을 보고 웃어 대더니, 아이가 조그마한 주먹을 쥐고 대들자 더 재미있다는 듯이 껄껄댔다. 아이란은 사촌 새언니와 소곤소곤 이야기를 주고받고 있었다. 사촌 형수가 시어머니 흉을 보면서 요즘 여자라면 도저히 하지 않을 일까지 요구한다고 화난 듯한 어조로 소리를 죽여 말하는 것이 위안의 귀에게도 들렸다.

"집 안에 하인들이 잔뜩 있는데도 어머님은 꼭 나를 불러서 차를 따르라고 그런다니까, 아이란. 그리고 지난달보다 조금이라도 쌀이 더 많이 축나면 내 책임이라며 나무라잖아. 나도 이제 더는 못 참아. 요새는 자기 남편 부모님하고 한집에 사는 여자도 별로 없어. 나도 이제는 지긋지긋해."

그런 여자들끼리의 이야기가 한참 더 이어졌다.

그들 중에서 위안이 가장 호기심을 가지고 바라본 사람은, 아이란이 시인이라고 한 둘째 사촌 성이었다. 우선은 위안 자신이 시를 좋아하기 때문이고, 또 이 청년을 감싸고 있는 우아함이 마음에 들었기 때문이었다. 호리호리한 몸에 깃든 기품은 어두운 빛깔의 수수한 양복을 입고 있어서 더한층 돋보였다. 그는 미남이었다. 그리고 위안은 아름다운 것을 매우 좋아했다. 그래서 성의 빛이 나는 듯한 갸름한 얼굴이며 젊은 처녀의 눈 같은, 살구씨 모양의 검고 꿈꾸는 듯한 눈에서 시선을 뗄 수가 없었다. 이 사촌에게는 어떤 느낌이라고 할까, 마음 깊숙이 도사린 이해심이 있어 보였고, 그것이 위안의 마음을 끌어 그는 성과 이야기를 해 보고 싶었다. 그러나 성도 막내 사촌 멍(孟)도 전혀 말이 없었고, 이윽고 성은 책을 읽기 시작하고 멍은 땅콩이 다 없어지자 슬그머니 나가 버렸다.

이렇게 사람들이 가득 있는 방에서 이야기를 나눈다는 것은 그리 쉬운 일이 아니었다. 아이들은 걸핏하면 울음을 터뜨리고, 차와 음식을 나르는 하인들이 끊임없이 드나들어 문은 끽끽 소리를 내고, 사촌 형수는 소곤소곤 이야기를 하고 있는가 하면 아이란은 그 이야기가 재미있는 듯 큰 소리로 웃어 대고 있었다.

이렇게 하여 긴 저녁이 지나갔다. 호화로운 만찬회가 열리고 백부와 첫째 사촌 형은 믿을 수 없을 만큼 많이 먹었다. 그리고 요리가 생각한 것만큼 맛있지 않을 때는 둘이 함께 투덜거렸으며, 고기 요리와 과자의 솜씨를 비교하여 맛있는 요리가 있으면 큰 소리로 칭찬하다가 자기들의 평을 들려 준답시고 요리사를 불러냈다. 요리사는 부엌에서 일하던 그대로 새카맣게 더러워진 앞치마를 두르고 와서 주인이 하는 말을 걱정스럽게 듣고 있다가 칭찬을 받으면 개기름이 번지르르한 얼굴에 웃음을 띠고, 비난을 들으면 앞으로 조심하겠다며 사과하고 고개를 숙였다.

백부의 첫째 부인은 요리에 고기가 들어 있지나 않나, 돼지 기름을 쓰지 않았나, 달걀을 쓰지나 않았나 하는 것에만 온 신경이 곤두서 있었다. 그녀는 나이를 먹자 불자로서 모든 육류를 끊겠다고 맹세하여, 그녀 전용의 요리사를 따로 두고 있었다. 그 요리사는 채소로 어떤 고기의 모양도 교묘하게 만들 줄 알았다. 수프에 비둘기 알이 들어 있는 줄 알았는데 비둘기 알이 아니고, 생선 아닌 생선 요리도 워낙 교묘하게 눈알도 비늘도 꼭 진짜 생선처럼 만들어서 내왔으므로, 잘라 보고 살도 뼈도 없는 것을 보기 전에는 모두가 생선이라고 믿을 정도였다. 첫째 부인은 남편의 첩에게 이 모든 일을 맡기면서, 부러 들으라는 듯이 말했다.

"이보게, 이런 일은 원래 며느리가 해야 할 일이야. 하지만 요즘 며느리는 어디 예전 며느리 같아야 말이지. 내게는 며느리가 없어. 아니, 없는 거나 마찬가지야."

그러나 며느리는 새침하게 앉아 있었다. 미인이었으나 표정에 차가움이 서렸으며 그런 말은 숫제 못 들은 체했다. 그러나 사람이 좋아 언제나 조정자 역을 맡곤 하는 둘째 부인은 상냥하게 대답했다.

"저는 아무렇시도 잃아요, 형님. 바쁜 것을 좋아하니까요."

이렇게 그녀는 여러 자질구레한 일을 가로맡아 바삐 일하며 사람들 사이를 조정했다. 혈색이 좋고 건강해 보이며 언제나 생글생글 웃는 순박한 그녀의 가장 큰 행복은 잠깐 여가가 생기면 자기 신이나 자기 아이들 신에 수를 놓는 것이었다. 언제나 주위에는 작은 공단 천 조각과 함께 꽃, 새, 나뭇잎 따위를 깨끗하게 도려낸 종이 본을 놓아 두었고, 목에는 언제라도 쓸 수 있도록 색색의 비단실을 걸고 있었으며, 가운뎃손가락에는 늘 놋쇠 골무를 끼고 있었다. 하도 골무를 줄곧 끼고 있어서 밤에도 잊어버리고 그냥 자는 일이 흔했고, 또 골무가 없어졌다고 여기저기 뒤지다가 자기 손가락에 그냥 끼워져 있는 것을 발견하고는, 어린 아이처럼 명랑하게 웃어젖히는 바람에 나중에는 다른 사람들까지 모두 함께 웃음을 터뜨리곤 했다.

아이들의 울음소리며 식사의 어수선한 소리 등 이런 가정적인 잡담과 소음 속에서 교양 있는 왕후의 첫째 부인만은, 조용한 위엄을 간직하여 누가 말을 건네면 대답하고, 품위 있게 먹으면서도 그다지 먹는 것에 관심을 두지도 않고, 아이들도 예의를 갖춰 대했다. 그녀의 온화하고 침착한 눈은 그 사려 깊은 무게만으로도 걸핏하면 웃을 꼬투리를 찾느라 바쁜 아이란의 혀와 장난기 많은 눈을 눌렀으며, 자애롭고 부드러운 표정으로 앉아 있는 것만으로도 그녀는 다른 사람들도 모두 상냥해지고 예의를 지키게 만들었다. 위안은 그 모습을 보고 더욱 더 존경의 마음이 일었으며 그녀를 어머니라고 부를 수 있는 데 자랑을 느꼈다.

그로부터 한동안 위안은 이런 생활이 있을 줄은 꿈에도 생각하지 못했을 만큼 근심 걱정 없는 일상을 보냈다. 그는 노부인에게 모든 일을 맡기고 부인의 말을 마치 어린아이처럼 기꺼이 따랐다. 부인은 그에게 덮어놓고 명령하는 법 없이, 언제나 자기는 이렇게 생각하는데 너는 그래도 괜찮겠느냐고 물었으며, 더욱이 너무나 사려 깊게 물어보기 때문에 위안은 언제나 자기가 먼저 생각해 냈더라도 반드시 그런 선택을 했으리라고 여기는 것이었다. 부인 집에 와서 아직 얼마 되지 않은 어느 날, 아이란은 결코 함께하지 않는 아침 식탁에 단둘이 앉았을 때, 부인이 말했다.

"아들아, 네 거처를 아버님에게 알리지 않는 것은 아무래도 마음에 걸리는구나. 너만 좋다면 내가 아버님께 편지를 해서 네가 우리 집에서 무사히 지내고 있다는 것과, 이 해안 도시는 외국인들이 다스리고 있으니 전쟁에 휘말릴 걱정도 없어서 네가 아버님의 적으로부터도 안전하다는 사실을 알려 드리는 게 좋을 것 같다. 그리고 결혼 문제도, 요즘 젊은이들처럼 때가 되면 네 스스로 배우자를 고르도록 해 주십사 부탁드려 보마. 그리고 네가 이곳 학교에 다니게 되었다는 것과 건강하다는 것, 너는 어디까지나 내 아들이니 내가 돌보겠다는 말씀을 드릴까 한다."

위안도 아버지의 일이 조금 신경 쓰였었다. 낮에 거리를 구경하러 나가서 낯선 도시 사람들 사이에서 휩쓸려 다닐 때라든가, 이 조용한 집에서 새로운 학교에 가기 위해 산 책들을 읽고 있을 때, 자신의 의지를 지켜 이렇게 자유로운 생활을 보낼 권리가 자기에게는 있으며, 아무리 아버지라도 억지로 자기를 데려갈 수는 없는 일이라고 속으로 부르짖을 수가 있었다. 그러나 밤이라든가, 일찍부터 거리에서 들려오는 소음에 익숙해지지 않아 어두운 새벽에 눈을 떴을 때면, 자유란 불가능한 것이라는 기분이 들고 지나간 어린 시절의 공포가 되살아나 그는 속으로 소리쳤다. '여기서 계속 살아갈 수 있을 것 같지 않다. 아버지가 병사들을 데리고 또다시 나를 데리러 온다면 어떻게 될까?'

그럴 때에는 아버지의 온화함과 깊은 애정도 생각나지 않았고 아버지가 노령에다 병들어 있다는 것을 잊었으며, 그저 아버지가 자주 화를 낸 일이며 자기 뜻을 어떻게든 관철하려 했다는 것만 생각나서, 어릴 때의 슬픔과 근심으로 가득 찬 공포가 다시 엄습해 오는 것을 느꼈다. 여태까지도 몇 번이나 뭐라고 아버지에게 편지를 쓸 것인가, 만일 아버지가 온다면 어떻게 다시 몸을 숨길 것인가, 그런 것을 줄곧 생각해 왔던 것이다.

그래서 지금 노부인이 말하는 것을 들으니 그것이 가장 쉽고도 확실한 방법인 듯해서 위안은 감사한 마음으로 외쳤다.

"어머니, 그렇게 해 주시면 저한테 제일 도움이 되겠습니다." 그리고 식사를 하면서 계속 생각하고 있으니 자연스레 마음이 가벼워져서 조금 응석을 부려도 될 듯한 기분이 들었다. "다만 아버지가 옛날처럼 눈이 좋지 않으시니까, 편지 쓰실 때 알아보기 쉽게 써 주셨으면 해요. 그리고 저는 돌아가서 결혼할 마음이 없다는 것도 분명하게 써 주세요. 그런 노예 같은 처지에 떨어질 위험이 있다면 서는 아버지를 뵈러 가지도 않겠습니다."

노부인은 위안의 열정적인 모습을 보고 조용히 미소 지으면서 부드럽게 말했다. "그래, 틀림없이 그렇게 쓰마. 하지만 좀 더 정중한 말투로 말이다." 부인은 매우 침착하고 자신에 차 있는 듯이 보였다. 위안은 마지막 공포마저 사라지고 마치 노부인이 자신의 친어머니인 것처럼 부인에게 완전히 의지했다. 그는 이제 불안하지 않았다. 여기 있는 한 자기 인생은 안전하며 확실하다고 생각하고 오로지 이곳 생활의 다양한 국면에 강한 호기심을 불태웠다.

이제까지 위안의 인생은 참으로 단순했다. 아버지의 장군 관저에서 그가 할 수 있는 몇 가지 일만을 늘 반복했을 뿐이었고, 아버지 곁을 떠나 생활한 유일한 장소인 군관 학교에서도 독서와 군사훈련과, 놀기 위해 주어진 얼마 안 되는 시간에 사귄 청년들과의 논쟁이나 사귐 등 비슷한 생활이었다. 왜냐하면 군관 학교에서는 일반 사람들과 멋대로 교제하는 것을 허락하지 않았으며, 그들의 대의를 위해서 그리고 머지않아 일어날 전쟁을 위해서 엄격하게 훈련받았기 때문이었다.

그런데 이 소란하고 분주한 대도시에 와 보니 위안은 자기의 생활이 마치 한꺼번에 여러 장을 읽어야 하는 책과 같이, 동시에 수십 가지 삶을 경험하고 있는 기분이었다. 게다가 그는 모든 것에 욕심도 나고 의지가 불타오르고 간절히 목말라 있었으므로 어느 것 하나도 지나칠 수가 없었다.

가장 가까운 이 집에는 그가 동경하는 생활이 있었다. 여태까지 다른 아이들과 웃고 떠든다거나 자기의 의무를 잊어버릴 만큼 유쾌하게 놀아 본 적이 없는 위안은, 누이 아이란과 함께 살게 됨으로써 비로소 잃어버린 어린 시절을 다시 발견했다. 두 사람은 전혀 화를 내지 않고 말다툼을 할 수도 있었고, 이미 있는 놀이를 하기도 하고 둘만의 놀이를 생각해 내기도 했으며, 서로를 웃기려고 하면서 위안은 마지막에는 모든 것을 잊고 웃었다. 처음 한동안은 누이 앞에서 왠지 겸연쩍어서 소리 내서 웃지를 못하고 그저 미소만 지었다. 뭔가가 그의 가슴에 막힌 양 거리낌 없이 웃을 수가 없었다. 그는 너무 오랫동안, 진지하라, 품위를 잃지 않도록 천천히 행동하라, 웃음기 띠지 말고 엄숙한 표정을 지어라, 충분히 숙고한 뒤에 대답하라, 이런 식의 교육을 받아 왔으므로, 이 장난꾸러기 누이를 어떻게 대해야 좋을지 몰랐다. 아이란은 그를 놀리며 그의 고지식한 표정을 그 조그마한 얼굴로 흉내 내곤 했는데, 그것이 그의 시무룩한 얼굴과 너무나 비슷해서 노부인도 무심코 미소를 짓고 위안도 웃음을 터뜨리지 않을 수 없었다. 여태까지 그런 일을 당한 적이 없었으므로 처음에는 자기가 놀림을 받는 것이 좋은지 어떤지 알 수가 없었다. 그러나 아이란은 절대로 그가 엄숙하게 있도록 내버려두지 않았다. 그가 자기의 익살에 응수할 때까지 멈추지 않았으며, 또 그가 기지 있는 대답을 하면 그것을 아낌없이 칭찬해 주었다.

어느 날 그녀가 큰 소리로 말했다.

"어머니, 우리 집에 계신 군자께서도 꽤 젊어지셨어요. 우리가 이제 소년으로 회춘시켜 드리기로 해요. 방법은 알고 있어요. 양복을 지어 드리고, 내가 댄스를 가르쳐서 이따금 댄스파티에 모시고 나가는 거예요!"

그러나 위안이 새로 발견한 즐거움 가운데서도 그것만은 그가 감당하기엔 너무 버거웠다. 아이란이 댄스라고 부르는 외국 오락 때문에 자주 나가는 것을 위안도 알고 있었고, 밤에 이따금 화려한 전등불이 번쩍이는 집 앞을 지나면서 그 댄스파티라는 것을 보기도 했는데, 그때마다 그는 시선을 돌렸다. 자기 아내도 아닌 여자를 남자가 꼭 껴안는다는 것은 너무 대담한 행위로 보였고, 비록 자기 아내라 하더라도 그처럼 사람들 앞에서 공공연히 저러는 것은 왠지 안 될 일이라고 여겨졌기 때문이다. 갑자기 엄숙해진 그의 얼굴을 보자 아이란은 매우 집요하게 자기 생각을 고집했으며, 그가 우물거리듯 변명하며 "나는 할 수가 없어. 다리가 너무 긴걸." 하고 말하자 이렇게 대답했다. "서양인 중에는 오빠보다 다리가 긴 사람이 얼마든지 있어요. 그래도 아무 탈 없이 춤추는걸. 지난번에도 난 루이즈 링네 집에서 백인 남자랑 춤을 추었는데, 내 머리카락이 그 사람의 조끼 단추에 계속 걸릴 정도로 키가 컸어요. 그래도 그 사람은 바람에 흔들거리는 나무처럼 춤만 잘 추던걸, 뭐. 핑계를 댈 거면 좀 더 그럴듯한 핑계를 생각해 내세요, 오라버니!"

그가 부끄러워서 진짜 이유를 말하지 못하고 있으니 그녀는 웃으면서 조그마한 집게손가락을 그의 눈앞에서 흔들어 보이며 말했다.

"난 이유를 알고 있지. 오빠는 여자애들이 다 오빠에게 반할까 봐 그러죠? 연애하는 게 무서운 거죠?"

이 말을 듣던 노부인이 부드럽게 말했다. "아이란, 얘야, 그렇게까지 되바라진 말은 좀 삼가려무나." 위안은 불편한 듯이 웃고 그 자리는 어찌어찌 얼버무렸다.

그러나 아이란은 절대로 얼버무리고 넘어갈 생각이 없었고 날마다 그를 붙잡고 말했다. "도망치려 해도 소용없어요. 오빠에게 무슨 일이 있더라도 댄스를 가르치고 말 테니까!"

그녀의 생활은 거의 노는 데 소비되고 있었다. 학교에서 날듯이 돌아오면 책을 집어던지고 화려한 옷으로 갈아입고는, 연극이라든가 사람들이 실물과 똑같이 움직이고 지껄이고 하는 영화라는 것을 보러 갔다. 이런 가운데서도 잠시라도 위안과 얼굴을 맞대기만 하면 내일부터 댄스 연습을 시작하겠다고 그를 놀렸으므로, 그는 연애에 대해 생각하고 긴장하지 않을 수 없었다.

이 문제가 앞으로 어떻게 펼쳐질 것인가 위안은 알 수 없었다. 왜냐하면 아이란을 찾아오는 아름답고 잘 재잘거리는 처녀들이 그는 아직 무서웠으며, 또 아이란이 그녀들의 이름을 말하고 그녀들에게 "우리 위안 오빠야"라고 소개해 주어도, 위안의 눈에는 모두 똑같이 아름다워서 아직 누가 누군지 분간할 수가 없었기 때문이다. 게다가 이렇게 아름다운 아가씨들보다도 위안에게는 오히려 자기의 마음속 깊숙이 도사리고 있는, 그녀들의 작고 무심한 손길이 휘저어 일깨울지도 모르는 자기 안의 은밀한 힘이 무서웠던 것이다.

그런데 어느 날, 아이란의 짓궂은 장난을 도와줄 절호의 기회가 찾아왔다. 그날 밤 위안이 저녁 식사를 하러 방에서 나와 보니 노부인이 혼자 식탁에 앉아 기다리고 있었다. 아이란이 없었으므로 식탁은 매우 조용했다. 이런 일은 위안에게는 새삼스럽지 않았다. 아이란이 친구들과 놀러 가고 없을 때면 두 사람만이 식사를 하는 일이 자주 있었기 때문이었다. 그가 식탁에 앉자마자 부인이 조용히 입을 열었다.

"위안, 벌써부터 너에게 부탁할 일이 있는데, 네가 너무 열심히 공부하고 아침에는 일찍 일어나니까 밤에는 잘 자야 한다고 생각해서 여태까지 말을 꺼내지 못했단다. 하지만 솔직히 말하면 나는 지금 무척 골머리를 앓고 있어. 누군가의 힘을 빌려야겠는데, 난 너를 내 친아들처럼 생각하고 있으니까 다른 사람에게는 부탁 못할 일도 너한테는 부탁할 수 있을 것 같구나."

이 말을 듣고 위안은 몹시 놀랐다. 부인은 언제나 확신에 차고 침착해서 지혜라든가 이해력에 있어서 조금도 부족함이 없었으므로, 남의 도움이 필요하리라고는 생각지 못했던 것이다. 그는 밥공기를 든 채 부인을 쳐다보고 궁금한 듯이 물었다.

"무슨 일이든 말씀만 하세요. 어머닌 제가 여기 온 뒤로 저한테 친어머니보다도 더 잘해 주신걸요. 일일이 헤아릴 수 없을 만큼 친절을 베풀어 주시지 않았습니까."

그의 목소리와 얼굴에 나타난 솔직한 선량함은 부인의 엄숙함도 조금 누그러지게 했다. 부인은 평소라면 확고했을 입술을 떨면서 말했다.

"네 누이에 대한 거야. 난 그 애를 위해서 일생을 바쳐 왔어. 그 애가 남자가 아닌 것이 먼저 나의 첫 고민이었지. 네 어머니와 나는 거의 같은 무렵에 임신을 했는데 네 아버지가 출정하셨다가 돌아오셨을 때는 두 사람 모두 아기를 낳았던 거야. 나는 네가 내 아들이었더라면 하고 얼마나 바랐는지 모른다. 아버지는 나를 거들떠보지도 않으셨어. 도무지 관심이 없으셨지. 그분에게는 무언가를 느끼는 힘이 있어. 이상한, 깊은 마음을 가지고 계셨는데, 아무도 그 마음을 차지하지 못했지. 너 하나만은 제외하곤 말이야. 아버지가 여자를 어째서 그토록 싫어하시는지 나는 몰라. 하지만 사내아이를 갖고 싶어하신 것은 전부터 알고 있어서, 전쟁에 나가신 뒤에도 사내아이를 낳았으면 하고 끊임없이 생각했었지. 나는 세상 여자들처럼 그렇게 우둔하지는 않아. 친정아버님께서 알고 계시는 모든 학문을 가르쳐 주셨거든. 나는 언제나 생각했었지. 네 아버지가 어떻게든 진정한 내 모습을 보아 주시기만 한다면, 내 마음을 알아만 주신다면 부족하나마 갖고 있는 지혜로써 위안을 드릴 수도 있을 텐데 하고 말이야. 하지만 그분에게 나는 언젠가 아들을 낳을지도 모르는 여자에 지나지 않았어. 게다가 나는 끝내 사내아이를 낳지 못하고 아이란만 낳았지. 개선하고 돌아오셨을 때 아버지는 네 어머니 품에 안겨 있는 너만을 보셨어. 나는 아이란에게 사내아이들이 입는 빨강과 은빛의 늠름한 옷을 입혀 놓았었지. 거기다가 아이란은 무척 예쁜 아이였어. 그런데도 아버지는 서들떠보지도 않으셨어. 몇 번이나 이런저런 구실을 만들어서 아이란을 아버지에게 보내기도 하고, 내가 직접 데리고 가기도 했었지. 그 애는 영리하고 나이에 비해 지능의 발달도 빨랐으니까 얼마나 훌륭한 아이인가 아버지도 틀림없이 아시게 되겠지 생각했던 거야. 그런데 아버지는 여자라면 묘하게 어색해하시거든. 그래서 저 애도 보통 여자애로밖에 보이지 않은 거야. 마침내 나는 쓸쓸함을 견디지 못해서 그 집을 나갈 생각을 했지. 대놓고 말하지는 못하고 딸을 교육한다는 구실로 말이야. 그리고 아이란에게는 남자아이와 똑같이 공부시키고, 여자로 태어난 불리함을 없애는 데 온 힘을 다하자고 결심한 거야. 아버지는 너그러우셨어. 어김없이 돈도 부쳐 주셨거든. 아무런 부족함이 없었단다. 딱 한 가지, 내가 살든 죽든, 그리고 아이란이 어떻게 되든 전혀 신경을 써 주지 않는 것을 빼놓곤 말이야…… 내가 너에게 친절하게 한 것도 아버지를 위해서가 아니라 너를 위해서야. 너를 내 아들이라고 생각하기 때문이란다."

부인은 여기까지 말하고 깊은 생각을 담은 눈길을 그에게 돌렸다. 위안은 이 눈길과 마주치고 이렇게나 부인의 삶과 마음속을 들여다보게 된 것에 당황했다. 자신보다 훨씬 나이가 많은 부인에게서 이런 고백을 듣자 겸연쩍어서 말이 쉬이 나오지 않았다. 부인은 이야기를 계속했다.

"그래서 나는 아이란을 위해서 평생을 바쳐 왔어. 그 애는 귀엽고 명랑한 아이였지. 그 아이가 커 가는 모습을 보면서 언젠가는 훌륭한 화가나 시인이 되거나, 아니면 요즘은 여의사도 있으니까 내 친정아버님처럼 의사가 되면 제일 좋겠다고 생각했어. 그게 아니더라도, 적어도 이 신시대에 걸맞은 우리 나라의 여성 지도자가 될 것이 틀림없다고 나는 늘 생각했지. 내가 낳은 하나밖에 없는 자식은 내가 되고 싶어했던, 학식 있고 총명하고 위대한 여성이 될 것이 틀림없으리라 생각했거든. 나는 외국 학문을 익히고 싶었지만 뜻대로 되지 않았어. 그 애가 팽개친 교과서를 읽는데 모르는 게 너무나 많아서 서글퍼지더구나…… 하지만 이제 와서는 그 애가 내가 바라는 훌륭한 사람이 되진 못하리라는 사실을 알게 됐어. 그 애의 재능이라고는 잘 웃는 것과 남을 놀리는 것과 예쁜 얼굴로 사람 마음을 휘어잡는 것뿐이야. 무엇에든 힘껏 노력을 하려 하지 않아. 노는 것 말고는 아무것도 좋아하는 게 없지. 친절하기는 하지만 그 친절에는 깊이가 없어. 사람들한테 친절하게 하는 편이 불친절한 것보다 삶이 더 즐거우니까 친절한 거야. 나도 이젠 그 애의 한계를 알게 됐어. 나는 나 자신을 속일 생각이 없어. 내 꿈은 사라졌단다. 이제는 그 애가 현명한 결혼을 하는 것밖에 바라지 않아. 왜냐하면, 그 애는 결혼하는 것 말고는 길이 없거든. 그 애는 남자의 보호를 받아야 할 여자야. 하지만 그 애는 자유분방하게 자라서 내가 고른 사람하고는 결혼을 안 할 것이고, 게다가 고집도 세니 저러다 제 멋대로 누군지도 모르는 청년이나 나이 많은 어리석은 남자에게 몸을 맡겨 버리지나 않을까 걱정이다. 그 애는 어딘가 좀 비뚤어진 데가 있어서, 한때는 백인과 가깝게 지내면서 그 남자와 함께 있는 것을 누가 보면 우쭐거리곤 했었지. 하지만 지금은 그런 걱정은 없어. 다시 바람의 방향이 바뀌었으니까. 내가 걱정하는 것은 오히려 요즘 늘 같이 다니는 남자야. 내가 늘 그 애 뒤를 따라다닐 수도 없고, 사촌들도 그 댁도 믿을 수가 있어야지. 위안, 부탁이니 이따금 그 애와 함께 밤에 나가서 그 애가 잘못되는 일 없도록 좀 돌봐 주지 않겠니?"

부인이 이 긴 이야기를 막 마쳤을 때 아이란이 놀러 나갈 채비를 하고 방에 들어왔다. 은빛으로 가장자리를 두른 진한 장밋빛의 날렵한 옷을 입고, 서양식으로 뒷굽이 높은 은빛 구두를 신고 있었다. 깃은 최신 유행형으로 깊숙이 패어 있어서 어린아이같이 가늘고 매끄러운 목을 완전히 드러내 보였으며, 소매도 어깨 바로 밑에서 잘려 있어 가늘면서도 뼈가 앙상하지 않은 부드럽고 통통한 살결로 감싸인 아름다운 팔이 그대로 드러나 있었다. 어린아이처럼 가늘지만 여자답게 둥그스름한 손목에는 조각을 한 은팔찌를 끼었고, 두 손의 가운뎃손가락에는 은과 비취로 된 반지를 끼었으며, 흑옥처럼 반드르르한 검은 머리는 공을 들여 화장한 얼굴 주변에서 물결쳤다. 어깨엔 부드럽고 눈처럼 흰 외투를 걸치고 있었는데 방에 들어오자 그것을 휙 벗어던지고, 자기가 아름답다는 것을 충분히 인식하고 그것을 천진난만하게 뽐내듯이 처음에는 위안 쪽을, 이어 어머니

쪽을 방긋 웃으면서 바라보았다.

부인도 위안도 아이란에게서 시선을 뗄 수가 없었다. 아이란도 그것을 알고 진심으로 기쁜 듯, 승리를 자랑하는 듯한 웃음소리를 냈다. 이 웃음소리로 부인은 비로소 딸에게서 눈을 떼고 조용히 물었다.

"오늘 밤엔 누구와 함께 가니?"

"성 오빠의 친구하고 가요." 아이란은 명랑하게 대답했다. "작가예요, 엄마. 유명한 소설가 우리양(吳麗陽)이라고 있잖아요."

그것은 위안도 가끔 들어 본 이름이었다. 그는 서양식 소설로 유명한 인물이며, 그 소설은 자유분방한 남녀 간의 연애를 다루는데, 대부분의 경우 주인공의 죽음으로 끝을 맺었다. 그런 소설이므로 위안은 숨어서 살며시 읽었으며, 읽은 것을 부끄럽게 생각하면서도 짐짓 소설가에게 적지 않은 호기심을 갖고 있었다.

"때로는 위안 오빠도 좀 데려가 주렴." 어머니는 부드럽게 말했다. "너무 공부만 한다고 내가 늘 말했었지. 가끔 누이나 사촌들과 기분 전환을 하는 것도 나쁘지는 않을 거야."

"그래요, 위안 오빠. 나도 벌써부터 데려가고 싶었어." 아이란은 활짝 웃으면서 커다란 검은 눈으로 그를 바라보며 말했다.

"하지만, 먼저 양복이 있어야지. 엄마, 오빠에게 양복과 구두를 사 입고 사 신으라고 말씀 좀 해 주세요. 이 긴 구식 옷보다 양복 쪽이 다리가 자유로워서 춤추기 편해요. 나는 남자들의 양복 입은 모습이 참 보기 좋더라. 내일 같이 나가서 모두 사 주기로 해요. 오빠가 양복만 입으면 누구한테도 지지 않을 만큼 멋질 거야. 그리고 내가 춤을 가르쳐 줄게. 내일부터 당장 시작하도록 해요."

위안은 얼굴이 붉어져 고개를 저었으나 전처럼 단호히 거절하지는 못했다. 부인의 부탁을 생각하고, 이제까지 부인이 얼마나 자기에게 친절하게 해 주었는가를 생각하면, 이거야말로 은혜에 보답하는 길이라고 여겨졌기 때문이었다. 그러자 아이란이 소리쳤다.

"댄스를 할 줄 모르면 곤란하답니다. 혼자서 가만히 테이블에 앉아 있기만 할 수는 없잖아요. 젊은 사람들은 모두 춤을 출 텐데!"

"그게 요즘 유행이야, 위안." 부인은 한숨을 섞어서 말했다. "서양에서 들어온 기묘하고 야릇한 유행이지. 나는 싫어하고, 현명한 일이라고도 좋은 일이라고도 생각지 않지만 그게 유행이라는구나."

"엄마는 참 특이하고 너무 구식이셔. 하지만 난 엄마가 좋아." 아이란은 웃으면서 말했다.

위안이 입을 열기도 전에 문이 열리더니 검은색과 흰색의 서양식 차림을 한 사촌 형 성이 들어왔다. 또 한 남자가 나란히 들어왔는데 그가 바로 그 소설가라는 사실을 위안은 금방 알 수 있었다. 그리고 여자도 한 사람 있었다. 색이 초록과 금빛이라는 것 외에는 아이란과 똑같은 옷을 입고 있었다. 그러나 위안에게는 처녀는 모두 같아 보였다. 모두 아름답고, 모두 어린애처럼 가냘팠으며, 꼼꼼히 화장을 했고, 구슬 같은 목소리를 내고 끊임없이 즐거움이나 슬픔의 비명 소리를 냈다. 위안은 여자 쪽을 보지 않고 그 유명한 청년 쪽을 보았다. 그는 키가 크고 미끈한 사나이였으며, 크고 허여멀건 얼굴에 얇고 붉은 입술, 검고 가느다란 눈, 한일자로 그어진 가늘고 검은 눈썹이 매우 아름다웠다. 그러나 가장 눈에 띄는 것은 이야기를 하지 않는 동안에도 끊임없이 움직이는 그의 손이었다. 큰 손이었으나 여자 손 같아서, 손끝이 가늘고 뿌리 쪽은 굵고 부드러웠으며, 윤기 있는 올리브빛 살결은 향유를 바른 듯 좋은 냄새가 나는 퍽 육감적인 손이었다. 위안은 인사를 하기 위해 그 손을 잡았을 때, 그 손이 자기 손안에서 녹아 흐를 듯한 느낌이 들어 갑자기 그 감촉이 꺼림칙해졌다.

아이란과 그 사나이는 친근하게 서로 눈인사를 교환했으며 그의 눈은 그녀의 아름다움을 대담하게 이야기하고 있었다. 그 모습을 보자 어머니의 얼굴에 곤혹의 빛이 떠올랐다.

이윽고 그들 네 사람은 꽃향기를 나르는 바람처럼 갑작스레 나가 버렸다. 그리고 조용해진 방에는 다시 위안과 부인만이 남았다. 부인은 위안을 가만히 쳐다보고 말했다.

"위안, 내가 그런 부탁을 한 까닭을 이젠 알겠지? 저 사람은 이미 결혼했어. 나는 다 알고 있지. 성에게 캐물으니, 처음에는 말을 안 해 주려고 하더니 마침내 그런 게 무슨 상관이냐며, 부모가 골라 준 구식 여자가 부인이라면 남자는 다른 여자와 교제해도 무방하게 생각한다고 대수롭지 않게 말하더라. 하지만 나는 내 딸이 그 '다른 여자'는 아니었으면 좋겠구나, 위안."

"제가 함께 다니겠습니다." 위안은 말했다. 그리고 이제까지 나쁜 일이라고 생각했던 사실조차 잊을 수 있었다. 그것은 부인을 위해서 하는 일이기 때문이었다.

이렇게 하여 위안은 양복을 짓기 위해 아이란과 어머니와 함께 외국인 가게에 갔다. 그 가게에서는 재단사가 그의 치수를 재고 그의 체형을 찬찬히 뜯어보았다. 그리고 상하의로는 검은 천이, 낮에 입을 조끼로는 암갈색의 좀 꺼칠꺼칠한 천이 선택되었다. 그리고 가죽 구두며 모자며 장갑, 그 밖에 외국인들이 쓰는 자질구레한 것들을 모두 샀다. 물건을 사는 동안 아이란은 줄곧 지껄이며 웃고, 귀여운 손을 내밀어 이것저것 물건을 꺼내거나 뒤집어 보고 했으며, 고개를 갸웃거리면서 위안에게 어떤 것이 더 잘 어울리나 살펴보기도 했다. 마침내 위안도 좀 어색하고 부끄러우면서도 일찍이 없었던 명랑한 기분이 되어 웃음을 터뜨렸다. 아이란이 너무나 분방하고 아름다웠으므로 점원들까지 그녀의 말을 듣고 웃었으며, 살며시 그녀의 얼굴을 건너다보곤 했다. 다만 어머니만은 미소는 띠고 있었으나 한숨을 쉬었다. 아이란은 그 언행이 모두 거리낌 없었고 사람을 웃게 하려는 생각뿐이어서, 저도 모르는 사이에 사람들의 눈에 자기가 어떻게 비치는가를 살피면서, 남자가 자신을 아름답다고 생각한다고 확인하면 한결 더 쾌활해지는 것이었다.

이렇게 하여 위안은 아침내 양복을 입게 되었는데, 이제까지 헐렁한 두루마기를 입고 있던 다리 언저리가 왠지 벌거벗겨진 듯한 기분에 일단 익숙해지고 나니까 그는 양복이 매우 마음에 들었다. 걷기도 자유로웠고 주머니가 많아서 평소에 쓰는 자질구레한 것들을 넣는 데도 편리했다. 또 새로 맞춘 양복을 처음 입던 날 아이란이 손뼉을 치면서 "오빠, 근사해! 엄마, 보세요. 잘 어울리지 않아요? 이 빨간 넥타이……. 오빠의 거무스레한 얼굴에는 잘 맞겠다고 생각했는데 역시 맞았어" 이렇게 말했을 때는 솔직히 말해서 그도 유쾌했다. 그리고 아이란은 말했다. "위안 오빠, 난 오빠를 어디나 으스대면서 데리고 다닐 테야. 미스 칭, 우리 오빠 위안이야. 미스 리, 우리 오빠랑 친구가 되어 줘!"

이렇게 아이란은 잇달아 아름다운 아가씨들에게 위안을 소개하는 흉내를 냈다. 위안은 겸연쩍어서 어떻게 할지 몰라 두 볼이 새로 산 넥타이처럼 빨갛게 물든 채 꼼짝도 못 했다. 그러나 왠지 기분은 좋아서, 아이란이 축음기 뚜껑을 열고 온 방을 음악으로 가득 채우고는 그를 붙잡아 한 팔을 자기 몸에 두르게 하고 다른 손을 잡고 살짝 밀듯이 춤을 추기 시작했을 때도, 그녀가 하자는 대로 맡겨 놓고 있었다. 반은 얼떨떨하면서도 더없이 즐거웠던 것이다. 몸이 자연히 리듬을 타고 얼마 안 가서 발이 저절로 음악에 맞추어 움직였다. 아이란은 그가 어렵지 않게 음악에 맞추어 춤추는 것을 익히자 매우 기뻐했다.

이렇게 하여 위안의 새로운 즐거움은 시작되었다. 정말로 즐거웠다. 춤출 때 그의 피를 끓게 하는 욕정이 부끄러울 때도 있었다. 그리고 이 욕정이 솟으면 상대가 누구이건 간에 그 처녀를 더욱 세게 끌어안고, 서로 욕정에 빠지고 싶어졌기 때문에 자신을 억눌러야 하는 일도 있었다. 여태까지 위안은 여자의 손을 만져 본 적도 없고 누이나 사촌 말고는 젊은 여자에게 말을 건넨 적두 없었던 만큼, 따뜻하고 밝은 방에서 야릇하게 울리는 외국 음악의 리듬을 타고 팔에 젊은 여자를 안은 채 움직인다는 것은 그리 쉬운 일이 아니었다. 처음으로 춤추러 간 날 밤은 발이 말을 듣지 않아 스텝이 틀리지나 않을까 하는 데만 신경이 쓰여 정확하게 스텝을 밟는 것 말고는 아무것도 생각할 수가 없었다.

그러나 곧 발이 저절로, 다른 누구에게도 뒤지지 않을 만큼 자연스레 움직이게 되자 음악이 이끄는 대로 위안도 발에 신경을 쓰지 않게 되었다. 이 대도시의 댄스홀에 모인 온갖 인종과 국적을 가진 사람들 사이에 섞이니 위안도 그를 모르는 사람들 사이에 묻혀, 그저 군중 속의 한 사람에 지나지 않았다. 그는 혼자였다. 그리고 고독한 가운데 자기가 젊은 여자와 몸을 맞대고 여자의 손을 쥐고 있다는 사실을 발견했다. 처음에 그는 상대를 고르지 않았다. 모두 아름답고 모두 아이란의 친구였으며 모두 다른 남자와 마찬가지로 자기에게도 친절했다. 그로서는, 그저 한 여자를 끌어안고 달콤하게 타는 가슴의 불을 지피면서도, 그 불 속에 완전히 나를 맡길 용기는 없는, 그런 세계만으로 충분했다.

아침이 되어 열기도 식고, 진지한 학교 생활로 돌아가면 부끄러워지는 일은 있었으나 그래도 이런 생활은 위험하니 피해야 한다고 자기에게 타이를 필요는 없었다. 왜냐하면 이것은 부인에 대한 의무이며 자기는 부인을 돕고 있다는 변명이 있었기 때문이다.

그가 누이를 감시하고 있었던 것만은 사실이다. 매일 밤 댄스가 끝나면 아이란이 귀가 준비를 마칠 때까지 기다렸으며, 다른 처녀에게 함께 가자고 권하는 일은 없었다. 그렇게 하면 그 처녀를 배웅해 주어야 하고 아이란과 떨어져야 하기 때문이었다. 자기가 이렇게 즐기는 것을 정당화해야 했으므로 그는 주의 깊게 마음을 놓지 않고 감시했다. 우라는 사나이가 아이란과 자주 만나는 것은 사실인지라 더욱 눈을 뗄 수가 없었다. 이런 일로 말미암아 위안은 음악 소리에 맞춰 상대 여자가 몸을 붙여올 때 느끼는 감미로운 애절함도 잊을 수 있었다. 아이란이 우와 함께 다른 방으로 모습을 감추거나, 차가운 공기를 마시러 발코니로 나가거나 하면 더욱 그러했다. 그럴 때는 댄스가 한 곡 끝나고 자신도 그 방을 나와 그녀를 찾아내어 옆에 붙어설 때까지 마음이 놓이지 않았다.

그러나 아이란도 그런 것을 언제까지나 참고 있지 않았다. 그녀는 자주 뾰로통한 얼굴을 보이고 때로는 화를 내며 소리칠 때도 있었다.

"내 옆에만 붙어 있지 말아요, 오빠. 오빠도 이제는 혼자서 다른 아가씨를 찾아도 좋을 때야. 이젠 내가 없어도 되잖아, 춤도 제대로 추게 됐으니 난 좀 내버려둬요."

이에 위안은 아무 말도 하지 않았다. 그는 노부인에게 부탁받은 일을 실토하지 않았으며, 아이란도 아무리 화가 났을 때라도 그렇게 노골적으로 자기의 뜻을 고집하지는 않았다. 위안이 혹여 자기가 듣고 싶지 않은 말을 할까 봐 두려워하는 눈치가 보였으나, 화가 가라앉으면 다 잊어버리고 다시 그의 유쾌한 친구가 돼 주었다.

그러는 동안에 그녀도 꾀가 늘어서 아예 화를 내지 않게 되었으며, 오히려 웃으면서 그를 늘 자기 편으로 만들고 싶다는 듯이 어디든지 따라다니게 했다. 아이란이 가는 곳에는 언제나 그 소설가가 있었다. 집에는 결코 오지 않는 것을 보면 아이란의 어머니가 자기를 싫어한다는 것을 그도 아는 듯했다. 그러나 다른 곳에서는, 공개 석상이건 친구의 집이건, 아이란이 나타날 것을 알고 있기라도 한 듯이 언제나 그녀 옆에는 그가 있었다. 위안은 그 남자와 춤추고 있을 때의 아이란을 주의해 보기 시작했는데 그럴 때의 그녀는 예쁜 얼굴에 진지한 표정을 짓고 있었다. 그 진지한 표정이 그녀와는 너무나도 어울리지 않았으므로 위안은 때때로 불안해져서, 한두 번 부인에게 그 이야기를 할까 하는 생각까지 했다. 하지만 아이란은 여러 남자들과 춤추기 때문에 특히 그만을 꼬집어서 말할 수도 없었다. 어느 날 밤 위안은 함께 돌아오면서 아이란을 보고 그 남자와 춤출 때는 왜 그렇게 진지한 얼굴을 하느냐고 물었다. 그러자 그녀는 웃으면서 아무렇지도 않은 듯이 말했다. "아마 그 사람과 추는 것이 싫어서 그럴 거야." 그러고는 입을 오므리고 놀리듯이 빨갛게 칠한 입술을 위안 쪽으로 내밀어 보였다.

"그럼 왜 추니?" 위안은 퉁명스럽게 물었다. 그녀는 눈에 장난기를 가득 담고 한참 웃다가 말했다. "그렇다고 실례되는 일을 할 순 없잖아, 오빠." 결국 납득은 가지 않았지만 일단 넘어가기로 했다. 그러나 그것은 그의 즐거움에 일말의 어두운 그림자를 드리웠다.

그 밖에 또 한 가지 그의 즐거움을 손상시키는 일이 있었다. 예사로이 볼 수 있는 작은 일이기는 하나, 그것이 그에게는 마음에 걸렸다. 꽃으로 장식되고 술과 요리가 넘쳐 나는 뜨거울 정도인 심야의 화려한 방에서 나올 적마다, 위안은 잊어버리고 싶은 또 하나의 세계에 발을 내디디는 기분이 들었다. 그것은 어둠 속이나 새벽녘 흐린 빛 속에, 거지나 허기진 빈민들이 문밖에 몰려 있었기 때문이었다. 잠을 자려고 드러누워 있는 자도 있었으나, 그 가운데에는 손님이 떠나간 뒤의 환락장에 들개처럼 숨어들어 테이블 밑을 뒤져서 흐트러진 음식 부스러기를 훔치려고 하는 자도 있었다. 그러나 그것도 잠깐 동안이었다. 보이들이 고함을 지르며 발길질을 하고 팔을 잡아 끌어내고는 문을 닫아 버리기 때문이었다. 아이란과 그녀의 친구들에겐 이런 가엾은 사람들이 보이지 않았다. 또 보이더라도 본 척 만 척, 마치 들개라도 보듯이 돌아보고는 저마다 차에서 웃어 대고 까불어 대고 하다가 즐겁게 자기 집 침대로 돌아가는 것이었다.

그러나 위안의 눈에는 그들의 모습이 비쳤다. 보지 않으려고 해도 보였다. 그리고 깊은 밤 환락 중에도, 음악과 춤에 취해 있을 때에도, 어둡고 추운 거리에 나가 빈민들의 배고파하는 모습과 늑대 같은 얼굴을 봐야 한다고 생각하면 멍해지곤 했다. 어떤 때는 거지 하나가 떠들썩한 부자들의 무관심을 참다못해 손을 뻗어 부인의 공단 옷자락에 매달리는 때도 있었다.

그럴 때는 남자의 소리가 위협하듯이 뒤따랐다. "거기 그 손 놔! 그 더러운 손으로 부인의 공단 옷을 만져서 더럽히다니, 무슨 짓이야!" 그러면 주변에 서 있던 경관이 뛰어와서 손톱이 길게 자란 더러운 손을 곤봉으로 마구 때리는 것이었다.

그러나 위안은 고개를 숙인 채 서둘러 집으로 돌아갔다. 마음속에서 그는 곤봉으로 맞은 것이 자기 살이며, 뼈가 부러져 축 늘어지는 손이 자신의 굶주린 손이라고 느꼈다. 그 무렵의 위안은 쾌락을 좋아하고 가난한 사람들을 보는 것이 싫었지만, 그의 내면은 보고 싶지 않다고 생각하면서도 그들의 모습을 보도록 이미 빚어져 있었다.

그러나 위안의 생활은 그러한 밤으로만 이루어진 것은 아니었다. 친구들과 책상 앞에 앉아 학교에서 엄격하게 공부하는 생활이 있었고, 거기서 아이란이 시인과 반항아라고 부르는 사촌 형 성과 사촌 동생 멍도 더 잘 알게 되었다. 학교에서 그들은 자기의 참된 모습을 솔직히 드러냈으며, 교실에서나, 또는 운동장에서 공 던지기 같은 걸 할 때도 세 사촌들은 자기의 성격을 드러냈다. 모두가 죽 늘어선 책상에 앉아 강의를 듣거나, 친구들에게 덤벼들거나 큰 소리로 외치거나, 누가 경기에 실수라도 하면 한바탕 웃어 주거나 하며, 위안은 가정에서는 몰랐던 사촌들의 모습을 알게 되었던 것이다.

가정에서 손윗사람과 함께 있을 때 청년들은 결코 그들의 본모습을 드러내지 않았으며, 사촌들도 그러했다. 성은 언제나 말이 없고 누구에게나 예의가 발랐으며 시에 대해서는 내색도 하지 않았다. 멍은 늘 우울한 얼굴을 하고 자질구레한 애들 장난감이나 찻잔과 다완들이 얹힌 탁자에 잘 부딪쳐서 자주 어머니에게 꾸중을 들었다.

"이렇게 도자기 상점 속 코끼리 같은 애는 처음 보겠구나. 성처럼 점잖게 조용히 걷지 못하겠니?"

그런데 성이 놀러 가서 늦게 들어와 이튿날 늦잠을 자 지각을 하게 되면 어머니는 성에게 말하는 것이었다.

"정말 나만큼 마음고생하는 에미도 없을 게다. 자식이라야 굼뜨고 게으른 것들뿐이니. 멍처럼 집에 좀 붙어 있으면 어떠냐! 그 애가 양놈 같은 옷을 입고 밤에 슬쩍 빠져나가서 나쁜 곳에 가는 걸 본 적은 없어. 너를 그런 나쁜 곳에 끌어넣은 것은 형이고, 형을 그렇게 만든 것은 아버지야. 결국 나쁜 건 아버지라고 내가 누누이 말해 왔지."

실은 성은 형이 가는 오락장에는 결코 가지 않았다. 성은 형보다 취미가 고상하고 화려한 쾌락을 구하고 있었기 때문인데, 아이란이 가는 장소에서 위안은 곧잘 그의 모습을 보았다. 가끔은 위안이나 아이란과 함께 가는 적도 있었지만, 주로 그때그때 사랑하는 여자와 단둘이 가서 아무 말 없이, 밤새 즐겁게 춤을 추었다.

이렇게 형제들은 저마다 이 거대하고 잡다한 도시의 비밀 생활에 몰두하고 있었다. 그런데 성과 멍은 어릴 때 목매어 죽은 형과 중이 된 꼽추 형이 사이에 있어서 터울이 꽤 많이 져서 감히 싸울 엄두도 못 내는 큰형과 달리, 둘의 성향이 워낙 다른 탓에 다투려면 얼마든지 다툴 수도 있었다. 그러나 성과 멍 또한 거의 싸우는 일이 없었다. 그 이유의 하나는 성이 싸움 같은 것을 부질없는 짓이라고 생각하는 얌전하고 온화한 인품의 청년으로 멍에게 간섭을 하지 않았기 때문이며, 또 하나는 두 사람이 서로의 비밀을 알고 있었기 때문이었다. 성이 좋지 못한 장소에 드나드는 것을 멍이 아는가 하면, 성은 멍이 비밀혁명 당원이며 목적은 다르지만 자기가 다니는 장소보다 더 위험한 비밀 회합 장소에 드나드는 것을 알고 있었던 것이다. 그러므로 두 사람은 스스로를 위해 서로의 비밀을 지켜 주면서, 어머니 앞에서도 상대를 폭로하여 자기를 변호하는 짓은 하지 않았다. 그러나 시간이 갈수록 둘은 다 위안의 성품을 알게 되고 그에게 호의를 갖게 되었다. 그것은, 두 사람이 저마다 위안에게만 이야기한 것을 위안은 결코 떠들어 대거나 하지 않았기 때문이었다.

이제는 학교가 위안의 생활에서 큰 즐거움이었다. 그는 참으로 학문을 좋아했다. 위안은 책을 산더미처럼 사서 두 겨드랑에 끼고 왔고, 연필도 샀으며, 다른 학생들이 다 갖고 있는 외국제 펜을 사서 자랑스레 윗도리에 꽂고는, 전부터 쓰던 붓은 한 달에 한 번 아버지에게 편지를 쓸 때 말고는 쓰지 않았다.

위안에게 책이란 모두 마법의 세계였다. 그는 아직 읽어 보지 않은 책장을 열심히 넘기며 한 마디 한 마디를 머리에 새기려고 했으며, 학문을 사랑하기 때문에 끝없이 배우려고 했다. 눈만 뜨면 새벽부터 일어나서 책을 읽었고, 모르는 것이 있으면 암기했다. 이렇게 읽은 것을 모두 기억해 나갔다. 그리고 이른 아침 식사를 끝내면—학교에 가는 날엔, 아이란이나 어머니보다도 빨리 일어났으므로 혼자서 식사를 했다—그는 얼른 집을 나가 아직 오가는 사람이 적은 거리를 뛰어가서 언제나 가장 먼저 학교에 갔다. 그리고 교사가 조금이라도 빨리 오면 그 기회를 이용해서 수줍음과 소심함을 무릅쓰고 모르는 것을 질문했다. 때로는 휴강을 할 때도 있었는데, 그럴 때 다른 학생들은 놀 수 있다고 좋아하지만 위안은 좋아하지 않았다. 오히려 손해를 보았다고 생각하고 그 시간에는 교사가 강의했을 부분을 자습하며 보냈다.

이렇게 배움은 위안에게는 가장 큰 즐거움이었다. 세계 각국의 역사, 외국의 소설과 시, 생리학 등등 아무리 공부해도 싫증이 나지 않았다. 그중에서도 식물의 잎, 씨, 뿌리의 내부 구조를 연구한다든가, 비와 태양이 흙에 미치는 영향을 배운다든가, 작물은 언제 심으며, 어떻게 씨를 선택하며, 어떻게 수확을 늘리는가 하는 것을 배우기를 좋아했다. 이런 것들과 그 밖에 많은 것을 위안은 배웠다. 그는 밥 먹고 잠자는 시간조차 아까웠으나 그의 젊고 왕성한 육체가 언제나 시장해서 음식과 수면을 요구하기 때문에 그것은 어쩔 수가 없었다. 노부인은 이러한 것들을 잘 지켜보고 있었다. 그러나 아무 말도 하지 않았으며 그가 눈치채지 못하게 부인은 잘 주의하여, 그가 즐겨하는 요리를 될 수 있는 대로 식탁에 많이 올리려고 신경을 썼다.

그는 사촌들과도 자주 만났으며, 그들은 날로 위안의 생활의 일부가 되어 갔다. 성은 위안과 같은 수업을 들었는데, 곧잘 자작시와 작문을 낭독하여 칭찬을 받았다. 그럴 때 위안은 겸허하고 부러운 마음으로 그를 바라보며 자기도 그만큼 부드러운 운을 밟은 시를 지어 보고 싶다고 생각했다. 성은 겸손하게 눈을 내리깔고, 칭찬에 신경 쓰지 않는 체했다. 그러면 다른 사람들도 그것을 거의 진정이라고 생각하게 되지만 이윽고 성은 아름다운 입가에 자랑스러운 미소를 떠올려 무심코 본심을 드러냈다. 위안은 그 무렵 거의 시를 짓지 않았다. 공부로 머리가 가득 차서 시상이 떠오르지 않았고, 이를테면 시를 쓰더라도 치졸한 말밖에 떠오르지 않아서 그전처럼 마무리가 잘 되지 않았다. 그는 자기 사상이 너무 크기 때문에 형태가 잡히지 않고, 언어의 틀에 맞추기가 어렵다는 기분이 들었다. 여러 번 퇴고하여 정성 들여 썼을 경우에도 학자인 노선생은 이렇게 말하는 것이었다.

"흥미롭긴 하네. 꽤 잘 썼고. 하나, 자네가 뭘 말하고 싶은지를 난 모르겠단 말이야."

어느 날 위안이 종자(種子)를 주제로 해서 시를 썼을 때도 노선생은 머뭇거렸는데, 위안도 자기가 이야기하고자 하는 뜻을 확실히 말할 수가 없어서 더듬거렸다.

"제가 말하고자 하는 것은, 종자 속에는, 종자의 궁극적인 원자 속에는, 그것이 대지에 뿌려졌을 때 그 종자는 더는 물질이 아니라 영혼 같은 힘이랄까 생명이랄까, 정신과 물질의 중간단계가 되는 순간이 있어서, 종자가 성장하기 시작하는 변형의 순간을 잡아 그 변화를 이해할 수만 있다면……."

"음, 그렇군." 선생님은 이해 안 가는 얼굴로 말했다. 그는 친절한 노인으로 언제나 안경을 코끝에 걸치고 있었으며, 지금도 그 안경 너머로 위안을 바라보았다. 오랫동안 학생을 가르쳐 왔기 때문에 자기가 학생에게 구하는 것이 뚜렷하게 정해져 있고, 어떤 것이 좋다는 표준이 확립되어 있었다. 선생은 위안의 시를 내려놓고 안경을 치켜올리고는 다음 종이를 집어 들면서 반쯤은 무의식중에 말했다. "아무래도 자네도 잘 모르는 것 같군……. 자, 여기 더 잘된 시가 있다네. '하일만보(夏日漫步)'라는 제목이지. 매우 잘 됐더군. 내가 한번 읽어 주겠네." 그것은 성이 지은 시였다.

위안은 말없이 자기 사상을 마음속에 간직하고 선생이 읽고 있는 시를 들었다. 그는 성의 아름답고 막힘 없이 흐르는 사상과 가지런한 운율을 부러워했다. 그러나 그것은 몸을 죄는 듯한 부러움이 아니고, 아주 겸허한, 찬탄의 마음이 깃든 선망이었으며, 자기보다 훨씬 아름다운 성의 미모를 남몰래 사랑하는 것과 같은 기분이었다.

그러면서도 위안은 성의 참다운 모습을 알지 못했다. 성은 언제나 생글생글 웃고 공손하고 언뜻 개방적으로 보이지만 누구도 그를 진정으로 이해하는 사람이 없었다. 그는 언제든 따뜻하게 칭찬하고 호의에 넘치는 말을 하고 스스럼없이 이야기하지만, 무슨 밀이든 그의 본심을 말하는 것은 아니었다. 그는 위안에게 외서, "오늘 학교가 끝나면 영화 부러 가지 않겠어? '대세계극장'에서 무척 좋은 외국 영화를 하고 있는데 말이야." 이런 말을 할 때가 있었다. 그래서 함께 영화관으로 가서 세 시간이나 있다가 밖으로 나와도 위안은 성과 함께여서 즐거웠다는 생각은 들지만, 잘 생각해 보면 성이 말을 한 기억이 없었다. 기억나는 것은 다만 어두컴컴한 영화관 속에서 보았던 성의 미소 짓는 얼굴과 빛나는 살구씨 모양의 묘한 눈뿐이었다. 단 한 번, 성은 멍과 멍이 믿고 있는 주의에 대해서 이야기한 적이 있었다.

"나는 그런 무리들과는 다르단 말이야. 나는 혁명 당원 같은 것은 되고 싶지 않아. 나는 내 인생을 사랑하고 있고, 게다가 나는 아름다움밖에 사랑하지 않거든. 내 마음을 움직이는 것은 아름다운 것뿐이야. 어떤 주의건, 그 때문에 죽고 싶지는 않아. 곧 외국에 가겠지만, 외국이 더 아름다우면 돌아오지 않을지도 몰라. 알 수 없잖아? 나는 민중을 위해 고생하고 싶은 생각은 없어. 놈들은 더럽고 마늘 냄새만 난단 말이야. 멋대로 죽으라지. 그까짓 것들 없더라도 곤란할 것은 없어."

그는 이러한 것을 참으로 조용히 즐겁게 말하는 것이었다. 그때 두 사람은 화려한 극장 안에 있었으며, 주위의 잘 차려입은 남녀들이 과자나 호두를 먹으며 외제 담배를 피우는 것을 보고 있었는데, 그의 말은 그러한 사람들을 대표해서 한 것인지도 몰랐다. 위안은 이 사촌에게 호의를 품고는 있었으나 '멋대로 죽으라지'라는 말을 아무렇지 않게 지껄이는 그에게서 냉혹함을 느끼지 않을 수 없었다. 위안은 지금도 죽음을 두려워했기 때문이다. 오늘의 그는 가난한 사람들과는 먼 존재였으나, 그래도 그들이 죽는 편이 낫다고 생각한 적은 없었다.

그러나 그날 성이 한 말 때문에, 위안은 멍에 대해 좀 더 물어보고 싶다고 생각했다. 멍과 위안은 그다지 이야기를 나눈 적은 없었으나 축구를 함께 할 때가 있어서, 위안은 멍의 돌격하는 기세며 도약할 때의 격렬함에 호감을 느끼고 있었다. 멍은 다부지고 탄탄한 육체를 지녔다. 학생들은 거의 창백하고 축 늘어진 몸을 하고 있었으며, 많은 옷을 껴입고서 벗으려 하지 않았기 때문에, 달음박질하는 것도 어린아이 같았고, 공을 집는 것도 무척 서툴렀으며, 던지는 꼴도 마치 계집아이처럼 옆으로 던지는가 하면, 차는 것도 힘이 없어서 번번이 공이 슬슬 굴러가서 금방 멎어 버리곤 했다. 그런데 멍은 마치 적에게 돌진하듯 공에 덤벼들어 딱딱한 구둣발로 힘껏 찼다. 공은 높이 솟아올랐으며 떨어지면 크게 튕겨 다시 솟아올랐다. 멍의 체구는 축구로 단련되어서 위안은 성의 미모를 사랑하듯 멍의 몸을 사랑했다.

그래서 어느 날 위안은 성에게, "멍이 혁명 당원이라는 사실을 어떻게 알아?" 하고 물었다. 그러자 성은 대답했다. "멍이 제 입으로 말했어. 언제나 나한테는 자기가 하는 일을 조금 말해 주지. 멍이 그런 말 하는 상대는 아마 나뿐일 거야. 때로는 나도 걱정스러울 때가 있어. 아버지나 어머니, 형한테도 멍이 하는 일을 말할 수는 없으니 말이야. 말하면 멍에게 잔소리를 할 테고, 멍은 금방 후끈 달아오르는 성질이니까 집을 뛰쳐나갈지도 모르거든. 요즘은 나를 믿고 이런 얘길 해 주니까 그 녀석이 뭘 하고 있는지 알지만, 털어놓지 않는 비밀이 있다는 것도 난 알아. 과격한 구국의 맹약에 참가해서 손가락을 칼로 베어 피를 흘려서는 그 피로 맹세를 쓴 모양이거든."

"학교에도 혁명 당원이 많아?" 위안은 좀 걱정이 되어서 물었다. 그때까지 이곳이라면 안전하다고 생각했는데 암만 해도 그리 안전하지 않은 듯한 느낌이 들기 시작했기 때문이다. 그래서는 군관 학교 친구들이 했던 짓과 같았고, 자기는 역시 그 사이에 끼고 싶지 않았다.

"많아." 성은 간단히 대답했다. "여학생도 있지."

위안은 눈이 둥그레지며 놀랐다. 그 학교에는 여학생도 있었다. 남자 학교라도 여학생의 입학을 허가하는 것이, 이 진보적인 해안 도시에서는 관례가 되어 있었던 것이다. 학문을 익히고자 하는 여학생이 그다지 많지는 않았으나 그의 학교에만도 삼사십 명은 있어서 교실에서 드문드문 그 모습을 볼 수 있었는데, 그녀들은 주로 아름답지 못하며 또 언제나 공부만 하고 있어서 위안은 그들에게 주의를 기울이지 않았고, 자신의 인생과는 관계 없다고 생각하고 있었던 것이다.

그런데 이날 이후, 성의 말이 마음에 걸려서 위안은 여학생들을 전보다 호기심을 갖고 보게 되었으며, 책을 옆에 끼고 눈을 내리깐 여학생과 스쳐 지날 때마다 이렇게 정숙한 여자가 비밀 음모에 가담한다는 것이 과연 있을 수 있는 일일까 생각했다. 그 가운데서도 특히 그의 주의를 끈 여학생이 있었다. 위안과 성의 학급에 있는 유일한 여학생이었기 때문이다. 굶주린 참새처럼 앙상했으며 얼굴은 뾰족한 데다가 광대뼈가 높고 오뚝한 코 밑의 얇은 입술은 빛깔이 좋지 않았다. 교실에서는 거의 말을 하지 않았고, 쓰는 문장은 좋지도 나쁘지도 않아 선생에게 비평을 받는 일도 없었으므로 그녀의 사상은 누구도 알지 못했다. 그러나 그녀는 언제나 강의에 나와서 선생이 하는 말에 열심히 귀를 기울였으며, 이따금 그 가느다랗고 음울한 눈에 흥미의 빛을 보이기도 했다.

위안은 호기심에서 곧잘 그 여학생 쪽을 바라보았다. 그러다가 어느 날 마침내 그녀는 그의 시선을 느끼고 그의 쪽으로 시선을 돌렸다. 그 뒤 위안이 그녀 쪽을 보면 언제나 그녀도 살며시 자기를 보고 있는 것을 발견했으므로 그녀를 보지 않기로 했다. 위안은 성에게 그녀에 대해 물어 보았다. 언제나 조용히 혼자 있었기 때문이다. 성은 웃으면서 대답했다.

"아, 걔? 바로 그 패거리들의 하나야. 멍의 친구지. 둘이서 언제나 비밀 의논이며 계획을 짜고 있지. 저 차가운 얼굴을 좀 봐. 차가운 인간이라야 가장 확실한 혁명가가 되지. 멍은 지나치게 뜨거워서 오늘 열중해 있는가 하면 내일은 절망에 빠지곤 한단 말이야. 그런데 저 여자는 언제 보아도 얼음처럼 차갑고 변하지 않으며 단단하거든. 나는 언제나 똑 부러지고 차가운 여자는 싫더라. 그러나 저 여자는 멍이 흥분해서 조급히 계획을 발표하려 할 때는 냉정하게 식혀주고, 절망해 있을 때는 언제나 변함 없는 태도로 기운을 내게 해준단 말이야. 저 여자는 이미 혁명이 일어나고 있는 깊숙한 내륙 출신이야."

"저 사람들은 대체 무슨 계획을 하고 있지?" 위안은 호기심을 못 이기면서 목소리를 낮추어 물었다.

"혁명군이 오면 크게 환영할 계획을 짜는 거야." 성은 말하고 어깨를 움츠리더니 남이 듣지 않도록 슬슬 걸어가기 시작했다. "저 친구들이 가장 힘을 들여 공

작을 하는 대상은, 날마다 몇 푼 안 되는 임금밖에 받을 수 없는 공장 노동자들
이야. 그리고 인력거꾼들에게도, 그들이 얼마나 짓밟히고 있으며, 외국 경찰이
얼마나 잔혹하게 그들을 탄압하고 있는가를 떠들어 대고, 승리의 날이 오면 그
러한 하층 계급이 일제히 일어나 바라는 것을 얻을 수 있도록 공작하고 있는 거
야. 두고 봐, 위안. 놈들은 너를 설득하러 올 테니까. 머지않아 멍이 널 찾아올 거
야. 전번에도 나한테 묻더군. 위안은 어떤 인간일까, 마음속으로는 혁명에 찬성
하고 있을까 하고 말이야.”

　마침내 어느 날, 위안은 멍에게 붙잡혔다고 생각했다. 멍은 한 손을 위안의 어
깨에 얹고 한 손으로는 옷소매를 잡은 채, 여느 때와 마찬가지로 기분이라도 나
쁜 듯이 무뚝뚝한 어조로 말했다.

　“형이랑 나는 사촌간인데도 둘이서만 이야기한 적도 별로 없고, 이래서야 마
치 남이나 다름없잖아. 교문 앞에 있는 찻집에 가서 함께 뭐라도 마실까?”

　그날은 수업이 끝나고 할 일도 없었으므로, 위안은 거절할 수도 없고 해서 멍
과 함께 나갔다. 두 사람은 한동안 잠자코 앉아 있었으나 멍은 특별히 한 말이
있는 것은 아닌 모양이었다. 그저 거리로 눈길을 던지며 지나가는 사람을 보고
있을 뿐이었으며, 어쩌다가 입을 열더라도 그것은 눈에 띄는 것을 신랄히 비판
하기 위해서였다.

　“저 차를 타고 가는 거만해 보이는 돼지놈 좀 봐! 착취 계급이지. 고리대금업
자나 은행가나 아니면 공장주일 거야. 보면 알아. 분화구 위에 앉아 있다는 것을
저놈은 깨닫지 못하고 있어!”

　사촌 동생이 하는 말의 뜻은 알았으나 위안은 잠자코 있었다. 속으로는 그 사
람보다 멍의 아버지 쪽이 더 뚱뚱하다고 생각했다.

　멍은 또 이런 말도 했다.

　“저 인력거를 끌고 가는 사람 좀 봐. 굶어 죽기 직전이로군. 저것 봐, 교통 위반
을 했네. 시골서 갓 나온 친구라 순경이 손을 들고 있을 때는 길을 가로질러가면
안 된다는 것을 모른단 말이야. 저것 좀 봐, 순경이 때리고 있어. 인력거를 뒤집어
엎고 방석을 내던졌어! 저것으로 저 사람은 인력거도 오늘의 벌이도 다 날려 버
리고 만 거야. 하지만 오늘 밤에도 인력거 주인에게 삯을 내야 한단 말이야.”

그리고 인력거꾼이 절망적으로 고개를 푹 숙인 채 사라지는 모습을 보면서 멍의 목소리가 떨리기 시작했다. 위안이 돌아보니 놀랍게도 멍은 자기의 분에 못 이겨 울고 있었으며 눈물을 흘리지 않으려고 애쓰고 있었다. 위안이 동정 어린 눈초리로 자기를 보고 있는 것을 깨닫고 멍은 목멘 소리로 말했다.

"이야기를 할 수 있는 데로 가자. 이야기리도 해야지 못 견디겠어. 저렇게 얌전히 탄압에 견디는 우매한 인간들을 보면 차라리 죽이고 싶어진단 말이야."

위안은 멍을 달래기 위해 자기 방으로 데려가서 문을 닫고 흥분이 가라앉을 때까지 이야기하게 했다.

이때 멍과 이야기한 것이 동기가 되어 위안이 속으로 잊고 싶다고 생각했던 양심이 눈을 떴다. 위안은 요즈음 안락한 생활을, 쾌락과 자극을, 의무로부터의 해방을, 자기가 하고 싶은 일만 하고 있으면 그만인 생활을 사랑하고 있었다. 함께 사는 노부인과 아이란이 칭찬과 애정을 아낌없이 주므로 그는 따뜻함과 상냥함에 싸인 채 살고 있었다. 세상에는 몸을 따뜻하게 할 옷도 없고, 배를 채울 밥도 없는 사람들이 있다는 사실을 잊을 수 있다면 잊고 싶었다. 자기가 너무나 행복했으므로 슬픈 것을 생각하고 싶지 않았고, 때로는 새벽녘의 어둠 속에서 아버지가 아직도 자기를 뜻대로 할 수 있다고 생각되는 때가 있어도 노부인의 지혜와 친절에 기대어 그런 걱정을 쫓아 버렸다. 그런데 오늘 멍이 말한, 가난한 사람들의 일이 또다시 그의 생활에 어두운 그림자를 던졌으며 그는 그 그림자와 정면으로 맞설 수가 없었다.

그렇지만 이러한 이야기로 하여 위안은 여태까지와는 다른 눈으로 조국을 보는 방법을 배웠다. 흙벽집에 있을 때 그는 조국을 그저 광활하고 아름다운 대지로서 보았다. 그는 말하자면 조국의 아름다운 육체를 본 것이다. 그때도 그는 민중이라는 존재를 깊이 느끼지 않았다. 그런데 이 도시 거리에서, 조국의 영혼을 보는 방법을 멍은 가르쳐 준 것이다. 하층 계급이나 노동자에게 가해지는 아무리 사소한 모욕에도 멍은 분노로써 주의를 기울이는데, 위안은 자기보다 나이 어린 청년에 의해서 그러한 것에 주의하는 방법을 배운 것이다. 매우 부유한 사람들이 있는 곳에는 반드시 무척 가난한 사람이 있는 법이다. 거리를 걷노라면 가난한 사람들이 더 눈에 많이 띄었다. 왜냐하면 대부분의 사람들이 가난했기 때문이다. 가장 비참한 것은 눈멀고 병들고 더러워질 대로 더러워진, 굶어 죽기 직전의 어린아이들이었다. 양쪽에 온갖 상품을 늘어놓은 커다란 상점들이 있고, 머리 위에는 비단 깃발이 나부끼고, 발코니에서는 악단이 음악을 연주하면서 손님을 끌고 있는 화려하고 밝은 거리마다 너절한 거지들이 구슬픈 소리로 구걸을 했다. 보이는 얼굴마다 여위고 흙빛이었으며, 아직 해도 지지 않았는데 손님들을 찾기 위해 매춘부들이 우글거렸다.

위안은 마침내 그러한 모든 것을 보았다. 그러면서 그 인식은 멍보다 더 깊숙이 그의 폐부를 찔렀다. 멍은 그저 주의(主義)에 봉사하는 인간, 주의를 위해서 무엇이든 이용하지 않고는 못 견디는 인간이었다. 굶주린 사람들이라든가, 외국에 달걀을 수출하는 공장 밖에 내던져진 썩은 달걀을 줍기 위해 몰려드는 빈민들이라든가, 1전짜리 죽을 사서 먹고 있는 빈민들이라든가, 소나 말에게도 무거울 짐을 힘겹게 지고 가는 짐꾼이라든가, 빈민들이 구걸을 하는데도 못 본 척 시시덕거리는 게으르고 빈들거리는 부자들과 비단을 걸치고 화장을 한 여자들을 볼 때마다 멍의 분노는 폭발하고, 이러한 모든 것에 대한 해결책으로써 그는 언제나 이렇게 부르짖었다.

“우리들의 주의가 승리하지 않으면 이 상태는 절대로 좋아지지 않는다. 절대로 혁명이 필요하다. 우리들은 부르주아를 때려눕히고, 우리들을 탄압하는 외국인들을 쫓아내, 가난한 사람들을 구해주어야 한다. 그러기 위해서는 오직 혁명이 있을 뿐이다. 위안 형, 형은 언제 이 사상을 인정하고 우리들의 주의에 참가해 줄 참이야? 우리는 형이 필요해. 조국은 우리 모두를 필요로 하고 있는 거야!”

멍은 노기에 불타는 눈초리를 위안에게 돌렸다. 그 눈길은 위안이 약속할 때까지는 돌리지 않을 기세였다.

그러나 위안은 약속할 수가 없었다. 그는 그 주의가 무서웠다. 결국 그것은 그가 도망쳐 온 바로 그 주의와 같은 것이 아닌가.

게다가 위안은 어떠한 주의가 이러한 병폐를 모두 해결해 주리라는 이야기를 전혀 믿을 수 없었으며, 멍처럼 부자라면 누구든 격렬하게 미워할 수도 없었다. 뚱뚱하게 살찐 부자들의 몸뚱이, 손가락에 낀 반지, 모피로 안을 댄 외투, 부인들의 귀에 건 보석, 얼굴에 한 화장, 그러한 것들이 모두 멍을 그 주의로 몰아세웠다. 그런데 위안은 부자의 얼굴이라도 다정한 표정이면 인정하지 않을 수 없었으며, 공단 옷을 입고 있더라도 거지에게 돈을 주는 여자의 눈에서 연민의 빛을 읽을 수도 있었으며, 부자의 입에서 나오든 가난한 사람의 입에서 나오든 그는 웃음소리를 좋아했다. 혹 니쁜 사람으로 알고 있더라도 웃는 사람은 좋았다. 멍은 피부색에 따라서 사람을 사랑하기도 미워하기도 하지만, 위안은 암만 해도 '이 사람은 부자니까 악인이다, 이 사람은 가난하니까 선인이다' 생각할 수는 없었으며, 따라서 아무리 위대한 주의라도 그것을 완전히 믿을 수는 없었다.

위안은 이 도시의 복잡한 길거리에서 마주치는 외국인들을 멍처럼 미워할 수는 없었다. 이 도시는 세계 각지와의 무역이 성했으므로 온갖 피부색과 온갖 나라 말을 지껄이는 외국인들로 넘쳐났으며, 어디를 가나 그들의 모습이 눈에 띄었다. 점잖은 사람이 있는가 하면 소란스럽고 성질이 고약한 주정뱅이도 있었고, 가난한 자도 부자도 있었다. 멍이 특히 미워한 대상은 돈 많은 외국인이었다. 술 취한 외국 선원이 인력거꾼을 걷어차고 있다든가, 백인 여자가 장사치에게 무엇을 사고 달라는 값을 다 주려 하지 않는다든가, 많은 국적의 인간들이 모여서 함께 생활하는 항구 도시에서는 곧잘 볼 수 있는 광경도, 멍은 견딜 수가 없었다.

멍은 외국인에게 공기를 마시게 하는 것조차 불쾌해했다. 외국인을 만나면 절대로 길을 양보하지 않았다. 화난 청년의 얼굴을 한결 더 험악스럽게 하여 어깨를 쫙 펴고는, 설혹 상대가 여자라도 외국인이 길을 비켜서 지나가면 만족해하며 증오에 찬 어조로 중얼거렸다.

"저런 놈들은 우리 나라에 오지 않아도 돼. 놈들은 우리를 약탈하기 위해 온 거야. 놈들은 종교로 우리들의 영혼을 빼앗고 무역으로 물건과 돈을 빼앗고 있어."

어느 날 멍과 위안이 학교에서 돌아오는 길에, 시내에서 백인처럼 피부가 희고 코는 높으나 눈과 머리는 백인답지 않게 새카만 마른 사나이를 만났다. 그러자 멍은 분노에 찬 시선을 던지더니 위안을 돌아보고 말했다.

"이 도시에서 무엇보다 싫은 것은 저런 인간이야. 이것도 아니고 저것도 아닌 녀석이야. 피가 섞여서 믿을 수가 없어. 마음도 둘로 나뉘어져 있거든. 중국인이면서, 남자건 여자건 외국인의 피와 자기 피를 섞을 만큼 자기를 잊다니, 나는 이해할 수 없어. 나는, 방금 만난 그런 놈들을 모두 매국노로 죽이고 싶단 말이야."

그러나 위안은 그 사람의 온화한 표정이나, 희지만 인내심이 강해 보이는 얼굴을 잊을 수 없었다.

"하지만 따뜻해 보이는 사람이잖아. 피부빛이 희고 혼혈이라는 이유만으로 악인이라 생각할 수는 없어. 부모가 한 일을 어떡하란 말이야."

그러나 멍은 소리쳤다.

"형은 그를 미워해야 해, 위안! 백인들이 우리 나라에 어떤 짓을 했는지 몰라? 잔혹하고 부당한 조약으로 우리들을 죄수처럼 괴롭히고 있다는 것을 형은 몰라? 우리들은 우리 자신의 법률마저 가질 수가 없단 말이야. 백인이 우리 중국인을 죽여도 그들은 제대로 처벌도 받지 않아. 우리 나라의 법정에조차 출두하지 않는단 말이야."

멍이 격분해서 이런 말을 지껄이는 동안 위안은 미안한 듯한 미소를 띤 채 듣고 있었다. 상대가 아무리 격분해 있어도 그는 온화했으며, 국가를 위해 미워하는 것이 옳다고 생각하면서도 그는 좀처럼 미워할 기분이 나지 않았다.

그래서 위안은 아직 멍의 주의에 가담하지 못하고 있었다. 멍이 권하면 조용한 미소를 띨 뿐 아무 소리도 하지 않았다. 싫다고 말할 수는 없어서 바쁘다는 핑계를 댔다. 그런 주의를 위해서조차 그는 시간을 낼 수가 없다고 했다. 마침내 멍도 단념하고 그와는 말도 하지 않게 되었으며, 만나도 무뚝뚝하게 조금 고개를 숙일 뿐이었다. 축제일이라든가 구국기념일이라든가 하여 모두가 깃발을 흔들고 노래를 부르며 행진할 때는 위안도 매국노라는 비난을 받지 않기 위해 행진에 참가했다. 그러나 비밀 회합이라든가 모의에는 가담하지 않았다. 이따금 그들 패거리의 이야기를 들을 때가 있었다. 어느 권력자를 암살하기 위해 몰래 방에 감추어 두었던 폭탄이 발각되어 붙잡혔다는 이야기였다. 그리고 한번은 외국인과 교제한다는 이유로 주목하던 교수를 그들 패거리가 집단 폭행을 한 사건도 있었다. 그러나 위안은 이런 이야기를 들으면 더더욱 집중하여 책을 읽으며 흥미를 다른 데로 돌리지 않으려고 애썼다.

　사실 그 무렵 위안의 생활은 해야 할 일이 너무 많아서 무엇 하나 철저히 파고들어 생각할 겨를이 없었다. 빈부문제를 골똘히 생각할 짬도 없는가 하면, 멍의 주의의 뜻을 이해할 여유도 없었으며, 또는 환락을 충분히 즐길 겨를도 없는 채 벌써 다른 일이 머릿속에 떠올랐다. 학교에서 배우는 것도 잔뜩 있었다. 여태까지 모르던 학과며, 실험실에서 펼쳐지는 과학의 마법이며, 그는 정말로 많은 것을 배우고 많은 일을 했다. 화학 실험 때 코를 찌르는 심한 악취는 싫었으나, 그는 자기가 만든 화합물에 넋을 잃었다. 두 개의 아무것도 아닌 액체를 섞어서 하나로 만들면 갑자기 부글부글 거품이 일면서 새로운 생명, 새로운 빛깔, 새로운 냄새를 낳으며 제3의 물질이 생기는 것을 그는 경이의 눈으로 바라보았다. 그 무렵 그의 마음속에는 온 세계가 하나로 모인 이 대도시의 온갖 사상이나 지식이 스며들어, 낮에도 밤에도 그 하나하나가 무엇을 뜻하는지 파악할 겨를조차 없었다. 너무나 수가 많아서 그는 한 가지 지식에 몰두할 수가 없었으며, 가끔은 사촌들이나 누이가 매우 부러워질 때도 있었다. 성은 꿈과 낭만 속에 살았고, 멍은 주의를 위해 몸을 바쳤으며 아이란은 미모와 쾌락 속에서 살았다. 너무나 다양한 지식 속에서 살고 있는 위안의 눈에는 그것이 극히 즐거운 생활인 것처럼 느껴졌다.

　이 대도시에서도 빈민은 그리 보기 좋은 존재가 아니었다. 그러므로 위안은 그들에게 반드시 연민의 정만을 느낄 수도 없었다. 그는 그들을 측은하게 여기고 음식물이나 옷을 주고 싶었으며, 잔돈을 갖고 있을 때 거지가 팔을 잡거나 하면 거의 돈을 던져 주었다. 그러나 돈을 던져 주는 것은 연민의 정에서만이 아니라 달라붙는 그들의 더러운 손이나, 귓가에서 "적선합쇼, 도련님. 자비를 베푸십쇼, 저희 아이들이 굶어 죽습니다" 울부짖는 소리로부터 벗어나고 싶기 때문이기도 했다. 이 도시에는 거지보다 한결 더 소름이 끼치는 존재가 있었다. 그것은 거지들의 아이들이었다. 조그만 얼굴에 여위고 가련한 표정이 이미 굳어져 있는, 가냘프게 우는 극빈자의 아이들을 위안은 차마 똑바로 쳐다볼 수가 없었다. 더 심한 것은 뼈와 가죽만 남은 어머니의 가슴에 안겨 젖을 빠는 벌거숭이나 다름없는 아기의 모습이었다. 위안은 그런 사람들로부터는 몸을 움츠리며 시선을 돌렸다. 그는 돈을 던져 주고 눈을 다른 데로 돌리며 얼른 지나갔다. 그리고 혼자

속으로 생각했다. '가난한 사람들이 저토록 추악하지만 않다면 나도 멍의 주의에 참가할 텐데.'

그러나 이와 같은 동포들로부터 그의 마음이 완전히 멀어지는 것을 막는 것이 있었다. 그것은 대지와 밭과 나무에 대한, 그가 예부터 지녔던 애정이었다. 도시에 살면 겨울 동안은 그 애정이 희미해져서 위안도 잊어버릴 때가 많았다. 그러나 봄이 가까워지면 다시 마음이 들뜨기 시작했다. 따뜻해지면 도시의 조그마한 공원 나무에도 새싹이 트고, 거리에는 막대의 양쪽 끝에 바구니를 달고 꽃을 피운 홍매화 화분이며 제비꽃, 봄 백합 따위를 큼직하게 묶은 꽃다발을 짊어진 꽃장수의 모습이 나타났다. 온화한 봄바람을 쐬니 위안은 근질근질해졌다. 봄바람은 그에게 흙벽집이 있는 조그마한 마을을 떠오르게 하고, 발로 도시의 보도가 아닌 어딘가의 흙을 밟아 보고 싶다는 충동을 느끼게 했다. 그래서 위안은 신학기부터 토지의 경작을 가르쳐 주는 과목에 등록했다. 그리고 그도 다른 학생들과 함께 교외의 조그마한 실습지를 할당받았다. 교실에서 배운 것을 실습하기 위해서였으며, 여기서 씨를 뿌리고 잡초를 뽑는 것이 공부의 일부였다.

위안에게 주어진 토지는 우연히 맨 가장자리에 있어서 한 농부의 밭과 이웃했다. 처음 그 실습지를 위안이 혼자 보러갔을 때 그 농부는 빙글빙글 웃으면서 서 있다가 큰 소리로 말을 건네 왔다.

"학생들이 여기서 대체 무엇을 하는 거요? 학생은 책을 공부하는 줄로만 알았는데."

그래서 위안은 대답했다.

"요새는 수확하는 것도 씨 뿌리는 것도 배웁니다. 그리고 씨를 뿌리기 전에 땅을 가는 방법도 배우지요. 저는 오늘 그것을 해 볼 생각으로 왔습니다."

이 말을 듣자 농부는 껄껄 웃으면서 몹시 무시하듯이 말했다.

"나는 이 나이가 될 때까지 그런 학문은 들은 적이 없는걸. 농사라는 것은 부모가 자식에게 가르치고, 그리고 그 자식이 또 그 자식에게 가르치는 거야. 곁에서 하는 것을 보고 그대로 하면 그만이지."

"그러나 옆에서 하는 방법이 틀렸을 때는 어떻게 하지요?" 위안은 싱글싱글 웃으면서 말했다.

"그런 때는 다른 잘하는 사람 것을 보면 되지 뭐." 농부는 말하고 나서 다시 껄껄 웃고는 자기 밭을 갈기 시작했다. 그는 홀로 중얼거리기도 하고 일손을 멈추고 머리를 긁적긁적 긁기도 하고, 몸을 흔들면서 또 웃기도 하더니, 이윽고 커다란 소리로 말했다. "음, 나는 여태까지 그런 말은 들은 적이 없는데, 내 아들은 학교 같은 네 보내지 않기를 잘했지. 돈을 들여 농사일을 배우다니! 학교에서 배우는 것보다 내가 더 많이 가르쳐 줄 수 있을걸."

위안은 이제까지 괭이를 쥐어 본 일이 없었으므로, 자루가 길어 다루기가 힘든 그 물건을 손에 쥐니 너무 무거워서 잘 쓸 수가 없었다. 아무리 높이 쳐들어도 딱딱해진 땅을 파고들 수가 없었으며, 언제나 옆으로 빗나가 버렸다. 땀에 흠뻑 젖을 때까지 했으나 일은 전혀 진척되지 않았다. 그날은 봄날치고는 추워서 살을 에는 바람이 불었는데 그는 마치 한여름처럼 땀을 흘렸다.

마침내 그는 절망하여, 농부가 어떻게 하고 있는가 슬쩍 살폈다. 농부의 괭이는 규칙적으로 오르내렸으며 조금도 겨냥이 틀리지 않았다. 위안에게도 얼마쯤의 긍지가 있었으므로, 자기가 보고 있다는 사실을 농부가 눈치채지 못하기를 바랐다. 그러나 위안은 곧 농부가 자기 쪽을 보고 있을 뿐 아니라 아까부터 쭉 그랬으며, 위안이 마구 괭이를 휘두르는 모습을 보고 속으로 웃고 있었다는 것을 알아차렸다. 위안과 눈이 마주치자 그는 다시 큰 소리로 웃으며 흙덩이를 넘어와서 말했다.

"책에서 다 배웠으니까, 설마 옆에 있는 농부가 어떻게 하나 넘겨다보지야 않았겠지!" 이렇게 말하더니 웃으며 다시 땅파기를 계속했다. "당신네들 책에는 괭이 쥐는 방법도 씌어 있지 않던가?"

위안은 괜히 화가 치밀고 조금은 불쾌했다. 이런 서민의 비웃음소리를 참고 들어 넘기기가 어려웠고, 또 한편 이런 보잘것없는 땅마저 갈지 못해서는 씨도 뿌릴 수 없다는 것을 서글프지만 그 자신도 알고 있었기 때문이었다. 그러나 이성의 힘이 겨우 그의 굴욕감을 눌렀다. 그는 괭이를 내려놓고 자기도 웃어 주고는 농부의 비웃음을 참고 땀투성이 얼굴을 닦으며 솔직하게 말했다.

"당신이 말한 대롭니다. 그런 건 책에 씌어 있지가 않아요. 가르쳐 주시면 당신을 선생님으로 모시겠습니다."

이 솔직한 말에 농부는 기뻐하며 위안에게 호의를 갖고 빈정대기를 그만두었다. 자기와 같은 비천한 농부라도 이런 청년에게, 말씨라든가 풍채라든가 누가 보아도 학문 있는 청년에게 가르쳐 줄 수 있는 지식을 갖고 있다는 사실이 짐짓 속으로 자랑스러웠던 것이다. 그래서 농부는 조금 우쭐대며 위안을 보고 제법 엄숙한 표정으로 말했다.

"먼저, 나와 당신 어느 쪽이 땀을 흘리지 않고 쉽고 자유롭게 괭이를 쓸 수 있는 차림인지 생각해 보게."

위안이 보니 농부의 햇볕에 탄 몸은 허리까지 벌거숭이가 되어 있었으며, 다리는 무릎까지 걷어올렸고 짚신을 신은 데다가 햇볕과 바람에 단련된 얼굴은 검붉어, 어느 모로 보나 건강해 보였다. 위안은 아무 말도 하지 않고 빙그레 웃고는 위에 입고 있던 외투를 벗고, 다시 그 속의 윗도리를 벗은 다음 소매를 팔꿈치까지 걷어올리고 똑바로 섰다. 농부는 그것을 가만히 보고 있더니 느닷없이 소리쳤다.

"마치 여자 같은 살결이군. 내 팔을 좀 보게나." 그는 자기 팔을 위안의 팔과 나란히 하여 손가락을 벌렸다. "당신도 손가락을 펴 보게. 거봐, 손바닥이 물집투성이잖아! 그건 괭이를 느슨하게 쥐었기 때문인데, 그렇게 하면 내 손이라도 물집투성이가 되지."

그리고 농부는 괭이를 들고 어떻게 쥐어야 하는가 가르쳐 주었다. 한쪽 손으로 자루를 꽉 쥐고 다른 손으로 그보다 조금 앞을 쥐어 내려치는 방향을 정한다. 위안은 배우기를 부끄럽게 생각하지 않고 몇 번이나 연습해서 마침내 괭이의 쇠날이 똑바로 떨어질 때마다 흙덩이가 깨지게 되었다. 그 모습을 보고 농부가 그를 칭찬해 주자, 그저 농부가 칭찬해 준 것뿐인데 이상하게도 위안은 그것이 선생님이 시를 칭찬해 주던 것보다 더 기뻤다.

날마다 위안은 자기 밭으로 갔다. 그는 다른 학생이 아무도 없을 때 가는 것을 좋아했다. 여러 사람들이 있으면 그 농부는 가까이 오지 않고 좀 더 멀리 있는 다른 밭으로 가 버리기 때문이었다. 그러나 위안이 홀로 있는 것을 보면 가까이 와서 말을 건네기도 하고, 씨는 어떻게 뿌리며 싹이 트면 어떻게 솎으며, 싹을 먹어 치우려고 기다리는 나쁜 벌레는 어떻게 예방하는지 가르쳐 주었다.

그러는 동안에 위안에게도 가르쳐 줄 차례가 왔다. 어떤 해충이 나타났을 때 위안은 마침 그것을 죽이는 외국제 약품에 대해 책에서 읽어 알고 있었으므로 그 약을 써 보았다. 그가 처음 약을 썼을 때 농부는 웃으면서 말했다.

"요전번에도 결국 내가 하는 것을 보고 배우지 않았나. 당신네 책에는 엉터리만 씌어 있어서, 콩은 어느 민큼 깊게 심으며 언제쯤 제초를 하는가 가르쳐 주지도 않잖아."

그러나 살충제를 맞고 콩에 붙었던 해충이 몸을 비틀며 죽는 것을 보자 농부는 정색하고 목소리를 낮추어 물었다.

"정말 그게 될 줄은 몰랐군. 그럼 이 해충은 하느님의 뜻이 아니란 말이지? 인간의 힘으로 없앨 수 있는 거란 말이지. 책에도 더러는 쓸 만한 게 씌어 있기는 있는 모양이군. 음, 이건 대단한데. 씨를 뿌려도 벌레에게 몽땅 먹혀서야 아무것도 안 되거든."

이렇게 말하고 농부가 자기 밭에 쓸 살충제를 달라고 부탁했으므로 위안은 기꺼이 나눠 주었다. 이러한 일로 두 사람은 그럭저럭 친구가 되었다. 위안의 밭은 가장 많은 수확을 거두었고 이에 그는 농부에게 감사했으며, 농부도 그의 콩이 다른 사람들 밭과는 달리 벌레에 먹히지 않고 잘 자라는 것에 대해 위안에게 감사했다.

이러한 친구가 있고, 얼마 되지 않지만 일할 땅을 가진 것은 위안에게는 좋은 일이었다. 봄이 한창일 때 대지 위에서 열심히 일하면서 그는 그때까지 몰랐던 만족감을 몇 번이나 느꼈다. 위안은 농부가 입는 옷으로 갈아입고 신도 짚신으로 바꿔 신었다. 농부는 시집 가지 않은 딸도 없고 마누라는 벌써 나이를 먹어 보기 흉했으므로 위안을 자유로이 자기 집에 드나들게 했다. 그래서 위안은 들에서 일할 때 입는 옷을 농부 집에 맡겨 놓았다. 그리하여 위안은 날마다 여기 오면 금방 농부로 변했다. 위안은 자기가 생각한 이상으로 땅에 애착을 느꼈다. 씨에서 싹이 트는 것을 보고 있노라면 참으로 기분이 좋았으며, 거기에는 시적인 정취가 있었다. 그러나 그것을 표현하기는 어려워서, 아무리 시로 만들어 보려고 해도 잘 되지 않았다. 그는 밭일 자체를 사랑했으며, 자기 일이 끝나면 자주 농부의 밭일을 거들었다. 그리고 날씨가 따뜻해지자, 농부가 청하는 대로 탈곡장에서 그의 아내가 차린 음식을 함께 먹는 일도 있었다. 그의 피부는 차츰 억세고 굳건하게 햇빛에 타기 시작했다. 어느 날 그를 본 아이란이 이렇게 말했다.

"위안 오빠, 어찌 된 거예요? 나날이 검어지잖아. 꼭 농부 같아."

위안은 빙그레 웃으면서 대답했다.

"난 농부야, 아이란. 너에게는 곧이들리지 않겠지만."

책을 읽을 때라든가 그 보잘것없는 밭과는 전혀 다른 세상에서 밤의 환락을 즐기는 동안에도, 그는 갑자기 밭 생각이 났다. 책을 읽거나 놀면서도 이번에 뿌릴 새로운 종자를 생각하기도 하고, 오늘 심은 채소는 여름 전에 거두어들일 수 있을까 생각하기도 하고, 어떤 잎의 끝이 누렇게 마르기 시작하던 것을 떠올리며 걱정하기도 했다.

이따금 위안은 생각했다. '가난한 사람이 모두 그 농부만 같다면, 나도 기꺼이 멍의 주의를 받들고 운동에 참가하겠는데…….'

위안이 할당받은 이 조그마한 땅에서 남몰래 참된 만족을 느낀 것은 행복한 일이었다. 그러나 그것은 어디까지나 비밀이었다. 비록 자신이 행복을 느끼더라도 누가 물으면 자기가 밭에서 일하는 것을 좋아한다고는 말할 수 없었다. 도시 청년들 사이에서는 시골 사람들을 '촌놈'이라든가 '시골 백성'이라든가, 이런 식으로 경멸하듯 부르는 것이 유행이었으므로 그의 나이엔 스스로도 밭일을 좋아하는 게 조금은 부끄러웠다. 그리고 위안은 친구들이 할 말도 마음에 걸렸다. 그래서 그는 문득 서로의 눈에 띈 빛깔이라든가 형태의 아름다움처럼, 무엇이든 화제로 삼아 이야기할 수 있었던 성에게조차 이 이야기만은 하지 못했다. 더욱이나 아이란에게는 자기가 한 뙈기의 땅에 이상할 정도로 깊고 건실한 즐거움을 느끼고 있다는 이야기를 도저히 할 수 없었다. 어머니라고 부르는 노부인에게는 형편에 따라 말해도 좋다고 생각했다. 두 사람 모두 마음속에 있는 것은 그다지 털어놓지 않았으나, 두 사람만 있을 때의 식탁에서 부인은 곧잘 진지하게 자기가 하고 싶은 이야기를 했기 때문이었다.

부인은 조용히, 훌륭한 일을 많이 했으며 이 도시의 부인네들처럼 노름이나 연회, 경마나 경견(競犬)에 열중한다든가 하는 일이 없었다. 그러한 일들은 부인에게는 즐거움이 아니었다. 아이란이 가고 싶다고 말하면 함께 가는 일은 있었으나, 그런 때 그것은 단지 의무이며, 재미를 느껴서 보는 것이 아니라는 듯 혼자 단정하게 앉았다 오곤 했다. 부인의 참된 즐거움은 그녀가 아이들을 위해서 하고 있는 자선 사업이었다. 가난한 부모가 귀찮아서 버린 갓난 여자아이들을 보살피는 일이었다. 부인은 이러한 아이를 발견하면 자기가 경영하는 육아원에 데려오는데, 거기에는 여자를 둘 채용해서 보모를 시키고 자기도 날마다 가서 아이들을 가르치거나 병들어 쇠약해진 아이들을 돌보거나 했다. 그런 버려진 아이들을 20명 가까이 데리고 있었다. 이 자선 사업에 대해서 부인은 몇 번인가 위안에게 이야기한 적이 있었다. 그 여자아이들에게도 성실하게 살아갈 길을 가르쳐서, 농부건 상인이건 직공이건 착하고 부지런한 아내를 맞이하고 싶어하는 정직한 사람과 결혼시키고 싶다는 이야기를 했다.

한번은, 위안도 부인과 함께 이 고아원에 가 본 적이 있다. 그는 이 진지하고 침착한 부인이 변하는 모습을 보고 놀랐다. 고아원의 시설은 빈약하고 소박했다. 부인은 이와 같은 사업을 하면서도 아이란에게 지출되는 비용이 많아서 여기에는 그다지 많은 돈을 쏟아 넣을 수가 없었던 것이다. 그러나 문 안으로 들어선 순간, 아이들이 와 하고 부인 앞에 몰려들어 그녀를 엄마라고 부르면서 옷자락이나 손을 끌어당기며 애정을 표시하려 했다. 그러자 부인은 크게 웃음을 터뜨리고는 부끄러운 듯 위안 쪽을 돌아보았다. 위안은 그때까지 부인이 소리 내어 웃는 모습을 본 적이 없었으므로 눈이 휘둥그레져서 서 있었다.

“아이란은 이 아이들의 일을 알고 있습니까?” 그는 물었다.

이 말을 듣자 부인은 갑자기 다시 여느 때의 진지한 얼굴로 돌아가서 고개를 끄덕이며 이렇게 말할 뿐이었다. “그 애는 지금 자기 생활로 머리가 꽉 차 있어서.”

부인은 간소한 고아원 안을 여기저기 위안에게 구경시켜 주었다. 안마당에서 부엌까지 모두 소박하긴 했으나 청결했다. 그리고 부인은 말했다. “이 아이들에게는 그다지 돈이 들지 않아. 머지않아 일하는 사람의 아내가 될 테니까.” 그리고 덧붙였다. “이 가운데서 한 사람, 단 한 사람이라도 좋으니, 내가 아이란에게 바랐던 그런 사람이 될 수 있는 아이가 있다면……. 나는 그 아이를 내 집에 데려가서 그 아이를 위해 일생을 바칠 생각이야. 그런 아이가 하나 있기는 한데. 아직 뭐가 될지는 모르지만 말이야……."

부인이 부르니 다른 방에서 한 여자아이가 들어왔다. 다른 아이들보다 나이가 많아서 열세 살쯤 되었을까, 침착한 얼굴을 한 그 아이는 두려워하는 빛도 없이 가까이 와서 부인의 손을 잡고 얼굴을 들고 맑은 목소리로 말했다. "무슨 일이세요, 어머니?"

"이 아이는" 부인은 자기를 바라보는 아이의 얼굴을 내려다보면서 열기 띤 어조로 말했다. "뭐랄까, 어떤 정신이 살아 있어. 하지만 그것이 어떤 것인지 아직은 알 수 없어. 갓 낳았을 때 이 집 문 앞에 버려진 것을 내가 발견했지. 이 아이는 글씨도 곧 익히고, 무엇을 가르쳐도 열심이며, 매우 의지가 굳센 아이라서 이대로 가면 한두 해 안에 집으로 데려갈 수 있을 것 같아……. 그럼 메이링(美齡), 가도 좋아."

그 아이는 부인에게 밝은 미소를 보이고 나서 위안에게 깊은 시선을 던졌다. 그녀는 아직 어린아이에 지나지 않았으나 위안은 그 시선을 잊을 수가 없었다. 그것은 매우 맑고 무언가 묻고 싶은 듯한 눈동자로, 특히 그에게만 던졌다고는 생각되지 않으나 마음을 꿰뚫는 시선이었다. 그리고 그녀는 방에서 나갔다.

이러한 부인에겐 위안도 털어놓을 수 있었으나 결국 이야기할 필요는 없었다. 위안은 밭에서 보내는 시간이 즐겁다고 스스로 알고 있으면 그로써 족했다. 그 시간은 그로 하여금 마음속에 있는 뿌리와 연결시켜 주었다. 그러므로 그는 다른 많은 사람들처럼 이 도시 생활의 표면을 부평초처럼 떠돌고 있지 않았다.

왠지 모를 불안을 느꼈을 때, 위안은 몇 번이나 자기 밭에 가서, 맑게 갠 날은 땀을 흘리며, 차갑게 비가 내리는 날은 비에 젖으며 묵묵히 일하거나 또는 옆의 농부와 조용히 이야기를 나누었다. 그러나 노동하거나 이야기를 나누고 있는 그때는 아무 소용도 없고 그다지 뜻도 없는 듯이 생각되었으나, 밤이 되어 집으로 돌아와 보면 마음의 초조가 깨끗이 가시어 있었다. 대지에서 배운 침착성을 마음에 갖고 있으면 책을 읽을 때도 마음을 담아 행복한 기분으로 사색에 잠길 수 있었고, 아이란이나 친구들과 함께 외출하여 소음과 빛 속에서 춤을 춰도 불안함 때문에 괴로워하지 않았다.

그리고 대지가 주는 침착한 마음, 굳건한 뿌리가 위안에게는 필요했다. 이해 봄, 그의 생활은 꿈에도 생각지 못한 방향으로 기울어져 갔기 때문이다.

한 가지 일에 있어서만은 위안은 성이나 아이란보다 뒤져 있었다. 멍과 비교해도 뒤져 있었다. 이 셋은 위안이 일찍이 몰랐던 열기 넘치는 세상 속에서 살고 있었다. 이 대도시에서 청춘을 보낸 그들의 피에는 그 온갖 열기가 흘러들어 왔다. 여기에는 청춘들의 피를 들끓게 하는 무수한 자극이 있었다. 연애하는 모습과 미인의 그림이 벽에 걸려 있고, 외국 남녀들의 사랑을 그린 영화가 상영되는 영화관, 얼마 안 되는 돈으로 하룻밤 여자를 살 수 있는 댄스홀, 이런 것들이 생생한 자극 요소였다.

이 밖에 연애를 다룬 소설이나 시가 조그마한 서점에서도 판매되고 있었는데, 옛날에는 이런 것들을 음란한 것으로 보고, 남녀 마음에 불을 지르는 흥분제라고 하여 아무도 공공연히 읽지 않았었다. 그런데 오늘날에는 외국의 교묘한 사상이 침입해 와서, 예술이라든가 천재라든가 하는 미명 아래, 젊은 사람들이 이런 작품들을 거리낌 없이 아무 데서나 읽고 연구까지 하는 것이었다. 그러나 아무리 이름은 아름다워도 여전히 흥분제는 흥분제였으며, 예나 다름없이 욕망의 불을 붙였다.

젊은 사람들은 남녀를 가리지 않고 대담해지고 지난날의 조신함을 잃어 갔다. 남녀가 손을 잡아도 그전처럼 음란한 행위로는 보지 않았고, 남자가 직접 여자에게 청혼해도 여자의 부친이 남자를 고소하는 일도 없어졌다. 이 습관은 옛날뿐만 아니라, 요즘도 외국의 타락한 습관에 물들지 않은 깊숙한 내륙지역에서는 여전히 지켜지고 있었지만 말이다. 그리고 두 사람이 약혼을 하고 나면 그들은 마치 야만인처럼 거리낌 없이 왕래했다. 그리고 예측할 수 있듯이 때로는 피가 끓어올라 성급하게 살과 살이 맞닿는 일이 있어도, 부모들이 젊었을 때처럼 명예를 더럽혔다고 살해당하는 일도 없었다. 오히려 결혼 날짜가 빨라질 뿐이었으며 이와 같이 하여 아이가 태어나도 젊은 부부는 장한 일이나 한 듯 태연했다. 그리고 부모는 속으로 쓸쓸하게 생각하면서 뒤에서 못마땅한 얼굴로 서로 마주 볼 뿐, 가만히 참는 도리밖에 없었다. 이것이 새 시대라는 것이었기 때문이다. 많은 부모들은 아들딸을 염려하여, 새 시대를 저주했다. 그러나 뭐니 뭐니 해도 이것이 새 시대였으며, 옛날로 되돌아갈 도리는 없었다.

성은 이러한 새 시대의 젊은이였다. 동생 멍도 아이란도 그러했다. 그들은 새 시대의 일부였으며 다른 시대를 몰랐다. 그러나 위안은 그렇지 않았다. 왕후는 그를 모든 옛 전통 속에서 길렀고 여성에 대한 자기의 증오까지 거기에 보태 놓았다. 그래서 위안은 여자를 생각해 본 적이 없었다. 만일 기분이 해이해져서 잠자는 동안에 여자의 꿈이라도 꾸게 되면, 눈을 뜬 다음 무척 부끄러운 생각이 들어서 침상에서 뛰어나와 맹렬히 공부를 하거나, 한참 거리를 거닐거나 하여 마음속의 음탕한 생각을 쫓았다. 언젠가는 다른 남자와 마찬가지로 자기도 결혼하여 자식을 가질 것을 알고 있었으나, 그런 것은 공부에 정진해야 할 요즘과 같은 때에 생각할 일이 아니었다. 지금의 그는 오로지 학문에만 몰두했다. 아버지에게도 똑똑히 그렇게 써 보냈고 지금도 그 기분은 변하지 않았다.

그런데 이해 봄에는 밤마다 꿈 때문에 괴로워했다. 낮에 연애라든가 여자를 생각한 일도 없는데, 이상한 일이었다. 그러나 잠이 들면 그의 마음은 그런 음란한 일로 가득 찼다. 잠에서 깨면 부끄러움으로 식은땀이 흘렀다. 그런 날에는 그는 서둘러 밭으로 가서 죽을힘을 다해 일했다. 그러면 개운해지는 기분을 느꼈다. 게다가 오랜 시간 일한 날은 밤에도 꿈을 꾸지 않고 기분 좋게 푹 잘 수가 있었다. 그래서 그는 한결 더 열심히 밭에서 일하게 되었다.

그러나 자기는 몰랐으나, 위안의 피도 모든 젊은이들과 마찬가지로 타고 있었던 것이다. 수많은 감미롭고 권태로운 생각에 몸을 맡기고 있는 성보다도, 자신의 주의에 몸을 태우고 있는 멍보다도 더 격렬하게 타오르고 있었다. 더욱이 위안은 어린 시절의 차가운 장군 관저에서 열에 들뜬 도시로 나온 것이다. 여태까지 여자의 손을 만져 본 적조차 없는 그는, 여자의 가느다란 허리에 팔을 두르고 그 손을 잡고 있으면 무슨 나쁜 짓이라도 하는 듯한 기분이 들고, 여자의 숨결을 볼에 느끼면서 음악에 맞추어 마음대로 여자를 이끌어 가고 있으면 기분이 좋으면서도 동시에 불안한 느낌을 감출 수가 없었다. 게다가 위안은 지나치게 예의가 발라서 아무리 아이란이 놀려대도 여자의 손을 겨우 닿을까 말까 할 정도로만 잡았다. 다른 남자들은 여자의 몸을 꼭 끌어당기고 싶어했으며 또 그것을 누구도 비난하지 않았으나, 위안은 그렇게 하지 않았다. 그런데 아이란의 놀림을 자꾸 받게 되자, 그의 기분도 은연중에 그 자신도 바라지 않았던 방향으로 움직여 가는 것이었다.

아이란은 이따금 귀여운 입을 내밀며 외쳤다. "위안 오빠는 너무 구식이야! 상대를 그렇게 멀리 밀쳐놓고 어떻게 춤을 잘 출 수 있겠어. 여자를 안을 때는 이렇게 하는 기예요!"

그리고 아이란은 어쩌다 집에 있는 밤에는 가족들이 모두 있는 방에다 축음기를 틀어 놓고, 자기 몸을 위안의 팔에 착 갖다 붙이며 다리를 휘감듯이 하여 춤을 추었다. 그리고 다른 처녀들이 구경하면 더욱 재미있어하며 놀렸다. "위안 오빠와 춤출 때는 꼭 안아야 해. 우리 오빤 상대를 벽에 밀쳐놓고 혼자 추길 좋아하니까." 그리고 또 이런 말도 했다. "위안 오빠, 오빠는 미남이긴 하지만 모든 여자들이 다 오빠한테 반해 버릴까 봐 걱정할 정도는 아니야! 우리들 중엔 벌써 좋아하는 사람이 정해진 사람도 많은걸."

아이란은 친구들 앞에서 이런 식으로 위안을 놀려 사람들을 웃게 만드므로, 본디 대담한 처녀들은 더더욱 대담해져서 위안과 출 때는 부끄러움도 없이 몸을 밀어 댔다. 위안은 그런 대담한 짓을 멈추게 하고 싶었지만 아이란이 더 신이 나서 놀릴 것 같아 겨우 참고 있었다. 그러자 얌전한 처녀들까지도 그와 출 때는 방긋이 웃고, 가장 대담한 사나이와 출 때보다 더 대담해져서 추파를 던지며 웃어 보이기도 하고, 힘을 주어 손을 쥐고는 다리를 비벼 대는 등, 여자가 선천적으로 알고 있는 온갖 기교를 부리는 것이었다.

마침내 위안은 꿈에 시달리고, 아이란 덕분에 알게 된 처녀들의 분방함이 괴로워서 두 번 다시 아이란과 함께 나가지 말아야지 하고 생각했다. 그러나 노부인이 요즘도 "위안, 네가 아이란과 함께 있어 준다고 생각하면 나도 안심이다. 그애가 다른 남자와 갔을 때라도 네가 그 자리에 있겠거니 하고 생각하면 마음이 놓여." 하고 말했으므로 그럴 수도 없었다.

그리고 아이란도 위안과 함께 가는 것을 좋아했다. 왜냐하면 위안은 키가 크고 풍채도 나쁘지 않아서 친구들 가운데는 그를 데리고 가면 기뻐하는 처녀도 있었으므로, 그녀는 그를 과시하며 우쭐한 기분이 들었던 것이다. 이런 이유 때문에 위안의 마음속에는 이미 정열의 불이 언제라도 타오르게끔 준비되어 있었으며, 다만 그는 거기에 불을 붙이려 하지 않았을 뿐이었다.

그러나 마침내 그 불이 점화되는 사건이 일어났다. 그것은 그도 예상할 수 없었고 누구도 예상할 수 없었던 일이었다.

그 일은 이렇게 일어났다. 어느 날 위안은 선생이 숙제로 흑판에 써 놓은 영시를 베끼려고 교실에 남아 있었다. 그리고 늦어졌으므로 다른 학생은 모두 돌아가고 없겠거니 생각하고 있었다. 그 과목은 성도, 그리고 혁명 당원이라는 얼굴이 창백한 여학생도 출석하는 강의였다. 위안이 다 베끼고 난 뒤 노트를 덮고 펜을 주머니에 넣으며 막 일어서려 하는데 그의 이름을 부르며 말을 건네는 사람이 있었다.

"위안 씨, 마침 계시니, 이 시의 뜻을 좀 설명해 주시지 않겠어요? 저보다 더 잘하시니까 가르쳐 주시면 고맙겠어요."

매우 아름다운 여자의 목소리였다. 그것도 아이란이나 그녀의 친구들 같은 요염한 목소리가 아니었다. 여자로서는 조금 낮으면서 깊이가 있어 몸에 스며 오는 듯한 어조였으므로, 아무렇지도 않은 말을 해도 단순한 말 이상의 뜻을 가지는 듯이 느껴지는 목소리였다. 위안이 얼른 고개를 들어 보니 놀랍게도 옆엔 그 혁명 당원이라는 여학생이 있었다. 그 얼굴은 그가 생각했던 것보다도 창백했으나, 이렇게 바로 옆에 서 있는 것을 보니 그 검고 가느다란 눈은 조금도 차가운 데가 없고 오히려 따뜻한 마음의 다정한 감정이 넘쳐서, 그것이 얼어붙을 듯한 차가운 표정 아래서 불타고 있었다. 그녀는 지그시 그를 바라보며 조용히 옆에 앉아 그의 대답을 기다렸다. 여느 때에 누군가에게 말을 걸 때와 같은 냉정한 태도였다.

그는 더듬거리면서 겨우 대답했다. "네, 좋습니다. 다만, 저도 잘 모릅니다. 이, 이런 뜻이 아닌가 싶습니다만, 어쩐지 외국 시는 알기가 어려워서요. 이것은 일종의 송시(頌詩)로, 말하자면……." 이렇게 그는 더듬거리면서 겨우 설명을 했으나, 그동안에도 자기 얼굴에, 시의 어구에 지그시 던지고 있던 그녀의 깊은 시선을 의식했다. 그가 가까스로 설명을 끝내자 그녀는 일어서서 인사를 했는데, 이번에도 단순한 말인데도 그 목소리의 탓인지, 매우 고마워하는 마음이 스며 있는 듯해서 위안은 어떤 노력도 그만한 감사를 받을 만한 값어치는 없는 것처럼 느꼈을 정도였다. 그리고 두 사람은 자연스럽게 함께 교실에서 나가 이미 학생들이 모두 돌아가고 없는 조용한 복도를 지나 교문 쪽으로 걸어갔는데, 그 동안에도 여자가 도무지 입을 열지 않아서 위안은 예의상 한두 가지 질문을 했다.

"성함을 알고 싶습니다." 그는 엄하게 배운 대로 옛날식으로 예의 바르게 물었다. 그녀는 바로 대답했으나 말도 짧고 무뚝뚝했으며, 예의 따위는 의식하지 않는 듯했다. 그러나 이번에도 목소리 때문인지 한마디 한마디에 무게가 느껴졌다.

마침내 교문까지 왔으므로 위안은 정중하게 고개를 숙였다. 그녀는 조금 고개를 숙였을 뿐 서둘러 사라져 가버렸다. 그녀가 확실하고 재빠른 걸음걸이로 군중들 사이를 빠져나가 마침내 보이지 않게 될 때까지 바라보고 있던 위안은, 그녀가 보통 여자보다 약간 키가 큰 것을 알았다. 이윽고 위안은 도깨비에 홀린 듯한 기분으로 그녀가 어떤 여자일까를 생각하며 인력거를 타고 집으로 향했으나, 그 눈과 목소리가 표정과는 다른 것을 이야기하고 있었던 것은 어째서였는지 수수께끼는 풀리지 않았다.

이 조그만 일을 계기로 우정이 생겼다. 위안은 여태까지 여자 친구를 가진 적이 없고 또 사실상 친구 자체가 그다지 없었다. 딴 학생들은 조그마한 무리를 만들어 그 속에서 자연히 자기의 친구를 만들었는데 위안에게는 그런 무리도 없었기 때문이다. 사촌들은 모두 친구가 있었다. 성은 새 시대의 시인, 소설가, 화가로 자처하며 그 우라는 지도자를 넋을 잃고 추종하는, 자기와 비슷한 청년들의 그룹에 속해 있었다. 멍에게는 혁명 당원 무리가 있었다. 그러나 위안은 그런 무리에 속해 있지 않았으며, 만나면 인사를 할 정도의 청년이 20명쯤 있고, 잠깐 서서 이야기를 나눌 만한 아이란의 친구가 몇 있긴 했으나 친구라고 할 만한 정도는 아니었다. 그러다가 저도 모르는 사이에 그 여학생과 친구가 되고 만 것이다.

그 경위는 이러하다. 처음 교제를 청해 온 것은 그녀 쪽이었으며 조금이라도 기교를 아는 여자라면 누구나 하는 방법이지만, 무슨 일이 있을 때마다 그에게 설명이나 조언을 청해 오곤 했다. 그리고 모든 남자들과 마찬가지로, 이런 단순한 수단에도 위안은 넘어가고 만 것이다. 그도 남자이고 젊었으므로 여자에게 조언을 해 준다는 것은 기분 좋은 일이었으며, 따라서 그녀의 논문 같은 것도 도와주게 되었다. 그리하여 이런 구실 저런 핑계를 만들어서 공공연하지는 않았으나 날마다 만나게 되었다. 누군가가 위안에게 그 여자를 어떻게 생각하느냐고 묻는다면 그저 친구이며, 그 이상은 아니라고 대답했으리라. 사실 이 여자는 그가 아름답다고 생각한 어느 여자와도 매우 달랐다. 하기야 그는 여태까지 진심으로 생각해 본 여자가 한 사람도 없었다. 만일 여자를 염두에 둔 일이 있었다고 한다면 그것은 아이란처럼 아름다운 꽃 같은 처녀였다. 아이란은 조그마하고 고운 손과 귀여운 용모와 우아한 몸가짐을 하고 있었는데 이런 매력을 아이란의 친구들은 모두 갖추고 있었다. 그러나 위안은 그녀들 가운데 누구에게도 애정을 느끼지 않았다. 다만 마음속으로, 만일 자기가 사랑을 한다면 상대 여자는 장미꽃처럼 아름답거나 혹은 갓 피기 시작한 매화 봉오리 같거나, 혹은 그 무엇이든 여리고 무용한 어떤 것과 닮은 여자여야 한다고 생각했을 뿐이었다. 그는 이따금 그와 같은 여성에게 바치는 시를 남몰래 지은 적도 있으나, 한 줄이나 두 줄뿐이었으며 언제나 끝까지 완성되지 않았다. 왜냐하면 그 감정이 너무 약하고 막연해서 모든 여성 중에 시로 읊을 만큼 두드러지게 자기 앞에 나타난 여자가 한 사람도 없었기 때문이다. 그의 연정은 해 뜨기 전의 어스름한 빛과 같이 희미했다.

그가 연애의 상대로서 생각했던 것은 이 여자처럼 엄격하고 고지식하고, 언제나 쪽빛 또는 잿빛 옷에 가죽 구두를 신고, 늘 책이나 주의에 몰두하고 있는 여자가 아닌 것만은 확실했다. 사실 지금도 그는 이 여자를 사랑하고 있지는 않았다.

그런데 여자 쪽은 그를 사랑했다. 이것을 언제 깨달았는지 위안도 잘 모른다. 그러나 그는 그것을 알았다. 어느 날 두 사람은 멀리 떨어진 곳에서 만나 운하를 따라 고요한 길을 거닐었다. 해 질 무렵이었으므로 발길을 돌리려고 하다가 문득 그는 그녀가 자신을 바라보고 있는 것을 느꼈다. 그녀의 눈을 보니 여느 때와 달리 매달리는 듯한, 그리고 타는 듯한 깊은 눈이었다. 그리고 그녀의 것으로 여겨지지 않는 아름다운 목소리가 들렸다.

"위안, 나는 무엇보다도 보고 싶은 것이 하나 있어요."

자기는 그녀를 사랑한다고 생각하지 않는데도 위안은 갑자기 심장이 두근거리는 것을 느끼면서 그것이 무엇이냐고 물었다. 그녀는 말을 이었다. "위안이 우리 주의에 가담해 주는 것을 보고 싶어요. 위안, 난 위안을 친오빠처럼 생각하고 있지만, 동지라고도 부르고 싶어요. 우리는 위안이 필요해요. 위안의 성실함과 용기가 필요해요. 위안은 멍 같은 사람보다 곱절은 훌륭한 분이에요."

갑자기 위안은 그녀가 교제를 요구해 온 이유를 알 것 같았고, 그것이 그녀와 멍이 공모한 일이라고 생각하니 갑자기 울화가 치밀어 흥분했던 감정도 식고 말았다.

그러나 그녀는 계속 말했다. 그 목소리는 황혼 속에 부드럽게 퍼졌다. "위안, 그 밖에 또 이유가 있어요."

그러나 위안은 감히 그 이유를 물어볼 여력이 없었다. 단번에 마음이 약해진 그는 가슴이 답답하고, 온몸이 떨리는 것을 느꼈다. 그는 뒤돌아보고 속삭이듯 말했다. "난 가야 해. 아이란과 약속이 있어서."

그대로 아무 말도 없이 두 사람은 되돌아왔다. 그런데 헤어지게 되었을 때 그들은 여태까지 하지 않았던 일을 했다. 그럴 생각도 없었고 물론 전부터 계획한 일도 아니었다. 두 사람은 서로의 손을 잡은 것이다. 여자의 손을 잡은 순간, 위안의 마음에는 어떤 변화가 일어났다. 두 사람은 이제 단순한 친구가 아니며, 뭔지는 모르나 더는 친구라고는 부를 수 없다는 것을 깨달았다.

그날 밤 아이란과 함께 나가서 이 처녀와 이야기를 하고 저 아가씨와 춤을 추고 하는 동안, 그는 이제까지와는 다른 눈으로 그녀들을 바라다보며, 세상 여자들이란 어쩌면 이렇게도 여러 가지로 다를까 신기하게 생각했으며, 그날 밤 자리에 누워서도 오래도록 이것을 생각했다. 그가 여자라는 존재를 생각한 것은 이때가 처음이었다. 그는 한 여자를 오래오래 생각했다. 그러고는 그 눈을 생각하고 전에는 그 눈이 창백한 얼굴에 흐릿한 광택의 얼룩 마노(瑪瑙)처럼 차가웠던 것을 회상했다. 그런데 이제는 그가 말을 건네면 그 눈이 따뜻하고 아름답게 빛나는 것을 보았던 것이다. 그리고 또 그는 그녀의 목소리가 언제나 달콤하고 풍부하며, 그 풍부함이 그녀의 조용한 태도나 표면상의 차가움과는 어울리지 않는다는 것도 생각이 났다. 그러나 그것은 틀림없는 그녀의 목소리였다. 그런 것을 생각하는 동안에 그는 그녀가 또 하나의 이유라는 것을 물어봤으면 좋았을 텐데 하고 생각했다. 그 이유라는 것이 그가 상상하는 바로 그것이라면 그녀의 목소리로 그 말을 듣고 싶었다.

그러나 역시 사랑하지는 않았다. 자신이 그녀를 사랑하고 있지 않다는 사실을 위안은 잘 알고 있었다.

그리고 마지막으로 그의 손안에 꼭 눌렸던 그녀의 손의 감촉을 생각했다. 그렇게 손바닥과 손바닥을 맞댄 채 두 사람은 가로등도 없는 거리의 어둠 속에 한 순간 서 있었는데, 두 사람이 다 뿌리를 내린 듯 꼼짝도 하지 않았으므로 인력거가 비켜서 지나갔다. 인력거꾼이 큰 소리로 외칠 때까지 두 사람 모두 깨닫지 못했으며 소리를 쳐도 신경 쓰지 않았다. 너무 어두워서 그에게는 그녀의 눈이 보이지 않았다. 그녀는 입을 열지 않았고 그도 말을 하지 않았다. 다만 알 수 있는 것은 서로 꼭 쥔 손의 감촉뿐이었다. 그것을 생각했을 때 그는 몸속 무언가에 불이 붙는 것 같았다. 그녀를 사랑하지 않는다는 것을 알고 있었던 위안으로서는 그 정체가 무엇인지 알 수 없었다.

이 여자의 손에 닿은 것이 성이었더라면 미소만 짓고 잊을 수 있을 것이다. 성은 이미 실컷 여러 여자의 손을 뜨겁게 잡았었기 때문이다. 또는 그 여자가 자기를 사랑한다는 것을 알아도 성은 얼마든지 실컷, 흥미를 느끼지 않게 될 때까지 그 손을 쥐어 보고서는 소설 한두 편이나 시라도 한 편 쓰면 마음의 부담 같은 것도 느끼지 않고 잊어버릴 수 있었을 것이다. 또 멍도 오래 두고 황홀해하지는 않았을 것이다. 왜냐하면 그들의 운동에는 여자가 많이 끼여 있어서 남자도 여자도 같이 대담하게 행동하는 것을 목적으로 삼고 서로를 동지라고 부르며, 남녀는 늘 동등하며 서로 사랑하는 것도 자유라는 것을 멍은 늘 듣고 있고 또 남에게도 말했기 때문이었다.

그러나 입으로는 그런 자유를 주장해도 그들의 운동 속에는 그렇게 과도한 자유란 실제로는 없었다. 왜냐하면 이러한 젊은 남녀들은 멍과 마찬가지로 욕망과는 다른 사명에 불탔고 그 사명이 그들을 정화해 주고 있었기 때문이다. 그중에서도 가장 깨끗하고 맑은 것은 멍이었다. 아버지의 치정이나 걸핏하면 한눈파는 형을 보며 애욕에 대한 혐오 속에서 성장해 온 그는, 여자와 더불어 보내는 즐거움 따위는 주의를 위해서 바쳐야 할 몸과 마음을 낭비하는 것처럼 여겨 몹시 경멸했다. 이제까지 멍은 여자와 접촉한 적이 없었다. 다른 사람과 마찬가지로 결혼제도에 구속되지 않는 자유연애라든가 연애의 권리라든가 하는 것을 지껄이기는 하지만 실행한 적은 한 번도 없었던 것이다.

그러나 위안에게는 불처럼 모든 것을 정화해 주는 주의가 없었다. 게다가 성처럼 적당히 가벼운 마음으로 여자와 사귀는 안전한 방법도 몰랐다. 그러므로 태어나 처음 여자가 손을 쥔 그 일이 좀처럼 잊히지 않았다. 게다가 놀라운 사실이 또 하나 있었다. 그것은 다시 생각해 보니 그의 손을 잡은 그 여자의 손바닥이 따뜻했었다는 것이다. 그녀의 손이 따뜻하리라고는 생각지도 않았다. 그녀의 창백한 얼굴과, 이야기를 할 때도 거의 움직이지 않는 차갑고 퇴색한 입술 등을 생각해 본다면 그녀의 손은 여위고 차갑고 손가락에도 힘이 없으리라고 생각했던 것이다. 그러나 그렇지 않았다. 그녀의 손은 불타듯이 뜨겁고, 매달리듯 꼭 그의 손을 잡고 있었다. 손, 목소리, 눈, 이것들이 그녀의 뜨거운 마음을 고백하고 있었다. 그리고 이 여자의 마음은 대담하고 침착하면서도 내성적이어서 참으로 묘했다. 위안은 자기의 성격이 내성적이라 잘 알 수 있었다. 그런 것을 이리저리 생각하니 위안은 잠이 오지 않아 침대에서 뒤척이며 그녀의 손을 다시 한 번 만져보고 싶어졌다.

그러다가 잠이 들고, 서늘한 봄날의 아침에 잠이 깨자, 위안은 자기가 그녀를 사랑하지는 않는다는 사실을 알았다. 아침이 되자 생각하는 힘이 되살아나, 그녀의 손이 얼마나 뜨거웠나 생각하면서도, 그렇더라도 사랑하고 있지 않다고 단언할 수 있었다. 그리고 그날 학교에서도 무척 주의를 기울여 그녀를 보지 않도록 하고, 오후가 되자 곧장 밭으로 가서 미친 듯이 일했다. 그리고 생각했다. '손에 느끼는 대지의 느낌은 어느 여자의 손에서 느끼는 감촉보다도 좋다.' 그리고 간밤에 침상에서 고민하며 생각한 것을 회상하고 부끄럽게 여기며 이 일이 아버지에게 알려지지 않아 다행이라고 생각했다.

한참 있으니 그 농부가 와서 위안이 무밭의 잡초를 뽑고 있는 것을 보고, 잘한다고 칭찬하고 웃으며 말했다.

"처음 밭을 갈았을 때 일을 기억하는가? 그게 오늘이었다면 자네는 무도 잡초도 한꺼번에 마구 뽑았을 거야." 그는 크게 웃고 위로하듯 말했다. "하지만 자네는 농부가 될 가망이 있어. 팔의 근육이며 등의 넓이를 보면 알지. 다른 학생들은—그런 시들어 빠진 풀같이 빈약한 놈들은 보다 처음 봤지만—안경을 끼고, 가느다란 팔을 축 늘어뜨리고 금니를 해 박고는 막대기 같은 다리를 외국 바지에 끼우고 있단 말이야. 내 몸뚱이가 그랬더라면 긴 전통 옷이라도 입고 어떻게든 감출 궁리를 할 텐데." 그리고 또 농부는 웃으며 말했다. "우리 집에 가서 잠시 쉬지 않겠나?"

위안은 권하는 대로 농부의 집으로 쉬러 갔다. 농부가 큰 소리로 도시인을 욕하고, 특히 젊은 사람들과 혁명 당원을 욕하는 것을 들었다. 위안이 그들을 위해서 부드럽게 옹호하듯 말하자 농부는 한마디로 호통을 치고 말했다. "그렇다면, 그놈들이 대체 우리를 위해서 얼마 만큼 도움이 되는 일을 해 주었나? 나는 땅과 집과 소를 갖고 있어. 이 이상 땅도 필요 없고 먹을 것도 부족하지 않을 만큼 있단 말이야. 나라에서 세금만 좀 줄여 준다면야 고맙겠지만, 우리 같은 사람은 언제나 세금으로 뺏기게 돼 있지. 그 인간들은 왜 찾아와서 나나 우리 가족들을 편안하게 해 주겠다고 지껄이는 거지? 생전 처음 보는 사람 덕분에 좋은 일이 있었다는 이야기는 들은 적도 없어. 자기 핏줄도 아닌데 무엇 때문에 친절하게 해 주겠나? 무엇인지 자기들이 노리는 게 있으니까 그럴 테지. 난 다 알아. 그건 내 소든가, 아니면 땅뙈기일 거야."

그리고 한참 동안 그는 욕설을 퍼부어 댔다. 그런 아들을 낳은 어머니를 욕하고, 자기와 같은 생각을 갖고 있지 않은 사람들을 실컷 욕했는데, 그러는 동안 유쾌해진 듯 위안이 밭에서 일을 잘한다고 칭찬하고는 웃었다. 위안도 함께 의좋게 웃었다.

대지의 건강함과 깨끗함으로부터 집으로 돌아가자 위안은 그대로 자리에 누웠다. 그날 밤에는 어디에도 놀러 나가고 싶지 않았다. 여자 따위 전혀 흥미가 생기지 않았고 손도 잡고 싶지 않았으며 다만 밭일과 공부에만 열중하고 싶었다. 그런 결심을 굳히며 그날 밤은 푹 잤다. 이처럼 대지는 잠시 동안 그의 괴로움을 치유해 주었다.

그러나 그의 마음속 정열에는 이미 불이 붙어 버렸다. 하루이틀이 지나자 그의 기분은 다시 바뀌어 침착성이 사라졌다. 어느 날 그는 그 여자가 교실에 있나 생각하며 살며시 뒤돌아보았다. 그녀는 제자리에 앉아 있었으며 다른 학생들의 머리 너머로 두 사람의 눈길이 마주쳤다. 그는 곧 시선을 돌렸으나 여자의 눈은 집요하게 따라왔나. 그는 그녀를 잊을 수가 없었다. 다시 하루이틀 지난 뒤 그는 교실을 나오는 길에 무심코 말하고 말았다. "오늘 산책하러 가지 않겠습니까?" 그녀는 깊이 있는 눈길을 내리깔고 고개를 끄덕였다.

그날 그녀는 그의 손을 쥐려 하지도 않고 지난번보다 떨어져서 걷는 듯한 기분이 들었다. 잠자코 있을 때가 많았고 이야기에 신도 나지 않았다. 그러나 놀라운 일은 위안의 마음에 여느 때와는 반대의 기분이 일어난 것이었다. 그때까지는 그녀가 손을 만지는 것도 싫었고 가까이 오는 것도 싫다고 생각하고 있었다. 그런데 잠시 걸어가는 동안 손을 잡아 주었으면 하는 기분이 들기 시작한 것이다. 헤어질 때조차도 자기 쪽에서는 손을 내밀지 않으면서, 그녀 쪽에서 손을 내밀어 주면 이쪽에서도 잡을 수밖에 없다고, 계속 기회를 기다렸다. 그러나 그녀는 손을 내밀지 않았다. 그는 왠지 속은 듯한 기분으로 집에 돌아갔다. 그런 기분에 휩싸였던 것이 화가 나고 부끄러워서, 이젠 절대로 그녀와 산책하지 않겠다, 내겐 할 일이 있다, 하고 속으로 맹세했다. 그리고 다음 날, 사나이란 모름지기 고독하게 살고 학문에 정진하며 여자를 멀리해야 한다고 격렬한 문장을 써서 온화한 노선생을 놀라게 했으며, 그날 밤에는 그 여자를 사랑하지 않아서 다행이라고 백 번이나 자기에게 타일렀다. 그리고 한참 동안 날마다 밭을 오가며 여자의 손을 잡고 싶어지는 것을 억누르려고 애썼다.

사흘쯤 지난 어느 날, 가느다란 해서체(楷書體)로 쓴 낯선 필적의 편지를 받았다. 위안에게는 그다지 편지가 오지 않았으며, 어쩌다가 오는 편지라고는 군관학교 시절의 친구로, 지금도 그에게 호의를 갖고 있는 친구들한테서 오는 것이 고작이었다. 그런데 지금 받은 편지는 친구들의 글씨처럼 휘갈긴 것이 아니었다. 겉봉을 뜯어 보니 속에는 그가 사랑하고 있지 않은 그 여자의 편지가 들어 있었다. 매우 짧은, 한 장밖에 되지 않는 편지였는데, 이런 사연이 똑똑하게 씌어 있었다. "제가 무언가 당신을 언짢게 했나요? 저는 혁명 당원이며 현대 여성입니다.

다른 여자들처럼 자신을 감출 필요를 느끼지 않습니다. 저는 당신을 사랑합니다. 당신은 저를 사랑해 주실 수 없겠습니까? 결혼 따위는 요구하지 않습니다. 결혼은 낡은 시대의 속박입니다. 하지만 만일 저의 사랑이 필요하시다면 언제라도 드리겠습니다." 그리고 마지막으로 그녀의 이름이 잘 알아볼 수 없는 수수께끼처럼 적혀 있었다.

이리하여 위안은 처음으로 사랑의 고백을 받은 것이다. 이 편지를 손에 들고 자기 방에 혼자 앉은 그는 싫더라도 연애에 대해서, 연애가 무엇인지 생각해야만 했다. 자기만 손만 내밀면 언제라도 그의 손에 몸을 맡기겠다고 하는 여자가 있다. 그의 피는 몇 번이나 그녀를 안으라고 소리쳤다. 그는 이 짧은 몇 시간 동안에 어린아이 같던 청춘시절을 벗어나 고동치는 심장과 타는 듯한 피 속에서 성숙한 남자로 성장했다. 그의 육체는 이미 소년의 육체가 아니었다.

그로부터 며칠 동안 끓어오르는 정열은 그를 성숙시켰고, 그는 정욕에 불타는 어엿한 남자가 되었다. 그러나 그는 아직 편지를 쓰지 않았으며 학교에서도 그녀를 보지 않으려 노력했다. 이틀 밤을 그는 책상에 앉아 회답을 쓰려고 했으며, 두 번 그의 펜 끝에서는 "나는 당신을 사랑하고 있지 않습니다."라는 글이 나오려고 했다. 그러나 아무래도 확실하게 쓰지는 않았다. 호기심에 타는 그의 육체가 그 요구를 들어 달라고 그에게 압박하기 때문이었다. 이리하여 그는 피와 심장이 어둡고 혼란스럽게 들끓는 소용돌이 속에서 답장을 쓰지 않고 자기 마음의 추이를 지켜보았다.

그러나 그가 잠을 이루지 못하고 자주 화가 난 듯 신경질을 부렸으므로 어머니인 노부인은 걱정스러운 듯이 그를 지켜보았다. 그도 부인이 궁금해한다는 것을 느끼고 있었다. 그러나 고백할 수는 없었다. 사랑하지 않는 여자를 자기 것으로 만들지 못해서 화를 내고 있는 것이다, 여자가 주려는 것이 갖고 싶으면서도 그 여자를 사랑할 수 없어 화를 내고 있다고는 도저히 말할 수가 없었다. 그래서 그는 이 마음의 갈등을 그대로 내버려두었다. 그는 전쟁이 시작되기 전의 아버지처럼 음울한 기분이 되어 있었다.

모든 일에 조금씩 마음을 빼앗기고 그러면서도 무엇 하나 철저하게 하지 못하는 이런 엉거주춤한 위안의 생활에 돌연 뚜렷한 해결을 재촉해 온 사람이 있었다. 그것은 바로 위안의 요즈음 사정을 전혀 모르는 아버지 왕후였다. 처음 노부인이 편지를 보낸 이래 몇 달이 지나도 왕후는 회신을 보내지 않았다. 장군은 관저의 넓은 방에서 아들에게 부루퉁해 통 아무 대답이 없었던 것이다. 부인은 위안에게는 알리지 않고 두 번 세 번 편지를 썼다. 그리고 이따금 위안이 아버지 한테서 왜 답장이 오지 않을까 물으면 부인은 달래듯이 대답했다. "내버려두자. 아무 말도 하지 않는 이상, 나쁜 일도 없을 테니까." 그리고 사실 위안도 내버려 두는 것이 마음이 편했다. 날마다 이곳에서의 생활에 쫓겨 마침내 아버지에 대한 두려움과 애당초 자신이 아버지의 지배 아래에서 도망쳐 온 것마저 모두 잊고 있었다. 그리고 이 도시에서의 생활에 완전히 만족했던 것이다.

　봄도 다 지날 무렵의 어느 날, 왕후가 다시 아들에게 손을 뻗어 왔다. 그때까지의 침묵을 깨뜨리고 부인에게가 아니라 직접 아들에게 편지를 보내 온 것이다. 그것은 비서에게 쓰게 한 편지도 아니었다. 오래도록 쓰지 않던 자기 붓으로 왕후가 손수 아들에게 몇 마디를 적어 보낸 것이다. 문자는 난폭하고 거칠게 씌어 있었으나 그 뜻은 매우 뚜렷했다.

　'나의 결심은 변하지 않는다. 돌아와서 결혼해라. 날짜는 이달 30일로 정했다.'

　그날 밤 위안은 놀러 갔다가 돌아와서 방에 이 편지가 놓여 있는 것을 보았다. 그가 환락에 취하고 흥분하여, 음악에 맞추어 몸을 움직이면서 그 여자가 주려 하는 애정을 받아들이자고 거의 결심하고 돌아왔다. 이튿날, 아니면 그 다음 날쯤 그녀가 가고 싶다는 곳으로 가서 그녀가 요구하는 대로 하자는 흥분으로 가득 차 있었다. 적어도, 그렇게 하자는 생각을 했었다고는 말할 수 있을 것이다. 그런데 그때 탁자 위를 보자 편지 한 통이 놓여 있었다. 겉봉의 필적이 눈에 익어 누구에게서 온 편지인지 금방 알 수 있었다. 그는 편지를 집어 구식 봉투의 질긴 종이를 찢어 알맹이를 꺼냈다. 거기에 그런 사연이 왕후가 눈앞에서 호통을 치듯이 똑똑하게 씌어 있었다. 확실히 그 말은 위안에게 호통을 치는 것 같았다. 편지를 다 읽고 나자, 방 안이 마치 무슨 큰 소리가 울린 뒤처럼 갑자기 조용해진 것 같았다. 그는 편지를 접어 다시 봉투에 넣고 정적 속에 숨을 죽이고 앉았다.

어찌 하면 좋을까? 아버지가 내린 명령에 어떻게 대답하면 좋을까? 30일? 그렇다면 앞으로 20일도 안 남았잖은가? 그러자 또다시 어린 시절의 공포가 되살아났다. 마음속에 절망이 기어 들어왔다. 결국 아버지에게 반항한다는 것은 불가능한 일이 아닐까? 이제까지 끝내 반항해 본 적이 있었던가? 언제나 결국은 공포와 애정으로, 아니면 비슷한 다른 힘으로 아버지는 끝내는 어떻게든 자기의 뜻을 관철했던 것이다. 젊은 사람이란 연장자의 손아귀를 벗어날 수 없었던 것이다. 일단 돌아가서 이것만은 아버지의 명령대로 하는 편이 좋지 않을까 하고 위안은 소심하게 생각했다. 돌아가서 그 처녀와 결혼하고 하룻밤이나 이틀 밤쯤 신랑의 의무만을 이행한 다음, 다시 돌아와서 두 번 다시 가지 않으면 되지 않는가. 그렇게 하면 그 뒤엔 무슨 짓을 하든 법에 저촉되는 일도 없고, 그의 죄라고도 할 수 없게 된다. 아버지의 명령에 따른 뒤라면 좋아하는 여자와도 자유로이 결혼할 수 있다. 그런 식으로 이리저리 생각하면서 자리에 누웠으나 도저히 잠을 이루지 못했다. 환락의 뜨거운 흥분도 완전히 식어 버렸다. 아버지가 골라서 대기시켜 놓은 여자에게 자기 육체를 줄 것을 생각하니, 씨를 받기 위해 가축을 빌려 오는 것과 같은 기분이 들어서 등줄기가 차갑게 얼어붙는 느낌이었다.

한잠도 자지 못한 그는 이런 위축된 기분이 되어, 아침 일찍 자리에서 일어나 침실 문을 두드려서 부인을 깨웠다. 그리고 부인이 문을 열자 잠자코 아버지의 편지를 내주고는 읽는 동안 기다렸다. 사연을 읽자 부인의 낯빛이 변했다. 그녀는 조용히 말했다. "몹시 고단해 보이는구나. 아침 식사를 하거라. 억지로라도 먹어야 한다. 먹으면 힘이 날 거야. 지금은 아무것도 목을 넘어가지 않겠지만, 먹어야 해. 나도 곧 나가마."

위안은 얌전하게 시키는 대로 했다. 식탁에 앉자 하녀가 뜨끈뜨끈한 쌀죽과 양념과 부인이 좋아하는 외국 빵을 내왔다. 그는 먹고 싶지 않았으나 억지로 쑤셔 넣었다. 따뜻한 음식 덕분에 몸이 더워지고 지난밤보다 힘이 돌아왔다. 부인이 나왔을 때 그는 얼굴을 보자마자 이런 말을 했다. "이제 절대로 돌아가지 않겠다고 할 수 있을 것 같습니다."

부인은 식탁에 앉아 빵을 집어 생각하듯 천천히 먹더니 이윽고 말했다. "그렇다면 그렇게 말하렴, 나는 찬성이야. 네 결단을 강요하는 일은 하지 않아. 그것은 너 자신의 평생이 걸린 문제이고, 상대는 네 아버님이시니까. 아버님에 대한 의무감이 너 자신보다 소중하거든 아버지에게로 돌아가거라. 너를 책망하지는 않을 테다. 하지만 돌아가고 싶지 않거든 여기 있어. 무슨 일이 있더라도 힘이 되어 줄게. 나는 두렵지 않단다."

이 말을 듣고 위안은 용기가 솟아나는 것을 느꼈다. 아버지에게 맞서서 싸울 수 있는 용기였다. 그리고 이 용기를 완전히 굳히는 데는 아이란의 저돌적인 격려가 필요했다. 아이란은 우에게 받은 강아지와 객실에서 놀고 있었다. 털이 길고 코가 검은 자그마한 강아지로 그녀가 매우 귀여워하고 있었다. 위안이 들어가자 그녀는 얼굴을 들어 말했다. "위안 오빠, 오늘 엄마한테 들었어. 엄마는 나도 젊으니까 젊은 사람끼리 잘 이야기해 보랬어. 요즘의 젊은 처녀가 어떤 의견을 가지고 있나 오빠도 알아 두는 편이 좋을 거라고 엄마는 생각하셔. 오빠, 그런 노인의 말에 귀를 기울이다니 바보야. 우리 아버지라고 해서 그게 어쨌다는 거야. 그건 어쩔 수가 없잖아. 오빠, 나도 내 친구들도, 만난 적도 없는 사람과 결혼한다는 그런 어처구니없는 일은 생각조차 할 수 없어! 돌아가지 않겠다고 답장 보내. 아버지가 뭘 어떻게 하실 수 있겠어? 설마 군대를 끌고 와서 오빠를 잡아 가기야 할까. 그럴 순 없어. 이 도시에 있으면 안전해. 오빠도 이젠 어린애가 아닌데. 오빠 인생은 오빠가 결정하면 되는 거야. 곧 오빠가 바라는 대로 결혼할 때가 올 거야. 자기 이름도 쓸 줄 모르는 무식한 아내라니 오빠가 너무 아까워. 거기다가 전족까지 했는지도 모르잖아. 그리고 우리 새 시대의 여성들은 절대로 첩은 되지 않아. 이 점 잊지 마, 오빠. 그런 짓을 어떻게 해. 아버지가 고른 여자와 결혼해도 결혼은 결혼이야. 그 여자가 오빠의 부인이 되는 거야. 나는 작은부인 따위는 되지 않을 거야. 내가 만일 유부남이 좋아진다면, 그 남자는 부인과 이혼하고 더 이상 같이 살지 않아야 해. 나만이 아내가 되는 게 아니라면 난 그런 관계는 동의 못 해. 나는 그렇게 정했어. 우리 신여성은 동맹을 결성해서, 첩으로 결혼할 경우라면 차라리 결혼하지 않겠다고 맹세했어. 그러니까 아버지의 말 따위는 듣지 않는 게 좋아. 지금 결혼해 버리면 나중에 성가신 일이 될 거야."

이런 아이란의 말은 위안이 혼자서는 가질 수 없었던 용기를 주었다. 여느 때의 미덥지 못한 고집쟁이답지 않게 열의에 찬 그녀의 말을 듣고 이 도시에는 아이란과 같은 여성이 수없이 많다는 것이 떠오르자, 그녀의 화려하고 자유로운 매력에 묶이기라도 한 듯, 그는 생각했다. '나는 아버지 시대의 인간이 아니다. 이제 아버지라고 해서 나를 구속할 권리는 없다. 그것은 사실이다. 그렇다.'

이렇게 새로운 힘을 얻자 그는 곧 자기 방으로 돌아가서 용기가 사라지기 전에 부랴부랴 편지를 썼다. "저는 그런 것을 위해서 돌아갈 수 없습니다. 이제 저에게도 살아갈 권리가 있습니다. 이것이 새 시대입니다, 아버지." 다 쓰고 나서 위안은 잠시 생각하고 글이 너무 무례하지 않은가 돌아보면서, 좀 더 부드러운 말투를 덧붙이면 나아질 것 같아 몇 마디 보탰다. "그리고 요즘은 학기말이라 돌아가기에는 매우 형편이 좋지 않은 시기입니다. 지금 돌아가면 시험을 칠 수도 없고 몇 달 동안이나 한 공부가 물거품으로 돌아갑니다. 그러니 저를 이만 놓아주십시오. 사실을 말씀드리자면 저는 결혼하고 싶지 않습니다." 그리고 편지의 앞과 끝에는 예의를 갖춰 정중하게 인사말을 썼다. 그런 부드러운 말을 덧붙이기는 했으나 위안은 할 말은 분명하게 쓴 것이다. 그는 이 편지를 하인에게 부탁하지 않고 자기 손으로 우표를 붙여 햇빛이 비치는 거리를 걸어가 우체통에 넣었다.

편지가 우체통 속으로 들어가자 그는 힘이 나고 마음이 가벼워졌다. 편지에 쓴 내용을 다시 떠올리려고도 하지 않았다. 집으로 돌아가는 길도 즐겁고, 거리를 오가는 사람들 사이에 섞여 있으니 전보다 더 힘이 나고 자신감이 붙었다. 지금 세상에 아버지가 그에게 요구하는 것 같은 일은 참으로 어처구니없었다. 오늘 이 거리를 걷는 사람들에게 그의 이야기를 한다면, 그건 낡은 방식이라고 웃어넘기고, 그런 일을 고민하는 그를 바보라고 할 것이다. 이렇게 사람들 속에 섞여 있으니 위안은 갑자기 마음이 편해졌다. 이것이야말로 나의 세계다. 이 새로운 세계, 자유로운 남녀의 세계, 저마다 자기 방식대로 사는 세계. 위안은 어두운 마음이 갠 듯한 기분이라 돌아가서 공부할 생각이 나지 않았다. 잠시 어디 가서 놀고 싶어졌다. 바로 옆에 화려한 극장이 있고, 간판에는 여러 나라 말로, "금일 상영. 올해 최고의 영화. 〈사랑의 길〉"이라는 글이 쓰여 있었다. 위안은 뒤로 빙글 돌아 극장의 활짝 열린 입구로 들어가고 있는 사람들의 줄에 끼어 섰다.

그러나 왕후는 그렇게 간단히 물러설 위인이 아니었다. 일주일도 되지 않아서 그는 다시 편지를 보내왔다. 이번에는 세 통이 왔는데, 한 통은 위안 앞으로 보낸 것이고, 한 통은 부인 앞으로, 또 한 통은 큰형 왕이 앞으로 보낸 편지였다. 쓰는 방식은 모두 달랐으나 뜻은 같았으며, 이번에는 자신이 직접 쓴 편지가 아니라 그만큼 말투는 부드러웠다. 그러나 그 부드러움 때문에 오히려 말이 차갑고 노해 있는 듯이 느껴졌다. 편지의 뜻은 이런 것이었다.

"아들 위안을 이달 30일에 결혼시키기로 했다. 궁합 보는 이가 이날을 길일이라고 말했기 때문이다. 학교 시험 때문에 위안이 그날 돌아오지 못한다고 하니 대리인을 세워서 결혼시키기로 하겠다. 대리인은 위안의 사촌인, 둘째 형님의 장남으로 하겠는데, 이 사람이라면 대리인으로서 가장 적당하다고 생각한다. 이러한 사정이니 위안은 자신이 돌아와서 결혼한 것과 마찬가지로 그날부터 정식으로 결혼한 사실이 성립된다."

이러한 사연을 위안은 아버지의 편지에서 읽었다. 왕후는 끝내 자기 뜻을 관철하려는 것이다. 그리고 노여움에 못 이겨서가 아니라면 아버지가 이토록 잔인한 행동을 할 까닭이 없다고 생각하고, 위안은 아버지의 노여움이 다시 무서워졌다.

사태는 마침내 위안으로서는 어떻게 할 수 없는 지경에 이르고 말았다. 낡은 법률에 비추어 보면 왕후는 마땅한 권리를 행사하여, 다른 부친들이 옛날부터 행하는 일을 하는 데 지나지 않기 때문이다. 위안은 이것을 잘 알고 있었다. 편지가 도착한 날 위안이 집으로 돌아오니 하인이 문간에서 편지를 주었다. 그는 좁은 현관에 선 채 혼자 그것을 읽었는데 갑자기 모든 용기가 쑥 빠져나가는 듯한 기분이었다. 고독한 젊은이에 지나지 않는 그가, 어떻게 힘을 합쳐 덤벼드는 수세기 역사의 무게에 대항할 수 있을 것인가? 그는 느릿느릿 몸을 움직여 객실로 들어갔다. 아이란의 강아지가 방에 있다가 코를 벌름거리면서 몸을 비벼 왔으나 위안이 쳐다보지도 않자 요란한 소리로 한두 번 짖어 댔다. 여느 때 같았으면 이 성깔 있는 강아지에게 웃으면서 상대를 해 주었겠지만, 오늘은 거들떠볼 마음도 나지 않았다. 그래서 의자에 앉아 두 손으로 머리를 감싸고 제멋대로 짖게 내버려두었다.

개가 짖는 소리를 듣고 부인이 누구 낯선 사람이라도 찾아왔나 하고 살펴보러 왔다. 그녀는 위안의 모습을 보자 무슨 일이 일어났는지 금방 깨달았다. 부인은 자기 앞으로 온 편지를 이미 읽었으므로 위로하듯이 말했다. "아직 단념해서는 안 돼. 이렇게 되면 너 혼자서 처리할 수 있는 문제가 아냐. 큰아버님과 큰어머님, 그리고 가장 위의 사촌 형까지 여기 불러서, 어떻게 하면 좋을까 의논하기로 하자. 왕가의 일족은 아버님 혼자도 아니고, 또 아버님이 가장도 아니시니까. 큰아버님이 분별 있게만 해 주신다면, 아버님이 뜻을 바꾸시도록 설득할 수도 있을 거야."

그러나 쾌락만 추구하는 나이 먹고 살찐 백부를 생각하고 위안은 외치듯이 다만 이렇게 말할 뿐이었다.

"큰아버님이 언제 분별 있게 하신 일이 있습니까! 이 나라에서 강한 사람이라면 무장한 군대를 가진 자들뿐입니다. 그들은 다른 사람들을 모두 자기 뜻대로 복종시킵니다. 그것은 제가 누구보다 잘 알고 있습니다. 아버지가 죽이겠다고 일단 결심하면 뜻을 관철하는 것을 저는 몇백 번이나, 아니 몇만 번이나 보아 왔습니다. 아버지는 칼과 총을 갖고 있으므로 모두 두려워합니다. 이제 저는 아버지의 말씀이 옳다고 생각합니다. 마지막에 이기는 것은 그와 같은 힘입니다."

그리고 위안은 어쩔 줄 모르며 흐느끼기 시작했다. 모처럼 달아난 것도, 자기 의지대로 살려던 것도 이제 모두가 물거품으로 돌아가고 만 것이다.

그러나 부인의 격려와 위로를 받고 간신히 진정했다. 그날 밤 부인은 조촐한 연회를 베풀어 백부 가족을 초청했다. 식사가 끝나자 모두 모인 자리에서 부인은 이 문제를 꺼냈다. 모두의 의견을 들어 보기 위해서였다.

성도 멍도 아이란도 이 자리에 참석했다. 그러나 친족 회의와 같은 것이므로 부인은 구습에 따라 순서를 정해서 젊은이들은 끝에 앉혔다. 젊은 사람들은 예의에 따라 잠자코 앉아 있었다. 비록 속으로는 이 거창해 보이는 광경을 비웃으면서 나중에 놀려 주자고 생각하는 듯이 눈을 반짝이고는 있었으나 아이란까지 짐짓 잠자코 앉아 있었다. 성은 다른 즐거운 일을 생각하는 모양이었다. 가장 묵묵히 그리고 꼼짝 않고 앉아 있는 것은 멍이었다. 그의 얼굴은 새빨개진 채 굳어 있었으며 몹시 화가 나 있는 것 같았다. 그는 이 문제만 생각하고 있었으며, 입을 다물고 있어야 하는 게 괴로웠던 것이다.

누구보다 먼저 입을 여는 것은 가장 연장자인 왕이의 의무였으나, 될 수 있는 대로 그런 의무를 피하고 싶어하는 것이 그의 태도에 뚜렷이 나타났다. 그 모습을 보고 위안은 자기에게 힘이 되어 주지 않을까 하고 가냘프나마 백부에게 걸고 있던 희망조차 단념해 버렸다. 왕이가 그런 태도를 보인 까닭은 두 사람을 겁내고 있었기 때문이다. 첫째는 아우 왕후기 무서웠다. 아우가 젊을 때 얼마나 과격한 성질이었나를 기억했고, 또 자신의 둘째 아들은 내륙 깊숙이 들어간 도시에서 호화로운 생활을 하고 있으며 왕후의 이름을 방패 삼아 거의 현장과 같은 지위를 차지하고 있었다. 이 아들은 아버지에게 돈이 필요할 때면 언제라도 보내 주었다. 돈 쓸 곳이 얼마든지 있는 이 외국 통치하의 도시에서 돈이 필요 없는 때란 거의 없다고 해도 과언이 아니었다. 그래서 왕이는 왕후의 기분을 상하게 하고 싶지 않았다. 그가 겁을 내는 또 한 사람은 자신의 아내, 즉 아들들의 어머니였다. 그녀는 그가 해야 할 말을 똑똑하게 일러 두었던 것이다. 그가 집을 나오기 전에 그녀는 남편을 자기 방으로 불러 말했다. "결코 위안 편을 들어서는 안 돼요. 첫째, 우리들 나이 든 사람들은 힘을 합해야만 하고 둘째, 만일 앞으로 혁명이 일어난다는 소문이 사실이 된다면 언제 서방님의 힘을 빌려야 할지 모르니까요. 우리는 아직 북부에 땅을 가지고 있으니까 그것도 생각해야 해요. 우리 재산을 잊어서는 안 돼요. 게다가 법으로 말하더라도 아버지 쪽이 옳으니까 아들은 그것을 따르는 것이 마땅해요."

이런 말을 아내한테서 강경하게 듣고 왔으므로 지금 이 노인은 가만히 자기를 바라보고 있는 아내의 시선과 마주치자 땀을 흘리며, 입을 열기 전에 면도한 머리를 닦고 차를 한 모금 마신 다음 기침을 하고는 한두 번 침을 삼키면서 어떻게든 시간을 끌려고 했다. 그러나 모두 그의 발언을 기다리는 눈치였으므로 가쁜 숨을 쉬며 마침내 의견을 말했다. 너무 비대해서 지방이 내장을 압박하여 요즘에는 늘 숨을 헐떡였다. "아우한테서 편지가 왔다. 위안을 결혼시킨다는 이야기야. 한데, 위안은 결혼하고 싶지 않다고 말했다는구나. 그렇지만 말이다……."

여기까지 말하자 그는 말문이 막히고 말았다. 부인의 눈길을 피하면서 다시 땀을 뻘뻘 흘리며 머리를 닦았다. 그 순간 위안은 백부가 진심으로 미워졌다. 이런 사나이에게 나의 일생을 맡길 수는 없다고 분연히 생각했다. 그때 갑자기 강렬한 시선을 느끼고 고개를 돌리니, 멍의 두 눈이 모멸이라도 하듯 지그시 자기를 바라보고 있었다. 그 눈은 말하고 있었다. '늙은이들에게 희망을 걸어서는 안 돼. 전부터 그토록 내가 말했잖아.'

그때 노인은 부인의 차가운 시선에 몰려 재빨리 말했다. "내 의견을 말하자면, 내가 생각하기로는, 자식은 부모를 따라야 해. 성현의 말씀에도 있지. 그래서, 아무튼……" 여기서 왕 노인은 겨우 자기 의견이 생각나기라도 한 듯이 별안간 빙그레 웃었다. "아무튼 말이다, 위안, 여자란 다 비슷해서 말이다, 처음에는 마음에 안 들겠지만 그것도 한동안뿐이야. 내가 네 학교의 교장에게 편지를 써서 시험을 면제받도록 해 주마. 아버지를 기쁘게 해 드려라. 무척 과격한 성품이고, 결국 언젠가는 우리도 그 녀석을 의지해야 할지 모르니까."

여기서 다시 부인 쪽을 보았으나 부인의 눈이 엄하게 쓸데없는 소리는 하지 말라고 하고 있었으므로 그는 갑자기 힘없이 말을 맺었다. "나는 그렇게 생각한다." 그러고는 장남 쪽을 돌아보며 안도의 숨을 내쉬면서 말했다. "이번에는 네 차례야. 의견을 말해 보아라."

그래서 장남이 입을 열었는데 그의 말은 아버지의 의견보다는 이치가 뚜렷했다. 그러나 그는 아무에게도 불쾌감을 주지 않을 생각이었으므로 이것도 저것도 아닌 의견이 되고 말았다. 그래도 그는 배려심 있게 말했다. "위안이 자유를 바라는 기분은 잘 알겠습니다. 젊을 때 나도 자유를 구했었으니까요. 내 결혼 때도 큰 소동을 일으켜서, 좋아하는 여자와 결혼하겠다고 고집을 부렸었지요." 그는 조금 차갑게 웃고 나서, 기가 센 아름다운 처가 이 자리에 있었다면 감히 생각할 수도 없을 만큼 대담하게 말했다. 그의 아내는 참석하지 않았다. 해산할 날이 가까웠기 때문이었는데, 이미 아이가 넷이나 있는데도 또 아기를 낳아야 되므로 요즘은 기분이 매우 언짢아서, 더는 임신하지 않는 외국의 피임법을 어떻게 하면 배울 수 있느냐고 밤낮으로 말하고 있었다. 아내가 없었으므로 그는 아버지 쪽을 돌아보며 잠깐 웃고 말했다. "사실을 말씀드리자면, 그 무렵 왜 그렇게 소란을 피웠을까 생각할 때가 자주 있습니다. 왜냐하면 결국 아버님이 말씀하신 대로였으며, 여자란 모두 같고, 어떤 결혼이든 결과는 모두 같은 것이거든요. 어차피 사랑은 곧 식으니까. 부모님 말씀대로 냉정하게 결혼하는 편이 낫더군요.

게다가 사랑이라는 것은 젊은이들이 생각하듯이 그리 오래 계속되는 것이 아니거든요."

그것으로 끝이었다. 다른 사람들은 아무 발언도 하지 않았다. 아이란의 어머니도 입을 열지 않았다. 이와 같은 남자들을 앞에 놓고 무슨 말을 해 봐야 소용이 없다는 사실을 알았기 때문이었다. 하고 싶은 말은 위안에게만 할 작정이었다. 젊은 사람들도 잠자코 있었다. 그것은 그들에게 있어서도 이따위 의견을 주고받는 것은 시간 낭비에 지나지 않았기 때문이다. 젊은 사람들은 되도록 빨리 한 사람씩 자리를 뜬 다음 다른 방에 따로 모여 거기서 저마다의 의견을 위안에게 말했다. 성은 모든 것이 우스꽝스럽다고 여기고 있었으므로 그대로 위안에게 말했다. 그는 곱고 하얀 손으로 머리를 매만지면서 말했다. "내가 너라면 이런 소환장에는 답장도 안 썼겠어. 널 동정한다. 그리고 내 부모님이 이런 짓을 하지 않는 것을 고맙게 생각해. 아무리 새로운 방식을 욕한다 하더라도, 지금 이 도시 생활에 익숙해져서 아버지도 어머니도 진정으로 나한테 강요하시지는 않거든. 그래서 푸념만 늘어놓으면서 정력을 소모하고 있는 거야. 내버려둬. 너 자신의 인생이나 살아. 화를 내고 불평할 필요는 없어. 자기가 하고 싶은 일을 하는 거야. 돌아갈 필요는 없어."

그러자 아이란이 흥분하여 소리쳤다. "성 오빠가 말하는 대로야, 위안 오빠! 이따위 일은 이젠 두 번 다시 생각할 필요도 없어. 언제까지나 여기서 우리와 함께 살면 되잖아. 우리는 모두 새로운 시대의 사람들이야. 오빠도 시시한 다른 일은 다 잊을 거야. 이 도시에는 우리를 한평생 재미있게 살게 해 줄 만한 것이 있어. 난 다른 곳에 가고 싶다는 생각은 해 본 적이 없어!"

그러나 멍은 다른 사람들의 이야기가 끝날 때까지 잠자코 있었다. 그러다가 맨 나중에 매우 심각하게 천천히 말했다.

"모두 어린애 같은 소리를 하고 있군. 법률에 따르면 위안 형은 아버지가 정한 날에 결혼한 게 되는 거야. 이 나라의 법률에 따라서 형은 두 번 다시 자유롭게 되지 못해. 형에게는 자유가 없어. 자기야 자유라고 말하든 자유라고 생각하든, 저 좋을 대로 혼자 멋대로 살든 그런 건 문제가 아냐. 아무튼 자유가 아니거든……. 위안 형, 이제라도 혁명 운동에 가담하지 않겠어? 왜 우리들이 싸워야만 하는가, 이것으로 알게 되었다고 생각하는데."

위안은 멍을 보았다. 멍의 타는 듯이 격렬한 시선과 부딪치고 그의 마음속 깊이 숨어 있는 깊은 절망을 읽었다. 위안은 잠시 망설이다가 이윽고 절망 속에서 조용히 대답했다.

"나도 가담한다!"

이렇게 하여 왕후는 자기 아들을 적으로 만들었던 것이다.

조국을 구하기 위해 이제부터 이 주의에 몸과 마음을 쏟아 넣겠다고 위안은 생각했다. 여태까지는 "우리는 조국을 구해야만 한다"는 호소를 들었을 때 그것이 마땅히 해야 할 일이라고 느끼고 언제나 마음이 움직이기는 했으나 왜 구해야만 하는가, 만일 구한다 하더라도 무엇으로부터 구하는가, 또 이 조국이란 대체 무엇인가 하는 것마저 똑똑히 알 수 없었으므로 위안은 선뜻 마음의 결정을 내리지 못했다. 아버지 집에 있던 어린 시절, 가정교사가 그렇게 가르쳐 주었을 때도 그는 이 구국이라는 것에 충동을 느끼고 조국을 위해서 자신도 무엇을 하고 싶다고는 생각했으나 무엇을 해야 좋을지 알 수 없었다. 군관 학교에서는 외적이 조국에 가하고 있는 여러 악행을 귀에 못이 박이도록 들었으나, 그때는 아버지 또한 적이라고 했으므로 아무래도 이해할 수 없었다.

이 도시의 학교에서도 마찬가지였다. 그는 멍으로부터 어째서 조국을 구해야만 하는가 하는 주장을 늘 들었다. 왜냐하면 멍은 주의에 대한 이야기 말고는 화제가 없었기 때문이다. 그는 요즘 줄곧 비밀 회합에 바빠 학업은 거의 거들떠보지도 않았다. 그의 동지들은 언제나 학교나 시 당국에 항의서를 들이대고 외적타도, 불평등 조약반대, 시 조례나 학교의 단속 규칙반대 등, 그들의 주의에 맞지 않는 것은 모조리 반대하고 나서서 깃발을 흔들며 시내를 행진했다. 그들은 많은 사람들에게 비록 본인들의 의사에 어긋나더라도 이 행진에 참가할 것을 강요했다. 멍은 군벌 두목에 못지않은 무시무시한 얼굴을 하고 참가를 강요했으며, 우물쭈물하는 학생에게는 호통을 쳤다. "네 녀석은 그래 가지고 애국자라 할 수 있는가? 외국인의 앞잡이가 아닌가! 우리들의 조국이 외적에 의해서 바야흐로 파멸에 직면한 이때, 네 녀석은 춤이나 추며 놀아나면 된단 말인가!"

어느 날 위안이 바빠서 행진에 참가할 여가가 없다고 말하자 멍은 위안에게조차 호통을 쳤었다. 성 같으면 멍이 와서 거친 소리를 해 봐야 여느 때의 유쾌한 듯한 웃음을 짓고 놀려 댈 수도 있었다. 멍은 젊은 혁명 당원의 지도자이기 전에 그의 동생이었기 때문이다. 그러나 위안은 사촌에 지나지 않았으므로, 이화를 잘 내는 청년으로부터 되도록 교묘히 빠져나가야만 했다. 그리고 이러한 때 가장 좋은 피신처는 그 밭이었다. 멍이나 그 동지들은 꾸준히 밭을 간다는 어리석은 노동을 할 겨를이 없었으므로 여기에 있으면 위안은 그들을 피할 수가 있었다.

그러나 이제는 위안도 조국을 구한다는 것이 무엇인지 알았다. 왕후가 왜 적인가 하는 것도 알았다. 이제 조국을 구하는 것은 자기 자신을 구하는 길이요, 아버지가 자기의 적이며, 스스로 자기를 구하지 않으면 누구도 구해 주지 않는다는 것을 알았기 때문이다.

위안은 주의에 몸을 던졌다. 그는 멍의 사촌이며 멍이 그를 위해서 보증인이 되어 주었으므로 충성을 증명할 필요는 없었다. 또 멍도 주의에 대한 위안의 진실성을 인정할 수가 있었다. 그는 위안이 분노하고 있는 이유를 알고 있었으며, 주의에 대한 열의의 유일한 보증은 언제나 위안이 지금 품고 있는 것과 같은 개인적인 분노임을 알고 있었기 때문이다. 위안은 이제 구시대가 구체적인 적이 되었으므로 구시대를 증오할 수가 있었다. 그것을 통해서밖에 자기를 해방시킬 수가 없으므로 조국을 해방시키기 위해서 싸울 수 있었다. 이렇게 하여 그는 그날 밤 바로 멍을 따라 꼬불꼬불한 골목 끝에 있는 낡은 집의 한 방에서 열린 비밀회합에 참석했다.

그 거리는 가난뱅이를 상대하는 창부들의 소굴로 알려진 곳이며, 수상한 복장을 한 남자들이 많이 왔다 갔다 했으므로 젊은 노동자들이 드나들어도 딱히 관심을 기울이는 사람이 없었다. 멍이 앞장서서 이 길로 위안을 데리고 갔다. 시끄럽게 손님을 불러들이는 소리에도 멍은 아랑곳하지 않았다. 꽤 익숙해 있었으므로 여기저기 입구에서 여자들이 손님을 잡으려고 뛰쳐나와도 얼굴조차 보려 하지 않았다. 옷자락을 잡고 끈질기게 놓지 않는 여자라도 있으면 성가신 벌레라도 처리하듯 손을 뿌리쳤다. 다만 여자가 위안을 붙잡고 놓지 않으려 할 때만 멍은 소리쳤다. "그 손 봐! 우리가 가는 집은 정해져 있으니까." 그는 그대로 성큼 성큼 걸음을 옮겨 놓았다. 뒤따라 가는 위안은 여자가 손을 놓아주자 안심했다. 여자가 하도 천하고 끔찍스러운 얼굴을 하고 있었으며, 젊지도 않은데 추파를 던지고 교태를 부리는 꼴이 소름 끼쳤기 때문이었다.

이윽고 한 집에 도착하자 여자가 안으로 들여보내 주었다. 멍은 층계를 올라가서 어느 방으로 들어갔다. 거기에는 50명 남짓한 남녀가 앉아 기다리고 있었다. 지도자인 멍 뒤에서 따라 들어온 위안을 보자 웅성거리던 소리가 딱 멎고 한순간 의혹에 찬 침묵이 흘렀다. 그러자 멍이 말했다. "걱정할 필요는 없소. 이 사람은 내 사촌이오. 전부터 말했지만 나는 이 사람이 우리 운동에 가담해 주기를 매우 바라고 있었소. 그는 우리에게 크게 도움이 될 인물이니까. 그의 아버지는 군대를 갖고 있는데 이것은 뒷날 우리들의 도움이 될지도 모르오. 그런데 그는 가담하는 것을 여태까지 동의하지 않았소. 그런데 오늘, 우리들의 아버지가 모두 적인 것과 마찬가지로 자기 아버지가 적이란 사실을 깨달았소. 그는 이런 점을 깨닫게 될 때까지 이 운동의 올바름을 뚜렷이 느끼지 못하고 있었던 거요, 이제 그도 결심했소. 결심하기에 충분한 증오를 갖고 있는 거요."

위안은 잠자코 이 말을 들으며 주위 사람들의 타는 듯한 얼굴을 휘둘러보았다. 아무리 창백하건, 아름답지 않건, 타는 듯한 표정을 띠지 않은 얼굴은 하나도 없고 눈도 모두 불타는 듯했다. 멍의 말을 듣고 이들의 얼굴을 보다가 그의 심장은 잠시 멎었다. 나는 정말 아버지를 미워하고 있는 것일까. 그는 갑자기 아버지를 미워하는 것이 괴로워졌다. 미워한다는 말에 그는 심하게 흔들리고 겁을 먹었다. 나는 아버지가 하는 일을 증오한다. 아버지가 하는 일은 분명히 증오하지만……. 그가 동요하고 있는 그 순간, 어두운 구석에서 일어나 그에게 와서 손을 내민 사람이 있었다. 그 손이 눈에 익었으므로 돌아보니 눈에 들어온 것은 잘 아는 얼굴이었다. 그 여자였다. 그녀는 그 묘하게 아름다운 목소리로 말했다. "당신이 언젠가는 가담해 주실 줄 알고 있었어요. 분명 함께 해 주실 거라고 생각했어요."

이 여자의 얼굴을 보고 그 손을 만지며 그 목소리를 들으니 위안은 따뜻하게 환영받고 있다는 것을 느꼈다. 그리고 새삼 아버지가 한 일이 생각났다. 그렇다,

아버지가 본 적도 없는 여자와 결혼시키려는 증오할 만한 일을 한다면 나도 아버지를 미워해 줄 테다. 그는 여자의 손을 잡았다. 그녀가 자기를 사랑한다고 생각하자 미칠 듯이 기뻤다. 그녀가 이 자리에서 자기 손을 잡아 주었으므로 그는 갑자기 그들의 동지가 된 기분이 되었다. 그는 얼른 방 안을 둘러보았다. 여기 있는 사람들은 모두 자유디. 지유롭고 젊은 동지들이 모여 있는 것이다! 멍은 아직도 이야기하고 있었다. 두 사람이, 남녀가 손에 손을 잡고 서 있는 것을 누구도 이상하게 보지 않았다. 여기서는 모두 자유이기 때문이다. 멍이 말을 맺었다. "그는 내가 보증하겠소. 만일 그가 배신한다면 나도 죽겠소. 나는 그를 위해서 맹세하겠소."

그가 말을 마치자 여자가 위안의 손을 잡은 채 함께 두세 걸음 앞으로 나가서 말했다. "저도 이분을 위해서 맹세합니다."

이렇게 그녀는 위안을 자기와 동지들에게 결속시켰다. 그래서 한 마디도 반대하지 않고 위안은 맹세했다. 모든 사람이 지켜보는 앞에서, 멍이 칼로 위안의 손가락 끝을 그어 약간의 피를 받았다. 이 피에 멍이 붓을 적셔 위안에게 주었으며, 위안은 그 붓으로 서약서에 서명했다. 그것이 끝나자 모두 기립하여 그를 당원으로서 받아들이고 함께 서약서를 낭독한 다음 당원이라는 것을 증명하는 휘장을 위안에게 주었다. 이리하여 마침내 위안은 그들의 동지가 된 것이다.

당원이 된 위안은 이제까지 모르던 많은 것을 알았다. 이 결사는 곳곳에 있는 다른 무수한 결사와 그물처럼 연결되었으며, 그 그물은 전국 각 성(省)의 많은 도시, 특히 남방으로 뻗어 나가고, 결사의 중심은 위안이 다녔던 군관 학교가 있는 화난(華南)의 대도시에 있었다. 이 중앙 본부로부터 비밀 암호에 따라서 지령이 나왔다. 멍은 이 암호의 수신법과 해독법을 알고 있어서 지령에 따라 즉각 동지를 소집하고 파업을 일으키라든가, 성명서를 내라든가 하고 전달했다. 그리고 이와 똑같은 일이 많은 도시에서 동시에 행해졌다. 이런 식으로 비밀리에 많은 청년 남녀들이 전국적으로 결합되어 있었다.

이와 같은 결사의 회합 하나하나가 미래의 대계획을 실현하는 첫걸음이었다. 그리고 이 대계획은, 사실 위안에게는 그다지 새로운 게 아니었다. 철이 들고 나서부터 줄곧 그는 그런 이야기를 들어 왔기 때문이다. 그가 어릴 때부터 아버지는 늘 말했었다.

"나는 정권을 획득해서 위대한 국가를 만들 참이다. 새 왕조를 창시하는 거다."
왕후도 청년 시절에는 이런 대망을 품고 있었던 것이다. 그리고 위안의 가정교사
도 남몰래 이렇게 가르쳤다. "언젠가 우리는 정권을 차지해 새로운 국가를 만들
어야 한다……." 그리고 군관 학교에서도 같은 말을 들었고, 오늘도 같은 말을 들
은 것이다. 그러나 많은 사람들에게는 이것은 새로운 부르짖음이었다. 상인의 아
들, 교사의 아들, 조용하게 사는 일반 사람들의 아들, 따분하고 평범한 생활을
보내는 그들에게 이토록 강력한 부르짖음은 여태까지 없었다. 새 국가 건설을
말하고, 조국을 이제까지와는 다른 위대한 국가로 만들자고 하고, 외국에 투쟁
을 선언한다는 것은 평범한 청년들에게 큰 꿈을 주었고, 지배자, 정치가, 장군이
된 자신들의 미래를 꿈꾸게 했다.

그러나 위안에게는 그 부르짖음이 그리 신선하지도 않았으므로 다른 사람들
과 소리를 합하여 높이 부르짖을 수가 없었다. 이따금 그는, '어떻게 하면 그것이
실현됩니까?'라든가, '학교에 가지 않고 가두시위에만 시간을 허비해서야 무슨
수로 나라를 구합니까?' 물음으로써 그들을 짜증나게 만들었다.

그러나 얼마 안 가서 그는 침묵하는 법을 배웠다. 다른 사람들이 이런 이야기
를 무척 싫어했으며, 그가 다른 동지들과 같은 행동을 하지 않으면 멍이나 그 여
자의 입장이 곤란해지기 때문이었다. 멍은 단둘이 있을 때 이렇게 말하기도 했
다. "상부로부터 오는 지령에 의문을 품을 권리는 형에겐 없어. 우리는 복종해야
만 해. 그렇게 해야만 앞으로의 목적을 이룰 수 있으니까 말이야. 다른 동지들에
게도 허용하지 않는데 형한테만 질문을 허용할 수는 없어. 다들 사촌이라 봐준
다고 말할 테니까."

그런 식으로 자기가 이해하지 못하는 일도 무조건 따라야 한다면 어디에 자
유가 있느냐고 묻고 싶었지만 위안은 그 의문을 억눌러야만 했다. 그는 자신을
타일렀다. 나중에 자유를 얻을 거야, 틀림없어. 또 이렇게도 생각했다. 아버지에
게서 자유를 얻지 못하는 이상, 그리고 이미 동지들과 더불어 운명을 함께하기
로 한 이상, 달리 길은 없다.

그래서 요즘은 지령받은 대로 자기의 의무를 완수했다. 가두시위를 하는 날

에는 깃발을 준비했다. 그는 다른 사람보다 글씨를 또렷하게 잘 썼으므로 무언가 학교에 요구할 일이 있을 때는 요청서를 썼다. 학교 당국이 요구를 받아들이지 않는다고 하여 동맹 휴학을 할 경우에는 그도 학교를 쉬었다. 그러나 학과에 뒤지지 않도록 혼자서 공부했다. 그는 또 노동자들의 집을 찾아다니면서 소책자를 나누어 주었다. 거기에는, 그들이 얼마나 혹사당하고 있는가, 임금이 얼마나 적은가, 그들 덕분에 경영자들이 얼마나 살이 찌고 있는가 하는, 이미 누구나 다 아는 것들이 씌어 있었다. 노동자들은 거의 글자를 읽을 줄 모르므로 위안이 읽어 주곤 했는데, 그들은 기꺼이 귀를 기울이면서 자기들이 생각하던 것보다 더 혹사당하고 있음을 알고는 깜짝 놀란 눈으로 서로 마주 보며 저마다 소리치는 것이었다. "정말이야. 우리는 배불리 먹어 본 일이 없어." "맞아, 우리는 밤낮으로 일하면서 자식들을 제대로 먹이지도 못한단 말이야." "우리 같은 인간들에게 무슨 미래가 있나, 내일도 모레도 언제까지나 변함없지. 날마다 버는 대로 먹어 버리니까 말이야."

그들의 모습을 보고 그들의 말을 들으며 위안은 측은한 느낌이 들었다. 그들은 늘 혹사당하고, 그들의 아이들은 영양 부족으로 안색이 나쁜 채 방직 공장이나 외국제 기계 공장에서 날마다 장시간 일하면서 이따금 공장 안에서 죽기도 했지만 누구도 거들떠보지 않았다. 부모조차 그다지 마음을 쓰지 않았다. 아이란 자꾸 태어나서, 가난한 집에는 언제나 필요 이상으로 아이들이 많았기 때문이었다.

그러나 이토록 가엾게 생각하면서도, 위안은 그들 집에서 나오면 안도의 한숨이 절로 나왔다. 가난한 사람들 집에는 늘 악취가 떠돌았고, 그의 후각은 매우 민감했기 때문이다. 집에 돌아와서 몸을 씻고 그들과 멀리 떨어져 있는데도 여전히 주변에는 그 냄새가 떠도는 듯한 기분이었다. 자기의 조용한 방에서 홀로 책을 읽고 있다가도 문득 얼굴을 들면 그 악취가 엄습해 왔다. 옷을 갈아입어도 냄새가 났다. 환락의 장소에 있을 때도 역시 냄새가 났다. 여자를 안고 춤을 추고 있을 때 그 여자의 향수 냄새조차 압도했으며 훌륭하게 조리된 요리의 향료 냄새까지 뒤덮어, 그는 언제나 가난한 사람들의 악취를 맡고 있어야 했다. 그것은 곳곳에 스며 있어서 위안을 불쾌하게 만들었다. 전부터 위안에게는 이러

한 약점이 있었으며 그 때문에 무엇을 해도 온 영혼을 다 쏟아 넣을 수가 없었
다. 그런 보잘것없는 것이 너무 신경 쓰여 큰일을 그르치는, 자기의 소견 좁은 인
물됨을 부끄러워하면서도, 그는 악취로부터 자신의 육체가 뒷걸음 치면서 주의
에 대한 자신의 정열이 식는 것을 느꼈다.

그 결사의 교우 관계에서 또 하나 곤란한 일이 있었다. 그것은 운동의 장애가
되고 다른 동지들과의 사이에 어두운 그림자를 던졌다. 바로 그 여자였다. 위안
이 이 운동에 가담하고부터 그녀는 위안이 자기 사람이 되었다고 확신했는지 놓
아 주려 하지 않았다. 이런 젊은 사람들 사이에는 대담하게 동거하는 남녀도 있
었으며, 그것은 부도덕한 것으로 간주되지도 않았고 무어라고 나무라는 사람도
없었다. 그들은 동지라고 불리며 두 사람의 관계는 그들이 희망하는 동안만 지
속되었다. 그 여자는 위안이 자기와 동거해 주기를 희망했다.

그런데 여기에 묘한 일이 생겼다. 만일 위안이 운동에 가담하지 않고 그전처
럼 즐거운 꿈 같은 생활을 계속하면서, 그녀와도 다만 교실에서 얼굴을 맞댄다
든가 이따금 단둘이 산책을 한다든가 하는 정도였더라면, 어쩌면 그녀의 대담성
이나 아름다운 목소리나 솔직한 눈초리나 정열에 타는 손이, 그가 그때까지 알
던 여자들, 아이란의 친구들과는 매우 색다르다는 점에서 그를 매혹했을지 모른
다. 위안은 여자에게 무척 소심했으므로 오히려 대담함이 그에게는 매력으로 여
겨졌을 것이다.

그런데 그는 지금 이 여자와 날마다 여기저기에서 얼굴을 맞대었으며, 그녀는
위안을 자기 사람이라 정해 놓고 매일 학교가 끝나면 기다렸다가 함께 돌아갔
다. 그러니 다른 학생들이 눈치채지 않을 까닭이 없었다. 모두 위안을 놀리며 말
을 건네었다. "그 여자가 기다린다. 널 기다리고 있어. 도저히 달아날 수 없겠는
걸……." 이런 야유가 늘 그의 귀에 들어왔다.

처음 한동안 위안은 그런 말을 못 들은 체했다. 부득이 들었을 경우에는 쓴
웃음을 지었다. 그러다 그는 부끄러워져서 수업이 끝나도 교실에 되도록 오래
남아 있거나, 사람들이 눈치채지 못하는 출구로 빠져나가곤 했다. 그러면서도 그
녀에게 솔직하게 "당신이 늘 기다리는 바람에 진절머리가 난다"고는 말하지 못
했다. 오히려 그녀가 기다려 주는 것이 고맙다는 듯이 대했다. 비밀 회합에 나가

면 그녀도 출석하고 있어서 언제나 자기 옆에 그의 자리를 잡아 놓았다. 사람들은 이것은 두 사람이 모든 점에서 결합된 증거로 보았다.

그런데 아직 두 사람은 하나가 되지 않았다. 위안이 이 여자를 도저히 사랑할 수 없었기 때문이다. 만나는 기회가 늘어 그녀가 그의 손을 잡을 기회가 많아질수록, 그녀는 자주 그의 손을 집고 오래도록 쥐고 있었으며, 욕망을 감추려고도 하지 않았다. 하지만 그럴수록 위안은 그녀를 사랑할 수 없었다. 그래도 그녀의 존재는 소중히 대해야만 했다. 위안은 그녀가 매우 충실하고 진실로 자기를 사랑한다는 것을 알고 있었으며, 내심 부끄러워하면서도 이따금 그녀의 이 충실함을 이용하는 일이 있었기 때문이다. 그가 그다지 내키지 않는 일을 명령받거나 하면 그녀는 그가 싫어하는 것을 곧 알아차리고, 만일 그녀가 할 수 있는 일이라면 그것은 자기가 하고 싶다면서 교대해 주었으므로 위안은 자기가 좋아하는 일, 이를테면 글을 쓰거나, 악취가 나는 빈민굴에 들어가는 대신 농촌으로 나가서 농민들과 이야기하는 일 같은 것을 맡을 수가 있었다. 그런 식이었으므로 위안은 그녀의 호의를 귀하게 여겨 그녀를 섭섭하게 만들고 싶지 않았다. 하지만 그도 남자였으므로 그녀의 호의는 받으면서도 그녀를 사랑하지 못하는 것이 부끄러울 때가 많았다.

말로는 표현하지 않았지만 위안은 오랫동안 그녀의 사랑을 거절했다. 그런데 위안이 그녀의 사랑을 거부하면 거부할수록 그녀의 애정은 격렬해져서 어느 날 마침내 그녀는 사랑을 고백하기에 이르렀다. 이런 문제에서는 그렇게 되는 것이 당연했다. 그날 위안은 어느 농촌으로 파견되었으므로 그는 혼자서 갔다가, 돌아오는 길에 들러 자기 밭을 보고 올 생각이었다. 당의 운동이라는 과외 일이 생겨서 바빴으므로 요즘은 밭에도 마음대로 갈 수 없었던 것이다. 늦봄의 화창한 날이었다. 그는 먼저 마을까지 걸어가서 농민들과 잠시 이야기를 나누고 살며시 소책자를 나누어 준 다음 동쪽으로 돌아와서 자기 밭에 들를 작정이었다. 그는 농민들과 말하기를 좋아해서 자주 대화를 나누었다. 그는 언제나 억지로 설득하지 않고 보통 대화를 나누듯 말했다. 또 그들이 "하지만 말이야. 토지를 부자들한테서 뺏어 가지고 우리들한테 나누어 준다니, 그런 소리는 들은 적도 없는걸. 될 일이 아니야, 젊은 양반. 게다가 그렇게는 안 되는 편이 나아. 나중에 무슨 벌이라도 받으면 큰일이니까. 지금 이대로가 좋아. 그저 고생을 낙으로 알고 사는 편이 좋아. 옛날부터 있었던 고생이라 우리가 다 아는 고생이거든." 이런 말도 잘 들어 주었다. 그들 중에서 새 시대의 도래를 환영하는 사람은 땅이 없는 사람들뿐이었다.

위안이 그런 혼자만의 즐거운 시간을 꿈꾸며 계획을 세웠을 때, 갑자기 그녀가 나타나서 그 자신감 넘치는 목소리로 말하는 것이었다. "당신과 함께 가서 나는 여자들과 이야기하겠어요."

위안은 그녀와 함께 가고 싶지 않았다. 이유는 여럿 있었다. 그녀가 앞에 있으면 주의를 설명하는 데 격렬한 말을 써야만 하는데 그는 그러한 격렬함을 좋아하지 않았다. 또 단둘이 되어 손을 잡히는 것이 무서웠다. 게다가 그 사람 좋은 농부가 있는 밭에도 들를 수가 없었다. 자신이 운동에 참가하고 있음을 그 농부에게는 말하지 않았었고 또 그러한 것은 알리고 싶지도 않았기 때문에 이 여자를 데려가고 싶지 않았다. 그리고 무엇보다도 그가 스스로 씨를 뿌리고 농작물을 가꾸고 있다는 것을 이 여자에게 보이고 싶지가 않았다. 그러한 일에 그가 품고 있는 묘하게 낡고 강한 애착을 이 여자에게 알리고 싶지 않았던 것이다. 그녀가 비웃을 것을 걱정하지는 않았다. 왜냐하면 그녀는 무엇을 보고도 조롱할 여자는 아니었기 때문이다. 그래도 그녀가 놀랄 것과 이해해 주지 않을 것이 걱정되었다. 자기가 이해하지 못하는 것은 곧바로 경멸하는 것은 아닌지 위안은 그것이 불안했다.

그러나 그는 그녀를 뿌리칠 수는 없었다. 그녀는 멍에게 손을 써서 위안과 동행하도록 지령을 받아 놓았기 때문이다. 그래서 두 사람은 함께 출발했으나, 위안은 말도 하지 않고 길 한쪽을 걸어갔으며 그녀가 가까이 오면 곧 저쪽 길이 더 평탄하다느니 하는 구실을 만들어서 반대쪽으로 건너갔다. 시내의 도로가 좁은 시골길로 바뀌고 이것이 다시 오솔길로 바뀌어 두 사람이 앞뒤로 서서 걸어가게 되자, 위안은 속으로 기뻐하며 그녀의 모습을 보지 않고 주위를 돌아볼 수 있도록 앞장서서 걸어갔다.

물론 그녀도 진작부터 그의 기분을 눈치챘다. 처음에는 그에게 조용히 말을 건네고 그의 무뚝뚝한 대답도 신경 쓰지 않는 체했으나 이윽고 그녀도 입을 다물어 마침내 두 사람은 말없이 묵묵히 걸어갔다. 그동안에도 위안은 그녀의 감정이 차츰 고조되어 오는 것을 느끼고 두려운 생각도 들었으나, 그래도 모른 체하고 걸음을 옮겨 놓는 수밖에 없었다. 그러면서 두 사람은 길 모퉁이까지 왔다. 거기엔 옛날에 심어 놓은 오래된 수양버들이 몇 그루 있었는데, 해마다 가지를 꺾이고 매년 돋아나는 새 가지가 마침 붓끝처럼 탐스럽게 늘어져 오솔길 위에서 뒤얽혀 짙은 그늘을 만들고 있었다. 이 적적하고 조용한 장소를 지나가려 했을 때, 위안은 뒤에서 어깨에 손이 닿는 것을 느꼈다. 그녀는 그를 돌려세우고는 그의 가슴에 몸을 던지더니 갑자기 흐느끼며 말했다.

"당신이 왜 나를 사랑해 주지 않는지 나는 알아요. 당신이 밤이 되면 어디에 가시는지도 알고요. 요전날 밤, 당신이 누이와 함께 가시는 것을 뒤따라 가봤더니 당신은 커다란 호텔로 들어갔어요. 거기에는 여자들이 많았어요. 당신은 나보다 그런 여자가 더 좋은 거야. 당신이 함께 춤을 춘 여자도 보았어요. 분홍빛 야회복을 입고 있던 여자 말이에요. 부끄러움도 없이 당신에게 매달리고……."

그녀의 말대로 요즘도 이따금 위안은 아이란과 함께 외출하고 있었다. 아이란이나 노부인에게는 운동에 가담하고 있음을 밝히지 않았던 것이다. 때로는 바빠서 아이란처럼 자주 놀러갈 수 없다는 구실을 붙여 가지 않을 때도 있지만, 이따금 함께 가 주지 않으면 아이란이 수상해할 것이고, 노부인은 지금도 그가 딸과 함께 외출해서 자기를 안심시켜 주기를 바라고 있었기 때문이다. 지금 그녀가 울면서 하는 말을 들으니 위안도 생각이 났다. 그는 이삼 일 전 밤에 커다란 외국식 호텔에서 열린 아이란 친구의 생일 파티에 아이란과 함께 참석한 일이 있었다. 그는 그 친구와 함께 춤을 추었는데 홀에는 도로 쪽으로 커다란 유리창이 나 있었으므로, 이 여자의 빈틈없는 눈이 다른 손님들 속에서 그의 모습을 찾아냈던 모양이다.

그는 몸을 도사리고 화를 내면서 말했다. "누이동생과 함께 간 거야. 나는 초대받았었단 말이야."

그녀는 자신의 뜨거운 손으로 쥐고 있던 그의 손이 차가워지는 것을 느끼고 휙 몸을 빼고는 위안보다 더 화난 목소리로 소리쳤다.

"나는 다 봤어요. 당신은 그 여자를 껴안고 예사로 손을 쥐고 있었어요. 그러면서도 왜 나한테서는 마치 뱀한테서 달아나듯이 자꾸만 달아나려고 해요! 우리들이 미워하고 타도하려는 사람들과 당신이 놀아나고 있다는 것을 다른 동지들에게 이야기하면 당신이 어떻게 되는지 알아요? 당신 목숨은 내 손 안에 있는 거예요."

그것은 사실이었으며 위안도 잘 알았다. 그러나 조용히 경멸하듯 그는 말했다. "그런 말을 한다고 내가 당신을 사랑하게 될 줄 알아?"

그러자 그녀는 다시 그에게 쓰러지듯 매달린 채 조용히 울었다. 그녀는 그의 두 팔을 잡아다 자기 몸에 두르게 했고 그대로 두 사람은 가만히 서 있었다. 위안은 흐느끼는 그녀를 보자 마음이 움직여 가엾은 생각이 들었다. 조금 뒤에 그녀가 말했다.

"나는 당신한테 내 마음을 빼앗겼어요. 그리고 우리 두 사람이 결합되는 것을 당신이 바라고 있지 않듯이 나도 바라지 않았었어요. 나는 어떤 남자에게도 마음을 빼앗기고 싶지 않았으니까요. 그런데 이제, 나는 당신한테서 떨어질 바에는 차라리 혁명당을 버리겠어요. 나는 이제 아무 쓸모없는 약한 여자가 되어 버렸어요."

이 말을 듣자 위안은 갑자기 연민의 정이 솟아 마음에도 없이 그녀를 안은 팔에 힘을 실었다.

한참 뒤에 그녀도 침착을 되찾고 그에게서 떨어져서 눈물을 닦았다. 두 사람은 다시 걷기 시작했다. 그녀는 슬픈 듯이 입을 다물고 있었다. 마을에서 두 사람은 지시받은 일을 마쳤으며, 그날은 그 이상 아무 말도 나누지 않았다.

그러나 위안도 그녀도 두 사람 사이에 무슨 일이 일어났는지는 알고 있었다. 그러자, 위안의 비뚤어진 성격이 고개를 들기 시작했다. 그때까지 위안은 아이란의 친구에게 마음이 끌린 적이 없었다. 그러한 부잣집 처녀들의 높고 쾌활한 목소리며, 명랑한 웃음소리며, 화려하고 아름다운 의상이며, 귀에 건 보석 귀걸이며, 매끄러운 살결이며, 물들인 손톱 같은 것이 모두 똑같이만 보였다. 그는 다만 흥겨운 음악의 리듬을 사랑하고, 그것을 여자들과 함께 누리는 일이 즐거웠을 뿐이며, 요즘은 그전처럼 여자들 때문에 마음 괴로운 일도 없었다.

그런데 그 여자의 질투심이 그를, 그녀가 질시하는 여자들 쪽으로 내몰고 말았다. 그녀가 명랑하지 않은 만큼 그 처녀들의 명랑함이 그의 관심을 끌고, 그녀들이 화려함과 즐기는 일 이외에는 아무런 주의나 사상을 갖고 있지 않은 점에서 어떤 유쾌함을 발견하는 것이었다. 그는 그중에서 두세 사람, 특히 좋아하는 여자가 생겼다. 청조(淸朝)가 무너진 이래 이 도시로 망명한 옛 황족의 왕녀로, 그렇게 귀엽고 고운 여자를 위안은 본 적이 없있다. 그 이름다움은 어디 한 군데 나무랄 데가 없었기에 위인은 그녀의 모습을 보는 것이 즐거웠다. 또 한 사람은 그보다 나이가 많은 여자로 위안의 젊음과 용모에 호의를 품고 있었는데, 이 도시에서 양장점을 경영하며, 한평생 결혼하지 않고 사업만 하겠다고 입으로는 말하면서도 남자들과 놀기를 즐겼고, 위안을 마음에 들어했다. 위안도 그 사실을 알고 있었으며, 그녀의 긴 칼처럼 날씬한 몸매며, 짧게 깎아 매끈하게 빗어 내린 검은 머리에 괴로울 정도의 자극을 느꼈다.

이 두 여자와 그 밖에 한두 명의 여자를 덧없이 떠올리던 위안은 그녀에게 비난받을 때마다 마음이 켕겼다. 그녀는 흥분하여 간절히 호소하는가 하면 어떤 때는 차갑고 증오에 찬 듯한 태도를 보였다. 위안은 이 여자와 묘하게 동지로서 결합되어 있었으므로 아무리 해도 떨어질 수 없었으나 그래도 사랑할 수는 없었다.

아버지가 멀리 떨어진 도시에서 그를 결혼시키기로 결정한 날까지 며칠 밖에 남지 않은 어느 날, 위안은 자기 방 창가에 서서 홀로 우울하게 이 문제를 생각하고 있었다. 그리고 오늘 그 여자와 만나야 한다는 생각에 불쾌해졌다. '아버지가 속박하기 때문에 나는 반항한 것이다. 그런데 이번에는 그 여자에게 속박을 받다니, 이 얼마나 어처구니없는 일인가!' 그는 이제까지 그 사실을 깨닫지 못했다는 것과, 자신이 또다시 자유를 잃은 데 놀라며, 어떻게 빠져나갈 길은 없을까, 이 새로운 속박으로부터 어떻게든 벗어나는 방법은 없을까 여러모로 궁리해 보았다. 이 새로운 속박은 비밀스러운 밀접한 관계인 만큼, 아버지의 속박에 못지않은 무거운 짐이었다.

그런데 갑자기 그는 해방되었다. 그동안에도 혁명 운동은 화난 지방에서 갈수록 더 세력이 커져, 이제는 그 시기가 왔다는 듯이 혁명군은 화난의 도시에서 벌판의 불길처럼 이 나라의 중심부까지 번져 나왔다. 남해안에서 일어나 연안 지방을 휩쓸며 북상하는 태풍과 같이, 차츰 혁명군은 살과 피와 진리를 지니게 되어, 초인적인 힘을 발휘하기에 이르렀다. 농촌부터 도시까지, 혁명군의 위력과 계속되는 승리의 소문은 그들의 움직임과 전후하여 곳곳에 퍼졌다. 이 군대의 병사들은 모두 젊은 사람들이었으며 여자들도 끼여서 알 수 없는 힘을 드러냈으므로, 그 싸우는 모습은 다만 급료를 받기 위해 전투에 참가하는 병사들과는 전혀 달랐다. 그들은 자기들의 생명인 주의를 위해서 싸웠으므로 흔들리거나 굽힐 줄을 몰랐으며, 군벌의 용병들은 가을바람에 휘날리는 낙엽처럼 패주했다. 그들이 나아가는 앞에는 그들의 놀랄 만한 위력과 죽음을 무서워하지 않는 대담함에 대한 소문이, 그들이 나타나기도 전부터 예고처럼 전해져 왔다.

그래서 이 도시의 지배자들은 공포에 질려, 이 도시의 혁명 당원을 일제히 잡아들이기 시작했다. 시중의 혁명 당원들이 음모를 꾸며 내습하는 혁명군과 합류하는 것을 두려워했기 때문이었다. 멍이나 위안이나 그 여자 같은 당원이 다른 학교에도 무척 많았다. 지배자들은 학생들이 사는 집에 닥치는 대로 난폭한 병사들을 보내어 책이라든가 종이쪽지라든가 깃발이라든가, 그 밖에 혁명 운동과 관계 있는 것이 발견되기만 하면 남녀 구별 없이 사살했다. 사흘 동안에 이 도시에서 죽임당한 젊은 남녀는 몇백 명에 이르렀으나, 같은 무리로 취급되어 목숨을 잃을까 봐 그에 대해 항의하는 자도 없었다. 살해된 사람들 가운데는 무고한 사람도 많았다. 원한을 품은 나쁜 자들이 상대의 이름을 밀고하여 그 사람이 혁명 당원이라는 가짜 증거를 제시하면 그것만으로도 많은 사람들이 살해되었기 때문이다. 시내의 혁명 당원들이 외부에서 공격해 오는 혁명군에 호응하지 않을까 하는 지배자들의 공포는 그토록 강했다.

그런 어느 날, 아무런 예고도 없이 한 사건이 일어났다. 그날 아침 위안은 교실에 앉아 여느 때처럼 그녀가 자기를 보고 있음을 알았다. 절대로 뒤돌아보지 않겠다고 생각하면서도 왠지 돌아보아야 할 것 같아 고개를 살짝 움직이려고 하는데 그 순간, 병사들이 우르르 교실 안으로 들어왔다. 대장이 "전원 기립하라. 지금부터 신체 검사를 한다!" 소리쳤다. 학생들은 무슨 영문인지도 모르고 겁에 질린 채 일어섰다. 병사들은 학생들의 몸을 수색하고 책을 조사했다. 한 병사가 학생들의 주소를 수첩에 기록했다. 모든 것은 완전한 침묵 속에서 진행되었으며,

선생도 별 수 없이 잠자코 서 있었다. 들리는 소리라고는 병사들의 군화 굽에 부딪치는 칼소리와, 판자를 깐 마루를 밟는 그들의 무거운 구두 소리뿐이었다.

겁에 질려 조용해진 교실에서 무엇인가를 갖고 있다가 발견된 학생 셋이 끌려 나왔다. 둘은 남자였으나 한 사람은 그 여자였다. 주머니에 합법적이지 않은 서류를 갖고 있었던 것이나. 병사들은 세 사람을 앞세우고 칼을 꽂은 총으로 그들을 재촉하면서 끌고 갔다. 위안은 그녀가 끌려가는 광경을 어쩔 도리 없이 멍청하니 보고 있었다. 문간까지 갔을 때 그녀가 그를 돌아보았다. 가만히 호소하는 듯한 무언의 눈초리였다. 곧 한 병사가 총 끝으로 그녀를 밀어내자 그녀의 모습은 사라졌다. 위안은 두 번 다시 그녀의 모습을 볼 수 없으리라는 것을 알았다.

그가 맨 먼저 생각한 것은 이제 그녀로부터 해방되었다는 생각이었다. 그러나 솟아오르는 기쁨을 곧 부끄럽게 생각했다. 더욱이 그녀가 끌려 나가면서 그에게 던진 무척 슬퍼 보이던 눈을 잊을 수 없었다. 그녀는 진심으로 자기를 사랑해 주었는데 자기는 사랑하지 않았기 때문이다. '어찌할 도리가 없지 않았는가. 그녀를 원하지 않는데 달리 어떻게 할 수가 있었단 말인가' 이렇게 변명하려 했으나, 또 한편으로는 '그녀가 이렇게 곧 죽을 줄 알았더라면 조금은 위로해 주어도 좋지 않았을까?' 하는 또 다른 목소리가 마음속에서 속삭였다.

그러나 그런 생각을 오래 할 여유는 없었다. 그날은 도저히 수업할 형편이 못되어 선생이 강의를 그만두기로 했으므로 학생들은 모두 서둘러 교실을 나갔기 때문이다. 부랴부랴 돌아가는데 누군가가 위안의 팔을 잡았다. 돌아보니 성이었다. 성은 아무도 없는 곳으로 그를 살며시 데리고 가서 목소리를 낮추어 말했다. 여느 때의 그 아름다운 얼굴이 오늘만은 공포에 질려 있었다. "멍이 어디 있는지 혹시 몰라? 그 녀석은 오늘의 단속을 모르고 있어. 만일 녀석이 몸수색이라도 당하는 날이면…… 멍이 살해되는 날이면, 아버지는 죽어 버릴 거야."

"나도 몰라." 위안은 성을 바라보고 말했다. "지난 이틀 동안 멍을 만나지 못했어……."

성은 그대로 가 버렸다. 각 교실에서 나오는, 저마다 겁에 질려 입을 다문 학생들 무리 속을 그의 민첩한 몸이 헤치고 나가는 것이 보였다.

위안은 사람의 통행이 적은 뒷골목을 골라서 집으로 돌아와 부인에게 오늘 일어난 일을 이야기하고, 마지막으로 안심시키기 위해서 덧붙였다. "물론, 제 걱정은 안 하셔도 돼요."

그러나 위안보다 훨씬 생각이 깊은 부인은 얼른 이렇게 말했다. "생각해 봐. 네가 멍과 함께 있는 것을 사람들은 보았어. 사촌간이고 게다가 멍은 이 집에도 온 적이 있어. 네 방에 책이나 서류나 그 밖에 작은 것이라도 두고 가지는 않았을까? 여기도 수색하러 올 거다. 위안, 얼른 방에 가서 살펴봐. 그동안에 나는 너를 어떻게 하면 좋을까 생각해 볼 테니까. 아버님은 너를 무척 사랑하셔. 만일 너한테 무슨 일이라도 일어나는 날이면 그건 모두 내 탓이야. 아버님이 돌아오라고 그러셨을 때 돌려보내지 않은 것은 나니까." 그리고 부인은 위안이 이제까지 본 적이 없는 깊은 공포에 사로잡혔다.

부인은 그와 함께 방으로 가서 그의 소지품을 모두 조사했다. 부인이 책꽂이라든가 서랍 속이라든가 선반 위를 모조리 뒤지는 동안, 위안은 그 여자가 전에 보낸 편지를 찢지 않고 둔 것이 생각났다. 소중히 간직했던 것은 아니었으나, 어쨌든 그것은 사랑을 고백하는 편지였으며, 그것은 그가 생전 처음 받은 사랑의 고백이었다. 한동안은 그것만으로도 마법 같은 힘을 갖고 있었기에 시집 속에 넣어 두었었는데 어느 사이엔가 잊어버리고 만 것이다. 그는 부인이 저쪽을 보는 틈을 타 그것을 꺼내서 손바닥으로 구겨 뭉쳐 들고는, 적당한 핑계를 만들어 방을 나가서 다른 방으로 들어가 성냥불을 붙였다. 손가락 사이에서 편지가 타고 있을 때, 그는 가련한 여자를, 그리고 자기에게 던졌던 그 마지막 시선을 떠올렸다. 그것은 토끼가 사나운 들개의 습격을 받고 물려 죽기 직전의 눈이었다. 위안은 그녀를 생각하며 슬픔에 잠겼다. 오늘도, 아니 지금은 전보다도 더 자기가 그녀를 사랑하고 있지 않다는 것과 아무리 해도 사랑할 수 없음을 알고 미안한 마음이 들면서도, 그녀의 죽음이 안타깝지 않다는 것을 알기 때문에 묘하게 깊은 슬픔이 치밀어 올랐다. 이리하여 그녀의 편지는 그의 손가락 사이에서 재가 되어 버렸다.

설혹 위안이 죽음을 애도할 만한 애정을 갖고 있었다고 하더라도 애도하고 있을 겨를이 없었다. 편지가 막 다 탔을 때 현관문이 열리고 백부와 백모와 가장 위 사촌 형과 성이 들이닥치며 모두 멍을 보지 못했느냐고 소리쳤기 때문이었다. 부인도 위안의 방에서 나와, 모두 겁에 질린 채 이것저것 서로 물었다. 백부는 뚱뚱한 몸집을 공포에 떨면서 울먹이며 말했다. "내가 이 도시로 온 것은 잔인하고 흉폭한 소작인들을 피하기 위해서였다. 여기는 외국 군대가 보호해 주니까 안전하다고 여겼기 때문이다. 이런 일이 일어나고 있는데도 잠자코 보고만 있다니, 외국 군대는 대체 무엇을 하는 기야? 게다가 멍의 모습이 보이지 않는데, 성의 말을 들어 보면 멍은 혁명 당원이라고 하지 않나? 나는 전혀 몰랐다. 어째서 나한테 말하지 않았을까? 알고 있었더라면 벌써 옛날에 손을 썼을 텐데."

"하지만 아버지." 성이 나직한 목소리로 걱정스러운 듯이 말했다. "아버지한테 말했다가는 여기저기 떠들고 다니실 테니 소동만 더 커지겠다고 생각한 거지요."

"그래, 너희 아버지는 그러고도 남지." 성의 모친이 비난하듯이 말했다. "만일 비밀이 있다면 우리 집에서 비밀을 지킬 수 있는 것은 나뿐이야. 하지만 그런 나한테도 털어놓지 않은 게 유감이다. 멍은 내가 가장 아끼는 아들인데!"

얼굴이 재처럼 새하얘진 큰형은 근심에 차서 말했다. "바보 녀석 하나 때문에 우리 모두가 위험에 처하게 되었어. 우리 집에도 군인들이 와서 심문을 하고 혐의를 걸 것이 틀림없어."

이어 위안이 어머니라고 부르는 노부인이 조용히 말했다. "이렇게 위험한 때를 맞았으니, 어찌하면 좋을지 다 함께 생각해 보기로 합시다. 위안은 내가 맡고 있으니까 나는 위안의 신변의 안전을 생각해야 해요. 나는 이렇게 생각해요. 위안은 앞으로 외국의 학교에 유학시킬 생각이었으니까 곧 보내도록 하겠어요. 되도록 빨리 서류가 갖춰지는 대로 출발시키겠습니다. 외국에 있으면 안전할 거예요."

"그럼, 우리도 다 가지." 백부가 열심히 말했다. "외국에 있으면 모두 안전하니까."

"아버지는 안 됩니다." 성이 참을성 있게 말했다. "외국에서는 공부를 하러 왔다든가 무슨 특별한 이유가 없으면 중국인의 입국을 허락해 주지 않습니다."

이 말을 듣자 노인은 가슴을 펴면서 조그마한 눈을 크게 뜨고 말했다. "하지만 그쪽 사람들은 우리 나라에 멋대로 상륙해 있지 않냐."

노부인은 사람들을 달래면서 말했다. "우리들 일은 지금 의논할 필요가 없습니다. 우리 늙은이들은 괜찮아요. 설마하니 우리처럼 성실하게 사는 늙은이들을 혁명 당원이라고 하며 죽이기야 하겠어요. 그리고 큰조카도 처자도 있고 이젠 젊지도 않으니까 걱정 없을 거예요. 하지만 멍은 당원이라는 사실이 알려져 있고, 멍과의 관계로 성도 위안도 위험합니다. 어떻게든 외국으로 피신시켜야 합니다.”

그래서 그들은 그 방법을 의논했다. 노부인은 아이란의 외국인 친구가 생각나서, 그 사람에게 부탁하면 해외 출국에 필요한 서류나 수속이 빨리 갖춰질지 모르겠다고 생각했다. 부인은 일어서서 하녀를 불러 친구한테 가 있는 아이란을 부르러 보내려고 문고리를 잡았다. 아이란은 요즘 날마다 세상이 소란하여 침울해지는 것을 못 참고, 학교에 갈 기분도 나지 않는다고 오늘은 아침부터 놀러 가 있었다.

노부인이 문에 손을 대는 순간, 아랫방에서 커다란 소리가 들렸다. 매우 거칠고 기세 있게 소리치는 목소리였다.

“왕위안이라는 자가 사는 집이 여기냐?”

이 소리에 안에 있던 사람들은 깜짝 놀랐다. 백부는 소고기에 붙은 지방처럼 창백해져서 어디 숨을 곳은 없나 두리번거렸다. 그러나 노부인이 가장 먼저 생각한 것은 위안이었으며, 그 다음은 성이었다.

“두 사람 다.” 부인은 신음하듯이 말했다. “빨리, 이 지붕 아래 다락방에 숨어⋯⋯.”

그 방으로는 통하는 계단도 없었으며 입구라고는 지금 그들이 모여 있는 방의 천장에 뚫어 놓은 네모난 구멍뿐이었다. 그러나 부인은 이렇게 말하면서 이미 그 구멍 아래로 테이블을 밀어다 놓고 의자도 끌고 갔다. 먼저 언제나 위안보다 재빠른 성이 먼저 일어나고 위안도 그 뒤를 따랐다.

그러나 두 사람 다 늦었다. 그들이 허둥대는 동안, 문이 태풍에 날린 듯이 사납게 열리고, 입구엔 군인들이 열 사람쯤 서 있었다. 대장이 먼저 성을 보고 소리쳤다. “네가 위안이냐?”

성은 낯빛이 새파랗게 변했다. 그는 대답하기 전에 무어라고 말해야 좋을까를 생각하듯이 잠깐 망설이더니 이윽고 나직한 소리로 대답했다. “아닙니다.”

그러자 대장이 짖어 대듯이 말했다. “그럼 이쪽이 왕위안이구나. 그 여자가 말한 것을 기억하고 있지. 키가 크고, 살빛이 거무스레하고 눈썹이 짙다고 했어. 하지만 입매는 부드럽고 붉다고 말이야. 그래, 틀림없이 저놈이다."

한 마디 항변도 하지 못하고 위안은 뒤로 손이 묶였다. 누구도 이것을 막을 수는 없었다. 백부는 울며 떨고 있고, 노부인이 애원하듯 앞으로 나와 무겁고 침착한 어조로 "여러분들은 과오를 범하고 있습니다. 위안은 혁명 당원이 아닙니다. 제가 보증하겠습니다. 이 아이는 착실하고 신중한 아이예요. 내 아들이에요. 그런 운동에 가담한 적도 없습니다."라고 호소했으나 소용없었다.

군인들은 야비하게 웃을 뿐이었다. 그리고 얼굴이 크고 둥글둥글한 병사 하나가 말했다. "아주머니, 어머니는 아들 일을 잘 모릅니다. 남자에 대해서는 여자에게 물어보는 게 으뜸이지요. 어머니는 안 됩니다. 그 여자는 왕위안이라는 이름도, 이 집 번지도 말했고, 인상착의도 아주 정확하게 가르쳐 주었습니다. 인상과 풍채 구석구석을 알고 있는 모양이던데요. 그 여자가 이 사람이 제1지도자라고 합디다. 처음엔 뻔뻔스레 화를 내고 있었는데요, 한참 잠자코 있더니, 고문도 하지 않았는데 자기 입으로 술술 이자의 이름을 댔단 말입니다!"

노부인은 이 말을 듣더니 영문을 모르겠다는 듯이 망연히 서 있었다. 위안은 아무 말도 할 수 없었다. 잠자코 있으면서 마음속에 희미하게 짚이는 것이 있었다. '그렇다면 그녀의 사랑이 미움으로 변한 것이군! 사랑으로 나를 묶지 못했으니 미움이라면 나를 묶을 수 있다고 생각한 거야!' 이리하여 그는 연행되어 갔다.

끌려가는 순간 이미 위안은 사형을 각오했다. 지난 며칠 동안 혁명 운동에 가담하고 있었다는 사실이 드러난 자는 모두 사형되었다. 그것은 공표되지는 않았으나 그도 알고 있었으며, 그 여자가 그의 이름을 댔다면 그의 죄상에 대해 이보다 확실한 증거는 없었기 때문이다. 이렇게 자신을 타일렀으나 죽음이라는 말이 그에게는 실감되지가 않았다. 그와 비슷한 청년들이 갇혀 있는 콩나물시루 같은 감방에 떠밀려 들어갔을 때도, 캄캄한 입구에서 발이 걸려 넘어지자, 간수가 "네 발로 일어나라. 내일은 다른 사람이 일으켜 주겠지만." 하고 소리쳤을 때도 그는 죽음이라는 말의 뜻을 이해할 수 없었다. 간수의 말은 내일을 위해 그를 기다리고 있을 총알처럼 그의 심장을 꿰뚫었으나, 위안은 흐릿한 어둠 속에서 사람들이 꽉 들어찬 감방 안을 둘러볼 만한 여유가 있었다. 그 속에는 남자뿐이며 여자가 없는 것을 보고 그는 마음을 놓았다. '여기에 그 여자가 있어서 내가 죽는 모습을 그녀에게 보이고 내가 결국 그녀의 것이 되었다는 것을 알리기보다는, 그래도 안심하고 죽을 수 있겠군.' 하고 그는 생각했다. 그러자 그는 마음이 편해졌다.

모든 일이 너무나 갑작스레 이루어졌으므로 위안은 왠지 여기서 구출될 것만 같은 기분이 자꾸만 들었다. 처음에는 지금 당장이라도 구출되겠거니 생각했다. 그는 노부인을 매우 믿고 있었으므로, 생각하면 할수록 부인이 그가 구출되도록 손을 써 주리라는 확신이 강해졌다. 처음 몇 시간 동안 그는 굳게 그렇게 믿었다. 그리고 같은 방에 있는 사람들을 둘러보니 그들보다 자기가 훨씬 낫다는 느낌이 들고, 그들은 하나같이 가난한 사람 같은 모습을 하고 있는 데다가 자기보다 덜 총명하며, 돈도 세력도 없는 집안 출신들 같아서 그 확신은 갈수록 더 강해져 갔다.

잠시 뒤 해가 져서 감방 안은 캄캄해졌다. 암흑의 침묵 속에서 그들은 흙바닥 위에 앉아 있기도 하고 드러누워 있기도 했다. 자기 입에서 유죄를 입증할 만한 꼬투리가 잡히지 않도록 조심하느라 아무도 입을 열지 않았으며, 저마다 서로를 경계했으므로, 어렴풋이나마 얼굴을 분간할 수 있는 동안에 위치를 바꾸기 위해 몸을 움직이는 소리 말고는 어떤 소리도 들리지 않았다.

이윽고 밤의 어둠이 내리고 서로의 얼굴을 분간 못 하게 되자, 암흑으로 말미암아 각자 저 혼자 갇힌 기분이 들었다. 그러자 누군가가 희미한 울음소리를 냈다. "어머니…… 어머니……." 그것은 곧 둑이 터진 듯 흐느낌으로 바뀌었다.

모두들 이 울음소리가 자신의 울음소리 같은 기분이 들어서 도저히 듣고 있을 수가 없었다. 누군가가 울음소리를 제압하듯 더 큰 소리로 기분이 상한 듯이 소리쳤다. "조용히 해! 어머니를 부르며 울다니, 어린애로구나. 나는 충실한 당원이다. 나는 어머니를 죽이고, 동생은 아버지를 죽였다. 우리는 주의 말고 아버지도 어머니도 없어. 그렇지 않니, 아우야."

그러자 어둠 속에서 방금 말한 목소리를 많이 닮은 또 다른 목소리가 대답했다. "그래, 나는 아버지를 죽였다." 그러자 먼저 소리가 말했다. "너는 후회하느냐?" 그러자 나중 소리가 비웃는 듯한 어조로 다시 대답했다. "만일 아버지가

20명 있더라도 나는 기꺼이 모두 죽일 거야." 그러자 누군가가 힘을 얻어서 소리쳤다. "맞았어. 그런 늙은이나 할망구들은, 나이를 먹은 뒤 자기들을 뜨뜻하게 입혀 주고 먹여 줄 하인이라도 삼을 생각으로 우리를 기른 거야." 그러나 가장 먼저 들렸던 소리 죽여 우는 소리는 이런 말들이 귀에 들리지도 않는 듯이 "어머니…… 어머니……." 하면서 어전히 신음했다.

그러나 밤이 깊어짐에 따라 마침내 울음소리도 멎었다. 다른 사람들이 지껄이는 동안 위안은 한 번도 입을 열지 않았으나, 그들이 모두 조용해지고 지칠 대로 지친 듯한 깊은 정적 속에서 밤이 언제까지나 계속되자, 마침내 그도 더는 참을 수 없게 되었다. 모든 희망이 썰물처럼 사라지기 시작했다. 지금이라도 곧 문이 열리며 "왕위안, 나와! 석방이다!" 이런 소리가 들리지는 않을까 목이 타게 고대했다.

그러나 그런 말은 들려오지 않았다.

위안은 마침내 이 정적을 견딜 수가 없어져 무슨 소리라도 들려오기를 바랐다. 생각으로 지쳐 버린 것이다. 그는 문득 자신의 생애가 얼마나 짧았는지를 생각했다. '아버지가 하라는 대로 했더라면 지금쯤, 이런 데 갇혀 있지는 않았을 텐데.'라는 생각을 하면서도 '아버지 말대로 했으면 좋았을 텐데.'라고는 아무래도 생각할 수가 없었다. 오히려 그것을 생각할 때 그의 속에 있는 고집스러운 마음이, '그래도 아버지가 그런 요구를 한 것은 잘못이다.' 하고 정직하게 말하는 것이었다. 그리고 또 이런 일도 생각했다. '조금 참고 그 여자 말을 들었더라면?' 그러자 다시 불쾌감이 솟아올라 와서, '그래도 그런 일은 하고 싶지 않았다.' 이렇게 정직하게 말했다. 그리하여 과거는 이미 결정된 것이며 돌이킬 수 없는 일이라고 생각하니 오직 앞으로의 일만 머릿속에 남아, 그는 죽음을 생각하지 않을 수 없었다.

뭐든지 좋으니 이 암흑 속에서 무슨 소리가 들렸으면 좋겠다, 아까 그 청년이 어머니를 부르는 소리라도 들렸으면 좋겠다고 위안은 생각했다. 감방 안은 마치 사람이 하나도 없는 듯이 괴괴했다. 더구나 그 암흑은 잠들어 있는 것이 아니었다. 암흑은 공포와 침묵으로 가득 차, 가만히 눈을 뜬 채 무언가를 기대하는 듯 숨쉬고 있었다. 처음에는 그도 공포를 느끼지 않았다. 그러나 밤이 길어지자 무서워졌다. 여태까지 실체를 느끼지 못했던 죽음이라는 것이 이제는 현실로서 눈앞에 나타났다. 칼로 목을 칠까, 아니면 총살을 할까 갑자기 숨 막히는 듯한 기분으로 생각했다. 신문에 보면 요즈음 내륙 깊은 곳의 도시 성문에는 혁명 운동에 참가했던 젊은 남녀의 목이 효수되어 있다고 한다. 해방군의 진출이 예정보다 늦었기 때문에 각지의 혁명 당원들은 싸워 보기도 전에 지방 관헌에게 붙잡힌 것이다. 그는 자기의 잘린 목이 보이는 듯한 기분이 들었다. 그러다가 곧, '여기는 외국풍의 도시니까 아마 틀림없이 총살할 거야' 이렇게 생각하고 위안 비슷한 것을 느꼈으며, 죽은 뒤 목이 몸뚱이에 붙어 있을까 어떨까를 생각할 수 있는 자신이 신기해서 쓴웃음이 지어졌다.

이러한 고뇌 속에서, 등을 두 벽 사이의 구석에 밀어 넣고 두 무릎을 세운 채 쭈그리고 앉아서 오래도록 웅크리고 있자, 느닷없이 문이 열리고 이른 새벽의 부연 빛이 감방에 들이비치면서 벌레가 엉기듯 뒤섞여 뒹굴고 있는 수감자들의 모습이 드러났다. 갑자기 밝아지는 바람에 그들은 부스럭댔으나, 채 일어나기도 전에 크게 외치는 소리가 들렸다.

"모두 밖으로 나와라!"

그리고 군인들이 감방 안으로 들어와 총으로 쿡쿡 찔러 모두를 일으켜 세웠다. 잠이 깬 그 청년은 "어머니…… 어머니……." 하고 다시 울기 시작했으며 군인들이 총의 개머리판으로 머리를 힘껏 후려쳐도 밖으로 나가려 하지 않았다. 마치 우는 것이 곧 숨 쉬는 것이라 멈출 수가 없고, 멈추면 질식하여 죽기라도 할 것처럼 울음소리를 그치지 않았다.

이 청년 말고 다른 사람들은 모두 말없이 비틀비틀 걸어 나갔다. 다들 자기 운명을 알고는 있었으나 그저 멍하게 서 있었다. 그러자 한 군인이 손에 쥔 회중전등을 들어 한 사람 한 사람 얼굴을 비췄다. 위안은 맨 마지막으로 나갔는데 나갈 때 빛이 그의 얼굴을 드러냈다. 오랜 시간 어둠 속에 있었으므로 갑자기 비치는 불빛에 눈이 부셨고, 눈앞이 캄캄해지는 순간 그는 다시 방 안으로 떠밀려 들어갔다. 너무 억세게 밀리는 바람에 그는 단단한 흙바닥에 나뒹굴고 말았다. 다음 순간 문에 자물쇠가 채워지는 소리가 나고 그는 오로지 혼자, 살아서 감방 안에 남았다.

이런 일이 세 번 일어났다. 그날 중으로 감방은 새로 잡혀온 청년들로 가득 채워지고, 그날 밤도 그다음 날 밤도 위안은, 어떤 때는 침묵하고 어떤 때는 저주하고 어떤 때는 울부짖고 또 어떤 때는 광인처럼 외치는 그들의 소리를 들어야만 했다. 세 번째 날이 새고, 세 번째로 위안은 감방 안으로 혼자 떠밀려 들어가고 문에는 자물쇠가 채워졌다. 음식도 주지 않았고, 이야기를 하거나 질문을 할 기회도 전혀 없었다.

첫날은 그도 희망을 품지 않을 수 없었다. 이튿째도 얼마간 희망을 갖고 있었다. 그러나 사흘째가 되자 먹지도 마시지도 않았으므로 쇠약해져 몽롱한 채, 살건 죽건 아무래도 좋다는 기분이 들었다. 그 셋째 날 새벽에는 일어설 기력조차 없고 혀는 바짝 말라 부어 있었다. 그래도 군인은 소리를 지르고 쿡쿡 찌르며 그를 일으켜 세웠다. 위안이 두 손으로 문을 잡고 가까스로 일어나자 다시 회중전등이 얼굴을 비쳤다. 그런데 이번에는 방 안으로 떠밀려 들어가지 않았다. 다른 수감자들이 피할 수 없는 운명의 길을 걸어가서 마침내 그 발자국 소리의 메아리마저 들리지 않게 되자, 그 군인은 그를 부축하여 다른 복도를 통해 빗장이 걸려 있는 문께로 데리고 갔다. 그리고 빗장을 끄르더니 한마디 말도 없이 문 밖으로 위안을 떠밀어 버렸다.

위안은 자기가 좁은 길에 서 있음을 깨달았다. 어느 도시의 뒷골목에도 있는, 언뜻 봐서는 알 수 없는 깊숙하고 꼬불꼬불 굽은 길이었다. 골목은 희미한 새벽빛 속에 아직 어둑어둑했으며 사람 그림자조차 보이지 않았다. 아직 머릿속은 몽롱했으나 위안은 한 가지만은 똑똑히 알 수 있었다. 어찌 된 일인지는 모르나 자신이 석방되었다는 사실이었다.

좌우를 두리번거리며 어느 쪽으로 달아나면 좋을까 생각하는데, 흐릿한 어둠 속에서 사람 그림자가 둘 나타났다. 위안은 문간 쪽으로 뒷걸음질 쳤다. 그런데 그중의 하나, 키는 크지만 아직 어린 여자가 달려오더니 가만히 위안을 들여다보았다. 위안은 그 큼직하고 검은 진지한 두 눈을 보고, 나지막하고 열띤 목소리를 들었다. "그분이에요! 여기 있어요, 여기예요."

그러자 나머지 한 사람도 가까이 왔다. 그가 어머니라고 부르는 노부인이었다. 그러나 그는 접니다, 하고 말하려고 해도 입이 제대로 열리지 않았으며, 몸이 부들부들 떨리며 녹아내리는 듯한 기분이 들면서 갑자기 눈앞이 캄캄해지더니 소녀의 검은 눈이 차츰 더 커지고 검어져서 그대로 사라져 버렸다. 어딘가 아득히 먼 곳에서 "저런, 내 가엾은 아들……" 하는 소리가 흐릿하게 들려왔다. 다음 순간 그는 쓰러져서 아무것도 들리지 않고 아무것도 보이지 않게 되었다.

눈을 떴을 때 위안은 무언가 흔들리는 것 위에 자기가 있는 듯한 기분이었다. 그는 침대에 누워 있었는데, 그 침대는 올라갔다 내려갔다 하고 있었으며, 정신을 차려 가만히 살펴보니 여태까지 본 적이 없는 조그마한 방이었다. 벽에 걸린 등불 아래서 누군가가 자기를 가만히 지켜보고 있었다. 위안이 기를 쓰고 살펴보니 그것은 사촌 형 성이었다. 위안을 지켜보던 성도 위안이 깨어났다는 것을 알고 의자에서 일어나 싱긋 웃음을 띠었다. 그것은 여느 때의 웃는 얼굴이었으나 그는 이토록 상냥하게 웃는 얼굴은 본 적이 없는 것처럼 느껴졌다. 성은 조그마한 탁자 위에 있던 뜨끈뜨끈한 수프 그릇을 들고 위안을 위로하듯 말했다. "너희 어머니한테서, 네가 눈을 뜨면 바로 이것을 먹이라는 부탁을 받았다. 식지 말라고 벌써 두 시간째 작은어머니가 챙겨 주신 작은 램프에 올려놓고 데우고 있었다고."

그는 어린아이에게라도 먹이듯이 수프를 위안에게 먹였다. 위안도 어린아이처럼 잠자코 받아먹었다. 너무나 지쳐서 머리가 흐릿했던 것이다. 어떻게 여기까지 왔으며 여기가 어딘지 생각할 기력도 없이 어린아이처럼 입에 넣어주는 대로 얌전히 수프를 먹었다. 바짝 말라서 부어 있던 혓바닥에 뜨끈뜨끈한 액체가 스며드니 기분이 좋았을 뿐이었다. 성은 스푼으로 수프를 뜨면서 조용히 말했다. "여기가 어디며 어째서 이런 데 와 있는가 이상하게 생각할 거야. 우린 지금 조그마한 배 안에 있어. 상인이신 작은아버지가 근해의 섬에 상품을 운반하는 배야. 작은아버지 주선으로 타게 됐지. 우리는 가까운 항구까지 이 배로 가서 외국에 가는 데 필요한 서류를 기다리게 돼 있어. 너는 자유의 몸이 된 거야. 하지만 그렇게 하기까지 엄청난 돈이 들었다. 너희 어머니도 우리 아버지도 형도 긁어모을 수 있는 돈은 깡그리 긁어모았고, 상인이신 작은아버지한테서 많은 돈을 빌렸다. 너희 아버지는 마치 미친 사람처럼 되셔서, 자기도 여자에게 배신당한 적이 있다, 자기도 아들도 이걸로 영원히 여자와는 인연을 끊는다고 소리치셨단다. 네 결혼도 단념하시고 결혼 비용이며 모을 수 있는 돈은 모두 모아 부쳐 오셨어. 그 돈을 모두 모아서 너를 석방시키고 이 배로 탈출할 수 있게 된 거야. 위에서 아래까지 돈을 뿌리고 말이야……."

성이 이런 말을 하는 동안 위안은 듣고는 있었으나 너무 지쳐서 그 뜻이 잘 이해되지 않았다. 그가 느낄 수 있는 것이라곤 배가 아래위로 흔들리는 것과 굶주린 위장으로 흘러 들어가는 수프의 온기뿐이었다. 이윽고 성이 갑자기 웃는 얼굴이 되면서 말했다. "하지만 멍이 무사하다는 사실을 몰랐더라면, 살아남았더라도 나는 이토록 기쁜 마음으로 고국을 떠날 수 없었을 거야. 그 애는 정말 빈틈 없는 녀석이야! 나는 그 녀석을 무척 걱정했어. 너는 감옥에 끌려가서 사형이 확실했고, 멍은 소식도 없으니 무사한지 이미 살해되었는지 알 수가 없어서, 부모님들은 너와 멍의 일 때문에 제정신이 아니셨어. 그런데 어제 네 집과 우리 집 사이에 있는 거리를 걷고 있으니까 누가 살며시 종이쪽지 하나를 쥐어 주었어. 보니 멍의 필적으로 이렇게 씌어 있었어. '저를 찾거나 걱정하지 마십시오. 아버님도 어머님도 저를 잊어 주십시오. 저는 무사하며 자유의 몸입니다.'"

성은 웃고 나서 빈 그릇을 내려놓더니 성냥을 그어 담배에 불을 붙이고는 하던 말을 이었다. "나는 지난 사흘 동안 담배도 제대로 피우지 못했어. 그렇지만 그 불한당 같은 동생 녀석이 안전하다는 사실을 알았으니 이젠 안심이야. 그 이야기를 아버지한테 했더니 아버지는 화를 버럭 내면서 앞으로는 멍 같은 놈은 자식으로 여기지 않겠다느니 어떠니 하셨지만, 아마 지금쯤은 가슴을 쓸어내리면서 오늘 밤엔 어디 축배를 들러 가셨을 게 틀림없어. 형님은 극장에라도 가 있을 거야. 요즘 새로운 연극이 상영되고 있는데, 남자가 여자로 분장하지 않고 정말 여자가 나오는 연극이야. 형님은 본래 그런 기묘한 건 궁금해서 못 참거든. 그리고 어머니는 한동안 아버지에게 화를 내셨고, 멍도 무사하고 너와 나는 이렇게 탈출했으니 이제는 모든 일이 다 제자리를 찾은 셈이야." 성은 잠시 담배를 피우더니 이번에는 여느 때보다 진지한 어조로 말했다. "하지만 말이야, 위안. 이런 형편으로 가더라도 나는 외국에 간다 생각하니 여간 기쁘지 않다. 입 밖에 내진 않았지만 혁명 운동에도 가담하지 않고 되도록 즐겁게 살려고 했었는데, 나는 도대체 이 나라와 전쟁이 지긋지긋하단 말이야. 너희들은 모두 나를 시만 생각하고 늘 태평스레 웃으며 사는 줄 알겠지만, 실은 나도 슬퍼하고 절망할 때가 자주 있었어. 다른 나라에 가서 그 나라 사람들이 어떤 식으로 생활하는가 볼 수 있다는 게 기뻐서 못 참겠어. 이 나라를 떠난다고 생각하니 가슴이 다 두근거린다."

그러나 성이 이야기하고 있는 것을 위안은 더는 듣고 있을 수가 없었다. 수프를 먹어 기분은 좋았고, 흔들리는 좁은 침대는 부드러웠으며, 자기가 자유로운 몸이 되었다고 생각하니 그는 온몸이 안도감에 싸여 희미한 미소가 떠오를 뿐 눈꺼풀이 무거워졌다. 성은 그것을 보고 상냥하게 말했다. "좀 자. 자고 싶은 대로 실컷 자게 하라고 작은어머니도 말씀하시더군. 천천히 푹 자도 돼. 너는 이제 자유니까."

이 말을 듣고 위안은 다시 한 번 눈을 떴다. 자유? 그렇다, 마침내 모든 것에서 해방된 것이다…… 그때 성이 결말을 짓듯 다시 말했다.

"너도 나와 같은 기분이라면 이 나라에는 그다지 미련도 없을 거다."

위안은 잠에 빠져들면서 그의 말을 생각했다. 고국에 남겨 두어 아까울 만한 것은 아무것도 없다…… 잠이 들려는 순간, 그의 눈앞에는 그 콩나물시루 같은 감방과 그곳에서 몸부림치던 사람들의 모습, 그 몇 날 밤, 그리고 죽음으로 나아가기 전에 고개를 돌려 자기를 바라보던 그 여자의 모습이 떠올랐다. 그러나 여기서 뚝 하고 끊기더니 그는 잠이 들었다. 다음 순간, 어느새 그는 매우 평화로운 기분이 되어 그 작은 밭에 있는 꿈을 꾸었다. 그가 일군 한 뙈기의 밭이다. 그 풍경이 그림처럼 뚜렷하게 보였다. 완두콩은 깍지 속에서 익었고, 초록빛 수염의 보리는 자랄 대로 자랐으며 그 친절한 농부는 바로 옆의 밭에서 일하고 있었다.

그런데 거기에는 그녀도 있었다. 그 손은 차가웠다. 몹시 차가웠다. 너무 차가워서 그는 잠깐 눈을 떴다. 그리고 자기는 자유의 몸이라는 사실을 떠올렸다. 아무런 미련도 없다고 성은 말했다…… 없다. 그러나 오직 하나, 그 조그마한 밭만이 마음에 걸렸다.

드디어 깊이 잠들기 전에 위안은 이렇게 생각하며 위안을 느꼈다. '하지만 내가 돌아왔을 때도 그 땅만큼은 거기에 남아 있겠지…… 대지는 언제나 거기 있는 거니까……'

2

왕위안이 고국을 떠난 것은 스무 살 때였는데 여러 면에서 그는 아직 어린아이였다. 갖가지 꿈만이 어지럽게 소용돌이치고 있을 뿐, 겨우 손을 댄 계획도 어떻게 하면 완성할 수 있는 것인지 몰랐다. 아니 그것보다도, 정말로 자기에게 완성하고 싶은 마음이 있는지조차 분명치 않은 상태였다. 태어나서 오늘에 이르기까지 줄곧 누군가에게 보호와 감독을 받았던 그는, 언제나 누군가가 보살펴 주는 것이 인생이라고 생각했으므로, 감방에 수감되어 있던 3일간의 경험 이후에도 참된 슬픔의 맛조차 알지 못했다. 그는 외국에 6년 동안 있었다.

스물 여섯 번째의 생일이 얼마 남지 않은 여름날에 그는 고국으로 돌아갈 준비를 시작했다. 여러 면에서 이미 훌륭한 어른이 되어 있었으나, 한 사람의 어른이 되기 위한 마지막 손질로서의 슬픔은 아직 겪은 적이 없어서, 그것이 필요하다는 것조차 그는 몰랐다. 아마 누가 물으면 그는 자신만만하게 이렇게 대답했을 것이다. "저는 어른입니다. 자기 생각과 앞으로의 목적도 똑똑히 알고 있습니다. 지난날의 꿈은 이제 실현 가능한 계획이 되어 있습니다. 학업도 마쳤습니다. 고국으로 돌아가서 생활할 준비는 완전히 끝났습니다."

위안에게 지난 6년간의 외국 생활은 그가 여태까지 살아온 생활의 절반에 필적하는 듯이 여겨졌다. 오히려 그 전의 19년간의 인생 체험보다도 외국에서의 6년간이 더 가치 있고 귀중한 체험이었다. 왜냐하면 이 6년이야말로 자기의 진로를 확실히 보여 준 시기였기 때문이다. 사실 그는 미처 깨닫지 못했으나, 그가 자각하지 않은 동안에도 그가 가야 할 길은 이미 결정되어 있었던 것이다.

만일 누가 '앞으로의 인생을 살아갈 준비가 어떤 식으로 되어 있단 말인가?' 하고 묻는다면, 그는 진심으로 이렇게 대답했으리라. "저는 훌륭한 외국의 대학을 졸업하여 학위도 받았습니다. 더욱이 그 나라 사람들보다 더 훌륭한 성적으로 말입니다." 그는 자랑스럽게 말했겠지만, 그 외국 땅의 학생들 중에 그를 이런 식으로 나쁘게 말하는 사람들이 있었다는 기억은 아마 말하지 않았을 것이다. "그야 누구라도 죽자 사자 공부한다면 우수한 성적은 낼 수 있지. 그러나 대학이라는 곳은 그것만이 전부가 아니야. 하지만 그 녀석은 책만 들여다볼 줄 알았지, 학생 활동에는 하나도 참여하지 않았단 말이야. 모두가 저런 식이라면 대학의 풋볼이나 보트 시합은 도대체 어떻게 되겠나?"

위안은, 늘 학우들과 활동하는 것을 좋아하는 명랑한 그 나라 학생들이 자신에 대해 그렇게 말하는 것을 알고 있었다. 그들은 뒤에서 소곤대지 않고 식당 같은 데서 보란 듯이 지껄였던 것이다. 그러나 위안은 태연히 가슴을 펴고 다녔다. 교수들의 칭찬이라든가 몇 번이나 있었던 시상식에서 들은 말 덕분에 그는 자신을 갖고 있었다. 시상식 때마다 그의 이름이 가장 먼저 불렸으며, 그때마다 상을 주는 사람에게서 "언어가 다른 나라에서 공부하고 있는데도 다른 학생들보다 좋은 성적을 올렸다"는 말을 들었다. 그 때문에 학우들이 싫어하는 것을 알면서도 위안은 긍지를 잃지 않고 살아왔다. 그는 자기 민족의 능력을 과시할 수 있음을 기뻐했으며, 자기가 스포츠 따위를 아이들 놀이와 다름없는 것으로 생각한다는 것을 아무렇지 않게 보여 주었다.

또 누군가가 "어른으로서 인생을 살아가는 데 어떤 마음의 준비가 되어 있는가?" 묻는다면 그는 대답했을 것이다. "나는 수없이 많은 책을 읽었습니다. 그리고 이 나라에서 배울 수 있는 모든 것을 배웠습니다."

이것은 거짓이 아니었다. 지난 6년 동안 위안은 새장 속의 새처럼 고독한 생활을 계속해 왔다. 아침에는 일찍 일어나 책을 읽고, 하숙집 벨이 울리면 아래층으로 내려가서 식탁에 앉아, 거의 말도 하지 않고 아침 식사를 했다. 같은 하숙에 든 사람들과도, 그 집의 안주인과도 그다지 말을 하지 않았다. 그들과의 잡담으로 시간을 허비하고 싶지 않았던 것이다.

점심때에는 대학의 큰 식당에서 학생들과 섞여서 점심을 먹었다. 그리고 오후에는, 실습도 강의도 없을 때는 자신이 가장 좋아하는 것을 하면서 보냈다. 도서관의 수많은 책 속에 파묻혀 닥치는 대로 읽기도 하고, 기억해 두고 싶은 것을 적기도 하고, 여러 문제에 대해서 사색에 잠기기도 했다. 그러는 동안에 그는 이른바 서양인이라는 존재가 멍이 매도했던 것과는 달리, 그렇게 야만 민족은 아니고 모든 학문이 진보되어 있음을 인정하지 않을 수 없었다. 흔히 위안은 이 나라에 사는 자기 동포들이, 백인은 물질의 지식과 이용에서는 뛰어나지만 인간 정신의 양식이 되는 문화 면에서는 뒤떨어진다고 말하는 것을 들었다. 그러나 지금 그는 이 도서관의 각 도서실마다 철학이나 시나 미술 등 분야에 따라 나뉜

책이 가득 차 있는 것을 보고, 이 이국땅에 있는 한 결코 입 밖에 내고 싶지 않았으나 과연 자기 조국이 이보다 나을까 하는 의문이 들었던 것이다. 그는 자기 나라의 고금 성현들의 말도 서구어로 번역되어 있고, 동양 미술을 논한 책들도 있다는 사실을 발견하고, 그 학문의 수준이 높은 데 아연해지고 말았다. 그리고 이와 같은 학식을 가진 국민을 반은 부러워하고 빈은 미워했다. 자기 나라 국민들 가운데는 책을 읽지 못하는 사람이 많으며, 여성은 더 심하다는 사실을 생각하고 그는 불쾌해졌다.

이 나라에 온 뒤부터 위안의 마음은 둘로 나뉘어져 있었다. 그는 배 안에서 힘을 되찾고 죽음에 직면했던 3일간의 타격에서 다시 일어났을 때 살아 있어서 다행이라고 생각했다. 그리고 살아 있다는 기쁨을 점차 느끼게 되면서, 이번 여행과 눈앞에 펼쳐질 진기한 풍경과 낯선 나라에 대한 기대로 가슴이 벅차오르는 성의 기분이 그에게로 옮아왔다. 그래서 위안은 마치 구경거리를 보러 가는 어린아이처럼 가슴을 두근거리며 무엇을 보더라도 기꺼이 즐거워질 기분으로 이국땅을 밟은 것이었다.

그리고 무엇을 보나 유쾌해졌다. 처음으로 이 새로운 나라의 서해안에 있는 큰 항구 도시에 상륙했을 때, 그는 모든 것이 듣던 것 이상이라고 느꼈다. 건물은 듣던 것보다 높이 치솟아 있었고, 거리는 마치 집 안의 바닥처럼 포장되어 있어서, 그냥 앉거나 드러누워도 먼지가 묻지 않을 것처럼 깨끗했다. 사람들의 흰 피부라든가 깨끗한 옷차림은 바라보기만 해도 정말 기분이 좋았으며 모두 부자에다 영양 상태가 좋아 보였다. 위안은 적어도 이 땅에서는 가난한 사람들이 부자들 속에 섞여 있지 않은 것만도 기뻤다. 이 나라에서는 부자들도 거지에게 소매를 붙잡히고, 큰 소리로 자비를 베풀라는 요구를 받거나 푼돈을 빼앗기는 일 없이, 여유롭게 거리를 걸어 다닐 수 있었다. 아무에게도 돈에 부족함이 없었기 때문에 자기도 안심하고 생활을 즐길 수가 있었다. 모두들 넉넉하게 먹고 있으므로 자기도 마음 놓고 식사를 할 수 있는, 그런 나라였다.

이렇게 하여 도착한 뒤 며칠 동안 위안과 성은 눈에 띄는 것마다 모두 화려하고 훌륭해서 그저 탄성이 나올 뿐이었다. 이 나라 사람들은 모두 궁전에 살고 있었다. 그렇게 훌륭한 집들은 처음 보는 두 청년에게는 궁전처럼 느껴졌다. 이

도시에서는 도심지를 벗어나면 넓은 도로에 큰 가로수가 그림자를 드리우고, 집집마다 높은 담을 쌓을 필요가 없이, 어느 집이고 잔디가 옆집 뜰과 이어져 있었다. 도둑맞을 것이 겁이 나서 담을 쌓고 살 필요가 없을 만큼 너나없이 모두 이웃을 믿는 것일까? 위안과 성에게는 그것은 하나의 경이였다.

이렇게 처음에는 이 도시의 모든 것이 완전무결한 듯이 보였다. 높이 치솟은 네모나고 커다란 건물이 금속을 발라 놓은 듯한 푸른 하늘을 구획 짓고 있는 것이 그들에게는 마치 신이 살지 않는 장엄한 신전처럼 보였다. 그리고 그 건물들 사이로 도시의 부유한 신사숙녀들을 태운 수없이 많은 자동차가 놀라운 속력으로 달리고 있었다. 걸어 다니는 사람들도 있었으나 그것은 즐기기 위해서이지 자동차를 탈 수 없기 때문에 걷는 것은 아닌 것처럼 보였다. 처음에 위안은 성에게 말했었다. "저렇게 많은 사람들이 바쁘게 걸어가고 있는데, 무슨 일이 일어난 게 아닐까?" 그런데 한참 보고 있으려니, 사람들은 모두 웃는 얼굴로 담소하고 있었으며 귀에 들리는 말소리들도 우울하지 않고 명랑한 것을 깨달았다. 어떤 사고도 일어나지 않았으며 그들은 그저 속도를 사랑하기 때문에 빨리 다녔다. 그것이 그냥 이곳 국민들의 기질이었던 것이다.

여기서는 공기나 햇빛마저 묘한 활력을 지녔다. 위안의 모국에서는 공기마저 나른하기 일쑤여서, 여름에는 자는 시간이 길어지고 겨울에는 좁은 방에 들어가 뜨뜻하게 자고 싶어진다. 그러나 이 새로운 나라에서는 바람에도 햇빛에도 사람들을 달리게 만드는 강렬한 힘이 가득 차 있었다. 그러므로 위안도 성도 평소보다 빨리 걷게 되었다. 강한 햇살 아래서 사람들은 휘날리는 먼지처럼 바삐 돌아다녔다.

그러나 모든 것이 신기하고 즐겁기만 했던 첫 이틀 동안에, 벌써 위안은 그 즐거움에 찬물이 끼얹어지는 순간을 경험했다. 그것은 매우 사소한 사건이었으나 6년이 지난 지금까지도 그는 그 순간의 일을 완전히 잊었다고 할 수가 없었다. 상륙한 그다음 날, 그와 성은 많은 사람들이 식사를 하는 한 식당에 들어갔다. 손님들은 그렇게 부자들 같지는 않았으나 자기가 먹고 싶은 것은 먹을 수 있을 만한 생활을 하는 사람들인 듯했다. 두 사람이 입구의 문을 들어섰을 때 위안은 백인 남녀들이 자기와 성을 빤히 바라보는 것을 느꼈으며, 심지어 자기와 성을 피하는 듯한 생각이 들었다. 하기야 백인에게서는 그들이 즐겨 먹는 치즈 같은, 악취라고까지는 할 수 없으나 조금 색다른 냄새가 났기 때문에 위안에게는 사실 그 편이 고마울 정도였다. 두 사람이 드디어 식당 안으로 들어가니 카운터에 있는 여자가 이곳 습관에 따라, 두 사람의 모자를 받아 다른 많은 모자와 함께 걸어 두었다. 그리고 놀아살 때 두 사람이 모자를 요구하자, 여자는 한꺼번에 여러 개의 모자를 내놓았다. 그때 어떤 사나이가 위안이 말릴 틈도 없이 자기 것인 줄 알고, 위안의 갈색 모자를 잡아 머리에 얹고 성큼성큼 문밖으로 나가 버렸다. 위안은 바뀐 것을 알고 얼른 뒤쫓아가서 공손히 말을 걸었다.

"여보세요, 선생님 모자는 이겁니다. 제 싸구려 모자와 바뀌었군요. 제가 손을 내미는 것이 늦었지요. 미안하게 됐습니다."

위안은 고개를 숙이고 그 사나이의 모자를 내밀었다.

그러나 그다지 젊지 않은 그 사나이는 여윈 얼굴에 불안하고 날카로운 표정을 띤 채 위안의 말을 짜증스럽게 듣더니, 다 듣고 나자 자기 모자를 낚아채듯이 받아쥐고 매우 불쾌한 태도로 자기가 썼던 위안의 모자를 벗었다. 그러고는 한 마디를 뱉듯이 뇌까리고 사라져 버리는 것이었다.

위안은 자기 모자를 손에 들고 뒤에 남았다. 그 사나이의 반들반들 빛나는 대머리가 싫었으므로, 아니, 그보다 그가 뱉은 더러운 말이 무엇보다도 불쾌했으므로 그 모자를 다시 쓰기조차 싫어졌다. 성이 옆에 와서 물었다. "어째서 머리라도 한 대 얻어맞은 듯이 멍청하게 서 있나?"

"저자한테 한 대 먹었어. 딱 두 마디했는데, 뜻은 몰라도 나쁜 말이라는 것만은 알겠더라."

성은 그 말을 듣고 웃었으나 그 웃음에는 희미한 불안이 섞여 있었다. "아마 '동양 촌놈'이라고 했겠지, 뭐."

"나쁜 말이었어, 분명히." 위안은 조금 침울해지는 것을 느끼며 불쾌한 듯 말했다.

"여기선 우리는 외국인이야." 성은 어깨를 으쓱해 보이더니 말했다. "어느 나라나 오십보백보야."

위안은 아무 말도 하지 않았다. 그러나 그는 이제까지처럼 마냥 유쾌할 수는 없었으며 무엇을 보아도 진심으로 즐길 수 없게 되었다. 마음속의 완고하고 반항적인 자아가 단단히 굳어진 것이다. 나는 왕후의 아들, 왕릉의 손자, 위안이다. 비록 몇백만의 백인 속에 섞여 있더라도 자기를 잊어서는 안 된다. 나는 영원히 나다.

그날 받은 마음의 상처를 그는 좀처럼 잊을 수가 없었다. 마침내 성이 그것을 눈치채고 웃으며 좀 짓궂게 말했다. "여기가 우리 나라였더라면 멍은 아까 그런 자에게, '이 서양 촌놈아!' 하고 소리쳤을 거야. 그랬다면 감정이 상하는 편은 저쪽이었겠지." 그리고 그때부터는 성이 눈에 띄는 신기한 것마다 하나하나 가리키면서 쉬지 않고 이야기를 늘어놓았으므로 위안도 간신히 기분을 돌릴 수가 있었다.

그로부터 며칠 그리고 그 뒤 오랜 세월 동안, 볼만한 것, 놀라운 일이 참으로 많았으므로 그 조그마한 사건 따위는 잊었다고 말하고 싶었지만 실은 그러지 못했다. 마치 오늘 일어난 일처럼 똑똑하게, 그 사나이의 화난 얼굴이 떠오르고, 부당하다는 생각밖에 들지 않는 마음의 상처가 6년 전과 똑같이 아렸다.

그러나 잊지 않았다고는 하지만, 그 기억은 마음의 밑바닥에 묻혀 있을 때가 많았다. 위안도 성도 유학 초기에는 수없이 많은 아름다운 경치를 잇달아 접했기 때문이다. 두 사람을 태운 기차가 넘어간 대산악 지대 기슭의 언덕에는 따뜻한 봄이 왔다고 하는데 봉우리는 눈이 쌓인 채 높이 창공에 솟아 있었다. 산과 산 사이에는 검은 골짜기 깊숙이 격류가 물보라를 날리며 흘렀다. 이 놀라울 만큼 아름다운 광경에 압도되어 위안은, 이것은 꿈속이 아닐까, 실은 화가가 붓 가는 대로 분방한 색채를 칠해 놓은 서양화가 열차 아래 깔려 있는 것은 아닐까 생각했다. 이 나라의 너무나도 강렬한 색채들이 자기 조국의 흙이나 바위나 물과 같은 것으로 이루어져 있다고는 도저히 생각할 수 없었다.

산악 지대를 지나고 나니, 몇 개의 나라를 합친 듯한 넓이를 가진 비옥한 들판이 펼쳐지고, 그 풍요한 대지에서 막대한 작물을 생산해 내기 위해 거대한 짐승 같은 기계가 여기저기서 날뛰고 있었다. 그 광경을 위안은 아주 똑똑히 보았는데 이것은 그에게 풍경 이상의 놀라움이었다. 그는 거대한 기계를 유심히 바라보면서, 늙은 농부가 그에게 괭이 쥐는 방법과 괭잇날이 목표한 자리에 떨어지도록 괭이 쓰는 법을 가르쳐 준 일을 떠올렸다. 그 농부는 지금도 그렇게 땅을 갈고 있을 것이다. 다른 농부들도 모두 마찬가지다. 위안은 농민들의 조그마한 밭이 저마다 서로 정확하게 경작되는 것과, 인분을 모아 두었다가 때를 맞춰 얼마 되지 않는 경작지에 뿌려 되도록 많이 열매 맺도록 무르익게 하고, 한 포기의 보리도 한 자의 땅도 그 가치를 최대한으로 발휘시키고 있는 것을 생각했다. 그러나 이 나라에서는 한 포기 보리나 한 자의 땅에 신경을 쓰는 사람은 없었다. 여기서는 밭은 마일을 단위로 측량하고, 작물의 포기 수 따위는 누구도 세어 보지 않았다.

그리하여 처음에는 식당에서의 그 대머리 남자의 말을 빼놓으면 위안에게는 모든 것이 좋아 보이고 자기 나라 것보다 훌륭한 듯이 여겨졌다. 마을은 모두 깨끗하고 생활은 풍족했다. 밭에서 일하는 사람은 도시에 사는 사람과는 옷차림이 달랐으나 농촌 사람들도 누더기를 걸치지는 않았으며, 이 나라 가옥은 흙이나 짚으로 지어진 것도 없었고, 닭이나 돼지가 제멋대로 돌아다니지도 않았다. 모두 감탄할 만한 일이다. 적어도 위안은 그렇게 생각했다.

그러나 그 무렵부터 이미 위안은 이 나라의 대지가 자기 나라와는 달리 원시 상태 그대로라는 사실을 깨달았다. 시간이 흐름에 따라 시골길을 걷거나 대학 농장에서 고국에 있을 때 한 것처럼 자기 손으로 경작을 해 봄으로써 그 땅에 익숙해지자 그 차이는 차츰 더 잊을 수 없게 되었다. 이 나라 백인들을 기르는 땅도 위안의 민족을 기르는 땅과 같은 대지이기는 하나, 그것을 상대로 일해 보고 나서는 그의 조상의 뼈가 묻힌 그 대지와는 다르다는 사실을 알았다. 이 토지는 아직 새로워서 인간의 뼈가 묻혀 있지 않았다. 그 때문에 인간의 것이 아닌 것이다. 위안의 고국 땅이 그 위에 사는 인간의 골육이 스며 있는 데 반해 이 새로운 나라의 민족은 아직 흙에까지 스며들도록 많이 죽지 않았다. 그렇기 때문에 이 대지는 그것을 소유하려고 애쓰는 인간보다 강력하고, 그 야성의 자연에 감화되어 인간 또한 야성을 잃지 않았으며, 학식이 풍부하면서도 여전히 그 정신이나 외모에 야만성이 남아 있다.

여기서는 대지가 정복되어 있지 않았다. 몇 마일이나 이어지는 삼림 그대로의 산들, 일찍이 사람 손이 닿은 적이 없는 거목과 쓰러진 나무며 낙엽이 그대로 쌓

여 있었다. 끝없이 펼쳐진 평야는 잡초가 무성한 짐승들의 세상이고, 넓은 도로
는 제멋대로 여기저기 뻗쳐 있었다. 이런 것들은 모두 대지가 정복되지 않았음
을 나타내는 것이다. 사람들은 무엇이든 원하는 대로 사용했다. 다 팔지도 못할
만큼 엄청난 수확을 거두어들이고, 나무는 자꾸 베어 냈으며, 가장 좋은 밭만
갈고 나머지는 황폐한 대로 내버려두었다. 그래도 땅은 다 쓰지 못할 만큼 많았
으며 인간보다 더 큰 힘을 갖고 있었다.

위안의 고국에서는, 대지는 정복되고 인간이 그 주인이었다. 삼림은 벌써 오래
전에 발가숭이가 되어 버렸고, 이제는 들풀마저 인간의 연료로 깨끗이 베어지고
있었다. 인간은 빈약한 땅에서 얻을 수 있는 데까지 작물을 짜내고, 대지는 온
힘을 다해 인간을 위해 일해야 했으며, 그것도 모자라서 인간은 자기 땀과 배설
물과 뼈를 흙 속에 집어넣어 대지는 그 순수성은 완전히 잃어버리고 말았다. 인
간은 인간을 원료로 삼아 토양을 만들고 있었던 것이다. 인간이 없었더라면 대
지는 벌써 옛날에 다 소모되어 아이를 낳지 못하는 자궁이나 다름없게 되었으
리라.

이 새로운 국토와 그 비밀을 생각할 때 위안이 느낀 점은 이런 것이었다. 자기
에게 주어진 한 조각 땅을 갈 때 그가 수확의 희망을 품기 전에 가장 먼저 생각
한 것은 무엇을 이 땅에 집어넣을까 하는 것이었다. 그런데 이 이국의 대지는 아
직 사용된 적이 없어 그대로도 충분히 기름졌다. 얼마 안 되는 것을 투입하는 것
만으로 그것은 넘치는 생명력을 드러내 막대한 것을 생산해 냈다.

위안의 이 경탄하는 마음에 증오가 섞이게 된 것은 언제부터일까? 6년째에
접어들어 과거를 돌이켜 보니, 그에게 미움의 두 번째 걸음을 내디디게 한 불쾌
한 사건은 다음과 같은 일이었다.

위안과 성은 일찌감치 헤어졌다. 그 첫 기차 여행이 끝난 직후, 성은 자신과
동족이라고 할 만한 이들이 많이 사는 대도시를 무척 마음에 들어했다. 자기처
럼 시와 음악과 철학을 사랑하고 공부하고 싶어하는 사람에게는 이 도시의 대
학이 더 좋겠다는 말을 꺼냈다. 더욱이 그는 위안과는 달리 흙에 대한 애착을
조금도 갖고 있지 않았다. 위안은 이 나라에 와서 무엇을 할 것인가 마음속으로
정해 둔 것이 있었다. 그것은 그가 전부터 희망하던 것, 농작물을 기르고 거친

땅을 일구는 농학의 연구였는데, 이 나라의 국력도 땅에서 나는 수확물의 풍부함에 덕 입은 바가 크다고 믿게 되었으므로 이 결심은 더 확고해졌다. 그래서 위안은 그 대도시에 성을 남겨 놓고 자기의 희망을 채워 줄 다른 도시의 대학으로 갔던 것이다.

먼저 위안은 자기가 식사를 하고 잠을 잘 장소, 이 낯선 타향에서 내 집이라 부를 수 있는 방을 찾아야 했다. 대학에 가니 백발의 백인 남자가 친절하게 그를 맞이하여, 그가 기숙하며 식사할 수 있는 집들을 몇 군데 가르쳐 주었다. 위안은 그중에서 가장 좋은 집을 찾으러 나섰다. 그가 처음으로 초인종을 누른 집의 문이 열리자 꽤 나이가 많은, 엄청나게 몸집이 큰 여자가 아무렇게나 드러낸 굵고 뻘건 팔을 앞치마로 닦으면서 그 문 앞에 나타났다.

위안은 이처럼 큰 몸집을 가진 여자를 본 적이 없었으므로 첫눈에 도저히 못 견디겠다는 생각이 들었으나, 그래도 정중하게 물었다. "바깥주인 계십니까?"

그러자 여자는 두 손을 허벅지로 내린 채 매우 무겁고 커다란 소리로 말했다. "여기는 내 집이오. 바깥주인 같은 건 없어요." 이 말을 듣고 위안은 발길을 돌렸다. 아무리 이국땅이라도 이런 흉물스러운 여자와 한집에서 살 수는 없다는 생각이 들었고, 게다가 남자가 주인인 집에 사는 편이 낫다고 생각했기 때문이다. 인간이라고는 믿어지지 않을 만큼 큰 여자였다. 허리는 어머어마하게 굵고 가슴도 엄청나게 컸으며, 짧은 머리 빛깔에 이르러서는 인간의 피부에서도 이런 머리가 나는 일이 있을까 의심이 될 정도였다. 그것은 부엌의 기름이나 그을음으로 조금 색이 바래기는 했으나 선명한 붉은빛을 띤 황색이었다. 이 기괴한 머리색에 동글동글하게 살찐 얼굴 또한 붉은빛이었지만 머리색과는 다른 자줏빛을 띠고, 날카로운 두 눈은 새로 구워진 도자기에서 곧잘 볼 수 있는 파란 빛을 내고 있었다. 도저히 마주 볼 수 없어서 눈을 내리까니, 거기에는 여자의 볼품없이 생긴 두 다리가 버티고 있었다. 이 또한 참을 수 없어서 그는 대강 구색만 맞춰 인사를 하고 나와 서둘러 다른 데를 찾아가기로 했다.

그러나 뜻밖에도 그다음에 찾아간 한두 군데 집에서는 〈방 있음〉이라는 광고가 붙어 있는데도 그는 거절당했다. 처음에는 그 까닭을 알 수 없었다. 어떤 여자는 "다 찼어요."라고 말했지만, 〈빈 방 있음〉이라는 표찰이 걸려 있었으므로 거짓말을 하고 있는 것이 분명했다. 그다음도, 또 그다음도 마찬가지였다. 그러다가 마침내 진짜 이유를 알게 되었다. 한 사나이가 무뚝뚝하게 말한 것이다. "유색 인종에게는 방을 빌려 주지 않아." 처음 위안은 그 뜻을 이해할 수 없었다. 엷은 황색의 자기 피부가 보통 사람의 살색이 아니라고는 생각지도 않았고, 자기의 검은 눈이나 머리칼이 어디까지나 인간의 평범한 눈과 머리칼 색이라고 생각했기 때문이다. 그러나 곧 그는 그 뜻을 이해했다. 그것은 이 나라 여기저기서 흑인들을 보았는데, 그들이 백인들로부터 인간 대우를 못 받고 있다는 인상이 남아 있었기 때문이다.

심장의 피가 확 머리로 쏠렸다. 그의 얼굴이 타는 듯이 검붉어지는 것을 보고 사나이는 변명하듯 말했다. "세상이 불경기라서 마누라가 하숙을 쳐서 생활을 도와주고 있는데, 그럭저럭 하숙인들도 정착을 하고 있는 판에 외국 사람을 받으면 모두 나가 버린단 말이야. 하지만 외국 사람에게 방을 빌려주는 집도 있어." 그렇게 말하며 그가 가르쳐 준 집의 주소는 위안이 그 무서운 여자를 만난 집이었다.

이 일이 그에게 증오를 갖게 한 두 번째 사건의 전말이었다.

그는 마음속 깊이 자존심을 감추고 깍듯이 사나이에게 인사하고는 첫 번째 집으로 돌아가서, 여자의 끔찍스러운 모습을 외면한 채 방을 보여 달라고 청했다. 조그마한 다락방이었으나 청결했으며 계단으로 다른 곳과 분리되어 있어서 그의 마음에 들었다. 여주인을 안 볼 수만 있다면 이 방으로 충분하다고 생각했다. 여기라면 혼자서 조용히 공부할 수 있을 것 같았다. 게다가 침대 위의 천장이 기울어진 것도 재미있었고, 그곳에 있는 탁자, 의자, 옷장도 마음에 들었다. 그래서 그는 이 집에 하숙하기로 결정했으며, 이 방이 6년 동안 그의 거처가 된 셈이다.

그리고 사실 여주인은 겉보기만큼 나쁜 여자가 아니었으므로, 그는 대학에 다니는 동안 줄곧 여기서 살았다. 세월과 더불어 여자는 그에게 친절해졌으며 그도 그 볼품없는 외모나 거친 태도에 감추어진 그녀의 친절한 마음을 이해하게 되었다. 위안은 승려처럼 간소하고 단정하게 살았으며, 몇 가지 안 되는 소지품도 언제나 제자리에 놓아 두었다. 여자는 차츰 그에게 호의를 갖게 되어 이따금 폭풍 소리 같은 한숨을 내쉬면서 이렇게 말했다. "이봐요, 왕 학생, 우리 집 하숙생들이 모두 학생처럼 자기 일을 알아서 해 주었더라면 나도 이런 여자가 되지 않았을 거야."

며칠이 지나지 않아 그는 이 투박한 여자가 거칠기는 해도 매우 친절한 사람임을 알았다. 그녀의 큰 소리에는 진저리가 쳐졌고, 두껍고 뻘건 팔이 어깨까지 드러난 것을 보면 소름이 끼쳤지만, 자기 방에 말없이 사과를 갖다 놓는다든가 할 때면 짐짓 그녀가 고마웠다. 또 식탁 너머로 "왕 학생, 학생을 위해서 쌀밥을 지었다우! 학생이 평소에 먹는 음식을 먹고 싶을 것 같아서 말이야." 하고 큰 소리로 지껄이는 것도 친절에서 우러나는 것임을 알았다. 거기에 계속해서 그녀는 거리낌 없이 웃으며 떠들어 대는 것이었다. "하지만 내가 할 수 있는 것은 기껏해야 쌀밥 정도야. 뱀이라든가, 쥐라든가, 개라든가, 당신들이 잘 먹는 그런 것은 난 못 해 줘!"

그런 것은 자기 나라에서도 먹지 않는다고 위안이 아무리 항의해도 여자는 귀담아듣지 않았다. 그렇게 얼마가 지나자 그는 여자가 그런 농담을 할 때는 말없이 미소를 지으며 넘기고, 그 여자가 도저히 다 못 먹을 만큼 식사를 권하거나, 그의 방을 따뜻하게 해 주고 깨끗이 청소해 주거나, 그가 좋아하는 음식을 일부러 애써서 만들어 주거나 하는 친절을 생각하려 했다. 그리고 마침내 그는 아무리 봐도 불쾌하기 짝이 없는 그녀의 얼굴은 절대로 보지 않으면서 그녀의 친절만을 생각하는 법을 익히게 되었다. 시간이 흐름에 따라, 같은 동네에 사는 동포 몇 사람을 만나 형편을 들어 보니 더 끔찍한 여자가 있는 하숙도 많은 듯했으며, 하숙집 여주인이란 주로 입이 거칠고 식사는 인색한 데다가 인종이 다른 사람들을 경멸한다는 것을 알게 되어, 한결 자기 하숙의 여주인을 고맙게 생각하게끔 되었다.

그런데 위안에게 무엇보다도 이상하기 짝이 없었던 것은, 이 추하고 목소리 큰 여자가 한 번 결혼한 적이 있었다는 사실이었다. 그의 고국 같으면 새 시대가 되기 전에는, 젊은 남녀란 어떤 상대하고든 반드시 결혼해야 했고 남자는 아무리 추한 여자가 주어지더라도 아내로 맞이해야만 했다. 그러나 이 나라에서는 옛날부터 남자는 자기가 신부를 골랐다. 그렇다면 일찍이 자기 스스로 이 여자를 택한 사나이가 있었다는 이야기가 된다. 그리고 그 남편이 죽기 전에 그녀는 아이를 하나 낳았다. 딸이었다. 벌써 열일곱 살쯤 된 딸은 요즘도 그녀와 함께 살고 있었다.

그리고 더욱 신기한 일은 그 딸이 아름답다는 사실이었다. 백인 여자가 아름답다고 생각한 적이 없는 위안은 이 소녀가 피부가 새하얗기는 하나 미인이라는 것 정도는 알았다. 어머니에게 물려받은 철사 같은 붉은 머리칼도 젊음의 마술 때문인지 부드럽게 곱슬거리는 적갈색 머리칼로 변하여, 짧게 자른 그 머리칼이 예쁜 머리에서부터 하얀 목덜미를 덮으며 물결쳤다. 눈도 어머니를 닮았으나 부드럽고 더 빛이 짙고 컸다. 그리고 그녀는 묘한 기술을 써서 눈썹과 속눈썹을 어머니의 엷은 빛과는 다르게 갈색으로 물들였다. 입술도 부드럽고 도톰하고 붉었다. 몸은 어린나무처럼 가늘었으며 손도 두껍지 않았고 날씬한 데다가 긴 손톱을 빨갛게 칠해 놓았다. 그녀의 옷차림은, 위안도 젊은 사나이로서 저절로 눈이 갔는데, 아주 얇은 것을 걸치고 있었으므로 가는 허리며 조그마한 가슴이며 몸의 선의 움직임이 환히 들여다보였다. 젊은 남자들의 시선이 거기에 끌리고 있음을 그녀 자신도 알고 있었다. 위안은 그 사실을 그녀가 알고 있음을 깨달았을 때, 그녀가 무서워지고 싫어지기조차 했다. 그래서 되도록 조심하며, 그녀가 인사를 하더라도 그저 머리를 숙이는 정도로 그치도록 노력했다.

그런 그를 안심시킨 것은 그녀의 목소리가 아름답지 않다는 점이었다. 그는 낮고 상냥한 목소리를 좋아했는데 그녀의 목소리는 낮지도 않고 상냥하지도 않았다. 무엇을 말할 때도 언성이 높았으며 오만하게 콧소리를 냈다. 그래서 그녀의 자태가 부드러운 데 마음이 움직였을 때라든가 식탁에서 우연히 그녀 옆에 앉아 흰 목덜미에 시선이 갔을 때도 그녀의 목소리가 아름답지 않아서 마음이 놓였다. 그러는 동안에 그는 이 밖에도 자기가 좋아할 수 없는 점을 발견했다. 그녀는 어머니의 가사일을 거들기 싫어했으며, 식사 때 어머니가 식탁에 꺼내 놓는 것을 잊은 게 있어 갖다 달라고 하면 언제나 부루퉁한 얼굴로 일어나 "엄마는 상을 차릴 때마다 꼭 무언가 잊어버리더라." 이렇게 투덜거리기가 일쑤였다. 또 그녀는 자기 손만 소중히 여겼고, 행여 그 손이 망가질까 봐 허드렛일에 손대기를 싫어했다.

이렇게 6년 동안, 위안은 자기가 좋아할 수 없는 점을 그녀에게서 발견할 때마다 기뻐하고 언제나 똑똑히 그것을 머릿속에 새겨 왔다. 그는 그녀의 아름다운 손이 자기 옆에서 꼼지락거리는 것을 보면 저것은 게으름뱅이의 손이다, 그녀 자신 이외의 누구를 위해서도 일하지 않는 손이며 따라서 훌륭한 처녀의 손이라고 할 수는 없다고 생각할 수 있었다. 그러나 위안도 이성에게 욕정을 느낀 경험이 있으므로 때로는 그녀가 가까이에 있다는 것이 마음에 걸렸다. 그러면 그는 곧, 이 이국땅을 밟고 처음으로 들은 그 한 마디 말을 생각해 내었다. 그러면 그는 자기가 이 처녀에게도 외국인이라는 것, 서로 인연이 없다는 것을 생각하고, 어디까지나 초연하게 고독한 길을 갈 수 있었다.

그리고 그는 마음속으로 이제 여자라면 지긋지긋하다, 심지어 여자에게 배신까지 당하지 않았는가 하고 되뇌며 스스로를 타일렀다. '만일 이 외국에서 배신을 당한다면 누가 너를 도와주겠는가? 여자는 가까이 하지 않는 편이 낫다.' 이렇게 생각하고 그는 되도록 이 여자를 보지 않기로 했으며 그녀의 가슴 언저리를 보지 않도록 애썼다. 그녀는 대담하게도 이따금 그에게 춤추러 가자고 권유했으나 그는 고집스럽게 거절했다.

그러나 그에게도 잠을 이루지 못하는 밤은 있었다. 그는 침대에 누워 그 죽은 여자의 일을 생각하고, 어째서 어느 나라에서나 남자와 여자 사이에는 뜨거운 정열이 타오르는 것일까 슬프게 생각하고, 동시에 가슴을 두근거렸다. 하지만 그는 마지막까지 그녀를 잘 알지 못했고, 끝에 가서는 그런 심한 꼴을 당했으므로 그것은 요컨대 쓸데없는 의문이었다. 달이 밝은 밤이면 특히 잠이 오지 않았다. 겨우 잠이 들었는가 싶으면 금방 눈이 떠져서, 창밖의 나뭇가지가 밝은 달빛을 받아 방 안의 흰 벽에 던진 그림자가 소리도 없이 너울거리는 모습을 침대에 드러누운 채 말없이 지켜보았다. 그러다가 마침내 답답해져서 몸을 뒤척이며 눈을 감고 생각했다. '달빛이 너무 밝다. 그 때문에 내 가슴에 동경이 피어올랐다. 나는 가져 보지도 못한 안락한 가정이라도 동경하는 것일까.'

뭐니 뭐니 해도 지난 6년간은 위안에게 깊은 고독의 세월이었기 때문이다. 날마다 그의 고독은 짙어 갔다. 언제나 누가 말을 걸어 오면 겉으로는 예의 바르게 대답했으나 누구에게도 자기가 먼저 인사를 건네는 일은 없었다. 날이 갈수록 그는 새로운 나라의 좋지 않은 것으로부터 거리를 두었다. 태어난 나라에 대한 긍지, 서구 세계보다도 오랜 역사를 지닌 민족의 무언의 긍지가 그의 내부에서 확고히 형태를 잡아 갔다. 그는 거리에서 자기에게 향하는 어리석은 호기심 어린 시선도 묵묵히 참고 견디는 법을 배웠다. 이 작은 마을에서 일용품을 사려면, 혹은 머리를 깎고 수염을 깎으려면, 어느 가게에 들어가야 하는가를 그는 환히 알았다. 가게에 따라서는 그를 손님으로 받지 않는 곳도 있었다. 무뚝뚝하게 거절하는 곳도 있었고, 물건값을 두 배로 받는 곳도 있었으며, 겉으로는 정중하게 "이 동네에서 장사를 해서 먹고살려면 이목이 중요해서 외국 분과는 거래를 하지 않고 있습니다." 변명하는 곳도 있었다. 그래서 위안은 난폭하게 거절당하든 정중하게 거절당하든 아무 대꾸 하지 않는 태도를 배웠다.

며칠이고 아무와도 말을 하지 않고 견딜 수 있었으므로 마침내 그는 이 분주한 이국 사회 속에 길을 잃은 이방인처럼 되었다. 그에게 그의 조국에 대해서 묻는 사람조차 좀처럼 없었다. 백인 남녀는 모두 자기들만의 생활에 몰두해서 살고 있으므로 다른 나라 사람들이 무엇을 하거나 결코 신경 쓰지 않았다. 그들은 나라가 다르기 때문에 생기는 차이가 귀에 들려도, 마치 무식하기 때문에 잘 살지 못하는 인간을 참아 준다는 듯한 미소를 보일 뿐이었다. 학교에서 함께 공부하는 학생들도, 이발소의 주인도, 하숙집 여주인도, 중국인이 모두 쥐나 뱀을 먹고 아편을 피운다든가, 여자는 모두 전족을 했고 남자는 모두 변발을 늘어뜨리고 있다든가 하는 고정 관념에 사로잡혀 있다는 사실을 위안은 알았다.

처음 위안은 열심히 이런 무지를 바로잡아 주려고 애썼다. 자기는 쥐나 뱀을 먹어 본 적이 없다고 단언했다. 그리고 아이란이나 그 동무들은 어느 나라 처녀들 못지않게 춤을 잘 춘다고도 이야기했다. 그러나 아무런 소용이 없었다. 그들은 곧 그의 이야기를 잊어버렸고, 전과 똑같은 것밖에 기억하지 못했다. 그 결과 위안 자신도 이런 무지에 분노한 나머지 이 나라 사람들이 하는 말에도 옳은 점이나 진실한 점이 있다는 것을 잊어버리고, 자기 나라 전체가 해안 대도시처럼 문화적이며, 처녀들은 모두 아이란과 같은 아가씨들뿐인 것처럼 믿게 되었다.

위안과 토양학 수업 두 과목을 같이 듣는 학생이 하나 있었다. 그는 농가 출신으로 시골에서 자랐기 때문인지 매우 붙임성이 좋고 누구에게나 친절한 청년이었다. 우연히 교실에서 옆에 앉는 일이 있어도 위안 쪽에서 말을 건네지 않았는데 청년이 먼저 말을 걸어 왔다. 그러다가 가끔은 위안과 함께 교실에서 나와 양지바른 곳에 앉아 잡담을 나누게 되었으며, 어느 날 마침내 그는 함께 산책을 하자고 청해 왔다. 그때까지 위안은 그런 친절한 대우를 받아 본 적이 없었다가 함께 산책을 갔고, 이 산책은 뜻밖에도 즐거웠다. 그만큼 그는 고독했다.

얼마 안 가서 위안은 새로 생긴 친구에게 자신의 신상을 이야기하게 되었다. 함께 길가 나무 그늘에 앉아 대화를 나누고 있을 때 갑자기 청년이 조바심이 난 듯 말했다. "이제부터 나를 짐이라고 불러 줘. 자네 이름은 뭐지? 왕, 아, 위안 왕이군. 나는 반스야, 짐 반스."

위안은 자기 나라에서는 성이 앞에 온다는 것, 지금처럼 이름을 앞에 오게 부르면 마치 세상이 뒤집힌 듯한 기분이라고 설명했다. 이 말을 듣고 청년은 재미있어하면서 자기 이름을 거꾸로 불러 보고 크게 웃었다.

이런 부질없는 이야기를 나누며 함께 웃는 일이 많아지자 두 사람의 우정은 점점 자라나서 이윽고 더 깊은 이야기를 하게 되었다. 짐은 자기가 여태까지 줄곧 농가에서 자라온 이야기를 하고, "우리 아버지의 농장은 2백 에이커쯤 돼." 하고 말했으므로 위안은, "그럼 자네 부친은 부자시군." 했다. 그러자 짐은 놀라면서 그의 얼굴을 보고, "여기서는 그 정도면 보잘것없는 농장이야. 자네 나라에서는 그만해도 큰 편이야?" 물었다.

여기에는 위안도 솔직하게 대답하지 못했다. 상대가 경멸할까 두려워서, 자기 나라의 농가가 얼마나 소규모라는 것을 차마 말하지 못하고 그저 이렇게만 대답했다. "우리 조부는 그것보다 더 큰 농장을 갖고 있어서 부자라는 소리를 들었지. 하지만 우리 나라는 땅이 기름져서 더 작은 토지라도 생활하기에는 충분해."

그런 이야기에서 시작하여 그는 도시에 있는 큰 저택이며 아버지 왕후에게로 이야기를 옮겨 갔다. 그는 이제 아버지를 군벌의 거두라고 말하지 않고 장군이라 불렀다. 그는 또 해안의 대도시며 어머니라고 부르는 노부인, 누이 아이란과 그녀가 즐기고 있는 근대적인 향락에 대한 것 등을 이야기했다. 그리하여 날마다 짐이 열심히 여러 가지 묻는 대로 위안도 어느새 온갖 이야기를 했다.

위안은 대화하는 것이 유쾌했다. 이 이국땅에서 그는 몹시 외로웠던 것이다.

자신이 의식하는 이상으로 외로웠을 뿐만 아니라, 그에게 가해지는 온갖 모욕에 대해 누가 물으면 그런 것은 아무렇지 않다고 태연히 대답했지만 사실은 꽤나 참고 있었다. 그의 긍지는 몇 번이나 짓밟혔으며, 결코 아무렇지 않을 수는 없었다. 그랬던 만큼 백인 젊은이와 함께 앉아 자기의 민족과 가문, 자기 나라의 영광을 계속 이야기하고 있으니 그의 마음도 가라앉았다. 짐이 경탄하며 눈이 둥그레지는 것을 보는 일은 그의 마음의 상처를 치료하는 좋은 약이 되었다. 짐은 무척 겸손하게 그에게 말했다. "자네 눈으로 보면 우리는 무척 가난뱅이겠군. 자네는 장군의 아들로 많은 하인들을 부리고 있으니 말이야. 나는 여름 방학에 자네를 집에 초대할 생각이었는데, 자네 고향 이야기를 듣고 보니 말을 꺼내지 못할 것 같은데!"

그래서 위안은 정중하게 고맙다고 하고 조심스럽게 대답했다. "자네 아버님 댁에 가 보면 난 틀림없이 으리으리하고 즐거운 곳이라 여길 걸세." 그리고 그는 상대편이 감탄해하는 모습에 기분 좋게 취했다.

그런데 이러한 대화는 위안의 마음속에 남몰래 하나의 열매를 맺게 했다. 그는 자기도 깨닫지 못한 채, 자기의 모국을 자기가 이야기한 대로라고 생각하게 된 것이다. 그는 자기가 일찍이 왕후의 전쟁과 정욕에 눈이 먼 그 부하들을 미워한 것을 잊고, 어느새 왕후를 훌륭한 홀에 의젓하게 앉아 있는 고귀하고 당당한 장군으로 여기게 되었다. 또 그는 왕룽이 살던 조그마한 마을과 거기서 조부가 굶어 죽을 뻔하면서 노동과 간사한 꾀로 겨우 입신한 것을 잊고, 자기가 어릴 때 본, 조부가 성내에서 손에 넣은 수많은 정원이 딸린 큰 저택만을 마음에 그렸다. 그 낡고 조그마한 흙벽집, 수없이 많은, 흙으로 벽을 바르고 짚으로 지붕을 인 비슷비슷한 집들에 가난한 가족들이 살고, 때로는 가축까지 함께 살기도 하는 그런 사실을 잊고, 해안의 대도시, 그 호사와 환락의 거리만을 또렷하게 기억했다. 그래서 짐이, "자네 나라에도 여기와 같이 자동차가 많이 있나?"라든가, "자네 나라의 집도 우리 나라의 집과 마찬가진가?" 하고 물었을 때 위안은 천연스럽게, "있고말고. 모두 있지." 대답했다.

거짓말을 한 것은 아니다. 어느 정도까지 그는 진실을 말했으며, 또 날이 감에 따라 먼 고국이 그의 마음속에서 차츰 더 완벽한 모습을 띠어 가는 위안의 입장에서는, 전혀 거짓 없는 진실을 말한다고 생각했다. 그는 아름답지 않은 것, 어디서나 볼 수 있는 비참한 생활 따위는 완전히 잊고, 세계에서 다만 한 군데, 자기 나라만은 농민들이 모두 성실하고 만족해하며, 하인들은 하나같이 충실하고, 주인들은 모두 친절하며, 자식들은 부모에게 효성스럽고, 처녀들은 정숙하고 얌전하다고 여겼던 것이다.

먼 조국에 대한 이런 믿음이 너무나 강해져서, 그는 마침내 어느 날, 이 신념의 힘에 끌려 많은 사람 앞에서 자기 나라의 변호를 하게 되었다. 그것은 이 나라 사람들이 교회라고 부르는 사원에, 오랫동안 중국에 살던 미국인이 와서 중국의 사진을 보여 주며, 그 국민과 풍속을 이야기한다는 광고를 보았을 때의 일이다. 종교를 믿지 않는 위안은 아직 한 번도 이 이국의 사원에 들어가 본 적이 없었으나, 그 미국인의 말을 들을 겸 사진이라는 것도 보고 싶어 그날 밤 그 사원으로 갔다.

이윽고 군중 속에 위안도 자리를 잡았다. 처음 보는 순간부터 위안은 그 연사가 마음에 들지 않았다. 그 인물이, 말로는 들었으나 아직 본 일이 없는 선교사라는 종류의 인간이라는 것을 깨달았기 때문이다. 소년 시절 군관 학교에서 배운 바로는, 선교사란 종교를 팔러 외국에 가서 순수한 민중을 현혹해 어떤 비밀 목적을 위해 자기 종파에 끌어들이는 자들이라고 했다. 그 목적이 무엇인가는 여러 가지로 상상은 되었으나 누구도 확실하게 몰랐다. 아무튼 사람이 아무런 목적도 없고 개인적인 이익도 없이 자기 나라를 떠나올 까닭이 없는 것만은 누구나 아는 사실이었다. 이윽고 그 키 큰 연사가 차가운 표정으로 일어났다. 비바람에 단련된 얼굴에 눈이 푹 꺼져 있었다. 그는 이야기하기 시작했다. 위안의 나라의 빈민과 기근에 대해서, 곳에 따라서는 계집애를 낳으면 죽인다는 것과, 형편없는 움막집에 살고 있다는 것 등 더럽고 어두운 이야기만 했다. 위안은 끝까지 들었다. 다음으로 연사는 사진을 보여 주었다. 그것은 모두 그가 실제로 보고 온 광경이라고 했다. 위안은 스크린에서 거지가 이쪽을 향해 구걸하는 것을 보았다. 얼굴이 문드러진 나환자, 주린 배가 부풀어 오른 거지 아이, 좁고 지저분한 거리와 소나 말에게도 무거울 짐을 진 노동자들을 보았다. 온실에서 자란 위안이 본 적도 없는 비참한 정경이 스크린에 잇달아 나타났다. 마지막으로 연사는 무거운 목소리로 말했다. "보시다시피 이 가엾은 나라에는 그리스도의 복음이 필요합니다. 우리는 여러분의 기도를 바랍니다. 여러분의 성금을 바랍니다." 이렇게 말하고 연사는 자리에 앉았다.

위안은 이제 더는 참을 수가 없었다. 무지한 외국의 청중들 앞에 모국의 오점이 폭로되는 것을 보고 수치심과 경악이 뒤섞인 분노가 쌓여 갔던 것이다. 아니, 이것은 단순한 오점이 아니다. 그 자신이 연사가 말한 것 같은 풍경은 본 적이 없었기 때문에, 그로서는 이 참견쟁이 선교사가 나쁜 데만 샅샅이 찾아내어 서양인의 차가운 눈 앞에 벌여 놓았다고밖에 생각할 수가 없었다. 이처럼 잔인하게 폭로해 놓고 마지막으로 이 연사가 성금을 호소한 것은 한결 심한 모욕으로밖에 생각되지 않았다.

위안은 노여움 때문에 자기 자신을 잊었다. 그는 자리에서 벌떡 일어나 앞줄의 의자를 두 손으로 움켜쥐고 큰 소리로 외쳤다. 눈에는 분노가 활활 타고 얼굴은 빨갛게 상기됐으며, 온몸이 부들부들 떨렸다. "저 사람의 말도, 방금 보여 준 사진도 모두 거짓입니다! 우리 나라에는 저런 곳은 없습니다. 그런 광경은 나 자신도 한 번도 본 적이 없습니다. 나환자 따위는 본 적이 없습니다. 굶주린 어린애도, 지저분한 집도 본 적이 없습니다! 우리 고향 집에는 수십 개의 방이 있습니다. 그런 집이 얼마든지 있습니다. 저 사람은 여러분한테서 돈을 긁어내기 위해 거짓을 꾸며낸 것입니다. 나는 내 조국을 대신해서 말하겠습니다! 우리는 저런 사람을 필요로 하지 않습니다. 여러분의 돈도 원치 않습니다. 여러분한테서 아무런 적선도 받고 싶지 않습니다!"

위안은 이렇게 소리치고 울음이 터져나올 것 같아 입술을 깨물고 자리에 앉았다. 청중은 이 뜻밖의 사건에 놀라 찬물을 끼얹은 듯 조용해졌다.

연사는 희미한 웃음을 띠고 그의 말을 듣더니 천천히 일어나서 부드럽게 말했다. "거기 그 젊은 분은 새 시대의 학생인 모양이군요. 젊은 분에게 내가 말하고 싶은 것은, 나는 오늘 보여 드린 빈민 속에서 내 생애의 절반을 보냈다는 사실입니다. 당신도 조국에 돌아가시거든 내가 사는 변두리 소도시로 한번 찾아오십시오. 이와 같은 곳을 모두 보여 드릴 테니까…… 그럼 기도를 드리고 폐회하기로 할까요?"

그러나 위안은 기도 따위를 할 마음이 들지 않았다. 그는 일어나서 밖으로 뛰어나갔다. 바로 뒤에서 몇 사람씩 짝을 지어 집으로 돌아가는 발소리가 들렸으며, 그날 밤 이국에서 받은 세 번째 굴욕이 그를 기다렸다. 두 남자가 위안인 줄 모르고 앞질러 걸어갔는데, 그 가운데 한 사람이 말하는 것이었다. "아까 그 중국 남자 말야, 갑자기 일어나서 그렇게 흥분한 거 웃기지 않았어? 대체 어느 쪽 주장이 옳을까?"

그러자 다른 한 사람이 대답했다. "양쪽 다 옳은 게 아닐까. 한쪽의 이야기를 무조건 믿는 것은 위험해. 하지만 그런 외국 사람들이 어떻게 살든 우리랑 무슨 상관이야. 우리와는 아무 관계도 없는 일인걸!" 그리고 그 사나이가 하품을 하자 그의 친구는 아무렇지 않게 말했다. "하긴 그래. 내일은 비가 올 거 같지 않아?" 그리고 그들은 서둘러 가 버렸다.

이 대화를 듣던 위안은 두 사나이의 무관심함에 더욱 마음이 상했다. 만일 선교사의 말이 옳았다 하더라도 그들은 관심을 가져야 했고, 그것이 거짓말이었으니만큼 더욱 진실을 알고 싶어해야 옳지 않은가 하고 그는 생각했다. 분노를 가슴에 품은 채 그는 침대에 들어가 몇 번이나 몸을 뒤척이면서 노여움으로 눈물마저 흘렸다. 그리고 이 나라 사람들에게 조국의 위대함을 가르쳐 주기 위해서 무언가 해야겠다고 맹세했다.

이런 일이 있은 뒤 위안의 마음을 달래 준 것은 그 새로운 친구였다. 그는 이 소박한 시골 청년과 만나면 마음이 편해져서 자기 조국에 대한 뜨거운 신뢰를 이 젊은이에게 감추지 않고 털어놓았다. 옛 조상들의 고귀한 정신을 가르쳐 주었으며, 오늘날까지도 국민이 살아갈 신조를 형성하여, 이 나라처럼 도덕이 흐트러지지 않은 아름다운 나라로 만들어 준 성현의 가르침을 이야기했다. 조국에서는 남자고 여자고 품위 있고 선량한 질서를 유지한다. 그 선량한 질서 속에서 아름다움이 태어난다. 그들에게는 이 나라에서처럼 법률 따위가 필요 없다. 여기서는 아이들조차 법률로 보호되고 여성도 법의 비호(庇護)가 없으면 위험하지 않은가. 우리 나라에서는 아이들이 피해를 받지 않기 위한 법률 같은 건 필요 없다. 왜냐하면 아이들을 해치려는 사람이 없기 때문이다, 라고 위안은 열정적으로 말했으며 스스로도 그렇게 믿었다. 그 순간 그는 노부인한테서 들은 버려진 아이들의 이야기조차 까맣게 잊고 있었다. 또 그는 여자는 언제나 안전하며 가정에서도 존중받는다고 말했다. "그럼 여자의 발을 묶는다는 건 사실이 아니군?" 이렇게 백인 젊은이가 질문하자 위안은 자신 있게 대답했다. "그런 것은 옛날옛적 이야기야. 자네 나라에서도 옛날에는 여자가 허리를 꽉 졸라맨 적이 있잖아. 이제 그건 과거지사야. 어디 가도 볼 수 없네."

이렇게 그는 조국을 변호하는 입장에 섰으며 그것이 그의 가장 큰 임무가 되었다. 그 때문에 그는 이따금 멍을 떠올릴 때가 있었으며, 이제야 그의 진가를 알 것 같았다. '멍은 옳았다. 우리 나라는 몹시 멸시당하고 부당한 평가를 받고 있다. 이제야말로 우리는 힘을 합해서 조국을 지켜야 한다. 멍, 역시 너는 나보다 올바르게 진실을 보고 있었어. 이 말을 너한테 하고 싶구나.' 멍에게 편지를 써서 이를 알리고 싶었으나 그의 주소를 알 수 없어 위안은 유감으로 생각했다.

아버지에게는 보낼 수 있었으므로 그는 편지를 썼다. 이제 그는 전보다 상냥한 말투로 자상하게 편지를 쓸 수 있었다. 새롭게 싹튼 조국 사랑이 가족에 대한 애정도 깊게 해 준 것이다. 그는 이렇게 썼다.

저는 때때로 고향에 가고 싶어 못 견딜 것 같습니다. 내 나라만큼 좋은 나라는 없다는 기분이 듭니다. 우리 나라의 생활 양식, 우리 나라의 음식이 세계 으뜸입니다. 귀국하면 저는 당장 기꺼이 집으로 돌아가겠습니다. 제가 이곳에 머무르고 있는 것은 다만 배울 것을 배우고 그것을 나라를 위해 이롭게 쓰고 싶은 생각에서일 뿐입니다.

그리고 이어, 아들이 아버지에게 표시하는 의례적인 인사를 덧붙이고 봉하여 우표를 붙이고 한길가의 우체통에 넣으러 갔다. 주말 휴일밤이었는데, 거리에는 불이 밝게 켜져서 젊은 남자들이 큰 소리로 마구 노래를 부르며 젊은 여자들과 함께 어울려 웃고 소리치고 있었다. 이런 야만스러운 풍경을 보고 위안은 냉소로 입술을 일그러뜨렸으며, 방금 편지에 썼던 상념은 아버지가 혼자 살고 있는 집의 무거운 정적 속으로 날아갔다. 적어도 아버지는 몇백 명이나 되는 병졸들을 거느린 존재이다. 적어도 군벌의 거두로서 자기가 믿는 규범에 따라 나무랄 데 없이 살아가고 있다. 어린 시절 언제나 보았듯이, 아버지가 호랑이 가죽을 등받이에 걸치고 숯불이 활활 타오르는 구리 화로를 앞에 놓고, 호위 병사들을 거느린 채 왕자처럼 당당하게 조각을 한 커다란 의자에 앉아 있는 모습이 선하게 눈에 떠올랐다. 그때 위안은 여기저기서 외치는 소리, 댄스홀에서 흘러나오는 외설스럽고 오직 시끄럽기민 흰 음악 속에서, 일찍이 느껴 본 저이 없을 만큼 민족에 대한 커다란 긍지를 느꼈다. 나는 저런 자들과 다르다. 역사가 오랜 왕가의 혈통을 이어받고 있다. 그는 이렇게 생각하면서 독서에 몰두했다.

그가 가슴에 증오를 간직케 한 세 번째 사건이 바로 이것이었다.

네 번째 사건은 다른, 좀 더 가까운 원인에서 왔다. 새로 생긴 그 친구의 행동이 도화선이었다. 두 젊은이의 우정은 전보다 열이 식었으며, 위안도 대화에 열의가 없어져 공부 이야기라든가 교수들한테서 배운 것을 말할 때가 많아졌는데, 그 까닭은 짐이 위안의 하숙에 찾아오는 일이 자기를 만나기 위해서가 아니라 하숙집 딸을 보러 오는 것임을 위안이 알게 되었기 때문이었다.

일의 발단은 아주 사소한 것이었다. 위안은 어느 날 밤 비가 와서, 언제나처럼 산책도 할 수 없고 하여 새로운 친구를 자기 방으로 데리고 갔다. 하숙에 들어가자 문간에 있는 방에서 음악 소리가 들리고 문이 조금 열려 있었다. 축음기를 틀어 놓은 것은 하숙집 딸이었으며, 문이 열려 있는 줄 그녀는 틀림없이 알고 있었다. 지나가면서 짐은 안을 들여다보고 처녀를 보았다. 처녀도 짐을 보고 그 교태가 담긴 시선을 던졌다. 짐은 그것을 깨닫고 위안에게 말했다. "저런 '피치'(예쁜 아가씨)가 있다는 걸 왜 진작 말을 안 했나?"

위안은 짐의 천한 눈초리를 보고 참을 수가 없어 냉정하게 대답했다. "무슨 말을 하는지 모르겠군." 그러나 피치란 말은 알 수 없었지만 그 밖의 것은 다 알았으므로 위안은 매우 불쾌했다. 나중에 얼마간 진정이 되어, 그런 일은 잊어버리자, 그깟 계집애 때문에 우정을 상하게 할 수는 없다, 이 나라에서는 그 같은 일을 아주 가볍게 여기니까, 하고 자기에게 타일렀다.

그러나 그 같은 일이 또다시 일어났을 때, 혹은 위안이 생각하기에 일어난 것 같았을 때, 위안은 울고 싶도록 깊은 상처를 입었다. 어느 날 밤늦게까지 공부할 생각으로 밖에서 저녁을 먹고 돌아와 보니 하숙생들이 공동으로 쓰는 응접실에서 짐의 말소리가 들렸다. 그때 위안은 매우 피로해 있었고, 세로쓰기에 익숙한 눈으로 가로쓰기로 된 서양책을 장시간 읽어서 눈에 아픔을 느끼고 있던 참이라, 친구의 목소리를 듣자 반가운 생각이 들어서 한 시간쯤 이야기나 할까 생각했다. 그래서 조금 열린 문을 열고 기쁜 듯이, 그로서는 드물게 허물없는 태도로 소리쳤다. "여어 짐, 지금 돌아왔네. 내 방으로 가세."

그러나 방 안에는 두 사람뿐이었다. 짐은 마침 얼빠진 웃음을 띠고 어설픈 손놀림으로 과자 상자의 포장을 벗기려 하고 있었으며, 그의 앞 깊숙한 의자에는 단정치 못한 자세로 하숙집 딸이 누워 있었다. 위안이 들어오는 모습을 보자 여자는 그를 쳐다보고 붉은 곱슬머리를 뒤로 넘기면서 놀리듯이 말했다. "이 사람은 오늘 '나'를 만나러 온 거예요, 왕 씨." 그러고 나서 두 청년의 얼굴을 번갈아 보는 동안에 위안의 볼에는 핏기가 올라 거무스름해졌으며, 아무 스스럼없던 그 얼굴이 순식간에 뚱한 무표정이 되었다. 또한 짐은 짐대로 얼굴이 벌게져서, 내가 하고 싶은 것을 하는데 무엇이 나쁘냐는 듯이 적의를 드러냈다. 여자는 손톱을 빨갛게 칠한 예쁜 손을 저으며 토라진 척 소리쳤다.

"그야 물론 짐이 왕 씨 방에 가고 싶다면, 난 안 붙잡아요."

두 청년 사이에 무거운 침묵이 흘렀다. 여자가 소리 내어 웃자, 위안이 조용히 말했다. "짐이 하고 싶은 대로 못 할 이유가 뭐가 있겠습니까?"

그는 짐의 얼굴이 보기 싫어져서 2층으로 올라가 조용히 문을 닫고 한참 동안 침대에 누운 채, 왜 이런 질투와 노여움이 가슴에 솟아나는지 곰곰이 생각했다. 무엇보다도 짐의 평범하고 선량한 얼굴에 떠 있던 얼빠진 표정을 잊을 수가 없었으며, 그 표정에 대한 반감을 누르지 못해 그의 마음은 견딜 수 없이 불쾌했다.

그때부터 그는 전보다 더 고고한 태도를 취하게 되었다. 백인은 남자나 여자나 모두 정말로 자제심이 없고 짐승처럼 욕정이 강한 인종이며, 머릿속에 든 것이라고는 오로지 이성에 대한 생각뿐이라고 그는 속으로 되뇌었다. 이렇게 생각하자 그의 머리에 떠오른 것은 백인들이 잘 보러 가는 영화였다. 큰 거리에 화려하게 내걸린, 언제나 거의 발가벗은 여자만 그려 놓은 간판이었다. 밤늦게 돌아올 때 어두운 길모퉁이에서 추잡한 광경을 보지 않은 적이 없었다. 남자가 여자를 꺼안고 서로 팔이 얽힌 채 음탕한 모양으로 서로 더듬고 있는 광경으로 온 거리가 차 있었다. 위안은 그러한 모습을 볼 때마다 기분이 나빠져, 이 저속하기 짝이 없는 광경에 구역질이 나기까지 했다.

그 일이 있은 뒤 그는 다시는 짐을 기꺼이하지 않았다. 짐의 목소리가 집 안 어디선가 들려오면 그는 잠자코 계단을 올라가 자기 방에서 독서를 시작했다. 짐이 따라 들어와도 서먹서먹하게 대했다. 짐이 어쩌면 이렇게도 태연스레 자기 방에 들어올 수 있는지 위안은 이해할 수 없었다. 짐은 하숙집 딸에 대한 자기의 감정이 위안과의 우정에 아무런 방해가 되지 않다는 듯 여전히 명랑했고, 위안이 쌀쌀맞게 말도 하지 않는 것조차 깨닫지 못하는 듯했다. 하기야 때로는 위안도 여자의 일을 잊고 이전처럼 잡담을 나누며 가볍게 짐을 놀릴 때도 있었다. 그러나 적어도 이제는, 짐이 오기 때문에 만날 뿐이었다. 전처럼 그를 만나고 싶다는 적극적인 기분은 이제 가질 수 없었다. 위안은 조용히 혼잣말을 했다. "짐이 만나고 싶으면 나는 여기 있다. 내 기분이 변한 것은 아니다. 만나고 싶다면 저쪽에서 오면 된다." 그러나 변하지 않았다고 입으로는 말해도 그는 변했다. 그는 다시 고독해진 것이다.

위안은 기분을 풀기 위해, 거리나 대학 생활 속에서 마음에 들지 않는 일에 하나하나 주의를 기울이게 되었다. 그리하여 그의 마음에 들지 않는 것은 어떤 사소한 일이라도 그의 순진한 마음에 칼처럼 날카롭게 상처를 입혔다. 그는 거리에서 사람들이 지껄이는 말을 듣고, 그 목소리도 발음도 귀에 거슬리며, 자기 나라 말이 흐르듯이 매끄러운 것과는 거리가 멀다고 생각했다. 학생들의 멍한 표정, 교수 앞에서 횡설수설하는 그들의 모습을 마음에 새겼다. 그때마다 그는 갈수록 더 자신에게 신경을 쓰게 되었으며, 타국 말이기는 했으나 회화를 더 완전하게 하고 학업에서도 그들 이상의 훌륭한 성적을 올려, 이 또한 나라를 위하는 일이라고 생각하는 것이었다.

그가 모르는 동안에 백인을 멸시하게 된 것은 그들을 경멸하고 싶은 기분이 그의 가슴속에 있기 때문인데, 한편으로 그는 그들의 여유로운 생활, 지위, 커다란 건물, 그들이 이룩한 많은 발명, 공기와 바람과 물과 번개에 대한 그들의 온갖 지식 등이 부럽기도 했다. 그러나 그들의 지혜, 이에 대한 자신의 감탄은 한결 그들을 싫어하게 만드는 원인이 되었다. 놈들은 어느 틈에 잘도 이런 힘을 손에 넣었구나. 왜 그토록 자신감이 넘쳐서 내가 그들에게 품는 증오조차 눈치채지 못하는 것일까 생각했다. 어느 날 그는 도서관에서 한 권의 놀라운 책을 읽었다. 그 서적은 식물의 몇 대에 걸친 생태를, 종자가 아직 땅에 심기기도 전의 모습부터 설명해 주고 있었다. 발육의 법칙을 정확하게 알고 있기 때문이었다. 위안에게는 참으로 놀라운 일이었으며, 인간의 능력을 훨씬 뛰어넘은 일 같았으므로 마음속으로 은밀한 탄성을 지를 수밖에 없었다. 그는 씁쓸한 기분으로 생각했다. '우리 국민은 세계가 아직 밤이라 생각하여 모두 자는 줄 알고 커튼을 내린 채 긴 단잠을 즐겨 왔다. 그런데 밤은 이미 오래전에 밝아져서 서양인들은 깨어나 일하고 있었다…… 우리는 과연 이 긴 세월 동안에 잃어버린 것을 찾을 수나 있을까?'

이렇게 하여 위안은 지난 6년 동안 남몰래 깊은 절망에 빠졌으며, 이 절망이 그의 마음에 일찍이 아버지 왕후가 품었던 생각을 불어넣었다. 위안은 처음으로 국가의 발전을 위해 이 한 몸을 내던지겠다는 결심을 하게 되었으며, 이 결의는 이윽고 그로 하여금 스스로를 잊게 했다. 그는 이 나라 사람들 속에 섞여 길을 걸어갈 때나 말을 할 때나 이제 자기를 왕위안 개인으로 보지 않고, 조국 자체, 머나먼 이국에서 온 국민을 대표하는 존재로서 보게 되었다.

위안이 자신은 아직 젊으며 이와 같은 사명을 완수하는 것만이 삶의 전부가 아니라고 느끼게 할 수 있는 사람은 성뿐이었다. 성은 지난 6년 동안 처음 살기로 정했던 그 대도시를 한 걸음도 떠나지 않았다. 그는 이렇게 말했다. "여기서 떠날 필요가 뭐 있어? 평생을 해도 다 배우지 못할 것이 여기 다 있는데. 나는 많은 땅을 조금씩 알기보다 이 도시를 깊이 알고 싶어. 이 도시를 알면 이 나라의 인간을 알게 돼. 왜냐하면 이 도시는 이 나라 전체를 대변하니까."

성은 위안이 사는 곳으로 갈 생각은 없었으나, 위안을 만나고는 싶어했다. 그래서 위안은 성의 매력과 장난기 넘치는 편지의 권유에 못 이겨 성이 있는 도시에서 여름방학을 보내게 되었다. 그는 성의 집 응접실에 묵으면서 그곳에 모여드는 사람들의 온갖 이야기를 들었다. 때로는 끼어들 때도 있었으나 거의 잠자코 듣기만 했다. 그것은 성이 얼마 안 가서 위안이 좁은 세계에 틀어박혀 너무나 외톨이로 살고 있는 것을 알고 위안을 거침없이 비판했기 때문이다.

위안에게는 상상 밖이랄 만큼 날카로운 비판이었다. 그것은 위안이 좀 더 견문을 넓혀야 한다는 충고였디.

"우리 나라는 책만을 숭배했어. 그 결과가 지금과 같은 꼴이잖아. 그런데 이 나라 사람들은 세계 어느 민족보다도 책에 관심을 기울이지 않아. 삶의 실질적인 것에만 관심을 갖지. 그들은 학자를 숭배하지 않고 오히려 얕잡아 봐. 그들이 지껄이는 농담의 절반은 선생을 대상으로 한 거야. 그러면서 선생들의 급여는 하인들이 받는 것보다 적을 정도야. 그런 늙은 선생들로부터 이 나라의 비밀을 알아낼 수 있다고 생각해? 또 농부의 아들 하나에게서 배우는 것만으로 충분할 수 있겠어? 위안, 너는 생각이 너무 편협해. 너는 한 가지 일, 한 사람의 친구, 한 군데의 도시에만 달라붙어서 다른 것은 모두 놓치고 있는 거야. 어느 나라 국민보다도 이 나라 사람들은 책을 읽어서는 이해하지 못해. 그들은 자기들 도서관에 온 세계의 책을 모아 놓고 마치 곡식이나 금을 사용하듯 그것들을 사용하지. 책은 그들이 세운 계획을 위한 재료에 지나지 않아. 위안, 너는 천 권의 책을 읽더라도 그들의 번영의 비밀을 알아내지 못할 거야."

성은 이런 말을 몇 번이나 되풀이해서 위안에게 했으며, 위안도 성의 자신감과 명석함에 감탄하며 듣다가 마지막에 물었다. "그렇다면 형, 더 잘 알기 위해서 난 어떻게 하면 좋지?" 그러자 성이 대답했다. "모든 것을 보는 거야…… 어디든지 가서, 되도록 여러 사람들과 사귀는 거야. 너의 그 조그마한 밭은 잠시 내버려두고, 책에서도 떠나는 거야. 네가 배운 것에 대해서는 여기 앉아서 다 들었어. 이번에는 내가 배운 것을 보여 줄 차례구나."

성의 태도는 참으로 세상을 다 아는 사람인 듯 능숙해 보였다. 앉은 모습도, 화술도, 담뱃재를 떠는 모습도, 날렵한 상앗빛 손끝으로 기름을 발라 반질반질한 검은 머리를 빗어 올리는 모습도 모두 자신만만해서, 위안은 그만 주눅이 들어 자기가 세상 물정 모르는 촌뜨기 같았고, 성은 무슨 일에서나 자기보다 훨씬 잘 아는 것 같았다. 훤칠한 키에 꿈 많은 미청년이었던 시절에 비하면 성도 참 많이 변했다. 고작 이삼 년 동안에 그는 민첩하고 혈기 넘치는 사나이가 되어 자기의 신념과 용모에 자신을 가진 한창때의 남자가 되어 있었다. 그 밑바탕에서는 정열이 느껴졌다. 이 새로운 나라의 전류 같은 공기에 닿아 그의 나태함은 사라져 버린 모양이다. 이 나라 사람들과 마찬가지로 그는 잘 움직이고 잘 지껄이고 잘 웃었는데, 발랄함 속에도 어딘가 한(漢)민족의 아취와 깊이와 여유가 남아 있었다. 이런 현재의 성의 모습을 보면 볼수록 위안은 이만한 아름다움과 재능을 아울러 갖춘 사나이는 달리 없으리라고 생각했다. 그는 공손한 기분으로 물었다. "형은 요즘도 시나 소설을 쓰고 있어?"

성은 명랑하게 대답했다. "응, 전보다 더 열심히 쓰고 있지. 시집을 낼 만큼 많이 써 놨어. 시뿐만 아니라 소설도 썼는데, 이제까지 쓴 소설로 한두 가지 상도 탈 것 같아." 성은 조금도 오만하지 않았으며, 단지 자신의 역량을 아는 만큼 자신감이 넘칠 뿐이었다. 위안은 잠자코 있었다. 그에 비하면 자기는 아무것도 하지 않은 듯한 기분이 들었다. 자기는 이 나라에 처음 왔을 때와 마찬가지로 촌놈인 데다가 친구도 없다. 지난 몇 해 동안에 자기 생활의 자취라고 할 수 있는 것은 산더미 같은 공책과 얼마 안 되는 땅에서 가꾼 작물뿐이 아닌가.

한번은 그가 성에게 물어보았다. "고향에 돌아가면 형은 뭘 할 셈이야? 아무래도 줄곧 그 도시에서 살 생각이야?"

위안은, 성도 조국과 자기 민족의 곤궁함에 괴로워하고 있는지 확인해 보고 싶어 이렇게 물은 것이었다. 그러나 성은 명랑하고 자신 있게 대답했다. "그럼, 계속 거기서 살 생각이지! 나는 다른 땅에서는 살지 못해. 실은 말이야 위안, 우리끼리 얘긴데, 우리 나라에는 그 해안 도시 말고는 우리 같은 인간이 살 만한 곳은 없어. 인텔리가 즐길 만한 오락이라든가 쾌적한 장소를 다른 어디서 구할 수 있겠어? 시골은 내가 기억하는 한 도저히 나아질 것 같지가 않아. 사람들은 모두 불결하고, 아이들은 여름엔 발가숭이인 데다가 개는 사납고 어디에나 파리가 새까맣게 들끓으니 말이야, 너도 알잖아. 나는 도시가 아닌 곳에서는 살지도 못하고 살 생각도 없어. 뭐니 뭐니 해도 서구인들은 쾌적하고 즐겁게 산다는 점에서는 우리들이 배울 만한 것을 갖고 있어. 멍은 서양인을 싫어하지만, 몇 세기나 외국과 격리된 동안에 우리는 수도, 전기, 영화 같은 것들을 무엇 하나 고안해

내지 못했잖아. 난 그 생각을 지울 수가 없어. 나는 가능한 한 즐겁고, 가장 편한 생활을 할 수 있는 곳에 살면서 그곳에서 시를 써 나갈 작정이야."

"다시 말해서, 이기적으로 살아가겠단 말이지." 위안은 솔직하게 말했다.

"그렇게 말해도 무방해." 성은 무심하게 대답했다. "그러나 이기적이지 않은 인간이 있나? 우리는 모두가 이기직인 거야. 멍도 주의에 가담하고 있는 점에서 벌써 이기적이야. 그가 따르는 대의? 흥! 그 운동의 지도자들을 좀 봐라, 위안. 그들이 이기적이지 않다고 할 수 있을까…… 전에 비적이었던 놈이 있질 않나, 번번이 입장을 획획 바꾸어서 유리한 쪽에만 붙는 놈도 있고, 주의를 위해서라는 구실 아래 긁어모은 돈으로만 먹고사는 놈도 있잖아! 내가 보기에 정직하게 자기를 이기적이라고 말하는 편이 훨씬 고결하다고 생각해. 나는 그렇게 하고 있지. 나는 안락하게 살 거야. 그러니까 이기적이라는 소리를 듣더라도 아무 상관 없다. 하지만 나는 탐욕스러운 인간은 아냐. 나는 단지 아름다움을 사랑해. 내가 살 집이나 환경에 세련된 품위를 필요로 할 뿐이야. 가난한 생활은 하고 싶지 않아. 나는 평화와 아름다움과 조금의 즐거움이 주위에 있으면 그것으로 만족해."

"그러면 평화도 즐거움도 누릴 수 없는 국민은 어떻게 되지?" 들끓는 가슴을 누르며 위안이 물었다.

"내가 뭘 어떻게 할 수 있겠어?" 성이 대답했다. "몇백 년 전에도 가난한 사람은 있었고, 기근과 전쟁은 줄곧 있었잖아. 내 한평생 동안에 그것을 완전히 바꿀 수 있다고 생각할 만큼 내가 어리석어 보여? 그런 투쟁에 뛰어들었다가는 나 스스로를 잃게 될 뿐이야. 나 스스로, 이 고귀한 자신을 잃어 가면서까지 민중의 숙명에 저항해 봐야 무슨 소용이 있지? 내가 뛰어들면 바닷물이 말라 기름진 땅이라도 된단 말이야?"

이렇듯 명쾌한 주장에 위안은 대답할 말이 없었다. 그날 밤 성이 침실로 가 버린 뒤 얼마 있다가 자리에 누운 그는, 한순간도 멈추지 않는 대도시의 소음이 천둥처럼 눈앞의 벽에 부딪쳐 오는 것을 듣고 있을 뿐이었다.

이렇게 귀를 기울이고 있으니 위안은 무서워졌다. 마음의 눈은 겨우 벽 하나를 사이에 둔 저쪽에서 큰 소리로 사납게 울부짖는 어두운 이국의 세상을 바라보고 있었다. 그 세상이 또렷하게 떠오르자 그는 자기의 하찮음을 견디지 못하고, 불현듯 성의 양식 넘치는 말이나, 가로등에 환하게 밝혀진 실내의 온기, 아니, 의자나 탁자 등 평범한 일상생활의 도구에조차 매달렸다. 변화와 죽음과 미지의 생활이 펼쳐진 까마득한 세상 속에서 이 조그마한 장소만이 안전했다. 성이 안전과 안락함을 택한다고 단언하는 것을 듣고 그토록 컸던 자기의 꿈이 어리석게 느껴지기 시작하다니, 이런 이상한 일도 있을까! 성의 곁에 있으면 위안은 어느샌가 본래의 자기 자신을 잃고, 용기와 증오마저도 잊고, 확실한 무언가에 매달리고 싶은 어린아이가 되는 것이었다.

그러나 위안은 늘 성 곁에 붙어 있을 수는 없었다. 성은 이 도시에 아는 사람들이 많아서 밤이 되면 젊은 여자와 춤추러 가는 일이 많았다. 위안도 성과 함께 갔지만 거기서도 그는 고독했다. 처음 그는 떠들썩한 장소에서 떨어진 구석 자리에 앉아서 성의 용모와 사교성, 여성에 대한 대담성 등을 질투와 선망이 반쯤 섞인 눈으로 바라보았다. 때로는 위안도 따라서 춤을 춰 보려고도 했으나 잠시 뒤면 반드시 외면하고 싶은 광경을 보고 뒷걸음질하며 이제 여자와는 말을 하지 않겠다고 홀로 중얼거리기 일쑤였다.

그것은 이런 이유에서였다. 성이 교제하는 여성들은 거의 외국인들이었다. 그녀들은 백인이거나 아니면 흑인과 백인의 혼혈인 경우가 많았다. 위안은 그 어느 쪽과도 아직까지 접촉을 해 본 일이 없었다. 어떤 묘한 생리적인 이유로 접촉할 기분이 나지 않았던 것이다. 그는 아이란과 함께 참석한 야회 같은 데서도 이러한 여성을 본 적이 있었다. 그 해안의 대도시는 온갖 피부색을 한 인간들이 잡다하게 섞여 있는 곳이었기 때문이다. 그러나 그는 그러한 여성과 춤춘 적은 없었다. 그 까닭의 하나는 여자들이, 위안으로서는 수치를 모른다고밖에 생각할 수 없는, 등이 훤히 드러난 옷을 입고 있다는 것이었다. 함께 춤을 추는 남자는 그 하얀 맨살에 손을 대야만 하는데 위안은 속이 메스꺼워져서 도저히 그럴 수가 없었다.

그러나 위안이 춤을 추지 않는 데는 또 하나의 이유가 있었다. 성이나 위안이 가까이 가면 방긋 웃으며 아는 체하는 여자들은 주로 천박한 여자들에 한하고, 기품이 있어 보이는 여자들은 성이 가까이 가면 외면해 버리고 백인 남자만 상대하는 듯이 여겨졌기 때문이다. 보면 볼수록 그렇게 여겨졌으며, 성 자신도 그 사실을 알고 있어서, 쉽게 웃어 주는 여자들만 상대한다는 생각까지 들었다. 위안은 이 사촌을 위해서 정말 울화가 치밀어 올랐다. 그것은 어느 의미에서는 자기를 위한 것이기도 하고 또 자기 나라를 위한 것이기도 했다. 다만 그가 확실히 알 수 없는 것은 여자들이 왜 그러한 태도를 취하는가 하는 것이었다. 성에게 그런 이야기를 꺼내는 것은 조금 겸연쩍기도 했고, 성의 마음을 아프게 할까 봐 염려가 되어 물을 수가 없었다. 그는 마음속에서만 중얼거렸다. '성이 조금만 더 긍지를 가지고 저런 여자들과 춤을 추지 않으면 좋을 텐데. 상류 계급 여자들이 상대해 주지 않는다면 차라리 그녀들 모두를 멸시하면 좋겠는데.'

그런데 성은 자존심도 없이 그런 여자를 상대하며 유쾌한 듯이 보였으므로 위안은 못 견디도록 마음이 아팠다. 이상한 것은 멍이 아무리 외국인에 대해서 분노를 터뜨려도 위안은 그 때문에 증오심이 일어난 일은 없었는데, 지금 성이 가까이 가면 얼굴을 돌리는 오만한 여자들을 보고 있으니 위안은 그녀들을 미워할 생각이 들고 또 사실 미워했으며, 이들 소수의 여자들 때문에 백인 전체를 증오할 기분이 드는 것이었다. 그럴 때마다 위안은 밖으로 나가 버렸다. 그 자리에 있으면서 성이 멸시받는 것을 보고 싶지 않았기 때문이다. 그리고 그는 혼자서 독서를 하거나 밤하늘과 거리를 바라보거나, 마음속에 소용돌이치는 여러 문제를 고민하거나 하면서 밤을 보냈다.

이런 식으로 여름이 올 때마다, 위안은 끈기있게 성을 따라 이 대도시의 여기저기를 돌아다녔다. 성은 친구가 많았다. 언제나 식사를 하는 음식점에 들어가면 남자고 여자고 아무런 거리낌 없이 "헬로, 조니!" 이렇게 말을 걸어 왔다. 그들은 성을 조니라고 불렀다. 처음 이 말을 들었을 때 위안은 충격을 받고 성에게 조그만 소리로 말했다. "어째서 저런 이름으로 불러도 예사로 듣는 거야?" 그러나 성은 웃으며 대답했다. "자기들끼리는 더 심한 이름으로도 불러! 나는 그들이 조니처럼 점잖은 이름을 붙여줘서 기분이 좋은데? 게다가 그들이 그렇게 하는 것은 친밀감을 느끼기 때문이야. 위안, 좋아하는 사람일수록 친숙한 이름으로 부르는 거야."

정말 성이 친구가 많다는 것은 확실하게 알았다. 밤이 되면 두엇씩 성의 방으로 찾아왔다. 더 많이 올 때도 있었다. 성의 침대에도, 방바닥에도, 마치 포개지 듯이 앉아 담배를 피우며 지껄이는 이들 청년들은 서로 누가 가장 재치 있고, 엉터리 같은 생각을 잘하는가, 다른 사람이 방금 한 말을 누가 가장 빨리 뒤엎을 수 있는가 경쟁하고 있었다. 위안은 이렇게 요령도 요점도 없는 대화를 들은 적이 없었다. 때로는 그들 모두가 정부에 반항하는 사람들처럼 여겨져서 성을 걱정한 적도 있었다. 그러나 조금만 있으면 이야기의 방향이 달라져서, 여태까지 몇 시간이나 떠들었던 화제를 단숨에 날려 버리고, 마지막에 가서는 더할 나위 없이 유쾌한 현재 상태를 만끽하면서 모든 새로운 것을 경멸하기에 이른다. 이 어 담배 냄새와 저마다가 들고 온 술냄새를 마구 풍기면서 큰 소리로 작별 인사를 나누고, 자기들과 세상에 대해 절대적인 호의를 보이며 기분 좋게 빙글빙글 웃으면서 돌아가는 것이었다. 때로는 노골적으로 여자 이야기를 하는 때도 있었 다. 그러면 이런 일에 대해서도 아무것도 모르니 위안은 잠자코 앉아 듣고만 있 었는데—한 처녀의 손을 잡아 본 경험밖에 없는 그가 뭘 알겠는가?—모두 속 이 메스꺼워지는 이야기뿐이었다. 그들이 돌아간 다음 그는 정색을 하고 성에게 물었다. "그 사람들이 말하는 이야기가 모두 사실이야? 그렇게 뻔뻔한 여자가 있을까? 이 나라 여자들은 모두 그럴까? 순결한 처녀나 정숙한 아내는 한 사람 도 없단 말이야?" 그러자 성은 놀리듯이 웃으면서 말했다. "그 친구들은 모두 젊 어. 너나 나와 다름없는 학생들이야. 그리고 네가 여자에 대해서 얼마큼 안다고 그래, 위안?"

위안은 솔직하게 대답했다. "하긴 나는 여자에 대해서 아무것도 모르지 만……."

그래도 그 뒤로 위안은 길거리에서 얼마든지 볼 수 있는 여자들을 전보다 주 의 깊게 보게 되었다. 그녀들도 이 나라 사람의 일부인 것이다. 그러나 그는 그 녀들을 도무지 알 수 없었다. 그녀들은 화려한 옷차림과 짙은 화장을 한 얼굴로 빠르게 걸었다. 그러나 그녀들의 요염하고 대담한 시선이 위안의 얼굴에 던져질 때 그 표정은 공허했다. 아주 잠깐 그를 바라보는가 하면 그대로 지나쳐 버리는 것이다. 그녀들에게 그는 남자가 아니었다. 스쳐 지나는 외국인에 지나지 않았 다. 그러므로 남자로 볼만한 가치가 없는 것이라고 그 눈은 말했다. 위안은 그리

똑똑하게 이해하지는 못했으나 그 차가움과 공허함은 느낄 수 있었으므로 속으로 굴욕감을 느꼈다. 그가 보기에 그런 여자들은 태도가 너무나 오만했고, 차갑게 자기 가치에 자신을 갖고 활보했으므로 위안은 무서웠다. 서로 스치고 지나칠 때도, 자칫 화라도 내는 날이면 감당할 수 없을 것이므로 몸이 닿지 않도록 소심했다. 그녀들의 빨갛게 칠한 입술, 당당하게 쳐든 깔끔하게 정리한 머리, 걸어갈 때 몸을 흔들어 대는 모습 등은 모두가 그로 하여금 뒷걸음질 치게 하는 것들이었다. 그러한 것에서 그는 여성적인 매력을 전혀 느낄 수 없었다. 하지만 그녀들이 이 도시에 생생한 빛을 보태고 있는 것만은 확실했다. 며칠 낮 며칠 밤 그런 경험을 한 뒤에야 겨우 그는, 이 나라 사람들은 책을 읽어서는 알 수 없다고 한 성의 말을 납득했다. 멀리 솟아 있는 높다란 빌딩의 금빛으로 빛나는 꼭대기를 쳐다보면서 저러한 것은 책에는 나오지 않는다고 위안은 생각했다.

처음에 위안은 이 나라 건축의 아름다움을 인정하지 않았다. 그는 나지막한 기와지붕들과 완만한 집들이 줄을 지으며 부드러운 곡선을 이룬 풍경에 익숙했기 때문이다. 그러나 이제는 그 아름다움을 이해했다. 이질적인 미에는 틀림이 없었으나 아름답다는 사실에는 변함이 없었다. 그리고 이 나라에 와서 처음으로 그는 시가 쓰고 싶어졌다. 어느 날 밤 성이 잠든 뒤 그는 침대에 누워 자기의 생각을 정리하려고 애를 썼다. 그러나 운율이 잘 만들어지지 않았다. 일찍이 전원이나 구름을 읊는 데 썼던 차분한 운율은 소용이 없었다. 그는 날카로운 언어, 모가 난 언어가 필요했다. 모국어는 쓸 수가 없었다. 그것은 오랜 세월 동안 다듬어져 세련되고 완곡하며 매끄러운 말뿐이었다. 아무래도 이 새로운 외국어 속에서 단어를 찾아야 했다. 그런데 그것은 마치 새로운 연장과 같아 사용하기에는 너무나 무거웠다. 그뿐만 아니라 형식이나 음조에도 익숙하지 않았다. 결국 그는 단념하고 말았다. 시는 형태를 이루지 못한 채 그의 마음속에 남았으며, 하루이틀 시간이 흐를수록 그는 조바심이 났다. 왜냐하면 이 마음을 시의 형태로 만들어 마음에서 토해 내기만 하면 이 나라 사람들의 의미를 손에 잡듯 똑똑히 알 수 있을 것 같았기 때문이다. 그러나 그것이 되지 않았다. 이 나라 사람들은 그에게 자신들의 영혼을 보여 주려 하지 않았고, 그는 다만 그들의 몸이 바쁘게 움직이며 돌아다니는 속에서 이리저리 헤맬 뿐이었다.

성과 위안은 매우 다른 영혼의 소유자였다. 성의 영혼은 그에게서 유려하게 흘러나오는 시와 흡사했다. 성은 어느 날 금테를 두른 두꺼운 종이에 아름다운 필적으로 쓴 시를 위안에게 보이며 일부러 아무렇지도 않은 듯이 말했다.

"물론 시시한 거야. 가장 잘된 건 아니라구. 최고의 작품을 쓰기에는 아직 멀었어. 이것은 이 나라에 대한 인상의 단편을 마음에 떠오르는 대로 써 본 거야. 하지만 대학의 교수들은 칭찬해 주더군."

위안은 잠자코 경의를 표시하면서 주의 깊게 읽어 나갔다. 아름다운 시라고 생각했다. 금반지에 꼭 끼여 있는 보석처럼 잘 고른 시어(詩語)들도 한 단어 한 단어 빈틈없이 있어야 할 자리에 놓여 있었다. 그중엔 성이 아는 여성이 곡을 붙여 준 작품도 있다고 했다. 그 여성에 대해 한두 번 이야기한 뒤 그는 그 곡을 들려주기 위해서 위안을 그녀의 집에 데리고 갔다. 거기서 위안은 다시 새로운 종류의 여자를 보았고, 또 성의 생활의 또 다른 일면을 알게 되었다.

그녀는 어느 홀에서 노래를 부르는 가수였다. 결코 흔해 빠진 가수는 아니었지만 그녀 자신이 생각하듯이 대단한 가수도 아니었다. 그녀는 여러 가정이 한데 모여 사는 큰 건물에서 홀로 살고 있었다. 그녀가 기거하는 방은 어둡고 조용했다. 바깥에는 밝은 해가 비치고 있었으나 이 방에는 한 줄기 빛도 스며들지 않았다. 높다란 청동 촛대에 촛불이 켜져 있었다. 탁한 공기 속에 향수 냄새가 숨이 막힐 듯이 자욱했다. 쿠션 없는 딱딱한 의자는 하나도 없고 한쪽에는 큼직한 소파가 놓여 있었다. 이 긴 의자에 여자는 누워 있었다. 위안은 그녀의 나이를 짐작할 수 없었다. 키가 큰 금발의 여자였다. 성을 보자 그녀는 소리를 지르고, 그때까지 담배를 피우던 가는 파이프를 내저으며 "어머, 성, 달링, 이게 얼마만이에요!" 말했다.

성은 전에도 자주 그렇게 한 일이 있는 듯 서슴지 않고 그녀 옆에 가 앉았으며, 그러자 그녀가 또 큰 소리로 말했다. 그 목소리는 낮아서 조금도 여자다운 느낌을 주지 않는 이상한 목소리였다. "당신의 그 아름다운 〈사원의 종〉의 작곡이 겨우 끝났어요! 지금 마침 당신에게 전화를 걸려던 참이에요……."

"여긴 내 사촌 위안이에요." 성이 말했으나 여자는 위안을 제대로 보지도 않았다. 긴 다리를 어린애처럼 조심성 없이 움직이며 막 일어서려던 그녀는 파이프를 입에 문 채 뚜렷하지 않은 목소리로 "아, 그래요? 헬로, 위안!" 인사했다. 그러고는 그는 안중에도 없다는 듯이 피아노로 다가가서, 물고 있던 파이프를 내려놓고는 건반 위에서 천천히 손가락을 움직이기 시작했다. 위안이 들은 적도 없는 낮고 느릿한 가락이었다. 얼마 뒤 그녀는 노래를 부르기 시작했다. 그녀의 손가락이 치는 가락과 마찬가지로 낮고 깊은 음조의 목소리는 조금 떨렸으며 매우 정열적이었다.

그녀가 부르는 것은 성이 모국에 있을 때 쓴 짧은 시였는데, 곡 때문인지 어딘가 조금 달라져 있었다. 성이 지은 시구는 사원 벽의 달빛에 비친 대나무 그림자처럼 슬프고도 섬세했다. 그런데 이 가련한 시구를 노래하는 이국 여자는 그것을 정열적인 느낌으로 바꿔 버려서, 그림자는 검고 뚜렷했고, 달빛은 타는 듯이 뜨거웠다. 시구가 그려 낸 그림에 비해 그것을 담은 곡이라는 액자가 너무 무거운 듯하여 위안은 곤혹을 느꼈다. 이 여자 자신이 정열적인 것이다. 그녀의 동작 하나하나가 요염한 빛을 띠었으며, 말이나 표정 그 어느 하나도 순수하지 못했다.

갑자기 위안은 이 여자가 싫어졌다. 그녀가 사는 이 방도 마음에 들지 않았다. 밝은 빛깔 머리칼에 어울리지 않는 검은 눈도 싫었다. 그녀가 성을 보는 눈초리도, 줄곧 그를 "달링" 하고 부르는 말투도, 노래가 끝난 다음 이리저리 걸어다니면서 성에게 일부러 몸을 갖다 대는 동작도, 악보를 성에게 주고는 그의 위로 덮치듯이 몸을 숙여 그의 머리카락에 볼을 갖다 누르며 매우 호들갑스러운 어조로 "당신 머리 진짜 염색한 거 아니에요, 달링? 언제 보아도 윤이 너무 나서……." 속삭이는 것도 모두 싫었다.

한 마디도 없이 앉아 있던 위안은 이 여자에게 혐오감이 치밀었다. 그것은 그의 조부가, 또는 그의 아버지가 그에게 물려준 건강한 혐오감이었다. 이 여자는 하는 짓, 하는 말, 보이는 태도 모두가 천박하다는 단순한 의식이었다. 성이 그녀를 물리치기를, 조용하게라도 물리칠 것을 그는 기대했다. 그러나 성은 그러지 않았다. 자기 쪽에서 여자 몸에 손을 대지도 않았고, 그녀의 말에 같은 말로 응하거나 손을 내밀어 그녀의 손을 마주 잡거나 하지도 않았으나, 그래도 그는 그녀가 하는 말과 행동을 잠자코 받아들이고 있었다. 그녀의 손이 살짝 그의 손을 눌렀을 때도 그는 그대로 있었으며, 위안이 바라듯이 손을 빼지는 않았다. 여자가 지그시 그의 눈을 들여다보았을 때도 반쯤 웃으면서 그녀의 대담함과 교태를 받아들이는 양, 보고 있던 위안이 더 민망해질 만큼 그도 지그시 바라보았다. 위안은 석상처럼 꼼짝도 하지 않고, 아무것도 보지 않고 듣지 않은 채 성이 일어설 때까지 그대로 있었다. 돌아갈 때가 되었을 때도 여자는 두 손으로 성의 한쪽 팔을 붙잡고는 그녀가 베푸는 파티에 와 달라고 성을 졸랐다. "달링, 나는 당신을 여러 사람에게 자랑하고 싶어서 그래요. 당신의 시에는 새로움이 있어요. 당신 자신이 새로운 거예요. 난 동양을 사랑해요. 내 곡도 나쁘지 않잖아요, 안 그래요? 사람들에게 들려주고 싶어요. 그다지 많은 사람들은 아니고, 몇몇 시인과 러시아 무용가 정도? 아, 참, 달링, 좋은 생각이 있어요. 무용가에게 그 곡으로 춤을 추게 하면 어떨까요? 동양적인 춤 말이에요. 당신의 시는 춤으로 만들면 아마 근사할 거야. 응, 우리 해 봐요." 여자가 끝까지 졸라 대었으므로 성은 마침내 그녀의 두 손을 팔에서 떼어 놓으며 그녀의 바람대로 하겠다고 약속했다. 얼핏 겉으로 보기엔 그다지 마음이 내키지 않는다는 태도였으나, 위안은 성이 겉보기에만 그렇다는 것을 알 수 있었다.

겨우 여자 방에서 나오자 위안은 한두 번 심호흡을 하고 밝은 햇빛 속 풍경을 기쁜 마음으로 바라보았다. 두 사람 모두 한동안 잠자코 있었다. 위안은 솔직하게 털어놓으면 성의 마음이 상할까 봐 아무 말 하지 않았고, 성은 성대로 얼굴에 엷게 웃음을 띠고 혼자만의 생각에 잠겼다. 이윽고 위안은 성을 시험해 보고 싶어져서 입을 열었다.

"나는 여자 입으로 달링이라는 말을 듣기는 오늘이 처음이야. 무슨 소린지 잘 못 알아듣겠던데. 그 여자는 어지간히 형을 사랑하는 모양이지."

그러나 성은 웃으며 대답했다. "그런 말에는 아무런 뜻도 없어. 그 여자는 어느 남자에게나 그런 말을 쓰거든. 그게 저런 여자들의 수법이야. 하지만 곡은 나쁘지 않아. 내 기분을 잘 알아차렸지." 위안은 그때 성의 얼굴을 보고 성 자신도 깨닫지 못한 표정을 보았다. 성이 여자가 한 달콤하고 유혹적인 말을 좋아한다는 것, 자기를 칭찬하고 자신의 시에 곡을 붙임으로써 보여 준 그녀의 교태가 마음에 들었음을 그 얼굴은 명백히 말하고 있었다. 그래서 위안은 입을 다물었다.

그러나 마음속에서는, 성과 나는 살아가는 방식이 다르다, 나에게는 내 방식이 가장 좋다, 그것이 어떤 방식인지는 잘 알 수 없으나 성의 방식이 아닌 것만은 확실하다고 생각했다.

그러므로 성을 기쁘게 하기 위해 이 도시에 한동안 머무르면서 여기저기 구경도 하고 지하철이라는가 번화가를 돌아다니기는 했으나, 성이 한 말과는 달리 여기에 인생의 모든 것이 있다고는 생각하지 않았다. 그 자신의 인생은 이곳에는 없었다. 그는 고독했다. 그가 아는, 혹은 이해할 수 있는 것은 여기에는 하나도 없었다. 적어도 위안은 그렇게 생각했다.

어느 매우 더운 날, 더위에 지친 성이 누워 낮잠을 자고 있을 때 위안은 혼자서 산책을 나섰다. 대중교통을 한두 번 바꾸어 타고 이런 도시에 있으리라고는 상상도 못 했던 구역으로 들어갔다. 그는 이 도시의 부유한 모습에는 이미 싫증이 나 있었다. 그의 눈에는 모든 건물이 궁전으로 보였다. 사람들은 누구나 먹는 것이든 입는 것이든, 무엇이든 손에 넣는 것이 마땅하다고 생각하여, 이렇게 쉽게 손에 들어오는 것에는 조금도 욕망을 느끼지 않았다. 이런 것보다는 좀 더 색다른 즐거움이, 그저 살아가는 데 필요한 것보다 즐기기 위해 더 좋은 것이 얼마든지 있었다. 이 도시의 사람들은 모두 그러했다. 아니, 위안의 눈에는 그렇게 보였다.

그러나 이날 그는 이 도시의 전혀 다른 일면을 발견한 것이다. 빈민가였다. 그는 아무것도 모르고 그곳에 발을 들여놓은 것인데 문득 깨닫고 보니 주위가 모두 빈민들이었다. 얼굴만은 모두 하얬다. 어떤 사람은 야만인처럼 검은 피부를 하기도 했으나, 위안은 그들이 모두 빈민이라는 사실을 알 수 있었다. 그들의 눈초리, 불결한 몸뚱이, 비늘처럼 때가 묻은 손, 여자들의 고함치는 소리, 너무나 많은 아이들의 울부짖는 소리, 그것들은 낯익은 것이었다. 다른 먼 나라의 시가에 사는 빈민의 모습이 아직도 그의 기억에 생생하게 새겨져 있었는데, 그것과 어쩌면 이렇게도 닮았을까! 그것을 깨달았을 때 그는 생각했다. '그렇다면 이 대도시 또한 빈민가 위에 세워진 것이다!' 아이란의 친구들이 깊은 밤 집으로 돌아가려 할 때 만난 남녀들은 바로 이런 사람들이었다.

위안은 하나의 승리감을 느끼면서 생각했다. '이 나라 사람들도 빈민을 감추고 있는 거다! 이 풍족한 도시에서도 어느 나라에서나 볼 수 있는 불결한 빈민들이 남의 눈에 띄지 않는 곳에 갇혀 있지 않은가!'

마침내 여기서 위안은 책에는 없는 것을 발견한 것이다. 그는 멍하니 그런 사람들 속을 걸어갔다. 볕이 들지 않는 좁은 집 안을 들여다보고, 길거리에 버려진 쓰레기를 밟지 않도록 조심하면서, 굶주린 아이들이 더위에 벌거숭이가 되어 뛰어다니는 속을 걸어갔다. 빈곤과 비참을 첩첩이 쌓아 올린 높은 건물을 우러러보면서 그는 생각했다. '그들은 높은 건물에 산다. 그러나 그것은 문제가 아니다. 그들도 마찬가지로 빈민굴에 살고 있다, 똑같은 빈민굴 속에……'

어두워졌으므로 그는 마침내 발길을 돌려 가로등이 늘어선 시원한 구역으로 들어갔다. 성의 집으로 돌아와 보니 그는 낮잠에서 깨어나 전과 다름없이 명랑해져 있었다. 이제부터 친구 두어 사람과 극장가로 놀러갈 참이었다.

그는 위안을 보자 큰 소리로 말했다. "어디 갔다 왔어, 사촌 아우님? 길을 잃었나 하고 걱정했잖아."

위안은 천천히 대답했다. "형이 말하던, 책에 씌어 있지 않은 생활의 모습을 보고 왔어…… 이 나라의 부와 힘을 가지고서도 역시 빈민은 없앨 수 없는 모양이지." 그리고 그는 갔다 온 장소와 거기서 보고 온 것을 말했다. 그러자 성의 친구 한 사람이 재판관처럼 신중한 어조로 말했다. "물론, 우리는 머지않아 빈곤 문제를 해결할 겁니다." 또 한 사람이 말했다. "그 사람들도 좀 더 능력이 있으면 더 편안한 생활을 할 수 있습니다. 다시 말해서 그들은 어딘가 결함을 가진 인간들이라는 겁니다. 출세하고 싶으면 꼭대기에 자리는 얼마든지 있어요."

위안은 재빨리 말했다. "사실은, 당신들은 빈민의 존재를 숨기고 싶은 거죠. 마치 사람들이 성병을 부끄러워하듯이 당신들은 그들을 부끄러워하고 있는 겁니다."

그때 성이 명랑하게 말했다. "사촌 동생하고 이런 화제로 이야기를 시작했다가는 연극에 늦어! 30분밖에 안 남았단 말이야!"

외국인들만이 살고 있는 세계에서 보낸 이 6년 동안에 위안은 가까워진 사람이 셋 있었다. 그 가운데 한 사람은 백발의 노교수였는데, 매우 온화한 사상과 검소한 생활 태도가 엿보이는 얼굴에서 위안은 정거움을 느꼈다. 이 노인은 시간이 흐름에 따라 위안에게 단순한 교수 이상으로 흉금을 털어놓고 대해 주었다. 위안과 단둘이서 이야기를 하는 시간을 기꺼이 내어 주었을 뿐 아니라, 위안이 언젠가 책으로 출판할 계획으로 적은 노트도 읽어 주었고, 잘못된 곳을 매우 부드럽게 한두 군데 지적도 해 주었다. 위안이 하는 말에는 늘 귀를 기울였으며, 웃음을 띤 푸른 눈에는 언제나 이해가 깃들어 있어서, 위안도 이윽고 완전히 이 노인을 신뢰하여 꽤 비밀스러운 이야기까지 하게 되었다.

여러 이야기를 하다가, 위안은 대도시에서 빈민가를 보았다는 말을 하면서, 그렇게나 풍요로운 도시의 한가운데서 빈민들이 그토록 비참한 생활을 하고 있는 것이 신기하다고도 말했다. 이야기가 거기서부터 그 외국인 선교사 이야기로 넘어가서, 그가 위안의 조국을 쓸데없는 사진으로 더럽히고 욕을 보였다고 했다. 노교수는 평소의 온화한 태도로 묵묵히 듣다가 이윽고 이렇게 말했다. "모두가 사물의 전부를 볼 수 있는 건 아닐 걸세. 옛날부터 그런 말이 있지만, 사람은 저마다 자기가 보고 싶은 것만을 본다네. 자네나 나는 땅을 보면 종자나 수확물을 생각하지만, 건축가는 같은 토지를 보더라도 집을 생각하고, 화가는 그 색채를 생각하지. 선교사는 도움을 필요로 하는 사람에게 눈을 돌리겠지. 그래서 마땅히 선교사의 눈에는 그런 사람들이 가장 뚜렷하게 보이는 것일세."

위안은 잠시 생각해 본 뒤 마지못해 그 말이 맞다고 생각하고, 공평하게 따져 생각해 보니 그 선교사를 덮어놓고 미워할 수만도 없었다. 그는 여전히 짐짓 그 선교사가 틀렸다고 생각하며 그를 미워하고 싶었으나, 어쨌든 이렇게 말했다. "적어도 그 사람은 우리 나라의 극히 좁은 일부밖에 보지 않았던 것입니다." 이에 노인은 언제나처럼 부드러운 말투로 대답했다. "그럴지도 모르지. 그가 마음이 좁은 사람이었다면 분명 좁은 부분밖에 보지 못했을 걸세."

다른 학생들이 돌아간 뒤 밭이나 교실에서 나눈 이와 같은 대화를 통해서 위안은 이 백발 노인을 사랑하게 되었다. 노인 쪽에서도 위안을 아껴 그에 대한 태도는 차츰 더 다정해졌다.

어느 날 교수는 살짝 망설이며 입을 열었다. "오늘 밤 우리 집에 함께 가지 않겠는가? 우리 식구는 매우 조촐하게 살고 있네. 아내와 딸 메리와 나, 이렇게 세 사람뿐인데, 자네가 우리 집에 식사하러 와 준다면 모두 좋아할 걸세. 내가 자네 이야기를 자주 하니까 아내와 딸도 자네를 만나고 싶어한다네.”

지난 몇 해 동안 이런 말을 들은 것은 이번이 처음이었으므로 위안은 크게 감동했다. 교수가 학생을 자기 집에 부른다는 것은 여간한 호의가 아니라고 여겼다. 그래서 그는 자기 나라의 공손한 표현으로 돌아가 조심스럽게 말했다.

“저에게는 그럴 자격이 없습니다.”

그러자 노교수는 놀라 눈이 휘둥그레지더니 미소를 지으면서 말했다.

“그런 말은 우리가 얼마나 검소한 생활을 하는지 보고 난 뒤에나 하게! 처음 내가 자네가 와 주면 좋겠다고 아내에게 말했을 때 아내는 말하더군. ‘그분은 틀림없이 우리 같은 검소한 생활에는 익숙하지 않겠지요’ 이렇게 말일세.”

그래서 위안은 다시 한 번 의례적으로 사양하고 나서 그 초대에 응했다. 이리하여 그는 나무 그늘이 많은 길을 걸어가서 네모난 앞마당 같은 조그마한 광장에 도착해서, 나무숲 안쪽에 있는 해묵은 목조 가옥의 현관으로 들어서게 되었다. 마중 나온 교수 부인은 그가 어머니라고 부르던 부인을 떠올리게 하는 품위 있는 여성이었다. 두 여성은 서로 1만 마일이나 떨어져 있을 뿐 아니라 전혀 다른 언어를 썼고, 뼈도 피도 살갗도 닮지 않았으나 몇 가지 공통점을 지녔다. 희고 반드르한 머리카락, 어머니다운 침착성, 허식 없는 거동, 진지해 보이는 눈, 조용한 목소리, 입술이나 이마에 새겨진 지혜와 인내의 흔적, 이런 것들이 두 사람을 흡사해 보이게 했다. 그러나 나중에 넓은 객실에 앉았을 때, 위안은 두 사람 사이의 한 가지 차이를 깨달았다. 그것은, 이 부인에게서는 어머니에게는 없는 자족감과 영혼의 소박한 충일감이 느껴졌던 것이다. 이 사람은 살아오면서 마음이 바라는 바를 이룰 수 있었으나, 어머니는 그렇지 못했다는 생각이 들었다. 두 사람은 저마다 다른 두 길을 거쳐 훌륭하고 평온한 노년에 이르렀으나, 한 사람은 반려자와 함께 행복한 길을 걸어왔고 다른 한 사람은 어두운 길을 홀로 걸어야만 했던 것이다.

그런데 거실에 들어온 딸은 아이란과 닮은 곳이 전혀 없었다. 이 메리라는 처녀는 완전히 달랐다. 그녀는 아이란보다 나이가 좀 많은 듯했으며 키도 훨씬 더 크고, 아이란만큼 예쁘지는 않았으나 보기에 꽤 얌전하고 목소리도 표정도 조심스러웠다. 그런데 그녀가 하는 말을 들어 보니 모두 분별이 있고, 진한 흑회색 눈은 진지할 때는 그리 두드러지지 않았으나 장난기 어린 말을 할 때는 그에 걸맞게 쾌활하게 빛났다. 부모 앞에서는 얌전하게 행동했으나 그렇다고 결코 두렵기 때문은 아니었으며, 부모도 그녀를 대등한 인간으로 존중하는 것을 위안은 알 수 있었나.

위안은 곧 그녀가 평범한 아가씨가 아니라는 것을 깨달았다. 노교수가 위안이 쓴 논문을 언급하자 메리도 알고 있는 듯 즉각 매우 적절한 질문을 했으므로 위안은 깜짝 놀라 이상하게 생각하며 물었다.

"어떻게 차오추오[2] 같은 고대의 인물에 대해서 질문을 하실 만큼 우리 나라 역사를 잘 알고 계시죠?"

이 물음에 처녀는 겸손하지만, 미소로 눈을 반짝이며 대답했다.

"저는 중국과는 오래전부터 인연이 있었던 모양이에요. 중국에 대해서는 여러 가지 책을 읽었어요. 차오추오에 대해서 조금 말씀드려 봐도 괜찮을까요? 그러면 제 지식이 얼마나 보잘것없는가 아시게 될 거예요. 실은 저는 아무것도 몰라요. 하지만 그는 어느 수필에서 농업에 대해서 썼더군요. 예전에 번역된 것을 읽은 기억이 조금 있어요. 이런 구절이었던 것 같아요. '죄는 가난에서 시작되고, 가난은 먹을 것의 부족에서 생겨나며, 먹을 것의 부족은 땅을 갈기를 게을리하는 데서 생겨난다. 땅을 갈지 않으면 사람은 흙과의 인연을 잃는다. 흙과의 인연이 없으면 사람은 고향을 떠나기 쉬우니, 날짐승이나 들짐승과 다를 바 없다. 높은 성, 깊은 못, 엄한 법, 심한 벌도 마음속에 있는 방랑의 기질을 막지 못한다.'"

위안도 잘 아는 이 구절을 아가씨는 부드럽고 맑은 목소리로 읊었다. 그녀의 목소리는 그 구절의 뜻을 더욱 깊게 하고 있었다. 그녀가 이 구절을 사랑한다는 것은, 그 얼굴에 엄숙함이 나타나고 눈에 신비로운 빛이 서리어 마치 전에 맛본 아름다움을 다시 맛보고 있는 것처럼 보이는 데서도 느낄 수 있었다. 부모는 조용히, 아주 자랑스러운 듯이 딸의 목소리에 귀를 기울이고 있었는데, 아버지인 노교수는 예의상 입 밖에 내지는 않았으나 마음속으로는 '자네도 내 딸이 슬기

---

2) 조조(晁錯, ?~기원전 154년). 전한의 정치가이자 시인. 삼국지의 조조(曹操)와는 다른 인물.

롭고 교양이 있다는 것을 알아보았겠지? 이런 딸이 달리 또 있겠는가?' 외치고 싶다는 눈으로 위안을 보고 있었다.

위안은 기쁨을 말로써 표현하지 않을 수 없었다. 그리고 그 뒤부터는 그녀가 무슨 말을 하면 열심히 귀를 기울이고 그녀에게 친밀감을 느끼게 되었다. 그녀의 말은 아무리 보잘것없는 것이라도 늘 이치에 맞고 표현도 뛰어나서, 그녀 대신 자기가 그 말을 했더라면 좋았겠다고 생각할 만한 말들뿐이었다.

위안은 오늘 밤 처음 방문했다고는 생각되지 않을 만큼 이 집에 친근감을 느끼고, 가족들이 자기와는 다른 인종에 속한다는 사실마저 잊을 정도였으나, 그래도 이따금씩 익숙지 않은 일, 그의 이해가 미치지 못하는 다른 나라 문화에 부닥쳤다. 그들이 작은 방으로 옮겨가서 식탁에 둘러앉았을 때, 위안은 곧 스푼을 들고 식사를 시작하려 했다. 그런데 이 집 사람들은 곧 먹지 않았다. 노교수는 고개를 숙였고, 위안을 제외한 나머지 두 사람도 그렇게 했다. 무슨 일인지 몰라 위안이 보고 있으려니, 교수는 눈에 보이지 않는 신을 향해 짤막한 말이지만 진정을 담아 소리 내어 말했다. 무언가 선물을 받은 것에 감사하는 것 같았다. 그것이 끝나자 더 이상 의식 같은 것은 없었고 모두 먹기 시작했다. 위안도 그때는 아무것도 물어보지 않고 그저 이야기를 주고받았다.

그러나 그때까지 본 적이 없는 이 의식이 무척 신기했으므로, 그는 식사 뒤 베란다에 교수와 단둘이 앉았을 때 이에 대해서 물어보았다. 그럴 때 어떻게 해야 예의에 어긋나지 않는가 알아 두고 싶었기 때문이다. 그러자 노인은 천천히 파이프를 태우면서 어둑어둑해지는 길거리를 평온한 표정으로 바라보며 잠시 잠자코 있더니, 마침내 파이프를 떼어 놓고 입을 열었다.

"위안, 나는 전부터 자네에게 우리의 종교에 대해서 어떤 식으로 이야기를 하면 좋을지 몇 번이나 생각했지. 아까 자네가 본 것은 우리들의 종교적 의식의 하나로, 나날의 양식을 베풀어 주신 것에 대해서 신에게 감사를 드린 것이라네. 그 자체는 그다지 대단한 것은 아니지만 그것은 우리들의 생활에서 가장 중요한 것, 신에 대한 신앙을 상징하는 셈이네. 언젠가 자네가 이 나라의 번영과 힘에 대해서 나한테 질문한 적이 있는 것을 기억할 테지만, 나는 그것을 종교의 성과라고 믿네. 위안, 나는 자네가 어떤 종교를 갖고 있는지 모르지만, 자네가 이 나라에 살고, 날마다 내 수업에 출석하며, 우리 집에까지 와 주었으니, 나의 종교에 대해서 말하지 않는다면, 나 자신이나 자네에 대해서나 성실하지 못한 일이 되지 않겠는가."

노교수가 이렇게 말하는 사이에 두 여성도 나와서 자리에 앉았다. 부인은 의자에 앉아 바람에 흔들리듯 친친히 앞뒤로 몸을 흔들거렸다. 그러면서 남편의 말에 귀를 기울이며 온화하게 미소 지으며 고개를 끄덕이고 있다가, 남편이 여러 가지 신이라든가 인간의 육체를 만든 신의 신비에 대해서 이야기하다가 잠시 숨을 돌리자, 부인은 온화하면서도 정열적인 목소리로 소리쳤다. "저, 왕 선생님, 나는 여기 우리 윌슨 박사님이 당신이 무척 공부를 잘하신다는 이야기며 아주 훌륭한 논문을 쓰신다는 말을 듣고, 당신은 그리스도의 신자가 될 분이라고 생각하고 있었어요. 만일 당신이 신자가 되셔서 가르침의 증거를 가지고 고국으로 돌아가신다면 그것은 당신 나라에도 참으로 훌륭한 일일 거예요!"

이 말을 듣고 위안은 몹시 놀랐다. 그녀의 말이 무엇을 뜻하는 것인지 그로서는 전혀 짐작이 가지 않았다. 그러나 예의 바른 그는 다만 미소를 지으면서 조금 고개를 숙이고 무언가 대답하려 했다. 그때 메리의 목소리가 그를 가로막았다. 그것은 금속처럼 날카롭고 맑았으며, 위안이 처음 듣는 어조였다. 그녀는 의자에 앉지 않고 정원으로 나가는 계단의 맨 위에 걸터앉아, 아버지가 이야기하는 동안 두 손으로 턱을 괴고 그 말에 잠자코 귀를 기울이고 있었다. 그러던 그녀가 갑자기 어둑한 곳에서, 초조하고 불안한 목소리로, 칼로 그 자리의 대화를 잘라내듯이 외친 것이다. "안으로 들어갈까요, 아버지? 저쪽 의자가 더 편하고 저는 밝은 곳이 좋아요."

조금 놀란 듯이 교수가 대답했다. "그러냐, 메리? 그럼 그렇게 하자꾸나. 나는 또 네가 저녁때는 여기 있는 걸 좋아하는 줄 알았지. 저녁때마다 우리 모두 한동안 여기 앉아서……."

그러나 메리의 대답은 더욱더 침착을 잃고 고집스럽게까지 들리는 것이었다. "오늘 밤엔 밝은 데가 더 좋아요."

"오냐, 알았다." 노인은 천천히 일어섰다. 그리고 모두 집 안으로 들어갔다.

밝은 방에 들어간 뒤로 교수는 다시 종교의 신비에 대해서 이야기하지는 않았다. 이번에는 딸이 화제를 꺼내어 위안에게 그의 나라에 대해서 여러 질문을 퍼부었다. 그것은 때로는 너무 예리하거나 깊이가 있었으므로, 위안은 정직하게 자신이 무지하여 모른다고 실토하지 않을 수 없었다. 그녀와 이야기를 하고 있으면 즐거웠다. 그녀는 미인은 아니었으나 얼굴은 총명해 보였으며, 살결은 곱고 흰 데다가 입술은 얇고 붉었으며, 머리칼은 곱슬곱슬하지 않고 위안과 같이 검은 색에 가까웠으나 위안의 것보다 훨씬 부드러웠다. 또 눈이 무척 아름다웠다. 진지한 표정일 때는 까맣지만 웃으면 귀엽게 빛나는 잿빛으로 변했다. 그리고 그녀는 크게 소리 내어 웃는 일은 없었으나 끊임없이 미소를 지었다. 손도 표현이 풍부했다. 가늘고 나긋하며 쉬지 않고 움직이는 손은, 작지는 않으나 너무 여윈 탓일까, 아름답다고 하기에는 윤기가 부족했지만 그 모양새나 움직임에 힘이 있었다.

그러나 위안은 이런 것들 자체가 즐거웠던 것은 아니다. 그녀의 경우, 육체는 단순한 육체가 아니고 그녀의 지성과 영혼을 싸고 있는 껍질임을 그는 알았다. 이와 같은 여성은 만난 적이 없는 위안에게 이것은 새로운 경험이었다. 한순간 아름답다는 생각이 들어도, 다음 순간이면 지성이 내뿜는 빛과 기지에 찬 말에 마음을 빼앗겨 그런 것은 잊고 말았다. 이 여성의 경우 그 육체는 지성에 따라서 살아 있었으며, 지성은 육체에 대해 생각하는 쓸데없는 짓은 하지 않았다. 그래서 위안은 메리가 여자라는 사실조차 거의 의식하지 않았다. 끊임없이 변모하고, 반짝거리며, 열렬한가 싶으면 어느새 차가워지고 때로는 갑자기 침묵하는, 그런 존재였다. 그러나 그녀의 침묵은 공허에서 오는 것이 아니라, 그녀의 지성이 무언가 위안이 말한 것을 붙들고서 그 본질을 뚜렷이 하기 위해 세심하게 분석하고 있을 때 흔히 시작되었다. 이러한 침묵 속에서 그녀는 흔히 자기를 잊고, 위안이 말을 다 하고 난 뒤에까지 자기가 그의 눈을 가만히 바라보고 있다는 것조차 깨닫지 못했으며, 위안은 이렇게 그녀가 침묵할 때, 몇 번이나 그 시시각각 표정이 변하는, 깊은 생각을 숨긴 검은 눈동자 속을 깊숙이 들여다보는 자신을 깨닫곤 했다.

그녀는 종교의 신비에 대해서는 한 번도 말하지 않았으며 노부부도 그 뒤로는 두 번 다시 말을 꺼내지 않았다. 드디어 위안이 일어서서 인사를 하자 교수는 가볍게 그의 손을 잡고 말했다. "만일 기분이 내키거든 주일에 나와 함께 교회에 가서 어떤 것인가 자신의 눈으로 확인해 보지 않겠나?"

위안은 이것도 친절한 제의의 하나로 받아들이고 꼭 가보고 싶다고 대답했다. 인종이 다른 자기를 마치 아들처럼 대우해 주는 세 사람과 다시 만나게 되는 것이 기뻤으므로 그는 기꺼이 그렇게 대답했다.

자신의 하숙집으로 돌아와서 침대에 누운 위안은 잠이 오기를 기다리는 동안 세 사람을 생각했다. 무엇보다도 노교수 부부의 딸에 대해서 생각했다. 그녀야말로 자기가 여태까지 만난 적이 없는 여성이었다. 그녀는 자기가 아는 어떤 여성과도 됨됨이가 달랐다. 아이란보다도 훨씬 빛이 났다. 아이란의 명랑함과 새끼 고양이 같은 눈과 잔물결 같은 웃음을 모두 합하더라도 메리 쪽이 훨씬 빛난다. 이 백인 여성은 무척 진지한 때도 많았지만, 내면에서부터 발하는 강한 빛이 있었다. 그것은 어머니의 희미하고 부드러운 온화함에 비하면 조금 딱딱한 데가 있기는 하나 언제나 맑은 빛이었다. 그녀는 그 육체조차 함부로 움직이지 않았다. 그녀에게는 육체만의 무의미한 동작이라는 것이 하나도 없었다. 하숙집 딸처럼 허벅지나 손목이나 다리를 남의 눈에 띄도록 늘 움직이는 시시한 동작이 전혀 없었다. 또 그녀의 말이나 목소리에는 성의 아름다운 시구를 무겁고 열정적인 음악으로 작곡한 여자와 같은 데도 전혀 없었다. 메리의 말에는 이상한 의미 같은 것은 내포되어 있지 않았다. 그녀는 조리 있고 또렷하게 말했다. 한 마디 한 마디의 말이 저마다 무게와 뜻을 갖고 있지만 그 이상의 것은 없었다. 언어는 그녀의 마음을 바르게 전하는 도구이며, 이상한 상상을 불러일으키기 위한 역할은 맡고 있지 않았다.

위안이 그녀를 생각할 때 가장 먼저 떠올리는 것은 빛깔과 형태가 있는 육체에 싸여 있으면서도 결코 육체에 의해 숨겨지지 않는 그녀의 정신이었다. 그는 그녀가 한 말이나, 그가 생각지도 못하는 것을 이야기하는 그 머리의 명석함을 골똘히 생각했다. 애국심이 화제에 올랐을 때 그녀는 말했었다. "이상주의와 광신적인 사상은 달라요. 광신적인 사상은 육체적인 것에 지나지 않아요. 젊음이나 체력이 정신을 활발하게 하죠. 하지만 이상주의는 육체가 늙어서 쇠약해지거나 파괴되더라도 언제까지나 살아 있지요. 그것이야말로 이상을 낳은 영혼의 본질적인 자질이니까요." 이렇게 말한 그녀는 갑작스레 환해진 얼굴에 애정이 깃든 눈으로 아버지를 보면서 말했다. "우리 아버지는 진정한 이상주의자라고 저는 생각해요."

그러자 노인이 조용하게 대답했다. "나는 그것을 신앙이라 부른단다, 메리."

지금 돌이켜 생각해 보니, 아버지의 이 말에 그녀는 아무 대답도 하지 않았다.

이렇게 그는 이 세 사람을 생각하면서, 조국을 떠난 이래 일찍이 느껴 보지 못한 영혼의 만족 속에서 잠이 들었다. 이 사람들이야말로 실재하며, 이해할 수 있는 존재라고 여겨졌기 때문이다.

그래서 노교수가 말하는 종교 의식이 행해지는 날에 위안은 좋은 옷을 차려입고 다시 교수의 집을 찾았다. 문이 열리고 메리가 서 있는 것을 보자 그는 잠시 마음이 위축되는 것을 느꼈다. 분명히 그녀는 그를 보고 놀란 듯했다. 눈이 어두워지더니 조금도 미소를 띠지 않았다. 그뿐 아니라 긴 파란색 외투를 입고 같은 빛깔의 모자를 쓴 모습은, 위안이 기억하는 그녀보다 키가 더 커 보여서 어딘가 압도당하는 기분도 들었다. 그래서 그는 더듬거리며 가시히 말했다. "아버님께서 오늘 교회에 같이 가 보자고 말씀하셔서……."

그녀는 어딘지 난처한 듯한 표정으로 그의 눈을 살피면서 무뚝뚝하게 말했다. "네, 알고 있어요. 들어오세요. 곧 준비를 마칠 테니까요."

그래서 위안은 즐거운 우정의 추억이 남아 있는 방으로 다시 들어갔다. 그러나 오늘 아침은 요전번만큼 따뜻한 우정이 느껴지지 않았다. 난로에도 그날 밤처럼 불이 타고 있지 않았으며, 가을 아침의 엄하고 차가운 햇빛이 창문에서 비쳐 들어 바닥의 깔개며 의자의 덮개 등의 해진 부분들을 훤하게 드러내고 있었다. 요전 날 밤에는 난로나 등불의 어슴푸레한 불빛 속에서 따뜻하고 친근하게 느껴졌던 그것들은 환한 햇빛 아래서 보니 너무 낡아서 바꿔야 할 것 같았다.

그러나 노교수와 부인은 교회에 가는 단정한 옷차림을 하고 들어와서 요전 날 밤과 다름없이 친절하게 맞이해 주었다. 교수가 말했다. "잘 와 주었네. 너무 강요하는 것처럼 되어서는 안 될 것 같아서, 그 뒤 교회 이야기는 절대 하지 않았는데도 말일세."

그러나 부인은 변함없이 상냥하고 호의가 넘치는 목소리로 말했다. "하지만 나는 기도를 했답니다. 하느님의 인도로 당신이 오도록 해 주십사고 기도드렸지요. 나는 밤마다 당신을 위해서 기도드리고 있어요, 왕 선생님. 하느님께서 내 기도를 들어주신다면 얼마나 기쁠지 모르겠어요. 만일 내 정성이 통해서……."

그때 이 낡은 방에 한 줄기 햇살이 들이비치듯이 처녀의 소리가 울렸다. 쾌활하고 유쾌한 목소리이기는 했지만, 위안이 지난번에 들은 것보다 또렷하고 어쩐지 더 차가웠다. "자, 이만 갈까요? 시간이 없어요."

그녀는 앞장서서 밖으로 나가더니 함께 타고 갈 자동차의 운전석에 앉았다. 노부부가 뒷자리에 앉고 위안은 그녀 옆에 앉았다. 그녀는 핸들을 움직이면서 한 마디도 하지 않았다. 위안도 예의 바르게 입을 다물고 있었을 뿐 아니라, 그녀 쪽을 보려 하지도 않았다. 다만 이따금 낯선 바깥 경치를 쫓아 고개를 돌리면서 흘긋 쳐다볼 뿐이었다. 그러나 직접 그녀를 보지는 않더라도 앞에 있는 그녀의 옆얼굴을 볼 수 있었다. 그 얼굴에는 지금 미소도 밝음도 없었다. 왠지 모르게 슬퍼 보인다 싶을 만큼 엄숙했으며, 쭉 곧은 코, 선이 또렷한 꾹 다문 입술, 옷깃의 어두운 털 위로 보이는 흐르듯이 부드러운 턱선, 그리고 회색 눈은 전방의 길 위 먼 쪽만을 향하고 있었다. 이렇게 능숙한 솜씨로 기민하게 핸들을 돌리면서 말없이 꼿꼿이 앉아 있는 그녀를 보고 있으니 위안은 좀 무서워졌다. 한번 흉금을 털어놓고 이야기를 나눈 적이 있는 상대가 아닌 전혀 다른 사람이란 느낌이 들었다.

이리하여 그들은 많은 남녀와 아이들이 들어가고 있는 커다란 건물 앞에 닿았다. 그들도 마찬가지로 안으로 들어가서 자리에 앉았다. 위안은 교수와 딸 사이에 앉았다. 이런 사원에 들어오는 것은 이것이 두 번째로, 호기심에서 위안은 주위를 돌아보지 않을 수 없었다. 고국의 사원은 그도 여러 번 보았는데, 그것은 모두 무지한 하층민들이나 여자들을 위한 것이었으며, 그는 태어나서 아직 어떤 신도 믿어 본 적이 없었다. 몇 번인가 호기심에서 사찰에 들어가 거대한 불상을 보기도 하고, 큼직한 종을 칠 때면 사람들을 깨우치려는 그 가라앉은 적적한 음색에 귀를 기울인 경험은 있었으나, 잿빛 법의를 입은 승려들을 그는 경멸의 눈으로 보았었다. 그것은 어릴 때부터 승려란 민중을 사냥감으로 삼아 살아가는 무지한 악당들이라고 가정교사들에게 들어 왔기 때문이었다. 그래서 위안은 어떤 신도 섬기지 않았다.

그러나 오늘 이국의 사원에 들어와 앉은 그는 똑똑히 살펴보고 있었다. 그곳은 생기가 넘치는 곳이었다. 초가을의 햇빛이 길쭉한 창문으로 큼직한 무늬가 되어 흘러 들어와서 제단에 장식한 꽃이며, 여자들의 화사한 옷이며, 갖가지 표정을 띤 사람들의 얼굴을 비추고 있었다. 다만 젊은 사람들은 많지 않았다. 이윽고 어디선가 음악소리가 들려왔다. 처음에는 매우 조용한 가락이었으나 차츰 소리가 커져 마침내 교회 안을 뒤흔들듯 높아졌다. 위안이 어디서 소리가 흘러 나오는가 하고 고개를 돌리니 옆에 앉은 노교수의 모습이 눈에 들어왔다. 고개를 숙이고 눈을 감은 그 얼굴에는 황홀하고 감미로운 미소가 넘쳤다. 주위를 돌아보니 다른 사람들도 모두 마치 주문에 걸린 듯 말없이 고개를 숙이고 있었다. 위안은 이런 경우 어떻게 해야 예의에 맞는지 알 수가 없었다. 그러나 메리를 보니 운전석에 앉아 있을 때와 똑같이 허리를 꼿꼿이 세우고 턱을 치켜든 채 눈도 크게 뜨고 먼 곳을 응시했다. 그녀의 그런 모습을 본 위안은 영문도 모른 채 자신도 머리를 숙이지는 않기로 했다.

위안은 문득, 이 나라는 위대한 종교의 힘에 바탕을 두고 있다고 말한 노교수의 말을 떠올리고, 그 힘이 무엇인가 알기 위해 지켜보고 있었다. 그러나 그것은 쉽게 발견되지 않았다. 장중한 음악이 다시 잔잔해져서 이윽고 어디론가 사라져 버리자 긴 겉옷을 걸친 성직자가 나타나서 무엇인가를 낭독했다. 사람들은 얌전하게 들었으나, 주의해서 살펴보는 위안의 눈에는 그들의 옷차림이나 남의 얼굴 같은 데만 정신을 팔고 있는 사람들의 모습도 보였다. 그러나 노교수 부부는 열심히 귀를 기울이고 있었다. 메리만은 여전히 무슨 말을 들어도 안색을 바꾸지 않고 먼 곳만 바라보고 있었으므로, 과연 듣고 있는 것인지 알 수 없었다. 음악은 그 뒤에도 몇 번이나 들려왔다가는 그쳤으며, 위안이 알아들을 수 없는 말이 낭송되었다. 그리고 그 긴 옷을 입은 성직자가 아까 읽은 큰 책을 보면서 사람들에게 설교했다.

위안은 그것에 귀를 기울였다. 그 호감이 가는 덕 있어 보이는 사람은 이 나라 사람들을 향하여, 가난한 자에게 더 친절하라, 자기를 버리고 신을 섬기라, 하고 설교했다. 어느 나라 성직자라도 할 만한 설교라고 그는 생각했다.

설교가 끝나자 성직자는 사람들에게 고개를 숙이게 하고 신에게 기도를 드렸다. 이때도 위안은 어떻게 할까 생각하면서 좌우를 돌아보았다. 이번에도 노부부는 경건한 태도로 고개를 숙이고 있었다. 그리고 옆에 앉은 교수의 딸은 당당하게 고개를 쳐들고 있었으므로 위안도 머리를 숙이지 않았다. 그는 눈을 크게 뜨고 그 성직사가 우싱이라도 끼내지 않나 지켜보았다. 사람들이 고개를 숙이고 예배드릴 준비를 하는 것 같았기 때문이다. 그러나 성직자는 아무런 우상도 꺼내지 않았으며 신의 모습은 어디에도 보이지 않았다. 그리고 잠시 뒤 성직자의 기도가 끝나자 사람들은 신이 나타나기를 기다리지 않고 우르르 일어나서 집으로 돌아가기 시작했다. 위안도 하숙으로 돌아왔다. 그날 거기서 본 것과 들은 것은 무엇 하나 이해할 수 없었다. 그중에서 무엇보다도 뚜렷하게 생각나는 것은 끝내 한 번도 숙이지 않고 당당히 쳐든 메리의 얼굴 윤곽이었다.

그러나 이날부터 다시 새로운 사건이 위안의 생활에 일어났다. 어느 날 아침, 밭에다 가을밀의 씨를 이것저것 뿌려 놓고 어느 종류가 가장 잘되는가 시험하고 있던 위안이 자기 하숙방으로 돌아와 보니 책상 위에 편지 한 통이 놓여 있었다. 위안의 고독한 외국 생활에서는 매우 드문 일이었다. 석 달에 한 번쯤 아버지한테서 온 편지가 책상 위에 놓여 있었다. 그 편지는 모두 거의 같은 문구로, 나는 잘 있다, 봄까지는 휴양하고 다시 전쟁에 나간다, 너는 배우고 싶은 것을 열심히 공부해야 한다, 너는 외아들이므로 학업을 마치면 곧 돌아와야 한다, 이런 내용이 적혀 있었다. 또 어쩌다가 아이란의 어머니한테서 온 편지도 있었는데, 그녀의 일상 생활에 대한 자잘한 소식이라든가, 아이란을 빨리 결혼시키고 싶다든가, 아이란은 벌써 세 번이나 자진해서 약혼을 했다가 번번이 제 마음대로 파혼을 해 버렸다는 사연 등이 적혀 있었다. 아이란의 고집이 심하다는 대목을 읽고 위안은 저도 모르게 떠오르는 미소를 누르지 못했다. 그리고 부인은 자기 마음을 달래기 위해서인 듯 이런 말을 덧붙였다. '하지만 메이링(美齡)이 나의 의지란다. 지금은 그 아이를 집에 데리고 와서 교육시키고 있는데, 공부도 잘하고 무엇을 시켜도 틀림없이 하고, 모든 일이 하나도 나무랄 데가 없단다. 이런 딸이야말로 내가 갖고 싶어하던 딸이라는 기분이 든다. 아이란 이상으로 내 딸 같은 느

낌이 들 때도 있단다.'

위안이 기대할 수 있는 것은 이런 편지들뿐이었다. 아이란도 한두 번 편지를 보내왔었다. 두 나라 말을 마구 섞어서 제멋대로 쓴 편지에는, 돌아올 때는 서양의 반짝이는 보석을 선물로 사 오지 않으면 그냥 두지 않겠다느니, 꼭 서양인 부인을 데려오기 바란다느니 하는 말이 적혀 있었다. 또 성의 편지도 오기는 왔으나 매우 드물어서 기다릴 수 없는 것이었다. 성은 아름다운 자태와 좋은 말재주를 가진 청년답게 아주 바빴기 때문이다. 무엇이든 새로운 것을 좋아하는 도시 사람들은 외국인인 만큼 성에게 한결 더 매력을 느끼리라고 조금 슬픈 기분으로 위안은 생각했다.

그런데 오늘 온 편지는 그중의 어느 것도 아니었다. 그것은 희고 네모난 봉투였으며 그의 이름이 똑똑하게 검은 잉크로 적혀 책상 위에 놓여 있었다. 열어 보니 메리 윌슨한테서 온 것이었다. 그녀의 이름은 아래쪽에 큰 글자로 똑똑히 적혀 있었는데, 그 필적에는 힘이 있어서, 월말이면 하숙집 여주인이 들고 오는 청구서의 볼품없는 글씨와는 비교도 되지 않았다. '할 말이 있으니 시간 괜찮으실 때 한번 와 주셨으면 좋겠어요. 지난번 교회에 함께 간 날부터 마음에 걸리는 일이 있습니다. 말씀드리려고 하면서도 아직 못하고 있는 것이 있는데, 그것을 털어놓고 싶습니다.' 이런 사연이 적혀 있었다.

그래서 위안은 무슨 일일까 궁금해하면서 흙 묻은 얼굴을 씻고 저녁 식사를 마친 다음, 어두운색의 고급 양복으로 갈아입고 밖으로 나갔다. 막 하숙을 나서려는데 여주인이 소리를 질러 말을 건네며, 오늘 어느 여자한테서 온 편지를 책상 위에 올려놨는데 금방 만나러 가느냐고 물었다. 그 자리에 함께 앉아 있던 사람들이 모두 낄낄대고 웃었으며, 그 가운데에서도 딸이 제일 큰 소리로 웃어댔다. 그러나 위안은 아무 말도 하지 않았다. 다만 이런 야비한 웃음이, 그들 따위는 감히 발밑에도 미치지 못할 메리 윌슨의 이름을 더럽히는 것 같아 화가 났다. 그들에 대한 분노로 위안의 가슴이 끓었다. 그는 그녀의 이름만은 절대로 자기 입으로 누구에게도 말하지 않겠다고 다짐했다. 마침 그녀를 만나러 나가는 때에 그런 웃음소리를 듣고, 그런 천한 표정이 마음속에 새겨진 것에 화가 치밀었다.

그 기억은 사라지지 않았다. 다시 노교수의 집 현관에 섰을 때도 그 기억 때문에 그는 한순간 주저했으며, 문이 열리고 그녀가 나와 다정히 손을 내밀었을 때도 냉랭하고 주춤한 채 그 손을 잡지 않았을 만큼, 하숙집 인간들의 야비한 태도가 마음에서 사라지지 않았다. 그 냉담함을 그녀도 알아챘다. 그녀의 얼굴에서 밝은 빛이 사라지고, 그를 반기던 상냥한 미소도 치워 버려, "들어오세요" 하는 목소리는 차갑게 착 가라앉았다.

그러나 안으로 들어서니 방 안은 처음 온 날 밤과 같았으며, 난로에서 타는 빨간 불빛에 따스함이 넘쳤다. 고색 짙은 의자도, 텅 빈 듯한 고요함도 그를 기다린 것처럼 보였다.

그래도 그는 너무 가까이에 자리를 잡고 싶지 않아 그녀가 앉는 것을 확인할 때까지 서 있었다. 하지만 그녀는 그를 보지도 않고 아무렇지 않게 난로 앞에 있는 낮은 걸상에 앉더니 가까이 있는 큰 의자를 그에게 권했다. 위안은 거기 앉으면서, 그녀의 얼굴이 똑똑히 보이기는 하지만 무심코 자기가 손을 내밀거나 그녀가 내밀었을 때 손이 서로 닿지 않을 만큼 의자를 조금 뒤로 밀어냈다. 그렇게 함으로써 그 천박한 인간들의 웃음이 그들만의 천한 웃음에 지나지 않았다는 것을 분명히 해 두고 싶었던 것이다.

이렇게 두 사람은 단둘이서 마주 보고 앉았다. 노부부는 어찌 된 일인지 모습도 보이지 않고 목소리도 들리지 않았다. 부모에 대해서는 아무 말도 하지 않은 메리는, 마치 하기 어려운 말이지만 그냥 넘어갈 수 없는 일이기나 한 듯이 단도직입적으로 이야기를 꺼냈다. "왕 선생님, 제가 오늘 밤 와 주십사고 부탁을 드려서 이상하게 생각하셨지요. 우리 두 사람은 거의 아무런 연관도 없는 사이인데 말이에요. 하지만 저는 중국에 대해서 무척 많은 책을 읽었답니다. 저는 도서관에서 일하고 있어요. 그래서 중국을 조금은 알고 있고 또 매우 멋진 나라라고 생각하고 있답니다. 오늘 밤 초대한 것도, 그저 당신 개인으로서가 아니라 중국인으로서 와 달라고 한 거예요. 저는 현대의 미국인으로서 현대의 중국인인 당신에게 말씀드리는 겁니다."

여기서 그녀는 말을 끊고 잠시 가만히 불을 들여다보고 있더니, 이윽고 난로에 수북이 쌓인 장작더미에서 잔가지 하나를 집어 들어 나른한 태도로, 타고 있는 장작 밑의 벌건 석탄을 뒤적거렸다. 위안은 아직도 얼마간 그녀에게 서먹서먹함을 느끼면서 다음 말을 기다렸다. 여성과 단둘이서 이야기를 나누는 데 익숙해 있지 않았기 때문이다. 그러자 그녀가 입을 열었다.

"실은, 아버지와 어머니 두 분이 당신이 기독교에 흥미를 갖도록 하려고 애를 쓰고 계시는 것을 저는 무척 당혹스러워하고 있어요. 우리 부모님에 대해서는 제가 아는 사람들 가운데서 가장 좋은 분이라는 것 말고는 더 말하지 않을게요. 당신은 아버지를 잘 알고 계시니까 어떤 분인가는 짐작이 가실 거예요. 아마 누구나 다 알 거예요. 저는 이 세상에 태어나서 오늘날까지 아버지가 화를 내시거나 누군가에게 가혹하게 대하시는 모습을 본 적이 없어요. 이보다 더 좋은 부모를 어느 딸이, 어떤 여자가 가졌을까요? 다만 한 가지 곤란한 일이 있다면 아버지는, 그 선량함은 저에게 물려주시지 않았지만 그 머리를 물려주셨다는 거예요. 그런데 자라고 나서 제가 그 두뇌를 사용한 결과, 제 지성은 아버지의 생애를 지탱하는 그 종교에 반대하게 되고 말았어요. 실은 저 자신은 그 종교를 믿지 않습니다. 아버지처럼 강력하고 뛰어난 지성을 가진 분이 어째서 자기 종교에 그 지성을 사용하시지 않는지, 저는 아무래도 알 수가 없어요. 종교는 아버지의 정서적 욕구를 충족해 주고 있어요. 그러나 아버지의 지적인 생활은 종교 밖에 있어요. 그리고 그 둘 사이에는 아무 연결 통로도 없는 거예요…… 어머니는 물론 지적인 분은 아니에요. 단순하신 분이니까 어머니는 더 쉽게 이해가 돼요. 만일 아버지가 어머니 같은 분이었더라면 나는 두 분이 당신을 크리스천으로 만들려고 애쓰는 것을 그저 재미있게 구경하고 있었을 거예요. 성공할 가망이 없다는 것을 알고 있으니까요."

그녀는 이제 그 솔직한 눈을 똑바로 위안에게 돌린 채 조그마한 나뭇가지를 쥔 손의 움직임을 멈추었다. 그리고 그를 보는 그녀의 시선은 더 열을 띠어 갔다.

"그런데 제가 걱정하는 점은, 아버지 같으면 당신을 움직일 수 있을지 모른다는 겁니다. 당신은 아버지를 존경하고 있으니까요. 당신은 아버지의 제자이고 아버지가 쓴 책으로 공부하고 있지요. 아버지는 이제까지의 어느 학생보다 더 당신에게 끌리고 계세요. 아마도 아버지는 당신이 그리스도교의 위대한 지도자가 되어 고국으로 돌아가는 모습을 꿈꾸고 계신 것 같아요. 아버지가 옛날에 선교사가 되고 싶어하셨다는 말씀을 하지 않으시던가요? 아버지의 시대에는 선량하고 성실한 소년이나 소녀들은 누구나 해외 전도열이라고 불렸던 것에 심취해 있었답니다. 하지만 아버지는 어머니와 약혼하셨고, 어머니는 해외에 나가실 만큼 건강하지 못하셨어요. 그 뒤 두 분은 아마도 어떤 좌절감 같은 것을 늘 갖고 계셨던 모양이에요. 정말 세대의 차이라는 것은 이상해요! 부모님이나 저나 당신에 대해선 똑같은 마음을 갖고 있는데 말이죠……." 그녀의 깊고 아름다운 눈은 부끄러움도 교태도 없이 똑바로 그를 바라보고 있었다. "그런데 어쩌면 이렇게도 다를까요! 부모님은 왕 선생님이 훌륭한 분이기 때문에 선생님을 당신들의 신앙에 끌어들이면 큰 영광이 될 거라 생각하시는 거예요. 제가 보기에 당신을 지금의 당신 이외의 인간으로 만들 수 있다는 생각은 지나친 자만이에요. 특정 종교로 당신을 바꾸려고 하다니 주제넘은 일이라고밖에 생각할 수 없어요! 당신에게는 당신의 민족이 있고 당신의 시대가 있어요. 당신에게 이질적인 것을 강요할 수 있는 사람은 아무도 없어요!"

이러한 말을 그녀는 용솟음치는 듯한 강한 열정을 담아 말했다. 위안은 그 열의에 의해, 결코 천박한 의미에서가 아니라, 그녀에게 이끌렸다. 그것은 그녀가 그를 단순히 개인으로서가 아니라, 그가 속한 민족을 대표하는 사람으로서 보고 있다고 믿었기 때문이다. 마치 그를 통해서 수억의 중국 민족에게 말하는 듯이 여겨졌다. 그러나 그와 그녀와의 사이에는, 태어날 때부터 두 사람이 가지고 있는 품성, 지성, 신중함이라는 장벽이 있었다. 그래서 그는 고마움을 느끼면서 말했다.

"말씀 잘 알아들었습니다. 약속드리지요. 아버님께서 저의 지성이 받아들일 수 없는 신앙을 갖고 계시더라도 그로 말미암아 결코 선생님에 대한 저의 존경심이 약해지는 일은 없을 것입니다."

그녀의 눈은 다시 난로 쪽으로 옮겨졌다. 불은 꺼지고 석탄과 재만이 남았다. 그녀의 얼굴과 머리카락과 손과 어두운 붉은색의 드레스를 선명하게 비춰 주고 있었다. 그녀는 생각에 잠기듯이 말했다.

"누가 우리 아버지를 존경하지 않을 수 있을까요? 저로서도 어린 시절 아버지에게서 배운 신앙을 버린다는 것은 쓰라린 일이었어요. 하지만 저는 아버지에게 솔직하게 말씀드렸어요. 아버지와 저는 몇 번이나 의견을 나누었지요. 어머니에게는 아무 말도 할 수 없었어요. 어머니는 언제나 울기부터 하시니까 감당하기가 어려워요. 하지만 아버지는 어떤 점에서나 저의 이야기 상대가 되어 주셨답니다. 그래서 이야기할 수 있었지요. 아버지는 언제나 저의 무신앙을 존중해 주셨어요. 저도 아버지의 신앙을 존중했고, 오히려 전보다 더 존중하게 되었지요. 아버지와 저는, 어느 지점까지는 동일한 이성적 논리에 따라 사고할 수 있어요. 그러나 그 지점을 넘어서면 지성은 작용하지 않고, 논리적 이해 없이 믿는 수밖에 없게 되지요. 거기서 우리 둘은 갈라져요. 아버지는 비약해서 그것을 받아들이셨죠. 순순히 믿으며 신앙과 희망의 세계로 들어가실 수 있는 거예요. 하지만 저는 그것을 할 수 없었어요. 우리 세대의 사람들은 그러지 못해요."

갑자기 그녀는 힘차게 일어서더니 장작 하나를 집어, 뜬숯이 된 석탄 위에 던져 넣었다. 불꽃이 굵고 검은 연통 속으로 솟아오르고 다시 불이 피기 시작했으므로 위안은 새로운 빛 속에서 그녀를 보았다. 그녀는 난로 선반에 기댄 채, 그를 내려다보며 서 있었다. 그리고 진지하게, 그러나 입가에는 미소를 띤 채 말했다. "제가 말씀드리고 싶었던 것은 이 정도예요. 거의 다 말씀드린 것 같네요. 제가 신앙이 없는 사람이라는 것을 잊어버리지 마세요. 아버지나 어머니가 당신을 설득하려고 하실 때는, 두 분이 어느 세대에 속해 있는지를 생각해 주세요. 아버지나 어머닌 저와는, 당신이나 저와는 다른 세대의 사람들이에요."

위안은 진심으로 고마워하면서 일어섰다. 그리고 무어라고 말할까 생각하다가 뜻밖의 말이, 미리 준비했던 말과는 전혀 다른 말이 그의 입에서 튀어 나왔다.

"저는" 그는 그녀를 보면서 천천히 말했다. "내 나라 말로 당신에게 이야기할 수 없다는 게 유감스럽습니다. 영어는 아무리 해도 완전히 자연스럽게는 말할 수가 없거든요. 오늘 당신은 우리 두 사람이 같은 인종에 속하지 않는다는 사실을 잊게 해 주셨습니다. 이 나라에 와서 처음으로 하나의 지성이 저의 지성을 향해 아무런 장벽 없이 이야기를 해 준 느낌이었습니다."

그가 정직하고 소박하게 이렇게 말하는 것을 듣고 그녀는 어린아이처럼 똑바로 그의 눈을 보았다. 두 사람의 눈은 똑바로 마주쳤다. 그녀는 조용히, 그러나 더없이 따뜻한 목소리로 말했다. "우린 친구가 될 수 있겠죠, 위안?"

그는 우물쭈물하면서, 어딘가 미지의 해변에 한 걸음 내디딘 듯이 대답했다. 거기가 어디고 거기에 무엇이 있는지는 모르지만, 무슨 일이 있어도 내디뎌야 할 기분이었다. "당신이 바란다면." 그리고 여전히 그녀에게서 눈을 떼지 않고 부끄러움 때문에 아주 나직한 소리로 넛붙였다. "메리."

그러자 그녀는 반짝 빛나는, 장난꾸러기 같은 미소를 지었다. 그의 말을 받아들이면서도 "오늘 밤은 여기까지 해 두기로 해요" 하고 단호하게 제지하는 듯한 미소였다. 그리고 두 사람은 잠시 책 이야기며 가벼운 세상 이야기를 했다. 그러는 동안에 현관에서 발소리가 들려오자, 그녀는 얼른 말했다. "돌아오셨어요, 나의 소중한 두 분이. 기도회에 다녀오시는 길이에요. 수요일 밤에는 꼭 가시거든요."

그녀는 재빨리 현관으로 가서 문을 열고, 늙은 부모를 맞았다. 노부부는 쌀쌀한 가을바람에 빨개진 혈색 좋은 얼굴로 들어왔다. 곧 그들은 난롯가로 와서 여태까지보다 더 위안을 한 가족처럼 대하며 다시 의자에 앉혔다. 그동안에 메리는 과일과, 부모가 자기 전에 즐겨 마시는 따끈히 데운 우유를 들고 왔다. 위안은 우유는 좋아하지 않으나 이 가족과의 친밀감을 더 느끼고 싶었으므로 일단 받아 들고 찔끔찔끔 마셨다. 그제야 메리는 비로소 깨닫고 웃으면서 "어머, 깜박했네요." 하고는 차를 끓여 와서 그에게 권했다. 그것을 한동안 재미난 화젯거리 삼아 이야기가 오갔다.

그러나 나중에 위안이 가장 자주 떠올린 것은 다음과 같은 순간이었다. 이야기가 잠깐 그쳤을 때 부인이 탄식하면서 말했다. "메리, 너도 오늘 밤 함께 갔으면 좋았을 텐데. 아주 좋은 모임이었어. 존스 박사의 말씀은 참으로 훌륭했거든. 그렇잖아요, 헨리? 아무리 큰 시련이라도 이겨 낼 수 있을 만한 굳센 믿음을 가지라는 말씀이었어." 그리고 정답게 위안을 돌아보며 말했다. "왕 선생님도 이따금 매우 쓸쓸해질 때가 있을 거예요. 부모님과 이렇게 멀리 떨어져 있으니 얼마나 힘들겠어요. 부모님께서도 아드님을 이렇게 멀리 보내 놓으시고 무척 힘드실 거예요. 만일 괜찮으시면, 매주 수요일에는 우리 집에서 함께 저녁 식사를 하고 교회에 와 주신다면 무척 기쁠 거예요."

위안은 참으로 다정한 부인이라고 생각하면서 그저 "감사합니다."라고만 대답
했다. 그러나 그때 문득, 메리의 눈과 마주쳤다. 메리는 다시 낮은 걸상에 앉아
있었으므로 그녀의 눈은 그보다 낮게 그리고 매우 가까이에 있었다. 그녀의 눈
속에서, 그리고 그 얼굴에서 그는 그녀의 사랑스럽고 다정하면서도 반쯤 장난기
어린 야릇한 표정을 읽었다. 어머니에 대한 애정과 함께 위안에 대한 이해가 서
린 그 표정은 일종의 상호 이해라는 끈으로 두 사람을 하나로 묶어 주었다. 그
세계에는 그들 두 사람밖에 없었다.

그때부터 위안의 생활에는 남들은 모르는 풍요로움이 싹텄다. 이 나라의 국
민도 이제 완전히 생경하지 않았고, 그 생활양식도 전혀 이질적인 것은 아니게
되었으며, 때때로 자기가 그들을 증오했다는 것도 잊을 때가 많았다. 그리고 그
는 자기가 전처럼 그들로부터 멸시당하고 있지 않다는 생각까지 하게 되었다. 지
금 그에게는 그가 들어갈 수 있는 두 개의 문이 있었다. 하나는 형태가 있는 문
으로, 그가 늘 자유로이 드나들 수 있고 환영받는 ㄴ교수의 가정이었다. 그 오
래된 갈색 거실은 이 이국땅에서의 그의 집이 되었다. 전에는 자기의 고독을 참
으로 기분 좋은 것이요, 가장 바람직한 것이라 생각했으나, 이제 그의 생각은 변
하여 고독이란 불쾌하고 싫은 존재를 쫓아 주는 경우에만 유쾌한 것이지, 사랑
할 만한 존재를 발견했을 때에는 더 이상 유쾌하지 않다는 것을 알았다. 노교수
의 집 거실에서 그는 사랑할 만한 대상을 발견한 것이다.
거기에는 손때 묻은 책이라는 작은 존재도 있었다. 보기에는 사소하고 말이
없었지만, 이따금 그가 들어가도 한동안 아무도 나타나지 않을 때 홀로 자리에
앉아 책을 펼치면 그것이 참으로 거대한 존재감을 가지고 그에게 말을 걸어 오
는 것을 깨달았다. 책은 이 방에서는, 다른 어떤 장소에서보다 친근히 자기에게
말을 걸어 오는 느낌이 들었다. 그것은 이 방이 학문적 고요와 다감한 우정으로
써 그를 감싸 주기 때문이었다.
또 여기에서 다정한 늙은 교수를 만나는 일도 즐거웠다. 교실이나 실습장도,
이 방만큼 노교수의 미덕을 위안에게 가르쳐 주지는 않았다. 노교수는 매우 단
순하게 어린아이 같은 생애를 보내 온 사람이었다. 농가에서 태어나 학생이 되

고 이윽고 교수가 되었으며, 그러고부터 오랜 세월을 한결같이 살아왔다. 세상 일에 어찌나 어두운지 마치 이 사회에서 살아온 사람이 아닌 것같이 보였다. 그러나 그는 이성과 영혼이라는 두 세계에서 살아온 사람이었다. 위안은 여러 질문으로 이 두 세계를 살폈는데, 노인이 그 지식과 신앙을 토로하는 것을 묵묵히 듣고 있으면, 좁고 답답하나는 생각은 조금도 들지 않고, 시간이나 공간에 묶여 있시 않은 드넓은 정신이 펼쳐져 있는 것을 느낄 뿐이었다. 이 정신 안에서는 인간과 신과의 모든 교류가 가능했다. 그것은 현실과 동화의 세계 사이의 경계를 인정하지 않는, 총명한 어린아이의 마음이 갖는 넓은 정신 세계였다. 더욱이 이 소박한 세계는 놀라울 만큼 예지에 차 있었으므로 위안은 그것을 사랑하지 않을 수 없었다. 그리고 다만 자기의 이해력의 협소함을 뉘우치고 괴로워하지 않을 수 없었다. 이러한 괴로움 때문에, 어느 날 그는 혼자 거실에 있을 때 들어온 메리에게 말했다. "나는 아버님 말씀을 듣고 있으면 거의 설득이 돼서 머지않아 크리스천이 되어 버릴 것 같습니다!"

그녀는 대답했다. "우리 아버지에게 '거의' 설득되지 않을 사람이 누구 하나라도 있을까요? 하지만 당신도 저와 마찬가지로 그 '거의'가 결국엔 장벽이라는 것을 아시게 될 거예요. 우리들의 마음은 아버지와 달라요, 위안. 그토록 단순하지 않고, 확신도 없으며, 훨씬 더 탐구적이거든요."

그녀는 단호하고 냉정하게 이렇게 말했다. 이렇게 그녀와의 유대를 느끼면, 위안은 자기의 의지에 반해 아슬아슬한 경계까지 끌려갔다가도 겨우 되돌아온다는 느낌이 들었다. 그러나 한편으로 자신의 뜻에 따라 끌려간 것이기도 했다. 왜냐하면 그는 노교수를 사랑했기 때문이다. 그러나 그녀는 그럴 때마다 그를 뒤로 다시 끌어당겼다.

만일 이 집이 형태가 있는 외형적 문이라면, 그녀는 그 안에 들어앉은 심장부로 통하는 문이었다. 왜냐하면 그는 그녀를 통해서 많은 것을 배웠기 때문이다. 그를 위해 그녀는 자기 나라의 역사를 이야기했다. 이 지구상의 거의 모든 인종과 민족을 망라하는 미국인이 어떻게 하여 오늘 그들이 살고 있는 나라의 해안가에 이르렀으며, 힘과 책략, 온갖 전술을 구사하여 선주민들로부터 땅을 빼앗아 자기 것으로 만들었는가를 그녀는 이야기했다. 위안은 어릴 때 《삼국지》를 듣

던 기분으로 이 이야기에 귀를 기울였다. 그녀는 또 조상들이 얼마나 대담하고
도 절박하게 대륙을 가로질러 동쪽 끝에서 서쪽 끝으로 개척해 나갔는가도 들
려주었다. 때로는 거실의 난롯가에서, 때로는 늦가을의 낙엽을 밟고 숲속을 거
닐면서 그런 이야기를 듣고 있으면, 위안은 이 여성이 표면의 온순함과는 달리
그 핏속에 강인한 마음을 감추고 있다고 느꼈다. 그녀의 눈은 차갑고도 대담하
게 빛을 발했으며, 그녀의 턱은 한일자로 다문 입술 아래서 힘있게 끌어당겨져
있었다. 그리고 자기 민족의 역사를 열정을 담아 자랑스럽게 이야기하는 그녀에
게 위안은 거의 압도당하는 기분을 느꼈다.

그런데 정말로 이상한 일은, 이럴 때 위안이 그녀 안에서 남자다움을 느끼고
자기 안에서는 더 연약한, 남자답다고는 할 수 없을 의뢰심을 느낀다는 것이었
다. 두 사람을 합하면 남녀가 되는 것은 맞다. 그러나 그것은 섞여 있어, 분명하
게 그가 남자고 그녀가 여자라고 나눌 수는 없었다. 그리고 때로 그녀의 눈은
그에게 마치 강자가 약자에게 대하는 듯한 표정을 보였으므로, 그 표정이 바뀌
기 전까지는 몸이 움츠러드는 듯한 기분이 들기도 했다. 그래서 그는 이따금 그
녀가 아름답게 생각되고, 활력에 넘치는 그녀의 가볍고 기민한 육체에 이끌리며,
그녀의 적극적인 정신에는 감동하지 않을 수 없었다. 그러나 그러면서도 그녀를
자기 육체와 같은 육체라든가, 손을 대거나 애무할 수 있는 여성이라고는 도저
히 느낄 수 없었다. 그녀 속에 감춰진 어떤 큰 힘이 그를 위축시켜서 애정이 자라
나는 것을 막고 있었다.

그는 그것을 다행스럽게 여겼다. 왜냐하면 그는 아직도 연애니 여성이니 하는
것을 생각하고 싶지 않았기 때문이다. 그녀에게 마음이 이끌리는 자신을 그로서
도 어찌할 수 없긴 했지만 한편으로는 그녀에게 손을 대고 싶어하지 않는 자신
의 감정을 기쁘게 생각했다. 지금이라도 만일 누가 묻는다면 그는 이렇게 대답
할 것이다. "인종이 다른 사람들끼리의 결혼은 현명하지도 않고 행복하지도 않
다. 그 쌍방의 인종에 그러한 결합을 좋아하지 않는 외적인 난관이 있을 뿐만
아니라 당사자 사이의 내면적인 갈등도 있다. 이 상호 반발은 마치 혈통의 갈등
만큼이나 깊다. 서로 다른 혈통 사이의 갈등에는 끝이 없다."

그렇기는 하지만 낭만적 애정의 대상으로서 그녀에게 끌리지 않으리라는 위

안의 확신이 흔들릴 때도 있었다. 이따금 그녀가 혈통으로 보더라도 완전히 이방인은 아니라고 여겨질 때가 있었다. 그것은 그녀가 자기 나라에 대해 그에게 가르쳐 주었을 뿐 아니라, 위안의 나라에 대해서도 그가 여태까지 깨닫지 못한 관점에서 가르쳐 줄 때가 있었기 때문이다. 자기 나라라고 해도 위안도 모르는 바가 많았다. 그는 자기 국민 속에서 살아왔다고는 하나 그것은 일부분에 지나지 않았다. 아버지의 생활의 일부, 군관 학교와 주의에 대한 정열에 불타고 있는 젊은이들 생활의 일부, 그 흙벽집 생활의 일부, 새로운 대도시 생활의 일부 등, 저마다 어느 일부분에 지나지 않았고, 그 부분들 사이에는 그것을 하나의 세계로 묶는 통합성이 없었다. 만일 누가 그의 조국이나 그 국민에 대해서 질문한다면, 그는 모두 따로따로 떨어져서 서로 연관이 없는 지식에 기대어 말했으며, 이야기를 하는 동안에도 자기가 말하는 것과 상반되는 사실이 떠올라 버려 결국 언젠가 키 큰 선교사가 한 말 같은 것을 들었을 때처럼 자존심 때문에 부정하는 경우를 빼고는 숫제 입을 다물어 버리기 일쑤였다.

그런데 위안의 동포가 생활하는 국토를 본 일조차 없는 이 서양 여성의 눈으로 그는 자기가 보고 싶어하던 조국의 모습을 본 것이다. 요즈음 그녀는 그를 위해서 중국 국민에 대해 읽을 수 있는 모든 서적을 읽고 있었다. 여행자의 저서나 강연, 영어로 번역된 소설이나 설화, 그리고 시, 그녀는 그림이나 사진까지 주의 깊게 보았다. 이런 것으로 그녀는 위안의 나라에 대해서, 하나의 꿈, 마음속 세상을 세워 놓고 있었다. 그녀에게는 그것이 나무랄 데 없는 아름다운 나라, 남자도 여자도 정의와 평화 속에 살고, 성현의 가르침에 세워진 건전한 질서가 주어진 사회에 살고 있는 나라였다.

그리고 위안은 그러한 그녀의 말에 황홀하게 귀를 기울였으며, 마찬가지로 그런 나라로서의 중국을 보았다. 그녀는 말했다. "위안, 내가 보기에 당신의 나라에서는 우리 인류의 문제를 모조리 해결한 것 같아요. 아버지와 아들, 벗과 벗, 인간 대 인간의 아름다운 관계, 그 모든 것이 충분히 고려되어 있으며, 간결하고 아름답게 표현되어 있어요. 그리고 폭력이나 전쟁에 대해 품고 있는 중국인의 증오는 정말 훌륭하다고 생각해요." 그러면 듣고 있는 위안은 자기의 소년 시절의 일을 잊어버리고 정말 자기가 폭력과 전쟁을 미워했다는 것만을 떠올린다. 자기가 미워했으니 국민도 모두 미워했다고 생각하고, 또 마을 농민들이 전쟁을 하지 말아 달라고 자기에게 애원한 일을 떠올리고는, 메리의 말은 진실이며 절대로 틀리지 않다는 기분이 되었다.

때때로 그녀는 자기가 발견한 사진이나 그림을 위안과 함께 보기 위해 스크랩해 두는 일도 있었다. 이를테면, 바위산 꼭대기에 높이 솟은 불탑(佛塔)이라든가 시골 연못에서 흰 거위가 수양버들 그늘에 떠 있는 풍경이라든가, 그런 것을 들여다보며 그녀는 숨을 죽이고 가만히 한숨을 내뱉었다. "위안, 너무 아름다워요. 어쩌면 이렇게 아름다울까요! 이런 그림과 사진을 보고 있으면, 저는 이곳이 제가 전에 살았기 때문에 잘 알고 있는 장소 같은 기분이 자꾸 들어요. 제게는 이런 풍경에 대한 이상한 동경이 있는 모양이에요. 당신의 나라는 세상에서 가장 아름다운 나라임이 틀림없어요."

이런 그림을 볼 때 위안은 그녀의 눈을 바라보았다. 그리고 그 자신이 그 땅에서 겨우 며칠 동안 맛본 아름다운 광경을 회상하면서, 그녀의 말을 순순히 받아들여 조금도 거짓 없이 대답했다. "정말입니다. 정말 아름다운 나랍니다."

그러면 그녀는 괴로운 듯한 얼굴로 그를 바라보며 말을 이었다. "당신 눈으로 보면 아마 우리 나라는 모두 거칠고 세련되지 않은 생활을 하는 것처럼 보이겠지요. 우리 나라는 정말 역사가 짧고 야만스러워요." 그러자 위안은 갑자기 그것도 사실이라는 기분이 들었다. 그는 자기 하숙의 수다스러운 여주인이 언제나 딸에게 호통을 치며 온 집 안을 소란스럽게 만들어 놓는 것을 생각하고 또 그 대도시의 빈민굴도 떠올랐다. 하지만 입으로는 부드럽게 이렇게 말했을 뿐이었다. "적어도 이 댁에만은 우리 나라와 마찬가지로 평화와 예절이 있습니다."

그녀가 이런 기분이 되어 있을 때 위안은 거의 그녀를 사랑하고 있었다. 그는 자랑스레 여겼다. '우리 나라를 생각하고 꿈꿀 때 이 여자는 상냥하고 부드러운 여성이 된다. 강한 기질이 사라지고 완전히 여자다워진다. 우리 나라는 그녀에게 그토록 커다란 힘을 미치고 있는 것이다.' 그리고 그는 언젠가는 자기 뜻과 달리 그녀를 사랑하게 되지나 않을까 생각했다. 때로는 정말 그렇게 될 것 같은 기분이 들어 이런 논리를 끌어다 대는 일도 있었다. '이 여자는 이미 우리 나라에 친숙해 있으니까 만일 거기 가서 산다면 언제나 이와 같이 온화하고 여자다운 겸

허한 여성의 모습으로 무슨 일이든 나에게 기대게 될 거야.'

그럴 때 위안은, 만일 그렇게 되면 행복할지 모른다고 생각했다. 그녀에게 중국 말을 가르친다면 얼마나 즐거울까. 그녀가 만드는 가정, 자기가 어느샌가 진심으로 사랑하게 된 이 집과 같은 가정, 이렇게 마음이 편해지는 따뜻한 가정에서 산다면 그것도 얼마나 즐거울까.

그러나 그가 이렇게 몽상에 젖어 있으면, 조금 뒤 다시 메리는 완전히 변하여 강한 기질이 내부로부터 뿜어져 나와 남을 지배하는 자아가 표면에 나타나는 것이었다. 그러면 그녀는 끝없이 자기 주장을 하고, 비난하고, 비판하고, 날카로운 한두 마디로 상대에게 타격을 주었다. 아버지인 교수에 대해서도 그런 식이었다. 위안에게는 누구에게보다도 다정했으나, 그래도 위안은 다시 그녀가 무서워지고 도저히 자기로서는 감당할 수 없는 야성이 그녀 안에 있음을 느꼈다. 이리하여 그녀는 몇 번이나 그를 끌어당겼다가는 밀어내곤 했다.

이런 식으로 유학 생활 5년차와 6년차 동안 위안은 줄곧 이 여성과 떨어지지 않았다. 그녀는 늘 그에게 여성 이상의 존재로서 외경의 대상이 되거나, 또는 여성 이하의 존재로서 욕망의 대상이 되는 일은 없었으나, 그렇다고 그녀가 여성임을 완전히 잊어버릴 수도 없는 묘한 상태가 이어졌다. 그러나 그의 깊지만 지나치게 외곬인 성격 때문에 그녀는 결국 그의 유일한 친구가 되었다.

이리하여 조만간에 그녀에게 더 다가가거나 아니면 더 냉랭해지리라는 것은 틀림없었으나, 끝내 그는 멀어지는 길을 택하기로 했다. 그것은 그 자체로서는 아주 사소한 일이 원인이었다.

본래 그는 학생들의 들뜬 소란 속에 결코 끼어들 수 없는 인간이었다. 마지막 해에 이 대학교에 들어온 중국인 유학생 형제가 있었다. 중국인이라고는 해도 남방 출신이라 말이 많고 경박하고 변덕스러웠으며, 웃음이 헤펐다. 둘 다 사교성이 좋은 청년이었고 주변의 생활에 금세 녹아들었으므로 학우들이 좋아해서, 무슨 모임이 있을 때마다 꼭 불려 다녔다. 그리고 그 중국인 형제는 학생들이 좋아하는 노래며 변화 많은 곡조의 까다로운 노래를 가수 못지않게 멋들어지게 불렀으며, 어떤 모임 자리에서든 광대처럼 익살을 부리거나 춤을 추거나 하여 사람들의 박수갈채를 받기를 좋아했다. 이 두 사람과 위안의 사이에는, 위안과 백인 사이 이상의 깊은 골이 있었다. 남부와 북부는 말이 다르므로 그들이 쓰는 말이 위안과 달랐을 뿐 아니라 위안은 마음속으로 그들을 창피하게 여겼기 때문이었다. 이 나라의 백인이라면 몸을 이리저리 뒤흔들며 바보 같은 몸짓을 해도 상관없으나, 자기와 같은 나라 사람이 외국인 앞에서 그런 짓을 한다는 것은 참을 수 없다고 그는 생각했다. 그리고 폭소와 갈채를 들을 때마다 그는 그 떠들썩한 환성의 밑바닥엔 비웃음이 깔려 있다는 것을 알기 때문에, 또는 안다고 믿었기 때문에 얼굴이 차갑게 굳어졌다.

어느 날 밤, 그로서는 도저히 견딜 수 없는 일이 일어났다. 그날 밤 대학의 기숙사에서 공연이 있었으므로 위안은 메리 윌슨을 초대해서 함께 참석했다. 이즈음 그녀는 그와 함께 나란히 공식 석상에 나가는 일이 빈번했다. 두 사람이 관중들 사이에 앉아 구경하고 있는데 바로 그 광둥(廣東) 출신 형제가 출연하는 차례가 되었다. 두 사람은 늙은 농사꾼 부부로 꾸미고 무대에 나왔다. 남편 쪽은 긴 변발을 등에 늘어뜨리고 아내는 천한 창부처럼 품위 없고 수다스러웠다. 두 사람은 광대극을 해 보이며, 천과 깃털로 만든 닭을 가지고 싸움을 시작하여 서로 욕설을 퍼부으면서 조금씩 그 닭을 뜯어 나가는 흉내를 냈는데, 그들은 분명 관중들이 알아듣는 말로 지껄이면서도 어딘가 중국 사투리로 말하고 있는 듯이 보였다. 위안은 그것을 속수무책으로 앉아서 지켜보아야 하는 처지가 되었다. 사실 이 짤막한 희극은 매우 우스웠으며, 두 사람 다 참으로 재치 있고 연기를 잘해 모두 웃지 않을 수 없었다. 위안조차도 속으로는 불쾌하면서도 때로는 웃었을 정도였다. 메리는 재미있어하면서 계속 웃다가, 이윽고 두 연기자가 퇴장하자 그 웃는 얼굴을 위안에게 돌리고 말했다. "저건 중국의 생활을 그대로 갖고 온 거 아닌가요, 위안? 저걸 볼 수 있어서 참 좋았어요."

그러나 이 말은 곧바로 그에게서 웃음을 쫓아 버렸다. 그는 매우 무뚝뚝하게 말했다. "저건 우리 나라와는 전혀 다릅니다. 요즘 세상에 변발을 한 농부는 아무도 없습니다. 저건 뉴욕의 무대에 나오는 희극 배우들이 하는 익살극과 다름없습니다."

그녀는 그가 왠지 감정이 상한 것을 알고 얼른 말했다. "아, 그럼요. 알죠. 저건 터무니없는 희극이에요. 하지만 재미있지 않았어요?"

그러나 위안은 대답도 하지 않았다. 그는 그날 밤 끝까지 시무룩한 얼굴을 하고 있었으며, 그녀의 집 앞까지 와서도 고개를 꾸벅했을 뿐, 안으로 들어가자고 권해도 들어가지 않았다. 요즘 그는 안으로 들어가서 따뜻한 거실에 앉아 그녀와 함께 시간을 보내는 것을 즐겼으므로, 그가 거절하자 그녀는 이상한 듯이 그의 얼굴을 보았다. 무엇이 마음에 들지 않는지 모르지만 무언가 언짢은 일이 있다고 생각했다. 갑자기 그녀도 짜증이 나서, 이 청년은 역시 외국인이라 다른 점이 많아 낯설고 대하기가 어렵다고 생각했다. 그래서 그녀는 "그럼 다음에요."라고만 말하고 그대로 들어갔다. 걷기 시작한 그는 그녀가 자기를 붙들지 않자 더 마음이 상해서 어두운 기분으로 생각했다. '저 여자는 우리 민족이 그토록 바보스럽다고 생각한 거다. 그 광대극이 나를 보잘것없는 인간으로 보게 만든 거다.'

하숙으로 돌아가는 길에 그녀의 냉담함을 생각하니 갈수록 더 부아가 치민 위안은, 그 두 광대가 하숙하는 집으로 가 문을 두드리고 성큼성큼 안으로 들어갔다. 막 잘 채비를 하던 형제는 깜짝 놀라 옷을 반쯤 벗은 채 그대로 서 있었다. 테이블 위에는 변발의 가발이며, 가짜 수염, 그 밖에 분장에 썼던 도구들이 놓여 있었다. 그것을 보자 위안은 더욱더 열의가 끓어올랐다. 그는 무척 차가운 어조로 말했다. "자네들이 오늘 밤에 한 짓은 잘못된 거야. 이 말을 하기 위해 여기까지 왔네. 우리들을 비웃을 기회만을 노리는 인간들 앞에서 자기 조국을 웃음거리로 내놓는다는 것은, 진정으로 나라를 사랑하는 행동이 아니라고 생각하네."

형제는 이 말을 듣자 몹시 당황해서 처음에는 서로 얼굴을 마주 보다가 위안의 얼굴을 말뚱말뚱 쳐다보았으나, 이윽고 한 사람이 웃음을 터뜨리자 나머지 한 사람도 웃었다. 그리고 형이 영어로 말했다. 그들과 위안은 중국어로는 뜻이 통하지 않는 것이다. "조국의 명예를 지키는 일은 당신에게 맡기지요, 선배! 당신의 위엄은 백만 인에 필적하니까!" 이렇게 말하고 그 둘은 다시 웃음을 터뜨렸다. 위안은 그들의 큰 입, 조그마하고 명랑한 눈, 땅딸막한 몸 따위가 못 견디도록 불쾌해졌다. 위안은 두 사람이 웃는 동안 가만히 쏘아보다가 한 마디 말도 없이 밖으로 나와 문을 닫았다. '남방인들은 우리 참된 중국인과는 아무런 관계

도 없다. 천한 놈들 같으니!'

그날 밤 침대에 누워 앙상한 나뭇가지가 달빛이 비쳐 드는 흰 벽에 무늬처럼 그림자를 던지는 것을 바라보면서 그는 자기가 남방인들과는 전혀 교류가 없었다는 것, 전에 남방의 군관 학교에도 오래 있지 않았다는 것을 다행으로 생각했다. 그리고 이 외국에서도, 외국인들은 남방인들을 자기와 같은 인종, 마찬가지 국민으로 생각하고 있으나 그들과 자기와는 거리가 멀다고 느꼈다. '나는 홀로 긍지를 품고 살고 있다. 참된 중국인이 어떤 것인가 외국인에게 보여 줄 수 있는 것은 나뿐이다.' 이렇게 그는 생각했다.

이와 같이 위안은 자신을 격려하기 위해 스스로의 자랑거리를 차례로 꼽았다. 오늘 따라 그는 매우 마음이 약해져 있었다. 메리의 칭찬이 무엇보다도 자기에게는 귀중하다는 사실을 알고 있었으므로, 그녀가 자기 나라를 조금이라도 열등하게 본다는 것을 참을 수 없었다. 그녀가 자기마저 그렇게 보는 듯한 느낌이 들어 그것이 그에게는 견딜 수 없는 굴욕이었다. 그는 긍지와 고독을 번갈아 맛보면서 침대에 누워 있었다. 중국인인 그 두 사람에게조차 벽이 느껴져 더더욱 외따로웠고, 그녀가 집에 들어가자고 권해 주지 않은 것도 쓸쓸했다. 그는 쓸쓸히 곱씹었다.

'그 여자가 나를 보는 눈빛이 달라졌다. 마치 내가 그 두 얼간이들 중 하나이기라도 한 듯이 나를 보았다.'

그는 이윽고 더 이상 그런 것에 신경 쓰지 말자고 결심했다. 그리고 그녀에 대한 기억 속에서 그다지 소중하지 않은 것들만을 꼽아 보았다. 이따금 그녀가 매정한 태도를 보이는 것, 목소리가 칼날처럼 날카로워지는 것, 때때로 여성으로서 남자 앞에서 해서는 안 될 적극적인 언동을 보이는 것 등등. 그리고 그는 자동차를 몰고 있을 때의 그녀를 떠올렸다. 마치 가축이라도 몰듯이 맹렬한 속도를 내고, 그럴 때의 그 얼굴은 마치 돌처럼 굳어 있었다. 이러한 기억은 모두 그가 좋아하지 않는 그녀의 일면이었다. 마지막으로 그는 오만하게 속으로 이렇게 결말을 지었다. '나에게는 학업이 있으며, 나는 그것을 훌륭하게 해낼 것이다. 졸업식 날 나는 꼭 수석을 차지할 것이다. 그렇게 함으로써만이 민족의 명예를 빛낼 수 있다.'

그리하여 겨우 그는 잠이 들 수 있었다.

그러나 아무리 쓸쓸해도 그는 예전처럼 고독한 생활에 들어박혀 있을 수는 없었다. 메리가 좀처럼 그렇게 내버려두지 않았기 때문이다. 사흘 뒤에 그녀한테서 편지가 왔다. 책상 위에 네모난 봉투를 본 그는 가슴이 세차게 뛰는 것을 인정해야 했다. 전보다 너 근 외로움을 느끼던 위안은, 그녀가 뭐라고 썼을까 궁금해하며 정신없이 편지를 집어 들었다. 그러나 뜯어 보고는 조금 실망했다. 편지의 사연은 매우 평범해서, 여태까지 날마다 만난 사람을 사흘이나 만나지 않았을 때 쓰는 편지 같지가 않았기 때문이다. 씌어 있는 것은 단 네 줄뿐이었으며, 무슨 꽃이 피기 시작해서 엄마가 위안에게 보여 주고 싶어하니 내일 아침에 오지 않겠느냐, 내일 아침에는 완전히 다 필 것이다, 라고 적혀 있었다. 그뿐이었다.

이 순간 위안은 메리에게 처음으로 사랑 비슷한 감정을 품고 있었다. 그러나 그녀의 냉정함에 부아가 치밀자 옛날의 어린애 같은 고집이 머리를 쳐들어 이렇게 중얼거렸다. '좋아, 어머니를 만나러 오라고 한다면, 어머니를 만나야지!' 그러고는 화가 나서, 내일 아침은 부인만 상대하고 메리와는 이야기도 하지 말아야지 하고 생각했다.

그리고 실제로 그는 그렇게 행동했다. 부인과 나란히 화단 앞으로 가서 새하얀 꽃을 감상하는데, 장갑을 끼면서 메리가 나왔다. 그는 말없이 약간 고개만 숙였다. 그러나 그녀는 그 정도의 냉담은 신경 쓰지도 않았다. 어머니에게 무언가 평범한 집안일만 이야기하고 곧 그 자리를 떠났다. 그때 위안을 바라보던 그녀의 표정에는 아무런 동요도 없었으며, 우정 말고는 아무런 감정도 느낄 수 없었다. 위안은 그 순간 불쾌한 감정을 완전히 잊었으며, 그녀가 가 버렸는데도 갑자기 꽃이 아름다워 보이기 시작하고 노부인에게도 신선한 흥미를 느꼈다. 그때까지 그는 부인이 지나치게 말이 많고, 누구에게나 한결같이 칭찬하거나 애정이 담긴 말을 너무 남발한다고 생각했다. 그러나 지금 함께 정원에 나와 있으니 부인을 있는 그대로 볼 수 있었다. 그녀는 정말로 친절하고 어린아이나 젊은이에게 다정했으므로, 흙 속에서 열심히 머리를 쳐들고 나오는 어린 식물도 어린아이 대하듯 다정하게 가꿀 수 있었다. 그래서 장미 새싹이 잘못하여 꺾이거나, 어찌

다가 누가 모종이라도 밟는 날이면 금방 울상이 되는 것이다. 그녀는 단지 그런 여성일 뿐이라고 위안은 생각했다. 부인은 흙 속에 손을 넣어 풀뿌리와 씨를 매만지기를 좋아했다.

오늘의 위안은 부인의 기분을 잘 이해할 수 있었다. 그래서 얼마 안 있어 그는 이 아침 이슬에 젖은 정원에서 부인을 도와 잡초를 뽑기도 하고, 싹 튼 식물이 마르지 않도록 딴 곳에다 옮겨 심어 연약한 뿌리가 튼튼하게 흙 속에 뿌리 내릴 수 있는 방법을 부인에게 가르쳐 주기도 했다. 그뿐만 아니라, 자기 나라에서 두서너 종류의 종자를 가져올 약속까지 하며, 그곳 양배추는 매우 풍미가 좋으므로 반드시 마음에 들 것이라는 이야기 등을 했다. 이런 작은 일로 하여 그는 다시 이 집의 한 사람이 된 듯한 기분이 들었다. 이 따뜻한 모성애가 넘치는 노부인을, 말이 많으니 어쩌니 하고 생각한 것이 이상하게 여겨질 정도였다.

그러나 화제라고 해야 부인이 가꾸는 꽃과 채소 이야기 말고는 그다지 할 말이 없었다. 그녀는 시골에 있는 위안의 어머니와 마찬가지로 단순한 마음을 가졌으며, 요리에 대한 것이나 이웃 사람들의 소문, 정원을 아름답게 가꾸고 식탁에 내놓을 꽃 말고는 생각할 줄 모르는 부드럽고도 좁은 마음의 소유자였다. 그녀의 사랑은 신에 대한 사랑과 가족에 대한 사랑이며, 이 사랑 속에서 그녀는 가장 충실하고 단순하게 살아온 것이다. 위안이 이따금 당황하게 되는 것은 이 단순함 때문이었다. 왜냐하면 그는 이 부인이 어떤 책이나 읽고 그것을 이해할 수 있는데도 마치 자기 고국의 무지한 시골 사람들과 다름없는 해괴한 믿음을 갖고 있다는 것을 알았기 때문이다. 그녀와 이야기를 해 보고 그는 그 사실을 알았다. 봄의 어떤 축일 이야기가 나왔을 때 그녀는 말했다.

"우리는 그것을 부활절이라 불러요, 위안. 그날에 우리들의 사랑하는 주 예수님이 죽음에서 되살아나 하늘로 승천하셨답니다."

그러나 위안은 웃을 기분이 나지 않았다. 어느 나라 민중에게나 이런 종류의 전설은 있고, 그 자신도 어린 시절에 그와 비슷한 이야기를 책에서 읽은 기억이 있으나, 설마 이 부인이 그런 이야기를 믿고 있으리라고는 생각할 수 없었다. 그러나 그녀의 부드러운 목소리에는 경건한 믿음이 넘쳐흘렀고, 백발 아래 어린애와 같이 맑고 푸른 그녀의 선량한 눈을 보면 부인이 그 사실을 믿고 있다는 것은 의심할 여지가 없었다.

이리하여 정원에서 몇 시간을 보낸 뒤로는, 처음에 메리가 보인 아무렇지 않은 침착한 표정에도 위안은 조금도 저항을 느끼지 않게 되었다. 메리가 돌아왔을 때 위안은 불쾌한 감정을 모두 잊고, 거기에 대해서는 아무런 말도 하지 않았으며 사흘 동안의 공백이 없었던 양 그녀를 맞이했다. 단둘이 되자 그녀는 미소 지으면서 말했다. "정원에서 꼬박 두 시간이나 어머니하고 보내신 거예요? 어머니는 누구든 정원에 붙들기만 하면 좀처럼 놓아 주시지 않는다니까요!"

그녀의 미소에 기분이 편해져서 위안도 미소를 보이며 말했다. "죽은 자가 되살아났다는 말씀을 하셨는데, 어머님은 진심으로 그렇게 믿고 계실까요? 그런 전설은 우리 나라에도 있습니다만, 여성이라도 학식이나 교양이 있는 분은 믿지 않는 경우가 많습니다."

그녀는 대답했다. "어머니는 정말로 믿고 계세요, 위안. 그렇지만 당신이 보기에 그런 신앙은 허위일 테니까 저는 당신이 거기에 얽어매이는 일이 없도록 노력할 생각이에요. 동시에 어머니께는 그 신앙이 진실이기도 하고 필요하기도 하니까 어머니가 그것을 잃지 않도록 지켜드릴 작정이에요. 어머니는 그 신앙에 의해서 오늘날까지 살아오셨고 또 그 신앙에 의지해서 돌아가실 테니까요. 만일 그것이 없으면 어머니는 어찌할 바를 모르게 되실 거예요. 하지만 우리들, 당신이나 저는 그에 따라 살기도 하고 죽기도 할 수 있는 우리의 신념이 있어야 해요."

노부인은 그날 아침 이후로 위안이 마음에 쏙 들어 그 뒤로부터는 위안이 중국인이라는 사실조차 잊을 때가 많아져서, 그가 중국에 대해 말을 꺼낼라치면 야속스러운 듯한 표정을 지으면서 말했다.

"위안, 나는 요즘은 당신이 미국 청년이 아니라는 사실을 거의 잊고 지내요. 당신이 너무 우리 나라랑 너무 잘 맞아서 그런가 봐요."

그러자 메리가 곧바로 대답했다. "위안은 결코 완전히 미국인이 되지는 않을 거예요, 어머니." 그리고 한번은 나직한 소리로 덧붙였다. "그 사실이 저는 기뻐요. 지금 이대로의 위안을 저는 좋아해요."

위안은 이 일을 기억하고 있었다. 메리가 속에 품고 있던 이러한 말을 한 데 대해 이때만은 부인도 아무 말 없이 걱정스러운 눈초리로 딸을 보았다. 이때만은 부인도 그에게 평소보다 냉담한 듯이 느껴졌다. 그러나 그 뒤에도 두세 번 부인의 정원 손질을 거들어 주는 동안에 그런 기분도 사라져 버렸다. 그해 이른 봄쯤, 장미나무에 딱정벌레가 생긴 바람에 위안은 해충을 없애려고 열심히 부인을 거들어 손질했다. 그러는 동안 그에 대한 부인의 차가움 따위는 어느새 잊어버리고 말았다. 그러나 해충을 구제하는 사소한 일에서조차 위안은 하나의 모순을 느꼈다. 그는 그 작고 잔인한 벌레가 살아 있는 한 꽃봉오리나 잎의 아름다움이 상하는 것에 심한 증오를 느끼고 한 마리도 남김없이 눌러 죽이고 싶었다. 그러면서도 그는 손가락으로 나무에서 벌레를 집어내는 일을 싫어하여, 그 일을 한 다음에는 두고두고 메스꺼운 기분이 남아 아무리 손을 씻어도 찝찝했다. 그런데 노부인은 아니었다. 그녀는 한 마리 집어낼 때마다 기뻐했으며, 해충을 잡을 때마다 간단히 죽이는 것이었다.

그렇게 위안은 부인과 가까워졌으며 마찬가지로 노교수와도 더욱더 친숙해졌다. 그러나 실은 이 노교수에게만은 어느 선 이상으로 더는 가까워질 수 없었다. 그는 심오함과 단순함과 신앙과 지성의 이상한 복합체였던 것이다. 위안은 이따금 그의 저서나 그 속의 사상에 대해 이야기할 기회가 있었는데, 과학적 법칙에 대한 학문적인 이야기 속에서도 교수의 사상은 위안이 도저히 따라갈 수 없는 아득히 먼 세계로 훌쩍 뻗어 나가곤 했다. 그럴 때 교수는 명상에 젖은 목소리로 말했다. "아마 이러한 과학적 법칙은 닫힌 정원의 대문을 여는 열쇠에 지나지 않을 걸세. 우리는 이 열쇠를 과감히 던져 버리고 상상력으로써 대담하게 그 정원 안으로 들어가야만 하네. 그 상상력을 신앙이라고 불러도 좋아. 그곳은 신의 정원이야. 무한하고 변함없으며, 존재 자체에 지혜와 정의와 선과 진리라는, 가련한 우리 인간들의 법칙이 지향하는 이상(理想)이 깃들어 있을 걸세."

이와 같은 이야기를 아무리 열심히 듣고 있어도 도무지 이해할 수 없었던 위안은 어느 날 마침내 말했다. "선생님, 저를 그 대문 앞에 놓아 두고 가십시오. 저는 그 열쇠를 버릴 수가 없습니다."

노인은 이 말을 듣고 조금 슬픈 듯 미소 지으며 대답했다. "자네는 메리와 똑같군. 자네들 젊은 사람들은 어린 새와 같지. 자기의 날개를 시험하는 것이 두려운 거야. 이미 알고 있는 조그마한 세계를 떠나는 것을 무서워한단 말이야. 자네들이 이성에만 매달리기를 그만두고 꿈과 상상력을 믿게 되기까지는 자네들 속에서 위대한 과학자는 나오지 않을 거야. 위대한 시인도 나오지 않을 거고. 위대한 과학자와 위대한 시인은 언제나 같은 시대에 탄생되는 법이지."

그러나 위안이 이 말 속에서 가장 잘 기억하고 있는 것은 다음의 한 마디였다. "자네는 메리와 똑같군."

확실히 그는 메리와 매우 비슷했다. 1만 마일이나 떨어진 곳에서, 결코 서로 섞여 본 적이 없는 혈통에서 태어난 두 사람 사이에 공통점이 있었던 것이다. 더욱이 그 공통점은 이중성을 지녔다. 하나는 어느 시대의 젊은이에게나 변함이 없는 반항성이라는 공통점이고, 하나는 시대나 핏줄과는 관계 없는 남자와 여자 사이의 공통점이었다.

봄이 깊어 가고 나무는 다시 녹색을 띠게 되어, 교수의 집 가까운 숲에서는 겨울의 마른잎 밑에서 움이 튼 조그마한 꽃들이 피어나기 시작했다. 그러자 위안도 자기 속에서 새로운 피의 약동을 느꼈다. 확실히 이 교수의 집에는 그의 몸을 움츠리게 하는 것은 아무것도 없었다. 여기서는 자신이 이방인이라는 것조차 잊었다. 이 집의 세 사람을 보면서도 자기와 다르다는 것을 잊었으며 노부부의 푸른 눈도 자연스러웠고, 메리의 눈은 그 표정의 변화가 아름다웠으며 이제는 조금도 이상하게 느껴지지 않았다.

위안에게는 그녀가 차츰 더 아름답게 보였다. 지금은 어떤 온화함이 언제나 그녀에게서 사라지지 않았다. 날카로움이 사라지고 목소리조차 그전의 면도날처럼 차가운 데가 없어졌다. 두 볼도 조금 볼록해져 혈색이 좋아졌고, 입매도 부드러워져서 꾹 다무는 일이 없었으며, 동작에도 전에는 없었던 나른함과 여유로움이 깃들었다.

이따금 위안이 찾아가도 그녀는 바쁜 듯이 드나들어 제대로 만나지 못할 때도 있었다. 그러나 봄이 한창 무르익자 그녀의 태도는 변하기 시작했다. 일부러 그렇게 하자는 생각도 없이 두 사람은 약속한 듯 아침마다 정원에서 만나게 되었다. 정원에서 기다리는 위안 곁으로 봄날 아침처럼 산뜻한 모습으로 그녀는 다가왔다. 검은 머리가 부드럽게 귀를 덮고 있었다. 위안은 그녀가 쪽빛 옷을 입었을 때가 가장 아름답다고 생각했으므로, 어느 날 미소를 지으면서 말했다. "우리 나라 농촌에서 사람들이 잘 입는 색의 쪽빛 옷이군요. 그 쪽빛은 당신에게 참 잘 어울려요." 그러자 그녀는 미소 지으면서 대답했다. "정말 기뻐요."

어느 날의 일을 위안은 기억했다. 그날은 아침 식사에 초대받아 일찍 찾아가 정원에서 그녀를 기다리는 동안, 조그마한 삼색오랑캐꽃의 싹이 트고 있는 화단에 엎드려 열심히 잡초를 뽑고 있었다. 그때 그녀가 나와서 그가 일하는 모습을 지켜보았다. 그 얼굴은 묘하게 상기되어 밝았다. 그가 고개를 들자, 마침 그의 머리에 묻어 있는 나뭇잎인가 풀잎인가를 떼어 주려고 내민 그녀의 손이 무심코 그의 볼에 닿았다. 일부러 댄 것이 아님을 그도 알 수 있었다. 그녀는 이와 같은 접촉을 싫어하여 언제나 조심했고, 길이 고르지 못할 때라도 남자가 부축해 주는 것을 싫어하는 듯이 보였었다. 그녀는 기회만 있으면 남자와 닿고 싶어 하는 여느 처녀들과는 달랐다. 사실 그가 그녀의 손에 닿은 것은 무심히 인사할 때 악수하는 것 말고는 이것이 처음이었다.

그러나 이때 그녀는 변명하지 않았다. 그녀의 정직한 눈과 갑지기 빌그레해신 뺨의 빛깔로, 그녀가 그 접촉을 의식했고 또 그도 의식하고 있다는 것을 눈치챈 것만큼은 분명했다. 두 사람은 곧 서로의 얼굴을 쳐다보고 다시 시선을 다른 데로 돌렸다. 그녀는 조용히 말했다. "이만 식사하러 들어갈까요?"

마찬가지로 그도 조용히 대답했다. "손만 좀 씻고 가겠습니다."

이렇게 그 한순간은 끝이 났다.

나중에 그는 이 일을 문득문득 떠올렸으며 그때마다 그의 마음은 아주 오래전, 이제는 이 세상에 없는 여자의 손이 닿았을 때의 옛 추억으로 날아가는 것이었다. 이상하게도 그때의 노골적이고 열렬한 접촉에 비하면 이번의 가벼운 접촉은 안 한 것이나 다름없는데도 짐짓 이번 쪽이 훨씬 더 뜨겁고 생생하게 느껴졌다. 그는 마음속으로 중얼거렸다. '틀림없이 메리는 손을 대고도 의식조차 못했을 거야. 내가 바보다.' 그는 모두 잊기로 마음먹고, 이런 생각에 휘둘리지 않도록 좀 더 엄하게 마음을 다스리기로 했다. 사실 그는 그러한 기분이 달갑지 않았다.

그리하여 이 마지막 해 봄의 몇 달 동안을 위안은 묘한 이중적 방식으로 보냈다. 마음속에 그는 자기만의 장소를 만들고 거기만은 메리에게도 침범받지 않으려고 애썼다. 새로운 계절은 산뜻하고 아름다웠다. 그 계절에, 달빛으로 가득 찬 밤의 감미로움 속을 메리와 둘이서 새 잎이 움트기 시작한 나무 아래의 길을 거닐다가 때로는 교외로 이어지는 인적 드문 오솔길로 들어가기도 했다. 혹은 봄비가 부슬부슬 쉴 새 없이 유리창을 두드리는 소리를 들으면서 단둘이 거실의 고요 속에 들어앉아 있는 일도 있었다. 그러나 이렇게 단둘이 있을 때조차도 그는 메리를 마음속의 그 장소에만은 발을 들여놓게 하지 않았다. 이따금 확실하게 알 만큼 마음이 흔들리면서도 그것에 굴복하지 않으려는 자신이 위안은 신기할 정도였다.

확실히 이 백인 여성은 그의 마음을 두근거리게 하면서도 그가 다가가지 못하게 하는 면이 있었다. 그래서 그는 그녀를 사랑하면서도 사랑할 수 없었다. 그는 미를 사랑했고 미에 대해 무관심할 수 없었으므로, 그녀의 검은 빛깔의 머리와 대조를 이루어 하얗게 드러나는 이마와 목덜미를 진심으로 아름답다고 생각했다. 그러면서도 그 흰빛을 사랑할 수가 없었다. 그녀의 검은 눈썹 밑에 맑은 잿빛 눈이 반짝이는 것을 보고도, 그 눈을 빛나게 하는 지성을 찬미할 수는 있었으나 그 잿빛 눈은 좋아할 수 없었다. 활기차고 날렵하게 움직이고 표현이 풍부하며 힘도 넘치는 아름답고도 단단한 느낌의 손도 마찬가지였다. 어쩐지 그 손을 사랑할 수는 없었다.

그러면서도 그는 그녀가 가진 어떤 힘에 자꾸만 끌려서, 그 바쁜 봄에도 밭에서 실습을 하다가, 또는 하숙에서, 아니면 도서관에서 문득 그녀의 모습을 그리는 것이었다. 그럴 때 그는 스스로에게 물어보았다. '이 나라를 떠날 때 나는 그 여자와 헤어져서 그리워할까? 나는 그 여자로 인하여 어느샌가 이 나라에 매여 버린 것일까?' 차라리 이 나라에 머무르면서 더 연구를 계속할까 하는 생각을 해 보는 일도 있었으나 이내 평정심을 찾아 자신에게 반문했다. '여기에 남으려는 진짜 이유는 무엇인가? 메리 때문이라고 한다면, 내가 백인 여성과 결혼하고 싶지 않다는 것은 분명하니, 요컨대 쓸데없는 일이 아닌가!' 그러나 마음을 다잡고, '아냐, 귀국하자!' 생각하면 가슴이 찢어지는 것 같은 아픔을 느꼈다. 그리고는 다시 그녀를 생각하고, 귀국하면 두 번 다시 이 여자와 만나지 못하게 될 것이다, 다시 이 나라에 올 가능성은 없다, 이렇게 생각하니 아무래도 귀국을 연기해야 할 듯한 기분이 들었다.

이와 같은 자문자답을 되풀이하는 동안에 꾸물꾸물 그의 귀국은 연기될 듯이 보였으나, 바다 저편에서 들려온 소식은 그의 귀국을 재촉하는 조국의 소리처럼 들렸다.

위안은 이 6년의 유학 기간 동안 거의 고국의 정세를 모르고 지냈다. 그는 조그마한 내전이 몇 번인가 있었다는 것은 알고 있었으나 그런 전쟁은 과거에도 늘 있었던 일이므로 어떤 관심도 기울이지 않았다.

그 6년 동안에 왕후는 그가 참전한 한두 번의 소규모 전쟁에 대해서 위안에게 편지로 알려 왔다. 하나는 새로 대두한 비적 두목과의 전쟁이었으며 또 하나는 어느 군벌이 무단으로 왕후의 영지를 통과했기 때문에 일어난 전쟁이었다. 그러나 이런 소식은 곧 위안의 머리에서 사라져 버렸다. 그는 본래 전쟁을 싫어했으며, 이 평화로운 외국에 살고 있으니 그러한 이야기에 현실감이 들지 않기 때문이었다. 그러므로 어쩌다가 동료 학생들이 태평스러운 어조로 "이봐, 중국에서 이번에 일어난 전쟁은 대체 어떻게 되는 거야? 신문에서 보니까 웬 창인가 탕인가 왕인가 하는……." 하고 말을 걸어 오면 위안은 부끄러워져서 서둘러 대답했다. "아무것도 아니야. 어디서나 있는 강도 사건 같은 거지."

계절이 바뀔 때마다 잊지 않고 편지를 보내 주는 아이란의 어머니가 소식을 알려 올 때도 있었다. '혁명은 갈수록 더 커지는 것 같지만 나는 잘 모르겠다. 멍이 종적을 감춘 이래 집안에는 혁명파가 없어졌지. 듣기로는 마침내 남쪽에서 혁명이 일어난 모양이다. 하지만 멍은 돌아올 수 없단다. 편지를 보내와서 알았는데 멍은 혁명군에 섞여 있는 모양이다. 돌아올 생각이 있지만 너무 위험해서 돌아오지 못하는 거지. 이쪽 관헌들은 혁명을 무서워해서 아직도 멍 같은 사람들을 엄하게 체포하고 있거든.'

그러나 위안도 조국의 일을 완전히 잊고 있었던 것은 아니다. 혁명에 대해 알 수 있는 모든 소식을 알려고 애를 쓰면서, 무슨 변화를 알리는 기사는 아무리 조그마한 것이라도 빠뜨리지 않고 열심히 읽었다. 이를테면 '태음력(太陰曆)이 폐지되고 서양식의 새로운 달력을 채용하게 되었다'든가, '여성의 전족 금지'라든가, '새 법률에서는 일부다처를 허용하지 않는다'라든가 하는 기사가 최근에는 신문에 자주 실렸다. 이러한 변화를 위안은 기뻐하며 그대로 믿었다. 그러한 기사로써 나라 전체가 크게 변하고 있음을 일자, 스스로 그렇게 생각할 뿐만 아니라 성에게 보낸 편지에도 그런 것을 썼다.

'올여름 우리가 돌아갈 때쯤에는 우리 나라도 몰라보게 달라져 있을 거야. 고작 6년 동안에 이토록 큰 변화가 이루어지다니, 정말 거짓말 같아.'

이에 대해 성은 여러 날이 지난 다음에야 답장을 보내왔다. '너는 올여름에 돌아가니? 나는 아직 그럴 생각이 없다. 아버지가 돈만 보내 준다면 앞으로 일이 년 더 여기서 살 생각이다.'

이 편지를 읽고, 위안은 성의 시에 듣기에도 괴롭고 우울한 곡을 붙인 여자가 생각나서 몹시 불쾌해졌다. 다시는 그 여자를 떠올리고 싶지 않았다. 성이 얼른 귀국해 주었으면 싶었다. 성은 예정보다 오래 대학에 다녔으나 아직 졸업도 하지 않았다. 하지만 그런 것보다도, 조국에서 일어나고 있는 새로운 사태를 성이 한 마디도 언급하지 않은 것이 위안은 불만스러웠다. 그러나 곧 다시 생각해 보니, 이 풍요롭고 평화로운 나라에 있으면서 혁명이라든가 주의를 위한 전쟁을 생각한다는 것은 쉬운 일이 아니었으며, 위안 자신도 평화로운 나날 속에서 그러한 것을 잊을 때가 많았기 때문에 성을 용서해 줄 기분이 들었다.

그러나 훗날 알게 된 사실이지만, 혁명은 그 무렵 최고조에 달하고 있었다. 혁명 초기부터의 전통에 따라 남방에서 봉기한 회색 혁명군은, 위안이 날마다 책에 몰두하는 동안에, 사랑하면서도 사랑할 수 없는 백인 여성에 대해 자문자답을 되풀이하고 있는 동안에, 멍도 그 일원이 되어 장대한 양쯔강을 향해 나라의 심장부로 북진하고 있었다. 양쯔강 근처에서 처절한 전투가 있었으나, 1만 리 이상이나 떨어져 있는 위안은 아무것도 모른 채 편안히 지냈다.

사실 그는 이처럼 안정되고 평화로운 분위기 속에서 영원히 살 수도 있었다. 왜냐하면 어느 날 갑자기 그와 메리의 애정이 깊어졌기 때문이다. 너무나 오랜 기간을 두 사람은 친구라기에는 조금 깊고 연인이라기에는 좀 모자라는 상태에 머물렀으며, 위안은 매일 밤 노부부가 잠든 뒤 둘이서 산책을 하거나 이야기를 나누는 것을 마땅한 일처럼 받아들이고 있었다. 노부부 앞에서는 두 사람 다 아무런 내색도 하지 않았다. 그랬으므로 만일 누가 물었다면 메리는 정직하게 대답했을 것이다. "하지만 아무것도 할 말이 없어요. 우리 사이는 우정일 뿐인걸요." 사실 두 사람은 남이 듣고 이상하게 여길 만한 말은 한 번도 나눈 적이 없었다.

그러나 밤마다 두 사람은 설혹 그날 일에 대한 잡담에 지나지 않더라도 잠시 동안이나마 단둘이서 함께 보내지 않으면 하루를 다 보내지 않은 듯한 기분이었다. 그 시간에는 낮 동안의 긴 시간보다 더 서로의 생각이나 기분을 잘 알 수 있었다.

그 봄의 어느 날 밤, 두 사람은 길섶에 장미가 피어난 꼬불꼬불 이어진 오솔길을 거닐고 있었다. 그 오솔길 끝에는 작은 나무 숲이 있었다. 그 끝에 원형으로 예전에 심어진 여섯 그루의 느릅나무가 있었는데, 이제는 굵은 노목이 되어 진한 녹음을 만들고 있었다. 그 그늘에 노교수는 나무 벤치를 하나 마련해 놓고 이따금 이곳으로 와서 명상에 잠겼다. 그날 밤은 달이 밝고 맑게 갠 밤이었다. 정원은 여섯 그루의 느릅나무 아래만 빼고 구석구석까지 달빛이 밝게 비쳤으므로 나무 그늘의 어둠은 더욱 짙었다. 두 사람이 그 나무들 속에서 걸음을 멈추었을 때 메리는 별생각 없이 말했다.

"여기는 무척 어둡네요. 이 속에 있으면 우리 모습도 보이지 않겠어요."

말없이 서 있던 위안은 달빛이 너무나 밝았으므로 이상하게 두근거리는 기쁨을 느끼며 말했다. "달이 너무 밝아서 새잎의 빛깔까지 알 수 있을 것 같군요."

"아니면, 그림자는 춥고, 달빛은 따뜻한 기분이 들어요." 밝은 곳으로 걸어 나가면서 메리가 말했다.

그리고 여기저기 거닐다가 두 사람은 다시 그 그늘에서 걸음을 멈추었다. 이번에는 위안이 먼저 걸음을 멈추고 말했다. "춥지 않아요, 메리?" 이제는 그도 그녀의 이름을 친근하게 부르는 것이 어색하지 않았다. 그녀는 대답했다. "아뇨……." 반쯤 더듬거리는 듯한 목소리였다. 그러자 어떻게 해서 그렇게 되었는지 모르지만, 나무 그늘 속에 불안한 듯 서 있던 그녀가 느닷없이 그에게 다가서며 그의 손을 잡았고 위안은 자기 품속에 들어온 그녀를 느꼈다. 그의 팔은 그녀를 안고 있었으며 뺨은 그녀의 머리칼에 닿아 있었다. 위안은 메리가 떨고 있는 것을 느꼈고 자기도 떨고 있음을 알았다. 껴안은 채 하나가 되어 벤치에 쓰러지자 그녀는 고개를 들고 그를 바라보며 두 손을 뻗어 그의 얼굴을 잡고 소곤거렸다. "키스해 줘요!"

위안은 영화에서는 이런 장면을 보아 왔어도 스스로 경험해 본 일은 없었으나 자연히, 얼굴을 아래로 숙이고 자기 입술에 닿는 뜨거운 입술을 느꼈다. 그녀는 그에게 매달리듯 입맞춤을 하고 있었다.

돌연 그는 뒤로 물러났다. 왜 물러났는지 그도 알 수 없었다. 왜냐하면 그 자신도 더 꼭 끌어안고 서로의 입술을 더 길고 깊게 포개며 있고 싶은 기분이었기 때문이다. 그러나 그 욕망보다 더 강한, 스스로도 이해할 수 없는 반감이 솟구쳤다. 자기와 다른 인종의 육체에 대한 불쾌감이라고밖에 생각할 수 없는 감정이었다. 그는 재빨리 일어났다. 뜨겁기도 하고 차갑기도 한 것 같은 부끄러움과 혼란이 그를 뒤흔들었다. 그러나 메리는 멍하니 앉아 있었다. 어둠 속에서도 그녀의 흰 얼굴이 그를 쳐다보며 놀란 표정으로 그가 왜 그런 행동을 했는지 궁금해하는 것이 보였다. 그러나 그는 죽어도 말할 수 없었다. 절대로 말할 수 없다. 그가 아는 것은 그녀에게서 떨어져야 한다는 것뿐이었다. 마침내 그는 조금 들뜬 듯한, 여느 때와는 다른 목소리로 말했다. "많이 쌀쌀하네요. 집 안으로 들어가시는 게 좋겠어요. 나도 돌아가겠습니다."

그래도 그녀는 꼼짝하지 않았다. 그리고 잠시 뒤 말했다. "돌아가고 싶으면 돌아가세요. 저는 좀 더 여기 있고 싶어요."

그래서 무언가 잘못했다는 기분은 들지만 자기로서는 달리 방법이 없다고 생각하면서 그 자리를 모면하기 위해 그는 말했다. "집 안으로 들어가요. 그러다 얼겠어요."

그녀는 꼼짝도 하지 않고 침착하게 대답했다. "벌써 얼어 버린걸요. 무슨 상관이에요."

그 차갑게 식은 목소리를 들은 위안은 곧 몸을 돌려 그녀를 그대로 둔 채 떠났다.

그러나 몇 시간이 지나도 잠이 오지 않았다. 머릿속에는 그녀만이 떠올랐고 그 나무 아래 어둠 속에 아직도 혼자 앉아 있을 것을 생각하니 걱정이 되어 견딜 수 없었으나, 한편으로는 그렇게 하는 수밖에 없었다고 생각했다. 그는 마치 어린아이처럼 혼자서 변명하듯 중얼거렸다. '나는 싫었단 말이야. 그건 정말 싫었어.'

그 뒤 두 사람 사이가 어떻게 되었을지 그것은 위안도 알 수 없었다. 왜냐하면 마치 그가 궁지에 몰린 것을 눈치라도 챈 듯이 그때 조국이 그를 불러들였기 때문이다.

이튿날 아침 눈을 뜬 그는, 메리를 만나러 가야 한다고 생각하면서도 두려움에 우물쭈물하고 있었다. 아침이 되어도 그녀를 저버린 듯한 마음은 좀처럼 사라지지 않았다. 그렇게 할 수밖에 없었다고 생각은 하지만, 아무래도 가기가 어려웠다.

그러나 겨우 결심하고 교수의 집에 가니, 가족 셋이 모두 신문 기사를 앞에 놓고 매우 심각하고 곤란한 표정으로 앉아 있었다. 위안이 들어가자 ㄴ교수는 불안한 듯이 물었다. "위안, 이게 정말 사실일까?"

위안은 세 사람과 함께 신문을 들여다보았다. 커다란 활자로 중국의 어느 도시에서 혁명군이 백인 남녀를 습격하여 가옥을 약탈하고, 선교사 1~2명, 나이든 교사 1명, 의사 1명 및 몇몇 사람을 살해했다는 기사가 나 있었다. 위안은 심장이 멎는 듯하여 큰 소리로 외쳤다. "뭔가 착오가 있을 겁니다."

그러자 노부인이 그의 말을 기다리고 있었다는 듯이 중얼거렸다. "그래요, 위안. 틀림없이 무언가 착오가 있을 거라고 나도 생각하고 있었어요."

그러나 메리는 아무 말도 하지 않았다. 방으로 들어갈 때도 위안은 그녀를 보지 않았고 지금도 보고 있지 않았지만, 그는 메리가 거기 앉아서 턱 아래에서 깍지를 낀 채 자기 쪽을 보고 있다는 것을 알고 있었다. 그러나 아직 정면으로 그녀를 볼 용기가 나지 않았다. 위안은 재빨리 신문 기사를 훑어보았다. 읽으면서 그는 몇 번이나 소리쳤다. "사실이 아니에요, 거짓일 게 분명해요. 이런 건 우리나라에서는 결코 일어날 수 없는 일입니다. 일어났다면 무언가 무서운 원인이 있을 겁니다."

그는 눈이 시뻘게져서 그 원인을 찾았다. 그때 메리가 입을 열었다. 그 말투에서 그녀의 감정을 충분히 감지할 수 있을 만큼 지금의 위안은 그녀를 잘 알았다. 그녀의 말은 시원시원하고 명료했으며 언뜻 무관심한 듯했다. 그리고 목소리도 조금 딱딱했으나 평소와 변함이 없었다. "나도 원인을 찾아보았어요, 위안. 하지만 원인이라고 인정할 만한 이유는 아무것도 없어요. 습격당한 사람들은 모두 죄없는, 착한 사람들이었던 것 같아요. 그런데 아이들이랑 같이 있던 집 안에서 별안간 그런 일을 당한 거예요."

이 말을 듣고 위안은 메리를 보았다. 그녀도 그를 바라보았다. 그 눈은 맑은 잿빛이었으며 얼음처럼 차가웠다. 그를 비난하는 그 눈을 보고 그는 소리 없이 외쳤다. '나도 어쩔 수 없었어!' 그러나 그녀의 눈은 끝내 그를 비난했다.

평정심을 되찾으려 애를 쓰던 위안은 자리에 앉아, 여느 때보다도 열심히 떠들어 댔다. "사촌 형 성에게 전화를 걸어 보겠습니다. 그는 대도시에 있으니 진상을 알고 있을 겁니다. 저는 우리 국민을 압니다. 이런 짓을 할 수 있는 국민이 아닙니다. 우리는 문명인이지 야만인이 아닙니다. 우리는 평화를 사랑하는 민족입니다. 피를 보는 일은 싫어합니다. 분명 무언가 착오가 있습니다."

그러자 노부인도 열심히 말했다. "착오가 있다는 건 나도 잘 알아요, 위안. 우리 나라의 선량한 선교사들에게 그런 일이 일어나도록 하느님이 내버려두실 리 없어요."

그러나 느닷없이 위안은 이 단순한 말에 문득 깨닫는 바가 있어 하마터면 소리를 지를 뻔했다. '만일 그들이 그와 같은 선교사들이었다면…….' 그때 그는 다시 메리에게 시선이 갔고 아무 말도 하지 못했다. 그녀는 여전히 그를 보고 있었으나 거기에는 말없는 깊은 슬픔이 서리어 있었기 때문이다. 그래서 그는 한 마디도 할 수가 없었다. 그의 마음은 필사적으로 그녀에게 용서를 빌고 있었다. 하지만 그 심정조차 자꾸만 뒷걸음질 쳤다. 용서를 받기 위해서는 그의 몸이 굴복하지 않겠다고 마음먹은 것에 굴복해야 했기 때문이다.

그가 입을 다물고 말자 아무도 말을 하지 않았다. 그것을 보고 노교수가 일어서며 위안에게 말했다. "그럼 위안, 무슨 소식을 듣거든 알려 주게." 그러자 위안도 서둘러 일어섰다. 부인까지 나가서 행여 메리와 단둘이 남게 되면 곤란했기 때문이다. 돌아오는 길에, 방금 그 기사가 사실이라면 하고 생각하니 마음이 무거웠다. 그와 같은 굴욕을 그는 견딜 수 없었다. 메리가 간밤의 행동으로 자신을 비판하고 그것을 그의 의지가 약한 탓으로 돌릴 것이 틀림없다고 생각하니 더욱 견딜 수 없었다. 그래서 더한층 그는 이 사건이 근거 없는 사실임을 밝히고 싶었다.

그날 이후 위안과 메리는 끝내 가까워지지 않았다. 날이 갈수록 위안은 조국의 무죄를 증명하고 싶은 열정에 휘말려 들어갔다. 만일 그것을 할 수만 있다면 자기 자신의 태도 또한 그것으로 정당화된다는 기분이었기 때문이다. 한 걸음 한 걸음, 그는 자기 나라에는 죄가 없음을 밝혀 나가야 했다. 그런데 성한테서 사실이라는 연락이 왔다. 전화에서 들려오는 성의 목소리는 여느 때처럼 침착하게 그 사건은 사실이라고 말했다. 위안은 안절부절못하고 소리쳤다. “하지만 왜, 왜?” 그러자 성의 목소리가 천연덕스럽게 들려 왔다. 위안은 그가 어깨를 으쓱하는 것이 보이는 듯했다. “그걸 누가 알아, 폭도거나 공산당이거나 뭔가 광신적인 패거리들이겠지. 누구도 그 진상은 알 수 없어.”

그러나 위안은 고뇌에 빠졌다. “나는 믿지 않아. 무언가 원인이 있을 거야. 그들이 도발했다든가, 반드시 무언가 있을 거야!”

그러자 성이 조용히 말했다. “우리는 결코 진상을 알지 못해.” 그리고 그는 화제를 바꾸었다. “이번에는 언제 만날 수 있니, 위안? 벌써 오랫동안 너를 못 만났구나. 언제 귀국하지?”

위안은 “곧!”이라고밖에 대답할 수 없었다. 그는 귀국해야만 한다는 것을 알고 있었다. 만일 조국의 오명을 씻을 수 없다면, 남아 있는 연구가 끝나는 대로 서둘러 돌아가야만 했다.

그 뒤 그는 다시는 노교수의 집 정원에 들어가지 않았으며 메리와 단둘이 시간을 보내는 일도 없었다. 겉으로는 친한 듯이 지냈으나 두 사람 사이에는 아무 할 말이 없었다. 위안은 그녀와 단둘이 만날 일을 피했다. 조국의 무죄를 증명할 수 없는 것이 차츰 확실해짐에 따라 그는 이 더없이 소중한 교수 가족들마저 피하게 된 것이다.

노부부는 그것을 눈치챘고 비록 언제나처럼 그에게 상냥하게 대했으나 그들도 얼마간 거리를 두었다. 결코 그를 비난해서는 아니고, 자기들을 피하려는 그의 고뇌를 이해하지는 못한다 하더라도, 딱하게 여기고 되도록 그의 마음의 상처를 건드리지 않으려 했던 것이다.

그럼에도 위안은 노부부가 지기를 비난한다고 느꼈다. 그는 자기의 어깨에 조국의 명예를 모두 걸머지고 있었다. 이 무렵 그는 날마다 신문을 읽고 고국의 혁명군이 어느 군대나, 승리의 기세를 타고 정복지를 진군할 때 흔히 하는 행위를 하고 있는 것을 읽고 혼자 괴로워했다. 이따금 아버지는 어떻게 하고 계실까 생각했다. 혁명군은 곳곳에서 승리를 거두며 북방의 평원으로 서서히 접근하고 있었기 때문이다.

그러나 아버지의 존재는 매우 멀게 느껴졌다. 가까이에, 너무나 가까이에 상냥하고 아늑한 노교수의 가족이 있었다. 그들이 원했으므로 위안은 지금도 이따금 그 집에 가야만 했다. 그들은 신문 기사는 한 마디도 언급하지 않았다. 위안에게 굴욕감을 안겨 줄 것이 뻔한 일은 절대로 입에 담지 않았다. 그렇지만 아무리 잠자코 있어도 위안은 굴욕을 느꼈다. 그들의 침묵 자체가 비난이었다. 메리의 무뚝뚝한 차가움도, 노부부의 기도도 비난이었다. 이를테면 억지로 그를 초대한 식사 전에 노교수는 나직이 근심에 찬 목소리로 기도를 한 뒤 다음과 같이 덧붙이는 것이었다. "주여, 먼 나라에서 생명의 위험에 처해 있는 당신의 종들을 구하소서." 그러면 노부인은 언제나 진심을 담아 조용히 "아멘" 하고 덧붙였다.

위안은 이 기도도, 아멘도 견딜 수가 없었다. 메리마저, 부모님의 신앙에 휩쓸리지 말라고 충고한 메리마저 요즘은 기도할 때 머리를 숙이고 그들에게 경의를 표했으므로 위안은 더한층 견딜 수 없었다. 그것은 결코 그녀가 신앙을 가졌기 때문이 아니며, 단순히 부모님이 신의 가호를 바라고 있는 대상들이 처한 위험을 그녀도 느끼고 있는 데 불과하다는 것은 그도 알고 있었다. 그 때문에, 그녀는 부모와 함께 나를 비난하는 것이라고 그는 생각했다.

또다시 위안은 고독해졌다. 고독 속에서 그는 학년 말까지 공부를 마치고 다른 학생들과 함께 졸업식에 나갔다. 수많은 학생들 속에서 단 한 사람의 중국인으로서 그는 학위 증서를 받았다. 특별우등생으로 그의 이름이 불리어지는 것도 오직 혼자서 들었다. 축하의 말을 해 주는 사람도 몇 있었지만 축하를 받든 안 받든 상관없다고 그는 생각했다.

혼자서 그는 책과 옷 등 짐을 꾸렸다. 준비가 끝났을 때 그는 문득, 교수 부부는 변함없이 친절했지만 사실은 그의 귀국을 기뻐하는 게 아닐까 하는 생각이 들었다. 위안은 가슴을 펴고 생각했다. '내가 딸과 결혼하는 것은 아닐까 교수 부부는 불안했던 게 아니었을까? 그러기에 나의 귀국을 기뻐하겠지!'

그는 쓴웃음을 지으면서 분명히 그렇다고 생각했다. 그리고 메리를 그려 보며 다시 생각했다. '그러나 나는 메리에게 감사해야 한다. 그녀는 내가 크리스천이 되지 않도록 구원해 주었다. 그렇다, 그 사람은 나를 한 번 구해 주었다. 그러나 그 다음 한 번은 내가 스스로를 구원했던 것이다.'

3

어린 시절 부친을 사랑하면서 미워한 것처럼 위안은 이번에는 이 나라를 사랑하면서도 증오하며 떠났다. 아름답고 젊고 강한 것은 누구나 사랑하지 않을 수 없듯이 그는 미국을 본의 아니게 사랑하지 않을 수 없었다. 그는 미(美)를 사랑했으므로 미국의 산에서 보는 수목을, 무덤 하나 눈에 띄지 않는 초원을, 목장에서 여유롭게 풀을 뜯는 건강하고 평온해 보이는 가축들을, 쓰레기 같은 인간이 어른거리지 않는 도시의 아름다움을 사랑하지 않을 수 없었다. 그러나 한편으로, 만일 이러한 것들을 아름다움이라고 한다면 고국의 민둥산은 조금도 아름답지 않게 된다는 생각이 들었다. 그래서 그는 이러한 이국의 풍물을 사랑하지 않았다. 산 사람을 위해 가장 좋은 땅에 죽은 자를 묻었으니, 밭 한가운데에 무덤이 있었다. 그런 일은 잘못되었다고 그는 생각했다. 실제로 그런 것을 보기도 했다. 열차 안에서 창밖을 스쳐가는 풍요로운 농촌을 바라보면서 그는 생각했다. '만일 여기가 내 나라였다면 진심으로 사랑할 수 있었으리라. 하지만 여기는 내 나라가 아니다.' 자기 것이 아니면, 어째선지 아름다움도 선량함도 진심으로 사랑할 수가 없었다. 그리고 이러한 장소를 가진 국민도, 그 장소가 자신의 것이 아닌 이상은 그다지 좋아할 수 없었다.

다시 배를 타고 고국으로 향했을 때, 지난 6년간의 유학 생활로 무엇을 얻었을까 그는 생각했다. 지식을 얻은 것은 의심할 여지가 없었다. 그의 머리는 쓸모 있는 지식으로 가득 차 있었고, 가방에는 노트와 그 밖에 서적이 잔뜩 들어 있었으며, 여러 품종의 밀의 유전에 대하여 그가 쓴 긴 논문도 있었다. 게다가 밀의 종자를 넣은 조그만 부대도 몇 개 갖고 있었다. 그것은 그가 실험하여 재배한 종자 가운데서 주의 깊게 고른 것이며, 그 종자를 고국 땅에 뿌려 차츰 늘려서 남에게도 나누어 주고, 그리하여 전국의 밀 수확을 증진할 계획이었다. 이러한 것들은 그가 미국 유학에서 얻은 확실한 수확이었다.

그뿐만이 아니다. 그는 어떤 신념을 얻었다. 결혼 상대는 같은 피가 흐르는 같은 민족의 여자여야 한다는 신념이었다. 그는 성과는 달랐다. 하얀 살결, 푸른 눈, 곱슬머리는 이미 그에게는 매력이 없었다. 상대는 어떠한 여자건 자기처럼 까만 눈, 윤기 나고 곧게 뻗은 검은 머리, 자신과 같은 빛깔의 피부를 가진 중국인이어야 했다. 그것은 느릅나무 그늘의 그날 밤 이래, 그가 여러 면에서 잘 알고 있다고 생각했던 백인 여자가 오늘 그에게는 전혀 상관이 없는 타인이 되고 말았기 때문이었다. 그녀가 변한 것은 아니다. 그 뒤에도 여전히 그녀는 침착하고 예의 바르며 그가 말하는 것과 느끼는 것을 곧 이해해 주었다. 그럼에도 전혀 상관없는 존재가 된 것이다. 두 사람의 지성은 서로 이해할 수 있을는지 모르지만 그 지성은 두 가지 이질적인 육체에 살고 있었다. 그 뒤, 실로 한순간 그녀가 다시 그에게 다가오려고 한 적이 있었다. 그가 귀국할 때 그녀는 기차역까지 노교수 부부와 함께 전송하러 나왔다. 그가 작별 인사로 손을 내밀자 그녀는 그의 손을 한순간 꼭 쥐고 잿빛 눈에 그림자가 깃들어 흐려지더니 나지막한 소리로 말했다. "우리 이제 편지도 주고받을 수 없는 건가요?"

어떤 이유가 있더라도 남의 감정을 상하게 하지 못하는 위안은 그녀의 흐려진 눈에 비친 고뇌의 빛을 보고 당황하여 더듬거리면서 말했다. "무슨 소리예요. 편지를 쓰지 않을 이유가 없지 않습니까."

그러나 그의 안색을 살피던 그녀는 순간 잡은 손을 놓았다. 그리고 조금 낯빛이 변했다. 모친이 얼른, "위안은 반드시 편지를 줄 거야." 말해도 아무 말도 하지 않았다.

그래서 위안은 꼭 편지를 써서 무슨 일이든 알려 주겠다고 약속했다. 그러나 그것이 거짓임은 잘 알고 있었으며, 기차가 움직이기 시작하여 어쩔 수 없이 메리의 얼굴을 마주 보았을 때는 그녀 또한 그렇게 생각한다는 것을 알았다. 그는 고국으로 돌아가는 것이고, 그들은 서로 이방인인 것이다. 편지를 쓴다 해도 아무 의미도 없다. 그는 더 이상 입지 못하게 된 옷을 버리듯이, 머릿속 지식과 가방 속의 책 꾸러미만 남기고 지난 6년간의 생활 모두를 버린 것이다. 그러나 지금 이렇게 배 위에서 6년의 세월을 돌이켜 보니, 마음속에서 도저히 억누를 수 없는 애정이 솟아올랐다. 이 이국에는 그가 갖고 싶어하는 것이 많이 있었고, 또 노교수 가족처럼 선량한 사람들은 아무리 해도 미워할 기분이 나지 않았다. 그러나 그 애정은 식고 말았다. 위안은 이렇게 고국을 향하고 있으니, 이제까지 잊고 있던 일들이 떠올랐기 때문이다. 그는 아버지를 생각하고, 사람들이 들끓는 청결하지도 아름답지도 않은 좁은 거리며 감옥에서 보냈던 그 사흘을 생각했다.

그러나 그러한 것도 6년이 지난 오늘은 혁명이 일어나 틀림없이 모든 것이 변했겠거니 하고 생각해 보았다. 완전히 변했을 게 틀림없다. 그가 고국을 떠날 때 멍은 관헌에 쫓기는 신세였는데, 이번에 성에게 들어 보니 지금 그는 혁명군의 대장이 되어 어디나 자유롭게 돌아다닌다고 한다. 변한 것은 그뿐만이 아니었다. 이 배에 탄 중국인은 위안뿐이 아니었다. 그와 마찬가지로 고국으로 돌아가는 젊은 남녀가 20명쯤 되어, 모두 함께 같은 식탁에서 식사를 하며 최근에 일어난 혁명에 대하여 이야기했다. 좁은 옛 도로는 헐리고 세계 어느 나라에도 뒤지지 않을 만큼 넓은 거리가 옛 모습이 남은 도시에 뻗어 있고 외딴 시골길까지 자동차가 들어가서, 여태까지 걷거나 기껏해야 당나귀밖에 못 타던 농민들까지도 자동차를 타고 다닌다는 이야기며, 혁명군은 많은 대포와 폭격기를 가졌고 무장한 병사들을 거느리고 있다는 이야기며, 오늘날에는 남녀가 평등해졌다는 것과, 아편을 매매하거나 피우는 것은 처벌 대상이 되었다는 것, 그 밖에 이러한 악습은 이미 한꺼번에 없어졌다는 말이었다.

그들은 위안이 처음 듣는 것을 너무나 많이 이야기해 주었으므로 그는 옛 기억에만 사로잡혔던 자신이 어리석게 느껴져, 한시바삐 새로운 고국이 보고 싶어졌다. 그는 이런 시대의 청년이라는 사실이 기뻐서, 어느 날 동포들과 한 식탁에 둘러앉았을 때 가슴을 두근거리며 말했다. "자유롭게 자기 생각대로 살 수 있는 시대에 태어났으니 이 얼마나 근사한 일입니까!"

그러자 정열에 불타는 젊은이들은 모두 서로의 얼굴을 바라보며 기쁨으로 빛나는 미소를 지었다. 그 가운데 한 아름다운 여자가 예쁘장한 발을 쑥 내밀면서 소리쳤다. "보세요. 어머니 시대에 태어났더라면, 이렇게 멀쩡한 두 발로 걸을 수 있었겠어요?" 그러자 모두 어린아이처럼 웃으며 온갖 농담을 주고받았다. 그러나 이 젊은 여성의 웃음은 단순한 농담이 아니었다. 한 청년이 말했다.

"누구나 자유로워지다니, 우리 민족의 역사 이래 처음 있는 일이야. 공자 이래 처음이란 말이야!"

그러자 쾌활한 청년이 소리쳤다. "공자를 타도하자!" 그러자 다른 사람들도 소리를 합해서, "옳소, 공자를 타도하자!" 소리쳤다. "공자 따윈 타도하는 거야. 우리가 증오하는 옛 관습과 함께 무너뜨리는 거야. 공자나, 공자가 가르치는 효 따위는 두 번 다시 부활할 수 없게 해야 해!"

그들은 또 좀 더 진지한 이야기를 나눌 때도 있었는데, 그럴 때는 국가를 위해 무엇을 하면 좋을까 하는 것을 열심히 생각했다. 위안과 함께한 이 청년들은 누구나 국가를 위해 공헌하겠다는 열정에 불타고 있었다. 그들의 대화 속에서는 반드시 '조국'이라든가 '애국심'이라는 말을 들을 수 있었다. 그들은 진지하게 자기들의 결점이나 능력을 살피고 그것을 다른 나라 국민들과 비교했다. "서양인은 발명의 재능에서, 육체가 정력적이라는 점에서, 진취적인 기상에서 우리보다 뛰어나다." 하고 그들은 말했다. 그러면 또 누군가가 이렇게 말하는 것이었다. "우리들이 뛰어난 점은?" 그들은 서로 얼굴을 쳐다보고 생각하다가 다 함께 말한다. "우리는 인내력과 이해력, 그리고 오래 참고 견디는 능력이 뛰어나다."

이 말을 듣자 아까 귀여운 발을 내밀어 보이던 처녀가 잠자코 있지 못하고 소리쳤다.

"오래 참고 견딘다는 것은 우리의 결점이에요. 나는 이제 인내하지 않을 거예요. 마음에 들지 않는 것을 무슨 일이고 참고 견디지만은 않겠어요. 그리고 우리나라 여성들에게 무슨 일에나 묵묵히 참고 따르지는 말라고 가르치겠어요. 미국 여성 중에서 자기가 싫어하는 것을 참고 견디는 사람을 본 적은 없어요. 미국이 이만큼 된 까닭은 그거예요!"

그러자 우스갯소리를 잘하는 청년이 말했다. "그래요, 미국에서는 남자 쪽이 참지요. 우리도 그것을 본받아야 할 모양이에요, 여러분!" 이 말에 그들은 젊은 이들답게 와 하고 웃었다. 그러나 지금 농담을 한 청년은, 무엇이든 제 뜻대로 하겠다는 이 대담하고 기가 센 아름다운 처녀를 남몰래 찬탄의 눈으로 바라보았다.

이렇게 하여 위안을 포함한 한 무리의 젊은 남녀들은 더없이 쾌활한 마음으로 귀국에 대한 뜨거운 기대를 가슴에 안고 배 위에서의 나날을 보냈다. 그들은 자기 동료들 말고는 아무에게도 주의를 기울이지 않았다. 왜냐하면 그들은 모두 자기의 젊음에 확신을 갖고, 자기 지식에 만족하며, 다시 고국의 땅을 밟는다는 열망에 넘치고, 저마다가 시대에 공헌할 힘을 가졌으며 높은 가치를 갖고 있다는 자신감을 품고 있었기 때문이다. 그러나 그들 스스로 아무리 만족하더라도, 위안은 그들이 떠들어대는 말이 외국어이며, 자기 나라 말을 할 때두 모국어로 제대로 전달할 수 없는 사상을 전할 때에는 외국어로 덧붙여야만 한다는 것과, 여성의 복장은 반은 양장이고 남자는 모두 양복을 입고 있으므로 뒤에서 보면 어느 인종인지 알 수 없다고 생각했다. 더욱이 그들은 밤마다 남자와 여자가 서로 끌어안고 외국인이 하듯이 춤을 추고, 때로는 부끄러움도 없이 볼과 볼을 비벼 대며 손에 손을 잡고 춤추는 일도 있었다. 춤추지 않는 것은 위안뿐이었다. 동포들이 그의 눈에 외국풍으로 비치는 짓을 할 때에는 아무리 작은 일이라도 그는 그들로부터 떨어졌다. 그리고 자기도 예전에는 춤을 춘 것을 잊고 속으로 생각했다. '댄스는 외국 것이지 않은가.' 그러나 그가 망설인 것은 이와 같은 새 시대의 여성과 접촉하고 싶지 않았던 것도 하나의 이유였다. 그녀들이 금방 손을 내밀어 남자에게 접촉해 오는 것이 그는 두려웠다. 위안은 매달리듯 여자가 끈적하게 접촉해 오는 것을 전부터 무서워했다.

이렇게 하루하루가 지나갔으며, 위안은 지난 몇 년 동안 고국은 어떤 모양으로 변했을까 하고 날이 갈수록 궁금해졌다. 드디어 고국에 도착하는 날, 그는 홀로 뱃머리로 가서 육지가 나타나기를 기다렸다. 육지는 모습을 나타내기 훨씬 전부터 그 그림자를 바다 위에 던지고 있었다. 위안이 보고 있으니 맑고 차가운 초록 바다에 누런 줄이 나타났다. 그것은 큰 강이 육지 사이를 몇천 마일이나 흘러오는 동안에 깎아 내어 세찬 물줄기에 실어 바다까지 날라온 황토였다. 그 노란 줄무늬는 마치 손으로 그린 듯이 뚜렷했다. 아무리 파도가 밀려와도 꿈쩍도 하지 않았다. 그리고 아직 바다 위라고 생각했는데, 그때 배가 하나의 장애물을 넘기라도 한 듯, 다음 순간에는 눈앞에 소용돌이치는 노란 파도를 보고 위안은 고국에 돌아왔음을 알았다.

이것은 좀 더 나중의 일인데, 한여름의 더운 날, 위안은 헤엄을 치러 바다로 갔다. 그리고 누런 물을 보고는 이런 물에서 헤엄을 쳐야 하나? 싶어 처음에는 왠지 더럽다는 기분이 들어서 망설이다가 '여기서 헤엄치는 것이 왜 나쁘단 말인가? 이것은 우리 조상의 대지로 혼탁해진 것이 아닌가?' 생각했다. 그래서 큰맘 먹고 바다로 들어간 그는 시원하고 정화된 기분이 되었다.

마침내 배는 소리도 없이 하구(河口)로 들어갔다. 양쪽 기슭은 둔중하고 누렇고 낮았으며 조금도 아름답지 않았다. 그리고 그 위에는 같은 빛깔의 조그마하고 낮은 집들이 있었다. 대지는 인간이 아름답다고 생각하거나 말거나, 구태여 아름답게 보이려 하지 않는 듯했다. 옛날처럼 오늘도 강이 만든 낮고 누런 양쪽 해안이 길게 펼쳐져, 바다를 밀어내어 한 걸음도 들이지 않겠다는 것 같았다.

위안도 그것이 아름답지 않다는 것은 인정해야 했다. 여러 나라 선객들과 섞여서 갑판에 서 있던 위안의 귀에는, 사람들이 이 새로운 나라를 바라보며 주고받는 말이 들려 왔다. "그리 아름답진 않군." "다른 나라처럼 산이 아름답지 않은데." 그러나 위안은 아무 말도 할 수 없었다. 그는 다만 긍지를 갖고 속으로 생각했다. '우리 나라는 그 아름다움을 감추고 있는 거야. 정숙한 여성은 문 밖의 타인에게는 수수한 모습만을 보이는 법이다. 자기 집 안에서만 빛깔 있는 옷을 입고, 반지를 끼고, 귀걸이를 한다. 우리 나라는 그런 여성과 비슷한 것이다.'

이렇게 생각했을 때, 위안의 마음에는 몇 년 만에 절구[3]가 하나 떠올랐다. 위안은 네 구의 시를 얼른 쓰고 싶은 충동을 느끼고, 언제나 주머니에 넣고 다니

---

3) 694쪽 각주 1번 참조.

는 수첩을 꺼내어 단숨에 써 내려갔다. 이 얼마 안 되는 시간이 그날의 환희에 찬 기분에 다시 한 점의 밝음을 보탰다.

그때 갑자기 평탄하고 음침한 평야에서 난데없이 높은 건물이 나타났다. 위안은 고국을 떠날 때는 성의 간호를 받으며 밤배의 선실에서 눈을 떴기 때문에 이런 높은 건물을 보지 못했었다. 위안이 다른 선객과 함께 신기하게 바라보고 있는 동안에 건물은 평탄한 대지에서 높이 치솟아, 타는 듯한 햇빛 아래 번쩍번쩍 빛났다. 한 백인이, "이렇게 근대적인 대도시인 줄은 미처 몰랐는데" 말하는 소리가 들렸다. 그 목소리에 존경의 뜻이 깃들어 있음을 깨닫고 위안은 속으로 자랑스러웠으나, 아무 말도 하지 않고 낯빛도 바꾸지 않은 채, 여전히 갑판의 난간에 기대어 고국의 모습을 지그시 쳐다보고 있었다.

이와 같은 긍지가 그의 마음에 솟는 동안 배가 부두에 닿자 순식간에 선창가나 주변에서 모여든 쿨리[4] 무리가 배 안으로 밀고 들어왔다. 그러고는 가방이나 트렁크를 메는 천한 일을 맡으려고 서로 복작대기 시작했다. 항구 안에서는 지저분한 조각배들이 여름의 더운 햇빛 속을 ㄴ 저어 몰려들었다. 그 조가배에 거지들이 타고 우는소리로 구걸을 하면서 끝에 바구니를 댄 긴 장대를 배 위로 쳐들어 올렸는데, 그 대부분이 병자들이었다. 쿨리들도 더워서 반나체가 대부분이었는데 일을 얻으려고 모두 정신이 없어서 먼지와 땀투성이 몸으로, 깨끗하게 차려입은 백인 여자들 사이를 마구 밀치며 돌아다녔다.

위안의 눈에 백인 여자들이 몸을 피하는 것이 보였다. 그저 사내들을 무서워하는 사람도 있었으나, 모두 그 더러움과 땀과 천함에 진저리를 치고 있었다. 위안은 이 거지들과 쿨리들도 자기의 동포라고 생각하니 속으로 부끄러워졌다. 그리고 이상하게도 그는, 쿨리들을 피하는 백인 여자들에게 증오를 느끼면서도 갑자기 이 반라의 쿨리들과 거지들에게도 증오를 느껴 속으로 거칠게 소리쳤다. '이런 인간들이 이렇게 누구 앞에나 모습을 나타내는 것을 당국은 단속해야 한다. 이 나라를 찾아오는 온 세계 사람들에게 가장 먼저 이런 인간들을 보여 준다는 것은 좋지 않다. 그 가운데에는 이런 인간들밖에 보지 않는 사람들도 있을

---

4) 19세기에서 20세기 초까지 서구 열강에서, 육체노동에 종사하는 하층의 중국인·인도인 노동자를 비하하는 뜻으로 사용하던 단어.

것이다.'

그는 이런 광경을 차마 보고 있을 수가 없었다. 어떻게든 이것을 완전히 바꾸겠다고 결심했다. 다른 사람들에게는 보잘것없는 일로 여겨질지 모르지만 그에게는 결코 사소한 문제가 아니었던 것이다.

그러나 그의 이 기분은 곧 풀렸다. 배에서 내리니 그가 어머니라 부르는 노부인과 아이란이 마중 나와 있었기 때문이다. 두 사람은 많은 사람들 속에 서 있었는데, 위안은 첫눈에 그 많은 이들 가운데 아이란만큼 아름다운 여성이 없다는 것을 알고 기쁨이 솟았다. 그는 노부인에게 인사하고, 눈과 얼굴에 기쁨의 미소를 띤 그 손을 꼭 잡고 있을 때도, 배에 탄 사람들의 눈이 일제히 아이란에게 쏠린 것을 잘 알 수 있었다. 그리고 자기와 같은 민족인 그녀를 배에 탄 사람들에게 보여 줄 수 있다는 데 흡족함을 느꼈다. 그 거지나 쿨리들의 추태도 아이란의 아름다움으로써 깨끗이 씻겨 나가는 듯했다.

그만큼 아이란은 아름다웠다. 위안이 고국을 떠날 때 그는 아직 어린애에 지나지 않았으므로 그녀의 아름다움을 충분히 알지 못했다. 그러나 오늘 이렇게 부두를 걷고 있으니, 아이란 같으면 세계 어느 나라 미인과 겨루더라도 조금도 손색이 없다고 그는 생각했다.

아이란이 소녀 시절의 새끼 고양이 같은 아양을 보이지 않게 된 것도 나이다운 침착함을 느끼게 했다. 옛날처럼 눈은 반짝이고 재치가 번득였으며, 목소리도 가볍고 탄력이 있었으나, 거기에는 어딘가 모르게 부드럽고 완성된 기품이 갖추어져 있었으며 그 높은 웃음소리도 그리 자주 내지 않았다. 따뜻함이 담긴 아름다운 얼굴을 감싼 짧은 머리카락은 검고 윤기가 있었다. 다른 여자들처럼 구불거리지 않고 흑단 같은 머리를 이마에서 가지런히 갈라 곧게 빗어 내려 놓았다. 오늘 그녀는 최신 유행의 길고 날씬한 은빛 옷을 입었는데, 깃은 높으나 소매는 팔꿈치까지밖에 안 되고 몸에 딱 붙어서, 어깨에서 허리, 허벅지에서 발꿈치에 이르기까지 한 점 나무랄 데 없는 곡선이 부드럽게 흘렀다.

위안은 그녀의 완전한 아름다움에 구원받은 듯한 기분이 들어 자랑스레 그녀의 모습을 바라보았다. 내 나라에도 이런 여성이 있다!

노부인 뒤에, 이제 어린애는 아니지만 그렇다고 해서 여자가 다 되지도 않은,

휜칠하게 키가 큰 소녀가 서 있었다. 아이란만큼 아름답지는 않았지만 맑고 기품 있는 눈을 지녀서, 아이란만 옆에 없다면 충분히 눈길을 끌 만했다. 키는 크지만 거동은 우아하고, 얼굴은 갸름하고 하얬으며 짙은 눈썹 아래 검은 눈도 큼직하게 뜨고 있었다. 이 사람이고 저 사람이고, 환영하는 소리며 웃음에 정신이 팔려 아무도 이 소녀가 누구인지 위안에게 말해 주지 않았다. 그러나 막 물어보려던 순간 그는 이 소녀가 그날, 감옥 문 앞에서 가장 먼저 자기를 발견하고 소리친 메이링이라는 아이임을 깨달았다. 그는 그녀를 향해 말없이 고개를 숙였다. 그러자 그녀도 마찬가지로 고개를 숙였다. 그러나 그 얼굴이 금방 잊을 수 없는 얼굴이라는 것을 위안이 알게 될 때까지는 아직 시간이 필요했다.

또 한 사람, 지금도 위안이 기억하는 사람이 나와 있었다. 그에게서 아이란을 지키도록 노부인의 부탁을 받았던 바로 그 우라는 소설가였다. 그는 말쑥한 양복을 입고 짤막한 코밑수염을 길렀으며, 머리는 마치 기름으로 닦은 듯이 번들거리는 모습으로 사람들 속에 여유롭게 서 있었다. 자기는 올 권리가 있는 장소에 와 있다는 듯한 확신이 몸 전체에 드러났는데, 그 이유를 위안은 곧 알게 되었다. 가벼운 인사가 끝나자 노부인은 이 청년의 손을 잡고 이어 위안의 손을 잡으면서 말했다. "위안, 이쪽은 아이란과 결혼할 사람이야. 아이란이 원해서 네가 돌아올 때까지 결혼식을 연기했단다."

위안은 노부인이 이 사나이에게 호감을 갖고 있지 않았다는 것을 기억하고 있었으므로, 어째서 여태까지 편지로 아이란의 결혼에 대해 알려 주지 않았을까 이상하게 생각했다. 그러나 이런 자리에서 예의에 벗어난 말은 할 수 없으므로, 소설가의 고운 손을 잡아 요즘 유행대로 악수를 하면서 미소를 띠고 말했다. "누이의 결혼식에 참석할 수 있다니 참으로 기쁩니다. 제가 운이 참 좋군요."

상대편은 가볍고도 조금 나른하게 웃고는 여느 때의 버릇인 듯 눈을 내리깔며 위안을 보고, 좀 뻐기듯이 영어로 "운이 좋은 것은 저죠." 말하고는 한쪽 손으로 머리카락을 쓸어올렸다. 이때 위안은 눈에 익은 그 묘한 미남 행세를 오랜만에 다시 보았다.

이런 인사에 익숙하지 않은 위안은 잡았던 손을 놓고 개운치 않은 기분으로 그 자리를 떠났다. 그는 문득 이 사나이가 이미 다른 여자와 결혼했던 것을 떠올리고 점점 더 영문을 알 수 없는 기분이 들었다. 어떻게 이렇게 되었는지 지금 여기서 물어볼 수도 없으므로 나중에 살며시 노부인에게 물어봐야겠다고 생각했다. 그러나 다 함께 자동차가 기다리고 있는 거리로 걸어가면서, 그 두 사람이 참으로 잘 어울리는 한 쌍임을 인정하지 않을 수 없었다. 두 사람 모두 어디까지나 중국인다우면서도 또한 어딘가 그렇지 않은 듯이 보였다. 마치 튼튼하게 뿌리를 내린 노목이 그 옹이투성이의 밑동에서 느닷없이 아름다운 꽃을 피운 느낌이었다.

노부인이 다시 위안의 손을 잡고 말했다.

"집에 가자. 여기는 바다에 반사하는 햇빛이 너무 강하고 더운 것 같구나." 위안은 노부인에게 손을 잡힌 채 거리까지 나갔다. 거기에는 부인의 자가용이 기다리고 있었다. 부인은 여전히 위안의 손을 꼭 쥔 채 차까지 데려갔다. 메이링은 부인의 반대쪽에 붙어서 걸어갔다.

아이란은 새빨간 2인승 소형차에 올라탔다. 우도 함께였다. 이 호화스러운 자동차에 탄 두 사람의 아름다움은 마치 한 쌍의 신과 같았다. 차의 지붕이 뒤로 접혀 있어서 햇빛이 두 사람의 검고 윤기 있는 머리와 얼룩 하나 없는 매끄러운 황금빛 피부에 그대로 퍼부어졌다. 차체의 화려한 붉은빛도 그들의 아름다움을 손상하지 않고, 오히려 두 사람의 나무랄 데 없이 완벽한 육체의 아름다움과 기품을 한결 더 도드라지게 했다.

위안은 이 아름다움에 또다시 감탄하고 민족의 긍지가 가슴속에 솟구침을 느꼈다. 이렇게 깨끗한 아름다움은 미국에서도 본 적이 없지 않은가! 고국에 돌아오는 것을 두려워할 필요는 없었던 것이다.

그때 이 부자들을 멍하니 보고 있던 군중 속에서 한 거지가 튀어나와 그 당당한 빨간 자동차로 달려가더니, 문 끝에 손을 걸고 매달려 거지 특유의 가엾은 목소리로 "제발 은전 한 푼만 적선합쇼, 제발, 적선합쇼!" 애걸했다.

그러자 차 안에 타고 있던 귀공자는 "그 더러운 손 당장 치워!" 거칠게 소리쳤다. 그러나 거지는 차츰 더 목소리를 높이며 문을 놓지 않았다. 마침내 귀공자는 몸을 굽혀 딱딱한 서양식 가죽 구두를 벗어 들고 그 뒤꿈치로 거지의 손을 힘껏 후려쳤다. 거지는 "제길!" 소리치며 군중 속으로 달아나 상처 입은 손을 입으로 가져갔다.

귀공자는 아름다운 흰 손을 위안에게 흔들어 보이고는 굉음과 함께 차를 출발시켰다. 새빨간 차체는 햇빛 속을 나는 듯이 달려 나갔다.

귀국 후 며칠 동안 위안은 주변의 일이 정확하게 파악될 때까지 감정을 유보시켜 두기로 했다. 처음에 그는 '이 나라도 그리 다른 점은 없지 않은가. 요컨대 우리 나라도 현대의 다른 나라와 마찬가지다. 어째서 그렇게 걱정했을까?' 안도의 숨을 내쉬었다.

사실 위안에게는 그렇게 여겨졌다. 건물이나 도로, 민중이 가난하고 초라하게 보이지나 않을까 걱정했던 그로서는, 그렇지 않은 것을 보고 만족했다. 그가 유학 가 있는 동안 노부인은 그때까지 살던 조그만 집에서 서양식의 큰 집으로 이사했는데, 그 새집을 보고 그는 더욱 안심했다. 첫날 위안이 처음 이 집으로 돌아왔을 때 노부인은 말했다.

"아이란 때문에 이사를 했지. 그전 집에서는 동무들을 초대하기두 좁고 초라하다고 아이란이 자꾸 그래서 말이다. 그리고 나도 전부터 메이링을 데려오고 싶었거든. 위안, 나는 그 애가 꼭 내 친딸 같은 기분이야. 아이란의 외할아버지처럼 그 애도 의사가 될 거라는 것을 너한테 알렸던가 몰라. 그 애에겐 내가 아버지에게서 배운 것을 모두 가르쳐 줬어. 지금은 외국인이 경영하는 의학교에 다니고 있지. 학교가 아직 2년 남아 있는데, 졸업한 뒤에도 몇 년 더 부속 병원에서 수련을 해야 한단다. 내과 쪽은 우리 의학이 더 알맞다는 것을 잊지 말라고 나는 그 애에게 말했단다. 하지만 절개하거나 꿰매거나 하는 외과 쪽은 외국이 더 발달해 있다는 사실은 부정할 수 없어. 메이링은 내과와 외과를 모두 공부하고 있다. 그 밖에 메이링은 고아의 뒷바라지도 거들어 주고 있단다. 여전히 거리에는 내버려지는 아이들이 많단다. 혁명 뒤로 남녀의 행동이 자유로워져서, 요즘에는 더욱 많아졌어."

위안은 놀라며 말했다. "메이링은 아직 어린아인 줄 알고 있었습니다. 제가 유학 떠날 때는 아주 어린아이였다고 기억하고 있지요."

"벌써 스무 살인걸." 노부인은 조용하게 대답했다. "어린애였던 건 아주 오래전이란다. 머리는 나이보다 더 성숙해서, 사실 아이란이 훨씬 나이가 많지만 꼭 아이란의 언니 같단다. 매우 용감하고 침착한 아이야. 언젠가 메이링이 외과의의 보조를 맡은 외과 수술을 하는 것을 보러 갔었지. 여자 환자의 목에 난 종기를 제거하는 수술인데 그 애의 손 움직임은 남자처럼 침착하더구나. 선생님도 메이링이 떨지도 않고 피가 솟아나노 겁을 내시 않았다면서 칭찬하시더라. 메이링은 무슨 일에도 놀라지 않지. 무척 침착하고 담대한 아이야. 게다가 또 기쁜 것은 아이란과 의가 좋다는 거야. 그 애는 아이란이 놀러갈 때도 함께 가지 않고, 아이란도 메이링이 하는 일에 관심을 갖지는 않지만."

그때 부인의 방에는 노부인과 위안 두 사람뿐이었다. 메이링은 곧 물러났으므로 차와 과자를 나르는 하녀가 드나드는 것 말고는 아무도 없었다. 그래서 위안은 호기심을 못 이겨 물었다. "그 우라는 사람, 이미 결혼한 줄 알고 있었는데요."

이 말을 듣자 노부인은 한숨을 쉬고 대답했다. "네가 이상하게 생각할 줄 알았지. 아이란 때문에 나도 무척 속을 썩였단다. 하지만 아이란은 그 사람과 결혼하겠다고 하고, 저쪽에서도 아이란과 결혼하겠다니 더 이상 할 말이 없지. 그 애는 누가 뭐라고 해도 듣지 않거든. 이 큰 집에 이사 온 까닭도 그 때문이란다. 두 사람이 꼭 만나지 않고는 못 견딘다면 여기서 만나는 게 좋겠다 싶어서 말이야. 어차피 둘은 만날 테니까. 내가 할 수 있는 일이라고는 그 사람이 부인과 이혼해서 자유로운 몸이 될 때까지 너무 깊이 들어가지 않도록 하는 일뿐이었어. 게다가 그 부인이란 사람은 사실 구식 여자야. 그 사람의 부모가 골라서 그 사람이 열다섯 살 때 결혼시켰다지만, 그 사람과 부인, 어느 쪽이 더 딱한지 나는 모르겠어. 두 사람의 슬픔을 나는 알 듯도 해. 나도 비슷한 결혼을 해서 사랑받지 못하고 살아왔으니까, 그 부인 일이 남의 일 같지 않다. 더욱이 사랑받지 못한다는 것이 어떤 것인가 잘 아는 이상, 내 딸만은 좋아하는 사람과 결혼시켜 주겠다고 맹세했지. 그러니까 양쪽의 고민을 나는 잘 알아. 하지만 그것도 형식적인 건 이제 일단락됐다. 위안, 요즘 세상에서는 이런 일이 너무 쉽게 처리가 되는 것 같구나. 이혼이 성립돼서, 가엾은 부인은 태어난 고향인 내륙의 도시로 돌아가게 되었지. 막 떠나려 할 때 내가 만나러 가 보았어. 부인은 그 사람과 함께 이 도시에서 살고 있었으니까. 하기야 명목상으로만 그랬다고 부인은 말하더라만. 가 보니 부인은 하녀 둘에게 시켜서 시집올 때 가져온 붉은 가죽 가방에 옷을 챙겨 넣고 있었어. 나한테 한 말은 그저, '언젠가 이렇게 될 줄 알고 있었어요. 이럴 줄 알았어요.'라는 것뿐이었어. 아름답지도 않았고 그 사람보다 다섯 살이나 위였고, 요새는 누구나 하는 외국어도 할 줄 모르고, 큼직한 외국식 신으로 감추려 했지만 발은 전족을 했더구나. 그 부인으로서는 정말 이걸로 끝인 거지. 그 사람의 인생에 앞으로 무슨 희망이 있겠니. 하지만 나는 아무것도 물어볼 수가 없었단다. 먼저 아이란을 생각해 주어야 했거든. 우리 같은 늙은이는 새로운 물결에 밀려서 떠내려가는 수밖에, 지금 세상에서는 아무것도 할 힘이 없단다. 대체 무엇을 할 수 있겠니? 나라가 뒤집혀서, 우리가 의지할 것은 아무것도 남아 있지 않다. 법도도 없고 형벌도 없단 말이다."

부인이 말을 마쳤을 때 위안은 그저 미소를 지었을 따름이다. 눈앞의 노부인은 완전히 늙어 조용했고, 언제나 그렇듯 어딘가 우수가 깃든 표정을 하고 있었으며 머리는 하얬다. 그녀는 어느 노인이라도 함 직한 말을 하고 있다고 위안은 생각했다.

그렇게 생각한 것은, 그때 그는 마음속에 용기와 희망만을 느끼고 있었기 때문이다. 귀국한 그날, 겨우 몇 시간 안에 이 도시는 이미 그에게 용기를 주었다. 이곳은 참으로 활기차고 풍요로웠다. 지나가면서 잠깐 보아도 여기저기에 큼직한 새 점포가 들어서 있었다. 기계류를 파는 상점, 세계 각지의 온갖 상품을 파는 가게가 있었다. 소박한 상품을 파는, 지붕이 낮은 가게가 즐비하게 늘어섰던 초라한 거리는 그다지 볼 수 없었다. 이제 이 도시는 세계의 중심이 되어 새로운 건물들이 층층으로 높이를 겨루고 있었다. 위안이 미국에 가 있는 6년 동안에 수십 개의 웅장한 건물이 하늘을 찌를 듯이 솟았던 것이다.

돌아온 첫날 밤, 그는 자기 방 창문 앞에 서서 이 거리를 내다보며, '성이 머무르는 그 미국 도시와 거의 다름없지 않은가.' 이렇게 생각했다. 그를 에워싼 것은 눈부신 가로등불, 자동차의 소음, 수백만 인간들이 낮게 신음하는 웅성거림, 끊임없이 성장하며 용솟음치는 생활의 거센 물줄기와 고동이었다. 이것이 내 나라이다. 구름에 가려 달이 보이지 않는 하늘을 배경으로 벌겋게 빛나는 글자는 내 나라 글자이며 그것은 내 나라 국민이 만들고 있는 상품을 알리고 있다. 이 도시는 내 나라의 도시이다. 그리고 세계 어느 도시에도 못지않은 대도시인 것이다. 문득 그는 아이란 때문에 밀려난 여자를 생각했다. 그러나 그는 마음을 다잡으며 이렇게 마음속으로 중얼거렸다. '이 새로운 시대에 견디어 내지 못하는 자는 모두 밀려나는 것이다. 그게 옳은 것이다. 아이란도 우도 옳다. 새로운 것을 부정할 수는 없는 것이다.'

그러고는 선명하면서도 비정한 기쁨을 느끼면서 잠이 들었다.

그 뒤 며칠 동안 위안은 이러한 자랑스러운 기쁨에 싸여 이 대도시의 구석구석을 찾아보았다. 감옥에서 나와 고국을 떠났으며, 이제 다시 고국에 돌아왔다는 사실을 생각하니 자신은 믿을 수 없을 만큼 행운아라는 느낌이 들었다. 그리고 모든 감옥의 문이, 자신이 갇혔던 감옥뿐 아니라 모든 속박의 문이 열린 듯한 느낌이 들었다. 아버지가 그의 의사에 반해서 결혼시키겠다고 한 일도, 젊은 남녀들이 자유를 희구한 탓으로 잡혀서 총살당한 일도 이제는 잊힌 한순간의 악몽에 지나지 않았다. 그들이 목숨을 바치며 갈구했던 그 자유는 이제 모든 이에게 주어지지 않았는가? 이 도시의 거리거리에는 젊은 사람들이, 남자나 여자나 자유롭고 대담하며 하고 싶은 일은 주저하지 않는다는 표정으로 걸어다니고 있어, 어디를 보나 속박 같은 것은 없었다. 이틀 뒤에 멍에게서 편지가 왔는데 이런 내용이 씌어 있었다.

마중 나가고 싶었지만 나는 이 새로운 수도를 떠날 수가 없었어. 우리들은 낡은 도시를 새로 만들고 있어. 낡은 집을 부수고 상쾌한 바람처럼 거리를 뚫고 지나가는 크고 새로운 도로를 건설했지. 앞으로 곳곳에 더 많은 도로를 만들 예정이야. 그리고 불필요한 사당이나 사찰을 부숴 버리고 그 자리에 학교를 세울 계획을 세워 놓았어. 이 새로운 시대에는 민중이 사당이나 사찰 따위를 필요로 하지 않기 때문이야. 그 대신 과학을 가르치는 거지. 나는 육군 대위로 장군의 부관을 하고 있는데, 장군은 군관 학교 시절의 형을 알고 있어. 그리고 이곳에 오면 형이 일할 자리가 있다고 전하라더군. 그건 사실이야. 장군이 최고 수뇌부의 세력 있는 사람에게 이야기해 두었으니까 형은 이곳 대

학에서 형이 하고 싶은 강의를 하면 돼. 그러면 형도 이곳에 살면서 이 도시
의 건설에 협력할 수 있을 거야.

이 대담하고 의욕 넘치는 편지를 읽으며 위안은, '이것이 그 수배를 받았던 명
의 편지다. 그는 이렇듯 훌륭해졌다!' 생각하고 기쁨에 젖었다. 또 조국이 벌써
자기에게 지위를 제공해 주었다는 사실에도 마음이 뜨거워졌다. 그는 이 문제를
마음속으로 한두 번 되새겨 보았다. 나는 정말 젊은 사람들을 가르치고 싶은 것
인가? 국민에게 봉사하려면 아마 그것이 가장 빠른 길인지도 모른다. 그러나 이
제 막 돌아온 그는 아직 해야 할 의무가 있었으므로 이 문제는 하루이틀 또는
좀 더 생각해서 결정하기로 했다.
　그 의무란, 먼저 백부와 집안사람들에게 인사를 하러 가야 했고, 사흘 후에는
아이란의 결혼식이 있으며, 그 뒤에는 아버지도 찾아뵈러 가야 했던 것이다. 돌
아와 보니 아버지한테서 편지가 두 통 와 있었다. 한두 장의 종이에 쓴, 노인답게
큼직하고 불안하게 떨리는 필적을 보니 위안은 그리운 생각이 왈칵 솟아, 일찍
이 아버지를 무서워하고 미워했던 것은 모두 잊어버렸다. 이 새로운 시대에서는
왕후도 잊힌 무대 위의 늙은 배우처럼 존재가 흐릿하게 느껴져 그는 꼭 아버지
를 뵈러 가야겠다고 생각했다.
　6년이라는 세월은 아이란을 더욱 아름답게 만들고, 어린애였던 메이링을 성
숙한 여자로 가꾸어 놓았으나, 그것은 동시에 지주인 왕이 부부에게는 묵직한
노령을 보태 주었다. 위안이 어머니라고 부르는 노부인은 그 세월 동안에도 머리
가 좀 하얘지고 총명한 얼굴이 더욱더 총명하고 참을성 있게 되었으며, 조금 여
위었을 뿐 그리 변하지는 않았는데, 백부 부부는 완전히 노인이 되어 있었다. 이
제는 자기 집을 팔고 장남과 함께 살고 있었으므로 위안은 그리로 찾아갔다. 그
것은 장남이 세운 집으로 아름다운 정원에 둘러싸인 양옥이었다.
　백부는 이 정원의 파초나무 그늘에 앉아 있었는데, 위안의 눈에는 마치 나이
든 성자처럼 온화하고 행복해 보였다. 이제 그는 육체적인 쾌락 추구를 그만두
고 기껏해야 이따금 미인화를 사는 정도였다. 그와 같은 그림을 수백 장이나 갖
고 있어서, 보고 싶어지면 하인더러 가져오게 하여 한 장 한 장 들치며 가만히

들여다보았다. 위안이 왔을 때도 파리를 쫓기 위해 옆에 서 있는 하녀가 마치 어린아이에게 그림책을 보여 주듯 그 그림을 한 장씩 넘겨 주고 있었다.

위안은 그 사람이 백부인 줄 곧바로 알아볼 수 없었다. 이 노인은 그 왕성한 욕정으로 마지막 순간까지 노령을 접근시키지 않았는데, 요즘에는 노인답게 이따금 소량의 아편을 피우기 때문인지 아니면 다른 이유가 있어서인지, 기어이 노령이 찾아왔을 때, 그것은 북풍처럼 들이닥쳐 몸을 시들게 하고 지방분을 쫓아버렸다. 그 결과 지금 앉아 있는 모습을 보니 피부가 마치 몸에 너무 큰 옷처럼 헐렁해 보여, 전에 지방 때문에 팽팽했던 곳은 이제 누런 주름이 축 늘어져 있었다. 변하지 않은 것은 복장뿐으로, 천은 호사스러운 공단이지만 옛날 뚱뚱할 때 지은 옷 그대로라 이제는 헐렁했다. 옷자락은 발꿈치를 덮을 정도로 길었고 소매도 손이 감추어지도록 길었으며, 깃은 축 처져서 여위어 주름투성이인 목을 드러내 보이고 있었다.

위안이 앞에 서자 노인은 뜻을 잘 알 수 없는 인사를 했다. "내가 이런 데서 혼자 그림을 보고 있는 것은 말이다, 집사람이 나쁜 그림이라며 빼앗아 가기 때문이야." 그리고 그는 옛 그대로의 호색스러운 웃음소리를 냈는데, 지나치게 색에 빠져 거칠어진 얼굴 때문에 그 웃음은 왠지 소름이 돋게 했다. 그는 웃을 때 하녀 쪽을 돌아보았다. 하녀는 위안을 황홀하게 바라보고 있으면서도 노인의 기분을 맞추기 위해 일부러 너무나 재밌다는 듯이 가짜 웃음을 웃었다. 그러나 위안에게는 노인의 웃음소리도 옛날보다 힘없이 가늘어진 것처럼 느껴졌다.

잠시 뒤 노인은 여전히 그림을 들여다보면서 물었다. "네가 외국에 간 지 몇 해나 되느냐?" 위안이 대답하자 이번에는, "네 사촌 형 녀석은 어떻게 하고 있지?" 묻고는 위안이 대답하자, 노인은 성을 염두에 둘 때는 언제나 그것을 생각하는 듯 중얼거렸다. "그 애는 외국에서 돈을 너무 써. 성은 낭비가 심하다고 큰애가 그러더구나." 그러고는 그대로 심각한 표정을 짓고 있었다. 위안이 기분을 북돋우기 위해서 "내년 여름에는 돌아오겠다고 했습니다" 이렇게 말하자 노인은 어린 대나무 아래에 선 미인 그림을 바라보면서 말했다. "그래, 그렇게 말했다더라." 그러고는 문득 생각난 듯이 갑자기 매우 자랑스레 말했다. "멍이 대위가 된 것을 알고 있을 테지?" 위안이 미소를 지으며 알고 있다고 대답하자 노인은 흐

뭇해하며 말했다. "그래, 그 애는 이제 아주 훌륭한 대위가 되어서 급료도 넉넉
히 받고 있지. 게다가 불안한 시대에는 집안에 군인이 있다는 게 매우 편리하다.
멍도 요즘엔 무척 높아졌지. 나를 만나러 왔는데, 외국 군인 같은 군복을 입고,
허리에는 권총을 차고, 신발 뒤꿈치에는 박차를 달고 왔더라. 이 눈으로 똑똑히
보아 두었지."

위안은 잠자코 있었으나 지난 6년 동안에, 멍이 가문의 수치였던 지명 수배자
처지에서 아버지가 자랑스러워하는 대위가 된 것을 생각하니 실소를 금할 수
없었다.

둘이서 이야기하는 동안 백부는 위안과 함께 있는 것이 좀 거북한 듯, 조카에
대한 태도라기보다 손님을 맞이하는 태도를 보이면서, 옆에 있는 조그마한 탁
자에서 주전자를 집어 위안에게 차를 따라 주려고 했다. 위안이 말리자 이번에
는 주머니에서 담뱃대를 꺼내어 담배를 권하는 것이었다. 마침내 위안도 백부가
자기를 진짜 손님 취급을 한다는 사실을 깨달았다. 백부는 불안한 눈으로 그를
자꾸 바라보더니 마침내 말했다. "너는 어쩐지 외국인 같구나. 옷이라든가 걸음
걸이라든가, 거동이 내 눈에는 외국인처럼 보인다."

위안은 웃었으나 이 말을 듣는 것이 그리 반갑지 않았다. 그러나 이에 대답할
말도 없었으므로 왠지 거북함을 느꼈다. 6년 동안 헤어져 있었지만 자기도 백부
에게 할 말이 없고 백부도 그에게 할 말이 없음을 알았으므로 서둘러 일어섰다.
한번 뒤돌아보니 백부는 벌써 그를 잊고, 졸음이 오는 듯 턱을 좀 움직이더니 곧
입을 벌리고 눈을 감았다. 위안이 보고 있는 동안에 노인은 잠이 든 모양이었다.
하녀가 위안의 외국풍 풍채에 넋을 잃고 부채질하는 것을 잊었으므로 파리가
한 마리 광대뼈에 앉아 벌어진 입까지 기어 내려갔으나 노인은 꼼짝도 하지 않
았다.

이렇게 백부와 헤어진 뒤 위안은 인사 드리려고 백모를 찾았다. 응접실에서 기
다리는 동안 그는 주위를 둘러보았다. 귀국 이래 그는 눈에 띄는 모든 것을 새
로운 잣대로 재고 있었다. 그리고 스스로는 의식하지 않았으나 그의 척도는 언
제나 미국이었다. 그는 이 방에 극히 만족했다. 어디서 본 것보다도 훌륭하게 여
겨졌다. 바닥에는 빨강과 노랑과 파랑이 풍부하게 사용된 새와 짐승과 꽃무늬

의 양탄자가 깔려 있었으며, 벽에는 화려한 금테 액자에 넣은 밝은 산과 푸른 바다를 그린 서양화가 걸려 있었다. 창에는 묵직한 붉은 벨벳 커튼이 드리워졌고, 의자도 모두 붉은색으로 푹신하고 부드러웠다. 여기저기 훌륭하게 조각한 조그만 흑단 테이블이 있고, 타구(唾具)까지 흔한 것이 아닌 밝은색의 파랑새며 황금빛 꽃무늬가 그려진 것이었다. 방 서쪽 편의 창문 사이에는 네 폭 족지가 걸려 있었다. 사계절을 나타내는 것으로, 봄은 붉은 매화, 여름은 흰 난초, 가을은 노란 국화, 겨울은 눈을 뒤집어 쓴 남천죽(南天竹)의 붉은 열매였다.

위안은 이렇게 밝고 호화로운 방은 처음 보는 기분이 들었다. 테이블마다 상아나 은으로 만든 조그마한 조각이라든가 장난감이 많이 놓여 있었으므로 손님은 몇 시간을 있어도 지루하지 않을 것이 분명했다. 그가 일찍이 따뜻함과 친밀감을 느낀 그 미국의 고풍스러운 갈색 방과 비교해 보니 하늘과 땅 차이였다. 백모의 방에 들어오라는 허락을 하녀가 전해 올 때까지 그는 방 안을 걸어다니고 있었는데, 그러는 동안에 현관 앞에 자동차가 서는 소리가 나더니 큰 사촌 형 부부가 돌아왔다.

두 사람 다, 위안이 기억하던 것보다 훨씬 유복한 모습이었다. 이미 중년에 이른 사촌 형은 옛날의 큰아버지와 똑같이 살쪄 있었다. 체구를 그대로 보여 주는 양복을 입고 있어서 실제보다 훨씬 더 살이 쪄 보였다. 배가 불룩 나온 꼭 끼는 옷 위에 얹혀 있는 동글동글하고 반들반들한 얼굴은 더위를 피하려고 이발까지 한 탓에 마치 잘 익은 노란 참외 같았다. 그가 땀을 닦으며 들어와, 밀짚 모자를 하녀에게 줄 때 보니 목덜미에는 세 겹으로 살이 접혀 있었다.

그러나 형수는 날씬하고 아름다웠다. 이젠 젊지도 않고 아이를 다섯이나 낳았는데도 도저히 그렇게 보이지 않았다. 이 도시의 상류 사회 부인들이 그렇게 하듯이 아이는 태어날 때마다 가난한 여자에게 맡겨 젖을 먹이고, 자기의 유방이나 몸은 천으로 꽁꽁 묶어서 그전대로의 가느다란 몸집으로 만들기 때문이었다. 위안이 보니 형수는 처녀처럼 몸이 가늘고, 나이가 벌써 사십인데도 얼굴은 발그스레한 상아빛이었으며, 머리칼은 반드르르하게 검고, 어디에도 고생이나 나이의 흔적이 없었다. 더위도 그녀의 아름다움을 망가뜨리지는 않았다. 그녀는 천천히 걸어와 위안에게 상냥하면서도 기품 있는 인사를 건넸다. 옛날의 그 신경질은, 땀을 뻘뻘 흘리는 비대한 체구의 남편 쪽으로 흘긋 던진 불쾌한 듯한 시선에서만 보였다. 그녀는 위안에게는 정중했다. 위안은 이미 조그마한 시골 도시에서 뛰쳐나온 애송이가 아니었기 때문이다. 해외 유학을 마치고 외국 학위를 따서 돌아온 인물이었으므로, 위안이 자기를 어떻게 생각할지를 그녀가 신경 쓰고 있다는 것을 위안도 알았다.

인사가 끝나고 모두 자리에 앉아 사촌 형이 하녀에게 차를 가져오라고 하자, 위안은 시간을 때우기 위해 물었다. "형님은 요즘 무엇을 하고 계십니까? 매우 경기가 좋아 보이는데요."

이 말을 듣자 사촌 형은 흡족한 듯 웃으며 불룩 튀어나온 배에 늘어뜨린 굵직한 금줄을 만지작거리면서 대답했다. "나는 이번에 새로 개설된 은행의 부행장이다. 전쟁이 미치지 않는 이런 조계(租界)⁵⁾의 은행은 요즘 매우 번창 중이라 시내 여기저기에 생기고 있어. 옛날에는 모두 땅에 투자했었다. 우리 할아버지 같은 분은 가진 돈을 모두 토지로 바꾸기 전엔 안심하지 않았지. 그런데 땅도 이제는 옛날처럼 안전하지 않다. 소작인이 폭동을 일으켜서 지주의 투지를 빼앗은 곳이 다 있는 형편이니까."

"그런 일을 막지 않습니까?" 위안은 놀라서 물었다.

그러자 형수가 날카롭게 끼어들었다. "그따위 농민들은 모두 죽여 버려야 해요!"

그러자 사촌 형은 꼭 끼는 양복을 입은 어깨를 조금 움츠려 보이고 살찐 두 손을 휙 들더니 말했다. "누가 막겠어? 요새는 무슨 짓을 하더라도 막을 방법이 없단 말이야." 그리고 앤이 "정부는 뭘 하고요?" 하고 묻자 사촌은 그 말을 받아서 말했다. "정부라! 군벌과 학생이 뒤섞인, 그것 말이냐? 놈들이 무엇을 저지할 수 있을 것 같니? 요즘은 각자도생해야 해. 그렇기 때문에 은행에 계속 돈이 흘러 들어오는 거야. 우리는 외국 군대가 경비하고 외국의 법률 아래 있으니까 안전하거든. 지금 내 자리는 정말 복을 받은 거야. 친구의 호의로 손에 넣었으니 말이야."

---

5) 19세기 후반 중국 개항 도시에 있던 치외 법권의 외국인 거주지.

“내 친구예요.” 형수가 곧 끼어들었다. “내가 대은행가의 부인과 친해져서 그 부인을 통해 바깥양반과 알게 되어 당신 일을 부탁해서…….”

“암, 그렇고말고.” 사촌은 재빨리 말했다. “잘 알고 있어…….” 이렇게 말하고 그는 무언가 불쾌한 듯 입을 다물었는데, 거기에는 분명하게 말하고 싶지 않은 사정, 그 지위를 얻기 위해 돈이라도 준 눈치였다. 그러지 이번에는 형수가 위안에게 말을 걸었는데, 그녀의 말이나 태도에는 먼저 거울 앞에서 연습해 본 것 같은 차갑고 세련된 느낌이 있었다. “도련님은 훌륭해지셔서 돌아오셨네요. 공부도 많이 하셨겠죠!”

위안이 자기 학문을 겸손해하듯 그저 잠자코 미소만 짓고 있으니 그녀는 억지 웃음을 짓고 비단 수건을 입에 대며 다시 말했다. “아무 말씀 안 하셔도 도련님은 틀림없이 온갖 것을 알고 계실 거예요. 그토록 오래 외국에서 공부를 하셨으니, 가실 때처럼 아무것도 모르실 수는 없을 테니까.”

이에 대해 위안은 무어라 답해야 좋을지 몰라 당황스러웠다. 그녀는 겉과 속이 다른 여자라 마음을 열 수 없을 것 같았으며 모든 것이 거짓인 듯해서 본심을 알 수 없었기 때문이다. 그때 하녀에게 손을 맡긴 채 노부인이 들어왔으므로 위안은 자리에서 일어나 큰어머니를 맞았다.

이 호화로운 서양식 방에 노부인은 하녀의 부축을 받으며 들어왔다. 여위고 허리도 굽지 않았으며 머리도 아직 검었으나 얼굴은 쭈글쭈글 주름져 있었다. 그리고 눈은 예나 다름없이 날카로워 보여서 모든 것을 꿰뚫을 힘이라도 지닌 듯했다. 아들과 며느리는 거들떠보지도 않고 위안의 인사를 받고는 의자에 앉더니 하녀에게 말했다. “타구를 갖다 다오.”

하녀가 타구를 가져오자 노부인은 기침을 하고 품위 있게 가래를 뱉고는 위안을 돌아보고 말했다. “부처님 은덕으로 몸은 여전히 튼튼하다만, 기침에 가래가 섞여 나오는구나, 특히 아침에는 심하단다.”

이 말을 듣고 며느리는 몹시 불쾌한 듯이 시어머니를 보았으나, 아들은 달래듯 말했다. “나이를 먹으면 누구나 그렇죠, 어머님.”

노부인은 아들 쪽을 돌아보지도 않았다. 그녀는 위안을 이리저리 뜯어보며 물었다. “우리 집 작은 녀석은 외국에서 어떻게 하고 있지?” 위안이 성은 몸 성히 잘 있다고 말하자 부인은 강경하게 말했다. "그 애가 돌아오면 곧 결혼시킬 참이야."

그러자 며느리가 웃음을 터뜨리더니 조심성 없이 말했다. "성 도련님은 마음에 없는 결혼 따윈 하지 않을걸요. 어머님, 요즘 젊은 사람은 다 그래요."

부인은 흘긋 며느리를 바라보았다. 그 시선은 이 며느리에게는 이제 새삼 의견이 맞지 않는다고 말해도 소용없다는 눈빛이었다. 노부인은 그대로 위안을 보고 말을 계속했다. "멍은 군인이 되었단다. 벌써 들었겠지만. 멍은 새로운 군대의 대장이 되어서 많은 부하를 거느리고 있지."

또다시 같은 말을 들은 위안은 이 노부인이 전에 멍에게 욕설을 퍼붓던 것을 생각하고 이번에도 싱긋 미소 지었다. 사촌 형이 이 미소를 보고는 소리 내며 마시고 있던 찻잔을 내려놓으며 말했다. "그래, 그 애는 남방에서부터 승리를 거듭해온 군대와 함께해서 말이야, 이제는 새 수도에서 아주 높은 지위에 올라 부하도 거느린단다. 그 애의 무자비한 무용담도 많이 전해져 왔지. 옛 지배자들은 모두 쫓거나 겨우 목숨을 부지하고 여기저기 외국으로 도망쳐 버렸으니까 그 애도 이제는 떳떳하게 우리를 만나 보러 올 수 있을 텐데, 무척 바빠서 여가가 없는 모양이더라."

그러나 나이 든 백모는 다른 사람의 이야기는 들으려고 하지 않았다. 그녀는 기침을 하고 큰 소리로 가래를 뱉은 뒤 물었다. "위안, 이제 외국에서 돌아왔으니 넌 무슨 일을 할 참이냐? 유학을 하고 왔으니 너는 얼마든지 높은 급료를 받을 수 있을 게다."

이에 위안은 부드럽게 대답했다. "우선은 아이란이 사흘 뒤에 결혼을 하니, 그것을 마친 다음 아버님을 찾아뵙겠습니다. 그 뒤에 어떤 일을 할 것인가를 생각해 보려 합니다."

"그 아이란이!" 노부인은 그 이름을 듣자 갑자기 목소리를 높였다. "나라면 절대로 딸을 그런 남자와 결혼시키지 않겠다. 그럴 바엔 차라리 비구니 사찰에 넣어 버리지!"

"아이란을 비구니 사찰에요!" 며느리는 이 말에 일부러 비꼬듯 웃음소리를 높였다.

"내 딸이라면 그렇게 한다." 노부인은 며느리를 쏘아보면서 단호하게 말했다. 좀 더 말하고 싶었던 모양이나 갑자기 숨이 차서 기침을 하기 시작했으므로, 하녀가 등을 문지르고 두드리며 호흡을 시켜야만 했다.

이윽고 위안은 작별을 고했다. 날씨가 좋았으므로 걸을 생각으로 햇빛 비치는 거리를 지나 집으로 돌아오면서 백부 부부는 이제 죽은 거나 다름없다고 생각했다. 노인이라는 존재는 모두 죽은 거나 마찬가지라고 생각하니 기뻐졌다. 하지만 자기는 젊고 시대도 젊다. 눈부시게 빛나는 아침 햇살 속을 걷고 있으려니, 시내에서 그가 만나는 것은 모두 젊은 사람들뿐이라는 기분이 들었다. 아름다운 팔을 외국식으로 드러낸 채 밝은 빛깔 옷을 입고 웃는 처녀들, 그들과 함께 어울려 자유로이 웃고 있는 청년들, 위안은 오늘 이 도시에 있는 것은 풍요롭고 젊은 사람들뿐이며, 자기도 그 가운데 한 사람임으로, 이 인생에 부족한 것은 없다고 생각했다.

그러나 금세 아무도 아이란의 결혼식 이외의 일은 생각할 여유도 없어졌다. 아이란도 우도, 이 도시의 젊고 부유한 중국인뿐만 아니라 외국인들에게도 잘 알려져 있었으므로 결혼식에 초대된 손님은 천 명을 넘었으며, 그 뒤의 피로연에도 거의 같은 수의 사람들이 초대되었기 때문이다. 위안은 아이란과 단둘이서 이야기할 기회도 없었으며, 귀국한 그날 잠시 말을 나누었을 뿐이었다. 그때도 별다른 이야기는 하지 못했다. 그전처럼 놀리는 듯 웃기만 하던 태도가 없어지고, 완성된 아름다움과 자신감에 감싸여 있는 그녀에게 위안은 말을 붙일 수가 없었던 것이다. 그녀는 전처럼 솔직함이 남아 있는 표정으로 물었다. "위안, 오빠는 돌아오길 잘했다고 생각해요?" 그는 대답하면서 문득, 그녀의 눈이 자기를 보면서도 전혀 자기를 보는 것이 아니고 그녀 자신의 마음속 생각을 보고 있으며, 젖은 듯이 반짝이는 눈은 아름다운 구슬에 불과하다는 것을 깨달았다. 이야기하는 동안 줄곧 그러했으므로 마침내 위안은 그 냉담함에 당황하여 불안한 듯 기어들어 가는 소리로 물어보았다.

"너는 변했구나. 행복해 보이지 않는걸. 결혼이 하고 싶긴 하니?"

그래도 그녀는 흉금을 털어놓지 않았다. 아름다운 눈을 크게 뜨고 차갑고 맑

은 방울 같은 소리로 웃으며 말했다. "나, 그렇게 예쁘진 않지? 나이를 먹고 안색
도 나빠져서 못생겨졌어!" 위안이 얼른 "아니야, 그렇지 않아. 그전보다 더 아름
다워졌는걸. 하지만……." 하고 말을 멈추자, 그녀는 전처럼 조금 놀리듯 말했다.
"하지만 그다음은 뭐예요? 날더러 뻔뻔스럽게 그이와 결혼하고 싶다, 결혼하지
않고는 못 살겠다고 말하란 말이에요? 여태까지 내가 바라지 않는 것을 한 적이
있었어요? 나는 옛날부터 형편없는 고집쟁이 계집애였잖아. 적어도 큰어머니가
그렇게 말씀하시는 걸 들은 적이 있고, 어머니는 다정하셔서 말씀은 안하셔도
속으로는 그렇게 생각하고 있는 것을 나는 잘 알아요."

　　그러나 그녀가 장난꾸러기 같은 눈짓을 하거나, 활처럼 휜 예쁜 눈썹을 찌푸
리거나 해도 위안은 여전히 그 눈이 공허한 것을 보고 그 이상 아무 말도 하지
않았다. 그 뒤 그는 아이란과 단둘이서 이야기를 나눌 기회가 없었다. 그 무렵
그녀는 밤마다 새 옷을 입고 색색가지 비단을 걸친 채 외출을 했기 때문이다. 위
안은 함께 초대를 받았을 때도, 자기에게만 몰두하여 다른 사람들은 마치 꿈속
에 있는 것처럼 보는 듯한 그녀의 아름답고 화려하지만, 이제 그에겐 낯설어진
자태를 다만 멀리서 바라볼 뿐이었다. 아이란은 전과는 달리 말이 없었다. 높은
웃음소리는 그저 미소만 짓는 것으로 바뀌고, 반짝이던 눈동자는 얌전해졌으며,
몸집은 둥그스름하니 부드러워졌고, 걸음걸이에도 지난날과 같은 통통 튀는 듯
한 발랄함이 사라지고 유연하고 침착한 우아함이 깃들었다. 그녀는 화려한 젊
음의 매력을 버리고 이 침묵과 고아함의 매력을 새로 지니게 된 것이다.

　　낮 동안 그녀는 피로해서 잠을 잤다. 위안과 어머니와 메이링만이 함께 식사
를 했는데, 모두 목소리도 동작도 조용했으므로, 날이 저물고 아이란이 일어나
애인을 만나 둘이서 초대받은 집으로 떠날 때까지는 온 집 안이 적적하기만 했
다. 아이란이 일찍 일어나는 것은 재봉사가 주문한 비단옷이나 공단옷을 가봉
하러 올 때뿐이었으며, 그 가운데는 긴 은빛의 외국풍 베일이 달린 복숭앗빛의
웨딩드레스도 들어 있었다.

　　결혼식까지 며칠 남지 않게 되자, 위안은 어머니인 노부인이 그다지 말도 하지
않고 자꾸만 우울해하는 것을 깨달았다. 메이링 말고는 거의 아무와도 말을 하
지 않았으며, 모든 것을 메이링에게만 의지하는 듯이 보였다.

"아이란에게 수프를 갖다주었니?"라든가, "아이란이 오늘 밤에 돌아오거든 수프나 그 애가 좋아하는 외국제 가루우유를 주도록 해라. 안색이 나쁜 것 같으니까."라든가, "아이란이 베일을 꽂는 데 진주가 두 알 필요하다고 했는데, 보석상더러 좀 가져오라고 일러라." 이런 말들을 노부인은 메이링에게 했다.

노부인의 머릿속은 아이란을 위해서 해 주어야 할 이런 자질구레한 일로 가득 차 있었다. 위안도 그것은 어머니로서 마땅한 일로 여겨졌으므로 이 젊은 처녀가 부인 곁에서 거들어 주는 것이 고마웠다. 한번은 노부인이 집을 비우고 그들 둘이서만 식당에 있었는데, 위안은 무슨 말을 해야 좋을지 몰랐으나 잠자코 있기도 어색해서 메이링을 보고 말했다. "당신은 어머니께 큰 도움이 되고 있습니다."

처녀는 유순한 눈으로 그를 바라보고 말했다. "저는 어릴 때부터 부인께서 길러 주신 걸요." 위안은 "예, 알고 있습니다." 하고 대답했다. 그러나 그는 처녀의 눈이 자기는 버려졌던 아이였으며, 부모조차 모른다고 말할 때에 느낄 부끄러움을 전혀 보이지 않는 데 놀랐다. 그리고 위안은 어머니에 대한 그녀의 마음 씀씀이 덕분에 그녀가 자기 가족의 한 사람인 것처럼 느껴져서 말했다. "누이가 결혼을 하는 것이니까 어머니는 좀 더 행복해하셔도 좋을 텐데. 어머니란 딸이 결혼할 때는 기뻐하는 것으로 알고 있습니다만."

그러나 이에 대해 메이링은 아무 말도 하지 않았다. 눈길을 피한 그녀는 마침 그때 하녀가 식사를 날라 오자 그것을 식탁에 차리기 시작했다. 위안은 그녀의 움직임을 지켜보았다. 메이링의 태도에서는, 자신이 하녀가 할 일을 하고 있다는 것에 대한 거리낌은 전혀 느낄 수 없었다. 위안은 넋을 잃고 지켜보며, 그녀의 날씬한 몸이 가늘면서도 튼튼해 보이는 것과 헛된 움직임이 하나도 없이 확실하고 재빠르게 손을 움직이고 있음을 발견했다. 그리고 그녀가 노부인이 시키는 일을 한 번도 게을리한 적이 없었음을 다시 한 번 생각했다.

이리하여 날짜는 재빨리 흘러 아이란의 결혼식 날이 되었다. 성대한 결혼식으로, 이 도시에서 가장 큰 최고급 호텔에 손님들은 오전 11시에 오기로 되어 있었다. 아이란의 아버지는 오지 않았고 백부는 나이를 먹어서 오래 서 있을 수 없었으므로 백부의 장남이 대리 노릇을 했으며, 아이란 곁에는 잠시도 떨어지지 않고 어머니가 붙어 있었다.

결혼식은 신식으로 거행되어, 조부 왕룽이 아내들을 맞이했을 때의 간소한 식과도 달랐고, 그 아들들이 한 것처럼 조상 때부터 정해진 옛날식의 결혼식과도 달랐다. 요즘 이 도시 사람들은 아들이나 딸을 여러 방식으로 결혼시키고 있었다. 구식도 신식도 있었으나, 아이란과 그 애인은 최신식 결혼식이 아니면 안 된다고 우겼다. 그래서 그날을 위해 고용한 외국식 악단에게 음악을 연주시키고 식장을 꽃으로 채웠으므로, 이것만으로도 엄청난 돈이 들었다. 하객들은 자기 민족의 의상을 입고 참석했다. 아이란과 그 애인이 온갖 외국 사람들을 친구로 사귀고 있었기 때문이다. 이러한 손님들이 호텔의 넓은 홀에 모여들었고, 호텔 밖의 거리는 손님들의 차로 가득 찼다. 경비원을 채용해서 건달들과 거지들은 제지하고는 있었지만, 이날의 소동 속에서 한몫 보려고 모여들어, 구걸을 하거나 모여든 사람들의 호주머니에 슬그머니 손을 넣어 소지품을 훔치거나 하면서 서로 엎치락뒤치락했다.

이 혼잡한 군중 속으로 위안과 어머니와 아이란을 태운 자동차가 들어갔다. 운전사는 사람을 치지 않으려고 연거푸 경적을 울려 댔다. 수위가 그 자동차에 신부가 탄 것을 알아채고 달려나와, "비켜라! 비켜!" 하며 군중들에게 소리쳤다.

이 소란 속에서도 아이란은 두 알의 진주와 향이 진한 조그만 오렌지 화환으로 장식된 긴 베일 아래서 고개를 살짝 숙이고 묵묵히 당당하게 걸어 지나갔다. 두 손에는 흰 백합과 조그마한 백장미로 된 향기롭고 커다란 부케를 안고 있었다.

이토록 아름다운 여자는 일찍이 없었으리라. 위안조차도 그 아름다움에 압도당했다. 겉으로 드러내려고 하지 않았으나 그녀의 입매에는 새침하고 딱딱한 미소가 떠돌았고, 내리깐 눈까풀 아래서 눈이 새까맣고 하얗게 반짝였다. 그것은 그녀도 자신의 아름다움을 알고 있다는 것을 말해 주고 있었다. 그녀는 자신의 아름다움을 구석구석 잘 알고 있었으므로 그 아름다움을 가능한 한 최대로 드러내려고 했다. 그녀 앞에서는 군중도 숨을 죽이고, 그녀가 차에서 내려서자 그 수많은 시선들은 이목이 그녀에게 집중되어 그 아름다움을 삼켜 버렸다. 처음에는 조용했던 군중들 사이에서 이윽고 이런 말들이 들리기 시작했다. "이봐, 좀 보게나!" "저렇게 아름다울 수가 있을까. 어쩌면 저리도 아름다울까!" "저토록 아름다운 신부는 본 적이 없어!" 아이란도 이 말을 낱낱이 들었을 테지만 짐짓 못 들은 체하고 있었다.

그녀가 큰 홀에 늘어서는 동시에 악단 연주가 시작되었다. 모여든 하객들은 일제히 그녀 쪽을 돌아보았다. 그리고 바깥 군중들과 마찬가지로 그녀의 아름다움에 감동해 침묵이 홀 안을 감쌌다. 한 걸음 앞서 들어가 신랑 옆에 서 있던 위안은, 아이란이 장미꽃을 뿌리며 나아오는 흰옷의 어린 화동(花童) 둘을 앞세우고 색색가지 비단옷을 입은 처녀들을 뒤에 거느린 채 하객들 사이를 엄숙히 걸어 들어오는 것을 보고, 역시 다른 손님들처럼 그 아름다움에 숨을 죽였다. 그러나 그 순간에도, 나중까지도 깨닫지 못했지만, 그의 마음속에는 아이란을 따라 들어오는 메이링의 모습이 새겨지고 있었다.

결혼식은 무사히 끝났다. 신랑 신부가 서약서를 읽고 처음으로 양가의 친척들과 하객들에게 인사를 한 다음, 성대한 축하연도 떠들썩한 가운데 막을 내렸다. 신랑 신부가 신혼여행을 떠난 뒤, 집으로 돌아오면서 이날 일들을 돌이켜 보던 위안은 문득 메이링이 떠오르자 자기도 뜻밖이라는 느낌이 들었다. 그녀는 아이란 앞에 혼자 서서 걸어 들어왔었는데, 아이란의 아름다움과 비교해도 전혀 손색이 없었다. 소매가 아주 짧은 풋사과색의 부드럽고 긴 옷을 입고 있었는데 높은 깃 사이로 그 얼굴이 뚜렷하면서도 조금 창백하고 의연해 보였던 것을 위안은 기억했다. 아이란과는 달랐다. 그리고 그것이 오히려 그녀만의 아름다움을 돋보이게 했다. 메이링의 얼굴은 아이란처럼 피부색이나 표정의 변화나 빛나는 눈동자나 미소 따위의 도움을 받을 필요가 전혀 없었다. 메이링의 기품 있는 얼굴은 탄력 있고 깨끗한 살결 아래의, 어디 하나 나무랄 데 없는 골격에서 오는 것이며, 그것은 젊음을 잃고 난 훨씬 뒤까지도 그 힘과 품위를 간직할 선이라고 위안은 생각했다. 지금의 그녀는 나이에 비해 성숙해 보였다. 그러나 나이를 먹어도 그 낮지만 곧은 코, 갸름한 턱선, 또렷한 입매, 머리에 착 붙여서 빗어 내린 짧고 검은 생머리 등이 그녀를 심하게 변화시키지는 않을 것이다. 그녀의 거동은 지금도 어딘가 무게가 있는 대신에, 나이를 먹어도 여전히 젊음을 간직할 것이다.

위안은 이 무게 있는 태도를 기억했다. 결혼식에 참석한 사람들 가운데 무게 있는 태도를 보인 사람은 어머니와 메이링 둘뿐이었다. 축하연이 한창이어서 세계 각국의 술이 부어지고, 하객들이 넘치는 테이블에서는 기지에 찬 말들이 오가고 건배가 계속되어, 신랑 신부가 손님들 사이를 누비며 사람들과 함께 소리 높여 웃고 있을 때에도, 위안은 자기와 한 테이블에 앉은 어머니의 얼굴이 밝지 않고 메이링 또한 그렇다는 것을 깨달았다. 두 사람은 이따금 나직한 소리로 소곤거리기도 하고, 이것저것 하녀들에게 지시하기도 하고, 호텔 지배인과 의논하기도 했다. 그래서 위안은 저렇듯 신경 쓸 일이 많아서 두 사람의 표정이 심각하다 생각하고 그다지 깊이 개의치 않고, 그저 눈이 부신 홀을 바라보았다.

그러나 그날 밤 모든 일이 다 정리되어 하녀들이 의자 덮개를 갈거나 정돈하고 있을 뿐, 온 집 안이 조용해지자 노부인은 기운이 빠진 듯 말없이 자기 의자에 앉아 있었다. 위안은 기운을 돋워 주어야겠다는 생각이 들어서 부드럽게 말했다. "아이란은 정말 예뻤어요. 그렇게 아름다운 여자는 본 적이 없습니다. 정말 아름다웠습니다."

노부인은 힘없는 목소리로 대답했다. "맞아, 예뻤어. 지난 3년 동안 이 도시에 있는 젊고 부유한 여성들 중에서 가장 아름답다는 소리를 들어 왔지. 아름답기로 유명했어." 노부인은 잠시 잠자코 있다가 이윽고 묘하게 기운 없는 목소리로 말했다. "그랬어. 하지만 나는 그렇지 않았더라면 좋았을걸 하고 생각했지. 그 애가 그토록 아름다웠다는 것은 내게나 그 애에게나 불행의 씨앗일 거야. 그 때문에 그 애는 머리도 손도 쓸 필요가 없었단 말이야…… 다만 사람들에게 자기를 보여 주기만 하면 칭찬이라든가, 바라는 것이라든가, 다른 사람들 같으면 애써서 겨우 얻어야 할 것을 그 애는 저절로 손에 넣을 수 있었어. 그러한 아름다움에 지지 않기 위해서는 매우 굳건한 정신이 필요해. 그런데 아이란은 그만한 정신을 갖고 있지 않단 말이야."

부인이 여기까지 말하자 메이링이 손에 들고 있던 바느질감에서 눈을 들고 조용히 호소하듯이 말했다.

"어머니!"

그러나 노부인은 오늘 밤만은 참을 수 없다는 듯이 말을 이었다. "나는 사실을 말할 뿐이다, 얘야. 그 애의 아름다움을 상대로 나는 일생을 걸고 싸웠어. 그런데 끝내 지고 말았지. 위안, 너는 내 아들이야. 너한테는 뭐든 말할 수 있어. 너는 내가 아이란을 그런 사람과 결혼시킨 것을 이상하게 여기고 있지? 그게 마땅하지. 나는 그 사람을 좋아하지도 않고 믿지도 않으니까. 하지만 어쩔 수가 없었단다. 아이란은 그 사람의 애를 가졌거든.”

이 무서운 말을 노부인은 매우 담담하게 말했다. 위안은 이 말을 듣고 심장의 고동이 멎는 것 같았다. 그에게는 이러한 사실을 무섭다고 느낄 만한 젊음이 아직 있었던 것이다. 설마 자신의 친누이가……. 그는 몹시 부끄러운 기분으로 메이링을 슬쩍 보았다. 그녀는 고개를 숙이고 바느질을 계속하면서 아무 말도 하지 않았다. 얼굴빛도 변하지 않았고 다만 한결 더 무겁고 조용한 표정이 되었을 뿐이었다.

그러나 노부인은 위안의 시선을 포착하여 그 뜻을 깨닫고 말했다. “걱정할 것 없어. 메이링은 모두 알고 있으니까. 메이링이 없었던들 나는 살아갈 수 없었을 거야. 내가 해야 할 일을 생각하거나 계획할 수 있도록 모든 일에 의지가 되어 준 사람은 메이링이니까. 나한테는 누구 하나 기댈 만한 사람이 없었단다. 메이링은 그 아름답지만 어리석은 아이를 친언니처럼 섬겨 주었고, 그 애 또한 메이링에게 완전히 의지했지. 내가 너를 불러들이려고 했을 때도 메이링이 말렸단다. 나는 힘이 되어 줄 아들이 있어야겠다는 생각에 너를 부르려고 했었단다. 새로운 이혼 방법 같은 것을 내가 알 까닭이 없고, 그렇다고 부끄러워 네 큰 사촌 형에게 의논할 엄두는 나지 않고 해서. 하지만 모처럼의 네 유학을 헛되이 해서는 안 된다고 메이링이 말리잖겠니.”

그래도 위안은 한 마디도 할 수 없었다. 피가 얼굴에 쏠려서, 부끄럽기도 하고 화가 나기도 하여 혼란스러운 기분이었다. 노부인은 그의 혼란을 잘 이해하고 슬픈 듯이 미소 지으며 다시 말을 이었다. “너희 아버지와 의논할 생각도 들지 않았어. 그분의 해결법이란 죽이는 것밖에 없거든. 만일 그렇지 않더라도 아버지에게는 말할 수 없지. 이 모든 일은 아이란을 위해서 내가 해 준 것, 즉 이런 자유로운 분위기 속에서 딸을 길러 학교에 보내려고 실컷 고생한 결과니까. 이것이 새로운 시대라는 건가? 옛날 같았더라면 그런 짓을 하면 두 사람 모두 죽고 말았겠지! 하지만 요즘은 아무렇지도 않아. 두 사람은 신혼여행에서 돌아와 즐겁게 살고, 아이란의 아이는 보통보다 빨리 태어나겠지. 그래도 세상 사람들은 뒤에서 쑥덕쑥덕하는 정도일 거야. 요즘 세상에는 빨리 태어나는 아기가 많으니까. 이것이 새 시대라는 거지.”

노부인은 우수에 찬 미소를 띠었는데 눈에는 눈물이 반짝였다. 그러자 메이링은 꿰매던 비단 천을 접어 거기에 바늘을 꽂고, 노부인 곁에 다가가 달래듯이 말했다. “어머니는 피로하셔서 마음에도 없는 말씀을 하고 계시는 거예요. 어머니는 아이란 언니를 위해서 하실 수 있는 일을 다 하셨어요. 그 사실은 언니도, 저희들도 모두 잘 알고 있어요. 이제 그만 주무세요. 제가 가서 수프를 갖고 올게요.”

노부인은 메이링의 말을 듣고 순순히 일어났다. 이것으로 미루어 이러한 일이 여태까지도 자주 있었던 것을 알 수 있었다. 노부인은 기쁜 듯이 메이링의 어깨에 기대어 방을 나갔는데, 위안은 방금 들은 일로 하여 마음이 어지러워져서 여전히 할 말을 찾지 못하고 둘의 나가는 모습을 지켜보고만 있었다.

혈육을 나눈 누이 아이란이 그런 부끄러운 짓을 했단 말인가! 그녀는 자유를 그런 식으로 이용했던가. 두 번 다 위기를 벗어나기는 했으나, 그와 같은 무분별한 정열이 그의 인생에도 두 번 숨어든 적이 있었다. 그는 불안한 마음을 안고 천천히 자기 방으로 돌아갔다. 그에게는 사랑도 괴로움도 단순했던 적은 없었다. 언제나 마음이 둘로 나뉘어 서로 다투었다. 지금도 그의 마음의 절반은, 그저 자랑스럽게만 생각하던 누이에게 그러한 일이 일어난 것을 참을 수 없어 아이란의 무분별함을 부끄럽게 생각했으나, 마음의 나머지 절반은 그 무분별 속에서 남모르는 감미로움을 느끼고 자기도 해 보고 싶은 생각에 마음이 어지러웠다. 이 것이 귀국 뒤 그에게 처음으로 찾아온 혼란이었다.

결혼식이 끝나자, 위안은 아들로서 이 이상 아버지를 찾아뵙는 일을 미루어서는 안 된다고 생각했다. 게다가 본래 그 자신도 가고 싶었고 또 이 집 안의 공기가 무겁게 느껴지는 만큼 더욱 빨리 가고 싶었다. 노부인은 전보다 더 조용해졌고, 메이링은 오로지 공부에만 몰두했다. 위안은 고향으로 돌아가는 채비를 하는 이틀 동안 거의 그녀와 얼굴을 맞대지 않았다. 한번은 그녀가 자기를 피하는 것은 아닌가 생각했으나 곧 '그것은 노부인이 아이란에 대한 이야기를 했기 때문이다. 얌전한 처녀라면 그런 것을 신경 쓰는 것이 당연하겠지.' 생각하면서, 그 정숙함에 호감을 느꼈다. 마침내 북방으로 가는 기차에 타게 되었을 때, 그는 메이링에게 작별 인사를 하고 떠나고 싶다, 이대로 만나지 못하고 한두 달 동안 헤어져 있고 싶지 않다고 생각했다. 그래서 일부러 일정을 미뤄 밤차로 떠나기로 했다. 그렇게 하면 메이링이 학교에서 돌아온 뒤 노부인과 셋이서 식사를 하며 잠시 조용히 이야기를 나누고 갈 수도 있다고 생각했기 때문이다.

그리하여 셋이서 이야기를 나누고 있을 때 그는 어느새 메이링의 말에 저도 모르게 귀를 기울이고 있었다. 그녀의 말은 언제나 부드럽고 분명하고 유쾌했으며, 흔히 젊은 처녀들이 그러듯 부끄러워하며 킥킥거리는 일도 없었다. 끊임없이 손을 움직이며 바느질을 하고 있었는데, 한두 번 하녀가 내일 식단 같은 것을 물으러 올 때도 노부인이 아닌 메이링에게 물어보는 것이었다. 또 메이링도 익숙한 태도로 지시를 했다. 그녀는 말투에도 망설임이 없었다. 그날 밤은 노부인이 여느 때보다 더 조용했고 위안도 조용히 입을 다물고 있었으므로, 메이링이 학교에서 있었던 일이며, 의사가 되고 싶다고 그전부터 생각했다는 일 등을 이야기했다.

"처음 저에게 의사가 되고 싶다는 생각을 갖게 하신 분은 어머니세요." 그녀는 이렇게 말하고 조용히 맑은 시선을 노부인에게 돌렸다. "하지만 이제는 저도 무척 좋아하게 됐어요. 다만, 그러려면 오랫동안 공부해야 하고 또 학비도 많이 들어요. 그것을 어머님이 대 주시니까, 저는 그저 은혜를 갚고 싶을 뿐이에요. 언제까지나 모시고 살았으면 하는 생각뿐입니다. 저는 언젠가는 어느 도시엔가 제 병원을 갖고 싶어요. 어린아이와 여자들을 위한 병원을 말이에요. 한가운데 뜰이 있고, 그 주위에 입원실이나 치료실 같은 것이 둘러서 있고, 너무 크지 않아서 저 혼자서 돌볼 수 있을 만한 것, 하지만 구석구석 깨끗하고 예쁜 병원을 경영해 보고 싶어요."

그녀는 이렇게 자기 희망을 구체적으로 말했으며, 이야기하는 것에 열중하여 바느질감을 옆으로 밀쳐 버렸다. 눈이 반짝이고 입매에 미소가 떠올랐다. 담배를 손가락 사이에 끼운 채 그녀를 바라보던 위안은 은근히 놀라면서 '이 처녀도 꽤 미인이잖아.' 생각하고, 그녀의 얼굴을 바라보는 동안에는 이야기 듣는 것을 잊고 있었다. 그러다 그는 갑자기 자기가 불만을 느끼는 것을 깨닫고 원인이 무엇일까 마음속을 들여다보았다. 그러자 그녀가 자기 혼자만의 인생을 계획하여 그것으로 충분하다고 생각하고 누구도 그 속에 들여 놓지 않으려 하는 데 불만을 느끼는 것을 알게 되었다. 여성이 결혼을 생각하지 않는다는 것은 좋지 않은 일이라고 여겼다. 그런 것을 생각하는 그의 눈에 노부인의 얼굴이 보였다. 결혼식이 있은 뒤 처음으로 부인은 흥미로운 듯이 눈을 반짝이면서 메이링의 말에 귀를 기울였다. 이윽고 부인은 열의를 보이며 말했다. "나도 이토록 나이를 먹지 않았더라면, 그 병원에서 무슨 일이라도 도와주고 싶구나. 내가 젊었을 때보다 좋은 시대가 되었다. 여자가 억지로 결혼을 강요당하지 않는 것만 해도 좋은 시대야."

노부인의 말을 듣고 위안은 그 말이 맞다고 생각하고, 그렇게 여긴다는 것을 말하려 했으나 왠지 좀 어색하고 이상한 기분도 들었다 남자 하나가 여자 둘을 상대로 이야기할 수 있는 문제는 아니었으나, 여자란 누구나 결혼해야 한다는 것은 왠지 반대할 이유도 의문의 여지도 없는 문제라고 생각했던 것이다. 자유를 구하는 그녀들의 열렬함에 조금은 쓸쓸해져서 드디어 작별을 고했을 때 그는 생각했던 만큼 섭섭함을 느끼지 않았다. 자기 마음의 어딘가가 상처를 입기는 했으나, 어디를 어떻게 상처 입었는지 모르겠다는 그런 기분이었다.

기차의 좁은 침대에 몸을 누인 뒤에도, 오랫동안 줄곧 그는 이 일과, 이 나라의 새로운 여성들을 생각했다. 아이란은 너무나도 자유로이 행동한 결과 어머니를 슬프게 만들었다. 그런데 그 어머니가 메이링의 자유로운 인생 계획을 기뻐하는 것이다. 이윽고 위안은 좀 불쾌해져서 생각했다. '메이링이 그렇게 자유로이 살 수 있을까. 계획을 이루는 일이 쉽지 않다는 것을 머잖아 알게 될걸. 그리고 언젠가는 평범한 다른 여자와 마찬가지로 남편이나 아이가 갖고 싶을 때가 올 거야, 틀림없이.'

그리고 그는 이제까지 만난 여자들을 생각하고, 어느 나라에서나 여자들이란 내색은 하지 않지만 적어도 마음속으로는 남자에게 마음이 끌리고 있었음을 생각했다. 그러나 아무리 기억 속에서 메이링의 표정과 말투를 떠올려 보아도 어디에서도 남자로 말미암아 마음이 움직이는 듯한 기미는 발견할 수 없었다. 어쩌면 그녀가 마음을 주는 청년이 있는 것은 아닐까 생각한 위안은, 그녀가 다니는 학교에 남학생도 있음을 상기했다. 그러자, 고요한 여름밤에 느닷없이 불어온 한바탕의 바람처럼, 갑자기 보지도 못한 그 남학생들에게 질투심이 솟아올랐다. 너무나 격렬해서 그는 그런 자신을 우습다고 생각할 여유도 없었고, 메이링이 누구를 좋아하든 자기가 알 바 아니잖느냐고 자문해 볼 여유도 없었다. 그저 진지하게, 메이링에게 꼭 주의시켜야 한다, 메이링을 좀 더 엄중히 지켜야 한다고 노부인에게 충고해야겠다고 생각했다. 그는 여태까지 누구에게도 품어 본 적이 없는 강한 관심을 메이링에게 품고 있었다. 그러나 자기가 왜 그렇게 관심을 갖는지는 한 번도 생각해 보지 않았다.

기차가 흔들리고 삐걱거리며 나아가는 동안 그는 이런 것을 생각하다가 이윽고 불안한 마음을 안고 잠에 빠졌다.

위안의 마음에서 잠시 이러한 생각을 모두 쫓아 버릴 만한 일들이 한꺼번에 몰려왔다. 귀국 이래 그는 그 해안의 대도시에서의 생활밖에 몰랐다. 밤에도 낮에도 자동차와 전차 등 온갖 교통수단, 화려한 옷을 입은 저마다 바빠 보이는 사람들로 가득한 넓은 길 말고는 아무것도 보지 않았다. 땀을 흘리며 달리는 인력거꾼과 행상인 같은 가난한 사람들도 있었으나, 그래도 여름에는 그들도 그다지 불쌍해 보이지 않았고, 홍수나 기근을 피해 도시에서 겨울 동안의 양식을 얻어 먹으려는 거지의 모습 같은 건 눈에 띄지 않았다. 오히려 이 도시는 이제껏 그가 본 어느 도시보다도 훌륭하고 화려한 곳처럼 느껴졌다. 여기에는 돈이 넘쳐나는 사치스러운 사촌의 새로 지은 집이라든가, 화려한 결혼 피로연이라든가, 눈부신 결혼 축하선물도 있었다. 그가 출발할 때 노부인은 바로 돈이라고 알 수 있는 두꺼운 종이 다발을 그의 손에 쥐어 주었는데, 이것도 자기를 위해 아버지가 부쳐준 돈으로만 알고 그는 아무렇지도 않게 그것을 받았다. 자신의 집이 큰 부자라 먹고사는 데 아무 어려움도 없었던 위안은 이 세상에 가난한 사람이 있다는 사실은 거의 잊고 있었던 것이다.

그러나 다음 날 기차간에서 눈을 떴을 때 창밖으로 보인 고국은 그가 생각하던 풍경이 아니었다. 기차는 큰 강가에서 정거하고, 승객은 모두 내려 조그마한 배로 강을 건너 반대편 기슭에서 다시 기차에 타야 했다. 위안도 다른 사람들과 함께 지붕이 없고 바닥이 평평한 나룻배에 올랐는데, 배는 넓다고는 해도 승객 전체를 태우기에는 좀 빠듯해서, 마지막에 탄 위안은 물이 넘쳐 들어올 듯한 뱃전에 서 있는 수밖에 없었다.

위안은 전에 남방에 갈 때 이 강을 건넌 것을 잘 기억했지만, 그때는 지금 보는 광경은 보이지 않았다. 그러나 오랫동안 남의 땅의 다양한 풍경에 익숙해진 그의 눈은 이제 이런 풍경을 새로운 관점에서 보게 되었다. 강에는 조각배가 밀집하여 마치 수상 도시 같은 모습을 보였으며, 거기서 악취가 솟아올라 속이 메스꺼워졌다. 때는 8월, 이제 막 날이 샜는데도 벌써 찌는 듯한 더위였다. 햇빛은 그리 강하지 않았다. 하늘은 우중충하고 낮았으며, 수면과 대지를 휘덮은 듯한 구름 속에 갇혀 어디에도 바람 한 점 없었다. 이 흐릿한 빛 속에서 사람들은 나룻배를 통과시키기 위해 저마다의 조각배를 밀어냈는데, 조그마한 배 안에서 기어나오는 남자들은 거의 발가벗었고 더위로 잠을 자지 못해 몽롱하고 멍청한 얼굴을 하고 있었다. 여자들은 울부짖는 아이에게 호통을 치고, 쑥대머리를 쓱쓱 긁어댔으며, 발가숭이 어린아이들은 비쩍 말라 때투성이가 된 채 울고 있었다. 그 조그마한 배에는 부부와 어린아이들이 콩나물처럼 살았으며, 그들이 그 위에서 살고 마시고 하는 물에서는 그들이 버리는 오물 때문에 속이 메스꺼워지는 악취가 코를 찔렀다.

그날 아침 위안의 눈앞에 느닷없이 나타난 것은 이러한 광경이었다. 그러나 이 광경은 쳐다볼 여유도 주지 않고 사라졌다. 나룻배가 기슭에 모였던 조각배 떼에서 벗어나 넓은 강 중앙으로 나왔기 때문이다. 어두운 얼굴들에서 눈 깜짝할 새에 떨어진 위안의 눈은, 다음 순간 도도히 흐르는 누런 강물을 바라보고 있었다. 그리하여 위안이 그 변화를 깨달을까 말까 하는 사이에 나룻배는 상류로 진로를 바꾸어, 잿빛 하늘을 배경으로 산봉우리처럼 뚜렷하게 서 있는, 하얗게 칠한 큰 기선 옆을 지나갔다. 위안도 다른 사람들과 마찬가지로 머리 위를 바라보았다. 거기에는 붉고 푸른 외국 깃발이 휘날리고 있었다. 나룻배가 반대쪽으로 빠져나왔을 때 대포의 시커먼 포구가 보였다. 이것도 외국의 대포였다.

그것을 보자 위안은 가난한 사람들의 악취도, 그들이 콩나물시루처럼 타고 있던 조각배도 잊었다. 그는 강의 상류와 하류를 바라보았다. 누렇게 흐르는 물결 위는 그의 나라 한복판이었으나, 이런 먼 외국 군함을 일곱 척이나 볼 수 있었다. 순간 그는 다른 모든 것을 잊었다. 그의 가슴에는 이 외국 군함에 대한 거센 노여움이 타올랐다. 반대편 기슭에 상륙했을 때도 그 군함들이 대체 무엇 때문에 이런 곳에 와 있을까 하는 증오와 의문을 품고 뒤돌아보지 않을 수 없었다. 군함들은 희고 거대한 모습으로 당당하게 자리잡고 있었다. 언제나 해안을 향하고 있는 그 검은 대포는 여러 차례 불을 뿜어 지상에 죽음의 세례를 퍼부었다. 위안은 그 일을 잘 기억했다. 군함을 노려보는 동안 위안은 저 대포에서 언제 어느 때 우리 국민의 머리 위로 불의 비가 퍼부어질지 모른다는 것 말고는 모조리 잊어버리고, "저 군함은 여기 있을 권리가 없다. 우리는 우리 나라의 수면에서 그들을 쫓아내야만 한다." 이렇게 몹시 못마땅한 기분으로 중얼거렸다. 그 생각을 깊이 새기고 그 통분을 가슴에 품은 그는, 아버지 곁으로 가기 위해 다시 기차를 타고 여행을 계속했다.

그런데 여기서 위안의 마음속에 알 수 없는 일이 일어났다. 그 흰 군함에 노여움을 느끼고, 국민에게 포화를 퍼부은 것을 떠올리는 동안은, 그리고 국민이 외국인에 의해 압박당한 사실을 생각하는 동안은 행복했었다. 사실 그러한 사례는 수없이 많았다. 제정 시대에 여러 외국이 군대를 보내 파괴 행위와 약탈을 자행하면서 황제에게 불평등 조약을 맺게 강요한 것은 학교에서도 배웠고 그가 태어난 뒤에도 자주 있었다. 그가 유학 중에, 그 대도시에서도 조국의 독립을 부르짖었다고 하여 백인 경비대에 의해 많은 청년들이 사살되었던 것이다. 그날도 그와 같은 사실을 회상하고 있는 동안에는 그도 행복했고, 마음 그득히 열정을 느끼고 식사를 하는 동안에도, 스쳐 지나가는 창밖의 밭이나 마을을 바라보는 동안에도, 그는 이렇게 생각할 수 있었다. '조국을 위해서 일해야 한다. 멍이 옳다. 그 애가 나보다 훌륭하다. 멍은 외곬이니만큼 나보다 진리에 철저할 수 있다. 나는 너무 약하다. 한 사람의 선량한 노교수가 있기 때문이라든가 지혜로운 말을 하는 한 여자가 있다는 이유만으로 그 국민 전체가 훌륭하다고 믿어 버리는 것이다. 멍처럼 외국인을 진심으로 미워하고 그 강한 증오로써 조국의 동포들을 도와야 한다. 왜냐하면 오늘 우리들을 구할 수 있는 것은 격렬한 증오뿐이기 때문이다!' 그 외국 군함을 떠올리면서 그는 이렇게 생각했다.

그런데 이와 같은 정열에 매달리고 싶어하던 순간에도 위안은 차츰 마음이 식어 가는 것을 느껴야 했다. 그리고 이 냉각 작용은 아주 하찮고 시시한 일 때문에 일어났다. 한 뚱뚱한 남자가 그의 맞은편 자리에 앉아 있었다. 지나치게 가까이 있었으므로 그 큼직한 몸집에서 거의 한시도 눈을 떼고 있을 수 없었다. 시간이 흐름에 따라 찻간은 차츰 더워지고, 바람 한 점 없는 구름 사이를 뚫고 태양이 기차의 금속 지붕을 불사를 듯 내리쬐어 차 안 공기가 숨막힐 듯 뜨거워지자 그 사나이는 옷을 벗고는 팬티 하나만 입고 태연히 앉아 있었다. 가슴도, 두껍게 누런 지방질이 더덕더덕 붙어 살이 축 늘어진 배도, 어깨까지 처진 목의 군살도 모두 드러내놓은 발가숭이였다. 더욱이 그것만으로는 모자라는 듯이 여름인데도 줄곧 기침을 해 댔다. 심한 기침이었으며, 있는 대로 큰 소리를 내고 쉴 새 없이 가래를 뱉었다. 위안이 있는 곳까지 침이 튈 지경이었다. 이렇게 하여, 조국을 위한 의분의 감정 속에 동족인 이 사나이에 대한 불쾌감이 스며들기 시작하자 마침내 위안은 우울해졌다. 이 흔들리는 기차간은 더워서 거의 숨도 쉴 수 없을 정도였다. 그런 가운데 그만 보고 싶지 않은 광경이 눈에 들어왔다. 이 더위와 피로 때문에 승객들은 이제 목적지에 도착할 때까지 살아남는 것 말고는 아무것도 생각하지 않게 되었다. 아이들이 울부짖으면서 어머니의 젖가슴에 매달리고, 정거장에 닿을 때마다 창문으로 파리 떼가 날아 들어와 땀에 젖은 피부며 바닥에 뱉은 침이며 음식물과 아이들의 얼굴에 앉았다. 파리는 곳곳에 있었기 때문에 전에는 파리 따위를 신경 쓰지도 않았던 위안도, 외국 생활을 하면서 파리가 병을 옮긴다는 것을 배웠으므로 오늘은 몹시 신경이 쓰였다. 찻잔이나 역 구내 판매원들에게서 산 빵이나 낮에 열차 안에서 산 달걀밥 등에 파리가 한 마리라도 앉으면 도저히 참을 수가 없었다. 그래도 판매원의 시커먼 손이라든가 밥을 풀 때 쟁반을 닦는 천이 끈적끈적하게 기름이 묻어 번들거리는 것을 보면 아무리 파리를 미워해 봐야 아무 소용도 없지 않느냐는 생각에 화가 난 위안은 마침내 판매원에게 소리쳤다. "그런 더러운 천으로 닦으려거든 차라리 쟁반을 닦지 마시오!"

이 말을 듣고 판매원은 깜짝 놀라 눈을 둥그렇게 뜨고 붙임성 있게 웃었는데, 마침 그때 오늘의 더위가 얼마나 심한가 생각나기라도 한 듯이 땀투성이 얼굴을 그 천으로 문지르고 다시 목에 걸쳤다. 이제 위안은 도저히 음식물에 손을 댈 기분이 나지 않았다. 그는 수서를 내려놓고 판매원에게 소리치고 파리와 바닥 위의 온갖 오물에 대해 불만을 표했다. 그러자 판매원은 그러한 태도가 부당하다고 분개하여, 하늘도 굽어보십사 하는 듯이 무서운 기세로 대들었다. "나는 말입니다요, 나 혼잡니다. 그러니 한 사람분의 일밖에 할 수 없다구요. 바닥을 닦는 건 내 일이 아니고 파리도 내 소관이 아닙니다! 여름에 파리를 죽이는 데 시간을 낭비하는 자가 어디 있겠어요. 이 나라에 사는 모든 인간들이 평생 파리를 죽여도 다 죽일 수는 없습니다요. 파리는 자연히 생기는 것이니까요!" 이렇게 말하여 분풀이를 하고 난 그는 호탕한 웃음을 터뜨렸다. 화는 냈어도 본래 마음이 선량한 그는 그 말만 하고는 웃으면서 가 버렸다.

그러나 승객들은 무료하고 지루해하고 있었으므로 무슨 사건이나 일어났으면 하고 기다리던 판이라, 두 사람의 말을 끝까지 듣고 모두 위안에게 반감을 품고 판매원 편을 들었다. 한 사람이 말했다. "정말 파리가 어떻게 없어지나? 어디서 솟아나는지도 모르지만, 파리도 살아 있으니 말이야." 그러자 한 노파가 말했다. "그래요, 파리도 살 권리가 있지요. 나는 파리라도 목숨을 빼앗는 건 싫습니다." 그러자 또 한 사람이 경멸하듯 말했다. "저 녀석은 외국 물 좀 먹고 돌아온 학생인데, 터무니없는 외국의 생각을 우리들에게 강요하는 거야."

이 말을 듣더니, 밥과 고기를 실컷 먹어 치우고 자못 진지하게 차를 마시며 트림을 하던, 위안의 맞은편 뚱뚱한 사나이가 갑자기 말했다. "그래, 외국서 돌아온 사람이군. 난 종일 바라보면서 대체 뭘 하는 사람일까 생각해 보았으나 암만 해도 알 수 있어야지." 그러고는 위안의 정체가 밝혀졌으므로 만족해하며 그 뒤에도 신기한 듯 자꾸만 그를 쳐다보았으며, 쳐다보면서도 차를 마시고 트림을 해 댔으므로 위안은 더 참을 수 없어져서 고개를 돌려 창밖으로 단조롭게 펼쳐진 푸른 들판만 노려보았다.

그는 긍지를 갖고 있었으므로 그런 사나이를 상대로 이야기할 기분이 나지 않았다. 게다가 무언가를 먹을 생각도 없었다. 몇 시간이나 줄곧 그는 창밖만 내다보고 있었다. 흐린 하늘 아래의 땅은 차츰 빈약해져서, 기차가 북으로 나아감에 따라 늪과 못이 많아졌으나 그것마저도 단조로움을 더할 뿐이었다. 정거장에 설 때마다 올라오는 사람들의 모습은 갈수록 더 초라해지고, 종기가 났거나 눈병에 걸린 자가 많았다. 곳곳에 물이 있는데도 몸을 씻은 일이 없는 것 같았고, 여자들의 대부분은 아직도, 위안이 이제는 사라졌다고 생각한 전족을 하고 있었다. 그는 이들을 바라보고 있을 수가 없었다. '이것이 우리 국민이다!' 마침내 그는 속으로 비통하게 소리치고는 그 흰 외국 군함은 어느새 잊고 말았다.

그러나 그가 참아야 할 고통은 이것뿐만이 아니었다. 위안은 그때까지 깨닫지 못했지만 찻간 저쪽 끝에 한 백인이 타고 있었다. 흙벽담을 둘러친 조그마한 시골 도시에 살고 있는 모양으로, 기차가 거기에 도착하자 내리려고 위안 곁을 지나갔다. 지나갈 때 위안의 슬픈 듯한 젊은 얼굴을 본 그는 위안이 파리 때문에 욕설을 퍼부은 것을 기억하고, 외국에서 돌아온 위안을 위로할 작정인지 영어로 말했다. "친구여, 실망하면 안 됩니다. 나도 파리를 상대로 싸우고 있습니다. 그리고 앞으로도 이 싸움을 계속할 참입니다."

위안은 외국인의 목소리와 말을 듣고 얼굴을 들었다. 거기에 서 있는 것은 조그마하고 여윈 몸집의 아주 평범한 백인이었으며, 회색 무명옷을 입었는데 옅푸른 눈이 부드러워 보였다. 오랫동안 면도를 하지 않은 채, 평범한 얼굴에 햇볕을 가리는 하얀 헬멧을 쓰고 있었다. 위안은 그가 외국인 선교사라는 사실을 깨달았다. 그는 대답할 수 없었다. 그가 이미 보아 온 것을 보고, 그가 이미 알고 있는 것을 아는 백인이 있다는 것은 도저히 참기 어려운 굴욕이었다. 그는 외면한 채 대답도 하지 않았다. 그러나 그의 자리에서는 그 백인이 기차에서 내려 군중 속을 터벅터벅 걸어 흙담에 둘러싸인 마을 쪽으로 걸어가는 모습이 보였다. 그러자 위안은 유학하고 있을 때 다른 선교사가 '나는 이런 빈민 속에서 내 생애의 절반을 보냈습니다.' 하고 말한 것이 생각났다.

위안은 자신을 책망했다. '어째서 나는 여태까지 이런 생활을 보지 못했을까? 오늘 이전에 나는 아무것도 보지 못했던 것이다!'

그러나 이런 것은 위안이 앞으로 보게 될 것들의 아주 일부분에 지나지 않았다. 마침내 아버지 왕후 앞에 섰을 때 그가 발견한 것은 일찍이 본 적이 없는 아버지의 모습이었다. 넓은 방 입구의 기둥을 붙잡고 돌아오는 아들을 맞이한 왕후는, 겨우 서 있을 수는 있었으나 지난날의 기력은 모두 사라지고 없었다. 성급한 울화통도 터뜨리지 않았으며, 기다란 흰 수염이 듬성듬성 턱에서 드리워지고, 눈은 노령에다 지나친 술 때문에 흐려져서, 그 때문에 가까이 갈 때까지 위안의 모습을 알아보지 못하고 그의 목소리를 듣고서야 겨우 알아차리는 백발의 늙은 이가 되어 있었다.

위안은 지나온 안마당에 잡초가 무성한 것을 보고 놀랐다. 고작 몇몇 병사가 단정치 못한 옷차림으로 빈둥거리고 있을 뿐이었고, 문간의 호위병은 총도 없이 누구냐고 물어보지도 않고 그를 들여보냈으며, 장군의 아들에 대한 정중한 경례도 하지 않는 것을 보고 그는 아연해졌다. 그는 아버지가 이렇게 수척하고 비썩 마른 모습으로 노쇠해졌을 줄은 꿈에도 생각지 못했다. 늙은 왕후는 해묵은 회색 천의 두루마기를 입고 있었는데, 의자의 팔걸이에 스쳐서 해졌는지 팔꿈치에는 헝겊을 댔고, 발에는 베로 지은 덧신을 신었으나 뒤꿈치가 터졌고, 손에는 늘 지니던 긴 칼조차 들고 있지 않았다.

엔이 "아버님!" 소리치자 노인은 떨리는 목소리로 "아들아, 정말 너냐?" 하고 물었다. 그리고 두 사람은 손을 꼭 마주 잡았다. 코도 입도 흐린 눈도 옛날보다 더 커 보였다. 여윈 얼굴에는 너무 큰 것이었다. 그와 같은 아버지의 늙은 얼굴을 보자 위안은 저도 모르게 눈에 눈물이 샘솟는 것을 느꼈다. 그 얼굴을 보고 있노라니 이것이 바로 아버지일까, 이것이 내가 무서워하던 아버지, 엄한 얼굴이며 시커먼 눈썹이 그토록 무섭던 아버지, 잘 때조차 장검을 떼 놓지 않던 아버지일까 생각될 정도였다. 그러나 그는 왕후가 틀림없었다. 그는 아들을 확인하자 곧 "술 가져오너라!" 큰 소리로 명령했다.

부스럭부스럭 사람이 움직이는 기척이 나더니 나타난 것은 충실한 언청이였다. 그 자신도 나이가 들었지만 아직도 장군을 섬기고 있었다. 그는 보기 흉한 얼굴 가득 웃음을 띠며 장군의 아들을 맞이하고, 왕후가 위안의 손을 잡고 방 안으로 들어가자 술잔에 술을 따라 왔다.

거기에 또 한 사람 나타나고 이어 또 한 사람이 따라 들어왔다. 위안이 만난 적이 없는, 또는 만난 기억이 없다고 생각한 사람으로 한쪽은 늙고, 한쪽은 젊었으나 둘 다 성실해 보이는 얼굴에 유복해 보이는 남자들이었다. 노인은 시들어서 조그마했는데, 짙은 회색의 잔무늬가 있는 구식 비단 두루마기를 단정하게 입고 상반신에는 흐릿해진 검은 비단 소매가 달린 웃옷을 걸쳤다. 머리에는 조그마하고 둥근 비단 모자를 쓰고 있었는데, 모자에는 가까운 사람이 죽었음을 나타내는 흰 끈을 엮은 단추를 달았고, 검은 벨벳 신 위쪽의 바지에도 발목에 흰 무명 띠를 둘렀다. 이와 같이 수수한 옷차림 위로 늙고 자그마한 얼굴이 있었다. 그 얼굴은 수염도 나지 않은 듯이 윤이 나면서도 주름투성이이며 눈은 족제비처럼 날카롭게 빛나고 있었다.

젊은 남자는 노인과 아주 흡사했으나 다만 두루마기가 탁한 쪽빛이었다. 어머니를 여읜 것을 나타내는 상복을 입고 있었다. 눈은 날카롭지 않았으나, 원숭이가 자신과 비슷하게 생기기는 했으나 뜻이 통하지 않는 인간을 볼 때의 그 조그맣고 텅 빈 눈처럼 슬퍼 보였다. 이 사람은 노인의 아들임에 틀림없었다.

위안이 궁금한 듯 두 사람을 바라보고 있으니 노인이 메마르고 높은 소리로 말했다. "나는 네 둘째 큰아버지다. 네가 아직 어릴 때 만났을 뿐이지. 애는 내 장남, 네 사촌 형이다."

이 말을 들은 위안은 깜짝 놀라 두 사람에게 인사를 했으나 그다지 반갑지는 않았다. 상대의 고루한 구식 옷차림과 태도가 그에게는 너무나 이상했기 때문이다. 그래도 왕후보다는 훨씬 정중하고 예의 바르게 인사를 했다. 왕후는 두 사람에게 눈길도 주지 않고 다만 기쁜 듯이 위안만을 바라보고 있을 뿐이었다.

위안은 자기가 돌아온 것을 아버지가 이토록 어린아이처럼 좋아하는 모습을 보고 감동했다. 왕후는 위안에게서 눈을 뗄 수 없는 듯 한참 동안 지그시 바라보고 있더니, 이윽고 소리 없이 웃으며 의자에서 일어나 위안 곁으로 다가가서 아들의 팔이며 늠름한 어깨를 손으로 쓰다듬으면서 다시 웃고는 낮은 소리로 중얼거렸다. "내가 네 나이 때와 똑같구나. 나는 팔힘이 세어 여덟 자짜리 쇠창을 던질 수도 있었고 큰 돌로 된 추를 휘두를 수도 있었지. 남방군 노장군의 부하였을 무렵, 저녁때가 되면 자주 그런 짓을 해서 동료들을 즐겁게 해 주었다. 일어서서 허벅지를 좀 보여 다오."

위안은 하라는 대로 온순하게 일어섰다. 그러자 왕후는 형을 돌아보면서 소리 내어 웃고, 옛날을 생각케 하는 힘찬 소리로 말했다. "형님, 보십시오. 형님의 네 아들 중에도 얘와 겨룰 만한 애는 없을걸요!"

싱인인 윙얼은 너그리운 듯한 엷은 웃음을 띠었을 뿐 어기에는 아무 대답도 하지 않았다. 그러나 사촌 형이 얌전히 말에 조심하면서 입을 열었다. "저는 장남이지만 형제 중에서 가장 작지요. 밑의 동생 둘은 이만큼 크고, 바로 아래 동생도 저보다는 큽니다." 그리고 그는 세 사람을 바라보며 힘없이 눈을 깜박였다.

이 말을 듣고 위안은 호기심이 일어 말했다. "다른 사촌들은 다 잘 있습니까? 지금은 뭘 하고 있습니까?"

사촌 형은 자기 아버지 쪽을 보았으나 노인은 잠자코 앉은 채 여전히 엷은 웃음을 띠고 있을 뿐이었으므로 용기를 내어 위안에게 말했다. "토지세의 관리라든가 곡물점에서 장사를 하며 아버지를 도와 드리고 있는 건 지금은 나뿐이다. 전에는 형제가 모두 하고 있었는데, 요새는 이 지방이 아주 심한 불경기거든. 소작인은 배짱을 부리며 소작료도 잘 안 내지, 수확량도 줄었고 말이야. 우리 큰형님은 아버지가 너희 아버님에게 드렸으니까 이제는 작은아버님 아들이야. 바로 아래 동생은 세상을 구경하고 싶다면서 집을 나가 이제는 남방에 있는 큰 상점에서 회계를 보고 있지. 주판을 잘 놓거든. 큰돈을 만지고 있어서 경기가 좋은 모양이더라. 그다음 동생은 결혼해서 집에 있고 막냇동생은 학교에 다니고 있다. 우리 도시에도 지금은 신식 학교가 생겼거든. 어머니가 이삼 개월 전에 돌아가셔서 이 동생도 상을 벗는 대로 결혼시킬 작정이다."

위안은 옛날 아버지를 따라 이 백부 집에 갔을 때 몸집이 크고 기운이 좋아 보이는 시골 여자가 언제나 쾌활하게 웃고 떠들던 것을 생각하고, 이 약해 보이는 백부는 여전히 건강하게 살아 있는데 그 백모가 죽은 것이 이상해서 물어보았다. "어째서 돌아가셨나요?"

그러자 아들은 아버지 쪽을 바라보고 둘다 잠자코 말이 없었다. 그러자 왕후가 마치 자기와 관계가 있기라도 한 듯이 대답했다. "어째서 돌아가셨느냐고? 그건 우리 집안의 적이 있어서 말이다, 그놈이 이제는 고향 마을 근처 산에 숨어 하찮은 비적 두목이 되어 있지. 옛날 나는 정정당당하게 전쟁을 해서 그놈이 차지했던 도시를 포위하고 함락시킨 일이 있는데, 그놈은 그 일에 아직도 원한을 품고 있었던 모양이다. 그 때문에 일부러 우리 땅 가까이를 근거지로 삼고서 우리 집안을 노리고 있었던 거다. 여기 계시는 형님도 그 비적이 우리들에게 원한을 품고 있다는 것을 알고 계셨고 조심성이 있는 분이어서 수확의 분배나 소작료 징수 때는 직접 가시지 않고, 여자니까 괜찮겠지 하고 네 백모를 보낸 거다. 그런데 비적들은 백모 일행이 돌아오는 길을 습격하여 돈을 빼앗고는 목을 쳐서 길바닥에 내동댕이치는, 그런 무참한 짓을 했단 말이다. 나는 형님에게도 말했다. ‘내가 부하들을 모을 때까지 두세 달만 기다리십시오. 틀림없이 그 비적을 찾아내서 반드시 내가, 반드시 내가……’” 왕후의 목소리가 노여움 때문에 힘이 부쳐 도중에서 꺼졌다. 그가 무언가를 찾듯이 손으로 더듬자 옆에 서 있던 언청이가 그 손에 술잔을 쥐어 주었다. 오랜 세월 습관이 되어 있는지 졸리는 듯한 소리로 말했다. “고정하십시오, 장군님. 화를 내시면 건강에 좋지 않습니다.” 그리고 언청이는 피로한 다리를 움직이며 작게 하품을 하고는 위안을 찬탄의 눈으로 기쁜 듯이 바라보았다.

이야기를 하는 동안 상인인 왕얼은 아무 말도 하지 않았으나, 정중히 애도의 말을 하려고 위안이 고개를 돌려보니 놀랍게도 백부의 조그마하고 날카로운 두 눈이 눈물에 젖어 있었다. 노인은 여전히 입을 다문 채 차례로 소매 끝을 바꾸며 꼼꼼히 두 눈을 닦더니, 이번에는 그답게 좀스러운 몸짓으로 남의 눈을 피하려는 듯 늙고 메마른 손으로 코를 문질렀다. 위안은 이 냉혹한 노인이 눈물을 흘리는 것을 보고 무척 놀라 말도 못할 정도였다.

아들도 그것을 보고 조그만 눈을 괴로운 듯 아버지에게 돌린 채 슬픈 듯이 위안에게 말했다. “함께 따라간 하녀의 말을 들어 보면, 어머님이 잠자코만 계셨더라도 그렇게 바로 살해당하지는 않았을 거라는 이야기다. 그런데 어머님은 본디 언변에 거침이 없으셔서, 평생 동안 하고 싶은 말은 다 해 오셨고 금방 화를 버럭 내는 성질이라 그만 다짜고짜 ‘내가 이만한 돈을 괜히 너희들한테 넘겨 줄 줄 아느냐. 이 후레자식들 같으니!’ 이렇게 호통을 치셨다는 거야. 하녀는 어머님이 그렇게 호통을 치시는 것을 보고 죽자 사자 달아났는데, 돌아봤을 때는 이미 어머님의 목은 땅에 떨어지고 없더란다. 비적들은 모든 것을 깡그리 털어 가서, 어머님이 갖고 계시던 소작료도 몽땅 빼앗기고 말았지."

아들은 단조로우면서 귀에 거슬리는 작은 목소리로 이와 같이 말했다. 말이 계속 끊임없이 흘러나오는 점은 아버지에게서 물려받은 몸에다, 어머니에게서 물려받은 요설을 삿다붙인 듯한 느낌이있다. 그러나 효성스리운 아들도 어머니를 사랑했으므로, 이윽고 목소리가 잠기더니 안마당으로 나가서 기침을 하고 기분을 가라앉히며 눈물을 닦고 잠시 슬픔에 잠겼다.

위안은 이런 경우 어찌하면 좋을지 몰랐으므로 일어서서 백부의 찻잔에 차를 따랐다. 그는 핏줄로 이어진 이 사람들이 마치 전혀 모르는 남 같은 기분이 들어서 그들과 함께 이 방에 있는 것이 꿈처럼 느껴졌다. 그렇다, 이제부터 나는 그들이 상상도 못 할 생활을 하는 거다. 거기에 비하면 그들의 생활은 송장처럼 죽어 있는 생활이다. 어찌 된 일인지 문득 그는 한동안 생각한 일이 없는 메리를 생각했다. 바다 건너 나라에서 바람이 세게 불던 어느 봄날에 보았던, 아름답고 어두운 빛깔의 머리칼이 얼굴에 나부끼면서 흰 살결에 발그스레 홍조를 띤 채 침착한 잿빛 눈을 한 메리의 모습이 갑자기 마음속 문이 열리며 나타난 듯 뚜렷하게 떠올랐다. 이곳은 그녀가 나타날 리 없는 장소였다. 그녀가 상상조차 못 할 세상이었다. 그녀가 늘 말해 온 중국의 모습, 그것은 그녀가 마음에 그렸던 그림일 뿐이었다. 오래간만의 재회로 말미암은 긴장도 사라지고 이제 축 늘어져 아버지나 백부를 보고 있으니, 메리를 사랑하지 않기를 잘했다는 생각이 들었다. 그는 고색이 깃든 큰 방을 둘러보았다. 몇밖에 남지 않은 부주의한 늙은 하인들이 청소를 제대로 하지 않아 남겨진 먼지가 여기저기 쌓여 있었다. 바닥에 깔린 타일 사이에는 푸른 곰팡이가 피어 있고, 바닥에는 흘린 술이며 침, 재, 음식물의 기름기 등이 스며 있었다. 조개껍데기로 장식된 격자창의 부서진 자리에는 종이를 발랐는데, 그 종이도 이제는 다 떨어졌고 대낮인데도 머리 위 대들보에는 쥐가 기어다녔다. 늙은 왕후는 술기운이 돌자 입을 크게 벌리고 커다란 몸집을 축 늘어뜨린 채 꾸벅꾸벅 졸기 시작했다. 머리 위의 못에는 칼집에 넣은 장검이 걸려 있었다. 아버지를 보자마자 그 빛나는 장검을 쥐고 있지 않은 것을 이상하게 여겼는데, 이제야 그것을 발견한 것이다. 칼집에 꽂혀 있었으나 여전히 아름다웠다. 아름다운 조각 위에 더께가 앉고, 붉은 비단 술은 색이 바랬으며, 쥐가 쏠아 먹은 자국이 있었으나 그래도 칼집은 여전히 광채를 냈다.

정말 그 외국 여자를 사랑하지 않아서 다행이었다고 위안은 생각했다. 위안의 나라가 어떤 나라인가를 그녀 멋대로 꿈꾸도록 두는 편이 좋다. 참된 모습은 알리지 않는 것이 좋다!

갑자기 뜨거운 것이 위안의 목구멍에 치솟았다. 낡은 것은 영원히 나와 인연이 끊어진 것일까? 그는 늙은 왕후와 촌스럽고 천한 얼굴을 한 백부와 그 아들을 생각했다. 이 사람들은 여전히 나와 연결되어 있다. 나는 내 혈관에 흐르는 피에 의해 그들과 묶여 있다. 아무리 버리고 싶어도 그 피를 쏟아 버릴 수는 없으며, 아무리 그들에게서 벗어나고 싶어도 살아 있는 한 그의 혈관 속에는 그 피가 흐른다.

이제 청춘은 끝이 났으며, 어른이 되어, 자기 힘에만 의지해야 한다는 사실을 깨달은 것은 위안에게는 매우 좋은 일이었다. 그날 밤, 유년 시절에 호위병의 경호를 받으며 잠을 자고, 군관 학교에서 도망쳐왔을 때 홀로 앉아 울면서 잠든 그 옛 방에 혼자 누워 있는데, 아버지의 늙은 심복이 살며시 들어왔다. 위안이 막 자려고 드러누운 때였다. 아버지는 그날 밤 그를 위해 작은 연회를 베풀고, 부하 중에서 대장 둘을 불러 위안을 환영하는 뜻에서 모두 함께 마시고 먹고 했다. 연회가 끝나자 위안은 아버지를 부축하여 침실로 모셔다 놓고 자기도 침상에 들었다.

잠들기 전 잠시 동안 위안은 자리에 누워 귀에 익지 않은 소리에 귀를 기울였다. 그것은 아버지가 오랜 세월 본거를 두고 살아온 이 조그만 도시의 소리였다. 만일 누가 묻는다면, 이 조그마한 도시는 밤이 되면 아무런 소리도 나지 않는다고 대답할 것이라고 그는 생각했다. 그러나 거리에서는 개 짖는 소리, 아이들 울음소리, 잠들지 않은 사람들의 웅성거리는 소리, 어느 절에선가 이따금 들려오는 종소리, 가깝지는 않으나 어디선가 한 여자가 죽어 가는 자식의 떠나려는 영혼을 부르려고 울부짖는 소리가 또렷하게 들려왔다. 그와 문 사이에는 조용한 안마당이 몇 개나 있었으므로 어느 소리도 그다지 크지는 않았다. 그러면서도, 전에는 이곳에 익숙했는데 오늘은 지나가다 들른 나그네 같은 기분이 들어서, 왠지 모든 것에 예민해진 위안의 귀에는 하나하나의 소리가 뚜렷이 분간되어서 들려왔다.

그때 갑자기 나무 경첩을 단 그의 방문이 삐걱 열리더니 촛불이 쑥 들어왔다. 쳐다보니 문이 열리고 언청이 노인이 서 있었다. 인청이 노인은 들어와서 몸을 굽히고 촛불을 조심스럽게 바닥에 놓았다. 등이 단단히 굳었는지 좀 식식거리면서 다시 일어나더니 그는 문을 잠그고 빗장을 걸었다. 이 노인이 무슨 말을 하러 왔을까 위안은 놀라면서도 궁금한 생각이 들어 그가 가까이 오기를 기다렸다.

언청이는 불안정한 발걸음으로 침대에 다가와 위안이 아직 커튼을 치고 있지 않은 것을 보고 말했다. "아직 안 주무셨군요, 도련님. 드릴 말씀이 있어서요."

위안은 이 노인의 무릎이 굽은 것을 보고 다정하게 말했다. "그럼 앉아서 이야기해 보게." 노인은 자기 신분을 생각하고 좀처럼 앉으려 하지 않다가, 이윽고 위안의 친절을 받아들여 침대 옆에 있는 발판에 걸터앉아 찢어진 입술에서 쉭쉭 숨을 흘리며 입을 열었다. 눈은 순하고 성실해 보였으나 얼굴이 너무 보기 흉해서, 비록 그가 선량한 노인이라고는 하나 위안은 똑바로 바라볼 기분이 나지 않았다.

그러나 위안은 노인의 말에 놀라 곧 그 추함 따위는 잊어버렸다. 노인이 토막토막 늘어놓는 긴 이야기에서 위안은 차츰 뚜렷한 내용을 파악할 수가 있었다. 마지막으로 노인은 늙은 두 손을 수척한 무릎에 올려놓고 조금 소리를 높여서 말했다. "그런 까닭이라서요, 도련님. 아버님이 해마다 백부님한테서 빌려 오는 돈은 자꾸 늘어 갈 뿐입니다. 도련님을 감옥에서 꺼내기 위해 돈을 빌리기 시작한 것이 시초인데, 그때부터 도련님이 외국에서 고생하시지 않도록 해마다 돈을 빌려 오셨습니다. 그래서 병사들도 차례차례 떠나보내고 이제는 전쟁을 한대도 백 명도 되지 않을 겁니다. 이래서야 전쟁조차 할 수 없지요. 병사들은 장군님을 떠나 다른 장군을 찾아가 버렸지요. 돈이 목적인 병사들이니까 급료가 안 나오면 붙어 있지 않는 것이 당연합니다요. 게다가 남아 있는 몇 사람도 병사들이 아니랍니다. 좀도둑들이나 떠도는 부랑자들만이 그저 먹여 주니까 남아 있을 뿐입니다. 집집마다 행패를 부리며 돌아다녀서 마을 사람들은 무척 싫어하지만,

총을 가졌으니까 모두 울며 겨자 먹기로 잠자코 있을 뿐이지요. 말하자면, 무장한 거지라고나 할까요. 장군님은 옛날부터 올바른 분이라서 부하들에게도 부당한 약탈은 하지 못하게 하셨고, 평화 시에는 백성들한테서 약탈하는 것을 아예 허락하지도 않으셨지요. 그래서 저는 한번 병사들의 나쁜 소행을 말씀드린 일이 있었습니다. 그러자 장군님은 밖으로 나가 이맛살을 찌푸리고 수염을 잡아당기시며 큰 소리로 호통을 치셨습니다만, 그것이 무슨 소용이 있었겠습니까. 놈들은 장군님이 나이를 잡수셔서 호통을 치는 것만으로도 몸이 떨리는 걸 알고, 겉으로는 두려운 표정을 지으면서도 장군님의 모습이 보이지 않게 되면 웃음을 터뜨리고는 곧 또 민가로 쳐들어가서 제멋대로 온갖 짓을 하고 다니는걸요. 그이상 장군님에게 말씀드려야 아무 소용도 없으니, 이 이상 걱정을 끼치지 않는편이 낫다고 생각하고 저는 잠자코 있습지요. 그런 형편이라 장군님께서 다달이돈을 빌려 쓰고 계시는 게 분명합니다. 왜냐하면 요새는 백부님이 자주 나오시니까요. 백부님은 돈에 관한 일이 없으면 찾아오실 분이 아닙니다요. 아버님께도얼마쯤의 수입원은 있습니다만, 요즘에는 그다지 세금도 모이지 않고 그 세금도대부분 병사들이 강탈하다시피 해 자기들이 챙기니 백부님한테서 빌려 오지 않고서는 모자라는 형편이 돼 버렸습니다.”

그러나 위안은 이 이야기가 곧바로는 믿어지지 않아 놀라며 말했다. “그러나방금 영감이 말했듯이, 아버지가 병사들을 대부분 내보내고 지금 소수의 병사들만 먹여 살리고 계신다면 그렇게 많은 돈이 필요 없지 않은가? 할아버님한테서 물려받은 토지도 있을 테고…….”

그러자 노인은 위안의 귀에 입을 대고 소리를 낮추어 날카롭게 말했다. “그 토지도 이제는 모두 백부님 것이 되어 버렸습니다요. 그렇지 않더라도 결국 백부님것이나 마찬가지지만요. 그 방법밖에 백부님한테서 빌린 돈을 갚을 도리가 없지않습니까. 게다가 도련님, 도련님을 외국에 유학시킨 비용이 적은 액수라고 보십니까? 장군님은 도련님의 친어머님에게는 돈을 조금밖에 안 보내시고, 또 도련님의 누이 두 분은 이 조그만 도시의 상인한테 출가시키셨습니다만, 그만큼을장군님은 도련님의 유학 비용으로 해서 매월 해안 도시에 계시는 마님에게 부치고 계셨던 것입니다요.”

그 순간 위안은 지난 오랜 세월 동안 자기가 얼마나 철부지였었나를 깨달았다. 해마다 자기가 필요로 하는 돈을 아버지가 보내주는 것은 마땅하다고 생각했던 것이다. 그는 낭비는 하지 않았고, 도박이라든가 사치스러운 옷이라든가, 그 밖에 다른 청년들처럼 부모가 보내오는 돈을 낭비하는 짓은 하지 않았다. 그러나 그에게는 최소한의 필요액이었지만 해마다 아버지에게는 엄청난 부담이었던 것이다. 그리고 그는 아이란의 비단옷이며, 결혼식이며, 노부인의 당당한 양옥이며 고아원 같은 것을 생각했다. 노부인이 친정 아버지한테서 유산을 상속받은 것은 알고 있었고, 외동딸이었으므로 그 유산이 상당하다는 것은 알았으나, 과연 그것만으로 모두를 충당할 수 있었을 것인가 하고 위안은 생각했다.

오랜 세월 동안 한 마디 불평도 없이, 돈을 빌리거나 억지로 마련해서 아들에게 돈 걱정을 시키지 않았던 아버지에게 위안은 감사의 마음이 솟구치는 것을 느꼈다. 위안은 이제 비로소 한 어른이 된 의젓함을 보이면서 말했다. "잘 이야기해 주었어. 내일 큰아버지와 사촌 형을 만나 사정을 들어 보고, 부채가 얼마나 되는가 알아보도록 하지." 그리고 갑자기 깨달은 듯이 이렇게 덧붙였다. "그것은 내 빚이기도 하니까!"

밤새도록 위안은 이 일을 생각했다. 몇 번이나 눈을 뜨고, 어차피 모두 피가 통하는 사이니까, 빚이라고 해야 진짜 빚과는 다르겠거니 생각하면서 스스로를 위로하려 했지만, 백부와 사촌 형을 생각하니 마음이 무거워졌다. 틀림없이 그 두 사람과는 핏줄로 이어져 있었지만, 마치 인종이 다르기라도 하듯이, 자기는 그 두 사람과 남 같은 느낌이 들었다. 어둠 속에서 혼자 이런 일을 생각하고 있으니, 이렇게 아버지의 집에서 어린 시절 쓰던 침대에 누워 있는데도 외국에 있을 때처럼 자신이 이방인 같다는 생각이 들었다. '어디로 가나 내가 안주할 고향은 없는 것일까?' 이런 쓸쓸한 생각이 느닷없이 머리에 떠올랐다. 그리고 그 기차를 타고 오며 목격한 일들이 또다시 생각나서, 불쾌해지고 기분이 나빠졌다. 갑자기 그는 나직하게 소리쳤다. "나에게는 고향이 없다!"

그러자, 서둘러 그 외침을 잊고 싶어졌다. 그것은 그에게는 너무나 무서운 일이어서 그 뜻을 곱씹을 용기가 없었기 때문이다.

그리하여 다음 날 그는, 아무튼 백부와 사촌은 나와는 피가 통하는 사이이며 나는 그들과 남이 아니므로, 피가 같은 자기에게 심한 짓을 할 까닭이 없다고 몇 번이나 스스로에게 타일렀다. 아버지를 책망할 생각도 없었다. 아버지가 노령과 자식을 생각하는 마음에서 어쩔 수 없이 돈을 빌린 것은 쉽게 이해할 수 있었고, 돈을 빌린다면 형제보다 더 나은 상대는 없지 않은가 하고 자기에게 말했다. 이리하여 아침이 되자 위안도 마음이 편안해졌다. 그리고 매우 좋은 날씨여서, 다가오는 가을의 산들바람이 불어 시원한 것이 고맙게 여겨졌다. 햇빛이 안마당에 비치고 바람으로 방 안 더위가 씻겨지니 위안도 조금은 기운이 났기 때문이었다.

아침 식사가 끝나자 왕후는 부하들을 검열하고 오겠다면서 밖으로 나갔다. 요즘도 부하들 때문에 무척 바쁘다는 것을 위안에게 보여 주고 싶었기 때문이다. 그래서 언청이 노인을 불러서 장검을 벽에서 내려 깨끗이 닦도록 명령하고는, 왜 이렇게 먼지투성이로 만들어 놓았느냐고 호통을 쳤다. 위안은 미소를 지으면서도, 사실을 알고 있었으므로 좀 슬퍼졌다.

그러나 아버지를 전송하고 나자, 백부와 사촌과 은밀히 이야기하기에 좋은 기회라 생각하고 적당히 인사를 한 다음 솔직하게 말을 꺼냈다. "큰아버님, 아버지가 큰아버님한테서 돈을 빌려 쓰셨다고 들었습니다. 아버님이 연로하시니까 저도 빚이 얼마나 되는지 듣고, 또 가능한 한 책임을 지고 싶습니다."

위안도 상당한 금액일 줄은 알았으나 이토록 많을 줄은 예상하지 못했다. 두 상인은 서로 얼굴을 마주 보더니 아들이 일어나서 장부를 들고 왔다. 어느 가게에서나 사용하고 있는, 부드러운 종이로 표지를 댄 금전 출납부였다. 이것을 아들이 두 손으로 아버지에게 내밀자 아버지가 받아서 펼치고, 윤기 없는 목소리로 왕후가 돈을 빌려 간 연월일을 불러 나갔다. 들어 보니 위안이 남방의 학교에 들어간 해부터 시작되어 오늘날까지 이어졌는데, 금액은 그때마다 늘어나고 상당한 이자가 붙어, 왕얼 상인이 마지막에 부른 총액은 은화 1만 1천5백17냥에 달했다.

이것을 듣고 위안은 세게 한 대 얻어맞은 듯 멍청히 앉아 있을 뿐이었다. 백부는 장부를 닫아 아들에게 주었다. 아들은 그것을 탁자 위에 놓았다. 두 사람은 위안이 무슨 말을 하는가 기다렸다. 위안은 여느 때의 목소리를 내려고 애를 썼으나 나오지 않아 나직하게 말했다. "아버지는 담보로 무얼 잡히셨지요?"

백부는 언제나 그러하듯 입술을 움직이지 않고 윤기 없는 목소리로 신중하게 대답했다. "아무래도 형제라는 사실을 잊지 않아서 말이다. 남한테 하듯이 담보를 요구하지는 않았다. 그리고 한때는 네 아버지의 시위와 군대가 나를 지켜 주기도 했었지. 하지만 지금은 그렇게는 되지 않더란 말이야. 네 큰어머니가 그렇게 죽고 난 뒤부터는 나도 한 걸음만 성 밖으로 나가도 안전하지 않다고 느껴지는구나. 모두 네 아버지의 세력이 옛날 같지 않다는 것을 알고 있어 이젠 아무도 나를 무서워하지 않는다. 또 사실상, 화난에서 혁명이 일어나서 이 화베이에까지 그 위협이 미쳤으니 어느 군벌이라도 세력이 예전과 같지 않단다. 시대가 나쁜 게지. 곳곳에서 반란이 일어나고, 토지에 대해서는 소작인들이 전에 없이 태도가 강경해졌다. 그래도 너의 아버지는 내 아우니까 토지를 담보로 잡지도 않은 게야. 하기야 잡아 본들 너를 위해서 아버지한테 빌려준 돈에는 턱없이 못 미치는 액수일 뿐이고."

이 '너를 위해서'란 말을 듣고 위안은 깜짝 놀라 백부의 얼굴을 쳐다보았으나 아무 말도 하지 않았다. 그는 백부가 말을 계속하기를 기다렸다. 그러자 노인은 말했다. "나는 너를 위해서 돈을 내놓은 거야. 너의 장래를 담보로 잡은 거지. 나를 위해서 네가 할 수 있는 일은 얼마든지 있다. 그리고 내 자식들을 위해서도 말이지. 뭐니 뭐니 해도 혈연 간이니까 말이다."

이렇게 백부는 말했는데, 그것은 한 집안의 연장자가 손아랫사람에게 말하는 보통의 말투였으며 그다지 냉혹하지 않았고 또 이치에도 맞았다. 그러나 그 윤기 없는 낮은 목소리를 듣고 그 조그마한 메마른 얼굴을 보고 있던 위안은 당황해서 물었다. "아직 일정한 직업도 없는 제가 무엇을 할 수 있다고 그러시는 겁니까?"

"그럼, 먼저 직장을 찾아야 되겠지." 백부는 대답했다. "누구나 다 아는 일이지만, 요즘에는 외국 유학을 하고 온 청년은, 옛날엔 성장(省長)이나 되어야 탈까 말까 한 높은 월급을 받고 있다. 나는 너를 위해서 그만한 돈을 빌려주기 전에, 화난에서 회계를 보는 둘째 아들놈한테서 이에 대해서 잘 들어 두었지. 그 애가 하는 말을 들어 보면, 외국의 학문은 오늘날 어떤 사업보다도 좋은 장사가 된다는구나. 가장 좋은 자리는 정부의 돈을 출납하는 지위에 오르는 거란다. 듣기로는 신정부가 새로운 사업들을 하기 위해서 전에 없을 만큼 많은 세금을 긁어들이고, 큰 도로라든가, 혁명 영웅을 위한 큰 묘라든가, 서양식 건축이라든가, 여러 계획을 세우고 있단다. 네가 금전 출납을 맡는 높은 지위에 오르면, 너도 편할 뿐더러 우리 모두에게도 큰 힘이 될 게다."

노인은 이렇게 말했으나 위안은 무어라고도 대답할 수 없었다. 그는 백부가 자기를 위해서 계획한 인생이 이 순간 뚜렷하게 눈앞에 보이는 듯했다. 그는 아무 말도 하지 않고 다만 백부를 지그시 쳐다보았으나, 눈에 보이는 것은 백부의 모습이 아니라, 그러한 계획을 세운 쩨쩨하고 천한 구시대의 낡은 정신이었다. 옛 법률에 따르면 백부가 그런 계획을 세워 위안의 몇 년간의 수입을 요구할 수 있다는 것을 그는 알고 있었으나, 생각이 여기에 이르자, 젊은 사람들의 다리에 통나무를 묶어 빨리 달리지 못하게 하는 구시대의 몰인정한 권리에 위안의 마음은 심한 반발을 느꼈다. 그러나 그는 이것을 입 밖에 내지는 않았다. 이 문제를 생각했을 때 곧 아버지를 생각했기 때문이다. 늙은 왕후가 이런 식으로 아들을 속박하는 결과가 된 것은, 그가 원해서가 아니었으며, 위안의 소망을 채워 줄 돈을 조달하는 데 달리 방법이 없었기 때문이었다. 그래서 위안은 어찌할 바를 모른 채 앉아 그저 속으로 백부를 증오했다.

그러나 노인은 이 청년의 증오를 깨닫지 못했다. 그는 여전히 억양이 없는 조그마한 소리로 계속 말했다. "네가 할 수 있는 일은 또 있다. 내 아들 중에 밑에 두 아들이 아직 일이 없어서 곤란을 느끼고 있지. 세상이 좋지 않아 내 장사도 옛날 같지 않아서 말이다. 그런데 형님의 장남이 은행에 들어가서 잘살고 있다는 이야길 들었는데, 그렇다면 내 아들도 못할 까닭이 없다고 생각한다만, 어떨까? 네가 좋은 자리에 올랐을 때 내 자식 두 놈도 데려가서 네 밑에 어디 자리를 마련해 주지 않겠느냐? 그러면 아들들의 월급 액수에 따라 그만큼 네가 갚은 것으로 인정해 주마."

여기까지 듣자 위안은 불쾌함을 누르지 못하고 못마땅한 듯이 말했다. "그럼 저는 저당잡힌 셈이군요. 제 미래는 큰아버지 것이군요!"

그러나 노인은 이 말을 듣고도 눈을 조금 크게 떴을 뿐 매우 온화하게 대답했다. "무슨 소리를 하는 게냐? 되도록이면 친척에게 힘이 되어 주는 것이 의무가 아니냐. 나는 두 형제를 위해서 일해 왔는데, 그 형제의 하나는 바로 네 아버지다. 나는 오랜 세월 형제들의 대리인이 되어서 토지를 관리했다. 아버지가 남겨 주신 큰 저택을 유지하기 위해서, 세금도 다 냈다. 아버지한테서 물려받은 토지를 위해 모든 일을 다했다. 나는 그것을 내 의무라 여기고 싫다는 소리도 하지 않았다. 내가 죽은 뒤에는 내 뒤를 이 큰애가 이어가야 한다. 하지만 그 땅도 전과는 달라졌어. 너희 조부께서는 토지라든가 소작료 같은 것을 충분히 남겨 주셔서 우리는 부자로 인정되어 왔지만, 내 아들들 대(代)에는 다르다. 살기 어려운 세상이 된 게지. 세금은 비싸고, 소작인들은 낼 것은 내지 않는 주제에 기만 세졌다. 그래서 맨 밑의 아들 두 놈도 둘째 아들과 같이 취직을 해야 하는데, 이번에는 네가 사촌들을 도울 차례다. 예부터 한 집안에서 가장 능력 있는 사람이 다른 사람들을 도와 왔다."

이리하여 구시대의 속박이 위안을 내리 덮쳤다. 그는 대답할 말이 없었다. 그와 같은 처지에 있는 청년으로 이와 같은 속박을 거부하여 집을 뛰쳐나가 마음대로 살면서, 가족들을 거들떠보지도 않는 사람이 있다는 것을 그는 잘 알았다. 그것이 새로운 시대였다. 위안은 자기도 그런 사람처럼 자유롭다면 얼마나 좋을까, 하고 갈망했다. 이 낡아 빠진 먼지투성이 방에 앉아 핏줄로 이어진 두 사람을 마주 보고 있는 순간에도 그는 벌떡 일어서서, "그것은 내 부채가 아닙니다! 나는 나 자신 말고는 아무에게도 부채가 없습니다!"라고 큰 소리로 외치고 싶었다.

그러나 자기가 그런 말을 부르짖지 못한다는 것을 위안은 알고 있었다. 멍 같으면 자신의 주의를 위해서 그렇게 부르짖었을지 모른다. 성이라면 웃으며 그 속박을 받아들이는 듯이 보이고는, 그대로 잊어버리고 그런 데 얽매이지 않고 제멋대로 생활할지도 모른다. 그러나 위안은 천성이 그렇지 못했다. 맹목적인 사랑으로 아버지가 자기에게 부과한 속박을 그는 거부할 수 없었다. 그렇다고 아버지를 책망할 수도 없었다. 아무리 생각해 봐도 아버지로선 달리 수단이 있었을 것 같지 않았다.

그는 고개를 숙인 채 열어젖힌 창문으로 들어오는 사각형의 햇빛을 뚫어져라 내려다보았다. 정적 속에서 안마당의 대숲에서 참새가 재잘거리며 서로 다투는 소리가 들렸다. 이윽고 그는 우울한 말투로 말했다. "그럼 저는 사실상 큰아버님의 투자 대상이었군요? 큰아버님께서는 저를 큰아버님의 노후를 보장하고 사촌들을 출세시키는 방편으로 삼아 오셨군요?"

노인은 이 말을 듣고는 잠시 생각하다가, 찻잔에 차를 조금 부어 천천히 마신 다음 메마른 손으로 입을 닦고 말했다.

"그것은 어느 시대 사람이건 모두 하고 있고, 해야만 하는 일이다. 너도 아이가 태어나면 그렇게 하게 될 거다."

"아니, 저는 그러지 않을 겁니다." 위안은 곧바로 말했다. 이 순간까지도 그는 자신의 아이라는 것을 생각해 본 적이 없었다. 그러나 방금 노인이 한 말을 들은 그는 미래가 현실이 된 듯한 기분이 들었다. 그렇다, 언젠가는 나도 아이가 생길 것이다. 아내가 생기고 두 사람 사이에 아이가 생기는 것이다. 그러나 그 아이는 자유롭게 해 주어야 한다! 아버지인 내가 멋대로 운명을 결정해선 안 된다! 군인이 되어야 한다든가, 집안사람들을 위해서 속박된다든가, 그런 일이 있어서는 안 된다.

갑자기 그는 혈육들이 모두 지긋지긋해졌다. 백부들도, 사촌들도, 아니 아버지조차 지긋지긋해졌다. 마침 그때 왕후가 부하의 검열로 피로해져서, 자리에 앉아 차라도 마시며 잠시 위안의 얼굴을 보며 이야기가 하고 싶어서 들어왔다. 그러나 위안은 그것조차 참을 수가 없었다. 혼자 있고 싶은 마음에 그는 얼른 일어나서 말없이 그 방을 나왔다.

예전부터 자기가 쓰던 방의 침대에 몸을 던진 위안은 어릴 때처럼 몸을 떨며 울었다. 그러나 그것도 오래 계속되지는 못했다. 뒤에 남은 왕후가 두 사람한테서 사정을 듣고 곧바로 위안의 뒤를 쫓아 문을 열고, 늙은 두 다리로 걸을 수 있는 가장 빠른 걸음으로 위안의 침대로 다가왔기 때문이다. 그러나 위안은 얼굴을 두 팔에 묻은 채 침대에 엎드려 아버지를 거들떠보지도 않았다. 왕후는 아들 곁에 걸터앉아 손으로 어깨를 쓰다듬기도 하고 가볍게 두들기기도 하면서, 열심히 약속을 하거나 달래거나 했다.

"알겠느냐, 얘야. 너는 네가 하고 싶은 일만 하면 되는 게야. 나는 아직 늙지 않았다. 너무 게으름을 피운 모양이다. 다시 한 번 병사들을 모아 전장에 나아가서, 다시 영토를 되찾고, 그 비적 두목놈한테 빼앗긴 세금을 되찾아 보여 주마. 그전에도 놈에게 이긴 적이 있으니까 이번에도 이길 수 있다. 그렇게만 되면 이 땅에서 나와 함께 살자. 뭐든지 네가 하고 싶은 대로 해 줄 테니까. 그래, 좋아하는 여자와 결혼해라. 여태까진 내가 잘못 생각했다. 이제 나는 그렇게 구식이 아니다. 요새 젊은 사람들 생각도 알게 되었단 말이야……."

늙은 왕후의 이 말이야말로 자기 연민에 서글퍼져서 울고 있는 위안의 기운을 북돋우기 위해 가장 필요한 말이었다. 위안은 아버지를 쳐다보고 거센 어조로 소리쳤다.

"아버님, 저는 이제부터 아버님을 절대 전장에 보내지 않겠습니다. 저는……."

위안은 하마터면 "결혼 같은 건 하지 않겠습니다" 하고 소리칠 뻔했다. 아주 오래전부터 아버지를 향해 몇 번이나 되풀이한 말이었으므로 저절로 입에서 나올 뻔한 것이다. 그러나 이토록 비참한 기분에 잠겨 있으면서도 그는 마음을 고쳐 먹었다. 문득 의문이 솟았기 때문이다. 나는 정말로 결혼을 원치 않는 것일까? 바로 조금 전에, 내 자식만은 자유로이 살게 해 주겠다고 결심하지 않았던가? 물론 언젠가는 결혼할 것이다. 그는 나오려던 말을 꾹 삼키고 전보다 천천히 말했다. "네, 언젠가는 정말로 제가 원하는 여자와 결혼하겠습니다."

왕후는 위안이 울음을 그치고 자기 쪽으로 얼굴을 돌린 것이 무척 기쁜 듯 힘 있게 대답했다.

"암, 그래라, 그래야지. 누구와 결혼하고 싶으냐, 그 사람 이름을 대거라. 당장 중매인을 세워서 혼담을 진행할 테니까. 네 어머니한테도 알리자. 아무렴, 이런 시골구석 처녀가 너한테 가당키나 하냐."

위안은 아버지가 이야기하는 동안 그 얼굴을 바라보면서 여태까지 깨닫지 못한 사실이 자기 마음속에 숨어 있는 것을 비로소 깨달았다. "중매는 필요 없습니다." 그는 천천히 말했으나 이미 마음은 다른 곳에 있었다. 하나의 얼굴이, 젊은 여자의 얼굴이 떠올랐다. "제가 직접 말하겠습니다. 요즘 우리 젊은 사람들은 자기가 직접 청혼을 하지요."

이번에는 왕후가 눈을 크게 뜰 차례였다. 그는 엄한 어조로 말했다. "남자가 마음대로 말을 건넬 만한 상대 중에 제대로 된 여자가 있을까? 그런 여자는 조심하라고 옛날부터 내가 훈계한 일을 잊지는 않았겠지? 네가 고른 사람은 훌륭한 여자냐?"

그러나 위안은 미소 지을 뿐이었다. 그는 부채와 전쟁, 그 밖에 요즘 세상의 온갖 문제를 잊었다. 끊어졌던 그의 마음이 갑자기 하나로 이어져 여태까지 몰랐던 한 가닥의 길이 뚜렷이 보이기 시작했다. 모든 것을 이야기할 수 있는 상대, 내 쪽에서 결단을 내리기만 하면 되는 상대가 있었다! 이 노인들은 나라는 인간과 나의 행동을 이해하지 못한다. 내가 이미 그들과 아무 연관도 없다는 것을 모르는 것이다. 그 점에서는 그들도 외국인과 다를 바 없다. 그러나 나는 나와 같은 시대에 사는 여자를 알고 있다. 그녀는 나와 달리 옛 시대의 뿌리를 갖고 있지 않다. 나와는 달리, 그 뿌리를 뽑고 운명의 새 시대에 새로 뿌리를 내릴 힘도 없는 채, 언제까지고 모순에 괴로워하는 그런 여자가 아니다. 그 여자의 얼굴이 여태까지 만났던 어떤 사람의 얼굴보다도 뚜렷하게 마음에 떠올랐다. 그 얼굴 앞에서는 다른 모든 사람의 얼굴, 지금 눈앞에 있는 아버지의 얼굴마저 희미해졌다. 나를 나 자신에게서 해방시켜 줄 것은 그녀뿐이다. 나를 해방시켜 주고 앞으로 할 일을 가르쳐 줄 수 있는 것은 메이링뿐이다. 손에 닿는 모든 것에 질서를 부여하는 그녀라면 내가 무엇을 해야 하는지 가르쳐 줄 것이다! 이렇게 생각하니 위안은 마음이 가벼워져 가슴이 뛰었다. 그녀에게로 돌아가자. 그는 얼른 일어나 방바닥에 다리를 내려놓았다. 그때 아버지의 질문이 생각나서 정신이 아찔해지는 새로운 기쁨에 넘치며 대답했다. "훌륭한 여자냐고 말씀하셨지요? 그렇습니다, 아버님, 저는 훌륭한 여자를 골랐습니다!"

그는 전에 없는 초조함을 느꼈다. 이제는 망설임도 없고 주저도 없었다. 당장 그녀에게로 돌아가자.

그러나 갑작스레 새로운 초조감에 쫓기면서도 그는 아버지 곁에서 한 달을 더 있어야 했다. 무언가 여기를 떠나갈 구실은 없을까 생각한 끝에 해안 도시에 볼일이 있어서 돌아가야 한다고 말을 꺼내자 왕후는 크게 낙심하여 마음이 상해 버렸다. 그 모습을 본 위안은 그만 마음이 약해져서 돌아가는 것을 미루지 않을 수 없었다. 게다가 이대로 어머니를 만나지 않고 돌아가는 것도 좋지 않다고 생각했다. 요새 어머니는 자신의 고향인 시골에 가서 살고 있었다. 어머니는 위안을 찾으러 그 흙벽집에 산 이래 어린 시절을 보낸 시골 생활이 그리워져서, 딸 둘이 출가한 뒤로는 친정이 있는 촌으로 자주 돌아갔는데, 그러다가 그곳에 눌러앉게 된 것이다. 친정에는 첫째 오라버니가 있었는데, 그녀가 돈도 잘 쓰고 군벌 장군의 아내로서 제법 화려한 모습을 보이자 오라버니도 좋아하고, 올케는 마을 여자들 앞에서 콧대가 높아져 기꺼이 맞이해 주었다. 언청이 노인이 사람을 보내어 위안이 돌아왔다는 것을 알렸으나 어머니는 꾸물거리며 돌아오는 것을 차일피일 미루고 있었다.

위안은 어머니에게, 자기 아내는 스스로 고르겠다는 점과, 사실은 이미 골랐으며 본인에게 청혼하는 일만 남았다는 것을 확실하게 말하고 싶었으므로, 더더욱 어머니를 만나고 싶어 안달이 났다. 이런 까닭으로 그는 참으면서 한 달을 더 거기서 지냈으며, 백부 부자도 곧 고향의 커다란 저택으로 돌아가서 아버지와 단둘이 남게 되었으므로 여기서 사는 것도 그다지 갑갑하지는 않았다.

그런데 메이링을 생각하면 마음이 즐거워지는 위안은 백부에 대해서조차 정중한 태도를 취할 수 있었고, 또 마음속으로 '그녀라면 이 부채를 정리하는 방법을 함께 생각해 주겠지. 그녀와 의논하기 전에는 백부에게도 화를 내지 말아야지.' 생각하면서 깊은 안도를 느꼈다. 이렇게 생각했으므로 백부와 헤어질 때도 똑똑히 말할 수가 있었다. "부채는 잊지 않을 테니까 안심하십시오. 내달에는 저도 곧 직장을 찾게 될 것입니다. 이제는 돈으로 폐를 끼치지 않겠습니다. 사촌 형제들에 대해서도 할 수 있는 데까지 노력하도록 하겠습니다."

이 말을 듣고 왕후도 힘 있게 말했다. "안심하십시오, 형님. 한 푼도 빠짐없이 갚을 테니까요. 내가 전쟁을 못 하더라도 이번에는 얘가 정부로부터 돈을 탈 수 있을 겁니다. 그만한 학문이 있으니까, 좋은 관직에 앉을 것은 틀림없습니다."

"그렇고말고, 위안만 그럴 마음을 갖는다면야." 백부가 받아서 말했다. 그러나 드디어 출발하게 되었을 때 백부는 "네가 써둔 것을 위안에게 주어라" 하고 장남에게 말했다. 그러자 장남은 소매 끝에서 접은 종이를 꺼내어 위안에게 주며 장황하게 말했다. "이것은 그저 그 금액의 명세서다. 아버지나 나나, 네가 정확한 금액을 알아 두고 싶어할 것 같아서 말이다."

그때에도 위안은 이 두 사람에게 화가 나지 않았다. 그는 속으로 웃으면서도 진지한 얼굴로 그 서류를 받고 겉으로는 정중하게 그들을 전송했다.

위안의 마음에는, 이제까지와는 달리 아무런 불안도 없었다. 백부 부자에게도 정중한 태도를 취할 수 있었고, 그들이 돌아간 뒤에는 밤마다 아버지가 지루하게 늘어놓는 전쟁 이야기며 무용담을 참을성 있게 들어 줄 수도 있었다. 아버지는 아들에게 들려주기 위해 과거사를 펼쳐 놓고 전쟁의 성과를 자랑했는데, 눈썹을 치켜뜨고 덥수룩한 구레나룻을 잡아당기고 눈을 번쩍이면서, 아들에게 이야기를 들려주고 있자니 왕후는 자기가 참으로 빛나는 생애를 보내 온 듯한 기분에 빠져들었다. 위안은 얌전하게 앉아, 아버지가 바오 장군을 찔러 죽일 때의 광경을 묘사하기 위해 손을 앞으로 내저으면서 눈썹을 치켜뜨고 고함을 치는 것을 미소를 머금은 채 들었다. 이러한 아버지가 전에는 어쩌면 그렇게 무서웠을까 싶어 신기할 뿐이었다.

그러는 동안에는 날이 가는 것도 그리 지루하게 느껴지지 않았다. 왜냐하면, 메이링에 대한 감정을 너무나 갑작스레 깨달았으므로 한동안 그것만을 생각할 시간이 필요했기 때문이다. 그래서 쉽사리 만날 수 없는 것이 오히려 안심이 되고, 가만히 앉아서 아버지의 이야기를 듣는 체하는 시간이 기쁘게 생각될 정도였다. 자기 감정을 여태까지 깨닫지 못한 것이 그는 이상했다. 아이란이 결혼하는 날, 신부 행렬을 바라보며 아이란의 아름다움을 인정하는 한편 메이링의 모습을 발견하고 아이란보다 아름답다고 생각했을 때 이미 깨달았어야 했다. 그 뒤에도 기회는 얼마든지 있었다. 집 안 이곳저곳을 말끔히 정리하는 그녀의 모습을 보았을 때, 하녀에게 지시하는 그녀의 목소리를 들었을 때, 그 사실을 깨달았어야 했다. 그런 것을 그는 고독감에 빠져 혼자 울 때까지 깨닫지 못했던 것이다.

이와 같은 메이링에 대한 공상을 깨뜨리고 왕후의 행복에 겨운 나이 든 말소리가 들려왔다. 그래도 위안은 얌전히 그 이야기를 듣고 있을 수 있었다. 마음속에 메이링에 대한 사랑이 싹트지 않았던들 도저히 그렇게 할 수 없었으리라. 그는 꿈속처럼 아버지의 이야기를 흘려들으며 그것이 옛 전쟁에 대한 이야기인지, 아니면 아버지가 이제부터 시작하려고 계획 중인 전쟁 이야기인지도 분간할 수도 없었다. 아버지는 끊임없이 이야기를 계속했다. "나한테 아직, 형님에게서 얻은 양자가 보내 주는 수입이 소금은 있다. 그린데 그놈은 장군온 못 돼, 참된 장군은 말이다. 나는 그놈을 그다지 믿을 수 없다. 까불기를 좋아하고 게으름만 피운단 말이야. 타고난 어릿광대니까 아마 죽을 때까지 광대 노릇을 하겠지. 제 입으로 내 대리라고 말하고 있지만, 세금을 조금밖엔 안 보낸다. 나도 안 가 본 지가 6년이나 되지. 내년 봄에는 가 봐야지. 그래, 내년 봄에는 전쟁을 대비해서 순시를 해야겠다. 그 조카 놈은 적이 오면 당장에 배반할 놈이야. 내게서도 아무렇지 않게 등을 돌릴 놈이지……."

아버지의 이야기를 절반밖에 듣고 있지 않은 위안은, 그런 사촌 따위는 마음에도 두지 않았다. 예전에 백모가 "내 아들은 북방에서 장군이 되어 있어." 말했던 것만 막연히 기억날 정도이며, 그 사촌에 대해서는 제대로 기억도 못했기 때문이다.

그래도 이따금 아버지의 말벗이 되어 주면서, 자기가 사랑하고 있음을 깨달은 메이링을 생각하는 일은 즐거웠다. 그녀를 생각하면 여러 가지로 위안을 얻었다. 메이링에게라면 이 장군 관저를 보여 주어도 괜찮을 것이다, 그녀는 내 기분을 이해해 주리라고 그는 생각했다. 아무리 수치스러운 일이 많더라도 두 사람은 같은 인종, 같은 국민이다. 그녀에게라면, '아버지는 늙고 어리석은 군벌 장군입니다. 자기 스스로도 거짓말인지 참말인지 알 수 없는 이야기만 하고 계시지요. 별것도 없었는데 자신을 위대한 인물로 여기고 계시답니다.'라는 말도 할 수 있을 것 같았다. 그렇다, 그녀라면 이해해 줄 것이 틀림없으니 무슨 말이고 다 할 수 있다. 그녀의 그 솔직함을 생각하니 자신의 허식으로 가득 찬 수치심도 사라져 버리는 것 같았다. 그래, 그녀에게로 가자. 그리고 분열된 내가 아니라, 할아버지의 흙벽집에서 대지에 발을 붙이고 살았던 며칠 동안의 자신으로, 본래의 나로 돌아가자. 그때의 나는 혼자였다. 자유였다! 그녀와 함께라면 본래의 자신으로, 자유로운 인간으로, 다시 한 번 솔직한 나로 돌아갈 수 있으리라.

마침내 그는 그녀에게 속마음을 털어놓자는 생각 말고는 아무것도 생각할 수 없게 되었다. 그녀가 힘이 되어 줄 것을 확신한 그는 어머니가 겨우 돌아왔을 때도 아무런 동요 없이 예의 바르게 인사를 할 수 있었다. 나의 어머니임에도 서로 정신적인 연결은 거의 없으며 함께 이야기할 일도 없다는 생각으로 괴로워할 것도 없었다. 어머니는 혈색이 좋고 건강한 얼굴을 했으나, 이제 보니 온통 주름투성이이며 매우 평범한 시골 노파가 되어 있었다. 그녀는 요즈음 걸어다닐 때 언제나 사용하는 지팡이에 기대어 그를 바라보았는데, 그 눈은 신기하다는 듯이, '이것이 내 자식인가?' 말하는 듯이 보였다.

양복을 입고 키가 큰 위안은, 검은 무명의 구식 옷을 입은 노파를 내려다보면서 속으로 생각했다. '나는 정말 이 할머니의 뱃속에서 태어난 것일까? 왠지 서로 피로 이어졌다는 느낌조차 들지 않는다.'

그러나 이런 어머니가 있다는 것도 이제는 고통스럽지 않았고 부끄럽지도 않았다. 만일 그 백인 여자를 사랑했다면 그녀에게 "우리 어머닙니다." 이렇게 말하기가 무척 부끄러웠을 것이다. 그러나 메이링에게라면 아무렇지 않게 "이분이 바로 우리 어머니요." 말할 수 있을 것이고, 그쪽에서도 이런 어머니에게서 그와 같은 남자가 얼마든지 태어난 것을 알고 있으므로 조금도 이상하게 여기지 않을 것이다. 그녀로 보아서도 이상할 것이 하나도 없기 때문이다. 그녀에게는 그것이 사실이라는 것만으로 충분한 것이다. 아이란에게 이 어머니를 소개한다면 조금은 부끄럽겠지만 메이링이라면 괜찮다. 마음속을 다 드러내 보여도 부끄럽다는 생각이 들지 않을 것 같았다. 이렇게 생각하니 그는 초조한 가운데도 마음이 차분히 가라앉았다. 어느 날 그는 어머니에게 솔직하게 말했다.

"저는 약혼했습니다. 아니, 약혼한 거나 마찬가집니다. 상대를 정했어요."

그러자 어머니는 차분하게 대답했다. "아버지한테 들었다. 나도 아는 처녀 아이를 두세 사람 이야기한 적이 있지만, 아버지는 언제나 네가 좋아하는대로 시키겠다고 말씀하셨어. 옛날부터 너는 아버지 아들이지 내 아들이라고는 할 수 없을 정도였는 데다, 아버지는 저렇게 기질이 강하신 분이라 나는 그분 뜻을 거스르지도 못했지. 아이란 어머니는 잘 피해 달아났지만, 나는 남아서 아버지의 성미를 상대해 온 셈이야. 하지만 네가 고른 상대는 훌륭한 규수겠지. 옷도 지을 줄 알고, 생선도 구울 줄 알고, 나한테도 이따금 와 주기만 한다면 고맙겠다만. 하기야 새 시대라는 게 엉터리라, 젊은 사람들은 뭐든 제멋대로 하고, 며느리라고 해야 시어머니한테 인사조차 오지 않는다는 걸 나도 잘 알고는 있다만."

그러나 위안이 보기에 어머니는 더 이상 그를 위해 며느리를 찾으러 다닐 필요가 없어진 것을 기뻐하는 듯이 보였다. 어머니는 가만히 앉아 멍하니 앞을 바라보았으나, 이윽고 눈과 턱을 조금 움직이는가 했더니 눈앞에 아들이 앉아 있다는 것도 잊고 조용히 잠들어 버렸다. 아니면 잠든 체한 것뿐인지도 모르지만. 이 어머니와 아들이 사는 세계는 전혀 달랐다. 자기가 이 어머니의 아들이라는 사실이 위안에게는 무의미하게 여겨졌다. 사실 지금의 그에게는 메이링을 다시 만나는 것 이외엔 모든 것이 무의미하게 여겨졌다.

드디어 부모님과 헤어질 때가 오자 위안은, 제법 이별이 쓰라리기라도 한 듯이 애써 공손하게 인사하고, 다시 남방으로 가는 기차에 올랐다. 그런데 이상하게도 이번에는 다른 승객들에게 조금도 신경이 쓰이지 않았다. 그들이 예의에 벗어난 행동을 하거나 말거나 마찬가지였다. 그는 메이링밖에 생각할 수 없었기 때문이다. 그는 그저 그녀에 대한 모든 기억을 되새기는 데 열중했다. 그녀의 손이 조그마한 것을 생각했다. 강해 보이기는 하나 손바닥이 좁고 손가락도 가늘어서, 저런 손으로 어떻게 그토록 재빠르고 단호하게 인간의 몸에 있는 환부를 도려낼 수 있을까 생각했다. 그녀의 가는 몸에는 이런 힘이 숨어 있었다. 그것은 희고 결이 고운 살결 속에 짜여 있는 훌륭한 골격의 힘이었다. 그녀가 무엇이든 잘해서 하녀들이 그녀를 의지한다는 것, 아이란조차도 외투 단이 예쁘게 잘 떨어지는지 메이링이 보아 주지 않으면 마음이 놓이지 않는다는 것, 노부인의 마음에 꼭 들도록 할 수 있는 것은 오직 메이링뿐이라는 것 등을 그는 몇 번이나 되풀이해서 생각했다. 그리고 그는 이렇게 생각하고 기뻐했다. '그녀는 이제 스무 살이지만 나이가 열 살은 더 많은 어지간한 여자들보다 능력이 있어.'

그것은 다시 생각해 보니, 위안에게는 메이링이 이중의 매력을 지니고 있기 때문이었다. 그녀에게는 그가 어머니라고 부르는 노부인이라든가 백모처럼 고풍스러운 가정교육 속에서 길러진 여자들과 같은 침착성과 위엄이 있었다. 그러면서도 남자 앞에서는 수줍어하며 입을 다물고 있지 않는 새로운 면도 지녔다. 어디에서든 당당하고 분명하게 말하고, 아이란과 성격은 달랐지만 아이란과 마찬가지로 거침이 없었다. 혼잡한 기차 안에서 창밖으로 스쳐가는 평야와 도시를 바라보았지만 그의 눈에는 아무것도 들어오지 않았다. 다만 가만히 앉아서 메이링만을 꿈꾸고, 그녀의 간단한 말이나 사소한 표정을 모아 마음속에서 사랑스러운 그 모습을 완성하고 있었다. 떠올릴 수 있는 모든 것을 회상하면서 그는 이번엔 그녀와 만나는 순간을 생각하고, 뭐라고 말할까, 어떻게 사랑을 고백할까, 궁리했다. 마치 벌써 그때가 된 것처럼, 자기가 고백하는 동안 지그시 지켜보는 그녀의 성실하고 진지한 얼굴이 눈에 보이는 듯했다. 그리고 다음 순간 그는, 그녀는 아직 어리고, 남자에 익숙한 대담한 여자가 아니라 정숙하고 얌전한 처녀라는 사실을 잊어선 안 된다고 생각했다. 하지만 그 조그마한 손을 잡는 일쯤은 있을 수 있지 않을까? 그 차갑지만 다정한 손쯤은 잡아 볼 수 있을 거라고 그는 생각했다.

그러나 앞일이 모두 자기의 뜻대로 되지는 않는 법이고, 어떤 연인두 그때가 왔을 때 자기가 어떤 행동을 할 것인가 미리 알지는 못하는 법이다. 기차 안에서 그토록 술술 떠올랐던 말을 위안은 숫제 입 밖으로 내어 보지도 못했다. 현관에 들어섰을 때 집 안에선 아무 소리도 들리지 않고, 하녀가 맞으러 나왔을 뿐이었다. 그 고요가 오한처럼 그를 전율시켰다.

"메이링은 어디 있지?" 그는 하녀에게 물었으나 곧 다시 생각하고 조용하게 물었다. "마님은 어디 계시지, 어머님은?"

하녀가 대답했다. "두 분 다 고아원에 계십니다. 새로 들어온 아기가 아파서 아마 늦게 돌아오실 것 같다는 말씀이셨어요."

그렇다면 위안은 차분하게 기다리는 수밖에 없다. 그는 앉아서 이것저것 다른 생각을 해 보려 했으나 머리가 자유로이 돌아가 주지 않았다. 어느 사이엔가 그 커다란 희망으로 돌아가는 것이었다. 밤이 되어도 두 사람은 돌아오지 않았다. 하녀가 식사 시간을 알려 왔으므로 위안은 식당으로 가서 홀로 식사를 했는데, 음식은 모래를 씹는 듯이 맛이 없었다. 오랫동안 기다리던 순간을 이와 같이 늦추게 하는 아기가 미워졌을 정도였다.

음식이 목구멍을 내려가지 않아 식탁에서 막 일어서려 할 때, 문이 열리며 부인이 무척 피로하고 낙심한 듯한 얼굴로 들어왔다. 그 뒤를 따라 들어온 메이링도 말이 없었고 여태까지 본 적이 없을 만큼 슬퍼 보였다. 그녀는 위안을 보았으나 그 눈은 텅 빈 채로, 한 달이나 헤어졌던 사람을 맞이하는 표정은 전혀 보이지 않았다. 그녀는 나직한 소리로 그에게 말했다. "아기가 죽었어요. 할 수 있는 데까지 모든 수단을 다했지만, 죽고 말았어요."

부인은 한숨을 쉬면서 자리에 앉아 역시 슬픈 듯이 말했다. "잘 다녀왔니, 아들아? 그렇게 귀여운 아기는 본 적이 없었단다, 위안. 사흘 전에 현관 앞에 버려져 있었지. 가난한 사람의 아기는 아니었어. 입혀 놓은 옷이 비단이었거든. 처음에는 튼튼한 아이라고 생각했는데, 오늘 아침에 갑자기 경기를 일으키잖아. 그건 옛날부터 아기가 걸리면 열흘도 안 되어 목숨을 잃는다던 바로 그 병이었어. 귀엽고 튼튼한 아기가 마치 독기라도 덮친 듯 앓다가 죽어 가는 것을 나는 전에도 몇 번이나 보았는데 그 병만은 정말 어찌할 도리가 없구나."

메이링은 가만히 듣고만 있었다. 음식에 손을 댈 기분도 나지 않는 모양이었다. 그녀는 가느다란 두 손을 식탁 위에서 꼭 쥐고 노기 띤 목소리로 소리쳤다. "원인은 알고 있어요. 피할 수 있는 일이에요!"

그녀가 전에 없이 노여움에 떠는 얼굴을 본 위안은 그녀의 눈에 눈물이 고이는 것을 알아챘다. 이 노여움과 눈물은 그의 열띤 마음에 찬물을 끼얹는 것과 같았다. 그것들이 곧 메이링의 마음이 그에게 닫혀 있다는 것을 보여 주는 신호였기 때문이다. 그는 그녀만을 생각해 왔지만, 이 순간 그녀 마음에 그는 전혀 없었다. 오랫동안 떨어져 있었는데도 그녀는 그를 꿈에도 생각하지 않았던 것이다. 그래서 그는 노부인이 아버지의 집 사정을 물어보는 것을 잠자코 듣고 있다가 조용히 대답했다. 그러나 메이링이 노부인의 질문도 그의 대답도 듣고 있지 않는 것을 그는 싫어도 깨달을 수밖에 없었다. 그녀는 두 손을 무릎에 얹고 번갈아 두 사람의 얼굴을 바라보았지만 한 마디도 하지 않고 묘하게 멍한 표정으로 앉아 있었다. 다만 끊임없이 눈에서 눈물이 흘러내릴 뿐이었다. 그녀의 마음이 자기에게서 멀리 떨어져 있다는 것을 알았으므로 그날 밤 위안은 아무 말도 할 수 없었다.

그러나 말을 하지 않고는 마음이 편해질 수 없었다. 밤새도록 그는 토막토막 끊어진 꿈을 꾸었다. 이상한 사랑의 꿈이었는데 도무지 사랑이 분명하게 다가오지 않는 꿈이었다.

이튿날 아침 그는 꿈에 시달리다 지쳐 눈을 떴다. 여름에서 가을로 옮겨 가는 계절의 흐린 날씨였다. 일어나서 창밖을 내다보니 도처가 잿빛 일색이었으며, 흐릿한 하늘이 회색 거리를 온통 뒤덮고, 지상에서는 회색 거리에 조그마한 회색 점 같은 인간들이 느릿느릿 움직이고 있었다. 이 생기 없는 광경을 보고 그의 정열도 식어 버렸으며, 메이링에 대한 꿈 따위를 꾸고 있던 자신이 이상하게 여겨질 정도였다.

이런 기분으로 그는 아침 식탁에 앉아, 오늘은 음식조차 간도 향기도 없다는 기분으로 멍청하게 입만 움직이고 있는데 노부인이 들어왔다. 부인은 식사도 시작하기 전에, 간단한 아침 인사도 나누기 전에 어딘가 위안이 여느 때와 다르다는 것을 깨달았다. 그래서 살며시 그에게 물어 보기 시작했다. 위안은 메이링에 대한 사랑을 고백할 수는 없었으므로 그 대신 아버지가 백부에게 엄청난 빚을 지고 있다는 이야기를 했다. 그러자 부인은 몹시 놀라며 말했다.

"그렇게 돈에 곤란을 겪고 계시다는 말씀을 어째서 나한테 하시지 않았을까? 나도 좀 더 절약할 수도 있었고, 메이링에게 들어가는 돈은 내 돈을 써도 되었을 텐데. 나는 네 아버지 돈을 쓰는 걸 자랑으로 여기고 그렇게 했지. 내 아버님은 돌아가실 때, 아들이 없었으니까 충분한 재산을 나한테 남겨 주시면서 안전한 외국 은행에 모두 예금을 해 주셨어. 그래서 이런 시대에도 무사했단다. 아버님은 나를 무척 아끼셔서 조상 대대로 물려받은 묘지까지 팔아 가지고 나를 위해 현금으로 바꾸어 두셨어. 그런 사정을 알았더라면 내가 어떻게 변통할 수 있었을 텐데."

그러나 위안은 귀찮다는 듯이 말했다. "어째서 어머님이 그러실 필요가 있습니까? 제가 제 학문이 도움이 될 만한 직장을 찾아서 될 수 있는 데까지 급료를 저금을 해 두었다가 큰아버지에게 돌려 드리겠습니다."

이렇게 말한 순간 그는, 만일 그렇게 하면 결혼비용이나 집을 살 돈이나 그 밖에 젊은 사람이 희망하는 여러 가지 일을 할 비용은 어떻게 될까 하는 생각이

들었다. 옛날 같으면 아들은 아버지와 한 집에서 살아서 며느리도 손자도 같은 솥의 밥을 먹었었다. 그러나 새로운 시대에 태어난 위안은 그렇게 할 생각은 없었다. 왕후가 사는 장군 관저나 메이링의 시어머니가 될 나이 든 어머니를 생각하니 그런 데서 메이링과 함께 살고 싶지는 않았다. 어딘가에 자기들만의 집을 갖고 싶었다. 위안이 좋아하게 된, 벽에는 그림이 걸러 있고, 편히 앉을 수 있는 의자가 있으며, 구석구석 청결한, 그런 집이 갖고 싶었다. 그리고 단둘이 살며 바라는 대로 가정을 만드는 것이다. 이런 것들을 생각하는 동안 그는 노부인 앞이라는 것도 잊고 황홀해져 버렸으므로 노부인은 매우 상냥하게 말했다. "아직 나한테 이야기하지 않은 것이 있지?"

그러자 갑자기 위안의 마음이 폭발했다. 얼굴이 새빨개지고 눈은 눈꺼풀 아래서 타오를 듯이 뜨거워졌다. 그는 소리쳤다. "더 말씀드릴 일이 있습니다. 아직 말씀드리지 않은 게 있어요. 저는 어느샌가 그 사람을 사랑하게 되었습니다. 그 사람과 결혼하지 못하면 저는 죽을 것 같습니다."

"그 사람이라니?" 부인은 고개를 갸웃했다. "그 사람이라니, 누구 말이냐?" 부인은 갈피를 잡지 못했다. 그러자 위안이 소리쳤다. "메이링 말고 누가 있습니까?"

이 말을 듣고 노부인은 깜짝 놀랐다. 메이링은 부인의 눈으로 보면 어린애에 지나지 않았으며, 어느 겨울 아침에 거리에서 주워 자기 집으로 데려온 아이일 뿐이었다. 부인은 위안을 가만히 바라보면서 한동안 입을 다물고 있더니 이윽고 사려 깊게 말했다. "그 애는 아직 어리고 또 여러 가지 제 할 일을 계획하고 있단다." 그리고 부인은 다시 말을 이었다. "그리고 그 애는 부모가 누군지도 몰라. 만일 길에서 주운 아이라는 것을 알면 아버지는 뭐라고 말씀하실까?"

그러나 위안은 이제 더 참을 수 없게 되어 소리쳤다. "이 문제에 대해서는 아버지도 아무 말씀 못 하시게 하겠습니다. 이제 저는 옛 관습에 묶여 있지 않습니다. 제 아내는 제가 고릅니다."

노부인은 조용하게 이 말을 듣고 있었다. 아이란이 입버릇처럼 지껄이던 말이라 이제는 이런 말에 익숙해져 있었고, 다른 부모들의 말을 들어보아도 요즘의 젊은 남녀는 모두 같은 말을 하므로 부모들은 되도록 참는 수밖에 없다고 들었기 때문이다. 그래서 부인은 다만 "그래, 그 애한테는 벌써 이야기했니?" 하고 물었을 뿐이었다.

그러자 위안은 금방 그때까지의 대담함을 잊고, 옛 시대의 연인처럼 수줍어하면서 말했다.

"아뇨, 어떻게 말하면 좋을지 알 수가 없습니다." 그리고 잠깐 생각하다가 말했다. "언제나 메이링은 자기 일만 생각하는 것 같아요. 다른 여자들은 눈으로라든가 손을 만진다든가 해서 계기를 만들어 줍니다. 적어도 그렇다는 이야기를 들었습니다만. 메이링은 결코 그렇게 하질 않습니다."

"그렇고말고." 노부인은 자랑스레 대답했다. "메이링은 절대로 그런 짓을 하지 않아."

낙담하여 앉아 있는 동안 문득 위안의 마음에 이런 생각이 떠올랐다. 자기 대신 부인에게 이야기해 달라고 부탁해 보면 어떨까? 그 편이 확실히 낫다, 그는 곧바로 그러기로 했다. 메이링도 그렇게나 사랑하고 존경하는 노부인의 말이라면 귀를 기울일 것이고, 그렇다면 자기에게도 나쁠 까닭이 없다고 생각한 것이다.

그런 식으로, 새로운 시대이기는 하나 자기 입으로 말하지 않는 편이 좋다는 생각이 갑자기 들었다. 이것은 신시대와 구시대를 절충한 방법이니까 아직 어린 메이링에게는 이 편이 나을지도 모른다, 이렇게 생각하고 위안은 진지한 어조로 말했다. "저 대신, 어머님이 말씀해 주시지 않겠습니까? 제가 말하면 메이링이 겁을 먹을지도 모릅니다."

노부인은 살짝 미소를 띠고 위안을 정답게 바라보면서 대답했다. "메이링이 너와의 결혼을 승낙하고 아버님도 허락하신다면 결혼해도 좋다. 하지만 난 그 애에게 강요하지는 않을 테다. 그것만은 절대로 하지 않을 거야. 상대가 어떤 사람이든 딸에게 결혼을 강요하는 것만은 나는 안 할 참이야. 새로운 시대가 여성에게 가져다준 오직 한 가지 장점은 이것뿐이거든. 여성이 강제로 결혼해야 하는 일이 없어졌다는 점 말이야."

"그렇고말고요, 지당하신 말씀입니다." 위안은 소리쳤다.

위안은 여자가 결혼하는 것은 자연스러운 일이라고 생각했으므로 메이링에게 강제할 필요가 있다고는 꿈에도 생각지 않았던 것이다.

둘이서 이야기를 나누며 식사를 마쳤을 때, 메이링이 들어왔다. 그녀는 학교에 갈 때 입는 감색 비단옷을 입고 짧고 검은 머리를 귀 뒤쪽으로 넘긴 청초한 모습이었다. 보석을 달고 있지 않으면 발가벗은 기분이라는 아이란과는 달리, 그녀는 귀에도 손에도 보석 같은 건 달고 있지 않았다. 표정은 평온했으며 눈매는 시원스럽고 단정한 데다가, 입도 아이란처럼 새빨갛지 않고 볼은 희고 결이 고왔다. 메이링의 얼굴은 결코 혈색은 좋은 편은 아니나 건강하고 깨끗한 금빛 살결이 참으로 곱고 매끄러워 보였다. 그녀는 공손하게 아침 인사를 했다. 위안의 눈에 하룻밤 자고 일어나니 어젯밤의 슬픔도 사라지고 다시 온화함을 되찾아 새로운 날을 맞이할 힘이 있어 보였다.

그녀가 식탁에 앉아 밥공기를 집어 드는 것을 위안이 지켜보고 있자, 노부인은 입과 눈에 희미한 미소를 띠면서 이야기하기 시작했다. 갑자기 위안은 될 수 있으면 만류하고 싶어졌다. 하다못해 다른 때 해 주었으면 싶었다. 어떻게든 이 순간을 미루고만 싶었고 부끄러움이 앞서 눈을 내리깔고, 안절부절못하는 기분으로 온몸이 뜨거워져서 움직일 수 없었다. 노부인은 이야기를 꺼내기는 했으나 위안의 태도를 눈치채고 눈에 은밀한 웃음을 띠었다.

"메이링, 너한테 물어볼 일이 있다. 위안은 입으로는 자기는 훌륭한 현대인이라 자기 아내는 자기가 고른다고 말하면서도, 막상 중요한 순간이 되니까 기가 죽어 구식으로 돌아가서 결국 중매인이 필요하게 되었단다. 내가 그 중매인이고 청혼을 받은 사람은 바로 너란다. 이 청혼을 받아들이겠니?"

이런 식으로, 너무나 사무적이고 무미건조한 목소리로 말했으므로 위안은 이 이상 나쁜 방법은 없을 것 같은 기분이 들었다. 이래서야 어떤 여자라도 질려 버릴 것이라고 생각했다. 위안은 부인이 미워졌을 정도였다.

사실 메이링은 크게 놀랐다. 밥공기와 젓가락을 살며시 내려놓고 어떻게 대답해야 좋을지 몰라 가만히 부인을 바라보고 있었다. 그러나 곧 나직이, 모기가 우는 듯한 목소리로 "꼭 승낙을 해야 하는 건가요?" 물었다.

"아니, 그렇지는 않아." 부인은 진지한 얼굴로 돌아가 대답했다. "싫으면 승낙할 필요는 없다."

"그럼 거절하겠습니다." 메이링은 안심한 듯 얼굴을 빛내면서 기쁜 듯이 대답했다. 그리고 말을 이었다. "동급생 중에도 억지로 결혼하게 된 사람들이 있었는데 모두 학교를 그만둬야 한다면서 울고 있었어요. 그래서 저도 깜짝 놀랐던 거예요. 고맙습니다, 어머니." 이렇게 말하고 평소에 늘 조용하고 차분하던 메이링은 얼른 일어나더니 감사를 나타내기 위해 옛 풍습대로 부인 앞에 무릎을 꿇고 절을 했다. 그러나 부인은 그녀를 일으켜 팔로 감싸듯이 안았다.

그때 부인이 바라보니 위안은 얼굴에 핏기가 가시고 창백해져서, 울지 않으려고 악문 입술마저 창백했다. 부인은 그가 딱해져서 딸을 돌아보고 다정하게 말했다. "이런 일이 있었다고 해서 위안이 싫어지지는 않겠지?"

그러자 그녀는 얼른 대답했다. "그러믄요, 어머니. 위안은 제 오라버니신걸요. 오라버니는 좋아하지만 결혼하고 싶지는 않을 뿐이에요. 저는 누구와도 결혼하고 싶지 않아요. 학교를 졸업해서 의사가 되고 싶어요. 언제까지고 공부하고 싶어요. 여자는 모두 결혼합니다. 하지만 저는 결혼을 해서 살림이나 하고 아이들의 뒷바라지만 하고 싶지는 않아요. 저는 의사가 될 결심을 하고 있어요."

메이링이 이렇게 말하자 부인은 승리한 듯한 표정으로 위안을 바라보았다. 위안은 두 여자를 보면서, 그녀들이 동맹하여 자기에게 대항하고 있다, 두 여자가 짜고 한 남자에게 맞서고 있다는 기분이 들어 참을 수 없었다. 옛 풍습에도 좋은 점이 있다고 생각했다. 여자가 결혼해서 아이를 낳는 것은 당연한 일이 아닌가. 메이링도 마땅히 결혼하길 바라야 옳건만 그런 당연한 일이 싫다는 것은 어딘가 비뚤어진 데가 있는 것이다. 그는 남성으로서 이러한 여자에게 분노를 느껴 속으로 생각했다. '요즘 여자가 모두 이렇다면 이상한 일이다. 적령기가 되고도 결혼하지 않는 여자란 들은 적도 없다. 젊은 여자가 결혼을 원치 않다니, 괴상한 이야기다. 국가로 봐서도, 다음 세대를 위해서도 슬픈 일이다!' 결국 아무리 현명하다고 해도 여자란 어리석은 것이다. 그렇게 생각하고 눈을 들자, 메이링의 온화한 시선과 마주쳤다. 그는, 저토록 온화하고 침착할 수 있다는 것은 냉혹하기 때문이라고 생각하고, 노기를 띤 채 그녀를 쏘아보았다. 그러자 노부인이 메이링을 대신하여 똑똑하게 말했다. "자기가 원하지 않는 한 메이링은 결혼할 필요가 없어. 자기가 가장 좋다고 생각하는 인생을 살면 되는 거야. 그러니 네가 물러서는 수밖에 없다, 위안."

새로운 자유를 손에 넣은 두 여자는 적의마저 품고 그를 바라보았다. 젊은 메이링은 늙은 부인의 두 팔에 안긴 채. 그렇다, 그는 참는 도리밖에 없는 것이다.

그 우울한 날, 위안은 한동안 침대에 누워 있다가 방에서 나와 다시 엉망으로 뒤엉킨 마음을 안고 거리를 헤매었나. 그는 괴로움에 울었다. 심장까지 아파 와서, 심하게 뜨거워지는가 하면 곧 차가워져서 고동조차 엉망인 듯했다.

어찌하면 좋은가? 위안은 쓸쓸한 기분으로 생각했다. 사람들의 모습은 눈에 들어오지 않는 채, 이리저리 사람들에게 밀리기도, 사람들을 밀기도 하면서 이 거리에서 저 거리로 헤매고 다녔다. 기쁜 기대는 사라졌으나 아직 의무는 남아 있었다. 그에게는 부채가 남아 있었다. 하다못해, 자기 혼자라면 부채는 갚을 수 있다. 하지만 그에게는 돌봐 드려야 할 늙은 아버지가 있었다. 어떻게 하면 좋을까? 어떻게 하면 직장을 구해 생계를 꾸리고 급료를 저축하여 빚을 갚을 수 있을까? 반드시 의무는 다하겠다고 그는 결심했다. 그리고 자기가 참으로 가혹한 취급을 받고 있다고 느꼈다.

그리하여 해거름이 가까워졌으나 그는 시내 곳곳을 싸다녔고, 차츰 이 도시가 싫어졌다. 거리에서 만나는 외국인의 얼굴, 동포들이 입고 있는 외국식 옷, 심지어 자기가 입고 있는 옷 등, 이 도시의 모든 외국 냄새가 지긋지긋해졌다. 적어도 지금만은 옛 풍습 쪽이 더 뛰어난 듯한 기분이 들었다. 그는 자기의 차갑게 식어 버린 심장을 향해 분연히 소리쳤다. '우리 나라의 여성을 저토록 완고하게 만들고, 자유 따위를 부르짖게 하며, 자연스러운 감정을 잊은 비구나 창부 같은 인생을 살겠다고 말하게 하는 것은 모두 저 외국의 풍습 때문이 아닌가!' 그리고 특히 미국 유학 중에 본 하숙집 딸의 음란함이라든가 곧 입술을 들이댄 메리를 생각하고 심한 혐오감을 느꼈다. 마침내는 길에서 스쳐 지나는 모든 외국 여자에게 증오가 느껴진 그는 도무지 참을 수 없어져서 중얼거렸다. '어떻게든 이 도시에서 떠나자. 외국의 것도 새로운 것도 눈에 띄지 않는 지방으로 가서 살며 우리 나라의 참된 생활을 하자. 외국 따위엔 가지 않았으면 좋았을 것을!'

그러자 느닷없이, 지난날 알고 지내며 괭이 사용법을 가르쳐 준 그 늙은 농부가 생각났다. 그는 그곳에 가서 늙은 농부를 만나고 외국인이나 외국 풍습에 더러워지지 않은 자기와 같은 민족의 피를 느끼고 싶어졌다.

그는 그 길로 전차를 타고 종점에서 내려 거기서부터는 걸었다. 이날 그는, 지난날 그가 일구었던 땅과 그 농부의 집을 찾아 끝없이 걸어갔다. 그러나 길은 완전히 바뀌고 집들이 가득 들어서서 사람도 많아졌으므로 저녁때가 가까워지도록 찾아낼 수가 없었다. 간신히 낯익은 장소에 이르렀으나 그곳은 이미 밭이 아니었다. 고작 몇 해 전까지만 하더라도 작물이 힘차게 자라고, 그 농부가 조상 대대로 몇백 년이나 살아오던 곳이라고 자랑하던 대지에는 이제 견직물 공장이 들어서 있었다. 그것은 거대하고 새로운 건물로서 옛날의 한 마을만큼이나 컸으며, 벽돌도 새롭고 붉었으며, 지붕에는 수많은 창문이 빛나고 굴뚝에서는 시커먼 연기가 뭉글뭉글 솟아올랐다. 위안이 멈춰 서서 바라보고 있으니 요란한 경적 소리가 울리고 철문이 활짝 열리며 그 커다란 입에서, 하루의 노동에 지쳐 내일도 그다음 날도, 언제까지고 이렇게 살아야 한다는 무거운 마음을 안은 남자와 여자, 어린아이 무리가 천천히 쏟아져 나왔다. 입은 옷은 땀투성이였고, 몸에서는 누에 속에서 죽은 번데기의 악취가 감돌았다.

위안은 그들의 얼굴을 바라보면서, 저 속에 그 농부도 섞여 있는 게 아닐까 반쯤 꿈꾸듯 생각했다. 그의 토지가 삼켜져 버렸듯이 그도 이 새로운 괴물에게 삼켜진 것은 아닌가 하는 생각이 든 것이다. 그러나 농부의 모습은 찾아볼 수 없었다. 그들은 아침이 되면 집에서 기어나와 밤이 되면 다시 그곳으로 돌아가는, 도시 사람들이었다. 농부는 어디론가 가 버린 것이다. 그도 아내도 소도 다른 토지로 가고 없었다. 틀림없이 그러리라고 위안은 생각했다. 그들은 어디선가 변함없이 힘차게 자기들의 본래 생활을 영위하고 있을 것이다. 그들을 생각하고 가볍게 미소를 지은 위안은 한순간 자기의 괴로움을 잊고 생각에 잠겨 집으로 돌아왔다. 나도 어떻게든지 나의 참된 생활을 찾아야 한다.

4

이튿날, 위안의 인생을 결정짓는 두 가지 사건이 일어났다. 아침 일찍부터 노부인이 그에게 말했다. "한동안 너는 이 집에 없는 편이 좋지 않을까? 메이링이 네 마음을 안 이상 매일 얼굴을 맞대야 하는 게 얼마나 괴로울지 생각해 보렴."

이에 어제의 노여움이 아직 남아 있던 위안은 거칠게 대답했다. "잘 알고 있습니다. 저도 그러니까요. 저도 날마다 메이링과 얼굴을 맞대지 않아도 될 곳으로 가고 싶습니다. 메이링의 모습을 보고, 목소리를 들을 때마다 결혼을 거절당한 일을 떠올리지 않아도 되는 곳으로 가고 싶습니다."

위안은 노여움에, 나오는 대로 이렇게 말했으나 끝에 가시는 목소리가 떨리고 말았다. 어떻게든 노여움을 잊지 않고, 메이링의 얼굴이 보이지 않는 곳에 가겠다고 말하려 했지만, 사실은 무엇보다도 그녀의 모습을 보고, 그녀의 목소리를 들을 수 있는 곳에 머물고 싶어한다는 것을 스스로 알고 있어서 비참한 기분이 들었다. 그러나 오늘 아침의 노부인은 다시 여느 때의 온화한 부인으로 돌아가 있었다. 이제는 메이링을 두둔할 필요도 없고 남성에 대한 여성의 입장을 주장할 필요도 없었으므로 상냥하고 너그러운 태도를 취할 수 있었다. 부인은 위안의 목소리가 떨리는 것도 알았고, 그가 갑자기 말을 얼버무리며 얼른 밥공기 쪽으로 눈을 돌리는 것도 눈치챘다. 두 사람이 이야기한 것은 식탁에서였으며, 메이링은 그 자리에 없었다. 그래서 노부인은 그를 달래며 말했다. "너로서는 첫사랑이니까 아마 쓰라릴 거야. 네 성질은 꼭 아버지를 닮았구나. 아버지는 또 할머니를 닮았다고 하더라. 할머니는 성실하고 얌전한 분이었지만, 사랑하는 사람에게는 매우 강하게 집착하셨다고 하더구나. 아이란은 할아버지 쪽을 닮아서, 웃는 눈이 할아버지를 쏙 뺐다고 큰아버지께서 말씀하셨지. 하지만 위안, 너는 아직 젊으니까 한 가지 일에만 집착해선 안 된다. 이 집을 나가 다른 곳으로 가서 마음에 드는 직장을 찾아, 큰아버지의 부채를 갚을 생각도 하고 젊은 사람들과 어울리거라. 그리고 1~2년 뒤엔……" 부인은 여기서 말을 끊고 위안을 바라보았다. 위안도 부인의 얼굴을 보면서 나머지 말을 기다렸다. "1~2년 뒤엔 메이링도 어쩌면 변할지 모르지. 알 수 없는 일이잖니?"

그러나 위안은 희망을 가지지 않으려고 완강하게 말했다. "아녜요, 메이링은 변할 사람이 아닙니다, 어머니. 그리고 메이링은 저를 싫어합니다. 저는 메이링이야말로 내가 찾던 여자라고 한순간에 느닷없이 깨달았지요. 저는 외국풍의 여자는 싫습니다…… 그런 여자들은 저에게 맞지 않아요. 하지만 메이링은 제겐 이상적인 여성입니다. 그녀라면 딱 맞아요. 메이링에게는 새로운 면뿐만 아니라

예스러운 면도 있어서……."

여기까지 말하고 위안은 갑자기 다시 말을 끊고는 밥을 한입 가득 퍼 넣었다. 그러나 도저히 삼킬 수가 없었다. 사랑 때문에 울다니 어린아이 같다는 생각에, 태연스럽게 보이려 했으나 눈물에 목이 막혔던 것이다.

노부인은 그의 기분을 충분히 알았으므로 잠시 그대로 두었다가 이윽고 부드럽게 말했다. "지금은 시간에 맡겨 두고 기다리기로 하자. 너는 아직 젊으니까 기다리지 못할 까닭도 없고, 또 빚도 있지 않느냐. 자식으로서의 의무가 있음을 잊어서는 안 된다. 뭐라 해도 의무는 의무니까 말이다."

노부인이 이런 말을 한 것은 의기소침해진 위안의 기분을 북돋아 주기 위해서였는데, 그 효과는 금방 나타났다. 위안은 겨우 입안의 것을 삼키더니 별안간 크게 외쳤다. 그것은 그가 이미 어제 결심한 일이었는데 이런 말을 들으니 도저히 참을 수 없었던 것이다. "그렇습니다. 모두 그렇게 말하고 있습니다만, 저는 이제 하도 들어서 신물이 납니다. 저는 언제나 아버지에 대한 의무를 다해 왔다고 자부합니다. 하지만 그에 대해서 아버지는 무엇으로 보답해 주셨던가요. 저를 배운 것 없는 시골 여자에게 장가들여서 영원히 속박하려 하셨습니다. 더욱이 자신이 무슨 일을 하는지도 모르시고 말입니다. 그러더니 이번에는 백부에게 속박시키셨습니다. 이렇게 되었으니 저도 옛날로 돌아가겠습니다. 명의 운동에 참가해서, 구시대 사람들이 의무라고 부르짖는 것과 싸우기 위해 평생을 바치겠습니다. 저는 다시 그 운동을 시작하겠습니다. 아버지에게 악의는 없었다고 해도 그건 변명이 되지 않습니다. 이토록 제게 상처를 입혀 놓고도 모른다는 자체가 죄악입니다……."

위안도 자기가 도리에 맞지 않는 말을 하고 있음을 알았다. 왕후가 그를 속박하려 하기는 했으나, 한편 긁어모을 수 있는 돈을 다 긁어모아 그를 감옥에서 석방시켜 주지 않았던가? 그러나 그는 일부러 노여움에 기름을 쳐서, 노부인이 그 말을 꺼내더라도 정면에서 대들 각오였다. 그런데 부인은 뜻밖에도 조용히 말했다. "새로운 수도에 가서 명과 함께 생활하는 것도 괜찮을지 모르지." 부인 쪽에서 반론을 펴지 않은 데 놀란 위안이 할 말을 잃자 이야기는 거기서 끝났으며, 두 사람은 더 이상 아무 말도 하지 않았다.

마침 바로 그날 위안 앞으로 다시 멍의 편지가 왔다. 뜯어 보니, 먼저 회답을 주지 않은 것을 힐난하고는 성급한 필치로 이렇게 써 놓았다. '나는 어렵사리 형을 위한 자리를 확보해 놓고 형이 오기를 기다리고 있어. 요새는 이만한 지위면 후보자가 백 명은 있어. 오늘 곧 출발해 줘. 오늘부터 사흘째 되는 날 그 대학이 문을 여니까 이런 식으로 편지를 주고받고 있을 겨를이 없어.' 그리고 멍은 열의에 찬 어조로 이렇게 편지를 맺었다. '새로운 수도에서 일할 수 있는 기회가 아무에게나 주어지는 것은 아니야. 요즘, 이곳에는 수천 명의 사람이 모여들어 일자리를 찾고 있어. 온 도시가 새로워지고 있어. 어떤 대도시에라도 있는 것은 뭐든 만들어지고 있지. 예전의 꾸불꾸불한 길은 싹 밀어 버리고, 모든 것이 새로 건설되고 있단 말이야. 형도 당장 와서 함께 일해 줘!'

이 힘찬 글을 읽은 위안은 설렘을 느끼며 편지를 탁자 위에 집어던지고 큰 소리로 "좋다. 나는 간다!" 소리쳤다. 그리고 즉시 책과 옷과 공책과 원고 등을 챙겨 인생의 새로운 단계로 옮겨 갈 준비를 했다.

점심때 그는 부인에게 멍의 편지를 이야기했다. "저로서는 수도에 가는 게 가장 좋다고 생각합니다. 그렇게 해야 하게끔 만사가 돌아가고 있으니까요." 노부인은 조용히 이에 찬성했으며, 이번에도 이야기는 그것으로 끝이었다. 다만 부인은 평소대로 친절하면서도 눈앞에서 일어나는 일을 어느 정도 거리를 두고 바라보는 듯했다.

그날 밤 위안이 여느 때처럼 부인과 함께 식사를 하고 있을 때, 부인은 여러 이야기를 했다. 아이란이 남편과 한 달 예정으로 북방의 오래된 도시로 놀러 갔는데 이제 반 달이 지났으니 앞으로 보름만 있으면 돌아오게 될 것이라든가, 고아원에 감기가 유행이라 잇달아 아이들에게 옮아 오늘까지 여덟 명이 누워 있다든가 하는 이야기였다. 그리고 조용히 말했다. "메이링은 온종일 고아원에 머무르면서 외국인들이 하듯이 바늘로 피 속에 액체로 된 약품을 투여하는 치료법을 써 보고 있단다. 하지만 네가 당장이라도 출발할지 모르니까 오늘 밤은 집에 돌아와서 다시 한 번 다 함께 식사를 하자고 해 두었어."

사실을 말하면, 온종일 온갖 생각과 계획이 머릿속에 쉴 새 없이 떠오르는 와중에 위안은 마음속으로 메이링을 다시 한 번 보고 싶다는 생각을 몇 차례나 했었다. 그런 생각을 떨쳐 보려고도 했으나, 그녀 모르게 한 번만 더 그 모습을 보고 싶다, 목소리는 들을 수 없더라도 모습이나 움직임을 보고 아쉬움을 달래고 싶다는 바람이 다시 솟구치곤 했다. 그러나 만나 달라고 부탁할 수는 없었다. 자연스럽게 만나면 그 이상 좋은 일은 없으나, 돌아오는 시간이 늦어서 만나지 못한다면 참는 수밖에 없다고 생각하고 있었다.

　좌절된 위안의 애정은 그의 마음속에서 효소 같은 작용을 했다. 그날 하루 방안에서 그는 몇 번이나 짐을 꾸리던 손을 멈추고 침대에 몸을 던지고는, 메이링이 자기를 거부한 일을 생각하며 우울해지기도 하고 섭섭한 마음에 울기도 했다. 때로는 비틀비틀 창가로 걸어가서 몸을 기댄 채, 그에게는 눈길도 주지 않고 뜨거운 햇살 아래 번쩍번쩍 빛나고 있는, 무정한 여인 같은 도시를 바라보았다. 그러자 사랑하고 있는 자신이 사랑받지 못하는 것에 화가 치밀어 올랐다. 자기가 너무 가혹한 대접을 받고 있다는 기분이 든 그는 문득 그때까지 잊었던 일이 마음에 떠올랐다. 그것은 자기가 두 번이나 여자에게 사랑을 받았으면서 한 번도 그 사랑에 보답하지 않은 일이었다. 그는 심한 공포를 느끼며 속으로 질규했다. ‘내가 그 여자들을 사랑할 수 없었던 것처럼 메이링도 나를 사랑할 수 없는 게 아닐까? 내가 그녀들에게 생리적인 혐오감을 느꼈던 것처럼 그녀도 나를 싫어하고 있으며, 아무리 해도 나를 싫어하지 않을 수 없는 게 아닐까?’ 그러나 이 공포가 너무나 커서 도저히 견딜 수 없어진 그는 얼른 생각을 고쳤다. ‘그것은 경우가 달라. 그 여자들은 나를 진정으로 사랑한 게 아니야. 메이링에 대한 나의 사랑과는 달라. 나처럼 사랑한 자가 여태까지 있기나 했을까?’ 그리고 다시 자랑스레 생각했다. ‘나는 더없이 순수하고 고귀한 마음으로 그녀를 사랑하고 있다. 나는 그녀의 손을 만져 볼 생각조차 한 적이 없다.’ 아니, 어쩌다 그런 생각을 한 적도 있기는 하나, 그것은 이 여자가 나를 사랑해 준다는 경우에 한해서였다. 그리고 그는 그녀에 대한 자기의 사랑이 얼마나 깊고 순수한가를 꼭 이해시켜야 한다고 생각하고, 다시 한 번 그녀를 만나, 비록 거절당했더라도 자신이 이토록 태연하다는 것을 보여 주어야 한다고 생각했다.

　그런데 지금 부인이 한 말을 들은 그는 얼굴로 피가 몰려 한순간 만나지 않았으면 좋겠다, 이대로 만나지 않은 채 떠나고 싶다고 열에 들뜬 듯이 생각했다.

그러나 방에서 빠져나갈 구실을 채 말하기도 전에, 메이링이 여느 때와 다름 없이 조용히 들어왔다. 처음 그는 그녀를 똑바로 바라볼 수조차 없었다. 그녀가 앉을 때까지 서 있는 동안에도 눈은 그녀의 암녹색 비단옷과, 그녀가 자신의 피부색과 같은 상아 젓가락을 가느다란 손으로 집어 드는 것을 보고 있었다. 그는 좀처럼 입이 열리지 않았다. 그것을 본 부인은 평상시와 조금도 다름없는 어조로 메이링에게 말했다. "일은 다 끝났나?"

메이링도 마찬가지로 평소와 다름없는 어조로 대답했다. "네, 한 명도 남김없이 다 끝냈어요. 벌써 기침을 하는 아이도 있으니까 좀 늦었을지 모르지만 그래도 어쨌든 애들한테 도움이 될 거예요." 그리고 잠깐 나직이 웃고 말했다. "어머니, 모두가 아기 거위라는 별명으로 부르는 여섯 살 먹은 여자애 아시죠? 제가 주사기를 들고 가까이 갔더니 그 애는 큰 소리로 울면서 말하지 않겠어요? '작은 엄마, 난 기침해도 괜찮아. 아니, 차라리 기침할래. 이거 봐, 벌써 기침이 나잖아!' 그러고는 나오지도 않는데 일부러 큰 기침을 해 보이는 거예요."

두 사람이 웃자, 위안도 조금 웃었다. 그러나 웃으면서도 정신을 차리고 보면 위안은 어느새 메이링의 얼굴을 바라보고 있었다. 부끄러운 일이지만 한번 그녀를 바라보니 눈을 뗄 수가 없었다. 입은 열지 않았지만 눈은 그녀에게 고정되어 있었다. 위안은 깊이 숨을 들이마시고 애원하는 듯한 눈으로 그녀를 바라보았다. 그녀의 희고 투명한 볼이 붉어졌으나, 그녀는 그의 시선을 피하지 않고 그대로 받으면서 전에 없이 다급한 어조로 말을 해댔다. 위안은 아무 말도 하지 않았는데 그녀는 마치 그의 질문에 대답하듯 말했다. "하지만 적어도 편지는 드리겠어요, 위안 오빠. 제게도 편지 주실 거죠?" 이 말을 하고 나서 더 이상 그의 시선을 견딜 수 없는 듯이 무척 수줍어하면서 부인을 보았다. 그 얼굴은 아직 타는 듯이 붉었으나 그래도 고개는 꿋꿋이 들고 있었다. "괜찮죠, 어머니?" 그녀는 물었다.

이에 노부인은 마치 예사로운 일이라도 말하듯 조용한 소리로 대답했다. "당연하지. 오누이끼리 주고받는 편지인데, 뭐. 또 만일 그렇지 않더라도 요즘 시대에 그게 뭐 대수겠니?"

"네." 메이링은 행복한 듯이 말하고 빛나는 눈을 위안에게 돌렸다. 위안도 그녀의 눈을 보고 미소 지었다. 종일 슬픔으로 닫혀 있던 그의 마음에 돌연 탈출구가 열렸다. '메이링에게라면 무슨 일이고 털어놓을 수 있다.' 이렇게 그는 생각했다. 여태까지 살면서 무슨 일이고 다 털어놓을 수 있을 만한 상대는 한 사람도 없었으므로 이토록 기쁜 일은 없었다. 그녀에 대한 애정이 전보다 더 깊어졌다.

그날 밤 기차에서 그는 생각했다. '메이링을 무엇이든 다 털어 놓을 수 있는 벗으로 만들 수만 있다면, 나는 평생 연애 따위는 하지 않아도 될 것 같다.' 좁은 침대에 누운 그는, 전에 그녀의 말로써 의기소침했듯이 이제는 그녀의 몇 마디 말로 고귀하고 순수한 사랑에 넘치고, 그 사랑으로써 정화된 강한 용기에 차서 하늘에라도 오를 듯한 기분이었다.

아침 일찍, 기차는 아침 햇살에 선명하게 빛나는 초록빛 산들 사이를 질주하고 있었다. 이윽고 커다란 옛 도시의 성벽 아래를 1~2마일(약 1.6~3.2킬로미터)쯤 바퀴 소리도 우렁차게 달려가더니 갑자기 회색 시멘트로 지은 커다란 외국식 새 건물 앞에서 멈췄다. 창가에 앉아 있던 위안은 그 회색 벽을 등지고 선 한 남자의 모습을 발견하고 곧 그가 멍이라는 것을 알았다. 햇빛이 그의 긴 칼과 허리에 찬 권총과, 청동 단추와 흰 장갑과 광대뼈가 솟아난 여윈 얼굴 가득 비치고 있었다. 그 뒤에는 일대의 호위병이 저마다 권총집에 손을 얹고 정렬해 있었다.

이때까지 위안은 매우 평범한 승객에 지나지 않았다. 그런데 그가 기차에서 내려 이 당당한 군인의 영접을 받는 모습을 보자 군중들은 일제히 그를 위해 길을 비켜 주었으며, 그때까지 다른 승객들에게 매달려 짐을 지게 해달라고 하던 지저분한 빈민들은 모두 손님들을 버리고는 위안 앞으로 몰려들었다. 그러자 소동을 보고 멍은 큰 소리로 "꺼져라, 이 개들아!" 호통을 치고, 부하들을 돌아보고 날카롭게 명령했다. "내 사촌 형의 짐을 들고 와라!" 그러고는 돌아보지도 않고 위안의 팔을 잡고 군중을 헤치고 걸어 나가면서 예전과 다름없는 성급한 어조로 말했다. "어쩌면 안 올지 모른다고 생각했어. 왜 내 편지에 답장을 안 했지? 뭐, 됐어. 이제 왔으니까. 나는 무척 바빠. 그렇지 않았더라면 형이 귀국했을 때 배까지 마중 나가는 건데…… 형은 참으로 알맞은 때 돌아왔어. 형 같은 인물이 매우 필요한 때거든. 나라 안 곳곳에 우리가 필요해. 국민은 양처럼 무지해서……."

이때 그는 한 하급 관리 앞에서 걸음을 멈추고 소리쳤다. "내 부하가 사촌 형의 짐을 가지고 올 테니까 그대로 통과시켜!"

그러자 겁이 많고 소심하며 최근에 이 직을 얻은 듯한 관리가 말했다. "아편과 무기, 반혁명 문서의 반입을 막기 위해서 짐은 모두 끌러 보라는 명령을 받았습니다만."

그러자 멍은 화를 버럭 내면서 눈을 부릅뜨고 검은 눈썹을 찌푸리더니 매섭게 호통쳤다. "나를 모르나? 우리 장군은 당의 최고 간부시고, 나는 그 제1 부대장이다. 그리고 이분은 내 사촌 형님이란 말이야. 일반 승객에 대한 사소한 규칙을 내세워서 우리를 모욕할 참인가?" 이렇게 말하면서 멍이 흰 장갑을 낀 손을 권총에 갖다 대자 하급 관리는 당황하여 말했다. "용서해 주십시오! 뉘신지 몰라서 그만." 마침 그때 멍의 부하들이 왔으므로 하급 관리는 짐에다가 검사필의 표지를 하고 그대로 통과시켰다. 군중은 순순히 길을 비켜 주며 멍하니 그들 일행이 지나가는 광경을 지켜보고 있었다. 거지들마저 입을 다물고 슬금슬금 물러서서 멍이 지나갈 때까지 구걸도 하지 않았다.

이렇게 군중 속을 지나 멍은 대기시켜 두었던 차로 위안을 데리고 갔다. 병사하나가 튀어나와 문을 열자 멍은 위안을 먼저 태우고 자기도 올라타 곧 문을 닫았고, 병사들이 양쪽으로 올라타자마자 자동차는 맹렬한 속도로 달리기 시작했다.

이른 아침이었으므로 거리는 매우 혼잡했다. 많은 농부들이 채소를 바구니에 담아 막대로 어깨에 메고 나와 있었고, 큼직한 쌀 부대를 등에 진 당나귀들이 걸어가는가 하면, 시내로 팔러 가기 위해 가까운 강에서 길어 온 물을 가득 실은 손수레도 지나갔고, 일하러 가는 남녀, 아침 식사를 하기 위해 찻집으로 가는 남자들과 그 밖에 부지런히 저마다 일을 하는 사람들로 우글우글했다. 자동차를 운전하는 병사는 솜씨가 매우 좋은 데다가 대담해서, 요란한 소리로 줄곧 경적을 울려 대며 군중 속을 질주했다. 사람들은 마치 폭풍에 날리듯 길 양쪽으로 갈라져 흩어졌으며, 당나귀가 치이지 않도록 이리저리 끌어당기는 사람이 있는가 하면 여자들은 아이를 끌어안고 달아났다. 위안은 걱정이 되어, 시민들이 무서워하니 좀더 천천히 몰도록 명령하지 않을까 생각하고 멍을 돌아보았다.

그러나 멍은 이렇게 달리는 데 익숙한 듯했다. 그는 가슴을 쪽 펴고 똑바로 정면을 바라보면서, 무척 자랑스러운 듯이 보이는 것마다 가리키며 설명했다.

"이 도로를 좀 봐. 1년 전만 하더라도 길 폭이 넉 자(약 1.2미터)도 안 돼서 자동차도 지나갈 수 없었어. 지나갈 수 있는 거라곤 인력거와 가마뿐이었지. 가장 넓은 도로도 달리 탈 것이라고는 말 한 필이 끄는 조그만 마차뿐이었거든. 그런데 이제는 어떤가 좀 봐!"

"보고 있어." 위안은 대답하고 병사들 몸 사이로 내다보았다. 넓고 단단한 도로였으며, 양쪽에는 이 길을 만들기 위해서 무너뜨린 집과 점포의 잔해가 그대로 남아 있었다. 그러나 그 잔해 한쪽에서는 벌써 폐허 속에 새로운 점포며 집들이 들어서고 있었다. 황급히 세운 볼품없는 건물이기는 했으나 서양식이었으며, 화사한 페인트를 칠하고 큼직한 유리창을 끼운 모습은 꽤 좋아 보였다.

그런데 이 넓은 새 길을 가로질러 갑자기 어떤 그림자가 드리워졌다. 그것은 시가지를 둘러싼 오래된 성벽이었다. 성문이 있는 성벽 아래, 벽이 조금 우묵한 곳에는 거적을 덮은 조그마한 집들이 몰려 있었다. 그 안에는 매우 가난한 사람들이 살고 있었다. 아침이라 모두 일어나 있었고, 여자들은 벽돌 넉 장을 모아서 만든 아궁이에 냄비를 올려놓고 몇 개비 안 되는 장작불을 지펴 쓰레기더미에서 주워 온 배춧잎 같은 것을 삶아 식사 준비를 하고 있었다. 아이들은 씻어 본 적이 없는 발가숭이 몸뚱이로 달려 나가고, 사내들은 아직 피로가 다 가시지 않은 표정으로 다시 인력거를 끌거나 짐을 지러 나가는 참이었다.

멍은 위안의 시선이 어디로 향했는지를 알아차리고 짜증이 나는 듯이 말했다.

"내년부터는 저런 오두막집을 못 세우게 할 거야. 저런 인간들을 이런 곳에 우글거리게 내버려둔다는 것은 우리들의 수치거든. 새 수도니까 외국의 높은 사람들이나 왕족들도 당연히 오게 될 텐데, 저런 꼴을 보여 준다는 것은 부끄러운 일이니까."

위안도 그것은 잘 알고 있었으며, 이런 오두막집이 있어서는 안 된다는 멍의 의견에 찬성이었다. 사실 이런 남녀들은 보기에도 천해서 어떻게든 남의 눈에 띄지 않는 곳에 쫓아 버려야 한다고 생각했다. 위안은 잠시 이런 생각을 하다가 말했다. "저런 사람들에게 일자리를 줄 수는 없을까?" 그러자 멍은 폭발하듯 말했다. "물론 일자리를 주지. 시골 밭으로 돌려보내 주겠어. 그러면 놈들도……."

여기까지 말하더니 옛날의 불쾌한 기억이라도 되살아났는지 멍의 낯빛이 변했다. 그리고 매우 거센 어조로 계속했다. "우리 나라의 발전을 막고 있는 것은 바로 저런 인간들이야. 나는 놈들을 싹 쓸어 버리고 젊은 사람들만으로 나라를 재건하고 싶어! 이런 도시도 모조리 부숴 버리고 싶고. 활을 가지고 싸우는 게 아니라 대포로 전쟁을 하는 시대니까 이런 성벽은 무용지물이야. 비행기에서 포탄을 떨어뜨리는 시대에 성벽이 무슨 소용 있나? 그따위 것들은 다 부숴 버리고, 그 벽돌로 공장이나 학교 같은 젊은 사람들이 일하고 공부하는 시설을 만드는 편이 더 낫지. 하지만 저 인간들은 아무것도 이해하지를 못해서, 성벽을 못 부수게 해. 그들을 억지로라도……."

멍이 이런 말을 하는 것을 듣고 위안은 물었다. "그렇지만 너는 옛날엔 가난한 사람들을 동정했었잖아? 가난한 사람들이 핍박받거나, 외국인이나 경관들한테 맞기라도 하면 꼭 화를 내던 게 나는 아직 기억나는데."

"지금도 그렇지." 멍이 얼른 위안을 돌아보았다. 위안은 그의 눈이 얼마나 노기에 차 불타고 있는가를 알았다. "설혹 아무리 가난한 거지라도 외국인이 손을 대는 날이면 나는 옛날과 다름없이 화가 나. 아니, 이제는 외국인이 무섭지 않으니까 그 이상의 화를 낼 거야. 권총으로 쏘아 죽여 버릴 거야. 하지만 나는 옛날에는 미처 몰랐던 사실을 알게 되었어. 우리 계획의 가장 큰 장애는 사실 우리가 그들을 위해 일하고 있는 이 가난한 사람들이라는 것을 알게 되었단 말이야. 그들은 너무 많아. 그들에게 뭔가를 가르친다는 것은 불가능한 일이야. 그들에게는 아무런 희망도 가질 수 없어. 그래서 차라리 기근이건 홍수건 전쟁이건 좋으니까 그들을 싹 쓸어 가 버렸으면 좋겠어. 우리는 아이들만을 거두어 혁명가로 키우면 되는 거야."

이런 식으로 멍은 당당하게 지껄여 댔다. 여느 때와 같이 귀를 기울이던 위안은 그의 말에 일리가 있는 듯한 기분이 들었다. 그는 외국의 선교사가 호기심에 찬 사람들 앞에서 이와 같은 비참한 광경을 보여 주던 일이 떠올랐다. 그렇다, 새로운 대도시, 넓은 거리의 화려한 점포나 집 사이에마저 그 선교사가 보여 준 것과 같은 광경이 있지 않은가! 앞을 못 보는 거지며 병을 앓는 거지들이 우글거리고 빈민들의 집 앞에는 오물이 흘러서 이 상쾌한 아침의 대기마저 벌써 그 악취에 물들고 있지 않은가. 그러자 그 외국인 선교사를 향했던 노여움에 찬 굴욕감이 다시 위안의 마음속에 솟아났다. 그것은 고통으로 꿰뚫린 노여움이었다. 그는 멍의 외침 못지않은 사나운 기세로 마음속에서 부르짖었다. '무슨 일이 있더라도 이 더러운 것들은 없애 버려야 한다!' 그리고 위안은 멍의 말이 옳다고 단호하게 생각했다. 이 새로운 시대에 이렇듯 희망을 가질 수 없는 무지한 가난뱅이들이 무슨 소용이 있을까? 나는 언제나 마음이 너무 약하다. 멍처럼 비정해지는 것을 배워, 쓸데도 없는 가난뱅이들 때문에 감정을 낭비하지 않도록 해야겠다.

이리하여 마침내 그들은 멍의 군영에 닿았다. 위안은 군인이 아니므로 그곳에 살 수는 없었으나 멍이 벌써 가까운 여관에 방을 빌려 두었다. 좁고 어둡고 깨끗하지도 않아 위안이 묘한 표정을 짓는 것을 보고 멍이 변명하듯 말했다. "이 도시에는 요즈음 사람이 불어서 아무리 돈을 많이 주어도 좀처럼 방을 얻을 수가 없단 말이야. 집은 그렇게 빨리 지어지지 않거든. 도저히 따라갈 수 없을 만큼 무서운 속도로 도시가 발전하고 있어."

멍은 자랑스러운 듯이 이렇게 말하고는 다시 더욱 의기양양하게 말을 이었다. "이것도 주의를 위해서야. 형, 새 수도를 건설하는 동안은 무슨 일이라도 참고 견딜 수 있어야 해." 그래서 위안도 힘을 내어 어떤 불편함이라도 기꺼이 참을 수 있으며 방은 이만하면 충분하다고 말했다.

그날 밤, 앞으로 기거하게 된 방의 하나밖에 없는 창문 아래 있는 책상 앞에 앉아 위안은 메이링에게 보내는 첫 편지를 썼다. 서두를 뭐라고 시작할까 오래 생각하며, 고풍스럽게 정중한 인사부터 시작해야 옳을 것인가 망설였다. 그러나 오늘 하루의 경험으로 그의 몸속에는 조금 무모한 기분이 싹트고 있었다. 잔해가 되어 널려 있는 옛집들, 조그마하고 화려한 새 점포들, 옛 도시를 사정없이 관통하는 미완성의 넓은 도로, 멍의 뜨겁고 대담한, 노기에 찬 이야기 따위가 위안을 대담하게 만든 것이었다.

그는 잠시 생각한 다음 단도직입적인 외국식 서두로 시작했다. '친애하는 메이링' 이것만을 진하게 똑똑히 써 놓고는, 더 써 나가기 전에 가만히 그 말의 의미를 생각했다. 지그시 보고 있자니 깊은 애정이 솟아올랐다. 친애하는…… 이것은 사랑한다는 말이 아닌가! 그리고 메이링이라는 글자는, 두말할 것 없이 그녀를 뜻한다. 그 여성인 것이다…… 그는 다시 펜을 들이 빠른 문장으로 오늘 그가 본 것, 청년의 도시가 폐허 속에서 새로이 건설되고 있다는 것을 적어 나갔다.

이 새로운 도시는 위안을 그 생활 속에 휘감아 넣고 말았다. 이토록 바쁘고 행복했던 때는 일찍이 없었다. 적어도 그는 그렇게 생각했다. 여기저기에 해야 할 일이 있고 그 일에는 즐거움이 있었다. 일하는 순간순간이 많은 사람들의 앞날에 관련된 의의를 지니고 있는 것이었다. 멍이 소개해 준 모든 사람들에게서도 일과 생활에 대한 격렬한 열의가 느껴졌다. 이제는 이 나라의 새로운 심장으로서 고동치기 시작한 도시의 곳곳에서, 위안과 나이가 비슷한 사람들이 자기들을 위해서가 아니라 국민을 위해서 계획을 세우고 방법을 찾고 있었다. 새 수도의 도시 계획에 종사하는 사람들도 있었다. 그 책임자는 바쁘게 입을 놀리고, 바쁘게 걸어 다니며, 아이처럼 조그마하고 귀여운 손을 놀리며 말하는 정열적인 남방 사람이었다. 그도 멍의 친구였으며, 멍이 위안을 "내 사촌 형이야." 하고 소개하자 그것만으로 더 듣지도 않고, 위안에게 자신의 계획을 늘어놓으면서, 저 어처구니 없는 성벽을 부수고 그 벽돌을 이용하고 싶다고 했다. 그 벽돌은 몇백 년이 지난 오늘도 돌처럼 아름답고 단단해서, 요새 만드는 벽돌보다 훨씬 질이 좋다는 이야기였다. 그가 조그마한 눈을 반짝이며 하는 말을 들어 보면, 이 벽돌로 정부의 새 중앙관청이 될 훌륭한 서양식 대건물을 짓는다는 것이었다. 어느 날, 그는 위안을 자기 사무실로 데리고 갔다. 그것은 다 쓰러져 가는 낡은 건물 안에 있었으며, 온통 먼지투성이에 거미줄투성이였다. 그는 말했다.

"이렇게 낡은 건물은 손질을 해 봐야 헛일입니다. 새 건물이 세워질 때까지는 여기서 꾹 참고 있다가 새 건물이 완성되면 이 건물을 헐어 버리고, 이 대지는 다시 새 건물을 짓는 데 쓸 것입니다."

그 먼지투성이 방에는 책상이 많았고, 그 책상 앞에는 많은 젊은이들이 붙어

앉아서 설계도를 그리기도 하고, 선의 길이를 재기도 하고, 도면 지붕이나 차양을 밝은색으로 칠하기도 하고 있었다. 방은 낡고 망가져 있었으나 이런 젊은 사람들과 설계도에서 뿜어져 나오는 생기가 넘치고 있었다.

책임자가 큰 소리로 부르자 직원 한 사람이 얼른 뛰어왔다. 책임자는 거만한 말투로 "새 청사의 설계도를 가지고 와!" 말했다. 설계도가 오자 책임자는 그것을 위안 앞에다가 펼쳐 놓았다. 거기에는 헌 벽돌로 지은 훌륭한 고층 건물이 즐비하게 늘어선 그림이 그려져 있었으며, 지붕마다 새로운 혁명기가 나부꼈다. 또 양쪽에 푸른 가로수가 늘어선 도로도 그려져 있었고, 보도에는 훌륭한 복장을 한 남녀가 걸어가는가 하면, 차도에는 당나귀 행렬이라든가 손수레라든가 인력거 따위를 비롯한 지금 볼 수 있는 탈것들은 하나도 보이지 않고, 빨강과 파랑과 초록 등으로 밝게 칠한, 유복해 보이는 사람들이 탄 훌륭한 자동차들뿐이었다. 거지의 모습 따위는 하나도 그려져 있지 않았다.

위안은 도면을 보고 아름답다고 생각하지 않을 수 없었다. 그는 황홀해져서 말했다. "언제 완성되나요?"

젊은 책임자는 확신에 차 대답했다. "5년 안에는 됩니다. 요즘은 무슨 일이고 굉장히 빠르니까요."

5년이라! 그 정도의 세월은 아무것도 아니다. 위안은 자기의 꾀죄죄한 방으로 돌아가서 생각에 잠겨, 설계도에서 본 것과 같은 건물이 아직 하나도 없는 시가를 둘러보았다. 거기에는 가로수도 없고 유복해 보이는 사람들도 없었으며, 빈민들이 여전히 왁자지껄하게 떠들어 대고 있었다. 그러나 5년쯤은 아무것도 아니라고 그는 생각했다. 벌써 완성된 거나 마찬가지다. 그날 밤 그는 메이링에게 보내는 편지에 이 설계도에 대해서 썼다. 새 도시가 완성되었을 때의 모습을 예상하며 상세하게 쓰는 동안, 차츰 더 완성된 거나 다름없다는 기분이 들었다. 모든 것은 확실하게 계획되어 있었고 지붕의 기와색까지 밝은 청색이라고 정해져 있었으며, 가로수도 잎이 무성한 모습으로 그려져 있었고, 혁명 영웅들의 동상 앞에 분수까지 있었던 것을 기억했기 때문이다. 그는 자기도 깨닫지 못하는 동안에 메이링에게 마치 모든 것이 완성되어 있는 것처럼 썼다. '훌륭한 청사도 있습니다. 큼직한 정문도 있고, 넓은 길 양쪽에는 가로수도 있습니다.'

다른 많은 일에서도 마찬가지였다. 사람의 몸에서 환부를 도려내는 외국의 의술을 배워, 조상 때부터 내려오는 전래의 의술을 경멸하는 젊은 의사들은 큰 병원 건설을 계획했다. 온 나라 안의 아이들을 교육하여 전국에서 문맹을 없애기 위한 학교 건설을 계획하는 사람도 있었으며, 국민을 다스리기 위한 새로운 법률을 상세한 사항까지 초안을 마무리한 사람도 있있고, 이 법률을 위반한 자를 넣을 교도소까지 설계하는 사람도 있었다. 그리고 자유롭고 새로운 수법으로 남녀 간의 새로운 자유연애를 곳곳에서 그리는 새로운 소설을 쓸 계획을 하는 사람도 있었다.

이러한 온갖 계획 속에 새로운 형태의 군벌이 있었다. 그들은 새로운 군대, 새로운 군함, 새로운 전쟁 방법을 계획하여, 언젠가는 새로 대전쟁을 일으켜 바야흐로 이 나라도 여러 외국에 못지않은 강대국이 되었다는 사실을 세계에 과시할 작정이었다. 위안의 옛 군사 교관이며 나중에는 군관 학교에서 그의 대장이 되었고, 이제는 멍의 상관인 장군도 그 군벌의 한 사람이었다. 위안이 여자에게 배신당하여 감옥에 갇혔을 때 멍이 몰래 도피해 간 곳도 이 장군의 군대였다.

멍의 상관인 장군이 이 사람임을 알자 위안은 불안을 느끼고, 장군이 자기에게 얼마나 반감을 품고 있는가가 뚜렷하지 않아, 다른 사람이었더라면 좋았을 텐데 하고 생각했다. 그러나 멍을 통해서 장군의 초대를 받자 그는 거절할 수 없었다.

그래서 어느 날 위안은 멍과 함께 그를 찾아갔다. 침착한 얼굴을 하고 있었으나 속으로는 불안했다. 단정하고 의젓한 복장을 한 호위병이 번쩍번쩍하게 닦은 총을 언제라도 쏠 수 있도록 받쳐 들고 서 있는 문을 지나고, 철저하게 청소가 된 안마당을 몇 개인가 지났다. 그런데 방으로 들어가 탁자 앞에 앉은 장군의 모습을 보았을 때 그는 걱정할 필요가 없었음을 알았다. 이 옛날의 군사 교관이 그에게 해묵은 원한을 말할 생각이 아니라는 것을 위안은 금방 알아차렸다. 마지막으로 보았을 때보다 늙은 그는, 이제는 혁명군의 이름난 지도자로서, 웃는 낯이거나 금방 친근해질 수 있는 너그러운 얼굴은 아니었으나 그렇다고 화를 내는 얼굴도 아니었다. 위안이 방으로 들어와도 그는 자리에서 일어나지 않고 턱으로 의자를 가리켰을 뿐이었다. 예전에는 이 사람의 제자였으므로 위안은 의자 끝에 걸터앉았다. 오늘도 기억하고 있는 날카로운 두 눈이 외국제 안경 너머로 그를 노려보고 있음을 깨달았다. 귀에 익은 그 거친, 그렇지만 차갑지는 않은 목소리가 갑작스레 말했다. "결국 자네도 우리에게 돌아온 셈이군."

위안은 고개를 끄덕이고 어린 시절처럼 솔직하게, "아버지가 저를 혁명주의자로 만들었습니다." 이렇게 말하고는 사정을 설명했다.

그러자 장군은 날카롭게 그를 바라보며 다시 물었다. "그러면 자네는 아직도 군대를 좋아할 수 없단 말인가? 내가 그만큼 교육을 했는데도 군인이 안 되었단 말인가?"

위안은 옛날처럼 조금 당황하며 주저하고 있었으나 곧 대담해지자, 이런 사나이를 무서워하지 말자고 굳게 결심하고 말했다. "지금도 전쟁은 싫습니다. 하지만 다른 분야에서 도움이 될 수 있다고 생각합니다."

"어떤 방면에서?" 장군이 물었으므로 위안은 대답했다. "먼저 생활 대책을 세울 필요가 있으니까, 한동안 이곳 대학에서 교편을 잡겠습니다. 그런 뒤에 제 진로를 정할 생각입니다."

장군은 이미 초조해하기 시작해서, 군인이 아닌 위안 따위는 흥미가 없다는 듯이 책상 위 외국제 시계를 바라보았다. 그래서 위안은 일어섰는데, 장군은 멍에게 말했다. "새 병사(兵舍)의 설계는 다 되었나? 새로운 병역 제도에서는 각 지방에서 징집할 병력을 늘리게 되어 있고, 신병은 한 달 뒤에 입영한다." 장군 앞이므로 줄곧 서 있던 멍은 신발 뒤축을 탁 부딪친 뒤 부동자세를 취하고 힘차게 경례한 다음 똑똑하고 자랑스러운 목소리로 말했다. "설계는 되어 있습니다, 장군님. 결재만 해 주시면 즉시 시작할 수 있습니다."

이리하여 짧은 회견은 끝났다. 훈련이 끝나 연병장에서 대오를 짜서 나오는 많은 병사들 사이를 지나가자 위안은 옛날부터 품었던 혐오감이 강하게 솟아올랐다. 그들은 모두 젊고 건장했으며, 절반은 20세도 안 되었다. 그리고 그들은 웃지 않았다. 왕후의 부하들은 언제나 싸우거나 웃고 있었고, 훈련이 끝나고 뿔뿔이 흩어져 돌아올 때는 서로 밀고 당기고 소리치며 농담을 주고받곤 했으므로, 앞마당은 매우 소란스러웠었다. 위안이 아버지와 함께 안쪽 거처에서 살던 소년 시절, 밖에서 소리치고 웃고 하는 그들의 소란으로 날마다 식사 시간을 알았을 정도였다. 그런데 이곳 젊은 군인들은 묵묵히 돌아오고, 엄숙할 만큼 보조가 맞는 그들의 발소리는 마치 한 거인의 발소리 같았다. 웃음소리 하나 들리지 않았다. 위안은 잇달아 그들과 스쳐 지났는데 모두 젊고 단순하고 진지해 보였다. 이것이 새로운 군대이다.

그날 밤 그는 메이링에게 보내는 편지에 썼다. '그들은 너무 젊어서 군인으로 여겨지지 않을 정도였습니다. 그들은 시골 소년의 얼굴을 하고 있었습니다.' 그리고 잠깐 생각하고 그 얼굴을 떠올리면서 다시 썼다. '그러나 틀림없이 군인의 얼굴이었습니다. 나와 같은 경험을 한 적이 없는 당신은 알 수 없겠지요. 다시 말해 단순한 얼굴입니다. 이 단순한 얼굴을 보면 마치 밥 먹듯 아무렇지 않게 사람을 죽일 수 있으리라는 것을 나는 알 수 있습니다. 죽음처럼 무서운 단순성입니다.'

이 새로운 도시에서 위안은 자기의 삶과 역할을 찾았다. 그는 드디어 책을 넣어 둔 상자를 열고 책장을 사다가 책을 꽂았다. 그가 미국에서 결실을 본 식물의 종자도 몇 종류 챙겨 왔다. 종류별로 봉투에 넣어 둔 그 종자를 보면서, 이 검고 묵직한 흙에 뿌려도 과연 자라날까 생각하며, 그는 봉투 하나를 찢어 종자를 손바닥에 놓고 들여다보았다. 그의 손에 쥐어진 것은 흙에 뿌려지기를 기다리는 큼직한 금빛 밀알이었다. 어딘가, 이 씨를 뿌릴 땅을 구해야겠다고 그는 생각했다.

어느 사이엔가 날이 가고 달이 바뀌어 시간의 수레바퀴는 쉬지 않고 돌아갔다. 위안은 빠른 시간의 흐름에 휘말려 하루하루를 바쁘게 보냈다. 낮 동안은 매일 학교에 있었다. 교사는 새것도 있고 낡은 것도 있었다. 서양식 새 교사는 시멘트와 빈약한 철근으로 서둘러 지은 살풍경한 회색 건물이었으며 벽은 벌써 구석구석 떨어지고 있었다. 위안의 교실은 헌 교사 쪽에 있었는데, 너무 낡아서 학교 당국은 부서진 창을 갈아 끼울 생각조차 하지 않았다. 황금빛 가을 햇살이 따뜻하게 안쪽까지 비쳐 드는 동안에는 낡아서 고장난 문이 닫히지 않아도, 위안도 처음에는 잠자코 있었다. 그러나 가을이 지나고 추위가 차츰 심해지는 11월이 되자 북서쪽 사막에서 강풍이 불어오기 시작하고 겨울이 찾아와, 미세한 금빛 모래 먼지가 벽의 갈라진 틈마다 스며들었다. 위안은 외투를 덮어쓰고, 떨고 있는 학생들 앞에 서서 작문을 고쳐 주기도 하고, 모래 섞인 바람에 머리카락을 휘날리면서 칠판에 시 짓는 법을 적기도 했다. 그러나 아무리 가르쳐도 거의 효과가 없었다. 학생들의 마음은 오직 몸을 웅크리는 데만 가 있었기 때문이다. 더욱이 많은 학생들은 옷이 얇아 아무리 몸을 웅크려도 좀처럼 추위를 막을 수가 없었다.

처음 위안은 이런 사정을 부장에게 서면으로 보고했다. 7주 중 5주는 해안의 대도시에 가 있다는 그는, 그런 편지는 거들떠보지도 않았다. 왜냐하면 그는 관직이 많았고, 그의 주된 일은 여기저기 빠짐없이 월급을 받으러 다니는 일이었기 때문이다. 위안은 분개하여 직접 학교의 최고 책임자를 만나, 유리창이 깨져 있으며 마룻바닥에 틈이 생겨 다리 사이로 거센 바람이 불어 들어온다는 것과, 문이 닫히지 않는다는 등 학생들의 어려운 점을 호소했다.

그러나 교육 관련 업무뿐 아니라 다른 곳에도 많은 직무를 갖고 있는 그 책임자는 귀찮은 듯이 말했다. "잠깐만 참으면 돼! 잠깐이라고! 있는 돈은 몽땅 긁어서 교사 신축에 써야 해. 쓸모없는 낡은 것을 고쳐서 뭐 해!" 이것은 이 도시의 곳곳에서 듣는 말이었다.

위안은 그 말도 일리가 있다고 생각했다. 그리고 새 교사와 추위가 스며들 틈이 없는 따뜻한 교실을 떠올려 보기로 했다. 그러나 바로 눈앞의 사실로써 겨울이 깊어감에 따라 추위는 하루하루 더 심해졌다. 할 수만 있다면 위안은 자기 급료를 써서라도 목수를 불러다가 한 군데라도 찬바람이 들어오지 않는 교실을 만들고 싶었다. 그도 슬슬 현재의 일이 마음에 들었고, 자기가 가르치는 학생들에게 애정을 느끼기 시작했기 때문이다. 이곳 학생들은 그리 부잣집 자제는 아니었다. 부자들은 자기 자식들을 외국인 교사들이 많이 있고, 교실에 난방 장치가 되어 있으며, 식사도 호화로운 외국인 경영의 사립 학교에 보냈기 때문이다. 새 정부에 의해서 문을 연 이 공립 학교는 관비로 운영이 돼 학비가 들지 않았으므로, 영세 상인의 아들이라든가, 고전을 가르치는 가난한 훈장의 자식이라든가, 농민인 아버지보다 좀 더 출세해 보려는 시골 출신의 수재들이 많았다. 모두 어렸고 복장도 남루했으며 영양 상태도 좋지 않았으나, 위안은 자기가 가르치는 것을 이해하려고 열심히 공부하는 그들이 기특했다. 하지만 열심히 공부한다고는 하나 많은 경우 좀처럼 이해할 수 없는 모양이었다. 지능에 얼마쯤 차이가 있었으나 거의가 너무나도 무지했기 때문이다. 그들의 창백한 얼굴이며 열심히 지켜보는 눈을 바라보고 있으면, 교실을 수리할 만한 돈이 자기에게 없는 것이 안타까웠다.

그러나 그에게는 여유가 없었다. 급료마저도 제날짜에 꼬박꼬박 들어오지 않기 일쑤였다. 윗자리를 차지한 상사들이 그보다 먼저 자기들의 급료부터 가져갔기 때문이다. 군사비나 요인의 관사 신축비로 지출돼야 한다든가, 혹은 남몰래 자기 호주머니를 채우는 자도 있고 해서 그달 예산이 부족해지면 위안을 비롯하여 신임 교사들은 언제까지고 참고 기다리는 수밖에 없었다. 그러나 위안은 백부에 대한 부채에서 벗어나고 싶었으므로 참고 있지 않았다. 적어도 한 가지 부채로부터라도 해방되고 싶다는 생각에 위안은 백부에게 편지를 썼다. '사촌들에 대해서는 저로서는 어떻게 할 도리가 없습니다. 저는 여기서는 아무런 힘도 없습니다. 겨우 제 지위를 확보하고 있는 것이 고작입니다. 그러나 아버지가 빌리신 돈을 모두 갚을 때까지는 매달 급료의 절반을 보내 드리겠습니다. 다만 사촌들에 대한 책임은 질 수가 없습니다.' 이리하여 새 시대 덕분에 적어도 혈연의 속박으로부터는 해방이 되었다.

이런 까닭으로 그는 학생들을 위해 교실을 수리해 줄 만한 여유가 없었다. 그는 메이링에게 편지를 써서 교실을 고치고 싶다는 이야기며, 겨울이 가까워지기 시작했는데 어찌할 방법이 없다는 이야기 등을 썼다. 그녀로부터 그때만은 곧바로 회답이 왔다. '그런 낡고 쓸모없는 교실에서 학생들을 데리고 나와 따뜻한 안뜰에서 가르치시면 어떨까요? 비나 눈이 오는 날이 아니라면 볕이 잘 드는 양지바른 곳에서 가르칠 수 있다고 생각합니다.'

그녀의 편지를 손에 꼭 쥔 채 위안은, 왜 그 생각을 못했을까 생각했다. 겨울은 비가 적고 맑은 날이 많기 때문이다. 그 뒤부터 그는 두 건물 사이에 있는 벽돌담 귀퉁이에 햇빛이 따스하게 비치는 장소에서 학생들을 가르쳤다. 지나가는 사람들이 웃어도 그는 신경 쓰지 않았다. 아무튼 햇빛은 따뜻했기 때문이다. 새 교사가 완성될 때까지의 임시방편으로 이렇게 간단한 방법을 금방 생각해 준 메이링을 그는 더더욱 사랑하지 않을 수 없었다. 이렇게 즉각 회답이 온 것이 그에게 한 가지 묘안을 깨닫게 했다. 자기로서는 어떻게 하면 좋을지 모르는 일을 물어 보면 언제나 그녀한테서 곧바로 회답이 왔다. 그리하여 그도 약아져서, 곤란한 일만 생기면 모두 그녀에게 써 보냈다. 연애 비슷한 일에는 절대로 회답을 보내지 않는 그녀가, 처리하기 곤란한 일 같은 것을 의논하면 열심히 의견을 써 보냈다. 이윽고 두 사람 사이에는 가을바람에 휘날리는 낙엽처럼 많은 편지가 오가게 되었다.

겨울이 가까운 나날의 추위 속에서 위안은 몸속의 피를 따뜻하게 하는 방법을 하나 발견했다. 그것은 학생들로 하여금 밭으로 나가 외국종의 밀을 뿌리게 하는 일이었다. 학교에서는 학생의 수에 비해 교사가 적으므로 위안은 여러 과목을 가르쳐야 했다. 여기저기에 여태까지 가르치지 않았던 외국의 새로운 학문을 가르치기 위해 커다란 새 학교가 개설되고 청년들은 앞다투어 입학했으나, 새 시대의 지식을 동경하는 학생들을 모두 가르칠 만한 교사는 그리 많지 않았다. 그래서 외국에 유학을 갔다 온 위안은 꽤 좋은 대우를 받았으며, 알고 있는 것은 무엇이든 가르치라는 말을 듣고 맡은 학과의 하나가 농업 기술이었다. 시내의 조그마한 마을 근처에 부속 농장을 얻어 놓고, 그곳으로 그는 학생들을 군대처럼 4열 종대로 줄을 지어 데리고 갔다. 그가 선두에 서서 시내를 행진했는데, 그들은 모두 어깨에 소총 대신에 그가 사 준 괭이를 메고 있었다. 오가는 시민들은 그들을 보고 눈이 휘둥그레져 뚫어져라 쳐다보았으며 일손을 멈추고 구경하는 사람도 있었다. "저건 대체 무슨 새로운 공부인가요?" 놀라서 소리치는 사람도 있었다. 인력거를 끄는, 매우 정직해 보이기는 하나 머리가 나쁜 것 같은 사나이가 이렇게 말하는 것을 위안은 들었다. "호, 요새는 날마다 새로운 것을 볼 수 있지만 괭이를 둘러메고 전쟁에 나가는 건 좀체 보기 드문 일인걸!"

위안은 자기도 모르게 빙그레 웃으면서 대답했다. "이것이 최신식 혁명군이오."

겨울 햇살 속을 씩씩하게 걷던 그는, 스스로도 이 재치 있는 말이 마음에 들었다. 확실히 이것은 군대다. 그가 처음으로 이끄는 유일한 군대, 대지에 씨를 뿌리기 위해 출동하는 청년 부대다. 걸어가면서 그는 자기도 깨닫지 못한 채 어릴 때 아버지의 군대에서 익힌 보조로 걸음을 옮겨 놓았다. 그의 발소리가 높고 뚜렷하게 울리자, 그때까지 제멋대로 흩어져 따라오던 학생들도 자연히 그와 보조를 맞추어 발소리가 하나가 되었다. 이윽고 이 행군의 보조가 그의 혈액 순환에도 리듬을 주어, 이끼 낀 벽돌 성벽에 발소리를 울리면서 음울하고 낡은 성문을 지나 교외로 빠져나가니, 이 리듬은 위안의 정신에도 맥박 치기 시작하여 간결하고 힘찬 시구(詩句)를 낳았다. 참으로 오랜만이었다. 마치 긴 혼란을 가까스로 뚫고 나와, 노동으로 말미암아 정신이 평정을 되찾고, 영혼이 맑아져서 시구가 넘쳐흐른 것 같았다. 그는 숨을 죽이고 시상이 떠오르기를 기다렸다가, 그 흙벽집에서 보낸 며칠 동안의 행복한 기억 속에서 그것을 포착했다. 살아 있는 시구는 곧 3구까지 곧 또렷하게 나왔으나 4구째가 나오지 않았다. 행군은 거의 다 끝나 저만큼 농장이 보이기 시작했으므로 그는 갑자기 초조해져서 어떻게든 시를 정리하려 했으나 아무리 해도 머리에 떠오르지 않았다.

그러는 동안에 그는 시 같은 것을 생각하고 있을 여유가 없어졌다. 따라오는 학생들 속에서 슬슬 불평이 일어났기 때문이다. 그들은 숨을 헐떡거리면서, 선생님 걸음걸이가 너무 빨라 도저히 따라갈 수 없다느니, 괭이가 너무 무겁다느니, 자기들은 이런 노동에 익숙해 있지 않다느니 투덜거렸다.

위안도 시에 대해서는 잊고, 부드럽게 학생들을 달래야만 했다.

"자, 다 왔다. 여기가 농장이다! 조금 쉬었다가 일을 시작하자."

그러자 학생들은 저마다 밭가 두렁에 털썩 주저앉았다. 그들의 창백한 얼굴에서는 땀이 철철 흘러내리고, 가쁜 숨에 온몸이 크게 파도쳤다. 농촌에서 온 두세 명만이 그다지 괴롭지 않은 듯한 표정을 짓고 있었다.

그들이 쉬는 동안, 위안은 자기가 외국에서 가져온 종자 주머니를 끄르고 학생들에게 두 손을 모아 벌리게 하여 그 손 안에 황금빛 밀 종자를 가득 부어 주었다. 이 종자는 지금의 그에게는 매우 귀중한 것으로 여겨졌다. 1만 마일 떨어진 바다 저편 이국땅에서 자기가 기른 곡물이다. 그 무렵의 일을 생각하니 백발의 은사가 눈에 선했다. 이어 그에게 입술을 갖다댄 이국의 처녀를 생각하지 않을 수 없었다. 차분히 종자를 나누어 주고 있으려니 그 순간이 다시 그의 마음에 되살아났다. 그런 일이 없었으면 좋았을 텐데 하고 그는 생각했다. 그러나 그 순간이 결국 나를 구해 준 것이며, 조국으로 돌아와 메이링을 발견할 때까지 나는 혼자일 수 있었다. 그는 재빨리 괭이를 집어 높이 쳐들었다가 대지를 내리찍었다. "봐." 그는 지켜보는 학생들에게 소리쳤다. "괭이는 이렇게 내리치는 거야! 잘못 쥐고 하면 힘이 더 들게 된다……."

그 늙은 농부가 가르쳐 준 대로 그는 괭이를 쳐들었다가 내리쳤다. 괭잇날이 햇빛에 반짝였다. 한 사람 또 한 사람, 학생들은 일어나서 그가 한 것처럼 괭이를 내리찍었다. 그런데 농촌 청년 두 사람은 꾸물거리며 마지막까지 일어나지 않으려 했고, 괭이 사용법을 잘 알면서도 마음이 내키지 않는 듯이 느릿느릿 손을 움직였다. 위안은 그것을 보고 날카롭게 말했다. "너희들은 어째서 안 하는 거지?"

처음에 두 사람은 대답하지 않았으나 마침내 한 사람이 부루퉁한 얼굴로 중얼거렸다. "저는 태어나서부터 줄곧 고향에서 했던 일을 배우자고 대학에 온 것이 아닙니다. 좀 더 그럴듯하게 생계를 꾸릴 방법을 공부하기 위해서 왔습니다."

이 말을 듣자 위안은 화가 나서 곧바로 소리쳤다 "그래? 하지만 너희들이 이떻게 하면 더 잘 재배할 수 있는가를 공부했더라면, 수입을 더 늘리기 위해 고향을 떠나지 않아도 좋았을 것이다. 우수한 종자를 써서 합리적으로 경작하면 수확도 많이 나고 생활도 향상되는 거야."

그때쯤에는 몇몇 마을 농부들이 위안과 학생들 가까이에 몰려와서, 대체 학생들이 괭이와 종자를 가지고 어떻게 할 참일까 이상한 듯이 구경하고 있었다. 처음 그들은 불안한 듯 잠자코 서 있었으나, 곧 학생들이 괭이를 제대로 내려치지 못하는 것을 보고 웃기 시작했다. 그리고 위안이 지금 한 말을 듣자 안심했는지 한 사람이 큰 소리로 말했다. "그건 틀린 말씀입니다요, 선생님! 사람이 제아무리 열심히 일해도, 제아무리 좋은 씨를 뿌려도 농사는 결국 날씨가 좌우합니다요."

그러나 위안은 학생들 앞에서 자기 말에 반박을 받는 것이 언짢아졌으므로 이 무지한 사나이에게 대답할 기분이 나지 않았다. 어리석은 말은 못 들은 척하고 그는 학생들에게 씨를 일렬로 뿌리는 방법과 씨 위에 얼마나 두껍게 흙을 덮으면 좋은가를 가르쳐 주고, 저마다 고랑 끝에 씨의 종류와 뿌린 날, 뿌린 자의 이름 등을 적은 푯말을 세우게 했다.

이러한 광경을 농부들은 입을 떡 벌리고 바라보고 있었다. 그러다가 그 꼼꼼한 방식이 우스워져서 거리낌없이 웃기 시작하더니 "당신네들은 씨를 한 알씩 세나?" "씨 한 알마다 일일이 이름은 적었어? 씨 빛깔도 적어 넣는 게 좋을 거요." "아이고, 세상에! 이렇게 꼼꼼해서야 10년에 한 번밖에 거둬들이지 못하겠는걸!" 저마다 이런 말을 지껄여 댔다.

그러나 학생들은 이와 같은 천한 농담을 경멸하여 상대하지 않았다. 그 중에서도 가장 분개한 것은 농촌 출신의 학생들이었다. 그들은, "이건 모두 외국산 종자고 당신들이 밭에 뿌리는 그런 보잘것없는 것과는 다르단 말이야!" 소리쳤다. 이렇게 농부들의 조롱을 받자 학생들은 오히려 선생에게 격려받는 이상으로 일에 열을 냈다.

한참 있으니 구경하던 농부들도 흥미를 잃고 모두 재미없다는 듯이 입을 다물고 말았다. 그리고 한 사람씩 약속이나 한 듯이 저마다 침을 탁탁 뱉고는 마을 쪽으로 돌아가 버렸다.

그러나 위안은 행복했다. 다시 씨를 뿌리고 두 손에 대지의 촉감을 맛보게 된 것이 더없이 기뻤다. 흙은 차지고 풍요하게 기름져 있어 노란 이국의 씨앗과 대조적으로 검은 색이었다…… 이렇게 하여 그날의 일은 끝났다. 위안은 기분 좋은 피로로 상쾌한 기분이 되어 학생들을 둘러보았다. 혈색이 나쁜 사람까지 이제는 건강한 낯빛이 되어 있었으며, 추운 바람이 서쪽에서 휘몰아치는데도 다들 포근해 보였다.

"이것이 몸을 덥히는 가장 좋은 방법이야." 미소 지으면서 위안은 말했다. "불을 쬐는 것보다 훨씬 낫지." 청년들은 위안을 존경했으므로 그의 마음에 들도록 함께 웃었다. 그러나 농촌 출신의 두 사람만은 붉은 볼을 하고서도 표정은 아직 부루퉁했다.

그날 밤 자기 방에서 혼자가 된 위안은 오늘 하루 일을 메이링에게 써 보냈다. 요즘은 하루가 다 끝날 때, 그녀에게 그날 일어난 일을 써 보내는 것이 끼니처럼 빠뜨릴 수 없는 일과가 되어 있었다. 편지를 다 쓴 그는 일어서 창가로 가, 시가를 바라보았다. 오래된 집의 기와지붕들이 달빛 아래 거멓게 이어졌다. 하지만 그 사이에서는 고옥들 속에 섞여 곳곳에 붉은 지붕의 새 고층 건물이 높다랗게 솟아 있었다. 그 네모난 서양식 건물의 무수한 창들에는 등불이 반짝였다. 두세 개의 넓은 큰길이 시가를 꿰뚫는 널찍한 빛의 띠를 만들어 달빛마저 희미하게 보였다.

이 변모해 가는 시가를 바라보면서도 위안은 거의 그 풍경을 보고 있지 않았다. 그가 무엇보다도 뚜렷하게 본 것은 메이링의 얼굴이었다. 참으로 또렷하게 청초한 그녀의 얼굴이 떠올라, 시가는 그 얼굴의 배경에 지나지 않았다. 그때 갑자기 미완성인 시의 넷째 구가 마치 인쇄된 활자처럼 떠올라 시가 완성됐다. 그는 얼른 책상으로 가서 방금 봉인을 한 편지를 뜯어 다음 말을 덧붙였다. '이 절구는 오늘 완성한 것입니다. 첫 세 구는 밭에서 지었는데 완벽한 마지막 구가 떠오르지 않은 채 집으로 돌아와서 당신을 생각했습니다. 그러자 마치 당신이 나에게 가르쳐 주기라도 한 듯이 시상이 생각나서 금방 완성한 것입니다.'

이렇게 위안은 이 수도에 살면서, 낮에는 교직으로 바쁘고, 밤에는 메이링에게 편지를 쓰느라 바빴다. 그녀는 그리 많이 편지를 보내오지는 않았다. 그녀의 편지는 정확한 단어로 되어 있어 말수도 적었으며, 헛말이 없었다. 그러나 말이 적은 만큼 한글자 한글자에 뜻이 담겨 있어 조금도 따분하지 않았다. 그녀는 아이란의 한 달 여행 예정이 몇 배나 늘어나서 얼마 전에야 겨우 부부가 돌아왔다고 알려 왔다. '아이란 언니는 전보다 더 아름다워졌지만, 어딘가 따뜻함이 덜해진 것 같습니다. 아마 아기가 태어나면 다시 옛날로 돌아가겠지요. 이제 한 달 있으면 태어날 예정입니다. 전에 자던 침대가 더 잠이 잘 온다면서 요새는 자주 집에 돌아와서 자곤 합니다.' 또 이런 내용도 있었다. '오늘 저는 처음으로 본격적인 수술을 했습니다. 어릴 때부터 전족을 한 여자의 발이 썩어 들어가서 발목을 절단했지요. 무섭지는 않았습니다.' 이런 문장도 있었다. '저는 고아원에 가서 아이들과 노는 것이 즐겁습니다. 저도 옛날엔 그 가운데 하나였으니까요. 모두가 제 동생이나 마찬가지랍니다.' 그리고 그녀는 아이들이 말한 너무나도 아이다운 우스운 일들을 곧잘 써 보냈다.

언젠가 이런 편지가 왔다. '백부님 댁에서는 유학 중인 성 씨에게 귀국하도록 분부하셨답니다. 성 씨가 지나치게 돈을 낭비하기 때문이랍니다. 요새는 예전만큼 소작료가 들어오지 않아서 성 씨의 형님이 받는 급료 중에서 학비를 보내는데, 부인이 그것을 싫어한답니다. 그렇다고 달리 그 많은 돈이 나올 데는 없고요. 이 이상 학비는 안 보낸다니까, 성 씨도 결국 돌아오실 수밖에 도리가 없겠지요.'

위안은 이것을 읽고 나니 마지막으로 성과 만났을 때, 그가 새로 맞춘 고급 양복을 입고 윤이 나는 날씬한 능나무 시팡이를 흔들며, 미국 대도시에서 햇살 가득한 거리를 활보하던 모습이 생각났다. 옷차림에 그만큼 신경을 썼으니 틀림없이 많은 돈을 썼을 것이다. 이번에는 끝내 돌아올 수밖에 없겠지. 그를 귀국시키려면 이 방법밖에 없다는 것도 확실하다. '돌아오는 편이 성을 위해서도 좋을 것이다. 드디어 끈적거리며 들러붙던 그 여자와도 헤어지게 되겠군.'

위안이 편지로 질문을 하면 메이링은 반드시 정성 들인 답장을 보내왔다. 한겨울이 되자 그녀는 옷을 두껍게 입고, 음식을 충분히 먹고, 잘 자야 하며 너무 무리해서는 안 된다고 주의를 적어 보냈다. 낡은 교사의 틈새로 들어오는 바람을 조심해야 한다고도 몇 번이나 써 보내왔다. 그런데 그의 편지에 그녀가 절대로 대답하지 않는 것이 하나 있었다. 그는 편지를 쓸 때마다 빼놓지 않고 꼭꼭 썼다. '내 마음은 변치 않았습니다. 당신을 사랑합니다. 나는 기다리고 있습니다.' 이 말에만큼은 그녀는 아무 답도 하지 않았다.

그래도 위안은 그녀의 편지에 만족했다. 한 달에 네 번은 정해진 날짜에 반드시 그녀에게서 편지가 왔다. 밤에 집으로 돌아오면, 길쭉한 봉투에 조금 작은 해서체로 주소와 이름을 적은 편지가 책상 위에 꼭 올려져 있었다. 한 달 가운데 이 나흘이 그에게는 축일이 되었다. 꼬박꼬박 제 날짜에 오는 것이 기쁜 나머지, 그는 조그마한 달력을 사다 놓고 그녀의 편지가 오는 날에 미리 표시를 해 놓았다. 빨간 동그라미를 해 놓은 날이 새해까지 앞으로 12번 있었으며, 새해가 되면 휴가가 있으므로 집에 돌아가서 그녀의 얼굴을 볼 수 있었다. 어떤 희망을 몰래 가슴에 품고 있었던 그는, 그 날짜 이후로는 표시를 하지 않았다.

이렇게 위안은 한 주일, 또 한 주일씩, 수업 말고는 아무 데도 갈 생각을 하지 않았으며, 쓸쓸하지 않았으므로 친구도 사귀려 하지 않고 생활해 나갔다.

그래도 멍이 이따금 찾아와서 억지로 끌고 나갔으므로, 위안도 찻집에서 멍이나 그 동지들이 늘어놓는 불평을 듣는 때도 있었다. 가만히 보면, 멍은 처음처럼 득의양양하게 보이지는 않았다. 들어 보니 멍은 여전히 분개했다. 이미 새 시대가 되었는데도 변함없이 이 시대에 대해서 심한 불만에 차 있었다. 그러한 어느 날 밤, 새 시가의 갓 개업한 찻집에서 위안은 멍과 그 동료인 대위 넷과 식사를 했는데, 이들은 모든 일에 불평을 늘어놓았다. 식탁 위의 전등이 너무 밝다고 화를 내는가 하면, 다음에는 덜 밝다고 잔소리를 하고, 음식이 늦게 나온다고 호통을 치는가 하면 일부러 이 집에서 팔지 않는 양주를 가져오라고 떼를 썼다. 종업원은 멍과 네 명의 동지들 사이에서 땀을 뻘뻘 흘렸으며, 행여 허리에 번쩍이는 권총을 찬 청년 장교들의 기분을 상하게 할까 봐 거듭 땀을 닦아 가며 숨이 차도록 뛰어다녔다. 기생들이 나와서 새로운 서양식 춤을 추었으나 그래도 청년 장교들은 만족하지 않았으며, 이것은 눈이 돼지처럼 작고 저것은 코가 대파처럼 삐죽하다느니, 저것은 너무 뚱뚱하고 이것은 너무 늙었다고 큰 소리로 트집을 잡았으므로 끝내 여자들도 분해서 눈물을 흘리는 지경이었다. 위안은 그녀들을 아름답다고 생각하지는 않았으나 측은해서 참다못해 끼어들었다. "그만하게나, 이 사람들도 어떻게든 먹고살려고 나와 있는 거 아닌가."

그러자 한 대위가 소리쳤다. "이런 인간들은 굶어 죽어 버리는 편이 나아." 그러고는 모두가 젊은 목소리로 신랄하게 웃더니, 허리에 찬 칼을 덜거덕거리면서 겨우 일어나 헤어졌다.

그날 밤은 멍이 위안을 숙소까지 배웅해 주겠다고 하여 둘은 나란히 거리를 걸어갔다. 걸으면서 멍은 불평을 늘어놓았다. "사실 우리들은 상관들의 불공평한 방식에 모두 분개하고 있어. 혁명 원리에 따르면 우리는 모두 평등하며 기회가 공평하게 주어져야 한단 말이야. 그런데 지금도 상관들은 우리를 억압하거든. 우리 부대의 장군도, 형도 알지? 그자를 만났잖아. 그 자식은 마치 옛날 군벌들처럼 뻐기고 있잖아. 그자는 이 지역 사령관으로서 매달 엄청난 봉급을 타고 있으면서 우리들 젊은 놈들은 언제까지나 승진시켜 주질 않아. 나는 대위까지는 곧 승진했지. 그래서 희망에 불타서 주의를 위해 목숨을 바칠 생각이었단 말이야. 더 승진할 줄 알았지. 그런데 아무리 몸이 부서져라 일을 해도 여전히 대위야. 우리는 대위 이상으로는 승진하지 못해. 왜인지 알아? 그건 장군이 우리를 무서워하기 때문이야. 우리가 앞으로 자기 이상의 지위에 오르는 것이 무서운 거야. 우리가 그자보다 젊고 유능하거든. 그래서 눌러 두는 거야. 이것이 혁명 정신이라는 걸까?" 그리고 멍은 가로등 아래서 걸음을 멈추고 위안에게 격렬하게 질문을 퍼부었다. 위안은 멍의 얼굴이 언제나 뿌루퉁하던 소년 시절의 그와 똑같음을 보았다. 지나가던 사람들 두서너 명이 수상쩍은 듯이 그들의 거동을 살피기 시작했다. 멍은 그늘을 깨닫자 목소리를 낮추어 다시 말을 계속하다가 마지막으로 몹시 불쾌한 듯 뇌까렸다. "형, 이건 진짜 혁명이 아니야. 다시 한 번 해야 돼. 지금의 상관들은 참된 지도자들이 못 돼. 놈들은 옛날의 군벌과 마찬가지로 이기적이야. 형, 우리 청년들이 다시 한 번 처음부터 새로 시작하는 거야. 민중은 옛날과 마찬가지로 억압당하고 있어. 민중을 위해서 우리들은 다시 한 번 해야만 해. 현재의 지도자들은 민중은 깡그리 잊어버리고……."

멍은 여기서 말을 끊고 저쪽을 바라보았다. 그곳에 있는 유명한 댄스홀 입구에서 싸움이 일어난 것이다. 댄스홀 불빛이 피처럼 붉게 빛났는데, 그 빛 아래 드러난 것은 차마 눈 뜨고 볼 수 없는 광경이었다. 이 새 수도의 옆을 흐르는 양쯔 강에 정박 중인 외국 군함의 수병이 술에 취했는지, 자기를 여기까지 태워다 준 인력거꾼을 주먹으로 후려갈기고 있었다. 수병은 취한 김에 고성을 지르면서 보기 흉하게 비틀거렸다. 멍은 백인이 동족을 구타하는 것을 보자 느닷없이 달리기 시작했다. 위안도 뒤를 따랐다. 가까이 가니 수병이 인력거꾼에게 욕설을 퍼붓고 있었다. 부당한 요금을 요구했다는 것이다. 수병이 체구가 더 크고 강해서 인력거꾼은 두들겨 맞으면서도 겁이 나서 두 팔을 쳐들어 주먹을 막고만 있었다. 술 기운으로 후려치는 주먹은 차마 보지 못할 만큼 잔인했다.

멍은 그 자리로 달려가 외국 수병에게 소리쳤다. "무슨 짓을 하는 거냐, 이 주정뱅이!" 그리고 달려들어 수병의 팔을 잡고 뒤로 꺾었다. 그러나 수병은 쉽사리 항복하지 않았다. 그는 멍이 대위이든 무엇이든 신경 쓰지 않았다. 그에게는 자기와 인종이 다른 인간은 모두 똑같았으며 모두 경멸의 대상일 뿐이었다. 그래서 이번에는 멍에게 욕설을 퍼부었다. 그리하여 둘이 각기 민족적 증오에 불타막 격투를 벌이려 하는 것을 위안과 인력거꾼이 뚫고 들어가 겨우 떼어 놓았다. 위안은 열심히, "주정뱅이야, 이놈은. 시시한 수병이야. 쓸데없는 짓 하지 말아라." 하고 멍을 달래 놓고 수병을 댄스홀 입구로 밀어 넣어 버렸다. 수병은 싸운 것도 잊고 안으로 들어갔다.

위안은 주머니에 손을 넣어 동전 몇 푼을 꺼내어 인력거꾼에게 주고 싸움의 결말을 지었다. 인력거꾼은 몸집이 작고 쭈글쭈글한 노인이었는데, 뜻밖의 결말에 만족해서 아첨의 웃음을 보이며 말했다. "나리는 사리를 잘 아는 분입니다! 옛날부터 말이 있지요. 어린애와 여자와 주정뱅이는 상대하지 말라고."

노여움에 얼굴이 새빨개져서 여전히 씩씩거리며 그 자리에 서 있던 멍은, 수병에게 분노를 실컷 쏟아 놓지 못해서 아직도 분이 다 풀리지 않았던 터라, 두들겨 맞은 인력거꾼이 동전 몇 푼으로 간단히 조용해져 비굴한 웃음과 케케묵은 말을 늘어놓는 것을 듣자 더는 참지 못했다. 자기 동족에 대한 외국인의 모욕에 쏟아 놓으려던 깨끗하고 정직한 분노가 묘하게 굴절된 것이다. 그는 아무 말 없이 타는 듯한 눈초리로 인력거꾼을 쏘아보더니 느닷없이 그 입언저리를 후려갈겼다. 그것을 보고 위안은 "멍, 무슨 짓이야!" 소리쳤다. 그리고 얼른 동전을 꺼내어 이 부당한 폭행의 보상을 하려고 했다.

그러나 인력거꾼은 돈을 받지 않았다. 그는 얼떨떨해져서 가만히 서 있었다. 너무나 느닷없이 얻어맞았으므로 그는 입을 벌린 채 넋을 잃고 서 있었다. 입가에서 피가 조금 흘러내렸다. 그는 갑자기 몸을 굽히고 인력거 채를 잡더니 위안을 돌아보고 말했다. "이 주먹은 외국인 것보다 더 아픈데." 이렇게만 말하고 그는 가 버렸다.

멍은 후려갈긴 뒤에 바로 그 자리를 떠났다. 위안은 성큼성큼 걸어 그를 따라갔다. 곧 따라잡고서, 왜 때렸느냐고 물어보려고 멍의 얼굴을 본 그는 입을 뗄 수 없었다. 밝은 거리의 불빛 아래서 본 멍의 얼굴에 놀랍게도 눈물이 흘렀던 것이다. 눈물을 흘리면서 멍은 지그시 앞을 노려보았다. 이윽고 그는 화가 난 듯 중얼거렸다. "이런 민중을 위해서 아무리 이상을 품고 싸워 봐야 대체 무슨 소용이 있단 말이야? 압제자를 미워하지조차 않는 비굴한 민중이야. 얼마 안 되는 돈으로, 그렇게 모욕을 당하고도 선뜻 참아 버리고 만단 말이야……" 그는 그 말만을 남기고 위안과 헤어져서 어두운 골목으로 사라져 버렸다.

위안은 잠시 망설이며 서 있었다. 멍이 더 이상 홧김에 난폭한 짓을 하지 않도록 뒤를 따라가는 편이 좋을 것인가? 그러나 그는 빨리 자기 집으로 돌아가고 싶었다. 마침 토요일 밤이라 책상 위에서 자기를 기다리고 있을 편지가 눈앞에 아른거렸다. 그래서 이번에도, 멍이 혼자서 마음대로 화를 내고 다니는 것을 말리지 않기로 했다.

마침내 연말이 가까워져, 위안이 메이링을 만날 수 있는 휴가까지 며칠 남지 않게 되었다. 그 무렵의 나날은 무엇을 하더라도 그저 일에서 해방되는 날까지의 시간 때우기일 뿐이라는 느낌이 들었다. 수업은 되도록 충실히 했지만 학생들마저 그에게는 아무런 생명도 의미도 없게 되어, 그들이 잘하든 못하든, 또 그들이 무엇을 하든 그다지 관심도 없었다. 밤이면 아침이 빨리 오기를 바라는 마음에 빨리 잠자리에 들었다. 그러고는 아침 일찍 일어났다. 그러나 무슨 짓을 해도 시간은 마치 시계가 멎은 것처럼 느리게 흘렀다.

한번 그는 멍을 찾아가서 같은 기차로 고향에 돌아가자는 의논을 했다. 이번에는 멍도 휴가를 얻을 수 있었기 때문이다. 멍은 언제나 입버릇처럼 자기는 혁명가이므로 두 번 다시 고향을 볼 수 없게 되어도 상관없다고 말했는데, 요즘의 그는 매우 짜증이 나 있고 늘 어떤 변화를 추구하면서도 뜻대로 되지 않던 참이라, 달리 할 일도 없고 해서 고향에나 가 보고 싶은 생각이 났던 것이다. 그 인력거꾼을 구타한 밤의 일은 두 번 다시 꺼내지 않았다. 지금 그는 또 새로 화를 낼 일이 있었으므로 그 사건은 잊은 듯했다. 그것은 민중이 건방지게도 정부가 정한 날에 새해를 축하하려 들지 않는다는 것이었다. 태음력(太陰曆)에 익숙한 새 시대의 젊은이들이 서양 여러 나라와 같이 태양력으로 고친 신년에 흥미를 느낄 수 없었던 것이다. 거리에는 양력으로 새해를 맞이하라는 명령이 고시되어 있었고 사람들은 그 주위에 모여, 읽을 줄 모르는 사람은 군중 속의 학문 있는 자들에게 읽어 달래서 듣고 있었다. 사람들은 도처에서 불평을 쏟아냈다.

"어떻게 이런 식으로 1년을 결정하지? 만일 부엌 신령님에게 한 달이나 빨리 제수를 바친다면 대체 신령님이 뭐라고 생각할까? 신령님이 외국식으로 날짜를 계산하실 까닭이 없잖아." 이와 같이 민중은 고집스럽게 명령에 따르지 않고, 여자들은 떡을 만들지 않았으며 남자들은 행운을 부르기 위해서 문간에 바르는, 표어를 쓴 붉은 종이를 사려 하지 않았다.

젊은 지도자들은 민중의 고집에 크게 화가 나, 옛날식의 터무니없는 신불의 말과는 다른 혁명의 표어를 만들어 이것을 일꾼을 사서 집집마다 붙이고 다니도록 했다.

위안이 찾아갔을 때, 멍은 이 문제에 열중하여 우쭐대며 이야기했다. "그래서 내 말은, 좋든 싫든 민중을 교육시켜, 고루한 미신은 버리게 하는 거야!"

그러나 위안은 양쪽의 처지를 다 이해할 수 있었으므로 뭐라고 해야 좋을지 몰라 입을 다물고 있었다.

그리고 이틀 동안 위안이 보고 다니니 과연 집집마다 새로운 표어가 붙어 있었다. 그에 대해서 민중은 아무 말도 하지 않았다. 남자도 여자도 자기 집 문간에 붙어 있는 표어를 바라보고 말이 없었다. 그 가운데는 비웃는 자도 있었고, 땅바닥에 침을 뱉는 사람도 있었다. 하고 싶은 말을 꾹 참는 얼굴로 걸어가는 사람도 있었다. 그러나 남자도 여자도 여느 때와 다름없이 일하고 있어서, 금년은 일 년 내내 아무 데도 명절을 쇠지 않는 것 같았다. 집집마다 문간에는 화려한 붉은 종이가 붙어 있었지만, 민중은 그런 건 보이지도 않는 듯한 표정으로 평상시와 같이 일을 하고 있었다. 위안은 멍이 화를 내는 것도 이유가 있다고 여겼으며, 또 누군가 묻는다면 민중은 정부의 명령을 따라야 한다고 대답했을 것이지만, 속으로는 슬그머니 미소 짓지 않을 수 없었다.

그러나 요즘 위안이 아무리 사소한 일이라도 곧 미소를 짓는 것은 메이링의 마음에 틀림없이 전과 다른 애정이 싹텄다고 생각했기 때문이다. 그녀는 위안이 써 보낸 사랑의 말에 답해 주지는 않았지만, 적어도 그것을 읽고 있는 것만은 틀림없었고, 그것을 모조리 잊어버렸으리라고는 생각할 수 없었다. 적어도 그에게 있어서는 금년은 태어나서 가장 행복하고 눈부신 해였다. 왜냐하면 그는 새해에 큰 희망을 걸고 있었기 때문이다.

이와 같은 기대 속에서 휴가가 시작되었으므로 멍의 분노조차 위안의 기분에 먹구름을 드리울 수 없었다. 하기야 해안의 대도시로 가는 기차간에서 이미 멍과 위안은 하마터면 싸움을 할 뻔했다. 멍은 마음속에 맹렬한 불만을 품고 있었으므로 무엇을 보아도 즐겁지 않았다. 기차간에서도 돈깨나 있어 보이는 작자가 모피 옷을 펼치고 두 사람 분 자리를 차지하고 앉아 있어서 한 가난해 보이는 사나이가 서 있게 된 모습을 보고 그만 화를 냈다. 또한 그 가난한 사람이 아무 말도 못하고 참고 있었던 데 대해서도 화를 냈다. 마침내 위안은 미소를 억누르지 못하고 멍을 슬쩍 쿡쿡 찌르면서 농담 삼아 말했다. "너는 무엇을 보아도 마음에 안 드는 모양이구나. 부사는 부자라서 마음에 인 들고, 기난뱅이는 가난해서 마음에 안 들고 말이야."

그러나 멍은 잔뜩 화가 나 자신을 놀리는 것을 참지 못했다. 그는 사나운 기세로 위안을 돌아보고 나직하지만 격한 어조로 말했다. "그래, 형에게도 마찬가지야. 형은 뭐든지 참지. 형처럼 우유부단한 사나이는 처음 봐. 형은 절대로 참된 혁명가는 될 수 없어!"

멍의 맹렬한 기세에 위안도 모르는 사이에 표정이 굳어졌다. 그러나 주위의 승객들이 모두 멍을 힐끔힐끔 쳐다보고 있었으므로 아예 대답도 하지 않았다. 멍은 목소리를 낮추었으므로 무슨 말을 하는지 다른 승객들은 알아듣지 못했으나, 노기에 찬 얼굴에 눈이 번들번들 빛나고 허리에는 권총을 찼으므로 모두 겁에 질려 있었다. 그래서 위안은 입을 다물고 만 것이다. 멍이 화가 난 것은 마음속에 불만이 있기 때문이며, 자기 탓이 아니라는 것은 알았지만, 멍의 말이 옳다는 것을 인정할 수밖에 없었던 위안은 조금 불쾌했다. 이리하여 위안은 기차가 골짜기며 언덕이며 들판을 누비고 나아가는 동안 잠시 냉정하게 앉아 있었으나, 이윽고 깊은 생각에 잠겨서 자기는 대체 어떤 자이며 무엇을 가장 바라고 있는가 반성하기 시작했다. 분명히 나는 위대한 혁명가가 아니다. 앞으로도 대혁명가는 될 수 없을 것이다. 그것은 내가 멍처럼 증오를 오래 간직하지 못하기 때문이다. 그렇다, 나는 한때는 화를 낼 수도 있다. 순간적으로는 미워하는 일도 있다. 그러나 오래 계속되지 않는다. 정말로 내가 바라는 것은 평화 속에서 일을 하는 것이다. 그리고 내가 가장 좋아하는 일은 지금 하는 일이다. 이제까지 가장 행복했던 시간은 학생들을 가르쳤던 시간이다. 사랑하는 사람에게 편지를 쓰는 시간을 제외하면……

이 몽상을 깨뜨리고 멍의 냉소적인 말소리가 들렸다. "뭘 생각해? 마치 모르는 사이에 입안에 누가 과자라도 밀어 넣어 준 어린애처럼 바보 같은 얼굴로 빙글빙글 웃고만 있잖아!"

이럴 때는 위안도 부끄러워 웃을 수밖에 없었다. 멍은 지금 자기가 생각했던 것을 이야기할 수 있는 상대도 아니었으므로, 위안은 그저 얼굴이 붉어지는 것을 속으로 저주했다.

그런데 어떤 만남이고 꿈꾸던 만큼 감미로운 것일 수는 없다. 그날 저녁때 집에 도착하자 위안은 입구의 층계를 뛰어올라 가서 집 안에 들어섰다. 그러나 이번에도 집 안은 조용했다. 이윽고 하녀가 나와서 공손히 인사를 한 다음 말했다. "마님 말씀이, 백부님 댁 둘째 도련님이 외국에서 돌아오셔서 백부님 댁에서 친척분들의 연회가 있으니, 곧장 그리로 오라십니다. 마님께서도 그쪽에서 기다리고 계신답니다."

성이 돌아왔다는 소식보다, 위안은 메이링도 노부인과 함께 있는지가 훨씬 더 궁금했다. 그러나 아무리 그것이 알고 싶더라도 하녀에게 물어볼 수는 없었다. 하녀들처럼 남녀 관계를 잘 눈치채는 부류는 없기 때문이다. 그로서는 백부 댁으로 가서 자기 눈으로 메이링이 있는지 확인할 때까지는 두근거리는 마음을 눌러 두는 수밖에 없었다.

지난 몇 달 동안 위안은 메이링과 다시 만나는 순간을 꿈꾸어 왔는데, 그 꿈속에서 그녀는 늘 혼자였다. 그가 집에 들어서자마자 두 사람은 기적처럼 단둘이서만 만나는 것이다. 어떤 이유인지는 몰라도 그녀는 거기서 기다리고 있어야 했다. 그런데 그녀는 없었고, 백부 댁에서 만난다 하더라도 단둘이 있게 되는 것은 바랄 수 없었으며, 집안사람들이 모두 있는 앞에서는 그녀에게도 차갑고 정중한 태도밖에 취할 용기가 없었다.

사실 그러했다. 백부 댁에 가서 호화로운 서양식 장식품과 의자로 가득한 큰 방으로 들어가 보니 친척들이 모두 모여 있었다. 멍은 위안보다도 먼저 와 있어서 위안이 왔을 때는 마침 사람들이 멍과 인사를 막 마친 뒤였다. 그러나 위안이 나타났으므로 다시 한 번 인사를 나누어야 했다. 위안은 먼저 백부 앞으로 가서 인사했다. 백부는 왕후에게 보냈다가 목을 매어 자살한 아들과 승려가 된 곱사 등이 아들을 제외하고는 자식들이 모두 모였으므로 매우 기분이 좋았다. 백부도 백모도 그 두 아들은 이제 자식으로 생각하지 않았다. 노부부는 가장 좋은 옷을 입고 나란히 앉아 있었다. 노부인은 당당한 위엄을 보이면서 묵직한 태도로 물담배를 피우고 있었다. 한두 모금 빨 때마다 곁에 선 하녀가 새로 담배를 채워 주고 있었다. 부인은 한 손에는 염주를 들고 손가락 사이로 줄곧 갈색 염주알을 돌리면서, 여진히 백부가 농담을 할 때마다 그것을 벌충하기 위해 도덕적인 말을 하려고 애를 쓰곤 했다. 위안의 인사를 받은 백부는 주름투성이인 축 처진 얼굴 가득 웃음을 띠고 큰 소리로 말했다. "위안, 마치 계집애처럼 예뻐져서 우리 작은아들놈도 드디어 집에 돌아왔구나. 서양 며느리라도 데리고 오지는 않을까 걱정을 했었지만, 그건 기우였어. 아직 결혼은 안 했으니까!"

그러자 노부인이 매우 차가운 어조로 말했다.

"여보, 성은 영리한 아이니까 그런 몹쓸 실수는 하지 않아요. 연세에도 어울리지 않는 그런 허튼 말씀은 말아요."

그러나 오늘만은 노인도 늙은 처의 독설에 굴하지 않았다. 자신은 가장이며, 이 호화로운 저택에 모인 훌륭한 젊은 남녀가 모두 자기의 슬하라고 생각하니 무언가 장난을 치고 싶어 견딜 수가 없었다. 여러 사람들 앞이었으므로 그는 대담해져서 소리쳤다. "자식 결혼 이야기를 하는 게 뭐가 잘못인가? 성도 머잖아 색시를 맞이해야 할 게 아닌가." 부인은 이 말에 엄숙하게 대답했다. "요새 같은 새로운 세상에서는 어떻게 하는 것이 가장 좋은가 나는 환히 알고 있어요. 부모에게 억지로 등 떠밀려 마음에도 없는 아내를 갖게 되었으니 어떠니 하고 아들한테 군소리를 들을 짓은 결코 하지 않을 겁니다."

이 노부부의 말다툼을 웃으면서 듣던 위안은, 여기서 묘한 광경을 보았다. 성이 차갑고 슬픈 듯한 미소를 띠면서 이렇게 말한 것이다. "아녜요. 저는 그다지 새롭지 않습니다. 어머니가 마음에 드시는 상대면 좋습니다. 상관없어요. 어떤 여자든지 저한테는 모두 똑같습니다."

그러자 아이란이 웃으면서 말했다. "성 오빠. 그런 말을 하는 건 오빠가 아직 젊기 때문이야." 다른 사람들도 다 함께 웃었으므로 그 자리는 그대로 끝났으나, 위안만은 성의 표정을 잊을 수 없었다. 다른 사람들의 웃음소리 속에서 그 또한 빙그레 웃음 짓고 있었으나, 그것은 무슨 일에서나 아무래도 좋다고 생각하는 인간, 자기 결혼의 상대마저 누구라도 상관 없다고 생각하는 인간의 표정이었다.

그러나 이날 밤의 위안이 어떻게 성의 일을 깊이 생각할 수 있었겠는가? 백부 부부에게 인사를 하기 전부터 그의 눈은 벌써 메이링을 찾았다. 가장 먼저 그는 자기가 어머니라고 부르는 부인 옆에 얌전히 서 있는 그녀의 모습을 보았다. 한 순간 두 사람의 눈이 마주쳤으나 미소를 교환할 겨를은 없었다. 그러나 아무튼 그녀는 있었다. 그가 꿈에 그리던 재회는 아니더라도 완전히 실망하지는 않았다. 이 방에 그녀가 있어 주는 것만으로 충분하다. 비록 한 마디 말도 건넬 수 없더라도. 지금은 아니다. 참된 재회는 뒤에, 어디 다른 장소에서 하기로 하자…… 그런데 위안은 그 뒤 몇 번이나 그녀를 보았으나 두 번 다시 그녀의 시선을 붙잡을 수 없었다. 그러나 그가 어머니라 부르는 부인은 진심으로 따뜻하게 그를 맞아 주었다. 그가 옆에 가자 부인은 그의 손을 잡고 가볍게 두들긴 다음 손을 놓았다. 위안이 부인 옆에 있으니 메이링은 무언가 가져오겠다는 구실로 그 자리를 떠나 버렸다. 그러나 위안은 다른 사람과 담소하면서도 메이링이 거기 있다는 생각만으로 마음이 훈훈해졌다. 그리고 계속해서 메이링이 차를 따르기도 하고 아이들에게 과자를 나누어 주기도 하는 모습을 눈으로 좇았다.

오늘 밤의 화제와 인사의 중심은 대부분이 성이었으므로 멍과 위안은 곧 많은 친척 가운데 한 사람에 지나지 않게 되었다. 성은 전보다 모습이 더 좋아졌으며 매사에 통달한 것 같았고 말도 행동도 여유가 있어, 위안은 옛날부터 그러했듯이 그의 앞에 있으니 기가 죽었다. 그리고 이 세련된 남자 앞에 서면 역시 자기는 어리다고 느껴졌다. 그러나 성은 결코 위안에게 그런 열등감을 느끼게 해 두지 않았다. 그는 예전처럼 정답게 위안의 손을 잡고 좀처럼 놓아 주지 않았다. 위안은 마치 여자처럼 매끄럽고 우아한 손의 감촉이 좋으면서도 왠지 기분이 나빴다. 오늘 그가 보여 준 눈의 표정도 그러했다. 보기에는 참으로 달콤하고 언뜻 개방적으로 보였지만, 지금 성의 얼굴이나 거동에는 너무나 화려하게 활짝 핀 꽃의 지나치게 짙은 향기처럼 불길한 데가 있었다. 그러나 그 이유는 위안도 알 수 없었다. 어쩌면 자신의 망상이 아닐까 생각하기도 했지만, 곧 역시 그렇지 않다고 생각했다. 성은 끊임없이 담소를 나누었다. 웃는 것도 정말 웃겨서 웃는 것 같았고, 말소리는 높지도 낮지도 않았으며 부드러운 종소리처럼 아름다웠다. 친척들의 여러 잡담에도 재미있다는 듯 상대해 주었다. 그런데도 위안은, 진짜 성은 그 자리에 없고 어딘가 무척 먼 곳에 있다는 인상을 받았다. 성은 고국으로 돌아온 것을 후회하는 게 아닐까 생각한 위안은 성이 가까이 온 기회를 잡아 살며시 물어 보았다.

"형은 미국을 떠나기가 싫었넌 게 아냐?"

그는 대답을 기다리며 성의 얼굴을 바라보았다. 하지만 매끄럽게 빛나는 그 얼굴에는 어떤 그림자도 없었다. 눈도 흑요석처럼 빛날 뿐 아무 말도 하고 있지 않았다. 성은 다정하고 밝은 미소를 보이면서 대답했다. "아니, 그렇지는 않았어. 나도 이제는 돌아올 기분이었거든. 어디 있으나 나에겐 마찬가지야."

계속해서 위안은 물었다. "그 뒤에도 시를 썼어?" 성은 아무렇지도 않은 듯이 대답했다. "응, 시집을 한 권 냈지. 너한테 보여 준 것도 들어 있지만 대부분은 네가 떠난 뒤에 지은 거야. 뭣하면 오늘 밤 돌아가기 전에 한 권 주지." 위안이 꼭 갖고 싶다고 말하자 성은 미소를 지어 보였을 뿐이었다. 다시 한 번 위안은 질문했다. "형은 여기서 살 참이야? 아니면 새 수도로 오겠어?"

그러자 성은 이번에는 즉각, 그것만은 크게 관심이 있다는 말투로 대답했다. "물론 여기서 살 참이야. 너무 오래 저쪽에 있었으니까 현대적인 생활이 몸에 익어 버렸어. 나는 새 수도 같은 날것의 거친 도시에서는 살아갈 수 없어. 멍한테서 여러 이야기는 들었지만 말이야. 새 도로니 건축이니 하고 큰소리치길래 물어 보았더니 현대적인 시설도 없고, 이렇다 할 유흥장도, 좋은 극장도 없잖아. 요컨대 교양 있는 사람이 즐길 만한 것은 아무것도 없더군. 나는 말해 주었지. '이봐, 멍, 너는 무척 자랑스러운 모양이다만, 그렇다면 '대체' 그 새 수도에는 뭐가 있단 말이냐?' 하고 말이야. 그랬더니 그 녀석, 언제나 그렇듯이 노려본 채 입을 다물고 말더군! 멍은 조금도 변하지 않았어." 이 말을 그는 영어로 했다. 이제는 영어가 매우 편하고 유창했으므로 자기 나라 말보다 그쪽이 먼저 나오는 것이었다.

성의 형수는 그가 참으로 훌륭해졌다고 말했으며, 아이란과 그녀의 남편도 그렇게 말했다. 이 세 사람은 성을 언제까지 바라보고 있어도 질리지 않는 모양이었다. 아이란은 임신 중이었으나 근래의 그녀로서는 보기 드물게 그전처럼 명랑하게 웃고, 성과 거리낌없이 장난을 치는 것이 꽤 즐거워 보였다. 성도 그녀의 재치 있는 말에 하나하나 응수했으며, 끊임없이 그녀를 칭찬했고 아이란 또한 그 것을 기꺼이 받아들였다. 임신한 몸이기는 했으나 그녀는 여전히 아름다웠다. 다른 여자라면 얼굴이 부어 거무스레해지거나 혈액 순환이 나빠지거나 하는데, 아이란은 그저 양지 쪽에 활짝 핀 장미처럼 아리따웠다. 위안에게는 오빠로서 반갑게 인사했으나, 성에게는 활짝 웃으며 농담도 건넸다. 그녀의 남편은 태평스럽게 바라보고 있을 뿐 질투하는 눈치도 보이지 않았다. 우로서는 성이 아무리 미남이라도 자기가 더 미남이고 어떤 여자한테서나 호감을 사며, 자기가 택한 여자라면 더더욱 자신을 더 좋아하리라고 믿는 모양이었다. 질투를 하기에는 자기 자신을 너무나 사랑했던 것이다.

이렇게 떠들썩한 담소 속에서 주연이 시작되어, 그들은 옛날처럼 노인과 젊은 사람이 따로따로 자리하지 않고 모두 한 식탁에 둘러앉았다. 요즘 세상에서는 이미 그런 구별이 사라졌기 때문이다. 백부 내외는 윗자리에 앉았으나, 아이란과 성을 비롯해서 모두가 주고받는 농담과 웃음소리 속에서 노부부의 목소리는 전혀 들리지 않았다. 참으로 화기애애한 모임이었으며, 위안은 이렇게 잘 차려입은 부자들이 모두 자기의 혈육이라고 생각하니 자랑스러움으로 가슴이 뿌듯해졌다. 여자들은 한 사람도 빠짐없이 최근에 유행하는 디자인의 화려한 공단 두루마기를 입었고 남자들은 백부를 제외하고는 모두 양복 차림이었으며, 멍만이 대위의 군복을 입고 거만하게 앉아 있었다. 아이들까지 화려한 비단옷을 입고 외국제 리본을 달고 있었다. 식탁에는 온갖 서양 요리며 서양 과자에다 양주가 차려졌다.

위안은 문득 생각이 났다. 집안사람들은 여기 있는 사람들만이 전부가 아니다. 해안에서 멀리 떨어진 곳에서 옛날 그대로 생활하는 자기 아버지 왕후가 있고, 둘째 백부인 호상(豪商) 왕얼과 그 아들딸들이 있다. 그들은 외국어를 지껄이지 않는다. 그들은 서양 요리를 먹지 않는다. 그리고 조상들과 마찬가지 생활을 한다. 만일 그들이 이 방에 안내되어 온다면 얼떨떨해져서 틀림없이 편한 마음으로 있지 못할 것이다. 왕후는 집에서 늘 하는 버릇으로 침을 방바닥에 마음대로 뱉지 못해 곧 기분이 상하고 말 것이다. 이 넓은 방에는 꽃무늬의 비단 깔개가 깔려 있는데, 왕후는 가난하진 않아도 기껏해야 벽돌이나 타일 바닥의 집에서 살아 보았을 뿐이다. 상인인 둘째 백부로 보더라도 이 방의 그림이나 공단 의자나 서양식 소품, 부인들이 몸에 걸친 외국제 반지며 장신구에 든 어마어마한 돈을 생각하고 한탄할 것이다. 거꾸로 여기 있는 왕룽 일가의 절반은 왕후 같은 생활은 고사하고 왕얼이 사는 집, 즉 왕룽이 아들들을 위해서 남긴 옛 도시의 집에서의 생활에도 견디지 못할 것이다. 여기에 있는 왕룽의 손자들과 증손자들은 그런 궁상맞은 곳에서는 살 수 없다고 할 것이다. 겨울에는 햇볕이 드는 남쪽 말고는 춥고, 천장도 없으며 현대식 설비도 없으니 자기들의 주거지로서는 알맞지 않다고 말할 것이다. 그 흙벽집에 이르러서는 돼지우리와 같다고 할 것이며 그런 집이 있다는 것조차 잊었을 것이다.

그러나 위안은 잊지 않았다. 한창 흥이 오른 연회에서 새로운 서양식 유행에 따라 흰 천이 덮인 식탁을 바라보면서, 생각지도 않던 추억이 되살아나고 그 흙벽집이 머리에 떠올라 그는 그 집에서의 며칠간을 생각했다. 누가 뭐라고 해도 나는 그 집이 좋다. 나는 완전히 여기 있는 이 사람들처럼 될 수는 없는 것이다. 나는 아이란과 성과도 다르다. 그들의 서양식 외모나 태도를 보고 있으면 위안은 현재의 자신 이상으로 비서구적이고 싶어졌다. 그러나 그는 그 흙벽집에서 살 수는 없었다. 마음속 깊은 곳에는 강한 애착이 있다고 해도 지금의 그는, 옛날 조부 왕룽이 살면서 만족해했던 그 집을 내 집으로 여길 수는 없었다. 그는 허공에 떠 있었다. 이 외국식 집과 흙벽집 사이의 중간에서 헤매고 있었다. 그는 쓸쓸했다. 그에게는 안주할 장소가 없는 것이다. 여기서 살 수도 없고, 저기서 살 수도 없는 마음은 참으로 고독했다.

그의 시선은 문득 성에게 머물렀다. 그 황금빛 살결과 새까맣게 치켜뜬 듯한 눈을 제외하면 성은 완전히 서양 사람이었다. 거동 하나하나가 이제는 서양식이었고, 말투도 서양인과 다를 바 없었다. 아이란이 감탄하는 것은 바로 그 점이었고 성의 형수도 그것을 좋아했다. 성의 형까지도 성이 매우 새롭고 유행의 첨단을 가고 있다고 생각하면서, 스스로 열등감을 느껴 말수가 줄었으나 그런 마음을 달래기 위해 묵묵히 음식만 먹어 댔다.

그때 재빨리 아무도 몰래 위안은 메이링 쪽을 보았다. 아이란의 눈에서 성에 대한 찬미를 읽었을 때 메이링은 어떨까 하는 생각이 떠오른 것이다. 다른 여자들처럼 메이링도 성을 바라보고 성이 웃기려고 무슨 말을 할 때마다 찬미의 빛을 눈동자에 띠고 있을까? 그러나 그는 메이링이 차분하게 성을 바라보고 아무런 흥분의 빛도 없이 다시 시선을 돌리는 모습을 보고 마음이 놓였다. 그렇다면 메이링은 나와 마찬가지였다! 메이링도 구시대를 떠나 있으면서도 완전히 새 시대에 들어갈 수는 없는 어중간한 존재인 것이다. 위안은 다시 한 번 뜨거운 동경의 눈길로 그녀를 보았다. 담소의 파도가 그를 덮치게 놔두면서 한순간 그는 그녀의 모든 것을 만끽했다. 그녀는 어머니 옆에 자리를 잡고 앉아 조금 앞으로 몸을 내밀듯이 하여, 한가운데 놓인 큰 쟁반에서 흰 고기를 한 조각 젓가락으로 품위 있게 집어 어머니의 접시에 올려 드리고는 방긋이 웃는 얼굴로 어머니를 쳐다보았다. 그녀와 아이란은 대밭 그늘에 피는 난초와 정원에서 기른 동백꽃만큼 다르다고 위안은 타는 듯한 마음으로 생각했다. 그렇다, 그녀도 중간의 존재이다. 그렇다면 그는 혼자가 아니었다!

갑자기 위안의 마음은 뜨겁게 타올라, 이제는 메이링이 자기와 같은 기분이 아니라고는 믿을 수 없었다. 그의 마음은 오직 하나의 애정이 되어 흐르고, 온갖 상념이 한꺼번에 그 흐름에 휘말려 들어왔다.

그날 밤 그는 잠자리에 들어서도 내일 단둘이 있을 때 메이링에게 고백하고 그를 향한 그녀의 지금의 마음을 살펴볼 방법을 궁리하느라 밤잠을 설쳤다. 그가 그토록 많은 편지를 써 보냈으니 분명 그녀의 마음에도 어떤 열정을 불러일으켰음이 틀림없다고 생각했다. 둘이 마주 앉아 이야기하는 방법도 생각해 봤다. 아니면 차라리 밖으로 데리고 나가서 함께 거니는 편이 좋을지도 모른다. 요즘에는 처녀들이 믿을 만한 젊은 남자와 단둘이서 바깥을 거니는 것은 예삿일이었다. 만일 그녀가 망설인다면 나는 당신 오빠나 다름없지 않느냐고 말해야지 생각했으나, 곧 생각을 고쳐먹고 그런 구실은 쓰지 않기로 했다. 그는 자기에게 단호히 말했다. '아니, 나는 그녀의 오빠가 아니다. 연인이 아닐지언정 오빠만은 아니다.' 이렇게 생각하고 그는 가까스로 잠이 들었으나, 밤새도록 뒤죽박죽인 꿈만 꾸었고, 꿈은 모두 토막토막 끊겼다.

그러나 그날 밤 아이란의 아이가 태어날 줄이야 누가 예측할 수 있었을까? 그러나 그것은 사실이었다. 아침에 위안이 눈을 뜨니 집 안이 온통 수선스러웠으며 하녀들이 이리저리 바쁘게 뛰어다녔다. 그가 일어나 세수를 하고 옷을 갈아입고 식당에 나가니 식사 준비는 아직 절반밖에 되어 있지 않았고, 한 하녀가 졸린 눈으로 나른하게 움직이고 있을 뿐이었다. 그리고 식당에 나와 있는 것은 아이란의 남편뿐이었으며 그는 시난밤의 옷차림 그대로 식탁에 앉아 있었다. 위안이 들어가자 그는 쾌활한 목소리로 말했다.

"위안, 아내가 신식 여성일 때는 아버지는 안 되는 게 좋아. 마치 내가 아이를 낳는 듯이 쓰라린 변을 당했다네. 잠도 못 잘뿐더러, 아이란이 너무 크게 비명을 질러서 나는 꼭 죽는 줄 알았지. 의사와 메이링이 괜찮다고 말해 주어서 안심했지만 말이야. 새 시대의 여성에게 해산이란 꽤 괴로운 일인 모양이야. 사내아이라서 정말 다행이야. 오늘 아침 아이란이 나를 머리맡에 불러 놓고 이제 두 번 다시 아이는 낳지 않겠다고 선언을 했거든." 그는 조금 씁쓸한 얼굴로 다시 웃었다. 그러고는 하녀가 놓고 간 음식을 맹렬한 식욕을 발휘하여 모조리 먹어 치웠다. 그는 이미 몇 번이나 아버지가 된 경험이 있었으므로 이제 와서 별다를 게 없었던 것이다.

이리하여 아이란은 이 집에서 해산을 하고, 온 집안이 아기 때문에 정신없이 분주했으므로 위안은 이따금씩 잠깐 보는 이외에는 메이링을 볼 수조차 없는 형편이었다. 하루에 세 번 의사가 왕진을 왔는데, 무엇이든 서양 것이 아니면 안 된다는 아이란 때문에 의사도 키가 큰 붉은 머리의 영국인이었다. 의사는 진찰을 마치면 메이링과 노부인에게 산모의 식사며 안정 일수 등을 자세히 지시하고 돌아갔다. 아기의 뒷바라지에도 손이 들었는데, 아이란은 메이링더러 그 일을 남에게 맡기지 말고 손수 해달라고 부탁했으므로 메이링은 그렇게 했다. 처음 채용한 유모의 젖이 충분하지 못해서 아이는 잘 울었다. 그래서 유모를 여러 번 바꿔야 했다.

그것은 아이란 같은 요즈음 여성들이 흔히 그렇듯이, 자기 젖으로 아이를 기르면 유방이 너무 커져서 몸매를 상하게 되므로 아이란이 모유를 먹이기를 싫어했기 때문이었다. 메이링은 이 일로 처음 아이란과 크게 싸웠다. 그녀는 아이란을 책망하며 말했다. "언니는 이렇게 귀여운 아기를 가질 자격이 없어요! 튼튼한 아기니까 배가 고파서 젖을 먹고 싶어하는 거예요. 그것을 자기 젖이 그렇게 있는데도 먹여 주지 않다니? 부끄러운 줄 아세요, 언니!"

그러자 아이란은 화를 내며 울음을 터뜨리고 동시에 자기 자신이 가여워져서 메이링에게 소리를 질렀다. "넌 아무것도 몰라. 처녀인 네가 뭘 알아? 몇 달이나 아이를 뱃속에 품고 무슨 옷을 입어도 태가 안 나는 모습으로 지내는 것이 얼마나 괴로운지 너는 모를 거야. 그렇게 고통을 겪고 난 뒤에 날더러 또 1년이고 2년이고 보기 흉한 꼴을 더 하고 있으란 거야? 그런 천한 일은 유모가 하면 되잖아! 나는 싫어, 싫다고!"

아이란이 아무리 울어도, 그 아름다운 얼굴을 새빨갛게 해 가지고 쏘아보아도 메이링은 좀처럼 물러서지 않았다. 위안이 이 말다툼을 들은 것은 메이링이 아이란의 남편에게 이 이야기를 하러 왔을 때 위안도 그 자리에 있었기 때문이었다. 그녀가 아기 아버지에게 간절히 호소하는 모습을 위안은 황홀한 눈으로 보고 있었다. 메이링이 얼마나 진실하고 아름다운 기질을 가졌는 줄 그는 제대로 알지 못했던 듯했다. 그녀는 성큼성큼 들어오더니 화난 얼굴로 위안 쪽은 돌아보지도 않고 기를 쓰고 아기 아버지에게 호소했다. "이래도 괜찮다고 생각하세요? 언니가 아기에게 젖을 주지 않아도 상관없으세요? 아기가 배가 고파 울고 있는데도 아이란 언니는 젖을 물리지 않아요!"

그러나 아이란의 남편은 아무렇지도 않은 듯이 웃고 어깨를 움츠려 보이면서 대답했다. "아이란이 싫다는 것을 누가 강요한 적이 있나요? 적어도 나는 한 적이 없습니다. 특히 지금은 그럴 용기는 도저히 없어요. 아이란은 현대 여성이니까요."

그는 웃고 위안을 흘긋 쳐다보았다. 그러나 위안은 메이링만 지켜보았다. 상대의 엷게 웃는 얼굴을 노려보는 메이링의 진지한 눈이 점점 커지고 투명할 만큼 창백한 얼굴이 더욱 창백해지더니 이를 악문 목소리로 재빨리, "도리에 어긋나는 일이에요. 도리에 어긋납니다!" 그러고는 방에서 나가 버렸다.

메이링이 가 버리자 아이란의 남편은 남자들끼리 이야기할 때의 허물없는 말투로 위안에게 말했다. "나는 아이란을 책망할 수가 없어요. 아기에게 젖을 준다는 것은 큰 속박이거든. 한두 시간마다 집에 돌아와야 하는 셈인데, 그녀에게 놀러 나가지 말라고 할 수도 없고, 또 나도 아이란이 언제까지고 미인으로 있어 주기를 바라거든요. 그리고 아이는 유모의 젖으로도 잘 자란단 말이죠.”

그러나 이 말을 들은 위안은 맹렬히 메이링을 변호하고 싶어졌다. 그녀의 말도 행동도 모두 올바르다! 그는 왠지 싫어진 이 사나이 옆을 떠나고 싶어서 갑자기 벌떡 일어났다. “날더러 말하라고 한다면, 때로는 여자기 너무 현대적인 것도 좀 생각해 볼 문제 같아요. 방금 그 문제는 아이란이 잘못이라고 생각합니다.” 이렇게만 말하고 그는 자기 방으로 갔다. 도중에 메이링과 만날 수 있을지 모른다고 생각하고 일부러 천천히 걸어갔으나 만나지 못했다.

이리하여 얼마 되지 않는 위안의 휴가는 하루하루 눈 깜짝할 새에 지나갔으나 메이링과 10분 이상 만날 수 있는 날이 하루도 없었고, 그럴 때조차 단둘이 있을 수 있는 기회는 전혀 없었다. 메이링과 노부인은 온종일 아기만 들여다보고 있었기 때문이다. 부인은 고대하던 손자를 얻었으니 너무 기뻐서 마음이 들뜨는 것도 무리는 아니었다. 부인은 새 시대의 방식에 익숙하기는 했으나, 조금 부끄럽게 여기면서도 몇 가지 점에서는 구식 관습에 따르며, 거기서 기쁨을 느꼈다. 그녀는 달걀을 빨갛게 물들이기도 하고, 은으로 만든 조그마한 장신구를 사기도 하고, 아직 멀었는데도 생후 한 달의 축하 준비를 시작했다. 그리고 어떤 계획을 세우더라도 메이링과 의논해야 했으므로, 마치 아기 어머니는 아이란이라는 것을 잊은 듯 하나에서 열까지 양녀에게 의지했다.

그러나 이 축하일이 오기 훨씬 전에 위안은 새 수도에서의 일로 돌아가야 했다. 그런데도 하루하루가 헛되이 지나가고 있었으므로 곧 그는 우울해졌다. 메이링이 그렇게까지 바쁠 필요는 없으며, 그럴 생각만 있으면 자기와 이야기할 짬정도는 만들려면 만들 수 있다고 생각했다. 돌아가는 날이 다가오자 차츰 이러한 기분이 정당하게 여겨져서, 분명 메이링은 자기와 단둘이 남는 일이 없도록 일부러 저러는 것이라고 생각하게끔 되었다. 노부인까지 첫 외손자를 얻은 기쁨에 빠져, 위안이 메이링을 사랑하고 있다는 것을 아주 잊어버린 듯했다.

드디어 돌아가야 하는 날이 올 때까지 이런 상태가 이어졌다. 그날 성이 매우 들떠 찾아와서는 위안과 아이란의 남편에게 말했다. “오늘 밤 매우 유쾌한 모임에 초대받았는데 한두 사람 남자가 모자라는군. 자네들도 나이를 잊고 다시 한 번 젊어진 기분으로 예쁜 아가씨들의 파트너가 되어 주지 않겠나?"

아이란의 남편은 웃으면서 기꺼이 가겠다고 대답하고는, 지난 2주일 동안 아이란에게만 매여서 즐거움이 대체 무엇인가 잊어버린 기분이라고 덧붙였다. 그러나 위안은 그다지 마음이 내키지 않았다. 그런 모임에는 아이란과 함께 다닌 무렵 이래 벌써 몇 해 동안 나간 적이 없고, 모르는 여자와 만날 것을 생각하니 예전처럼 거북함을 느꼈다. 그러나 꼭 가야 한다며 둘이서 위안을 설득했다. 위안은 처음에는 싫다고 했으나 이윽고 자포자기하여 생각했다. '왜 가서는 안 되지? 이 집에 가만히 앉아 있으면서 오지도 않는 기회를 기다리다니, 어리석은 짓이야. 내가 놀러 간다고 해서 메이링이 신경이나 쓰겠어?' 이런 생각에 쫓겨 그는 말했다. "좋아, 나도 갈게."

그런데 요즘 너무 바빠서 위안을 상대할 시간 같은 건 도무지 없는 듯이 보이던 메이링은, 그날 밤 위안이 언제나 야회 때 입는 검정 양복을 입고 방에서 나오자, 잠든 젖먹이를 안고 우연히 그 앞을 지나쳤다. 그녀는 궁금한 듯이 물었다. "어디 가세요?" 그는 대답했다. "성과 아이란 신랑과 함께 무도회에 가려고요."

그 순간 그는 메이링의 표정이 변한 것 같은 기분이 들었다. 그러나 확신할 수는 없었으며, 곧 자기가 착각한 것이라고 고쳐 생각했다. 왜냐하면 메이링은 잠든 아기를 추스르면서 "그러세요? 그럼 재미있게 놀다 오세요." 조용히 말하고는 그대로 가 버렸기 때문이다.

위안은 될 대로 되라는 듯이 걷기 시작했다. '그래, 재미있게 놀아 주마. 오늘이 마지막 밤이니까 반드시 재미있게 놀아 주겠어.'

그리고 그대로 실행했다. 그날 밤 위안은 그때까지 한 적이 없는 짓을 한 것이다. 권하는 대로 얼마든지 술을 들이켠 끝에, 함께 춤추는 여자의 얼굴을 뚜렷이 알 수도 없을 만큼 마신 것이다. 그저 누군가가 자기에게 안겨 춤을 추고 있다는 것밖에 알 수 없었다. 잘 먹지 않는 양주를 과음해서, 온통 꽃으로 장식된 큰 홀의 색채와 빛이 찬란히 번쩍이는 속을 헤엄치는 듯한 기분이 들었다. 그는 그토록 취했으면서도 취기를 잘 감추어서 본인 말고는 아무도 그가 취해 있다는 사실을 몰랐다. 성까지 감탄해서 소리쳤다. "위안, 너는 복도 많은 녀석이야! 우리 같이 술에 약한 자는 빨개지지만 너는 마실수록 하얘지는구나. 눈을 보지 않고는 누구도 네가 취한 줄 모를 거다. 눈만은 잉걸불처럼 타고 있는걸!"

　이날 밤의 주연에서 그는 전에 어디선가 만난 적이 있는 여자를 만났다. 성이 그 여자를 데리고 와서 말했다. "이 사람은 나의 새 친구야, 위안. 한 번만 너에게 양보할 테니까 춤을 추어 봐. 그리고 이 사람보다 춤을 잘 추는 사람이 있는가 없는가 나중에 나한테 말해 줘야 돼!" 그래서 위안은 그녀를 꺼안고 춤을 추었다. 새하얗고 빛나는 긴 드레스를 입은 날씬하고 작은 몸집을 가진 여자였다. 고개를 숙여 그 얼굴을 보았을 때 위안은 그녀를 알고 있다고 생각했다. 둥근 얼굴에 피부빛은 가무잡잡하고 입술이 두툼한 것이 정열적인 느낌이 들었으며, 미인은 아니나 어딘가 색다른, 한번 보면 눈을 뗄 수 없는, 쉬이 잊히지 않을 얼굴이었다. 그녀 쪽에서도 신기한 듯이 말했다. "어머, 나, 당신을 알아요. 배를 함께 탔더랬죠. 기억하세요?" 그래서 열이 오른 머리를 움직여 생각해 보니 분명히 기억이 났으므로 그는 미소를 지으면서 말했다. "반드시 자유롭게 살겠다고 소리친 분이시죠?"

　그러자 그녀의 커다란 검은 눈이 갑자기 진지해지고, 새빨갛게 칠한 입술을 내밀면서 그녀는 대답했다. "이 나라에서 자유롭게 사는 것은 쉬운 일이 아니에요. 저는 자유로운 편이지만, 무섭게 고독하답니다." 갑자기 그녀는 춤을 멈추고 위안의 소매를 당기면서 말했다. "어디 가서 앉아서 이야기해요. 당신은 저처럼 비참하지는 않으셨죠? 저는 막내고 어머니는 돌아가셨어요. 아버지는 지금 이 시에서 두 번째 높은 관리를 하고 있죠. 첩이 넷이나 있는데 모두 기생 출신이에요. 당신은 제가 어떤 생활을 하고 있나 상상하실 수 있겠죠! 저는 당신의 누이를 알고 있어요. 아름다운 분이지만, 다른 사람과 마찬가지죠. 낮에는 노름이나 하고, 밤에는 잡담과 댄스, 그것뿐이에요. 이래서야 저는 살아 있는 기분이 나지 않아요. 무언가 하고 싶어요. 당신은 무얼 하고 계시지요?"

　이런 진지한 말이 그 새빨간 입술로부터 나오는 것이 너무나 뜻밖이었으므로 위안은 정신이 번쩍 들었다. 위안은 새 수도 이야기를 했다. 또 자기가 거기서 조그마한 지위를 얻어서 스스로는 꽤 보람 있다고 생각하는 일을 하게 된 경위도 이야기했다. 여자는 숨을 죽이고 들었다. 이윽고 성이 와서 그녀의 손을 잡고 춤추자고 권하자 그녀는 성의 손을 뿌리치고 입을 비죽이며 진지하게 말했다. "방해하지 말아요! 나는 이분과 진지한 이야기를 하고 있으니까."

이 말을 들은 성은 웃으면서 놀리듯이 말했다. "위안, 이 아가씨도 진지해질 때가 있다니, 너한테 질투가 나는데!"

그러나 그녀는 이미 위안 쪽으로 돌아앉아 정신없이 속에 가득 찼던 불평을 털어놓고 있었다. 둥근 어깨를 움츠리기도 하고, 예쁘게 살이 붙은 손을 열심히 움직이면서 온몸으로 그에게 호소했다. "저는 정말 지루해서 죽겠어요. 당신은 만족하세요? 이젠 다시는 외국에도 못 가요. 아버지가 돈을 안 대 준다고 했거든요. 너 때문에 낭비할 돈은 이제 한 푼도 없다고 그러는 거예요. 그러면서도 첩들은 아침부터 밤까지 노름만 하고 있거든요! 이젠 이런 데 살고 싶지 않아요! 내가 남자들과 나다닌다면서 첩들은 모두 내 욕을 한답니다!"

위안은 이 젊은 여자가 조금도 좋아지지 않았다. 그녀의 드러낸 가슴, 서양식 의상, 지나치게 붉은 입술 등 모든 게 그의 시선엔 거슬렸다. 그러나 그러면서도 그녀의 진지함은 이해할 수 있었다. 분명 딱한 사정이라고 생각했다. "어째서 무언가 일을 찾지 않나요?"

"제가 무얼 할 수 있을까요?" 그녀는 반문했다. "당신은 제가 대학에서 무얼 전공했는지 아세요? 서양식 가옥의 실내장식이에요! 제 방은 벌써 한바탕 고쳤어요. 친구 집도 한 군데 손을 봐 줬지만 돈은 안 받고 했죠. 여기서 제 기술을 필요로 하는 사람이 있을까요? 저는 이 나라 사람이 되고 싶어요. 내 나라인걸요. 하지만 너무 오랫동안 외국에 나가 있었나 봐요. 이젠 아무 데도 제가 있을 곳이 없어요. 내 나라가 없어져 버린 거예요!"

위안은 이미 오늘 밤 여기에 놀러 와 있다는 사실을 잊고 있었다. 그토록 이 가련한 여자의 처지에 동정이 간 것이다. 그의 연민의 눈길 앞에서 처녀는 요염한 야회복 차림으로 화장한 눈에 눈물을 가득 머금은 채 앉아 있었다.

그러나 무언가 위로의 말을 생각하고 있는데 성이 다시 돌아왔다. 이번에는 거절을 당해도 물러서지 않았다. 그녀의 눈물이 성의 눈에는 보이지 않는지, 그녀의 허리에 팔을 두르고 웃으면서 춤추는 사람들 속으로 데려갔다. 위안은 홀로 남았다.

이젠 춤을 출 생각도 없었고, 시끄러운 홀에 앉아 있어도 명랑한 기분이 깡그리 가서 버렸다. 한번 그 처녀가 성에게 안긴 채 되돌아왔으나, 그녀의 얼굴은 성을 쳐다보고 있었으며, 위안에게 한 말 같은 건 전혀 한 일이 없는 것 같은 밝고 공허한 표정을 짓고 있었다. 위안은 꽤 오랫동안 혼자 앉아 생각에 잠겨 있었다. 그동안 종업원을 시켜 몇 번이나 잔에 술을 채우게 했다.

그 환락의 밤도 다 가고 집으로 돌아갈 무렵에는 미신 술이 열병처럼 몸 안에서 타고 있었지만, 그래도 위안은 아직 정신을 차리고 있었다. 혼자 걷지 못할 만큼 취해 버린 아이란의 남편을 지탱해 줄 정도는 되었다. 우는 시뻘게진 얼굴로 얼빠진 아이처럼 알아들을 수 없는 소리를 횡설수설 지껄이고 있었다.

위안이 집 안으로 들어가려고 문을 두들기자 갑자기 문이 확 열렸다. 문을 연 하인 뒤에 메이링이 서 있었다. 아이란의 남편은 그녀를 보는 순간 문득 위안과 메이링과의 사이에 무언가를 느낀 듯 소리쳤다.

"메이링 씨, 당신도 갔으면 좋았을걸. 당신의 경쟁 상대인 미인이 있었어. 그 여자가 위안을 좀처럼 놓아 주어야지…… 큰일 날 일이지, 그렇잖아요?" 이렇게 말하고 싱겁게 웃었다.

메이링은 대답하지 않았다. 두 사람의 모습을 보고 그녀는 차갑게 하인에게 지시했다. "아가씨의 서방님을 침실로 모시고 가요. 무척 취하신 모양이니까!"

하인이 가 버리자 그녀는 갑자기 타는 듯한 시선으로 위안을 그 자리에 묶어 놓았다. 이리하여 마침내 두 사람은 단둘이 되었다. 위안은 메이링의 커다란 눈이 자기를 쏘아보는 것을 느끼자 갑자기 차가운 북풍을 맞은 듯이 취기가 싹 가셔 버렸다. 온몸의 열기가 순식간에 식는 것을 느꼈으며, 한순간 그는 메이링이 무섭기까지 했다. 꼿꼿이 선 채 노여움에 불타 그를 막아선 그녀 앞에서 위안은 아무 말도 하지 못했다.

그러나 그녀는 잠자코 있지 않았다. 요즘 며칠 동안 거의 그에게 말을 건네지 않던 그녀가 이제야 비로소 입을 여는가 싶더니 말은 쏟아지듯 튀어나왔다. "당신도 다른 남자들과 다름없었군요. 어리석고 게으른 왕 씨네 집안사람들과 말이에요! 저는 바보였어요. 위안 씨만은 다르다, 그분은 서양풍에 물든 건달이 아니다, 술을 마시고 춤을 추면서 귀중한 청춘을 헛되이 보낼 분이 아니다, 저는 이렇게 생각했어요! 하지만 역시 당신도 마찬가지였군요. 보세요, 그 모습을! 그 우스꽝스러운 양복을! 술냄새가 진동해요. 당신도 취하셨지요!"

위안은 이 비난에 슬그머니 화가 나서 어린애처럼 토라져 투덜거렸다. "당신은 나한테 아무것도 주지 않았잖아. 내가 얼마나 당신을 기다리고 있었는지 잘 알면서, 줄곧 구실만 둘러대고선……."

"그렇지 않아요!" 그녀는 이렇게 소리치고는 그녀답지 않게 발을 구르고 몸을 앞으로 숙이더니 마치 말을 안 듣는 어린아이에게라도 하듯이 위안의 뺨을 때렸다. "제가 바빴던 것을 아시잖아요. 아까 저 사람이 말한 여자는 대체 누구예요? 오늘 밤은 당신의 마지막 밤이었는데, 저도 생각하고 있던 일이 있었는데…… 너무해요!"

그리고 그녀는 울음을 터뜨리고 달려가 버렸다. 위안은 너무하다는 한 마디 말고는 메이링이 무슨 말을 했는지 아무것도 알 수 없었으며, 그저 가슴이 죄어 드는 기분으로 우두커니 서 있었다. 이렇게 그의 가엾은 휴가는 끝났다.

이튿날 위안은 직장으로 돌아갔다. 멍은 위안보다 휴가 기간이 짧아 먼저 돌아갔으므로 그는 혼자였다. 늦겨울의 우기가 시작되었으므로 기차간은 어둠침침하고 빗줄기가 유리창에 흘러서, 물에 젖은 평야의 풍경도 그의 눈에는 잘 보이지 않았다. 도시마다 거리에는 흙탕물이 넘쳐났다. 정거장에는 무슨 급한 볼일이나 부득이한 공무로 여행하는 사람들 말고는 사람이 거의 없었다. 아침 일찍 출발하는 바람에 배웅도 받지 못했으므로 끝내 메이링의 얼굴을 보지 못하고 떠난 것을 생각하면서 위안은 이것이 내 생애의 가장 쓸쓸한 시간이다, 중얼거리며 기차를 탔다.

마침내 비만 바라보고 있는 것도 싫증이 나고 쓸쓸함은 더해지기만 해서, 위안은 가방에서 첫날 성에게서 받은 채 아직 읽어 보지 않은 시집을 꺼내어, 그다지 읽을 기분도 나지 않았지만 상아색의 두꺼운 책장을 넘기기 시작했다. 페이지마다 선명하고 검은 활자로, 행수가 짧막한 매우 아름다워 보이는 시구가 인쇄되어 있었다. 이윽고 위안은 흥미를 느끼기 시작하여 괴로움도 얼마간 씻긴 마음으로 열심히 읽기 시작했으나, 곧 성의 짤막한 시들은 모두 내용이 없는 빈 껍데기일 뿐임을 깨달았다. 그것은 모두 유려한 운율로 씌어 있어서 내용의 공허함을 거의 잊어버리게 했으나, 형태가 아무리 정교해도 거기에는 아무 내용도 없었다. 이윽고 그 형태를 파악하고 나면 그 뒤에는 아무것도 없다는 것이 뚜렷하게 보였다.

그는 아름답게 은빛으로 장정한 책을 덮어 옆에 놓았다. 어둑어둑한 밖에서는 빗줄기 속에 웅크린 촌락들이 미끄러져 스쳐 갔다. 집집마다 문간에는 머리 위 초가지붕에 스며드는 비를 말없이 쳐다보는 남자들이 있었다. 갠 날 같으면 이 사람들은 짐승처럼 집 밖으로 나가 그럭저럭 즐겁게 살아갈 수 있었지만, 비 오는 날은 돼지우리 같은 집 안에 갇혀 있어야만 했고, 장마라도 길어지면 말다툼과 냉정한 곤궁함 때문에 반미치광이의 상태에 빠지고 만다. 그래서 지금 그들은 이 장마를 내려 보낸 하늘을 원망하면서 바깥을 내다보고 있는 것이었다.

성의 시는 아름답고 섬세한 것만 노래했다. 죽은 여인의 금발에 비치는 달빛, 공원에 얼어붙은 분수, 흰 모래톱들 사이로 거울처럼 매끄럽고 푸른 해협에 떠 있는 요정들의 섬, 이것이 그의 시 세계였다.

야수와 같은 음침한 얼굴로 비를 원망하는 농부를 보았을 때 그의 가슴은 아팠다. '나는 아무것도 쓰지 못한다. 성의 시가 분명 아름답다는 것은 알지만, 내가 시를 쓰려 한다면 나는 저러한 어두운 얼굴과 돼지우리나 다름없는 집과 그 밖에 성은 전혀 알지 못하고 또 알려고도 하지 않는 하층 계급의 온갖 생활 양상이 떠오를 것이다. 그렇다고 그런 하층 생활에 대해서조차 쓰지 못한다. 나는 왜 이렇게 아무것도 표현하지 못하고 지리멸렬하게 고민만 하는 것일까?'

그리고 그는 생각에 빠져들어 갔다. 아마 어느 곳에서든 온전히 삶의 자리를 갖지 않은 인간은 아무것도 창조하지 못할 것이라고 생각했다. 그는 그 연회석상에서 신구(新舊)의 중간에 있는 자기에 대해서 생각한 일을 회상했다. 그리고 쓸쓸한 미소를 지으면서, 스스로 고독하지 않다고 생각하다니, 나는 어쩌면 이렇게 바보일까 생각하기도 했다. 나는 고독하다. 여행이 끝날 때까지 비는 계속 내렸으며, 해거름의 빗속에서 기차를 내리니 옛 시가의 성벽은 음산하고 검게 치솟아 있었다. 그는 인력거를 불러 타고, 미끄러운 거리를 끌고 가는 인력거 안에서 쓸쓸하게 한기를 느끼며 몸을 움츠렸다. 한 번, 인력거꾼이 발이 걸려 넘어졌다가 숨을 헐떡이며 일어나서 흠뻑 젖은 얼굴을 닦고 있는 동안, 밖을 내다보자 그 오두막집들이 아직도 성벽 밑 둘레에 다닥다닥 붙어 있었다. 빗물이 오두막집 안까지 넘쳐, 구제받을 수 없는 가엾은 사람들이 물속에 앉아 묵묵히 날이 개기만을 기다리고 있었다.

　위안이 가장 행복한 해가 될 거라고 기대한 새해는 이렇게 시작되었다. 가장 행복하기는커녕 처음부터 온갖 불행이 꼬리를 물고 일어났다. 비는 봄이 끝날 때까지 모든 인내의 한계를 넘어서 줄기차게 내렸다. 각 사찰 승려들은 비가 그치기를 비는 기도를 올렸으나, 그 모든 기도도 제물도 새로운 불행 이외에 아무것도 불러오지 못했다. 혁명의 영웅 말고는 그 어떤 신도 믿지 않는 젊은 지도자들은 이런 미신에 격노하여 자기들의 지배 아래 있는 지역의 모든 사찰의 폐쇄를 명령하고, 무자비하게도 군인들을 그 사찰에 주둔시키더니 승려들은 가장 비좁고 안 좋은 방들에 가두어 버렸다. 그러자 이번에는 이것이 농민들을 격분시키는 계기가 되었다. 농민들은 그동안 승려들이 여러 가지 이유를 들어 희사를 요구한다고 화를 냈으면서도, 이렇게 되자 신불이 누하면 큰일이라고 걱정하며, 이토록 장마가 계속되는 것도 새 정부가 나쁘기 때문이라고 떠들어 대면서, 이번만은 농민과 승려들이 합세하여 정부를 공격했다.

　한 달 동안 이어졌는데도 비는 아직 개지 않았다. 양쯔강의 물은 불어 작은 강이나 운하로 흘러들어 갔으며, 사람들은 여기저기에서 옛날처럼 대홍수가 오는 것은 아닐까 불안해했다. 홍수 뒤에는 기근이 온다. 사람들은 새 시대가 오면 그와 함께 천지도 새로워진다고만 믿고 있었다. 그러나 하늘은 예나 다름없이 변덕스러운 짓만 하고, 땅도 옛날과 같이 홍수나 한발로 작물의 결실을 방해한다는 것을 알자 사람들은 신정부가 틀렸다, 그전 지배자와 비교해서 조금도 나을 것이 없다고 외치기 시작했으며, 새로운 시대에 대한 희망으로 잠시 조용해졌던 해묵은 불평 불만이 또다시 고개를 들기 시작했다.

　위안 또한 다시 자기 분열의 고통을 느꼈다. 멍은 요즘 줄곧 좁은 영내에 갇혀서 지내느라 여느 때처럼 훈련을 통해 젊은 정력을 발산하지 못하여 답답했기에, 자주 위안의 방에 놀러 왔다. 그리고 위안이 무슨 말만 하면 대번에 대들었다. 비를 저주하고, 나날이 이기적이 되어 인민의 복지를 무시하는 사령관을 저주했다. 멍이 너무나 터무니없는 욕설을 퍼부으므로 마침내 위안도 참지 못하고 어느 날 되도록 부드럽게 말해 보았다. "비가 많이 온다고 해서 정부를 공격한다는 것은 우습잖아. 또 지금부터 홍수가 난다고 하더라도 그것은 지도자들의 책임이 아닌 줄 아는데."

그러나 멍은 흥분하여 소리쳤다. "아니, 나는 그들을 끝까지 공격할 거야. 그들은 참된 혁명가가 아니야!" 그리고 그는 목소리를 죽여 불안한 듯이 말했다. "위안, 아무도 모르는 일을 형한테만 이야기해 주지. 이걸 말하는 것은, 형은 정말 입장도 불분명하고 도무지 맺고 끊는 데가 없는 사나이지만, 그래도 역시 선량하고 성실해서 언제나 태도가 변하지 않기 때문이야. 잘 들어, 언젠가 내가 모습을 감추더라도 놀라지 마! 우리 부모님에겐 걱정하시지 말라고 전해 줘. 지금, 이 혁명 속에 또 하나의 새로운 혁명이 무르익어 가고 있어. 보다 훌륭하고 참된 혁명이야! 나는 동지 네 사람과 함께 거기에 참가하기로 결의했단 말이야. 믿을 수 있는 동지를 이끌고 이제 그 혁명의 기운이 고조되어 가고 있는 서쪽으로 갈 참이야. 이미 몇천 명의 열렬한 청년 동지들이 은밀히 참가하고 있지. 그렇게 되면 나도 나를 억누르는 사령관 늙은이와 싸울 기회가 생기는 셈이야!" 멍은 노여움이 끓어올라 가만히 서 있더니 이윽고 그 어두운 얼굴이 갑자기 밝아졌다. 하기야 본래부터 무뚝뚝한 얼굴이라 아주 조금 밝아졌을 뿐이지만, 어쨌든 표정이 바뀌더니 무언가 생각한 끝에 조금 소리를 낮춰 말했다. "참된 혁명이란 국민의 행복을 목표로 해야 해. 국가 권력을 쥐면 우리는 민중의 행복을 위해서 그것을 유지할 참이야. 거기에는 더 이상 부자도 없고, 가난한 자도 없어……."

이렇게 멍은 떠들어 대고, 위안은 그저 슬픈 얼굴로 잠자코 있었다. 나는 그런 말을 옛날부터 끊임없이 들어 왔다. 그러나 여전히 가난한 사람은 없어지지 않았고, 그런 말도 사라지지 않는다. 그렇게 생각하자 위안은 견딜 수 없었다. 그 부유한 미국에조차 빈민이 있음을 그는 떠올렸다. 그렇다, 빈민은 영원히 구제되지 않는다. 그는 멍으로 하여금 지껄이고 싶은 대로 지껄이게 한 다음, 멍이 가 버리자 창문가로 가서 비 내리는 거리를 터벅터벅 걸어가는 사람들의 모습을 한참 동안 바라보고 있었다. 멍이 빗속에서도 의연하게 고개를 쳐들고 성큼성큼 걸어가는 모습이 보였다. 고개를 쳐든 것은 멍 한 사람뿐이었다. 나머지는 돌이 깔린 미끄러운 길과 힘겹게 싸우고 있는 비에 젖은 인력거꾼들뿐이었다. 그는 또다시 아무리 해도 잊어버릴 수 없는 일이 머리에 떠올랐다. 메이링이 한 번도 편지를 주지 않는 것이다. 그도 편지를 보내지 않고 있었다. 그것은 그가 멋대로 생각한 것뿐일지 모르지만 그녀가 그토록 나를 싫어한다면 편지를 써 봐야 헛일이라고 생각했기 때문이었다. 그리고 이 일이 그날의 슬픔에 낙관을 찍는 격이었다.

그러므로 일에 열중하는 도리밖에 없었다. 위안은 일에 전력을 쏟아 넣으려 했으나 여기서마저 이 해는 그에게 나쁜 일만 안겨 주었다. 시대에 대한 불만 풍조는 학교에까지 번져 학생들은 교칙에 반항했다. 청춘의 특권만을 주장하여 학교 당국이나 교수들과 싸우고 수업을 거부하며 등교하지 않았다. 위안이 바람이 휘몰아치는 교실에 나가 보니 교실은 텅 비어 있었다. 가르칠 상대가 없었기에 하는 수 없이 집으로 돌아가서 그전에 읽었던 헌책을 다시 읽어 보곤 했다. 급료의 절반은 빚을 갚기 위해 꼬박꼬박 백부에게 부쳐 주고 있었으므로 새 책을 살 수 없었던 것이다. 기나긴 어두운 밤마다 그 부채가 언제 가야 없어질까 생각하면, 언젠가 본 메이링의 꿈처럼 영원히 현실이 될 것 같지 않았다.

어느 날, 일주일 동안 계속해서 텅 빈 교실에 나갔던 그는 너무 무료해서 언젠가 외국종의 밀을 뿌려 둔 밭에 비와 진흙을 뚫고 걸어가 보았다. 그러나 거기서도 실망이 기다리고 있었다. 수확의 가망이 없는 것이었다. 외국종의 밀은 이 장마에는 견딜 수가 없었던지, 아니면 검고 무거운 점토질의 토양이 너무 물기가 많아 뿌리가 썩어 버렸는지, 원인은 알 수 없었으나 밀은 물에 잠긴 흙 위에서 썩어 있었다. 발아 상태도 좋았고 성장도 빨라 튼튼하게 커 가고 있었는데, 지질과 기후가 달라 깊이 뿌리를 내리지 못하고 쓰러져 썩어 버린 모양이었다.

이 희망마저 사라져 버린 것을 본 위안이 슬퍼하며 멍하니 서 있는데, 한 농부가 달려와서 짓궂은 표정을 숨기려고도 하지 않고 말을 걸어 왔다. "역시 다른 나라 밀은 안 된다는 것을 이제 알겠지요. 자라기는 빠르지만 끝내 살아갈 힘이 없단 말입니다요. 그때 내가 말했듯이 이렇게 크고 허여멀건 종자는 이 땅에는 맞지가 않아요. 내 밀을 보라고요. 저렇게 물에 잠겨 있지만 죽지 않았잖아요!"

위안은 잠자코 보았다. 정말 그랬다. 옆 밭에서는 키는 작지만 억센 밀이 흙탕물 속에서도 꿋꿋이 서 있었다. 발육 상태는 나빠도 썩지는 않았다. 그는 대답할 말이 없었다. 그 농부의 야비한 얼굴, 빈정거리는 웃음소리를 더 참을 수 없었다. 한순간, 그는 멍이 그 인력거꾼을 때렸던 기분을 이해할 수 있었다. 그러나 위안은 사람을 때릴 수는 없었다. 그는 그저 말없이 발길을 돌려 온 길을 되돌아왔다.

이 우울하기만 한 봄에 위안이 느끼는 절망이 과연 어디서 끝날 것인지 그 자신도 알 수 없었다. 그날 밤 그는 너무도 비참한 나머지 침대 속에서 눈물을 흘렸다. 여러 일이 겹쳐 와서 견딜 수가 없었던 것이다. 울고 있는 동안에 자기가 슬픈 이유는 이 세상에 너무나 희망이 없기 때문이라고 생각했다. 가난한 자는 여전히 가난하고 새 수도는 미완성인 채 빗속에서 진흙투성이가 되어 있었으며, 밀은 썩고 혁명 정부는 약체화하여 새로운 전쟁의 위협은 커져만 가고, 학생들의 동맹 휴학으로 수업도 할 수 없었으니 위안에게는 고민의 씨가 아닌 것이 없었다. 그중에서도 가장 큰 고민은 40일 동안 메이링한테서 한 통의 편지도 오지 않는 일이었다. 그녀의 마지막 말이, 지금도 그녀가 그것을 부르짖던 순간과 마찬가지로 선명하게 마음에 새겨져 있었다. "너무해요!" 이 말을 들은 뒤 아직 한 번도 그녀를 만나지 못한 것이다.

한 번, 어머니라 부르는 부인한테서 편지가 왔다. 위안은 뚫어지게 메이링의 이름이 나올까 읽어 보았으나 나오지 않았다. 부인은 아이란의 아기에 관해서만 써 보내왔다. 아이란은 남편 집으로 돌아갔으나 기르기가 귀찮다면서 아기를 자기 곁에 두고 갔다면서, 부인은 매우 기쁜 듯이 적어 놓았다.

'아이란이 자유롭게 놀러다니는 것을 좋아하는 덕분에 내 손에 손자를 맡겨 놓은 것을 생각하니, 딸의 응석이 고마울 만큼 나는 요즘 손자 때문에 정신이 없구나. 아이란의 태도가 옳지 않다는 것을 알고 있지만, 나는 아침부터 밤까지 손자만 안고 있단다.'

어둡고 쓸쓸한 방에 홀로 누워서 이 편지에 대해 생각하고 있으니 또 하나의 슬픔이 더해졌다. 새로 태어난 아이가 노부인의 사랑을 모조리 빼앗아 가서 이제는 부인마저 자기를 필요로 하지 않게 된 것이다. 그렇게 생각하자 위안은 너무나도 깊은 자기 연민의 수렁에 빠졌다. 그는 생각했다. '나는 어디에도 필요 없는 인간이 되었구나!' 그리고 그는 눈물을 흘리다가 잠들어 버렸다.

얼마 안 가서 불만의 풍조는 전국에 퍼져, 새 수도에서 고독한 생활에 묶인 위안이 상상도 못할 만큼 확대되어 갔다. 그는 아버지에게는 한 달에 한 번씩 꼬박꼬박 편지를 썼으며, 왕후도 두 달에 한 통쯤은 반드시 답을 보내왔다. 그러나 위안은 그 뒤 아버지를 직접 찾아가지는 않았다. 그 이유의 하나는 충실하게 일에 열중하고 싶어서였다. 이렇게 사회가 어지러울 때에는 직무에 충실한 사람은 그리 많지 않았기에, 그럴수록 위안은 되도록 자기 일에 충실하려 한 것이다. 그리고 또 다른 이유는, 며칠 안 되는 짧은 휴가 때는 누구보다도 메이링이 보고 싶어 고향으로 돌아가지 않았기 때문이다.

아버지의 편지로는 그 지방의 실정을 조금도 알 수 없었다. 노인은 자기도 깨닫지 못하고 같은 말만 되풀이해서 적어 보냈다. 편지마다 봄만 되면 대공세를 벌여서 그 지방의 비적 두목을 무찔러 버리겠다, 비적이 참을 수 없을 만큼 세력을 뻗쳐 오고 있으므로 자기는 선량한 민중을 위해, 충실한 부하들을 이끌고 그들을 반드시 평정해 버리고 말리라는 용맹스러운 말만 나열해 보냈다.

이와 같은 장담을 위안은 이제 거의 귀담아듣지 않았다. 늙은 아버지의 이와 같은 말을 들어도 이제는 화도 나지 않았다. 얼마쯤의 반응이 있었다면, 전에는 그와 같은 허풍에 놀랐으나 이제는 가련한 공염불에 지나지 않는다는 것을 잘 알고 있으므로 쓸쓸한 미소를 짓는다는 것뿐이었다. 이따금 그는 생각했다. '아버지도 정말 늙으셨구나. 여름 휴가 때는 문안드리러 가야지.' 또 어떤 때는 마음이 울적해져서, '그렇게 될 줄 알았다면 지난 휴가 때 다녀왔어도 좋았을 텐데.' 생각하기도 했다. 또 그는 지금 같은 속도로 갚아 나간다면 여름까지 빚을 얼마나 갚을 수 있을까 생각해 보고 한숨을 쉬었다. 이런 혼란한 시대에는 급료가 밀리거나 지불이 정지되는 일이 흔한데, 그런 일이 없어야 할텐데 하고 생각했다.

그런 까닭으로 왕후의 편지는 이윽고 닥쳐올 사건에 대해서도 아들로 하여금 아무런 마음의 준비도 시켜 주지 않았던 것이다.

어느 날 위안이 일어나서 매일 아침 차갑고 습한 공기를 덥히기 위해 손수 불을 피우는 조그마한 난로 옆에서 막 얼굴을 씻으려 하는데, 문을 두드리는 소리가 들렸다. 그 소리는 조심스러웠으나, 집요했다. "들어오세요!" 그가 소리쳤다. 들어온 것은, 이런 곳에 나타나리라고는 도무지 예상할 수 없는 인물이었다. 시골에 사는 그의 사촌 형, 상인 왕얼의 장남이었다.

위안은 곧 무슨 불길한 일이 이 수척해진 사촌 형 신상에 일어났구나 직감했다. 그 여위고 누런 목에는 퍼렇게 멍이 들었고, 조그마하게 시든 얼굴에는 깊이 할퀸 상처에 피가 번져 있었다. 오른손은 손가락이 하나 없어지고, 그 자리엔 피가 스며 더럽혀진 붕대가 감겨 있었다.

이 무참한 몰골을 보고 위안은 너무나 놀라서 할 말도 잊고 아무런 생각도 떠오르지 않아 우두커니 서 있었다. 몸집이 작은 사촌은 위안의 얼굴을 보자 숨을 죽이고 소리 없이 울기 시작했다. 위안은 무언가 무서운 사건이 얼어났음을 짐작했다. 그래서 얼른 옷을 주워 입고 사촌을 자리에 앉힌 다음 옹기 찻주전자에 차를 넣어 난로 위 큰 주전자의 뜨거운 물을 부었다. 그리고 겨우 말했다. "말을 할 수 있게 되거든 무슨 일이 일어났는지 설명해 주십시오. 틀림없이 무척 무서운 일이 일어난 모양이군요." 그리고 그는 기다렸다.

이윽고 사촌은 숨을 죽이고 이따금 문 쪽을 돌아보며 혹시 누가 오지 않나 살피면서 나직한 소리로 말했다. "아흐레 전 밤에 비적들이 쳐들어 왔어. 그건 작은아버지의 잘못이었지. 작은아버지는 우리 집에 오셔서 음력 설 동안 머물러 계셨는데, 노인답게 말씀을 삼가 주셨으면 좋았을걸. 나는 늘 말씀을 조심해 주십시오 하고 부탁드렸었는데, 작은아버지께서는 어디를 가시든지 봄만 되면 즉각 비적 두목을 토벌하러 갈 참이다, 옛날처럼 이번에도 무찔러 줄 테다, 이렇게 늘 큰소리를 치셨단 말이야. 소작인들은 옛날부터 지주인 우리를 원망하고 있으니까 그 땅에는 우리의 적이 많아. 그놈들 중 누군가가 비적들에게 일러바쳐서 부추긴 모양이야. 마침내 비적 두목이 화가 나서, 우리는 다 늙어 빠져서 이빨도 없는 호랑이 따위는 무서워하지 않는다, 봄까지 기다릴 것 없이 지금 당장 전쟁을 시작해서 왕후와 그 일족 놈들을 다 죽이고 말 테다, 떠들어 대기 시작했더란 말이야. 그래도 아직은 그놈을 회유할 수는 있었지. 그런 소문을 듣고 아버지와 나는 얼른 막대한 은을 갖다 바치고, 그 밖에 소 스무 마리, 양 쉰 마리까지 제발 잡수세요, 하고 갖다 바쳤지. 작은아버지 대신 사과를 하고, 노인이 하는 말이니까 신경 쓰지 말아 달라고 두목에게 빌었어. 그러니 거리에서 소동만 일어나지 않았다면 그 일은 그럭저럭 무사히 지나갔을지도 몰라.”

여기서 말을 그친 사촌은 갑자기 부들부들 떨기 시작했다. 위안은 그를 꼭 안아 주면서 말했다. “서두르지 마시고 뜨끈한 차를 드시고 차분히 말씀해 주세요. 걱정하실 건 없습니다. 할 수 있는 일은 다 할 테니까. 진정하시고 이야기해 주십시오.”

그래서 사촌은 겨우 떠는 것을 멈추고 이야기를 계속했다. 그러나 아직도 겁에 질려 속삭이듯 조그마한 소리였다. “정말 새로운 시대의 문제란 우리는 모르는 일뿐이야. 하지만 요새는 우리 있는 곳에도 혁명당의 학교가 생겨서 청년들이 모두 다니고 있는데, 노래를 부르거나 벽에 걸린 새 지도자의 초상 앞에서 절을 하곤 하더군. 옛날의 신은 모두 싫어하는 모양이야. 아무튼 그것뿐이라면 대단치도 않겠는데, 그러는 동안에 그들은 출가해서 중이 된 우리 사촌 동생, 그 곱사등이를 한패로 끌어들인 거야. 너는 그 곱사등이를 모를 테지만.” 거기서 사촌이 말을 끊었으므로 위안은 침통하게 대답했다. “오래전에 한번 만난 적이 있습니다.” 그리고 그 곱사등 소년의 모습을 떠올리면서, 동시에 아버지가 그 소년은 군인 정신을 지녔다고 자기에게 말한 일이 생각났다. 한번은 왕후가 그 흙벽집에 들렀을 때 곱사등이가 장군의 외국제 권총을 만져 보고 싶어했으므로 쥐어 주자 마치 자기 것인 양 기쁜 듯이 이리저리 살펴보았다. 그래서 왕후는 “곱사등이만 아니라면 형에게 부탁해서 양자로 맞이하겠다만” 이렇게 말했었다. 그렇다, 확실히 기억하고 있다. 위안은 고개를 끄덕이고는 이야기를 재촉했다.

몸집이 작은 사촌은 다시 입을 열었다. “중이 된 그 애까지 광기 어린 혁명의 소동 속에 끌려들어 갔단 말이야. 비구니 스님이 되어 가까운 이원(尼院)에 있던 작은할머니가 2년인가 전에 고질병인 천식으로 죽은 뒤부터는 그 애가 몹시 성질이 사나워졌다는 말은 우리도 듣고 있었지. 작은할머니가 살아 있을 때는 옷을 지어 주기도 하고 때로는 돼지기름을 넣은 떡을 갖다주기도 하고 해서 그 애도 조용히 살았는데, 작은할머니가 죽고 나서는 절에서도 반항을 하더니 끝내 어느 날 도망을 쳐서, 나는 뭐가 뭔지 도무지 모르지만, 소작인들을 부추겨서 지주들의 토지를 빼앗으려고 하는 새로운 단체에 들어가고 말았대. 그리고 이 단체와 전부터 있던 비적들이 합세하고 말았으니 큰일이지. 성 안팎에서 전에 없이 큰 소동이 일어났는데 그놈들은 아주 심한 소리를 하면서 싸다니더란 말이야. 도저히 입에 담을 수 없는 말뿐인데, '부모를 미워해라, 형제를 미워해라, 누구를 꼭 죽여야 할 때는 먼저 가족부터 죽여라!' 아 글쎄, 이런 소리를 외치고 다니더란 말이야. 게다가 금년에는 전에 없이 엄청나게 많은 비가 와서 곳곳에 홍수가 나고 그다음에는 큰 기근이 온다는 데다, 이렇듯 관리들의 힘이 약하니 놈들은 갈수록 더 대담해져서, 사람의 도리 같은 건 다 버리고 말았단 말이야······."

이야기가 너무 길어져서 피로한 듯 떨기 시작했으나 위안은 초조해서 더 참지 못하고 이야기를 계속하라고 재촉했다. "알고 있습니다. 여기도 비가 많이 왔어요. 그러고는 어떻게 되었습니까?"

사촌 형은 침통한 어조로 대답했다. "그것이, 기어이 비적과 혁명당과 농민들이 합세해서 우리 도시를 습격해 가지고 몽땅 약탈해 갔단 말이야. 아버님이나 형제들은 처자들과 함께 손에 들 수 있는 것만 들고 달아났지. 가장 큰형 집으로 피난했었어. 이 형은 작은아버지의 세력 아래 있는 도시를 지배하고 있지. 그런데 작은아버님만은 도망치시지 않았단 말이야. 여전히 터무니없는 큰소리만 치시고 성 밖 밭 한가운데 있는 옛날 할아버지가 사시던 흙벽집, 너도 알겠지만 거기까지밖에 피난하시지 않았어."

사촌 형은 여기서 한숨을 돌린 다음 전보다 더 심하게 떨면서 이번에는 숨도 안 쉬고 말을 이었다. "폭도들이 곧 그 집에까지 밀어닥쳤지. 두목이 인솔하는 비적 일당 말이야. 그러고는 작은아버지를 붙잡고 두 팔을 꽁꽁 묶어서 가운뎃방에 있는 대들보에다 매달아 놓고는 깡그리 약탈해 가 버렸어. 작은아버지가 그토록 소중히 여기던 장검까지 말이다. 작은아버지의 병사는 모두 달아나 버리고 그 언청이 노인만이 우물 속에 숨어 있다가 살아났는데, 소식을 듣고 내가 살며시 도우러 가 봤더니 어느새 그놈들이 돌아와서, 나를 붙잡아 묶고 그만 손가락을 잘라 버리지 않겠니. 나는 신분을 밝히지 않았는데, 그렇지 않았더라면 아마 분명히 죽었을 게야. 놈들은 나를 하인이라고 생각했던 모양이지. '가서 왕후의 아들에게 애비가 여기 매달려 있다고 알려라.'라고 말하더라. 그래서 여기까지 온 거야."

그리고 사촌은 심하게 흐느끼기 시작하더니, 얼른 피투성이가 된 붕대를 끌러 허옇게 드러난 뼈와 엉망이 된 살을 위안에게 보였다. 상처에서는 다시 피가 흐르기 시작했다.

위안은 너무나 당황스러워 그 자리에 두 손으로 머리를 감싸고 주저앉아 앞으로 어떻게 해야 할 것인지 되도록 빨리 생각하려고 했다. 먼저 아버지에게 달려가야만 한다. 그러나 만일 아버지가 이미 세상을 떠나셨다면…… 아니, 그 언청이 노인이 옆에 있는 이상 얼마쯤의 희망은 가질 수 있다. "비적들은 이제 없습니까?" 갑자기 고개를 들고 그는 물었다.

"없어, 깡그리 약탈하고는 어디론가 가 버렸다." 사촌은 대답하고 다시 울기 시작했다. "하지만 우리 집은 불에 타서 흔적도 남지 않았어. 소작인들 짓이야. 놈들은 우리를 도와줘야 하는데 비적 편을 들고는 우리한테서 모든 것을 빼앗아 가 버렸어. 할아버지가 남겨 주신 집까지 태워 버렸단 말이야. 놈들은 토지를 되찾아서 모두 나누어 갖는다고 떠들어 대고 있지. 내 귀로 들었어. 하지만 그 뒤 어떻게 되었는지 도저히 보러 갈 수가 있어야지."

이 말을 듣자 위안은 아버지가 받은 것 이상으로 고통을 느꼈다. 만일 땅도 남아 있지 않다면 자기와 자기의 일족들은 그야말로 모든 것을 빼앗기고 만 것이 되는 것이다.

이 무서운 사실 앞에 망연해져서 그는 힘없이 일어섰다.

"나는 곧 아버지한테 가겠습니다." 그는 말했다. 하지만 조금 더 생각하고 다시 말했다. "형님은 해안 도시로 가서서 저희 집을 찾아 주십시오. 주소는 지금 써 드리겠습니다. 그리고 어머니를 만나서 저는 아버지한테 갔다고 알려 주십시오. 그리고 만일 어머니도 오시겠다거든 좀 모시고 와 주십시오."

위안은 이와 같은 결단을 내린 다음 사촌이 식사를 마치고 떠나자 자기도 그날 중으로 아버지에게로 향했다.

이틀 낮 이틀 밤의 기차 여행 동안, 이번 사건이 마치 옛날 소설에 나오는 비극적인 이야기 같은 기분이 들었다. 지금의 이 새로운 시대에 어떻게 그런 고전적인 잔학 행위가 자행될 수 있을까 하고 생각했다. 치안이 철저하게 유지되는 평화로운 해안 도시를 떠올렸다. 거기서는 성이 게으르고 즐거운 나날을 보내고 있고, 아이란은 아무런 걱정 근심도 없이 미소를 뿌리면서 하루하루를 살아가고 있다. 이러한 소설 같은 사선을 아이란은, 1민 마일 떨어진 바다 건너에 사는 그 백인 아가씨와 마찬가지로 전혀 모르는 것이다. 그는 깊이 한숨을 쉬고 차창 밖을 내다보았다.

새 수도를 출발하기 전, 그는 멍을 어느 찻집 구석으로 끌고 가 이 이야기를 털어놓았다. 멍이 집안을 위해서 분개하고 함께 가 주겠다고 말할지도 모른다는 가냘픈 희망이 있었기 때문이다.

그러나 멍은 같이 가겠다고 말하지 않았다. 그는 이야기를 듣더니 검은 눈썹을 치켜뜨고 말했다. "사실을 말하자면, 작은아버지들은 민중의 억압자야. 그러니까 그분들이 보복당하는 것도 도리 없는 일이야. 나는 작은아버지들의 악행에 가담하지 않았으니까, 같이 험한 꼴을 당하고 싶지 않아." 그는 말을 이었다. "내 생각으로는 형이 하는 짓은 어리석어. 왜 이미 죽었을지도 모르는 노인 때문에 생명의 위험을 무릅쓰고 거기까지 가야 한단 말이야? 작은아버지가 형한테 무엇을 해 줬어? 나는 노인들이 어떻게 되든 조금도 신경 쓰지 않아." 그리고 이 새로운 재난에 낙담하여 근심에 잠긴 위안을 잠시 바라보다가, 멍도 무정한 인간은 아니었으므로 몸을 앞으로 내밀고 테이블 위의 위안의 손을 잡더니 목소리를 낮추어 말했다. "그보다는 형, 나와 함께 안 가겠어? 형은 전에도 혁명에 참가해 주었지만 그때는 진심이 아니었잖아. 이번에야말로 우리들의 새로운 주의에 진심으로 참가하지 않을래? 이번이야말로 진짜 혁명이야!"

위안은 손은 그대로 두었으나 설레설레 고개를 저으며 거절의 뜻을 밝혔다. 그러자 멍은 갑자기 손을 놓고 일어섰다. "그럼 이걸로 작별하자. 형이 돌아올 무렵에는 나는 없을 거야. 이제 다시 만나지 못할지도 몰라……" 기차간에서 위안은 그때의 멍의 모습을, 군복 차림에 키가 크고 늠름하고 다부져 보이는 풍모를, 작별 인사를 남겨 놓고 재빨리 사라진 그의 모습을 생각하고 있었다.

오후 내내 기차는 쉼 없이 달려갔다. 위안은 한숨을 쉬고 주위를 살펴보았다.

언제 보아도 기차의 승객들은 비슷비슷하다는 느낌이 들었다. 비단과 모피로 둘둘 만 뚱뚱한 상인, 군인, 학생, 우는 아이를 안은 어머니, 그런데 통로를 사이에 둔 저쪽 자리에 형제처럼 보이는 청년 둘이 타고 있었다. 한눈에도 외국에서 돌아온 사람들이라는 것을 알 수 있었다. 입고 있는 옷은 최신식 스타일로 헐렁하고 짧은 골프 바지에 화려한 색의 긴 양말이며 노란 가죽 구두, 그리고 털실로 짠 두꺼운 스웨터의 가슴에는 로마자가 수놓여 있었으며, 가죽 가방도 새것으로 번쩍번쩍 빛나고 있었다. 두 사람은 명랑하게 웃으며 유창한 외국어로 떠들었다. 한 사람은 바이올린을 들었는데, 그것을 켜며 둘이서 외국 노래를 합창하곤 했다. 그 소리에 승객들은 모두 눈이 둥그레져 있었다. 그들이 지껄이는 말을 위안은 잘 알아들을 수 있었으나 모르는 체했다. 피로하기도 했고 또 울적했으므로 말을 건넬 기분이 나지 않았던 것이다. 한번은 기차가 멈추었을 때 형제 가운데 한 사람이 하는 말을 들었다. "공장을 세우는 것은 빠르면 빠를수록 좋아. 그러면 이런 비참한 인간들에게 모두 일을 시킬 수 있거든." 또 한번은 다른 한 사람이, 종업원이 어깨에 걸치고 식기를 닦는 천이 시커메서 불결하다며 꾸짖는 것을 들었고, 위안 옆에 앉아 있는 상인이 기침을 하고 바닥에 침을 뱉을 때는 둘 다 매우 불쾌한 눈초리로 그를 쏘아보았다.

그러한 태도도 위안은 이해할 수 있었다. 모두 그도 일찍이 말하고 느낀 일이었다. 그러나 현재의 그는 뚱뚱한 사나이가 자꾸만 기침을 한 끝에 바닥에 가래를 마구 뱉는 것을 보고도 내버려두었다. 그것을 보고도 부끄러움도 화도 느끼지 않고 모르는 체할 수 있었다. 요즘의 그는, 자기는 그런 짓을 하지 않았으나 남이 그렇게 하는 것을 보아도 예사로이 여겼다. 종업원의 그릇 닦는 천이 새까만 것을 보아도 호통칠 기분이 나지 않았고, 역마다 있는 물건을 파는 사람들의 불결함도 적어도 잠자코 참을 수 있었다. 벌써 마비되고 말았는지도 모르지만, 이토록 많은 인간을 개조할 가망은 없다고 단념한 것도 하나의 이유였다. 그래도 그는 성처럼 자기의 쾌락만을 위해서 살 수도 없었고 멍처럼 아버지에 대한 도리를 저버릴 수도 없었다. 그 두 사람처럼 완전히 새로워져서, 자기가 보고 싶지 않은 것은 고개를 돌리고 불쾌한 속박을 무시할 수 있다면 분명 행복할 것이다. 그러나 위안은 그들과는 달랐으며, 아무리 그래도 아버지는 아버지였다. 옛 시대는 자신의 과거이기도 하고 자신의 일부이기도 하므로 아무리 해도 그에 대한 자신의 의무를 그렇게 간단히 버릴 수는 없었다. 이리하여 그는 긴 여행이 끝날 때까지 가만히 참고 있었다.

마침내 기차는 흙벽집 가까이에서 멎었다. 위안은 기차에서 내려 서둘러 도시를 빠져나갔다. 걸음을 멈추거니 주위를 두리번거리거나 하지 않더라도 아주 최근까지 비적에게 점거되었던 흔적은 어디에나 뚜렷했다. 주민들은 겁에 질려 찍소리도 못하고 있었다. 여기저기 타 버린 집들이 보였다. 살아남은 지주들이 겨우 용기를 내고 돌아와서 비탄에 잠겨 타 버린 폐허를 살펴보고 있었다. 그러나 위안은 백부의 타 버린 집터조차 보려 하지 않고 큰길을 곧장 지나 반대쪽 성문을 빠져나가서, 기억에 남아 있는 마을 쪽으로 걸어가 밭 한가운데 있는 흙벽집에 이르렀다.

다시 그는 몸을 굽혀 가운뎃방으로 들어갔다. 그 벽에는 아직도 자기가 써 놓은 시가 남아 있었다. 그러나 오늘은 그것을 들여다보고 감동할 여유가 없었다. 소리쳐 부르자 노인 두 사람이 나왔다. 한 사람은 그 소작인이었는데, 이제는 볼품없이 노쇠하여 이도 빠지고, 늙은 마누라는 이미 세상을 떠나 혼자서 죽음을 기다리는 형편이었다. 또 한 사람은 언청이 노인이었다. 두 사람은 위안을 보더니 소리를 질렀고, 언청이 노인은 인사도 잊고 위안의 손을 잡아 허둥지둥 위안이 전에 침실로 쓰던 안방으로 데리고 들어갔다. 그곳 침대에 왕후가 누워 있었다.

왕후는 그 긴 몸을 곧게 뻗은 채 꼼짝도 않고 있었다. 그러나 아직 죽지는 않았다. 눈을 한 점에 고정시킨 채 쉴 새 없이 무언가 중얼거렸다. 위안을 보고도 놀란 기색을 보이지 않고 가엾은 어린아이처럼 수척한 두 손을 들어 "이 손 좀 보아라." 말했다. 온통 상처투성이인 그 손을 보고 위안은 너무나 안타까워 소리질렀다. "아버지!" 그때 노인은 처음으로 고통을 느낀 듯 눈에 눈물이 글썽해져서 흐느끼며 신음하듯 말했다. "놈들에게 당했다." 위안은 늙은 아버지의 부어오른 엄지손가락을 살며시 어루만지며 몇 번이나 되풀이하여 위로했다. "저도 압니다. 비적이 그랬지요. 알고 있습니다……"

그리고 그가 소리도 없이 울자 늙은 왕후도 울고, 이리하여 아버지와 아들은 함께 소리 죽여 울었다.

위안이 우는 것 말고 무엇을 할 수 있었을까? 왕후의 죽음이 가까워지고 있는 것은 뚜렷했다. 얼굴을 누렇게 떴고, 우는 동안에도 숨이 가빴으므로 위안은 깜짝 놀라 진정하시라고 말하고 자신도 애써 울음을 참았다. 그러나 왕후는 아직 이야기해야 할 것이 있었다. 그는 위안을 보고 소리쳤다. "놈들은 내 명검을 빼앗아 가 버렸다……." 그때 다시 입술이 떨리기 시작하자 옛날 버릇대로 손을 들어 입술을 누르려 했으나 손을 움직이면 아파 움직이지도 못한 채 가만히 위안의 얼굴을 바라보았다.

위안은 살아오면서 이때처럼 아버지에게 상냥한 기분이 든 적은 없었다. 그는 과거의 모든 것을 잊었으며, 아버지가 예전부터 이렇게 어린아이 같은 단순한 마음으로 있었던 듯한 느낌이 들어 몇 번이나 되풀이해서 그를 위로했다. "어떻게 해서든지 되찾아오겠습니다, 아버님. 돈을 주고 다시 사 오겠습니다."

그것이 불가능하다는 사실은 위안도 알고 있었다. 그러나 그는 내일까지 이 노인이 살아서 칼을 생각할 수 있을지조차 모른다는 생각이 들었고, 아버지의 마음을 위로하기 위해서는 무슨 약속이라도 할 수 있었던 것이다.

그러나 위로한들 무슨 소용이 있을까? 노인은 마침내 얼마간 안심한 듯 겨우 잠이 들었다. 위안이 옆에 앉아 있으니 언청이 노인이 발소리를 죽이며 위안에게 식사를 날라다 주었다. 그리고 앓는 주인의 얕은 잠이 깰까 봐 말없이 살금살금 나갔다. 위안은 잠자코 앉아서, 노인의 잠자는 얼굴을 지켜보다가 옆에 있는 탁자에 머리를 얹고 자기도 모르는 사이에 까무룩 잠이 들고 말았다.

밤이 가까워졌을 무렵 위안은 눈을 떴다. 온몸이 쑤셔 일어서서 팔다리를 쭉 폈다. 소리가 나지 않도록 옆방에 가 보니, 언청이 노인이 울고 있다가 위안이 이미 알고 있는 경위를 되풀이해서 말한 뒤 마지막에 이렇게 덧붙였다. "어떻게든 이 흙벽집을 떠나야 합니다. 이 근처에 사는 농민들은 모두 장군을 원망하고 있고, 장군이 쇠약해지셨다는 것을 알고 있으니까 언제 어느 때 습격해 올는지 모릅니다. 아마 도련님이 오시지 않았더라면 벌써 습격해 왔을 것입니다. 젊고 강해 보이는 도련님이 오신 걸 보고 잠시 조심해서 형편을 염탐하는 모양입니다……."

그때 늙은 소작인이 끼어들어 근심스러운 듯 위안을 바라보고 말했다. "도련님, 서양 옷은 입지 않으시는 게 좋을 것 같습니다요. 시골 사람들은 새 시대의 젊은 사람들을 무척 미워하니까요. 그들이 그만큼이나 좋은 세상이 된다고 약속했는데 이렇게 비가 많이 내리고 이래서는 반드시 홍수가 날 거라면서 젊은 사람들을 미워하고 있습지요. 그러니 그런 사람들과 같은 서양 옷을 입고 계시다가……." 그러더니 말을 멈춘 노인은 방을 나가서 한두 군데밖에 기운 곳이 없는 자신의 가장 좋은 푸른 무명옷을 들고 나왔다. 늙은 소작인은 애원하는 듯한 어조로 말했다. "우리들을 도와주시는 셈치고 이것을 입으십시오. 신도 있습니다. 그러면 농부들이 보더라도……."

그래서 위안은 그 옷으로 갈아입었다. 중태에 빠진 아버지를 움직일 수는 없으니 여기서 운명하도록 하는 수밖에 없다 싶어, 얼마 동안이라도 이걸로 안전해질 수 있다면 하고 입은 것이다. 그러나 그는 이것을 입 밖에 내지는 않았다. 언청이 노인이 죽음이라는 말을 도저히 견디지 못하리라는 것을 알고 있었기 때문이었다.

위안은 이틀 동안 아버지 곁에 앉아 간호했다. 왕후는 죽지 않았다. 그동안에도 위안은 자기가 어머니라고 부르는 부인이 과연 올까 궁금했다. 그토록 귀여워하는 손자의 뒷바라지를 하고 있으니까 아마 오지 않으리라고 생각했다.

그러나 노부인은 왔다. 이틀째 저녁 무렵, 이제는 음식을 먹일 때라든가 움직일 때 깨우는 이외에는 줄곧 잠들어 있는 아버지 곁에 위안은 앉아 있었다. 죽음의 색은 차츰 짙어지고, 곪은 환부에서 나는 희미한 악취가 방 안에 떠돌았다. 집 밖에는 이른 봄이 찾아왔으나 위안은 한 번도 밖에 나가 하늘도 땅도 보지 않았다. 그는 두 노인의 말을 기억했다. 자기가 마을 사람들에게 미움을 받고 있는 이상, 그 미움을 부채질하는 일이 없도록 하여, 적어도 왕후가 이 낡은 흙벽 집에서 평화로이 죽을 수 있도록 해 주라는 말을 충실히 지키고 있었던 것이다.

그래서 그는 침대 곁에 앉아 온갖 것을 생각했다. 무엇보다도 그가 생각한 것은, 자기의 생애가 얼마나 기괴하고 혼란에 차 있으며 의지할 희망 하나 없나 하는 점이었다. 노인들은 돈과 전쟁, 그리고 향락처럼 그들이 생애를 걸 만한 가치가 있다고 여기는 것을 추구했다. 또 그의 큰어머니나 태평양 저편의 노교수 부부처럼 신에게 모든 것을 바친 사람도 있었다. 어디서나 노인은 마찬가지다. 어린 아이처럼 단순하고 아무것도 모른다. 그러나 자기와 같은 청년은 모두 이 얼마나 극심한 혼란 속에 있는가! 옛 신들에게도, 물질적인 이득에도 만족할 수 없는 것이다! 한순간 그는 메리를 떠올리고, 그녀는 지금 어떤 생활을 하고 있을까 생각했다. 아마도 나의 생활과 별 차이 없겠지. 뚜렷하고 큰 목표를 갖지 못하고 있겠지. 그러나 메이링만은 예외 같았다. 그녀만은 자기가 원하는 것을 알고 그것을 확실하게 움켜쥐고 있는 것 같았다. 만일 메이링과 결혼할 수만 있다면…….

그때 이와 같은 헛된 공상을 깨뜨리는 목소리가 들려왔다. 그것은 어머니라 부르는 부인의 목소리였다. 부인이 온 것이다. 그 목소리에 그는 재빨리 일어나 밖으로 뛰어나갔다. 스스로도 미처 깨닫지 못했으나 그는 부인이 오기를 간절히 바라고 있었던 것이다. 거기에 노부인이 있었다. 그리고 그 곁에는 메이링도 있었다!

위안은 메이링이 오리라는 생각은 한 번도 하지 않았으며 바라지도 않았다. 너무나 놀란 위안은 메이링을 쳐다만 보다가 겨우 더듬거리며 뱉었다. "아니, 아기는 어떻게 하고 오셨습니까?"

메이링은 여느 때와 다름없는 조용하고 침착한 목소리로 말했다. "제가 아이란 언니에게 이번만큼은 집에 와서 아기를 돌봐야 한다고 말했지요. 게다가 일이 좀 쉽게 풀리려 그랬는지 형부가 어느 여성만 뚫어져라 쳐다봤다며 형부랑 한바탕 싸운 뒤라 언니도 며칠 동안 친정에 와 있는 편이 마침 더 낫기도 했고요. 아버님은 어디 계시죠?"

"어서 뵙도록 하자." 노부인이 말했다. "메이링이라면 용태를 알 수 있을 것 같아 데리고 왔지." 위안은 서슴지 않고 두 사람을 안내해 들어갔고 셋은 왕후의 머리맡에 섰다.

말소리가 높았던 탓인지, 아니면 귀에 선 여자의 목소리가 났기 때문인지 왕후는 문득 혼수상태에서 깼다. 그의 무거운 눈꺼풀이 열리는 것을 보고 노부인이 부드럽게 말했다. "저를 아시겠어요?" 그러자 왕후는 대답했다. "응, 알지……."

그러고는 그대로 다시 잠에 빠져들고 말았으므로, 그가 정말로 알아보았는지 그들은 알 수 없었다. 그러나 곧 그는 다시 한 번 눈을 뜨고 이번에는 메이링을 쳐다보며 꿈꾸듯이 "내 딸이구나……." 말했다.

위안이 아니라고 설명하려 하자 메이링이 말리며 딱한 듯이 말했다. "저를 따님으로 아시도록 그냥 두세요. 이제 임종이 가까우시니 마음이 어지럽지 않도록……."

아버지의 시선이 다시 자기 쪽으로 움직여 왔으나 위안은 잠자코 있었다. 왕후가 지금 한 말의 뜻을 똑똑하게 알 리 없다고 하더라도, 메이링을 딸이라고 불러 준 것이 기뻤다. 이리하여 세 사람은 이상하게 한마음으로 연결된 채 최후의 시간을 기다리며 서 있었다. 그러나 왕후는 또다시 깊고 깊은 잠 속으로 빠져들었을 뿐이다.

그날 밤, 위안은 노부인과 메이링과 함께 앞으로 어떻게 하면 좋을지 의논했다. 메이링은 침통한 표정으로 말했다. "제가 틀리지 않았다면, 오늘 밤을 못 넘기실 것 같아요. 지난 사흘 동안 살아 계신 것이 기적이에요. 심장이 무척 강하신가 봐요. 하지만 자기가 패배했다는 괴로움을 견뎌 내실 만큼 강하지는 못하세요. 그리고 손의 상처가 곪은 독이 핏속으로 들어가서 열이 높으세요. 상처를 씻고 붕대를 감았을 때 그걸 알았지요."

왕후가 죽은 듯한 혼수상태에 있을 때 메이링은 능숙한 솜씨로 노인의 환부를 씻고 치료를 했다. 옆에서 보던 위안은 이 다정한 처녀가 자신에게 너무하다며 화를 낸 여성과 같은 사람일까 의심하지 않을 수 없었다. 살풍경한 낡은 집안을 그녀는 마치 오래전부터 그곳에서 살아온 것처럼 자연스럽게 돌아다니면서, 부족한 가운데 치료에 필요한 것을 어떻게든 찾아내 왔다. 왕후가 침대의 판자 위에 누운 것을 보고 짚을 엮어 깔개를 만들어서 몸 아래 깔아 주기도 하고, 연못가에서 주워 온 조그마한 벽돌을 아궁이의 뜨거운 재 속에 넣어 두었다가 환자의 차가워진 발을 데우기도 했으며, 좁쌀죽을 맛있게 쑤어 환자에게 먹이기도 하는 등, 위안은 꿈에도 그런 식으로 사용할 줄 몰랐던 물건들을 잘도 이용했다. 환자는 아무 말도 하지 않았으나 이제 전처럼 괴로운 신음을 내지 않았다.

위안은 자기가 그러한 것들을 무엇 하나 깨닫지 못했음을 부끄러워하면서, 실은 하고 싶어도 할 줄 몰랐다고 겸허하게 인정했다. 그녀의 가늘지만 힘찬 손은 참으로 부드럽게 잘 움직여, 뼈만 남은 노인의 큼직한 몸을 건드리지도 않는 것 같으면서도, 병자의 고통을 덜어 주고 있었다.

그녀가 하는 말이라면 위안은 무엇이든 믿고 따랐다. 다 함께 이것저것 계획을 세웠다. 노부인은 마을 사람들의 악감정이 나날이 심해지고 있으므로 왕후의 임종을 보는 대로 곧 떠나는 것이 좋겠다는 언청이 노인의 말에 귀를 기울였다. 거기에 늙은 소작인도 한 마디 거들었다.

"바로 그렇습니다요. 오늘도 제가 나가 보았더니 어디를 가나 투덜거리고들 있었습니다요. 도련님이 여기 오신 것은 땅을 되찾으려고 오셨다는 거지요. 잠시 이곳을 떠나 계시면서 이 고약한 세상이 조용해지는 것을 기다리는 편이 좋을 것 같습니다요. 저와 이 언청이 늙은이가 이 마을에 남아서 놈들과 한편인 척하면서, 몰래 도련님을 위해 여러 궁리를 하겠습니다요. 토지의 법도를 깬다는 것은 좋지 않은 일입죠. 법도를 어기는 날이면 신령님이 액운을 가져올 겁니다. 밭의 신령은 진짜 땅 주인이 누구인지 잘 알고 계시거든요."

이리하여 결론이 내려졌다. 늙은 소작인은 시내로 들어가서 소박한 관을 찾아내어 마을 사람들이 잠든 한밤에 그것을 옮겼다. 아무리 가난한 사람이라도 살 수 있는 볼품없는 관을 보고 언청이 노인은 그 속에 자기 주인을 뉘여야 하는 불운을 한탄하며 눈물을 흘렸다. 그는 위안을 붙잡고 호소했다.

"도련님, 제발 요다음에 오시거든 장군님의 유골을 다시 파서 훌륭한 두 겹 관에 넣어 장군님다운 장례식을 치러 주십시오. 꼭 그렇게 하겠다고 이 늙은이에게 약속해 주십시오. 이렇게 용감한 장군님은 달리 안 계십니다. 게다가 저한테는 언제나 친절하게 해 주셨습니다!"

위안은 약속했지만, 과연 그렇게 할 수 있을까 의심스러웠다. 내일이 어떻게 될지 아무도 모르는 세상이 아닌가? 모든 것이 불안정한 시대였다. 왕후가 곧 부친 곁에 잠들게 될 땅조차 어찌 될지 모른다.

이때 고함 소리가 들려 왔다. 왕후의 목소리였다. 위안이 달려 들어가고 메이링도 뒤따랐다. 왕후는 눈을 뜨고 미친 듯이 두 사람을 쳐다보더니 또렷한 소리로 말했다. "내 칼은 어디 있느냐?"

　그러나 그는 대답을 기다리지 않았다. 위안이 꼭 되찾아 오겠습니다, 하는 약속을 되풀이하기도 전에 왕후는 두 눈을 감고 다시 잠들었으며 두 번 다시 말을 하지 않았다.

　밤이 깊어지자, 위안은 아버지를 지켜보고 있던 의자에서 일어났다. 도저히 침착하게 앉아 있을 수가 없었다. 그는 곧장 아버지에게 다가가서 목을 만져 보았다. 그는 몇 번이나 같은 일을 되풀이했다. 아직도 가냘프게 숨이 통하고 있었다. 정말 튼튼한 심장이었다. 이미 영혼은 육체를 떠났으나 심장은 아직 고동치고 있는 것이다. 아직도 몇 시간은 더 고동치리라.

　위안은 아무래도 마음이 가라앉지 않아 잠깐 밖에 나가고 싶어졌다. 오늘로 꼬박 사흘째 이 흙벽집에 틀어박혀 있는 것이다. 살며시 앞마당으로 나가서 맑은 공기를 들이켜고 오자.

　밖으로 나가니 무거운 마음의 짐에도 불구하고 밤공기가 상쾌하게 느껴졌다. 그는 주위를 휘둘러 보았다. 아버지가 죽으면 이 주변의 밭은 법률상 그의 것이 되고 이 집 또한 그의 것이 된다. 그의 조부가 별세한 오랜 옛날에 그렇게 할당되었다. 그러자 그는 농민들이 얼마나 사나워졌는가 이야기해 준 늙은 소작인의 말이 떠올랐다. 오래전에도 그들은 자기에게 적의를 품고 있었다. 그 무렵에는 그토록 뼈저리게 느끼지는 못했으나, 그들은 자기를 이방인으로 보고 있었던 것이다. 이런 시대에는 확실한 것이라고는 하나도 없었다. 그는 무서웠다. 이 새 시대에 누가 무엇을 자기 것이라고 할 수 있겠는가? 확실히 내 것이라고 말할 수 있는 것은 자신의 두 손, 두뇌, 사랑하는 마음 말고는 없다. 그리고 자기가 사랑하는 사람도 그는 내 것이라고 부를 수 없었다.

　이렇게 생각하고 있는데, 문득 그는 나직하게 자기 이름을 부르는 소리를 들었다. 돌아보니 문간에 메이링이 서 있었다. 얼른 다가가자 그녀는 물었다.

　"아버님 상태가 더 나빠지셨나요?"

　위안이 대답했다. "목덜미의 맥이 손을 갖다 댈 때마다 약해지고 있습니다. 새벽녘이 고비일 것 같습니다."

"그럼, 저도 자지 않을게요." 그녀는 말했다. "함께 깨어 있기로 해요."

이 말을 듣자 위안의 심장이 한두 번 크게 고동쳤다. '함께'라는 말이 이토록 다정하게 들린 것은 처음인 듯했다. 그러나 그는 뭐라고 말해야 좋을지 몰라 잠자코 흙벽에 기대섰다. 그리고 문간에 서 있는 메이링과 둘이서 무거운 마음으로 달빛 아래 드러난 밭을 바라보았다. 마침 보름달이라 주위가 온통 밝았다. 가만히 밭을 바라보는 동안 둘 사이의 침묵이 차츰 견딜 수 없게 되었다. 위안은 가슴에 불이 붙어 자꾸만 그녀 곁으로 끌려갈 듯했으므로 무언가 평범한 이야기라도 좋으니 말을 하여 그녀의 대답하는 목소리가 듣고 싶어졌다. 그렇게라도 하지 않았다가는 저도 모르게 손을 뻗쳐, 자기를 미워하는 이 여자의 손을 잡을지도 모른다. 그래서 그는 조금 더듬거리며 말했다.

"참 잘 와주셨습니다. 덕분에 아버지도 훨씬 편해지셨습니다."

그러자 그녀는 조용하게 대답했다. "도와드릴 수 있어서 기뻐요. 저도 오고 싶었어요."

그리고 그녀는 다시 입을 다물었다. 위안은 다시 무슨 말이든 해야만 했다. 그는 밤의 고요함을 깨지 않도록 목소리를 낮추어 말했다.

"당신은 이런 외딴곳에서 살면 무서울 것 같은가요? 나는 어릴 때 이런 곳에서 살고 싶다고 생각했었지요. 하지만, 이제는 잘 모르겠습니다."

그녀는 은빛으로 빛나는 밭과 초가지붕들을 둘러보면서 무언가 생각하는 어조로 말했다. "저는 어디서나 살 수 있을 것 같아요. 하지만 우리 같은 사람은 새로운 수도에 사는 편이 좋지 않을까요? 저는 언제나 새 수도만을 생각하고 있어요. 가 보고 싶고, 거기서 일하고 싶어요. 언젠가는 그곳에도 병원이 서겠지요. 새로운 수도의 새 생활에 저의 삶을 바치는 거예요. 우리 젊은 사람들은 그곳에 속하는 게 아닐까요? 우리는 새로운 사람들이니까요."

그녀는 말이 엉키는 것 같자 입을 다물었다. 그리고 갑자기 가볍게 웃었다. 그 웃음소리를 듣고 위안은 그녀를 보았다. 둘의 눈이 마주쳤을 때 두 사람은 자기들이 지금 어디에 있는지 잊었다. 죽어 가는 노인도 잊고, 토지가 과연 자기 것이 될 것인가 하는 불안도 잊었다. 얽혀서 떨어지지 않는 시선 그 밖의 것은 모두 잊었다. 이윽고 위안이 여전히 그녀의 눈을 바라보며 소곤거렸다. "당신은, 제가 너무한다고 하셨지요?"

그러자 그녀는 신음하듯이 말했다. "너무한다고 생각했어요, 위안. 그 순간만은⋯⋯."

위안을 바라보는 그녀의 입술이 조금 벌어졌다. 아직도 두 사람의 눈은 서로의 눈 속을 들여다보고 있었나. 위안은 이제 눈을 움직일 수 없었으며, 그녀가 가늘게 벌린 입술을 조그마한 혀로 핥는 것을 보고 이번에는 정신없이 그 입술을 응시했다. 갑자기 그는 자기 입술이 타들어가는 것 같았다. 예전에 한 여자의 입술이 자기 입술에 닿아 자기를 불쾌하게 만든 적이 있었다. 그러나 지금 그는 이 여자의 입술에 닿고 싶었다! 여태까지 무엇을 뜨겁게 바란 일이 없는 그가 이때 불현듯 이 한 가지를 원했다. 그는 재빨리 몸을 숙여 자신의 입술을 그녀의 입술에 갖다 댔다.

그녀는 꼼짝도 않고 똑바로 서서 입술을 그에게 맡겼다. 이 육체는 내 것이다! 나와 같은 민족의 육체이다! 그는 겨우 입술을 떼고 여자를 보았다. 그녀도 살짝 웃으며 그를 바라보았다. 달빛 아래서도 그녀의 볼이 발갛게 물들고 눈이 반짝이는 것을 그는 알았다.

이윽고 그녀는 침착하려고 애쓰면서 말했다. "그런 무명옷을 입고 계시니, 다른 분 같아요. 저는 당신의 이런 모습은 처음 봤으니까요."

잠시 그는 아무 말도 못했다. 입을 맞춘 뒤에도 그녀가 이토록 침착할 수 있다는 것이 여간 놀랍지 않았다. 그렇게도 침착하게 두 손을 뒷짐 지고 서 있을 수 있다니. 그는 당황한 어조로 말했다. "마음에 안 드십니까? 이 옷, 농부 같지 않나요⋯⋯?"

"마음에 들어요." 가볍게 대답한 그녀는 다시 천천히 그의 모습을 살펴보면서 말했다. "잘 어울려요. 양복보다 더 자연스러워요."

"당신이 좋다면 언제라도 이것만 입겠습니다." 그는 열의에 찬 목소리로 말했다.

그녀는 다시 미소 지으면서 고개를 저었다. 그리고 대답했다. "언제라도 입으실 필요는 없어요. 그때그때 경우에 따르시는 편이 좋지요. 사람은 언제나 똑같을 수는 없으니까요."

다시 둘은 말없이 얼굴을 마주 보았다. 두 사람은 죽어 가는 사람은 완전히 잊었다. 그들에게는 이제 죽음이 존재하지 않았다. 그러나 위안은 다시 무언가 말하지 않을 수 없었다. 아무 말도 없이, 그 시선을 어떻게 견딜 수 있을까?

"저, 저, 방금 내가 한 것은, 그건 서양의 관습입니다. 만일 당신이 싫으셨다면……." 그는 계속 그녀를 지켜보면서 말했다. 만일 그녀가 싫었다고 한다면 무릎을 꿇고라도 용서를 빌 참이었다. 그런데 그때 문득 그녀가 입맞춤의 뜻을 알고는 있을지 불안해졌다. 그러나 차마 그 말을 할 수는 없었으므로 여자의 얼굴을 바라보며 다시 입을 다물었다.

그러자 조용히 그녀가 말했다. "서양의 관습이 모두 나쁘다고 할 순 없죠!" 그리고 갑자기 그녀는 그에게서 눈길을 돌려 고개를 숙이고는 땅바닥을 내려다보았다. 이때의 그녀는 어느 구시대의 처녀 못지않게 수줍어했다. 그녀의 눈꺼풀이 한두 번 바르르 떨리는 것이 보였다. 순간이었지만 그대로 그를 뒤에 남겨 놓고 도망칠 것 같은 기색까지 보였다.

그러나 그녀는 가지 않았다. 용기를 내어 몸을 똑바로 세우고 서서 얼굴을 쳐들더니 미소를 띤 채 위안을 보았다. 위안도 그녀를 마주 보았다.

그의 심장은 점점 고동이 높아져, 마침내 몸 전체가 다급히 고동치는 하나의 심장이 되어 버린 듯한 느낌이었다. 그는 밤공기를 흔들면서 소리 높이 웃었다. 좀 전까지 나는 무엇을 걱정했던가?

"우리는" 그는 말했다. "우리 두 사람은 아무것도 두려워할 필요가 없습니다."

펄 벅의 생애와 작품

펄 벅의 생애와 작품

펄 벅의 생애

젊은 시절

펄 벅(Pearl Sydenstricker Buck)의 아버지 압살롬 사이든스트리커는 선교사로서 젊은 나이에 중국으로 건너갔다. 선교사인 아버지가 있는 곳으로 머나먼 바다를 건너 시집갔던 이는 어머니인 캐럴라인 스털팅으로, 그 무렵 23세였다. 두 사람 사이에서는 네 명의 아이들이 태어났지만, 풍토병 때문에 그 사이 세 명이 어릴 때 죽었다. 부부는 의사의 권유로 휴양을 위해 고향 웨스트버지니아로 돌아갔다. 이렇게 해서 1892년 6월 26일, 펄 벅은 힐즈버러라는 마을에서 태어났다. 어머니가 휴양을 위해 귀국한 지 2년이 끝날 무렵의 일이었다.

아버지 압살롬은 독일계, 어머니 캐럴라인은 네덜란드계였다. 펄 벅은 태어난 지 3개월이 지나 중국으로 가게 되었는데, 인간으로서의 의식이 눈뜬 것은 중국에서였고, 유년기·청소년기 그녀의 놀이동무들도 모두 중국 아이들이었으며, 그녀는 중국이라는 국토와 환경 속에서 자랐다.

중국에서 자란 그녀는 중국어를 자유롭게 구사했다. 그녀의 중국어는 토박이의 것이다. 어린 시절 그녀는 유모에게 중국의 이야기를 듣고 감동했고, 절의 종소리를 들었다. 그녀의 부모은 장쑤성(江蘇省) 전장(鎭江) 교외의 언덕 위에 있는 집에서 살았다. 그녀는 성장함에 따라 중국의 책을 폭넓게 읽었다. 1933년에는 《수호전》을 영어로 번역해서 출판하기도 했다.

이렇게 생애 중 젊은 시절 19년간을 중국에서 보낸 그녀는 1910년 웨스트버지니아주의 랜돌프 메이컨 여자대학교에 입학하기 위해 부모 손에 이끌려 미국으로 돌아갔지만, 이는 마치 미국에서 유학하는 것과도 같았다. 1914년 대학교를

▲**펄 벅의 생가** 웨스트버니지아주 힐즈버러에 있다. 그녀는 10년간 중국에서 살던 선교사 부모가 1년간 휴양차 미국으로 돌아왔을 때 태어났다.

◀**펄 벅**(1892~1973) 미국의 소설가. 퓰리처상(1932), 노벨문학상(1938) 수상자.

졸업한 그녀는 다시 장로파 교회의 선교사로서 중국으로 돌아갔다.

작가 활동

1917년 그녀는 중국의 농업경제를 전공한 남부 장로교회 선교사 존 로싱 벅(John Lossing Buck)과 결혼해 화베이(華北)에서 5년쯤 살다가 난징(南京)으로 돌아갔다. 그녀는 교회 선교사로서의 활동과 동시에 난징 대학교에서 영문학을 강의했다. 1920년대에 이미 〈네이션〉, 〈차이니스 리코더〉, 〈아시아〉, 〈애틀랜틱 먼슬리〉 등의 잡지에 에세이와 소설 작품을 발표했으며, 작가로서의 활동은 《동풍·서풍(East Wind, West Wind, 1930)》으로 시작되었다. 난징에서 쓴 〈대지(The Good Earth)〉가 1931년 출판과 함께 큰 반향을 불러일으켰고 그에 이어진 속편 〈아들들(Sons)〉과 〈분열된 집안(A House Divided)〉을 통해 그녀의 문학적 명성은 굳건해졌다. 1934년 미국으로 귀국한 그녀는 선교사직을 그만두고, 1935년에 존 로싱 벅과 이혼한 직후, 존 데이 출판사 사장인 리처드 월시(Richard J. Walsh)와 재혼하면서 작가로서 본격적인 활동을 시작한다.

1936년 펴낸 어머니 캐럴라인의 전기소설 《유배(The Exile : Portrait of an American Mother)》는 독자들에게 큰 감동을 주었다. 1900년 산둥성(山東省)에서 의화단이 봉기하고 각지에 수많은 선교사가 살해당했을 때, 펄 벅 일가는 양쯔강(揚子江)

연안의 전장에 살고 있었다. 이
작품에서는 어머니의 용기와 유
모의 충실함이 그즈음 9세였던
펄을 의화단의 습격에서 구해
낸 사건이 서술되며 어머니에 대
한 경애의 정이 흘러넘치고 있
다. 아버지는 이때 오지를 여행
중이었는데, 어머니와 함께 가까
스로 죽음을 빠져나온 이 사건
은 소녀에게 잊을 수 없는 일이
되었다. 같은 해《싸우는 천사
(Fighting Angel : Portrait of a Soul)》도
함께 펴냈다.

노벨문학상 수상
1938년 12월 스톡홀름에서 열린 노벨상 수상식에서, 벅
은 스웨덴 국왕 구스타프 5세로부터 상을 받아 미국 최
초의 노벨문학상 수상자가 되었다.

1938년 12월 10일 그녀는 노벨문학상을 받았다. 이때 선고위원회의 추천문에
는 '중국 농민의 생활상을 풍부하게, 서사시적으로 묘사한 매우 뛰어난 작품'이
라고 쓰여 있다. 그리고 이해에 펴낸 것은《이 자랑스러운 마음(This Proud Heart)》
으로, 반생에 걸친 중국 생활에 마침표를 찍고 미국으로 돌아간 지 4년 뒤의 작
품이다.

그 뒤 그녀는 활발한 집필 활동으로 소설·수필·평론·동화 등에 걸쳐 거의
50종에 가까운 책을 펴내는 한편, 인종을 넘어선 사회사업·평화활동을 이어나
갔다.

그녀의 작품은 중국을 소재로 한 것이 많다.《다른 신들(Other Gods, 1940)》,《오
늘과 영원(Today and Forever, 1941)》,《용의 자손(Dragon Seed, 1942)》,《여인의 저택
(Pavilion of Women, 1946)》,《향토(Kinfolk, 1949)》,《신의 인간들(God's Men, 1951)》,《여제
(Imperial Woman, 1956)》,《살아 있는 갈대(The Living Reed, 1963)》,《새해(The New Year,
1968)》등 노벨문학상을 받은 뒤 제2차 세계대전 전후를 통틀어 창작의욕은 꾸
준히 왕성했다.

1949년 이후, 미국인과 동양인 사이의 혼혈아를 수용하는 웰컴 하우스를 세

서양인들과 전투를 벌이는 **의화단원들**(급진적 민족주의자). 1899~1900년.

워 혼혈아들을 보살폈다. 그녀는 1973년 3월 6일 미국 버몬트주 댄비의 자택에서 세상을 떠났다.

《대지》

펄 벅의 《대지(The House of Earth)》는 〈대지(1931)〉 〈아들들(1932)〉 〈분열된 집안(1935)〉 이렇게 3부작으로 이루어진다. 〈대지〉는 1931년 출판되어 이듬해 그녀는 〈대지〉로 퓰리처상을 수상했다. 〈아들들〉과 〈분열된 집안〉은 속편 형식으로 발표된 것이다.

부지런하고 땅을 사랑하는 가난한 농부의 아들 왕릉(王龍)을 첫 대(代)로 하

1919년 베이징에서 발발한 5·4운동

세기가 바뀔 무렵부터 20세기 초반까지의 중국은 청조의 붕괴, 서양 열강에 의한 분할, 일본의 제국주의적 침략, 국민주의와 군국주의의 대두 등 정치·경제가 격동하던 시기였다. 《대지》는 구체적인 역사적 사실을 명시하지 않은 채, 그런 사회변동이 한 농민에게 어떤 의미로 다가왔는지를 선명하게 그려낸다.

여 그 아들과 손자의 대로 이어지는 세 부분의 긴 이야기로 엮어진, 3대에 걸친 소설이다.

펄 벅은 〈대지〉를 쓸 무렵을 회상해 이렇게 말한 적이 있다.

"나는 그 무렵에 매우 많은 돈이 필요했었지요."

그녀가 돈을 필요로 한 것은 딸 때문이었다. 그녀의 맏딸은 세 살이 되어도 말을 할 줄 몰랐다. 남달리 아이를 좋아하는 그녀에게 지적 장애를 가진 아이가 태어난 것이다. 그녀는 몹시 슬펐으나 용기를 내어 딸의 행복을 위해 일할 결심을 했다. 자기가 죽고 난 뒤라도 딸이 살아가려면 많은 돈이 필요하다고 생각해서 소설을 쓰려고 결심한 것이다. 이런 사고 방식을 단순히 물질주의라고 비웃을 수 있을까? 펄 벅은 가장 미국인다운 미국인의 한 사람으로서 삶의 불행을 체념하지 않고 돈의 힘을 빌려서라도 그것을 타개해 나가려고 결심했던 것이다.

펄 벅은 1938년 노벨문학상을 받았다. 노벨문학상은 《대지》를 필두로 하는 중국을 소재로 한 일련의 문학 업적에 수여된 것이지만, 《대지》 하나만으로도 노벨문학상을 수상할 만하다는 느낌을 주는 것은, 《대지》가 그녀의 부동의 걸작이라는 사실을 여실히 보여 준다. 펄 벅의 중국 국토와 국민에 대한 깊은 지식은 독보적이며, 《대지》를 제외한 다른 많은 작품 또한 그 이해와 통찰의 정도가 다른 국적의 작가로서는 최고의 수준이다. 이것은 그녀의 긴 세월에 걸친 중국 생활의 체험이 모두 그 원천이 된 것이다.

펄 벅이 《대지》 3부작의 1권에 해당하는 〈대지〉를 쓴 것은 1930년이다. 40세를 맞이하는, 인생행로에서나 인간적으로나 내면이 가장 풍부하며 다년간의 중국 생활의 경험과 지식이 한창 무르익은 시기이다. 이때에 이르기까지 그녀는 중국 현대사의 파도에 중국인과 함께 시달리며, 청(淸) 말기의 격동, 신해혁명, 5·4운동, 국민당의 정권장악, 한편으로는 중국공산당 세력의 신장, 국공합작의 결렬, 게다가 계속 존재하는 지방 토비(土匪)들의 무리, 천재, 인재 등을 자신이 자라난 중국의 국토 속에서 보고 들으며 체험해 왔다.

그러나 이 격동하는 중국 역사 속에서도 그녀의 마음은 어느 한 가지를 학실히 파악하고 있었다. 그것은 현상적인 역사의 변천과는 관계없이 국민들의 마음 속에 확실히 뿌리내려 떨어질 수 없는 것들이었다. 그것이 중국이라는 국토에 터전을 두고 살다 죽어 가는, 잡초처럼 끈질긴 국민들이었다. 국민은 살아가기 위해 힘차게 싸웠지만, 그 싸움은 중국의 땅 위에서 벌어진 것이었다.

펄 벅은 중국 전 인구의 5분의 4인 농민들이 온갖 어려움에도 쓰러지지 않고 소리 없이 끈질기고 묵묵하게 일을 계속하는 모습과, 땅에 대한 집착이 얼마나 강렬한지 잘 알고 있었다.

농민은 '인재, 천재는 천명(天命)이고 방법이 없다'라고 포기하는 인생철학을 신봉한다. 그들이 권력자에게 학대당하고 정부의 무거운 세금에 시달리는 것을 작가는 예민한 시선으로 보고 있다. 기근과 홍수가 닥쳐오면 집을 버리고 불모지를 헤매며, 살아남기 위해, 본디의 땅으로 돌아가기 위해 먹을 것을 찾아야만 했다. 또 남방의 도회지에 흘러들어가 어쩔 수 없이 걸식을 하지 않으면 안 되었다.

작가는 물론 농민만이 아니라 도회지에 있는 상류·하류 국민의 생활, 관리·학

중국의 농촌생활 묘사　펄 벅은 《대지》에서 민속적 정보를 매우 구체적으로 묘사했다. 주인공의 집의 특징과 경제 수준, 세대 구성과 가족 관계, 혼인 의식, 의복, 불 피우는 방법이나 요리 방법 등에 대한 묘사들은 당시 중국 농촌의 생활 및 사회 정세를 미국 독자들에게도 알기 쉽게 전해 주었다.

자·학생·상인·군인 등의 생활도 잘 알았다. 그러나 이들 국민도 결국 국민의 드넓은 바탕을 만들고 있는 국민, 땅에 뿌리를 내리고 살아가는 국민—곧 농민에게 의존할 수밖에 없었다. 펄 벅은 이 작품 안에서 땅에 의지해 살아가는 중국 농민과 기계에 의지해 살아가려 하는 미국 국민들의 차이를 드러내려고 하는 듯하다.

중국은 농업국이므로 중국의 기반을 이루는 국민은 땅에 기대어 살아가지만, 미국은 산업노동자가 국민의 기반을 이루기 때문에 기계에 의존하는 국민이라고도 생각했던 것이다. 그녀의 생각에 따르면 중국 농민이 땅에 집착하는 것과 마찬가지로, 미국 국민은 기계의 힘에 의존했다.

수많은 복잡한 기계를 인간이 지배한다. 그러나 그것으로 인간이 자신의 의사를 표현할 수 있는가? 기계가 생산하는 것이 자기 자신이 생산해 내는 것과 같은가? 만일 그렇다고 해도 농민이 땅으로부터 생산해 낸 것과 같은 의미를 갖는다고 할 수 있는가? 기계가 생산하는 것과 농민이 몸을 움직여 땅으로부터 생산해 낸 것, 그 만족감은 정신적으로 같은 것일까? 펄 벅은 농민에게서 땅을 떼어 놓은 생활은 상상할 수 없다는 것을 분명히 보여 준다.

펄 벅은 기계에 의해 생산하는 인간은 결국엔 완전한 지배자가 될 수 없다고 생각했다. 그녀는 기계가 결코 인간에게 마음의 평화를 가져다줄 수 없다고 보았다.

펄 벅은 그런 감상 속에서 1949년, 이 인간들과 기계의 관계를 쓰고 있다. 기계를 조작하는 인간은 끊임없이 회전을 감시하고, 고장이 일어나면 바로 고치고, 기름을 넣고 물을 보급해야 한다. 또 끊임없이 감시를 해야 하며 만일 생산과정에서 잘못해 기계를 파손하면 생산과정 최종단계의 순간에 생산물을 얻을 수 없게 된다. 정신을 갖지 않은 기계로서는 생산과정을 처음부터 끝까지 알 수 없다. 게다가 기계가 마지막으로 멈추었을 때 그 조작과 감시를 계속하는 인간에게 불러일으키는 것은 마음의 평화가 아니라 그저 피로에 지나지 않는다, 라고.

기계의 생산물이 인간에게 가져다주는 기쁨이나 기계에 대한 인간의 익숙함 등이라는 것도 물론 있을 법 하지만, 중국 농민의 땅에 대한 집착을—《대지》의 주인공 왕룽의 땅에 대한 집착을 강조하기 위해 펄 벅은 기계의 힘에 따른 생산의 허무함과 농민의 땀으로 말미암은 생산의 충실감을 대비시키고 있다.

물론 돌풍이나 재해에 앞서가며 열심히 일하고, 다시 씨를 뿌리거나 거두지 않으면 안 되는 때가 있긴 하지만, 밭을 일구고, 씨앗을 심고, 땅에 물을 대어 기름지게 만드는 것은 천천히 할 수 있다. 농민은 언제라도 배가 고프면 일손을 멈추고 먹고 마시고 잠들기도 하며, 때로는 아름다운 일출이나 석양을 바라보거나 달이 뜨는 것을 볼 수도 있다. 농촌의 시간은 길고 농민의 마음은 평화로 가득 차 있다. 농민이야말로 땅의 완전한 주인이다.

이런 것이야말로 지상에서의 기쁨이고, 이런 땅에 사는 남녀는 착한 인간들이다. 물론 마음씨 좋지 않은 이들도 매우 드물게 존재한다. 그러나 이들은 참된 농민이 아니다. 이 작품에 등장하는 숙부 일가가 그 예이다. 이런 인간들은 땅을 멀리하고 무언가 다른 삶의 방식에 의지해서 자기를 엉망으로 만드는 인간들로 참된 농민이 아니다. 착한 농민은 이런 악인들의 행위에는 될 수 있는 한 참고,

최후에 악인들은 자멸의 길을 걸어간다.

이런 여러 농민들의 생활과 농민들의 순박함을 펄 벅은 오랜 중국 생활로 잘 알고 있었나. 그리고 일단 농민과 땅을 묘사하려고 하면 그녀의 머릿속에서는 온갖 농민들의 모습이—남자도 여자도 아이도—다채로운 환영(幻影)이 되어 떠올랐다. 처음부터 면밀하게 계획을 세운 것은 아니었지만, 그녀의 붓끝에서 태어난 것은 먼저 왕룽, 오란, 왕룽의 아버지와 숙부 일가이며, 그것이 마침내 중국 농민의 운명을 그리는 웅혼한 일대 서사시가 되었다.

영화 《대지》의 한 장면 1937년 미국에서 제작된 영화로, 시드니 프랭클린 감독은 여주인공을 아름답고 강한 여인으로 묘사하여 부부의 애정이 모든 것을 극복하고 승리한다는 할리우드식 로맨스 영화를 만들어냈다. 중국의 전통적 남존여비 사상을 강조한 원작과는 거리가 있다.

〈대지(The Good Earth, 1931)〉

중국 사람의 강한 생활력은 때때로 잡초의 억세고 질긴 느낌에 비유된다. 잡초는 아무 땅에서나 자라며, 땅이 주는 자양을 흡수하며 생명을 이어간다. 대지에 매달려 있으면 어떻게든 살아갈 수 있기 마련이다. 바람이 불면 바람 따라 나부끼면 되는 것이다. 발로 밟히는 것도 순간만 참으면 몸은 본래대로 돌아온다. 때로는 들불이라는 재난을 만나 모두 불타 버리기도 한다. 그러나 빈털터리가 되어도 흙 속에 박힌 뿌리만 끊어지지 않으면 생명을 이어나갈 수 있다. 중국의 가난한 농민은 이렇게 표현되어도, 그것이 진실의 조각이 될 수 있었던 것은 아니다.

〈대지〉의 주인공 왕룽은 부지런하고 땅을 사랑하는 가난한 농군의 자식이다. 루쉰(魯迅)이 쓴 《아큐정전(阿Q正傳)》의 아큐는 땅을 떠난 부랑자이지만 왕룽은 본능적으로 땅을 사랑한다. 흉년이 들어 굶주리게 되자 한때 남방의 도시로 가나 결국 다시 돌아온다. 땅에 대한 왕릉의 애정에는 미국 개척민의 그것과 같은 심리가 깃들어 있는지도 모른다.

'대지는 남쪽 도시에서 돌아왔을 때 그의 마음의 병을 고쳐 주었다. 이번에도 왕릉은 논밭의 검은 대지로 애욕의 상처를 낫게 할 수 있었다. 발밑에 눅눅한 흙을 느끼며, 밀씨를 뿌리기 위해 파 일으킨 밭두덩에서 피어나는 흙냄새를 맡았다. 그는 머슴들을 이리저리 부리고 이곳저곳을 갈며 종일 무섭게 일했다.'

'흙은 다시금 그를 치료해 주었다. 태양은 머리 위에 빛나며 그의 괴로움을 잊게 했고, 여름의 더운 바람은 부드럽게 그를 감싸 주었다. 그리고 그의 괴로운 심사를 뿌리째 뽑아 줄 더 큰 일, 그것이 어느 날 남쪽 하늘에 작고도 가벼운 구름으로 나타났다. 처음에는 바람에 나부끼는 구름처럼 이리저리 흐르지도 않고 조그맣게, 안개처럼 조용하게 지평선에 걸려 있더니 이윽고 부채꼴로 퍼졌다.'

땅에 대한 이런 애정 어린 심정은 우리도 어느 정도 이해할 수 있다. 동양의 농민은 땅에 강한 집착을 가지고 있다. 이 감정은 중국인이나 한국인의 경우 특히 뚜렷하다. 왕릉은 〈대지〉의 끝대목에서, 임종의 자리에 누워 자식들이 땅을 팔기 위해 의논하는 소리를 듣고 이렇게 띄엄띄엄 말한다. "땅을 팔기 시작하면, 집안은 끝장이야." "우리는 땅에서 태어났어. 그리고 다시 땅으로 돌아가야만 한다. 땅을 갖고 있으면 살아갈 수 있다. 땅은 누구에게도 뺏기지 않는다……." "만일 땅을 파는 날에는 그것이 마지막이다."

〈대지〉에는 여러 유형의 여성이 등장한다. 오란은 대지주인 황씨네 계집종이었으나 팔려서 왕릉의 아내가 되었다. 남편을 도와 인종(忍從)의 세월을 보낸다. 말수는 적으나 지혜가 있다. 남쪽 도시에서 왕릉과 함께 지낼 때, 왕릉은 고향에 있는 자기 땅을 못 잊어 몸부림쳤으나, 오란은 조금만 더 기다리면 틀림없이 무슨 일이 일어날 거라고 하며 고향으로 돌아갈 것을 연기시켰다. 그녀의 말대로 그 도시에서 전쟁이 일어났다. 군중들은 부호의 집을 약탈했다. 왕룽은 그때 돈을, 오란은 보석을 손에 넣었다. 옛날이야기 속에나 나오는 장면 같은 행운이지만, 중국을 무대로 한 이야기이니만큼 과히 부자연스럽지도 않다.

렌화는 성내 찻집에 있던 여사로 왕룽이 작은부인으로 맞아들인다. 펄 벅은 이 작은부인이라는 데에 흥미를 보이는데, 어떤 의미에선 일부다처제(一夫多妻制)를 긍정하고 있는 것이 아닌가 싶다. 그녀가 신교(新敎)에서도 조금은 보수적인 장로교회 선교사였다는 것을 생각할 때 좀 기이한 생각마저 든다. 그녀는 중국에서 자랐기 때문에 보통 미국인과는 다른 감정 교육을 받았는지도 모른다.

작가는 왕룽이 세 번째 부인으로 맞은 리화에게 가장 많은 애정을 기울이고 있다. 그녀는 인정 많은 여자이다. 흉년이 들었을 때 왕룽이 불쌍히 여겨 사들인 아름다운 계집종으로 뒷날 왕룽의 사랑을 받았다. 왕룽이 죽은 뒤엔 그가 남겨 놓은 백치 딸과 곱사등이인 손자를 끝까지 잘 보살폈다.

'그녀는 왕룽을 위해서 불쌍한 백치 딸에게도 친절히 했다. 이것은 그를 대단히 기쁘게 했다. 어느 날 그는 오랫동안 자기의 마음속에만 간직했던 비밀을 리화에게 말했다. 몇 번이고 왕룽은 백치 딸의 장래에 대해 고민했었다. 그가 죽은 뒤에는 이 백치 딸이 굶어 죽거나 말거나 아무도 신경 쓰지 않을 것이다. 그래서 그는 약방에서 흰 독약을 한 봉지 사 가지고 와서 자기가 죽을 때가 다가오면 백치 딸에게 먹이려고 생각했었다. 그러나 그것은 그가 죽는 일보다 더 무서웠다. 그랬던 만큼 요즘 리화가 딸을 충실히 보살펴 주는 모습을 보니 그는 더없이 기뻤다.'

이 대목에는 펄 벅의 어머니로서의 괴로움이 나타난다고 생각된다. 왕룽이 죽는 것은 〈아들들〉의 첫 부분에서이다. 왕룽이 죽은 뒤, 리화는 백치 딸과 곱사등이 손자와 셋이서 조용히 지내며, 왕룽의 무덤에 성묘하러 갈 때만 집을 나선다. 이 이야기의 시대적 배경은 신해혁명에서 국민당이 정권을 잡기까지의 시기이다. 작가는 시대적 배경은 거의 언급하지 않고 주인공 왕룽을 중심으로 이야기를 진행시켜 간다. 왕룽이 사는 장소도 상세한 설명이 없다. 그저 중국의 북쪽 어느 시골 이야기로 다루고 있다. 그러나 우리는 이 이야기를 읽어 나가는 동안 중국의 '대지' 그 자체가 주인공이라는 확신을 갖게 된다. 때와 장소를 초월하여 중국이라는 드넓은 대지의 이미지가 선명하게 드러나 있다. 이것은 펄 벅이 아니고는 쓸 수 없는 이야기이다. 그녀만큼 중국의 내면을 깊이 알고 있었던 미국인은 달리 없으리라. 그녀만큼 중국인의 영혼 그 자체를 아는 이는 드물 것이다.

〈아들들(Sons, 1932)〉

'대지'에서 태어나, '대지'와 함께 죽은 아버지 왕룽의 농민혼은 〈대지〉에서 끝난다. 아버지의 '대지'를 향한 집념은 아들들의 가슴속에도 남았으나, 대지로부터 태어난 농민혼은 자란 환경의 변화와 저마다의 인생관의 차이 때문에 아들들에게 고스란히 이어지지는 않았다.

그들도 노력은 했으나 저마다 삶을 향한 지향이 달랐다. 맏아들은 호사와 여색을 좋아하고, 둘째 아들은 모든 허영을 물리치고 오직 재물을 모으는 것에만 마음이 쏠렸으며, 막내아들은 풍운을 타고 천하 제패에 운을 걸었다. 검소하고 부지런했던 아버지의 뜻을 계승하려는 자라면 그것은 거상인 둘째 아들일 것이다. 그는 형이 그 자신의 주색과 아들의 도락 비용과 허영덩어리 아내의 부처 공양 등에 따른 가계의 어려움 때문에 유산인 토지를 팔아 치우려고 하자 이를 자신의 수중에 챙긴다.

셋째 아들 왕후(王虎)는 형들과 전혀 다른 성격과 인생관의 소유자이다. 그는 군벌의 수령이 되어 중국 전토를 제패하려는 야망이 있다. 남자의 목적은 위대해야 영광을 누릴 수 있다고 여긴다. 그는 무인과 지도자로서 자질을 닦는 데 전념하고 착착 성공해 나갔다.

〈아들들〉은 셋째 아들 왕후 장군의 파란만장한 분투전이다. 이 소설의 배경은 낡은 중국 하늘의 한 귀퉁이에서 이미 어렴풋하게 새벽을 알리는 문명의 빛이 비치기 시작할 때이다. 혁명군의 대두가 이것을 이야기한다. 그러나 왕후는 그것을 깨닫지 못했다. 또한 그가 군벌과 비적(匪賊)을 토벌하는 배경은 전과 다름없는 낡은 중국이었다.

군웅할거하는 군벌 시대와, 그 압제 아래서 허덕이는 중국 국민의 비참함과 숙명적인 자연재해. 그러나 왕후는 정의를 무시하는 극악무도한 군벌의 수령은 아니었다. 무용(武勇)에서는 견줄 이가 없는 뛰어난 검객이었고, 약자를 아군으로 삼는 정의의 무인이었다. 그가 부하를 이끌고 비적의 소굴을 치고 들어가 불을 지르고, 때로는 다른 지방의 성을 본진으로 삼은 군벌을 몰아내는 등의 행동들이 권선징악의 이름을 빌린 영토 확장이 아니었다고는 못하나, 낡은 사회에서는 인정해 주어도 좋을 것이었다.

이런 용장도, 비적의 소굴에서 두목의 여자를 붙잡은 것이 인연이 되어 결혼하여, 드디어 한 여자만을 사랑하며 행복해했으나, 아내가 적과 밀통한 것에 노하여 한칼에 베어 버리고 만다. 여기서 작가는 자신의 오점을 잘라내는 용장의 일면을 보여 주는 반면, 용장도 처음으로 모든 사랑을 바친 여자를 자신의 손으로 죽이고, 추모날 밤에 고뇌하는 모습을 매우 길게 그려내어 작가의 로맨티시즘을 엿보게 해 준다.

작가는 왕후가 아름답고 기질이 억센 두목의 여자를 아내로 삼은 것은, 두 사람 사이에서 머지않아 태어날 남자아이에 대한 동경이라고 강조하지만, 이것은 또한 용장의 사랑과 커다란 희망을 시대배경의 중심에 엮어 내려는 작가의 구도에서 온 것이다.

왕후 장군의 행동은 용맹무쌍하면서도 모든 부하를 부들부들 떨게 할 정도로 엄격했다. 그를 이런 대담무쌍한 행동으로 몰고 간 이유는 〈대지〉의 끝부분과 〈아들들〉의 도입부에 나온, 죽은 왕룽의 세 번째 부인인 가련한 소녀 리화를 향한 끊기 힘든 사랑이라고 말할 수 있다.

그는 첫 부인을 잃은 뒤 형들의 도움으로 두 명의 아내를 얻는다. 먼저 얻은 아내는 딸을 낳았고, 나중에 얻은 아내는 아들을 낳았다. 이 작품의 뒷부분은 아들을 향한 맹목적인 사랑으로 이루어진다. 그것이 군벌로서 영원한 영광을 추구하려는 꿈이기도 했기 때문이다.

군벌 수령 왕후는 아들 왕위안을 서양 출신의 젊은 장교에게 훈련시키지만 얼마 안 있어 남부 군관 학교에 입학시킨다. 그곳의 교육은 고풍스러운 군벌의 전법과 달리 근대 전투를 위한 훈련이었다. 전법이 새로울 뿐만 아니라 그곳에 모인 청년들의 시각도 넓었으며, 세상을 향해 사상적으로 새롭게 계발되어, 위대한 조국의 재건에는 혁명이 필요하다는 것을 깨닫게 된다. 아들 왕위안도 그 영향을 받는다.

오랜만에 돌아온 아들 왕위안은 혁명군 옷을 입고 아버지 앞에 나타난다. 이것은 구 군벌의 수령인 왕후에게는 하늘이 무너지는 듯한 충격이었다. 왕후는 군도를 뽑아 들었으나 이윽고 맥이 빠져, 충직한 늙은 심복이 들고 있던 따뜻한 술잔을 들며 가슴속의 눈물을 억눌렀다. 여기서 작가는 인간으로서의 고뇌와 함께, 이제 막 눈뜨기 시작한 청년의 고뇌를 그렸다.

〈분열된 집안(A House Divided, 1935)〉

〈분열된 집안〉은 왕후 장군의 외아들 왕위안(王元)이 주인공이다. 구 군벌 수령의 아들로 태어나 장래의 대장군으로 기대를 한몸에 받았던 위안은 아버지 왕후로부터 엄격한 교육을 받지만, 본인은 군인생활을 싫어한다. 그의 마음의 고향은 드넓은 하늘 아래의 상쾌한 대지에서의 생활이며, 시인 기질의 그는 평화로운 땅 위에서 인간의 영원한 행복의 경지를 추구한다.

이는 영예만을 추구하는 구 군벌의 맹장인 아버지를 고뇌에 빠뜨리지만, 때마침 곳곳에서 혁명의 새 바람이 일어나는 새로운 중국으로 시대는 전진한다. 드높게 밀어닥치는 새 시대의 파도는 구 군벌들의 조바심을 곁눈질하면서 그것을 삼켜 버릴 기세로 부풀어오른다.

아버지의 압력에 견디지 못한 위안은 말다툼 끝에 아버지의 관저를 뛰쳐나와 남쪽 해안의 대도시로 간다. 그곳에는 의붓어머니인 아버지의 본처가 아름답게 성장한 이복여동생 아이란(愛蘭)과 함께 살고 있다. 위안은 왕후의 작은부인의 아들이다.

친아들처럼 맞아 준 의붓어머니는 응석받이로 자라 진중하지 못하고 경솔한 딸에 대한 기대를 포기하고, 성실한 청년 위안에게 큰 기대를 건다. 그를 대도시의 학교에 보내고, 더불어 그에게 댄스홀에 다니는 아이란의 감독을 맡긴다.

위안은 외국에서 6년 동안 농업을 공부하면서, 은사의 딸 메리와 사랑을 나누는 관계가 된다. 메리의 유혹에 무심코 키스하지만, 순간 갑자기 자신은 오랜 역

(왼쪽) **만년의 펄 벅**
(오른쪽) **딸과 함께**(1920)
맏딸은 지적 장애아로 태어났
다. 소설을 쓰게 된 동기에 대
해 "딸의 행복을 위해 돈이 필
요했다"고 회상했다.

사를 지닌 중국의 아들임을 떠올리고 물보다 피가 진함을 깨달으며 메리를 떠나 마침내 귀국한다. 귀국을 재촉한 것은 조국의 격렬한 배외운동과, 새 중국의 탄생이었다.

의붓어머니의 양녀 메이링은 의학을 공부하며 어머니를 도와 고아원 일에 전념한다. 그 부지런하고 청순한 모습에 위안은 깊은 사랑을 느끼지만, 메이링은 연구에만 전념하며 위안의 사랑을 물리친다.

그런데 마지막 몸부림을 치던 군벌 대항자들이 성안으로 들이닥친다. 왕씨 일가의 저택은 잿더미로 돌아가고, 왕후는 그가 태어나 자라고 큰 성공의 기초를 다졌던 흙집에서 죽음을 기다리는 처지가 된다. 패배한 군벌의 모습 그대로 늙어 버린 왕후는 임종의 병상에 눕고, 위안은 머리맡에서 마지막 효도를 다한다. 그 자리에 달려온 사람은 의붓어머니와 메이링이었다. 이곳에서 위안과 메이링의 사랑은 굳은 결실을 맺는다.

여기서 대작 《대지》는 흙집으로 다시 돌아감으로써, 인간과 역사의 덧없는 변전 속에서도 묵묵히 영원을 살아가는 '대지'를 암시적으로 그린다. 영원한 대지와 농업기술을 익힌 위안, 새 의술을 익힌 새 시대의 여성 메이링, 새 중국의 탄생, 구 군벌의 붕괴, 사양의 길을 걷는 옛 특권계급 등 복잡한 양상을 보이는 시대의 흐름 속에서, 어렴풋이 희미하게 밝아 오는 새로운 중국 안에서도 대지의 불멸을 믿고, 위안과 메이링의 미래를 암시하며 작품은 끝을 맺는다.

펄 벅의 '사랑'

펄 벅은 먼저 어머니의 사랑을 여러 각도에서 관찰했다. 우선 자신의 어머니에 대해, 그리고 자신이 갖춰야 할 어머니의 자격에 대해, 또한 혼혈아의 행복이 어머니의 사랑에 달려 있다는 것 등을 통하여 여러 세계를 창조해 냈다. 그리고 그 밑바탕에는 언제나 '창작활동이 사랑의 표현'이라는 것을 잊지 않았다.

생후 몇 달이 지나지 않은 갓난아기 무렵부터 중국에서 자란 펄 벅은 처음 말할 수 있게 된 것도 중국어였고, 벗 또한 중국아이들이었다. 언제나 중국인으로서 자랐고 사고방식이나 느끼는 바도 미국인이라기보다 동양인에 가까웠다. 펄 벅은 중국과 미국, 두 문화의 소산이라고 할 수 있다.

펄 벅의 '사랑'은 한결같았다. 사람은 견뎌 낼 수 없을 정도의 괴로움과 슬픔에 처하게 되면 대부분, 가슴속에 상처받은 부분을 단단하게 가두고는 잊어버리고 달아나려고 한다. 하지만 마음의 상처는 가둘 수 있는 것이 아니다. 사람은 스스로의 슬픔으로부터 달아날 수 없다. 펄 벅도 처음에는 마음의 상처를 가두려고 했으나, 복지시설의 소장이 펄 벅에게 지적 장애아를 둔 어머니로서의 체험을 써 보도록 계속 설득했다. '당신과 같은 처지의 수많은 어머니들이 당신도 똑같이 괴로움을 받고 있고 그 괴로움을 극복해 가고 있다는 것을 안다면 그들에게 얼마나 큰 힘이 되겠습니까?' 이런 소장의 말에 펄 벅은 '하늘에서 한 줄기 빛이 내린 듯한 느낌이었다'라고 말한다. 이리하여 펄 벅의 사랑은 한 단계 위에서 빛나게 되었다.

스스로 낳은 아이를 시설에 남겨 두고 그 이상 아이를 낳지 않았던 펄 벅은 사랑의 손길을 고아들에게까지 넓혔고, 또한 계속하여 생후 6개월의 고아를 입양하고 스스로 뒷바라지하여 길러냈다. 여섯 번째 아이부터는 혼혈아를 입양하기 시작했다.

'어머니에게 버림받은 아이의 마음 깊은 곳에는 커다란 물음표가 숨어 있다고 생각한다. 다른 사람에게 아무리 사랑받고 누군가에게 소중하게 길러진다 해도, 왜 나는 낳아 준 부모에게 버림받은 것일까라는 괴로운 의문이 맴돌며 사라지지 않을지도 모른다. 내 아이(양자)들도 이런 느낌을 받은 적이 있다. 어머니 품에서 자라는 것이 아이에게는 최고의 행복이다.'

슬픔이나 괴로움을 가두는 것을 그만두고, 오히려 충분히 겪은 뒤에 떨쳐 내고 성장하려 했던 펄 벅은 자신이 할 수 있는 일을 함으로써 '어머니'의 사랑의 드넓음을 모두에게 입증했다.

<h1 align="center">펄 벅 연보</h1>

1892년	6월 26일, 웨스트버지니아주 힐즈버러에서 태어나다. 아버지는 독일계로 압살롬 사이든스트리커, 어머니는 네덜란드계로 캐럴라인 스털팅. 남부 장로교회 선교사인 부모는 결혼 후 곧바로 중국으로 부임하다. 펄은 이들 부부가 낳은 여섯 아이 중 다섯째로, 펄의 언니 오빠 가운데 셋이 어린 나이에 풍토병으로 죽다. 따라서 펄에게는 오빠 에드윈, 여동생 그레이스가 있다. 펄은 부모가 휴양을 위해 고향 웨스트버지니아주로 돌아갔을 때 태어나며, 생후 3개월 만에 중국으로 건너가다. 쟝쑤성(江蘇省) 양쯔강(揚了江) 연안의 전장(鎭江) 근교에 살며 중국인과 함께 자라다.
1895년(3세)	오빠 에드윈(14세)이 미국으로 유학하다. 그는 이후 그대로 미국에서 살았으며, 펄과의 교류는 많지 않았다.
1899년(7세)	여동생 그레이스 태어나다. 그녀는 펄과 함께 생활한 기록을 나중에 펄 벅의 전기로 쓰다. 이 무렵부터 펄은 디킨스와 스콧 등 영국 소설을 읽기 시작하다.
1900년(8세)	의화단이 각지에서 봉기. 펄의 집도 폭도들의 습격을 받지만, 어머니와 유모의 기지로 난을 넘기다.
1901년(9세)	중국인 초등학교에 입학하다. 중국인 가정교사인 쿵(孔) 선생에게서 중국어 읽고 쓰기, 공자의 윤리를 배우면서 영향을 받다.
1905년(13세)	쿵 선생, 콜레라로 사망하다. 어머니는 끊임없이 영국 문학을 읽게 하여 펄의 독해력을 키워 주다.
1907년(15세)	상하이(上海)에 있는 미국인이 경영하는 여학교, 미스 주얼스 스쿨에 입학하다. 이 기숙학교에서 상하이의 하층 사회와 타국 사람들

에 대한 지식을 알게 되다.

1909년(17세) 어머니와 함께 유럽을 여행하며, 몇 달 동안 뉴샤텔 근처의 프랑스 어학교에 통학하다.

1910년(18세) 웨스트버지니아주 랜돌프 메이컨 여자대학교에 입학하기 위해 러시아를 거쳐 미국으로 돌아가다. 제학 중에는 과대표를 맡아 지도적인 입장에 있었으나, 펄은 중국에서 온 소녀라는 인상이 강하여 벗들과의 사귐은 깊지 않았다. 학내 문학상을 두 번 수상하다.

1914년(22세) 대학을 졸업하고, 한 학기 동안 모교에서 심리학 강좌를 담당하던 중에, 어머니가 병에 걸렸다는 소식을 듣고 곧 중국으로 돌아오다.

1917년(25세) 5월 13일, 난징 대학교에서 중국의 농업경제를 강의하는 존 로싱 벅과 결혼하다. 남편과 함께 화베이(華北)로 이사하여 각지의 농촌을 방문하다. 이는 《대지》의 소재가 된다.

1921년(29세) 3월, 난징에서 딸을 출산하다. 10월, 어머니가 오랜 투병 끝에 세상을 떠나다.

1922년(30세) 난징 대학교의 초청으로 영문학을 강의하다(~1932년). 이 무렵부터 에세이와 평론을 쓰기 시작하다. 장로교회의 선교사가 되다.

1923년(31세) 〈애틀랜틱 먼슬리〉지 1월호에 중국의 사회상에 대한 에세이 〈중국에서도 또한〉을 발표하다.

1924년(32세) 만 3세가 된 딸이 말을 하지 못하자 의사의 검진을 받다. 〈포럼〉지 3월호에 〈중국의 미(美)〉를 발표. 〈네이션〉지 10월호에 〈중국인 학생의 마음〉을 발표하다.

1925년(33세) 남편과 함께 미국으로 귀국하다. 돌아가는 배 안에서 《동풍·서풍》의 원형이 된 단편 〈중국 여자는 말한다〉를 써서 〈아시아〉지에 보내다. 코넬 대학교 및 예일 대학교에서 영문학을 연구하다.

1926년(34세) 코넬 대학교에서 문학석사 학위를 받다. 〈중국과 서양〉이라는 논문으로 로라 메신저상(역사 부문)을 받다.

1927년(35세) 여동생 일가가 후난(湖南)에서 피난해 오다. 3월 27일, 북벌군이 난

징으로 쳐들어와 외국인 7명을 살해하다. 펄 벅 일가는 겨우 난을
피해 일본으로 건너가 여름부터 가을까지 나가사키(長崎) 운젠(雲
仙)에서 생활하다. 가을, 상하이로 돌아가다.

1928년(36세)　난징으로 돌아가다. 북벌군의 약탈로 소설 원고는 대부분 잃어버
리지만, 어머니의 생애를 그린 《유배》 초고는 무사했다. 난징의 중
앙 대학교에서 영문학 강좌를 담당하다(~1930년).

1930년(38세)　난징에서 〈대지〉를 쓰기 시작하다. 《동풍·서풍》을 펴내다.

1931년(39세)　3월, 〈대지〉를 펴내다. 21개월 동안 베스트셀러였으며, 30개국 이상
의 외국어로 번역되다.

1932년(40세)　〈대지〉로 퓰리처상을 수상하다. 아버지가 70세로 세상을 떠나다.
〈대지〉는 데이비스 부자에 의하여 극화되다. 메트로 영화사에서
매입하다. 《젊은 혁명가》를 펴내다. 7월, 코넬 대학교에서 연구하기
위해 미국으로 돌아가다. 〈아들들〉을 펴내다. 11월, 뉴욕 장로교회
부인회에서 '외국전도는 필요한가?'라는 제목의 비판적인 깅연을
한 것이 원인이 되어, 교회 및 외국 전도위원의 비난을 사 선교사
직에서 사퇴하다.

1933년(41세)　중국으로 돌아가 《수호전》 영어 번역을 완성하다. 이를 《만인은 모
두 형제》라는 제목으로 펴내다. 단편집 《첫 번째 아내》를 펴내다.

1934년(42세)　항구적으로 미국으로 돌아가다. 《어머니》를 펴내다.

1935년(43세)　〈분열된 집안〉을 펴내다. 〈대지〉가 1930년부터 1935년에 펴낸 가
장 뛰어난 미국 소설로 인정받아, 미국예술원 하웰스 메달을 수상
하다. 〈대지〉, 〈아들들〉, 〈분열된 집안〉 3부작을 모아서 《대지(The
House of Earth)》로 펴내다. 로싱 벅과 이혼하고, 존 데이 출판사 사
장이자 〈아시아〉지 주필인 리처드 월시와 결혼하다.

1936년(44세)　국립문예학술회의 위원으로 선정되다. 어머니의 생애를 그린 전기
소설 《유배》 및 중국 전도 선교사로서의 아버지의 생애를 그린 전
기소설 《싸우는 천사》를 펴내다.

1938년(46세)　《이 자랑스러운 마음》을 펴내다. 12월, 노벨문학상을 수상하다. 선

고위원회의 추천문에는 '중국 농민의 생활을 풍부하게, 서사시적으로 묘사한 매우 뛰어난 작품'이라고 쓰여 있다.

1939년(47세) 《애국자》, 《중국 소설》을 펴내다.

1940년(48세) 《다른 신들》을 펴내다.

1941년(49세) 단편십 《오늘과 영원》, 장편 《결혼의 초상》, 평론 《남성과 여성에 대하여》를 펴내다. 동양과 서양(아시아인과 미국인을 중심으로)의 상호이해와 우정을 다지기 위해 동서협회(East and West Association)를 세우다.

1942년(50세) 《용의 자손》, 평론 《미국의 통일과 아시아》, 《중국 벗들》(동화), 《중국의 하늘》을 펴내다.

1943년(51세) 《미국은 내게 어떤 의미를 지니는가》, 《물소 아이들》(동화), 《약속》을 펴내다.

1944년(52세) 《정신과 육체》를 펴내다. 이는 《유배》와 《싸우는 천사》를 한 권으로 묶은 것이다. 《용물고기》, 《용의 자손 이야기》를 펴내다.

1945년(53세) 《대중에게 말하라》, 《소년비행사》(동화), 평론 《러시아 이야기》, 《결혼의 초상》을 펴내다.

1946년(54세) 《여인의 저택》을 펴내다. 〈아시아〉지, 폐간되다.

1947년(55세) 평론 《그것은 어떻게 일어났는가》, 《화난 아내》를 펴내다.

1948년(56세) 《해일》(동화, 미국아동연구회상 수상), 《모란》을 펴내다.

1949년(57세) 《향토》, 《오랜 사랑》을 펴내다. 미국인과 동양인 사이의 혼혈아를 수용하는 웰컴 하우스를 세워 혼혈아들을 보살피다.

1950년(58세) 〈레이디스 홈 저널〉지 5월호에 지적 장애아인 그녀의 딸 이야기를 쓰고, 나중에 《자라지 않는 아이》라는 제목으로 펴내다.

1951년(59세) 미국예술원 회원으로 선출되다(50명의 종신 회원 가운데 2명의 여성 회원 중 1명). 소설 《신의 인간들》을 펴내다. 〈레드북〉지에 《실비아》를 연재하다.

1952년(60세) 《숨은 꽃》을 펴내다.

1953년(61세) 《오라, 내가 사랑하는 것들이여》를 펴내다. 링컨 대학교에서 명예

박사학위를 받다.

1954년(62세)　자서전 《나의 여러 세계》를 펴내다.

1955년(63세)　《너도밤나무》(동화)를 펴내다.

1956년(64세)　《여제》를 펴내다.

1957년(65세)　《베이징에서 온 편지》를 펴내다.

1958년(66세)　《아메리칸 트립틱》을 펴내다. 이는 존 세지스라는 남자의 필명으로 발표한 것으로, 《마을 사람》 외 두 편이 실리다.

1959년(67세)　원폭제조에 종사하는 젊은 과학자를 그린 《아침에 명하라》를 펴내다.

1960년(68세)　《크리스마스 유령》(동화)을 펴내다. 11월, 한국을 처음 방문하고 서울시장으로부터 〈행운의 열쇠〉를 받다. 이때부터 한국의 전쟁고아들에 깊은 관심을 갖다.

1961년(69세)　《열네 가지 이야기》를 펴내다.

1962년(70세)　《사탄은 결코 잠들지 않는다》, 《지나간 사랑을 위한 다리》를 펴내다.

1963년(71세)　한국을 소재로 한 첫 번째 작품 《살아 있는 갈대》를 펴내다.

1964년(72세)　《잘 왔다, 애야》(동화), 《중국 이야기》를 펴내다.

1967년(75세)　경기도 부천군 소사면(현재 부천시)에 보호자 없는 혼혈인과 일반인을 위한 복지시설인 '소사희망원'을 세우다.

1968년(76세)　한국을 소재로 한 두 번째 작품 《새해》를 펴내다.

1969년(77세)　1월 마지막으로 한국을 방문하다. 쇠약한 건강에도 약 1100여 명에 이르는 고아들을 직접 만나다.

1972년(80세)　10월, 담낭 절제술을 받다.

1973년(81세)　3월 6일 저녁 7시 25분, 미국 버몬트주 댄비의 자택에서 세상을 떠나다. 수많은 아시아인을 비롯한 온 세계 독자들이 애도하는 가운데 고인의 희망에 따라 가족장으로 장례식이 치러지다.

홍사중

서울에서 태어나 서울대학교 문리대 사학과를 거쳐 미국 시카고대 대학원 사회사상학
과와 위스콘신대 서양학과를 졸업했다. 서울대학교, 한양대학교, 경희대학교 교수를 역
임. 〈중앙일보〉 논설위원을 지내다가 1980년 5공 신군부에 의해 강제 퇴직당한 후 1987
년부터 〈조선일보〉 논설위원과 논설고문을 역임했다. 지은책으로 《근대시민사회사상
사》 《리더와 보스》 《한국인, 가치관은 있는가》 《히틀러》 《한국인에게 미래는 있는가》
《비를 격한다》 《과거 보러 가는 길》 《나의 논어》 《나의 이솝우화》 옮긴책으로 토인비
《역사의 연구》 플루타르코스 《플루타르크 영웅전》 등이 있다.

Pearl Sydenstricker Buck
THE GOOD EARTH
대지
펄 벅/홍사중 옮김
동서문화창업60주년특별출판

1판 1쇄 발행/1987. 7. 1
2판 1쇄 발행/2009. 5. 1
2판 7쇄 발행/2025. 11. 1
발행인 고윤주
발행처 동서문화사
창업 1956. 12. 12. 등록 16−3799
서울 중구 마른내로 144 동서빌딩 3층
☎ 546−0331~2 Fax. 545−0331
www.dongsuhbook.com
잘못된 책은 구입하신 곳에서 바꾸어드립니다.
＊
이 책은 저작권법(5015호) 부칙 제4조 회복저작물 이용권에 의해 중판발행합니다.
이 책의 한국어 문장권 의장권 편집권은 저작권법에 의해 보호받으므로
무단전재 무단복제 무단표절 할 수 없습니다.
사업자등록번호 211−87−75330
ISBN 978−89−497−0521−7 04080
ISBN 978−89−497−0382−4 (세트)